맥클라렌 강해설교
누가복음

알렉산더 맥클라렌 강해설교전집 9

맥클라렌 강해설교
누가복음

역자 〈 김원주

EXPOSITIONS OF
HOLY SCRIPTURE
ALEXANDER MACLAREN

크리스찬
다이제스트

국립중앙도서관 출판시도서목록(CIP)

맥클라렌 강해설교 : 누가복음 / [저자]: 알렉산더 맥클라렌
; 역자: 김원주. -- 고양 : 크리스챤다이제스트, 2011
  p. ;   cm. -- (알렉산더 맥클라렌 강해설교전집 ; 9)

원표제: Expositions of holy scripture
원저자명: Alexander Maclaren
영어 원작을 한국어로 번역
ISBN 978-89-447-2109-0 94230 : ₩25000
ISBN 978-89-447-2100-7(세트) 94230

누가 복음[--福音]

233.64-KDC5
226.4-DDC21   CIP2011001752

누가복음

1. 다시 온 엘리야_ 눅 1:5-17 ·· 9
2. 참된 위대함_ 눅 1:15 ··· 17
3. 마리아의 찬가_ 눅 1:46-55 ·· 26
4. 스가랴의 찬송_ 눅 1:67-80 ·· 33
5. 위로부터 임하는 돋는 해_ 눅 1:78, 79 ··················· 39
6. 목자와 천사들_ 눅 2:8-20 ··· 49
7. 계셨고, 계시고, 오시리라_ 눅 2:16; 눅 24:51; 행 1:11 ········· 57
8. 시므온의 최후의 노래_ 눅 2:29, 30 ························· 66
9. 성전에 계시는 소년 예수_ 눅 2:49 ··························· 73
10. 회개의 전파자 요한_ 눅 3:1-14 ······························· 80
11. 예수님에 대한 요한의 증거와
    하나님의 증거_ 눅 3:15-22 ······································· 84
12. 시험_ 눅 4:1-13 ·· 90
13. 나사렛에서 전도하심_ 눅 4:21 ································ 98
14. 가버나움에서 보낸 안식일_ 눅 4:33-44 ················ 108
15. 어부들에 대한 지시_ 눅 5:4 ··································· 116
16. 두려움과 믿음_ 눅 5:8; 요 21:7 ······························ 124
17. 이 신성모독 하는 자가 누구냐_ 눅 5:17-26 ········· 133
18. 하나님 나라의 법_ 눅 6:20-31 ································ 140
19. 세 가지 압축된 비유_ 눅 6:41-49 ·························· 147
20. 합당함과 감당치 못함_ 눅 7:4,6,7 ························· 154
21. 관에 손을 대시는 예수님_ 눅 7:13-15 ·················· 163
22. 세례자 요한의 의심과 그리스도의 칭찬_ 눅 7:18-28 ······· 173
23. 하나님 나라 안에서 큰 자_ 눅 7:28 ······················· 179
24. 하나님의 목적을 방해함_ 눅 7:30 ·························· 188

25. 먹기를 탐하고 포도주를 즐기는 사람_ 눅 7:34 ·········· 197
26. 빚진 자 두 사람_ 눅 7:41-43 ·········· 207
27. 사랑과 용서_ 눅 7:47 ·········· 217
28. 평안에 들어가라_ 눅 7:50 ·········· 229
29. 여성들의 사역_ 눅 8:2,3 ·········· 236
30. 한 씨앗과 다양한 흙_ 눅 8:4-15 ·········· 248
31. 가시떨기 속에 떨어진 씨_ 눅 8:14 ·········· 255
32. 기적 속의 기적_ 눅 8:43-48 ·········· 261
33. 야이로의 딸을 일으키신 그리스도_ 눅 8:50 ·········· 266
34. 하늘에서 내려온 떡_ 눅 9:10-17 ·········· 276
35. 여러분을 고치시는 주님_ 눅 9:11 ·········· 283
36. 그리스도의 십자가와 우리의 십자가_ 눅 9:18-27 ·········· 294
37. 기도와 변화_ 눅 9:29 ·········· 301
38. 거룩한 산에서_ 눅 9:30,31 ·········· 310
39. 그리스도께서 십자가를 향하여
　　서둘러 가심_ 눅 9:51 ·········· 319
40. 그리스도의 사신들,
　　그들의 장비와 활동_ 눅 10:1-11, 17-20 ·········· 334
41. 멀리 있는 이웃들_ 눅 10:25-37 ·········· 340
42. 기도하는 법_ 눅 11:1-13 ·········· 347
43. 기도하시는 그리스도_ 눅 11:1 ·········· 355
44. 어리석은 부자_ 눅 12:13-23 ·········· 364
45. 세상 일로 염려하든지 아니면 하나님의
　　나라를 위해 열심을 내든지_ 눅 12:23-31 ·········· 370
46. 폭풍 속의 고요함_ 눅 12:29 ·········· 378
47. 종들이 갖추어야 할 준비_ 눅 12:35,36 ·········· 388
48. 종이신 주님_ 눅 12:37 ·········· 395

49. 이 세상과 내세에서의 종과
    청지기들_ 눅 12:37,43,44 ·· 403
50. 불을 땅에 던지러 왔노니_ 눅 12:49 ······································ 410
51. 안식일을 지킴_ 눅 13:10-17 ·· 418
52. 좁은 문_ 눅 13:22-30 ·· 426
53. 헤롯에게 보내는 그리스도의 메시지_ 눅 13:32,33 ··············· 433
54. 잔치의 교훈_ 눅 14:1-14 ··· 442
55. 이유가 되지 않는 변명들_ 눅 14:18 ··································· 448
56. 경솔한 건축자_ 눅 14:28 ·· 457
57. "잃은 것"_ 눅 15:4,8,11 ··· 468
58. 방탕한 자식과 아버지_ 눅 15:11-24 ··································· 478
59. 방탕한 자식에게 준 선물들_ 눅 15:22, 23 ························· 485
60. 지혜 있는 자들의 어리석음_ 눅 16:8 ································· 495
61. 두 종류의 부(富)_ 눅 16:10-12 ·· 503
62. 충성스런 청지기의 소득_ 눅 16:12 ···································· 512
63. 부자와 나사로_ 눅 16:19-31 ·· 521
64. 또 다른 세계에서의 기억_ 눅 16:25 ·································· 528
65. 하나님의 종_ 눅 17:9,10 ·· 540
66. 그 아홉은 어디 있느냐?_ 눅 17:11-19 ······························· 548
67. 세 가지 기도_ 눅 18:1-14 ·· 553
68. 하나님 나라에 들어감_ 눅 1:5-17 ······································ 560
69. 예수님을 멈추게 한 사람_ 눅 18:40,41 ····························· 567
70. 친절에 마음이 녹음_ 눅 19:5 ··· 575
71. 장사하는 종들_ 눅 19:16,18 ··· 587
72. 장사한 종들의 보상_ 눅 19:17,19 ······································ 597
73. 새로운 왕_ 눅 19:37-48 ·· 606
74. 주인이 되고 싶어 한 소작인들_ 눅 20:9-19 ······················ 614

75. 누구의 형상과 글이냐?_ 눅 20:24 ······················· 621
76. 어느 때에 이런 일이 있겠삽나이까?_ 눅 21:20-36 ············ 630
77. 주의 만찬_ 눅 22:7-20 ································· 637
78. 떠나시면서 하신 약속과 경고_ 눅 22:24-37 ················ 644
79. 그리스도께서 생각하시는
    전제군주의 이상_ 눅 22:25-26 ························· 652
80. 외로우신 그리스도_ 눅 22:28 ··························· 660
81. 큰 무너짐과 큰 회복_ 눅 22:32 ·························· 670
82. 겟세마네 동산_ 눅 22:39-53 ··························· 677
83. 십자가는 어둠의 승리이자 패배_ 눅 22:53 ················· 685
84. 대제사장의 집에서_ 눅 22:54-71 ························ 694
85. 그리스도의 보심_ 눅 22:61 ····························· 701
86. 관원들이 서로 꾀하여_ 눅 23:1-12 ······················ 710
87. 영혼의 비극_ 눅 23:9 ································· 718
88. 예수와 빌라도_ 눅 23:13-26 ···························· 727
89. 십자가 위에서 하신 말씀_ 눅 23:33-46 ··················· 733
90. 죽어가는 강도_ 눅 23:42 ······························ 739
91. 첫 부활절 아침_ 눅 24:1-12 ···························· 750
92. 죽었다가 살아난 자_ 눅 24:5,6 ························· 756
93. 흔들리는 제자들에 대한 부활하신 주님의
    자기 계시_ 눅 24:13-32 ······························· 768
94. 그리스도를 붙듦_ 눅 24:28, 29 ·························· 776
95. 엠마오에서의 식사_ 눅 24:30, 31 ························ 782
96. 베드로 홀로 예수님을 만남_ 눅 24:34 ···················· 795
97. 당당한 종국_ 눅 24:36-53 ······························ 805
98. 그리스도의 증인들_ 눅 24:48, 49 ························ 812
99. 승천_ 눅 24:50, 51; 행 1:9 ····························· 821

1
다시 온 엘리야

"⁵유대 왕 헤롯 때에 아비야 반열에 제사장 한 사람이 있었으니 이름은 사가랴요 그의 아내는 아론의 자손이니 이름은 엘리사벳이라 ⁶이 두 사람이 하나님 앞에 의인이니 주의 모든 계명과 규례대로 흠이 없이 행하더라 ⁷엘리사벳이 잉태를 못하므로 그들에게 자식이 없고 두 사람의 나이가 많더라 ⁸마침 사가랴가 그 반열의 차례대로 하나님 앞에서 제사장의 직무를 행할새 ⁹제사장의 전례를 따라 제비를 뽑아 주의 성전에 들어가 분향하고 ¹⁰모든 백성은 그 분향하는 시간에 밖에서 기도하더니 ¹¹주의 사자가 그에게 나타나 향단 우편에 선지라 ¹²사가랴가 보고 놀라며 무서워하니 ¹³천사가 그에게 이르되 사가랴여 무서워하지 말라 너의 간구함이 들린지라 네 아내 엘리사벳이 네게 아들을 낳아 주리니 그 이름을 요한이라 하라 ¹⁴너도 기뻐하고 즐거워할 것이요 많은 사람도 그의 태어남을 기뻐하리니 ¹⁵이는 그가 주 앞에 큰 자가 되며 포도주나 독한 술을 마시지 아니하며 모태로부터 성령의 충만함을 받아 ¹⁶이스라엘 자손을 주 곧 그들의 하나님께로 많이 돌아오게 하겠음이라 ¹⁷그가 또 엘리야의 심령과 능력으로 주 앞에 먼저 와서 아버지의 마음을 자식에게, 거스르는 자를 의인의 슬기에 돌아오게 하고 주를 위하여 세운 백성을 준비하리라"

눅 1:5-17

누가복음에 그리스도의 출생을 다루는 부분에서 서문(1-4절)과 그 뒤에 나오는 장들의 문체가 다른 점은, 후자가 히브리적 원천에서 나온 것이라는 사실을 시사합니다. 이 장들이 구약의 표현과 문구로 가득한 것을 볼 때, 누가가 이를 번역한 것이 분명합니다. 이 부분의 출처를 정확히 말할 수는 없겠지만, 이것을 원래 말한 사람은 누구보다도 마리아 자신이었을 것입니다. 또 엘리사벳이나 사가랴가 이 장에 나오는 사실을 이야기해 주었을 것이 분명합니다. 이 둘 이외에 다른 사람이 여기에 기록된 내용을 알았다고 추정할 만한 근거가 어디에도 없기 때문입니다.

만일 우리가 허구의 이야기를 다루고 있다면, 영웅의 종자(從者)를 먼저 소개함으로써 영웅의 등장을 준비하는 예술적 기교에 주목하는 것이 마땅할 것입니다. 그러나 이 이야기의 순서는 예술적 기교를 따르고 있지 않고, 하나님께서 정하신 일의 순서에 따르고 있습니다. 길을 예비하는 사람으로서 요한의 사역에 대한 이야기는, 그의 출생 전부터 시작하는 것이 적절하였습니다. 그러므로 요한이 이 세상으로 들어오는 이야기는 세상의 모든 출생을 거룩하게 하는 그 탄생의 이야기를 준비합니다.

1. 우리는 먼저 산골 조용한 가정의 아름다운 모습을 만납니다.

둘 다 제사장 가문의 후손으로서, 남편과 아내가 한적한 산지에서 정숙하게 사는 것은 구약의 아름다운 경건을 보여 주는 전형적인 모습이었습니다. 이들을 '흠이 없다'고 하였는데, 이것이 보편적 죄에 대한 교리와 상충되지 않습니다. 이 말씀은 교리로 이해할 것이 아니라, 이 하나님의 종들의 성품에 대한 하나님의 자비로운 평가를 표현하는 것으로 보아야 합니다. 혼인한 모든 사람들이 그렇게 해야 하듯이, 이 두 신실한 성도는 즐거이 경건을 연습하는 일에나, 서로를 도와 모든 높고 고상한 것에 이르는 일에나 다같이 함께 하였습니다. 그들 주위에는 혼인 관계의 끔찍한 타락이 가득하였습니다. 나중에 헤롯과 헤로디아, 아그립바와 버니게의 예에서 보는 것과 같이 혼인이 악용되는 경우가 너무 흔하였지만, 이 둘은 조용한 벽지에서 '생명의 은혜를 함께 이어 받을 자'로 살았고, 따라서 기도가 막히지 않았습니다(벧 3:7).

복음서에 나오는 제사장들은 대부분 최악의 상태는 아닐지라도 열정 없는 형식주의자들이었습니다. 그런데 안나스와 가야바, 또 그런 부류들만 성전에서 봉사한 것이 아니라, 옛적의 불이 가슴속에 타오르는 사람들도 있었습니다. 종교가 타락한 시대에 여전히 진실한 소수의 사람들은, 마치 짠 바닷물 한가운데에서 솟아나는 신선한 샘물처럼, 대개가 눈에 띄지 않는 구석에서 조용한 삶을 영위합니다. 이같이 요한은 구약의 제도의 선한 기능이 가장 충만하게 작용한 부모에게서 태어났습니다. 그 자신이 그렇듯이, 그의 출생에서도 요한은 유대교의 더할 나위 없는 정수를 대표하였고, 오실 그분을 가리키는 지극히 고귀한 임무를 수행하였습니다.

그런데 이 '흠이 없는' 부부에게도 그들의 분복에는 한 가지 걸리는 것이 있었습니다. 당시에는 아이가 없다는 것이 특별한 슬픔이었습니다. 그래서 두 사람은 그들의 쓸쓸한 가정에, 아이의 또닥또닥 걷는 소리와 재잘거리는 소리로 기쁨이 생기기를 많이 간구했습니다. 그러나 그들은 소원이 이루어지지 않았다고 하여 슬퍼하거나 하나님에게서 마음을 돌리지 않았습니다. 그들이 기도했다면, 거기에 대해 불평하지 않았을 것이고, 그러므로 "주의 모든 계명과 규례대로 흠이 없이 행하는"(눅 1:6) 것에 방해받지 않았을 것입니다. 바라는 것이 이루어지지 않는다고 하여 우리가 헌신에 방해받아서는 안 되며, 기도가 막혀서도 안 되고, 앞에 놓인 경주를 게을리 하여서도 안 된다는 것을 여기에서 배웁시다(벧전 3:7; 히 12:1).

2. 이제 전경은 산 위의 그 가정으로부터 번잡한 성전 뜰로 바뀝니다.

이 경건한 제사장은 봉사할 차례가 되었으므로, 나이 많은 아내를 홀로 두고 성내로 왔습니다. 제사장의 "전례"의 세세한 내용을 살피기 위해 지체할 필요는 없겠습니다. 단지 분향하는 직무는 영예로운 것으로 여겨졌고, 제비뽑기에 의해 정해졌으며, 아침과 저녁 제사 때에 분향하였다는 점만 주목하면 충분합니다. 그러므로 사가랴는 손에 향로를 들고 장막 바로 앞에 있는 제단으로 가서 오른편에 진설병을 두고, 왼편에 등잔대를 두고 섰습니다. 그 장소와 그의 직무, 밖에서 들리는 많은 기도 소리가 그의 생각을 하나님께로 향하게 하였을 것입니다. 그리고 향이 소용돌이치며 올라가는 것은 참로 그의 열망, 소망, 신뢰의 마음이 올라가는 것을 나타냈을 것입니다. 그런 사람이 열정 없이, 형식적으로 자신의 직무를 수행하였을 리 없습니다.

천사가 나타난 방식을 주목하여 봅시다. 그가 다가오는 모습은 보이지 않았고, 갑자기 제단 옆에 서 있는 것이 보였습니다. 마치 전부터 그곳에 있었던 것처럼 천사가 서 있었습니다. 실제로 일어난 일은 천사가 다가온 것이 아니라, 사가랴의 눈이 열렸던 것입니다. 마찬가지로 엘리사의 사환이 포위군을 보고 겁에 질렸을 때에, 엘리사는 그의 눈이 열리기를 기도하였고, 눈이 열렸을 때에는 거기에 전부터 "불말과 불병거가 산에 가득"했던 것이 보였습니다. 비단 성전뿐 아니라 모든 곳이 하나님의 사자로 가득차 있습니다. 그래서 우리의 눈이 깨끗해지면 그들을 볼 것입니다. 그러나 이러한 점 때문에 이 천사가 메시지를 가지고 나타난 것의 초자연적인 요소를 가볍게 생각해서는 안 됩니다. 천사가 장소에 나타나는 방식이 우리 인간과는 다를 수밖에 없지만, 중요한 것은 그 천사가 보내심을 받았다는 사실입니다. 그는 하나님의 뜻을 전하는 말씀을 가지고 왔습니다.

천사가 나타나는 장면이 많은 이 장들은 현대의 생각으로는 미심쩍게 보이므로 흔히 부정되어 왔습니다. 그러나 예수님의 탄생이, 우리가 믿는 바대로 성육신하신 하나님의 아들이 인생에게 오신 것이라고 한다면, 이 이야기에서 천사의 날개가 희게 빛나고, 천사의 목소리가 천사의 주이실 뿐 아니라 인간의 주이신 분을 찬송하고, 천사의 눈이 주님의 요람을 보고 거기에서 새로운 가르침을 받는 것은 전설이 아닙니다.

3. 다음에는 천사가 전한 메시지를 보게 됩니다.

아무리 경건한 사람이라도 우리의 흑암 안으로 넘쳐흘러 들어오는 천상의 빛을 직접 대면하면, 두려워 움츠러들게 됩니다. 그래서 천사가 "무서워하지 말라"고 합니다. 그래야 사람은 그 후에 마음을 평안하게 하는 부드러운 말이 올 것으로 기대하게 됩니다. 사가랴가 분향을 드릴 때에 자식 주시기를 기도하고 있었을 것이라고 흔히 생각하지만, 여기 본문을 보면 그러지 않은 것을 알 수 있습니다. 그가 자식을 얻는 소망을 더 이상 갖지 않았다는 것이 또한 사실이며(그가 쉽게 믿지 못한 것에서 알 수 있습니다), 그처럼 지극히 거룩한 순간에 그러한 개인적인 소망이 앞섰다고 생각하면, 그의 신앙의 인격을 깎아내리는 일이 될 것입니다. 오래 전에 응답받지 못한 것으로 제쳐 두었던 기도가 이제 다시 생명을 얻기 시작한 것입니다. 하나님은 때때로 천천히 응답하시지만, 잊어버리시는 일은 결코 없습니다. 우리의 기억과 소망에서 거의 사라져 버린 오래된 기도의 응답으로 바로 오늘, 복들이 임할 수 있습니다.

아버지의 마음에는 아이의 출생이 중요한 일이었겠지만, 출생을 알려 주는 말이 얼마나 짧은지, 그리고 아이가 앞으로 담당할 일, 이 세상에 참으로 중요한 의미를 갖는 그 일을 어떻게 길게 예언하는지 살펴보시기 바랍니다. 그의 이름, 인격, 사역을 전체적으로 먼저 말하고, 마지막에 주의 길을 예비하는 자로서의 특별한 직무를 묘사합니다. 이름이 의미심장합니다. "요한"은 "주는 은혜로우시다" 하는 뜻입니다. 그것은 징조이며 압축된 예언으로서, 그 이름의 성취는 이름의 소유자를 넘어서 예수님에게까지 이릅니다. 요한은 예수님의 선구자로서 하나님의 은혜의 표입니다.

그의 인물됨에 관하여는 먼저 "저가 주 앞에 큰 자가 되며"라고 설명합니다(15절). 그렇다면 우리는 모두 하나님 앞에서 작은 자이지만, 하나님께서 큰 자로 여기시는 자들도 있는 것입니다. 그런데 하나님이 큰 자를 보시는 기준은 세상의 기준과는 다릅니다. 헤롯이나 빌라도나 가이사나 아테네의 철학자들이나 예루살렘의 랍비들이 유대인 군중을 향해 거칠게 말하는 이 수척한 금욕주의자를 보았다면, 그리고 그가 하나님을 제외하고 이 세상에서 가장 큰 자라는 말을 들었다면 얼마나 비웃었겠습니까! 진리이신 하나님께서 위대하게 보시는 요소는 하나님을 섬기는 데에 드리는 헌신이며, 불타는 확신이고, 강렬한 도덕적 열심이며, 감각적인 즐거움을 넘어서는 것이고, 예수님을 분명히 시인하는 것이며, 그 분 앞에서 겸손히 자기를 버리는 것입니다. 이것들은 이 세상의 신전에서 인정받는 요소가 아닙니다. 우리는 하나님의 기준을 가지도록 합시다.

하나님의 모든 큰 자들이 그러해야 하듯이, 요한은 감각을 위해 살지 않고 영혼을 위해 사는 나실인이 되어야 했습니다. 형태는 다양하겠지만, 그리스도인은 누구에게서나 금욕의 서약의 실질이 나타나야 합니다. 술잔의 향기보다 더욱 거룩한 근원에서 나오는 활력 있는 영감을 받으려면, 우리 안의 동물적인 본성을 발로 밟고, 사슬로 잘 묶어 두는 것이 필수적입니다. 요한처럼, 우리가 영감을 얻고 "성령으로 충만"(엡 5:18)하려면 감각에서 멀리 달아나야 합니다.

16절에서 전체적으로 그려지듯이, 그의 인격의 결과가 그의 사역에 드러납니다. 그러한 사람만이 종교적 타락의 시대에 많은 사람들을 하나님께로 돌아오게 하는 변화를 가져 올 수 있습니다. 퇴락하는 기운을 막고 되돌리기 위해서는 강한 팔이 필요합니다. 감각에 사로잡혀 있어서 성령의 충만함을 부분적으로 밖에 받을 수 없는 사람은 선을 위한 위대한 영향력을 행사하지 못할 것입니다. 내리막길로 가는 수레를 멈추기 위해서는 헤라쿨레스와 같은 사람이 필요하며, 하나님의 모든 헤라쿨레스는 쾌락을 경멸하고, 자신에게서 자아와 감각을 비우며 성령의 충만을 받음으로써만 태어납니다.

요한의 특별한 사역이, 말라기 예언의 결미에 빗대어 17절에 묘사됩니다. 이 예언 때문에 엘리야와 같은 사람이, 실물로 메시야보다 앞서 올 것이라는 기대를 사람들이 품게 되었습니다. 요한은 그 단호한 선지자가 다시 태어난 것과 같은 사람이었습니다. 요한은 엘리야 때와 비슷한 시대에 태어났습니다. 그의 특징은 엘리야와 마찬가지로 부드러움이 아니라 "능력"이었습니다. 엘리야가 아합과 이세벨에 맞서야 했다면, 두 번째 엘리야는 헤롯과 헤로디아에 맞서야 했습니다. 둘 다 광야에 살았고, 벼락 같은 목소리로 사람들을 책망하였습니다. 둘 다 나라를 진동시키고 양심을 뒤흔들었습니다. 성경에서 디셉 사람 엘리야와 세례자 요한만큼 그 정신이 비슷한 형제는 없습니다.

그의 위대한 사역은 메시야에 앞서 가서 그 왕을 맞이하도록 이스라엘을 준비시키는 것입니다. 오시는 그분의 이름이 17절에 언급되지 않는다는 사실에 주목할 필요가 있습니다. "그 분"(개역개정에는 "주"— 역주)이라는 말로 충분합니다. 사가랴는 "그 분"이 누구인지 알았습니다. 그러나 또한 그 신비한 분을 "주"라고 부르는 것에 주목해 봅시다. 이렇게 부를 때 그 호칭은 말라기의 원래 예언과 연관이 되며, 또 하나님의 이름이 될 수밖에 없습니다. 그러므로 아직 분명하게 나타나지는 않았지만, 메시야의 임재는 주님께서 자기 백성들에게 오심이요, 따라서 요한은 어떤 의미에서 여호와 그분의 선구자였습니다.

이스라엘을 준비시켜야 했던 방식이 이 절의 중간 부분에 더욱 자세하게 나오는데, 이것 또한 말라기의 말씀에 근거하고 있습니다. "아비의 마음을 자식에게" 돌아오게 한다는 구절의 해석은 매우 어렵지만, 나라의 옛 선조의 후손들을 조상의 신앙과 순종으로 돌아오게 한다는 것이 가장 좋은 해석으로 보입니다. 그들이 아브라함의 믿음을 가지고 아브라함의 일을 행할 때 진정으로 아브라함의 후손이 될 것입니다. 이 말씀은 나중에 요한이 날카로운 화살을 날리듯 "속으로 아브라함이 우리 조상이라고 생각하지 말라"(마 3:9)고 말했던 것과 같은 진실을 함축하고 있습니다. 육체의 후손은 영적인 후손으로 발전되어야 하며, 그렇지 못하면 아무 것도 아닙니다.

"거스르는 자를 의인의 슬기에 돌아오게 한다"는 것도 다른 관점에서 살펴 본 것일 뿐, 실제로는 같은 변화를 나타냅니다. 요한은 회개를 일으키기 위해 보내심을 받았는데, 이는 하나님의 계명에 불순종하는 자들이 의인들의 정신에만 있는, 도덕적이고 종교적인 분별력을 소유하고 실행할 수 있도록 마음과 생각을 변화시키는 것이었습니다. 불순종은 어리석은 일입니다. 참된 지혜는 정직과 분리될 수 없습니다. 참된 정직은 하나님께 순종하는 것과 별개로 존재할 수 없습니다.

이런 것이 요한을 보내신 하나님의 의도였습니다. 그런데 그의 사역의 실제 결과가 원래 의도와 얼마나 슬프게 대비되는지요! 인간이 하나님의 계획을 그처럼 완전히 그릇되게 할 수가 있습니다. 예수님께서도 요한의 사역을 두고 "바리새인과 율법교사들은 그의 세례를 받지 아니함으로 그들 자신을 위한 하나님의 뜻을 저버리니라(눅 7:30)"고 하셨습니다. 그러므로 우리는 그리스도 안에서 구속하시는 하나님의 은혜로운 뜻을 헛되게 만드는 자리에 떨어지지 않도록 주의하여야 하겠습니다!

2
참된 위대함

"이는 그가 주 앞에 큰 자가 되며"

눅 1:15

세례자 요한의 출생을 예언한 천사가 이같이 말했습니다. "여호와 보시기에"(개역개정은 "주 앞에" — 역주). 그렇다면 사람들이, 하나님의 보시기에 전혀 높낮이가 없는 평지에 있는 것이 아닙니다. 하나님은 그처럼 높으시고 우리는 그처럼 낮을지라도 하나님께서 내려다보시는, 하나님 아래에 있는 나라는 우리가 약간 높은 데서 보는 것처럼 평평하지 않습니다. 하나님의 보시기에도 사람들 가운데 큰 자와 작은 자가 있습니다. '위대한 인물' 이라는 말만큼 오용되고 잘못 적용되는 명칭은 없습니다. 이 명칭은 작은 어떤 주(州)에서 남발하는 훈장과 같이 분별없이 사용됩니다. 잠깐 동안 떠들어대는 사람마다 목에 그 훈장을 겁니다. 이 세상의 기념 전당에 모아놓은, 세상에서 위대한 인물로 존경받는 사람들이 어떤 무리인지 생각해 보십시오! 많은 사람들이 대체로 같은 수준에 있는데, 그 수준이란 것이 참으로 낮아서 평균보다 조금만 높으면 위대해 보입니다. 그러나 가장 높이 자란 풀잎도 낫으로 베임을 받아 나머지 푸른 잎들과 같이 금방 시들어 아궁이에 던져질 것이 분명합니다. 위대함에 대한 세상의 거짓된 기준이 있고, 하나님의 기준이 있습니다. 참된 위대함의 요소가 무엇인지 알고 싶다면, 태어나기 전에 "여호와 보시기에 큰 자"가 되리라는 예언을 받았던 이 사람의 생애에 주목하는 것이 당연합니다. 그는 시련을 견딜 금입니다.

우리는 또한 예수 그리스도께서, 천사가 이때 내다보았던 그의 사역을 돌아보시면서 그 예언을 확인하시고, 예언이 이루어져서 "여자가 낳은 자 중에 요한보다 큰 자가 없도다"(눅7:28)고 선언하신 것을 생각할 수 있습니다. 예수님의 이 같은 칭찬의 말씀에 비추어서, 우리는 이 사람의 생애를 보고 우리에게 지침이 되는 몇 가지 교훈을 모아볼 수 있을 것입니다.

1. 먼저 우리는 요한에게서 동요하지 않고, 흔들리지 않는 확고함과 용기를 봅니다.

"너희가 무엇을 보려고 광야에 나갔더냐 바람에 흔들리는 갈대냐"(눅7:24). 요한 갈대가 아닙니다! 어떠한 바람이 불더라도 굳게 서있는 강철 기둥입니다. 내가 보기에, 이것은 진정한 의미에서 모든 도덕적 위대함의 기본입니다. 즉 마치 오징어가 먹이를 촉수로 움켜쥐듯이, 사람은 자신을 지배하고 영웅으로 만드는 진리들을 굳게 붙잡아야 한다는 것입니다. 옛 시인은 "내가 울기를 바란다면, 당신 눈에 눈물이 있어야 한다"고 말하였습니다. 만약 당신이 내가 믿기를 바란다면, 당신이 먼저 골수까지 사무치는 확신으로 불타고 있어야 합니다. 그와 같이 내가 아는 대로, 다른 사람에게 영향력을 발휘하든지 혹은 스스로 자신의 인격을 위대하게 계발하는 데 필요한 첫 번째 조건은, 이같이 분명하게 깨달은 진리를 흔들림 없이 견고하게 붙들고, 굽히지 않고 담대하게 그 진리에 헌신하는 것입니다.

우리에게 전형적인 모범이 되는 이 인물의 생애 내내, 이 특징이 모든 말과 행동에 얼마나 장엄하게 나타났는지 여러분에게 말씀드릴 필요가 없습니다. 이 특징이 헤롯과 헤로디아에게 공공연히 대항하는 데서 절정에 이르렀다는 것은 의심의 여지가 없습니다. 그러나 고결한 첨탑을 지탱하기 위한 많은 하부 구조물이 있지 않고서는, 도덕적인 성격이 절정에 이르지는 못합니다. 그리고 위대한 기회가 온다고 해서, 평소 때 늘 상 갖지 않았던 용기나 흔들리지 않는 확신을 갑자기 보이는 사람은 없습니다. 광야를 사랑하였던 수척한 이 선지자가 헤롯 앞에 서서 "당신이 그 여자를 차지한 것이 옳지 않다"(마 14:4)고 담대히 말할 수 있었던 것은, 그것을 지탱하는 하부 구조가 틀림없이 있었기 때문일 것입니다. 두려움과 싸워 누르는 일, 불안을 억제하는 일, 주저하고 의심하는 마음을 꾸짖는 일이 많았을 것입니다.

기질을 들어 설명할 있는 점도 많지만, 그리스도인이라면 누구나 기질이 어떠하든지 간에 이 흔들리지 않는 용기와 의심할 여지가 없는 굳은 확신에 이를 수 있습니다. 그리고 우리가 이러한 자질들을 소유하지 못한다면, 이는 우리의 잘못이고, 우리의 죄이고, 약점입니다. 기질의 문제가 있을 수 있습니다! 그러나 우리의 신앙이, 기질을 조절하고 통제하지 못한다면 세상에서 무슨 유익이 있겠습니까? 사람이 천성적으로 자기에게는 뛰어넘을 힘이 없다고 생각하여, 장애물을 치우려는 시도마저 포기할 권리가 있습니까? 분명히 그렇지 않습니다. 예수 그리스도께서는 우리의 약함을 강하게 하기 위해 이 땅에 오셨습니다. 그래서 그리스도를 굳게 붙잡는다면, 그의 사랑이 우리의 본성 전체에 스며들 것이고, 그만큼 그리스도께서 우리에게 흔들리지 않는 용기가 되시고, 우리는 약한 데서 강하여질 것입니다.

물론 이와 같이 겁내지 않는 담대함과 흔들리지 않는 굳은 확신의 가장 고귀한 형태는 요한이나 그 같은 사람에게서 볼 수 있지 않습니다. 요한이 그런 힘을 보였지만, 그의 힘의 원천이신 주님만큼 할 수는 없었습니다. 버드나무도 떡갈나무만큼 아름다움이 있습니다. 확고함은 완고함이 아니고 용기는 무례가 아닙니다. 사람이 외유내강할 수가 있는데, 이것은 에티켓을 지키는 예의바름에서 오는 것이 아니라 참된 사려 깊음과 온유함에서 옵니다. 주님처럼 "마음이 온유하고 겸손한" 사람은, 주님께서 눈 하나 깜짝하지 않고 조금도 위축됨이 없이 십자가로 나아갈 수 있었던 단호한 결심을 틀림없이 소유할 것입니다.

우리는 요한의 흔들리지 않는 확고함이 흔들렸다는 점을 또한 잊어서는 안 됩니다. 그의 확신의 청명한 하늘 위에 어느새 구름이 드리워졌습니다.

어떤 폭력으로도 신앙을 버리게 할 수 없었던 그가 지하 감옥에서 긴장을 풀고 있자 굳게 붙들고 있던 믿음이 슬그머니 빠져 나가는 것을 느꼈습니다. 그래서 요한은 "옥에서" 제자를 보내어 "오실 그이가 당신이오니이까"(눅 7:19) 라는 질문을 하였습니다. "옥에서"라는 말을 볼 때, 그가 그런 질문을 하게 될 수밖에 없음을 이해하게 됩니다.

예수 그리스도께서 바로 전율할 만한 이 순간을 기회로 삼아, 흔들리고 있는 이 선구자가 자신의 신념을 굳게 쥐고 나간 것에 대해 아낌없이 칭찬을 쏟으셨음을 잊지 않도록 해야 합니다. 이와 같이, 나침반의 바늘이 북극을 제대로 가리킬지라도, 나침반 자체가 흔들리기 때문에 바늘이 방향을 제대로 가리키지 못한다고 느낀다면, 우리는 낙심하지 말고, 주께서 인간의 연약함을 자비롭게 고려하신다는 것을 믿도록 합시다. 이 사람은 위대했습니다. 첫째로, 모레이 섭정(the Regent Moray)이 존 녹스(John Knox)의 관을 보고서 "결코 사람의 얼굴을 두려워하지 않았던 이가 여기 잠들다"고 하였는데, 사람들이 마케루스(Machaerus)의 토굴 감옥에서 머리가 없는 그의 시체를 보았다면 그 같이 말하였을 만큼, 그는 굽힐 줄 모르는 놀라운 용기와 확고함을 가졌기 때문입니다.

2. 우리가 지금 다루고 있는 이 사람의 삶에서 고귀하게 나타나는 참된 위대함의 또 다른 요소는 그의 삶이 세상의 선보다 분명히 더 높은 데 있었다는 것입니다.

그것이 우리 주님께서 칭찬하신 두 번째 요지였습니다. "너희가 무엇을 보러 광야에 나갔더냐 바람에 흔들리는 갈대냐 그러면 너희가 무엇을 보려고 나갔더냐 부드러운 옷 입은 사람이냐"(눅 7:24-25). 여러분이 왕궁을 보고자 했다면 왕궁에 갔을 것이나, 여러분은 요단강 갈대밭으로 갔다. 우리 모두가 알듯이 요한은 생활에서나 의복에서, 음식에서 그리고 추구하는 목표에서, 육신을 현혹하다가 조만간에 끝나고 마는, 인격을 저하시키는 썩어버릴 달콤함을 일체 돌아보지 않았습니다. 현저하게 그는 보이지 않는 것을 위해 살았습니다. 요한의 금욕주의는 그 시대에 속한 풍조

였지만, 그 시대가 표현한 대표적인 최고의 미덕은 아니었습니다. 그의 용기에 관해 말했듯이, 나는 그의 금욕에 대해서도 말합니다. 그리스도의 금욕은 그보다 고상한 것입니다. 온유함의 힘이 요한이 보인 힘보다 강하듯이, 오셔서 먹고 마신 인자의 극기(克己)는 요한의 금욕주의보다 뛰어납니다.

형제 여러분, 이것이 오래되고 진부한 교훈이지만 언제나 필요하고 맞는 이야기이므로, 여러분에게 이같이 권하고자 합니다. 분별없이 사치를 좋아하는 이 세대만큼 이 교훈이 필요한 때가 없으며, 우리가 살고 있는 곳과 같은 대규모 상업중심지에서만큼 이 교훈이 필요한 곳은 없습니다. 즉 참된 위대함과 고귀한 성품의 필수적인 한 가지 요소는 선지자와 설교자만이 아니라 우리 각 사람도 썩기 쉬운 천한 즐거움의 시험들을 버리고 우뚝 서서 "기쁨을 주는 것들을 비웃으며 수고로운 날들을 살아야 한다"는 것입니다. 하찮은 목표를 품고 있는 사람은 누구든지 "위대하다"는 말을 들을 자격이 없습니다. 그런데 오늘날 지성에 대한 우상숭배나, 더 나쁘게 성공에 대한 우상숭배에서는 그 사람이 대단한 능력을 가졌는가, 아니면 큰 상을 받았는가 하는 것을 내세우지만, 문제는 그것이 아니라 그 사람이 자신과 자신의 생애를 위대하게 사용했는가 하는 것입니다. 여러분의 목표가 하찮으면 여러분은 결코 위대해질 수 없을 것입니다. 그리고 여러분의 최고의 목표가 이 세상의 달콤한 것의 한 부분을 얻는 것에 불과하다면, 하나님께서 여러분에게 아무리 큰 능력을 주셨을지라도 여러분은 본질적으로 하찮은 사람인 것입니다.

성 베르나르(St. Bernard, 1090?-1153, 프랑스 성직자, 시토파의 대수도원장 — 역주)가 그런 사람을 비웃으며 든 인상적인 예가 생각납니다. 그는 세례자 요한이 박차 버린 이 같이 썩는 즐거움을 위해 사는 사람을, 몸에서 실을 뽑아내어 집을 짓지만 그것으로 잡는 것이 기껏해야 작은 파리 같은 하찮은 먹이에 지나지 않는 거미에 비유합니다. 그런 사람은 결코 위대한 인물이라 불릴 자격이 없는 것이 분명합니다. 능력보다는 목표가 우리의 성품을 결정합니다. 믿음, 소망, 박애와 같이 사람이 추구할 수 있는 위대한 것들을 간절하게 열망하는 사람들, 이 열망들을 성취하기 위해 뱀의 머리를 밟고 자기 본성 안에 있는 짐승을 억누르는 사람들, 이들이야말로 "여호와 보시기에 큰" 자들입니다.

3. 세례자 요한이 가르쳐 준, 참된 위대함의 또 다른 요소는 의를 추구하는 불같은 열정입니다.

여러분은 이 요소가 위대함과 별 상관이 없다고 생각할지 모르지만, 나는 이 열정이 위대함과 전적으로 관계가 있다고 믿습니다. 사람들 사이의 차이는 거의 대개가 이 점에서, 곧 사람들이 옳은 것들을 추구하는 열정의 하얀 열기로 타오르는가, 아니면 그 사람들에게 흥분을 일으킬 수 있는 것들과 진지하게 생각한다는 것이 고작 개인의 이익을 추구하는 보잘것없고 추한 일들인가, 하는 점에서 볼 수 있다고 생각합니다. 세례 요한의 생애 내내 어떻게 그 확고한 불이 흔들거리거나 꺼지지 않고 타올랐는지, 어떻게 요한이 지극히 도덕적인 그 사역에 비길 데 없이 고상한 열정과 열심의 불을 붙였는지에 대해서는 말할 필요가 없을 것입니다. 예수 그리스도께서 그에 대해 "요한은 켜서 비추이는 등불이라"(요 5:35)고 말씀하셨을 때, 어떻게 이 특성을 축복하셨는지를 굳이 말할 필요가 없을 것입니다. 그보다는 분명하고 실제적인 교훈, 곧 우리가 열대의 열기에서 아주 가까이에 있으면서도 계속해서 열의가 없이 미적지근한 상태로 지낸다면, 우리 중 많은 사람들이 도덕적이고 종교적인 문제들에 부딪치면 "여호와 보시기에 큰 자"가 될 기회를 완전히 잃어버릴 수 있다는 교훈을 모든 사람에게 강조하고 싶습니다. 우리는 "중용의 복"이라든지 "열광의 위험", 혹은 그와 같은 것들에 대한 이야기를 많이 듣습니다. 나는 오늘날 영국의 도덕적 양심에 가장 필요 없는 것은 냉정이라고 감히 생각해 봅니다. 그리고 무엇보다 가장 절실히 필요한 것은 모든 그리스도인들이 이 명백한 진리, 곧 종교에는 "불타는 영"(a Spirit of burning)이 필수적이며, 그래서 그리스도인들이 불로 세례를 받지 않았다면 그들이 성령으로 세례를 받았다고 믿을 만한 이유가 별로 없다는 진리를 똑바로 보아야 한다고 생각합니다.

여러분과 내 자신이 선에 대한 열심으로 타오를 수 있으면 좋겠습니다. 분명한 도덕적 행실을 열정적으로 주장하고, 매일의 생활을 통해서, 필요하다면, 그로 인해 헤롯의 옥에 갇히고 평생 헤로디아를 우리의 원수로 삼게 될지라도, 반대자를 책망함으로써 우리가 그 같은 사람임을 보일 수 있으면 좋겠습니다.

4. 끝으로 이 사람에게서 볼 수 있는 위대함의 마지막 요소, 곧 예수 그리스도 앞에서 자기를 부인하는 절대적인 겸손함을 살펴봅시다.

나는 어떤 전기(傳記)에서도 세례자 요한의 성품과 태도에서만큼 각기 다른 두 면이 아름답고 인상적으로 대비되는 것을 보지 못합니다. 한편으로 요한은 모든 사람을 당당하게 대하고 아무도 윗사람으로 인정하지 않습니다. 위협이나 아첨의 말이나 다른 어떤 것에도 시험을 받아서, 그가 넘어설 수 없는 것으로 알고 있는 한계들을 단 한 치라도 넘어선다거나 강조하는 주장들을 조금이라도 누그러뜨리는 일이 없습니다. 그런데 다른 한편으로 예수 그리스도 앞에서는 벼락 맞은 키 큰 백향목처럼 납작 엎드려 이같이 말합니다. "그는 흥하여야 하겠고 나는 쇠하여야 하리라"(요 3:30). "하나님께서 주신 바가 아니면 사람이 아무 것도 받을 수 없느니라"(3:27, 개역개정은 "하나님께서" 대신에 "하늘에서"로 번역하고 있음 — 역주). 요한은 한편으로 지극히 담대하며, 다른 한편으로 지극히 유순하고 철저히 하나님을 의지하는 사람입니다.

많은 시험 앞에서도 요한이 어떻게 그 태도를 유지하였는지 여러분은 기억합니다. 요한이 전해야 했던 메시지는 자기를 내세우는 자기본위적인 사람에게는 시험거리로 가득 찼습니다. 여러분은, 예루살렘에서 온 대표단이 그에게 스스로 생각하고 있는 것 이상의 존재라고 말하도록 설득하는 제안에 요한이 거듭 아주 거칠게 "아니다" 하고 대꾸하였고, "나는 소리로라"(요 1:23), 그것뿐이라고 하는 지극히 겸손하고 아름다운 말을 굳게 지킨 것을 기억합니다. 여러분은, 어떻게 온 민족이 공모하여 요한이 자기를 내세우게 하려고 하였고, "모든 사람들이 요한을 혹 그리스도신가 심중에 생각하였기"(눅 3:15) 때문에, 요한이 작은 불똥 하나만 떨어뜨렸다면 온 민족이 즉시 불타올랐으리라는 것을 압니다. 그리고 요한이 자신이 메시야라고 선언하였더라면, 온갖 무법하고 불안한 요소들이 기꺼이 그 주변에 몰려들었으리라는 것을 압니다. 어떻게 요한의 친 제자들이 요한에게 질투심을 일으켜서 요한이 나서게 만들려고 했는지 생각해 보십시오. "선생님, 선생님이 세례를 준 이가," 다시 말해서 선생님께서 그같이 하여 사람들이 그를 따르도록 하는 최초의 신임장을 그에게 주었는데, 그이가 "선생님을 앞질렀고 그래서 사람이 다 그에게로 가더이다"(요 3:26, 개역개정은 "랍비여 선생님이 증언하시던 이가 세례를 베풀매 사람이 다 그에게로 가더이다" — 역주) 하고 말했습니다. 그리고 여러분은 요한의 거친 성품에 뜻밖의 깊은 다정함이 있는 것을 보여 주는 사랑스런 답변을 기억합니다. "신부를 취하는 자는 신랑이나 서서 신랑의 음성을 듣는 친구가 크게 기뻐하노니 나는 이러한 기쁨으로 충만하였노라"(3:29). 요한은 예수 그리스도를 어떻게 생각하였기에 꼿꼿한 볏을 이렇게 예수님 앞에서 수그리고, 거의 비굴하다 싶을 정도로 마음을 부드럽게 하여 복종하였습니까? 요한은 예수께서 손에 키를 들고 불로써 세례를 주실 수 있는, 오실 재판장이심을 알았고, "세상 죄를 지고 가는 하나님의 어린양"이심을 알았습니다. 그래서 요한은 예수님 앞에 엎드렸던 것입니다.

형제 여러분, 우리가 예수 그리스도 앞에서 전적인 자기 부정의 모범을 따르지 않는다면 "여호와 보시기에 큰 자"가 되지 못할 것입니다. 토마스 아 캠피스(Thomas a Kempis)는 어디에선가 이렇게 말했습니다. "아찔할 정도로 높은 세상 명예를 하찮게 보고, 아무것도 아닌 것으로 생각하는 사람이 진정으로 위대하다." 여러분과 나는 세례자 요한이 예수 그리스도에 대해서 알았던 것보다 훨씬 더 많은 것을 알고 있습니다. 그러면 우리는 요한이 했던 것처럼 예수님 앞에서 허리를 굽힙니까? 요한이 위대함을 끌어낼 수 있었던 그 원천에 우리 모두도 이를 수 있습니다. 먼저 세상 죄와 우리 죄를 지고 가는 하나님의 어린양을 알아보는 것부터 시작해야 합니다. 예수 그리스도께서 어떤 분이신지, 우리를 위해 무슨 일을 하셨는지를 생각함으로 우리가 거짓 없는 복종을 할 수 있도록 합시다. 우리 자신이 중요하다고 생각하거나 가치 있다고 생각하는 모든 꿈들을 다 부셔버리도록 합시다. 하나님의 어린양을 볼 때, 오직 그때에만 마음속에서 자만심과 이기심이라는 뱀의 알들을 밟아 깨트릴 수 있습니다.

다음으로, 예수 그리스도를 가까이 하고 그의 능력을 경험함으로 예수께서 그의 모든 진실한 종들에게 세례를 베푸시는 불같은 열심이 우리 속에 불붙도록 합시다. 그리고 우리는 고귀한 즐거움을 아는 사람들이기 때문에, 저속하고 천한 즐거움을 주는 세상적인 것과 감각적인 것들의 시험을 그 불붙는 열심으로 다 물리치도록 합시다. 우리가 그리스도의 손을 굳게 잡고 있으므로, 주변에서 온통 떠들어대는 왁자지껄한 소리에 신경 쓰지 말고 튼튼하게 서도록 합시다.

나는 지금까지 남녀노소를 떠나서 우리 가운데 어떤 사람도 이를 수 없는 특성에 대해 이야기한 것이 아닙니다. "천국에서는 극히 작은 자라도" 요한보다 클 수 있습니다. "위대하다"는 소리를 듣고자 하는 것은 보잘것없는 야망입니다. "여호와 보시기에 큰 자"가 되고자 하는 것이 고귀한 소원입니다. 우리가 계속해서 예수 그리스도께 가까이 있으려고 하면, 그 소원을 달성할 수 있을 것입니다. 만일 마지막에 우리가 자기 종에게 그처럼 칭찬을 아끼지 않으신 주님으로부터 칭찬을 받는다면, 사람들이 우리를 어떻게 생각하느냐 하는 것은 별 문제가 되지 않을 것입니다. 우리가 주님의 칭찬을 받으려고 마음먹는다면, 받을 수 있습니다. 그렇게 되면 우리 이름이 세상에서 희미해지고, 사람들 가운데서 우리에 대한 기억이 사라질지라도, 그 때문에 마음이 상하지 않을 것입니다.

"그 보상으로 하늘에서 많은 명성을 얻을 것입니다."

3
마리아의 찬가

"⁴⁶마리아가 이르되 내 영혼이 주를 찬양하며 ⁴⁷내 마음이 하나님 내 구주를 기뻐하였음은 ⁴⁸그의 여종의 비천함을 돌보셨음이라 보라 이제 후로는 만세에 나를 복이 있다 일컬으리로다 ⁴⁹능하신 이가 큰 일을 내게 행하셨으니 그 이름이 거룩하시며 ⁵⁰긍휼하심이 두려워하는 자에게 대대로 이르는도다 ⁵¹그의 팔로 힘을 보이사 마음의 생각이 교만한 자들을 흩으셨고 ⁵²권세 있는 자를 그 위에서 내리치셨으며 비천한 자를 높이셨고 ⁵³주리는 자를 좋은 것으로 배불리셨으며 부자는 빈 손으로 보내셨도다 ⁵⁴그 종 이스라엘을 도우사 긍휼히 여기시고 기억하시되 ⁵⁵우리 조상에게 말씀하신 것과 같이 아브라함과 그 자손에게 영원히 하시리로다 하니라"

눅 1:46-55

새벽녘과 동틀 때, 새들이 지저귑니다. 구약 찬송가의 마지막 가락이 예수님 탄생의 서곡이 되는 것은 꼭 맞는 일이었습니다. 성육신을 믿지 않는 자들에게는 마리아와 스가랴의 찬송이 위조된 것으로 보일 것입니다. 그러나 그 찬송이 진실된 것이라면, 이보다 "자연스러운" 것은 없을 것입니다. 이 노래에서, 사람들이 이름을 알 수 없는 경건한 거짓말쟁이나 부정직한 광신자의 작품임을 보여 주는 증거로 말하는 그 특징들이 사실은 이 노래의 진정성을 확증합니다. 비평가들은 이 노래가 한나의 노래와 구약의 다른 시가서들을 많이 인용하거나 암시하고 있다는 점을 인정하면서, 이런 점들이 이 노래를 마리아의 찬송으로 받아들이는데 치명적이라고 단언합니다. 그런데 마리아가 우리 주의 어머니라고 해서, 소박한 시골 처녀가 시인이 되어야 하겠습니까? 그렇게 생각하기보다는, 마리아가 아주 잘 알고 있는 형식에 자신의 감정을 쏟아 부은 것이고, 특별히 한나의 찬송이 마리아에게 영향을 끼쳤다고 보는 것이 더 가능성 있는 일이 아니겠습니까? 오래된 옛 시들이, 마리아의 뜨겁게 타오르는 감정을 거의 본능적으로 쏟아낼 틀을 제공했고, 이 노래에 "독창성"이 결여되어 있다는 바로 그 사실이 이 노래의 진정성을 뒷받침하는 것입니다.

이와 비슷한 태도를 취하고 있는 또 한 가지 요점을 주목해 볼 수 있습니다. 즉, 이 노래가 이스라엘 사람들에게는 조상들에게 약속된 자비의 정점으로 간주되는, 그리스도 탄생의 결과들을 매우 일반적이고 다소 모호하게 그리고 있다는 사실입니다. 어떻게 자기 민족이 자기들의 메시야를 배척하고 그로 인해 멸망할 것인지를 슬픈 경험을 통해 알았다면, 이런 찬송을 쓸 수 있었겠습니까? 확실히 이 노래에서 타오르는 기대는, 이 기대를 품고 있던 때가 역사에서 나타난 그 슬픈 비극의 시기 이전이라는 것을 증거합니다. 이 노래를 보면, 마리아는 "또 칼이 그녀의 영혼을 찌르듯 하리라"(눅 2:35)는 것을 아직 거의 알지 못하고, "만세에 그녀를 복이 있다 일컬으리로다" 하는 것뿐만 아니라 "슬픔의 여자"(Our Lady of Sorrows)가 자기 이름 가운데 하나가 되리라는 것도 별로 알지 못합니다. 마리아와 우리에게 미래는 자비롭게도 베일에 가리어 있습니다. 오직 한 사람의 눈만, 십자가의 그늘이 예수님의 아주 어린 시절을 가로질러 어둡고 무섭게 뻗어 있는 것을 보았는데, 그 눈은 바로 예수님 자신의 눈이었습니다. 이런 점을 생각할 때, 예수께서 지상 생애 동안 내내 그 "목표"을 향해 나아가실 때 지니셨던 그 평온함은 참으로 놀랍습니다!

이 찬송은 때로 네 연(聯) 혹은 네 단락으로 나뉩니다. 첫째, 경건한 정서의 표현(46-48절 상반절), 둘째, 이 정서를 일으키는 놀라운 사실(48절 하반절-50절), 셋째, 그 사실의 결과들(51-53절), 넷째, 이 사실이 이스라엘에게 약속의 성취가 되는 면이 그것입니다. 이 구분이 생각의 흐름에 맞는 것은 분명하지만, 다소 너무 인위적으로 우리의 목적에 맞추는 것일 수도 있습니다. 그보다 우리는 이 노래의 앞부분에서는 개인적인 요소가 나타나지만, 뒷부분에서는 그 요소가 완전히 사라지고 이 온유한 시인이 하나님의 능하신 행사들만을 보고 찬송하는 것을 볼 수 있습니다. 이 두 면의 교훈들을 생각해 보는 것이 좋을 것입니다.

1. 좀 더 개인적인 부분은 50절 끝까지 연장됩니다.

이 구절들에 세 부분 혹은 세 연(聯)이 있는데, 이 가운데 두 연은 각각 두 절로 이루어졌고 세 번째 연은 세 절로 이루어졌습니다. 첫 번째 연은 46절과 47절인데, 엘리사벳이 나와서 하는 인사말을 듣고서, 마리아가 천사의 고지(告知)가 틀림없는 것을 확인하였을 때 생긴 기쁨을 순전히 개인적으로 표현한 것입니다. 천사 가브리엘이 말했을 때가 아니라 자기와 같은 한 여자가 자기를 "내 주의 어머니"라고 불렀을 때 마리아가 찬송을 드리기 시작하였습니다. 여기에 깊은 진리가 있습니다. 하나님의 목소리가 사람의 입술을 통해서 메아리칠 때 우리 약한 마음에 더 확신이 생기고, 우리의 소망을 다른 사람도 똑같이 품고 이야기하는 것을 들을 때 그 소망이 더욱 확실해집니다. 마리아가 자신의 "영혼"과 "마음"에 대해 이야기할 때, 우리는 나사렛 출신의 이 처녀에게 철학적 정확함이 있다고 생각할 필요가 없습니다. 이 노래의 처음 몇 마디는 마리아가 다소 의아하게 생각하면서 뛸 듯이 기뻐하며 온 마음을 담아 터트리는 찬송입니다. 도무지 잠자코 있을 수가 없고, 말을 쏟아내야 마음이 시원해질 것 같은 심정에서 하는 말입니다. 이 말들을 심리학 논문에나 적용해야 맞을 정확성의 기준에서 보아서는 안 됩니다. 마리아 "속에 있는 모든 것"이 찬송하고 기뻐하는 것입니다. 마리아는 그 엄청난 사실을 생각하기보다는 말할 수 없이 기쁜 자신의 마음과, 그 마음이 향하는 하나님을 생각하는 것입니다. 여기에는 경건한 영혼이 자기에게 복된 평온함을 가져다주는 선물보다는 복된 평온함과, 평온함의 원천이신 하나님을 깊이 생각하는 분위기가 있습니다. 여기에서 두 가지 행동, 곧 찬미하는 일과 기뻐하는 일에 주목할 필요가 있습니다. 우리는 하나님의 본질적인 위대하심이 나타나는 완전한 범위에서 단편적인 어떤 것을 볼 때, 혹은 우리의 도움으로 다른 사람들이 하나님의 위대하심의 한 단면을 보게 될 때 하나님을 찬미합니다. 사람들에 대한 하나님의 모든 조치는 우리가 하나님을 더 고귀하게, 말하자면 더 합당하게 생각하도록 하려는 것입니다. 하나님의 복된 위대하심을 더 충분히 알게 되면, 결국 하나님을 기뻐하게 되는데, 이 기쁨은 춤출 때와 같이 영혼을 뛰게 만드는 기쁨입니다. 여기서 "기뻐하다"는 말의 의미가 그런 것입니다. 그리고 그것은 또한 조용하고 깊은 기쁨입니다. 여기서 하나님의 이름을 두 가지로, 곧 여호와(개역개정은 "하나님" — 역주)와 구주로 부르는 것에 주목할 필요가 있습니다. 마리아는 겸손히 순종하는 가운데 머리를 숙이고, 겸손히 구원의 필요를 느껴 올려다보며, 하나님에게서 하나님의 위엄과 은혜를 보고 찬미하며 또한 크게 기뻐합니다.

48절은 전자와 같이 두 절로 이루어져 있는데, 사고가 두 번째로 전환되는 곳입니다. 이 구절에서 마리아는 자신이 받은 큰 선물을 큰 기쁨으로 바라보지만, 이 찬송 전체를 통해서 한 번도 직접적으로 이 선물을 지적하지 않고 처녀로서의 조신함을 유지합니다. 여기서 개인적인 요소가 더 강하게 나타납니다. 그러나 "비천함"이 전면에 나타나고, 만세에 모든 사람들이 자기를 축복할 것을 확언하기에 앞서 자신의 비천함을 이야기하는 것은 아름다운 일입니다. 이 구절 전체는 놀라운 영예가 그처럼 비천한 자기에게 임한 사실에 의아해서 중얼거리는 것과 같습니다. 그리고 이 구절 하반절에 나오는 "보라"는 말은 놀라서 외치는 소리입니다. 한결 같이 온유한 태도로 확고한 순종을 보이는 가운데 마리아는 자신을 "여호와의 여종"이라고 생각합니다. 마리아는 아주 겸손하게 자신의 "낮은 신분"(개역개정은 "비천함" — 역주)을 생각하고, 어떻게 하나님께서 자기같이 아무도 모르는 가난한 시골 처녀를 찾으셨는가, 의아하게 생각합니다. 순수한 마음은 명예를 얻으면 겸손해집니다. 장차 누릴 명성에 마음이 현혹되어 모든 것의 원천이신 하나님을 보지 못하는 일이 없습니다. 궁벽한 곳에서 지내던 소박한 처녀가 자기 이름이 복이 있다고 세상 끝날까지 일컬어지리라는 확신이 번쩍하고 마음에 한 번 스쳤고, 그 다음에는 이같이 자신의 명예를 겸손하게 하나님의 발 앞에 내려놓는 것을 생각해 보십시오. 모든 영예와 존귀를 받는 법을 가르쳐 주는 놀라운 교훈이 아닐 수 없습니다!

 49절과 50절이 이 부분의 끝을 이루는데, 여기에는 세 구절이 들어 있습니다. 이 부분에서는 개인적인 요소들이 사라지고 오직 하나님의 놀라운 행사에 나타난 하나님의 성품만을 생각합니다. 사실 이 부분은 49절의 "내게"라는 말로 앞부분과 연결됩니다. 그러나 주요 주제는 성육신 안에서 빛나는 한 광선으로 합쳐진, 세 가지 거룩한 영광에 대한 새로운 계시인데, 이 계시는 마리아에게 국한된 것이 아닙니다. 능력, 거룩함, 영원한 자비가 모두 여기에 나오는데, 마리아가 노래할 때 알았던 것보다 깊고 놀라운 형태로 나옵니다. 그 가사들은 주로 구약에서 인용된 것이지만 새롭게 적용되고 새로운 의미를 띱니다. 마리아의 기대도 그 능력이 약한 가운데 나타나고, 그 거룩함은 지극히 애정 어린 동정과 용서하는 사랑과 조심스럽게 뒤섞이며, 그 자비는 모든 세대에 "두려워하는 자에게" 미칠 뿐만 아니라 그 자비로 인해 하나님과 화목하게 될 반역자들에게도 미치게 되어 있는 현실에서는 많이 어긋났습니다. 마리아는 부분적으로 희미하게 보았을 뿐입니다. 우리는 거룩한 완전성의 모든 광선이 "아버지의 영광의 광채"이신 그 아들 안에서 하나로 합쳐지고 그 아들로부터 나와 온 세상으로 흘러들어가는 것을 더 분명히 봅니다.

2. 이 노래의 두 번째 부분은, 메시야의 오심에 따른 역사적 결과들에 대한 예측을 서정적으로 표현한 것인데, 노래하는 사람이 구약 예언의 선율들 가운데서 즉시 사용할 수 있는 형태로 표현한 것입니다.

 히브리 시의 특징들, 곧 대구법과 대조, 매우 기뻐하는 운율은 전반부보다 여기에서 더 뚜렷하게 나타납니다. 51-53절의 주요 사상은 메시야가, 권세 있는 자를 내던지고 비천한 자를 높이는 혁명을 일으키리라는 것입니다. 이 사상이 세 가지 대구(對句)들을 통해서 제시되는데, 그 가운데 첫 번째 대구는 앞 구절에서 한 부분이 이어진 것이 틀림없습니다. "하나님을 두려워하는" 자들이 "마음의 생각이 교만한 자들"에게 반대를 받습니다. 마리아는 이들을 하나님과 하나님의 기름 부으신 자를 대적하는 군대로 생각합니다. 그래서 "흩으셨고"라는 말이 시로서 큰 힘을 얻으며, 시편 2편과 110편 같이 메시야가 전사로 나오는 많은 시들을 생각나게 합니다.

　다음의 대구(對句)에서는 그 대립이 사회적 신분의 대비로 나타납니다. 이 대비에서는 "헤롯 왕"과 노래하는 자가 속해 있는 다윗의 쇠락한 가문을 한 번 힐끗 보는 흔적을 찾아볼 수 있습니다. 하지만 그 의미를 거기에 국한시켜서는 안 됩니다. 세 번째 대구(對句)는 가난과 부의 모습을 가지고 동일한 대립을 표현합니다. 마리아가 이런 대비를 순전히 영적인 것으로 보았다고 생각해서는 안 되고, 또 순전히 물질적인 면으로 보았다고 생각해서도 안 됩니다. 틀림없이 마리아는 주리는 자와 비천한 자라는 말이 주로 의미하는 것이 자신의 압박받는 민족이라고 생각했을 것입니다. 그러나 이스라엘의 모든 경건한 영혼과 마찬가지로 마리아도, 메시야가 존귀하게 하고 배부르게 하실 비천함과 굶주림은 약함과 죄를 의식하고, 그래서 세상이 줄 수 있는 것보다 더 고귀한 선과 음식을 간절히 바라는 영의 상태를 의미한다는 것을 틀림없이 알았을 것입니다. 마리아는 이미 많은 시편과 선지자의 글로부터 그만큼 많은 것을 배웠습니다. 시편기자와 선지자를 감화하셨던 성령께서 비천하지만 이제 기뻐하는 마리아의 마음에 그같이 많은 것을 말씀하셨습니다. 그러나 미래가 그녀에게 이같이 폭넓게 개략적으로만 계시되었을 뿐입니다. 방법과 시간에 대한 세부적인 내용은 여전히 백지 상태였습니다. 마리아가 예언한 이 대강의 진리는 그리스도께서 오심으로 일어나는 뚜렷한 역사적 결과들 가운데 하나로 남아 있고, 또 하나님의 은사를 받는 보편적인 조건이기도 합니다. 예수 그리스도는 지금까지 세상에서 가장 혁명적인 힘이셨고, 지금도 그러하십니다. 그리스도가 없으면, 사회는 진리에 역행하는 원칙들 위에 형성됩니다. 그래서 예수님을 떠난 세상이 뒤집혀 있으므로, 그리스도 복음의 사명은 세상을 다시 뒤집어서 바른 면을 다시 위로 오게 하는 것입니다. 어떤 것이든 그리스도께로부터 오는 것을 받을 수 있는 조건은 자신이 비어 있고 궁핍하다는 것을 겸손하게 인식하는 것입니다. 왕위에 있는 군주들이 그리스도께 올 때 누추한 집에 사는 거지가 하듯이 꼭 그런 태도로 그리스도께 온다면, 그들은 아마도 왕위에서 계속 지내도록 허락을 받을 것입니다. 부자가 마치 가난하고 모든 것이 궁핍한 사람처럼 그리스도께 온다면, 그를 "빈손으로 보내지" 않을 것입니다. 그러나 그리스도는 차별 대우 하시는 분이십니다. 마리아가 얘기하기 오래 전에 선지자가 이같이 말하였습니다. "상한 자를 내가 싸매 주며 병든 자를 내가 강하게 하려니와 살진 자와 강한 자는 내가 없애고 정의대로 그것들을 먹이리라"(겔 34:16).

이 시의 마지막 연(聯)은 하나님께서 옛적에 하신 자신의 약속을 신실하게 지키신다는 것과, 메시야를 통해서 이스라엘을 도우시는 점을 찬양합니다. 이스라엘을 "그 종"이라고 부르는 것은 이사야의 후반부 예언에서 자주 볼 수 있는 이름을 생각나게 합니다. 마리아는 자기가 낳을 아들의 탄생이라는 기이한 일에서 만대의 소망의 성취와 그 백성의 영원한 기업으로서 하나님의 자비에 대한 보증을 봅니다. 우리는 마리아가 이스라엘을 혈통으로 보지 않고 성향으로 보아야 한다는 것을 얼마만큼 깨달았는지 알 수 없습니다. 그러나 아무튼 마리아는 자기 아들을 그의 백성이자 그녀의 백성인 자들이 거절하리라는 엄숙한 사실까지 알 수는 없었습니다. 이 노래가 예고하는 아침에 아직은 그림자가 전혀 드리워져 있지 않습니다. 마리아는 하늘을 휩쓸고 지나갈 천둥과 파괴의 어두운 그림자를 몰랐습니다. 그 끝은 아직 오지 않았습니다. 우리는 저녁이 아침의 약속을 이룰 것이고, "온 이스라엘이 구원을 받으리라"(롬 11:26)는 것을 여전히 믿어야 하고, 옛적부터 아브라함과 조상들에게 약속된 자비가 마침내 이루어져 영원히 그들의 후손과 함께 거할 것을 믿어야 합니다.

4
스가랴의 찬송

"⁶⁷그 부친 사가랴가 성령의 충만함을 받아 예언하여 이르되 ⁶⁸찬송하리로다 주 이스라엘의 하나님이여 그 백성을 돌보사 속량하시며 ⁶⁹우리를 위하여 구원의 뿔을 그 종 다윗의 집에 일으키셨으니 ⁷⁰이것은 주께서 예로부터 거룩한 선지자의 입으로 말씀하신 바와 같이 ⁷¹우리 원수에게서와 우리를 미워하는 모든 자의 손에서 구원하시는 일이라 ⁷²우리 조상을 긍휼히 여기시며 그 거룩한 언약을 기억하셨으니 ⁷³곧 우리 조상 아브라함에게 하신 맹세라 ⁷⁴우리가 원수의 손에서 건지심을 받고 ⁷⁵종신토록 주의 앞에서 성결과 의로 두려움이 없이 섬기게 하리라 하셨도다 ⁷⁶이 아이여 네가 지극히 높으신 이의 선지자라 일컬음을 받고 주 앞에 앞서 가서 그 길을 준비하여 ⁷⁷주의 백성에게 그 죄사함으로 말미암는 구원을 알게 하리니 ⁷⁸이는 우리 하나님의 긍휼로 인함이라 이로써 돋는 해가 위로부터 우리에게 임하여 ⁷⁹어둠과 죽음의 그늘에 앉은 자에게 비치고 우리 발을 평강의 길로 인도하시리로다 하니라 ⁸⁰아이가 자라며 심령이 강하여지며 이스라엘에게 나타나는 날까지 빈 들에 있으니라 "

눅 1:67-80

사가랴는 믿지 않았을 때에는 말을 하지 못하였습니다. 그러다가 믿자 입이 열렸습니다. 사가랴는 구약의 선지자들 가운데 마지막 선지자입니다. 그의 노래는 메시야에 가장 가까이 있는 것으로서 모든 과거의 메아리를 모아서 환희에 찬 소망의 새로운 노래로 녹여냅니다. 이 노래는 마리아의 노래보다 더 열정적이고 "우리 원수"에 대한 승리로 맥박이 치지만, 단순히 애국적인 것에 지나지 않는 열심을 초월하여 영적인 영역으로 나아갑니다. 자기 아들 요한을 거의 괄호처리 하듯이 가볍게 언급하는 데서 볼 수 있듯이, 개인적인 요소는 완전히 복종시키는 것이 매우 주목할 만합니다. 이 경건한 이스라엘 사람은 자신이 요한의 아버지라는 사실을 의식하지 않습니다. 이 노래는 다음의 세 부분으로 나눌 수 있습니다. 첫째 부분(68-75절)은, 메시야의 오심을 찬양하며, 그로 말미암아 이스라엘이 그 원수로부터 자유롭게 되는 것을 특별히 언급합니다. 둘째 부분(76,77절)은 아직 의식이 없는 자기 "아이"에 대한 매우 극적인 인사말이 나옵니다. 세 번째 부분(78,79절)은, 다시 메시야에 대한 생각에 열중하는데, 이번에는 메시야가 어둠 가운데 앉아있는 모든 사람에게 빛으로 오는 사실의 더 고귀한 면들을 다룹니다.

1. 이스라엘이 외국의 속박 아래서 대부분의 시기를 신음하며 보낸, 서글픈 400년의 세월이 이 마지막 선지자에게까지 이어져왔고, 그 기간 동안 내내 경건한 사람들은 약속된 메시야가 오시기를 눈이 빠지게 기다렸다는 것을 기억한다면, 우리는 그의 찬송에서 이제 마침내 그 때가 왔고, 하나님의 그 약속을 이루고 희미해져가는 소망을 성취시킬 아이가 곧 태어날 것이라는 생각에 사가랴의 마음을 가득 채운, 갑작스럽게 찬송을 부르지 않을 수 없는 놀라움과 환희를 조금은 이해할 수 있을 것입니다.

　이 노래의 첫 마디에 "이스라엘의 하나님"에 대한 찬송을 터트리는 것은 당연한 일입니다. 오랫동안 마음에 품어 왔던 소원이 마침내 곧 성취되려고 할 때, 그 기쁨에 대한 최고의 표현은 하나님께 감사드리는 것입니다. 기다리는 시간이 지나갔을 때는 그 시간이 얼마나 짧게 느껴지고, 기다리는 것을 힘들게 만들었던 조급함이 얼마나 쓸데없이 느껴지는지 모릅니다! 사가랴는 그 사실이 이미 실현된 것처럼 말합니다. 사가랴는 성육신이 성취되었다는 것을 틀림없이 알았을 것입니다. 왜냐하면 우리는 "돌보사 속량하시며 일으키셨으니"(hadth visited, hath redeemed, hath raised)라는 눈에 띄는 시제(時制)들이 예언적인 것이고 단지 미래 사건의 확실성을 암시하는 것이라고 생각할 수 없기 때문입니다. 그는 틀림없이 마리아가 왕의 혈통이라는 것도 알았을 것입니다. 스가랴가 "다윗의 집"을 이야기하고 있기 때문입니다.

구원의 "뿔"은 짐승에게서 취한 상징으로 힘을 뜻합니다. 여기서 이 단어는 여러 예언을 생각나게 하고, 메시야를 가리키는 명칭으로서 메시야의 정복하는 힘을 표시하는데, 모두 그의 백성에 대한 구원을 나타나는데 사용되는 말입니다. 사가랴가 본 이상(異象)은 선지자들이 오랫동안 예언한, 다윗 혈통의 승리 왕에 대한 것입니다. 그는 로마인이든지 이두매인이든지 외국의 압제자로부터 이스라엘을 해방시키고, 하나님께서 그를 통해 친히 "그 백성을 방문하여(개역개정은 "돌보사" — 역주) 속량하실" 분입니다. 하나님의 방문에는 두 가지가 있습니다. 하나는 자비를 위한 것이고, 다른 하나는 심판을 위한 것입니다. 이 표현이 거의 후자의 의미로만 사용되었다는 사실이 사람들의 양심이 얼마나 악한지를 은연중에 보여줍니다! 71-75절에서, 메시야적 구원의 개념이 확장되고 발전합니다. "구원"이라는 말은 개역성경(the Revised Version)에서와 같이 "구원의 뿔"과 동격이며, 그 설명으로 보는 것이 가장 좋은 해석입니다. 이 구원에는 여러 결과가 따르는데, 그 결과들은 구원을 보내시는 하나님의 목적으로도 볼 수 있습니다. 그 결과는 다음의 세 가지입니다. 첫째, 이스라엘의 죽은 조상들에게 긍휼을 베푸시는 것입니다. 그것이 두드러진 개념으로, 죽은 자들이 평온한 안식을 취하는 가운데서 메시야의 오심을 함께 기뻐하고, 메시야가 가져오는 복을 함께 누리는 것으로 그리고 있습니다. 우리가 이 표현을 지나치게 강조해서는 안 되지만, 그것을 단순히 시나 상상이 아니라 그 이상으로 보아야 하는 것은 확실합니다. 그 다음 결과는, 하나님께서 자신의 약속을 기억하는 것입니다. 다른 말로 하면 하나님께서 자기 약속을 성취하시는 것입니다. 마지막 결과는, 구원받은 그 민족이 하나님을 섬기리라는 것입니다. 사가랴와 같은 경건한 사람들이 볼 때, 외적인 구원은 목적을 이루는 수단으로서 귀중합니다. 정치적 해방은 하나님을 섬기는데 필요하였고, 그 목적으로 이끄는 것으로서 주로 가치가 있었습니다. 이 찬송은 단순한 외국의 속박에 대한 조급함을 훨씬 뛰어넘습니다. "주의 앞에서 두려움이 없이 섬기는 것", 구속받은 백성이 하나님을 예배하는 것, 이것이 사가랴가 생각한 메시야 시대의 이상(理想)입니다.

사가랴가 제사장의 "봉사"에 대한 말을 사용하는 것에 주목할 필요가 있습니다. 제사장인 그는 최초의 헌법에 의해 모든 이스라엘이 제사장 나라였다는 것을 잊지 않았습니다. 그는 그처럼 빨리 실행되지 않았던 그 이상이 마침내 성취될 것을 생각하였고, 아마도 보편적 제사장제도가 임하면 자신의 직임이 폐지될 것도 생각했을 것입니다. 그는 자신이 노래한 진리들이 얼마나 깊은 내용을 담고 있는지 몰랐습니다. 그로서는 그리스도께서 오셔서 우리 원수의 손으로부터 우리를 위해 행하시는 구원의 목적을 이보다 낫게 설명할 수 없었습니다. 우리는 구속받았기 때문에 하나님 앞에 제사장이 될 수 있습니다. 제사장으로서 우리의 봉사는 "성결과 의"로 하나님께 드리고 모든 의무를 이행하는 것이 되어야 합니다. 그 봉사는 일 년에 겨우 두 주간밖에 시행되지 않고, 성소 안에서 더 지낼 수도 없었던 사가랴의 봉사처럼 중단되거나 임시적인 것이 되지 않고, 우리 평생에 경건한 활동과 감사의 제사로 가득 차게 될 것입니다. 이 찬송이 처음에는 메시야의 구원을 단지 외적인 것으로 보는 생각으로 시작하였을지라도, 여기에서는 그 위로 높이 서고 그 생각을 초월하여 아주 멀리까지 날아오르려고 합니다. 앞으로 지혜 있는 자들이 일어날 것을 예고하고, 아직 태어나지 않은 그리스도께 헌물을 드린, 제사장이자 선지자인 사가랴에게서 우리는 기독교의 구원이 무엇이고, 우리에게 구원을 주신 목적이 무엇인지를 배울 수 있습니다.

2. **아무것도 모른 채 어머니 품에 안겨 있는 어린 아기에게 하는 무뚝뚝한 이 인사말에 아주 생생하고 주목할 만한 것이 있습니다.**

당시의 사가랴와, 그를 기다리고 있는 직무, 잠시 아이에 대해 생각할 겨를도 없이 아이가 장차 여호와 앞에서 선구자로서 행할 것을 서둘러 상상해 보는 아버지로서의 놀라움과 기쁨, 요한의 사역에 대한 선지자로서 심오한 통찰, 이 모든 것이 주목할 만합니다. 세례자 요한은 참된 "구원"은 단지 로마의 속박으로부터 구출 받는 데서 찾아서는 안 되고 "죄사함"에서 찾아야 한다고 가르침으로 "그 길을 준비"하였습니다. 이렇게 세례자 요한은 구원이 베풀어지리라는 사실을 알렸다는 의미에서 "구원의 지식"을 주었을(개역개정은 "구원을 알게 하리니"— 역주) 뿐만 아니라 구원이 무엇인지를 분명하게 가르쳤다는 의미에서도 구원의 지식을 주었습니다. 요한은 그 시대의 떠들썩하고 불순한 애국자들이라면 빗대서 이야기했을 반란의 선동자가 아니었고 회개의 전파자였습니다. 그의 할 일은 양심으로 죄를 깨닫게 하고, 그럼으로써 진정으로 사람을 속박하는 유일한 멍에인 죄에서 구출하는 구원을 간절히 바라게 만드는 것이었습니다. "흠이 없는" 사가랴는 자기 민족의 참된 속박이 무엇인지, 그리고 구원자와 그의 선구자의 할 일이 필연코 어떤 것인지를 알았습니다. 우리에게 조금이라도 유익을 줄 수 있는 유일한 구원과 구출은 사죄와 거룩함에 의해 죄의 끈을 끊어버리는 것이라는 진리를 우리는 끊임없이 생각할 필요가 있습니다.

3. **선구자와 그의 직무에 대한 생각은 사라지고 사가랴가 잠시 언급을 미루었던 메시야의 복에 대한 생각이 나타났습니다.**

이 마지막 말에서 우리는 이 찬송의 전반부에 나타나는 민족적인 한계에서 벗어나는 그리스도의 선물의 원천과 본질적인 성격, 복된 결과가 고상한 비유로 표현되는 것을 봅니다. 우리는 마음에 있다고 생각하는 감정의 자리를 사가랴가 구약의 은유에 맞게 그 위치를 배정하듯이, 모든 것은 "우리 하나님의 긍휼의 내장"(개역개정은 "우리 하나님의 긍휼"이라고만 되어 있음 — 역주)에서 나옵니다. 전통적으로 생각하는 정교함의 개념에서 볼 때, 이러한 히브리적 개념은 조악합니다. 그러나 감정의 자리를 이같이 배치하는 개념은 우리 서양의 개념만큼이나 정교합니다. 우리는 온갖 일들을 일으키는 비밀한 원천을 이보다 더 아래로, 안으로 깊이 파고들어 갈 수 없습니다. 즉 모든 것의 근본 원인, 그리고 무엇보다 특별히 그리스도의 사명의 근본 원인은 하나님의 불쌍히 여기는 사람의 마음입니다. 우리가 이 사실을 굳게 붙잡으면, 세상의 수수께끼로부터 겪는 고통이 지나가고, 수수께끼가 절반 이상은 풀립니다. 예수 그리스도는 하나님의 그 사랑에서 나오는 가장 큰 선물입니다. 바로 이 선물에 하나님의 지극히 부드럽고 강력한 사랑이 우리의 복을 위해 집중되어 있습니다.

현대의 문명 세계에서 이루어지는 활동의 대부분은 기독교의 소생시키는 영향력에 힘입은 바 큽니다. 돋는 해가 우리를 찾아오는 것은 우리에게 빛을 비추기 위함이며, 우리를 "평강의 길"로 인도하기 위함입니다. 그리스도께서 찾아오시고 빛을 비추시는 이 모든 활동은 우리가 하나님과 화목하게 되고, 그래서 우리 자신이 모든 인류와 화목하게 될 길로 인도하시도록 하기 위한 것이라는 점만큼, 그리스도의 사명을 폭넓고 정확하게 기술하는 말은 없을 것입니다. 구약에서 "평강"은 사람들이 알고 있는 행복에 필요한 모든 것의 총계를 나타내는데 사용됩니다. 우리는 하나님과 외부 세계에 대한 우리의 모든 관계가 제대로 되어 있을 때, 우리의 내적 존재가 자신과 조화를 이루고 적합한 대상들로 채움을 받을 때에만 안식을 누립니다. 하나님을 우리 친구로 알고, 우리 자신이 하나님 안에서 안정되고 만족하게 지내며, 그래서 모든 환경과 화해하고 모든 사람들의 친구가 되는 것, 이것이 평강입니다. 그 같이 복된 상태에 이르는 길은 의의 태양만이 비추어 보여줄 수 있습니다. 이 의의 태양은, 사막에서 헤매다가 밤을 맞은 사람의 어둠과 무감각에 빛을 비추기 위해 하나님께서 사랑의 마음으로 보내신 분입니다. 민족에 대한 언급이 노래에서 희미해졌습니다. 노래에서 여전히 "우리에게," "우리의"라는 말을 하고 있지만, 사가랴가 그리스도께서 가져올 구원을 세상적인 멍에를 깨트리는 것으로 좁게 생각하기보다는 더 깊게 보았고, 그리스도의 구원이 온 세상으로부터 몰아낼 음산한 어둠의 전 범위에 미치는 것으로 보지 못하고 좁은 영역에 제한하기보다 그 영역을 더 넓게 보고 가치 있게 판단했다는 것은 의심할 수 없는 사실입니다.

5
위로부터 임하는 돋는 해

"이로써 돋는 해가 위로부터 우리에게 임하여
어둠과 죽음의 그늘에 앉은 자에게 비치고
우리 발을 평강의 길로 인도하시리로다"
눅 1:78, 79

새벽이 왔음을 새들의 지저귀는 소리가 알리듯이, 의의 태양이 뜰 것이 노래로 예고되었습니다. 마리아와 사가랴는 아직 태어나지 않은 그리스도에게 찬양을 드리고 환영하였으며, 천사들은 그리스도의 요람 위에서 천상의 음악을 불렀고, 시므온은 아이를 안고 축복하였습니다. 이 찬양대 가운데 있는 사람들은 적어도 시편기자요 선지자로, 최초의 기독교 가수들로 볼 수 있습니다. 본문이 들어 있는 사가랴의 노래는 구약의 암시들로 가득하고 구약의 정신이 깃들어 있지만 구약을 초월합니다. 이 노래의 전반부에서는 순전히 민족적인 성격이 두드러지고, 메시야의 오심을 주로 이스라엘을 외국의 압제로부터 해방하는 구원자가 오는 것으로 알고 환호합니다. 물론 여기에서도 그들의 구원을 목적을 이루기 위한 수단으로 주로 생각하는데, 그 목적은 제사장이며 선지자인 사가랴가 말하기에 합당한 것으로, 온 민족이 "종신토록 성결과 의로" 섬기는 제사장적 봉사를 가리킵니다.

그러나 노래의 후반부에 와서는, 노래하는 사람이 자기 아이에 대해 우발적으로 가볍게 언급하는 것이 중간에 삽입되지만, 노래 자체는 민족적인 제한들을 훨씬 초월합니다. 이 노래는 그런 한계들 위로 높이 날아서 바로 그리스도 사역의 핵심을 찌릅니다. "돋는 해가 위로부터 우리에게 임하여 어둠과 죽음의 그늘에 앉은 자에게 비치고 우리 발을 평강의 길로 인도하시리로다." 그리스도께서 오시는 사명과 그 결과를 이보다 깊고 넓고 참되게 말할 수는 없을 것입니다. 그래서 우리는 본문에 나오는 것들 가운데 그리스도와 그의 사역과 관계가 있는 세 가지, 곧 어둠, 돋는 해, 길을 인도하는 빛에 대해 생각해 보도록 합시다.

1. 어둠.

사가랴는 마지막 선지자이며 구약 성경에서 그의 모든 신앙생활의 자양을 섭취한 사람이기 때문에 이 노래에서 거의 전적으로 구약적인 어법으로 말합니다. 그래서 "어둠과 죽음의 그늘에 앉은 자"라는 그의 묘사는 이사야서에 나오는 위대한 말을 거의 그대로 인용한 것입니다. 이사야 선지자는 그리스도의 오심에 대한 예언과 직접 관련해서 "흑암에 행하던 백성" 혹은 "사망의 그늘진 땅에 거주하던 자"에 대해 이야기합니다. 그들에게 "빛이 비치었다"고 말합니다.

이 노래에서 그리고 있는 그림은 이것입니다. 길을 가다 밤을 맞아 어쩔 줄 모르며, 함정과 벼랑, 들짐승, 원수들이 무서워 앞으로 나가지 못하고 어둠 속에서 한쪽으로 몰려 있는, 그래서 낮이 오기를 기다리며 그때까지 어쩔 수 없이 가만히 있어야 하는 여행자들 무리에 대한 모습입니다. 이것은 예수 그리스도를 떠나 어둠 속에 앉아 있는 인류를 그린 그림입니다. 그 궁극적이고 본질적인 어둠의 그늘이 사망이 될 만큼, 어둠이 너무도 깜깜하고 비극적인데, 사람들이 가야할 길을 찾지 못하고 앞으로 나가기를 두려워하며 속수무책으로 어둠 속에 앉아 있다는 것입니다.

온 세상에 퍼져 있는 어둠은 세 가지를 상징하는데, 곧 무지와 죄의 더러움과 슬픔입니다. 예수 그리스도에게서 떨어져 있거나 예수님의 빛을 아직 받지 못한 사람들은 모두 이 세 가지 저주를 받고 있는 것이라고 본문은 말합니다.

  무지에 대해 생각해 봅시다. 예수 그리스도를 떠나서, 세상이 보이지 않는 것들을 어떻게 생각하였고, 그리고 신이 있다면 세상에 거주할 수 있는 하나님에 대해 어떻게 생각해왔는지 한 번 생각해 보십시오. 사람들은 신을 거대한 우연, 거대한 공포, 거대한 수수께끼, 냉혹한 운명으로, 감정도 없고 속성도 없으며 들을 귀도 없는 "순수한 존재는 순순한 무와 같다"는 철학의 대가 헤겔의 절망적인 말에 따를 때, 실재하지 않음에 가장 가까이 있는 존재로 생각해 왔습니다. 그런데 모든 사람이 다 그와 같이 우울한 추상 작용의 고지에 오르는 것이 아닙니다. 그리스도와 그의 가르침을 떠나서, 사람들이 마음에 사랑과 동정을 품고서 우리에게로 오는 신적 존재를 얼마나 확신할 수 있으며, 그런 개념을 얼마나 분명하게 가질 수 있겠습니까! 교양이 높은 사람들에게서 그들이 예수 그리스도 덕분에 갖게 된 하나님의 지식을 제거한다면 무엇이 남겠습니까? 오늘날 많은 사람들이 올라갈 때 사용한 사다리를 걷어 차버렸습니다. 사람들이 하나님의 개념들을 갖게 된 것이 그리스도 덕분인데, 그들 중 어떤 사람들이 이제는 예수께서 하나님이심을 부인합니다.

  하나님에 대한 무지, 사람 자신과 자신의 가장 깊은 의무에 대한 무지, 엄숙한 미래에 대한 무지가 있습니다. 대부분의 사람들이 이 무지들을 분명히 알고 있지만, 그 무지를 해결하는 방법에 대해서는 깜깜할 뿐입니다. 이런 점들이 세상을 감싸고 있는 어둠의 요소들입니다. 예수 그리스도에게서 정점에 이르는 계시 밖에서, 사람들이 무엇을 아는지 알고 싶다면, 이교도들에게 가 보십시오. 우리 삶의 빛이요 아름다운 주이신 그리스도에게서 비켜 서있는 친구들이여, 용기를 내어 자신에게 물어보십시오. 확실하게, 내가 감각과 외적 인식을 통해서 아는 것보다 확실하게 아는 것이 무엇입니까? 내가 하나님에 대해 알고 있는 것 가운데 예수 그리스도에게서 오지 않은 것이 무엇입니까? 아무것도 없습니다. 여러분은 많은 것을 추측할 수 있고, 조금 희망을 가질 수 있으며, 많은 것을 두려워하고, 무엇보다 많은 의문을 가질 수 있지만, 결국 아무것도 알지 못할 것입니다.

그 다음에, 더 나아가서 이 엄숙한 상징은 죄의 더러움을 나타냅니다. 그리고 자신의 심정을 살펴보기만 해도, 우리가 아주 깜깜한 지역에 산다는 것, 즉 누구나 다 죄라고 여기는 추악한 범죄에 의해 어두워진 것은 아니라 할지라도, 눈에 띄지는 않지만 이기심과 자신만을 위해 사는 태도에 의해 더 교묘하고 종종 더 절망적으로 어두워진 지역에 산다는 이 사실이 우리 모두에게 참으로 해당된다는 사실을 충분히 알 수 있습니다. 죄의 더러움은 어디에서 오든지 간에 마치 유독한 늪지에서 슬그머니 다가와 별과 하늘을 가리고 온 땅을 우울한 휘장으로 덮는 안개와 같습니다. 그것은 안개처럼 하얗지만 독이 있습니다. 그것은 하얗지만 어둠과 똑같습니다. 십계명을 범하는 것과 다른 죄들이 있습니다. 누구나 다 죄라고 인정하는 것과 다른 죄들이 있습니다. 가장 유해한 독은 맛이 없고, 색깔이 없는 가스는 치명적인 파괴력이 있습니다. 삶에서 사람들이 죄로 여기는 것이 전혀 없고, 양심이 교육받은 대로 수치스럽게 생각할 것이 거의 없을지라도 우리는 어둠 가운데서 다닐 수 있습니다. 하나님에게서 떨어져 나오면 사람은 혼자 살고, 그럼으로써 어둠 속에 빠지게 됩니다.

이 우울한 것들 가운데 세 번째가 슬픔인데, 어둠이라는 의미심장한 표상이 슬픔을 나타낸다는 것은 누가나 다 아는 바입니다. 그러면 이 슬픔에 어떻게 생각해야 하겠습니까? 세상이 복으로 가득하고 삶이 즐거운 가능성으로 가득할지라도, 먼 인생길을 여행하는 사람치고 우리 모두가 슬픔의 짐을 지고 가야 한다는 것을 느끼지 않을 사람은 아무도 없을 것입니다. 세상에는 즐거운 것도 많고, 유쾌한 일도 넘칩니다. "솥 밑에서 가시나무가 타는" 것 같은 "웃음소리"(전 7:6)가 있습니다. 오락거리가 많고 여흥거리도 많으며 "즐거운 것들이 생각보다 많이" 있습니다. 무경험과 새로움이 주는 처음의 흥분이 사라지고 나면, 하나님을 떠난 모든 인간 생활의 기본적인 분위기는 슬픔입니다. 이 슬픔을 때로는 의식하기도 하고 의식하지 못하기도 하면서 잊어버리려는 온갖 시도를 하지만, 인생이 괴로워하는 질병이 어디에서 오는지 모르는 슬픔이 전반적인 분위기를 형성하는 것입니다. 명곡 속에서 지속적으로 들리는 단음계처럼, 인생은 이따금 밝고 고상하고 유쾌한 선율을 연주하지만 전체적으로는 내내 울부짖고 있습니다. "마음의 고통은 자기가 알고"(잠 14:10), 모든 마음이 자기만 아는 고통이 있습니다.

마음에 신앙이 없는 사람들이 어떻게 자기의 고통을 감당하고 이웃의 고통을 보면서도 미치지 않을 수 있는지 모르겠습니다. 때때로 내가 보기에, 세상은 그 중심의 태양이 어디로 가든지 간에 한숨을 쉬는 우울한 분위기가 둘레를 감싸고 있는 것과 같고, 세상의 모든 유쾌함과 자극, 떠들썩함은 잠시 있다가 폭발할 화산의 깊은 분화구 위에 뿌려진 얇은 꽃잎들과 같습니다.

형제 여러분! 예수 그리스도를 떠난다면 여러분과 나는 무지와 죄와 슬픔, 곧 빛을 받지 못한 무지, 이기지 못한 죄, 위로받지 못한 슬픔을 반드시 마주하게 됩니다.

그 다음에 다른 비극이 옵니다. 여기서 가장 생생하게 묘사되는 상징이 나옵니다. "저들이 죽음의 그늘에 앉아 있다." 그렇습니다! 불쌍한 피조물인 저들이 할 수 있는 일이 무엇입니까? 그들은 어디로 가야 할지 모릅니다. 빛이 그들을 떠났으므로 아무 활동도 할 수 없는 것이 필연적인 결과입니다. 그래서 그들은 낮을 바라거나 스스로 작은 횃불을 켜서 밤을 잊어버리려고 하지만, 그 횃불은 어둠을 볼 수 있게만 할 뿐이고 곧 꺼져서 슬픔 가운데 누워있게 할 뿐입니다.

그러나 여러분은 이렇게 말합니다. "터무니없는 소리에요. 아무 활동도 하지 않는다니요! 우리 서구에서 나타나는 삶의 맹렬한 에너지를 보세요." 좋습니다. 내적 침체와 무감각에 따르는 육체적인 활동이 많이 있을 수 있다는 것을 인정합니다. 그러나 다시 한 번 묻고 싶습니다. 소위 문명화된 기독교 국가들에서 이루어지는 대부분의 불신앙적인 상업 활동, 예술 활동, 지적 활동 가운데 얼마나 많은 것이 예수 그리스도께서 가져오신 자극과 흥분에서 비롯된 것입니까! 예수 그리스도 없는 사람들이 어둠 가운데 앉아 있다는 것이 얼마나 참된 말씀인가를 보고 싶다면, 이교도들의 나라에 가서, 거기서 침체와 무감각을 보십시오.

사랑하는 형제들이여, 우리가 예수 그리스도께서 가져오시는 빛 가운데서 그리스도를 마음에 기꺼이 맞아들이는 일에 믿음과 사랑으로 참여하지 않으면 않는 만큼, 이 모든 사실이 우리에게 해당됩니다. 여기서 나는 우리 각 사람이 마음과 양심에 이 점을 생각하도록 하고 싶습니다. 즉 본문에서 묘사하고 있는 엄숙하고 비극적인 그림은 그리스도에게서 분리된 나에 대한 그림이라는 것입니다. 내가 아무리 그것을 자신에게 숨기고, 열등한 지식에 몰두함으로써, 그리고 양심이 내 도덕적 성품에 대한 질문에 답하는 것을 듣지 않음으로써, 그 속에 아무 즐거움이 없는 시끄러운 기쁨과 떠들썩한 쾌락으로 자신을 우롱함으로써 그 사실을 다른 사람들에게 숨기려고 할지라도, 그것은 나를 그리고 있는 모습이라는 것입니다.

2. 이제는 두 번째로 동틀녘 즉 새벽에 대해 생각해 봅시다.

내가 지금까지 이야기해온 본문은 구약의 메시야 예언과 연결되어 있고, "돋는 해가 위로부터"라는 표현도 그 밖의 구약의 메시야 예언과 관련이 있습니다. 마리아와 사가랴가 침묵을 깨트리기 4세기 전에 있었던 예언의 마지막 말은 "내 이름을 경외하는 너희에게는 공의로운 해가 떠올라서 치료하는 광선을 비추리니"(말 4:2) 라는 것이었습니다. 본문이 말라기 선지자의 이 마지막 말을 언급하는 것임에 틀림없다고 생각합니다. 그로 인해 구약의 이 마지막 장이 마리아와 사가랴의 노래에 색채를 더합니다. 공의로운 해가 떠오른다는 것(the rising of the Sun of Righteousness)에 대해 히브리어를 헬라어로 번역하면서 같은 동사를 사용하는데, 여기서는 이 동사에 대해 어원이 같은 명사가 사용됩니다. "동틀녘"(dayspring)이라는 아름다운 고대 영어는 정확히 해돋이(sunrising)을 뜻합니다. 그런데 여기서 이 단어는 실제적으로 그 자신이 태양이신 예수 그리스도를 나타내는 이름으로 사용됩니다. 보통 태양은 어두운 땅위로 떠오르는 것으로 묘사되는데, 여기서는 이 은유의 그 같은 적용을 완전히 무시하고서, 돋는 해가 하늘로부터 우리에게 빛을 비추기 위해서가 아니라 땅에 있는 "우리를 찾아오기"(개역개정은 "우리에게 임하여" — 역주) 위해서 위로부터 내려오는 것으로 묘사됩니다.

예수 그리스도께서 친히 은연중에 거듭 말씀하셨고, 한 번 이상 "나는 세상의 빛이라" 하고 직접적으로 주장하기도 하셨습니다. 본문은, 자기 예언의 전체 의미를 충분히 알지 못한 사람들이 후반부의 이런 선언들을 예상하고 한 말일 수도 있습니다. 어둠은 빛의 반대를 상징하는 것으로 세 가지 비참한 사실을 표상한다는 점을 앞에서 말했습니다. 어둠이 우리에게 무지를 말하듯이, 태양이신 그리스도는 "예수 그리스도의 얼굴에 있는 하나님의 영광을 아는"(고후 4:6) 빛을 우리에게 비추십니다. 그래서 우리는 의심 대신에 복된 확신이 있고, 멀리 있는 하나님 대신에 가까이 계시는 하나님을 알고 있습니다. 감정이 없는 의지나 냉혹한 운명에 대신에 우리는 따듯하고 맥박이 뛰는 사랑하는 마음을 알고 있습니다(그 지식을 갖고자 하는 간절한 동경만 있는 것이 아닙니다). 우리 하나님은 감정이 없는 추상적 개념이 아니고 사랑하실 수 있고 동정하실 수 있는 살아계신 인격체입니다. 하나님은 자비이시라고 말할 때, 우리는 단지 시를 이야기하고 있는 것이 아닙니다. 예수께서 "나를 본 자는 아버지를 보았거늘"(요 14:9)이라고 말씀하셨기 때문에 우리는 이것을 압니다. 우리가 그리스도의 빛으로 향할 때, 친절하고 불쌍히 여기시며 돕기에 능하고 속히 들으시며 언제든지 용서하고 복주기를 기다리시는 사랑하시는 하나님에 대한 견고한 확신이 우리 마음에 햇빛처럼 기분 좋게 옵니다.

마찬가지로 죄에서 생겨나 우리 마음을 감싸고 있고, 그래서 아름답고 즐겁고 강한 많은 것을 차단하는 어둠도 우리가 그리스도께로 가면 사라질 것입니다. 우리 영혼에 쏟아져 들어오는 그리스도의 빛은 먼저 눈을 상하게 할 것이나, 그것은 치료하기 위해 상처를 내는 것입니다. 죄와 소외의 어둠이 사라지고 참된 빛이 비칠 것입니다.

슬픔의 어둠, 글쎄 그것은 그치지 않을 것입니다. 그러나 주님께서는 "어둠의 갈가마귀가 미소를 지을 때까지 갈가마귀를 진정시키실 것입니다." 주님께서 우리 슬픔에 조용한 순종의 영을 가져오셔서 슬픔이 불행을 엄숙히 비웃는 것으로 변하게 하시되, 거의 기쁨이 되도록 변하게 하실 것입니다. 넘치는 기쁨보다 나은 평강이 와서 예수 그리스도를 신뢰하는 영혼의 슬픔을 가라앉힐 것입니다. 우리가 그리스도를 붙잡으면, 지식이요 순결이며 기쁨인 날, 곧 즐거운 날이 우리에게 임할 것입니다. 우리는 "다 빛의 아들이요 낮의 아들이라." 우리는 "밤이나 어둠에 속하지 아니하나니"(살전 5:5).

형제 여러분, 한낮에도 어둠 속에 있는 것처럼 더듬거릴 수 있고, 그리스도의 계시가 찬란히 비치는 가운데서도 여전히 한밤중의 어둠 속에 지내는 키메르족(호메로스의 시에서 영원한 어둠의 나라에서 살았다고 하는 민족 — 역주)처럼 지낼 수가 있습니다. 여러분은 눈을 감고 햇빛을 보지 않을 수 있습니다. 여러분은 오는 그 빛을 받기 위해 마음을 여셨습니까?

돋는 해라는 표현과 관련하여 다른 점들을 이 자리에서 오래 생각할 수 없습니다(여러분의 시간이 허락하지 않을 것입니다). 다만 말하는 김에, 그 표현이 상당한 힘과 깊이를 지니고 있다는 점만을 지적하고 넘어가겠습니다. 내가 생각할 때 이 표현은, 그 말을 한 사람이 돋는 해의 임함을 이야기하였을 때 이해하였던 것보다 더 힘이 있고 깊습니다. 돋는 해는 "위로부터" 옵니다. 이 해가 이 땅에 내려왔습니다. 그 해는 멀리 수평선 위에 뜨지 않고 우리에게 내려왔고 우리에게 임하였으며 우리 가운데 행합니다. 우리 생명의 별인 이 해는 "다른 곳에서 있었고 멀리서부터 옵니다." 왜냐하면 생명의 빛으로 우리에게 떠오르시는 분은 하늘로부터 내려오셨고, 우리 가운데 나타나시기 전에 이미 계셨기 때문입니다.

그리스도의 오심은 하나님의 찾아오심입니다. 여기서 "우리에게 임하였으니"(혹은 영어개역성경이 번역하듯이 "우리에게 임할 것이니" — 역주)라는 말은 주로 구약에서 자기계시라는 신적 활동과, 이런 구속적인 활동을 묘사하는데 사용됩니다. 사가랴는 이 노래의 전반부에서 "하나님이 그 백성을 찾아와서 구속하셨으니"(개역 개정은 "하나님이 그 백성을 돌보사 속량하시며" — 역주) 라고 하여 이 단어를 그 의미로 사용합니다. 그래서 이 단어가 사용되는 예에서 우리는 다음의 두 가지 사상을 모아 볼 수 있습니다. 하나는 그리스도께서 오실 때 하나님께서 우리에게 오신다는 것이고, 다른 하나는 그리스도의 오심이 놀라운 일이며, 우리에게 오시되 우리 각 사람에게 복되게 가까이 오신다는 것입니다. "사람이 무엇이기에 주께서 그를 생각하시며 인자가 무엇이기에 주께서 그를 찾아오시나이까"(시 8:4, 개역개정은 "인자가 무엇이기에 주께서 그를 돌보시나이까" — 역주)라고 옛 시인은 말했습니다. 우리는 이같이 말합니다. "사람이 무엇이기에 위로부터 오는 돋는 해가 땅에 내려오시고 그리스도의 영원한 광채를, 말하자면 사람의 형체라는 휘장과 모호함으로 두르시며, 구체화된 빛과 성육신 하신 하나님으로 우리 가운데서 행하시나이까?" "돋는 해가 위로부터 우리에게 찾아오셨으니."

3. 마지막으로, 빛으로 길을 인도 받는 것에 주목합시다.

"우리 발을 평강의 길로 인도하시리로다." 이 해는 동방박사들 앞에서 움직이고 주님의 요람 위에 머물렀던 별의 직무를 기꺼이 취하여, 우리 각 사람의 영혼에 인도자와 지도자가 됩니다. 내 생각에, 본문의 그림은 아침까지 이어진다고 봅니다. 길을 가다 날이 저문 여행자들은 아침이 되면 떠오르는 햇빛이 비치자마자 다시 활동을 시작합니다. 그러면 야영지 전체에 즐거운 활기가 일어나고 여행자들 앞에 다시 길이 열리고 여행자들은 즉시 길에 들어서서 갑니다. 그러나 이 은유의 뜻은 그 이상을 함축하고 있습니다. 왜냐하면 이 은유는 이 우주적인 빛이 우리 각 사람의 영혼에 특별한 인도자가 되시고, 세상의 온 지면에 넓게 광선을 비추기 위해서 그냥 하늘에 떠 있는 것이 아니라, 각 사람 앞에서 움직이며 각 사람의 의무와 인생의 순례길에 대해 그에게 특별히 그의 발에 등불과 그의 길에 빛으로 나타나신다는 놀라운 사실을 이야기해 주기 때문입니다.

유일한 평강의 길이 있습니다. 그 길은 그리스도의 빛을 따르고, 주께서 앞서 가심으로 우리를 인도할 길입니다. 그때 우리는 모든 평강의 조건 가운데 가장 필요한 조건을 충족시킬 것입니다. 곧 그리스도께서 우리가 하나님과 화목하도록 만드는데, 이 화목이야 말로 다른 모든 평강의 기초가 됩니다. 주님께서는 가르치기 쉬운 학생을 또 다른 방식으로 평강의 길로 인도하실 것입니다. 곧 주님의 모범을 따르는 가운데서, 주님의 옷자락이나 손을 붙들든지 주님의 발자국을 밟든지 간에 주님을 굳게 붙드는 것이 확실한 만족을 얻어 마음이 쉴 수 있고 양심이 고소하고 찌르는 일을 그치게 할 수 있는 유일한 길입니다. 지혜의 길은 즐거운 길이고 평강의 길입니다. 그리스도의 발자국을 따라 걷는 사람들만이 마음의 평안을 얻고 하나님과 평화롭게 지내고 자신과도 사이좋게 지냅니다. 그때에는 마음속에 갈등이 없고 긴장된 관계도 하나님께 대한 적대적인 소외도 없으며 만족하지 못한 욕구들이 괴롭히는 불안도 없고, 비난하는 양심의 가책도 없습니다. 왜냐하면 그 사람은 자기 손을 그리스도께 맡기고 이같이 말하기 때문입니다. "나의 발걸음을 주의 말씀에 굳게 세우소서"(시 119:133). "주께서 어디로 가시든지 따라가고 주께서 무엇을 명하든지 행하겠나이다."

형제 여러분, 어둠에서 손을 빼어 주님의 손을 잡으십시오. 그러면 "어둠이 여러분에게 빛이 될 것입니다." 주님께서 "나는 세상의 빛이니 나를 따르는 자는 어둠에 다니지 아니하고 생명의 빛을 얻으리라"(요 8:12)고 말씀하셨을 때 하신 약속을 이루실 것입니다.

6
목자와 천사들

"⁸그 지역에 목자들이 밤에 밖에서 자기 양 떼를 지키더니 ⁹주의 사자가 곁에 서고 주의 영광이 그들을 두루 비추매 크게 무서워하는지라 ¹⁰천사가 이르되 무서워하지 말라 보라 내가 온 백성에게 미칠 큰 기쁨의 좋은 소식을 너희에게 전하노라 ¹¹오늘 다윗의 동네에 너희를 위하여 구주가 나셨으니 곧 그리스도 주시니라 ¹²너희가 가서 강보에 싸여 구유에 뉘어 있는 아기를 보리니 이것이 너희에게 표적이니라 하더니 ¹³홀연히 수많은 천군이 그 천사들과 함께 하나님을 찬송하여 이르되 ¹⁴지극히 높은 곳에서는 하나님께 영광이요 땅에서는 하나님이 기뻐하신 사람들 중에 평화로다 하니라 ¹⁵천사들이 떠나 하늘로 올라가니 목자가 서로 말하되 이제 베들레헴으로 가서 주께서 우리에게 알리신 바 이 이루어진 일을 보자 하고 ¹⁶빨리 가서 마리아와 요셉과 구유에 누인 아기를 찾아서 ¹⁷보고 천사가 자기들에게 이 아기에 대하여 말한 것을 전하니 ¹⁸듣는 자가 다 목자들이 그들에게 말한 것들을 놀랍게 여기되 ¹⁹마리아는 이 모든 말을 마음에 새기어 생각하니라 ²⁰목자들은 자기들에게 이르던 바와 같이 듣고 본 그 모든 것으로 인하여 하나님께 영광을 돌리고 찬송하며 돌아가니라 "

눅 2:8-20

물론 이 구절의 중심 부분은 천사의 메시지와 노래이다. 천사의 메시지는 성육신이라는 초자연적인 사실을 선포하고, 노래는 성육신의 복된 결과를 찬미하는 것입니다. 그러나 이 중심 부분에 종속되는 것이긴 하지만, 천사의 메시지와 노래 앞에 오는 고요한 광경과, 그 뒤에 오는 목자들의 베들레헴 방문을 주목해 볼 필요가 있습니다. 이 두 가지는 합쳐서 생각할 때, 예수 그리스도의 탄생이라는 위대한 사실에 다양한 빛을 던져줍니다.

도대체 왜 기적적인 고지(告知)가 있어야 하고, 또 왜 이 목자들에게 그 고지를 알려야 합니까? 이 사건 당시의 좁은 지역과 잠깐의 시간을 넘어서까지 영향을 미치는 일이 전혀 없었던 것처럼 보입니다. 30년 후에 목수의 아들이 사역을 시작할 때까지, 그 사실은 거의 완전히 잊혀졌습니다. 그런 사건이 기억의 표면에 아무 흔적도 남기지 않고 깨끗이 사라져 버릴 수 있겠습니까? 그 사건이 아무 보람이 없다는 점이 이 이야기의 진실성에 의심을 갖게 하지 않습니까? 이 기사(奇事)를 안 소수의 사람들을 제대로 중요하게 생각한다면, 경과한 시간의 길이, 곧 목자들과 그들의 말을 들은 사람들이 필시 그동안에 죽었을 시간을 충분히 고려한다면, 그들의 비천한 위치를 생각한다면, 그리고 직접적인 아무 결과가 따르지 않는 특이한 사건들에 대한 짧은 기억을 정당하게 생각한다면 그것이 그리 이상한 일이 아닙니다. 요셉과 마리아는 베들레헴에서는 나그네였습니다. 우리가 아는 한, 그리스도께서는 베들레헴을 한 번도 방문한 적이 없습니다. 그 인상이 희미해지는 것은 자연스런 현상이기 때문에 이상한 일이라고 할 수 없습니다. 후에 그리스도의 주장을 받아들이는데 전혀 효과가 없었던 그 위대한 사건에 대한 기록은 전설과는 달리 그 이야기의 진실성을 보증합니다. 이 이야기가 참이기 때문에 명백한 장애물이 남게 됩니다.

그렇다면 천사들의 고지가 그처럼 소용이 없는 이상, 도대체 그런 고지를 왜 해야 했습니까? 그 고지가 약간의 쓸모가 있기 때문입니다. 그러나 그보다는 사람들이 천사들의 목소리에 주의를 기울이든지 않든지 간에 그런 사건에 천사의 목소리가 따라야 하는 것이 적절하였기 때문입니다. 기록된 대로, 천사들의 노래가 그리스도의 탄생의 성격과 의미를 세상이 이해하도록 도왔기 때문입니다. 그 영광은 그 언덕에서 금방 희미해졌고, 그 노래 소리도 처음에 노래를 들은 사람들의 귀에 그리 오래 남지 않았습니다. 그러나 그 노래의 선율은 지금도 온 땅에서 메아리치고 있고, 모든 세대가 놀라움과 소망을 가지고 그 선율에 귀를 기울입니다.

촌사람 두 세 명을 그 메시지를 받을 자로 선택하심, 그 메시지를 전한 시간, 장소가 모두 의미심장합니다. "주의 영광"이 목자들 둘레를 부드럽게 비치며, 그들과 그들 곁에 서 있는 천사들을 빛 가운데 있게 했다는 것은 전혀 무의미한 사실이 아니었습니다. 하나님의 임재의 상징이 더 이상 은밀한 성소 안에 있지 않고, 탁 트인 들판에서 어둠을 뚫고 빛을 내고 있었던 것입니다. 이는 이 탄생으로 말미암아 평범한 삶이 신성하게 되었고, 평범한 삶을 사는 세속적이고 하찮은 사람들이 하나님의 영광을 친숙히 알게 되었기 때문입니다. 이 비천한 사람들이 "앉아서 그냥 큰 소리로 잡담하고 있는" 모습으로 나타난 것은 복음이 모든 계층과 모든 계급의 사람들에게 전파될 것을 상징하였습니다.

천사는 하늘에서 말하지 않고 목자들 곁에서 말하였습니다. "무서워하지 말라"는 천사의 부드러운 격려는 단지 목자들이 느끼고 있는 공포를 누그러뜨리는 말일 뿐 아니라 그 이상의 의미를 지니고 있습니다. 모든 사람의 마음속에서 잠자고 있는 뱀처럼 똬리를 틀고 있는, 보이지 않는 존재에 대한 두려움이 성육신으로 말미암아 완전히 사라졌습니다. 이 보이지 않는 존재의 영역으로부터 오는 모든 메시지는 그 후부터는 "큰 기쁨의 좋은 소식"입니다. 모든 사람이 어느 날 그 영역으로 들어갈 때 사랑과 소원을 품고 들어갈 수 있는데, 확신과 평안을 가지고 들어갈 수 있습니다. 그 두 가지 들어감이 모두 평화롭고 확신이 있을 수 있습니다. 그 어두움으로부터 해로운 것은 전혀 나올 수 없습니다. 예수님께서 그 어둠으로부터 오셨고, 그 어둠으로 들어가셨으며, 그 어둠을 채우고 계시기 때문입니다.

그 위대한 고지(告知), 곧 이제까지 천사의 영원한 입으로 말했던 것 가운데 가장 강력하고 놀라운 그 말씀은 "큰 기쁨"과 "온 백성에게" 라는 말이 특징을 이룹니다. 이 명칭에서 두 가지 사실, 곧 그 메시지의 성격과 한계를 보아야 할 것입니다. 얼마나 많은 면에서 성육신이 지극히 순수한 기쁨의 원천이 될 것인지에 대해서는 하늘의 사자나 목자도 거의 깨닫지 못하였습니다. 그 이후로 오랜 세월 동안 부분적으로 그 사실을 배워왔지만, 구속받은 마음이 하늘의 "영화로운 기쁨"으로 벅차게 될 때에야 비로소, 슬픔을 쫓아버리는 그 사실의 능력을 경험하게 될 것입니다. 비천한 기쁨은 비천한 방식으로 찾을 수 있습니다. 그러나 하나님의 피조물의 기쁨은 하나님께서 소중히 여기시는 것입니다. 그래서 하나님의 방식대로 찾는다면, 그 기쁨은 노력을 기울여 찾을 만한 가치가 있는 것입니다.

성육신의 영향이 온 세계에 미칠 것이 여기서는 나오지 않습니다. 다만 그 영향은 가장 먼저 이스라엘에게 미칠 것이었습니다. 이 사실은 "온 백성"이라는 표현과, "다윗의 동네"에 대한 언급에서, 그리고 자기는 받지 못하는 것을 고지한 천사와, 이스라엘이 이 소식에 대해 태도를 결정할 때까지는 그 복에 참여하지 못하는 이방인들과 대비하여 "너희에게"라고 힘주어 한 말에서 분명히 나타납니다.

이 어린 아기에 대한 여러 호칭이 이 탄생의 불가사의를 다소 설명해 주지만, 그 거대한 비밀을 다 밝히지 못합니다. 그 호칭들이 장엄하지만 "말씀이 육신이 되었다"는 사실에는 훨씬 미치지 못합니다. 그 호칭들은 유대인들의 기대의 범위를 넘어서지 않으며, 그동안의 소망이 실현되었다고 알립니다. 이 호칭들을 한데 모아 놓으면 매우 장엄한 사실이 나타납니다. 이 호칭들 각각은 그 이전에 나온 것보다 크고, 모든 호칭은 최종적으로 "주"라는 호칭에서 절정에 이릅니다. 헨델은 그의 오라토리오, '메시아'에서 이 마지막 말을 일시에 큰 승리의 소리로 울려냄으로써 이 호칭의 정신을 표현하였습니다. "구주"라는 호칭은 목자들이 알았던 것보다 훨씬 더 많은 의미를 지니고 있습니다. 왜냐하면 이 호칭은 이 아기를 죄와 슬픔에서 오는 모든 악으로부터 구원할 자이시고, 의와 복으로 말미암는 모든 유익을 주시는 분으로 선안하기 때문입니다. "그리스도"께서는 자신이 기름부음을 통해 선지자와 제사장과 왕의 직분을 온전히 받은 예언의 성취자라고 주장하셨는데, 이것은 구약 계시의 꽃으로, 그리스도는 자신이 율법을 준 모세보다 크시고, 솔로몬 왕보다 크며, 선지자 요나보다 큰 이라고 주장하셨습니다. "주"라는 호칭에 대해 사람들은 신성을 나타내는 것으로는 거의 이해하지 않고, 그보다는 권위와 통치를 나타내는 예언으로 이해하며 공경의 태도를 보이지만, 이 거룩한 아들이 사람이 되신 깊디깊은 비밀을 밝히지는 못합니다. 때가 아직 이르지 않았기 때문에 그 비밀은 밝혀지지 않은 채로 있었습니다.

베들레헴 같은 작은 곳에서 태어난 지 하루 정도밖에 되지 않은 아이는 짐승의 구유에 누워있는 그 아이 외에는 아무도 없었습니다. 보면 참인 것을 알 수 있는 이 탄생의 사실이 외적인 면에서 그 메시지가 맞다는 것을 확증할 것이고, 그럼으로써 천사가 밝히는 그 사실의 내적 성격을 믿을 수 있게 될 것입니다. 이 "표적"은 그 천사의 진실됨을 증명하였고, 그러므로 그의 모든 말이 진리임을 증명하였습니다. 즉 그의 말 가운데서 봄으로써 진실을 확인할 수 있는 부분과 믿음으로 이해할 수 있는 부분 모두 진리임을 증명한 것입니다.

언덕에 있는 이 무리들에게 갑자기 빛이 번쩍하며 빛나고 많은 천군의 노래 소리가 메아리친 것이 이상한 일이 아닙니다. 천사들의 합창대가 하늘에 떠 있는 것으로 생각한다면 그 광경을 바르게 그리고 있는 것이 아닙니다. 천사들이 천군들과 함께 견고한 땅위에서 목자들을 둘러 빽빽하게 줄지어 섰고, 머리 위에서 들려오는 소리가 아니라 사방에서 오는 "음악소리로 밤이 가득 찼습니다." 목자를 두르고 있는 "영광" 속에서 갑자기 떼지어 모이는 형체들마다 얼굴에 놀란 기쁨과 사람들에 대한 뜨거운 공감을 표시하고 찬송을 부르며 모였습니다. 자기들의 주가 사람이 되셨다는 것이 찬송의 주제가 되고, 사람들이 자기들의 찬송을 듣자, 천사들이 사람의 말로 말을 하게 됩니다. 천사들은 그 탄생의 복된 결과를 찬미합니다. 이 탄생의 비밀에 대해서 천사들은 말할 수 있도록 허락받은 것보다 더 온전히 알고 있었습니다.

지극히 높은 하늘에서 성육신의 결과로 먼저 천사들에게서 찬송이 나온 것은 자연스런 일이었습니다. 성육신은 하늘에서 "하나님께 영광을" 가져올 것입니다. 왜냐하면 타락하지 않은 피조물들에게 나타나는 하나님의 능력과 거룩하심과 자비를 헤아릴 수 없이 무수한 날 동안 보아온 죽지 않는 명민한 영들이 성육신으로 말미암아 하나님의 본성의 새로운 면들을 계시받지만, 이제는 몸을 낮추어 세상에 태어나시는 겸손한 사랑의 깊이를 보고서, 좀 더 제한된 지성적 존재에게 더 잘 어울리는 기사(奇事)를 경험하기 때문입니다. 심지어 천사들은 둘러서서 구유에 누워 있는 분을 볼 때, 하나님을 더욱 고귀하게 생각하고 사람의 가능성과 가치를 더 많이 생각하게 됩니다.

"땅에서는 평화로다." 천사들의 노래는 하늘의 결과들을 깊이 생각하는 데서 내려와 땅의 결과들을 축하하고, 그 결과들을 "평화"라는 의미심장한 한 마디로 표현합니다. 평온한 그 영들에게 갈등과 불화, 불안한 땅의 광경이 어떻게 보였겠습니까! 그 투쟁들이 개미집의 북적이는 것처럼 참으로 헛되고 하찮게 보였을 것입니다! 그리스도의 하실 일은 모든 인간관계, 곧 하나님과의 관계, 사람과의 관계, 환경과의 관계에 평화를 가져오는 것이고, 자신과 싸우고 있는 영혼들의 불화를 진정시키는 것입니다. 이런 관계들 하나하나가 죄로 손상되어 있습니다. 그러므로 이 죄를 제거하는 능력만이 이 관계들을 바르게 고칠 수 있습니다. 이 탄생은 하나님과의 사이에, 우리 자신에게, 그리고 서로에게 평화를 가져오시는 분이 인류 가운데로 들어오시는 것이었습니다. 19세기 동안 기독교계의 수치가 끊임없이 일어났다가 사라졌습니다. 그럴지라도 사람들은 전쟁을 중지시키는 것은 "경건한 상상"뿐이라고 생각합니다! 울려 퍼지던 천사의 노래 소리는 사라졌지만 그 노래가 담고 있는 약속은 계속됩니다.

이 노래의 균형미는 흠정역(the Authorised Version) 성경에서처럼 옛 독법(讀法)을 따를 때 가장 잘 나타난다고 생각합니다. 개역성경(the Revised Version)의 다른 독법은 두 번째 구절을 다소 평화의 영역을 표시하는 두 명칭과 연결시키려는 것처럼 보입니다. 성육신은 하나님의 "호의"가 사람들 가운데 거하도록 합니다. 하나님은 그리스도를 매우 기뻐하십니다. 그래서 성육신하신 그리스도로부터 하나님의 만족한 사랑의 시내가 흘러나와 땅을 새롭게 하고 기름지게 합니다.

하늘의 찬양대가 사라지는 것은 그들이 나타날 때처럼 갑작스러웠던 것 같지는 않습니다. 그들은 여유 있게 "떠나 하늘로 올라갔습니다." 그래서 천사들이 올라가는 동안 그들의 빛나는 모습을 오래 볼 수 있었고, 그로 인해 그 광경이 현실임이 증명되었습니다. 잠들어 있는 마을이 가까이 있었고, 떠나가는 빛의 마지막 광선이 하늘의 심연 속으로 사라지자마자, 목자들은 아기를 찾아갈 적절한 시간은 아니었지만 "빨리" 갔습니다. 목자들이 아기가 있는 여인숙과 구유를 찾는데 그리 어려움을 겪었을 것 같지 않습니다. 목자들이 천사들의 메시지를 직접 보아 확인하기 전까지는, 그 이야기를 하지 않는 것에 주의해야 합니다. 그들이 말하지 않은 것은 의심에서 나온 것이 아닙니다. 왜냐하면 목자들은 그 아기를 보기 전에 "이 일이 이루어질 것이라고"(개역개정은 "이 이루어진 일을" — 역주) 말하고, 주께서 그 일을 자기들에게 알리셨다고 확신하였기 때문입니다. 그러나 목자들은 자기들의 말이 진실됨을 다른 사람들에게 확증할 증거를 기다리지 않습니다.

본문의 마지막 구절에 있는 생생한 예들에서 볼 수 있는 하나님의 계시에 대한 마음의 태도에는 세 가지가 있습니다. 하나님의 진리를 소유한 자로서 자연스런 충동과 엄연한 의무에 대한 전형으로서 목자들의 행동을 살펴봅시다. 목자들이 말해야 했던 그런 이야기는 지극히 말 수가 적고 심히 수줍어하는 사람들도 힘을 다하여 전하곤 하였습니다. 그러면 그리스도인들이 전하는 메시지는 그보다 덜 놀랍거나 그보다 덜 필요한 것입니까? 아기의 누운 것을 본 사람들이 침묵할 수 없었다면, 십자가의 증인들은 더더군다나 입을 다물고 있을 수 없습니다!

그 이야기를 듣는 사람들은 슬프게도 우리 가운데 너무 많은 사람들이 복음에 대해 취하는 태도를 보였습니다. "그들은 놀랍게 여겼고" 거기에서 그쳤습니다. 놀라움이라는 미약한 파문이 그들 영혼의 표면에 잠시 물결을 일으켰지만, 미풍으로 바다에 생기는 잔물결처럼, 그 파문은 곧 사라지고 영혼의 심연은 거기에 전혀 영향을 받지 않았습니다.

아무 쓸모없는 이런 놀라움에 대한 대비로 마리아의 태도가 아름답게 묘사됩니다. 마리아는 "이 모든 말을 마음에 새기어 생각하였습니다." 주의 어머니만이 참으로 깊은 생각을 가졌습니다. 그런데 우리는 진리에 대해 바로 이 같은 의무를 지니고 있습니다. 그래서 우리도 진리를 마음에 간직하고 진리에 대해 끈기있게 오래 생각함으로 진리의 숨은 일치점들을 이해하고, 영혼을 펴서 진리의 변화시키는 능력을 받지 않으면, 그 진리가 그 깊은 아름다움을 우리에게 결코 보여주지 않을 것이고, 우리 인생을 형성할 만큼 우리 자아를 강력하게 사로잡지도 않을 것입니다. 깊이 생각하지 않는 신앙은 얄팍한 신앙입니다. 그러나 우리가 하나님의 말씀을 마음에 간직하고 종종 몰래 우리의 보물을 꺼내어 세어 보고 무게를 달아 보면, 이 목자들처럼 마치 그 이야기가 우리에게 전해진 것처럼 우리가 보았다고 전심으로 기쁘게 말할 수 있을 것입니다.

7
계셨고, 계시고, 오시리라

" … 구유에 누인 아기를 … "

눅 2:16

"축복하실 때 그들을 떠나 하늘로 올려지시니 … "

눅 24:51

"이 예수는 하늘로 가심을 본 그대로 오시리라 … "

행 1:11

내가 한데 모아 본 이 세 구절은 모두 한 저자의 저술에 나온 것입니다. 누가가 쓴 예수님의 전기는 베들레헴의 구유에서 시작하여 감람산의 승천에까지 이어집니다. 누가는 예수님의 승천을 두 차례 이야기합니다. 그것은 예수님의 승천에 두 면이 있기 때문입니다. 한편으로 승천의 이야기는 뒤를 돌아보는데, 이는 탄생에서 시작된 일의 완성으로서 필요한 것입니다. 다른 한편으로 승천의 이야기는 앞을 내다보는데, 승천의 완성으로 장차 있을 그리스도의 오심을 보는 것이 필요합니다. 이 세 구절은 한 산에 서로 연결된 정상들처럼 서 있습니다. 이 세 구절을 다 받아들이지 않으면 이 가운데 어느 구절도 이해할 수 없습니다. 이 탄생의 이야기가 사실이라면, 그와 같이 시작된 삶은 모든 사람의 죽음처럼 평범한 죽음으로 끝날 수 없습니다. 감람산에서 승천하신 것이 사실이라면, 예수께서 사람들과 맺으신 관계의 역사가 그 승천으로 끝날 수 없습니다. 예수께서 "동정녀 마리아에게서 나셨고"라고 선언하는 신조는 계속해서 "하늘에 오르셨고"라고 말하고, 잠시도 쉬지 않고 곧바로 이어서 "저리로서 산 자와 죽은 자를 심판하러 오시리라"고 덧붙입니다. 그래서 우리는 이 설교에서 세 가지 요점을 생각해 보려고 합니다.

1. 첫째로, 중요한 세 시기를 살펴봅시다.

베들레헴에 있는 여인숙의 마구간에서 일어난 일은 밖에서 볼 때는 평범하고 하찮은 사건이었습니다. 즉 젊은 어머니에게 아기가 태어난 것입니다. 그 사건에는 아기가 집에서 멀리 떨어진 곳에서, 그리고 사람들에게 환히 보이는 여인숙의 마구간이라는 불편한 곳에서 그리고 어머니의 아름다운 명성에 의심의 그림자가 드리워진 가운데서 태어났다는 점에서 연민을 일으키는 요소들이 있었습니다. 그러나 사실의 외면은 사실의 가장 작은 부분입니다. 바다 표면에 해초의 얇은 잎이 떠다니지만 물 밑으로는 몇 길이나 되는, 해초의 긴 줄기가 있습니다. 사람들은 "한 아기가 태어났다"고 말했습니다. 천사들은 "말씀이 육신이 되었다"고 말하며 엎드려 경배하였습니다. 영원하신 하나님의 인격이 자원하여 인간의 상태에 들어오셨습니다. 이렇게 해서 예수께서 태어나셨고, 하나님의 아들이 오셨습니다. 이 위대한 진리를 굳게 붙잡을 때에야 비로소 우리는 그 초라한 마구간에서 일어난 일의 핵심을 꿰뚫어 보고 그리스도의 삶과 죽음의 기이한 모든 일을 푸는 열쇠를 갖게 됩니다.

우리는 마구간에서 산으로 넘어갑니다. 그와 같은 출생으로 시작한 삶은 앞에서 말한 대로, 그저 평범한 죽음으로 끝날 수 없습니다. 그 삶의 시작과 끝은 같은 한 원천에 속해 있음이 틀림없습니다. 동정녀 마리아에게서 나신 분이 그 몸을 평범한 무덤에서 쉬도록 누워있게 한다는 것은 거룩한 이야기에 맞지 않습니다. 그래서 베들레헴이 시작한 일을 감람산이 이어갑니다.

이 중요한 시기들 가운데 두 번째 시기의 환경에 대해 살펴봅시다. 그 장소가 중요합니다. 그곳은 예루살렘 시가 보이는 곳이며, 예수께서 묶으셨던 집에서 그리고 나사렛 사람으로 죽음을 이기신 곳에서 아마도 돌을 던지면 닿을 만한 곳이었습니다. 소박한 행렬을 맞아 사람들이 소리치는 가운데 예수께서 예루살렘 성을 보면서 눈물을 흘리셨던 길에서 멀지 않은 곳이었습니다. 예수께서 하늘에 계신 아버지와 교제를 갖기 위해 종종 가셨던 헐벗은 언덕에서 고민하셨던 겟세마네 바로 위에 있는 곳이었습니다. 예수님을 둘러싼 작은 무리들만 볼 수 있는, 그 언덕의 움푹 꺼진 어떤 곳에서 예수께서 그 무리들 가운데서 올라가셨습니다. 떠나시는 방식은 그 장소보다 훨씬 더 의미가 있습니다. 이때 회오리바람도 없었고, 불 말과 불 병거도 없었으며, 갑작스런 휴거(rapture)도 없었습니다. 그 이야기가 강조하듯이, 천천히 여유 있게 스스로 떠서 위로 올라갔습니다. 예수께서 그들로부터 올려 가셨는데, 아무런 외적 수단이나 도움이 필요 없었습니다. 순전히 자신의 의지와 능력으로 하늘을 향하여 올라가셨습니다. "구름이 그를 가리어 보이지 않게 하더라." 그것은 베들레헴 목초지에서 목자들을 둘러 비췄고, 변화산 위에서 예수님과 그의 세 제자를 감쌌던 하나님의 임재를 나타내는 찬란한 상징인 쉐키나 구름이었습니다. 구름이 예수님을 부드럽게 받들어 하늘로 올리기 위해서 온 것이 아닙니다. 처음에는 예수님을 분명히 볼 수 있다가 그 모습이 점점 작아져 거리 때문에 점과 같이 되어 더 이상 볼 수 없을 때까지 가도록 두시지 않기 위해서 구름으로 가린 것입니다. 둘째로, 그 사실은 예수님의 몸이 구름 속으로 올려졌듯이 예수께서 "창세 전에 아버지와 함께 가졌던" 영광 속으로 들어갔다는 진리를 가르치기 위함입니다. 이런 것이 두 번째 중요한 시기였습니다.

세 번째 중요한 시기는 이 시기들과 조화를 이루며, 이 시기들에 의해 요구되고, 이 시기들의 최후를 장식합니다. 승천은 그리스도의 지상 생애의 종결이었을 뿐만 아니라, 지상 생애를 시작하실 때 자기 의지로 오셨듯이 자기 의지로 떠나셨음을 또한 분명히 나타내는 사건이었습니다. "내가 아버지에게서 나와 세상에 왔고 다시 세상을 떠나 아버지께로 가노라"(요 16:28). 이와 같이 그리스도의 지상 생애는 말하자면 영광의 바다에 떠 있는 섬과 같은 것입니다. 볼 수 있는 시계(視界)의 마지막 순간을 넘어서 멀리 뻗어가는 승천은 최초의 물질성의 순간을 초월하여 멀리 뻗어간 것과 같은 것입니다. 즉 영원하신 아버지와 영원한 결합을 이루신 것입니다. 그러나 그와 같이 지상을 떠나고, 지상에서의 사역을 떠나 하늘로 들어가심은 천사들이 열 한 제자에게 말하였던 대로 오직 그리스도께서 다시 오심으로만 끝이 날 수 있습니다.

천사들의 말이 강조하는 것에 주목할 필요가 있습니다. "이 예수" 곧 사람인 예수께서 "하늘로 가심을 본 그대로 오시리라." 여기서 "그대로"라는 말이 얼마만큼 정확히 적용될 수 있는지를 교리적으로 확정할 수 없습니다. 그러나 적어도 이것만큼은 분명할 것입니다. 그것은 육체적으로 볼 수 있게, 공간적으로 천사들에게 둘러 싸여서 오실 것입니다. 혹시는 설명할 수 없는 한 예언에 따르면, 예수께서 올라가신 그 장소에 오실지도 모릅니다. 아무튼 하나님의 아들이 나타나심에는 중요한 세 시기가 있습니다.

2. 둘째로, 이와 같이 제시된 우리 주님의 활동의 세 단계를 봅시다.

이 세 단계 가운데 첫 번째에 대해서는 한두 문장 외에는 더 깊이 생각해 볼 필요가 없습니다. 이 세 시기 각각은 어떤 활동 형태를 띠고 지속되다가 다음 단계로 넘어갑니다.

베들레헴에서 주님의 출생은 그 결과와 의도에 있어서 세 가지 목적이 있었습니다. 즉 하나님을 사람으로 계시하는 것과, 사람들에게 완전한 인류를 나타내 보이시는 것, 세상 죄를 위해 이 큰 제사를 드리는 것입니다. 이 세 가지, 곧 우리에게 하나님을 보여 주는 것, 그 다음에 우리 자신을 현재 있는 그대로, 될 수 있는 가능성대로, 마땅히 되어야 하는 대로, 그리고 우리가 그 조건들을 지키면 장차 될 모습대로 보여 주는 것, 그리고 세상 죄를 위하여 화목을 이루는 것, 이 세 가지는 구유에 누인 아기가 태어나시고 인간의 한계 아래 오셔서 이루시고자 한 일입니다.

다음에는 이 세 가지 중 두 번째를 봅시다. 그것에 대해 무슨 말을 할 수 있습니까? 승천은 성육신의 결과를 사람들에게 적용하려는 큰 목적이 있습니다. 그리스도께서 태어나신 것은 우리에게 하나님을 보여 주고 우리 자신을 보여주며 우리를 위해 죽으시기 위함이었습니다. 예수께서는 계시와 속죄의 은혜가 온 세상에 전파되고 그 은혜를 온 세상이 받도록 하기 위해 하늘로 올라가셨습니다.

승천의 기사가 강조하는 한 가지 중요한 사상은 영속성, 곧 예수 그리스도께서 사람으로 영존하신다는 것입니다. 예수께서 전에 계셨던 곳으로 올라가셨지만, 올라가신 그 분은 전에 거기에 계셨던 분과 같지 않습니다. 왜냐하면 그는 우리 인간의 본성을 취하신 채로 우주의 중심이자 하나님의 보좌에 가셨기 때문입니다. 그곳에서 "뼈 중의 뼈요 살 중의 살"로, 곧 몸과 혼과 영을 가진 참사람으로 사시고 통치하십니다. 베들레헴의 요람이 예수께서 결코 버리시지 않는 인성의 시작임을 생각할 때 그 사건은 훨씬 더 엄숙함을 띱니다. 그래서 우리는 예수께서 앉아 계시는 곳의 찬란한 빛을 볼지라도, 예수님의 낮은 몸이 아무리 영광의 몸으로 변화되었다고 할지라도 예수께서는 여전히 육체적으로, 영적으로 참된 사람의 아들로 계신다고 확신할 수 있습니다. 이와 같이 불꽃 가운데서 내려다보시는 그 얼굴은 비록 "해가 힘 있게 비치는 것 같을지라도" 우리가 전부터 알던 얼굴입니다. 금띠를 두른 그 가슴은 사도 요한이 기분 좋게 머리를 기대었던 바로 그 가슴입니다. 홀을 쥐고 있는 그 손은 못이 박혔던 손입니다. 위로 올라가신 그리스도는 간음한 여자와 세리들을 사랑하고 불쌍히 여기셨고, 어린 아이들을 은혜로운 팔로 안으신 그 그리스도이십니다. "어제나 오늘이나 영원토록 동일하신"(히 13:8) 분이십니다.

그리스도의 승천은 그의 지상 사역이 마무리되었음을 증명하는 하늘의 커다란 도장과 같습니다. 승천은 그리스도의 휴식의 시작인데, 이 휴식은 그리스도께서 지치셨음을 표시하는 것이 아니라 그리스도께서 태어나셔서 할 일을 다 마치셨음을 나타냅니다. 그러나 그 휴식은 게으르게 빈둥거리는 것이 아니라 오히려 왕성한 활동입니다.

십자가에서 예수께서는 죽으시기 전에 큰 소리로 외치셨습니다. "다 이루었다." 그러나 천사들의 찬양대가 "다 마쳤다. 세상 나라들이 하나님과 그리스도의 나라들이 되었다"고 찬양할 수 있게 되려면 아직 수 세기가, 어쩌면 수 천 년이 지나가야 할 것입니다. 주께서 하나님 우편에 앉아 계시는 기간은 완전한 휴식과 마무리된 제사를 상징할 뿐만 아니라 그리스도의 종들 안에서 그리고 종들과 함께 하는 완전한 활동을 상징하기도 합니다. 그래서 다 이루기까지의 모든 시간은 승천하신 주님의 활동으로 채워집니다.

주께서는 가셨습니다. 안식하시고, 통치하시며, 활동하시고, 중보기도 하시며 우리를 위한 자리를 마련하시기 위해서입니다. 우리의 형제이신 그리스도께서 참으로 하나님 우편에 계시다면, 우리의 걸음이 비틀거릴지라도 그 보좌에까지 갈 수 있으며, 우리의 죄악 된 자아라도 거기에서 편히 쉴 수 있습니다. 오늘날도 활동하시는 살아계신 그리스도께서 바로 감람산에서 승천을 통해 우리에게 그것을 보증하십니다.

세 번째 중요한 시기는 앞선 두 시기만큼이나 필요하고 확실한 것으로서 또 다른 활동이 시작되도록 할 것입니다. 주님의 구유가 실제로 있었다고 우리가 믿는 대로 있었다면, 주님의 제사가 성경이 우리에게 말한 대로 있었다면, 그리고 모든 시대를 통해 그리스도께서 왕위에 오르시고 통치하시는 분으로서 지금 십자가의 권능과 성육신의 은혜를 전파하는 일을 위해 일하고 계시다면, 천사들이 하늘을 응시하는 제자들에게 전한 메시지로써 우리에게 말한 점, 이 예수는 하늘로 가심을 본 그대로 오시리라는 것 외에는 그 과정에 끝이 있을 수 없습니다. 예수께서는 자신이 세상의 왕이요 주요 구속자이심을 나타내기 위해 오실 것입니다. 대심판을 시작하기 위해 오실 것입니다. 그리스도의 구속의 큰 일이 있은 후에는 반드시 심판이 오게 되어 있습니다. 그리스도 자신이 모든 사람들의 운명의 결정자가 되실 것입니다. 그리스도와 어떤 관계 가운데 지내왔느냐는 것이 사람들의 운명을 정하는 결정적 요소가 될 것입니다. 세상에서 그리스도의 이름을 들어본 적이 없는 많은 사람에 대해서는 그 날에, 그리스도께서 맑은 눈과 완전한 판단력으로 그들이 병든 자와 옥에 갇힌 자들을 찾아보았는지, 그리스도를 위하여 많은 일들을 했는지를 분별할 것이 확실합니다. 그리스도를 알고 있고, 그리스도의 이름을 들은 우리에 대해서는, 우리가 마음과 뜻에 변화를 받아 어떻게 그리스도를 붙들고 사느냐 하는 것이 우리의 성품을 드러내고 결정하며, 우리의 전 존재를 형성하고 우리의 전 운명을 결정할 것입니다. 주께서 오시는데 이는 "각 사람의 눈이 그를 볼"(계 1:7) 것처럼 자신을 나타내고 양과 염소를 구분할 뿐만 아니라 또한 영원히 통치하시며 이 세상에서 그리스도를 사랑하고 신뢰하는 모든 사람들을 그리스도의 사랑의 친교와 기쁨의 교제에 모아들이시기 위해서입니다. 이것이 세 가지 중요한 시기에 나타나는 우리 주님의 활동의 중요한 세 단계입니다.

3. 끝으로, 우리가 그리스도에 대해, 그리고 세 단계에 대해 취해야 하는 삼중의 태도를 생각해 봅시다.

첫째로, 요람에 대해서 말하자면, 십자가의 결과로 우리의 반응은 굳게 붙잡는 믿음, 감사의 기억, 열심히 따름과 친밀한 순종입니다. 둘째로, 승천에 대해서 말하자면, 우리를 위해 살고 수고하시며 우리와 함께 계시는 결과로, 우리의 태도는 그리스도께서 현재 일하고 계시며 현재 우리와 함께 거하신다는 사실을 확실하게 인식하는 것입니다. 일반 그리스도인들의 생각 속에는 기독교 교리의 중심이 그리스도의 지상 생애라는 한계 안에 너무 고정되어 있습니다. 기독교가 사람들에게 가져다 줄 수 있는 모든 복을 바르고 포괄적으로 붙잡기 위해, 나는 그런 방식의 사고에 이의를 제기하고 싶습니다. 그런 생각은 열렬하고 진실 되긴 하지만 언제나 사람들에게 십자가라는 지난 사실만을 바라보게 하는 좁은 제한 속에 갇혀서, 우리와 함께 계시고 우리 안에 계시는 살아계신 그리스도라는 현재의 사실은 가볍게 생각하고 보지 못하게 만들 수 있습니다. 그리스도와, 다른 모든 자선가와 교사와 조력자 사이의 한 가지 차이점은 이것입니다. 세월이 가면 점점 더 두꺼워지는 흐릿한 망각의 주름이 세월을 감싸고, 새로운 환경이 나타나면 세월의 영향력이 줄어들지만, 이 그리스도의 능력은 세월을 비웃고 망각에 전혀 영향을 받지도 않고 구식이 되지도 않는다는 것입니다. 다른 모든 사람들에 대해서는 우리는 이같이 말하지 않을 수 없습니다. "그는 자기 세대에"(개역개정은 "다윗은 당시에" — 역주) 혹은 한 세대나 두 세대 이상 "하나님의 뜻을 따라 섬기다가 잠들었다"(행 13:36). 그러나 그리스도께서는 썩음을 당하지 않으시고, 새로운 세대마다 그 세대의 지도자요 동무요 친구로 영구히 계십니다.

형제 여러분! 십자가는 보좌 없이는 불완전합니다. 우리는 역사적 예수에게로 돌아간다는 말을 듣습니다. 그렇습니다. 당연한 일입니다! 그러나 그 구호 때문에 우리가 오늘날 우리와 함께 계시는 살아계신 그리스도를 붙잡는 일을 놓지 않도록 해야 합니다. 우리가 "죽으신 그리스도"에 대해서 기뻐하지만, 거기에서 그치지 않고 이어서 바울과 함께 이같이 말해야 합니다. "죽으실 뿐 아니라 다시 살아나신 이는 그리스도 예수시니 그는 하나님 우편에 계신 자요 우리를 위하여 간구하시는 자시니라"(롬 8:34).

그 미래에 대해서는, 주 예수께서 볼 수 있게 어떤 장소에 몸을 가지고 두 번째 오신다는 사상이 소위 묵시 해석가들의 상상과 변덕 때문에 믿을 수 없는 것이 되었지만, 우리는 그와 같은 그리스도의 오심이 그리스도 교회의 소망이라고 한 것과, 바울 사도가 그리스도인의 성품을 묘사하고 규정하는 말로 "주의 나타나심을 사모하는 자들"이라고 한 것을 잊지 않도록 해야 합니다. 우리는 뒤를 돌아보고 위를 올려다볼 뿐 아니라 앞을 내다보며, 전에 오신 그리스도께서 장차 다시 오실 것을 확신하고 기뻐해야 할 것입니다.

우리에게 과거는 주님으로 가득 차야 합니다. 기억과 믿음은 주님의 성육신과 십자가를 굳게 붙들어야 합니다. 현재도 주님으로 가득 차야 합니다. 우리 마음은 세상의 수고 가운데서도 주님과 교제해야 합니다. 미래도 주님으로 가득 차야 합니다. 우리의 소망은 인간의 완전성에 대한 모호한 기대에 근거해서는 안 되고 무덤 너머에 있을 수 있는 것에 대한 희미한 꿈에 근거해서도 안 됩니다. 우리의 소망은 예수 그리스도께서 부활하셨고, 영광스럽게 되셨다는 구체적인 사실에 근거해야 합니다. 내 믿음은 전에 계셨던 그리스도, 나를 위해 죽으신 그리스도를 붙잡고 있습니까? 내 마음은 지금의 그리스도, 살아계시며 통치하시는 그리스도, 하나님 안에서 내 생명과 함께 계신 분을 붙잡고 있습니까? 우리의 소망은 장차 오실 그리스도를 중심으로 결정을 이루고 있고, 그분께 닻을 내리고 있으며, 우리 미래의 희미함과 무덤의 어둠을 뚫고서 우리의 생명이신 그리스도께서 나타나시고 우리도 그와 함께 영광 중에 나타날, 날 중의 날을 내다보고 있습니까?

8
시므온의 최후의 노래

"주여 이제는 말씀하신 대로 종을 평안히 놓아 주시는도다
내 눈이 주의 구원을 보았사오니"
눅 2:29, 30

이 노인이 그 아기를 마른 팔에 안았을 때 그 광경은 이 복음서의 기사 가운데 지극히 아름답고 인상적인 한 장면입니다. 시므온의 온 생활은 그의 말년에 이르러서 하나님의 성령의 직접적인 인도를 받으며 지냈던 것으로 보입니다. 잇따른 세 구절에서 그에 대한 성령의 작용을 어떻게 적고 있는지 보는 것은 주목할 만한 일입니다. "그가 주의 그리스도를 보기 전에는 죽지 아니하리라 하는 성령의 지시를 받았더니." "그가 성령의 감동으로 성전에 들어가매." 이 말은, 시므온이 하나님에게서 온 것이라고 인식한 어떤 내적 충동 때문에 마침내 "주의 그리스도"를 보게 될 것을 기대하고 성전에 가게 되었다는 뜻이라고 생각합니다. 시므온은 아기의 부모들이 아기를 데리고 오기 전에 성전에 있었습니다. 왜냐하면 성경에 "성령의 감동으로 성전에 들어가매 마침 부모가 … 그 아기 예수를 데리고 오는지라 시므온이 아기를 안고"라고 나와 있기 때문입니다. 그가 이같이 일생의 소원이 성취되는 것을 볼 것이라고 하나님께 말씀을 들었지만 그 성취가 어떤 형태로 이루어질지 모른 채 성소에서 기다리고 있는 이 노인을 생각해 보십시오. 시므온이 자기가 어린 아기를 볼 것을 알았다고

믿을 이유는 전혀 없습니다. 그는 기다리고 있습니다. 그런데 이내 시골 아낙이 팔에 아기를 안고 옵니다. 그의 마음속에 "저 아기에게 기름을 부어라! 이 아기가 바로 그니라"는 목소리가 들립니다. 그러자 그런 모습을 기대했든지 안 했든지 상관없이 그는 팔에 아기를 안고 말합니다. "주재여! 자, 이제야말로, 기다린 그 모든 세월 끝에, 종을 평안히 놓아주십니다."

이 사건과 말에서 흥미로운 두 세 가지 생각을 추론할 수 있는 것 같습니다. 나는 거기서 세 가지 생각을 끄집어냅니다. 여기서 우리는 옛것이 새것을 인식하고 맞아들이는 것을 봅니다. 종이 자기 주인을 알아보고 복종하는 것을 봅니다. 성도가 죽음이 가까이 오는 것을 깨닫고 환영하는 것을 봅니다.

1. 옛것이 새것을 인식하고 맞아들입니다.

시므온의 성품에 대한 묘사가 어떻게 전(全) 구약 계시의 목적을 표현하는지 보는 것은 인상적인 일입니다. 과거에 이 모든 세월 동안 일련의 표현들을 통해서 의도되었던 모든 것이 이 사람에게서 성취되었습니다. 시므온을 어떻게 말하는지 들어봅시다. "의롭고 경건하다"고 하였는데 이것은 구약의 용어로 도덕적 성품이 완전하다는 것입니다. "이스라엘의 위로를 기다린다"고 한 이것은, 시대를 두고 계속해서 하나님의 뜻을 점차 뚜렷하게 나타내심으로써 참된 모든 이스라엘 사람에게 길러 주려고 한 태도였습니다. 그것은 기대하는 마음으로 열렬히 앞을 내다보며, 현재에는 하나님과 사람에 대한 모든 의무를 이행하는 이상적인 태도입니다. "성령이 그 위에 계시더라." 어느 면에서 이 점 또한 이스라엘에 주신 전(全) 계시의 궁극적 목적이었습니다. 그래서 이 사람은 마침내 뿌리로부터 꽃을 피운, 빛나고 지극히 아름다운 꽃으로 서 있는 것이며, 하나님께서 수 천 년 동안 섭리 가운데 보호하시고 영감을 주시면서 오래도록 찾으신 바로 그 결과가 그의 인격 안에서 구현된 것입니다. 그래서 그가 그토록 오랫동안 기다려온 그리스도를 이 사람이 팔에 안고 있는 것입니다.

그리고 더 나아가서 시므온은 하나님께서 구약 계시의 전체 진행을 통해서 얻으려고 하셨던 바를 또한 보여줍니다. 이는 시므온이 그 계시의 진행이 끝나고 다음 단계로 넘어갔다는 것을 깨달았다는 점에서, 그리고 한 경건한 이스라엘 사람이 성육신하신 메시야를 팔에 안았을 때 구약 계시의 진행이 가리키는 모든 것이 성취되었다는 점에서, 또 지난 모든 과거의 목적이 이루어졌고, 건물의 맨 꼭대기 돌이 사람들의 환호소리와 함께 놓이면 건축장의 비계가 철거되며, 그럴지라도 세상은 조금도 가난해지지 않는다는 점에서 그렇습니다. 시므온은 자기가 받는 그리스도를 기뻐하며, 이스라엘을 떠나는 자로서 성령의 감동을 받아 최후의 노래를 부릅니다. 이것이 유대교가 하게 되어 있었던 일이고, 유대교가 안락사로 끝을 맺고 그리스도 교회와 기독교 시민권이라는 더 고귀한 형태로 넘어가게 되어 있는 방식입니다.

현실은 이 이상과 전혀 달랐다는 것을 여러분에게 새삼스럽게 말씀드릴 필요는 없을 것입니다. 다만 옛것에 대한 새것의 그 관계는 비록 그 형태에 있어서 날카로움과 단호함은 덜 하지만 여전히 모든 세대에 되풀이 되며, 우리 세대에는 매우 특별하게 다시 나타난다는 점을 한 두 문장으로 지적하려고 합니다. 새것이, 옛것이 자기를 품에 안는 것에 동의한다면 그것은 잘 하는 일입니다. 그런데 옛것이 새것을 환영하기보다는 새것을 못마땅하게 생각하고, 시므온의 역할을 하기보다는 헤롯처럼 자기 왕권을 위협하는 것처럼 보이는 그 아기를 죽이려 한다면 그것은 악한 일입니다. 본성 때문은 아니더라도 세월 때문에 보수적이 된, 우리 나이든 사람들과, 젊음 때문에 혁명적이고 혁신적인 여러분 젊은이들은 성전에서 시므온이 아기 그리스도를 안고 있는 광경에서 다같이 교훈을 얻을 수 있습니다.

2. 더 나아가서 우리는 여기서 종이 자기 주인을 알아보고 주인에게 복종하는 것을 봅니다.

여기서 "주재여"라는 말에 사용된 단어는 신약에서 전부 합해도 네 다섯 번밖에 나오지 않는 것으로, 하나님을 언급하는데 좀처럼 사용되지 않는 단어입니다. 그것은 눈에 두드러지게 아주 거칠고 딱딱한 단어입니다. 그 단어에서 헬라어 접미사를 떼어버리면 "독재자"라는 단어가 됩니다. 그러면 그 단어가 전달하는 모든 것은 입헌군주라는 의미에서 지배자, 또 작위가 높은 사람을 예의를 갖추어 부르는 의미에서 경(卿) 뿐만 아니라 주인에게 거역할 수 없는 사람, 노예인 사람의 절대적인 소유주라는 의미에서 지배자를 뜻합니다. "종"이라는 단어는 논리학자들이 "독재자"에 상응하는 단어라고 부르는 것입니다. 이에 따르면 "독재자"는 절대적인 소유권과 권력을 주장하고, 종은 절대적인 복종을 표시합니다. 이와 같이 시므온은 이 두 단어의 뜻을 사용하여 하나님에 대한 자신의 관계와 감정을 표현합니다. "주는 소유자이시고 지배자이시며 나는 주의 종입니다"라는 말입니다. 소유주와 노예 사이의 관계가 악한 것인데, 이 관계가 사람들 사이에서 존속할 때, 그것은 흉악한 범죄, 즉 옛날 잉글랜드의 선한 해방자가 그 범죄를 말할 때 사용하곤 했듯이 "모든 악행의 총화"가 되지만, 그 관계가 하나님과 사람 사이에 존재할 때는 모든 복의 총화가 됩니다. 그러면 그 관계가 암시하는 바는 무엇입니까? 그것은 명령할 수 있는 권한과 복종하는 의무, 모든 것 위에 가장 높으신 주권자의 의지와 한 분의 의지에 전적으로 복종하는 복된 태도, 곧 능력과 사랑이 무한한 하나님의 의지에 거리낌 없이 기꺼이 복종하는 복된 태도를 암시합니다. 절대적인 권위는 절대적인 순종을 요구합니다.

다시 말하지만 전제 군주는 자기 노예에 대해 생살여탈의 권한을 가지고 있습니다. 그래서 그가 마음먹으면 있는 자리에서 그 노예를 쳐 죽일 수 있고, 아무도 거기에 대해 무슨 말을 할 수 없습니다. 그와 같이 우리는 절대적으로 하나님께 의존되어 있습니다. 하나님께는 생사의 권한이 있기 때문에 우리 삶의 모든 순간이 하나님에게서 오는 선물인 것입니다. 생명의 원천이신 하나님께로부터 흘러 나오는 생명이 끊임없이 하나님에게서 나와 우리에게로 들어오지 않는다면 우리는 잠시 동안도 살아갈 수 없습니다.

다시 이야기하지만, 노예 소유주는 노예의 모든 소유물을 전적으로 소유합니다. 그래서 노예의 소유물을 가지고 하고 싶은 대로 할 수 있습니다. 그래서 내 것이라고 부르는 모든 것이 하나님의 것입니다. 그것은 내 것이 되기 전에 하나님의 것이었습니다. 나는 하나님의 것이고, 그래서 내게 속한 것처럼 보이는 것도 다 하나님께 속한 것이므로, 그것이 내 것으로 있는 동안에도 확실히 하나님의 것입니다. 그러면 여러분은 여러분의 소유물을 가지고 어떻게 합니까? 여러분 자신을 위해서 사용합니까? 하나님의 것임에도 불구하고 여러분 자신을 위해서 씁니까? 하나님의 것이라는 생각을 잊어버립니까? 때로 하나님께서 여러분의 소유물을 가져가시는 것을 아깝게 생각하고, 매일 순종하여 그것을 하나님께 드리고, 필요할 때 그것을 포기하는 것을 아주 아깝게 생각합니까? 종이 된다는 것이 그런 정신을 말합니까? 주인이 와서 종에게 "내가 네게 사탕수수와 멜론을 심으라고 준 땅에서 조금 요만큼 다시 써야 겠다"고 말한다면 종이 거기에 대해 불평할 이유가 있겠습니까? 우리를 아들로 여길 뿐만 아니라 또한 종으로 여겨서 하나님께서 우리에게 주신 은사를 하나님을 위하여 사용하라고 요구하는 권세를 발휘하신다면, 우리가 하찮은 자신의 뜻을 내세우며 하나님께 맞서야 할 이유가 있겠습니까?

그런데 이 모든 이야기가 귀에 아주 거슬리지 않습니까? 한 가지 생각을 고려하면, 그 모든 것이 아주 은혜로워집니다. 베드로 사도도 "전제군주"라는 이 단어를 언제 한번 사용하는데, 매우 주목할 만한 점에서 사용합니다. 그는 "자기들을 사신 주를 부인하는"(벧후 2:1) 사람들에 관해 이야기합니다. 아, 베드로 사도여! 주를 부인하는 것에 대해 이야기할 때 당신은 살얼음을 밟는 것처럼 조심스러웠을 것입니다. 베드로 사도가, 아주 심각하게 타락하여 예수님을 떠난 상태를 표시하기 위해 이 단어를 사용한 것은 아마도 사도가 법정에서 지은 자신의 죄가 생각났기 때문일 것입니다. 어쨌든 사도는 노예 소유주의 권리를 매입에 근거해서 말합니다. 예수 그리스도께서 자신의 귀한 피를 주고 우리를 사셨습니다. 우리가 주께서 자신의 권리를 얻기 위해 사용하신 방법과 주께서 자신의 권리를 행사하는 목적을 생각하면 그 은유에서 거슬리게 들리는 모든 것이 달라질 것입니다. 시편기자가 말했듯이 이같이 말하게 될 것입니다. "여호와여 나는 진실로 주의 종이요 주께서 나의 결박을 푸셨나이다"(시 116:16).

3. 끝으로, 우리는 여기서 성도가 죽음이 가까이 온 것을 깨닫고 환영하는 것을 봅니다.

그런데 아주 특이하게도, 웬일인지 대부분의 사람들은 "주재여 이제는 종을 평안히 놓아 주시는도다"라는 말을 "여호와여, 이제 주의 종을 보내어 주소서" 라는 간구로 읽는 것 같습니다. 그러나 그의 말은 그런 간구가 아닙니다. 그것은 어떤 간구나 열망이 아니라 시므온이 자기 수명이 끝에 가까이 왔다는 표시를 알아차렸다는 진술이고, 그 사실을 기쁘게 인지하였음을 나타내는 말입니다. "여호와여, 이제 보니 내가 피곤하게 기다리며 무거운 짐을 지고 가는, 죽을 수밖에 없는 이 인생을 그만 두고 가서 쉴 수 있는 때가 왔습니다" 하고 말하는 것입니다. 시므온이 가까이 다가오는 죽음을 어떻게 생각하는지 보십시오. "주께서 종을 평안히 놓아 주시는도다"는 말은 원래의 의미를 제대로 전달하지 못하는 번역입니다. 원래의 의미는, 그 말이 고별(Nunc Dimittis)이라는 전례(典禮) 성가에 사용됨으로 우리 모두에게 아주 익숙한 번역이 더 나은 표현입니다. "이제 당신께서 떠나게 하시나이다." 이 말은 보초를 그 초소에서 교체시키는 것에 대해 쓰는 전문적인 용어입니다. 지루하고 긴 밤 동안 내내 보초를 섰거나 뜨거운 낮 동안 먼지를 뒤집어쓰고 내내 노역을 한 종이 등불을 끄거나 곡괭이를 내던지고 작은 오두막집으로 편히 갈 시간이 왔다는 개념을 전달합니다. "여호와 주께서 이제 나를 떠나게 하시니, 이 해산의 명령을 오랜 망보기의 끝으로, 오랜 노고의 끝으로 받아들입니다."

한 걸음 더 나아가서, 시므온이 죽음이 가까이 오는 것을 알아차릴 뿐만 아니라 어떻게 환영하는지도 살펴봅시다. "주께서 종을 평안히 놓아 주시는도다." 그렇습니다. 그 허가를 받아들이는 평온하고 조용한 목소리로 말을 합니다. 그는 동요나 당황함을 전혀 느끼지 않고 자기 초소에서 조용히 빠져나갑니다. 마지막을 그처럼 평온하게 환영할 수 있는 것은 "내 눈이 주의 구원을 보았기" 때문입니다. 무엇보다 주의 구원을 본 사실이, 저녁 종이 자기를 위해 울렸고, 그 날의 일이 끝났음을 그가 확신하게 된 이유입니다. 또한 그 사실은 그가 평안히 떠날 수 있는 이유이기도 합니다. 지치고 흐릿해진 노인의 눈이, 누구든지 볼 필요가 있는 모든 것을 보고 만족하고 행복하였기 때문입니다. 인생의 날이 이 노인에게 두 배가 되었을지라도 주의 구원을 보는 것보다 나은 것을 내놓을 수 없을 것입니다.

형제 여러분, 인생이 우리에게 그보다 나은 것을 내놓을 수 있겠습니까? 우리가 그 광경을 보았다면, 참으로 신앙이 없는 작가가 좋지 못한 독선적인 필치로 "내가 인생의 불에 손을 따듯하게 쪼였으니, 이제 떠날 준비가 되었다"고 말했다고 할 수 있겠습니까? 우리가 우리의 이상을 만족시키는 분을 보았다면, 우리가 어둠 속으로 들어갈 때도 우리와 함께 하시며, 우리가 초소에서 나와 위에 있는 집으로 갔을 때, 멀리 있는 농장에서 더 이상 노예로 지내지 않고 아버지 집에서 아들로 받아들여질 때 더 온전히 알게 될 그분을 보았다면 우리는 평안히 갈 수 있습니다. "주께서 종을 평안히 놓아 주시는도다."

9
성전에 계시는 소년 예수

"예수께서 이르시되 어찌하여 나를 찾으셨나이까
내가 내 아버지 집에 있어야 될 줄을 알지 못하셨나이까 하시니"

눅 2:49

온갖 이야기들로 가득한 거짓 복음이 게 아주 많이 전해졌는데, 그 대부분은 예수 그리스도의 유년기에 관한 터무니없는 이야기이거나 어떤 것은 그보다 더 악한 이야기들입니다. 그 이야기들에 나오는 우리 주님의 유년기는 우리를 위해 보존된, 예수님의 어린 시절을 말해 주는 단 한 가지 사건으로서 단순성과 고귀함, 가치가 훨씬 더 두드러지게 나타납니다. 이 사건은 어떻게 보존되었습니까? 이 이야기를 대충 훑어보면, 그 질문에 답하는데 어려움이 별로 없을 것이라고 생각합니다. 이야기에서 부모가 부각이 되고 있다는 점, 부모가 어떻게 생각하고 느꼈는지를 상세히 기술하고 있다는 점을 볼 때, 우리는 누가가 그처럼 자세한 내용을 전달 받은 것은 바로 마리아에게서 였다는 가정을 받아들이는데 큰 어려움은 없을 것입니다. 예를 들면, 다음 구절들을 봅시다. "요셉과 그의 어머니는 이를 알지 못하고"(개역개정은 "그 부모는 이를 알지 못하고" — 역주). "그 부모는 동행 중에 있는 줄로 생각하고." "그의 부모가 보고 놀라며." 그리고 마지막으로 "예수께서 순종하여 받드시더라"는 말이 나옵니다. 이것은 마치 주의 모친 마리아가 누가나 우리로 하여금 이 독자적인 한 행동이 예수께서 부모의 권위를 거부하였음을 의미한다고 생각하지 않도록 하기 위해 하는 말처럼 보입니다. "그 어머니는 이 모든 말을 마음에 두니라"고 말하고, 소년기의 이 모든 특성을 깊이 생각한 것은 바로 어머니가 아니겠습니까? 내가 볼 때, 이 열두 살 소년의 말에서 매우 흥미 있고 교훈이 되는 두세 가지 요점이 있습니다.

1. 아들임을 의식함.

사람들이 그동안 아주 확신 있게 단언해 왔지만, 우리가 알고 있는 것이 거의 없어서 교의화 하는 것을 최소한으로 줄이는 것이 바람직한 주제, 곧 예수 그리스도라는 분 안에서 이루어진 인간적 요소와 신적 요소의 결합을 지금 이 자리에서 다룰 마음은 없습니다. 그러나 본문을 보면 우리는 곧 바로 이 생각에 이르게 됩니다. 즉 예수님은 키뿐 아니라 지혜도 분명 성장하였고, 하나님과 사람에게 총애를 받는 면에도 자라는 것이 있었다는 사실입니다. 이제, 이 시골 소년이 부모를 따라와서 처음으로 예루살렘을 보고, 성전의 거룩한 뜰에도 처음 들어간 것을 생각해 보십시오. 유대인 소년에게, 열두 살이 된다는 것은 새로운 시기를 맞이하는 사건임을 기억해야 합니다. 그때가 되면 유대인 소년은 "율법의 아들"이 되어, 지금까지 부모에게 맡겨졌던 종교적 책무를 떠맡게 되었기 때문입니다. 우리가 이 점을 참작한다면, 그리고 소년 예수 안에서 자라고 있었던 것이 참된 인성이었음을 기억한다면, 자신이 하나님의 아들이라는 의식이 그때 여기서 시작되었다고 하기 보다는 이 방문으로 인해 그 의식의 발전에 새로운 시기와 단계가 마련되었다고 말할지라도 불경한 일이 아닐 것입니다. 그 방문으로 인해 예수의 성인으로서의 의식이 촉진되었기 때문입니다.

성경의 기록에 의존하는 한에서, 우리 주님은 마리아를 대하실 때마다 마리아가 넘어서려는 경향이 있는 선 안으로 다시 물러서게 하셨는데, 여기서도 이 말씀으로써 마리아에 대하여 아주 온유하지만 지극히 단호한 태도를 취하십니다. 마리아는 "네 아버지와 내가 근심하여 너를 찾았노라"고 말하였습니다. 이 말은 이전 세월 동안 내내 그 가정에서 평소에 하던 말투를 그대로 보여 주는 것임에 틀림없습니다. 그런데 예수께서 "내가 내 아버지의 일에 관계하여야 할 줄을 알지 못하셨나이까"라고 대답했을 때, 그 말씀은 다른 어떤 사람보다 마리아의 마음에 크게 울렸을 것입니다. 소년 예수가 후에 성인이 되어서 자신을 하나님의 아들이라고 주장하실 때 의도하셨던 모든 것을 담아서 그같이 말씀하셨다고 우리가 단정 지을 수 없습니다. 그렇다고 예수께서 그같이 하시지 않았다고 장담할 수도 없습니다. 우리는 주님의 성장의 비밀에 대해 아는 것이 너무 부족해서 어느 쪽에 대해서든지 함부로 단정 지어 말할 수 없습니다. 우리의 측연선(測淵線)은 열두 살 소년의 입에서 나온 이 위대한 말의 깊이를 다 잴 수 있을 만큼 길지 않습니다. 그러나 이것은 분명합니다. 즉 소년의 자의식이 자라면서 그와 함께 자신이 하늘에 계신 하나님 아버지의 아들이라는 의식도 자라갔다는 것입니다.

    자, 형제 여러분, 이 기사의 모든 것이 독특하고 우리와 주님을 갈라 놓지만, 우리가 그리스도의 모범을 본받는 그리스도인들이라면 우리가 하나님의 아들이고 하나님께서 우리 아버지이시라는 바로 이 의식이 우리 속에 가장 깊이 박혀 있어야 한다는 것은 잊지 않도록 합시다. 우리도 그리스도로 말미암아, 오직 그리스도로 말미암아 아들이 될 수 있습니다. 우리는 사람들이 "하나님의 보편적 부성"에 관해 아주 많이 이야기하는 것을 듣습니다. 그러나 나는 성경의 교훈에 따를 때, 오직 예수 그리스도를 믿고 초자연적인 그리스도의 생명을 우리 영혼에 받아들임으로써만 이루어지는, 아버지 됨과 아들 됨의 특별한 관계가 있다고 믿습니다. 하나님은 모든 사람의 아버지이십니다. 감사한 일입니다! 그 말의 의미는 하나님께서 모든 사람에게 생명을 주시고, 하나님께서 모든 사람에게 주시는 그 생명은 아주 깊고 소중한 의미에서 하나님에게서 나왔을 뿐만 아니라 하나님 자신의 생명과도 비슷하다는 것이며, 하나님의 사랑이 모든 사람에게 미치고, 하나님의 권위가 모든 사람에게 이른다는 뜻입니다. 그러나 내적 성소가 있고, 자연적인 삶보다 나은 삶이 있습니다. 그리스도께서 우리에게 말씀하시는 아버지 되심의 의미는 이것입니다. 그리스도를 믿음으로,

그리고 우리 영에 양자의 영이 들어오심으로 말미암아, 우리가 생명을 주시는 자로부터 나오는 생명, 주시는 자의 생명과 비슷한 생명을 받는다는 것이며, 또 우리가 사랑의 끈으로 아버지 하나님에게 묶일 뿐만 아니라 아버지의 권위에 복종해야 한다는 것입니다. 하나님의 아들 됨이라는 사실은 그리스도인 생활에서 가장 깊은 사상입니다.

예수께서 제자들에게 하늘에 계신 그들의 아버지에 대해 말씀하셨을 때 그것은 전적으로 새로운 사상이었습니다. 바울 사도가 아주 피동적으로 예배드리는 사람들에게 그들이 더 이상 종이 아니라 아들이요 하나님의 상속자와 같은 사람들임을 깨달으라고 말했을 때 그것은 소름끼칠 만큼의 새로운 사실이었습니다. "사랑하는 자들아 우리가 지금은 하나님의 자녀라"고 한 요한의 가슴 벅찬 외침은, 말하자면 갑자기 빛을 내는 새로운 별을 가리킬 때의 환희 같은 것이었습니다. 내 기억으로, 구약에서 몇 번에 걸쳐 이스라엘의 왕이나 이스라엘 자체를 "하나님의 아들"이라고 언급하는 경우가 있지만, 구약 전체에서 하나님 편에서 우리 각 사람에 대한 부모로서의 사랑을 언급하는 데는 딱 한 군데 있습니다. 시편 103편에 그 위대한 말이 나옵니다. "아버지가 자식을 긍휼히 여김 같이 여호와께서는 자기를 경외하는 자를 긍휼히 여기시나니." 구약에서 하나님의 아버지 되심과 관계를 맺고 있는 개념은 대체로 권위에 대한 것입니다. 그래서 구약의 마지막 선지자는 "내가 아버지일진대 나를 공경함이 어디 있느냐"(말 1:6)고 말하였습니다. 그러나 신약으로 넘어가면, 바로 그 초입부터 우리는 이 말에서 그리스도의 제자들인 우리도 그리스도로 말미암아 하나님의 아들임을 주장하고, 하나님의 엄위에 대한 두려움을 넘어서 하나님 우리 아버지의 사랑에까지 나아갈 수 있다는 복된 사상의 싹을 보게 됩니다. 형제 여러분, 예수 그리스도께서 하나님의 아들이심은 유일무이한 것이지만, 그리스도께서는 우리를 자기 곁으로 부르시며, 우리가 그리스도를 믿음으로 된 하나님의 자녀라면, 우리는 "하나님의 상속자요 그리스도와 함께 한 상속자"(롬 8:17)입니다.

이 말에서 제시하고 싶은 두 번째 사상은 이것입니다.

2. 자식으로서 "마땅히 해야 하는" 즐거운 의무.

"어찌하여 나를 찾으셨나이까?" 이 말은 이런 뜻입니다. "부모님께서는 내가 마땅히 있어야 할 곳에 있을 줄 모르셨습니까? 나를 찾아서 예루살렘을 오르락내리락 할 필요가 있었습니까? 부모님은 나를 찾을 곳은 오직 한 곳 밖에 없다는 것을 아셨을 수도 있을 것입니다. 내가 내 아버지의 사업에(about My Father's business) 관계해야 할 줄을 모르셨습니까?" 이 질문의 마지막 말이 헬라어에서는 문자적으로 개역성경(the Revised Version) 난외주에 나와 있듯이 "내 아버지의 일에"(in the things of My Father)입니다. 그리고 그 말의 관용구적인 형태는 흠정역 성경에서와 같이 "내 아버지 사업에"라는 뜻이나 개역성경에서처럼 "내 아버지 집에"라는 뜻으로 이해할 수 있습니다. 찾는 어리석음을 강조한다는 이 점에서는, 후자가 가장 적절한 번역으로 보입니다. 예수님의 하실 일보다는 예수님이 계실 장소를 확실히 알 수 있다는 것이 더 적절하기 때문입니다. 그렇지만 장소에는 일이 함께 따라다녔습니다. 주님께서 아버지의 집에 계시는 것은 아버지의 사업, 곧 "여호와의 아름다움을 보고 성전을 둘러보는" 일에 관여하는 것 외에 달리 무슨 목적이 있겠습니까?

사람들이 우리를 어디에서 찾을지 압니까? 우리를 찾아 헤매는 일이 불필요합니까? 우리가 어디 있을지 확실히 알 수 있는 장소가 있습니까? 이 소년 예수에게는 그러했습니다. 예수님의 제자라고 고백하는 우리 모두에게도 그러해야 할 것입니다. 자기에게 지워진 거룩한 필연성의 의식이 그리스도 생애 내내 계속되고, 때로는 말로 표현되기도 합니다. 여기서부터 그것이 시작되는데, "내가 하여야 한다"는 말이 예수님의 입에서 맨 처음 나오는 때입니다. 우리의 삶을 형성하는 거룩하고 실제적인 필연성이 있는데, 이는 우리가 어린 아이의 마음과 어린 아이의 성향을 갖고 있다면 그 필연성이 우리 의지에 부과되고 우리 의지를 형성하기 때문입니다. 예수 그리스도에게서 "마땅히 해야 하는 것"은 외적인 것이 아닙니다. 주님의 전(全) 성향과 의지가 아버지의 권위에 복종해 있었기 때문에 주님은 "내 아버지의 사업에 관계하지 않을 수 없었던"(개역개정 난외주는 "내 아버지의 일에 관계하여야 할 줄을" — 역주) 것입니다. 바로 이 태도는 누구의 삶이든지 즐겁고 평온하며 고귀하게 만들 것입니다. 쇠 차꼬처럼 사람에게 옭아매는 필연성이 있습니다. 그런가 하면 생명샘처럼 사람 속에서 솟아나서, 의지를 몰아치기보다는 즐겁게 행할 마음을 일으켜서 그 사람이 사랑으로 순종하는 어린 아이가 되지 않을 수 없게 하는 필연성이 있습니다.

교우 여러분, 우리는 이런 필연성에 즐거이 사로잡히는 것을 느낀 적이 있습니까? 하나님의 뜻을 행하지 않을 수 없다고 생각하십니까? 내 자신이 마지못해서가 아니라 길을 따라 나를 몰아가는 강력한 사랑의 손에 붙잡혀 있다고 느낍니까? 기꺼이 의무를 이행하고자 하는 성향이 있습니까? 그렇다면, 그러한 삶의 자유, 넓은 마음, 평온함, 깊은 복됨은 이루 다 말할 수 없을 것입니다. 그러나 이 두 가지가 서로 다른 방향에서 잡아당길 때가 있습니다. 슬프게도 많은 경우에 그렇습니다. "내 아버지의 사업에 관계해야만 하는데, 오히려 내 사업에 열중하고 싶다"고 말하지 않을 수 없습니다. 이것이 소위 그리스도인들이라고 하는 아주 많은 사람들의 상태입니다. 그러면 이때의 필연성은 비참한 것입니다. 그런 기독교 신앙의 특징은 자유가 아니라 굴종입니다. 오늘날에는 그런 기독교 신앙이 많습니다.

이제 끝으로 할 말이 있습니다. 이 즐거운 "마땅히 해야 하는 것"과 아버지의 사업에 관여하지 않을 수 없는 복된 강박 관념에는 이런 것이 따릅니다.

3. 지극히 비천한 의무들을 온유하게 받아들임.

"예수께서 함께 내려가사 나사렛에 이르러 순종하여 받드시더라." 이것이 그리스도 지상 생애의 훨씬 더 큰 부분인 18년간에 대해 우리에게 전해지는 설명의 전부입니다. 이 자리에 전설이 끼어드는데, 전설은 한 번이라도 용납하는 것이 온당치 않지만, 아무튼 전설은 가장 사실에 가까운 듯한 것을 이야기하는데, 이 기간 동안에 예수께서 목수 가게에서 일하셨다고 말합니다. 어떤 전설은 예수께서 "멍에를 만드셨다"고 하고 또 어떤 전설은 나사렛 근방의 시골사람들을 위해 가벼운 농기구를 만들었다고 말합니다. 그러나 어쨌든 "예수께서 부모를 순종하여 받드셨습니다." 그리고 그것은 아버지의 뜻을 행하는 것이었고, 예수께서 박사들 가운데 있으면서 그들의 가르침에 귀를 기울일 뿐 아니라 질문을 하여 배울 때만큼이나 "아버지의 사업에 관계하는" 것이었습니다. 모든 것은 동기에 달려 있습니다. 우리가 일상의 일을 씩씩하게 행하고 있으면, 아무리 평범한 의무라도 "아버지의 사업"이 될 수 있습니다. 일상의 의무를 행하면서 하나님을 기억하지 않는다면, 우리는 그 일을 하나님의 사업으로 바꾸지 못합니다. 그러나 지극히 하찮고 무가치한 일들에 "마땅히 하지 않을 수 없다"는 이 위대한 태도의 신성하게 하고 생기 있게 하는 영향력을 불어넣는다면, 목수 가게가 성전 뜰만큼 신성하게 됩니다. 그래서 마리아에게 복종하는 것이 하늘에 계신 아버지의 뜻을 행하는 것이었습니다.

그 태도는 모든 삶을 참으로 놀랍도록 복되게 변화시킬 것입니다! 시편 기자는 오래 전에 이같이 말했습니다. "내가 여호와께 바라는 한 가지 일 그것을 구하리니 곧 내가 내 평생에 여호와의 집에 사는 그것이라"(27:4). 우리는 평생에 여호와의 집에 거할 수 있습니다. 우리는 어디로 가든지 아버지 집의 많은 저택들 가운데 여기나 저기에 살 수 있고, 모든 일에서 하늘에 계신 아버지의 뜻을 행하며 지낼 수 있습니다. 그때 우리는 편하게 지낼 것입니다. 그때 우리는 강해질 것입니다. 그때 우리는 반역하는 의지 때문에 혼란스러워 하지 않고, 마음속 깊은 곳에 이제 "우리는 하나님의 자녀"라는 기쁜 의식을 가질 것입니다. 더 나아가서 의심이나 안개로 희미해지지 않는 소망, 곧 "장래에 어떻게 될지는 아직 나타나지 아니하였다"는 즐거운 소망을 갖게 될 것입니다. 그러나 우리가 어디로 가든지, 그것은 큰 집의 한 방에서 훨씬 더 영광스런 방으로 건너가는 것에 지나지 않을 것입니다. "내가 내 아버지의 사업에 관계하여야 하리라." 우리는 이 말씀을 이 세상에 대한 표어로 삼읍시다. 그러면 주님께서 정하신 선한 때에 우리에게 말씀하실 것입니다. "밭에서 돌아와 집에서 내 곁에 앉으라." 그러면 우리는 "여호와의 집에 영원히 거할" 것입니다.

10
회개의 전파자 요한

"¹디베료 황제가 통치한 지 열다섯 해 곧 본디오 빌라도가 유대의 총독으로, 헤롯이 갈릴리의 분봉 왕으로, 그 동생 빌립이 이두래와 드라고닛 지방의 분봉 왕으로, 루사니아가 아빌레네의 분봉 왕으로, ²안나스와 가야바가 대제사장으로 있을 때에 하나님의 말씀이 빈 들에서 사가랴의 아들 요한에게 임한지라 ³요한이 요단 강 부근 각처에 와서 죄사함을 받게 하는 회개의 세례를 전파하니 ⁴선지자 이사야의 책에 쓴 바 광야에서 외치는 자의 소리가 있어 이르되 너희는 주의 길을 준비하라 그의 오실 길을 곧게 하라 ⁵모든 골짜기가 메워지고 모든 산과 작은 산이 낮아지고 굽은 것이 곧아지고 험한 길이 평탄하여질 것이요 ⁶모든 육체가 하나님의 구원하심을 보리라 함과 같으니라 ⁷요한이 세례 받으러 나아오는 무리에게 이르되 독사의 자식들아 누가 너희에게 일러 장차 올 진노를 피하라 하더냐 ⁸그러므로 회개에 합당한 열매를 맺고 속으로 아브라함이 우리 조상이라 말하지 말라 내가 너희에게 이르노니 하나님이 능히 이 돌들로도 아브라함의 자손이 되게 하시리라 ⁹이미 도끼가 나무 뿌리에 놓였으니 좋은 열매 맺지 아니하는 나무마다 찍혀 불에 던져지리라 ¹⁰무리가 물어 이르되 그러면 우리가 무엇을 하리이까 ¹¹대답하여 이르되 옷 두 벌 있는 자는 옷 없는 자에게 나눠 줄 것이요 먹을 것이 있는 자도 그렇게 할 것이니라 하고 ¹²세리들도 세례를 받고자 하여 와서 이르되 선생이여 우리는 무엇을 하리이까 하매 ¹³이르되 부과된 것 외에는 거두지 말라 하고 ¹⁴군인들도 물어 이르되 우리는 무엇을 하리이까 하매 이르되 사람에게서 강탈하지 말며 거짓으로 고발하지 말고 받는 급료를 족한 줄로 알라 하니라"

눅 3:1-14

왜 누가는 1, 2절에서 국가 당국과 교회 당국을 그처럼 자세하게 일일이 언급합니까? 그것은 연대를 확정하려는 것일 뿐만 아니라 또한 자기가 전하는 복음의 세계적인 면에 맞게, 세속 역사와의 관계에서 이야기를 풀어나가기 위함입니다. 더 나아가서 유대인의 몰락한 국가 상태와 어두워진 도덕적, 종교적 상태를 입증하는 다양한 사실을 집중적으로 밝히기 위함입니다. 유대인들이 디베료 같은 황제와 빌라도 같은 총독의 지배를 받고 있었다는 것, 악한 헤롯 자손들의 무리가 거룩한 땅을 자기들끼리 나누어 통치하고 있다는 것, 대제사장직이 불법적으로 관리되고 있어서 안나스와 가야바처럼 두 사람이 불법적으로 대제사장직을 나누어 쥐고 있었다는 사실만큼 유대인에게 옛적의 영광이 사라져버렸음을 잘 증명할 말이 더 있겠습니까? 요한이 오기에, 하나님의 말씀이 그에게 임하기에 꼭 알맞은 때였던 것이 분명합니다.

광야는 세례자 요한에게 엄격하고 고독한 정신을 길러주었습니다. 그리고 광야에서 자신의 사명과 전할 메시지에 대한 의식이 "그에게 임하였습니다." 이 표현은 즉시 요한이 옛 선지자들과 같은 인물임을 나타냅니다. 요한은 광야에 있다가 번개처럼 갑작스럽게 민족 앞에 나타났고 또 번개처럼 민족을 분열시킵니다. 누가는 그의 의복인 음식에 대해서는 일절 이야기하지 않고 곧바로 그의 메시지의 핵심을 말합니다. "죄사함을 받게 하는 회개의 세례"를 말하는데, 여기서 "사함"은 전적으로 "세례"에 달려 있거나 "회개"에 달려 있는 것이 아닙니다. 마음의 상태와 의지가 따르지 않는다면 외적인 행위는 소용이 없었습니다. 마음의 상태는 그에 맞는 행위가 따르는 것에 의해 진실함이 증명되었습니다.

7-14절에 회개의 전파자로서 요한의 가르침이 요약되어 있습니다. 왜 요한은 자기에게 나오는 군중에게 그처럼 맹렬한 비난을 퍼부었습니까? 사람들은 요한이 자기들을 "독사의 자식들"이라고 부르며 자기들이 장차 올 진노를 마지못해서 피하려고 한다는 말을 하기보다는 자기들을 환영할 것으로 기대했을 것입니다. 그러나 누가는 그 이유를 말합니다. 사람들이 세례 받기를 바랐지만 회개한다는 말은 한 마디도 없습니다. 그보다 그들

은 다가오는 진노를 면하게 해줄 것으로 자신들의 혈통을 의지하고 있었습니다. 그래서 그들이 받고자 하는 세례는 회개가 결여된 것으로, 세례자 요한이 요구하는 세례가 아니었습니다. 그들은 자신들이 "아브라함의 자손"이기 때문에 안전하다고 생각한 바로 그 점 때문에 요한에게 "독사의 자식들아" 라는 험악한 말을 들을 만하였습니다.

랍비의 신학은 "조상들의 공로"에 대해 할 말이 많습니다. 지금까지 민족에게 임박한 심판을 말한 모든 선지자처럼 요한도 심판은 이방인들을 위한 것이고 결코 유대인들에게는 임하지 않으리라는 완고한 믿음 때문에 자기 말의 날카로운 끝이 무디어지는 것을 느꼈습니다. 하나님께서 영국에 대해서는 언제까지나 국가적 파멸이 닥치게 하시지 않을 것이라는 그와 같은 불신앙이 우리 가운데 있는 것을 보지 않습니까? 그러나 국가적 자긍심을 보장하는 것은 과거 세대의 덕이 아니라 현재 세대의 의입니다.

요한에게 나온 무리들이 부가적 안전장치로서 세례 받는 데는 열심이었지만 회개하는 데는 더뎠습니다. 예식을 따름으로써 천국을 확보할 수 있다면, "무리"가 천국을 얻으려고 나올 것이지만, 그 예식을 집행하는 사람이 맹렬하게 회개를 전파하자 무리의 수가 금방 줄어듭니다. 이것은 요단 강 둑에서 그랬던 것처럼 오늘날도 그렇습니다. 요한은 회개뿐만 아니라 회개에 합당한 "열매"도 요구하였습니다. 생활을 변화시키지 않는 회개는 효험이 없기 때문이고, 사람들이 회개의 열매를 맺을 수 없었기 때문입니다.

회개란 단지 죄를 슬퍼하는 것에 그치지 않습니다. 많은 사람이 그런 회개를 하고 나서, 다시 예전에 빠졌던 수렁으로 달려갑니다. 변화에 상응하는 행동으로 변화가 참되다는 것이 보증되지 않는 한, 마음과 뜻을 바꾸는 것으로 충분하지 않습니다. 그와 같이 요한은 회개의 열매를 요구했을 때 회개의 참된 성격을 가르쳤던 것입니다. 그리고 끝이 날카롭게 연마 된 도끼가 나무뿌리에 놓여 있는 것과 같이 모든 준비가 끝난, 심판이 아주 가까이 왔음을 게으른 양심을 향하여 무섭게 외쳤을 때, 요한은 회개해야 할 가장 중요한 동기를 전파한 것입니다. 도끼의 예리한 날이 놓여 있었다면 늑장 부릴 시간이 없었습니다. 그렇지만 도끼가 아직 나무뿌리에 놓여 있었다면 나무꾼이 도끼를 휘두르기 전에 회개할 시간이 있었던 것입니다. 우리는 결국 회개에 이르게 하는 "하나님의 선하심"에서 회개할 더욱 고귀한 동기를 발견합니다. 오늘날 기독교는 "주의 두려우심"(고후 5:11)을 너무 가볍게 생각하고, 그럼으로써 사람들을 설득하는 가장 강력한 수단 가운데 하나를 내팽개치는 위험이 있습니다. 다양한 계층의 청중들에게 전하는 요한의 충고는 지극히 평범한 의무들과 지극히 하찮은 행동들도 신성한 일이 될 수 있다는 진리를 실례로써 증명합니다. 참된 회개에 따라오는 일은 세속적인 일을 버리고서 대망을 품은 비범한 생활로 나아가는 것이 아니라 일정하게 느릿느릿 진행되는 지극히 평범한 의무를 이행하는 것입니다. 직업마다 나름대로 시험거리가 있습니다. 말하자면 사람은 누구나 마귀를 거부하고 하나님을 섬길 기회를 갖는다는 것입니다.

11
예수님에 대한 요한의 증거와 하나님의 증거

"¹⁵백성들이 바라고 기다리므로 모든 사람들이 요한을 혹 그리스도신가 심중에 생각하니 ¹⁶요한이 모든 사람에게 대답하여 이르되 나는 물로 너희에게 세례를 베풀거니와 나보다 능력이 많으신 이가 오시나니 나는 그의 신발끈을 풀기도 감당하지 못하겠노라 그는 성령과 불로 너희에게 세례를 베푸실 것이요 ¹⁷손에 키를 들고 자기의 타작 마당을 정하게 하사 알곡은 모아 곳간에 들이고 쭉정이는 꺼지지 않는 불에 태우시리라 ¹⁸또 그밖에 여러 가지로 권하여 백성에게 좋은 소식을 전하였으나 ¹⁹분봉 왕 헤롯은 그의 동생의 아내 헤로디아의 일과 또 자기가 행한 모든 악한 일로 말미암아 요한에게 책망을 받고 ²⁰그 위에 한 가지 악을 더하여 요한을 옥에 가두니라 ²¹백성이 다 세례를 받을새 예수도 세례를 받으시고 기도하실 때에 하늘이 열리며 ²²성령이 비둘기 같은 형체로 그의 위에 강림하시더니 하늘로부터 소리가 나기를 너는 내 사랑하는 아들이라 내가 너를 기뻐하노라 하시니라"

눅 3:15-22

이 단락은 다음의 세 부분으로 나뉩니다. 오실 메시야에 대한 요한의 증거(15-17절), 고위층의 죄에 대한 요한의 거침없는 비난과 그에 대한 처벌(18-20절), 예수님에 대한 하나님의 증거(21, 22절)가 그것입니다.

1. 누가는 회개와 순수한 도덕의 전파자로서 요한의 사역과 왕 앞에서 행하는 포고자로서 그의 사역을 뚜렷하게 나눕니다.

전자의 사역이 7-14절에 기술되어 있는데, 그 사역의 결과로 언제나 연기를 피워내는 메시야에 대한 기대에 불이 붙게 되었습니다. 요한이 자기가 오실 구원자라고 말한다면 사람들은 즉각 그 주위에 모여들 것이었습니다. 그것은 진정 큰 시험이었습니다. 그러나 요한은 담대함과 더불어 갖추고 있던 흔들리지 않는 겸손함으로 그 시험을 털어내 버렸고 백성들의 흥분에 냉수를 끼얹어 불을 확실하게 꺼트렸습니다. 요한은 대중들이 품고 있는 의문들에 "대답하였습니다." 그는 대중들의 의문들을 충분히 알고 있었고, 그의 답변은 그 의문들을 깨트려버렸습니다.

이보다는 약하지만, 대중의 양심을 움직이는 사람들에게는 모두 같은 시험이 옵니다. 제자들은 언제나 자기 선생을 적절한 선을 넘어서 더 높게 평가하려고 하기 마련입니다. 선생의 메시지에 순종하기보다 선생에게 집착하는 것입니다. 따라서 그가 참된 사람이라면, 그는 오도된 열정을 꺾어야 합니다.

요한이 자기 사역의 한계를 분명하게 알고 있었다는 사실에 주목해야 합니다. 그는 외적 정결의 상징이자 수단인 물로써 세례를 주었습니다. 요한은 자신의 위치나 자기 세례의 중요성을 하찮게 보지 않습니다. 그러나 그의 온 영혼은 오실 메시야 앞에서 엎드려 경배합니다. 메시야의 직무는 넓은 지중해가 갈릴리의 작은 호수를 능가하듯이 그의 직무를 훨씬 뛰어넘을 것이었습니다. 메시야의 사역에 대한 요한의 대략적인 설명은 불충분하긴 하지만 웅대하였습니다. 그의 설명은 대체로 말라기 선지자의 마지막 예언에 근거를 둔 것입니다. 이같이 말라기 선지자의 예언과 연결시켜서 말한다는 것은 요한이 자신이 거기에서 예언된 엘리야라는 것을 의식하였음을 증거 합니다. 요한은 메시야가 특별한 것을 수여하는 능력에서 자기를 능가할 것을 알았습니다. 그가 강하였지만, 오실 메시야는 더 강할 분이었습니다. 아마도 요한은 그분이 신적인 능력을 발휘할 것으로는 꿈에도 생각지 못했을 것이며, 그의 완전한 힘이 약한 가운데서 나타나고 온유하고 자기희생적인 사랑의 힘으로 놀라운 일을 이루실 것이라고는 전혀 생각지 못했을 것입니다. 그러나 비록 희미하게 알았을지라도 그는 온전히 경배하였습니다. 그는 자신이 주인의 신발 끈을 푸는 종이 되기에도 (혹은 마태복음에 따를 때 신발을 "들기도") 무가치하다고 느꼈습니다. 그처럼 강한 성품이 지니고 있는 그 겸손함은 참으로 아름답습니다! 요한은 제사장과 분봉왕, 성난 여자들, 칼을 든 사형집행인 앞에서도 꼿꼿하게 섰지만 자기 왕 앞에서는 넙죽 엎드렸습니다.

힘과 왕적 권위가 요한이 메시야에 대해 선포해야 했던 전부는 아니었습니다. "그는 성령과 불로(in the Holy Ghost and fire) 너희에게 세례를 베푸실 것이요." 우리는 이 문장의 구조가, "in"이라는 전치사가 삽입되어 있기 때문에, 16절("물로", with water)의 구조와 다른 것을 봅니다. 그런데 "in"이라는 전치사가 종종 "수단으로서"의 의미로 사용되기 때문에, 여기 16절의 "with"는 단지 "in"의 뜻으로 사용된 것으로 보는 것이 더 타당할 것입니다. 두 명사가 한 전치사로 결합되어 있는데, 이것은 그 두 가지가 말하는 사람의 마음속에 실재이자 상징으로 융합되어 있음을 보여 줍니다.

불은 구약과 신약에서 모두 성령을 상징하는 것으로 자주 등장합니다. 여기서 불이 표현하는 바는 불의 파괴적인 면이 아니라 활력을 일으키고 빛을 내며 변화시키는 불의 에너지입니다. 거룩한 열심의 열정, 불타는 사랑의 따듯함, 뜨거운 마음의 열기, 차갑고 축축한 물질을 불의 빨간 모습으로 변화시킴, 이 모든 것이 불이라는 이 중요한 상징에서 표현되는 바입니다. 요한의 물세례는 정결케 하는 불에 집어넣는 메시야의 세례에 비하면 초라합니다. 불은 닿는 물건을 태워 불꽃으로 변화시킵니다. 제련업자의 불은 금속을 녹이고, 녹은 금속 액체의 찌끼는 불순물을 거두어 갑니다. 물은 표면을 씻지만 불은 중심까지 뚫고 들어갑니다.

성령의 불로 정결케 하는 것이 메시야의 주요한 직무입니다. 메시야의 사역이 온 세상에 미치는 것이지만, 그런 복을 받거나 거절할 수 있는 사람의 자유로 인해 선택적인 것이 될 수밖에 없었습니다. 그래서 요한은,

메시야가 오시면 사람들이 메시야의 불세례를 받는가 받지 않는가에 따라서 두 계층으로 갈라질 것을 알았습니다. 비바람을 맞는 언덕에 있는, 타작마당이라는 흔한 상(像)이 엄숙한 진리를 전달합니다. 추수하시는 주님께서 손에 도구를 쥐고 계시는데, 그 도구로 바람을 일으키시면 밀은 떨어져 더미를 이루고 껍질은 바람에 날려 멀리 마당 끄트머리에 떨어집니다. "자기의 타작마당"과 "자기의 곳간"(개역개정은 "자기의"가 생략되어 있음 — 역주)이라는 표현에서 그리스도께서 자신의 소유권을 엄숙히 강조하시는 점에 유의해야 합니다.

누가 겨인지 밀인지는 그 사람이 그리스도께서 베푸시는 불세례를 받아들이거나 거부하는 것에 의해 결정된다는 사실도 살펴봅시다. 뿌리가 없고 열매도 없으며 무가치한 헛된 삶이라는 두려운 상징을 깊이 생각해 보십시오. 요한은 이 개념을 시편 1편에서 끄집어냈습니다. 갈라내는 행위 뒤에 곳간에 저장된 밀의 모습에서 어렴풋이 볼 수 있는 돌봄, 안전한 관리, 평온한 휴식을 감사한 마음으로 생각해 보십시오. 그리고 겨의 끔찍한 운명을 두려운 마음으로 생각해 봅시다. 두 가지 불이 있는데, 우리는 이 둘 가운데 어느 한 불을 받지 않을 수 없습니다. 우리에게서 죄를 불태우는 정결케 하는 성령의 불을 기쁘게 받든지 아니면, 우리를 죄와 함께 태워버리는 형벌의 불을 맞을 수밖에 없을 것입니다. 성령의 불로 정결케 함을 받든지 아니면 형벌의 불로 소멸되든지, 그 선택은 우리 각 사람에게 달려 있습니다.

2. 18 – 20절은 요한을 설교자이자 의의 순교자로 보여 줍니다.

누가는 예상치 않은 곳에서 요한의 운명을 이야기하는데, 이는 요한에 대한 이야기를 끝내기 위한 것입니다. 말하자면 예수님을 맞이하기 위해 무대를 깨끗이 치우는 것입니다. 그와 비슷하게 세례자 요한의 광야 생활이 1:80절에서 미리 언급됩니다. 누가는 요한의 순교를 알고 있었음에도 (눅 9:7-9), 그 이야기를 직접 기술하지 않습니다. 이처럼 간단한 요약이, 고위층들의 죄에 대한 요한의 영웅적인 맹렬한 비난과 의를 위하여 고통을 받음에 대해 말한 전부입니다. 요한의 메시지는 하나님의 메시지를 전하는 모든 복음이 그렇듯이 두 가지 면이 있습니다. 요한은 백성들에게 기쁜 소식과 권고의 말을 하였고, 높은 신분의 죄인들에게는 엄한 비난의 말을 하였습니다.

군주에게 대놓고 그가 타락으로 부정하다고 말하고, 그뿐 아니라 그의 실제적인 죄를 지적하려면 대단한 용기가 필요합니다. 그러나 완고해진 마음을 향하여 나팔처럼 소리를 높여 말하지 않는 사람은 선지자가 아닙니다. 데모스 왕(King Demos)은 헤롯만큼이나 자신의 부도덕한 행위를 면밀히 다루는 것을 아주 견디지 못했습니다. 런던과 뉴욕은 자기들의 정욕과 술 취함에 맞서 싸우는 그리스도인들에 대해 데모스 왕이 그랬던 것처럼 화를 내고, 이 끈질긴 "광신자들"을 잠재울 수 있다면 조금도 애석해하지 않을 것입니다. "기쁜 소식"에는 반드시 책망하는 부분이 있습니다. 이 칼은 양날 가진 검입니다.

3. 이제 이야기는 예수님께로 향하고, 요한에 대해서는 그가 예수님께 세례를 주었다는 사실조차 언급하지 않습니다.

세례에 대한 누가의 설명의 특징은 교훈적입니다. 누가는 예수님과 요한 사이에 오고간 대화를 생략하고, 요한이 비둘기를 보고 하늘의 음성을 들은 사실도 생략합니다. 마가처럼 누가는 하나님의 음성이 예수님께 직접 말씀하시는 것으로 기술합니다. 반면에 마태는 하나님의 음성이 예수님께 관하여 말씀하신 것으로 묘사합니다. 세례 자체는 부차적인 조항으로 처리됩니다(세례 받으시고). 이런 식의 설명은, 이 설명이 하나님께서 친히 예수님을 증거하신다는 사실을 강조하는 것입니다. 이 설명은 하나님께서 요한에 대해 증거하신 면이 있는 것을 부인하지 않지만, 그냥 무시하고 지나갑니다.

또 한 가지 인상적인 점은 누가가 그리스도의 기도를 언급하고 있는데, 이 기도의 응답으로 하늘이 열리고 비둘기가 내려오며 증거 하는 목소리가 들린 것으로 묘사한다는 사실입니다. 우리는 그리스도의 기도에 대한 지식의 대부분을 이 누가에게서 얻습니다. 누가의 사명은 인자에 대해 이야기하는 것이었습니다. 이 이야기에는 우리가 다 헤아릴 수 없는 신비가 들어 있습니다. 그러나 이 이야기가 아무리 독특하다고 할지라도, 그 광경은 다음과 같이 그려볼 수 있습니다. 예수님의 기도에 하늘이 열리고 비둘기가 내려와 고개 숙인 머리 위에 머물며 아들임을 증거하는 하나님의 목소리가 주님의 기다리는 마음을 흡족케 하였습니다.

비둘기라는 상징이 지닌 아름다운 의미에 대해 오래 생각할 필요는 없습니다. 비둘기는 은혜롭고 온유한 성령의 본성을 상징하며, 또 성령이 예수님에게 영구히 완전하게 머문다는 점을 상징하였습니다. 다른 사람들은 하늘의 충만함을 부분적으로 받았지만, 예수님에게는 하늘의 충만함 자체가 보이는 형태로 구체화되어 임하였고 온유한 날개를 접고 거기에서 편히 머물렀습니다. "하나님이 성령을 한량없이 주심이니라"(요 3:34).

누가는 함부로 깊은 물에 들어가려 하지 않고, 성령이 임하시기 전에 예수님 안에 거하였던 성육신 하신 말씀과 예수님께 내려오신 성령 사이의 관계가 어떤 것인지에 대해 말하려고 하지 않습니다. 우리는 그런 문제들에 대해 깊이 생각하기를 삼가고, 하나님의 성령을 한량 없이 받고 유지할 수 있는 한 사람이 계셨다는 것과, 예수께서 우리의 필요와 믿음에 맞게 자기 안에 거하는 성령을 우리에게 채워주실 것임을 아는 것으로 만족하는 것이 지혜로운 처사일 것입니다.

하늘의 음성이 사람 예수의 마음에 말씀하셨습니다. 예수께서 하늘의 음성에 대해 무엇을 필요로 하셨는지, 하늘의 음성이 예수님께 들린 결과가 무엇인지에 대해 우리는 함부로 말하지 않습니다. 그러나 하늘의 음성은 필시 마리아에 대한 예수님의 답변에서 나타나기 시작했던 의식, 곧 자신이 하나님의 유일무이한 아들이라는 의식에 대한 확신을 증가시켰을 것입니다. 그러나 예수님은 오직 자신만을 위해 가지고 계시는 것이 아무것도 없습니다. 그리스도 안에서 우리는 아버지를 기쁘시게 하는, 하나님의 사랑하는 아들들이 될 수 있습니다.

12
시험

"¹예수께서 성령의 충만함을 입어 요단 강에서 돌아오사 광야에서 사십 일 동안 성령에게 이끌리시며 ²마귀에게 시험을 받으시더라 이 모든 날에 아무 것도 잡수시지 아니하시니 날 수가 다하매 주리신지라 ³마귀가 이르되 네가 만일 하나님의 아들이어든 이 돌들에게 명하여 떡이 되게 하라 ⁴예수께서 대답하시되 기록된 바 사람이 떡으로만 살 것이 아니라 하였느니라 ⁵마귀가 또 예수를 이끌고 올라가서 순식간에 천하 만국을 보이며 ⁶이르되 이 모든 권위와 그 영광을 내가 네게 주리라 이것은 내게 넘겨 준 것이므로 내가 원하는 자에게 주노라 ⁷그러므로 네가 만일 내게 절하면 다 네 것이 되리라 ⁸예수께서 대답하여 이르시되 기록된 바 주 너의 하나님께 경배하고 다만 그를 섬기라 하였느니라 ⁹또 이끌고 예루살렘으로 가서 성전 꼭대기에 세우고 이르되 네가 만일 하나님의 아들이어든 여기서 뛰어내리라 ¹⁰기록되었으되 하나님이 너를 위하여 그 사자들을 명하사 너를 지키게 하시리라 하였고 ¹¹또한 그들이 손으로 너를 받들어 네 발이 돌에 부딪치지 않게 하시리라 하였느니라 ¹²예수께서 대답하여 이르시되 주 너의 하나님을 시험하지 말라 하였느니라 ¹³마귀가 모든 시험을 다 한 후에 얼마 동안 떠나니라"

눅 4:1-13

우리가 개역성경(the Revised Version)의 독법과 번역을 채택한다면, 광야에서 지낸 40일 내내 사탄이 오랫동안 예수님을 공격한 셈입니다. 그리고 이 기간 동안에 육체적 필요에 대한 의식이 치열한 영적 전투로 인해 일시 정지되었던 것입니다. 이 같은 극도의 긴장이 끝나자 기진맥진하게 되었고, 적은 육체적으로 약한 이 때를 노려 자신의 가장 강력한 부대를 보냈습니다. 이 때는 예수께서 세례 받으시던 시간과 얼마나 대비가 됩니까! 그렇지만 하늘이 열린 일과 불굴의 이 싸움은 다같이 그리스도께서 사역을 준비하시는 일에 필요한 부분들이었습니다. 진정으로 사람이시기 때문에 주님은 정말로 시험을 받으실 수 있었습니다. 완전한 사람이시기 때문에 악한 생각들이 마음속에서는 일어날 수 없으므로 외부에서 제시되어야 했습니다. 예수께서 시험에 빠지는 우리를 도우시려면 우리의 시험을 아셔야 했습니다. 그리고 예수님은 집에 들어가 "세간을 강탈"하려면 "먼저 강한 자를 결박해야" 했습니다. 시험하는 자가 볼 수 있는 모습으로 나타났는지 혹은 예수님을 이곳저곳으로 데리고 다녔는지를 논의하는 것은 쓸데없는 일입니다. 누군가가 볼 때, 어쩌면 광야에서 홀로 조용히 앉아계시는 예수님 외에 아무것도 없었을지라도, 시험하는 자가 나타난 것과 그 음성은 사실이었습니다.

1. 첫 번째 시험은 인자로 하여금 하나님을 믿지 않도록 하려는 시험입니다.

오랜 경험을 통해서 시험하는 자는 몸의 욕구와 필요에 호소하는 것이 가장 매력 있는 미끼가 된다는 사실을 알았습니다. 그래서 그는 먼저 이런 것들을 시험합니다. 사람들은 이런 것들의 이런 저런 형태에 끌려서 죄를 지었습니다. 예수님은 굶주림으로 인해 이런 것들에 지배당할 수 있는 상황에 놓였습니다. 감각의 즐거움의 측면에서는 아니라 할지라도 결핍의 측면에서 그러했습니다. 시험하는 자는 예수께서 세례 받으실 때 들렸던 하나님의 음성을 인용하는데, 마치 자기 앞에 있는 굶주려서 기진한 이 사람이 그 "하나님의 아들"이 아니기라도 한 것처럼 경멸적인 말투로 인용합니다. 그 제안은 아주 순수한 것처럼 들립니다. 왜냐하면 이 제안은 스스로 먹기 위해 기적을 일으키는 것이 무슨 해를 끼치지 않을 것이었기 때문입니다. 그러나 이 제안의 악함은 "네가 하나님의 아들이어든"이라는 말에 무심코 드러냅니다. "사람이"라는 말에 힘을 시작하는 주님의 답변은 우리에게 주님께서 굶주림으로 기진해 있는 가운데서라도 이 음험한 제안을 물리치신 이유를 바르게 이해하도록 합니다. 이 제안을 받아들인다면 예수님께서 우리를 위해 취하신 인간의 상태를 자신을 위해 떨어버리고, 하나님의 아들로 행동하심으로 사람의 아들이기를 포기하시는 것이 되었을 것입니다. 예수께서는 사탄이 주는 호칭을 무시하고, 물러나서 사람과 형제 된 위치에 계시며, 사람들이 지배받고 사는 법칙을 자기 상태로 받아들이십니다.

　누가는 마태보다는 좀 불완전한 형태로 신명기서의 말씀을 인용하지만, 떡이 사람의 생명을 유지하는 유일한 수단이 아니라는 점과, 하나님께서 이스라엘을 광야 생활에서 먹이셨던 것처럼 만나로 주님을 먹이실 수 있고, 혹시 만나가 내리지 않을지라도 하나님께서 거룩한 뜻을 발휘하여 먹이실 수 있다는 것을 암시합니다. 그러므로 예수께서는 하나님의 아들로서 자신의 능력을 사용하시지 않을 것입니다. 왜냐하면 그 능력을 사용하면 그 즉시 예수님이 사람과 동등 됨을 버리는 것이고, 광야에서도 자기를 먹이실 수 있는 하나님의 능력을 믿지 않는 것이 되기 때문이었습니다. 예수님의 그 신뢰가 옳았음이 얼마나 빨리 입증되었는지 마태는 이야기합니다. 마귀가 예수님을 떠나자마자 "천사들이 나아와서 수종 들었습니다." 천사들이 부드러운 날개 짓으로 속히 와서 섬김으로 싸움으로 지친 예수님의 영혼이 위안을 받으셨습니다. 다시 한 번 "사람이 천사의 음식을 먹었습니다."

　이 첫 번째 시험은 우리에게 많은 것을 가르쳐 줍니다. 이 시험을 통해 예수님은 굶주림이라는 평범하지만 지독한 고통을 거의 극한까지 지고 가셨음을 보임으로 우리 주님께서 사람이심을 애처롭지만 진실되게 보이셨습니다. 이 시험은 죄가 없고 반드시 필요한 결핍이 어떻게 우리 영혼을 멸망시키는 마귀의 도구가 될 수 있는지를 잘 가르쳐 줍니다. 이 시험은 우리가 자신을 위해 특별한 능력을 사용함으로써 다른 사람들과 단절되는 일을 하지 않도록 경고합니다. 이 시험은, 우리가 일반적인 이치를 따를 때 굶어죽을 수밖에 없는 광야에 있을지라도 우리를 부양하시려는 하나님의 의지가 우리에게 최선인 것으로 알고 겸손히 의지해야 함을 보여줍니다. 그리고 이 시험은 가난하고 궁핍한 자들의 형제가 되려고 우리를 위하여 하나님의 아들의 특권을 포기하신 우리의 형제 되신 예수님의 사랑을 돋보이게 합니다.

2. 두 번째 시험은 메시야에 대한 것으로, 그릇된 수단을 사용하여 메시야의 통치권을 붙잡도록 시험하는 것입니다.

마귀는 더 교묘한 방식을 써야 한다는 것을 발견합니다. 육체적인 시험에서 실패한 사탄은 자기가 사람들의 무리보다 높으신 분을 상대해야 한다는 것을 깨닫기 시작합니다. 그래서 시험하는 자는 빛나는 미끼를 꺼냅니다. 미끼가 더 아름답게 치장되었습니다. 감각이 실패하는 곳에서 야망이 승리할 수 있습니다. 여기에서는 "하나님의 아들"이라는 말은 사용하지 않습니다. 하나님에 대한 예수님의 관계가 이제는 공격 대상이 아닙니다. 이번에는 예수님께서 세상에 대해 기대하고 있는 관계를 공격합니다. 사탄이 실제로 예수님을 어떤 높은 곳으로 데려간 것입니까? 아마도 그렇지 않았을 것입니다. 사탄이 그렇게 했을지라도 천하만국을 보이는 것은 전혀 자연스러운 일이 아니었을 것입니다. "순식간에 천하만국을 보였다"는 주목할 말은 물리적으로 불가능한 일인 것을 나타내며, 그보다는 예수께서 모래뿐인 조용한 광야를 응시하고 있는 동안에 마귀가 예수님의 의식 속에서 천하만국의 장면이 번쩍 하고 주마등처럼 지나가게 한 일을 표시하려는 말이었을 것입니다.

사탄이 천하만국을 자기 뜻대로 처분할 수 있다는 자랑을 지지하는 것처럼 보이는 성경구절이 많이 있습니다. 그러나 사탄은 "이 세상 임금"일 뿐 아니라 "거짓의 아비"이기도 합니다. 그래서 우리는 사탄이 그렇게 말한다고 해서 그의 말을 곧이곧대로 믿을 수 없다는 것을 확실히 알 수 있습니다. 그동안 얼마나 많은 왕권이 폭력 위에 세워지고 범죄에 의해 유지되었는지, 세상 역사에서 정의가 최고의 자리를 차지하는 일이 얼마나 드물었는지, 심지어 오늘날 소위 기독교 국가라고 하는 곳에서도 하나님에 대한 두려움이 얼마나 적은지를 생각한다면, 마귀가 이 자랑에서 우리가 생각하는 것보다 더 많은 진리를 말했다는 것을 금방 알 수 있을 것입니다. 마귀가 이 모든 권위를 "넘겨" 받았다고 인정하며, 이 권위를 위임 받은 사실에 근거해서 자기에게 절하라고 시험하는 점에 주목해야 합니다. 사탄은 예수께서 장차 세상의 왕이 되실 것을 알았습니다. 그래서 그는 그 존귀를 좀 더 쉽게 획득하는 조건을 제시합니다. 마귀는 자신이 매우 노련하다고 생각했을 테지만, 한 가지 실수를 범했습니다. 그는 예수께서 세우시려고 하는 나라가 어떤 나라인지 알지 못했습니다. 그 나라가 느부갓네살이나 가이사의 나라처럼 악한 옛 모범을 따라 세워지는 것이었다면, 사탄의 제안이 시험거리가 되었을 것입니다. 그러나 그런 나라는 사랑으로 통치하고, 죽기까지 사랑함으로써 사랑을 얻으시려고 한 분과 전혀 관계가 없었습니다.

마귀에게 절하는 것은 마귀의 나라를 세우는 데만 도움이 될 수 있을 뿐이었습니다. 예수님은 마귀에게 "넘겨" 준 "영광"을 조금도 바라지 않으셨습니다. 다시 한 번 신명기에서 인용한 주님의 답변은 주께서 세우시는 나라는 순종의 나라이며, 예수께서는 오직 하나님의 대리자로서 통치하실 것임을 선언하는 말입니다. 이 말씀은 주님 자신의 지위와 그의 통치의 특성을 규정해 줍니다. 그를 비참하게 만들고 그의 모든 "영광"을 재로 만들어버리는 그 말씀이 마귀의 귀에는 법을 어기는 것처럼 들렸을 것입니다. 이것은 우리 주님께서 공생애 사역 초입에 고난과 죽음의 길을 가시겠다고 단호하게 선택하시는 말씀입니다. 주님께서는 세상 나라들을 세운 기술과 방법들로부터 도움받기를 거절하시고, 사탄과 그의 통치에 대해 적대자로 나타나십니다. 이제부터는 사투가 계속됩니다.

우리에게 이 시험이 주는 교훈은 분명합니다. 우리는 예수께서 세우시는 나라가 어떤 나라인지 배워야 합니다. 우리는 우리의 보잘 것 없는 삶에서 의심스러운 수단을 사용하여 선한 일을 성취하려고 하거나 마귀의 무기를 가지고 그리스도의 일을 수행하려고 하지 않도록 주의해야 합니다. 교회가 기독교 도덕의 표준을 그대로 지키면 부한 자들이나 권력 있는 자들이 교회를 멀리하기 때문에 그 표준을 낮출 때, 벌 받을 죄를 애써 못 본 체 할 때, 또 종교적 활동을 하는 일에서 시기나 질투, 그보다 천한 경쟁심을 이용할 때, 교회가 사탄에게 절하고 있는 것이 아닙니까? 그런 교회가 받는 이익은 사탄이 줄 수 있는 그런 것이지 않겠습니까? 그런 것은 그리스도의 나라를 자라게 하는 이익은 아니지 않겠습니까? 우리는 예수께서 왕위에 오르시기 위해 가는 고난의 길을 처음 선택할 때부터 시작하여 피를 흘리면서도 기꺼이 끝까지 걸어가면서 보이신 그 평온하면서도 흔들리지 않는 단호함에 또한 경배를 드리고 감사를 드려야 합니다.

3. 세 번째 시험은 예배하는 아들이 하나님을 시험하도록 하는 것입니다.

누가는 이 시험들을 배열할 때 광야와 산이 가까이 있었기 때문에 부분적으로 그 장소의 특성을 고려해서 배열하고, 또 부분적으로는 이 시험들에서 어떤 순서를 나타내려는 목적에 따라 배열합니다. 처음에는 육체적 본성에 호소하고, 그 다음에는 좀더 고상한 마음의 욕구에 호소합니다. 그런데 예수께서 이 시험들을 물리치고 하나님을 예배하겠다는 결의를 말씀하시자, 시험하는 자의 약삭빠르지만 얄팍한 눈에 경건한 영혼으로 보이는 예수께 누가복음의 세 번째 시험을 이야기합니다. 반면에 마태는 자신의 관점에 맞게, 특별히 메시야에 대한 시험을 마지막에 배치합니다. 실제로 순서가 어떠했는지는 중요하지 않기도 하지만, 확인할 수도 없는 점입니다. 누가복음의 순서를 보면, 광야 한적한 곳에서 성전으로 옮겨가는 장소의 변화 외에는 사실상 변화가 없습니다. 앞에서 말한 대로, 그 변화는 필시 주님의 몸이 옮겨간 것이라기보다는 주님의 마음속에서 번개처럼 장면이 지나간 것뿐이었을 것입니다. "성전 꼭대기"는 깊은 골짜기가 내려다보이는 곳으로, 지금도 높은 담의 거대한 돌들이 서 있고, 한편으로 좁은 골짜기가 있고 다른 한편에는 성전 뜰이 있는 곳 위쪽의 아찔하게 높은 꼭대기였을 수 있습니다. 조소하는 자의 입에서 다시 "네가 하나님의 아들이어든"이라는 말이 나온 것과, 성경 인용이라는 하나님의 방어 무기를 사용한 데서 눌려있는 엄청난 그의 분노와 원한이 보입니다.

  마귀가 제안한 이 행동에 무슨 잘못이 있었습니까? 종종 사람들이 추측하였듯이 구경꾼들에게 미칠 효과에 대한 언급은 없습니다. 이 전체 시험이 광야에서 시행되었다는 우리 생각이 틀리지 않는다면, 그런 일은 있을 수 없었을 것입니다. 그러나 이 시험의 요점은 예수님에게 하나님께서 자기를 구원하실 것을 기대하고 쓸데없이 자진하여 위험에 들어가도록 하라는 제안이었다는 것이 분명합니다. 그렇게 하는 것이 경건한 확신처럼 보였지만 실제로는 "하나님을 시험하는 것"이었습니다. 그 제안은 이 싸움의 첫 회전에서 그리스도께서 승리하셨을 때 가지셨던 아주 완전한 신뢰처럼 보였습니다. 그러나 그것은 사실 하나님께서 약속을 지키시는지 않는지 하나님을 시험하는 불신이었습니다. 또 그것은 이 싸움의 두 번째 회전에서 예수께서 이기실 때 보이셨던 완전한 예배의 태도처럼 보였습니다. 그러나 사실 그것은 경건을 가장한 방자함이었습니다. 그 제안은 하나님께서 정하신 길로 가는 사람들에게 하신 하나님의 약속을, 사람이 스스로 선택한 길을 가면서 자기에게 이루어 주시도록 하나님을 끌어당기는 것이기 때문에 하나님을 시험하는 일이었습니다.

  우리가 하나님의 뜻을 온유하게 받아들이는 가운데 만나는 위험에서 우리를 구하여 주시기를 바라고 하나님을 의지할 때, 하나님을 신뢰하는 것입니다. 우리가 스스로 선택한 길을 가다가 만나는 위험에서 하나님이 우리를 구하여 주시기를 기대한다면, 하나님을 시험하는 것입니다. 아들로서 하나님을 신뢰하는 척 하는 그런 가정은 좀 더 고귀한 경험의 영역에 끊임없이 파고드는 시험입니다. 그런 고귀한 경험의 영역은 동물적인 열정의 열기나, 그보다 덜 거칠지만 실상은 더 위험한 마음의 욕구에서 나오는 태도로는 올라가지 못합니다. 이런 태도를 이겨낸 신앙인들도 여전히 이 적을 만납니다. 영적 자만심, 그리고 의무상의 아무 요구가 없는데도 위험을 무릅 쓰고 어떤 미개척의 생활이나 종교 생활에서 뛰어들 수 있다는 믿음, 그리고 기적 외에는 우리를 구원할 수 없는 환경에 자신을 믿고서 자발적으로 들어가는 태도, 이런 것은 사탄이 자신의 엉성한 함정을 부쉬버린 영혼들에게 쳐놓는 올가미입니다. 예수께서 이기실 때 쓰셨던 세 가지 답변은 우리가 시험을 물리칠 때 사용할 표어들입니다. 하나님을 신뢰해야 합니다. 우리는 하나님의 뜻에 의해 사는 존재입니다. 하나님을 예배해야 합니다. 하나님을 예배하는데 우리를 위한 모든 것이 있습니다. 하나님을 시험하지 않아야 합니다. 하나님의 천사들은 우리가 하나님의 길에서 행할 때 우리를 지키십니다. 하나님의 길을 따르지 않는 신뢰는 하나님을 시험하고 신뢰하지 않는 것으로 여기십니다.

"모든 시험"이 끝났습니다. 이와 같이 이 세 시험이 하나의 전체 시험을 이루었습니다. 적의 화살통은 당분간 비어 있었습니다. 사탄이 "얼마 동안" 곧 기회가 다시 올 때까지 떠났습니다. 사탄은 여러 가지 욕망에 호소하여 시험하려고 했을 때 격퇴되었습니다. 사탄의 다음 공격은 겟세마네와 갈보리에서 있을 것입니다. 그때는 고통과 죽음으로 인한 위축됨과 공포로 공격을 가하겠지만 그 역시 헛되게 될 것입니다.

13
나사렛에서 전도하심

"이에 예수께서 그들에게 말씀하시되
이 글이 오늘 너희 귀에 응하였느니라"

눅 4:21

예수께서 어린 시절의 고향인 나사렛에서 공적 사역을 하시면서 맨 처음 등장하신 이 사건에 앞서, 요한복음에서 배우는 대로, 예루살렘에서 다소 집중적으로 사역하신 일이 있었습니다. 그 과정에서 예수님은 성전에서 돈 바꾸는 사람들을 내쫓으셨고 많은 기적을 행하시고, 니고데모와 대화를 나누셨으며 갈릴리로 돌아오시는 길에 우물가에서 사마리아 여인을 만나셨습니다. 이런 일들에 대한 소문이 분명 예수님보다 앞서 도착하였을 것이고, 갑작스럽게 중요한 인물로 우뚝 솟은, 심지어 수도에서 센세이션을 일으키기까지 한 옛 친구를 보고자 하는 나사렛 사람들의 호기심에 불을 붙였을 것입니다. 위대한 인물 가까이에 사는 사람들은 그의 위대함에 강한 비판을 하며 더디 믿는 경향이 있습니다. 그래서 예수께서 나사렛에서 사역을 시작하시지 않은 것은 자연스럽고 사려 깊은 처사였습니다.

작은 산들 사이에 깃들어 있는 이 작은 마을에서 일어난 그날 아침의 광경을 우리는 쉽게 상상해 볼 수 있습니다. 예수께서 그동안 그토록 자주 예배자로 조용히 앉아계셨던 회당에 들어가실 때 얼마나 많은 기억들이 떠올랐겠습니까! 마리아가 그 자리에 있었다면 두 눈에 눈물이 가득 고였을 것이고, 한때 예수님과 놀았던 소년 시절의 친구들은 아주 호기심 어린 눈길로, 어느 정도는 호의적인 태도로 또 어느 정도는 시샘하는 마음으로, 또 어느 정도는 무시하는 태도로 예수님을 지켜보았을 것입니다!

회당 예배는 기도와 찬송으로 시작하였습니다. 그 다음에 성경을 율법 가운데서 한 부분, 선지서 가운데서 한 부분, 그렇게 두 부분을 읽는 순서가 있었습니다.

관례에 따라 선지서를 읽을 때가 되었을 때, 예수께서 일어나셨습니다. 이로써 예수님이 선지서 부분을 읽고자하는 뜻을 나타내신 것입니다. 예수께서 두루마리 성경을 건네받아 펼쳤을 때 아주 호기심어린 주의가 집중되었으리라는 것을 충분히 알 수 있습니다. 예수께서 "기록된 데를 찾으시니." 이 말은 마치 예수께서 그 부분을 찾으신 것처럼 보입니다. 말하자면 그 날에 배우기로 정해진 교훈이 있었다면, 그 부분을 펴신 것이 아니라 예수님께서 직접 택하신 구절을 찾으신 것입니다.

1. 영어 번역본에 나온 누가의 인용문과 히브리 원문 사이의 차이점들을 다룰 필요는 없을 것입니다.

이런 차이점들이 생긴 것은 부분적으로 누가가 70인역이라는 헬라어 성경에서 기억을 더듬어 인용하고 있는 사실 때문입니다. 예를 들면 누가는 이사야서에서 본래 자리에 없고 다른 부분에서 나오는 구절을 삽입하고 있습니다. 예수님은 성경에 대한 공경의 표시로, 관례대로 서서 성경을 읽으시고 나서 자리에 앉으셨는데, 이것은 읽기를 마쳤기 때문이 아니라 권위를 표시하는 선생의 태도를 관례대로 취하신 것입니다. 예수님의 첫 선언은 예수께서 지금까지 읽으신 위대한 말씀이 예수님 자신에게서 완전히 성취되었다고 하는 지극히 광대한 주장이었습니다. 이 예수님의 말씀은 우리에게 아주 익숙합니다. 우리는 그 말이 얼마나 놀랍도록 대담무쌍한 것이었는지를 이해하려고 하면, 어릴 적부터 예수님을 알았던 나사렛 사람들의 입장에서 그 말에 귀를 기울여야 합니다. "이 글이 오늘 너희 귀에 응하였느니라." 내가 볼 때, 옛 고향 마을 사람들에게 하신 우리 주님의 이 첫 설교가 예수님의 전체 교훈의 어떤 특징들을 아주 두드러지게 나타냅니다. 그 특징들을 간단히 살펴보도록 하겠습니다.

1. 먼저 그리스도의 자기주장에 주목합시다.

본문에서 이 같은 말씀으로 나사렛에서 사역을 시작하신 것이 매우 놀랍지만, 그것은 우리 주님의 교훈의 전체 기조에 완전히 일치합니다. 여러분이 예수 그리스도께서 하신 이 말씀의 지극히 본질적인 특징과 현저한 차이점을 세심하게 살펴본다면, 심지어 어떤 사람들이 복음서의 비역사적 성격에 대해 생각하는 모든 점들을 고려할지라도, 여러분에게 이점이 마지막까지 남습니다. 예수께서 가장 가까이에 있었던 사람들, 예수님의 교훈의 정신을 가장 잘 이해한 사람들에게 주신 인상은 예수님의 교훈을 다른 모든 교훈과 구별시킨 중요한 사실은 예수께서 자신에 대한 주장을 거침없이 끈질기게 전면에 내세우시는 점이었습니다. 나는 다른 어디에서도 세상이 위대한 종교적 천재로 혹은 위대한 도덕 교사로 인정하는 사람들 가운데 이에 상응하는 점은 전혀 없다고 생각합니다. 우리 주님의 교훈의 아주 독특한 특징을 이루는 것은 예수께서 하나님에 관해 말씀하신 복된 사실이나 사람과 사람의 의무에 대해 말씀하신 깊은 진리들, 혹은 사람과 사람의 운명에 대해 말씀하신 슬픈 사실들이나 사람과 사람의 가능성에 대해 밝히신 빛나는 소망뿐만 아니라 또한 예수께서 자신에 관해서 말씀하신 내용에 있습니다. 예수님의 메시지는 "하나님을 믿고 의를 행하라"는 것이기보다는 "나를 믿고 따르라"는 것이었습니다.

나는 여러분에게, 일반적으로 그리스도께서 자신에 대해서 거의 언급하시지 않는다고 생각하는 산상보훈을 보고, 새 나라의 율법을 권위 있게 선포하시는 가운데 예수께서 조용하게 자신의 발언이 옛 율법의 말씀과 동등한 것으로, 아니 "나는 너희에게 이르노니"라는 말씀으로써 모세가 하나님께 받은 사명은 인정하시지만 모세를 일축하시며 옛 율법의 말씀보다 뛰어난 것으로 이야기하신 점을 생각해 보라고 말씀드립니다. 더 나아가서 나는 이 "이치에 맞는 도덕 개요"의 끝에 가서 예수께서 이 원칙, 곧 이같이 말씀하신 예수님의 "내 말"이 누구라도 그 위에 집을 세우면 결코 당황할 일이 없을 견고한 기초가 된다는 원칙을 정하시는 것을 생각해 보라고 말씀드립니다. 이렇게 볼 때, 산상보훈은 우리 주님의 전(全) 교훈을 관통하는 자기주장의 표본이라고 말할 수 있습니다.

이제 나는 이 부인할 수 없는 특징은 예수께서 하나님의 아들이시고, 그의 사역은 세상의 구원이라는 가정에서만 정당화 된다고 감히 말합니다. 예수께서 그런 분이시라면, 예수님의 말씀대로 "나를 본 자는 아버지를 본 것이라"면, 예수께서 자신에 대해 밝히시는 것이 하나님의 계시라면, 주님의 죽으심이 세상의 생명을 위한 것이라면, 우리가 주님을 공경하는 것이 하나님을 공경하는 것이라면, 주님을 신뢰하는 것이 하나님을 신뢰하는 것이라면, 주님께 순종하는 것이 하나님께 순종하는 것이라면, 나는 예수님의 지속적인 자기주장을 이해할 수 있습니다. 그렇지 않다면, 예수께서 하나님께 곧바로 나아가도록 인도해야 하는 사람들의 정서를 일부러 가로막는 것이 아니겠습니까? 그렇지 않다면 예수께서 죄사함, 생명을 줌, 기도의 응답 같은, 오직 하나님께만 속한 대권을 가지고 있다고 주장하는 것이 아니겠습니까?

그리스도의 본성에 관한 진리를 이같이 지적으로 정리하는 내 입장에 동의하지 않으려고 하는 사람들 가운데는 예수님에 대해 진심으로 공경하여 머리를 숙이는 사람도 많다는 것을 압니다. 그러나 조심스럽게 말하지만, 내 생각에는 그리스도의 자기주장의 비밀은 육신을 입고 나타나신 하나님이라는 그리스도 본성의 비밀을 알 때에만 설명된다는 사실을 전적으로 인정하지 않는다면, 그런 공경에 논리적 근거는 없습니다. 나로서는, 주님의 교훈에 나타나는 명백한 그 요소를 고려할 때, 그런 점을 인정하지 않고서는 예수 그리스도의 도덕적 완전성을 어떻게 지킬지 알 수 없습니다. 그런데 그 점을 인정하면 우리는 엄청난 선택에 직면하게 되는 것을 느낍니다. 예수님 앞에서 공손히 머리를 숙이고 예수께서 인간적 완전함의 모범이라고 선언하면서도 "주는 그리스도시오 살아계신 하나님의 아들이니이다"라는 위대한 고백에 합류하도록 요구를 받으면 움찔하는 사람들보다, 오히려 예수께서 하나님의 아들이심을 인정하지 않았기 때문에 예수님의 자기주장을 듣고 분개하고 "이 사람이 신성을 모독하도다" 하고, 또 "이 속이던 자가 말하되"라고 말한 사람들이 자기들의 결론을 변호하는데 할 말이 더 많을 것이라고 느낍니다.

2. 둘째로, 여기서 사람에 대한 우리 주님의 슬픈 생각에 주목해 봅시다.

예수께서 인용하시는 이 예언의 구절에는 두 가지 요소가 관통하고 있습니다. 하나는 예수님 자신에 대한 것이고, 또 하나는 예수께서 오셔서 도우려고 하는 사람들에 대한 것입니다. 인간 생활의 여러 사실을 바라보신 우리 주님의 관점을 이해하기 위해서 이제 후자를 살펴봅시다.

그동안 귀를 열고 세상의 슬픈 음악을 들어오지 않은 사람은 누구도 세상을 위해 많은 일을 결코 하지 못할 것입니다. 세상의 비참함을 제대로 이해하지 못하면, 결국 비참함을 치료하는 일에서도 제대로 된 처방을 내리지 못하게 됩니다. 우리는 형제의 어깨에서 덜어주려고 하는 짐을 마음으로 져야 합니다. 인류에 관한 주님의 말씀 가운데서, 사람들과 그들의 상태에 대해 주께서 언제나 취하신 슬프고 엄격하지만 여전히 불쌍히 여기는 관점만큼 감동적이고 분명한 것은 없습니다.

누가가 제시하는 바와 같이 예수께서 자기주장의 근거로 말씀하신 구절에서 하나는 아마도 그 자리에 원래 없었을 것입니다. 왜냐하면 "상심한 자를 고친다"는 말은 원문에는 삭제되어 있기 때문입니다. 그 다음에 여기에는 네 가지 상징이 사용되는데, 가난한 자, 포로 된 자, 눈 먼 자, 눌린 자가 그것입니다. 이 상징들은 한 가지 치명적인 원인인 죄의 결과들을 나타내는 것입니다.

죄는 곤궁하게 만듭니다. 우리의 참된 부는 하나님이십니다. 사랑과 신뢰, 하나님의 뜻을 깨닫고 의지와 노력으로 순종하여 하나님을 소유하는 사람은 누구나, 그에게 다른 무엇이 있을지라도, 그에게 다른 무엇이 부족할지라도 가난한 사람이 아닙니다. 이 영원한 한 가지 보물, 곧 하나님을 소유하고 하나님과 사랑의 교제를 갖는 것을 지성과 마음과 의지와 노력에서 잃어버린 사람은 다른 무엇을 소유하고 있을지라도 거지에 불과합니다. 사람의 온 영혼이 어디에 팔렸든지, 어떤 일에 자신과 자신의 성향을 자기 중심과 목표로 삼았든지 간에, 그것이 바로 죄이며 거기에서 파산과 곤궁이 온 것입니다. 때로 여행자들이 사금가루나 금괴를 시장에 내다 팔러 갈 때, 도둑들이 그들을 포위하고 자루에서 금을 다 꺼내게 하고 대신 모래를 채웁니다. 그것이 바로 죄가 우리에게 행하는 짓입니다. 죄는 우리의 참된 보물을 빼앗아가고, 대신에 가방을 열어보기 전까지는 보물처럼 보이는 것을 줌으로써 우리를 우롱합니다. 그리고 죄는 우리에게 어떤 것도 사줄 능력이 없습니다. "너희가 어찌하여 배부르게 하지 못할 것을 위하여 수고하느냐(사 55:2)?" 하나님에게서 스스로 억지로 빠져나오는 모든 영혼을 붙잡는 것은 빈곤뿐입니다. 죄는 사람을 가난하게 만듭니다.

 죄는 사람을 가난하게 만들 뿐만 아니라, 묶어 "포로 된 자"를 만듭니다. 여러분은 자신의 경험을 생각해 보기만 하면 그것이 무슨 뜻인지 깨달을 것입니다. 여러분이 좋아하는 것들에, 여러분을 사로잡고 있는 열정의 지배력에, 여러분의 생활 습관에, 그릇되고 파괴적인 것임을 하나님이 아실뿐 아니라 여러분도 알고 있고 그래서 없애 보려고 했던 것들이 없습니까? 나는 그 답을 알고 있습니다. 우리 각 사람이 자신의 마음을 들여다본다면, 그 답을 알 것입니다. 즉 우리는 "죄의 사슬에 꽁꽁 묶여 있다"는 것입니다. 갈망을 없앨 수 있다면 오른 손이라도 끊어 버렸겠지만, 손을 끊을지라도 그 갈망을 없앨 수 없는 술주정뱅이의 가정에 가야만 여러분 이 속박의 예를 볼 수 있는 것이 아닙니다. 우리 자신을 정직하게 보기만 한다면 알 수 있습니다. 배가 물살과 함께 떠내려가지 않도록 반대 방향으로 끌어보면 물살이 끌어당기는 힘이 얼마나 센 지 알 수 있습니다. 거미줄처럼 가는 선은 그보다 조금 두꺼운 솜뭉치를 끌지만, 그 선이 몇 가닥 모이면 짐 꾸리는 노끈이 되고, 노끈이 합쳐지면 두 줄로 엮은 새끼가 되고 이 새끼줄이 엮이면 쇠로 된 닻을 끌 수 있는 굵은 밧줄이 됩니다. 이것은, 우리의 의지를 묶어 우리를 죄의 종으로 만드는, 점점 더 굵어지는 속박에 어떻게 우리가 눈치 채지 못하는 사이에 매이게 되는지를 보여 주는 비유입니다. "누구에게 순종하든지 그 순종함을 받는 자의 종이 되는 줄을 알지 못하느냐"(롬 6:16). 죄는 사람을 속박합니다. 바로 여러분의 죄가 여러분을 옭아맵니다. 여기서 우리는 죄를 단지 추상적인 개념으로 생각하여 스스로 속지 않도록 해야 합니다.

죄는 눈을 멀게 합니다. 완고함과 자존심이라는 안개가 영혼을 덮치는 곳에서는 어디든지 앞이 잘 보이지 않게 됩니다. 아무리 위대한 사실도 흐릿하고 잘 보이지 않습니다. 자기 악에 빠진 사람은 바다 속에 뛰어든 사람과 같습니다. 차고 짠 물이 사방을 둘러싸고 있어서, 그에게는 하늘의 아름다움, 태양의 밝음, 색깔의 미묘함이 다 사라집니다. 우리 가운데 어떤 사람들처럼 하나님을 보지 않고 선의 고귀한 아름다움도 보지 않으며 미래의 빛나는 가능성과 두려운 위협도 분명히 보지 못한 채 인생을 살아가는 사람은 바로 코앞에 있는 것들은 볼 수 있습니다. 그러나 그 사람은 눈이 멀어서 멀리 있는 것을 보지 못하고 자기 주변의 하찮은 것들을 보아도 흐릿하게만 볼 수 있을 뿐입니다. 죄는 눈을 멀게 합니다.

그리고 죄는 상처를 입힙니다. 죄는 우리에게서 모든 건강을 빼앗아가고, 발바닥부터 머리꼭대기까지 "상한 것과 터진 것과 새로 맞은 흔적"(사 1:6)으로 가득하게 만듭니다.

죄는 이 모든 황폐를 일으킨 다음에 우리에게 망상의 잔을 줍니다. 이때 우리는 탈나게 만드는 것이 있다는 것도 모르고 그 잔을 마십니다. 그러면 우리는 작은 방에 갇혀 있는 미치광이와 같이 됩니다. 그래서 스스로를 왕궁에 사는 왕자로 생각하고 하찮은 죽과 우유를 먹으면서도 자신이 화려한 식탁에서 산해진미를 맛보고 있다고 생각합니다. 죄의 속임은 죄의 비극적 결과만큼이나 무서운 것입니다.

3. 끝으로, 우리는 여기서 자신과 자신의 사역에 대한 주님의 생각을 봅니다.

나는 이 점에 대해 충분히 생각하고 싶지만 여러분에게 그럴 만한 시간이 없을 것입니다. 하지만 주께서 처음 사역을 시작하면서 말씀하신 이 프로그램의 특징들 중 한 두 가지는 지적하도록 하겠습니다. 예수께서는 자신이 예언의 주제이며 성취라고 주장하십니다. 현대적 개념들이 구약의 기원과 구약 예언의 특징들을 어떻게 이해했든지 간에, 현대적 개념들은 그 모든 옛 제도의 가장 중심적인 이 특징을 지금까지 다루지 않았고, 앞으로도 다루지 않을 것입니다. 이 특징은 구약에 깊이 배어 있는데, 구약이 가르친 모든 것이 더 고귀하게 성취되고 더 멀리 발전한다는 기대를 가지고 앞을 내다본다는 사실입니다. 그리스도의 말씀을 모든 다툼의 최종 판단자로 여기는 사람들에게 이 점을 말씀드리고 싶습니다. 여기서 주님은 열등하고 직접적인 의미를 지닌 예언의 말씀들도, 오직 주님 안에서 그 의미가 온전히 실현된다는 믿음이 옳다고 인정하셨다는 것입니다. 그래서 예수께서는 나사렛의 작은 회당에서 아는 사람들 앞에 그리고 모든 시대에, 온 세상 앞에, 진행되는 세상 역사의 중심점이자 중심축으로 나타나십니다. 그래서 이전에 있던 모든 것은 다 예수님에게로 모이고, 이 후에 있었던 모든 것은 다 예수님에게서 흘러나갔습니다. "앞에서 가고 뒤에서 따르는 자들이 소리 지르되 호산나 찬송하리로다 주의 이름으로 오시는 이여"(막 11:9).

    예수께서는 자신에게 성령이 충만히 계시다고 주장하십니다. "주의 성령이 내게 임하셨으니." 확실히 이 말씀은 예수께서 세례 받으실 때 요단강 언덕에서 경험하신 일을 생각나게 합니다. 이 사건을 계기로 예수님은 자신이 신적 생명을 끊임없이 온전하게 충만히 소유하고 계시다는 놀라운 의식을 갖기 시작하시게 되었습니다. 이 같이 신적 생명을 충만히 소유하심으로써 주님은 인간들의 비참과 결핍에서 완전히 벗어나시게 됩니다. 예수께서는 자신이 옛 언약의 말씀과 사상으로부터 형성된 충만한 의미와 지극히 높은 위엄을 지닌 옛 언약의 메시야라고 주장하십니다. 예수께서는 자신이 복을 선포할 뿐만 아니라 수여하기도 한다고 주장하십니다. 왜냐하면 예수님은 "가난한 자에게 복음을 전하기" 위해서뿐만 아니라 "상심한 자를 고치고" "결박된 모든 자를 풀어주러" 오시기 때문입니다. 예수께서 말씀하시는 복음은 바로 예수님 자신이십니다. 주님은 단지 하늘의 은혜를 선포하시기만 하는 것이 아니라 친히 "주의 은혜의 해"를 오게 하시는 분입니다.

이것이 예수 그리스도께서 나사렛 회당에서 전하신 첫 설교에서 자신에 대해 주장하신 것을 아주 간단하게 기술한 설명입니다. 그리고 우리의 시간이 허락하는 한도 내에서 말씀드릴 수 있는 전부입니다.

그러나 예수께서는 황금의 해, 희년, 곧 "주의 은혜의 해"를 가져올 방법에 대해서는 구체적으로 말씀하시지 않습니다. 여러분이 죄의 철폐를 위한 그리스도의 십자가에서의 죽으심, 사망의 철폐를 위한 그리스도의 부활, 범죄하고 상처 입은 모든 영혼들에 치료와 의의 성령을 주시기 위한 그리스도의 영광스런 통치를 끌어들이지 않는 한, 그리스도께서 친히 이같이 공표하신 프로그램이 성취되는 것을 예수 그리스도의 생애에서 보기 어렵다고 감히 말씀드립니다.

나사렛 사람들이 이 말씀을 들었습니다. 그들의 마음과 양심이 예수님의 매력적인 인격의 힘과 그 말씀의 진실됨을 증거하였습니다. 우리들 대부분의 마음과 양심도 그같이 증거합니다. 그들은 예수님의 입에서 나온 "은혜로운 말"에 놀랐습니다. 그 말의 내용이 은혜로웠고 그 태도가 은혜로웠습니다. 우리들 대부분도 그렇게 놀랍니다. 처음에는 마음이 그렇게 움직였지만 "이 사람이 요셉의 아들이 아니냐"는 차갑고 흠을 잡는 질문에 막혀 그들은 더 이상 나아가지 못했습니다. 그러자 모든 열심이 냉담하게 식어져버렸습니다. 이어서 사람들이 크게 "화"를 내었습니다. 예수님께 거의 마음이 끌렸던 사람들 가운데 어떤 이들은 한 시간이 채 지나기도 전에 예수님의 옷을 잡고 그들의 마을이 서 있는 언덕 낭떠러지로 가서 내던져 버리려고 하였습니다. 사람이 그리스도를 자기의 구속자요 왕으로 느끼게 되는 시점에 이르게 되면, 누구나 두 갈래 길에 서게 됩니다. 그 사람은 오른쪽 길로 갈 수 있는데, 그 길을 따라가면 그는 그리스도를 영접하고 그리스도와의 충만한 교제에 이르게 될 것입니다. 혹은 그 사람이 왼쪽 길로 갈 수 있는데, 그 길을 따라가면 그 사람은 광야로 들어가게 될 것입니다. 연금술사의 실험실에는 중요한 한 시간이 있었는데, 그때는 도가

니의 납이 녹기 시작하는 시간이었습니다. 찬 기류가 납에 미치면, 납은 다시 탁한 고체로 변하여 금을 만들 수 없었습니다.

형제 여러분! 여러분이 조금이라 마음이 녹아 회개하고 믿음의 기류가 흐르기 시작한다고 느낀다면, 세상의 냉랭한 기류가 여러분의 마음을 다시 얼게 하지 않도록 해야 합니다. 나사렛 회당에서 "가난한 자에게 복음을 전하게 하시려고 내게 기름을 부으시고"라고 말씀하셨던 바로 그 목소리가 오늘날 우리에게 하늘에서 이같이 말씀하십니다. "내가 너를 권하노니 내게서 불로 연단한 금을 사서 부요하게 하고 흰 옷을 사서 입어 벌거벗은 수치를 보이지 않게 하고 안약을 사서 눈에 발라 보게 하라"(계 3:18).

14
가버나움에서 보낸 안식일

"³³회당에 더러운 귀신 들린 사람이 있어 크게 소리 질러 이르되 ³⁴아 나사렛 예수여 우리가 당신과 무슨 상관이 있나이까 우리를 멸하러 왔나이까 나는 당신이 누구인 줄 아노니 하나님의 거룩한 자니이다 ³⁵예수께서 꾸짖어 이르시되 잠잠하고 그 사람에게서 나오라 하시니 귀신이 그 사람을 무리 중에 넘어뜨리고 나오되 그 사람은 상하지 아니한지라 ³⁶다 놀라 서로 말하여 이르되 이 어떠한 말씀인고 권위와 능력으로 더러운 귀신을 명하매 나가는도다 하더라 ³⁷이에 예수의 소문이 그 근처 사방에 퍼지니라 ³⁸예수께서 일어나 회당에서 나가사 시몬의 집에 들어가시니 시몬의 장모가 중한 열병을 앓고 있는지라 사람들이 그를 위하여 예수께 구하니 ³⁹예수께서 가까이 서서 열병을 꾸짖으신대 병이 떠나고 여자가 곧 일어나 그들에게 수종드니라 ⁴⁰해 질 무렵에 사람들이 온갖 병자들을 데리고 나아오매 예수께서 일일이 그 위에 손을 얹으사 고치시니 ⁴¹여러 사람에게서 귀신들이 나가며 소리 질러 이르되 당신은 하나님의 아들이니이다 예수께서 꾸짖으사 그들이 말함을 허락하지 아니하시니 이는 자기를 그리스도인 줄 앎이러라 ⁴²날이 밝으매 예수께서 나오사 한적한 곳에 가시니 무리가 찾다가 만나서 자기들에게서 떠나시지 못하게 만류하려 하매 ⁴³예수께서 이르시되 내가 다른 동네들에서도 하나님의 나라 복음을 전하여야 하리니 나는 이 일을 위해 보내심을 받았노라 하시고 ⁴⁴갈릴리 여러 회당에서 전도하시더라"

눅 4:33-44

이 장에는 그리스도께서 회당에서 전도하신 것이 일곱 번 언급이 되는데, 이 복음서 나머지에서는 두 번 밖에 나오지 않습니다. 아마도 우리 주님께서 방법을 다소 바꾸셨던 것 같고, 유대인뿐 아니라 이방인을 위한 복음의 전도자인 누가는 바울의 전도에서 나타나는 이와 비슷한 변화를 예시하고 정당화 하는 것으로서 이 변화를 강조하는 것 같습니다. 본문에서 우리는 언덕에 있는 나사렛 회당에서 호숫가에 있는 가버나움 회당으로 내려옵니다. 가버나움 회당에서 예수님은 기적을 행하는 분으로 벌써 알려져 있었습니다. 두 안식일이 뚜렷하게 대비됩니다. 나사렛 회당에서 안식일을 지낸 결과는 맹렬한 분노와 미움으로 떠들썩한 소동이 일어난 것이었고, 가버나움 회당에서는 많은 사람들이 열심으로 예수님을 자기들 곁에 붙들어 두고자 하였습니다. 본문의 이야기는 네 단락으로 이루어져 있는데, 각 단락이 그리스도의 능력과 동정의 새로운 단계를 보여 줍니다.

1. 그리스도를 악한 어둠의 세계의 주로 나타냅니다(33-37절).

회당의 조용한 침묵 가운데 사람들이 예수님의 부드러운 음성에 귀를 기울이고 있을 때 갑자기 격정과 공포의 비명소리가 울려 퍼졌습니다. 사람들 사이에서 조용히 앉아 있던 한 남자에게서 나오는 소리였습니다. 아마도 그리스도의 임재로 말미암아 그 무서운 폭군이 깨어나기 전까지는 그 사람의 상태에 대해 별로 낌새를 알아차리지 못했던 것 같습니다. 그 남자의 목소리는, 귀신이 내게 만든 것입니다. 누가 이 비참한 희생자를 통해서 말하는가를 예수님만 아십니다. 우리는 예수님을 믿는 모든 신자들로서 귀신들림이라는 현실을 질병, 정신착란 혹은 죄와는 뚜렷이 구별되는 현상 때문에 인정하지 않을 수 없을 뿐 아니라 그와 관련된 예수님의 말씀과 행동들에 의해서도 증명된 것으로 여깁니다. "가다라 지방의 돼지들을" 어설프게 놀려대는 헉슬리 교수(Thomas Henry Huxley, 1825-1895, 영국의 생물학자 — 역주)는 사실들의 증거를 좁은 시각으로 보면서 지극히 미신적인 일로 치부하고 비웃는 냉담한 태도를 취하고 있습니다.

　나폴레옹은 "불가능하다"는 말을 "못된 낱말"이라고 불렀습니다. 그런데 실제 생활에서 그렇습니다. 충분히 증명된 사실들을 믿지 않기 위해서 불가능하다는 말을 자주 입에 올릴 때 그 단어는 "못된 낱말"입니다. 우리는 그런 주장을 하기 위해, 마치 세상 모든 것을 아는 것처럼 악한 영들에게 사로잡히는 일은 있을 수 없다고 선언하려고 하지 않고 복음서들의 증거와 그리스도의 말씀을 감히 무시하려고 하지도 않습니다.

　소리 지른 그 귀신의 격정과 공포를 살펴봅시다. 순수함의 등장이 불순함에게는 예리한 고통이 됩니다. 악한 영이 예수님과 접촉하자 깊은 곳까지 흔들렸습니다. 어둠을 좋아하는 기괴한 생장물은 햇빛을 받으면 말라 죽습니다. 어떤 사람들에게는 기쁨이 되는 것이 다른 사람들에게는 끔찍한 고통이 될 수 있습니다. 여기서 악의와 미움과 공포라는 감정 상태가 이같이 갑작스런 비명으로 터져 나온 것일 수도 있습니다. 예수님에게서 도망하는 것이 유일한 구원이라고 생각하거나, 예수님의 거룩함을 아주 분명히 알게 된 결과가 고작 예수님과 조금이라도 결부되는 것을 극구 거부하려고 하는 것은 두려운 일입니다. 그것은 곤경 중에서도 곤경입니다. 그 곤경이 완전한 형태로 올 때 그것은 귀신의 고통이고, 기본적인 형태로는 어떤 사람들의 비참한 형편입니다.

　이 더러운 영이 예수님의 고향과 이름뿐만 아니라 예수님의 성품 그리고 하나님과의 관계를 알고 있었던 사실에 대해서도 생각해 봅시다. 그것이 귀신 들린 사람의 특징 중 하나입니다. 이 특징 때문에 귀신 들림이 질병이나 정신이상과 뚜렷이 구별되며, 다른 어떤 이유로도 설명되지 않습니다. 이 점에서 우리는 어두운 영역을 얼핏 한 번 볼 수 있습니다. 그리고 동정이나 순종에 접촉하고서도 전혀 마음이 변화되지 않은 자가 땅에 시행되는 하늘의 계획을 예리하게 지켜보고 안다는 것이 여기서 나타납니다. 그런 영들이 있다면, 사람들이 예수님을 몰라도 그들은 예수님을 알고, 그 지식으로 인해 자기들의 미움이 헛되다는 것을 알면서도, 여전히 미움이 그 지식과 함께 지속된다는 것은 자연스런 일입니다.

그리스도의 권세 있고 준엄한 말씨를 살펴봅시다. 예수께서 구속함을 받을 수 있는 사람들에 대해서는 동정을 보이셨지만 그런 악한 영들에 대해서 예수님의 말씀과 태도는 항상 엄합니다. 예수께서는 사람들이 보이는 지극히 불완전한 인식이라도 받으시며, 많은 경우에 그런 인식이라도 일으키려고 애쓰시는 것처럼 보입니다. 그러나 악한 영들이 보이는 분명한 인식은 말하지 못하도록 막으십니다. "구원에 이르는" 고백은 단지 인지하는 머리에서 나오는 것이 아니라 사랑하는 마음에서 나오는 것입니다. 예수께서는 그 외의 다른 어떤 것도 받으시지 않습니다. 예수께서는 자신의 이름이 그런 악한 자의 입으로 더럽혀지게 두시지 않습니다.

더 나아가서, 그리스도께서 귀신을 절대적으로 통제하고 계심에 주목합시다. 주님의 꾸밈없는 말씀은 권세가 있어서 비록 고분고분하고 순종하는 의지에서 나오는 것은 아닐지라도 귀신에게서 외적인 복종을 이끌어 냅니다. 예수께서 그 더러운 피조물이 사랑하게 하실 수는 없으나 행동하게 만드실 수는 있습니다. 귀신들이 듣고 순종한다면 전능하신 분은 틀림없이 말씀하셨을 것입니다. 귀신들의 왕은 정복되었고, 귀신들은 자기들의 주를 알았습니다. 강한 자가 결박되었다고 말씀하셨는데, 이것은 그의 집이 강탈당했다는 것을 의미합니다. 회당에서 예배드리다 놀란 회중이, 말 한 마디로 더러운 영들을 마음대로 부리시는 분의 말씀을 어떻게 생각해야 하는가를 물었을 때, 그것은 문제의 근본을 캐는 질문입니다. 왜냐하면 예수께서 귀신들에게 내리신 명령은 우리에게 주님을 나타내는 계시이기 때문입니다. 그래서 우리는 자신의 뜻을 표시하는 수단에 불과한 말을 통해 나타나는 능력에서 그리스도의 신성을 배웁니다.

우리는 여기서 그런 영들이 있다는 사실에서, 죽지 않는 책임 있는 존재들이 끊임없이 마음과 의지로 하나님에게서 멀어짐으로 스스로 개선의 여지를 벗어나고 그리스도의 동정을 받을 수 없는 단계에까지 나갈 수 있음을 알게 됩니다.

2. 우리는 주님의 따뜻하게 치료하시는 능력과 치료 받은 자가 감사의 표시로 즉시 주님께 봉사하는 모습을 봅니다(38-39절).

회당에서의 광경은 "권위와 능력"을 나타냈습니다. 그런데 이 광경은 귀신 들린 자를 동정한 탓으로 일어났다기보다는 귀신의 혐오로 인해 일어났습니다. 그러나 여기서는 주님의 온화하심이 아주 밝게 빛납니다. 마가는 베드로가 그 집을 자기 형제와 함께 공동 소유하고 있다는 점, 예수님을 따라간 사람들의 이름을 언급하는 점, 예수께서 병든 여인을 손으로 잡아 일으키는 지극히 친절한 행동 등, 이 치료의 장면을 상세히 기술하는데, 틀림없이 베드로에게서 그 이야기를 들었기 때문일 것입니다. 그러나 의사인 누가는 그 상황을 기술하는데 좀 더 정확합니다. "열병에 붙잡혀 있는지라"(개역개정은 "열병을 앓고 있는지라" — 역주). 누가는 치료의 원인을 주께서 병을 책망하신 말씀에서 찾고 있습니다. 주께서 이 말씀을 하신 후에 환자의 손을 잡은 것이 분명합니다.

여기서 다시 한 번, 그리스도께서는 물질적인 영역에서 단순한 말씀 한 마디로 어떤 결과들을 일으키심으로써 신적 능력을 보여주십니다. "그가 말씀하시매 그대로 되니라." 주님의 동정에서 나온 명령에 진정으로 신적인 대권이 나타났고, 주님은 슬퍼하는 마음의 간구를 들으시고 동정심이 타올라 전능한 능력을 발휘하셨습니다. 귀신의 소동으로 인한 끔찍한 장면 곁에서 아주 찬란하게 빛을 내는 이 기적은 한 폭의 그림이 아닙니까? 그리고 가난하고 아마도 나이가 많았을 여인의 병을 고친 이 기적은 우리의 모든 사정을 주님께 호소하도록 격려하는 위대한 진리를 보여주지 않습니까? 지금도 보좌에서 하나님의 군대를 움직이시는 주님은 우리의 간절한 부르짖음을 들으실 때 전능한 능력을 발휘하시기를 기뻐하십니다.

누가는 특별히 이 경우에 환자에게 평상시의 힘이 즉시 회복되었다는 한 가지 특징에 깊은 인상을 받았습니다. 이 여인은 한 순간 "열병"으로 꼼짝 못하고 가만히 누워 있었습니다. 그런데 다음 순간 바로 그녀는 집안일에 열중합니다. 의사가 그처럼 특이한 경우를 주목할 가치가 있다고 생각하는 것은 당연한 일입니다. 그리스도께서는 치료하실 때 철저히 낫게 하시고, 병을 고치실 뿐 아니라 힘도 주십니다. 자기 집이 없고 아마도 사위에 얹혀 사는 불쌍한 처지였을 여인이 자기를 고치신 분을 위해 할 수 있는 일이 무엇이 있었겠습니까? 별로 많지 않았을 것입니다. 그러나 그 여인은 자기가 할 수 있는 일을 미루지 않고 하였습니다. 감사의 자연스런 충동은 최선을 다하는 것이고, 병을 낫게 해 주시고 새 힘을 주신 것을 적절히 사용하는 길은 주님을 섬기는 것입니다. 그처럼 고귀하신 손님은 보잘 것 없는 집안일을 예배가 되게 하셨습니다. 그러면 우리의 모든 초라한 능력이나 직무가 성별되어 주님을 찬양하는 것이 되고, 감사하는 마음의 제물이 되며, 위대하고 존귀하게 됩니다. 주님께서는 자신을 위해 성급하게 차린 지극히 소박한 음식을 멸시하지 않으셨습니다. 주님은 수많은 산들의 가축이 주님의 것일지라도 우리의 선물을 기뻐하십니다. 주께서는 "내가 그와 더불어 먹으리라"(계 3:20)고 말씀하십니다. 이 말씀에서 주님은 우리의 보잘 것 없는 식탁에서 손님이 되어주시겠다고 약속하십니다.

3. 그리스도의 동정과 능력이 충족하심을 보여 줍니다(40-41절).

회당 예배는 이른 아침에 있었을 것입니다. 그래서 예배가 있은 뒤에 바로 이어서 이 여인을 고치셨고, 이 여인은 점심 식사를 준비하였습니다. 그래서 그 소식이 퍼질 시간이 있었습니다. 해가 져서 안식일의 제한이 풀리자 온갖 사람들이 떼를 지어 그 집 주위로 몰려왔는데, 모두 주님의 치료를 받기를 간절히 바라고, 데리고 올 수 있는 환자는 모두 데려고 왔습니다. 이와 같은 일을 지금도 많은 여행자 천막 주위에서 볼 수 있습니다. 이들이 이렇게 몰려왔다고 해서 그들에게 그리스도를 믿는 참된 믿음이 있었다는 뜻은 아닙니다. 그것은 자신들의 곤경을 진지하게 느끼고 주님의 손으로부터 복 받기를 기대한다는 것을 보여 주는 표시였습니다. 믿음이 있는지를 판단하는 척도는 복을 받느냐 하는 것이었습니다. 사람들은 예수께서 주실 수 있다고 믿는 것을 받았습니다. 그들의 신앙이 더 컸다면 더 큰 응답을 받았을 것입니다.

사람들은 병들면 반드시 건강하게 되고자 합니다. 그래서 영혼의 치료보다는 신체의 치료를 훨씬 더 간절하게, 많은 애를 써서 찾습니다. 사람들은 예수님을 의사로 알고 오면서도, 예수님을 구속주로 알고 오는 일에는 전혀 마음이 없었습니다. 사람들에게 작은 선물을 던져보십시오. 그러면 사람들은 그것을 얻으려고 서로를 짓밟으며 달려갈 것입니다. 그러나 아주 큰 선물을 던져보십시오. 그러면 사람들은 그 선물을 받으려고 마지못해 손을 내미는 일도 거의 하지 않을 것입니다.

그런데 누가로 인해 두드러지게 나타난 점은 예수께서 찾아오는 모든 청원자들을 만나고 그들의 원하는 바를 만족시켜주는 데서 나타나는, 지칠 줄 모르는 주님의 동정과 능력입니다. 사람들의 비참한 모습이 그리스도의 마음을 움직인 것입니다. 그래서 지는 해의 광선이 슬픈 무리들 가운데로 긴 그림자를 드리울 때, 예수께서 그들 가운데로 들어가셔서 모든 사람들을 부드러운 손으로 만져 고치셨습니다. 그때처럼 오늘날도 주님의 동정과 치료하는 능력의 샘은 수많은 사람들이 다녀갔을지라도 여전히 넘쳐흐릅니다. 그러므로 아무리 많은 탄원자들이 무리를 이루어 주께 다녀갔다고 할지라도 우리가 주님의 마음이나 손을 붙잡으러 가는 길은 여전히 열려 있습니다. 주님은 "모든 사람에게 충족하시고 각 사람에게 충족하시며 영원히 충족하십니다."

여기서 귀신들린 사람에 대한 언급은, 당시에 귀신들리는 일이 빈번하게 발생했음을 보여 주는 증거 외에 앞 구절에서 나온 그와 같은 사실들에 특별히 더 보태주는 점은 없습니다.

4. 우리는 예수께서 한적한 곳을 찾으셨지만 사람들의 요구가 있으면 기꺼이 그것을 희생하시는 것을 봅니다(42-44절).

주님께서 아침 일찍 물러나셨는데, 이는 주님의 축적된 힘이 다 소진되었기 때문이거나 주님의 동정심이 지쳤기 때문이 아니라 아버지 하나님과의 교제를 다시 갖기 위해서였습니다. 주님은 홀로 잠잠히 계시는 일이 필요하였습니다. 우리에게는 그런 일이 훨씬 더 필요합니다. 우리가 하나님과만 만나서 대화를 가지며, 마음에 새로운 힘을 받을 수 없는 한, 주님을 위하여 가치 있는 어떤 일도 할 수 없을 것입니다. 의무가 발생하고 사람들이 애원할 때에는 하나님과 교제하는 곳을 기꺼이 떠나시는 주님은 이 일에도 우리에게 모범이 되십니다. 아래 평지에서 귀신들린 아이가 몸부림치며 괴로워하고 있고 상심한 아버지가 우리가 오기를 학수고대하고 있을 때, 우리는 변화산에 머물러 있어서는 안 됩니다. 우리의 삶이 그래야 하듯이, "마땅히 하지 않을 수 없다"는 엄숙하고 위대한 태도가 주님의 생애를 지배했고, 주께서 "보내심을 받은" 일을 성취하는 것이 언제나 주님의 목표였습니다. 그래서 홀로 하나님과 갖는 친교의 복됨이나 조용히 기도하는 시간의 휴식을 취하기보다는 그 목표를 이루는 것을 택하셨습니다.

15
어부들에 대한 지시

"말씀을 마치시고 시몬에게 이르시되 깊은 데로 가서
그물을 내려 고기를 잡으라"

눅 5:4

동양에서는 하루의 일이 일찍 시작됩니다. 그와 같이 호수 건너편 산 위로 솟은 해가 벳새다라는 작은 마을 곁에 있는 바닷가에서 아침 이슬과 에너지로 활기차고 분주한 장면을 내려 비추고 있었습니다. 한 무리의 어부들이 그물을 씻고 있었고 그들의 배는 바닷가에 줄로 묶여있었습니다. 이렇게 아침 일찍부터 한 무리의 청중들이 선생님 주변에 모여들었습니다. 그러나 예수님의 제자들이었던 이 어부들은 주님이나 무리들에 전혀 신경을 쓰지 않고 자기 일에 열중하였던 것으로 보입니다. 때로는 그물을 씻는 것이 그리스도의 교훈에 귀를 기울이는 것과 마찬가지로 신성한 일입니다.

많은 물고기를 잡은 첫 기적이라고 하는, 본문에 이어서 나오는 사건에 대해 우리 주님은 친히 상징적인 목적을 밝히셨다. 이 사건 끝에 가서 예수께서는 "무서워하지 말라 이제 후로는 네가 사람을 취하리라"고 말씀하십니다. 이 말씀은 이 전체 이야기에 충만한 빛을 다시 비춥니다. 그래서 우리는 이 말씀을 예수께서 일꾼으로 택하신 이 네 사람의 기독교적 사역에 대한 지시로 받아들이지 않을 수 없고, 또 그렇게 하는 것이 정당합니다. 우리 주님의 아주 많은 기적들이 이같이 상징적인 의도로 이루어지지 않았을지라도(내가 볼 때는, 주님의 많은 기적들 가운데 어느 하나도 상징적인 의미 없이 행해진 것은 없습니다) 이 기적만큼은 분명히 상징적인 의도가 있습니다. 여기에는 우리가 이 말씀의 특징을, 표면에 나타나는 것 이상의 어떤 의미를 지니고 있다고 해석하지 않을 수 없는 주님 자신의 설명이 있습니다. 그렇다면 여기에서 우리는 주님께서 자신을 위해 일하는 모든 종들에게 주시는 최초의 생생한 지시 규약(規約)을 보게 되는 것으로 나는 이해합니다. 그리고 그 관점에서 이 사건의 여러 단계를 살펴보고자 합니다.

내 설교를 듣는 분들 가운데 속으로 "아, 글쎄, 저이는 내게 중요한 이야기는 하나도 할 것 같지 않군"이라고 말하는 사람이 있다면, 그리고 그러는 여러분이 그리스도인이 아니라면, 그런 만큼 사정은 여러분에게 안 좋습니다. 그리고 그러는 여러분이 그리스도인이지만 적극적으로 일하는 종이 아니라면, 그런 만큼 사정은 여러분에게 나쁩니다. 예수 그리스도께는 어부였던 네 제자가 있었습니다. 예수께서는 그들을 사람을 낚는 어부로 만드셨습니다. 이 의무는 누구에게나 적용되는 것입니다.

1. 봉사의 법칙.

"깊은 데로 가서 그물을 내려 고기를 잡으라." 이 전체 이야기에서 우리 주님이 당연하다는 듯이 이 사람들을 마음대로 부리시고 명령을 내리시는 태도만큼 주목할 만한 점은 없습니다. 이 점은 누가가 이야기하지 않는 부분을 고려하지 않고는 설명할 수 없는 점입니다. 요한은 그의 복음서에서 예수께서 베드로와 그의 형제 안드레 혹은 야고보와 그의 형제 요한을 만나신 것이 이번이 처음이 아니었음을 밝힙니다. 우리는 이들이 요단강 언덕에서 세례자 요한의 증거를 듣고, 또 그들 가운데 몇몇이 다른 사람들에게 한 증거를 듣고 예수께로 가기 얼마나 전에 이 일이 있었는가 하는 연대기적 문제로 고민할 필요는 없습니다. 여기서 우리 주님의 권위 있는 어조를 들을 때 가정해 보게 되는 관계는 그때 시작되었습니다. 그 관계는,

본문의 사건을 통해서 시므온과 요한에게 그물을 당기거나 씻는 일을 더이상 허락하지 않는, 가까운 제자로서의 관계로 발전합니다. 이들은 이전에는 약간 느슨한 형태, 그러니까 이들이 집에 가서 일상적인 일을 돌볼 수 있는 형태에서 제자들로 지내왔습니다. 이후부터 이들은 훨씬 더 엄격한 형태의 제자들이 되었습니다. 사복음서 가운데 마지막 복음서의 보충 설명이 아니면 납득할 수 없는 이 기묘한 명령이 그리스도에게서 나왔고 즉각적인 복종되었던 것은, 이들이 이미 "랍비여 당신은 하나님의 아들이요 당신은 이스라엘의 임금이로소이다"(요 1:49) 하고 말했기 때문입니다.

우리가 주의 제자가 되는 즉시 바로 주님의 권위가 따르며, 무엇보다 본문의 말씀은 주님께서 모든 제자들에게 명령하시고 그들의 모든 활동과 자원, 인격을 임의로 사용하실 권한이 있음을 강조하고 주장하는 것으로 이해한다면, 여기서 우리는 우리의 삶을 묘한 미지의 고상함으로 고상하게 만들고 비현세적인 신성성과 복됨으로 복되고 즐겁게 만들기 위해 실행할 필요가 있는 것을 배운 것입니다.

게다가 본문의 말씀은 예수 그리스도께서 모든 제자들에게 갖는 절대적인 권위를 우리에게 선언합니다. 뿐만 아니라 예수께서 유순하게 주님을 바라보고 섬기는 사람들을 안내하고 지도하며 활동 영역을 정하고 방법들을 결정하며, 그들의 활동이 주님과 주님의 교회를 위하여 가장 유익하게 사용될 길로 인도하시겠다는 즐거운 약속과 은혜로운 보장을 또한 계시합니다. 사람들과 예수 그리스도의 관계에 대해 성경에서 분명하게 선언하는 것이 있다면, 유순한 마음은 언제나 한편으로 내적인 속삭임에 의해서 인도를 받을 것이라는 사실입니다. 여기서 하나님께서 사람들에게 말씀하시는 것을 통해서만 인도하신다고 믿는 사람들은 이런 내적 속삼임을 믿지 않습니다. 또 한편으로 유순한 마음은 언제나 외적인 섭리에 의해 인도를 받을 것입니다. 여기서도 외적 세계에 대한 하나님의 통치를 자기들 시각으로 제한하는 사람들은 이 외적인 섭리를 믿지 않습니다. 하나님께서 지도하실 때, 때로는 눈으로 지켜보시며 인도하시는데, 사랑으로 바라보는 사람은 하나님의 이 눈길에 즉시 반응을 나타낼 것입니다. 또 때로는 속삭이는 말씀으로 인도하시는데, 이때는 세상의 소음과 완고함의 맥박이 조용해집니다. 또 때로는 주님께서 막대기로 인도하시는데, 하나님의 아들들이 깨닫는 것이 둔하면 이 막대기가 자주 사용될 것입니다. 때로는 시험 삼아 조심스럽게 발을 내딛는 길에서 거두는 성공을 통해 인도하십니다. 또 때로는 우리가 확신을 가지고 주제넘게 뛰어드는 길에서 겪는 실패를 통해서 지도하십니다. 기다리는 마음은 언제나 지도를 받습니다. 귀기울여 듣는다면, "이것이 그 길이다. 그 길로 걸어라"는 음성을 들을 것입니다. 때로 우리가 실수를 저지르는 것이 하나님의 뜻이기도 합니다. 왜냐하면 그런 실수들도 우리가 하나님의 뜻을 배우는데 도움이 되기 때문입니다.

그러나 특별히 내가 여러분에게 "깊은 데로 가라"는 한 마디를 무겁게 생각하라고 요구할지라도, 이 이야기에 너무 많은 의미를 부여하는 것은 아니라고 생각합니다. 여러분이 바닷가에서 조금 떨어진 곳에서 계속 꾸무럭거리며 일하는 한, 작은 물고기밖에 잡지 못할 것입니다. 크고 무거운 고기는 저쪽에 멀리 떨어진 곳에서 잡을 수 있습니다. 여러분이 그런 물고기를 잡고 싶으면 그리로 나가십시오. 이 말씀은 쉽게 표현하면 이것입니다. 즉 세속적인 일에서 성공의 조건인 용감한 모험 정신이 그리스도인들이 예수 그리스도를 위한 사업을 하는 데서도 성공을 거두는 유력한 요소라는 것입니다. 우리가 계속해서 좁은 범위 안에서만 능력을 사용하고 하나님의 인도를 받으려고 하며, 우리의 위대한 조상들이 사용하지 않은 것은 무엇이든지 해보지 않으려고 하는 한, 고기는 조금밖에 잡지 못할 것입니다.

형제 여러분! 하나님의 섭리로 우리가 처하게 된 세상을 생각한다면, 즉 새로운 열망과 불안으로 온통 소용돌이치는 세상을 생각한다면, 영국의 도시들과 다름없는, 우리가 사는 대도시의 상태를 생각하고 그 사회의 엄청난 대중에 비교할 때 비참할 정도로 부족한 기독교적 사업과 노력을 생각한다면, 정말로 그리스도인들을 그들의 오래된 단조로운 생활 습관에서 깨어나게 하고, 양심과 온건한 지혜에 비추어 볼 때 인정할 수 있는 다양한 사업에 새로운 열심과 대담한 마음과 모험심을 가지고 뛰어들도록 하는 것만큼 필요한 일은 없습니다. 물론 나는 그런 새로운 방법들이 각각 기독교적 양심의 법정에서 스스로를 인정할 수 있어야 한다는 것을 잊지 않습니다. 여기서 세부적이고 구체적인 사항들을 기술하는 것이 내 할 일은 아닙니다. 그러나 나는 내 자신과 특별히 내가 영광스럽게 목사로 섬기는 교회의 성도들, 그리고 내 목소리를 들을 수 있는 그 밖의 모든 그리스도인들에게 우리 세대의 생활의 조건들이 기독교인들에게 부과하는 엄숙한 책임을 말씀드리고 싶습니다. "깊은 데로 가서 그물을 내려라." 하나님을 두려워하고 그리스도를 사랑하는, 맨체스터에 사는 모든 선한 사람들이 귀에 울리는 이 목소리를 듣고 순종하고자 한다면, 그들이 이 도시의 얼굴을 변화시킬 것이라고 나는 믿습니다.

2. 반응.

베드로는 과연 그답게, 어부라면 자기 일에 훈수를 놓는 나사렛 출신의 목수에게 말했을 법한 이야기를 거리낌 없이 그대로 말합니다. 육지 사람은 어부가 아주 잘 알고 있는 것을 모를 것입니다. 즉 밤에 아무것도 잡지 못했다면 아침에 고기 잡으러 나가는 것은 소용없는 일것입니다. 해가 바다 물 위에 번쩍이고 있을 때는 조금이라도 나은 성과를 거둘 가능성은 거의 없었습니다.

"우리가 밤이 새도록 수고하였으되 잡은 것이 없었나이다." 경험은 "아닙니다! 고기를 잡지 못합니다" 하고 말했습니다. 그리스도는 "아니다! 잡는다"고 말했습니다. 그래서 베드로는 경험에 근거하여 대놓고 이의를 제기했지만, 이어서 경건과 사랑의 헌신에서 나온 동의의 표시로 "그럴지라도"(개역개정은 "하였으되" — 역주) 라고 말합니다. 그것은 "우리가 밤새도록 수고했지만 한 마리도 잡지 못했습니다. 그럴지라도 주님의 말씀에 따라 그물을 내리겠습니다. 자, 갑니다" 라는 위대한 말입니다. 그리고 그들은 아침을 먹지 못하고, 아마도 그물 씻는 일도 중도에 그만 두고, 밤샘

작업으로 졸리고 피곤하였지만 배를 띄웠습니다.

여기서 우리는 기쁘게 따르는 순종을 봅니다. 이 순종이 기쁜 것은 사랑에 의해 추진되기 때문입니다. 그것은 할 일이 인정할 만하고 통상적인 것인지 아닌지를 묻지 않고, 일단 주님의 뜻이라고 확신하면 다른 어떤 것도 고려하지 않고 신뢰하고 깊은 곳으로 나아갈 수 있는 정신입니다. 진심으로 사랑하는 사람에게는 사랑하는 사람의 뜻을 알고 행하는 것만큼 기쁜 것이 없다는 점을 생각하면, 그렇지 않겠습니까? 형제 여러분, 이것은 우리 모든 그리스도인들에 필요한 정신입니다. 즉 그것은 예수 그리스도께서 "나를 사랑하사 자신을 주셨다"는 더 깊고, 더 생생하며, 더 지속적이고, 복종하게 하며, 긴장을 불러일으키는 의식입니다. 그런 의식이 있으면, 주님의 속삭이는 소리가 천둥소리처럼 들릴 것이고, "말씀에 의지하여 내가 하리이다" 하는 것이 우리 삶의 표어가 될 것입니다.

그 다음에, 여기서 우리는 과거의 실패를 인식할지라도 결코 꺾이지 않은 순종을 봅니다. 이들은 밤새도록 그물을 바다 속에 던졌다가 끌어당겼고, 물에 젖은 거친 손으로 그물을 샅샅이 살폈지만 아무것도 얻지 못했습니다. 그러면 다시 그물을 바다로 던졌고 또 다시 쓰레기만 잔뜩 든 무거운 그물을 잡아당겼는데, 동이 트기 시작할 때까지 그렇게 했지만 모든 것이 헛수고였습니다. 그동안 최선을 다했지만 실패밖에 거두지 못했을지라도 이제 지친 그 일을 다시 한번 해야 했습니다.

우리가 본문의 교훈을 배울 수 있다면, 그리스도인으로서 우리의 용기와 헌신이 크게 성장할 것이라고 생각합니다. 그리고 과거에 아무리 자주 실패했을지라도 내 의지를 분발시키는 그리스도의 명령의 말씀은 내 마음에 머물며 과거의 좌절을 미래의 승리로 바꾸어 주시겠다는 확신을 주는 약속의 말씀이기도 합니다.

과거에 한 수고의 결과를 깨끗이 잊어버리기 전에 다시 새로운 수고를 해야 하는 것을 꺼리지 않은 여기에 순종이 있습니다. 앞에서 말한 대로 그물은 절반 정도밖에 씻지 못했습니다. 그런데 그물을 다시 사용해서 더럽히는 것은 마음 내키지 않는 일이었습니다. 이 어부들은 이미 아주 수고로운 밤을 보냈습니다. 이들이 우리 가운데 어떤 이들과 같은 사람들이었다면, "아, 나는 밤새도록 꼬박 일을 했어. 오늘 아침에는 더 이상 아무것도 할 수 없어" 하고 말했을 것입니다. "나는 한 주간 내내 일이 너무 많아 정신이 없는데 나보고 주일 학교에서 가르치는 일을 하라고 한다는 것은 말도 되지 않는 일이다." 그것은 이 어부들의 정신이 결코 아니었습니다. 비록 그들은 졸린 눈을 비벼야 할 정도로 피곤했지만 그리스도의 명령을 듣고 그물을 다시 한 번 배에 꾸려 넣고 배를 바닷가로 밀어 푸른 물에 띄웠습니다. 그것이 주님께서 원하시는 일꾼의 모습이고, 여러분과 내가 닮아야 하는 모습입니다.

그 다음에, 여기서 우리는 마음속에 울린 주님의 말씀을, 계속해서 일하는 가운데 지킨 순종을 봅니다. "말씀에 의지하여 내가 그물을 내리리이다."

아, 우리는 아주 순수한 동기로 일을 시작해 놓고, 일을 하는 동안에 그 동기가 점차 사라지는 경우가 너무 많습니다. 영으로 시작한 일을 육신으로 하고, 예수 그리스도께 대한 참된 경건으로 시작한 일을 우리가 어제 했고, 그저께도 했으며 그 전에도 했고, 늘상 그렇게 하기 때문에 하는 경우가 너무도 흔합니다. 그런 식으로 우리는 갑니다. 마음이 일에서 완전히 빠져나오면, 복도 그와 함께 사라집니다. 그러나 우리가 지쳤든 지치지 않았든, 이전에 곤란한 일을 당했든 당하지 않았든 간에, 계속해서 마음으로 주님 가까이에 있으면서 우리를 부르시는 주님의 음성을 듣고 주께서 명령하시는 대로 깊은 데로 가면, 우리의 노고가 결코 헛되지 않을 것입니다.

3. 결과.

그리스도의 명령에는 항상 그리스도의 약속이 담겨 있습니다. 그리스도를 위하여 수고하면 결코 결과가 없지 않습니다. 진실하고 지극히 충성스런 그리스도의 종들도 육신의 눈으로 보잘것없는 자신들의 결과를 보면 "내가 그동안 헛수고 했구나" 하고 말하지 않을 수 없는 때가 종종 있습니다. 사도의 경험도 기껏해야 그와 똑같은 사실을 반복할 뿐입니다. "그 말을 믿는 사람도 있고 믿지 아니하는 사람도 있어"(행 28:24). 그리스도의 복음은 언제나 두 가지 효과를 냅니다. "이 사람에게는 사망으로부터 사망에 이르는 냄새요 저 사람에게는 생명으로부터 생명에 이르는 냄새라"(고후 2:16). 씨를 뿌리는 자이신 그리스도께서 나가서 씨를 뿌릴 때, 씨가 좋은 땅에 떨어지기만을 기대하셨다면, 그리스도의 종들이 그 이상의 결과를 기대할 필요가 없을 것입니다. 그러나 예수님을 위하여 지혜롭게 계획하고, 기도하면서 자기를 잊고 정직하고 열심히 일에 몰두하였을지라도 복을 받지 못하기도 합니다. 우리의 수고가 "주 안에" 있다면, 그 수고는 "헛되지" 않을 것입니다. 마치 고통이 신체에 작용하고 있는 해악을 표시하는 위험 신호이듯이, 그리스도인의 사업이 좋은 결과를 얻지 못하는 것은 대체로 그 일을 행하는 방법이나 정신에 그릇된 것이 있음을 나타내는 표시입니다.

그러나 그리스도의 음성을 사랑하는 마음으로 힘써 순종하며 사업의 영역과 방법에 대해 그리스도의 지시를 구한다면, 우리는 이 점을 아주 확신할 수 있을 것입니다. 즉 이 사건이 그 조건들을 충족시키는 모든 사람들에게 약속하는 보이는 외적 결과들을 당장에 얻든지 못 얻든지 간에, 우리는 기적적으로 많은 물고기를 잡은 이 사건의 두 번째 형태에서 상징적으로 나타난 결과들을 얻을 것입니다. 그리스도의 지상 생애 마지막에, 이 사건과 아주 흡사한 또 다른 사건, 곧 형태는 다르지만 마찬가지로 의미심장한 사건이 있었다는 것을 여러분은 아실 것입니다. 그때 제자들이 밤새도록 수고를 하였는데, 아침이 희미하게 밝아오는 가운데 바닷가에 어떤 알 수 없는 사람이 서 있는 것이 보였습니다. 그들은 잡은 고기를 끌어내라는 명령을 받았고, 땅에 올라와 보니 숯불이 피어 있고 거기에 떡이 놓여 있었습니다. 그리고 "와서 먹으라"고 주께서 말씀하셨습니다. 주님을 위해 일하는 일꾼들은 복이 있습니다. 사는 동안에는 그들이 복을 받으며 지낼 것이고, 죽을 때에는 신비로운 불 곁에서, 그리스도께서 주신 음식을 먹으며 "그들이 수고를 그치고 쉴" 것이며, 그들이 잡은 고기를 가져온다는 점에서 "그들의 행한 일이 따를" 것입니다(계 14:13).

16
두려움과 믿음

"시몬 베드로가 이를 보고 예수의 무릎 아래에 엎드려 이르되
주여 나를 떠나소서 나는 죄인이로소이다 하니"
눅 5:8
"예수께서 사랑하시는 그 제자가 베드로에게 이르되 주님이시라 하니
시몬 베드로가 벗고 있다가 주님이라 하는 말을 듣고
겉옷을 두른 후에 바다로 뛰어 내리더라"
요 21:7

게네사렛 호수에서 기적적으로 많은 고기를 잡은 이 두 가지 예를 함께 본문으로 제시한 것은 그 두 예를 예를 연결해서 보기 위함입니다. 이 두 예의 유사점과 차이점은 똑같이 인상적이고 똑같이 교훈적입니다. 지금 생각해보려고 선택한 이 사건에서 우리는 같은 무대, 같은 환경 그리고 같은 주님 앞에서 같은 동기에 영향을 받고서도 전혀 상반되는 행동을 하는 한 사람을 봅니다.

처음의 경우에 베드로는 그 기적을 보자 즉시 자신이 초자연적인 분 앞에 있는데, 어떻게 해야 할지 모르겠다는 의식이 번뜩 떠올랐습니다. 그러자 즉시 빠른 충동과 죄의식이 따라 일어났고, 그 다음에는 두려운 마음에 움찔하였으며 이어서 이같이 소리치게 되었습니다. "주여 나를 떠나소서 나는 죄인이로소이다."

다른 예에서, 베드로는 바닷가 아침에 흐릿하게 보이는 어떤 사람이 주님이시라는 것을 알자마자(혹은 예수님의 품에 기대었던 사람으로 눈이 좀 더 밝은 그의 친구의 도움으로) 마음속에 다시 한번 자신의 죄가 떠올랐습니다. 그러나 이번에는 죄의식이 그가 물을 첨벙거리며 바닷가로 가게 만들었습니다. 얕은 물을 헤치고 어떻게든지 주님 가까이로 가게 만들었습니다. 이는 베드로가 이전보다 자신을 더 만족스럽게 생각하였거나 주님을 덜 높게 생각했기 때문이 아닙니다. 죄인에게 가장 좋은 자리는 할 수 있는 한 그리스도 가까이에 있는 자리라는 것을 배웠기 때문입니다. 그래서 이 두 사건을 합해 놓으면, 우리가 잠시 동안 깊이 생각해 볼 두 세 가지 점이 있습니다.

1. 양심이 본능적으로 빨리 깨어난 점에 먼저 주목해 봅시다.

이번이 베드로가 예수 그리스도를 처음 안 때가 아니고 제자들의 대열에 처음 가입한 것도 아니었습니다. 요한복음은 아주 시초부터 이야기하는데, 이 사건이 있기 아주 오래 전에 베드로가 예수 그리스도를 이스라엘의 왕으로 깨달았다고 전합니다. 베드로가 예수님의 기적을 경험한 것이 이번이 처음이 아니었습니다. 예수께서 가버나움에서 여러 차례 이적을 행하셨습니다. 아마도 이때는 베드로가 단지 구경꾼으로 있었을 것입니다. 갈릴리 가나의 혼인 잔치에도 있었을 것이고, 틀림없이 여러 차례 여러 방식으로 우리 주님의 초자연적인 능력이 나타나는 것을 목격했을 것입니다. 그런데 여기에서는 자기 배에서 손에 그물을 들고 자기 일을 하고 있을 때, 전에는 한 번도 겪지 못한 방식으로 일이 그에게 다가왔습니다. 비록 그가 예수 그리스도께서 메시야이시라는 것은 오래 전에 알았지만, 이때 외친 "주여"(O Lord!)라는 말에는 새롭게 다가오는 떨리는 확신이 있었습니다. 이 말은 베드로가 예전에 예수님을 불러왔던 "주여"(Master)라는 말 이상의 의미를 지니고 있습니다. 그 말은 단지 베드로가 자신을 알았다는 것 이상의 의미를 지니고 있는 것이 확실합니다. 그 말은 적어도 그리스도가 누구신지, 어떤 분이신지에 대해 갑작스럽게 떠오른 큰 비침이 있었음을 의미합니다. 그래서 예수 그리스도에게서 나타난 신성을 새롭게 본 결과로서, 그 즉시 죄의식이 퍼뜩 그에게 떠오른 것입니다. 사고의 과정을 잇는 고리들이 여기서는 감추어져 있습니다. 우리는 단지 그 사고 과정의 두 결말을 볼 뿐입니다. 베드로는 빛처럼 빠른 속도로 일련의 사고들을 거쳤습니다. 그 처음은 그리스도를, 어떤 의미에서, 하나님이 자기 앞에 나타나신 것으로 인식한 것이었습니다. 그리고 그 사고 과정의 마지막은 자신이 죄인임을 인식하는 것이었습니다. 이때 베드로에게 새로 발견한 사실들은 없었습니다. 그러나 이미 그가 익숙히 알고 있던 사실들에 새로운 의미와 생명력이 부여되었습니다. 그로 인한 첫 번째 결과는, 베드로가 자신이 허울뿐이고 악하다는 것을 새롭게 깨닫게 되었고, 그 다음에 이 같은 결함과 죄의식과 함께 그에 대한 결론을 생각할 때 두렵고 떨리는 반응이 온 것입니다. 그래서 자신의 죄를 생각하기보다는 거룩한 분과 불결한 사람이 충돌할 때 오지 않을 수 없는 형벌을 생각했기 때문에 그는 "주여 나를 떠나소서 나는 죄인이로소이다" 하고 외쳤던 것입니다.

나는 여러분이 좁고 아름다운 공간에서 벌어진 이 한 가지 예에서, 우리가 하나님의 순결함과 거룩함, 가까이 계심을 처음 얼핏 보았을 때, 그리고 우리 각자가 그 하나님과 생생한 인격적인 관계 가운데 서 있다는 두렵고 엄숙한 진실을 처음 직면하게 되었을 때, 언제나 마음에서 진행되는 합리적이고 바른 일이 무엇인가를 대체적으로 알 수 있다고 생각합니다. 그런 확신은 수많은 원인들을 통해서 올 수 있습니다. 무한히 먼 거리를 생각하게 만드는 일몰이 그런 확신을 가져올 수 있습니다. 우연한 말 한 마디가 그런 확신을 가져다 줄 수 있습니다. 어떤 사람의 슬픔이나 질병을 보면서 그런 생각에 이를 수 있습니다. 우연히 한 번 찔러보았는데 샘이 터질 수가 있습니다. 그렇듯이 우리 대부분의 속에 깊이 묻혀 있어서 쉽게 다가가지 못했던 문이 갑자기 확 열리며, 공기만 조금 들여보내면 확 하고 타오를 확신을 가져다줍니다. 즉 실로 우리는 살아 계신 하나님을 대하고 있다는 것, 우리는 죄인이고 하나님은 순결하시다는 것, 상황이 그렇기 때문에 하나님과 우리 사이가 아주 가까워지면 우리 사이의 불화로 인해 결국 우리는 비참한 결말을 맞게 된다는 확신이 일어나게 된다는 것입니다.

여러분은 이사야 선지자가 본 놀라운 이상을 아실 것입니다. 이사야는 그 이상에서 하나님께서 "높이 들린" 보좌에 앉아 계시는데 "그의 옷자락이 성전에 가득한" 것을 보았을 때, 첫 번째 든 생각은 요한계시록에 나오는 큰 기쁨이 아니고, 하나님의 크심에 대한 경배도 아니고, 순결함을 추구하는 열망도 아니며, 불타는 듯한 영들의 "거룩하다 거룩하다 거룩하다"고 외치는 찬송을 함께 부르고자 하는 바람이 아니라 "나여 망하게 되었도다 나는 입술이 부정한 사람이요 나는 입술이 부정한 백성 중에 거주하면서 만군의 여호와이신 왕을 뵈었음이로다"(사 6:5)라는 것이었습니다. 아, 형제 여러분! 우리가 고백한 신앙의 평범한 말들이 우리에게 사실로 변하고, 우리 모두가 아주 익숙하게 알고 지내왔던 일들이 우리 앞에 참된 현실로 나타날 때마다 구약의 또 다른 인물이 경험했던 것과 비슷한 의식이 일어날 것입니다. "내가 주께 대하여 귀로 듣기만 하였사오나 이제는 눈으로 주를 뵈옵나이다 그러므로 내가 스스로 거두어들이고 티끌과 재 가운데에서 회개하나이다"(욥 42:5).

마찬가지로 그때 이렇게 정결하신 하나님을 새롭게 봄에 따라 내 자신의 죄 됨과 나의 악함에 대한 자각이 새롭게 일어나고, 또 일어나게 되어 있습니다. 그것이 양심의 기능 가운데 가장 낮은 기능이라 할지라도, 내게 "그릇된 것을 행하는 것은 잘못이다"고 말할 뿐만 아니라 "네가 잘못을 하면 그 결과를 겪어야 할 것이라"고도 말하는 것이 양심의 기능입니다. 양심의 본능적인 그 목소리가 하는 일은 법을 선언하는 것뿐만 아니라 또한 입법자를 밝히는 것입니다. 그래서 그 목소리가 전하는 메시지는 죄가 그 법을 위반한 것일 뿐만 아니라 "죄의 삯은 사망"(롬 6:23)이라 하는 것도 나는 믿습니다.

자, 누구든지 하나님께서 가까이 계심을 조금이라도 생생하고 가슴 떨리게 의식하면, 모두가 한결같이 자신의 불결함을 의식하고 그로 인한 결과를 두려워하게 된다는 것이 죄의 실재와 보편성을 기이하고 엄숙하며 슬프게 증거하는 사실이 아닌지 여러분 자신에게 물어보십시오. 또 한 가지 점을 자문해보라고 말씀드립니다. 당장에라도 산산이 부서질 수 있는 표면 위에서 사는 것이 지혜로운 일인지, 한 번 손대기만 해도 사라져 버리는 것이 참된 평안인지, 여러분이 양심 깊은 곳에 타기 쉬운 이 모든 물질을 갖고 있으면서 거기에는 조금도 신경을 쓰지 않은 채, 언제라도 용암이 쏟아져 내려올 수 있는 때 화산의 한 산비탈에 집을 짓는, 아무 생각이 없고 경솔한 바보처럼 웃고 떠들고 잔치하며, 장사하고 욕심을 부리고 죄를 지으며 사는 것이 지혜로운 일인지 자신에게 한 번 물어보십시오.

2. 둘째로, 이로 인해서 나는 두려움에서 나온 잘못된 부르짖음에 주목하게 됩니다.

베드로는 그 정결한 눈을 가지신 분 앞에 있는 것이 불편하였습니다. 또한 그는 자신이 주님께 그렇게 가까이 있지 않다면 어쨌든 좀 더 안전할 것이라고 느꼈는데, 그것은 잘못된 생각입니다. 그런데 예수 그리스도로 말미암아 하나님께서 그에게 가까이 나타나신 것이 사실이라면, 하나님의 가까이 하심이 그의 어두운 죄를 드러내고 그에게 미칠 재해의 사전 경고와 예언을 계시한 것이 사실이라면, 그리스도를 그 배에서 내리시게 하는 것이 베드로에게 많은 도움이 되겠습니까? 그 사실들은 변함없이 그대로 있을 것입니다. 의사가 떠나가는 것이 질병을 치료하는데 도움이 되지 않습니다. 따라서 이같이 "나를 떠나소서 나는 죄인이로소이다" 하고 부르짖는 외침은, 그 경우의 사실들과 그에 대한 치료를 아주 비극적으로 잘못 안 데서 나온 것이 아니었다면 아주 바보 같은 소리일 뿐이었습니다.

여러분과 내게 있어서 그와 비슷한 점은 무엇입니까? 우리는 이와 같은 실수를 저지르지 않습니까? 우리가 불결하고 따라서 위험에 처해 있다는 이런 불편한 느낌을 일으키는 생각들을 지워 버리려고 애쓰는 잘못을 범하지 않습니까? 그런 사실들을 더 이상 기억하지 않으면 그 사실들에 조금이라도 어떤 변화가 일어납니까? 절대로 그렇지 않습니다. 사람들이 이 분명한 진리들, 우리 가운데 어떤 사람들에게는 달갑지 않은 그 진리들을 어떻게든 보지 않으려고 동원하는 다양한 방법들을 잠깐이라도 생각해 보십시오. 여러분은 우리 모두에게 있는 능력, 곧 우리가 생각하고 싶지 않은 사실들에는 주의를 기울이지 않는 묘한 능력을 발휘함으로써 그렇게 할 수 있습니다. 사람이 그런 일을 할 수 있다는 것이 기이합니다. 사람은 누구나 그렇게 할 만큼 충분히 어리석습니다. 그러나 나는 내 설교를 듣는 분들 가운데 자신의 성품이나 하나님에 대한 관계의 사실들을 곰곰이 생각할 때 마음이 불편해질 것이기 때문에, 할 수 있는 대로 어떻게 해서든 그런 생각을 안전하게 멀리 하려고 하는 사람들이 많을 것이라고 봅니다. 그래서 여러분 가운데는 설교가 끝나자마자 내 설교를 비평하거나 정치를 논하거나 잡담을 함으로써 설교의 진리가 주었을 수도 있는 인상들을 지워버리려고 애쓰는 사람들이 있습니다. 아니면 여러분은 일에 몰두합니다. 어떤 사람들이 하찮은 취미 활동에 맹렬한 에너지를 쏟아 붓는 이유들 가운데 하나는 자신들에게 한가한 시간이 있으면 유쾌한 기분을 말살시키는 달갑지 않은 이런 생각들이 자기들 방에 들어와 곁에 앉는다고 생각하기 때문입니다. 여러분 가운데 어떤 이들은 또 다른 방식으로 여러분의 배에서 그리스도를 떠나시게 하려고 합니다. 여러분은 생각을 익사시키기 위해 육체적 즐거움이라는 저급하고 통속적인 분위기와 감각적인 흥분에 뛰어듭니다. 여러분 가운데 어떤 이들은 그런 생각이 타오를 때 단지 거기에 전혀 주의를 기울이지 않는, 좀 더 단순한 과정을 통해서 그렇게 합니다. 땔감을 공급하지 않고 휘저어주지 않으면 불은 꺼집니다. 그것이 사람들이 양심을 가지고 하는 한 가지 방식인데, 신약의 두려운 말씀을 사용하자면 "양심이 화인을 맞은"(딤전 4:2) 것입니다. 여러분이 단지 거기에 귀를 기울이려고 하지 않는다면, 잠시 후에 말하는 것을 그치게 되고 그러면 여러분은 이 모든 생각에서 벗어날 것입니다. 벨릭스가 처음에 의와 절제와 장차 오는 심판에 대해 들었을 때 떨었지만 그는 자신의 불안감의 원인에 대해 전혀 주의를 기울이지 않고 이렇게 말했습니다. "지금은 가라 틈이 있으면 내가 너를 부르리라"(행 24:25). 그가 여러 차례 다시 바울을 불렀고 그와 대화를 나누었으나 그 후로 다시 떨었다는 말은 보지 못합니다. 처음에 그 인상을 일으킨 환경이 올지라도 그 인상이 언제나 재현되는 것은 아닙니다. 성령의 검이 꿰뚫을 수 없도록 입은 갑옷은 그 전까지는 한 번도 작용하지 않았던 신념들에서 만들어집니다. 이런 신념들에 둘러싸인 영혼은 공격하기가 대단히 어렵습니다.

아무리 달갑지 않은 진리일지라도 우리가 그것을 더 이상 보지 않으면 더 이상 진리가 되지 않는다는 망상에 사로잡혀 진리에서 벗어나려고 하는 어리석음을 생각해 보십시오. 그리스도께서 배를 떠나시는 것이 베드로에게 도움이 되지 않았을 것입니다. 베드로가 그 사실들을 아무리 보지 않으려고 했을지라도 그 사실들은 그대로 있었습니다. 베드로가 그 사실들을 생각나게 하시는 분에게서 벗어남으로 그 사실들을 바꿀 수 있었다면 그 분을 떠나게 하시는 것이 한동안 가치가 있었을지 모릅니다. 고통은 무엇인가 잘못된 것이 있음을 표시하는 신체적 비상벨입니다. 그리고 악에 대한 이런 의식, 하나님을 심판자로 여기고 움츠러드는 이것은 무엇인가 잘못된 것이 있음을 경고하는 영적 비상벨입니다. 여러분은 비상벨이 울리지 못하도록 넝마조각으로 감싸고 있기 때문에, 비상벨이 울려서 알리는 위험을 없앤다고 생각하십니까? 여러분은 양심이 여러분에게 "모든 범죄함과 순종하지 아니함이 공정한 보응을 받았느니라"(히 2:2)고 이야기할 때 양심에게 잠자코 있으라고 명령함으로써 혹은 양심의 목소리를 흥청망청 떠드는 소리나 공장의 기계 돌아가는 소리나 자동차 소음에 묻히게 함으로써, 그 사실이 사실이 되지 않게 할 수 있다고 생각하십니까? 결코 그렇지 않습니다. 사실은 그대로 있습니다. 그 사실들을 정면으로 다루는 것 외에는 어떤 것도 지혜로운 사람이라면 채택할 치료책이 아닙니다.

여러분은 성이 함락되는 날 밤에 잔치를 베푼 바벨론 왕에 대한 옛날 이야기를 기억하실 것입니다. 손가락이 나와서 벽에 "메네 메네 데겔 우바르신"이라고 썼어도, 잔치는 그치지 않았습니다. 그들은 계속해서 술마시며 법석을 떨었고, 그들이 마시고 떠드는 동안, 물길을 다른 데로 돌린 마른 강바닥으로 적들이 기어오고 있었습니다. "그 날 밤에 갈대아 왕 벨사살이" 포도주 잔들 사이에서 "죽임을 당하였고"(단 5:30), 그의 신전의 꽃들이 그의 피에 흠뻑 젖었습니다. 죄의식과 심판의 두려움을 일깨우는 목소리를 억누르는 것만큼 미친 방법은 없는데, 그것은 정신병원의 환자들조차 생각지 않는 것입니다.

3. 끝으로 죄인이 있어야 할 바른 위치에 대해 생각해 봅시다.

본문에 나오는 두 번째 경우에서 우리는 사도가 처음보다 자신의 죄를 훨씬 더 깊게 의식하는 것을 봅니다. 베드로 사도는 자신이 예수님을 부인한 것을 기억하였습니다. 또한 예수께서 부활하신 날에 자기를 은밀히 만나신 것도 틀림없이 기억하였을 것입니다. 그 때 예수께서 그를 용서하신다는 명백하고 충분한 보장의 말씀을 그에게 전하셨을 것이 확실합니다. 베드로는 오래 전 호숫가에 있었던 때보다 부활 후에 그리스도의 존엄과 성품과 본성에 대해 훨씬 더 많은 것을 압니다. 자신의 죄를 더 깊이 의식할수록, 예수 그리스도께서 누구시고 어떤 분이셨는가를 더 분명히 더 고귀하게 볼수록 그는 어떻게 해서든지 주님께로 달려가게 되고 오직 주님의 발 앞에 있음이 복된 것임을 알게 됩니다.

아, 그렇습니다. 형제 여러분! 내 악에 대한 피상적인 지식은 나를 예수 그리스도에게서 달아나게 만들 수 있지만, 내 악에 대한 지극히 깊은 확신은 곧바로 예수님의 품으로 달려가게 만들 것입니다. 예수님의 찬란하게 빛나는 정결하심 때문에 내 죄의 어둠을 결코 용납하지 않고 형벌하시는 재판장이신 그리스도 안에 계시된 신적 본성만을 부분적으로 알면, 나는 예수님에게서 도망갈 수가 있습니다. 그러나 오래 참으시고 온유하시고 사랑하시며 용서하시는 예수 그리스도 안에 나타난 하나님에 대한 지식을 더 깊게 알면, 나는 지극히 겸손한 태도로 그리고 주님의 사랑이 내 죄를 덮고 나를 받아주실 것이라는 확신을 가지고 주님께 달려가게 될 것입니다. 아이가 어머니의 말을 어겼을 때 어디로 갑니까? 어머니의 심장 가까이에 있는 품에 얼굴을 묻기 위해 어머니에게로 갑니다. "내가 주께만 범죄하였나이다"(시 51:4). 그러므로 주께, 오직 주께만 나는 갈 것입니다. 예수 그리스도께 가까이 있을 때에만 우리는 양심을 진정시키는 진통제,

곧 우리에게서 짐과 두려움을 덜어주는 사죄에 대한 복된 확신과, 우리의 불결함이 변하여 그리스도처럼 정결하게 하는 거룩함의 능력을 얻을 수 있습니다. 그리스도께서, 오직 그리스도만이 용서하실 수 있습니다. 그리스도께서, 오직 그리스도께서만 사랑이 없는 사람들 가운데 하나님의 사랑을 가져오실 수 있습니다. 그리스도께서, 오직 그리스도께서만 모든 죄를 없애는 제사를 드렸습니다. 그리스도께서, 오직 그리스도께서만 내게 성령과 그리스도의 생명을 전해주심으로 나를 정결하게 하시고 죄의 짐에서 구하여 주실 것입니다.

그래서 자신의 곤경을 알고 그리스도의 은혜를 아는 사람은 "나를 떠나소서 나는 죄인이로소이다" 하고 말하지 않고, "주여 나를 떠나지 마시고 나를 버리지 마소서. 나는 죄인이옵니다. 그러나 나는 주님 안에서 사죄와 의롭다함을 얻습니다" 하고 말합니다.

사랑하는 교우 여러분! 아무리 불완전하게라도 사람 마음속에 이런 죄의식이 일단 한 번 일어나면, 여러분 가운데 어떤 분들 마음속에서 그러듯이 반드시 둘 중의 한 가지 결과를 낸다고 믿습니다. 그 죄의식은 마치 동굴 속의 박쥐가 횃불을 피하기 위해 동굴의 아주 깊은 곳으로 날아가듯이 여러분을 빛에서 멀어지기 위해 어둠 속으로 더 깊이 들어가게 하거나, 여러분을 주님께 더 가까이 데려가 주님의 발 아래에서 죄씻음을 얻게 할 것입니다. 사랑하는 교우 여러분! 여러분에게 간절히 권합니다. 자비로운 성령께서 내 보잘것없는 말을 사용하셔서 여러분의 양심과 마음을 조금이라도 움직이게 하신다면, 여러분은 십자가로 향하도록 만들지 않는 다른 어떤 방법에 의해서든 마음속에 일어나는 죄의 자각으로부터 도망하려고 하지 마십시오. 여러분이 용서가 필요하고 심판 받을 위험에 처해 있다는 것을 알고서 "우리를 떠나소서 우리는 당신의 길을 알고 싶지 않나이다" 하고 말하지 않도록 하십시오. 그렇게 하기보다는 그리스도의 품에 의지하고 그리스도 가까이에 머무십시오. 그리고 베드로가 또 다른 경우에 하였던 것처럼 "주여 영생의 말씀이 주께 있사오니 우리가 누구에게로 가오리이까"(요 6:68) 라고 말하도록 하십시오.

17. 이 신성모독 하는 자가 누구냐

"¹⁷하루는 가르치실 때에 갈릴리의 각 마을과 유대와 예루살렘에서 온 바리새인과 율법교사들이 앉았는데 병을 고치는 주의 능력이 예수와 함께 하더라 ¹⁸한 중풍병자를 사람들이 침상에 메고 와서 예수 앞에 들여놓고자 하였으나 ¹⁹무리 때문에 메고 들어갈 길을 얻지 못한지라 지붕에 올라가 기와를 벗기고 병자를 침상째 무리 가운데로 예수 앞에 달아 내리니 ²⁰예수께서 그들의 믿음을 보시고 이르시되 이 사람아 네 죄사함을 받았느니라 하시니 ²¹서기관과 바리새인들이 생각하여 이르되 이 신성 모독 하는 자가 누구냐 오직 하나님 외에 누가 능히 죄를 사하겠느냐 ²²예수께서 그 생각을 아시고 대답하여 이르시되 너희 마음에 무슨 생각을 하느냐 ²³네 죄사함을 받았느니라 하는 말과 일어나 걸어가라 하는 말이 어느 것이 쉽겠느냐 ²⁴그러나 인자가 땅에서 죄를 사하는 권세가 있는 줄을 너희로 알게 하리라 하시고 중풍병자에게 말씀하시되 내가 네게 이르노니 일어나 네 침상을 가지고 집으로 가라 하시매 ²⁵그 사람이 그들 앞에서 곧 일어나 그 누웠던 것을 가지고 하나님께 영광을 돌리며 자기 집으로 돌아가니 ²⁶모든 사람이 놀라 하나님께 영광을 돌리며 심히 두려워하여 이르되 오늘 우리가 놀라운 일을 보았다 하니라"

눅 5:17-26

누가는 이 무리들 가운데 적의를 가지고 대하는 관찰자들이 있다는 사실을 다른 복음서 기자들보다 자세히 기술합니다. 그들은 바리새인과 박사들이었습니다. 그들은 갈릴리 각 마을에서 모였고 유대에서부터도 왔는데, 가장 두드러진 사람들은 예루살렘에서 온 인물들이었습니다. 필시는 요한복음 5장에 기록된 대로, 수도에서 당국자들과 일으킨 충돌이 이 무렵에 일어났을 것입니다. 그렇다면 아주 자연스럽게 공회에서 파송한 대표단들이 급하게 가버나움에 왔을 것이고, 그 대표단원들은 당연히 그 지역의 지도적인 인물들을 소집하여 함께 앉아서, 자기들에게서 허락을 받지 않았고 자기들을 별로 존경하지도 않는 것이 분명한 이 혁명적인 젊은 선생을 지켜보았을 것입니다.

이 이단 사냥꾼들은 워낙 지체가 높은 사람들이어서 베드로의 집 문 근처에 있는 무리와 섞일 수 없었을 것이고, 그래서 누가가 말하는 대로 충분히 보고 들을 수 있을 만큼 가까이 있지만 그러면서도 자신들은 이 시골 촌사람들의 열광에 참여하지 않는다는 것을 충분히 보여줄 만큼 거리를 두고 "앉아 있었다"는 것을 쉽게 그려볼 수 있습니다. 이들은 워낙 거룩해서 하층민들과 섞일 수 없었습니다. 그래서 이들은 자기들끼리 모여서 그들의 많은 교훈에 대한 이론이나 위반을 이 젊은 선생에게서 볼 것을 기대하고 기다리고 있었습니다. 아니, 단지 기다리는 정도가 아니었을 것입니다.

우리는 여기서 그들의 냉소적인 감시와, 그들이 눈이 있어도 보지 못하는 영광스런 표시들 사이의 대비를 볼 수 있습니다. "치료하는"(개역개정은 "병을 고치는" — 역주) 혹은 다른 독법에 따를 때 "병을 고치는 주의 능력" 곧 그리스도의 능력이 예수와 함께 하였습니다. 그러나 비판자들은 그 점에 유념하지 않았습니다. 결점을 찾아내는 데는 스라소니처럼 날래면서도 복음서에 혹은 복음을 따르는 신자들에게서 나타나는 신적 능력의 증거에 대해서는 박쥐처럼 깜깜한 마음이 있습니다. 어떤 사람들은 악취는 아주 잘 맡으면서 향기에 대해서는 둔감합니다. 그런 종교 재판관 같은 인종은 멸종되지 않습니다.

이들은 또한 중풍병자를 데려온 네 친구의 열심과도 뚜렷이 대조됩니다. 전자의 인물들은 자신들에 대해서나 다른 사람들에 대해서 궁핍하다는 의식이 전혀 없었기 때문에 냉담하고 비판적인 태도로 앉아 있었습니다. 네 친구는 군중을 뚫고 들어가기 위해 할 수 있는 모든 노력을 기울였으나 들어가지 못하자, 외부 계단을 통해서 지붕에 올라갔고 서둘러 기와를 벗겨낸 다음 친구를 침상에 누인 채 내려서 젊은 랍비 바로 앞에 닿게 하였습니다. 집은 낮고 지붕은 얇았으며 예수께서는 아마도 트여있는 안마당이나 베란다에 앉아 계셨을 것입니다. 하여튼 이 묘사는 지역적 특색을 보여주며, 있을 법한 장면을 보여 줍니다.

어떻게 해서든지 자신이 그리스도의 발 앞에 나아가거나 사랑하는 사람을 그 앞으로 데려가려고 하는 열심이 그리스도께서 주실 수 있는 어떤 것도 필요하다고 느끼지 않는 냉소적인 비평가에게는 터무니없이 정력을 낭비하는 것처럼 보입니다. 그러나 침상에 누워 있는 중풍병자와 그가 낫기를 간절히 바라는 친구들은 다르게 생각합니다. 이 사건에서 배우는 첫 번째 교훈은 우리가 가장 절실하게 필요로 하는 것은 죄사함이라는 것입니다. 중풍병자의 경우에 있는 어떤 점을 보시고 예수께서 그를 대하는 방법을 결정하신 것이 분명합니다. 그의 병은 방탕한 생활 때문에 얻은 것 같습니다. 그래서 양심이 갈고리 달린 채찍처럼 그를 무섭게 채찍질했고, 그래서 그의 친구들은 병 낫기를 구했지만 본인 자신은 죄 용서함을 더 간절히 바랐을 것입니다. 그 사람이 죄사함을 간절히 바라는 것을 예수께서 아시지 않았다면, 그처럼 죄사함을 베푸시지 않았을 것입니다. 그러나 그랬든지 그렇지 않았든지 간에, 우리는 이 기적에서 은혜를 베푸시는 순서를 일반화해도 정당할 것입니다. 그리고 이 사건에서 예수님이 이때 먼저 주신 것이 주님의 주된 선물이라는 교훈을 끌어낼 수 있을 것입니다. 다른 대부분의 기적들에서 주님은 신체적 치료를 먼저 베푸셨습니다. 죄사함의 선물이 첫 번째 오든지 두 번째로 오든지 간에, 사람들이 주님의 제자가 되는 일을 시작함에 있어서는 언제나 죄사함이 그리스도의 주된 선물입니다. 주께서 행하시는 신체적 치유의 기적은 더 고귀한 기적을 나타내는 비유입니다. 이 사건은, 그것이 발생하는 시간의 순서에 상관없이, 항상 상대적으로 중요한 것의 순서가 무엇인지를 보여 줍니다.

우리 모두는 그 진리를 마음에 담아둘 필요가 있습니다. 표면적인 곤경을 어설프게 다루는 일이나 지적 문화와 취향 혹은 세속적인 일의 성공은 생명의 피가 빠져나가고 있는 우리의 깊은 상처를 고치는데 도움이 되지 않을 것입니다. 우리는 이 같은 지혈제보다 더 깊은 데까지 영향을 미치는 것이 필요합니다. 우리의 죄의식을 처리하여 죄사함의 복된 확신으로 변화시킬 수 있는 능력만이 비참함의 참된 뿌리를 해결할 만큼 강력합니다. 암으로 죽어가고 있는 사람에게 여드름 약을 주는 것은 소용없는 일입니다. 죄를 용서받지 못하고 있는 동안에 사람을 행복하고 편안하게 하려는 모든 시도가 하는 일이 바로 그런 것입니다.

사회개혁가들에게 이 교훈이 필요합니다. 오늘날 많은 사람들이 저마다 많은 복음을 외칩니다. 문화적 개조, 경제적 개조 혹은 사회적 개조가 만병통치약인 것처럼 떠들고 다닙니다. 그러나 사회를 어떤 식으로 조직하느냐 하는 것은 별로 중요한 문제가 아닙니다. 사회 구성원들이 이전의 본성을 그대로 유지한다면, 사회를 어떤 식으로 조직하든지 간에 이전의 악은 다시 돌아올 것입니다. 사회의 악을 철저히 치료할 수 있는 유일한 방책은 개인의 중생뿐입니다. 그리스도께서는 사람들 각각을 대하시며 개인을 새롭게 함으로써 사회를 개조하십니다. 아주 정교한 기계가 시커먼 물을 깨끗이 걸러내는데 사용될 수 있습니다. 그러나 시커먼 물을 쏟아내는 원천을 아주 막아버리거나 숨어 있는 그 근원지를 정화하지 않는다면, 그것이 무슨 소용이 있겠습니까? 좋은 나무로 가꾸어야 좋은 열매를 맺을 것입니다. 나무를 좋게 하려면 죄를 다루는 일부터 시작해야 합니다.

이 사건에서 얻을 수 있는 두 번째 교훈은 그리스도께서 죄를 사하신다는 주장이 신성을 모독하는 말이거나 아니면 신성을 나타내는 표지가 된다는 것입니다. 이 바리새인들은 당장에 이단이 아닌가 하고 의심하였습니다. 이들은 이 이야기가 지닌 동정적인 면을 전혀 보지 못했고, 그 불쌍한 환자의 열망하는 표정에 대해 맷돌 같이 무정하였습니다. 그보다 이들은 그리스도의 말씀을 듣고서 당장에 신이 나서 덤벼들었습니다. 그들이 죄사함은 아무도 주장할 수 없는 신적 대권이라는 전제에서는 아주 옳았습니다. 왜냐하면 죄는 하나님과의 관계에서 생각할 때 악을 일컫는 이름이기 때문입니다. 주님만이 죄를 사하실 수 있습니다. 다윗이 고백한 대로, 죄는 "주께만" 범하는 것이기 때문입니다. 참으로 죄라는 그 행동이 사람들에게 많은 해로운 결과를 끼칠 수 있고 또 사람의 법을 범하는 것이 될 수 있습니다. 그러나 죄는 그 성격상 하나님과만 관계하는 일입니다. 죄사함은, 죄 때문에 막혀 있던 하나님의 사랑이 죄인에게 부어지게 합니다. 오직 하나님만이 그 사랑을 부으실 수 있습니다.

그러나 덮어놓고 이의를 제기한 그 사람들은 결론에서는 아주 틀렸습니다. 예수께서는 "신성모독"을 하지 않으셨습니다. 예수께서 그들이 속삭였든지 혹은 말로 내뱉지 않고 "마음속으로 한 생각"을 아시고 답변하셨다는 사실에서, 그들은 여기에 단순히 랍비가 아니라 선지자와 같은 분이 있다는 것을 배웠을지도 모릅니다. 그러나 예수께서는 계속해서 자기에게 죄를 용서하는 권세가 있다는 주장을 되풀이하십니다.

예수께서 바리새인들의 전제를 부인하시지 않는 점에 주목해야 합니다. 예수께서는 보통 사람이라면 정직하게 해야 했듯이, 바리새인들이 예수께서 자기에게 신적 권한이 있다고 주장한 것으로 잘못 추측했다면 그것을 바로 잡았어야 하는데 그렇게 하시지 않습니다. 지혜로운 종교 선생 같으면, 자기는 회개하는 자에게 하나님께서 반드시 죄사함을 주실 것이라는 뜻으로만 이야기했는데 마치 자기가 죄사함을 줄 수 있는 것처럼 주장한 것으로 사람들이 오해했을 경우에는 당장에 "내 말을 오해하지 말라"고 했을 것입니다. 나는 다만 하나님의 모든 종이 해야 하고, 또 할 수 있는 대로, 이 불쌍한 형제에게 하나님께서 언제든지 용서하실 준비가 되어 있다고 말하는 것뿐이다. 하나님께서는 내가 하나님의 죄사함을 알리는 것 이상의 어떤 것을 할 수 있는 것으로 사람들이 생각하는 것을 금하신다 하고 말했을 것입니다. 그리스도의 답변은 그런 말과는 하늘과 땅만큼의 차이가 있습니다. 예수께서는 이 바리새인들이 예수님의 권위 있는 말을 듣고 예수께서 의도하신 뜻이 무엇이라고 생각할지 아셨습니다. 그래서 그 점을 아시고 그 말을 되풀이 하시면서 주께서 행하실 기적이 그 말의 진실됨을 입증할 것을 말씀하십니다.

　예수께서 자신이 죄사함을 베푸는 하나님의 대권을 발휘한다는 주장을 엄숙히 그리고 의도적으로 하셨다는 결론을 피할 수 있는 길이 있겠습니까? 예수께서 바로 그런 주장을 하셨다면 우리는 예수님에 대해 무엇이라고 말하겠습니까? 이 바리새인들의 말이 옳았고 그래서 그들이 "이 사람"이라고 부르는 모든 온유함의 모범이시고 겸손함의 완전한 본보기이신 분이 신성을 모독하는 말을 하였든지, 아니면 베드로가 "주는 그리스도시요 살아 계신 하나님의 아들이시니이다" 하고 말했을 때 그의 말이 옳았든지, 이 외에는 예수님과 예수님의 말씀에 대한 또 다른 판단은 없는 것이 분명합니다.

　세 번째 교훈은, 그리스도께서 치유 능력을 볼 수 있도록 나타내시는 것을 볼 때, 죄사함을 단언하는 평온한 말씀이 볼 수는 없지만 실질적인 효과를 일으킬 수 있다는 주님의 주장이 진실됨을 알 수 있다는 것입니다. "네 죄사함을 받았느니라"고 말하는 것이나 "일어나 걸어가라"고 말하기만 하는 것은 다 같이 쉬운 일이었습니다. 그러나 사람이 실제로 죄를 용서하는 것이나 중풍병자에게 움직일 수 있는 근육의 힘을 주는 것이나 모두 불가능한 일이었습니다. 그런데 중풍병자를 움직이게 한다는 말은, 시험을 통해서 그 말의 성취를 눈으로 확인할 수 있습니다. 그러나 죄를 용서하는 일은 그렇게 시험해서 확인할 수가 없습니다. 불가능한 일을 행하여 눈으로 확인할 수 있게 한다면, 그것은 눈에 보이지 않는 일도 행할 수 있다는 증거가 되는 것입니다.

　우리 주님께서 바리새인들에게 말씀을 하시고 나서 중풍병자에게 네 침상을 가지고 가라는 명령을 내리시는 인상적인 방식이 모든 복음서에 보존되어 있고, 이야기에 생동감을 불어넣으면서 이 이적의 주된 목적을 확실히 드러냅니다. 그 이적은 그리스도의 능력이 보일 수 있게 나타나는 영역에서, 보이지 않는 영역에서의 그리스도의 능력을 증명하는 것이었습니다. 둘 다 신적인 활동이었고, 눈으로 확인할 수 있는 신적 활동이 눈으로 확인할 수 없는 신적 활동의 현실을 확인시켜 주었습니다.

바로 이 원칙은 널리 확장될 수 있습니다. 이 원칙은 세상에서 그리스도의 복음으로 말미암아 나타나는 모든 외적 결과들에도 적용됩니다. 공정한 눈으로 바라보는 사람들은 분명히 알 수 있는 외적인 결과들이 많이 있습니다. 사람이 이런 결과들이 어떤 것인지 알고 싶으면, 불완전한 점이 많을지라도 예수님을 왕이요 모범으로 인정하는 나라들과 이교도 국가들을 비교해보기만 하면 됩니다. 제자들의 삶이 결점으로 가득하지만, 그들의 삶은 그리스도께서 죄사함을 선물로 주시고 죄를 정복하신다는 현실을 어느 정도 증거해야 하고 또 실제로 증거합니다. 예수께서는 중풍병 걸린 인류에게 영구히 힘을 회복시켜 주기 위해 다른 모든 의사 지망생들이 함께 모여서 행한 것보다 더 많은 일을 행하셨습니다. 예수께서 외적인 생활에 그처럼 명백한 변화를 일으키셨기 때문에 예수께서 내적 본성을 변화시킬 수 있다는 결론을 내리는 것이 결코 성급한 일이 아닙니다. 예수께서 중풍병을 고치셨다면 그것은 사람의 능력을 초월하는 일입니다. 따라서 그 일은 예수께서 중풍병을 가져왔고, 무기력한 그 환자를 꼼작 못하고 침상에서 고통을 받도록 만든 죄를 용서하실 수 있음을 증명합니다.

18
하나님 나라의 법

"²⁰예수께서 눈을 들어 제자들을 보시고 이르시되 너희 가난한 자는 복이 있나니 하나님의 나라가 너희 것임이요 ²¹지금 주린 자는 복이 있나니 너희가 배부름을 얻을 것임이요 지금 우는 자는 복이 있나니 너희가 웃을 것임이요 ²²인자로 말미암아 사람들이 너희를 미워하며 멀리하고 욕하고 너희 이름을 악하다 하여 버릴 때에는 너희에게 복이 있도다 ²³그 날에 기뻐하고 뛰놀라 하늘에서 너희 상이 큼이라 그들의 조상들이 선지자들에게 이와 같이 하였느니라 ²⁴그러나 화 있을진저 너희 부요한 자여 너희는 너희의 위로를 이미 받았도다 ²⁵화 있을진저 너희 지금 배부른 자여 너희는 주리리로다 화 있을진저 너희 지금 웃는 자여 너희가 애통하며 울리로다 ²⁶모든 사람이 너희를 칭찬하면 화가 있도다 그들의 조상들이 거짓 선지자들에게 이와 같이 하였느니라 ²⁷그러나 너희 듣는 자에게 내가 이르노니 너희 원수를 사랑하며 너희를 미워하는 자를 선대하며 ²⁸너희를 저주하는 자를 위하여 축복하며 너희를 모욕하는 자를 위하여 기도하라 ²⁹너의 이 뺨을 치는 자에게 저 뺨도 돌려대며 네 겉옷을 빼앗는 자에게 속옷도 거절하지 말라 ³⁰네게 구하는 자에게 주며 네 것을 가져가는 자에게 다시 달라 하지 말며 ³¹남에게 대접을 받고자 하는 대로 너희도 남을 대접하라"

눅 6:20-31

누가복음은 산상수훈을 압축하여 전하고 마태복음은 상세히 기술합니다. 전체적인 개요는 두 복음서가 같습니다. 두 산상수훈의 주요 부분은 그리스도의 제자들을 위한 법을 규정하고 있습니다. 그러나 누가는 마태복음에서 두드러진 점, 곧 바리새인의 의에 대한 논박, 그리고 그리스도의 도덕적 교훈과 율법의 교훈의 대비를 의도적으로 생략합니다. 이런 점들이 예수님을 구약 계시의 절정으로 나타내는 복음에서는 정당한 것들입니다. 반면에 누가는 기독교적 의무의 보편적인 측면을 기술하고 그 모든 의무를 한데 모아 사랑이라는 한 가지 교훈으로 요약함으로써 자기가 전하는 복음의 관대한 인간성을 나타내는데 충실합니다.

본문은 두 부분으로 나뉘는데, 한 부분은 반역자들의 특성에 대비되는, 하나님 나라의 신민들과 그들의 복됨을 기술하고, 다른 한 부분은 하나님 나라의 법을 사랑이라는 모든 것을 포괄하는 계명으로 요약합니다.

1. 하나님 나라의 신민들과 그들의 복됨, 그리고 반역자들.

이 강화(講話)가 "제자들"에게 하신 것이라는 사실을 항상 고려하는 것이 좋습니다. 그 사실을 기억한다면 어떤 비평가들이 누가복음과 마태복음 사이의 불일치에 대해 터무니없는 말을 하고, 누가복음은 말 그대로 일반적인 가난, 굶주림, 슬픔을 뜻하는 것이라고 추측하는 일은 하지 않았을 것입니다. "가난한 자"에게 "심령이"라는 말을 덧붙이고, "주리고 목마른 자"에게 "의에"라는 말을 덧붙이는 마태복음에서 나타나는 결정적인 말들을 누가가 생략하고 있지만, 누가는 마태가 이야기하는 것과 다른 어떤 것을 의미하고 있다고 추측할 만한 아무 근거가 없다는 것은 분명합니다.

본문에서 주님의 말씀은 직접적으로 제자들에게 하시는 것임에 반하여 마태복음에서는 일반적인 진술의 형태로 제시된다는 점에 주의할 필요가 있습니다. 그런 형태에서는 마치 그리스도께서 대중적인 선동가처럼 가난한 자들을 우쭐하게 만들고 부자들은 통렬히 비난하는 것처럼 그리스도의 말씀을 오해하는 것을 막기 위해 그처럼 부가적인 말씀을 할 필요가 있었습니다. 마태는 그런 표현들이 힘이 있다고 보았고, 누가는 그런 표현들을 제자들에게 직접 사용하는 것이 힘이 있다고 생각한 것입니다. "너희 가난한 자"라는 말씀은 당장에 우리 주님께서 말 그대로 모든 빈궁한 계층을 생각하고 계시는 것이 아니라, 주께서 보고 계시는 이 사람들 가운데 기꺼이 주님을 배우고자 하는 사람을 생각하고 말씀하시는 것임을 밝힙니다. 그들 가운데 대부분의 사람들은 세상 재화에 있어서 가난한 사람들이고 실제적인 가난의 고통을 알고 많은 경우에 울지 않을 수 없는 사람들이었던 것이 확실합니다. 그러나 그들의 세상적 가난과 비참함이 그들의 마음을 열어 그리스도를 받아들이게 하였고, 그들이 그리스도의 제자가 된 데서 명백히 나타나듯이 그들의 외적 궁핍과 슬픔을 영적인 궁핍과 슬픔으로 변화시킨 것입니다. 이런 것이 주께서 복되다고 선언하시는 특성들입니다. 오늘날과 같은 민주사회주의 시대에, 예수께서 가난한 사람들 자체를 치켜세우신 것이 아니고, 환경 자체가 좋든 나쁘든 간에 그런 효능과 참된 복을 주는 힘이 있는 것처럼 생각지 않으셨다는 사실을 분명히 생각하는 것이 중요한 일입니다.

근본 특성은 심령이 가난하다는 것, 곧 자신이 약하다는 것을 의식하는 것입니다. 이것은 우리는 "부자라 부요하여 부족한 것이 없다"(계 3:17)는 망상과 반대되는 생각입니다. 하나님 나라에 대한 진실한 모든 복종은 우리가 비천한 자들이기 때문에 자신에 대한 정확한 평가에서부터 시작됩니다. 겸손은 생명이고 교만은 죽음입니다. 고지대는 열매를 맺지 못하고, 강과 비옥함은 골짜기 아래에 있습니다.

누가는 굶주림을 두 번째 특성으로, 우는 것을 세 번째 특성으로 기술하는 반면에 마태는 그 순서를 바꾸어서 제시합니다. 어떤 순서든지 중요한 사상을 나타냅니다. 가난을 의식하게 되면 자연스럽게 바로 이어서 부에 대한 바람이 생깁니다. 그런가 하면 다른 한편으로, 자신에게 이러한 부가 없다는 것을 알고 슬퍼하는 것이 가난에 대한 의식보다 먼저 일어나고 부에 대한 바람을 일으킬 수 있습니다. 사실, 성품의 이 세 가지 특성은 동시에 발생하며 서로를 함축하고 있습니다. 외적인 조건이 이러한 영적 특성들을 일으키는데 기여하는 한에서만, 외적인 조건을 중요하게 고려하는 것입니다. 그리고 사실 제자들의 경우에 어느 정도 기여한 것이 나타났듯이, 외적인 조건은 그 같은 영적 특성들을 일으켰습니다. 하나님 나라 대적들의 정반대 특성들도 마찬가지로 주로 영적입니다. 실제적인 부와 풍요, 환희가 사람들로 하여금 자신의 내적 빈곤과 굶주림, 비참함을 보지 못하게 하는 경향이 있다는 점에 한해서, 대적들의 부와 풍요, 웃음이 그런 외적 조건을 형성합니다.

그러나 육신이 혐오하는 모든 것을 칭찬하고, 부한 것보다 가난한 것이 낫고, 만족하는 것보다 괴로운 소원을 품는 것이 낫고, 웃는 것보다 우는 것이 낫다고 선언하는 것은 참으로 역설이 아닐 수 없습니다! 소위 그리스도인들이라고 하는 사람들이 이 점을 얼마나 잘 믿지 않는지요! 그리스도께서 대부분의 사람들이 주장하는 이론과 실제와 얼마나 정반대되는 말씀을 합니까! 주께서 말씀하시는 이 지극한 복들에는 모든 사람들에 대한 엄중한 경고가 담겨있습니다. 만일 우리가 참으로 이 복들을 믿는다면 우리의 삶에 혁명이 일어날 것입니다. "내게 산상수훈을 이야기하시오. 당신의 교리는 내가 알 바 아니지만 산상수훈만큼은 알 수 있소"라고 말하는 사람은 이 지극한 복들을 파악하지 못한 사람입니다.

이 복과 저주가 두 가지 마음 상태의 미래 결과에 근거하고 있다는 사실에 주목할 필요가 있습니다. 이 복들이 전적으로 미래 생활에만 속한 것은 아닙니다. 예수께서 "하나님의 나라가 너희 것임이요"(Yours is the kingdom)라고 말씀하시기 때문입니다. 이 하나님의 나라는 하나님께 완전히 순종하는 나라입니다. 미래 세계에서 완성될 것이지만 여기서 이미 시작되었습니다. 참된 가난은 그 나라에 들어가게 만듭니다. 왜냐하면 참된 가난은 결국 의지의 순종과 신뢰에 이르기 때문입니다. 참된 굶주림은 "자기를 경외하는 자들의 소원을 이루시는"(시 145:19) 하나님을 모시는 데에 이르기 때문에 만족을 기대할 수 있습니다. 하나님의 뜻에 따라 오는 슬픔은 우리를 "모든 얼굴에서 눈물을 씻기실"(사 25:8) 하나님께 가까이 데려갈 것입니다.

또 한편으로, 건강하고 번성하며 세상에 만족하고 기질상 자신의 공허함을 전혀 의심할 줄 모르며 희로애락을 오직 이 세상에서만 얻는 사람들은 장차 자기 형편에 대한 무서운 자각에 이르지 않을 수 없습니다. 이 세상에서 그들은 세상의 재화가 견고한 양식이 아니고, 형언할 수 없는 열망과 슬픔이 자신들의 환희 가운데 언뜻 언뜻 파고드는 것을 종종 느낄 것입니다. 그리고 잘 알 수 없는 저 너머의 세계에 가서야 비로소 그들은 자기 손이 비어 있고 영혼이 굶주리고 있는 것을 비로소 알기 시작할 것입니다.

2. 본문의 두 번째 부분은 왕이신 그리스도의 말씀에 나온 하나님 나라의 법에 대한 요약이 들어 있습니다.

그 말씀의 요지는 사랑입니다. 이 교훈이, 사람들이 제자들을 내쫓고 미워할 것이라는 예언에 바로 이어서 나온다는 점이 인상적입니다. 미움과 싸울 수 있는 유일한 무기는 사랑입니다. 테니슨(Tennyson)은 "미움을 미워하고 경멸을 경멸하는 것"이 시인의 기질이라고 말하지만 그것이 그리스도인의 기질은 아닙니다. 그리스도인들에게 그런 기질이 있다면, 그것은 그만큼 더 나쁜 것입니다! 첫째로, 주께서는 우리 마음이 그리스도와 함께 오래 거함으로써 그리스도처럼 되지 않는다면 우리에게 불가능한 그 계명을 아주 분명하게 규정합니다. 발삼유(油)를 내는 나무에 깊은 상처를 내면 향기로운 기름이 흐르게 되듯이, 적의는 오히려 사랑만 자극하는 것이 되어야 합니다. 우리 가운데 너희 원수를 사랑하라는 이 세 마디로 요약되는 이 법을 지킨 사람이 누가 있었습니까? 정말이지 정직하게 우리를 조사할 때 이 법을 지킨 사람은 거의 없습니다!

그런데 이 명령은 앞으로 나아가면서 더 엄중해집니다. 원수를 사랑하는 감정이 상당히 가치가 있지만 행동으로 열매를 맺어야 합니다. 그렇게 할 때 그 감정이 실제적으로 표현되는 것입니다. 악에 대해서 우리는 친절한 행위, 복을 비는 말, 그리고 이 두 가지를 완성하는 최상의 도움인 기도를 그에 대한 온유한 답변으로 내놓아야 합니다. 왜 그리스도인들이 언제나 원수들이 교제의 조건을 결정하도록 두어야 합니까? 그리스도인들은 단순히 원수들의 태도에 따라서 화난 목소리로 맞고함을 쳐서는 안 됩니다. 우리가 주도권을 쥐도록 합시다. 그래서 사람들이 매섭게 쏘아보면 우리는 열린 마음과 미소로 대합시다. "유순한 대답은 분노를 쉽게 하느니라"(잠 15:1). "상대가 있어야 싸움이 되는 법입니다." 눈과 서리가 땅을 꽁꽁 얼게 하지만 조용한 햇빛이 마침내 이깁니다. 악은 선으로써 이길 수 있습니다.

우리 주님께서는 이어서 또 다른 형태의 사랑, 곧 부당함과 터무니없는 요구에 대한 오랜 인내에 대해 말씀하십니다. 주님께서 그 점을 어찌나 강력하게 말씀하시는지 많은 사람들이 그 말씀의 의미를 축소시키고 싶어 합니다. 주께서는 무저항주의를 아주 단호하게 명령하시고, 폭력과 강도 행위와 집요한 구걸의 예를 들어 설명하십니다. 세상은 자기 권리를 완고하게 주장합니다. 그러나 그리스도인들은 신경을 곤두세우고 자기 권리를 지키지 않고, 오히려 부당과 손실을 견뎌야 합니다. 이 명령을 많은 사람들이 불가능한 이상으로 간주합니다. 그러나 여기에 포함된 원칙은 사랑은 사랑 외에는 제한이 없다는 것임에 유의해야 합니다. 사랑에서 나온 것이라면 부당함에 대해 저항할 수 있고 어떤 요청을 거절할 수도 있습니다. 그리스도인으로서 어떤 사람이 자기 마음대로 하거나 자기가 원하는 것을 갖도록 내버려 두지 않는 것이 그 사람에게 좋은 일이라면, 그리고 그 그리스도인이 정직하게 사랑하는 마음에서 저항하거나 거절하는 것이라면, 그는 어떤 요청에 대해 "안 된다"고 하거나 강도 행위에 대해 저항할 때 원수를 사랑하라는 교훈을 이행하고 있는 것입니다. 우리는 예수 그리스도 가까이에 살아서, 언제 그 교훈의 그런 제한들이 일어나는지 알아야 하고, 우리의 동기를 확인할 수 있어야 합니다.

이 명령을 비슷하게라도 순종한다면 세상과 교회에 변혁이 일어날 것입니다. 우리는 이것이 현재 우리에게 계명이므로, 이 계명을 제쳐 놓으면 주님께 불충성하는 것이 될 수밖에 없음을 잊어서는 안 됩니다.

이때 그리스도께서는 사람들이 자기에게 해 주기를 바라는 것을 다른 사람들에 대한 우리 의무의 표준으로 정하는, 그래서 모든 사람에게 오류 없는 지침을 주는 그 불후의 말씀으로, 다른 사람들을 대하는 태도라는 주제에 관한 모든 교훈을 요약하여 제시하십니다. 우리 모두는 다른 사람들에게 주는 것보다 더 많은 것을 요구하는 경향이 있습니다. 우리가 다른 사람들의 행동과 우리 자신의 행동을 재는 측량줄이 정확히 똑같다면 세상이 얼마나 낙원처럼 변하겠습니까!

19
세 가지 압축된 비유

"⁴¹어찌하여 형제의 눈 속에 있는 티는 보고 네 눈 속에 있는 들보는 깨닫지 못하느냐 ⁴²너는 네 눈 속에 있는 들보를 보지 못하면서 어찌하여 형제에게 말하기를 형제여 나로 네 눈 속에 있는 티를 빼게 하라 할 수 있느냐 외식하는 자여 먼저 네 눈 속에서 들보를 빼라 그 후에야 네가 밝히 보고 형제의 눈 속에 있는 티를 빼리라 ⁴³못된 열매 맺는 좋은 나무가 없고 또 좋은 열매 맺는 못된 나무가 없느니라 ⁴⁴나무는 각각 그 열매로 아나니 가시나무에서 무화과를, 또는 찔레에서 포도를 따지 못하느니라 ⁴⁵선한 사람은 마음에 쌓은 선에서 선을 내고 악한 자는 그 쌓은 악에서 악을 내나니 이는 마음에 가득한 것을 입으로 말함이니라 ⁴⁶너희는 나를 불러 주여 주여 하면서도 어찌하여 내가 말하는 것을 행하지 아니하느냐 ⁴⁷내게 나아와 내 말을 듣고 행하는 자마다 누구와 같은 것을 너희에게 보이리라 ⁴⁸집을 짓되 깊이 파고 주추를 반석 위에 놓은 사람과 같으니 큰 물이 나서 탁류가 그 집에 부딪치되 잘 지었기 때문에 능히 요동하지 못하게 하였거니와 ⁴⁹듣고 행하지 아니하는 자는 주추 없이 흙 위에 집 지은 사람과 같으니 탁류가 부딪치매 집이 곧 무너져 파괴됨이 심하니라 하시니라"

눅 6:41-49

우리가 본문으로 삼고 있는, 거의 비유라고 할 수 있는, 이 세 가지 확장된 은유가 누가복음의 산상수훈을 마무리 짓고 있습니다. 이 은유는 티끌과 들보, 좋은 나무와 못된 나무, 반석 위에 세운 집과 모래 위에 세운 집입니다. 마태는 이 은유들 가운데 첫 번째 것을 설교에서 좀 더 앞부분에 놓고, 다른 사람들을 판단하는 것에 관한 교훈과 연결시킵니다. 그러나 원래의 순서가 어떤 것이든 간에, 누가가 채택한 순서는 앞으로 가면서 보게 될 것의 근거가 되는 사상과 분명한 관계가 있습니다.

1. **티끌과 들보라는 인상적이고 다소 우습게 들리는 상(像)은, 랍비 문서들에서도 발견되므로 그리스도의 말씀을 듣는 사람들에게는 아주 익숙한 것이었을 수도 있습니다.**

그러나 그리스도께서 그 상을 사용하시는 것은 랍비가 사용했던 것보다 더 깊고 더 엄중합니다. 예수께서는 방금까지 맹인 안내자와 그를 따르는 맹인들에 대해 이야기했습니다. 누가가 말하는 대로 이 "비유"는 눈에 붙어다닐 수 있는 또 다른 결점을 자연스럽게 묘사합니다. 사람은 눈에 어떤 이물질이 끼어 보지 못하는 수가 있습니다. 예수께서 대놓고 말은 하지 않지만, 이 맹인 안내자가 바리새인들을 가리키는 것으로 생각할 수 있다면, 여기서 그들의 독선적인 의식을 고려해볼 수 있을 것입니다. 그러나 이 말씀은 단지 그들에게만 적용되는 것이 아니라 훨씬 더 넓게 적용됩니다.

41절의 말씀은 형제의 결점을 살피기 전에 우리 자신의 결점이 얼마나 큰지를 정확히 아는 것이 선행되어야 한다는 것을 가르칩니다. 그리스도께서는 "어찌하여"라고 물으심으로써 그 반대의 습관이 일반적인 경향이라는 것을 암시하십니다. 그리고 우리 모두도 그리스도의 그 태도가 옳다는 것을 인정하지 않을 수 없습니다. 사람이 이웃의 결점에 대해 예리하게 비판하면 할수록 자신의 결점에 대해서는 그만큼 더 아무렇지도 않게 생각합니다. 머리부터 발끝까지 온통 오물로 뒤집어 쓴 사람이 이웃의 흰 옷에 묻은 한 두 가지 얼룩에 대해서 싫은 소리를 해대는 것을 듣는 것이 드문 일이 아닙니다.

"너희 중에 죄 없는 자"(요 8:7)만 돌을 던지려고 한다면, 남의 평판을 훼손하는 일이 지금보다 적어질 것입니다. 사람들 대부분이 형제의 결점보다 자기 결점에 대해 잘 모릅니다. 사람들은 두 벌의 안경을 사용합니다. 하나는 사물을 작게 보이게 하는 안경으로 자신들을 볼 때 쓰고, 다른 하나는 사물을 크게 보이게 하는 안경으로 이웃의 이익을 볼 때 씁니다. 그러나 자기나 이웃의 좋은 자질을 보려고 할 때는 각각의 경우에 안경을 바꿔서 사용합니다. 그것이 온 세상에 걸쳐서 사람들의 하는 방식입니다.

그리스도의 질문은, 대부분의 사람들이 결점을 재는 데 있어 이같이 정직하지 못하게 두 가지 추와 자를 가지고 있는 까닭이 무엇인지를 묻습니다. 그리스도께서는 우리에게 원인을 깊이 생각하여 그 치료책을 발견하게 하려고 하셨습니다. 그리스도께서는 우리에게 자신을 돌아보아 그 습관의 부당함을 생생하게 인식하게 하려고 하셨습니다. 사람들은 자기 결점을 볼 때는 그 결점을 작게 생각하고, 다른 사람의 결점일 경우에 그 결점을 크게 봅니다. 결점이 누구의 것이든 상관없이 결점은 결점입니다. 그래서 우리는 똑같은 자를 가지고 우리 자신과 다른 사람을 판단해야 합니다. 다만 우리는 그 자를 우리 자신에게 적용할 때 매우 엄격해야 합니다. 왜냐하면 우리는 우리 형제가 자기 죄의 악함을 얼마만큼 줄여서 말하는지 알 수 없는 일이지만, 우리가 정직하게 말하려고 한다면 우리 죄가 얼마나 악한지 말할 수 있기 때문입니다. 그래서 진실한 그리스도인의 양심은 바울 사도가 "죄인 중에 내가 괴수라"고 말했을 때 그의 양심이 작용한 것처럼 작용하고, 형제의 티끌을 비난하기 보다는 자신의 티끌을 들보처럼 보려고 합니다.

이유가 있다면, 우리 모든 죄의 원천인 우리의 병적인 이기심에 이유가 있을 수 있습니다. 그리고 우리의 "들보"를 보지 못하는 것은 바로 눈에 들보가 있기 때문입니다. 모든 죄는 양심을 어둡게 합니다. 눈에 들보가 있는 사람은 많은 것을 볼 수 없을 것입니다. 죄는 죄를 짓는 사람이 자신의 행위를 보지 않기 위해 사용하는 장치인데, 다른 사람들의 트집 잡기를 좋아하고, 다른 사람들의 죄를 비난함으로써 자신이 저지르는 경향이 있는 죄를 적당히 무마하도록 만듭니다.

42절의 말씀은, 우리가 다른 사람의 악을 효과적으로 고치려면 먼저 자기에게서 발견한 악을 이겨내야 한다는 것을 가르칩니다. 우리가 의식적으로든 무의식적으로든 자신의 결점은 모르면서 다른 사람의 악을 고치려는 태도를 취하는 것은 위선입니다. 왜냐하면 그런 태도는 악을 미워하는 모습을 취하는데, 진정으로 악을 미워한다면 먼저 자기 속에서 악이 활동하고 있음을 발견했을 것이기 때문입니다. 눈이 나쁜 검안사는 검안기기를 잘 다룰 수 없기 때문입니다. "의사야 너 자신을 고쳐라"(눅 4:23)는 말이 그 사람에게 딱 맞으며, 사람들도 분명 그에게 그런 말을 할 것입니다. 눈이 밝은 사람이 형제의 티를 잘 볼 수 있을 것인데, 다만 그 티를 빼기 위해서 잘 볼 것입니다. 티를 빼내는 것은 정교한 작업이므로 부드러운 손이 필요합니다.

다른 사람의 결점을 분별하는 태도는 동정적이어야 합니다. 비난이나 독선적인 태도로 하지 않고 결점을 고치는 것을 돕기 위해 사랑으로 수고하는 것이 되어야 합니다. 그런 태도는 우리가 자신이 죄인임을 깊이 배우지 않으면 생길 수 없습니다. 그런 태도가 있을 때에만, 형제로서 겸손한 태도로 잘못을 행하는 자에게 가서, 우리 스스로를 치료했음이 행동을 통해서 나타나는 "안약"을 사용하도록 설득할 수 있습니다.

2. **압축된 두 번째 비유로, 좋은 나무의 비유는 자연스럽게 첫 번째 비유에서 나오는데, 42절의 말씀이 하나의 예가 되는 일반적인 법칙, 즉 좋은 행실(티를 빼는 것과 같은 행실)은 오직 좋은 마음(자신의 악함을 알고 버림으로써 입증됨)에서만 나올 수 있다는 법칙을 기술합니다.**

그리스도의 가르침은 그리스도께서 행위를 강조하고 믿음에 대해서는 거의 이야기하지 않는 점에서 사도들의 가르침과 다르다는 말을 사람들이 흔히 합니다. 그러나 그리스도께서는 행위를 어떻게 보십니까? 열매로 보십니다. 말하자면 행위는 그리스도께서 보실 때 성품의 산물이며 표현일 때에만 가치가 있습니다. 예수께서는 이 비유에서 좋은 꽃을 피우고 좋은 열매를 맺을 성품이 어떻게 생기는가 하는 것을 말씀하시지 않습니다. 그 문제는 다음의 비유에서 나옵니다. 그러나 여기서는 기독교 윤리의 핵심적인 중요한 진리, 곧 내적 성향이 지극히 중요하며, 행실은 그 행실이 나온 성품에 의해 그 도덕적 특성이 결정된다는 진리를 충분히 설명하고 계십니다.

우리의 행위는 우리가 어떤 사람임을 드러내는 계시입니다. 그리스도의 이 말씀을 마치 어떤 계층의 사람들은 전체가 선해서 그들의 모든 행동은 그들의 선한 성품의 결과로 선하고, 또 어떤 계층 사람들은 순전히 악해서 어떤 종류의 선도 그들 속에는 없고 그들에게서 나오지도 않는 것처럼 가르치신 것으로 주장해서는 안 됩니다. 이 말씀은 아직까지 어떤 성품이나 행위에서도 충분히 예증되지 않는 일반적인 진리를 구체적으로 말씀하시는 것으로 해석해야 합니다.

45절에서 바로 이 사상이 다른 비유, 곧 창고에서 자기 소유를 가져오는 부자의 비유로써 제시됩니다. 이 비유의 적용은 인간 행동의 다른 중요한 분야를 포함할 만큼 아주 다양합니다. 말은 행동입니다. 말은 또한 내적 생명의 경향을 따라 이루어집니다. 물론 여기서 온갖 종류의 가장된 말은 고려하지 않습니다. 사람들의 게으른 판단은 행동보다 말을 낮추어 봅니다. 그리스도께서는 언제나 말을 아주 중요하게 여기십니다. 의도적으로 거짓말하는 것은 제쳐놓고 볼 때, 말은 행동보다 훨씬 더 완전한 자기 계시입니다. 세상을 거의 절반쯤 잠기게 하는, 천하거나 무익한 혹은 악의적인 대화의 홍수가 그런 홍수를 쏟아내는 마음이 어떤 마음인지를 드러내는 계시임을 생각할 때 사람은 소스라쳐 놀라게 됩니다. 그처럼 시커먼 물을 뿜어내는 샘은 얼마나 새카만 물이 그 속에서 들끓고 있겠습니까!

3. 세 번째 나오는, 두 집의 비유는 어떻게 하면 마음이 "좋게" 될 수 있는지를 어느 정도 보여 줍니다.

이 비유는 46절의 말씀에 의해 앞의 비유에 따라붙습니다. 말이 언제나 "마음에 가득한 것"에서 나오는 것은 아닙니다. 많은 사람들이 그리스도를 주님이라 부르면서 거기에 맞게 행동하지는 않습니다. 행동으로써 말의 진실함을 확증해야 합니다. 말과 행동이 다르면 말을 신뢰할 수 있는 자기 계시로 이해해야 합니다. 여기서 먼저 주목할 만한 사실은 그리스도께서 자신의 말이 모든 인생의 견고한 기초가 된다고 담대하게 가정하는 점입니다. 예수께서는 자신이 절대적이고 충분한 행동 규칙을 주고 모든 사람에게 명령할 권한이 있다고 주장하십니다.

사람들은 이런 말씀을 읽고서는 자신들의 기독교 신앙은 그리스도의 신성을 믿는 것이 아니라 산상수훈을 실천하는 것이라는 말을 합니다! 그리스도의 말씀은 견고하고 영원한 모든 삶을 이루는 기초입니다. 그 말씀은 하나님에 관한, 우리 자신과 우리의 의무, 우리의 미래에 관한 참된 모든 사상의 기초입니다. "그 반석은 곧 그리스도시라"(고전 10:4). 그리스도 외의 다른 모든 기초는 모래와 같습니다. 그리스도 위에 세우지 않으면 우리는 변덕스런 성향, 덧없는 욕망, 일시적인 목표, 사라져 버리는 환경 위에 세웁니다. 영원히 살아계시고 "어제나 오늘이나 영원토록 동일하신"(히 13:8) 그리스도만이 썩지 아니할 생명의 기초가 되기에 합당하십니다.

두 집이 각각 다른 기초 위에 서 있는 것에 주목해야 합니다. 이 은유는 각각의 삶이 명확한 성격을 지닌 전체임을 암시합니다. 슬프게도 우리 가운데 얼마나 많은 사람들의 삶이 계획을 가지고 지은 집이라기보다는 수레에 담긴 돌을 아무렇게나 부려서 쌓은 돌무더기와 같은지 모릅니다. 그러나 모든 사람의 삶에는 새겨져 있는 성격이 있습니다. 그래서 사람이 아무리 미래에 대한 계획이 전혀 없이 하루 벌어 하루 사는 삶을 살았다 할지라도 그 결과로 그 나름의 성격을 갖게 되어 성전이 되든지 돼지우리가 되든지 합니다. 각 사람의 인생은 또한 과정을 밟아가며 더딘 노동을 통해 세워집니다. 우리의 행위가 우리의 거처가 됩니다. 우리는 산호충(珊瑚蟲)처럼 우리가 짓는 것 안에서 삽니다. 기억, 습관, 끊임없이 일어나는 결과들이 개별적인 우리의 행동들을 모아 서서히 거처를 형성해 갑니다. 우리는 무엇을 짓고 있습니까?

한 번 폭풍이 와서 두 집을 시험합니다. 이 말씀이 모든 인생에 공통적으로 일어나는 시련을 가리킬 수 있습니다. 그러나 이 말씀을 장래의 심판, 곧 하나님께서 "정의를 측량줄로 삼고 공의를 저울추로 삼아"(사 28:17) 심판하실 때를 가리키는 것으로 보는 것이 가장 좋습니다. 그 시험을 견딜 수 없는 것은 무엇이든지 휩쓸려 가버릴 것입니다. 누가 바람이 거센 북쪽 바다의 갑(岬)에 취약한 구조물을 서둘러 지으려 하겠습니까? 바다에 멀리 떨어져 있는 등대는 자연 그대로의 바위에 아주 튼튼하게 쌓아 올려집니다. 우리의 삶이 이와 같이 그리스도 위에 그리고 그리스도 안에 세워져 있지 않으면, 장차 무너져 산산이 부서질 것입니다. "보라 내가 한 돌을 시온에 두어 기초를 삼았노니 곧 시험한 돌이요 귀하고 견고한 기촛돌이라 그것을 믿는 이는 다급하게 되지 아니하리로다"(사 28:16).

20
합당함과 감당치 못함

"⁴이에 그들이 예수께 나아와 간절히 구하여 이르되 이 일을 하시는 것이 이 사람에게는 합당하니이다 … ⁶예수께서 함께 가실새 이에 그 집이 멀지 아니하여 백부장이 벗들을 보내어 이르되 주여 수고하시지 마옵소서 내 집에 들어오심을 나는 감당하지 못하겠나이다 ⁷그러므로 내가 주께 나아가기도 감당하지 못할 줄을 알았나이다 말씀만 하사 내 하인을 낫게 하소서"

눅 7:4,6,7

유대인 마을의 장로들에게 자기를 위해 예수님과 교섭해 주기를 부탁한 로마 백부장은 훌륭한 인물이었음에 틀림없습니다. 몹시 거친 백성을 억누르는 수비대가 유대 장로들에게 그처럼 사랑을 받는다는 것은 통상적으로 있는 일이 아니었습니다. 본문과 관련된 사건에서 이야기하고 있는 이 사람은 그 불안한 시대에 자신의 신조가 낡아빠졌다는 것을 깨닫고 고귀한 일신론과 엄격한 도덕성 때문에 유대교에 끌린 많은 사람들 가운데 하나였음이 분명합니다. 그는 회당을 지어주는 데까지 나아갔습니다. 그리고 틀림없이 그 일로 인해 동료들로부터 비웃음을 샀을 것이고, 어쩌면 상관들로부터 의심을 받았을지도 모릅니다. 파견된 인도의 지역 관리가 불교나 브라만교를 따르고 신전을 지어주었다면 영국 당국에서 그를 어떻게 생각하겠습니까? 바로 그것이 로마 관리들이 이 백부장에 대해 생각하는 바였을 것입니다. 그의 성품에는 이밖에도 다른 아름다운 특성들이 있었습니다. 그에게 종이 한 명 있었는데, 그 종을 "사랑하였습니다." 이 두 사람을 함께 묶은 것은 단지 주인과 종 사이에 삯을 주고받는 관계가 아니었습니다. 백부장이 직접 이 종에 관해 이야기할 때, 이 이야기는 참으로 아름답습니다. 이 백부장은 노예를 의미하는 거친 단어를 사용하지 않습니다. 이 이야기의 나머지 부분에서는 그 단어를 사용하는데 백부장은 훨씬 더 부드러운 단어를 사용하여 자기 종을 내 "아이"(boy, 개역개정은 "하인" — 역주)이라고 말합니다. 그래서 그는, 이 장로들이 예수께 대한 반감을 억누르고 자존심도 버리고 예수께 가서, 다른 모든 때에는 비웃었던 예수님의 권능을 당연한 것으로 인정하는 요청을 하게 할 만큼 그들의 마음을 얻었습니다.

우리 주님께 온 대표단에는 두 부류가 있었습니다. 첫 번째 대표단은 주님의 중재를 요청하기 위해 주님께 온 사람들이었고, 두 번째 대표단은 백부장이 작은 일단의 무리가 자기 집으로 오는 것을 보고 마음에 경외심이 울컥하고 솟아나자 예수께로 보낸 사람들이었음을 알려주는 자세한 이야기를 우리는 누가 덕분에 알게 됩니다. 장로들은 "이 사람에게는 합당하니이다"(He is worthy)고 말하였고 백부장은 "나는 감당하지 못하겠나이다"(I am not worthy) 하고 말했습니다. 사실 여기서 말의 비슷한 점이 원문에서는 영어 번역본에서만큼 가깝지 않습니다. 백부장의 한 말의 문자적인 번역은 "어울리지 않나이다"(not fit)는 것이기 때문입니다. 그러나 둘 사이에 대조는 여전히 뚜렷이 나타납니다. 전자의 말은 완전히 한 패가 아닌 사람들이 백부장에 대해 취한 호의적인 견해를 표시하고 있고, 후자의 말은 이 사람이 자신에 대해 취한 좀 더 진실된 견해를 보여 줍니다. 그래서 이 이야기를 완전히 치워둘 때, 우리는 이 두 평결을 이야기 자체로부터 나오는 교훈들보다 더 폭넓은 교훈을 제시하는 것으로 볼 수 있습니다.

1. **첫째로 여기서 우리는 합당함에 대해 피상적인 생각을 가지고 드리는 청원을 봅니다.**

이 장로들은 예수 그리스도를 높게 생각하지 않았습니다. 예수님에 대해 우리가 갖고 있는 생각에 비추어 볼 때, 예수님께 가까이 가서 "합당하다"는 말을 할 수 있을지 없을지를 결정하려면 시간이 오래 걸립니다. 우리가 그리스도를 높게 생각하면 할수록 그만큼 더 우리 자신은 낮게 생각하게 됩니다. 이 장로들은 백부장을 밖에서 보고 그에 따라 그를 평가하였습니다. 다른 사람의 성품을 판단하는 것만큼, 할 수 없는 일이 자주 그리고 무익하게 벌어지는 것은 없습니다. 그런데도 우리가 그것처럼 행하기를 좋아하는 일도 없습니다. 우리 대화의 절반이 그것에 관한 것이고, 소위 문학이라고 하는 것의 대부분이 그 일을 다룹니다. 그런데 그것이 찬사이든지 비난이든지 간에 남의 성품을 판단하는 것은 겉모습만 다루기 때문에 언제나 틀릴 수밖에 없습니다.

　여기서 우리는 이 장로들이 백부장과 관련하여 내놓는 얄팍한 청원을 봅니다. 이것은 우리 가운데 어떤 사람들이 자신과 관련하여 내놓고 싶어 하는 얄팍한 청원과 다름없는 것입니다. 그렇게 하려는 성향이 우리 모두에게 있습니다. 루터는 사람은 누구나 천성적으로 속으로 자기가 왕이라고 생각한다고 말했습니다. 사람은 누구나 속에 바리새인과 같은 생각을 갖고 있습니다. 즉 종교는 물물교환의 문제라고 생각합니다. 이 세상에서 은총을 얻거나 아니면 내세에서 천국을 얻게 하므로, 종교는 빠져볼 만한 일이라고 생각합니다. 어디를 보든지 여러분은 그런 경향이 움직이는 것을 보게 됩니다. 이것이 그 나름대로 모든 참회와 수행을 갖추고 있는 이교들의 주요 동기입니다. 공로를 쌓아놓은 창고, 적선(積善)이나 그 같은 행실을 꿈꾸고 있는 로마 가톨릭교의 핵심에는 이 사상이 깊이 간직되어 있습니다. 슬프게도 이 생각이 스스로를 복음주의 개신교라고 생각하는 진영에도 많이 넘어왔습니다. 그래서 복음주의 개신교인들도 예를 들면, 주일에 예배당에 오는 것은 다 자신을 위한 것이라고 생각합니다. 즉 비록 오고 싶은 마음이 없고, 왔을지라도 진정으로 예배하는 심정도 없으며, 별로 하고 싶지 않은 많은 일을 하고, 또 예수 그리스도께서 우리를 은혜롭게 대해 주시도록 하기 위해 "합당한 것"을 가져와야 한다는 생각에서 정말로 하고 싶은 많은 일은 그만 두는 것은 다 자신을 위한 것이라고 생각합니다.

행위로써 하나님의 은총을 얻는다고 생각하는 물물교환의 종교, 슬프게도 대중들이 따르는 유일한 종교이고 모든 사람의 생각이 교묘하게 뒤섞여 있는 이 물물교환의 종교는 단순히 외적인 예배와 의식(儀式)의 기술을 주로 강조하는 경향이 있다는 점에 주목할 필요가 있습니다. "그가 온유하고 착하며 경건하다"고 하지 않고 "그가 우리 민족을 사랑하고 또한 우리를 위하여 회당을 지었나이다" 하고 말했습니다. 바로 이런 것이, 천국을 획득해야 한다는 생각에 빠지는 대부분의 사람들이 대가로 제시하는 전형적인 행실입니다. 이보다 고귀한 생각이라곤 조금도 해보지 않은 사람들이 많다고 나는 확신합니다. 이들은 종교적 주제들에 관해 별로 생각하지 않지만, 어쨌든 생각할 때는 스스로에게 "나는 할 수 있을 뿐 아니라 한다"고 말하며, 그래서 하나님의 자비를 자기들이 저울에 올려놓는 것의 부족한 부분을 보충하기 위한 평형추라는 생각을 합니다. 사랑하는 형제 여러분! 그것은 사람을 지치게 하고 끝없이 자신을 괴롭게 하고 속박하며 힘을 빼앗는 생각입니다. "합당함"을 근거로 드리는 청원은 하나님 앞에서 전적으로 부적절하며 지지할 수 없는 것입니다.

2. 이제는 그 청원을 잠재우는 더 깊은 신념을 보도록 하겠습니다.

"내 집에 들어오심을 나는 감당하지 못하겠나이다 그러므로 내가 주께 나아가기도 감당하지 못할 줄 알았나이다." 이 사람은 그리스도께서 누구시고 어떤 분인지에 대해 장로들보다 높게 생각하였습니다. 장로들에게 예수님은 그들 자신과 같은 한 사람에 불과하였습니다. 혹시는 선지자의 능력과 같은 것을 받았을 수 있겠지만, 그래도 여전히 자기들과 같은 한 사람이었습니다. 백부장은 군단(軍團) 안에서의 경험이나, 자기도 상관의 권위 아래 있는 사람이지만 그 자신이 지휘관으로 있는 작은 부대 안에서의 경험을 통해서 명령하는 말의 신비한 능력을 알고 있었기 때문에, 그 능력에 대해 곰곰이 생각하였습니다. 그는 자신의 아주 제한된 권한에도 절대적인 권위가 따르고 순종을 강제한다는 것을 알았습니다. 그는 이전에 그리스도를 보고 놀라며 생각하다가 마침내 이 위대한 진리, 곧 웬일인지 이 사람에게는 자기 뜻을 말하기만 하면 당면한 문제에 영향을 끼칠 수 있고, 죽은 자를 일으킬 수 있으며 폭풍을 잠잠케 하고 병을 내쫓으며 귀신들을 진압할 수 있는 능력이 있다는 사실을 희미하게라도 알게 되었습니다. 그는 자기 믿음을 명확하게 밝히지 않았고 그 믿음이 결국에 어디에 이르게 되는지 혹은 그 믿음에 무엇이 포함되는지 정확하게 말할 수 없지만 그리스도에게는 신적인 것이 있다는 것을 느꼈습니다. 그래서 비록 희미하게 보는 것이지만 그것이 완전한 분, 곧 신적인 인간이자 인간적인 신의 모습이라는 것을 알고, 머리를 조아리며 말했습니다. "주여 나는 감당하지 못하겠나이다."

여러분이 그리스도를 계신 그대로 보고, 그리스도께 그의 이름에 합당한 명예를 드릴 때 공로에 대한 생각은 깨끗이 사라질 것입니다.

게다가 이 백부장은 자기 내면을 보았고 그것이 모든 차이를 만들어냅니다. 형제 여러분! 우리들 대부분은 자기 얼굴을 잘 알 수 없듯이 자기 성품도 잘 알지 못합니다. 우리가 자신에 대한 정확한 평가를 길을 가면서 마주치는 사람들에게서 기대할 수 없는 것처럼, 마음의 숨은 사람이 어떤 모습인지 정확히 판단하는 것도 그만큼 어려운 일입니다. 그러나 일단 탐조등을 우리 자신에게 비춘다면, 우리 가운데 아무도 "나는 합당하니이다"라는 청원을 오래 붙들고 있을 수 없을 것입니다. 여러분은 회기 첫날에 국회의사당에서 사람들이 지하실에 내려가 어떤 폭발성 물질이 있는지, 거기에서 방화를 저지를 악한이 숨어 있는지 조사하는 것과 같은 탐사 여행을 해본 적이 있습니까? 여러분이 일단 자신을 있는 그대로 보고, 행동뿐만 아니라 천한 성향들, 더럽고 악한 생각들, 겉으로 나타난 적은 없지만 여러분 자신은 알고 있는 마음속으로 지은 추하기 짝이 없는 육신의 죄들을 고려한다면, 나는 여러분이 더 이상은 "나는 합당하니이다"라는 말을 할 수 없을 것이라고 생각합니다. 바닷물이 햇빛에 비칠 때는 눈부시게 빛나지만 바닷물이 빠진다면 그 바닥에 나타나는 진흙과 개펄이 얼마나 보기 흉하겠습니까! 다른 사람들은 반짝이며 물결치는 수면을 보지만, 여러분이 지혜로운 사람이라면 때로 잠수기(潛水器)를 타고 수면 밑으로 내려가 바닥에 서서 잠깐 등불을 비추어 보면, 빛으로 나오면 죽을 보기 흉한, 온갖 기어 다니는 것들이 거기에 살고 있는 것을 알게 될 것입니다.

"내 집에 들어오심을 나는 감당하지 못하겠나이다." 그러나 앞에서 말한 대로, 우리들 대부분은 우리 자신을 잘 모릅니다. 우리가 다른 사람들에게 있다고 혹독하게 비난하는 행동이 곧 우리의 행동이라는 사실 때문에 우리는 면죄부를 주고 관대한 판단을 하게 됩니다. 친숙하게 알고 있다는 점도 자신의 악을 더럽게 생각하는 의식을 약화시킵니다. 여러분이 밤새도록 더럽고 비좁은 곳에 있었다면 공기가 얼마나 오염되어 있는지 모릅니다. 그것을 알려면 맑은 공기가 있는 데로 나와야 합니다. 우리는 다른 사람들의 잘못은 현미경으로 들여다보고 자신의 잘못은 망원경을 거꾸로 돌려서 봅니다. 우리가 냉소적인 기분일 때 현미경으로 보는 다른 사람의 잘못은 실물보다 커 보이고, 망원경을 돌려서 보는 우리 잘못은 언제나 실물보다 작게 보입니다.

그래서 내가 죄 많은 사람이라는 분명한 의식이 내 모든 종교적 감정과 생각의 기초가 되어야 합니다. 자신이 악한 사람인 것을 알지 못한 사람은 아무도 기독교를 바르게 이해하는 위치에 있지 않다고 봅니다. 다양한 진리들이 나타나고 잘못된 생각들이 떼를 지어 일어나는 것뿐 아니라 오늘날의 얄팍한 기독교 신앙이 생기는 것은 대체로 바로 이 점에 원인이 있다고 나는 생각합니다. 즉 이 세대는, 아니 이 세대라는 말을 쓰지 않겠습니다. 그보다는 여러분과 나는 우리 자신의 무가치함과 죄에 대한 건전한 의식을 많이 잃었습니다.

그러나 다른 한편으로, 백부장의 이 신념이 가장 깊은 생각은 아니라는 점을 말씀드립니다. 죄를 무시하는 기독교는 확실히 무력하지만, 또 한편으로 죄밖에 아무것도 보지 못하는 기독교는 속박이고 비참함이며, 그 역시 무력합니다. 우리 가운데 신앙의 유형이 마땅히 그래야 하는 것보다 훨씬 더 우울하고, 신앙적 봉사의 동기가 마땅히 그래야 하는 것보다 훨씬 더 굴욕적인 사람들이 많은데, 이것은 순전히 우리가 백부장의 위치를 넘어서지 못하고 "나는 감당하지 못하겠나이다. 나는 불쌍하고 비참한 죄인이니이다"라고 밖에 말할 수 없기 때문입니다.

3. 이제 세 번째 요점을 다루게 되었습니다.

이 요점은 본문에 문자적으로 나오지는 않지만 본문들의 결론으로 추론할 수 있는 것입니다. 그것은 합당함이나 무가치함이 그리스도의 사랑과는 아무 관계가 없다는 깊은 진리입니다.

이 장로들이 예수님께 중재하자 예수님은 즉시 일어나 그들과 함께 가셨습니다. 이것은 장로들의 중재나 그들이 제시한 인물의 평판 때문이 아닙니다. 예수님 자신의 사랑하는 마음 때문에, 도움을 구하는 영혼이 있으면 누구에게든지 가지 않으실 수 없었습니다. 이렇게 해서 우리는 자신이 합당한 사람인지 아닌지에 관한 모든 염려스러운 질문에서 멀리 벗어나게 되었고, 그리스도께서 은혜로 가까이 오셔서 치료하는 동기는 부적절한 독선이나 자기 경시에서 나오는 모든 생각을 훨씬 뛰어넘어, "지칠 줄 모르는 다함이 없는 그의 사랑, 값없이 받는 과분한 그의 사랑"에 있다는 것을 배웁니다.

이것이 우리가 죄 많음과 무가치함을 깨달음으로써 바라보게 되고, 받아들일 수 있게 되는 진리입니다. 이 진리를 깨달으면 그 죄의식이 사라지지 않고 오히려 증가하지만 더 이상 부담이나 고통이 되지 않습니다. 여기서 우리는 모든 것의 기초가 되는 바로 그 부분에 이르게 됩니다. 왜냐하면 "대저 공적은 사람과 사람 사이에 존재할 뿐, 주여, 사람에게서 당신께 전해지는 것은 아니기"(테니슨의 시, "하나님의 강한 아들"의 한 구절임 — 역주) 때문입니다.

예수 그리스도께서 우리에게 오시는 것은 우리의 공적(功績)에 끌려서가 아니라 자신의 사랑의 충동 때문입니다. 그 사랑을 우리 각 사람에게 부으시는 것입니다. 그래서 우리는 합당함을 수고롭게 축적할 필요가 없고, 천국에 오르는데 사용할 수 있는 의로운 행위를 쌓을 필요가 없습니다. "말하되 누가 하늘에 올라가겠느냐 하지 말라 하니" 올라가겠느냐 함은 그리스도를 모셔 내리려는 것이며, "말씀이 네게 가까이 있으니" "네 마음에 믿으면 구원을 받을"(롬 10:6,8,9) 것입니다. 합당함이나 무가치함은 이 자리에서 깨끗이 치워버려야 합니다. 나는 내가 극빈자이며 내게 있는 모든 것 가운데 내가 행해서 얻은 것은 아무것도 없음을 기꺼이 인정하며, 예수 그리스도 우리 주님 안에서 오직 하나님의 충족한 자비만을 의지합니다.

그때 자유가 오고 기쁨이 옵니다. 사람의 공로를 전혀 고려하지 않고 선물을 주시는 것이라면 그때 사람이 해야 할 일은 그 선물을 받는 믿음을 발휘하는 것뿐입니다. 바울 사도가 매우 어렵고 전문적인 용어처럼 들리지만 깊이 생각해보기만 하면 생명력으로 고동치는 말씀으로 말하였듯이 "그것이 은혜에 속하기 위하여 믿음으로 됩니다"(롬 4:16). 하나님께서 사랑하시기 때문에 그냥 주시는 것이므로, 여기에 필요한 것은 자신의 곤경을 아는 것과 받으려는 의지와 주시는 분을 붙잡음으로 선물을 취하는 신뢰뿐입니다.

자신이 무가치한 존재라는 생각은 더 깊어질 것입니다. 자신이 죄인임을 알면 알수록 그만큼 더 우리는 그리스도를 굳게 붙들 것입니다. 우리가 그리스도를 굳게 붙들면 붙들수록 그만큼 더 우리는 자신이 죄인임을 알게 될 것입니다. 베드로는 배에 앉아서 "주여 나를 떠나소서 나는 죄인이로소이다"(눅 5:8) 하고 말했을 때 예수께서 어떤 분이신지 얼핏 알았습니다. 그러나 베드로는 암울한 배신행위를 저지른 후에 이른 아침에 형제 사도가 바닷가에 서있는 어떤 사람을 가리켜 "주님이라" 말하자 그쪽으로 뛰어들어 바닷물을 헤치고 나가 주님의 발 앞에 이르렀을 때 자신과 주님을 더 분명히, 더 참되게 알았습니다. 바로 거기가 자신이 무가치하다는 것을 아는 사람이 있어야 할 자리이기 때문입니다. 자신의 죄를 알면 알수록 그만큼 더 우리는 주님의 용서하시는 마음에 가까이 매달리도록 합시다. 우리가 스스로 획득하지 않은 사랑을 받고 있음을 알면 알수록 그만큼 더 우리는 우리가 얼마나 그 사랑을 받을 가치가 없는 존재인지를 절실하게 느낄 것입니다. 한 선지자가 의미심장하게 말하듯이 "이는 내가 네 모든 행한 일을 용서한 후에 네가 기억하고 놀라고 부끄러워서 다시는 입을 열지 못하게 하려 함"(겔 16:63)입니다. 아이는 엄마 품에 얼굴을 묻고, 엄마가 사랑의 팔로 자기를 바싹 끌어안기 때문에 자신의 잘못을 더욱 느낍니다.

그러므로 형제 여러분, 공로에 대한 생각에 마음이 끌린다면 이 확신을 더 깊이 생각하십시오. 자신의 악이 너무 분명하게 보여서 다른 아무것도 볼 수 없다면 이 확신을 더 깊게 생각하십시오. 이 빛으로 오십시오. 이 자유에 오십시오. 이 위대한 진리로 올라오십시오. "우리를 구원하시되 우리가 행한 바 의로운 행위로 말미암지 아니하고 오직 그의 긍휼하심을 따라 하셨느니라"(딛 3:5). 지금까지 물물교환의 종교를 쥐고 있었다면 이제 받을 자격이 없는 은혜의 종교로 오십시오. 여러분이 계속해서 거래의 차원에 남아 있으려고 한다면, "죄의 삯은 사망"입니다. "하나님의 은사는 그리스도 예수 우리 주 안에 있는 영생이니라"(롬 6:23)는 더 높은 근거로 올라오십시오.

21
관에 손을 대시는 예수님

"¹³ 주께서 과부를 보시고 불쌍히 여기사 울지 말라 하시고 ¹⁴ 가까이 가서 그 관에 손을 대시니 멘 자들이 서는지라 예수께서 이르시되 청년아 내가 네게 말하노니 일어나라 하시매 ¹⁵ 죽었던 자가 일어나 앉고 말도 하거늘 예수께서 그를 어머니에게 주시니"

눅 7:13-15

우리는 이 사건을 오직 누가복음을 통해서만 알게 됩니다. 누가는 우리 주님께서 여성들을 은혜롭게 대하신 일을 기록하기를 특별히 좋아하는 복음서기자입니다. 누가는 또한 사람들이 요청하지 않았지만 그리스도께서 행하신 이적들을 이야기하기를 좋아합니다. 이 두 가지 특징이 이 이야기에서 하나로 합쳐집니다. 그래서 이 사건이 누가복음에서 한 자리를 차지한 것은, 그 이야기가 부활을 이야기한다는 사실보다는 이 두 가지 특징들 때문이었을 수 있습니다.

어쨌든 이 기적이, 그리스도께서 자신에 대한 주장들이 진실됨을 입증하려는 의도를 가지고 행하신 것이 아니었음은 분명합니다. 이 이적을 행하신 동기는 그냥 동정이었습니다. 그 목적은, 자기의 소망과 사랑과 위로가 아이의 관 위에 길게 누워버린 외로운 여인을 단지 위로하는 것이었습니다. 그것이 예수께서 표적을 행하시는 충분한 이유였습니까? 거짓 이적을 가리는 시금석은, 그 이적이 어떤 적절한 목적을 이루려는 의도 없이 행해졌느냐를 보는 것이라고 사람들은 말합니다. 예수 그리스도께서는 슬픔에 잠긴 불쌍한 마음을 위로하는 일이, 손을 내밀어 바로 죽음의 입구에서 먹이를 끄집어내실 만한 충분한 이유가 된다고 생각하셨고, 그렇게 함으로써 인간의 슬픔을 생각하고 그에 대해 위로하는 것을 고귀한 일로 여기셨습니다.

주님의 기적들을 특별히 주님의 주장이 진실됨을 입증하기 위해 행한 것으로 간주한다면, 그 기적의 의미를 지나치게 제한하는 것이라고 생각합니다. 주님의 기적들은 단지 계시의 증거들이 아닙니다. 기적들 자체가 계시의 큰 부분입니다. 나는 이 설교에서 이 사건을 그 관점에서 보며, 이 사건이 예수 그리스도의 성품과 사역에 대해 무엇을 보여 주는지 알고자 합니다. 간단히 다루려고 하는 점은 세 가지입니다. 여기서 우리는 그리스도께서 모든 눈물을 닦아주시는 자비로운 분으로, 생명을 주시는 죽음의 원수로, 헤어진 마음들을 재결합하시는 분으로 계시되는 것을 봅니다.

그러면 이 세 가지 점을 살펴봅시다.

1. 무엇보다 여기서 예수 그리스도를 모든 눈물을 닦아주시는 자비로운 분으로 나타내는 놀라운 계시를 보도록 합시다.

슬픔에 깊이 잠긴 채 관만을 뚫어져라 쳐다보는 불쌍한 그 여인은 친구들과 함께 무덤이 있는 곳으로 서둘러 내려오고 있는 동안에 그 여인은 울퉁불퉁한 그 길을 올라오는 작은 무리에 눈길을 줄 생각이 전혀 없었습니다. 그 여인을 그리스도께서 모르셨고 그 여인도 그리스도를 몰랐습니다. 그 여인은 슬픈 일로 가는 길에 이같이 우연히 만난 사람들로부터 무슨 동정을 끌어낼 수 있을 것이라고 도무지 생각하지 못했을 것입니다. 그러나 그리스도께서는 자식이 없는 외로운 과부의 슬픔을 보시는데, 어떤 인간의 눈이 보았던 것보다 훨씬 더 깊고 훨씬 더 애정 어린 눈길로 그 슬픔을 봅니다. 그리고 그 슬픔을 아시자마자 바로 주님께서는 그 슬픔을 위로하는 일에 착수하십니다. 순수한 동정이라는 참된 인간적 정서가 그리스도의 마음속에 솟아나서 행동하시도록 만든 것입니다.

사람의 동정이 아무리 친절한 것이라 할지라도 그리스도의 인간성은 완전하고 죄가 없었기 때문에 그리스도의 동정은 그보다 깊었습니다. 우리가 동정심을 느끼지 못하게 되는 것은 우리 자신에 몰두하기 때문입니다. 그런 태도가 우리 마음을 단단하고 무감각하게 만듭니다. 그리고 그 태도야말로, 옛 우화를 이용해서 말하자면, 진정한 "마녀의 표시"입니다. 곧 외부에서 어떤 압력이 와도 전혀 동정을 일으키지 않는 경향인 것입니다. 이기적인 사람의 무정한 마음은 하나님의 동정에 대해서 닫혀 있습니다. 예수 그리스도께서는 자신을 잊고 사람들을 동정하셨으며 "우리의 연약한 것을 친히 담당하시고 병을 짊어"지셨습니다(마 8:17). 그리스도는 틀림없이 우리 중 어느 누구와도 다르셨을 것입니다. 이기심의 모든 얼룩이, 죄에서 생겨난 일체의 무정함이 전혀 없으셨습니다.

그러나 여기서 밟아야 할 또 한 단계가 있습니다. 작은 갈릴리 마을 밖에 있는, 바위투성이의 길에서 외로운 어머니의 모든 고통과 슬픔을 느끼며 동정하시는 그리스도, 바로 그 분이 하나님이십니다! "이는 우리의 하나님이시라 우리가 그를 기다렸도다"(사 25:9). 무정한 모든 세월 동안 기다려 왔고, 거짓 신들 앞에서 기다려왔으며 사람들이 하늘에서 태평하게 지내는, 그 고요한 복됨에 어떤 그림자도 지나갈 수 없는 감정이 없는 신에 대해 이야기해 오는 동안 기다렸던 분입니다. 이 분이 우리 하나님이십니다. 어떤 사람도 사랑하거나 좋아할 수 없는 감정 없는 괴물이 아니고, 마음을 가지신 하나님이시며, 동정하실 수 있는 하나님이시고, 놀랍게도 예수 그리스도의 인성에 들어가셔서 우리 인간의 연약함을 함께 느끼실 수 있고 느끼시는 하나님이십니다.

동정하시는 예수 그리스도의 모습이 사람으로서 발휘할 수 있는 사심 없는 동정의 완전한 모범을 보여 주는 것일 뿐이었다면, 예수 그리스도께서 그 같은 과거 세대들을 참으로 많이 혹은 참으로 애정 어리게 동정하셨다는 것이 상식적으로 생각할 때 나와 무슨 상관이 있습니까? 금년 여름에 내린 소나기와 햇빛이 오늘 들판에서 싹이 나는 곡물을 이롭게 하는 만큼, 죽으셨던 사람이신 그리스도의 동정이 여러분과 나를 이롭게 할 것입니다. 사랑하는 형제 여러분, 연약함 가운데 있고, 크고 작은 슬픔을 겪으며, 고난과 괴로움 가운데 있는 여러분과 나는 과거에 그리스도께서 나인성 성문 밖에서 그 불쌍한 과부를 동정하셨듯이, 살아계셔서 하늘에 계시면서 우리를 동정하실 그리스도가 필요합니다. 하나님을 찬양합시다! 우리에게 하나님이 계십니다. 사람 그리스도는 하나님께서 육신을 입고 나타나신 것입니다. "주께서 과부를 보시고 불쌍히 여기사"라고 말하는 복음전도자의 말에 귀를 기울일 때, 우리는 고개를 끄덕이며 옛 시인이 "여호와의 인자와 긍휼이 무궁하시므로"(애 3:22)라고 하였을 때 진리를 말하였고, 옛 선지자가 "그들의 모든 환난에 동참하사"(사 63:9)라고 말할 때 자신의 경험으로써는 그 깊이를 다 헤아릴 수 없는 진리를 말했다는 것을 느낍니다.

그 다음에 불쌍히 여기시는 그리스도께서 죽은 자를 일으키시기 전에 먼저 눈물을 닦아주십니다. 참으로 아름다운 장면입니다. 그리스도께서는 그 여인에게 "울지 말라"고 말씀하십니다. 이 말씀은 예수께서 울게 하는 원인을 제거할 것이라는 일종의 예언입니다. 그래서 예수께서는 그 여인에게 예수님 자신에게로 소망과 신뢰를 돌리라고 애정 어린 요구를 하시는 것입니다. 예수께서 얼마나 마음을 부드럽게 어루만지는 사랑스런 목소리에 깊은 동정심을 담아 이 말씀을 하셨겠습니까! 사람들은 울게 만드는 원인을 제거하거나 조금이라도 줄일 능력이 전혀 없으면서도 얼마나 자주 그리고 헛되게 서로에게 "울지 말라"는 말을 합니까! 사람들이 몹시 슬퍼하는 사람에게 "울지 말라"고 말하는 것이 호의에서 나온 것이지만, 사실상은 몰인정하게 단념하고 현실을 받아들이게 하려는 잘못된 노력인 경우가 얼마나 많습니까! 예수 그리스도께서는 눈물이 유익하고 복을 가져다 줄 경우에 결코 눈물을 거두라고 소리치지 않으셨습니다. 예수께서는 손을 내밀어 눈물을 닦아 주시지 않으면서 "눈물을 닦아라"고 말만 하시지 않았습니다.

그러면 예수께서는 어떻게 눈물을 닦아 주십니까? 무엇보다 주님의 동정을 확신할 수 있는 말씀으로 그렇게 하십니다. 사랑하는 형제 여러분,

지금 우리 가운데 크고 작은 슬픔과 걱정거리 혹은 고통과 싸우고 있을 수 있는 사람에게 메시지를 전하듯이, 주님의 그 말씀에는 외로운 그 과부의 마음에 전하는 메시지가 있었습니다. 즉 예수 그리스도께서는 여러분의 고통을 다 아시고 여러분이 마음 문을 연다면 고통을 견딜 수 있도록 도우실 것을 확신하게 하는 메시지가 있습니다. 그리스도께서 우리를 동정하신다는 기쁜 생각이 과도한 슬픔을 치유하는 참된 해독제입니다.

주님은 눈물을 닦아주시는데, 주님의 동정하심을 확신하도록 함으로써뿐만 아니라 또한 기대와 소망을 갖도록 격려함으로써 눈물을 닦아 주십니다. "울지 말라"고 말씀하실 때, 주님은 흐르는 눈물을 그치게 하기 위해 필요한 일을 하겠다고 약속하시는 것입니다. 그래서 주님은 한창 걱정과 슬픔과 외로움 가운데 있는 우리에게 자연스런 슬픔의 감정을 억누르라고 권하지 않으시며 슬픈 감정의 유익한 표시들을 비현실적으로 터무니없이 숨기려하지도 말고, 울되 어둠과 슬픔 너머에 영원한 날이 희미하게 비치고 있기 때문에 마치 울지 않은 것처럼 하라고 권하실 것입니다. 슬픔의 대적자이신 그리스도께서는 앞날을 기대하도록 권하십니다. 슬픔의 저주는 항상 뒤를 돌아보게 하기 때문입니다. 신뢰할 영원한 그리스도를 모시고 있고, 그래서 자신들에게 불멸이 있다고 주장하는 모든 사람들이 지녀야 하는 참된 태도는 "뒤를 돌아보는" 것이 아니고 "아버지의 집을 즐거움으로 기대하는" 것입니다. 그리스도께서 우리를 동정하신다는 확신, 그런 슬픔의 목소리가 들리지 않고 평안이 있는 곳에서 우리에게 큰 복이 있으리라는 즐거운 기대, 이런 것들이 우리의 눈물을 닦아 주는 생각들입니다.

형제 여러분! 오늘날 산울타리와 쟁기로 갈아엎은 젖은 들판에서 작은 가지마다 빗방울이 매달려 있고, 빗방울마다 햇빛이 반사되어 반짝이듯이 이 사실이 우리 모두에게 적용될 수 있습니다. 우리 모두가 슬픔과 근심의 짐을 지고 가기 때문입니다. 그래서 그리스도께서 우리를 향하여 웃으실 때 우리의 모든 눈물과 슬픔은 아름답게 빛나고 찬란한 무지개로 변할 것입니다.

그 다음에, 더 나아가서 이같이 자비로우신 그리스도께서는 사람이 구하지 않은 선물을 동정하는 마음으로 주십니다. 그리스도에게서 이 큰 기적을 끌어낼 만한 어떤 청원도 기대도 없었고 믿음이나 소망의 흔적이 전혀 없었습니다. 이 기적은 그리스도의 마음에서 솟아 나왔습니다. 그 점에서 이 기적은 그리스도의 모든 사역에 일치하는 사건입니다. 왜냐하면 그리스도께서 하나님의 사랑의 전달자요 대행자요 통로로서 우리 사람들에게 베푸시는 하나님의 사랑은, "사람을 기다리지 아니하며 인생을 기다리지 아니며"(미 5:7) 우리가 구하기 전에 베푸시고 아무도 찾지 않은 것, 곧 우리 주님 예수 그리스도의 성육신과 십자가에 못박히심의 기적을 주시기를 기뻐하시기 때문입니다. 하늘이 가장 큰 선물을 내보내기 전에 사람들이 기도의 힘으로 하늘 문을 열 때까지 하늘이 기다렸다면 영원히 기다려야 하고 온 인류는 멸망해 버렸을 것입니다. 하나님의 사랑은 스스로 팽창하고 퍼지는 속성 때문에 흘러 넘칩니다. 하나님의 사랑은 필연적으로 자신을 나누어 주지 않을 수 없습니다. 그 사랑의 본성과 특성은 주는 것입니다. 그 자체로 선한 모든 것을 한없이 주려는 욕구가 바로 하나님의 사랑입니다. 그리스도께서는 "은혜를 모르는 자와 악한 자에게"(눅 6:35) 오시고 우리 중 아무도 구하지 않은 선물을 주시며, 생각지 않았는데도 주실 수 있는 한, 한껏 자신을 모든 사람에게 주시는데, 이는 우리가 구하지 않으면 받을 수 없는, 더 나은 것을 바라도록 하기 위함입니다.

여기서 이렇게 우리는 사람이신 그리스도의 자비를 보는데, 이것은 모든 눈물을 닦아 주시고 구하지 않은 복을 주시는 하나님의 자비입니다.

2. 둘째로 여기서 우리 주님께서 생명을 주시는, 죽음의 원수로 계시되는 것을 봅니다.

성문 밖에서 이 두 행렬이 만나는 장면에 매우 아름다운 점이 있습니다. 이 말을 쓸 수 있다면, 극적인 요소가 있습니다. 동양의 풍속대로 적은 무리의 조문객들이 무덤이 있는 곳을 향하여 서둘러 언덕을 내려가고 있었고, 또 다른 작은 무리가 성을 향하여 힘들게 언덕을 올라오고 있었습니다. 거기에서 생명과 죽음이 마주 서 있습니다. 예수 그리스도께서 손을 내밀어 관에 대십니다. 아무 말씀도 하시지 않지만 행렬을 멈추게 하시려는 것입니다. 이것이 세상에서 행하실 그리스도의 사역을 나타내는 비유가 아닙니까? 주님의 위대한 사역은 죽음의 의기양양한 행진을 막는 것입니다. 죽음은 먹구름처럼 인류를 덮고 그 무시무시한 울타리 안으로 모든 밝음을 빨아들이고, 모든 노래를 그치게 만드는 무자비한 권세입니다. 그리스도께서 오셔서 "멈춰라"고 말씀하십니다. 그러자 죽음이 그 자리에서 꼼짝 못하고 섭니다. 그리스도는 죽음의 행진을 막으십니다. 여기서 주님께서는 단지 물리적인 사실만을 다루시는 것이 아닙니다. 물리적인 사실이란 사람들이 죽음이라고 할 때 의미하는 바가 아닙니다. 그것은 사람들을 움츠러들게 만드는 것이 아닙니다. 세상을 움츠러들게 만드는 것은 죽음이라는 물리적인 사실 외에 죽음과 관련된 생각들, 죽음의 어두운 전조, 영혼이 "명랑한 날의 따뜻한 뜰"(토머스 그레이의 시, 〈시골 묘지에서 읊은 만가〉의 한 부분 — 역주)에서 나와 알지 못하는 영역으로 들어가는 것, 징벌의 가능성, 심판의 확실함 등과 같은 것들입니다. 그리스도께서는 이 모든 것들을 쓸어 없애십니다. 그래서 우리는 모두 죽음이라는 외적인 형식을 거쳐야 하지만, 그리스도를 신뢰한다면 죽음의 공포가 영원히 사라졌기 때문에 "그가 사망을 폐하셨도다"(딤후 1:10)고 말할 수 있습니다.

그 다음에 더 나아가서, 여기서 우리는 생명을 주시는 분으로서 그리스도를 만납니다. "청년아 내가 네게 말하노니 일어나라."

그리스도께서는 다양한 방법을 사용하여 기적적인 능력을 베푸셨습니다. 앞으로 보면 알겠지만, 그 기적의 혜택을 받는 사람이나 보는 사람들의 신앙적 필요에 따라 그 방법이 다양하게 사용되었습니다. 때로 그리스도께서는 손을 대셨고, 때로는 맹인의 눈을 촉촉하게 하기 위해 바른 진흙이나 귀머거리의 귀를 만질 때 쓰신 침처럼 물질적인 도구를 쓰시기도 하셨습니다. 그러나 이 모든 다양한 방법들은 약한 믿음을 돕기 위한 수단에 지나지 않았습니다. 그리고 죽은 자를 일으키신 모든 경우들에서 사용하신 것은 목소리뿐입니다.

그렇다면 "내가 네게 말하노니 일어나라"는 장엄한 말씀의 의미는 무엇입니까? 주님께서는 자신의 능력을 사용하여 일하심을 주장하시는 것입니다. 예수 그리스도께서 이제까지 어떤 인간 대리자나 하나님의 사자가 사용한 적이 없는 방식으로 하나님의 권위를 발휘하시지 않았다면, 예수께서 관 곁에 서서 "내가 네게 말하노니 일어나라"고 말씀하시는 것은 정확히 신성을 모독하는 일이었습니다. 그렇지만 예수님의 말씀에는 힘이 있었습니다. 예수께서는 스스로의 능력으로 행동하는 태도를 취하셨습니다. 그리고 그 사건은 예수께서 주제넘는 일을 하시지 않았음을 보여 주었습니다. "아들도 자기가 원하는 자들을 살리느니라"(요 5:21).

그 다음에, 그리스도께서는 말씀만으로 일하십니다. 다른 많은 경우에 그같이 하셨습니다. 열병을 꾸짖자 열병이 떠나갔고, 바람에게 명하시자 바람이 그쳤으며, 죽은 자를 부르시자 죽은 자들이 나왔습니다. 자신의 원하는 뜻을 담은 말 자체가 최고의 권위를 가지며, 물질계를 지배하는 능력을 가지신 그분은 누구십니까? 이 장 앞부분에 나온, 자신의 신조를 우리에게 밝힌 백부장에게 이 질문에 답을 해 보도록 합시다. "내 아래에도 병사가 있으니 이더러 가라 하면 가고 저더러 오라 하면 오고 내 종더러 이것을 하라 하면 하나이다. 주께서 말씀하십시오. 그러면 우주의 모든 군대가 주의 절대적인 최고의 명령에 복종할 것이고, 주의 계명에 귀를 기울이고 여호와의 말에 청종할" 것입니다.

그 다음에, 그리스도의 목소리가 죽은 자들의 영역에서 권세가 있음을 살펴봅시다. 그 청년이 어디에 있었든지 간에 그리스도의 음성을 들었습니다. 어떤 상태나 조건에 있었든지 간에, 그의 인격이 마음을 끄는 그리스도의 의지의 힘을 느끼고 거기에 순종하였습니다. 주께서 말씀하시자 그 청년이 들었다는 사실은, 그것이 참이라면 많은 잘못을 해결하고 어둠을 많이 제거합니다. 그때 신체와 영혼의 분리는 파멸된 상태가 아니라 분리된 채 있는 것입니다. 그때 가지고 있는 의식은 사람들이 말하듯이 뇌의 작용이 아닙니다. 그때 사람은 죽은 뒤에도 온전히 살아 있습니다. 그때 영혼은 우리가 알지 못하는 상태로 지내는, 우리가 알지 못하는 어두운 영역에서 나올 수 있습니다. 다만 우리가 아는 것은 그곳이 어디이든지 간에 거기에서도 그리스도의 뜻이 권세를 가지고 거기에서도 그리스도의 명령에 순종하게 된다는 것입니다.

그래서 나는 여러분에게 이 음성은 그리스도의 권세와 능력을 드러내고 육체와 분리된 죽은 자의 상태를 밝혀 주는 말씀일 뿐만 아니라 미래에 대한 예언이기도 하다는 것을 말씀드립니다. 이 사실은, 그 위대한 확신의 말씀에는 불가능하거나 부자연스러운 것이 아무것도 없음을 말해 줍니다. "무덤 속에 있는 자가 다 그의 음성을 듣고 나올 때가 오나니"(요 5:28). 그때는 죽은 자들이 신체와 다시 결합되고, 그로 인해 외적인 우주와 다시 관계를 맺을 것이며, 그 일은 더 충만한 심판과 더 엄한 징벌의 전조가 될 것입니다.

형제 여러분, 어리둥절한 가엾은 청년을 일으켜 관 위에 앉게 만든 그 목소리, 아마도 찬탄의 말을 터트리게 하고 놀라서 말을 더듬게 만들었을 그 목소리가 장차 놀라운 소리를 내는 나팔처럼 민족들의 무덤 사이로 울려 퍼져 모든 사람으로 하여금 보좌 앞에 서지 않을 수 없게 만들 것입니다. 여러분과 내가 그 목소리를 들을 것입니다. 그러니 그 목소리를 들을 준비를 합시다.

3. 마지막으로 여기서 우리는 그리스도께서 헤어진 마음들을 다시 결합시키는 분으로 계시되는 것을 봅니다.

"예수께서 그를 어머니에게 주시니." 이것은 매우 아름다운 필치로, 목격자의 입에서 전해진 것이 분명합니다. 그것은 그 필치가 나타내야 할 전부였습니다. 그 위대한 기적은 울고 있는 불쌍한 여인을 위로하기 위해 행하신 것이었습니다.

여기서 우리가 한 걸음 더 나갈 수 없겠습니까? 예수 그리스도께서 여기 이 땅에서 슬퍼하는 외로운 영혼의 필요에 그처럼 마음을 쓰셨다면, 저기 하늘에 있는 사랑하는 영혼들의 영속적인 필요에는 그보다 마음을 덜 쓰신다고 말할 수 없지 않겠습니까? 그리스도께서 이 청년을 죽은 자들 가운데 일으켜 그의 어머니가 다시 한번 그를 안고 그 마음이 위로를 받도록 하셨다면, 그 위대한 부활의 날에 사랑하는 사람들을 허공에 뻗은 팔에 돌려주어 갈망하는 마음을 평온케 하시지 않겠습니까? 우리 자신은 계속 살면서 우리의 아이들은 빼앗기게 된다는 것은 생각할 수 없는 일입니다. 우리 아이들은 우리 존재의 본질에 너무도 깊게 뿌리 박혀 있고 얽혀 있어서 그들을 잃어버리는 일이란 생각할 수가 없습니다. 그것은, 잃어버렸던 모든 보물을 찾는 그 위대한 날, 복된 세상에서, 여기 이 세상에서 많은 날 동안 슬프고 외롭게 지냈던 마음들이 자기의 죽은 자들의 영혼을 다시 얼싸 안지 못한 채 "하나님과 함께 쉰다"는 일이 있을 수 없는 것과 마찬가지입니다.

우리가 그때에 관해 아는 것이 많지 않을지라도, 우리 가운데 어떤 사람들에게는 지극히 기쁘고 복된 그 같은 생각에서 우리도 확실히 위로를 얻을 수 있습니다. 그래서 그들은, 그리스도께서 나인 성의 그 청년을 슬퍼하는 마음들에게 웃으면서 인도하신 것으로 모든 부활의 소망이 끝나 버린 것이 아니라, 우리가 "영원히 넘치는 기쁨과 복 가운데서 굳게 붙잡을 손들이 있을" 것임을 소망스럽게 확신할 수 있습니다. "그리하여 우리가 항상 주와 함께 있으리라 그러므로 이러한 말로 서로 위로하라"(살전 4:17,18).

22
세례자 요한의 의심과 그리스도의 칭찬

"¹⁸요한의 제자들이 이 모든 일을 그에게 알리니 ¹⁹요한이 그 제자 중 둘을 불러 주께 보내어 이르되 오실 그이가 당신이오니이까 우리가 다른 이를 기다리오리이까 하라 하매 ²⁰그들이 예수께 나아가 이르되 세례 요한이 우리를 보내어 당신께 여쭈어 보라고 하기를 오실 그이가 당신이오니이까 우리가 다른 이를 기다리오리이까 하더이다 하니 ²¹마침 그 때에 예수께서 질병과 고통과 및 악귀 들린 자를 많이 고치시며 또 많은 맹인을 보게 하신지라 ²²예수께서 대답하여 이르시되 너희가 가서 보고 들은 것을 요한에게 알리되 맹인이 보며 못 걷는 사람이 걸으며 나병환자가 깨끗함을 받으며 귀먹은 사람이 들으며 죽은 자가 살아나며 가난한 자에게 복음이 전파된다 하라 ²³누구든지 나로 말미암아 실족하지 아니하는 자는 복이 있도다 하시니라 ²⁴요한이 보낸 자가 떠난 후에 예수께서 무리에게 요한에 대하여 말씀하시되 너희가 무엇을 보려고 광야에 나갔더냐 바람에 흔들리는 갈대냐 ²⁵그러면 너희가 무엇을 보려고 나갔더냐 부드러운 옷 입은 사람이냐 보라 화려한 옷을 입고 사치하게 지내는 자는 왕궁에 있느니라 ²⁶그러면 너희가 무엇을 보려고 나갔더냐 선지자냐 옳다 내가 너희에게 이르노니 선지자보다도 훌륭한 자니라 ²⁷기록된 바 보라 내가 내 사자를 네 앞에 보내노니 그가 네 앞에서 네 길을 준비하리라 한 것이 이 사람에 대한 말씀이라 ²⁸내가 너희에게 말하노니 여자가 낳은 자 중에 요한보다 큰 자가 없도다 그러나 하나님의 나라에서는 극히 작은 자라도 그보다 크니라 하시니"

눅 7:18-28

우리는 본문에서 세 단계, 곧 죄수로부터 온 애처로운 메시지, 그에 대한 그리스도의 두 가지 답변, 요한에 대한 그리스도의 높은 찬사를 봅니다.

1. **죄수로부터 온 메시지. 예수께서 메시야라는 요한의 분명한 확신에 의심의 안개가 스며든 것입니까?**

   비둘기가 그 위에 임하는 것을 보았고 "이는 내 사랑하는 아들이라"고 선포하는 목소리를 들은 사람이 도대체 흔들렸다는 것을 믿을 수 없는 일로 생각하는 사람들이 있습니다. 그러나 우리의 믿음이 지극히 확고할지라도 환경과 분위기에 영향을 받는 경험을 생각할 때 요한처럼 의심이 일어나는 경우가 많다는 것을 확실히 알 수 있습니다. 감옥은 광야를 사랑하는 이 세례자를 특별히 더 우울하게 만들었을 것이고, 어쩔 수 없이 아무 활동도 할 수 없는 상태가 그의 영을 초조하게 만들었을 것입니다. 예수께서 정말로 그 신랑이라면 감옥에서 괴로워하고 있는 신랑 친구에 대해 한 번쯤 생각했을지 모른다고 생각하고 싶었을 것입니다. 무엇보다 예수께서 행하고 계시는 일들은 요한이 생각했던 메시야의 역할이 아니었습니다. 까부르는 키와 나무뿌리에 놓인 도끼, 태우는 불은 어디에 있었습니까? 온순하게 세리와 죄인들의 친구로 지내는 이 사람은 요한이 자기보다 더 크게 여겼던 분이 아니었습니다.

   아마도 그의 제자들은 의심하는 일에 요한보다 한 걸음 더 나아갔을 것입니다. 그러나 예수께서 질문에 대한 답변을 요한의 제자들에게 하지 않고 직접 요한에게 하신 데서 나타나듯이, 그의 메시지를 보면 요한 자신도 주저한 것이 드러났습니다. 요한의 메시지에는 예수께서 정말로 메시야이시라면 "스스로 큰 권세를 취하시도록" 예수님을 부추기려는 의도가 있었을 수도 있습니다. 그러나 이에 대한 가장 자연스런 설명은 요한의 믿음이 흔들리고 있었다는 것입니다. 폭풍우가 잘 나가던 배를 비틀거리게 만들었습니다. 그러나 믿음이 흔들리자 요한은 예수께 손을 뻗어 확고하게 서려고 했습니다. 우리가 예수께 대해 생긴 의심을 예수님으로 말미암아 해결하려고 한다면 큰 해를 당하지 않을 것입니다. 요한이 어두운 감옥에서 한 생각들을 볼 때, 우리는 믿음이 외적인 요소들과 마음의 변화에 크게 영향을 받을 수 있다는 것과, 따라서 힘든는 일을 만날 때 신뢰가 흔들릴 수 있는 많은 사람들에 대해 우리가 얼마나 관대해야 하는지를 배울 수 있습니다. 또한 여기서 우리는 신앙에 기복이 있다고 해서 자신을 혹독하게 비판하지 말고, 환경의 겉모습에 굴복하지 않으며 번영의 여름과 슬픔의 겨울에도 한결 같은 온도를 유지하려고 애써야 한다는 것을 배울 수 있습니다.

2. 두 가지 답변.

답변의 첫 번째 부분은 예수께서 행하신 기적들을 그대로 열거하는 것인데, 이것은 요한에게 의구심을 일으키게 한 소식이었습니다. 답변의 두 번째 부분은 한 가지 부가적인 사실, 곧 가난한 자에게 복음이 전파된다는 점을 곁들여서 이런 기적들을 그냥 요한에게 전달하라는 분부였습니다. 그 답변은 만족스럽지 않아 보였습니다. 그러나 그것은 사실 이런 의도로 하신 말씀이었습니다. 즉 요한에게 권능뿐 아니라 동정과 사랑을 보여 주는 이러한 은혜로운 행동들을 다시 생각해 보고, 이런 일들이 메시야이심을 나타내는 적절한 표시가 아닌지 스스로에게 물어보라는 것이었습니다. 그리스도께서 요한의 제자들에게 그들의 선생에게 전하라고 명하신 말씀은 이사야 35:5과 61:1의 예언을 생각나게 하였을 것이고, 요한이 그 예언을 기억하고서 메시야의 모습에 대한 자신의 생각을 수정하게 되었을 것이라는 점을 주목해야 합니다. 그 답변의 가장 깊은 의미는, 메시야의 참된 표지는 사법적이고 보응적이며 파괴적인 에너지가 아니라 사랑과 동정과 치유라는 것입니다. 요한은 번개를 원했습니다. 그러나 그리스도께서는 조용한 햇빛이 에너지를 발휘한다고 일러주신 것입니다. 맹렬한 섬광도 조용한 햇빛에 비하면 약합니다. 우리에게도 이 교훈이 필요합니다. 하나님에 대해서는 아니라 할지라도 사람들을 보고 대하는 일에서 우리는 사랑보다는 힘을 휘두르고 싶어 하기 때문입니다. 우리는 베들레헴과 갈보리를 이해하고 가르치는데 더딥니다. 하나님 안에서 가장 신성한 것이 며 사람들에게서 가장 강력한 것은 자기를 희생하는 온유하고 자비로운 사랑입니다. 축도의 형태로 요한에게 보낸 책망만큼 부드러운 책망은 없 을 것입니다. 예수께서 자기가 기대하는 분이 아니기 때문에 혹은 그 밖의 어떤 이유로든지 예수님께 화를 내는 것은 예수님을 영접하는데 오는 모 든 복을 차 버리는 것입니다.

3. 요한에 대한 예수님의 찬사.

예수께서 요한을 칭찬하는 시점을 잡는데 얼마나 심혈을 기울이셨는지 모릅니다! 사람들은 요한의 메시지와 그에 대한 답변을 듣고서, 요한의 동 요에 대해 좋지 않게 평을 할 것으로 생각했을지 모릅니다. 그러나 예수께 서는 아주 적절한 시기를 택해서 그에 대해 아낌없는 칭찬을 쏟으셨습니 다. 그것은 참으로 칭찬의 말씀이었습니다. 요한이 세례를 베풀었던 요단 강 언덕에서의 기억 때문에 첫 번째 문제가 생긴 것입니다. 사람들이 줄을 지어 그곳으로 몰려갔던 것은 바람에 흔들리는 키 큰 갈대를 보기 위해서 가 아니고 자기들 같은 어떤 사람을 보기 위해서도 아니었을 것입니다. 다 른 사람들을 일깨우고 지도하는 사람은 굳센 의지가 있어서 어떤 타격이 와도 결코 흔들리지 않을 것입니다. 자기 나름의 생각을 가지고 있고 그것 을 용감하게 말을 하며, 또 자기 나름의 뜻을 가지고 있으면 굽힐 줄 모르 고 밀고 나가는 사람 주위에는 사람들이 모일 것입니다. 존 녹스(John Knox)에게 말하였듯이 요한에게도 "그는 사람의 얼굴을 두려워하지 아니 하였더라"는 말을 할 수 있는데, 이 요한의 꺾일 줄 모르는 담대함이 그의 능력의 한 비결이었습니다. 그가 감옥에 갇히게 된 계기가 그 점을 증거 합니다. 그는 바람에 흔들리는 갈대가 아니었습니다. 또 다른 선지자처럼, 이스라엘 온 집에 "쇠기둥과 놋성벽"(렘 1:18)이 되었습니다. 그러나 그는 성품만 강직한 사람이 아니었습니다. 세상적 안이함을 무시하는 고귀함이 있는 사람이었습니다. 왕궁에서 지내는 사람들처럼 비단옷을 입지 않고 낙타 털옷을 입고, 부드러운 음식을 먹지 않고 메뚜기와 야생 꿀을 먹었습니다. 사람들의 양심을 일깨우고 방종으로 썩어져 가는 세대를 각성시키는 사람들이 다 이런 저런 형태로 그런 요소를 갖고 있듯이, 요한에게는 그것이 그의 또 다른 능력이었습니다. 요한의 맹렬한 말이 쾌락과 부드러운 안락을 멸시하며 지낸 생활로부터 뜨겁게 쏟아져 나온 것이 아니었다면 아무 효과가 없었을 것입니다. 사람이 물질적인 이익을 탐했다는 의심을 일단 받고 나면 기독교 교사로서 그의 유용함은 완전히 사라지지는 않을지라도 약화되고 맙니다. 그러나 이런 칭찬도 전부가 아닙니다. 예수님이 계속해서 요한이 선지자였고, 뿐만 아니라 그 이상, 곧 메시야의 선구자였다고 증언하시기 때문입니다. 왕의 행차에서 왕의 마차가 가까이 올수록 그만큼 더 신분이 높은 사람들이 옵니다. 그래서 왕의 바로 앞에서 말을 타는 사람들이 가장 신분이 높은 것처럼, 요한이 시간상 예수님께 가까이 있다는 사실로 인해서 그가 오래 전에 그리스도 앞에서 달렸던 사람들보다 높은 위치에 오르게 된 것입니다. 우리가 그리스도께 가까이 있으면 있을수록 참으로 그만큼 더 우리가 위대하다는 것은 언제나 진리입니다. 최고의 명예는 그리스도의 사신이 되는 것입니다. 우리는 예수께서 인용하신 말라기의 말씀뿐 아니라 그와 같은 사상에 의해서, 그리고 그 인용문의 원문에 나오는 "나의" 그리고 "나를"이라는 말을 "주의" 그리고 "주에게"라고 바꾸시는 것에 의해 은연중 자신에 대해 얼마나 존귀한 위치를 주장하시는가를 놓쳐서는 안 됩니다. 예수께서는 요한이 지금까지 살았던 사람들 중 세상에서 위대하다고 하는 사람들 가운데 가장 위대한 인물이라는 뜻으로 말씀하신 것이 아닙니다. 그보다는 그리스도와의 관계에서 그리고 그로 말미암아 하나님 나라에 가까이 있다는 점에서 그가 다른 모든 사람들보다 뛰어났다는 뜻으로 말씀하신 것입니다.

 이 말씀에서 위대함을 결정하는데 사용되는 척도는 하나님 나라와 관계에서의 위치입니다. 그래서 요한이 (역사적으로) 하나님의 나라에 가장 가까이 있었기 때문에 (역사적으로) 하나님 나라 밖에 있는 사람들 가운데 가장 존귀한 자이지만, 하나님 나라 안에 있는 가장 적은 자도 하나님 나라 밖에 있는 가장 위대한 자보다 위대하다는 것입니다. 요한과 요한 이전에 살았던 경건한 사람들의 영적 위치는 문제가 되지 않습니다. 그들의 영적 위치는 하나님의 나라가 정한 때에 나타날 것을 바라보는 자리입니다. 우리는 요한과 옛적부터 내려온 많은 성도가 하나님 나라의 신민이었고 "그의 영원한 나라에 들어간" 것을 믿고 기뻐합니다. 그러나 예수께서는 우리가 하나님 나라의 빛 안에서 살고, 믿음으로 그 나라에 들어가게 된 특권을 크게 생각하도록 하셨습니다. 지극히 비천한 신자라도 여자에게서 난 자 가운데 가장 큰 자이면서도, 위로부터 오는 신생(新生)을 받지 못한 요한보다는 성령으로 난 생명을 더 많이 알고 더 충만히 받은 것입니다.

23
하나님 나라 안에서 큰 자

"하나님의 나라에서는 극히 작은 자라도 그보다 크니라"

눅 7:28

우리는 앞의 설교에서 세례자 요한의 생활과 성품에서 나타난 참된 위대함의 요소들에 관해 말했습니다. 그때 말하였듯이, 우리 주님께서는 요한이 가장 약한 모습을 보인 바로 그 순간에, 듣는 사람들에게 요한에 대해 아낌없이 칭찬의 말을 하셨습니다. 그리스도께서 보실 때 "여자가 낳은 자 중에 요한보다 큰 자가 없었"습니다. 이 찬사가 권위 있는 것이지만 그리스도의 입에서는 바로 뒤이어, 역시 권위 있는 평가 절하의 말씀도 나왔습니다. "하나님의 나라에서는 극히 작은 자라도 그보다 크니라." 위대함은 인물에 달려 있지 않고 위치에 달려 있습니다. 여기서 이루어지는 대비는 하나님의 나라 안에 있느냐 아니면 하나님 나라 밖에 있느냐 하는 것입니다. 이 사람이 "여자가 낳은" 자들 가운데서는 그처럼 위대하지만 하나님 나라 문간에 서 있었던 것에 불과하였습니다. 그래서 이 점에서 볼 때 그는 하나님 나라 안에 안전하게 있는 "극히 작은 자보다 작은 자"였던 것입니다.

그런데 우리 주님의 이 위대한 말씀에는 소개하는 방식 때문에 주목해야 할 두 가지 사실이 있습니다. 하나는, 예수께서 사람들에 관해 모든 것을 아시기 때문에 사람들을 집합시켜 그 가운데 가장 큰 자 위에 서셔서 사람들의 위치를 정할 권세가 있음을 말없이 주장하신다는 것입니다. 다른 하나는, 하나님 나라 안에서 극히 작은 자도 하나님 나라 밖의 가장 큰 자보다 크다고 선언하시는 가운데, 자신의 권세를 역시 조용하지만 기이하게 주장하시는 것입니다. 이는 하나님 나라가 그 나라의 왕이신 그리스도 안에서 구체적으로 나타났고, 자신이 그 나라에 들어가는 문을 열었다고 주장하시기 때문입니다. "하나님의 나라" 혹은 옛 유대인들의 개념인 "천국"은 다른 무엇보다 하나님의 뜻이 최고의 권위를 지니는 사물의 질서를 뜻합니다. 예수 그리스도께서는 "나는 하나님의 현실적인 통치가 사람들 마음속에 일어나고 활동하도록 하기 위해서 왔다"고 말씀하십니다. 그래서 예수께서는 이같은 말씀으로 자신을 하나님 나라 안에서 가장 큰 자보다 혹은 하나님 나라 밖에서 가장 큰 자보다 무한히 높은 자로 나서시며, 위대하다고 하는 사람들의 주장을 주권적으로 결정하시는 분으로 나오십니다. 가장 큰 자보다 큰 그 분은 그리스도이십니다. 하나님 나라의 입구를 가까스로 넘는 정도가 사람에게 그 같은 명예를 준다면, 자신이 하나님 나라의 보좌에 앉으셨고 그 나라의 절대군주라고 선언하시는 분이 이룬 위치를 우리는 어떻게 생각해야 하겠습니까?

1. 하나님 나라 안에서 작은 자들의 위대함에 대해 먼저 생각해 보겠습니다.

앞에서 말하였듯이, 우리 주님께서는 사람들의 위치를 자신이 정하신다는 사실을 전체적으로 강조하십니다. 하나님 나라 안에 있는 자는 모두가 크며, 하나님 나라 밖에 있는 어떤 자보다 큽니다. 전자의 질서 안에서 가장 작은 자라도 후자의 질서 안에서 가장 큰 자보다 큽니다. 그러면 사람이 어떻게 그 문지방을 넘느냐 하는 문제가 옵니다. 우리 주님께서 그 표현을 주님의 참 제자들을 가리키는 동의어로 쓰시는 것이 분명합니다. 우리는 어떻게 사람들이 하나님 나라에 들어올 수 있는지를 생각할 때 주님의 말씀에서 도움을 받을 수 있습니다. 한 번은 예수께서 우리가 하나님의 나라를 어린 아이들처럼 받지 않으면 그 나라에 결코 들어갈 수 없다고 말씀하셨습니다. 여기서 두 은유가 한데 어우러짐으로써 그 사상이 한층 더 힘이 있고 완전해집니다. 하나님 나라는 우리 밖에 있으면서 우리에게 제시됩니다. 우리는 그 나라를 선물로 받아야 합니다. 그래서 우리가 그 나라에 들어가려면 먼저 그 나라가 우리에게 와야 합니다. 하나님 나라를 받는 자들과 어린 아이들을 대조하는 그 요점은 어린 아이의 순진무구함에 관한 잘못된 감상적인 생각에 있는 것이 아니라 어린 아이의 의지함, 허위의식이 없음, 찰싹 달라붙는 자신의 무력함에 대한 의식, 본능적인 신뢰에 있습니다. 아이에게 있어서 이 모든 점은 자연스럽고 무의식적이며 무분별한 것이고 따라서 특별히 중요한 것이 아닙니다. 여러분과 나는 그런 점으로 돌아가려고 생각해야 하고, 그리로 돌아가도록 노력하며, 그리로 돌아가기 위해서 싸워야 하고, 바쁘고 수고로운 생활을 하는 과정에서 우리를 둘러싸고 있는 거기에 반대되는 것들을 벗어 버리려고 해야 합니다. 그 때 그런 점들이, 어린 아이들에게서 본능적으로 나타나는 그와 같은 점들보다 무한히 가치가 있게 됩니다. 허위의식이 없고 자신의 무력함을 알며 하나님을 신뢰하여 의지하는 성인의 모습은 아름답고 위대합니다. 이런 점들을 통해서 찬란히 빛나는 영광스런 하나님 나라가 그의 마음에 들어오며, 그 자신이 하나님 나라 안으로 걸어들어 가서 하나님 나라 왕의 진실한 종이요 신민이 됩니다.

밤중에 찾아와 짐짓 겸손하게, 공회에서 보내는 인정서나 다름없는 "우리가 당신은 하나님께로부터 오는 선생인 줄 아나이다"(요 3:2)라는 말을 젊은 랍비에게 건넨, 다소 선심을 쓰는 체 하는 바리새인에게 예수께서 말씀하셨을 때, 우리가 하나님 나라에 들어가는 방법에 관해 마찬가지로 눈을 밝혀주는 또 다른 말씀이 나옵니다. "사람이 물과 성령으로 나지 아니하면 하나님 나라에 들어갈 수 없느니라"는 그리스도의 답변은 사실상 "안다고 해서 네가 변화되지는 않을 것이다. 원하는 것 이상의 것이 필요하다." 그래서 하나님 나라에 들어가는, 다른 말로 하자면, 내 자신이 하나님의 뜻에 겸손하고 기쁘게 순종하는 태도를 갖는 또 한 가지 조건은 새 생명의 원칙을 내 본성에 받아들이는 것입니다. 그래서 우리가, 그리스도께서 요한과 비교한 "여자가 낳은" 사람들 같지 않을 뿐만 아니라, 또한 더 고귀한 출생으로 인해 더 고귀한 생명을 받고 하나님의 성령으로 태어난 자들이라는 것입니다. 이런 것들이 그 조건입니다. 우리 편에서는 어린 아이들의 특성인 비천함, 무력함, 의존적인 신뢰를 받아들이는 것이고, 하나님 편에서는 그 의존과 신뢰에 대한 응답으로 더 고귀한 삶의 원칙을 주시는 것입니다. 이런 것들이 우리가 어둠의 나라에서 나와 하나님의 사랑의 아들의 나라로 들어갈 수 있는 조건들입니다.

이제 다음으로 우리는 하나님 나라의 문지방을 이와 같이 넘어서 하나님의 뜻에 기쁘게 순종하게 된 사람들 가운데 가장 작은 자에게 속한 위대함을 생각해봅시다. 인간 본성의 가장 높은 명예, 곧 인간 본성이 할 수 있는 가장 고귀하고 숭고한 일은 하나님의 뜻에 순종하는 것입니다. "사람의 제일 되는 목적은 하나님을 영화롭게 하는 것입니다." 우리가 모든 뜻을 하나님의 발 앞에 놓고 "주님의 원하시는 대로 깨트리고 구부리고 주조하시고 모양을 만드십시오" 하고 말할 때만큼 하나님의 주권적인 권세를 따라 인생을 영위하게 만드는 것은 없습니다. 우리는 우리가 하고 싶은 대로 자신의 인생을 경영하려고 애쓸 때 서 있는 위치보다 하나님의 손 안에 있는 도구로 있을 때 더 높은 위치에 있게 됩니다. 존엄은 순종에서 옵니다. 그래서 하나님의 계명을 지키는 자들은 세상의 귀족입니다.

그 다음에, 하나님 나라 안의 작은 자들 가운데 지극히 작은 자에게 속한 위대함은 그들이 구주와 맺고 있는 더 가까운 관계에서 나온다는 생각이 있습니다. 이들은 그리스도의 사역을 더 분명히 알고 더 충분하게 자기의 것으로 삼습니다. 사람들은 "하나님이 세상을 이처럼 사랑하사 독생자를 주셨으니 이는 그를 믿는 자마다 멸망하지 않고 영생을 얻게 하려 하심이니라"는 위대한 구절을 암송할 수 있는 주일학교 어린 아이가 선지자와 의인과 요한 자신보다 훨씬 높은 곳에 있다는 말을 종종 합니다. 이것이 정확히 맞는 말은 아닙니다. 그 진리를 안다고 해서 하나님 나라에 들어가는 것은 아니기 때문입니다. 그러나 우리 가운데 지극히 연약하고 비천하고 무지한 자이지만, 죽음으로써 세상에 생명을 주시는 하나님의 아들의 진리를 파악하고, 그래서 예수 그리스도 가까이에서 편안하게 사는 사람은 세례자 요한에게 비쳤던 새벽빛보다 혹은 옛적의 선지자들과 의인들에게 미쳤던 희미한 광선보다 훨씬 더 밝은 빛 가운데서 다니는 것은 사실입니다. 그것은 인물의 문제가 아니라 위치의 문제입니다. 참된 위대함은 예수 그리스도께 가까이 있음과 그리스도의 사역을 이해하고 내 자신의 것으로 삼는 것에 의해 결정됩니다. 거인의 어깨 위에 있는 난쟁이는 거인보다 멀리 봅니다. "하나님 나라에서 극히 작은 자"가 옛적의 사람들이 일찍이 가까이 할 수 있는 것보다 더 가깝게 예수 그리스도에게 있는 것은, 그리스도 안에서 더 충만한 하나님의 계시를 받기 때문이고, 그래서 하나님 나라 밖에서 가장 큰 자보다 큰 것입니다. 씨앗 형태라도 새 생명의 원칙을 그리스도에 대한 믿음의 분량대로 받고 사는 사람들은, 그로 인해 옛적의 성도들과 순교자들과 선지자들보다 높은 위치에 서게 됩니다. 지극히 비천한 신자라도 더 충만한 그리스도를 붙잡고 그로 인해 옛적의 믿음의 영웅들이 가졌던 것보다 더 충만한 영적 생명을 소유합니다. 여기서 그리스도의 분류는 각 개인의 인물됨에 대해서는 아무것도 말하지 않습니다. 그 분류는 옛 성도들이 참된 신앙과 영적 생명을 가졌는지에 대해서는 아무것도 말하지 않습니다. 단지 우리에게 더 충만한 계시가 있기 때문에, 우리가 그 계시를 붙잡으므로 더 복된 위치에 있는 것이고, "이는 하나님이 우리를 위하여 더 좋은 것을 예비하셨은즉 우리가 아니면 그들로 온전함을 이루지 못하게 하려 하심이라"(히 11:40)는 것을 선언할 뿐입니다. 더 높은 질서 안에서 지극히 낮은 자가 더 낮은 질서 안에서 지극히 높은 자보다 높은 것입니다. 지질학자가 지층(地層)을 파내려갈 때 새로운 지층이 시작되는 부분을 표시하면서 포유류의 가장 낮은 표본이 그 전의 파충류나 새의 가장 높은 표본보다 높은 곳에 있다고 밝히듯이, 그리스도께서 "하나님의 나라에서는 극히 작은 자라도 그보다 크니라"고 말씀하시는 것입니다.

형제 여러분! 이런 점들을 생각할 때 우리는 그렇게 많은 것을 가졌으면서도 거의 사용하지 못하고 있다는 것을 깨닫고 책망을 받아야 합니다. 우리는 옛적의 어떤 위대한 인물보다 하나님을 더 충분히 알고 하나님을 섬길 더 강력한 동기가 있으며 하나님을 섬기는 일에 더 큰 영적 도움들을 얻습니다. 우리에게는 아브라함이 받았던 것보다 더 충만한 계시가 있습니다. 그런데 우리는 그의 믿음의 십분의 일이라도 갖고 있습니까? 우리에게는 여호수아 앞에 섰던 장관보다 더 강력한 여호와의 군대 장관이 있습니다. 그러면 우리는 여호수아의 용기를 조금이라도 갖고 있습니까? 우리에게는 옛적 시인들이 가졌던 것보다 하나님 아버지에 대한 더 귀중하고 충만한 계시가 있습니다. 그러면 새벽녘 같은 계시 속에서 그들이 가졌던 열망보다, 우리가 훨씬 더 잘 알고 있는 하나님에 대해서 더 큰 열망을 갖고 있습니까? 조개껍질과 뼈칼을 사용하는 야만인이 현대적 도구를 사용한 우리의 작품을 부끄럽게 만드는 정교한 조각을 만듭니다. 인도 사람은 대나무로 벽을 만들고 야자나무 잎으로 지붕을 만든 작업장 안에서 천을 짜는데, 그의 조상들이 3천 년 전에 사용했던 바로 그 엉성한 베틀이 랭카셔 지방의 기계가 도저히 따라잡을 수 없는 모슬린을 만들어 냅니다. 우리가 높은 위치에 있으므로, 아브라함과 이삭과 야곱과 모든 성도들이 우리를 부끄럽게 하지 않도록 합시다. 지극히 큰 자가 지극히 죄 있는 자가 되지 않도록 하고, 하늘에까지 높여 주신 것을 지옥에까지 낮아지지 않도록 합시다.

2. 하나님 나라에서는 큰 자들이 작은 자들임에 주목합시다.

여기서 우리 주님은 다양한 지위가 있을 것이며, 성전에는 바깥뜰과 안뜰이 있고, 하나님 나라에 귀족이 있으리라는 사실을 인정하십니다. "큰 집에는 금 그릇과 은 그릇뿐 아니라 나무 그릇과 질그릇도 있어"(딤후 2:20). 사람이 어떤 영역으로 넘어갈 때, 그가 얼마만큼 그 영역에서 복된 위치까지 깊이 뚫고 들어갈 것인가 하는 것은 여전히 숙제로 있을 것입니다. 혹은 그 비유를 치우고 얘기한다면, 우리가 그리스도인으로서 예수 그리스도를 붙잡았고 그리스도 안에서 하나님 나라와 이 새 생명의 능력을 받았을지라도, 우리가 얼마만큼 그리고 얼마나 충실하게 그 선물을 활용할 것이며, 어떤 위치에 서서 하나님의 나라를 세상에서 경험하고 나타낼 것인가 하는 것은 여전히 문제로 남아 있습니다. 하나님 나라에는 큰 것과 작은 것이 있습니다.

그래서 어떻게 하면 우리가 많은 사람들이 그렇게 하듯이, 단지 가까스로 안에 들어왔고 이제 막 두 발이 경계선을 넘었다는 것에 만족하지 않고 하나님 나라 안에서 큰 자가 될 것인가 하는 것이, 우리 모두에게 중요한 문제가 됩니다. 그 질문에 대해 세 마디로 답을 해보도록 하겠습니다. 그리스도의 나라에서 작은 자들은, 처음에 그들을 그 나라로 들어오게 한 바로 그 점들을 계속해서 행함으로 큰 자가 됩니다. 위대함이 예수 그리스도에 관한 위치에 달려 있다면 우리가 그리스도께 가까이 가면 갈수록, 우리가 계속해서 예수 그리스도와 더욱 더 사랑의 접촉과 교제를 나눌수록, 그만큼 더 우리는 그 나라에서 큰 자가 될 것입니다. 다시 말하자면, 그리스도의 나라에서 작은 자들은 자기를 잊고 행하는 봉사로 말미암아 큰 자가 됩니다. "너희 중에 크고자 하는 자는 너희를 섬기는 자가 되어야 하리라" (마 20:26). 이기심은 사람을 왜소하게 만들고, 자기를 잊는 태도는 사람을 크게 만듭니다. 여러분이 일상생활에서조차 사람들이 자신을 많이 생각하고 주로 자신을 위해 사는 흔적을 보게 되면, 당장에 그 사람들에 대한 평가가 내려갑니다. 여러분 눈에 그와 같은 들보가 있든지 없든지 간에 여러분은 그들 눈 속에 있는 티끌을 보면 즉시 그들에 대한 평가를 낮추게 됩니다. 그리스도의 나라에서도 그와 같은데, 다만 그 일이 훨씬 더 고귀한 방식으로 이루어집니다. 그리스도의 나라에서는 작은 자가 되는 것이 큰 자가 되는 길입니다. 다시 한 번 말씀드립니다만, 그리스도의 나라에서 작은 자들은 모든 위대함의 원천이신 분에게 굳게 매달림으로써 크게 되고, 또 자부심과 자기애를 억누르고 십자가에 못 박음으로써 더 높은 존엄을 끌어낼 뿐만 아니라 주님의 계명에 끊임없이 순종함으로써 큰 자가 됩니다. 예수께서 산상수훈에서 말씀하셨듯이 "누구든지 이 계명 중의 지극히 작은 것 하나라도 행하며 가르치는 자는 천국에서 크다 일컬음을 받을" (마 5:19) 것입니다. 우리는 높아지면 높아질수록 그만큼 더 우리는 아무리 작은 명령도 세심하게 순종하지 않을 수 없습니다. 우리가 그리스도의 계명의 지극히 작은 계명도 순종하면 순종할수록 그만큼 더 우리는 위대하게 됩니다. 이렇게 하나님의 나라에서는 극히 작은 자라도 그리스도에게 굳게 붙어 있으며 자신을 잊고 다른 사람을 위해 살며 아버지의 뜻을 순종하기만 하면 큰 자가 됩니다.

3. 마지막으로, 나는 잠시 본문을 떠나서 완성된 하나님 나라에서 완전한 위대함을 살펴보려고 합니다.

여기 땅에서는 그 개념이 아무리 불완전할지라도 하나님 나라가 현실 가운데 서 있다는 개념이 있으면, 그 나라가 보편적으로 영원히 서 있다는 사실이 어딘가에서 그리고 어느 때엔가, 어떻게든지 보편적으로 그리고 영구히 적절하게 나타날 것이라고 생각하지 않을 수 없습니다. 지금 여기서 온 세상에 여기 저기 흩어져 있긴 하지만, 순종하는 일에 많은 장애가 있고 많은 실패를 겪을지라도 여전히 그 나라의 신민으로 있으면서, 지적으로 완전히 마비되지 않는 한 하나님의 뜻을 행하려고 하는 사람들이 있다면, 하나님의 뜻이 온전히 행해지고 계속해서 행해지며 보편적으로 행해질 나라가 틀림없이 있을 것입니다. 우리가 그리스도께 바치는 순종이 많은 반역 때문에 깨어지고, 많은 무관심 때문에 약해지며, 많은 장애물 때문에 방해를 받고, 많은 제한들 때문에 어그러지는 것이 현실입니다. 그러나 우리의 순종은 그로써 무엇을 이루든지 이루지 못하든지 간에, 순종에 장애물과 제한과 방해거리가 되는 것이 완전히 사라지고 여호와의 뜻이 생명과 빛이 될 나라가 있을 것을 보여줍니다.

이와 같이 우리는 아름다운 하늘나라를 전망하게 되는데, 그 나라에서는 방해를 받고 좌절되는 경향이 있던 모든 것이 완전히 성취되어 있을 것입니다.

그 나라는 필연적으로 끊임없이 전진할 나라임에 틀림없습니다. 왜냐하면 그리스도와 그의 사역을 알고 자기 것으로 삼는데 위대함이 있다면, 사람의 마음이 그리스도를 향하여 확장되고 그리스도께 동화되어 가는 일에는 제한이 없으며, 그리스도의 풍성한 영광은 절대적으로 무한하기 때문입니다. 우리가 동화되어 닮아야 할 그리스도는 무한하신 분이고, 동화되어가는 우리의 능력은 한계가 정해져 있지 않다는 사실이 하나님 나라의 신민들이 왕을 닮는 일에서 영원히 발전해 가리라는 것을 확신하게 만듭니다.

이런 천국 개념은 영원히 존재함에 대한 두려운 생각을 기쁨과 평안으로 감싸줍니다. 그런데 천국에 이러한 끝없는 진보가 있다면, 거기에도 정도의 차이가 있을 것이며, 하나님 나라에서 "극히 작은 자"와 "극히 큰 자"라는 이전의 구별이 끝까지 지속될 것입니다. 군대가 행진할 때, 모두가 나란히 가지는 않습니다. 그러나 행진의 맨 앞에 있는 군인들은 부대의 맨 뒤 열에 오는 어떤 복이나 빛도 가로채지 않고, 뒤에서 행진하는 사람들도 앞으로 나아가고 있으며, 행진을 이끄는 사람들을 시샘하지 않습니다.

형제 여러분, 다만 이 점을 기억하도록 하십시오. 즉 하나님 나라에서 극히 작은 자와 큰 자의 구별이 땅에서는 불완전한 형태로 나타나지만, 하늘에서 하나님 나라에까지 이어져 완전한 형태로 나타난다는 것입니다. 여기 이 세상에서 우리가 도달하는 가장 높은 점이 저 세상에서 우리 진행의 출발점이 됩니다. "들어감을 주시되" "넉넉히 주실"(벧후 1:11) 것입니다. 그렇지 않으면 우리는 "구원을 받되 불 가운데서 받은 것 같을"(고전 3:15) 수가 있습니다. 우리 스스로 보기에 극히 작은 자일지라도 우리는 하나님 나라에서 극히 큰 자에 속하도록 합시다. 그리고 우리가 모든 위대함의 원천이신 그리스도를 굳게 붙잡도록 합시다. 그래서 영원히 점점 더 큰 자가 되는 행진을 시작할 수 있도록 합시다. 세상이 우리를 아무리 작게 볼지라도 그리스도께 결합되어 있는 것이 위대함입니다. 그리스도에게서 떨어지는 것은, 비록 세상이 우리를 위대하다고 잘못 환호할 수 있지만, 작은 자가 되는 것입니다.

24
하나님의 목적을 방해함

"바리새인과 율법교사들은 그의 세례를 받지 아니함으로
그들 자신을 위한 하나님의 뜻을 저버리니라"

눅 7:30

우리 주님께서는 지금까지 세례자 요한에 대해 아낌없이 칭찬하셨습니다. 그 칭찬은 시기를 잘 맞춘 것이었습니다. 요한이 자기 제자들을 통해서 그리스도께서 메시야이심에 대한 의심을 털어놓았을 때, 그것이 계기가 되어 칭찬의 말씀을 하셨기 때문입니다. 요한의 이러한 의심 때문에 이 선구자에 대한 사람들의 확신이 흔들리지 않도록 하고, 또 요한을 약하고 바뀌기 쉬운 사람으로 생각하지 않도록 하기 위해, 주님은 본문 앞에 나오는 빛나는 말씀으로 그를 이야기하고 요한이 결코 "바람에 흔들리는 갈대"가 아니라고 밝히십니다.

그러나 그리스도의 말씀을 듣는 사람들에게는, 요한이 어떤 사람이냐 하는 것보다 그들이 요한의 메시지를 어떻게 다루느냐 하는 것이 더 중요했습니다. 그래서 우리 주님께서 요한에 대한 칭찬을 빨리 그치고, 자기 말을 듣는 사람들에게 매서운 책망을 합니다. 이 상황에서 예수님은 요한의 메시지에 대한 두 가지 태도를 말씀하시는데, 메시지를 받거나 거절할 때의 심중의 특징을 그대로 밝히십니다. 그 메시지를 받는 점과 관련하여 예수께서는 많은 일반 민중들과 버림 받은 세리들이 "하나님을 의롭다"고 했다고 말씀합니다. 주목할 만한 이런 표현을 쓴 것은 그들이 요한의 메시지와 세례를 받은 것은 자기들의 죄를 고발하고 회개를 요구하시는 하나님을 의롭다고 인정했다는 뜻을 나타내려는 것입니다.

반면에, 관직에 있는 계층, 교양 있는 사람들, 정통신앙을 가진 훌륭한 사람들, 말하자면 죽은 형식주의자들은 "그들 자신을 위한 하나님의 뜻을 저버렸습니다."

그런데 "저버렸다"는 말은 "꺾었다," 좌절시켰다, 헛되게 했다, 혹은 성경 다른 곳에서 "무효화 했다," 헛되게 하였다, 등으로 사용되는 그런 표현으로 번역한다면 더 적절할 것입니다. 우리가 그 의미로 받아들인다면, 이 중요한 말에서 주님의 두 가지 사상, 곧 하나님의 말씀을 믿지 않는 것은 하나님의 목적을 좌절시키는 것이고, 하나님의 목적을 좌절시키는 것은 자신을 해치는 것이라는 사상이 나타납니다.

1. 하나님께서 우리 사람들에게 말씀하실 때 고려하시는 유일한 목적은 우리의 복이라는 사실을 먼저 말씀드립니다.

여기서 "뜻"(counsel)이라는 말이 조언(advice)을 의미하지 않고 의도(intention)를 나타낸다는 사실은 지적할 필요가 없을 것입니다. 당면한 이 문제에 관해서, 이 선구자를 보내신 하나님의 목적 혹은 뜻은 무엇보다 사람들 마음에 자기들이 죄인이며 깨끗함을 받아야 할 필요가 있다는 바른 의식을 일으키고, 그렇게 해서 그들에게 필요한 내적 선물을 가져오고 그렇게 함으로 그들의 구원을 확보하실 메시야의 오시는 길을 준비하는 것이었습니다. 첫째로 그 의도는 회개를 일으키는 것이었지만, 그것은 그들에게 온전한 죄사함과 정결케 함을 가져오기 위한 준비였을 뿐입니다. 그래서 우리가 이 생각을 특별히 예수 그리스도 안에 나타난 하나님의 메시지에 적용되는 훨씬 더 크고 고귀한 사상으로 확대시키는 것이 정당하고, 하나님께서 그의 아들의 복음 안에서 고려하시는 유일한 계획은 그 복음을 듣는 모든 사람의 최고의 복, 곧 구원이라고 말할 수 있습니다.

이와 같이 하나님의 마음에 있는 유일한 계획인 복음을 말할 때 나는 신약 성경이 의미하는 것, 곧 그리스도의 죽으심과 부활, 승천의 사실의 기초가 되고 그 사실로부터 흘러 나오는 진리 전체를 의미합니다. 그것은 간단히 말하면 이런 것입니다. 사람의 죄, 사람의 무력함, 하나님의 아들의 성육신, 세상 죄를 위한 희생제물로서 그리스도의 죽으심, 우리가 그 복을 붙잡는 손인 믿음, 믿음에 따라 오는 선물로서, 우리에게 하나님의 아들 됨을 주고 하나님을 닮게 하시는 성령, 그리고 생활과 성품의 정결, 또 천국이 그것입니다. 내가 생각할 때, 이것이 예수 그리스도의 복음이라는 말이 의미하는 바에 대한 지극히 간략한 개요입니다.

사랑하는 교우 여러분, 이제 여러분에게 이 점을 강조하고 싶습니다. 내가 믿는 대로, 하나님께서 친히 우리에게 알려 주신 이 위대하고 장엄한 전(全) 진리는 오직 한 가지 목적만 고려하고 있습니다. 그것은 이 진리를 듣는 모든 사람이 구원과, 구원이 가져다주는 소망을 얻도록 한다는 것입니다. 그런데 이 진리에는 두 가지 결과가 따릅니다. 그러나 두 가지 결과가 두 가지 목적을 함축하지는 않습니다. 이점에서 하나님의 성품을 어둡게 생각하도록 만들고, 하나님께서 우리에게 말씀하실 때 하나님께서 한 가지 목적, 곧 우리를 하나님의 마음 안으로 불러 모으시고 자기의 사랑을 받도록 하시는 것 외에는 아무것도 바라지 않으신다는 오직 그 한 가지 목적만을 가지고 계시다는 위대한 사상을 흐리게 만든, 소위 기독교 신학의 도식들이 그동안에 있었습니다. 하나님은 아무도 멸망하기를 원하지 않으시고, 모든 사람이 진리의 지식에 이르기를 바라십니다.

그렇다면 이 문제가 우리 각 사람에게 아주 정면으로 다가옵니다. 복음이 우리 안에서 그 목적을 이루고 있습니까? 그리스도의 계시에는 외적인 사회 생활을 위한 복과 같은 부수적인 좋은 것들이 많이 있습니다. 그러나 그 계시가 여러분과 내게 그 유일한 목적을 이루지 못했다면, 완전히 실패한 것입니다. 하나님께서 말씀을 보내신 것은 여러분의 영혼을 구원하기 위함입니다. 그 말씀이 여러분의 영혼을 구원하였습니까? 그것은 누구든지 자신에게 정직하다면 대답할 수 있는 문제입니다.

더 나아가서, 그 의도에 있어서 하나님의 말씀의 이 유일한 목적은 그 메시지를 듣는 사람 각각에 적용됩니다. 나는 "하나님이 세상을 이처럼 사랑하사 독생자를 주셨으니 이는 그를 믿는 자마다"라는 일반론을 뚜렷한 이 한 점에 모으고 싶습니다. "하나님께서 이처럼 나를 사랑하셔서 그의 아들을 보내셨으니, 이는 내가 믿고 영생을 얻게 하려 하심이라." 우리는 이 메시지가 우리 각 사람에게 갖는 인격성과 개체성을 제대로 알기 까지는, 기독교 신앙의 보편성을 이해하지 못할 것입니다. 하나님께서는 여러분을 군중 속에서 보시지 않고, 여러분도 군중 속에 있다고 해서 자신을 잃어버리지 않으며, 하나님께서 아무리 폭넓은 선언을 하실지라도 당신 개인에게 말씀하신다는 것을 모르지 않습니다. 그리스도께서 사람이 되시고 십자가에서 죽으셨을 때 생각하신 것은 당신의 구원입니다. 그리스도께서 자기 종들에게 "너희는 온 천하에 다니며"(여기에 보편성이 있습니다) "만민에게 복음을 전파하라"(막 16:15)고 말씀하셨을 때 생각하신 것은, 바로 당신의 구원입니다.

그 다음에, 내가 내 주님과 나의 메시지에 충실한 한, 하나님께서는 지금도 내 입을 통해서 이 목적을 이루려 하십니다. 지금 우리가 대하고 있는 외형적 모습은 내가 지금 아주 부족하지만 여러분에게 힘써 말하려는 것입니다. 여러분은 수사학의 규칙이나 여러분이 좋아하는 다른 어떤 것을 기준으로 이 예배를 판단할 수도 있습니다. 그러나 여러분이, 내가 여러분 한 사람 한 사람이 느끼기를 기도하는 대로 다음의 사실을 느끼지 못한다면 사실의 진상을 파악하지 못한 것입니다. 그것은 여러분보다 내 자신이 더 잘 알고 있는 내 모든 결함에도 불구하고, 다소간에 하나님의 메시지를 붙잡고 깨달은 대로 전하고 있는 모든 진실한 사람들처럼, 나도 사도가 말했듯이 "우리가 하나님을 대신하여 사신이 되어 하나님이 우리를 통하여 너희를 권면하시는 것 같이 그리스도를 대신하여 간청한다"(고후 5:20)고 감히 말할 수 있다는 사실입니다. 요한의 목소리는 하나님의 목적을 계시하는 말씀이었는데, 예수 그리스도의 진정한 모든 설교자의 목소리도 바로 그와 같은 것입니다.

2. 둘째로, 이 유일한 하나님의 목적, 곧 하나님의 "뜻"이 좌절될 수 있습니다.

"그들이 하나님의 뜻을 좌절시켰다." 설명할 수 없는 이 세상의 모든 신비 가운데 가장 깊은 신비이며, 모든 신비의 원천이 되는 신비는 무한한 뜻과 피조물이 있는데, 그 피조물이 무한자의 뜻을 좌절시킬 수 있다는 사실입니다. 나는 그것을 신비 중의 신비라고 했습니다. 즉 "우리의 뜻이 우리의 것이지만 그것이 어떻게 우리의 것인지 알지 못합니다." 모릅니다. 정말로 우리는 모릅니다. "우리의 뜻을 하나님의 뜻으로 삼으려는 의지는 우리의 것입니다." 그러나 그 목적은 우리의 의지가 우리의 것이고, 따라서 우리가 "우리의 뜻을 하나님의 뜻으로 삼기를" 거부한다는 다른 길의 가능성을 반드시 요구하게 되어 있습니다. 그 가능성이 신비스럽습니다. 그러나 그 사실의 현실은 비극적이고 당황스럽습니다. 우리 스스로가 그 사실을 알고 있습니다. 이 점을 말하지 않을지라도, 우리를 둘러싸고 있는 세상의 상태에서 바로 그 사실이 충분히 입증되는 것을 볼 수 있을 것입니다. 슬프게도 세상은 아직까지 하나님의 "뜻이 하늘에서 이룬 것 같이 땅에서 이루어지지 않았고" 사람들이 하나님께 대항할 수 있으며, 실제로 대항하고 또 하나님의 지극히 은혜로운 목적에 반대할 수 있으며, 반대하는 것을 보여줍니다. 그리스도 안에서 나타난 하나님의 메시지와 그 메시지에서 계시된 하나님의 구원을 받아들이지 않는 사람은 누구든지 무한자에게 맞서 전투태세를 취하고 있는 것이며, 적어도 그에게서(말하자면 그 자신의 인격적인 상태와 성품에서) 하나님의 지극히 거룩한 뜻이 좌절되고 있는 것입니다.

자, 형제 여러분, 하나님께서 그의 아들을 보내셨을 때 하나님의 마음에는 단 한 가지 생각이 있었습니다. 그것은 여러분과 나, 우리 모두를 구원하시려는 것이었다고 말씀드렸습니다. 그런데 하나님의 그 생각이 개인에 관한 한, 불신앙으로 인해 좌절될 수밖에 없고 아무 효과를 거두지 못할 수 있습니다. 왜냐하면 어떤 사람이든지 예수 그리스도를 단순히 신뢰하는 것 외에는 "구원"이라는 위대한 말에 담긴 영적인 복에 참여할 수 있는 길은 없기 때문입니다. 아주 분명한 진리이지만 종종 많은 사람들이 모호하게 생각하고 제대로 이해하지 못하는 이 진리는 아무리 자주 그리고 아무리 열심히 강조해도 부족하다고 나는 생각합니다. 그것은 바울 사도가 "이 복음은 모든 믿는 자에게 구원을 주시는 하나님의 능력이 됨이라"(롬 1:16)고 말할 때, 그 능력의 보편성이나 충분함에 아무 제한이 없다고 주장하는 것이 아니라 일의 본질상, 그리고 부여되는 복의 성격상 본래부터 내재되어 있는 분명한 조건을 설명하고 있는 것뿐이라는 사실입니다. 그래서 사람이 하나님을 믿지 않으면, 그 복을 얻을 수 없습니다. 하나님께서 그에게 복을 주실 수 없습니다. 하나님의 마음은 그에게 복을 주기를 간절히 바라지만 주실 수 없습니다. 사람이 이를 꽉 다물고 약을 먹으려 하지 않는다면, 어떻게 사람이 그 약에서 무슨 유익을 얻을 수 있겠습니까? 어떤 진리이든 내가 믿기를 거부한다면, 진리가 어떻게 내게 조금이라도 영향을 끼칠 수 있겠습니까? 죄사함의 필요를 알지도 못하고 죄에서 씻음 받기를 원하지도 않는 사람에게 어떻게 죄사함과 정결케 하시는 복이 베풀어질 수 있겠습니까? 하나님의 영이 들어오지 못하도록 단단하게 빗장을 질러놓고 있는 마음에 어떻게 하나님의 영이 흘러 들어갈 수 있겠습니까? 한 마디로 말해서, 구원을 주시는 분인 그리스도를 단순하게 믿는 조건 외에, 사람이 어떻게 복음이 주는 구원을 받을 수 있겠습니까? 나로서는 그 길을 알지 못합니다. 그래서 하나님의 뜻을 저버리는 것은 두려운 불신앙의 행위라고 말씀드립니다.

그 다음, 문맥에 따라 생각할 때, 여러분에 대한 하나님의 뜻을 헛되게 하기 위해서는 그리 애를 많이 쓸 필요가 없다는 점을 살펴봅시다. "그들이 그의 세례를 받지 아니함으로 하나님의 뜻을 저버리니라." 그들은 어떤 일도 하지 않았습니다. 그들은 그냥 아무 일도 하지 않았고, 그것으로 충분하였습니다. 하나님의 뜻에 맹렬하게 반대할 필요가 없습니다. 여러분이 손을 무릎 위에 놓고 있으면, 선물을 받지 않을 것입니다. 손을 꽉 쥔 채 뒷짐을 지고 있으면, 선물을 받을 수 없습니다. 행동하지 않음으로써, 얼마든지 사람을 파멸시킬 수 있습니다. 여러분은 자신을 죽이기 위해서는 어떤 일도 할 필요가 없습니다. 바다에서 가까이에 구명 벨트가 있을 때, 그냥 손을 뻗어 잡지 않으면, 여러분은 돌처럼 바다 밑으로 가라앉을 것입니다. "그들이 하나님의 뜻을 저버렸는데," "아니함으로" 그렇게 하였습니다. 그것이 전부였습니다.

게다가 하나님의 은혜로운 목적을 좌절시킬 위험이 매우 높은 사람들은 불량한 사람들이 아니고, 감각적인 죄악의 썩은 연못에 깊이 빠진 사람들이 아니라 깨끗하고 존경받을 만하며, 예배당에 착실히 다니고 설교를 듣고 교리적인 비판을 하는 바리새인들입니다. 마음속에 숨어 있는 열정에 쬠을 받아 다른 길로 가는 사람들이 절망적이기보다는, 영적 본성에 독선적 의라는 귀신이 들어온 사람이나 지금 이 회중석에 앉아 있는 많은 사람의 경우와 같이, 내가 지금 설교하듯이 사람들이 설교하는 것을 어렸을 때부터 귀 기울여 듣고, 혹은 경청하지는 않을지라도 아무튼 듣고서도 결과적으로 아무것도 행하지 않은 사람들이야말로 절망적입니다. 바리새인들, 우리 모든 회중들 가운데 그들의 자손의 자손의 자손들이 많이 있는데, "바리새인들이 하나님의 뜻을 저버렸습니다."

3. 끝으로, 이같이 하나님의 뜻을 저버림은 스스로에게 해를 가져옵니다.

한 시간에 20 노트를 항해할 수 있는, 3단 팽창 기관(triple expansion engines)을 장착한 6천 톤의 증기선 뱃머리를 소형 모터보트가 마주 보고 달려옵니다. 그 작은 모터보트가 어떻게 될 것 같습니까? 여러분은 여러분에 관한 하나님의 목적을 막을 수 있지만, 그 위대한 목적은 계속해서 앞으로 갑니다. "그를 거슬러 스스로 완악하게 행하고도 형통할 자가 누구이랴"(욥 9:4). 여러분이 하나님의 목적을 방해할 수 있지만, 그것은 공연히 대항하여 스스로 해를 불러들이는 일일 뿐입니다.

여러분이 하나님의 구원의 뜻에 아무 상관을 하지 않을 때 여러분이 무엇을 잃을지 생각해 보십시오. 여러분이 잃을 것뿐만 아니라 또한 여러분이 스스로 자초하는 것이 무엇인지도 생각해 보십시오. 그리고 어떻게 죄로 여러분의 마음을 옭아매는지, 어떻게 손을 뻗어 질병과 죽음을 가까이 끌어오는지 생각해 보십시오. 여러분의 성품과 내적 본성에 아무 해도 끼치지 않는, 십자가와 보좌로부터 나오는 목소리, 내가 지금 일일이 다 열거할 수 없는 수많은 방법으로 여러분에게 이야기하는, 자비롭고 은혜로운 간절한 목소리를 어떻게 여러분이 외면하거나 무관심할 수 없는지를 또한 생각해 보십시오. 여러분이 그 목소리를 외면한다면 얼마나 어둡고 엄숙한 결과가 따를 것인지 생각해보십시오. 이 점을 말하고 싶지 않지만 그렇다고 말하지 않고 숨기고 있는 것은 더욱 더 할 일이 아닙니다. "죽은 뒤에는 심판이 있나니"(히 9:27). 그때 하나님의 뜻을 저버린 자들은 어떻게 되겠습니까?

깊고 치명적인 이 많은 상처들은 스스로 불러들인 것입니다. 하나님의 메시지에 대한 불신앙은, 그 메시지에 따라 두려운 결과가 따라옵니다. 그러나 그 결과는 하나님의 의도가 아닙니다. 그것은 우리가 하나님의 은혜로운 말씀을 잘못 사용한 결과들입니다. 선지자는 "이스라엘아 네가 네 자신을 파멸하였느니라"(호 13:9, 개역개정은 "이스라엘아 네가 패망하였느니라" — 역주) 하고 울부짖었습니다. 사람의 행복이나 고통은 사람이 스스로 가져온 것입니다. 순전히 사람 스스로 가져온 것입니다. 여러분의 손실에 대해 책임을 질 존재는 하늘이나 땅이나 지옥에나 여러분 자신 외에 아무도 없습니다. 우리는 우리 자신에 대해 배반자이고, 살인자이며 고발자이고 복수자입니다. 말하자면, 우리 자신이 우리에게 지옥인 것입니다.

사랑하는 교우 여러분! 예수 그리스도께서 여러분의 죄를 위하여 죽으셨습니다. 여러분이 그 분을 구주로 믿고 왕으로 그분께 순종하면, 영원한 구원으로 구원받을 것이라는 메시지가 지금 다시 한 번 여러분에게 전달됩니다. 내 입을 통해 하나님께서 여러분에게 말씀하십니다. 이 하나님의 메시지를 여러분은 어떻게 하시겠습니까? 이 메시지를 받고 하나님을 "의롭다" 하시겠습니까? 아니면 이 메시지를 거부하고 하나님의 뜻을 저버리시겠습니까? 여러분이 지금 내 말을 단지 비평하고 잊어버릴 설교로 취급한다면, 하나님의 뜻을 저버리는 것입니다. 여러분이 하나님의 메시지를 마음에 받아들이고 전적으로 의지하는 것 외에 다르게 대한다면, 하나님을 저버리는 것입니다. 하나님의 이 메시지를 받아들이지 않는다면, 여러분은 자살하는 것입니다. 여러분 자신의 파멸에 대해서는, 하나님도 사람도 마귀도 책임이 없습니다. 하나님의 종이 말하였듯이 마귀는 "너희 피가 너희 머리로 돌아갈 것이요 나는 깨끗하니라"(행 18:6)고 말할 수 있습니다. 예수 그리스도께서는 우리 각 사람에게 지금 이같이 외치고 계십니다. "돌이키라! 돌이키라! 왜 죽으려 하느냐?" "나의 삶을 두고 맹세하노니 나는 악인이 죽는 것을 기뻐하지 아니하느니라"(겔 33:11).

25
먹기를 탐하고
포도주를 즐기는 사람

"인자는 와서 먹고 마시매 너희 말이 보라 먹기를 탐하고
포도주를 즐기는 사람이요 세리와 죄인의 친구로다 하니"

눅 7:34

예수 그리스도께서는 주변에 떠도는 비방들에 좀처럼 주의를 기울이지 않으셨습니다. "욕을 당하시되 맞대어 욕하지 아니하시고"(벧전 2:23). 예수께서 그런 비방을 언급하는 일이 있다고 하면 그것은 그같이 중상의 말을 하여 스스로를 해치는 사람들을 위해서였습니다. 그래서 여기서 주님은 조금도 노여워하지 않으신 채, 대중들의 입에서 나온 것이 분명한 악의적인 비난을 인용하십니다. 대중들의 이런 비난은 예수님께서 되풀이 하시지 않았더라면 우리가 결코 알 수 없었을 것인데, 예수님께서는 전혀 화를 내시지 않고 단지 사람들이 요한과 자기 자신에 대해 정반대의 근거에서 비난하는 것의 변덕스럽고 일치하지 않는 점을 지적하시려고 이 말씀을 하시는 것뿐이었습니다. 요한이 와서 먹지도 마시지도 않았기 때문에 그들에게 맞지 않았습니다. 그러면 요한의 금욕주의가 마음에 안 들었다면, 오셔서 먹기도 하고 마시기도 하는 그리스도의 온화한 태도는 분명히 환영받을 것입니다. 그러나 주님도 요한처럼 거절당하셨습니다. 두 가지 다른 방식으로 보일 수 있는 이 혐오의 원인은 무엇입니까?

이 혐오가 근거로 내세우는 것은 생김새가 아닙니다. 그보다 훨씬 더 깊은 것인데, 그것은 요한과 예수님이 사신으로 와서 전한 하늘의 메시지를 싫어함이었습니다. 지혜 있는 사람들은 두 방침이 옳았다는 것을 알 것입니다. 어리석은 사람들은 두 방침을 모두 비난할 것입니다. 그 메시지를 환영하지 않는다면, 그 메시지를 전하는 사람이 말하거나 행하는 어떤 것도 옳게 보지 않을 것입니다.

바로 이 같은 일이 오늘날도 흔하게 벌어집니다. 일관성은 신경 쓰지 말고, 모든 면에서 기독교 신앙의 트집을 잡아라, 모든 기독교 설교자들을 비난하라. 그렇게 하는 가운데 스스로 모순이 된다고 해도 신경 쓰지 말라는 식입니다. 이 사람은 너무 학식이 많고 교리적이라고 반대하고, 저 사람은 너무 무식하고 그래서 사상을 위한 정신적 양식을 전혀 주지 못한다고 반대하며, 또 이 사람은 항상 큰 소리로 비난하는 말만 해서 반대하고, 또 저 사람은 언제나 사랑이 넘치는 말만 한다고 반대합니다. 그런가 하면 이 사람은 끊임없이 의무에 대한 이야기를 하고 또 하고 해서 반대하며 또 다른 사람은 구름 속에 있으면서 일상의 직무들을 잊고 지낸다고 반대합니다. 또 이 사람은 감상적이라고 반대하고, 저 사람은 무디다고 반대하며, 또 이것은 이래서, 저것은 저래서 등등의 이유로 반대합니다. 피리를 부는 것도 애곡하는 것도 좋아하지 않는 세대는 지금도 있습니다

그러나 지금 내가 할 일은 요한과 예수님에 대한 반대자들의 모순을 지적하는 것이 아니고, 예수께서 자신의 특징들 가운데 어떤 점에 대해 말하는 비방들에서 인용하는 풍자적인 표현만을 다루는 것입니다. 그것은 예수님의 얼굴에서 나오는 광선이 반대자들의 편견이라는 진흙투성이의 두꺼운 매개물을 통과하면서 생긴 왜곡된 굴절입니다. 우리가 굴절된 그 광선을 다시 똑바로 펼 수 있다면, 그리스도의 영광을 얼마간 볼 수 있을 것입니다. 나는 본문에서 두 구절이 방금 말한 그 점과 밀접하게 연관되어 있고, 각기 다른 근거를 가지고 있기 때문에 이 구절들을 살펴보려고 합니다.

1. 여러분은 먼저 그리스도께서 일상생활의 기쁨과 필요한 일들에 기꺼이 참여하신다는 원수들의 증언에 주목하시기를 바랍니다.

"인자는 와서 먹고 마시매." 매우 악의적인 비방이라면, 그 비방으로 무엇이든지 꼬아서 비난거리가 되게 하지 못할 것이 없습니다. 복음의 핵심 진리를 지지하는 튼튼한 버팀벽들이 있고 교훈들로 가득한, 영광스럽고 중요한 사실들에서 이 사람들은 "포도주를 즐기고 먹기를 탐하는 사람"이라는 이같은 비난을 끄집어냈습니다. 그 지적들은 사실이었습니다. 거기에서 끌어낸 추론이 비방이었습니다.

"인자는 와서 먹고 마셨다"는 분명한 사실이 기독교 신앙의 핵심 진리를 참으로 귀하고 명시적으로 보여 주는 것임에 주의할 필요가 있습니다. 여기에 모든 우리의 소망의 기둥이신, 성육신 하신 하나님의 말씀이 부정할 수 없이 확실하게 서 계시는 것입니다. 식탁에 앉으시고, 광야에서 주리며 지쳐서 우물가에 앉아 여인에게 물 한 모금을 청하고, 십자가에서 "목마르다"고 말씀하신 그 분은 성육신 하신 하나님, 곧 하나님께서 육신을 입고 나타나신 것입니다. 편견과 혐오는 비방할 근거를 찾았을 뿐인 그 사실을 두려움과 신비와 공경과 소망과 신뢰가 붙잡습니다.

예수께서는 먹고 마심으로써 "자녀들이 혈과 육에 속하였으매 그도 또한 같은 모양으로 혈과 육을 함께 지니셨음"(히 2:14)을 선언하신 것입니다. 예수 그리스도께서 육신을 입고 오셨음을 고백하는 영마다 하나님께 속하였다는 것이 맞는다면, 예수님 생애의 어떤 기적도, 예수님의 위엄을 나타내는 증거로 간주하는 어떤 초자연적인 영광도 그리스도의 본성을 계시하는 것으로서 "인자는 와서 먹고 마셨다"는 사실만큼 복되거나 중요하지는 않습니다.

그러나 더 나아가서, 그 비방을 그럴싸하게 만들어준 진리가 어떻게 예수 그리스도께서 세상에 가장 고귀한 인간성을 보여 주신다는 점을 증명하는지 살펴봅시다. 삶에 대한 이상(理想)은 물질적 만족과 욕구의 즐거움을 억누르는 것이 아니라 정화(淨化)하는 것입니다. 주님처럼 와서 먹고 마시지만 모든 욕구와 욕망을 신속하게 제어하고 그 모든 것들을 더 고귀한 목적에 종속시키는 사람들은 주님을 닮은 자들입니다. 세례자 요한은 금욕주의자이었을 수가 있는데, 사람은 금욕주의를 모범으로 삼아서는 안 됩니다.

예수님의 온전한 생활에서 나타났듯이, 가장 고귀한 신앙에는 모든 순전한 물질적 복을 용납하는 일이 포함됩니다. 금욕주의는 차선책입니다. 일시적이고 외적인 모든 즐거움의 원천들을 부차적으로 취하고 유지하며, 일상생활을 신성하게 할 수 있는 종교가, 잘 사용하면 고귀한 것들을 그냥 피하기만 함으로써 자기들의 정결을 유지하는 창백해진 모든 수도사들과 메마른 종교 의무보다 고귀합니다.

구약의 영웅들과 성도들이 자기들과 같은 사람을 충분히 이해하고, 일반 생활에 참여하며 일반 생활의 복들을 받고 누렸다는 사실만큼 구약에서 인상적인 교훈은 없습니다. 구약의 영웅과 성도들은 전사이고, 정치가이며 목자이고 포도원 일꾼들이었습니다. "사람들이 사고 팔고 심고 집을 짓고 장가 들고 시집 가더니"(눅 17:28). 이러는 동안 내내 이들은 성도들이었습니다. 이것이 그 뒤에 이어지는 종교보다 더 고귀한 신앙생활이었고, 예수께서도 태어나셔서 이 생활을 하신 것입니다. 경건이 식으면 껍질이 생깁니다. 그 껍질은 미신과 형식주의이고, 율법에 대한 즐거운 순종보다는 예배 의식과 결의론(決疑論)에 집착하는 것이며, 세상의 기쁨을 주는 것과 공급품을 신성하게 사용하기보다는 금합니다.

그래서 예수께서는 친히 그 길을 걸으심으로써 즉 "인자는 와서 먹고 마심"으로써 이 모든 것에 이의를 제기하고 더 나은 길을 보여주시며 신성하게 하셨습니다. 그러므로 이후부터 모든 식탁이 성찬상이 될 수 있고, 모든 식사는 예수께서 죽으시기 전에 "이를 행하여 나를 기념하라"(눅 22:19)고 하신 명령에 순종하여 먹는 성찬이 될 수 있습니다. 그리스도께서 잔치에 우리와 함께 앉으신다는 것을 느낄 수 있다면, 그 잔치가 순수하고 즐거워질 것입니다. 그 자리가 주님께서 계속해서 우리를 거기에 동석하도록 하실 것이라고 생각할 수 없는 곳이라면 거기는 우리에게 적합한 자리가 아닙니다. 예수 그리스도께서 가셨던 곳은 어디든지, 그리스도의 임재로 말미암은 성별이 여전히 이루어지고 있으며, 그리스도께서 행하신 일은 무엇이든지, 그의 종들도 동일한 정신과 태도로 행할 수 있습니다.

그리스도께서 어머니 품에 안기심으로써 유아기를 신성하게 하셨고, 소년으로서 부모에게 순종하심으로 소년기를 신성하게 하셨습니다. 그리고 예수께서 나사렛 벽지에서 눈에 띄지 않고 내내 조용히 일하심으로 청년기를 신성하게 하셨습니다. 예수께서는 인간 생활과 경험의 모든 부분을 친히 겪으심으로써 그 모든 것을 신성하게 하셨습니다. 예수께서 사랑하셨기 때문에 사랑은 신성하고, 예수께서 우셨기 때문에 눈물은 신성합니다. 예수께서 생활의 과정을 다 지내셨기 때문에 생활은 예배이며 혹은 예배가 될 수 있습니다. 그리고 예수께서 죽으셨기 때문에, 죽음이 고귀하고 신성하게 됩니다.

다만 우리는 이 점을 기억하도록 합시다. 즉, 주님께서 우리에게 모범을 보이신 대로, 평범한 일들을 이같이 신성하게 하는 복된 능력을 발휘하려면, 우리가 주께서 행하신 대로 그 일들을 사용해야 한다는 것, 그리고 우리가 하나님과 갖는 친교가 그 일들로 인해 결코 손상되지 않고, 그 일들 가운데 어떤 것도 간절히 하늘을 바라보는 영의 시야를 어둡게 하거나 그 영의 날개를 자르지 않도록 그 일들을 해야 한다는 것을 기억합시다. 형제 여러분! 많은 면에서 사람들이 기쁘게 생각하는 오늘날의 경향은, 독단적이고 불필요한 수많은 금지조항과 관습들을 기독교적 신앙고백의 표시로 규정하고 금지한 과거 시대의 극단적인 편협함에 반항하는 것입니다. "인자는 와서 먹고 마셨다"는 위대한 사실의 기초가 되는 그 원칙을 내 개인적으로 기쁘게 적용하는 일에 어느 누구에게도 지고 싶지 않지만, 여기서 여러분 가운데 어떤 분들은 환영하지 않을 수도 있는 단서 조항을 내가 지금까지 추구해 왔던 사상의 방침으로 제시하고 싶습니다. 즉 그것은 이것입니다. 그리스도의 모범을 사치와 폭음 폭식의 구실로 삼고서, 그 자체로 순수하지 못하거나 순수하지 못한 것이 많이 섞여 있는 물질적인 즐거움에 달려드는 것은 잘못입니다. 소위 그리스도인이라고 하는 사람들이 예수 그리스도시라면 앉지 않으실 식탁에 많이 앉아 있습니다. 많은 사람이 기독교 신앙을 넓고 관대하게 생각하여, 기독교 신앙이 주는 자유라고 하면서 그 자유를 사용해서 외적인 모든 즐거움에 참여한다는 이유로, 자신의 영을 어둡게 하고 자신의 가장 중요한 부분을 약하게 만들며, 정도를 벗어나는 일에 맹목적으로 달려듭니다. 금욕주의가 가장 고상한 생활이 아니라고 말씀드렸습니다만, 때로는 금욕주의가 필요합니다. 금하고 억누르는 것보다는 누리고 자제하는 것이 좋습니다. 그러나 신실하고 고귀한 생활에는 금욕과 억압이 반드시 필요한 때가 종종 있습니다. 그 자체로 죄가 없는 것을 누리는 것이 내게 해가 되거나 절제할 수 없을 정도로 갈망을 일으키는 경향이 있다는 것을 발견하면, 혹은 그런 일들을 금하는 것이 형제를 돕고, 사람의 마음을 황폐케 하는 죄와 싸우는 힘을 키워 주는 것을 발견한다면, 혹은 예를 들면 연극 관람처럼 그 자체로 좋고 해가 없으며 어떤 면에서는 바람직하고 훌륭한 일들이라도 악한 것들에 아주 깊이 얽혀 있다면, 그리스도의 모범이 우리가 그런 일에 참여하는 것에 구실이 전혀 되지 않습니다. 우리는 두 손을 멀쩡히 가지고 사망의 어둠에 들어가는 것보다, 죄를 범하는 손을 잘라버려서 불구가 될지라도 생명에 들어가는 것이 낫습니다. 예수 그리스도께서 "오셔서 먹고 마셨습니다." 그러므로 가장 고귀한 최선의 생활은, 그리스도인들이 죄 없이 합당한 자제력을 발휘하고 언제나 하나님과 교제를 갖는 가운데 외적인 모든 복을 누리되, 오직 "너희가 먹든지 마시든지 무엇을 하든지 다 하나님의 영광을 위하여 하라"(고전 10:31)는 이 법에 복종하고, "자기의 육체를 위하여 심는 자는 육체로부터 썩어질 것을 거두리라"(갈 6:8)는 경고를 기억하여 행하는 것입니다.

2. 둘째로 그리스도께서 버림받은 자들의 친구라는 원수들의 증언을 살펴봅시다.

다른 비방에 대해서 말했듯이, 나는 이 비방에 대해서도 그 지적들은 사실이었지만, 거기에서 끌어낸 추론이 잘못되었다고 말합니다. 누구라도 보지 않을 수 없었듯이, 이 비방자들은 예수님과 세리와 죄인들 사이에 서로 끄는 이상한 힘이 있다는 것을 보았습니다. 어린 아이들뿐 아니라 창기들도 예수께 끌리는 것이 보였습니다. 얼룩 하나라도 자기들의 정결에 떨어지는 것을 끔찍이 싫어해서 얼마만큼은 교만에서, 얼마만큼은 민족적 적의에서, 또 얼마만큼은 무정한 자기의에서 나온 고상한 치마로 앞을 두른 바리새인들 앞에서, 예수께서는 그런 무리들과 교제하는 것을 좋아하셨던 것이 분명합니다. 그것은 사실입니다. 그래서 자신들의 동기처럼 저급한 동기 밖에 모르기 때문에 고귀한 동기를 언제나 오해하는 비천한 사람들이 예수께 대해 이같이 말한 것입니다. "아, 사귀는 사람을 보면 그가 어떤 사람인지 알 수 있습니다. 저 사람은 나쁜 유대인이기 때문에 세리의 친구이고, 악한 길을 좋아하기 때문에 죄인의 친구입니다."

예수 그리스도를 이 불쌍한 사람들에게로 끌고, 이들을 예수 그리스도께 끌어당긴 신비한 교감이 있었습니다. 이런 교감이 서로 간에 오랫동안 있었다면, 회개하는 어떤 여인이라도 가말리엘과 그와 같은 사람에게 가서 울었을 것입니다. 회개하는 어떤 남자라도 스스로 의로운 체 하는 이 위선자들에게라도 찾아가 눈물을 흘리며 의지했을 것입니다. 짐짓 꾸민 고결함은 불결한 자들을 언제나 퇴짜를 놓지만, 완전한 정결은 그런 자들을 끌어당깁니다. 여러분들이 존경할 만한 사람들에게는 감히 가까이 가지 못하는, 사회에서 내쫓긴 사람들이 그리스도께 끌린다면 그것은 사람이 나쁘다는 표시가 아니라, 그가 그리스도께서 보는 방식에서 선하다는 표시입니다. 우리의 정결함에 예수 그리스도를 닮은 것이 더 많이 있다면, 우리는 "죄인의 친구"라는 칭찬과 같은 비방을 받을 만한 사람들일 것입니다.

여러분에게 굳이 말씀드릴 필요도 없이 그것은 예수님의 사랑을 나타내는 증거였습니다. 복음서에서 예수 그리스도를 그리는 아름답고 독특한 전체 그림에서 우리가 흔히 서로 모순된다고 생각하는 두 가지, 곧 무한히 온유하심과 위반에 대한 절대적인 정죄, 이 두 가지가 예수님 안에서 지극히 아름답고 조화롭게 어우러지는 방식만큼 인상적인 것은 없습니다. 이러한 특징들이 복음서들에 기록된 예수 그리스도의 삶에서 완전히 조화롭게 나타난다는 사실이 내게는 복음서에 묘사된 그 그림의 역사적 진실성을 믿을 수 있게 하는 작지 않은 논증이 됩니다. 왜냐하면 나는 한 그림에 이 두 가지 곧 완전한 정결과 불결한 자들에 대한 완전한 사랑을 조금도 기괴하지 않게 결합시키는 것만큼 극작가나 소설가 혹은 전설을 퍼트리는 사람이 하기 어려운 일은 없다고 생각하기 때문입니다.

그러나 사랑하는 형제 여러분, 우리가 예수 그리스도께서 친히 하신 말씀을 믿으려고 한다면, 사회에서 내쫓긴 자들을 정결한 마음으로 품으신 그의 기이한 사랑은 완전한 사람의 사랑이었을 뿐만 아니라 또한 하나님 자신의 사랑이었다는 점을 기억하시기 바랍니다. "나를 본 자는 아버지를 보았거늘"(요 14:9). 예수 그리스도께서 골짜기 건너 편에 있는 예루살렘을 보며 그 온유하신 눈에 슬픔의 눈물을 흘리시는 것을 볼 때, 창기와 죄인들이 예수께서 풍기시는 묘한 매력을 느끼고 새로운 소망을 가지고 예수께 가까이 오는 것을 볼 때, 예수께서 문둥병자의 환부에 깨끗한 손을 대셨던 것처럼 모든 불결한 자들에게 마음을 여시는 것을 볼 때, 우리는 이 세리와 죄인들의 친구가 육신을 입고 나타나신 하나님이심을 즐거이 믿도록 합시다.

모든 사회의 버림받은 자들을 찾으시는 주님의 이 놀라운 사랑이 우리에게는 지극히 타락한 자들에 대해 갖는 주님의 무한한 기대를 보여 주는 표시입니다.

세상은 너무 천해서 도무지 고상해질 수 없는 인종들, 너무 완고해서 부드러워질 수 없는 인종들에 대해 이야기합니다. 예수 그리스도께서는 이 세상의 병원들을 지나다니시면서 어디에서도 치료할 수 없는 자들이 있다고 보지 않으십니다. 그리스도의 기대는 무한합니다. 이는 무엇보다 예수께서 그 지극히 타락한 자들 안에 잠자고 있는 숨은 가능성들을 보기 때문이고, 그보다 훨씬 더 중요한 것은 예수께서 지극히 더러운 자들도 깨끗케 하고 완전히 넘어진 자도 일으켜 세우는 능력이 자기에게 있음을 아시기 때문입니다. 우리의 용광로에서 일으킬 수 있는 가장 높은 온도로 녹여 없애 버리려는 모든 시도를 견뎌내는 금속들이 있습니다. 그 금속들을 태양으로 가져가면 모두가 증기가 되어 사라질 것입니다. 이제까지 살았고, 혹은 앞으로 살 사람 가운데서 예수께서 풀어놓을 수 없을 만큼 자기 죄에 절대적으로 취해 있고 붙잡혀 있는 사람은 없습니다. 버림받은 사람들에 대한 예수님의 기대가 무한한 것은 예수께서 모든 죄를 자신의 보배로운 피로 깨끗이 씻을 수 있다는 것을 아시기 때문입니다. 그러므로 기독교는 절망적인 경우라는 것을 알지 못합니다. 세상에 대한 우리의 평가에서 구제할 수 없는 사람이 있다고 생각해서는 안 됩니다. 우리의 기대는 세리와 죄인들을 불러서 성도를 만드신 우리 주님의 기대처럼 무한해야 합니다.

이 사실이 어떻게 그리스도와 기독교의 독특한 영광이 되는지는 굳이 여러분에게 말씀드릴 필요가 없을 것입니다. 지금까지 사람들은 기독교 신앙이 이제 수명을 다하였는지 아닌지를 계속해서 물어왔습니다. 지난 19세기 동안 인류의 향상을 위해 일어났던 모든 위대한 운동들의 동력은 무엇이었습니까? 노예들의 차꼬를 깨트린 것은 무엇이었습니까? 야만족들 가운데 사람을 보낸 것은 무엇입니까? 지금까지 그리스도의 사랑이 마음에 들어갈 수 없을 만큼 타락한 인종이 발견된 적이 있습니까? 다윈이 세상에서 가장 미개한 종족들인 파타고니아 사람들을 훈련시킨 그 선교회에 기부하지 않았습니까? 다윈이 그렇게 한 것은 우리가 복음이라고 부르는 이 기이한 신앙에 어쨌든 다른 어떤 것은 발휘할 수 없는 능력이 있다는 것을 직접 목격했기 때문이 아닙니까? 형제 여러분! 교회가 버림받은 자들과 죄인들에 대한 관심과 그들을 끌어당기는 힘을 잃기 시작한다면, 교회는 벌써 그리스도를 놓치기 시작한 것입니다. 그런 교회는 빨리 사라질수록 그만큼 더 낫습니다. 그리고 그런 교회의 장례를 슬퍼할 사람은 거의 없을 것입니다.

세리와 죄인들의 친구이신 예수께서 주님을 따르는 우리 모두에게 모범을 보이셨습니다. 감사하게도 오늘날 그리스도인들이 자기 나라와 다른 나라의 사회 추방자들에 대한 의무를 점점 더 깨닫고 있다는 표시들이 있습니다. 예수 그리스도께서 하셨듯이, 그리스도인들이 그들에게 가도록 해야 합니다. 그들에게 거짓된 발림말을 하지 않고, 죄에 대해서는 분명하게 책망을 하지만, 진심어린 마음으로 다가가도록 해야 합니다. 그러면 그리스도인들이 이 불쌍한 사람들을 주님께로 이끌었던 바로 그 동정심이 사회에서 내쫓긴 그 사람들로 하여금 지극히 미약하기 짝이 없지만 주님의 종들 안에서 나타나는 주님의 모습에 끌리도록 하는 것을 발견하게 될 것입니다. 사랑하는 교우 여러분, 무엇보다 우리 각 사람은 예수 그리스도께서 죄인들의 친구이시기 때문에, 나의 친구이시고 여러분의 친구이시며 우리들의 친구이심을 알아야 합니다. 그리스도께서 죄인들을 사랑하시지 않았다면, 그리스도께서 사랑하실 사람은 아무도 없을 것입니다. 죄가 그 정도와 나타나는 모양이 각각 다르지만 보편적으로 나타나는데, 바로 이 죄의 보편성으로 인해 그리스도께서 사람들에게 친구가 되시는 영역도 그만큼 놀라울 정도로 보편적이 됩니다.

그리스도께서 내 친구이심을 내가 어떻게 압니까? "사람이 친구를 위하여 자기 목숨을 버리면 이보다 더 큰 사랑이 없나니"(요 15:13). 그리고 우리가 아직 그리스도께 원수였을 때 그리스도께서 우리의 친구이셨고 우리를 위해 죽으셨습니다. 우리가 어떻게 그런 사랑을 요구할 수 있겠습니까? "너희는 내가 명하는 대로 행하면 곧 나의 친구라"(15:14). 오늘날까지 동양 전체에 걸쳐서 족장 아브라함에 대해서 아는 이름은 "친구" 혹은 "벗"입니다. 예수께서 우리의 친구이심을 알고 우리도 믿음과 사랑으로 예수님의 친구가 되는 일에 몰두한다면, 평생에 그리고 영원히 우리에게 좋은 일입니다!

26
빚진 자 두 사람

"⁴¹이르시되 빚 주는 사람에게 빚진 자가 둘이 있어 하나는 오백 데나리온을 졌고 하나는 오십 데나리온을 졌는데 ⁴²갚을 것이 없으므로 둘 다 탕감하여 주었으니 둘 중에 누가 그를 더 사랑하겠느냐 ⁴³시몬이 대답하여 이르되 내 생각에는 많이 탕감함을 받은 자니이다"

눅 7:41-43

우리 모두는 이 비유가 들어있는 아름다운 이야기를 압니다. 평판이 나쁘기로 소문난 한 여자가 어쨌든 예수님을 만나고 나서 예수님으로 인해 자신의 부정함과 타락을 깨달았고, 사죄에 대한 확신으로 마음이 평온해졌습니다. 그래서 그 여자가 예수께서 자기 동네에 계시다는 말을 들었을 때, 어떻게 서둘러 그 바리새인의 집으로 가서 거기서 마주치게 될 명성이 자자한 사람들의 냉혹하고 경멸하는 눈길을 개의치 않고 들어갈 수 있었습니까? 그녀는 자신의 전리품 가운데 하나이며, 죄 많은 장식품 중의 하나를 주님을 섬기는데 바치려고 가지고 갑니다. 그러나 그녀는 향유 옥합의 뚜껑을 열기 전에 먼저 마음이 열리고 뜨거운 눈물을 주님의 발에 흘립니다. 공경을 표시하고 싶었던 곳에 그만 무례를 범하고 말았습니다. 그 잘못을 만회하기 위해 당장에 쓸 수 있는 것이 아무것도 없습니다. 그녀는 볼품없는 옷을 사용했을 수도 있는데 그렇게 하지 않고, 사랑에서 나온 재치와 겸손을 발휘하여 손을 대어 자신의 긴 머리를 풀어 수건 대신에 머리를 사용합니다. 그 다음에 자신의 그런 태도를 받아 주신다는 것을 확신하게 되자, 그녀는 원래 생각했던 것에서 한 걸음 더 나아가 마치 눈물로 용서를 구하는 것처럼 대담하게 주님의 발에 죄 많은 입술을 댑니다. 이 입맞춤은 배반자의 입맞춤 외에는 주님의 몸에 닿은 것으로 기록된 유일한 입맞춤이 될 것이었습니다. 그때에서야 비로소 그녀는 대담하게 자신의 유일한 재산인 향유를 예수님께 붓습니다.

이에 대해 그 바리새인은 무엇이라고 말합니까? 그는 도대체 인정이 있는 사람입니까? 그는 자신의 훌륭한 식탁에서 그런 장면이 벌어진 것에 대해 분개하였습니다. 그것이 이상한 일이 아니었습니다. 왜냐하면 그는 그 여자에게 큰 변화가 일어났다는 것을 알 수 없었을 것이고, 그녀의 악한 평판에 대해서는 소문이 자자했기 때문이었습니다. 그는 그 여자가 어떻게 자기 집에 들어올 수 있었는지에 대해서는 이상하게 생각지 않았습니다. 그 식사 자리는 어느 정도 공개적이었기 때문입니다. 그는 그런 사람의 허물없는 행동을 용인하는 사람이 선지자일 수가 있는가, 혹은 선지자라면 그가 좋은 사람일 수 있는가 하는 의심을 갖기 시작했습니다. "이 사람이 만일 선지자라면 이 여자가 누구인지 알았으리라" 하고 생각합니다. 그것은 의심해 볼 만한 문제입니다. "이 여자가 누군지 알았다면 이 사람이 발로 그녀를 걷어찼을 것이라"고 그는 생각합니다. 그것은 분명히 틀린 생각입니다. 그러나 시몬의 의는 더러운 것이 묻지 않도록 옷을 걷어 올리고, 죄인을 쓰레기 더미로 냅다 밀어 넣는 그런 의였습니다. 그는 "그 여자는 죄인이라"고 말합니다. 그렇지 않습니다, 시몬. 그 여자는 죄인이었습니다. 그러나 그녀는 지금 회개한 자이고, 성도가 되는 길에 있습니다. 깨끗이 씻은 그 여자가 흰색만 칠한 당신보다 훨씬 더 깨끗합니다.

우리 주님의 비유가 이 바리새인의 생각에 대한 답변입니다. 이 비유를 통해서 예수님은 시몬에게 자신이 그를 알고 그 여자에 대해서도 그보다 훨씬 더 아신다는 것을 보이십니다. 여기서 간단히 주목해 볼 것이 세 가지가 있습니다. 양이 각각 다른 일반적인 빚이 있고, 빚을 갚을 수 없는 파산상태가 있으며, 빚처럼 그 정도가 각각 다른 사랑이 있습니다. 이제 이 세 가지를 순서대로 살펴봅시다.

1. 무엇보다 먼저 일반적인 빚이 있습니다.

주께서 가르치신 기도에서 사용되었기 때문에 우리 모두가 잘 알고 있는 친숙한 은유를 지금 깊이 생각해보자고 하는 것이 아닙니다. 주께서 가르치신 기도에서는, 이 은유에 의해서 죄와 죄책이 불완전하지만 빚이라는 개념으로 어렴풋하게 전달됩니다. 왜냐하면 이행하지 않은 의무는 하나님께 빚이 되고, 이 빚은 형벌을 받음으로써만 책임이 면제될 수 있기 때문입니다. 그래서 모든 죄, 그로 인한 죄책, 그리고 형벌을 받게 됨, 이 모든 것이 빚을 졌다는 상(像)으로 표현될 수 있습니다.

여러분에게 주목하기를 바라는 요점은, 본문에서는 비유에 나오는 이 두 가지가 시몬과 그 여자를 묘사하기 위해 사용된 것이지만, 그것은 또한 우리 모두가 여기 아니면 저기에 속할 두 계층을 나타낸다는 것입니다. 비록 이 중의 한 사람은 다른 사람의 십분의 일을 빚지고 있지만, 둘 다 빚진 자입니다. 즉 여기서 우리 주님은 외적으로 훌륭하고 품위 있으며 깨끗하게 사는 사람들과, 아주 내놓고 죄를 짓는 막돼먹은 생활을 습관적으로 하는 사람들 사이를 넓게 구분합니다. 그 동안 이 문제에 관해서 기독교 신앙의 태도를 느슨하게 나타내는 아주 유해한 일이 많이 있었는데, 복음주의 교회 강단에서 흔히 있었습니다. 나는 여러분이 우리 주님께서 선을 넓게 그리면서 이같이 말씀하시는 것을 보시기 바랍니다. "그렇다! 시몬, 지금 너는 과거의 이 여자보다 훨씬 더 훌륭하다. 이 여자는 추잡하고 부정하며 순진한 맛은 다 사라지고 정결함은 온통 얼룩져 있었다. 이 여자는 그동안 쓰레기 더미에서 뒹굴었지만, 체면을 지키고 엄격한 도덕성을 유지하며 사람의 일반적인 의무를 아주 세심하게 지킨 너는 이 여자보다 훨씬 더 훌륭하였고 이 여자보다 갚아야 할 것이 훨씬 적었다." 오십 데나리온은 오백 데나리온의 십분의 일에 불과합니다. 그래서 종교 없이도 의를 행하려고 하고, 계속해서 도덕과 의의 길을 행하며 열정과 육신을 제어하면서 자기를 따르는 사람들에 대한 의무를 이행하는 사람들과, 말의 목에 고삐를 매고 부려서 자기들이 원하는 대로 가며 세상과 육신과 마귀를 위해 뛰어나게 사는 사람들을 구분하는 굵은 선이 있습니다. 어떤 것으로도 이 구분을 없애려고 해서는 안 될 것입니다. 복음주의 기독교 신앙은 아무리 작게라도 이 구분을 지우는 것이 없고, 오히려 강조합니다. 대놓고 죄를 짓는 사람과 그 자신 사이에 생활과 행동과 성품에 조금이라도 차이가 있으면 그 사람에게 충분한 명예를 돌립니다.

그러나 다른 한편으로 복음주의 기독교 신앙은 차이가 분명히 있음을 말하며, 어쨌든 정도의 차이가 아무것도 아니라는 식으로 말하지 않습니다. 둘 다 빚진 자입니다. 두 사람이 빚지고 있는 양이 극단적으로 차이가 있지만, 채권자에 대해서는 동일한 관계에 있습니다. 우리는 모두 죄인입니다. 그래서 우리 가운데 이 사람이 저 사람보다 훨씬 더 어둡고 악하지만, 하나님에 대해서는 다 같은 관계에 있습니다.

그 다음에, 여러분이 하나님의 관점에서 행동의 죄책을 이야기하기 시작하면, 수면보다 훨씬 아래로 내려가지 않을 수 없다는 것을 기억해야 합니다. 단 한 가지 행동을 하는 데에 따르는 수많은 동기들, 한편으로는 죄를 악화시키는 동기들이 있고, 다른 한편으로는 정상을 참작하게 만드는 동기들이 있습니다. 그런 모든 동기들을 우리가 볼 수 있다면 우리는 세리와 창기들이 그 바리새인보다 악하다는 말을 그렇게 쉽게 하지 못할 것입니다. 세상의 도덕성 검열에서는 통과하는 행동도, 그 동기를 고려한다면 (이 일은 오직 하나님만 하실 수 있습니다), 세상의 세속적 잣대로 잴 때에 더 심각한 것으로 여기는 정욕과 동물적인 행동, 술 취함과 방탕, 범죄와 살인보다 더 악하지는 않다고 할지라도, 그만큼 나빠질 수 있는 일이 얼마든지 있습니다. 여러분이 일단 죄책을 재기 시작한다면, 표면적인 모습을 지나가야 하고, 그러면 눈부시게 하얀 많은 행동이 그 내부는 아주 심하게 썩은 것을 발견하고, 또 아주 더럽고 타락한 많은 행동이 너무 타락해서, 처음에 볼 때 도저히 알아 볼 수 없을 만큼 더러운 원천에서 나오는 것이 아님을 알게 될 것입니다. 우리는 자신의 여러 행동의 죄책을 평가하는 일에 겸손하도록 합시다. 또 다양한 모든 죄의 깊은 이면에는, 전혀 차이가 없는 근본적인 일치점이 있다는 것, 그래서 국가의 법을 어긴 적이 없고 생활에서도 좀처럼 예의범절에 벗어난 행동을 하지 않은 훌륭한 우리나, 지금 이 자리에 한 사람이라도 있는지 모르겠지만 사회에서 내쫓긴 자들과 술주정뱅이들, 방탕한 사람들이나, 모두 이 점에서는 다 같은 계층에 있다는 것을 기억하도록 합시다. 우리 모두 빚진 자들입니다. "모든 사람이 죄를 범하였으매 하나님의 영광에 이르지 못하였기"(롬 3:23) 때문입니다. 3센티미터도 안 되고 채찍처럼 가는 독사라도 독이빨이 있고, 독이 있습니다. 그래서 독사입니다. 그 문제를 어떤 사람이 천연두에 걸렸는지 아닌지에 대한 것으로 생각한다면, 고름 물집이 하나 있는 것은 그 사람의 온 몸에 물집이 있는 것과 같은 것입니다. 그래서 오백 데나리온 빚진 자와 그것의 십분의 일인 오십 데나리온 빚진 자가 모두 빚진 자라는 사실을 기억해야 합니다.

2. 이제, 빚을 갚을 수 없는 일반적인 파산 상태에 대해서 생각해 봅시다.

"둘 다 갚을 것이 없으므로." 돈이 없다면, 즉 은행에 예금이 하나도 없고, 카운터 서랍에 현금이 없다면, 압류할 것이 아무것도 없다면, 빚을 갚을 것이 아무것도 없기 때문에 빚이 얼마냐 하는 것은 별로 중요한 문제가 안 됩니다. 오십 데나리온이든지 오백 데나리온이든지 마찬가지로 갚을 수 없는 것입니다. 바로 그것이 정확하게 우리의 상태인 것입니다.

사람들이 하나님의 용서하시는 자비를 조금도 깨닫지 못하고, 혹은 그리스도의 구속을 아는 데서 오는 즐거운 충동이 조금도 없이, 혹은 성결하게 하시는 성령의 내주하심으로부터 받는 도움이 전혀 없이도, 자신의 성품을 고치고 스스로 더 정결하고 더 고귀해지는 일에서 많은 진보를 이룰 수 있다는 점을 물론 나는 인정합니다. 그러나 그것은 본문에서 생각하는 요점이 아닙니다. 그것은 과거의 문제를 다루기 때문입니다. 본문의 은유를 통해서 나타나는 사실은 이것입니다. 즉 우리 가운데 아무도 우리의 죄를 하나님께 대한 빚으로 생각할 때, 그 죄를 조금도 줄일 수 없다는 것입니다. 여러분과 내가 영혼이 지고 있는 무거운 짐을 가볍게 하기 위해 무엇을 할 수 있습니까? 그동안 우리가 저지른 것은 이미 저지르고 만 것입니다. 눈물을 흘린다고 그것을 씻을 수 없으며, 마음을 바꾼다고 해도 찌푸린 얼굴로 서있는 과거를 취소할 수 없을 것입니다. 대체 하나님이 계시다면, 우리에게 죄가 있다고 말하는 우리 양심은 두 가지 점에서 죄의 책임을 선언합니다. 한 가지는 잘못을 저질렀음을 아는 것이고, 다른 한 가지는 그에 따른 형벌이 따를 것을 예감한다는 점입니다. 죄의 책임은 죄를 지은 죄인이 해결할 수 없습니다. 그것은 다른 어떤 사람이 처리해야 합니다. 우리가 죄를 지은 그분, 오직 그분만이 우리가 스스로에게 쌓아올린 그 무거운 짐을 해결하실 수 있습니다.

형제 여러분! 우리에게는 지불할 것이 아무것도 없습니다. 우리는 자신의 길을 고칠 수 있습니다. 그러나 그렇게 한다고 해도 과거를 손대지는 못합니다. 우리는 악을 미워할 수 있습니다. 그렇게 하는 것이 앞으로 우리가 악을 행하지 않도록 하는데 도움이 될 것입니다. 그러나 그렇다고 해서 이미 저지른 일에 대한 우리 책임에 영향을 주지는 못합니다. 우리는 과거에 손을 대지 못합니다. "모든 범죄함과 순종하지 아니함이 공정한 보응을 받았거든"(히 2:2). 그런데 우리에게는 갚을 것이 아무것도 없습니다.

본문은 거기에서 더 나아갑니다. 죄 용서함의 선행 조건은 우리가 무일푼으로 빚을 갚을 수 없는 상태임을 인식하는 것입니다. 분명하게 기술되어 있지 않지만, 이 이야기에는 두 빚쟁이가 와서 빈손을 내밀며 빈곤자의 자격으로(in formapauperis) 간절히 청원한 것으로 생각하고 있는 점이 분명히 그리고 틀림없이 함축되어 있습니다. 여러분이 용서받기를 기대한다면, 자신이 빚을 갚을 수 없는 상태임을 인정해야 합니다. 하나님께서는 여러분에게서 파산 청산을 위한 배당금을 받을 만큼만 받고 나머지는 면제해 주시는 일을 하지 않습니다. 여러분이 빚을 갚으려고 한다면 모두 갚아야 합니다. 하나님께서 여러분을 용서하시려고 한다면, 여러분은 하나님께서 여러분의 모든 죄를 용서하시도록 해야 합니다. 이것이든지 아니면 저것이든지 둘 중의 하나입니다. 여러분과 나는 이 둘 가운데 어디에 설지, 이 둘 가운데 어느 것을 우리에게 적용해야 할지 선택해야 합니다.

사랑하는 교우 여러분! 우리 모두는 와서 이렇게 말할 수 있습니다.

가져올 것 아무것도 없으니

주 십자가만을 붙드네.

3. 끝으로, 사죄함에 따라 달라지는 사랑에 대해 살펴봅시다.

"둘 중에 누가 그를 더 사랑하겠느냐." 시몬은 그리스도의 의도를 꿰뚫어보지 못합니다. 그래서 내가 볼 때, 마지못해 예의를 갖추어서 말하는 그의 답변에는 그 이야기와 질문에 대해 거드름을 피우며 무시하는 태도가 들어 있습니다. "그것이 내가 잠시 그런 일에 대해 생각할 만한 가치가 있는 일이라면, 내 생각으로는 많이 용서를 받은 자인 것 같습니다." 시몬은 예수께서 어떤 점을 책망하려고 하시는지 몰랐습니다. 주께서 "네 판단이 옳도다" 하고 말씀하십니다.

가장 많이 용서받은 자가 가장 많이 사랑할 사람입니다. 그런데 두 빚쟁이에 관해 다른 모든 것이 똑같다면 그 대답은 맞습니다. 이 두 사람이 다 같이 감사할 줄도 알고 관대한 것도 아는 그런 사람이라면, 빚을 적게 면제 받는 사람은 대체로 빚을 많이 면제받는 사람보다 은혜 받은 것을 적게 느낄 것입니다. 그러나 언제나 사람들이 받은 은혜만큼 감사하는 태도를 보이는 것은 아닙니다. 여기에는 또 다른 요소가 개입됩니다. 즉 그것은 은혜를 받는 의식인데, 이것이 실제로 받는 은혜보다 훨씬 더 정확하게 감사의 정도를 표시합니다. 그래서 죄사함에 대해 반응하는 사랑의 크기를 재려면, 말하자면 베풀어지는 죄사함의 실제적인 크기와 받은 죄사함에 대한 의식의 깊이, 이 두 가지를 고려해야 합니다. 그리고 이 원칙은 두 가지 생각으로 나뉘는데, 그에 대해 한 두 마디 하겠습니다.

첫째로, 종종 지극히 큰 죄인이 지극히 위대한 성도가 됩니다. 멀리 바깥 어두운 데로 쫓겨나서 돼지가 먹는 옥수수 껍데기로 연명하고 돼지우리 같은 데서 지내는 불쌍하고 어떤 비참한 사람이, 아버지의 집으로 돌아와서 한 번도 집을 떠나 방황한 적이 없는 사람보다 더 사랑스런 아들이 되고 더 나은 일꾼이 되는 예들은 세상 역사 대대로 많이 있었고 감사하게도 지금도 날마다 많이 나타납니다. "세리와 죄인들이" 훌륭한 사람들보다 "먼저 하나님의 나라에 들어가는"(마 21:31) 일이 아직도 많이 있습니다.

맨체스터에서 여러분이 접촉하는 것조차 싫어할 사람들 가운데, 기독교 신앙 안으로 끌어올 수 있다면 여러분보다 훨씬 진실하고 경건한 그리스도인이 될 사람들이 많이 있습니다. 그들을 잘못된 데로 휩쓸어갔던 열정과 감정의 힘을 바르게 지도한다면 그들 가운데서 위대한 성도들이 나올 것입니다. 이것은 마치 열대지방에서 태풍과 회오리바람과 무서운 폭풍우를 가져오는 바로 그 기후조건이 비옥함도 가져오는 것과 같습니다. 나라를 황폐화시키는 범람하는 강은, 둑을 쌓아서 댐으로 막으면 육지의 절반 정도를 비옥하게 만들 수 있습니다. 사람이 어둠에서 나와 낭비한 세월을 돌아보게 되면, 그가 더 치열하게 경건한 삶을 사는데 도움이 될 수 있습니다. 사람이 예수 그리스도께서 자기를 끄집어내신 쓰레기 더미를 기억한다면 그는 신성한 줄로 그리스도께 단단히 묶일 것입니다.

그러므로 지금 이 자리에 그와 같이 사회에서 내쫓긴 사람이 있어 내 말을 듣고 있다면 낙망하지 마십시오. 여러분은 아무리 멀리 떨어진 어둠 가운데 있을지라도 거기에서부터 돌아올 수 있습니다. 여러분의 기억과 생각 속에 아무리 추한 것들이 있을지라도, 여러분은 그것을 디딤돌로 삼아 하나님의 보좌에까지 올라갈 수 있습니다. 사회에서 존경받을 만한 사람들은 이런 부랑자들을 멸시하지 맙시다. 그들 가운데는 우리보다 훨씬 더 훌륭한 그리스도인이 될 사람들이 있을 수 있습니다.

그러나 다른 한편으로, 어느 누구도 죄를 가볍게 생각해서는 안 됩니다. 죄를 용서받고 깨끗이 쓸어 없앨 수 있고, 큰 죄인이 위대한 성도가 될 수 있지만, 상처와 고통스런 기억과 습관들이 다 사라졌다고 생각한 후에도 계속 밀어닥치는 일들이 있을 것입니다. 페스트가 발생한 지역에서 걸린 오한과 열은 좀 더 위생적인 환경으로 이동한 후에도 우리에게 머물러 있을 것입니다. 죄로 말미암아 사람을 하나님께 더 가까이 데려오셨을지라도, 죄를 지은 것은 사람에게 결코 좋지 않습니다.

그러나 이 원칙의 두 번째 형태는 언제나 옳습니다. 즉 죄 용서함을 깊이 깊이 의식하는 사람은 그만큼 사랑을 많이 보일 것입니다. 우리 개인의 기독교 신앙의 깊이와 열정은, 다른 어떤 것보다도 대체로 자신의 죄책에 대한 분명한 의식과 사죄에 대한 굳은 확신에 좌우됩니다.

그리스도인이라고 고백하는 여러분들 가운데 그처럼 많은 사람들이 자신의 기독교 신앙에 그처럼 냉담한 것은 왜 그렇습니까? 주로 이 이유 때문입니다. 즉 여러분이 얼마나 큰 죄인인지 그리고 그리스도의 용서하시는 자비가 얼마나 확실하고 달콤하며 충분한지를 조금이라도 제대로 깨달은 적이 없기 때문입니다. 그래서 여러분이 시몬과 같습니다. 여러분은 예수님을 저녁 식사에 초대하지만 예수님께 발 씻을 물도 머리에 부을 향유도 드리려고 하지 않습니다. 여러분은 관습적이고 필요한 예의범절은 지키려고 하지만, 마음으로부터 우러나오는 행동은 단 한 가지도 행하지 않습니다. 여러분은 "종교의 의무들을" 이행합니다. 그럴 듯한 말입니다! 여러분은 종교의 의무들을 이행합니다. 아, 형제 여러분, 여러분이 무서운 웅덩이와 진흙투성이의 늪지에 빠졌는데 여러분을 내려다보는 얼굴과 손을 보고 여러분을 끌어올리려고 내민 팔을 보았다면, 그런 웅덩이에 빠져나와 든든한 바위에 안전하게 선 기쁨이 어떤 것인지 알았다면, 하나님께 와서 이렇게 말할 것입니다. "하나님이여 저를 다 받으시옵소서! 저는 순전히 주로 말미암아 구원을 받았나이다." "사함을 받은 일이 적은 자는 적게 사랑하느니라." 이 말씀이 우리 가운데 많은 사람들의 불완전한 기독교 신앙을 설명해 주지 않습니까?

오십 데나리온이나 오백 데나리온이나 모두 적은 금액입니다. 우리 주님께서는 여기서 빚의 절대적인 양에 전혀 신경을 쓰지 않고 두 빚의 상대적 양에 관심을 두셨습니다. 그러나 주님께서 빚의 절대적인 양이 무엇인지에 대해 사람들에게 말씀하고자 하셨을 때는 불의한 종의 이야기에서 그 점을 말씀하셨습니다. 그 종은 자기 주인에게 오십 데나리온이나 오백 데나리온이 아니고 "일만 달란트"의 빚을 졌는데, 그 금액은 영국 돈으로 이백 오십만 파운드 가까이 됩니다. 그것이 우리가 하나님께 지고 있는 빚에 대한 묘사입니다. "우리에게는 갚을 것이 아무것도 없습니다." 여기에 지불 금액이 있습니다. 십자가, 곧 그리스도가 우리의 지불금입니다. 형제 여러분, 거기에서 믿음을 발휘하십시오. 그러면 여러분은 사죄하심을 풍성히 받을 것이고, 그러면 그 사죄하심이 사랑을 타오르게 할 것이고, 그 사랑이 많은 봉사를 하게 만들 것입니다. 왜냐하면 마음에 용서가 들어가는 구멍만큼, 사랑이 나오는 구멍의 크기도 같기 때문입니다. 그리스도께서는 우리 모두를 온전히 사랑하셨습니다. 우리를 살리시기 위해 친히 우리 죄를 지고 죽으신 그리스도의 사랑에 보답하여 그리스도를 사랑하도록 합시다.

27
사랑과 용서

"그의 많은 죄가 사하여졌도다 이는 그의 사랑함이 많음이라"

눅 7:47

이 이야기에는 세 인물, 곧 세 사람이 나옵니다. 이 사람들은 각각 하나님의 사랑과 세상에서 그 사랑의 작용, 그리고 하나님의 사랑을 받거나 거부하는 방식, 그 사랑을 받거나 거부하는 것의 원인과 결과를 표상하거나 나타낼 수 있습니다. 사회적으로 깨끗하고 신분이 높으며 "이 여자"를 몹시 경멸하는, 사랑이 없는 바리새인이 있습니다. 그런가 하면 죄가 많고 그만큼 회개도 크게 하며, 과거의 모든 죄책을 쓸어 가 버릴 만큼 마음으로부터 걷잡을 수 없이 사랑이 쏟아져 흐르는 여자가 있습니다. 구체적으로 나타난 하나님의 사랑은 전반적으로 높고, 모든 사람을 품으며, 각 사람을 사랑하고, 각 사람을 알고 동정하며 기꺼이 구원하고 각 사람의 친구와 형제가 되십니다. 이 하나님의 사랑을 아는 것이 우리 마음속의 사랑이고 "영생"입니다. 그래서 이제 여러분에게 잠시 나와 함께 우리에게 죄인들 가운데서 나오는 하나님의 사랑과, 그 사랑을 받는 두 가지 형태를 나타내는 것으로서 이 세 사람을 보자고 말씀드립니다. 첫째로 사람들 가운데 나타나는 하나님의 사랑인 그리스도가 계십니다. 하나님께 대한 우리의 모든 사랑의 기초가 되시는 분입니다. 그 다음에, 이 하나님의 사랑을 깊이 깨닫고 회개하는 죄인인 여자가 있습니다. 그 다음에, 스스로 의롭다고 여기는 사람, 곧 자신을 모르고 하나님께 대한 사랑이 전혀 없는 바리새인이 있습니다. 이들이 이제 여러분에게 주목해 보라고 하는 세 인물입니다.

1. 여기서 그리스도는 죄인들 가운데서 나오는 하나님의 사랑을 보여 주는 분으로서 계십니다.

그리스도의 인격과 말씀, 그리스도께서 이 이야기에서 하시는 역할, 이 이야기의 과정에서 말씀하시는 비유를 살펴보도록 하겠습니다.

첫째로, 우리는 여기서 다음의 사상을 만납니다. 즉 하나님의 사랑을 우리에게 가져오시는 그리스도께서는 하나님의 사랑이 전혀 우리의 공로나 공적에 달려있지 않다는 것을 보여 주신다는 것입니다. "둘 다 탕감하여 주었으니"라는 것은 그리스도께서 하나님의 모든 사랑의 원천과 근거를 우리에게 가르치시는 말씀입니다. 형제 여러분, 유대의 한 선지자가 "이스라엘 족속아 내가 이렇게 행함은 너희를 위함이 아니요 나의 거룩한 이름을 위함이라"(겔 36:22)고 한 옛 말씀에 참으로 놀랍고 복된 진리가 있는 것을 생각해 본 적이 있습니까? 그 말씀은 우리에게 우리 죄인들에 대한 하나님의 모든 사랑의 기초는 우리에게 있지 않고, 우리에 관한 어떤 것에도 있지 않고, 하나님에 대한 외적인 어떤 것에도 있지 않다고 말합니다. 하나님이, 오직 하나님만이 세상에 대한 하나님의 사랑의 원인이요, 이유이며 동기이고 목적입니다. 우리가 그 장엄한 사상을, 하나님께서 우리를 받아들이시는 모든 것의 기초로 이해하지 못했다면, 이 세상에서도 하나님의 사랑에 대해 알 수 있는 충만함을 아직도 절반 정도밖에 깨닫지 못한 것입니다. 하나님의 사랑은 하나님 자신 외에 아무 동기가 없는 사랑이며, 하나님의 피조물들의 필요들을 채우려는 관심에서 일어나는(이렇게 말할 수 있다면) 사랑이 아닙니다. 하나님이 관심을 쏟을 수 있는 피조물들이 있기 전부터 하나님의 마음에 있는 영원한 사랑입니다. 그러므로 지극히 견고하고 평온한 하나님의 본성과 같이, 우리의 범죄함에 영향을 받지 않으며 우리의 죄보다 깊고, 우리의 존재보다 오래 되었으며, 바로 하나님 자신의 본질과 존재처럼 그 자체가 보증인 사랑이며, 그 자체가 안전하고 확고한 원인인 사랑입니다. "둘 다 탕감하여 주었으니." 여러분이 하나님의 사랑의 근원을 알고자 하면, 하나님의 산들로 올라가서 이 사실을 배워야 합니다. 즉 (앞으로 얘기하겠지만) 하나님의 그 밖의 정서와 느낌과 결심과 목적처럼 하나님의 사랑도 하나님 자신 외에 아무 이유가 없고, 하나님 자신 외에 아무 동기가 없으며, 그 자신의 복으로 완전히 충족하시고 그의 모든 활동과 존재는 하나님 자신의 충만함에서 일어나고 만족되며 끝나는 하나님의 본성의 신비로 감싸여 있다는 것입니다. "하나님은 사랑이시라." 그러므로 인간의 고통을 느끼고 인간의 비참함을 보는 데서 나오는 동정에 대한 모든 생각보다 더 깊고 더 복된 것으로, 우리에게 필요할 수 있는 것에 대한 모든 고려보다 더 깊은 곳에 바로 이 사랑에 대한 생각이 있습니다. 곧 그 사랑을 일으키기 위해 슬픔이 있어야 할 필요가 없고, 흘러나오도록 하기 위해 손가락으로 건드릴 필요가 없으며, 그 자체의 본성으로 영원하고 그 자체의 본성으로 무한하며, 그 자체의 본성으로 영원히 충만한 기쁨의 홍수가 쏟아져 나오지 않을 수 없는 사랑에 대한 생각이 있습니다.

    다시 한 번 말하지만, 여기서 그리스도는 이 하나님의 사랑의 대표자요, 계시로 서 계십니다. 그리스도께서는 하나님의 이 사랑이 우리 때문에 일어나지 않고 하나님의 본성으로부터 나오며, 우리 죄 때문에 떠나지 않는다는 것을 나타내고 말씀하십니다. 그런데 사랑이 없고 스스로 의롭다고 생각하는 마음은 "이 사람이 만일 선지자라면 자기를 만지는 이 여자가 누구며 어떠한 자 곧 죄인인 줄을 알았으리라"고 말합니다. 아, 거룩한 분이 당연히 갖는 범죄한 피조물에 대한 생각과, 스스로 의롭다고 하는 존재가 당연히 갖는 범죄한 피조물에 대한 생각 사이의 차이만큼 큰 것은 없습니다. 스스로 의롭다고 여기는 자의 생각은 심한 멸시입니다. 거룩한 분의 생각은 깊은 동정입니다. 그분은 이 여자가 어떤 사람인지 알았고, 그래서 그 여자가 가까이 와서 불결한 손으로 만지고, 무법한 생활로 얻은 수익금과 자신의 타락한 행위를 꾸미는 장식품으로 그의 지극히 복되고 거룩한 머리에 붓도록 허락하셨습니다. 그분은 그녀가 죄인인 것을 알았습니다. 그 지식이 그녀에 대한 사랑을 나타내는데 어떻게 쓰였습니까? 그 지식이 있으므로, 그분은 그녀가 정결함의 불같은 계시를 그녀가 견딜 수 없을 것을 알고, 그 사랑을 부드럽고 온유하게 나타내셨습니다. 그 여자가 두려워하면서도 확신을 가지고 가까이 오는 것을 다 아시므로, 그분은 얼굴과 목소리를 부드럽게 하셨습니다. "딸아, 내가 그 모든 것을 안다. 네 모든 방황과 악한 죄들을 다 안다. 내가 그 모든 것을 알지만 내 사랑은 그 모든 것보다 크다. 그 모든 것이 바다처럼 깊지만 내 사랑은 바다 밑에까지 뻗어 있는 영원한 산과 같다. 내 사랑은 밝음이 온 천지를 덮는 영원한 하늘과 같다." 하나님의 사랑은 그리스도의 사랑입니다. 그리스도의 사랑은 하나님의 사랑입니다. 여기서 우리가 얻는 교훈은 이것입니다. 사랑하는 형제 교우 여러분, 이 무한한 하나님의 사랑은 여러분이 죄인이기 때문에 여러분에게서 떠나지 않습니다. 오히려 여러분 곁에 머물며 간절히 부르고, 부드러운 손길로 어루만집니다. 이 사랑이 여러분을 회개로 이끌고, 여러분의 시들고 메마른 마음에 화답하는 애정의 샘을 열 수 있으면 좋겠습니다. 하나님의 사랑은 우리의 모든 죄보다 깊습니다. 이는 "하나님이 우리를 사랑하신 그 큰 사랑을 인하여 허물로 죽은 우리를 살리셨기"(엡 2:4,5) 때문입니다.

 죄는 영원한 태양을 가리고 있는 구름에 불과합니다. 영원한 태양은 구름에 영향을 받지 않고, 그 모든 능력과 온기를 발산하고 있습니다. 빛이 여전히 비칠 것입니다. 곧 하나님의 사랑의 빛은 자비로운 광선으로 구름을 꿰뚫고 비치며, 광선으로 사람을 치료하고, 사람의 죄의 새까만 어둠을 흩어버릴 것입니다. 안개가 모여서 위로 올라가다가 높은 하늘에 있는 해의 열기에 녹아 흩어지면, 그 아래 있는 아름다운 땅이 드러납니다. 그렇듯이 그리스도의 사랑이 속에서 빛을 내며, 안개를 녹이고 흩어 버리며, 안개가 지극히 빽빽한 곳에서 안개를 엷게 하다가 마침내 그 안개를 뚫고 내려가서, 이 짙은 어둠의 압박 아래 누워 있으면서 안개를 하늘로 생각하고, 그 위에 해가 있다는 것을 모르는 사람의 마음에 도달합니다. 하나님께 감사드립시다! 하나님 자신의 깊은 데서 나오며, 그 자신 때문에 존재하는 하나님의 이 영원한 사랑은 사람의 죄 때문에 결코 소멸되지 않습니다.

그래서 다음으로, 그리스도께서는 여기서 이 하나님의 사랑이 죄인들 가운데 나올 때는, 반드시 먼저 죄사함의 형태로 나타난다는 것을 우리에게 가르치십니다. 빚을 깨끗이 없애기 전에는 빚진 자에게 도움을 줄 수 있는 것이 아무것도 없었습니다. 그 엄청난 빚을 깨끗이 지워 없애 버리지 않는 한, 아무리 고귀한 다른 선물들이 있을지라도 죄인들에게 줄 수 없었습니다. 하나님의 사랑이 죄 많은 세상에 내려올 때는 반드시 무엇보다 먼저 용서하시는 자비로 옵니다. 하나님의 인자와 헛되고 죄 많은 내 마음 사이에 결합이 이루어지려면 오직 이것밖에 없습니다. 즉 무엇보다 그동안 내가 쌓은 죄들을 영혼에서 깨끗이 지워 버릴 때, 하나님의 다른 선물들이 작용하고 나타날 여지가 생길 것입니다. 우리가 죄 용서함에 대해 말할 때, 단지 죄의 형벌에 관하여 사람의 위치가 바뀐다는 것만을 의미한다고 생각해서는 안 됩니다. 그것은 죄 용서함에 대한 성경의 깊은 개념을 다 안 것이 아닙니다. 죄 용서함은 외적인 형벌을 제거하는 것보다 훨씬 더 많은 것을 담고 있습니다. 이 모든 사실의 핵심은, 하나님의 사랑이 사람의 죄에도 불구하고 떠나지 않고 죄인에게 머물며 그리스도를 인해서 그의 죄를 용서하고 제거하신다는 것입니다. 형제 여러분, 여러분을 두르는 크신 하나님의 인자를 일반적인 말로 이야기한다면, 복음을 그만 두고라도 여러분의 소망이고 신뢰인 하나님의 사랑에 대해 할 말이 많다면, 이 점을 생각해 보라고 말씀드리고 싶습니다. 하나님의 사랑이 죄인에게 말씀하시는 첫 마디는 용서라는 것입니다. 그것이 여러분이 하나님의 사랑에 대해서 생각하는 개념이 아니라면, 그것을 무엇보다 먼저 오는 것으로 보지 않는다면, 여러분은 매우 아름답고 부드러우며 착한 자비심을 그린 좋은 그림을 볼 수는 있을지 몰라도, 하나님의 사랑에 대한 성경의 개념이 지닌 활기가 넘치고 애정이 깃든 고지에는 결코 도달하지 못했다는 것을 말씀드립니다. 이 하나님의 사랑은 "자, 죄는 한쪽으로 치우고 죄와 상관없이 이 사람에게 복을 주자"고 말하는 사랑이 아닙니다. 범법이라는 중대한 사실에 대해 아무 말도 하지 않는 사랑이 아닙니다. 죄를 못 본 체하고 그대로 내버려 두는 사랑이 아닙니다. 용서라는 문을 통해 마음에 들어가는 사랑이며, 먼저 죄의 사실을 붙들고 사람에게 그것을 말하기 전에는 아무 것도 이야기하지 않는 사랑입니다.

이 주제에 대해 한 마디 더 말씀드리겠습니다. 여기서 우리는 하나님의 사랑이 이와 같이 하나님 자신에게서 오며, 사람의 죄 때문에 떠나지 않고, 사죄함의 원인이 되고 용서함으로 나타나며, 마지막으로 봉사를 요구하는 사랑임을 봅니다. "시몬, 너는 내게 물도 주지 아니하였으며 내게 입 맞추지 아니하였고 내 머리에 감람유도 붓지 아니하였다. 나는 네가 이 모든 일을 행할 줄로 기대하였고 네게서 이 모든 것을 받기를 바랐다. 내 사랑이 온 것은 네 마음속에 그런 것들이 일어나도록 하기 위함인데 너는 그것들을 베풀지 않았다. 내 사랑이 낙담하므로 상처를 입었고 그래서 네게서 떠난다." 이렇게 해서 결국, 이제까지 우리는 이 하나님의 사랑의 값없음과 충만함에 대해, 공로가 없이 받고, 하나님 자신 외에 아무 이유와 동기가 없는 성격에 관해 이야기하였습니다. 또 하나님의 사랑이 사람에게 모든 복을 주는 원천이고, 사람에게 아무것도 요구하지 않고 모든 것을 주는 원천임에 관해서 이야기했습니다. 그리고 하나님의 사랑이 사람들에게 올 때는, 사람 마음속에 반응하는 메아리가 일어나도록 하기 위해서 오며, "아주 담대하게 마땅한 일로 명할 수도 있으나 도리어" 우리에게 모든 것을 주신 하나님께로 돌이키라고 우리에게 "사랑으로써 간구한다"(몬 1:8,9)는 것은 여전히 사실입니다. 이 이야기에서 그리스도는 죄인들 가운데서 하나님의 사랑을 나타내는 계시로 서 계십니다.

2. 두 번째로, 한 인물의 계층, 곧 이 하나님의 사랑을 깨닫고 깊이 회개하는 자들을 대표하는 사람으로서 "이 여자"에 대해 잠시 살펴봅시다.

본문의 말씀에는 이 여인의 인물됨에 대한 진술이 담겨 있습니다. "그의 많은 죄가 사하여졌도다. 이는 그의 사랑함이 많음이라." 이 말에 대해서는 주석 형태로 한 마디만 하겠습니다. 이 말을 보면, 이 여인에게 큰 잘못들이 있었음이 나타납니다. 여러분은 이 말에 대해 잘못된 뜻을 담은 비문이 적힌 비석들을 종종 보았을 것입니다. "참 죄가 많았지만 이 사람에게는 많은 사랑이 있었다. 그 사랑을 인해서 하나님께서 그의 죄를 너그럽게 봐주셨다." 그런데 그리스도께서 "그의 사랑함이 많음이라"고 말씀하실 때, 주님은 그녀의 사랑 때문에 그녀가 죄를 용서받았다는 뜻으로 말씀하시는 것이 아닙니다. 결코 그런 뜻이 아닙니다. 그녀의 사랑이 그녀가 용서받았다는 증거라는 뜻으로 말씀하시는 것입니다. 그녀의 사랑은 그녀가 용서받은 결과로 나온 것이기 때문입니다. 예를 들면, 우리는 이렇게 말할 수 있습니다. "저 여인은 큰 고통 가운데 있다. 그것은 그녀가 울고 있기 때문이다." 이렇게 말한다고 해서 우는 것이 고통의 원인이라는 뜻으로 말하는 것이 아닙니다. 그보다는 그녀가 우는 것을 보고 우리가 그녀의 슬픔을 알게 된다는 것뿐입니다. 혹은 (지극히 단순하게 표현하자면) 사랑이 죄사함보다 먼저 가지 않고 죄사함이 사랑보다 먼저 갑니다. 사랑이 죄사함의 뒤를 따르기 때문에, 사랑이 죄사함의 표시입니다. 여러분이 이 앞의 이야기에서 주님이 "둘 다 탕감하여 주었으니 둘 중에 누가 그를 더 사랑하겠느냐" 하고 말씀하신 것을 잠시 돌이켜 본다면, 이것이 맞는 해석임을 알 것입니다. 용서가 사랑의 선행조건이고, 사랑은 죄사함을 깨달은 결과입니다.

그렇다면 이 점을 먼저 주목해야 합니다. 즉 하나님께 대한 모든 참된 사랑이 일어나기 전에 마음속에 이 두 가지가 먼저 온다는 것입니다. 죄의식과 용서함에 대한 확신입니다. 형제 여러분, 하나님의 사랑이라고 부를 수 있을 만한 실제적이며 깊고 참된 사랑 가운데, 내 자신이 범죄하였다는 믿음과 그리스도 안에 있는 죄사함을 감사함으로 받는 것으로부터 시작하지 않는 사랑이란 결코 있을 수 없습니다. 여러분은 죄 용서함을 받기 위해 할 일은 아무것도 없습니다. 그러나 여러분이 그 용서함을 받지 않으면 여러분에게 하나님에 대한 사랑은 없습니다. 이 말이 아주 어렵게 들린다는 것을 압니다. 많은 사람이 이 말을 매우 편협하고 고집스러운 것으로 생각하고 이렇게 물을 것입니다. "당신은 지금 나한테 세상적인 복들 때문에 마음에 감사함이 가득한 사람이 사랑이 없다는 뜻으로 말하는가? 이것이, 그리스도 안에 있는 죄 용서함에 대한 이런 의식을 떠나서, 사람들 속에 있는 아주 자연스런 신앙인데, 당신은 이것은 전혀 진실된 것이 아니라고 얘기하는가?" 그렇습니다. 확실히 그렇습니다. 성경과 사람의 양심이 같은 사실을 말한다고 나는 믿습니다. 나는 자신이 죄인인 것을 전혀 모르는 사람들의 마음속에, 희미하게라도 자기들에게 복을 주시는 분이요, 많은 기쁨의 원천으로 생각하는 어떤 더 고귀한 능력으로 향하게 되어 있는 본능적인 감사의 심정과 자연스런 종교심이 있을 수 있다는 것을 한순간도 부인하지 않습니다. 그런데 그런 것에 살아 있는 능력이 조금이라도 있습니까? 나는 어쨌든 그런 것을 하나님의 사랑이라고 부르는 것에 반대합니다. 내가 볼 때 그들이 사랑하는 대상은 하나님이 아니라 하나님의 한 단면이기 때문입니다. "나는 호흡과 모든 것을 하나님께 빚지고 있다. 하나님 안에서 내가 살고 움직이며 존재한다"고만 말하는 사람은 적어도 하나님에 대한 성경적 개념의 절반은 빼먹은 것입니다. 교우 여러분, 여러분의 하나님이 여러분 앞에서 정말로 무한한 인자뿐만 아니라 또한 아주 엄격한 공의로 옷 입고 서 계시지 않는 한, 성경의 하나님은 아니십니다. 여러분이 믿는 하나님은 온전하고 완전한 분이십니까? 여러분이 하나님을 사랑한다고 말한다면, 그리고 그렇게 사랑한다면, 우리 주 예수 그리스도의 하나님이요 아버지로서 사랑하십니까? 여러분은 하나님의 법이 요구하시는 깊이가 어떤 것인지 생각해 보셨습니까? 여러분은 하나님의 불꽃같은 의를 생각하고 충격을 받아 말없이 그 자리에 선 적이 있었습니까? 여러분은 하나님께서 보좌 주위에 두르고 계시는 짙은 어둠과 빽빽한 구름을 뚫고 들어가 마침내 하나님이 거하시는 내적 빛에 이른 적이 있습니까? 혹은 여러분이 예배하고 사랑하는 것은 막연한 어떤 신이 아닙니까? 어느 편입니까? 사람이 성경을 연구하고, 진실한 기록들로부터 살아 계신 하나님이 누구이시고 어떤 분이신지 스스로 찾아보려고 하면, 사람이 하나님 발 앞에 덥석 엎드려 오직 "영원히 정결하신 아버지시여, 지극히 거룩하고 의로운 하나님이시여, 망한 죄인인 당신의 자녀를 용서하여 주옵소서. 하나님의 아들을 인하여서 당신의 자녀를 용서하여 주옵소서"라고 말했을 때를 제외하고는, 마음속에 일어나는 하나님에 대한 사랑은 없을 것입니다. 그것이, 오직 그것만이 우리가 우리 영혼을 채우고 성결하게 하는 실제적인 힘으로서 하나님의 사랑을 소유하는 길입니다. 하나님은 우리의 사랑을 오직 그에게만 드려야 하는 그런 분이십니다. 나는 여러분에게 말합니다(혹은 그보다는 성경이 여러분에게 말하고, 복음과 그리스도의 십자가가 여러분에게 말합니다). 용서가 없으면 사랑이 없고, 죄의식과 더러운 범죄에 대한 인정이 없으면 교제와 하나님의 자녀됨도 없습니다!

그러면 마음에서 그리스도의 사랑에 앞서 일어나는 것에 대해서는 이만큼 하기로 하겠습니다. 이제 그 뒤에 따라오는 것에 대해 한 마디 말씀드리겠습니다. "그의 많은 죄가 사하여졌도다. 이는 그의 사랑함이 많음이라." 죄의식이 죄사함보다 먼저 일어납니다. 그리고 죄사함이 사랑보다 먼저 옵니다. 그리고 사랑이 받아들일 만한 신실한 모든 봉사보다 먼저 일어납니다. 여러분이 행하고 싶으면 사랑하십시오. 알고 싶으면 사랑하십시오. 이 불쌍한 여인은 이 바리새인보다 그리스도를 훨씬 더 많이 알았습니다. 그는 "이 사람은 선지자가 아니다. 이 사람은 저 여자를 알지 못한다"고 말했습니다. 아, 오히려 이 여인이 바리새인이 자신을 아는 것보다 그를 더 잘 알았고, 바리새인이 그녀를 아는 것보다 더 자신을 잘 알았으며, 무엇보다 바리새인이 아는 것보다 그리스도를 훨씬 더 잘 알았습니다. 사랑이 모든 지식의 문입니다.

이 불쌍한 여인은 필시 과거 악한 생활의 유물이고, 한때 자신의 치장을 위해 사용했던 향유 옥합을 가져와 주님의 머리에 붓는데, 이것은 사랑이 없는 마음으로 볼 때, 주는 자가 대담한 것 같고 받는 사람에게는 부담을 줄 것 같은 봉사의 직무를 아낌없이 행하는 것입니다. 이렇게 하는 것 외에는 그녀가 할 수 있는 일이 별로 없습니다. 그녀의 가득한 마음은 표현을 하고 싶어 하였고, 행위로 표현하자 마음이 누그러집니다. 그 행위들은 외적인 명령의 힘에 의해 끌려 나온 것이 아니라 내적 충동의 분부에 따라 솟아 나오는 자발적인 것입니다. 그 행위들이 어떤 실제적인 목적을 달성하느냐 하는 것은 중요하지 않습니다. 그 행위들의 동기가 행위들을 영광스럽게 만듭니다. 사랑이 그 행위들을 자극하고 정당화하며, 하나님의 사랑이 그 행위들을 설명하고 받아들입니다. 죄사함을 받았음을 아는 데서 나오는 사랑이 모든 지식의 수단일 뿐 아니라 모든 순종의 원천입니다.

형제 여러분, 우리가 다른 모든 점에서는 서로 다르지만 이 한 가지 점에서는 다 같습니다. 즉 "우리 모두가 죄를 범하였으매 하나님의 영광에 이르지 못합니다"(롬 3:23). 그래서 우리 모두 그리스도의 사랑이 필요하고, 그리스도의 사랑이 우리 모두에게 제공됩니다. 그러나 확실한 것은 그리스도의 사랑을 붙잡을 수 있는 유일한 수단은 여러분 자신이 죄인이고 따라서 용서가 필요하다는 것을 아는 것뿐입니다. 나는 지금 여러분에게 돈 주고 살 필요가 없는 사랑을, 뇌물을 주고 얻을 필요가 없는 자비를, 여러분의 인물됨과 조건과 공로와 전혀 상관이 없이 영원히 하나님에게서 나오며, 지금 여러분 앞에 놓여 있어서 잡으려고만 하면 당장에 잡을 수 있는 은혜를 전합니다. 여러분은 죄인입니다. 그리스도께서 여러분을 위해 죽으셨습니다. 그리스도께서 오셔서 여러분에게 사죄하는 자비를 주십니다. 그 자비를 받고 평안을 얻으십시오. 그러고 나서 사랑하고 알고 행하면, 그리스도께서 여러분을 사랑하고 인도하실 것입니다!

3. 이제 마지막으로 한 마디만 더 하고 끝내겠습니다.

여기에 세 번째 인물, 곧 그리스도의 사랑을 전혀 모르는, 사랑이 없고 스스로 의로운 체 하는 사람이 있습니다.

이 사람은 그 여인과 그녀의 인물됨에 정반대되는 인물입니다. 여러분은 이 사람이 속해 있던 계층의 전통적인 특성과 특색을 압니다. 그런 특징들 전체를 보여 주는 완전한 표본입니다. 생활이 훌륭하고 도덕성이 엄격하며 정통신앙이 분명하고, 장로들의 모든 전통에 대한 자신의 믿음에 한 번도 의심의 목소리를 내 본 적이 없으며, 지적이고 학식이 있는 사람으로 이스라엘 계층 가운데 높은 위치에 차지하고 있는 사람입니다! 왜 이 사람의 도덕이 무가치하고 죽은 것이 되어버렸습니까? 어떻게 해서 모든 삶의 원천이었던 그의 정통신앙이 그처럼 무미건조한 말에 지나지 않게 되었습니까? 무엇이 그렇게 만들었습니까? 이 한 가지입니다. 즉 거기에 사랑이 없었다는 것입니다. 앞에서 말하였듯이 사랑이 모든 순종의 원천입니다. 그래서 사랑이 없으면 도덕은 단순한 결의론으로 퇴보합니다. 사랑이 모든 지식의 기초입니다. 그래서 사랑이 없으면 종교는 모세와 교리와 이론에 대한 잡담으로 타락하고 맙니다. 그것은 죽이지도 살리지도 못하며, 단 한 영혼에 생명을 주지도 못하였고 단 한 마음에 복을 주지도 못했으며, 단 한 사람의 손에도 일상생활의 투쟁과 노력을 감당할 힘을 주지 못하였습니다. 세상에서 사랑과 분리된 도덕만큼, 하나님의 사랑으로 가득 찬 마음에서 떠난 종교적 생각만큼 비열하고 무기력한 것은 없습니다. 빨리 타락하든지 오랜 시간에 걸쳐 부패하든지, 어느 경우든 그 결말은 죽음과 부패입니다. 교우 여러분, 여러분과 나는 이 교훈을 배울 필요가 있습니다. 우리가 죽어서 1900년 동안 무덤에 있는 바리새인을 정죄하는 것은 소용없는 일입니다. 동일한 사실이 우리 모두에게도 따라다닙니다. 우리도 모두 중심에서 멀어지고, 표면에서 지내는 것에 만족하려고 합니다. 우리는 뿌리는 없이 그냥 꽃과 가지만 꺾어서 우리의 작은 정원에 심는 것으로 만족합니다. 물론 그렇게 되면 꽃은 모두 죽습니다! 사람들이 신앙이 없이 덕을 기르려 하고, 신앙 없이 도덕적이고 영적인 진리의 바른 개념들을 얻으려고 할 수 있습니다. 그리고 부분적으로 그리고 잠시 동안 그런 일에 성공할 수도 있습니다. 그러나 신앙 없이 기른 덕은 속박의 멍에가 되고, 신앙 없이 습득한 진리의 개념들은 열매를 맺지 못하는 이론이 될 것입니다. 거듭 말하지만, 사랑이 모든 지식과 모든 의로운 행동의 기초입니다. 여러분이 영혼에 확고한 그 기초를 놓았다면, 하나님이 정하신 때가 되면 그 지식과 습관을 쌓을 것입니다. 그렇지 못하면, 여러분이 신전을 높이 쌓으면 쌓을수록, 구름을 찌를 듯 한 신전의 첨탑이 높이 올라가면 갈수록, 그만큼 더 확실하게 그 신전이 쓰러질 것이고, 쓰러질 때는 그만큼 더 무섭게 파괴될 것입니다. 이 바리새인은 자신에게 만족하였고, 그래서 그 안에 죄의식이 전혀 없으며 따라서 자기를 용서하고 사랑하시는 분으로 그리스도를 인정하는 회개하는 마음이 없고, 그러므로 그리스도에 대한 사랑도 없었습니다. 사랑이 없었기 때문에 그의 영혼에 빛도, 열도 없었습니다. 그래서 그의 지식은 무익한 개념들에 불과하고 그의 수고로운 행위들은 영혼을 죽이는 자기의에 지나지 않았습니다.

교우 여러분, 이와 같이 모든 것은 이 한 가지 복된 메시지, 곧 하나님께서 영원한 사랑으로 우리를 사랑하셨다는 메시지에 귀착됩니다. 하나님께서 우리를 위해 영원한 구속과 용서를 마련하셨습니다. 여러분이 참으로 그리스도를 알려면 죄인으로서 그분께 가야 합니다. 그렇지 않으면 여러분은 그분을 전혀 보지 못합니다. 여러분이 죄인으로 그리스도께 가고자 한다면, 자신을 높이려 하지 말고 납작 엎드려 "나는 불의와 허물이 가득하오니 주의 사랑을 베푸시어 나를 고치소서" 하고 말해야 합니다. 그러면 여러분은 응답을 받아, 마음에 하나님께 대한 사랑의 뿌리가 나기 시작할 것이고, 그 뿌리가 마침내 모든 지식과 모든 정결한 순종의 꽃을 피울 것입니다. 이는 죄사함을 많이 받은 자는 사랑함이 많기 때문입니다. "사랑하는 자는 하나님을 알고 하나님 안에 거하고 하나님도 그의 안에 거하느니라"(요일 4:7,16).

28
평안에 들어가라

"예수께서 여자에게 이르시되 네 믿음이 너를 구원하였으니
평안히 가라 하시니라"

눅 7:50

    우리 주님께서 자기에게 은혜를 받은 사람들을 보내실 때, 이렇게 말씀하시는 것은 딱 두 번 밖에 없었다는 것을 봅니다. 두 경우 모두, 그 말씀을 여자들에게 하셨습니다. 한 번은 죄인인 이 여자, 곧 주님께서 계셨던 집의 주인인 바리새인이 대놓고 경멸하였던 이 여자에게 말씀하셨습니다. 또 한 번은 낫기를 바라며, 즉 고쳐 주시는 분 모르게 병이 낫기를 바라고 지친 손을 뻗어 예수님의 옷가를 잡은 고통 받는 불쌍한 여자에게 이 말씀을 하셨습니다. 두 경우에 모두 크게 동정을 나타내신 것을 봅니다. 전자의 경우보다 후자의 경우에 훨씬 더 동정적인 면이 보입니다. 예수께서 떨고 있는 병자를 "딸"이라고 부르셨기 때문입니다. 두 경우에, 믿음과 평안 사이의 매우 주목할 만한 관계가 암시됩니다. "네 믿음이 너를 구원하였으니 평안히 가라."

    이 말씀과 관련하여 생각나는 점이 세 가지 있습니다. 그 가운데 첫 번째 사실은 이것입니다.

1. 여자를 떠나가게 함.

사람들은 우리 주님께서 어쨌든 이 회개하는 여인을 잠시 동안이라도 가까이 대하심으로 보호를 하여, 그 여자가 죄인인 줄 아는 이웃들의 비웃음과 경멸에서 구원하셨을 것으로 기대했을 수 있습니다. 혹은 그녀의 값비싼 헌물과 눈물로 표현되었듯이, 그녀의 깊은 감사에 마음이 움직여서 주께서 잠시 동안 그녀를 곁에 머물게 하셨을 것으로 생각했을 수도 있습니다. 그러나 그렇게 하시지 않았습니다! 예수께서는 사실상 그녀에게 이같이 말씀하신 것입니다. "너는 네가 원하는 것을 얻었으니, 가거라. 그리고 그것을 잘 간직해라." 그런 식으로 떠나보내는 것은 예수께서 평소에 행하시던 방식과 일치합니다. 왜냐하면 예수께서는 핵심이 되는 처음 네 제자를 모으신 후에는 어떤 개인을 불러 곁에 있게 하신 일을 거의 보지 못하기 때문입니다. 일반적으로 예수께서는 자기에게 은혜를 받은 사람들과 자신의 관계를 할 수 있는 대로 일찍 끊고 그들을 떠나 보내셨습니다. 그것은 예수께서 약간 흠모하는 마음으로 따르는 제자들 무리에 둘러싸여 방해를 받고 싶어 하시지 않았기 때문만은 아닙니다. 그 외에도 두 가지 이유가 더 있었습니다. 한 가지는 그 사람들 자신의 유익을 위해서였습니다. 그리고 다른 한 가지는, 그들이 여러 그룹으로 나뉘어 팔레스타인 북쪽 전역에 흩어져서 그리스도를 위한 빛과 복음전도의 중심이 되도록 하기 위해서였습니다. 예수께서는 씨를 나라 전역에 뿌리기 위해서 그들을 뿔뿔이 헤어지게 하셨습니다.

예수께서는 우리가 믿음으로 구원을 받았으면 "가라"고 우리에게 말씀하십니다. 주께서는 그 말씀으로 두 가지를 나타내려고 하십니다. 첫째는, 우리가 예수님을 보고 의지할 수 있도록 예수님 곁에 가까이 지내도록 하기보다는 홀로 자라기 위해 혼자 서서 자신의 생활을 정리할 책임을 느끼는 것이 좋다는 것을 가르치려고 하신 것입니다. 보일 수 있는 곳에 머물며 지지받는 것을 거두어들임으로써, 우리의 보이지 아니하시는 친구에게 더욱 더 가까이 가고, 더 굳세고 깊게 그를 의지하게 하는 것만큼 환경에 상관없이 점점 더 주님을 신뢰하게 만들고 마음 깊은 곳에까지 평안하게 하는 방법은 없습니다. "내가 떠나가는 것이 너희에게 유익이라"(요

16:7). 이는 자기 부인과 주님을 신뢰함에 의지하여 홀로 서고 독립하는 것이 사람들을 강하게 만들기 때문입니다. 그래서 정말이지 주님께서 우리를 광야로 인도하신다면, 흔히 생각하듯이 주께서 우리를 버려 홀로 있게 하신다면, 때로 어떤 사람들에게 하시듯이 주께서 그렇게 하신다면, 그것은 순전히 주님께서 우리에게서 물러나시기 위한 것처럼 보이는데, 그것은 모두 한 가지 목적을 위해서입니다. 즉 우리가 언제나 어린아이처럼 일종의 보행기 같은 것과 유모의 손과 아기의 걸음마를 도와주는 끄는 줄을 의지하지 않고, 성숙한 사람이 되도록 하시려는 것입니다. 가서 오직 그리스도와만 지내면서, 여러분이 혼자가 아니라는 것을 믿음으로 깨닫도록 하라는 것입니다. 그리스도인 여러분, 여러분은 이 자리에 그리스도께서 보이지 않지만 임재해 계시다는 것을 생각하면, 여러분의 마음이 가득 차고 용기가 솟고 든든해지기 때문에 아무도 없고 아무것이 없어도 할 수 있다는 교훈을 배웠습니까?

내가 볼 때, 이렇게 예수께서 새 제자를 자기에게서 떼어놓는 일을 아주 무정하게 그리고 영구히 행하시는 데는 또 다른 이유가 있습니다. 잠시 동안이라도 더 주님과 함께 지내게 하는 것이 이 여인에게 유익했을 것이라고 생각했을 수 있는 바로 그때, 이 여인을 냉혹하게 판단하는 세상으로 들여보내셨습니다. 그렇습니다. 언제나 그것이 믿음으로 구원의 복을 받은 그리스도인들이 그 복을 유지하며 주님을 섬길 수 있게 하는 방법입니다. 즉 사람들 가운데로 나가서 그곳에서 자기 일을 하도록 하는 것입니다. 그 여자는 집으로 갔습니다. 사람들이 그 여자에 대해 말한 것이 사실이라면, 그 여자가 이제 가져갈 그 영향을 정말로 필요로 한 곳은 아마도 집이었을 것입니다. 과거에 그녀는 악의 중심지였습니다. 그녀는 악의 중심지 노릇을 했던 바로 그곳으로 돌아가서 선의 중심지가 되어야 했습니다. 그녀는 자신이 그리스도와 함께 있었다고 하려면, 그 말을 해명해 줄 현재의 모습으로 자신의 과거가 옳지 않았음을 드러내는 일을 해야 했습니다. 바로 이 이유 때문에, 예수께서는 함께 있기를 구한 어떤 사람에게 "아니다, 아니다! 집으로 가서 하나님께서 네게 어떤 큰 일을 행하셨는지 친구들에게 말하라"고 하셨습니다. 예수께서 이 여인에게 그 말씀을 하신 것입니다. 그리고 여러분과 내게 "가서 나를 증거하라"고 말씀하십니다. 주님과 교제를 갖는 것은 복된 일입니다. 그런데 그것은 결국 주님을 봉사할 수 있도록 하기 위한 것입니다. 베드로 사도가 "우리가 여기에 초막 셋을 지읍시다"(눅 9:33) 하고 말했습니다. 그리고 삽입구적인 설명이 좀처럼 필요 없는 "자기가 하는 말을 자기도 알지 못하더라"는 말이 붙어 있었습니다. 그러나 산 아래에 있는 제자들에게는 귀신들린 아이가 있었고, 제자들은 아이를 사로잡고 있는 귀신에게서 아이를 풀어 주려고 애쓰고 있었지만 소용이 없었습니다. 이 우울한 경우가 변화산 위에 계신 그리스도의 동정심과 도우심을 간청하고 있는 한, 산에 머무를 때가 아니었습니다. 모세와 엘리야가 거기에 있었고, 하나님으로부터 나온 목소리가 거기 있었으며, 쉐키나의 구름이 거기 있었을지라도, 모두 버려 두고 밑으로 내려가서 몸부림치는 불쌍한 아이를 돕는 일을 해야 했습니다. 그래서 예수 그리스도께서 우리에게 말씀하십니다. "가라, 그리고 감동받은 것은 일을 하도록 하기 위함이고, 세상에서 주님의 뜻을 행하는 것이 주님의 임재를 가장 확실하게 실감하는 방법임을 기억하라."

2. 이제, 내가 말씀드리고 싶은 두 번째 요점은 그리스도께서 이 여인을 들어오도록 허락하신 영역입니다.

현재의 경우에, 그리고 내가 이미 앞에서 언급한 다른 경우에, 사용되는 표현이 구약의 익숙한 작별 인사, 곧 히브리말로 "잘 가라"는 뜻인 "평안히 가라"는 말과 같은 일반적인 것이 아니라는 점이 특이합니다. 그러나 우리는 때로 구약에서 사소하지만 설득력 있는 변화를 봅니다. 그것은 흠정역 성경에서 번역하고 있듯이 "평안히 가라"는 것이 아니라 그보다 훨씬 더 큰 의미를 지닌, "평안에 들어가라"는 말입니다. "평안히 가라"는 말은 순간의 감정을 가리킵니다. 그러나 "평안에 들어가라"는 것은 말하자면 큰 궁정의 문을 여는 것이며, 어떤 나라의 국경에 있는 장벽을 낮추어 사람이 그 복된 나라의 전역을 지나가는 여행을 떠나도록 하는 것입니다. 예수 그리스도께서는 지극히 평범한 관습적인 많은 형태들에 의미를 부여하셨듯이, 이 말도 취하여 거기에 의미를 집어넣으십니다. 엘리가 한나에게 "평안에 들어가라"(개역개정은 "평안히 가라" — 역주)고 말하였습니다. 나단이 다윗에게 "평안에 들어가라"고 하였습니다. 그러나 엘리와 나단은 그렇게 되기를 바라는 것밖에 할 수 있는 일이 없었습니다. 그들의 바람은 실현할 능력이 없었습니다. 그리스도께서는 관습적인 인사라는 물을 가지고 진짜 포도주를 만드십니다. 예수께서는 "평안에 들어가라"고 말씀하실 때, 사람들에게 주시기를 바라는 평안에 그 사람을 들어가게 하십니다. 주님의 말씀은 살아 있는 피조물과 같아 스스로를 성취합니다.

그래서 예수님은 우리 각 사람에게 말씀하십니다. "네가 믿음으로 구원을 받았다면 내가 이 궁정을 문을 연다. 나는 네가 이 큰 나라의 경계선을 넘어가도록 허락한다. 네게 온갖 평안을 주노라." 하나님과 평화롭게 되는 것, 그것이 모든 것의 기초입니다. 그리고 나면 우리 자신과 평화롭게 됩니다. "나는 절대로 안 한다"는 생각이 "나는 하고 싶다" "해야 한다" "하겠다"는 생각과 끊임없이 치명적인 싸움을 벌이는데, 내 자신과 평화롭게 되면 우리의 내적 본성은 다투는 감정들 때문에 더 이상 갈가리 찢어질 필요가 없을 것입니다. 그보다는 마음과 의지, 평온해진 양심, 만족한 욕구, 순수한 애정, 고결한 감정들이 마치 달이 바닷물을 끌어당겨 무더기같이 쌓듯이 그리스도의 사랑의 매력에 끌려 다 같이 모여 하나의 거대한 파도를 이룰 것입니다. 이와 같이 하나님 안에서 안식하는 우리 영혼은 자기 안에서도 쉴 수 있습니다. 그리고 그것이야말로 마음의 불화들을 하나의 열쇠를 사용하여 조화와 일치로 바꿀 수 있는 유일한 방법입니다. 영혼 속의 전쟁과 소동을 조용한 에너지로 바꿀 수 있고, 또 침체가 아니라 평안, 곧 일찍이 영혼이 각기 다른 욕구들로 분열될 때 발휘되었던 것보다 더 큰 힘을 발휘하는 평안으로 바꿀 수 있는 유일한 방법입니다.

마찬가지로 하나님과 평화롭게 지내고 따라서 자신과도 평화롭게 지내는 사람은 모든 일, 모든 사건과 조화롭게 지내는 관계에 있습니다. "너희가 그리스도의 것이면 모든 것이 너희 것이니라"(갈 3:29). 시스라가 하나님께 대항하여 싸우고 있었기 때문에 "별들이 하늘에서부터 싸우되 그들이 다니는 길에서 시스라와 싸웠"습니다(삿 5:20). 모든 피조물과 모든 사건은 그것들의 주이신 하나님께 대항하고 적의를 품고 있는 사람에게 적의를 품고 있습니다. 그러나 우리가 하나님과 화목하고 우리 자신과 화목하면, 욥이 말하듯이 "들에 있는 돌이 너와 언약을 맺겠고 들짐승이 너와 화목하게 살 것"입니다(욥 5:23). "네 믿음이 너를 구원하였으니 평안에 들어가라."

약속이며 또 수여이기도 한, 이 계명은 우리에게 그리스도께서 들어가도록 허락하시는 평안에서 진보하라고 명한다는 것을 기억해야 합니다. 우리는 점점 더 흐트러지지 않고 평온해야 합니다. 그래서 모든 것을 말하고 행하였을 때, "평온 외에는 기쁨이 없습니다"(테니슨의 시의 한 구절 — 역주). 우리는 더욱 더 차분하고 평안해야 합니다. 말하자면 우리 마음을 감싸고 있는 평정의 층이 날마다 더 깊고 튼튼해져야 하고, 동요와 불행과 소동을 막는 갑옷이 더 두꺼워져야 합니다.

3. 이제 내가 이야기하고 싶은 마지막 요점은, 우리가 평강의 나라에서 거할 조건입니다.

우리 주님께서는 두 여인에게 "네 믿음이 너를 구원하였느니라"고 말씀하셨습니다. 다른 여인에게는 이 말씀을 하시는 것이 회개하는 이 불쌍한 창녀에게보다 훨씬 더 필요하였습니다. 다른 여인은 자기가 어떻게든지 예수님의 옷을 만지면 치유의 복을 몰래 얻을 수 있다는 생각을 갖고 있었기 때문입니다. 그래서 주님은 그녀가 오감을 의지하는 잘못된 생각에서 벗어나도록 하시고, 주님으로부터 치료하는 "힘"을 끌어낸, 그녀 안에 있는 믿음을 그녀에게 알려주셨습니다. "네 집게손가락이 아니라 네 믿음이 너를 나에게 연결시켰고, 내 옷이 아니라 내 사랑이 너를 치료하였느니라."

치유하고 구원하는 능력이 외적인 것들, 곧 성례와 의식과 형식에서 기인한 것으로 생각한 그 여인의 잘못을 모방하는 사람들이 그동안 많이 있었고, 지금도 여전히 많습니다. 그들의 믿음이 진실하고 그들의 열망이 진지한 것이라면, 그들은 복을 얻습니다. 그러나 그들은, 사람이 그리스도의 구원하시는 능력을 받는 조건이 무엇인지, 그리고 의복과 손가락은 그 능력과 아무 관계가 없다는 것을 좀 더 분명히 배워 알 필요가 있습니다.

 이 두 가지 말씀, 곧 모든 영적 복의 통로를 지적하는 전자의 말씀과, 완전한 평안이라는 큰 복을 주시는 후자의 말씀의 결론은, 평안은 믿음에 달려 있다는 점을 시사하며, 우리가 지속적인 평안을 누리려면 지속적인 믿음을 발휘해야 한다는 이 엄숙한 진리에 이르게 합니다. 이 두 가지는 정확히 같은 거리를 갈 것입니다. 믿음이 멈추는 곳에서 평안도 그칠 것입니다. 어제의 믿음으로 오늘의 평안을 확보하지 못합니다. 내가 믿음의 방패를 들고 있는 한, 방패가 악한 자의 모든 화전을 막아낼 것입니다. 그러나 내가 그 방패를 어저께는 들고 있다가 오늘 내려놓았다면, 화전으로부터 나를 막아줄 것이 아무것도 없어 나는 상처를 입을 것이고, 오래지 않아 불에 타고 말 것입니다. 과거의 신앙적 경험은 오늘의 필요를 해결하는데 아무 소용이 없습니다. "여러분의 평안"이 "바다 물결같이" 잔잔하게 하려면, 그리스도에 대한 여러분의 믿음은 지속적이고 굳세어야 합니다. 여러분이 신뢰하기를 그치는 순간, 여러분의 평안도 그칩니다. 여러분이 계속해서 방파제 뒤에 있으면, 아무리 폭풍이 몰아쳐도 평온하게 나아갈 수 있을 것입니다. 위험을 무릅쓰고 방파제를 넘어서 가면 여러분은 덮치는 파도와 세차게 부는 폭풍을 맞을 것입니다. 여러분은 과거를 돌아보면 복의 수단이 어디 있는지 알 것입니다. 여러분을 구원한 것은 믿음이었고, 여러분이 "평안에 들어가는" 것은 여러분이 계속해서 믿을 때입니다.

29
여성들의 사역

"또한 악귀를 쫓아내심과 병 고침을 받은 어떤 여자들 곧 일곱 귀신이 나간 자 막달라인이라 하는 마리아와 헤롯의 청지기 구사의 아내 요안나와 수산나와 다른 여러 여자가 함께 하여 자기들의 소유로 그들을 섬기더라"

눅 8:2,3

복음전도자 누가는 우리 주님의 생애에서 여성들이 두드러진 역할을 맡은 여러 사건들을 우리를 위해 기록해 놓았습니다. 이 사실을 누가복음의 주요 특징들과 연관시키기는 어려울 것으로 보입니다. 그러나 어쨌든 우리가 누가 덕분에 그 사건들의 자세한 내용을 알게 된다는 것과, 감사하는 이 여인들의 봉사가 주님께서 갈릴리를 떠난 후에 돌아다니시는 생활 동안 내내 지속되었다는 사실은 주목할 만한 것입니다. 마태가 예수께서 십자가에 못 박히신 사건을 이야기하는 가운데 우연히 그 사실을 언급하는 것을 보게 됩니다. 그러나 누가복음이 없었더라면, 우리는 그 여인들 가운데 두 세 명의 이름은 몰랐을 것이고, 어떻게 이 여인들이 항상 예수님을 따라다녔는지 알 수 없었을 것입니다. 이 적은 무리의 여인들에 대해 우리가 아는 것은 거의 없습니다. 막달라 마리아는 매우 괴로운 생을 살았습니다. 그녀에 대한 성경의 기록은 아주 감미롭고 아름답습니다. 알 수 없는 귀신에게 사로잡혀 있다가 그리스도로 말미암아 구원을 받은 그녀는 진실한 여인처럼 온 마음으로 예수님을 굳게 따릅니다. 이 마리아는 사랑의 사도라고 불리는 온유한 제자 외에는 모든 남자들이 목숨이 아까워 구석에 숨어 있는 동안에 강한 사랑 때문에 모든 두려움을 떨쳐 버리고 용기를 내어 십자가 옆에 섰던 적은 무리들 가운데 한 사람입니다. 또 그녀는 예수께서 죽으신 뒤에도 계속해서 봉사하고 싶어서 주님께 기름을 붓기 위해 향유를 가져왔던 바로 그 무리 가운데 한 사람이었고, 부활하신 주님께 와서 환희에 찬 목소리로 "랍오니, 곧 선생님" 하고 소리쳤던 사람이 바로 이 마리아였습니다. 그런데 복음서의 이야기를 묘하게 잘못 이해해서 사람들이 그녀를 앞장에 나온 죄인인 여자와 같은 인물로 간주해 왔습니다. 그래서 그녀의 아름다운 평판이 오명을 쓰게 되었고, 그녀의 이름이 그녀가 속해 있었다고 믿을 이유가 전혀 없는 계층의 사람들을 표시하는 명칭으로 받아들여지게 되었습니다. 귀신들림이 때로는 신체적 질병이나 도덕적으로 악한 모습을 띨 수가 있지만, 실제로 그런 것은 전혀 아니었습니다.

헤롯의 청지기 구사의 아내 요안나에 대해서 오래된 교회의 전통은 그녀가 그리스도께서 가버나움에서 그 아들을 고쳐준 귀족의 배우자였다고 전합니다. 그런데 헤롯의 청지기가 가버나움에 살았을 것 같지는 않습니다. 그보다는 앞에 나오는 이야기를 볼 때, 그녀 자신이 예수님에게서 고침을 받았던 것 같습니다. 어떻든 간에, 헤롯의 궁전이 그리스도의 제자들을 찾을 그런 곳은 아니지 않겠습니까? 그러나 여러분은 가이사의 식구들이 네로가 죽인 그 사도를 사랑으로 감싼 것을 아십니다. 그리고 큰 홀의 주인은 전혀 관심이 없는 그리스도를 그의 종들은 알고 사랑하는 것이 결코 진귀한 일이 아닙니다.

그 다음에 수산나에 대해서 말하자면, 단 한 줄로라도 주님께 대한 자신의 봉사가 영구히 온 세상에 알려진다면, 그녀로서는 기쁜 인생이지 않겠습니까?

그래서 나는 본문의 이 사소한 사건들에서 그리스도에 대한 그리스도인의 봉사와 사역이라는 문제에 관해 분명한 어떤 교훈들을 보려고 합니다. 이 문제는 선교 사역과 그 밖의 모든 활동에 적용될 것이고, 필시 우리를 그 모든 것의 밑바닥까지 낮추고, 그 모든 것이 의지하고 있는 기초를 우리에게 보여줄 것입니다.

뭐라고 말할까요? 감히 거친 말을 사용해서 극빈자 그리스도라고 말할 수 있을까요? 무엇보다 스스로 가난에 처하시는 사랑의 실례이시며, 우리를 위한 위대한 모범과 동기가 되시는 그 중심인물을 잠깐 동안 같이 보자고 말씀드립니다. 우리는 너무도 자주 우리 주님의 생애를 지나치게 상상에서 나온 공경심을 가지고 봄으로써 그 생애의 사실들을 보는 견실한 관점을 잃는 경우가 때때로 있습니다. 이제 여러분이 그 사실을 깨닫기를 바랍니다. 여러분은 원하는 대로 그 사실을 현대 영어로 표현할 수도 있습니다. 현대 영어가 그 개념을 생생하게 표현하는데 도움이 될 것이기 때문입니다. 그 개념이란 단순하고 평범한 사실로서 예수 그리스도께서 아주 넓은 의미에서 빈민이셨다는 것입니다. 여러분이 우리 주변의 빈민굴에서 볼 수 있는 눅눅한 가난에 젖은 극빈자는 아니지만, 그 단어가 실제 의미하는 그대로 빈민이셨습니다. 예수께는 자기 것이라고 부를 수 있는 것이 전혀 없었습니다. 주께서 생의 마지막에 이르셨을 때, 주님의 유일한 소유물인 통으로 짠 의복 외에는 사형집행인들이 내기에 걸만한 것이 아무것도 없었습니다. 예수께서 배가 고플 때는, 길가에 무화과나무가 있으면 거기에서 조반거리를 얻을까 하고 나무에 가십니다. 주님은 피곤하시면 고깃배를 빌려 거기에 누워 잠이 드십니다. 주님은 목이 마르시면 인물됨이 의심스런 여자에게 물 한 모금 달라고 청하십니다. 예수께서는 교회 조직과 시민 사회의 한계에 대해 설교하고 싶으실 때 "데나리온 하나를 가져오라"(막 12:15)고 말씀하십니다. 주님은 예루살렘으로 겸손하게 들어가시는데 쓰실 짐 나르는 짐승에 대해서, 그 몸을 감싼 수의에 대해서, 그 몸을 방부 처리하는데 쓸 향유에 대해서, 그 몸을 누인 무덤에 대해서 다른 사람에게 빚을 지지 않으면 안 됩니다. 주님의 사도가 "가난한 자 같으나 많은 사람을 부요하게 하고 아무 것도 없는 자 같으나 모든 것을 가진 자로다"(고후 6:10) 하고 말했는데, 이때의 사도보다 주님은 더 깊은 의미에서 빈민이셨습니다. 복음 세계의 위대한 신비, 곧 깊이 내려가 복음의 심원한 사상에까지 이를 수 있는 비천함과 고귀함의 모든 극단들을 한 행동과 한 인물 안에 다 같이 어우러지게 하는 신비가 말하자면 여기서 아주 극적으로 표현되며, 아름다운 형태로 표면에 나타난다는 것을 우리가 기억해야 합니다. 바로 이같이 가난과 절대적인 사랑이 한데 어우러지는 것, 곧 한 인격 안에 신성과 인성이 가장 고귀한 형태로 결합되는 것이 여기 이 사실에서 나타납니다. 즉 이렇게 말할 수 있다면, 차고 축축한 안개에 갇힌 햇빛처럼 기이하고 어렴풋한 빛이 가난이라는 아주 깜깜한 구름을 지나갑니다. 그래서 여러분이 그리스도의 가난을 나타내는 분명하고 생소한 표지를 볼 때는 언제든지, 그 곁에 주님의 완전과 가치를 보여 주는 분명하고 기이한 표지가 있는 것을 보게 됩니다. 예를 들면, 내가 이미 언급한 예를 사용하자면, 주님은 고깃배를 빌려서 배의 끝머리에서 피곤하여 나무 베개를 하고 주무십니다. 아, 그런데 주님이 일어나서 "잠잠하라 고요하라"고 말씀하시자 파도가 잔잔해집니다. 주님은 다락방을 빌리시고 모르는 사람이 가져온 포도주와 또 다른 사람이 가져온 빵으로 주님의 새로운 나라의 언약과 성례를 세우십니다. 주님은 무덤을 빌리십니다. 아, 주님은 죽은 자와 산 자의 주로서 무덤에서 나오십니다. 그래서 우리는 이렇게 말해야 합니다. "우리 주 예수 그리스도의 은혜를 너희가 알거니와 부요하신 이로서 너희를 위하여 가난하게 되심은 그의 가난함으로 말미암아 너희를 부요하게 하려 하심이라"(고후 8:9).

이제까지 지상에서 영위되었던 삶 가운데 가장 고귀한 삶, 나는 여러분과 내가 그 삶을 그보다 훨씬 더 그 이상의 것으로 생각하기를 바라지만 어쨌든 우리 모두가 이제까지 지상에서 영위되었던 가장 고귀한 삶은 가난한 사람의 삶이었습니다. 그 순수한 욕구, 거룩한 열망, 고귀한 목적들을 기억하시기 바랍니다. 그 영에 모든 고상함과 자비심을 가지고 산 삶, 하나님의 지극히 친밀한 임재와 하나님과의 본질적인 연합을 항상 의식하며 산 생활이 그런 조건 하에서 영위될 수 있습니다. 그래서 극빈자 그리스도는 적어도 완전한 인간이심을 기억해야 합니다.

그러나 다음으로 내가 좀 더 당장 말하고 싶은 것은, 여러분에게 그 중심인물을 생각할 때 우리를 위해 자신을 비우심으로 진정으로 아무것도 없었던 그의 가난이라는 이 외적 사실을 위대한 동기로 생각하고, 하나님께 감사하게도, 아주 겸손하게 감히 이렇게 말할 수 있다면, 여러분과 내가 따라야 할 위대한 모범으로 생각해보라는 것이었습니다. 사람들이 "내가 주의 이름을 말하기를 사랑하나이다"라고 말하는 데는 이유가 있습니다. 주님께서 요구하시는 헌신과 자기 포기의 경건이 있는지 판단하는 척도가 바로 그것입니다. 그리스도께서는 외적인 소유를 철저히 다 버리시면서까지 우리에게 모든 것을 주셨고, 그리스도께서 가난하게 되어 섬기시려고 한 사람들 가운데 계시면서 그들을 향하여 "나를 도와라. 이는 내가 너희 구속을 위하여 너희의 봉사가 필요한 처지가 되었기 때문이라" 하고 겸손하게 호소하십니다. 내가 이 사건으로부터 여러분에게 강조하고 싶었던 첫 번째 요점에 대해서는 이만큼 하기로 하겠습니다.

다음으로, 사실상 동일한 사고의 과정을 따라가면서 여러분에게 여기서 사랑을, 곧 몸을 낮추어 도움을 받으시는 그 사랑을 보자고 말씀드립니다.

우리 주님께서 자신에게 필요한 물건들을 공급하시는데 기적적인 능력을 쓰셨다는 기록이 전혀 없다는 것은 잘 알고 있는 이야기이고, 틀림없는 사실입니다. 그 이유는 아마도 경제 법칙과 기적적인 에너지를 극도로 절약하려는 데서 찾을 수 있을 것입니다. 그래서 주님의 생애에서 초자연적인 것들은 언제나 가장 최소한으로만 사용되었고, 자연적인 것들과 즉시 결합되었습니다. 뿐만 아니라 그 이유는 이 점에서도 찾을 수 있을 것입니다. 그 이유를 아주 쉽게 얘기해 보겠습니다. 즉 그것은 그리스도께서 자기가 사랑하는 사람들에게 도움 받고 섬김 받기를 좋아하셨고, 그들도 그렇게 하기를 주님만큼 좋아했다는 것입니다. 그렇게 하는 것을 주님은 매우 기뻐하셨고, 그 사람들도 그렇게 하기를 매우 기뻐한다는 것을 확실히 아셨습니다. 여러분 어머니 아버지들은 여러분의 어린 자녀 하나가 와서 여러분이 어떤 일을 하고 있는 것을 보고 "도와 드릴게요" 하고 말할 때 어떤 기분인지 압니다. 어린 아이의 손이 여러분이 하는 일을 진척시키는 데 별로 도움이 되지 않을 것입니다. 오히려 가만히 있는 것보다 더 방해가 될 수 있습니다. 그렇지만 여러분은 "그래, 자, 이것을 가지고 이렇게 조금 해 줄래" 하고 말하는 것이 기쁘지 않습니까? 주기만 하는 사랑이 얼마나 결함이 많고 몹쓸온전치 못한 것인지, 받기만 하는 사랑 역시 얼마나 결함이 많고 온전치 못한 것인지 우리 모두가 알고 있지 않습니까? 그래서 진정한 모든 애정의 교제에서는 그 두 가지 태도를 다 취해야 합니다. 우리의 세상적인 사랑을 기쁘게 만드는, 양극(兩極)을 왔다갔다는 섬광의 아름다운 교제의 가장 고귀한 모범을 우리는 하늘에서 봅니다. 서로 마주 보는 거울이 두 개 있습니다. 그러면 두 거울은 깨끗이 닦여 있는 한쪽 면에서 다른 거울로 빛을 반사합니다. 이와 같이 그리스도께서 사랑하시므로 주시고 사랑하시므로 받으시며, 그의 종들도 사랑하므로 드리고 사랑하므로 받습니다. 때로 우리는 주께서 우리에게 그토록 많은 것을 주셨다는 사실이, 주님의 참되고 깊은 사랑을 가장 고상하게 보여 주는 표지라고 흔히 이야기합니다. 그러나 내 생각에는 우리가 잠시 생각하면, 우리에 대한 주님의 놀라운 사랑이 주께서 우리에게 모든 것을 주신다는 사실에서 더 잘 나타나는지, 아니면 주께서 그토록 많은 것을 우리에게서 받으시는 사실에서 더 잘 나타나는지 판단하기 어려울 수도 있습니다. "인자가 온 것은 섬김을 받으려 함이 아니라 도리어 섬기려 함이니라"(마 20:28)고 말하는 것은 중요합니다. 그런데 나는 그 인자께서 "어떤 여자들이 자기들의 소유로 주님을 섬기더라"는 이 점이 기록되도록 두셨다는 점을 이야기하는 것도 중요하다고 봅니다. 어쨌든 그 기록은 우리를 위해 있는 것입니다. 우리가 와서 "내가 가져오는 것은 다 주님의 것입니다" 하고 말해야 한다고 할지라도 어떻습니까? 그렇다고 하더라도 어떻습니까? 어떤 아버지가 아이에게 선물 살 돈을 주었다고 해서 아이에게 선물 받는 것을 별로 좋아하지 않겠습니까? 우리가 우리의 모든 헌금과 모든 사랑, 열망, 소원, 신뢰, 순종, 실제적인 봉사, 실질적인 도움을 주께 드릴 때, "모든 것이 주께로 말미암았사오니 우리가 주의 손에서 받은 것으로 주께 드렸을 뿐이니이다"(대상 29:14)라는 옛적의 감사와 함께 드려야 한다고 해서, 우리가 그리스도께 드리는 참된 즐거움이 조금이라도 줄어들며, 그리스도께서 그것을 우리에게서 받으시는 참된 즐거움이 없다고 생각할 수 있겠습니까?

자, 사랑하는 교우 여러분, 진정한 사랑의 모든 교제에서 이 두 면이 혼합되어야 할 필요성에 대해, 즉 양편에서 주고받는 애정이 표현되어야 할 필요성에 대해 이같이 대충이라도 다룬 이 모든 원칙들은, 그리스도를 모르는 사람들에게 그리스도의 이름을 전하는 그리스도인들의 좀 더 특별한 활동과 직접적인 관계가 있습니다. 여러분에게는 내가 그동안 말해온 강력한 섭리가 작용합니다. 하나님의 생명이 세상에 부어지고 나면, 초자연적인 일들이 끝마쳐집니다. 그리스도께서는 "내가 불을 땅에 던지러 왔노니 이 불이 이미 붙었으면 내가 무엇을 원하리요!"(눅 12:49) 하고 말씀하셨습니다. 초자연적인 일이 분명히 있습니다. 그러나 초자연적인 일이 이루어진 후에는, 여러분은 인간 역사의 일반적인 법칙과 인간 사회의 일반적인 조건에 따라 일을 처리해야 합니다. 하나님께서는 하나님 말씀을 전파하는 일을 자기 백성에게 맡기십니다. 그런데 절대적으로 필요한 경우 외에, 초자연적인 것들을 한 순간이라도 쓸데없이 지속해야 하겠습니까? 그리스도께서 오십니다. 우리는 그 사실을 생각하고 일을 해야 합니다. 그런데 여러분은 이렇게 말합니다. "기부하시오, 기부하시오, 기부하시오, 언제나 기부하라고 합니다. 이 집단, 저 집단, 또 다른 집단이 끝없이 기부하라고 합니다. 구제하라고 설교합니다. 사람들은 복음의 가장 고귀한 동기를 사람들 주머니에서 한 두 푼 끄집어내는 데에만 사용합니다. 그런 일에 지쳤습니다." 알겠습니다. 내가 할 말은 무엇보다 "당신이 아직 피흘리기까지는 대항하지 아니하였다"(히 12:4)는 것뿐입니다. 어떤 사람들은 당신이 낸 것보다 훨씬 더 많은 것을 복음을 위해 내놓아야 했습니다. 또 한 가지는, 여러분이나 내가 앞으로 잃어야 할 것보다 훨씬 더 많은 것을 주님을 위해 잃은 사람이 이렇게 말했습니다. "모든 성도 중에 지극히 작은 자보다 더 작은 나에게 이 은혜를 주신 것은 측량할 수 없는 그리스도의 풍성함을 이방인에게 전하게 하려 하심이니라"(엡 3:8). 마음이 후하고 용감한 영, 곧 주님의 아름다운 사랑에 접촉하여 깊은 감동을 받은 영은 그것을 전혀 짐으로 느끼지 않을 것입니다. 혹시라도 그것이 짐이 된다면,

그것은 보석이 박힌 무거운 금면류관이 명예롭게 된 머리를 누르는데서 오는 짐일 뿐입니다. 이 은혜를 주셨습니다. 그리스도께서는 우리가 주님을 섬기고, 주님을 위해 무엇인가를 할 수 있는 이 영광을 우리에게 보답으로 주셨습니다.

사랑하는 형제 여러분! 우리 주님께서 우리에게 하신 모든 은혜로운 말씀들 가운데 "온 천하에 다니며 만민에게 복음을 전파하라"(막 16:15)고 하신 것만큼 은혜로운 말씀은 없을 것입니다. 그리스도께서 그의 교회에 남기신 애정 어린 모든 유산들 가운데 주님의 평안과 성령이 포함되어 있긴 하지만, 아무튼 그 유산들 가운데서 주님이 왕권을 받아 돌아오기 위해 먼 나라로 떠나면서 "그 종들에게 권한을 주어 각각 사무를 맡기셨을"(막 13:34) 때만큼 우리에 대한 주님의 사랑과 신뢰를 잘 나타내는 것은 없다고 봅니다.

그래서 다음으로 나는 몸을 낮춰서 섬기고 섬기기를 기뻐하는 이 사랑을 보완하는 것으로 사랑으로 행하는 우리의 사역이나 봉사를 다시 한 번 보도록 합시다. 두 가지 점을 말씀드리겠습니다.

내가 볼 때 본문에 나오는 단순한 이야기는 이 문제의 핵심에 이르기까지 깊이 내려갑니다. 이 이야기는 두 가지 점을 말하는데, 봉사의 기초와 봉사의 영역이 그것입니다.

첫째로, 봉사의 기초가 있습니다. "악귀를 쫓아내심과 병 고침을 받은 어떤 여자들." 바로 이 점입니다. 구속(救贖)을 아는 것이 간절히 봉사하고 싶어 하는 감사를 일으키는 가장 중요한 공감입니다. 사랑의 표현이 아니라면 그것은 봉사가 아닙니다. 이것이 아주 중요한 기독교적 원칙입니다. 구속을 아는 데서 오는 사랑이 아니라면 그것은 사랑이 아닙니다. 이 두 가지, 곧 모든 봉사와 순종은 사랑의 말이고 웅변이라는 점과, 모든 사랑은 구속을 아는데 뿌리를 두고 있다는 점, 이 두 가지 점으로부터 여러분은 의무를 기쁨으로 만드는 기독교 윤리의 다소 간접적인 특징들을 정교하게 이론화 할 수 있을 것입니다. "하겠다"와 "해야 한다"는 것은 겹치고 서로를 덮는 점이 있습니다. 주님께서 무엇을 명하시든지 나는 벌떡 일어나서 행합니다. 요구조건을 생각할 때 짐이 무거울 수 있고, 멍에는 그 자체가 압박이 되는 경우가 흔하지만 그럴지라도 멍에를 내 목에 묶는 끈이 사랑의 끈이기 때문에, 나는 "내 짐이 가볍다"고 말할 수 있습니다. 옛 시편들 가운데 한 시편은 그 점을 이렇게 표현합니다. "여호와여 나는 진실로 주의 종이요 주께서 나의 결박을 푸셨나이다"(시 116:16). "주께서 푸셨으니, 그러므로 내 소리를 들으소서. 주여 말씀하소서. 주의 종이 듣겠나이다."

그러면 봉사의 기초에 대해서는 그만큼 하기로 하고, 이제는 봉사의 영역에 대해 이야기해 봅시다. "아무튼 비슷한 점은 하나도 없습니다. 이 여인들은 자기들의 소유를 가지고 개인적으로 주님을 섬겼습니다" 하고 여러분은 말합니다. 글쎄요, 그럼에도 불구하고 비슷한 점이 있다고 나는 생각합니다. 시간이 있다면, 나는 봉사의 영역과 관련된 이 면들을 오래 생각하고 싶습니다. 이 여인들의 평범한 가사 일은 참으로 단조로웠을 것입니다. 그러나 그리스도와 여행으로 꾀죄죄한 그의 열두 제자를 대신하여 저녁을 준비하는 일로 그리스도께 위로를 드린 것을 생각할 때 어떻게 그 일이 신앙적인 행위가 되었는지 돌아보게 됩니다. 가정에 있는 여성 여러분들과, 사무실에 그리고 카운터 뒤에 있는 남성 여러분들, 사전을 찾고 있는 학생 여러분들은 이 사실에서 교훈을 얻으시기 바랍니다. 지극히 평범한 일이라도 주님을 위해서 행하면 순식간에 예배의 행위가 되고, 혹은 나이 많은 선량한 조지 허버트(George Herbert)가 말하듯이 "이 조항을 마음에 새긴 종은 고되고 단조로운 일을 신성하게 만들고, 주님의 큰뜻을 위해 하듯이 방을 청소하는 사람은 그 일과 그 행위를 훌륭하게 만듭니다."

이것을 초월해서 행할 어떤 개인적인 봉사가 있겠습니까? 여러분 가운데 누구라도 피렌체에 있는 성 마가 수도원에 가본 적 있다면, 아마도 그 손님용 침실에서 프라 안젤리코(Fra Angelico)라는 성자 같은 천재 화가가 그린 그림을 기억할 것입니다. 그 그림은 문 입구에 놓기에 적당한 것으로 엠마오로 가는 길에서 두 순례자가 그들의 대접을 받는 알지 못하는 어떤 사람에게 기도하는 모습을 묘사하고 있습니다. 안젤리코는 두 순례자에게 자기 수도회의 옷을 입혀서 그렸고, 그리스도를 거기에 들어와 대접을 받을 수 있는 가난하고 지친 모든 여행자들의 대표자로 그렸습니다. 이 그림은 바로 "너희가 여기 내 형제 중에 지극히 작은 자 하나에게 한 것이 곧 내게 한 것이니라"(마 25:40)는 교훈을 보여 주는 것입니다.

사랑하는 교우 여러분, 또 한 가지 점이 있습니다. 주님이 생애와 죽음에서 이루시기 위해 가장 마음을 쓰신 일에 도움이 되는 일을 할 때 주님을 가장 잘 섬기는 것이 아니겠습니까? 여러분 만일 어떤 사람이 개혁자를 도우려고 하면서 "나는 당신에게 모든 물질적인 지원을 하겠습니다. 그러나 당신이 인생을 바쳐 이루려고 해 온 그 큰 뜻에 대해서는 조금도 공감하지 않습니다. 그것은 미친 짓이고 터무니없는 일이라고 생각합니다. 나는 당신에게 먹을 것과 거처할 곳을 주고 편히 쉬게 하겠습니다만 당신이 이 모든 것을 받아 이루려고 하는 그 목적에 대해서는 조금도 관심이 없습니다" 하고 말한다면 어떻겠습니까? 예수 그리스도께서는 살아서 십자가를 질 수 있도록 하기 위해 이 여인들이 자기를 돕도록 허락하셨습니다. 그리스도께서는 십자가에서 죽으심으로 이루시고자 한 일을 위해 여러분과 내가 주님을 돕도록 허락하십니다. "이 명예는 모든 성도들의 것이라." 우리 봉사의 기초는 구속을 아는 데 있습니다. 봉사의 영역은 주님을 마음에 가장 가까이 모시고 주님을 섬기는 곳이면 어디든지 해당됩니다.

그 다음에, 형제 여러분, 본문의 사건에 직접적으로 속해 있지는 않지만, 내가 볼 때, 그 사건과 연관이 있는 또 한 가지 점이 있습니다. 우리는 그동안 봉사의 동기와 모범, 봉사의 기초와 영역이 무엇인지 설명해 왔습니다. 마지막 한 가지 생각을 덧붙이려고 하는데, 그것은 봉사에 대한 기억과 기록입니다.

방에 한 줄기 광선이 비치면 우리가 바닥에 있는 온갖 먼지들이 오르내리며 춤추는 것을 볼 수 있는 것과 꼭 같이, 그리스도의 생명으로부터 나오는 빛이 주님 시대의 사회를 비추자, 이같이 온갖 하찮은 사람들이 잠시 동안 그 빛의 찬란한 광채 속으로 들어오는 것은 참으로 기이한 일입니다.

그 전에도 그 후에도 그런 사람들이 살았으나, 우리는 그들에 대해 아무것도 아는 것이 없습니다. 그러나 잠시 동안 그들은 빛이 비친 그 길을 건넜고, 그러면서 그들은 확 타올랐습니다. 바리새인들, 관리들, 온갖 학자들, 이런 사람들에게 누군가가 이렇게 물었다면, 그들은 참으로 이상하게 생각했을 것입니다. "여러분들은 여행으로 꾀죄죄한 한 줌밖에 안 되는 이 갈릴리 사람들, 길에서 그냥 지나쳐 버린 보잘것없는 이 여자들을 아십니까? 그런데 이 세 여자의 이름이 세상이 지속되는 동안에 결코 사라지지 않으리라는 것을 아십니까?" 이렇게 우리는 주님을 위해 행한 일이 영원한 가치를 지닌다는 것을 배울 수 있습니다. 그런데, 그런 일은 많은 경우에 잊혀지고 기록되지 않을 수 있습니다. 신실한 사랑과 고귀한 헌신에서 나온 참으로 많은 행위들이 모두 "주님을 섬기니라"는 말씀으로 압축될 수 있습니다! 이것은 삶이 기록에서는 얼마나 줄어들고, 줄어들고, 줄어드는지를 보여 주는 오래된 이야기입니다. 오래 전에는 엄청나게 넓었던 푸른 숲이 시간이 지난 다음에는 6펜스 두께 밖에 안 되는 얇은 석탄층이 되지 않습니까? 그러나 압축되긴 했지만 기록은 여전히 존재합니다.

이 여인들이 행한 그런 일에서 이름이 생략되고 기억되지 않을 수 있는 사람들이 얼마나 많겠습니까? 그러면 여러분은 "함께 하여 섬긴" 익명의 이 다른 여자들을 예수 그리스도께서 마리아와 수산나와 요안나만큼 사랑하시지 않은 것이라 생각하겠습니까? 그 행위가 복음서에 이야기되지만 이름은 기록되지 않은 수많은 사람들이 예수님을 섬겼습니다. 그러나 그것이 어떻다는 것입니까? 사도 바울은 "그 외에 나의 동역자들"에 대해 많이 이야기하면서 이렇게 말합니다. 글쎄 "그 이름들"은 잊어버렸지만, 그것은 별로 중요하지 않습니다. 그들이 "어린 양의 생명책에 있기" 때문입니다. 이와 같이 주님을 위해 행한 일은 영원하고, 우리의 복된 의식에서, 그리고 그 중 하나라도 잊지 않으실 우리 주님에게서 계속 기억될 것입니다. 사라져가는 명성은 희미해질 수 있을지라도, 우리는 큰 결과들을 받을 것입니다.

내가 잠깐 동안 가볍게 언급하고 싶었던, 주님을 위한 일의 영속성이라는 이 문제에 대해 생각해 볼 또 다른 점이 있습니다.

이 사실이 이 여인들에게는 참으로 기이할 것입니다! 여러분과 내가 이 여인들이 지금 그리스도와 함께 지내고 있다고 믿는다면, 그들은 주님을 올려다보면서 이렇게 생각할 것입니다. "아, 우리가 한때 주님의 음식을 준비하고 주님의 편히 쉴 거처를 마련했던 것이 생각납니다. 그런데 주께서 지금 보좌에 앉아 계십니다! 우리의 세상의 봉사가 이제 우리에게 참으로 기이하고 놀랍게 보입니다!" 우리가 저곳에 이를 때 우리 모두에게도 그와 같은 일이 있을 것입니다. 우리도 "주여, 언제 내가 주를 뵈었나이까"하고 말하지 않을 수 없을 것입니다. 주님께서 우리의 일에, 우리가 지금은 전혀 알지 못하는 의미와 위엄을 부여하실 것입니다. 그러므로 형제 여러분, 주의 종들이라는 이름을 최고의 명예로 생각하고, 주께 대한 사랑으로 행하는 일을 최고의 기쁨으로 생각하십시오. 우리가 우리를 위해 크신 사랑으로 위대하게 죽으신 주님을 우리가 보잘것없는 사랑으로 섬기고 나면, 마침내 다음의 놀라운 말씀이 성취될 것입니다. "내가 진실로 너희에게 이르노니 주인이 띠를 띠고 그 종들을 자리에 앉히고 나아와 수종들리라"(눅 12:37).

30
한 씨앗과 다양한 흙

"⁴각 동네 사람들이 예수께로 나아와 큰 무리를 이루니 예수께서 비유로 말씀하시되 ⁵씨를 뿌리는 자가 그 씨를 뿌리러 나가서 뿌릴새 더러는 길 가에 떨어지매 밟히며 공중의 새들이 먹어버렸고 ⁶더러는 바위 위에 떨어지매 싹이 났다가 습기가 없으므로 말랐고 ⁷더러는 가시떨기 속에 떨어지매 가시가 함께 자라서 기운을 막았고 ⁸더러는 좋은 땅에 떨어지매 나서 백 배의 결실을 하였느니라 이 말씀을 하시고 외치시되 들을 귀 있는 자는 들을지어다 ⁹제자들이 이 비유의 뜻을 물으니 ¹⁰이르시되 하나님 나라의 비밀을 아는 것이 너희에게는 허락되었으나 다른 사람에게는 비유로 하나니 이는 그들로 보아도 보지 못하고 들어도 깨닫지 못하게 하려 함이라 ¹¹이 비유는 이러하니라 씨는 하나님의 말씀이요 ¹²길 가에 있다는 것은 말씀을 들은 자니 이에 마귀가 가서 그들이 믿어 구원을 얻지 못하게 하려고 말씀을 그 마음에서 빼앗는 것이요 ¹³바위 위에 있다는 것은 말씀을 들을 때에 기쁨으로 받으나 뿌리가 없어 잠깐 믿다가 시련을 당할 때에 배반하는 자요 ¹⁴가시떨기에 떨어졌다는 것은 말씀을 들은 자이나 지내는 중 이생의 염려와 재물과 향락에 기운이 막혀 온전히 결실하지 못하는 자요 ¹⁵좋은 땅에 있다는 것은 착하고 좋은 마음으로 말씀을 듣고 지키어 인내로 결실하는 자니라"

눅 8:4-15

특별히 누가는 무리들이 예수님께 그의 말씀을 들으러 가느라 갈릴리의 성읍들이 다 빈 것처럼 보였을 때 이 비유를 말씀하신 것으로 적고 있습니다. 예수께서는 이와 같은 무리들의 소동의 깊이나 가치에 대해 어떤 환상도 갖지 않으십니다. 주님은 열심을 내는 이 무리들을 슬프게 바라보셨습니다. 그것은 예수께서 그들의 속마음을 보셨고, 그들 중에서 주님의 말씀을 듣는 토양으로 "착하고 좋은 마음"을 가지고 올 사람들이 거의 없다는 것을 아셨기 때문입니다. 이 순간적인 열정의 얕음을 아셨기 때문에 예수께서는 무거운 마음으로 의미심장한 이 비유를 말씀하셨고, 또 제자들에게 하신 비유에 대한 설명을 통해(10절) 민감하지 못한 사람들에게는 이 비유를 감추고 이 비유를 받을 준비가 되어 있는 사람들에게는 그 진리를 깨닫게 하기 위한 수단으로 비유를 사용하신다고 말씀하십니다. 모든 비유가 덮어 감추기와 계시하기라는 두 가지 목적을 지니고 있습니다. 덮어 감추는 것은 징벌의 성격이 있으며, 형벌은 잘못된 것을 고치기 위한 것입니다. 하나님께서는 아무것도 드러내지 않는 계시로 사람을 속이는 법이 없으시며, 덮어 숨기는 것 자체는 반드시 무엇인가를 발견할 수 있도록 조사하게 만들기 위한 것입니다.

이 비유에서 대체적으로 나타나는 현저한 사실은 비극적입니다. 세 경우에는 실패하고 한 경우에만 성공합니다! 비유에 나오는 각 경우의 "더러는"이라는 말이 바구니에 가득 담긴 전체 씨 가운데 어느 정도 분량인지를 말하지 않고 있다는 점을 생각할 때 그 점이 다소 누그러질 수도 있습니다. 그러나 그런 모든 점을 감안하더라도 이 비유의 사실은 아주 슬픈 이야기입니다. 자신들이 입을 열어 전해야 하고, 그러면 세상이 들을 것이라고 생각하는 모든 열정적인 개혁자들과 선구자들이 어떤 진리를 알게 되는 놀라운 교훈입니다! 자신들의 외견상 "인기"로 열광적인 환영을 받는 사람들에게는 심각한 경고가 아닐 수 없습니다! 하나님의 메시지를 듣는 모든 사람들에게는 아주 엄숙한 호소가 아닐 수 없습니다!

1. **이 네 종류의 흙이 모두 호숫가 근처에서 발견될 수 있었고, 씨를 뿌리고 있는 어떤 사람이 눈에 보였을 수 있다고 주석가들은 이야기해 왔습니다.**

그러나 이 비유를 말씀하시게 된 계기는, 우연한 지역적 환경보다 깊은 데 있었습니다. 옥수수밭 사이로 지나가는 길은 지루하기 짝이 없습니다. 그러나 보이지 않는 분과 습관적으로 대화를 나누며, 보이는 것들을 통해서 보이지 않으시는 분이 빛나는 것을 항상 보는 사람은 모든 것이 "천상의 빛으로 옷 입고" 있는 것을 보며, 평범한 목적들에서 깊은 진리를 발견합니다. 씨 뿌리는 자는 의도적으로 씨를 길가에 뿌리려고 하지 않습니다. 다만 씨들 가운데 더러는 길가에 떨어져 자리를 잡은 것일 뿐입니다. 그 씨들은 단단한 땅 표면에 그대로 떨어지는데, 싹이 날 기회를 가질 만큼 오래 있지 못하고, 씨 뿌리는 자가 다음 고랑으로 돌아서자마자 그 뒤에서 퍼덕거리던 도둑 같은 새 떼가 내려와 알갱이들을 가져가 버릴 것입니다. 그 땅이 아주 좋은 땅일 수도 있습니다. 다만 너무 단단해서 씨가 흙속으로 들어가지 못하고 땅 표면에 그대로 있었을 뿐입니다. 그 길은 밭의 나머지 부분과 같은 토양이었는데, 수년 동안 지나다니는 사람들의 발에 밟혀 왔던 것뿐입니다.

　온갖 다른 생각들이 길의 표면을 쓸고 지나가는 마음은, 예수께서 연약한 사람을 통해서 말씀하실 때 지극히 즐겁고 신성한 목소리로 말씀하실지라도 예수님의 음성을 듣고도 전혀 영향을 받지 않을 것입니다. 듣는 사람들이 예수님의 말씀을 듣지만 그 말씀이 그 사람의 귀의 고막 이상으로 들어가지 못합니다. 그 말씀이 단단해져서 전혀 감수성이 없는 영혼의 표면에 머물러 있는 것입니다. 진정한 의미에서 씨앗을 뿌리는 것인, 복음의 설교를 평생 들어왔지만 정말로 복음에 접촉해 본 적이 없는 사람이 얼마나 많은지 모릅니다! 사람의 발이 쿵쿵거리며 길을 가로질러 가고, 사업이라는 무거운 짐마차와 쾌락이라는 가벼운 마차, 그리고 대도시의 거리에 밤낮으로 쏟아지는 소음과 함께 끝없이 이어지는 자동차 행렬이 지나갑니다. 그러면 그 결과 그리스도의 음성을 전혀 듣지 못하게 됩니다.

　사람이 회중들의 마음을 열어 볼 수 있다면, 그들이 회중석에 점잖게 앉아 있는 동안에도 얼마나 많은 사람들의 마음이 사업이나 오락거리 혹은 좋아하는 것들에 대한 생각에 사로잡혀 있을지 모릅니다! 그들 가운데 얼마나 많은 사람들이 설교자의 음성을 듣지만 거기에 반응하는 생각이나 감정이 전혀 없이 듣는지 모릅니다! 회중들 가운데 설교자의 마지막 말이 무엇이었는지를 일생 동안 한 번도 말할 수 없는 사람들이 얼마나 많은지 모릅니다! 그렇다면, 설교자의 마지막 음성이 그치자마자 가벼운 날개를 단, 온갖 상상과 업무라는 새떼가 달려들어 그처럼 불완전하게 들은 설교의 보잘것없는 부스러기들마저 채 가버리는 것은 이상한 일이 아닙니다. 설교를 들은 사람들이 집으로 돌아가는 처음 오 분 동안에 그토록 열심히 몰입하는 순전히 세속적인 대화로 들은 설교 중 얼마나 많은 부분을 까먹게 되는지 모릅니다.

2. 씨가 길에서 조금 밑으로 내려가 싹이 트기 시작했다는 점에서 형편이 좀 더 나은 씨가 대표하는 두 번째 청중이 있습니다.

산이 많은 나라에서 흔히 볼 수 있는 것처럼 이 밭은 밑에 납작한 냄비처럼 바위가 넓게 퍼져 있고 그 위에 겨우 조금 흙이 덮여 있는 곳에 자리 잡고 있었습니다. 흙의 두께가 얇은 덕분에 오히려 씨가 빨리 자랐습니다. 이는 밑에 있는 바위가 표면에 아주 가까이 있어서 햇빛을 받고 아주 잘 데워지기 때문이었습니다. 그래서 지나치게 빨리 성장이 시작되었고, 뿌리가 밑으로 충분히 뻗어 새싹에 영양을 공급할 수 있게 되기도 전에 싹이 땅위로 나왔습니다. 이처럼 너무 이른 성장이 맞이할 수 있는 결과는 한 가지 밖에 없습니다. 즉 열에 말라죽는 것입니다. 넓게 퍼져 있는 암반으로부터 습기를 빨아들일 수 없고, 해가 맹렬하게 내려쬐이면 그처럼 연약한 푸른 싹은 시들어 죽을 수밖에 없습니다.

이것은 감정적으로 설교를 듣는 사람들의 전형적인 모습입니다. 즉 복음을 표면적으로만 듣고 거기에 담긴 내용을 이해하는 것이 없이 너무 쉽게 복음을 받아들이는 사람들입니다. 이들은 복음을 "기쁨으로" 받아들입니다. 그러나 기쁨에 앞서 와야 하는 회개와 슬픔이라는 마음의 깊은 움직임은 모르는 사람들입니다. 다른 경우와 마찬가지로 그리스도인의 생활에서도 "쉽게 얻는 것은 쉽게 없어진다"는 말이 진리입니다. 쉽게 개심한 사람은 쉽게 믿음을 잃어버립니다. 지극히 철저하고 영원한 변화가 순간에 이루어질 수 있다는 것은 사실입니다. 그러나 그렇게 순간적으로 이루어질지라도, 거대한 강을 산골짜기로 지나가게 하는 것처럼 수 년 동안에 작용할 감정들이 그 순간에 압축되어 일어난 것입니다.

이와 같은 피상적인 개심자들은 모든 신앙 부흥운동에서 흔히 나오는 사람들입니다. 우리 주님의 말씀을 들은 무리는 주로 이런 사람들이었습니다. 이들은 기분 상하는 일이 일어나자 "떠나가고 다시 그와 함께 다니지 아니한"(요 6:66) 사람들이었습니다. 이들 이후의 모든 시대에도 신앙 운동에 있어서 그런 정신을 이어 받은 사람들은 늘 있어 왔습니다. 가벼운 것들은 지나가는 열차 바람에도 날려서 하늘에 오르지만 이내 다시 땅에 떨어지고 맙니다. 감정이 땅에 뿌리를 내리고 있다면 좋은 것입니다. 그러나 "이 씨들은 뿌리가 없습니다." 복음이 그들의 본성과 의지와 이성의 깊은 부분에는 사실상 접촉하지 못했습니다. 그래서 그들이 그리스도인의 삶에 의례 있는 노고와 자기희생을 마주해야 할 때는 시들고 맙니다.

3. 세 번째 씨는 더 멀리까지 나갔습니다.

뿌리가 내리고 자랐습니다. 그런데 그 땅에는 다른 것들도 자리를 차지하고 있었습니다. 잡초와 가시나무(가시덤불이 아니라) 씨앗들이 땅에 가득하였습니다. 이렇게 해서 두 작물이 경주를 하게 되었습니다. 잡초가 속히 자라듯이 악한 작물이 옥수수의 푸른 싹보다 더 빨리 자라며 숨을 막히게 하였습니다. 옥수수의 푸른 잎은 잡초와 가시나무에 에워싸여 햇빛과 공기가 차단되는 바람에 수포로 돌아가고 말았습니다.

이 씨로 대표되는 사람은 자신의 신앙적 일을 철저히 다 하지 않았습니다. 그는 좋은 씨를 받았지만, 그리스도인의 성품이라는 아름다운 열매를 맺으려면 어떤 것은 받아들여야 할 뿐 아니라 어떤 것은 뿌리 뽑아 버려야 한다는 것을 잊었습니다. 그는 아마도 가시나무를 베었지만 그 뿌리나 씨를 그대로 두었을지 모릅니다. 그도 열매를 거두었지만 익지 않은 떫은 열매를 조금 거두었을 뿐입니다. 왜 그렇습니까? 마음에서 세상을 내보내지 않았기 때문입니다. 이 사람은 양립할 수 없는 것들을 하나로 묶으려고 하고 있는데, 이 둘 중 하나는 다른 것을 확실히 죽이게 되어 있습니다. 그의 "가시떨기"는 삼중적입니다. 그래서 누가는 이 가시떨기를 세심하게 "염려와 재물과 향락"으로 구별하는데, 이것들은 본질상 하나님입니다. 이들은 다 "이생의" 것이기 때문입니다. 그가 가난한 사람이라면 염려에 사로잡혀 있고, 그가 부자라면 재물에 더 사로잡혀 있으며, 그의 욕망은 세상적 쾌락을 추구합니다. 그는 하나님과의 친교라는 최고의 기쁨을 경험함으로 세상적 쾌락을 멸시하는 법을 배우지 못했습니다.

이 사람이 "변절하는 것"이 아님을 주목해야 합니다. 그는 끝까지 그리스도인이라는 이름을 가지고 갑니다. 어쩌면 그는 교회에서 매우 영향력 있는 교인이고 그의 재물과 인색하지 않음으로 널리 존경받는 인물일 수도 있습니다. 그러나 그의 신앙은 다른 것의 성장에 숨이 막혀버렸습니다. 그도 열매를 맺지만 그 열매는 "온전하지" 못한 것입니다. 예수 그리스도께서 맨체스터에 오신다면, 그와 같은 그리스도인들이 얼마나 많이 회당의 높은 자리에 앉아 있는 것을 적발해 내실지 알 수 없습니다.

4. 마지막 계층의 사람들은 앞의 세 경우의 결점들을 피합니다.

흙은 부드럽고 깊고 깨끗합니다. 씨가 땅에 스며들어 뿌리를 내고 싹이 트며 햇빛과 공기를 받아 익은 곡식을 냅니다. 그 씨가 머무는 "착하고 좋은 마음"은 "고귀한 목표를 품으며, 그 목표를 이루는 일에 전적으로 헌신하는"(브루스, 그리스도의 비유의 교훈, *The Parabolic Teaching of Christ*, p. 33) 사람의 특징으로 그동안 묘사되어 왔습니다. 말씀이 마음속에 들어가기에 앞서 사람에게 그런 정신이 있을 수 있음을 그리스도께서는 인정하십니다. 진리를 받아들이도록 마음을 준비시키는 성향들이 있습니다. 말씀에 대한 사전의 성향뿐만 아니라 들은 말씀에 대한 사후의 태도 주님께서는 강조하십니다. "그들은 말씀을 듣고 굳게 붙잡았습니다." 말씀을 유순하게 받았고, 그 말씀을 누가 되었든 무엇이 되었든 마음에서 빼앗아 가려 할지라도 굴하지 않고 착실하게 유지하거나 단단히 붙잡았습니다.

말씀을 집요하게 붙들 뿐만 아니라 그리스도인의 성품이라는 열매를 맺으려는 끈기 있는 노력이 필요합니다. 열매를 맺으려면 안팎으로 장애물을 만날 때 인내해야 합니다. 성장의 상징만으로는 그리스도인의 진보의 과정을 묘사하기에 충분하지 않습니다. 노력 없이도 잎은 이삭이 되고 이삭은 곡식으로 충실해집니다. 그러나 그리스도의 제자들은 싸우고 저항해야 하며, 많은 것들이 그를 다른 데로 끌고 가려고 하는 과정에서 집요하게 앞으로 나가야 합니다. 결과가 고귀할수록 그 과정은 그만큼 더 혹독합니다. 곡식은 자랍니다. 그러나 성품은 먼저 좋은 씨를 잘 받은 후에, 인내의 수고와 많은 자제의 결과로 형성되는 것입니다.

이같이 각기 다른 성품의 유형들이 변화할 수 있습니다. 단단한 길이 파일구어질 수 있고, 넓은 바위는 폭파하여 제거되고 가시나무는 뿌리 채 뽑힐 수 있습니다. 우리는 씨를 받고 열매를 맺는 일에 스스로 적합하게 되거나 적합하지 않게 됩니다. 그리스도께서 듣는 청중들 가운데 결함 있는 세 계층에 속한 사람들이 이 비유를 들음으로써 네 번째 계층의 사람들로 바뀔 수 있다는 것을 기대하지 않았다면 이 비유를 말씀하시지 않았을 것입니다. 어떤 사람도 변경할 수 없는 천성적인 무능력 때문에 말씀을 환영하고 마음에 간직하며 인내로 결실하는 일을 하지 못하게 되는 일이란 없습니다.

31
가시떨기 속에 떨어진 씨

"가시떨기에 떨어졌다는 것은 말씀을 들은 자이나 지내는 중
이생의 염려와 재물과 향락에 기운이 막혀 온전히 결실하지 못하는 자요"
눅 8:14

분별있는 사람이라면 아무도 가시덤불이 자라고 있는 곳에 씨를 뿌리지 않을 것입니다. 이 구절에서 묘사하고 있는 바는 이런 가시덤불이 현재 자라고 있는 밭의 그림을 우리에게 보여주려는 것이 아닙니다. 그보다는 가시덤불을 제거하여 씨를 뿌릴 준비를 한 밭을 이야기하는 것임을 반드시 알 필요가 있습니다. 가시덤불을 없앴지만 뿌리까지 다 뽑은 것이 아니었습니다. 가지와 줄기는 베어버렸을지라도 뿌리는 그대로 있었습니다. 아니면 뿌리가 없었을지라도 많은 씨가 그대로 묻혀 있었고, 그래서 좋은 씨가 뿌려져 가시나무의 씨가 가득한 땅속으로 들어간 것입니다. 그리고 그것이 그 모든 해악이 나오게 된 대실수였습니다.

1. 이 비유에 나오는 각기 다른 세 가지 실패에서, 첫 번째 경우는 씨가 땅 속으로 들어가 싹이 날 시간을 갖기도 전에 처음부터 새들이 채 가버리는 것을 이야기합니다.

씨가 땅 표면에 있다가 즉시 사라집니다. 그러나 그 씨가 처음의 위험을 안전하게 비켜 나갔다고 생각해 봅시다. 그러면 다음에 또 다른 위험이 옵

니다. 씨가 조금 더 깊이 땅속으로 들어갑니다. 그러나 땅 아래로 10센티미터도 안 되는 곳에 넓은 바위가 있어서 볼품없고 작고 가는 뿌리는 바위를 뚫고 지나갈 수가 없습니다. 그래서 시리아의 뜨거운 해가 밭을 내려쬐면 뜨거운 열기가 발생하고 식물들이 빨리 자랍니다. 식물이 자랍니다. 그러나 처음에 부자연스러울 정도로 빠른 성장을 촉진시킨 해가 좀 더 뜨거워지거나 뜨거운 여름 동안 내내 강렬한 햇빛을 내려쬐고 어린 싹이 나게 하고 너무 빨리 자라게 한 식물을 말려 버립니다. 두 번째 씨는 열매를 맺는 길로 조금 더 나아갔습니다.

그러나 씨가 두 번째 위험을 지나갔다고 생각하면, 세 번째 위험이 옵니다. 이 씨가 더 깊이 내려가 뿌리를 내리고 자라며 열매를 맺습니다. 말하자면 이것은 하나님의 말씀인 하나님 나라의 씨가 뿌리를 내리고 씨에 있는 하나님의 생명을 받은 실질적인 그리스도인의 모습을 보여 줍니다. 그런데 여기에도 역시 재난이 닥칩니다. 이 비유는 세 가지 것, 곧 가시떨기, 가시떨기의 자람, 말씀이 질식됨으로 인해 어떤 일이 생기는지 말해줍니다.

누가는 가시떨기에 대한 해석을 다른 복음서 기자들보다 훨씬 더 생생하게 설명합니다. 누가는 가시떨기를 한 가지가 세 형태로 나타나는 것으로 설명합니다. "염려와 재물과 향락," 이 모든 것이 "이생의"라는 한 계층에 속한 것으로 기술합니다. 혹은 다른 말로 하면, 이 현 세상은 우리의 동물적이고 감각적인 본성에 호소력을 갖는 온갖 다양한 것들로 가득 차 있고, 우리 존재의 실질적인 중요한 부분에 기쁨을 줄 수 있는 온갖 것들이 있으며, 또한 우리가 피할 수도 없고 거기에서 물러나면 비겁한 것이 되는 온갖 근심과 걱정거리들로 가득합니다. 이 세상이 언제나 우리 각 사람 앞에 있습니다. 그래서 우리 속에 이 세상이 호소력을 가질 수 있는 어떤 것이 있다면, 틀림없이 가시떨기가 자랄 것입니다. 염려와 재물과 향락은 한 가지가 세 종류로 나타나는 것입니다. 아마도 첫 번째 종류인 염려는 주로 분투하는 사람들을 따라다닐 것입니다. 그리고 두 번째인 재물은 주로 유복한 사람들을 위협합니다. 그리고 세 번째 종류인 향락은 아마도 여유 있고 게으른 사람들에게 가장 무서운 요소일 것입니다. 그러나 이 모든 것이 우리 모두에게 호소력이 있습니다. 왜냐하면 우리 각 사람 속에 삶에 대해 반드시 필요한 염려가 있고, 이 세상의 재물이 없이는 아무도 살 수 없으며, 이 재물을 어느 정도 소유하는 것이 우리에게 실질적이고 중요한 유익이 된다는 것을 알고, 우리 모두에게 감각적인 기쁨을 주는 것들이 정당하게 그리고 불가피하게 호소력을 갖는 본성을 지니고 있음을 알기 때문입니다.

이렇게 가시떨기가 자랄 수 있는 토양은 언제나 우리 모두에게 있습니다. 그러면 어떻게 해야 합니까? 이런 것들이 우리 그리스도인의 생활에 장애거리가 될 만큼 우리 마음속에서 강력하게 영향을 끼치고 있습니까? 그것이 문제입니다. 염려, 재물과 즐거움에 대한 생각, 재물과 즐거움에 대한 욕구는 하나님께서 정하신 것입니다. 하나님께서는 그런 것들을 가시떨기로 만들지 않으셨고, 여러분과 내가 가시떨기로 만듭니다. 우리의 문제는, 이 세 가지 면을 생각할 때, 정도에서 혹은 다른 어떤 면에서 지나쳐서 그것들이 우리 그리스도인의 생활을 훼손하는 장애물이 될 만큼 이 세상에 대한 과도한 관심을 우리 기독교 신앙이 내쫓았는가 하는 것입니다. 사랑하는 형제 여러분, "나는 말씀을 마음에 받아들였습니다" 하고 말하는 것으로는 충분하지 않습니다. 이 외에 또 한 가지 문제가 있습니다. 여러분 마음에 받아들인 말씀이 가시떨기를 내던졌는가 하는 것입니다. 아니면 마음속에 가시떨기가 현재 있고, 그 씨가 나란히 자라고 있습니까? 본문이 그리고 있는 그림은, 실제로 복음을 받아들였으나 아주 피상적으로밖에 받아들이지 않아서, 마땅히 그에게 일으켜야 하는 효과인, 그의 그리스도인의 생활에 장애물이 될 수 있는 경향들을 그에게서 쫓아내는 효과를 발휘하지 못한 사람의 모습입니다. 우리가 "새로운 사랑의 추방하는 힘"에 대해 아무것도 알지 못하였다면, 우리 마음속에 있는 가시덤불 가운데 가장 굵고 키가 큰 것을 베어버리고 모든 씨와 뿌리는 그대로 두고서 할 일을 다 했다고 생각한다면, 우리가 살아가다가 가시덤불이 자라서 말씀을 막을지라도 그것은 전혀 이상한 일이 아닙니다. "너희가 하나님과 재물을 겸하여 섬기지 못하느니라"(마 6:24). 바로 이것이 본문의 교훈을 한 문장으로 표현한 것입니다.

2. 그 다음에, 가시떨기가 자라는 것에 대해 생각해 봅시다.

누가는 매우 의미심장한 표현을 사용합니다. 그는 "말씀을 들은 자이나 지내는 중에 이생의 염려와 재물과 향락에 기운이 막혀"라고 말합니다. 말하자면, 우리 모두가 다니지 않을 수 없는 일상생활의 길, 곧 우리가 불가피하게 마주쳐야 하는 평범한 의무들이 가시떨기를 뿌리까지 뽑지 않는다면 가시떨기가 자라도록 틀림없이 자극하게 되리라는 것입니다. 삶은 세상적인 유익이나 쾌락을 추구하는 우리의 욕망과, 세상적 이익을 갈망하는 우리의 탐욕에 호소하거나 세상의 슬픔이나 고통, 손실, 가난에 대한 공포를 부추기는 것들이 가득합니다. 우리가 살아 있고 날마다 세상으로 들어가야 하는 것이 확실한 만큼 가시떨기가 우리 속에 있다면 가시떨기가 자랄 것은 확실합니다. 이렇게 해서 우리는 옛 교훈을 다시 생각하게 됩니다. 우리가 우리 본성의 많은 필요와 욕구를 그처럼 강력하게 자극하는 온갖 시험들이 있는 이 세상에 처해 있기 때문에, 우리의 신앙이 우리에게 정말로 조금이라도 유익이 된다면, 한 발은 차도에 또 한 발은 보도에 두고 걷는 사람처럼 우리가 한 발은 더 높은 수준에 다른 한 발은 더 낮은 수준에 놓고 그리스도인의 순례 여행을 계속하려고 하지 않는다면, 우리는 철저하게 신앙생활을 해야 합니다. 우리는 이것이든지 저것이든지 하나를 택하고, 철저하고 일관성 있게 행해야 합니다. 우리 마음속에 씨가 있다면 그 씨가 자라게 할 책임이 우리에게 있다는 것을 기억하도록 합시다.

독일에 오래된 속담이 하나 있습니다. 표현이 조금 저속하지만 이야기의 요점을 위해 말씀드려보겠습니다. "당신 머리가 버터로 만들어져 있다면 불 가까이에 앉지 말라"는 속담입니다. 우리가 마음속에서 가시떨기를 확실히 뿌리 채 뽑아내지 않고서는 이 사악한 세상 가운데로 걸어가려고 해서는 안 됩니다. 사랑하는 교우 여러분! 자칭 그리스도인이라고 하는 사람들 가운데 그토록 많은 사람들이 비참하게 불일치한 모습들을 보이는 숨은 원인이 여기에 있습니다. 그들은 마음에 씨를 가지고 있으나 가시떨기를 뽑아내지 못했던 것입니다.

3. 끝으로, 가시떨기가 자라서 기운을 막는 일에 대해 살펴봅시다.

물론 가시떨기는 "나쁜 일은 빨리 퍼진다"는 옛 속담처럼 빠르게 자랍니다. "말씀을 들은 자이나 이생의 염려와 재물과 향락에 기운이 막혀 온전히 결실하지 못하는 자요." 잡초는 곡식보다 빨리 자랍니다. "가진 사람이 임자"이듯이 가시떨기가 땅을 차지하였고 뿌리를 멀리 깊게 뻗었습니다. 그래서 가시떨기는 강하고 거칠며 빨리 자라는 줄기와 잎을 내어, 어리고 가냘픈 푸른 싹을 에워싸서 햇빛과 공기를 차단하고, 겸손한 씨와 자기주장이 강한 가시떨기에 다 같이 영양분을 공급하기에는 충분치 않은 땅의 모든 좋은 것을 다 써버립니다. 이렇게 해서 가시떨기가 경주에서 이깁니다. 씨가 털끝만큼 자라는 동안 가시떨기는 그에 비해 몇 배씩 크게 자라기 때문입니다. 이것이 우리의 경험하는 바를 그대로 말해주고 있지 않습니까? 슬프게도 우리들 대부분이 그렇게 하듯이 그리스도인들이 관심과 애정과 노력과 마음을 이 세상과 세상적인 것들에 향하도록 많이 허용한다면, 푸른 잎이 아니라 가늘고 노란 잎이 숨이 막히고 기생충들로 뒤덮이게 되고, 그러면 마침내 죽게 될 것은 이상한 일이 아닙니다. 한 밭에 두 작물을 기를 수 없습니다. 우리 가운데 어떤 이들이 그렇게 해왔으나 결코 성공하지 못할 것입니다. 이 작물을 기르든지 아니면 저 작물을 기르든지 해야 합니다. 우리는 곡물을 재배하려고 하는지 아니면 가시떨기를 기르려고 하는지 결정해야 합니다. 우리가 기르고자 하는 작물을 바르게 선택하도록 하나님께서 도와주시기를 구합니다!

본문을 보면, 가시떨기 속에 떨어진 씨가 나타내는 이 사람은 일을 했고, 그래서 열매를 맺지만 누가가 말하는 대로 "온전히 결실하지 못하는" 그리스도인이었습니다. 첫 번째 씨는 전혀 자라지 않았습니다. 두 번째 씨는 싹이 나는 만큼 자랐습니다. 그런데 이 씨는 이삭을 내는 데까지 갔지만, "이삭에 충실한 곡식"을 내는 데까지는 가지 못했습니다. 이 씨가 열매를 맺었지만, 같은 하늘 아래에서 자라고, 같은 씨 바구니에서 나온 것이기 때문에 마땅히 잘 익었어야 하는데, 익지 않은 열매를 조금 맺었을 뿐입니다. 그 씨는 "온전히 결실하지 못합니다." 이것이 많은 그리스도인들의 모습이 아닙니까? 그들이 그리스도인이 아니라고 말할 수는 없습니다. 그들 속에 하나님의 생명이 있다는 표시가 없다고 말할 수는 없습니다. 그러나 이 사람들이 그들에 대한 성령의 활동의 결과인 바르고 순수한, 선한 일들을 많이 행한다고 말할 수는 없습니다. 그들이 행하는 모든 것이 온전한 은혜와 아름다움에 미치지 못합니다. 가시떨기 속에 떨어진 씨에는 언제나 사람에게 온전하지 못하다는 생각을 하게 만드는 것이 있습니다. 이들은 그리스도인 생활의 열매를 많이 내지만, 웬일인지 그 정점은 항상 비어있는 그리스도인들입니다. 이 피라미드는 위로 많이 올라가지만 빛을 받아 번쩍이는 금빛 나는 꼭대기가 없습니다. "온전히 결실하지 못하는 자요."

사랑하는 형제 여러분, 우리의 보잘것없고 온전하지 못한 봉사를 가져다가 주님의 발 앞에 놓고, 우리가 마음을 깨끗하게 비우며, 보이는 것들과 일시적인 것들을 추구하는 우리의 세상적인 모든 둑쌓기를 마음속에서 깨끗이 제거하도록 도와주시기를 구합시다. 그렇게 하면 우리는 하나님께서 모아다가 창고에 넣으실 열매를 맺게 될 것입니다. 결국에는 끝이 나지만, 쏜살같이 지나가는 보잘것없는 이 현세 동안에는 우리 마음을 차지하고 있는 이 염려와 재물과 향락은 하찮고 무가치한 것들입니다. 우리는 성령의 고귀한 영향력에 전적으로 순종하고, 주시는 말씀을 진정으로 자신을 주께 드리는 가운데서 받도록 합시다. 그러면 주께서 우리에게 다시는 목마르게 하지 않을, 그래서 물을 길으러 세상의 어떤 샘에도 갈 필요가 없게 하는, 주의 즐거움의 강물을 마시게 하실 것입니다. 구주께서 능력으로 오시면 우리 속에 있는 깨끗지 못한 것을 다 내어던지시고, 주께서 우리에게 바라셨던 대로 열매를 맺게 하실 것입니다.

32
기적 속의 기적

"⁴³이에 열두 해를 혈루증으로 앓는 중에 아무에게도 고침을 받지 못하던 여자가 ⁴⁴예수의 뒤로 와서 그의 옷 가에 손을 대니 혈루증이 즉시 그쳤더라 ⁴⁵예수께서 이르시되 내게 손을 댄 자가 누구냐 하시니 다 아니라 할 때에 베드로가 이르되 주여 무리가 밀려들어 미나이다 ⁴⁶예수께서 이르시되 내게 손을 댄 자가 있도다 이는 내게서 능력이 나간 줄 앎이로다 하신대 ⁴⁷여자가 스스로 숨기지 못할 줄 알고 떨며 나아와 엎드리어 그 손 댄 이유와 곧 나은 것을 모든 사람 앞에서 말하니 ⁴⁸예수께서 이르시되 딸아 네 믿음이 너를 구원하였으니 평안히 가라 하시더라"

눅 8:43-48

야이로의 딸에 대한 이야기는 불쌍하고 병약한 이 여자에 대한 이야기 때문에 둘로 나뉘었습니다. 그리스도께서 죽어가는 환자를 고치러 가시는 중에도 마치 삽입구를 넣듯이 또한 사람의 불쌍한 환자를 고치시기 위해 시간을 내어 걸음을 멈추신 모습에서 자신의 능력을 평온하게 확신하는 태도와 여유 있는 위엄을 아주 인상 깊게 보지 않을 수 없습니다! 야이로는 주께서 그처럼 가는 길을 지체하시자 참으로 안달이 났을 것입니다! 야이로는 자기 아이가 "죽어 가고" 있었습니다. 그런데 고치실 분이 여기서 늑장을 부리고 있었습니다. 극도로 초조한 아버지에게는 틀림없이 그렇게 보였을 것입니다.

그러나 예수께서는 무한히 평온하시고 무한한 능력이 있으시므로 다른 환자를 돌보시는 동안에 그 환자가 기다리고 심지어 죽도록 내버려 두실 수 있었습니다. 그 아이는 아무 해도 받지 않을 것입니다. 그리고 슬픔 가운데 있는 이 여인은 그 여자 아이만큼 주님을 필요로 하였습니다. 주님께서는 각 사람을 불쌍히 여기실 마음의 여유가 있으시고 두 사람을 다 고치실 능력이 있습니다. 우리는 서로에게서 주님의 선물을 빼앗지 않습니다. 주께서는 이 사람을 돌보시느라 다른 사람을 소홀히 하시지 않습니다.

이 기적은 연약하고 다소 그릇된 면이 있다 할지라도 그 믿음이 갖는 진실성과 능력, 그리고 그리스도께서 그 믿음을 붙잡아 굳게 해주시는 점을 실례로써 보여줍니다. 사람들 앞에 움츠릴 수밖에 없는 불쌍한 이 여인은 오랜 병과 나을 소망이 꺾임으로 인해, 또 가난으로 인해 더 소심해졌습니다. 이 여인은 예수께서 회당의 중요한 관리와 함께 그의 딸을 고치러 가시는 중에 감히 예수님을 막아서지 못하고 예수님 뒤편에서 무리들 틈으로 슬그머니 들어가 마르고 떨리는 손을 내밀어 예수님의 술이 달린 옷가를 만졌습니다. 그랬더니 그 여인이 온전해졌습니다. 이 여자는 몰래 치료를 받고 조용히 빠져 나가고 싶었을 것입니다. 그러나 예수께서는 억지로 그녀가 군중 앞에 나오게 하시고, 모든 사람들이 보는 앞에서 망설임과 여성으로서 말을 자제함을 떨쳐 버리고 모든 진실을 말하도록 하셨습니다. 이러한 주님의 태도는 주께서 좋지 않은 평판은 일부러 들추어 내지 않으시고 뒤로 물러나는 연약함은 존중하시는 평소의 모습에 기이하게 대조되는 것입니다! 그러나 이번에는 이렇게 하시는 것이 참된 친절을 베푸시는 것이었습니다. 왜냐하면 그렇게 하시는 것이 그 여인의 온전치 못한 믿음의 문제점을 해소하고 굳게 세워 주시는 훈련이었기 때문입니다.

이 여인의 믿음에서 여러 가지 결점을 지적하기는 쉽습니다. 그녀의 믿음은 매우 무지하였습니다. 여인은 이 랍비가 자기를 고쳐 주실 것을 확실히 알았습니다. 그러나 손가락을 내밀어 예수님의 옷에 대는 물질적인 접촉에 의해 나을 것으로 기대하였습니다. 그녀는 그리스도의 뜻은 전혀 생각하지 못했습니다. 하물며 자기를 고치시는데 그리스도의 사랑이 관여하리라고는 더더군다나 생각지 못했습니다. 그녀는 자기가 그 복을 그냥 가져갈 수 있다고 생각합니다. 그러나 그녀가 주님보다 결코 지혜로울 수 없습니다. 그리스도의 일하시는 방식에 대해 그처럼 깜깜하게 모를 수 있다니, 어떻게 그렇게 미신적인 생각을 할 수 있다니 하고 말하기는 쉽습니다. 그렇습니다. 그 모든 생각에는 낫고자 하는 아주 간절한 열망이, 예수님의 옷을 손가락으로 만지기만 하는 것으로도 충분하다는 절대적인 확신이 들어 있습니다!

이 여인의 믿음은 아주 불완전하였습니다. 중요한 사실은 그녀에게 믿음이 있었다는 것입니다. 무지하고 심지어 미신적인 요소까지 있는 믿음일지라도 진실성이 있음을 보여 주는 생생한 증거에 대해 감사하도록 합시다. 그런데 특별한 이유도 없이 이 여인의 잘못과 같은 잘못에 빠져서 외적인 것들을 과도하게 중요히 생각하고, 옷을 입은 분의 마음을 믿음으로 붙잡는 것보다 그분의 옷 가를 손으로 만지는 것을 더 중요하게 생각하는 사람이 지금도 많이 있습니다. 그러나 우리는 그런 잘못들을 피하지만, 십자가상을 꼭 쥐고 예배드리는 불쌍한 많은 사람들이 구주께 굳게 붙어 있을 수 있고, 그러면 그리스도께서도 이 여인의 믿음에 대해 하셨듯이 외적인 형태에 매여 있는 이들의 믿음을 받으신다는 것을 잊지 않도록 합시다.

그녀가 손가락으로 예수님의 옷 가를 만진 것과 나은 것 사이에는 실질적인 관계는 전혀 없었습니다. 그러나 그녀는 관계가 있다고 생각했고, 주님께서는 몸을 낮추어 그녀의 유치한 생각을 받으시고 그녀가 주님의 선물을 받도록 하십니다. "네 믿음대로 될지어다." 주님의 자비는 물처럼 물을 담는 용기의 모양을 따라 이루어집니다.

병이 나은 이 여인이 담대하게 고백하였을 때, 이 기적의 마지막 부분은 그녀의 온전치 못한 믿음을 바로 잡고 굳게 하는데 전적으로 할애됩니다. 우리는 이 마지막 부분의 모든 묘사에서 이 의도를 읽게 됩니다. 이 여인은 병을 낫게 하는 에너지가 주님의 지식과 의지와 상관없는 것으로 생각하였습니다. 그래서 그녀는 예수께서 말없는 호소를 아셨고, 그 호소에 대한 응답으로 능력이 나가는 것을 알고 계셨다는 사실을 배웁니다. "내게 손을 댄 자가 누구냐"라는 질문을 놓고, 사람들은 예수께서 손을 댄 사람을 모르셨다는 증거로 생각해 왔습니다. 그러나 우리가 이 여인의 성품과 그 병의 성격을 고려한다면, 그 질문을 하신 것이 정보를 얻기 위해서가 아니라 그녀를 고백하도록 이끌기 위해서였다고 생각할 수 있고, 따라서 주님께서 몰라서 그 질문을 하신 것이 전혀 아니라고 생각할 수 있습니다.

군중이 밀어대는 것과 믿음으로 옷에 손을 대는 것 사이의 대비를 종종 강조해왔는데, 여기서 큰 교훈을 얻게 됩니다. 무례한 군중이 서로 거칠게 밀고 예수님의 옷자락을 밟으며 팔꿈치로 사람들을 밀어내고 예수님 앞으로 다가왔으나 예수께서는 그런 것에 전혀 주목하시지 않았습니다. 그러나 주님은 다른 사람들의 접촉과는 다른 접촉을 마음으로 간파하시고, 자기를 만진 그 여인에게 고치는 능력을 내보내셨습니다. 우주가 주님 앞에 기다리고 있고, 가까이에 있는 천군들이 주님의 보좌를 두르고 있을지라도 우리는 이 모든 존재들 사이로 손을 뻗어 우리가 필요로 하는 선물을 받을 수 있음을 확신할 수 있습니다.

그녀는 사람들 앞에 널리 알려지는 것을 꺼려했는데, 지극히 자연스런 일입니다. 그러나 그녀가 몰래 치료를 받고 갔었다면, 병 낫는 것보다 더 큰 복들과 고백의 기쁨을 잃어버렸을 것입니다. 주님께서는 자비롭게 그녀가 앞으로 나서도록 은혜를 베푸십니다. 한 순간에 그녀는 소심한 환자에서 고백하는 사람으로 변합니다. 고백하지 않는 믿음은 어둠 속에서 자라서 줄기가 연약하고 파리하며 꽃이 거의 없고 성숙하지 못한 식물과 같습니다. "입으로 시인하여 구원에 이르느니라"(롬 10:10).

그리스도께서 그녀에게 하신 마지막 말씀은 애정이 깃들어 있습니다. 예수께서는 그녀를 "딸아" 하고 부르십니다. 예수께서 이 호칭으로 부른 여인은 이 사람밖에 없습니다. 예수께서는 그녀의 손가락이 아니라 그녀의 믿음이 주님의 치료하시는 능력을 그녀에게 이르게 한 매개체였다고 그녀에게 가르치십니다. 예수께서는 권위 있는 말씀으로 남이 모르게 받은 복을 확인하여 주십니다. "네 병에서 놓여 건강할지어다"(막 5:34). 그녀는 구한 것보다 많은 것을 얻었고, 마술적인 힘이 작용하는 옷밖에 보지 못한 곳에서 주님의 사랑하는 마음을 느꼈습니다.

33
야이로의 딸을 일으키신 그리스도

"예수께서 들으시고 이르시되 두려워하지 말고 믿기만 하라
그리하면 딸이 구원을 얻으리라 하시고"

눅 8:50

주님이 자신의 능력을 확신하는 데서 오는 평온하고 여유 있는 모습이 야이로의 딸을 일으키신 이 이야기에서 아주 밝게 빛납니다. 딸의 아버지는 몹시 조급한 가운데 예수께 와서 "죽어 가고 있는" 자기 아이를 고쳐 주시기를 구하였습니다. 한 순간도 지체할 수 없었습니다. 우리 주님은 그와 함께 출발하십니다. 그런데 가는 도중에 길을 멈추고 또 다른 환자, 곧 마른 손가락으로 예수님의 옷 가를 만진 이 여인을 돌아보셨습니다. 야이로는 예수께서 그 같이 지체하시자 틀림없이 안달이 나 죽을 지경이었고 한 순간이 영원처럼 길게 느껴졌을 것입니다! 어쩌면 그리스도의 무관심한 듯한 태도를 보고 마음속으로 거친 말을 했을지도 모릅니다. 시간을 지체하는 것이 치명적인 것처럼 보였습니다. 왜냐하면 그리스도께서 그 여인에게 말을 다 마치기도 전에 심부름꾼이 와서, 내가 볼 때 괴로움과 비난조가 섞인 말을 전했습니다. "선생님을 더 괴롭게 하지 마소서"라는 말은, 마치 그 말을 하는 사람이 선생님은 그 일을 골칫거리로 생각하고 있었고, 그 문제를 해결하는데 별로 신경을 쓰지 않았음을 은근히 이야기하

는 것처럼 들립니다. 그러나 한 사람이 이익을 보는 것 때문에 또 다른 사람이 손해를 보도록 해서는 안 될 것입니다. 그리스도께서는 자기에게 오는 어떤 사람도 또 다른 사람을 돌보느라 고통을 받도록 버려 두시지지 않습니다. 주님의 마음에는 각 사람의 요구가 다 똑같은 무게를 갖습니다. 그래서 예수께서 아이의 아버지를 보며 본문의 말씀을 하십니다.

본문은 이 전체 이야기를 구성하는 중심에 있는 우리 주님의 세 말씀 가운데 첫 번째 말씀입니다. 본문으로 읽은 것은 첫 번째 말씀이지만, 이야기하려고 하는 것은 세 마디 말씀 전부에 대해서입니다. 연약한 믿음을 붙잡아 주는 격려의 말씀이 있습니다. 즉 죽음의 냉혹함을 제거하는 계시의 말씀이 있습니다. "아이가 죽은 것이 아니라 잔다." 어둠을 뚫고 들어가 아이를 다시 데리고 나오는 능력의 말씀이 있습니다. "아이야 일어나라." 나는 이 세 마디 말씀에서 이 전체 사건의 의미를 파악할 수 있다고 생각합니다.

1. 그러면 먼저, 비틀거리는 믿음을 붙들어주는 격려의 말씀을 살펴봅시다.

"예수께서 들으시고 이르시되 두려워하지 말고 믿기만 하라 그리하면 딸이 구원을 얻으리라." 폭풍이 불어 닥쳐 깜박거리는 마지막 불꽃을 꺼버린 이 때, 이같이 희망을 다시 불러일으키는 말씀이 야이로에게는 얼마나 터무니없게 들렸겠습니까! "두려워하지 말라"는 말씀이 잔인한 말씀은 아니라고 할지라도, 마지막 남은 한 가지 타격마저 왔을 때 참으로 당치 않게 들렸을 것입니다. 두려워하지 말라는 것과 희망을 가지라는 것 사이의 중간에 나오는 말씀, 곧 "믿기만 하라"는 말씀 때문에, 두 가지 말씀이 다 터무니없는 것이 되지 않습니다. 이 말씀이 가운데 있습니다. 한편에는 "두려워하지 말라"는 명령이 있는데, 가운데 있는 이 말씀이 없다면 우스운 명령입니다. 다른 한편에는 "희망을 가지라"는 명령이 있는데, 믿음을 떠나서는 불가능한 명령입니다.

예수 그리스도께서는 바로 이 사실들을 지금도 우리에게 말씀하고 계십니다. 주님의 근본적인 명령은 "믿기만 하라"는 것입니다. 그 명령에서 두 가지, 곧 결코 떨지 않는 용기와 결코 절망하지 않는 희망이 피어납니다. "믿기만 하라." 보통 예수께서는 환자 자신의 믿음이든지 혹은 다른 사람의 믿음이든지 간에 믿음을 조건으로 하여 기적적인 능력이 나가도록 하셨습니다. 그 관계에 필연성은 없었습니다. 주님의 생애에서 일어난 기적들 중에는 믿음이 없이, 구하는 일도 없이 단지 주님 자신의 억제할 수 없는 동정에서 나온 명령에 따라 이루어진 기적들이 있습니다. 그러나 주님의 기적에 관한 규칙은 믿음이 기적적인 에너지를 끌어내는 조건이었다는 것입니다. 붙들어 주고 깨끗하게 하며, 기쁘게 하고 눈을 밝혀 주는 주님의 초자연적인 능력을 경험하는 것과 우리 믿음 사이의 관계는 그보다 더 가깝습니다. 왜냐하면 주님께 대한 신뢰가 없으면 주께서 우리에게 기사를 행하실 수 없기 때문이고, 주님의 지극히 고귀한 복들을 생활에서 받는 것을 경험하기 전에 우리 편에서 확신이 있어야 하기 때문입니다. 그리고 이 복들은 더 크고 깊으며, 신체적 치유와 같은 이런 외적이고 열등한 기적들보다 더 깊숙이 있는 내적 영역에 속하기 때문입니다. 그러므로 우리의 믿음과 우리에게 주시는 선물 사이의 관계는 불가피하고 변함없는 것입니다. 그래서 "믿기만 하라"는 이 명령은 이제까지 기적을 행하시는 주님의 손길을 직접 느낀 사람들에 관해서보다 우리의 영적 경험에 대해서 더 엄중한 명령의 성격을 띱니다. 그래서 이 말씀은 그리스도께서 그의 삶을 통해, 그의 사랑에 대한 기록을 통해, 십자가와 수난을 통해, 성령으로 우리를 대하시고 가르치심을 통해 그리고 오늘날 그리스도의 섭리를 통해 우리 모두에게 말씀하시는 중심적인 호소요 권고입니다. "믿기만 하라." 이것은 영혼을 그리스도께 단단히 묶고, 그리스도의 지극히 고귀한 복들을 영혼이 충만히 받게 만드는 행위입니다.

우리는 이 중심 명령 양편에 서 있는 두 조항에 주목해야 합니다. 이 조항들은 믿음의 두 결과를 다룹니다. 한 조항은 두려움을 금하고, 다른 조항은 희망의 불길에 연료를 공급합니다. 한편으로, 말하는 사람이 두려움의 원인을 다루지 못한다면, 그렇게 말한다는 것이 지극히 헛된 일인 "두려워하지 말라"는 권고가 은혜로운 능력을 지닌 주님의 입에서 나옵니다.

믿음은 두려움의 평형추입니다. 믿음은 다름 아니라, 흔히 잠복해 있긴 하지만 모든 인간 영혼에 있는, 사람을 마비시키고 침울하게 하는 지극히 깊은 두려움에 대한 것입니다. 거기에는 두려움이 있게 되어 있습니다. 사람이 하나님께 대한, 그리스도에 대한 믿음이 없다면 당연히 두려움을 가지게 되어 있습니다. 원인을 알 수 없는 이 두려운 사물의 체계의 올가미들에 결코 빠져나올 수 없게 홀로 무력하게 사로잡히는 일이 자기 눈앞에서 일어날 때, 곧 가능성이 있거나 개연성이 있거나 혹은 확실히 일어날 온갖 재난들이 발생할 때, 사람은 어떻게 해야 합니까? 들판에서 무섭게 몰아치는 폭풍우를 만날 때 그 사람은 어떻게 해야 하겠습니까? 그런데도 두려워하지 않는다면 그 사람은 바보입니다. 그러면 그와 같이 합리적인 두려움들, 곧 진노에 대한 두려움, 삶에 대한 두려움, 죽음에 대한 두려움, 그리고 죽음 너머에 있는 것에 대한 두려움을 진정시키는 것은 무엇입니까? 여러분은 이런 두려움들을 휘파람을 불어 날려 보낼 수 없습니다. 여러분 자신의 힘으로 이 두려움들에 맞붙어 싸울 수 없습니다. 위로자께서, 용기를 가져다주시는 분께서 "믿기만 하라"고 말씀하십니다. 신뢰의 태도가 두려움을 몰아냅니다. 다른 어떤 것도 그 일을 효과적으로 합리적으로 해내지 못할 것입니다. "마땅히 두려워할 자를 내가 너희에게 보이리니"(눅 12:5). 죽이실 수 있을 뿐만 아니라 심판하시는 분을 두려워해야 합니다. 여러분은 하나님과 관계가 있고, 그 관계를 깨뜨릴 수 없습니다. 하나님은 여러분에게 둘 중의 하나가 되게 되어 있습니다. 소름끼치는 두려움이 되든가 아니면 절대적인 의지가 될 것입니다. "믿기만 하라, 그러면 두려워하지 않으리라." 믿지 않으면 두려워하게 될 것이다. 왜냐하면 여러분이 그렇게 되는 것은 당연한 일이기 때문입니다.

사람들은 "아, 더 용기를 내라"고 말합니다. 그러나 그들은 더 용기를 낼 아무것도 제공하지 못합니다. 그리스도께서는 "두려워 말라. 믿기만 하라"고 말씀하시고, 그가 명령하시는 믿음에 용기를 더해 주십니다. 엄마의 품에 머리를 기대고 있고, 엄마의 팔이 어린아이를 두르고 있을 때 어떤 악도 자기에게 미칠 수 있으리라고 꿈에도 생각지 않는 아이처럼, 우리 각자는 그리스도의 품에 기댈 수 있고 주님의 팔이 우리를 두르고 있는 것을 느낄 수 있습니다. 그때 우리는 사람들이 악이라고 부르는 모든 것에 미소를 지을 수 있습니다. 그런 악들이 일어날 가능성이 있는 것이든, 틀림없이 일어날 것으로 보이든, 확실히 일어나는 것이든 간에, 우리는 그 모든 악을 보고 "아, 나는 너보다 선수를 쳤다." 그리스도를 의지하는 "자들에게는 모든 것이 합력하여 선을 이룬다"고 말할 수 있습니다. "두려워 말라. 믿기만 하라."

그러나 다른 한편으로, 단순한 그 믿음으로부터 또한 단념할 수 없는 희망이 솟아날 것입니다. "딸이 온전하여지리라"(개역개정은 "딸이 구원을 얻으리라" — 역주). 그리스도인의 경험에 뒤집을 수 없는 재난이란 없습니다. 그리스도를 의지하는 사람에게 회복할 수 없는 손실이란 없습니다. 우리가 향유와 붕대가 있는 분에게 갈 때 피를 멈추게 할 수 없는 상처란 없습니다. 우리가 세상의 어둠을 초월하기 전까지는 죽은 자의 얼굴이 우리를 보고 다시 미소 지을 수 없는 것은 사실이지만, 믿음이 감각을 대신하여 끊어진 유대를 다시 엮는다면 그 유대가 더 훌륭하게 연결될 수 있다는 것도 사실입니다. 그리고 먼 미래에 가서 우리는 앞서 간 사람들의 참된 치료가 세상적인 생명의 오랜 질병에서 해방시키는 죽음으로부터 구출함으로써 이루어진 것이 아니고, 그 죽음을 통과함으로써 이루어진 것임을 알게 될 것입니다.

형제 여러분! 우리가 그리스도를 의지한다면 우리는 "안심하고 소망을 품을" 수 있습니다. 그리스도를 의지하지 않는다면 아무리 견고한 우리의 소망도 비로 한 번 쓸면 깨끗이 사라져 버리는 거미줄과 같고, 아무리 깊은 우리의 열망도 성취되지 않습니다. "믿기만 하라." 다음에 한편으로 "두려워 말라." 그리고 다른 한편으로는 "항상 소망하라."

2. 여기서 우리는 죽음의 냉혹함을 부드럽게 만드는 계시의 말씀을 봅니다.

우리 주님께서 고통 받는 집에 이르러 보시니 집안이 왁자지껄하고 아주 소란스러웠습니다. 고용한 조객들이 이미 거기 와 있으면서 아주 날카로운 소리로 아이를 위하여 통곡하고 있었습니다. 떠들썩함이 예수님의 평온한 마음에 거슬렸습니다. 그래서 예수께서 "울지 말라 아이가 죽은 것이 아니라 잔다"고 말씀하십니다. 어떤 사람들이 이 말씀을 그 외견상의 신체적 죽음이 단지 기절이나 졸도 혹은 일종의 혼수상태에 불과하였음을 나타내고, 따라서 이 경우에는 기적이 전혀 없었던 것처럼 해석하였는데, 어떻게 그렇게 생각할 수 있는지 궁금합니다. "그들이 그 죽은 것을 아는 고로 비웃더라." 주께서 위로의 약속을 그들 앞에서 말하기 시작하자 슬퍼하다가 태도를 바꾸어 비웃는 모습을 보이는 것을 볼 때, 그들의 슬픔이 얼마나 공허한 것인지 알 수 있을 것입니다. 그리고 그들이 아이의 죽음을 절대적으로 확신하였기 때문에 아이의 부활의 증인 노릇을 할 수 있다고 생각할 수 있습니다.

그러나 우리 주님께서 죽음의 원인을 제거하시기 전에는 우는 것을 금하지 않으시는 것을 보아야 합니다. "울지 말라"는 것은 사람들이 서로를 격려하고 위로하기 위해 사용하는 또 한 가지 헛된 말입니다. 슬픈 마음에 울지 말라고 하는 것만큼 잔인한 일은 없습니다. 예수께서는 울게 만든 것을 없애버릴 수 있을 때를 제외하고는 우는 것을 금하신 적이 없습니다. 주께서는 슬픔을 표현하도록 두십니다. 주께서 우리에게 슬픔을 보내실 때는 우리가 볼에 눈물을 흘리도록 하시려는 것입니다. 우리가 이 슬픔의 고통을 다 느끼기 전에는 이 슬픔의 복을 얻지 못할 것입니다. 우리가 금욕주의자처럼 슬픔을 표현하기를 억제하고 잠자코 있는 것이 순종하는 태도라고 생각한다면 이 슬픔으로부터 유익을 얻지 못할 것입니다. 슬플 땐 슬퍼하십시오. 눈물은 눈물을 흘리게 하는 마음을 깨끗이 씻습니다. 그러나 예수 그리스도께서는 우리 모두에게 "울지 말라"고 말씀하십니다. 이는 예수께서, 이렇게 표현할 수 있다면, 눈물방울 속에 무지개가 뜨게 하고, "슬퍼하는 자 같으나 항상 기뻐하고"(고후 6:10, 개역개정은 "근심하는 자 같으나 항상 기뻐하고"— 역주)라는 대역설이 우리 마음속에 이루어질 수 있게 하는 것을 가지고 오시기 때문입니다. 울지 마십시오. 혹은 울더라도 슬퍼하면서 또한 감사하도록 하십시오. 이것은 어려운 계명입니다. 그러나 주께서 우리에게 울지 말라고 말씀하실 때, 우리가 "믿기만 하라"는 중심 권고를 순종한다면 지킬 수 있는 계명입니다.

다음에, 우리 주께서 하신 두 번째 말씀에서, 주님이 죽음의 냉혹함을 어떻게 제거하시는지 보도록 합시다. 나는 죽음을 잠으로 보는 매우 분명하고 자연스런 이 상징을 주님만이 독점적으로 사용하셨다고 주장하지 않습니다. 이제까지 시체를 본 모든 사람에게 틀림없이 그 생각이 떠올랐을 것입니다. 그러나 주께서 이 은유를 사용하셨을 때, 그리고 이 은유를 사용하여 주님의 제자들이 생각하고 있던 죽음에 대한 전체 개념을 수정하셨을 때, 다른 사람들이 말할 때 생각하고 있는 것과는 전혀 다른 개념을 죽음에 집어넣으셨다고 봅니다. 주님은 휴식이라는 개념을 나타내려 하셨습니다. 즉 "잠은, 머리부터 발끝까지 충분히 쉬는 것"이라는 생각입니다. 아주 최근까지 고통으로 괴롭힘을 받았거나 끊임없이 열에 들떠서 불안하게 지내던 몸이 평온하게 움직이지 않고 있는 것은 하나님의 백성들에게 남아 있는, 그리고 "예수 안에서 자는" 영들을 감싸고 있는 좀 더 참된 휴식의 더 깊은 고요함을 상징적으로 보여 주는 것일 뿐입니다. 예수께서는 이 물질적인 세상으로부터 분리되었다는 개념을 나타내시려고 하였습니다. 아이가 의식이 없다는 뜻으로 말씀하시지 않았습니다. 사람이 잠을 잘 때, 꿈을 꾸는데서 알 수 있듯이 그가 의식이 없는 것이 아닙니다. 예수께서는 무엇보다, 사람이 잠을 잔다면 그 다음에 깨어날 것임을 나타내려 하신 것입니다.

그래서 죽음이라는 냉혹한 사실을 누그러뜨리는 것은 그 사실의 어떤 면도 보지 않고 무시함으로써가 아니라 그 면들을 더 깊이 봄으로써 이루어집니다. 오직 믿었기 때문에 소망을 품고 용기 있게 살고 슬픔을 직시하며 눈물이 축복이 되는 것을 느낀 사람들은 큰 어둠 속에 들어가면서 자기들이 사랑하시는 주님의 품에서 기분 좋게 자며, 예수 안에서 자다가 이른 아침 새벽빛과 함께 깨어날 것을 압니다.

이것은 주님의 모든 종들에게 해당되는 계시입니다. 이 말씀과, 주께서 나사로의 무덤에서 그리고 다른 경우들에 하신 말씀들이 그리스도 교회의 의식에 참으로 깊게 각인되었는다는 것이 다음의 사실에서 나타납니다. 즉 이같은 말씀들을 사도들이 서신서에서 거듭 사용할 뿐만 아니라, 신약 전체를 통해서 "죽음"이라는 이름으로 물질적인 분리를 가리키는 경우를 좀처럼 보지 못하고, 그 보다는 죽음의 매력적이고 복된 면들을 나타내는 자비로운 온갖 다른 표현들이 대신 사용된다는 것입니다. 죽음은 "잠자는 것"입니다. "장막을 벗는 것"(고후 5:4)이며, "떠나는 것"입니다. 죽음은 천막 말뚝을 뽑는 것이며 장소가 바뀌는 것입니다. 우리는 불쾌한 단어를 쓸 필요가 없고, 사람들이 죽음이라는 말을 하며 생각하는 것을 두려워할 필요가 없습니다. 죽음에 대한 기독교의 개념은 자아가 그 집에서 분리되는, 즉 영혼이 몸에서 분리되는 것이 아니라 자아가 생명이신 하나님으로부터 분리되는 것입니다.

3. 끝으로 생명을 주는 능력의 말씀을 살펴봅시다.

"아이야 일어나라!" 이 기적이 발생할 때 주변의 모든 상황은 그리스도께서 열두 살 먹은 어린 여자아이의 수줍어함을 아주 깊은 애정을 가지고 고려한 사실이 특징적으로 나타납니다. 그것은 나인 성 과부의 아들과 나사로는 군중들이 둘러 선 가운데서 일어난데 반해, 이 여자 아이는 예수께서 은밀한 가운데서 일으키려 하셨기 때문입니다. 그것은 예수께서 그 방에 사도들 가운데서 오직 세 사람만 증인으로 데리고 들어가시고 또 아이의 부모만 들어가도록 하셨기 때문입니다. 그것은 예수께서 아이의 손을 잡으셨는데 이는 아이가 눈을 뜰 때 오직 사랑하는 부모의 얼굴을 보고 또 그에 못지않게 주님의 사랑하시는 얼굴을 보며, 아이의 손이 다시 움직이기 시작할 때 가장 먼저 주님의 부드러운 손을 붙잡도록 하려는 것이었기 때문입니다. 이 기적에 "예수께서 먹을 것을 주라 명하시니"라는 부연 설명이 붙은 것도 바로 이 이유에서입니다. 그것은 진리의 독특한 특징인 것이 확실합니다. 전설을 지어내는 사람은 아무도 주께서 "아이야 일어나라"와 같은 말씀 후에 그같이 친절한 말씀을 하실 것을 감히 생각해 내지 못하였을 것입니다. 나사로가 무덤에서 나온 후에 비틀거리며 걸을 때 걸음을 뒤뚱거리게 만든 세마포를 다른 사람이 풀도록 하였을 때에 나타난 것처럼 여기서도 기적적인 능력의 사용을 절약하는 것이 나타납니다. 그리스도께서는 꼭 필요한 만큼만 기적을 행하시고 그 이상은 털끝만큼도 낭비하려고 하시지 않습니다. 예수께서는 조용히 위엄 있게 계시는 가운데 아이가 배가 고플 것을 생각하시고 아이에게 음식 주는 일을 다른 사람들에게 맡기십니다. 내가 볼 때 이 가정적인 필치는 이 역사가의 순수한 진실성을 나타내는 것입니다.

그러면 생명을 주는 그 말씀 자체에 대해서는 무엇을 말할 수 있습니까? 오직 이 한 가지를 말할 수 있습니다. 곧 예수 그리스도께서는 여기서 명백한 신적 대권을 발휘하셨다는 것입니다. 이 아이를 일으킨 것은 예수께서 말씀하신 그 음절이 아니듯이 아이를 붙잡은 손도 아니었습니다. 그러면 무엇이었습니까? 그것은, 어둠 속으로 곧장 떠나서, 육체에서 분리된 영이 어떤 장소에 있었다면, 그리고 곧바로 가서 어떤 식으로든지 그 영을 붙들어 역시 또 어떤 식으로든지 그 영을 본래의 거처에 회복시켜 놓은 하나님의 뜻이었습니다. 왕의 칙서처럼 그리스도의 뜻은 온 우주에 통합니다. "그가 말씀하시매 그대로 되니라." 그것은 누구의 대권입니까? 하나님의 대권입니다. 육체로 나타나신 하나님께서 그 대권을 행사하신 것입니다. 성육신 하신 말씀의 말은 물질적인 것들을 지배하는 능력이 있습니다.

여기에서 우리는 우리 부활의 전주곡과 첫 열매를 또한 봅니다. 이 아이가 일어난 것과 그리스도인들이 소망으로 바라보는 장래의 부활 사이에 큰 차이가 없는 것이 아니지만, 장래의 부활의 장엄한 규모에 비할 때 정말로 하찮은 이 작은 사건에서 다음의 두 가지 사실이 나타납니다. 그 가운데 한 가지는, 영이 신체적 조직에서 분리되고 결합되는 사건이 있었지만 아무 상관없이 의식적인 생명이 계속된다는 것이 증명되었다는 것이고, 다른 한 가지는 예수 그리스도는 사람들의 영을 다스리는 능력이 있으시고, 그래서 원하시는 대로 영을 그 조건에 맞는 신체에 꼭 맞게 끼워 넣으실 수 있다는 것입니다. 그렇다면 이 경우에 시간은 전혀 중요한 요소가 아닙니다. 인간 구조의 분자들에 무슨 일이 발생하든지 그것은 전혀 중요한 요소가 아닙니다. "네가 뿌리는 것은 장래의 형체를 뿌리는 것이 아니요"(고전 15:37). 그러나 예수께서 그 방에서 어린 아이에게 보이셨던 그 능력을 주님이 가지고 계신다면, 우리가 작은 창문을 통해서 큰 물체들을 볼 수 있듯이 이 한 가지 사건을 통해서 "무덤 속에 있는 자가 다 그의 음성을 듣고 나올"(요 5:28) 때를 봅니다.

형제 여러분! 고귀한 교훈이 아직 한 가지 더 있습니다. 육체적인 생명을 주시고 또 다시 주시는 주님은 우리 모두에게 주실 수 있는 가장 고귀한 선물을 상징적으로 보여 주기 위해 그 같이 하시는 것입니다. 우리가 "믿기만 하면," 그렇다면 "그는 허물과 죄로 죽었던 너희를 살리셨고 … . 하나님이 우리를 사랑하신 그 큰 사랑으로 우리를 그리스도와 함께 살리셨고 그리스도 예수 안에서 함께 하늘에 앉히신"(엡 2:1,4,6) 것입니다.

34
하늘에서 내려온 떡

"¹⁰사도들이 돌아와 자기들이 행한 모든 것을 예수께 여쭈니 데리시고 따로 벳새다라는 고을로 떠나 가셨으나 ¹¹무리가 알고 따라왔거늘 예수께서 그들을 영접하사 하나님 나라의 일을 이야기하시며 병 고칠 자들은 고치시더라 ¹²날이 저물어 가매 열두 사도가 나아와 여짜오되 무리를 보내어 두루 마을과 촌으로 가서 유하며 먹을 것을 얻게 하소서 우리가 있는 여기는 빈 들이니이다 ¹³예수께서 이르시되 너희가 먹을 것을 주라 하시니 여짜오되 우리에게 떡 다섯 개와 물고기 두 마리밖에 없으니 이 모든 사람을 위하여 먹을 것을 사지 아니하고서는 할 수 없사옵나이다 하니 ¹⁴이는 남자가 한 오천 명 됨이러라 제자들에게 이르시되 떼를 지어 한 오십 명씩 앉히라 하시니 ¹⁵제자들이 이렇게 하여 다 앉힌 후 ¹⁶예수께서 떡 다섯 개와 물고기 두 마리를 가지사 하늘을 우러러 축사하시고 떼어 제자들에게 주어 무리에게 나누어 주게 하시니 ¹⁷먹고 다 배불렀더라 그 남은 조각을 열두 바구니에 거두니라"

눅 9:10-17

사도들은 복음전도자들로서 시험적인 여행을 마친 후에 휴식이 필요하였습니다. 마침 그때 세례자 요한이 죽었다는 소식이 예수님께 들렸습니다. 유월절이 가까이 다가왔고, 많은 순례자들이 예루살렘으로 가는 여행길에 올랐습니다. 주님 자신뿐 아니라 자기를 따르는 제자들을 위한 세심한 관심과 배려에서 잠시 물러나 휴식을 취할 것을 생각하셨습니다.

그래서 우리 주님은 갈릴리 호수 입구에서부터 요단강 쪽으로 몇 킬로미터 위에 있는 벳새다 동쪽 지역에서 쉴 곳을 찾으셨습니다. 마태와 마가는 예수께서 배를 타고 가셨다고 말하는데, 누가는 이 사실을 몰랐던 것 같습니다. 마가는 걸어서 따라온 호기심 많은 무리들이 예수님보다 먼저 선착장에 도착하는 바람에 물러나 쉴 수 있겠다는 희망을 다 깨뜨려버렸음을 덧붙여 기록하고 있습니다. 그것은 호수 위편 북서쪽 지역을 돌아가는 짧은 보행길이었고, 가는 길 내내 배를 볼 수 있어서 그 길을 가는 사람들의 눈을 피할 수 없었습니다.

누가는 그리스도께서 자기를 잊고 밀려드는 무리를 친절하게 받아들이시는 모습을 기록하고 있습니다. 예수께서는 한숨을 쉬거나 짜증내는 기색이 전혀 없이 "그들을 영접하셨습니다." 이것은 하기 어려운 일이며, 우리 가운데 이룬 사람이 거의 없었을 태도입니다. 이들 대부분의 동기는 남을 배려하거나 사려 깊게 생각하는 것이 전혀 없이 유명한 사람들 주변에 와글거리는 모든 나라, 모든 계층의 대중들을 움직이게 하는 동기보다 조금도 나을 것이 없었습니다. 이들은 어떤 수고가 들든지 상관없이 유명한 사람을 보고 싶어 합니다. 그러나 예수께서는 참을성 있게 이들을 영접하셨습니다. 이는 마가가 감동적으로 이야기하듯이, 예수께서는 "불쌍히 여기셨고"(막 6:34) 자기 주변에 무례하게 밀려드는 이 무리들에게서 그들에게 지도자와 선생이 없는 표시를 보았습니다. 예수님의 눈에는 이들이 단지 마구 몰려드는 구경꾼들일 뿐만 아니라 목자 없는 양들이 떼 지어 몰려다니는 것처럼 보였습니다.

그리스도의 마음은 우리보다 이들에게 더 깊은 애정을 느끼셨는데, 그것은 그리스도께서 우리보다 더 깊게 보셨기 때문이고, 우리보다 더 깊이 보신 것은 이들에 대해 우리보다 더 깊은 애정을 느끼셨기 때문입니다. 우리가 주님께 더 가까이에서 산다면, 주님께서 그러셨듯이 우리도 모든 사람에게서 우리의 동정과 도울 마음을 충분히 끌어낼 만한 것을 볼 것입니다. 비록 사람들이 팔꿈치로 우리를 밀고 우리와 부딪힐지라도 그럴 것입니다.

벳새다로 가는 짧은 여행은 이른 아침에 이루어졌을 것입니다. 그런데 바랐던 조용함 대신에 종일토록 수고하는 일이 뒤따랐습니다. 여기서 "치료가 필요한 자들은 고치시더라"(개역개정은 "병 고칠 자들은 고치시더라" — 역주)는 특이한 표현에 주목하시기 바랍니다. 왜 그냥 "병든 자들"이라고 하지 않았습니까? 아마도 비참함은 끊임없이 주님의 마음을 움직였고, 주님은 필요를 보면 그것을 채우시지 않을 수 없었다는 사상을 나타내기 위해서였을 것입니다. 주님의 즉각적인 동정, 충족한 치유 능력, 주님의 치유를 받는 조건 등이 모두 이 말씀에 담겨 있습니다. 이 기적 자체를 보면, 이 이야기를 세 부분으로 나눌 수 있습니다. 준비 행동, 기적, 풍성한 여분이 그것입니다.

1. **우리 주님께서는 제자들이 당면한 필요의 범위와 그 필요를 채우기에 자기들의 자원이 턱없이 부족함을 깊이 인식하게 함으로써, 그리고 제자들 가운데 많은 사람들에게는 틀림없이 우스꽝스럽게 보였을 순종의 행위를 제자들과 무리들에게 요구하심으로써 상황을 점차 기적을 행하는 데로 끌어가십니다.**

요한은 예수께서 많은 무리를 만나는 시점에 빌립에게 하신 질문으로써 제자들을 준비시키기 시작하셨다고 말합니다. 제자들은 주께서 가르치고 병 고치시는 일로 수고하는 것을 여유 있게 지켜보는 동안 그 질문이 제자들 마음속에서는 하루 종일 들끓고 있었는데, 제자들이 이제 곤란한 그 문제의 해결책을 가지고 옵니다. 그들의 제안은 그 상황에서는 일리 있는 것이었습니다. 그리고 제자들이 후에 나타난 대로 기적을 예상하지 못했다고 비난해서는 안 됩니다. 그들이 아무리 많은 기적을 보았을지라도, 그들은 또 다른 기적을 기대하지 못했던 것 같습니다. 그와 같은 또 다른 기적은 자연법칙에 어긋나는 것으로 생각하였지만, 확실히 그 기적은 자연에 충실한 것이었습니다. 제자들은 어떤 정한 순간에는 어떤 한 요소가 지배할 것이라는 그들의 계산을 무너뜨림으로 혼란을 겪게 만든, 기적적인 것과 자연스러운 것이 혼합되는 기적을 경험하게 되었습니다. 그들의 믿음은 약하였고, 그리스도께서는 그들이 바로 이 기적과, 또 이와 지극히 흡사한 기적으로 4천명을 먹이신 기적의 교훈을 배우는데 더딘 것을 책망하셨습니다. 과거의 충분한 의미를 파악하지 못하고 주님의 능력을 신뢰하지 못하는 데는 그들도 우리와 같았습니다.

제자들 보고 무리들에게 먹을 것을 주라고 하신 생소한 제안은 틀림없이 그들에게는 터무니없는 일처럼 보였을 것입니다. 그러나 그 제안은 제자들에게 그들의 공급하는 능력이 하찮은 것을 똑똑히 알게 하도록 하려는 것이었습니다. 여기에는 중대한 교훈들이 있습니다. 우리에게 여러 가지 명령을 내리시고 명백한 의무들을 지우시는 것은 우리가 그런 일들을 행하기에 전적으로 무능하다는 것을 발견하도록 하시기 위함입니다. 우리가 행할 수 없는 것을 하는 것이 우리의 의무가 될 수 없습니다. 그러나 주께서 우리가 도무지 감당할 수 없는 직무를 주시는 것은, 그로 인해 우리가 주께 달려가 능력을 구하도록 하기 위해서라는 것을 확실히 알고 그 직무를 수행하게 하시려는 경우인 때가 종종 있습니다. 주의 종들이 이 세상에서 주님의 일을 하기 위한 최상의 준비는 자신의 가지고 있는 바가 하찮다는 것을 발견하는 것입니다. 많은 무리를 먹이는 것이 자신들의 할 일인 줄 알고 "우리에게는 이러 이러한 부족한 자원 밖에 없나이다"고 말한 사람들이 주님의 충족한 공급품을 나누어 줄 준비가 되어 있는 사람입니다.

각각 오십 명씩 수백 그룹이 모여 앉아 지고 있는 햇빛 아래 푸른 풀밭에서 아무 표시도 없는 식사를 기다리고 있는 것은 틀림없이 참으로 기이한 광경이었을 것입니다! 무리들을 앉히는 데는 큰 믿음이 필요하였고, 무리들이 앉는 데는 약간의 믿음이 필요하였습니다. 이들이 얼마나 큰 기대를 하였겠습니까! 다음에 어떤 일이 벌어질지 얼마나 궁금하였겠습니까! 그들 가운데 더러는 얼마나 비웃고, 더러는 얼마나 빈정대었을 것이며, 모두 그 결과를 어떻게 지켜보았겠습니까! 우리도 감각적으로는 아무런 표시가 없을지라도 주께서 주시는 선물을 받는 태도를 취해야 합니다. 그리스도의 말씀에 순종하여 앉아서 주님이 음식을 마련하실 것을 기대한다면, 광야에 식탁을 차릴지라도, 창고도 부엌도 보이지 않을지라도 우리는 실망하게 되지 않을 것입니다.

2. 이 기적 자체에는 독특한 특징들이 있습니다. 그물 가득히 고기를 잡은 때처럼 이 기적으로 인해 누군가의 입에서 괴로운 부르짖음이 일어나지 않았고, 일반적인 수단이 미치는 범위를 초월해서 사람에게 공급할 필요도 없었습니다.

　이 기적은 대중들의 마음에 감명을 주고, 또 요한의 말에 따르면 그리스도께서 예견하신 대로 그로 말미암아 열광적인 환호가 일어나도록 하려는 의도가 분명히 들어있던 기적들 중의 하나였습니다. 그러면 왜 그리스도께서는 만족시켜줄 의도가 없는 열광이 일어나도록 하셨습니까? 그것은 군중들의 세속적인 기대가 좀 더 결정적으로 실망을 겪게 하려는 바로 그 이유를 위해서였습니다. 이 기적과 그 결과는 많은 "제자들을" 가려내어 떠나가게 하였는데, 바로 그렇게 하려는 의도가 있었던 것입니다.

　사복음서 모두 그리스도의 "축사하심"(blessing)에 대해 이야기합니다. 마태와 마가는 예수께서 무엇을 축복하셨는지 이야기하지 않습니다. 이 두 복음서 기자가 생략하고 있는 말을 채워 넣는다면, 아마도 예수께서 "하나님께"(blessed God) 감사하였다는 말이 가장 적합할 것입니다. 그러나 누가는 예수께서 음식에 축복하셨다고 말합니다. 예수께서 축복하시는 것은 복됩니다. 왜냐하면 예수님의 말씀은 곧 행위이고, 그 말이 나타내는 복을 전달하기 때문입니다. 떡이 기적적으로 불어나게 된 시점은 명확하게 나타나 있지 않습니다. 그러나 동사들의 시제에 있어서 차이가 그 점을 암시해 줄 것입니다. "축사하사"와 "떼어"라는 동사는 단일 행동을 묘사하는 시제로 쓰여 있습니다. 그 다음에 "주어"라는 동사는 계속적으로 반복되는 행위를 나타내는 시제로 쓰였습니다. 떡 조각이 주님께서 손을 대시자 늘어났습니다. 그래서 제자들이 떡을 나누어 주고 빈손으로 돌아왔을 때 항상 주님의 손에는 떡이 가득한 것을 보았습니다. 그러나 기적적인 요소가 어디 시점에서 나타났든지 간에, 창조적인 능력을 예수께서 발휘하셨던 것입니다. 떡과 물고기라는 "토대"가 있었지만 그래도 그것은 창조적인 일이었습니다. 예수께서 떡과 물고기를 사용하셨다는 사실을 그동안 너무 강조해왔고, 어떤 주석가들은 그것이 없었다면 기적이 일어날 수 없었을 것처럼 말하기도 하였습니다. 그러나 떡 한 덩이가 수 천 명을 먹일 만큼 "늘어났다"고 할 때는 이미 있는 어떤 물건을 증가시키는 것과 창조 사이의 구별은 사라지고 마는 것입니다.

이 기적의 상징적인 의미는 요한복음서에 나오는 대로 이 기적에 이어지는 위대한 강화(講話)에서 찾을 수 있습니다. 예수님은 "하늘에서 내려온 하나님의 떡"(요 6:33)이십니다. 이 떡이 떼어져 우리에게 나누어지신 것입니다. 단지 성육신 안에서만이 아니라 그의 죽으심 안에서도 예수님은 세상을 위한 떡이십니다. 우리가 살려고 한다면, 우리는 "그의 살을 먹을" 뿐만 아니라 또한 "그의 피를 마셔야" 합니다. 우리는 이 기적에서 주님의 종들의 할 일을 나타내는 상징을 보지 못할 수가 없습니다. 주님의 종들은 하늘에서 내려온 떡을 나누어 주는 자들입니다. 그들이 자신들의 보잘것없는 자원이 충분치 못하다는 것을 인정하면서 예수께 가져다 드리려고만 한다면 예수께서 그 부족한 자원을 쓰셔서 모든 필요를 다함이 없이 채우실 것이며, "흩어 구제하여도 더욱 부하게 되는 일이 있을"(잠 11:24) 것입니다. 그리스도께서 축복하시는 것은 언제나 충분합니다.

3. 먹고 남은 것이 많았다는 것은 의미심장한 사실입니다.

가난한 여행자들이 가지고 온 것으로 먹고 남은 것이 열두 바구니를 채웠습니다. 말하자면 배고픈 사람들에게 음식을 주는 일을 도왔던 각 사도가 앞으로 쓸 양식을 위해서 가져갈 바구니를 하나씩 들었다는 것입니다. 그 "남은 조각들"은 잔디에 떨어져 흩어져 있는 부스러기들이 아니라 예수님의 손에서 나온 떡들이었습니다.

주님의 공급은 배고픈 세상에 충분히 주시고도 남습니다. 주께 받은 것을 동료들과 함께 나누는 사람들은 자신이 주께로부터 받은 것이 늘어나는 것을 경험합니다. 복음을 굶주린 영혼에게 전달하는 것만큼 확실하게 복음의 충만한 기쁨과 복을 받는 길은 없습니다. 이렇게 남은 조각들이 열두 바구니에 가득 찼다는 사실은 또한 우리에게 그리스도께서 자신을 생명의 떡으로 주심에는 우리가 언제라도 받을 수 있는 것 이상으로 풍성하게 넘친다는 것을 가르쳐 줍니다. 그리스도인의 영적 경험은 언제나 그 안에 무한대의 요소가 있습니다. 우리가 더 많이 받아들일 수만 있다면, 더 많이 받으리라는 것을 우리는 압니다. 다른 음식은 싫증이 나고 만족을 주지 못하며 우리를 주려 죽게 합니다. 그리스도는 만족을 주시며 결코 싫증이 나지 않습니다. 우리에게는 언제나 맛볼 남은 것, 즉 무한한 비축품이 있습니다. 영원이 낡게 하지 못하고 그것을 먹고 생활하는 우주가 다 써버리지 못할 무한한 비축품이 있습니다. 그리스도를 받는 그리스도인의 역량은 받아먹는 것만큼 자랍니다. 그런 사람만이 "내일도 오늘 같이 크게 넘치리라"(사 56:12)는 것을 안심하고 믿을 수 있습니다.

35
여러분을 고치시는 주님

"예수께서 병 고칠 자들은 고치시더라"

눅 9:11

예수께서는 자신과 제자들을 위해 좀 조용히 쉴 곳을 찾고 계셨습니다. 주님은 그 목적으로 어부들의 배를 하나 빌려 타고 바다 건너편으로 가셨습니다. 그러나 모든 군중이 그렇듯이 분별이 없고 이기적인 이 군중들도 배의 진로를 보고서, 그들이 쉽게 할 수 있는 대로 서둘러 호수 위쪽으로 둘러 걸어가서 예수께서 어느 곳으로 내리든지 맞이할 준비를 하였습니다. 그래서 예수께서 바닷가에 도착하실 때는 이미 그 모든 사람들이 거기에서 주로 단순한 호기심에 들떠서 시끄럽게 떠들고 있었고, 잠시 숨 돌릴 틈을 얻을 기대는 사라져 버렸습니다.

그러나 주님의 입에서는 책망이나 실망의 말씀은 한 마디도 나오지 않았고, 주님의 마음속에 성가시다는 생각은 조그만 흔적조차도 없었습니다. 어쩌면 한숨을 쉬셨겠지만 주님은 쉬기를 기대하였던 곳에서 다시 분발하여 즐거운 마음으로 일을 하셨습니다. 그것은 작은 일이었습니다. 그러나 그것은 비록 중대성에서는 지극히 작은 일이지만, 주께서 "창세 전에 아버지와 함께 가졌던 영화"(요 17:5)를 제쳐두고 사람들 가운데 오셔서 수고하시고, 죽는 자리에까지 이르게 한 것과 같은 종류의 일이었습니다.

그러나 여기서 내가 특별히 주목하려고 하는 것은 누가의 두드러진 표현입니다. 왜 누가는 다른 복음서 기자들처럼 "병든 자들"이라는 평범한 말을 쓰지 않고 "치료가 필요한 자들"이라는 에두르는 표현을 사용합니까? 내가 생각할 때, 누가는 사람들의 필요를 분별하시는 주님의 능력, 또 필요를 보자마자 곧 채우고 싶어 하는 빠른 동정, 어떤 병이든지 주께서 치료하실 수 있고 힘을 주실 수 있는 다함이 없는 능력을 넌지시 나타내고자 했던 것 같습니다. "예수께서 치료가 필요한 자들을 다 고치셨는데" 이는 주님의 사랑은 필요를 보았을 때는 그것을 채우지 않고 그냥 지나칠 수 없었기 때문이고, 주님의 사랑은 무한한 능력을 지닌 자원들을 사용하였기 때문입니다.

우리 주님의 모든 기적은 영적 사실들을 좀 더 낮은 토대에서 실례를 들어 설명하는 비유들입니다. 그 점은 병 고치는 기적들에 관해 특별히 더 적용됩니다. 그래서 나는 본문의 말씀을 특별히 우리 자신에게 직접적으로 적용되는 말씀으로 다루고, 이 말씀에서 아주 오래 되고 진부해 보이는, 그래서 소홀히 하는 두 세 가지 교훈을 끌어내고자 합니다. 하나님께서 이 교훈들을 쓰셔서 우리 가운데 어떤 분들이 우리에게 치료의 필요성이 있음과, 우리를 고치실 수 있는 주님의 무한한 능력을 새롭게 깨달을 수 있게 해 주시기를 기도합니다. 내가 말씀드리고 싶은 것은 세 가지입니다. 지금 내가 무슨 말을 하려고 하는지 이야기하겠습니다. 첫째, 우리 모두는 치료가 필요하다는 것입니다. 둘째, 그리스도께서는 우리 모두를 고치실 수 있다는 것이고, 셋째는 우리가 모두 고침을 받지 않는다는 것입니다.

1. 우리 모두는 치료가 필요합니다.

이 군중 속에 있는 사람들이 다 병이 든 것은 아니었습니다. 주님은 그들 가운데 어떤 이들에 대해서는 가르치셨고, 또 어떤 이들은 고치셨습니다. 건강한 사람들과 불구자가 섞여 있던 이 군중은 인간 상태의 전형적인 모습은 아닙니다. 여기에서보다는 행각이 다섯이 있는 베데스다 연못에서 그 모습을 찾아야 할 것입니다. 거기에는 다양한 병으로 괴로움을 겪고 있는 무기력한 많은 사람들이 있었는데, 성한 사람은 하나도 없었습니다. 하나님을 찬송합시다! 우리는 베데스다 안에 있습니다. 베데스다는 "자비의 집"이란 뜻인데, 병을 낫게 할 수 있는 샘이 우리 모두 곁에서 끊임없이 솟아나고 있습니다. 형제 여러분, 모든 인류에게 영향을 끼치고 감염시키는 질병이 있습니다. 이 점에 대해 이제 여러분에게 두 세 가지 분명하고 중대한 말씀을 드리고 싶습니다. 죄는 보편적입니다.

성경에서 죄는 무엇입니까? 하나님의 법을 거스르거나 소홀히 하는 모든 것입니다. 여러분이 일상생활의 모든 활동에서 그 말이 실제로 하나님과 하나님의 뜻에 대해 갖는 관계를 깨닫는다면, "모든 사람이 죄를 범하였으매 하나님의 영광에 이르지 못하더니"(롬 3:23) 라는 사실을 확증하기 위해 더 이상 어떤 것도 필요하지 않을 것입니다. 사람들 사이에 이밖의 어떤 차이점들이 있든지 간에, 근본적인 이 유사점이 있습니다. 모든 사람이 하나님의 법을 무시합니다. 이것은 하나님의 법을 어기는 것입니다. 우리가 마땅히 행해야 하는 모든 것은 다 하나님과 관계가 있습니다. 우리가 행하는 모든 것이 그와 같이 하나님과 관계가 있습니까? 그렇지 않다면 거기에 악이 있는 것입니다. 왜냐하면 죄란 하나님을 무시하고 내 자신을 위해 사는 것이기 때문입니다. 하나님이 중심입니다. 그래서 극단적인 표현을 사용하자면 이렇게 말할 수 있을 것입니다. 천체의 중심을 향하여 작용하는 중력과 그 중심의 둘레를 도는 공전으로부터 억지로 떨어져 나가, 자체의 축을 중심으로 돌려고 하는 행성마다 천체의 법칙을 깨트리고 하늘의 조화에 불화를 가져왔습니다. 모든 사람이 이 점에서 유죄 선고를 받은 위치에 있습니다.

과장할 필요가 전혀 없습니다. 나는 지금 모든 사람이 같은 수준에 있다고 말하는 것이 아닙니다. 생활의 고결함과 순수함, 선량함에 큰 차이가 있다는 것을 압니다. 그 차이가 대수롭지 않은 것이 아니지만 이 유사점이 훨씬 더 중요합니다. 생활이 깨끗한 순수한 남자와 사랑이 깊고 온순한 여성이 방탕한 사람, 곧 한껏 육욕을 부리는 사람보다 높은 위치에 서 있지만, 그들도 이 점에서는 같은 발판에 있으므로, 손으로 입을 막고 엎드려 땅을 입에 대고 "부정하다"고 소리치지 않을 수 없습니다. 나는 이 점을 과장하고 싶은 마음이 없습니다. 그런데 사람들이 자신에 대해 정직하게 생각한다면, 내가 성경의 엄숙한 용어로 "모든 사람이 죄를 범하였으매 하나님의 영광에 이르지 못하더니"라는 말을 슬프게 이야기할 때, 틀림없이 그 기소(起訴)에 대해 공감하지 않을 수 없을 것입니다. 왜냐하면 아무 차이가 없기 때문입니다. 여러분이 아무 신도 믿지 않는다면, "죄"라는 허황한 개념을 비웃을 수 있습니다. 여러분이 어떤 신을 믿는다 하더라도 "내가 주께만 범죄하였나이다"고 하는 이 사실은 믿지 않습니다.

그리고 형제 여러분, 이 보편적인 사실이 진정으로 엄연한 현실이라면, 그것은 인간 본성에서 가장 중대한 요소입니다. 여러분과 내가 현명한지 어리석은지, 교육을 받았는지 무식한지, 부하든지 가난하든지, 행복한지 비참한지 비교하는 것이 별로 중요하지 않습니다. 사람들을 서로 구별하게 만들고, 자기들 나름대로는 다 옳다고 여기는 이 모든 피상적인 구분들도 인간 본성의 모든 조직 안에 역병의 반점이 있고, 문둥병이 우리 모든 사람에게 덮쳤다는 엄숙한 진리 앞에서는 아무것도 아닌 것이 되고 맙니다.

그러나 형제 여러분, 우리는 일반론을 핑계로 슬그머니 빠져나가는 일은 하지 않도록 합시다. 문둥병이 모든 사람에게 덮쳤다는 것은 각 사람이 문둥병이 걸렸다는 것을 의미하고, 각 사람이 문둥병에 걸렸다는 것은 내가 문둥병에 걸렸다는 의미입니다. 우리는 일반적인 진리를 그 무게 그대로 우리 자신에게 적용하는 것이 참으로 어렵다는 것을 압니다. 그것은 오래된 진부한 말입니다. "모든 사람이 사람은 다 죽는다고 생각하면서 자기는 예외라고 생각한다." 우리는 이 기소를 "모든 사람이 범죄하였으매"라는 보편성을 나타내는 일반적인 용어로 표현할 때는 아주 편하게 말합니다. 나는 여기서 그 끝을 좀 더 날카롭게 만들어 봅니다. 그 예리한 끝이 마비된 양심을 찌를 수 있기를 바랍니다. "모든 사람이 범죄하였으매" 하고 읽지 말고, 내 설교를 듣는 각 사람에게 일반적인 말은 치워버리고 개인적인 말로 표현하여 "내가 범죄하였으매"라고 말하라고 간절히 권합니다. 여러분은 복음의 약속과 제공을 대해야 하는 것과 꼭 같이 이 기소도 대해야 합니다. 이 약속과 제공들에 관해서 우리는 백지 수표를 받았고, 거기에 우리 이름을 써 넣어야 합니다. 이 기소에 관해 청구 금액이 우리에게 부과됩니다. 우리가 현명한 사람이라면 우리는 거기에도 우리 이름을 쓸 것입니다.

사랑하는 교우 여러분, 나는 이 점을 여러분의 양심에 맡기고, 지금 이 자리에서는 아니라 할지라도, 어쨌든 여러분이 오늘 밤에 조용히 집에 가서 침대에 누웠을 때, "그게 바로 나인가?"라는 질문을 스스로에게 해 보시라고 말씀드립니다. 그렇게 한다면, 여러분은 어둠 속에서 나와 가리키는 손가락을 보고, "당신이 그 사람이라"(삼하 12:7)고 말한 나단의 목소리보다 더 엄격한 목소리를 들을 것이라고 확신합니다.

2. 그리스도께서는 우리 모두를 고치실 수 있습니다.

앞부분에서 나는 예수께서 온갖 질병과 맞붙어 아주 쉽게 이기신 사실은 주님의 치유하시는 능력의 다함이 없음과 지극히 충만하심을 낮은 수준에서 보여주시는 계시라는 것을 부족한 대로 이야기하고자 했습니다. 예수께서는 모든 죄, 곧 세상의 죄와 각 개인의 죄를 다 해결하실 수 있습니다. 오직 주님 홀로 그 일을 하실 수 있습니다.

인류의 이런 상처에서 흐르는 피를 멈추게 하려고 하는 사람은 누구나 만나는 이 문제를 한 번 생각해 보십시오. 사람을 죄라는 이 병에서 구원하려면 무엇이 필요합니까? 그런데, 지옥 문 앞에 앉아 있다고 하는, 우화에 나오는 개처럼, 그 악한 것은 머리가 셋이 달려 있습니다. 그래서 여러분이 이 권력자로부터 사람들을 구출하려면 이 세 머리 하나하나에 어떤 조처를 취해야 합니다.

첫째로, 일단 한 번 행한 악은 계속해서 우리에게 되풀이 하는 두려운 힘이 있습니다. 습관이라는 파멸적인 영향력만큼 반성하는 마음에 두려운 것은 없습니다. 어떤 잘못을 한 번만 범하고 마는 사람은 사실 드뭅니다. 잘못을 한 번 범하면, 두 번 범하게 됩니다. 그리고 두 번 범하면 그 다음에는 계속해서 앞으로 수도 없이 범하게 됩니다. 그리고 잘못을 범하는 간격이 갈수록 줄어들고, 떨어져 있던 점들이 합하여 선(線)을 이루게 되고, 동기는 약해지는데 반해 충동은 더 커집니다. 사람이 습관적인 악에서 갖는 기쁨이 줄어들수록 악이 그 사람을 지배하는 힘은 그만큼 더 커집니다. 그래서 마침내는 그 악을 행하는 것이 조금이라도 즐겁기 때문이 아니라, 그 악을 행하지 않으면 비참하기 때문에 악을 행하게 됩니다. 여러분이 사람에게서 죄를 제거하고 이 질병을 몰아내려면, 이 두려운 성품의 타락과 습관이라는 무시무시한 쇠사슬을 상대해야 합니다. 이것이 그 괴물에게 달려 있는 머리들 가운데 하나입니다.

그러나 앞에서 말했듯이 죄는 하나님과 관계가 있는 것입니다. 그 머리들에는 또 하나가 있는데, 죄에는 죄책이 함께 따라옵니다. 하나님과의 관계가 어그러지는 것입니다. 법을 어긴 사람은 죄라는 엄숙한 말이 의미하는 모든 슬픔을 지니고서 하나님 앞에 죄인으로 서게 됩니다. 그것이 그 머리들 가운데 또 하나입니다.

세 번째 머리는 이것입니다. 즉 그것은 형벌의 성격으로 따라오는 결과입니다. "사람이 무엇으로 심든지 그대로 거두리라"(갈 6:7). 하나님이 다스리는 우주적인 통치가 있는 한, 그 통치 안에서 모든 것이 원인과 결과로 연결되어 있는 한, "악이 악인을 죽일 것이라"(시 34:21)는 것 외에는 가능한 것이 아무것도 없습니다. 그리고 그것이 그 괴물의 세 번째 머리입니다. 여러분이 그 수술을 철저히 하려면 습관, 죄의 책임, 형벌이라는 이 세 가지를 다루어야 합니다.

형제 여러분, 여기서 나는 설교를 떠나 논쟁을 하고 싶지 않습니다. 예수 그리스도께서는 여러분의 죄를 위하여 십자가 위에서 죽으셨습니다. 그리고 그리스도께서 죽으셨을 때 여러분의 죄는 그의 심장과 마음속에 있었습니다. 그리고 주님의 속죄하는 이 희생이 죄의 책임을 지우고, 죄의 두려운 모든 형벌을 중지시킵니다. 그 외에 다른 어떤 것도 그 일을 하지 못할 것입니다. 화가 난 그 통치자와 재판장 외에 누가 죄의 책임 문제를 다룰 수 있겠습니까? 만유의 주님 외에 누가 죄의 결과들을 붙잡아 둘 수 있겠습니까? 예수 그리스도의 피만이 온 세상의 죄를 해결하는 유일하고 충족한 제물이고 변제입니다.

예수 그리스도의 피가 그 괴물의 세 머리 가운데 두 개를 처리합니다. 그러면 세 번째 머리는 어떻게 해야 합니까? 누가 내 본성 속에서 그 독을 빼낼 수 있을 것입니까? 누가 내 심장에서 그 시커먼 액을 짜낼 수 있습니까? 어떻게 에티오피아 사람이 자기 피부를 바꾸며, 표범이 자기 반점을 없앨 수 있겠습니까? 악에 익숙해진 사람이 어떻게 "선행을 배울"(사 1:17) 수 있겠습니까? 표면적으로는 많은 개혁이 있을 수 있습니다. 나는 그 사실을 잊거나 그 사실을 최소화할 생각이 전혀 없습니다. 그러나 우리 본성으로부터 우리 스스로 가져온 타락을 철저히 제거하기 위해서는, 나는 치료책이 딱 한 가지 밖에 없다고 믿습니다. 내가 여기 서있는 것은 바로 그에 대해 이야기하기 위함이고, 내가 그것을 믿지 않는다면 내가 해야 할 말은 아무것도 없을 것입니다. 그것은 죄 많은 마음속에 예수 그리스도께서 주시는 새 생명의 거대한 급류가 왈칵 하고 쏟아져 들어와서 앞에 있는 모든 쓰레기와 오물 덩어리를 그 넓은 품에 담아 기쁘게 쓸어가 버리도록 해야 한다는 것입니다. 예수께서는 우리의 범죄함을 위하여 십자가에 못 박혔고, 살아 계시면서 우리에게 자신의 충만한 거룩함을 주십니다. 이렇게 해서 우리는 괴물의 머리들을 다 쳐 없애버렸습니다. 우리의 질병과 질병으로 향하는 경향, 그에 따른 연약함, 이 모든 것을 우리에게서 내어 던지십시오. 그래서 그리스도께서 자신을 "너를 치유하시는 주님"으로 계시하십니다.

자, 사랑하는 형제 여러분, 여러분은 "그거 다 아주 좋은 얘기다"라고 말할 수 있습니다. 그렇습니다! 그러나 그것은 단순히 좋은 얘기가 아니라 훨씬 그 이상의 의미를 지니고 있습니다. 그것이 옳다는 사실이 19세기 동안 확립되어 왔습니다. 그들의 모든 결점에도 불구하고 "보십시오. 그것은 망상이 아닙니다. 그것은 수사적 표현이 아닙니다. 나는 주님을 믿었고 주께서 나를 온전케 하셨습니다"고 말한 사람이 수없이 많았고, 오늘날도 언제든지 그렇게 말할 사람들이 또한 수없이 많습니다.

자, 내가 지금까지 줄곧 이야기해 온 이런 점들이 세상의 질병을 고치기 위해서는 반드시 해결해야 할 문제의 심각성을 제대로 표현한다면, 이렇게 그 질병을 고치는 능력이 어떻게 절대적으로 예수 그리스도에게만 국한되는가 하는 점에 대해서는 오래 생각할 필요가 없습니다. 그밖에 부분적으로 인류에게 개혁과 개선을 가져오는 모든 방법들의 중요성을 나는 충분히 인정합니다. 나는 그 모든 것들이 그 나름대로 성공을 거두기를 바랍니다. 그러나 형제 여러분, 복음의 메시지를 제외하고는 하나님과의 관계에 있어서 혹은 내 성품과 관계하여서, 혹은 내 미래와 관련하여서 내 죄를 다룰 것은 달리 아무것도 없습니다. 그 외에, 나름대로 유익하고 좋은 것은 많이 있습니다. 그러나 한 마디로 복음만큼 충분히 깊은 데까지 가는 것은 아무것도 없다고 강력하게 말씀드립니다.

교육이 해결책이라고 생각하십니까? 맞습니다. 교육이 많은 도움을 줄 것입니다. 그러나 교육이 죄에 대해서는 아무것도 하지 못할 것입니다. 교육은 그 질병의 유형을 바꿀 것입니다. 교양 있는 사람의 범죄는 무지한 시골 사람의 죄와는 전혀 다를 것이기 때문입니다. 그러나 현명하든지 어리석든지, 교수이든지 학생이든지, 사상가이든지 생각이 없는 야만인이든지 간에, 그들이 하나님 보시기에 죄인이라는 이 점에서는 모두 같습니다. 나는 여러분 가운데 어떤 사람들이 자신의 우수한 계몽과 교육과 세련됨을 근거로 쳐놓은 울타리를 뚫고 들어가, 그들에게 그 모든 것보다 더 깊은 것이 있음을 알게 해주고 싶습니다. 여러분이 아주 똑똑하고 교육을 잘 받았고 매우 교양 있으며 아주 생각이 깊고 철학적인 죄인일 수 있지만, 그럴지라도 결국 여러분이 죄인이라는 것을 느낄 수 있게 해주고 싶습니다.

그리고 우리는 지금도 많은 이야기를 듣습니다. 나는 진지한 몇몇 열광주의자들이 천년왕국을 가져올 것이라고 생각하는 사회적, 경제적, 정치적 변화에 관한 이야기가 이제는 좀 줄어들 것이라고 생각지 않습니다. 땅을 국유화하고, 모든 "생산과 분배 수단"을 국유화하며 모든 사람이 자기 몫을 받고, 이렇게 해서 우리가 모두 공산주의 상태에 이르게 된다면, 그 다음에는 어떻게 되겠습니까? 그렇게 된다고 해서 정말로 사람들이 말 그대로 더 나아지지는 않을 것입니다. 사실은 이들은 처음부터 잘못하고 있는 것입니다. 단지 더 나은 미래를 위해 환경을 바꾸는 것만으로는 인류를 개선시킬 수 없습니다. 기독교는 그 과정을 거꾸로 합니다. 기독교는 사람의 내면에서부터 시작하고 바깥쪽으로 활동을 펼쳐 나갑니다. 그것이 철저한 방법입니다. 자, 예를 들어, 빈민굴에서 일단의 사람들을 끌어내어 이상적인 하숙집에 살게 했다고 생각해 봅시다. 그 집이 얼마 동안 이상적인 상태를 유지할 것 같습니까? 그들은 더러운 습관을 그대로 가지고 올 것이고, 건물 내부에 목조로 된 부분을 땔감으로 쓰기 위해 뜯어 낼 것이며, 아주 짧은 시간 안에 그들은 그곳을 할 수 있는 대로 자기들이 나왔던 돼지우리와 같은 곳으로 만들 것입니다. 여러분은 사람을 변화시켜야 합니다. 그러면 사람들의 환경을 바꿀 수 있을 것입니다. 그렇지 않으면 사람들이 자신들에게 맞게 환경을 바꿀 것입니다. 이 모든 것을, 사태를 개선하려는 일체의 노력에 찬물을 끼얹는 말로 받아들여서는 안 되고, 다만 이런 것들만 있으면 인류의 악을 고치고 인류의 슬픔을 치료하는데 충분하다고 생각하는 것에 이의를 제기하는 말로 이해해야 합니다. "너희는 딸 내 백성의 상처를 가볍게 고쳤도다"(렘 8:11, 개역개정은 "그들이 딸 내 백성의 상처를 가볍게 여겼도다" ― 역주). 환자가 암으로 죽어가고 있는데 여러분은 피부병으로 알고 그를 치료하고 있는 것입니다. 인류의 죄와, 그 속에 있는 인류의 슬픔을 고치실 수 있는 분은 오직 예수 그리스도뿐입니다.

3. 마지막으로, 우리가 전부 고침을 받는 것은 아닙니다.

이것은 아주 분명한 사실입니다. 그리스도를 둘러 싼 군중들 가운데 아픈 사람들은 다 고쳐서 돌려 보내셨습니다. 그리스도께서 그처럼 광범위하게 베푸신 선물은 병 고침을 받은 자들의 영적 본성과는 아무 상관이 없었습니다. 그리고 우리의 영적 본성과 관계가 있는 선물은, 그 문제에서 우리의 행동과 전혀 상관없이 주실 수 있는 것이 아닙니다.

여러분이 그리스도의 치료하시는 능력을 받아들이지 않으면, 그리스도께서 여러분을 고치실 수 없습니다. 그리스도께서는 세상에 계실 때 흔하지는 않지만, 때로 치료 받는 자나 그의 친구들 편에서 믿음으로 요구한 일이 없이도 신체적 질병을 고쳐 주신 적이 있습니다. 그러나 죄라는 질병에 관해서는 그렇게 하실 수 없습니다(하실 수 있을지라도 그같이 하시지 않으실 것입니다). 사람이 그리스도께 가서 그리스도를 의지하고, 그의 사죄하시고 거룩하게 하시는 은혜의 작용에 자기 영을 복종시키지 않는 한, 어떤 치료약도 바를 수 없고, 어떤 치료도 효과를 낼 수 없습니다. 그것은 복음의 보편적 능력의 한계가 아닙니다. 그것은 단지 여러분이 약을 받지 않으면, 그 약이 여러분에게 조금이라도 어떤 유익을 줄 것으로 기대할 수 없다고 말하는 것뿐이며, 그리고 확실히 그것은 분명한 상식이라고 말하는 것뿐입니다. 그리스도의 치료하고 구원하시는 능력은 사람의 행동과 상관없이 어쨌든 모든 사람에게 미칠 것이라고 생각하는 사람들이 많습니다. 형제 여러분, 그것은 전적으로 망상입니다. 그리스도의 능력이 그렇게 작용할 수 있다면 그렇게 작용할 것입니다. 그러나 만일 구원이 사람과 관계없이 그렇게 받을 수 있다면, 구원은 단순한 기계적인 일로 전락하게 될 것이고, 받을 가치가 없는 것이 될 것입니다. 그래서 나는 첫째로, 여러분이 약을 받지 않으려고 한다면 치료를 받을 수 없다고 말하는 것입니다.

둘째로, 나는 여러분이 아프다는 것을 느끼지 못한다면, 약을 받지 않을 것이라고 말합니다. 발을 절거나 열 때문에 고생하는 사람, 한낮에도 더듬거나 눈이 먼 사람, 혹은 세상의 온갖 아름다운 소리를 일체 듣지 못하는 사람은 자신이 치료를 받아야 할 사람이라는 것을 모를 수가 없을 것입니다. 그러나 우리의 질병에 있어서 두려운 점은, 우리의 병이 심각하면 할수록 우리가 그 사실을 그만큼 더 모른다는 사실입니다. 양심이 가장 큰 소리로 우리의 병을 말해야 하는 때에, 양심이 아주 잠잠하고, 종종 사람이 아주 평안하게 지내도록 돕니다. 그래서 악한 일들을 행한 후에 사람이 입을 씻으며 "나는 아무 해도 안 끼쳤다"고 말하게 만듭니다.

사랑하는 형제 여러분, 그래서 나는 여러분에게 내가 지금까지 이야기해 온 부족한 이 말을 치워 버리지 말기를 부탁하고, 여러분이 참된 것, 곧 여러분이 하나님 앞에 죄인으로 서 있다는 이 사실을 깨닫기 전까지는 느긋하게 있지 말라고 간곡히 권합니다.

그리스도에게 가서 살기보다는 계속해서 죄를 짓다가 죽기를 택하는 것만큼 사람에게 미친 짓은 없습니다. 우리는 모두 마음먹기만 한다면 가질 수 있는 좋은 많은 것들을 취하는 일에 무관심합니다. 그런데 악을 행하기를 고집하고 주님을 차버리는 사람의 무관심만큼 정신 나간 짓은 없습니다. 여러분은 자신의 마음을 들여다볼 생각이 있습니까? 여러분은 우리의 모든 행위를 규제하게 되어 있는 하나님의 두렵고 엄숙한 법을 우리 각 사람이 그토록 자주 무시해 왔고 범해 왔다는 것을 인정할 생각이 있습니까? 일단 여러분이 현재 자신의 모습을 있는 그대로 본다면, 여러분은 주님께로 돌이켜 "나를 고쳐 주소서" 하고 말할 것입니다. 그러면 여러분은 고침을 받을 것입니다. 주께서 여러분 머리에 손을 얹으실 것입니다. 여러분이 병들고 상한 채로 예수님께 가서 그의 큰 희생을 의지하고 마음을 열어 주님의 치유하시는 능력이 들어오도록 하기만 한다면, 주님께서 여러분을 "완전히 낫게"(행 3:16) 하실 것이며 여러분은 이렇게 노래할 것입니다. "내 영혼아 여호와를 송축하라 그가 네 모든 죄악을 사하시며 네 모든 병을 고치시는도다"(시 103:3).

우리 각 사람이 이와 같이 되기를 바랍니다!

36
그리스도의 십자가와 우리의 십자가

"¹⁸예수께서 따로 기도하실 때에 제자들이 주와 함께 있더니 물어 이르시되 무리가 나를 누구라고 하느냐 ¹⁹대답하여 이르되 세례 요한이라 하고 더러는 엘리야라, 더러는 옛 선지자 중의 한 사람이 살아났다 하나이다 ²⁰예수께서 이르시되 너희는 나를 누구라 하느냐 베드로가 대답하여 이르되 하나님의 그리스도시니이다 하니 ²¹경고하사 이 말을 아무에게도 이르지 말라 명하시고 ²²이르시되 인자가 많은 고난을 받고 장로들과 대제사장들과 서기관들에게 버린 바 되어 죽임을 당하고 제삼일에 살아나야 하리라 하시고 ²³또 무리에게 이르시되 아무든지 나를 따라오려거든 자기를 부인하고 날마다 제 십자가를 지고 나를 따를 것이니라 ²⁴누구든지 제 목숨을 구원하고자 하면 잃을 것이요 누구든지 나를 위하여 제 목숨을 잃으면 구원하리라 ²⁵사람이 만일 온 천하를 얻고도 자기를 잃든지 빼앗기든지 하면 무엇이 유익하리요 ²⁶누구든지 나와 내 말을 부끄러워하면 인자도 자기와 아버지와 거룩한 천사들의 영광으로 올 때에 그 사람을 부끄러워하리라 ²⁷내가 참으로 너희에게 이르노니 여기 서 있는 사람 중에 죽기 전에 하나님의 나라를 볼 자들도 있느니라"

눅 9:18-27

본문은 뚜렷하게 구분되면서도 긴밀하게 연결되어 있는 세 부분으로 나닙니다. 제자들이 베드로의 입을 통해 예수께서 그리스도이심을 고백함, 메시야직에 반드시 수반되는 것으로서 그리스도의 고난을 제자들에게 계시하심, 그리스도께서 그의 제자됨에 반드시 수반되는 것으로서 고난의 법칙을 제자들에게까지 확대 적용하심, 이 세 부분으로 나닙니다. 누가는 이 세 단계 가운데 첫 번째에 대해 마태보다 훨씬 더 간단하게 이야기하는데, 시몬 바요나에 대한 주님의 찬사와 축복을 생략하고 교회를 세우실 그 반석에 대한 위대한 말씀도 생략합니다. 그러나 핵심적인 요소들은 그대로 유지하고 첫 번째 단계에 대한 아주 간결한 언급을 통해서 세 부분이 연결되어 있음을 강조합니다.

1. 누가는 그리스도의 기도를 기록하는 일에 특별한 관심을 보입니다.

제자들의 위대한 신앙고백이 어디에서 이루어졌는지에 대해서는 말하지 않지만, 예수께서 그 신앙고백이 있기 전에 무슨 일을 하셨는지에 대해서는 이야기합니다. 우리는 주께서 이때 곧 겪으실 고난에 대해 홀로 외롭게 생각하셨고, 자기를 따르는 자들에게 이 고난에 대한 지식을 전하여 주기로 결심하면서 그것이 제자들의 충성을 날카롭게 시험하는 것이 될 것이라고 느끼셨을 것입니다. 그때는 중대한 순간이었습니다. 아버지 하나님과 교통하는 것 외에 그 중대한 순간을 달리 어떻게 준비할 수 있겠습니까? 틀림없이 주께서는 제자들의 연약함을 기억하고 기도하셨을 것입니다.

주님의 두 질문에는 이런 의도가 있었습니다. 첫째는, 제자들이 자기들과 동족의 남은 사람들 사이에 벌어져 있는 큰 간격을 느끼고, 그래서 자기들만 받은 믿음을 더욱 굳게 붙잡고, 아마도 예상하였겠지만, 필요하다면 그 신앙을 인해 고난도 받을 준비를 하도록 하려는 것이었습니다. 그 질문은 진실한 사람들이 자기들의 믿음을 비웃는 많은 무리들 가운데 자기들은 소수에 지나지 않는다는 것을 알도록 합니다. 예수께서 제자들에게 그들이 동족의 다른 사람들에게서 고립되어 있음을 강조하는 것이 안전하다고 보셨을 것이라는 사실에서 예수께서 비록 제자들의 믿음이 불완전하긴 하지만 거기에 진실이 있음을 보셨음이 나타납니다.

"너희는 나를 누구라 하느냐?" 예수께서는 제자들 마음속에 서서히 뚜렷해진 그 생각을 제자들이 분명히 표현하도록 하십니다. 우리는 신앙을 분명한 말로 표현할 때, 더 분명하게 알고 더 굳게 붙잡게 됩니다. 그 질문은 용액의 단단한 물질을 침전시키기 위해 용액에 떨어뜨린 화학 요소처럼 작용하였습니다. 불분명한 의견들은 말로 표현하는 과정을 거치면서 한데 모아져 분명하게 정리가 됩니다. 그 질문은 우리에게 아주 중요합니다. 그리스도의 본성과 직무에 대한 우리의 생각에 따라 주님에 대한 우리의 관계와 삶의 전체 형태가 결정됩니다. 사실, 우리가 예수께서 주님이라고 말하지만, 주님의 제자가 아닐 수가 있습니다. 주님을 생각할 때 주께서 메시야이시라는 사실이 분명하고 자명하게 나타나지 않는 한, 우리는 주께서 삼으시려고 하는 주님의 제자는 아닙니다. 그 확신이 느낌으로 나타나야 하고, 그 다음에는 생활로 나타나야 합니다. 그러나 무엇보다 그 확신이 참된 모든 제자 됨의 기초가 되어야 합니다. 교리는 기독교가 아니라 기독교 신앙의 기초입니다. 여기에 나오는 사도의 신앙고백은 기독교 신조의 "더 이상 축소할 수 없는 최소한의 것"입니다.

그 신앙고백은 처음에 나다나엘이 말했던 것과 다르지 않습니다. 그러나 여기서 신앙고백은 베드로 개인의 믿음을 표현하기 위해 말한 것이 아니고, 그가 모든 제자들을 대신해서 말하는 것입니다. "말한 사람이 나였든지 그들이었든지 상관없이 우리가" 믿는 것입니다. 이 신앙고백은 제자들 마음속에서 지금까지 발전해 온 생각을 요약한 것이고, 그래서 한 단계의 마지막을 장식하고 또 다른 단계의 시작을 표시하였습니다. 그리스도께서는 제자들이 자신들의 확신을 말하자면 주님의 새로운 교훈을 받아들이기 위한 준비로서 평가하게 하려고 하셨습니다.

2. 그 뒤에 즉시 새로운 장이 펼쳐집니다. 그리스도를 메시야로 믿는 믿음은 건물의 일 층입니다.

이 층이 그 위에 세워집니다. 이 새로운 교훈이 하나님 나라에 대한 유대주의적 꿈으로 채색된 소망을 가진 사람들에게는 받아들이기 어려운 것이었습니다. 그들은 이와 같은 세속적인 이상이 녹아 없어지는 것을 보며, 괴롭고 슬픈 현실을 직시하지 않으면 안 되었습니다. 예수께서 메시야라는 바로 그 사실에는 필연적으로 고난의 사실이 뒤따랐습니다. "하여야 한다"(must)는 것은 어디에서 나왔습니까? 하나님의 목적에서, 일의 필연성에서, 주님의 사명의 목적에서 나왔습니다. 이런 점들이 예언적인 말씀을 형성하였고, 이 사실에서 또 다른 형태의 "하여야 한다"는 말, 즉 메시야가 이런 예언들을 이루어야 할 필연성이 나왔습니다.

틀림없이 우리 주님은 주의 말씀을 듣고 마음이 우울해진 제자들에게 많은 예언의 말씀을 들려주었을 것입니다. 그 예언의 말씀을 요즘의 해석들은 덮어 버렸지만, 그것은 이미 오래 전에 주님의 운명을 앞서 말한 것입니다. 무서운 진실이 제자들 마음속에 파고들었을 때 두려움과 슬픔에 사로잡혀서 잠잠히 듣는 제자들에게 불길한 새로운 의미가 문득 생각나게 한 그 비극적인 말씀을 희생 제물이신 주님께서 조용히 암시하는 그 광경이 어떠했겠습니까! 제자들의 꿈은 어떻게 되었습니까? 그들의 꿈은 사라지고, 그 자리에 수치와 죽음이 들어섰습니다. 그들은 주님의 왕권을 생각했는데, 그 꿈이 녹아 십자가로 변해 버린 것입니다.

우리는 주님의 묘사의 상세한 특징을 보고, 부활의 사실과 때에 대한 주님의 분명한 선언에서 절대적인 확신을 또한 봅니다. 그 선언이 별 효과를 일으키지 못한 것이 놀라운 일이 아닙니다. 제자들은 주의 죽으심이라는 우울한 생각에 너무 충격을 받고 혼란스러워진 나머지 주의 부활을 확언하는 말씀을 들을 귀가 없었습니다. 너무도 놀라운 재난을 알린 끝에 하신 위로의 말씀이 제자들 마음에 들어갈 여지가 전혀 없었습니다. 우리 모두는 어두운 전경에 눈이 팔리는 나머지 더 빛나는 원경을 보지 못합니다.

3. 주님의 발이 제자들이 가야 할 길을 표시합니다. 고난이 메시야직에 수반되었다면, 제자 되는 길에도 따릅니다.

우리의 소망인 십자가는 또한 우리가 따라야 할 모범이기도 합니다. 매우 현실적인 의미에서 우리는 그리스도의 고난을 나누어 져야 합니다. 그리스도의 고난을 대속적인 고난으로 믿는다고 할지라도, 그리스도의 죽으심을 따르는 데 이르게 하지 않는 한, 그 믿음은 생명이 없습니다. 이 교훈의 마지막에 나오는 엄숙한 말씀은 그리스도인의 자기 부인의 법칙을 참된 제자도의 필수적인 조건으로 끌어냅니다.

23절의 말씀은 각 사람이 매일 자신의 십자가를 지는 것을 예수님을 따르는 조건으로 규정합니다. 여기서 자기 부인이 그 자체를 위해 규정된 것이 아니라 단지 예수님을 "따르는" 수단으로 규정되어 있다는 사실에 주목할 필요가 있습니다. 그릇된 금욕주의는 마치 자기 부인이 목적인 것처럼 자기 부인을 강조하지만 그리스도께서는 수단으로 대하십니다. 여기서 부인해야 할 것은 우리 본성의 이 부분이나 저 부분이 아니라 "자기 전체"이고, 중심적인 "자아"라는 점에 또한 주목해야 합니다. 의지가 곧 그 사람입니다. 그래서 그 의지를 사로잡아 예수께 데려와야 합니다. 그래서 참된 그리스도인은 이렇게 말합니다. "이제는 내가 사는 것이 아니요 오직 내 안에 그리스도께서 사시는 것이니라"(갈 2:20). 그것은 이것이나 저것 하나를 버리거나 금욕하도록 하는 것보다 훨씬 더 깊고 단단하며 건전한 교훈입니다.

24절의 말씀은, 사람이 자신을 인생의 중요한 목적으로 삼는 것은 망하는 가장 확실한 방법이고 자신을 죽이는 것은 참된 생명에 이르는 길이라는 큰 원칙을 이 중요한 요구 조건의 근거로 제시합니다. 목숨을 "구원하고자" 하는 자는 바로 제 목숨을 잃습니다. 이는 그 욕망을 성취하든지 못하든지 간에 그 욕망 자체가 치명적이기 때문입니다. 반면에 그리스도를 위하여 제 목숨을 "잃는" 자는 목숨을 보존합니다. 이는 극단적인 해악을 당했을지라도 우리가 가진 참된 생명이 그로 인해 위태롭게 되지 않기 때문입니다. 이 말씀은 일차적으로 문자적인 죽음을 가리키며, 그래서 위험을 면하기 위해 자기 신념을 희생하는 겁쟁이들에게 노력을 그만 두도록 위협하지만, 경기장에서 죽거나 화형 당해 죽는 순교자에게는 생명의 면류관을 약속함에 틀림없습니다. 그러나 이 말씀은 그것을 넘어 훨씬 더 멀리까지 갑니다. 이 말씀은, 자신을 고집하는 것을 첫째 목적으로 삼는 것은 파멸을 초래하는 일이라는 중요한 진리와, 거기에 상응하는 것으로서 그리스도를 위하여 죽는 것은 더 나은 자아를 얻는다는 진리를 전달합니다. 자기를 보존하는 것은 자기를 멸하는 것이고, 자기를 희생하는 것은 자기를 보존할 뿐만 아니라 또한 예수님에게서 받은 영광으로써 자신을 영광스럽게 하는 것입니다. 여러분 자신을 그리스도께 드리십시오. 그러면 그리스도께서 여러분을 고귀하게 변화시켜 돌려주십니다.

25절의 말씀은 합리적인 자기애와 상식을 들어서 이 교훈에 순종하라고 촉구합니다. 이 교훈에 순종하여 자기를 포기하라고 해서 우리가 자신의 복지에 무관심해야 한다고 요구하는 것은 아닙니다. 무엇이 "이익이 될지"를 생각해서 거기에 맞게 행동하는 것은 옳은 일입니다. 인생 내내 사람의 모든 본성에 관해서 상업주의적인 견해를 갖는다면, 그것은 아주 신분이 높은 사람들의 생각과 정확히 일치할 것입니다. 그리스도를 따르려면 "대가를 치러야" 합니다. 기독교 윤리에는 오늘날 지나치게 세심한 도덕가들이 주장하는, 자기 이익 추구에 대한 과민한 두려움이 없습니다. 그리고 25절에 들어 있는 질문은 오직 한 가지 답변만을 허용합니다. 왜냐하면 죽은 사람에게는 온 천하를 준다고 해도 아무 소용이 없기 때문입니다. 우리가 회계를 바르게 한다면, 천하를 얻는 것은 영혼을 잃는 것에 비할 때, 장부의 기장(記帳)에서 낮은 금액으로 표시됩니다.

26절은 자기를 잃는다는 것이 무엇인지 말해주며, 장차 인자가 올 것을 선언하심으로써 처음의 권고를 강조합니다. 그때 그리스도께서 부끄러워하는 그 사람은 자기 영혼을 잃게 됩니다. 그리스도의 은혜가 없이 사는 것은 죽는 것이며, 그리스도의 것이 되지 못하는 것은 파멸하는 것입니다. 예수님을 부끄러워하는 것은 치명적인 일로 공공연히 비난받는 천한 자기 보존과 같은 것입니다. 누가 주님과의 관계를 일절 부인한다면, 주께서도 그 부인하는 사람과 일절 관계가 없다고 하실 것입니다. 주님과 상관없이 사는 사람은 살아 있지만 죽은 사람이며, 장차는 생생한 죽음을 맛볼 것이고, 자기 영혼을 희생하여 얻으려고 한 세상을 소유하지 못하고 세상을 얻기 위해 희생한 자기 영혼도 얻지 못할 것입니다.

  우리는 이 구절들에서 우리 주님의 권위 있는 어조에 주목하지 않을 수 없습니다. 주께서는 모든 사람에게 순종과 제자의 태도를 요구하십니다. 그리스도께서는 모든 사람에게 전적으로 자신을 그리스도께 드리라고 요구하시며, 실제로 생명을 포기하는 일이 따를지라도 기쁘게 생명을 내놓으라고 요구하십니다. 그리스도께서는 우리가 그리스도와 갖는 관계가 우리의 현재와 미래 전체의 운명을 결정하는 것으로 말씀하십니다. 그리스도께서는 스스로 우리의 재판장, 곧 그의 미소가 우리에게는 생명이 되고, 얼굴을 돌리는 것은 사람의 운명을 어둡게 하는 것이 되는 재판장이심을 주장하십니다. 여러분은 스스로 자신을 그와 같이 생각하고 말씀하신 분을 어떤 분이라고 생각합니까? 여러분은 그 분이 누구라고 생각하십니까?

  27절의 말씀은 먼 장래의 일을 생각하는 데서 좀 더 가까이에 있는 일을 생각해보도록 합니다. 이에 앞서 주님의 고난을 알리신 말씀을 기억할 때, 이 말씀은 하나님의 나라가 당시 그 자리에 있었던 어떤 사람들의 생애 동안에 더 계시될 것이라는 소망으로 제자들을 격려하기 위해 하신 것으로 보입니다. 바로 직전의 말씀을 생각할 때, 이 말씀은 자신을 십자가에 못 박는 제자됨의 생활의 복된 보상이 먼 미래에까지 연기되는 것이 아니라 이 땅에서도 누릴 수 있는 것임을 제자들에게 확실히 알게 하기 위해 하신 것으로 보입니다. "사람이 거듭나지 아니하면 하나님의 나라를 볼 수 없느니라"(요 3:3)는 그리스도의 말씀을 기억할 때, 우리는 일반적으로 생각하듯이 여기에 예루살렘의 파멸을 조금이라도 언급하는 것이 있는지 의심스럽습니다. 그보다 이 말씀은 그리스도의 참된 제자들은 이 땅에서도 참된 자아를 얻게 될 것이고 메시야적 소망이 성취되는 것을 보리라는 선언의 말씀이 아니겠습니까? 그렇다면 여기서 가리키는 미래는 그리스도의 죽으심과 부활로써 이루어지는 그리스도 사역의 완성보다 멀지 않을 것입니다. 혹은 멀어야 그 미래는 오순절에 이루어진 성령 강림의 때가 될 것입니다. 그때 매일의 생활에서 자기를 부인하고 예수님을 따르던 사람들은 성령 강림으로 새롭게 된 본성의 좀 더 충만한 생명을 받았습니다.

37
기도와 변화

"기도하실 때에 용모가 변화되고"
눅 9:29

이 복음서 기자는 우리 주님께서 기도하신 예들을 아주 세심하게 기록하고 있습니다. 이 점은 그가 그리스도의 인성을 강조하는 사실과 일치합니다. 이 변화산에 대한 이야기에서, 우리 주님께서 기도하신 것과 그의 얼굴이 빛나게 된 것 사이에 관계가 있다는 사실을 알게 되는 것은 누가를 통해서입니다. 그와 같은 변화가 우리 주께서 기도할 때 항상 따라다녔는지는 하나의 문제가 될 수 있습니다. 여기서 이 경우는 주께서 기도하시는 동안 그 자리에 다른 사람들이 있었던 유일한 때였다는 것을 기억해야 합니다. 그래서 어쩌면 산 꼭대기에서나 광야에서 주께서 하늘에 계신 아버지와 좀 더 친밀한 교제에 들어가셨을 때는 언제든지 그 광채가 주님의 얼굴에서 빛났지만, 아무도 보지 못했고 그래서 그 영광을 아무도 전하지 못하였을 수도 있습니다.

그러나 그것은 단지 추측에 불과합니다. 설사 그렇다 할지라도, 그리스도 얼굴에 나타난 그 빛이 단지 위로부터 받은 빛을 반영하는 것만은 아닐 것입니다. 그 빛은 또한 비록 육신의 휘장을 뚫고서 언제나 비치지는 않았지만, 주님 안에 언제나 있는 것이 밖으로 나타난 것일 수도 있습니다. 그렇다면, 이 사건은 우리가 결코 경험할 수 없는 경우를 나타내며, 따라서 우리에게 어떤 교훈도 주지 못하게 됩니다. 그러나 우리 주님의 변화된 모습을 내적 신성이 나타난 결과로만 보는 것은 우리가 다루어야 할 사실을 절반 밖에 추론하지 않는 것이고, 우리에게 귀중한 교훈을 줄 수 있는 나머지 절반은 그냥 지나치는 것입니다. "예수께서 기도하실 때에 용모가 변화되고." 우리가 기도할 때, 우리가 진심으로 그리고 습관적으로 하나님과 교제를 갖는 정도만큼 우리도 주님처럼 모습이 변화될 것입니다.

그리스도께서는 하나님의 빛 안에서 행하셨는데, 그 하나님의 빛을 받아 반사함으로 나타난, 입법자 모세의 얼굴에 비친 빛에 대한 오래된 이야기는 그리스도의 변화산 사건과 부분적으로 비슷한 점이 있습니다. 그리고 다른 무엇보다 이 두 사건은 모두 내주하는 영혼과 영혼을 시샘하는 육신의 휘장 사이의 신비하고 오묘한 관계를 나타낸다는 교훈을 가르쳐 줍니다. 여기서 육체의 휘장이 어떤 환경에서는 내주하는 그 능력이 나타남으로 빛날 수가 있습니다.

1. 내가 이 사건에서 지금 강조하려고 하는 중대한 교훈은 주님과의 교제가 모습을 변화시킨다는 것입니다.

기도는 청원 이상의 것입니다. 기도는 반드시 말로 표현되어야 하는 것이 아닙니다. 기도는 아주 넓은 의미에서, 아주 진정한 의미에서 하나님을 경건하게 묵상하는 태도이자 활동이며, 마음과 지성과 의지로 하나님과 교제하는 것입니다. 다시 말해 열망과 달성, 바람과 결실, 구함과 받음, 찾음과 발견함을 결합하는 교제이며, 종종 말로 표현할 수 없고 심지어 때로는 생각을 초월하여 이루어지는 것처럼 생각되는 교제입니다. 그와 같이 하나님과 나누는 그지없이 기쁜 시간은 자칭 그리스도인이라고 하는 수많은 사람들이 기도에 대해 갖는 빈약한 생각들, 이를테면 기도를 마치 자기들에게 필요한 것에 대해 대체로 간절하고 진지하게 말로 구하는 것 정도로 생각하는 것과는 얼마나 다릅니까! 영혼이 하나님과 나누는 이 지극히 고귀한 교제는 자신이 궁핍한 처지에 있고 하나님께 의존되어 있다는 의식을 떠나서는 결코 이루어질 수 없습니다. 기도에는 언제나 청원이 있음에 틀림없습니다. 그러나 청원은 기도의 한 요소일 뿐입니다. 그리스도인들은 하나님과 나누는 의식적인 대화 속에서 항상 살아야 합니다. 그것이 우리에게 아주 생소한 경험이라면, 우리가 이제껏 그리스도인 생활의 진실을 알고 있는지 아니면 도대체 스스로 그리스도인이라고 주장할 권리가 있는지 스스로에게 물어보는 것이 좋을 것입니다. "우리의 사귐은 아버지와 그의 아들 예수 그리스도와 더불어 누림이라"(요일 1:3). 우리가 이 교제에 전혀 참여하고 있지 않다면 우리는 그 교제를 누리고 있는 사람들의 계층에 속해 있지 않는 것입니다.

물론, 그런 교제가 노력 없이 도달하거나 유지될 수 있는 것이 아닙니다. 감각은 그 교제와 싸웁니다. 의무적으로 해야 하는 일들 때문에 좀 더 마음을 집중해서 기도하는 일이 방해를 받습니다. 열심히 일하는 사람이 "나는 하루 종일 온통 마음을 쏟아야 하는 일에 매달려 있는데 어떻게 그와 같은 교제를 유지할 수 있겠는가"라고 말하는 것도 당연한 일입니다. 수고하는 어머니가 "나는 조그만 집안에서 아이들에게 둘러싸여 잠시라도 틈을 낼 수 없는데 어떻게 그런 교제를 가질 수 있겠는가"라고 말하는 것도 당연합니다. 정말로 그 일은 힘듭니다. 우리가 한참 일에 매달려 있는 동안에는 지극히 고귀하고 즐거운 교제에 이를 수 없습니다. 그래서 우리 모두에게는 홀로 조용히 쉬는 때가 필요합니다. 그렇게 홀로 있을 때 우리는 위대한 이상을 볼 수 있으며, 철커덕거리는 기계 돌아가는 소리가 잠잠해졌을 때, "이리로 올라오라"(계 11:12)는 그 음성을 들을 수 있습니다. 아무리 바쁜 사람이라도 일주일에 어느 한 날에 그런 시간을 가질 수 있습니다. 우리가 정말로 하늘에 계신 우리 친구와 친밀하게 지내고자 한다면 어떻게 해서든지 우리 자신을 위해 그런 시간을 확보할 것입니다.

그리고 나머지 사람들에게는 걱정스런 염려와 몰두하는 일들 가운데서도 하나님과 진정으로 교제하는 일이 불가능하지 않습니다. 먼지투성이의 길가에서도 나뭇가지 사이에서 아주 큰 소리로 노래하는 나이팅게일처럼 될 수 있습니다. 염려와 세상적인 일에 깊이 들어가 있으면서도 마음을 하늘에 두고 하나님과 접촉하는 일이 가능합니다. 우리는 이 교제를 하는데 많은 말이 필요 없습니다. 그러나 우리가 바람과 열망 가운데 하나님께 늘 가까이 있으려고 하는 노력은 정말로 필요합니다. 우리는 일하는 동기와 그 일에서 우리의 경향과 목표를 항상 방심하지 않고 지켜보아서, 어떤 일이나 그 일을 하는 어떤 방식 때문에 하나님에게서 멀어지지 않도록 할 필요가 있습니다. 하나님과 지속적으로 갖는 의식적인 교제가 중간 중간에 끊어지는 일이 있을 것입니다. 그러나 우리가 하나님과 접촉해 있는 현실에서는 조금이라도 중단되는 일이 있을 필요가 없습니다. 왜냐하면 하나님께서는 "너무 감미로워서 우리가 듣고 있다는 것을 모를 만큼 달콤하고 매혹적인 선율처럼" 우리와 함께 계실 수 있기 때문입니다. 우리의 영이 실제로 하나님과 접촉되어 있으면서도 그 순간에 말로 표현하기 어려운 때가 있을 수 있습니다.

"예수께서 기도하실 때에 용모가 변화되고." 이와 같은 교제가 사람을 변화시키고 영화롭게 합니다. 사람을 더 낫게 만드는 복음적인 방식의 비결은 하나님을 봄으로 변화되는 것입니다. 그렇습니다! 하나님과 함께 많은 시간을 보내는 것이 우리 성품을 고치고, 하나님의 성품을 따라 변화되는 참된 길입니다. 나는 잘못을 고치고 덕을 쌓기 위해 노력할 필요를 무시하지 않습니다. 그러나 우리는 단지 믿음으로 의롭다함을 얻듯이 거룩함을 얻는 것이 아닙니다. 의롭다함을 얻기 위한 조건은 "오직 믿음으로만"입니다. 거룩함에 이르는 조건은 "너희 구원을 이루라"는 것입니다. 악한 경향들을 억제하기 위해 의식적으로 많이 애쓰지 않고서 그런 경향을 고칠 수 있는 사람은 아무도 없습니다.

그러나 세상에서 아무리 열심히 노력하고 정직한 목적을 품을지라도 그것 말고 이 한 가지, 곧 하나님과의 친밀한 교제 없이는 그 일을 할 수 없을 것입니다. 그리고 우리 안에 있는 잘못된 것을 고치고, 우리 안에 있는 낮은 것을 끌어올리고, 우리 안에 있는 어두운 것에 빛을 비추는 가장 확실한 길은 한 점 흠 없이 의로우시고 지극히 거룩하시며 어둠이 조금도 없는 빛이신 하나님을 습관적으로 바라보며 사는 것입니다. 그렇게 할 때 잘못이 고쳐질 것입니다. 그렇게 할 때 우리 열정 속에 들어 있는 독이 있는 이가 빠질 것입니다. 그렇게 하는 것이 뱀 부리는 사람이 뱀을 교묘하게 부려서, 움직이지도 물지도 않는 딱딱한 막대기로 만드는 것과 같은 일을 우리 안에 있는 악에 대해 행할 것입니다. 하나님과의 친밀한 친교가 우리를 삶의 하찮은 것들 위로 높이 들어 올릴 것이며, 이 세상의 모든 것이 위대하고 귀중하고 영원하다는 거짓말로 우리를 속이는 그 모든 것을 작아지게 만들 것입니다. 그리고 하나님과의 친교로 인해 우리가 살아계신 "아름답고 거룩한" 하나님과 사랑의 접촉을 이룰 것이며, 이로 인해 우리도 하나님을 닮아 아름답고 거룩하게 변할 것입니다.

우리는 이같이 사랑의 친교의 변화시키는 능력의 예들을 일상생활에서 봅니다. 서로 사랑하고 서로의 곁에서 살며 종종 서로에 대해 생각하는 사람들은 사물을 보는 서로의 방식을 닮게 되고, 여러분은 심지어 이렇게 굳게 결합된 두 사람에게서 얼굴과 목소리가 묘하게 닮아 있고 서로를 반영하는 모습을 때로 볼 것입니다. 그리고 여러분과 내가, 우리 손이 다른 일들로 바쁠 때에도, 그리고 말로 표현하지 않을 때에도 여전히 하나님께 사랑으로 묶여 있다면, 우리가 사랑하는 분을 닮게 되리라는 이 점을 확실히 아시기 바랍니다. 우리는 이 세상에서도 주님을 닮을 것입니다. 그것은 이 세상에서도 우리가 주님을 볼 것이기 때문입니다. 부분적으로 하나님을 닮는 것이 하나님을 보는 조건이며, 하나님을 보는 것이 하나님을 점점 더 닮아가는 조건입니다. 망막에 작은 태양의 상이 비쳐지지 않는 한, 눈이 해를 보지 못할 것입니다. 하나님을 보는 사람은 자기가 보는 하나님을 닮게 됩니다. "우리가 다 수건을 벗은 얼굴로 거울을 보는 것 같이 주의 영광을 보매 그와 같은 형상으로 변화하여"(고후 3:18). 거울에 비친 상은 단지 표면에 나타난 것일 뿐입니다. 그러나 내 마음이 하나님을 반영하고 있다면, 하나님께서 마음속에 들어오셔서 거기 거하시며 나를 영광에서 영광으로 변화시킵니다. 그래서 우리가 날마다 그리스도를 더욱 닮고, 우리 얼굴 모양이 변화되는 것은, 우리가 육신으로 나타난 그리스도께 계속 가까이 있을 때입니다.

그런데 우리가 진정으로 기독교 신앙을 가졌는지 판단할 수 있는 시금석이 있습니다. 내 신앙이 나를 변화시킵니까? 그렇지 않다면, 내 신앙이 참되다는 것을 믿을 무슨 권리나 이유가 있습니까? 깨끗이 씻는 과정이 나의 내적 본성에서 계속 이루어지고 있습니까? 내가 십년 전보다 조금이라도 더 예수 그리스도를 닮아가고 있습니까? 나는 그리스도와 함께 살고 그리스도 곁에 산다고 말합니다. 내가 말하는 대로 그렇게 산다면 나는 그리스도를 닮게 될 것입니다. 그리스도의 도움이 없이 자신을 씻으려고 가망 없는 일에 힘쓰지 마십시오. 여러분이 따뜻해지고 싶으면 태양이 있는 곳으로 가서 지내십시오. 표백업자가 하듯이 더러운 천을 쨍쨍 내려 쬐는 햇빛 아래 풀밭에 펼쳐 놓으십시오. 그러면 모든 더러움이 사라질 것입니다. 참된 교제 가운데서 예수 그리스도를 믿고 사랑하고 굳게 붙잡으면, 우리도 사랑하는 예수님을 닮게 됩니다.

2. 이 말씀에서 또 한 가지 생각이 나타납니다. 실제로 우리의 가장 깊은 자아가 변화한다면, 그것이 생활에서 보일 수 있게 나타날 것입니다.

이 말 그대로 모양이 바뀌는 일이 이루어질 수 있습니다. 여러분은 거룩하고 고귀한 목적이 생활에 들어옴으로써 얼굴이 변화된 사람을 한 사람도 보지 못했습니까? 내가 아는 사람들 가운데 점점 더 사심이 없어지고, 말 그대로 그들 속에 아름답고 거룩한 것이 더욱 더 충만해지자, 그 용모가 천사의 얼굴처럼 변하는 것을 본 사람들이 적지 않습니다. 마귀는 자신의 표시를 사람의 얼굴에 씁니다. 세상과 육신도 그같이 합니다. 거리로 가서 마주치는 사람들을 보십시오. 걱정, 시기, 탐욕, 불만, 불안, 동물적 생활의 반점, 그 밖의 검은 손가락의 흔적들을 많은 사람의 얼굴에서 아주 분명하게 볼 수 있습니다. 반면에, 주님 가까이에서 삶으로써 나타나는 하나님의 은혜와 사랑의 정련하는 영향이 사람의 마음속에 들어간다면, 이내 헌신과 비이기심에서 생기는 표정의 아름다움, 고상한 정서가 빛남, 주님으로부터 배운 온유함이 나타날 것입니다. 그들을 보는 사람들의 눈에 주님의 가족으로서 닮은 모습이 나타나게 될 것입니다.

그러나 그런 것을 단지 상상일 뿐이라고 말할 수 있습니다. 어쩌면 그것이 맞는 말일 수 있습니다. 혹은 그렇게 말하는 데에 우리가 아는 것보다 깊고 광범위한 진리가 있을지도 모릅니다. 생활이 몸의 모양을 형성할 것입니다. "우리 영광의 몸"은 우리 속에 있는 온전하신 그리스도에게서 나온 생명에 의해 영원히 사랑스러운 모습을 갖추게 될 것입니다. 그러나 아무튼 여기서 우리가 주목해야 할 중요한 점은 이것입니다. 우리 마음속에 예수 그리스도와의 친교에서 오는 변화시키는 참된 영향력이 있다면 그 영향력이 틀림없이 표면에 나타날 것이고 우리 생활에서 보일 것입니다. 기름을 물에 떨어뜨리면 기름이 수면에 올라오듯이, 내적인 변화도 마음속에 계속해서 숨어 있지 못할 것입니다. "왕의 딸은 속에서 가장 영화로우니"(개역개정은 "궁중에서 모든 영화를 누리니"— 역주) "그의 옷은 금으로 수 놓았도다"(시 45:13). 그리스도께 굳게 결합되어 있기 때문에 아름다운 내적 생명은 거기에 상응하며, 그로부터 아름답고 거룩한 외적 생활이 흘러나올 것입니다.

그곳에서는 "그의 이름이 그들의 이마에"(계 22:4) 찍혀 있어서, 모든 사람이 그 이름을 볼 수 있을 것입니다. 여러분과 나는 그곳에 그리스도의 이름을 가져갈 수 있습니까? 그리스도의 이름이 우리 마음속에 있다면 좋은 일입니다. 그리스도의 이름이 우리 마음속에 있지 않고 이마에만 있다면, 그것은 위선입니다. 그러나 그리스도의 이름이 우리 마음속에 있다면, 반드시 그 이름은 이마에 나타날 것입니다.

자, 사랑하는 형제 여러분, 우리 모두에게 적용될 수 있는 단순하고 확실한 시금석이 하나 있습니다. 여러분을 대하는 사람들, 곧 여러분의 형제자매, 혹은 부모, 아내와 자녀, 여러분의 종이나 상전이 그 사실을 인정하고, "맞습니다. 내가 그 사람을 아는데, 그는 예수님과 함께 지내왔다"고 말하지 않는 한, 그리스도와의 친교가 여러분 신앙의 생명이 된다는 말을 하지 마시기 바랍니다. 여러분은 사람들이 "보는 바 그 형제인" 여러분 때문에 "보지 못하는 바"(요일 4:20) 하나님을 사랑하는 것이 쉽다고 생각하십니까? 마음속에 그리스도가 있으면 그리스도께서 얼굴과 생활에 나타나실 것입니다.

슬프게도, 하늘로부터 우리에게 비추는 이 광채를 그토록 조금밖에 붙들지 못하는 이유는 무엇입니까? 거기에는 한 가지 답변밖에 없습니다. 그것은 우리가 그리스도 안에서 하나님과 갖는 친교가 그토록 드물게 그리고 아주 서두르는 가운데 피상적으로 이루어지기 때문입니다. 우리는 낮에 흡수한 빛을 어둠 속에서 비추는 빛나는 상자처럼 되어야 합니다. 그와 같은 상자처럼 우리가 빛이 되려면 빛에 노출되고 빛 속에 있어야 할 필요가 있습니다. "너희가 이제는 주 안에서 빛이라"(엡 5:8). 우리가 지속적인 교제로 주님 안에 거할 때에만, 우리가 주님을 닮거나 주님을 반영할 수 있을 것입니다.

3. 그리스도와의 친교가 완전하면, 외면적으로 보이는 변화도 완전해질 것입니다.

예수 그리스도의 용모가 변화된 이 사건은 예언적인 요소가 있었습니다. 그리스도의 영화롭게 된 인성이 우주의 보좌에 오르셔서 빈 무덤에 수의를 접어놓고 육체의 한계를 떠나셨을 때의 사물의 질서를 미리 나타낸 것입니다. 입법자 모세와 선지자 엘리야가 헐몬산에서 그리스도의 영광을 받고 위엄 있는 모습으로 그리스도와 대화를 하였듯이, 우리는 빛나는 구름에 감싸인 그 신비한 그룹에게서 점점 더 분명하고 확실해지게 되어 있는 소망을 어렴풋이 볼 수 있습니다. 영광스럽게 변화된 그리스도의 몸은 그리스도를 따르는 모든 사람들이 장차 이르게 될 전형입니다. 그리스도를 따르는 사람들은 그리스도를 지켜볼 때 그리스도를 닮게 되고, 그리스도를 응시하는 만큼 그리스도를 닮게 될 것입니다. 영원히 이 이중의 과정은 계속될 것입니다. 그리스도의 제자들은 점점 더 동화될 것이고, 그러면 더 참되고 더 온전하게 볼 수 있게 되고, 언제나 그리스도를 좀 더 충만히 계신 그대로 보며, 그러므로 점점 더 완전하게 그리스도를 닮아가게 될 것입니다. 그처럼 점점 더 영광스럽게 변화해 가는 복된 모습이 결코 마음속에 갇혀있지 않을 것이고, 그것을 알아보는 사람들이 없지 않을 것입니다. 왜냐하면 진리와 현실의 영역에서 속에 있는 모든 것이 볼 수 있게 되므로, 우리의 생활이 더 이상 우리의 열망에 미치지 못하거나, 실생활의 습관이 우리가 동경하고 확신하는 최상의 우리 모습과 어긋나는 일이 없을 것이기 때문입니다. 그때에는 그리스도를 닮은 영이 종으로 기쁘게 온전히 순종하며, 아름다움을 찬란하게 드러낼 몸을 갖게 될 것입니다. "우리 생명이신 그리스도께서 나타나실 그 때에 너희도 그와 함께 영광 중에 나타나리라"(골 3:4).

38
"거룩한 산에서"

"문득 두 사람이 예수와 함께 말하니 이는 모세와 엘리야라
영광중에 나타나서 장차 예수께서
예루살렘에서 별세하실 것을 말할새"
눅 9:30,31

흔히 변화산 사건이라고 하는 이 신비한 사건에는 뚜렷이 갈라지는 세 부분이 있는데, 각 부분이 나름대로 특별한 의미와 교훈을 담고 있습니다. 첫 번째 부분은 우리 주님의 얼굴과 옷에 일어난 초자연적인 변화였는데, 이 때문에 이 전체 사건의 이름이 생기게 되었습니다. 두 번째 부분은 이미 죽은 두 위대한 인물이 그리스도께서 걸으실 때 감싸고 있던 광채 속에 나타나 주의 죽으심에 대해 주님과 함께 이야기한 것입니다. 그리고 마지막 부분은 한적한 산언덕에서 쨍쨍 내려쬐는 햇빛 속에서조차 밝게 보인 구름이 내려왔고, 예수께서 하나님의 아들이심을 증거하는 신비한 목소리가 구름 깊은 곳에서 들린 것입니다.

나는 이 세 부분 가운데 첫 번째와 마지막 부분은 다루지 않고, 오직 가운데 부분만 잠시 주목해 보려고 합니다. 세 공관복음서가 모두 이 변화산 사건을 이야기하는데, 모세와 엘리야가 나타남, 빛나는 구름과 하나님의 음성에 대해 이야기하지만, 누가만이 그들이 예수님과 더불어 말한 것이 무슨 내용인지를 기록하고 있고, 그래서 필시 누가만 그 내용을 알고 있었

으리라는 점을 주목해야 합니다. 그리스도의 용모가 변화되어 있는 동안, 그리고 아무튼 그리스도께서 모세와 엘리야와 대화를 나누고 계시는 동안, 이 사건의 유일한 증인들인 베드로와 요한과 야고보는 얼떨떨한 채 잠에 취해 있었습니다. 이 죽을 수밖에 없는 인생들이 잠에서 깨어난 것은 모세와 엘리야가 막 떠나려 하던 때였습니다. 그래서 이들은 필시 그들의 목소리를 듣지도, 그들 대화의 주제를 알지도 못하였을 것입니다. 입법자와 선지자, 그리고 이 둘보다 위대하신 분께서 그 신비한 친교 가운데 말씀하신 것이 다름 아닌 십자가에 관해서였다는 이 귀중한 진리를 말하여 주는 일은 누가가 맡았습니다.

그렇다면, 우리가 누가로 인해 취할 수 있는 관점에서 이 사건을 본다면, 예수 그리스도의 죽음의 의미에 대해 많은 면에서 그리고 아주 다른 많은 사람들에 관해 크고 중요한 교훈들을 얻을 수 있을 것이라고 생각합니다. 나는 이 교훈들 가운데서 네 가지를 봅니다. 이 사건은 그리스도의 죽음이 그리스도 자신에게 어떤 것이었는지를 가르쳐 줍니다. 또 그리스도의 죽음이 이전의 계시와 관련해서 어떤 것이었으며, 과거 세대들에게는 어떤 것이었고, 그리스도의 종들의 죽음과 관련해서는 어떤 것이었는지를 가르쳐 줍니다. 이제 이 네 요점을 간단하게 다루려고 합니다.

1. 첫째로, 나는 여기서 주 예수 그리스도의 죽음이 그리스도 자신에게는 어떤 것이었는지에 대한 교훈을 봅니다.

이 두 사람, 곧 회리바람을 타고 하늘로 간 한 사람과, 신비한 죽음으로 인해 어디에 잠들었는지 모르는 또 한 사람을 헐몬산 기슭에 서게 만든 것은 무엇이었습니까? 그것은 그리스도께 다가오는 십자가를 가르치려는 것이 아니었습니다. 왜냐하면 이 신비한 대담이 있기 8일 전에, 예수께서 제자들에게 미리 그 점을 상세하게 말씀하셨기 때문입니다. 이 두 사람이 죽음의 결박을 끊고 "어떤 여행자도 다시 돌아오지 못하는 그 영역"에서 돌아온 것은, 몸을 웅크리고 잠을 자고 있는 베드로와 야고보와 요한을 위한 일이 아니었습니다. 이 두 사람이 그 자리에 선 것은 그리스도를 위한 것이었으며 어쩌면 그들 자신과 혹은 그리스도와 그들 자신 모두를 위해서였을 것입니다.

여러분은 "천사가 하늘로부터 예수께 나타나 힘을 더한"(눅 22:43) 사실을 기억하실 것입니다. 옛적에 경건한 화가들 가운데 한 사람이, 그같이 힘을 더하는 천사가 하늘에서 그리스도께서 못 박혀 죽으실 십자가를 나타내 보이는데, 마치 그리스도 앞에서 하나님의 뜻을 따라 그 십자가를 떠받치고 있는 것이 예수께 필요한 힘을 보태 주는 것처럼 그렸을 때, 그 광경의 깊은 의미를 놀랍게 알아차렸음을 보여 줍니다. 본문에서 이 두 사람이 예수께 나타난 사명과 전하는 메시지에 대해서 그런 식으로 생각해 볼 수 있을 것입니다. 우리는 지상 생애 동안 내내 예수님이 확실히 십자가를 바라보고 계셨다는 것을 압니다. 예수께서 이 땅에 오신 것은 단지 가르치고 섬기고 축복하고 인도하시기 위해서만 아니라, 자기 생명을 많은 사람을 위한 대속물로 주기 위해 오셨다는 것을 우리는 압니다. 그러나 또한 우리는, 이렇게 말할 수 있다면, 십자가가 주님 앞에 더욱 뚜렷하게 서 있거나 혹은 아무튼 십자가가 주님의 시야와 주님의 영혼에 더욱 압박을 한 것은, 주님의 생애에서 바로 이 시점부터였다는 것을 압니다. 그리고 예수께서 자기에게 닥칠 일에 대해 제자들에게 아주 분명하게 말씀하신 후에는, 예수님의 인성이 산기슭으로 물러나 기도하는 것을 필요로 하였던 것이 확실합니다. 그런 필요가 이 신비한 사건이 있기 전에 먼저 있었고, 그 때문에 이 사건이 일어나게 된 것입니다. 그리스도는 자신이 져야 할 십자가를 대하기를 꺼려하셨는데, 이는 육신을 지닌 죄 없으신 인간 본성으로서는 당연히 움츠릴 수밖에 없는 모습입니다. 그럴지라도 그로 인해 결코 그의 목적이 바뀌지 않았고, 그의 의지가 흔들리지 않았습니다. 그러나 주님은 힘을 필요로 하였고 그 힘을 하나님 아버지로부터 얻었는데, 한 번은 하늘의 천사를 시켜서 힘을 더하였고, 내 생각에 또 한 번은 다른 편에서 죽음을 보고 "장차 예수께서 예루살렘에서 별세하실 것을 말한" 이 두 사람을 시켜서 힘을 공급하셨습니다.

그리고 이제 누가가 여기서 사용하는 말이 남다르며, 적어도 그 말 가운데 한 가지는 아주 독특하다는 점을 유의할 필요가 있습니다. 본문에서 "별세하다"라고 번역된 표현은, 헬라어로 번역했을 때 구약의 두 번째 책인 출애굽기와 같은 단어입니다. 그리고 이 단어의 문자적인 뜻은 정확히 떠남 혹은 "나감"입니다. 이 단어는 이 구절에서 한 번 사용되고, 기회가 있으면 곧 언급할 다른 한 구절에서만 사용되는데, 이 구절의 의미에 근거해서 볼 때 다른 한 구절에서 사용되는 단어는 죽음을 의미하는 것이 분명합니다. 그리고 죽은 이 두 성도의 말에 대해, 혹은 이 두 사람의 대화의 주제에 대해 이 단어를 사용한 것은, 그 두 사람이 주님께 말씀드리고 주님으로부터 들어야 했던 말씀의 부분은 주님의 죽음이 아주 독특하고 복되며 유일한 의미에서 떠남임을 나타내기 위한 것으로 보입니다. "내가 아버지에게서 나와 세상에 왔고 다시 세상을 떠나 아버지께로 가노라"(요 16:28). 예수께서는 필연성에 의해 끌려가는 것이 아니라, 주님 자신의 주권적인 의지로 세상을 떠나 예수께서 전에 계셨던 상태로 가시는 것입니다. 그래서 예수께서 얼굴과 옷이 찬란하게 변하여 산기슭에 서 계실 때, 자신의 죽음에 대한 이러한 의식은 주께서 십자가의 고난을 생각하는 동안에도 주님께 위로와 힘을 가져다줍니다.

그 다음에, 여기에서 사용되는 다른 단어는 주님의 죽음이 주님 자신에게 어떤 것이었는지를 아는데 도움을 줍니다. "예수께서" 이루어야 할 일로서 죽음을 "성취하실"(눅 9:31. "예루살렘에서 별세하실 것"〈spake of his decease which he should accomplish at Jerusalem〉 사이에 들어가 있는 말로서 개역개정에는 번역되지 않았음 — 역주) 것임을 알게 됩니다. 여기에는 두 가지 사상이 들어 있습니다. 하나는, 죽으심을 통해 그리스도께서는 기쁘게 받아들이신 하나님의 하여야 하는 것(must), 곧 당위(當爲)를 의식적으로 순종하고 계셨으며, 구속하고 구원하시려는 그리스도 자신의 사랑의 목적뿐 아니라 하늘에 계시면서 그리스도를 보내신 사랑의 하나님의 목적을 성취하고 계셨다는 것입니다. 죄를 없애려면, 우리가 영원의 소망을 가지려면 그리스도의 죽음은 필연적인 것이며, 하나님의 자비가 죄 많고 반역하는 이 세상에 부어지려면 그리스도의 죽음이 반드시 필요하다는 것입니다. 하나님께서 깊이 생각하신 목적이 실현되려면, 구주의 열렬한 동정심이 그 목적을 이루려면 그리스도의 죽음이 필연적이라는 것입니다. 이 모든 것이 그리스도께서 "이루셔야" 할 "그의 별세"라는 위대한 단어에 들어 있습니다. 이것은 하나님의 마음을 성취하는 것이며, 그리스도의 자비를 이루는 것입니다. 영원부터 작정하신 하나님의 뜻을 이루는 것입니다.

그 다음에, 그 말은 또 한 가지의 성취를 암시한다고 봅니다. 주님은 자신의 죽음을 "이루게" 되어 있었습니다. 말하자면, 예수께서는 그 쓰디쓴 잔을 한 방울 한 방울 다 마실 것이며, 그 쓰라림과 고통과 외로움을 일일이 다 마시게 되어 있었고, 그대로 다 마셨습니다. 예수께서는 칼날과 불타는 숯으로 아로새겨진 길을 물집이 잡히고 피를 흘리는, 더디지만 당당한 발로 끝까지 걸어가시게 되어 있었고, 그대로 다 걸어가셨습니다. 예수께서는 그 일을 이루셨습니다. 그러나 그 슬픔 가운데 어떤 것도 허둥지둥 마치거나 행해야 일 가운데 어떤 것도 형식적으로 대충하는 것이 없었습니다. 그 피곤한 시간이 느릿느릿 지나가고, 피가 천천히 방울방울 땅에 떨어지듯이 고통의 여섯 시간이 지나고 났을 때, 예수께서는 그 쓰디쓴 잔을 다 비우시고 "다 이루었다"고 말씀하셨습니다. 예수께서 영을 넘겨주시고 "예루살렘에서 자신의 별세를 이루셨습니다."

2. 그 다음에, 이 사건에서 그리스도의 죽음이 그 이전에 계시와 관련해서 어떤 것이었는지를 살펴봅시다.

우리가 여기서 과거 이스라엘 역사의 대표적인 위대한 두 인물을 만난다는 것을 다시 말씀드릴 필요가 없을 것입니다. 그 중 한 인물은, 구약에서 하나님의 뜻을 선포하는 보도기관이었을 뿐만 아니라 율법과 함께 제사 제도도 확립한 인물인 입법자 모세였습니다. 그리고 또 한 인물은 그가 한 말이 전혀 기록되지 않았고, 그 자신이 메시아에 대한 예언적인 말을 한 번도 한 적이 없지만, 그 이전 계시의 많은 부분을 맡은 위대한 선지자 반열의 대표자이자 머리로 서 있는 선지자 엘리야입니다. 그런데 이제 여기서 그 두 사람이 헐몬산에서 그리스도와 함께 서 있고, 그들이 그리스도와 함께 이야기한 주제는, 그 이전의 계시가 그림자와 예표로, 곧 "여러 부분과 모양으로"(히 1:1) 이 전 세대에게 더듬거리며 이야기해 온 바로 그 주제였습니다. 즉 큰 희생 제물이 오는 것과 큰 속죄를 드리는 것에 대한 이야기였습니다. 이스라엘의 모든 과거는 십자가를 가리켰습니다. 이전 계시의 지극히 고귀한 말로도 십자가를 다 설명하지 못하였고, 이전 계시의 지극히 희미한 상징도 십자가에서 다 설명되고 표현되었으며, 이전 계시에서 제기되었던 풀리지 않는 문제들이 모두 십자가에서 답을 얻었고, 그림자와 상징으로 제시되었던 것이 십자가에서 실체로 영원히 세상에 나타난 것입니다. 모세의 율법과 제사, 그리고 엘리야의 예언적 직무는 "그의 별세에 대해 이야기한" 것이며, 그리스도에 의해 이루어졌습니다.

자, 사랑하는 교우 여러분, 여기서 계속 앞으로 나가기 전에 한 말씀 드리겠습니다. 오늘날 구약의 위치, 구약 의식의 기원, 그리고 어느 정도 역사적인 그 밖의 중요한 문제들에 관해 많은 이야기들이 언급됩니다. 우리가 이 주제들에 관해 배울 것이 많다는 것은 틀림없습니다. 그러나 지금 내가 강조하고 싶은 것은 이것입니다. 즉 사람들이 점점 열을 올리며 이야기하고, 그들 가운데 어떤 이들은 화를 내며 이야기하는 이 모든 주제들이 중심 사상, 곧 처음부터 하나님에게서 나온 예비적이고 점진적인 전(全)계시의 의도와 의미, 목적과 목표가 바로 예수 그리스도와 그의 십자가에 이르게 되어 있다는 이 사상과 별개로 서 있고 그것과 전혀 상관없이 다루어질 수 있다는 것입니다. 그리고 우리가 그 점을 이해하고 "예수의 증언은 예언의 영이라"(계 19:10)고 느낀다면, 그리고 율법과 제사, 계명과 제단, 시내산과 시온, 광야에서 들은 불 같은 말씀, 성전에서 올려드린 끊임없는 번제, 이 모든 것이 "주의 길을 예비하는" 한 가지 사명이 있다는 것을 안다면, 우리는 구약 계시에 관한 핵심 진리를 파악한 것입니다. 그 사실을 알지 못한다면, 우리는 아주 학구적이고 박식하며 독창적일 수 있을지라도 유일하게 붙잡아야 할 진리를 놓치는 것입니다. 구약 계시와 신약 계시의 관계는 이것입니다. 구약 계시 전체가 그리스도를 가리켰고, 그리스도께서는 자신 안에서 모든 과거를 성취하시기 때문에, 모든 구약 계시를 요약하고 뛰어넘으며, 옛것으로 만들어 버리신다는 것입니다.

그러므로 모세와 엘리야는 격려하기 위해서 뿐 아니라 또한 증언하기 위해서 온 것입니다. 그 두 사람이 그 자리에 있었다는 사실은 그리스도께서 모든 과거의 의미이고, 하나님 계시의 정점이심을 선포하는 것이었습니다. 예수께서 모든 세대와 모든 나라 앞에 하나님의 마음과 뜻을 홀로, 온전히, 영원히 계시하는 분이시므로, 두 사람이 사라지자 예수께서 그곳에 홀로 서 계신 것이 보였습니다. "옛적에 선지자들을 통하여 여러 부분과 여러 모양으로 우리 조상들에게 말씀하신 하나님이 이 모든 날 마지막에는 아들을 통하여 우리에게 말씀하셨으니"(히 1:1,2).

3. 여기서 우리는 그리스도의 죽음이 과거 세대들과 무슨 관계가 있는지 보게 됩니다.

나는 모세와 엘리야 두 사람이 모두 세상에서 맞이한 마지막 순간의 신비한 혹은 파격적인 상황들에 대해 전혀 생각할 필요가 없습니다. 이 자리에서 두 사람의 마지막 순간의 특징들에 대한 이야기가 오고갔으리라고 생각지는 않습니다. 그러나 이들은 죽은 자들이 구주의 오심을 기다리고 있는 어렴풋한 영역에서 왔습니다. 그런데 우리는 어떻게 이들이 죽지 않는 몸과 같은 것을 입고 이 물질적인 우주로 들어올 수 있는지에 대해서는 아무것도 모릅니다. 아무튼 그들은 그 자리에 서 있었고, 그리스도의 죽으심이 지금 잠자고 있는 과거의 모든 세대들에게 큰 관심거리였음을 증거합니다. 우리는 그리스도께서 오시기 전에 죽은 이 성도들의 상태에 대해서는 아무것도 혹은 거의 아무것도 알지 못합니다. 그러나 이 점은 분명합니다. 이 두 사람이 조용한 기대가 가득한 나라에서 왔고, 어쩌면 이들이 그 시간이 곧 올 것이고, 곧 그들 가운데 영원한 생명이 나타날 것이라는 기쁜 소식을 가지고 자기 형제들에게로 돌아갔을 것입니다.

아무튼, 그 산기슭에 있던 무리들은 우리에게 이 사실을 가르쳐 주지 않습니까? 예수 그리스도의 십자가는 앞으로 미치는 능력뿐 아니라 뒤로 미치는 능력도 있다는 것과, "약속된 것을 받지 못하였으되 그것들을 멀리서 보고 환영하는"(히 11:13) 죽은 모든 세대들에게 그 제사의 영향력이, 우리와 우리 이후 모든 세대들에게 하나님의 낙원의 문을 열듯이, 그들이 소망을 품고 모여 있는 하나님 나라의 문을 열었다는 것을 가르쳐 줍니다.

주님께서 죽으셨을 때, 육체가 없는 죽은 의인의 영들이 모여 있는 하데스에 들어가서 거기에 감금되어 있는 자들을 사로잡아 높은 곳에 있는 낙원으로 데리고 오셨다는 오래된 사상에 믿을 만한 점이 있는지 모르겠습니다. 그러나 이 사실은 확실하다고 생각합니다. 즉 그리스도의 십자가가 언제나 죄사함과 소망과 천국을 사람들에게 주는 수단이었다는 것, 그리고 경건한 그 화가가 피렌체에 있는 수도원 벽에 펼쳐진 화가의 오래된 꿈은, 그것이 어떤 말로 표현되든지 간에 그 정신은 참되다는 것입니다. 죽으신 그리스도께서 그 어두운 지역으로 내려가셔서 문빗장을 깨뜨리고 철문을 부수며, 문지기 귀신을 산산이 깨어진 그 철문 밑에 깔아뭉개므로, 바위를 깎아 만든 어두운 동굴 속에서 죽은 성도들의 수많은 무리가 쏟아져 나오는데, 아담이 제일 앞장 서고, 멀리서 그리스도의 날을 보고 기뻐하는 많은 사람들이 자기들에게까지 미친 구속주의 생명을 주는 손을 붙잡으려고 열렬히 손을 뻗치며 나왔으리라는 것입니다.

모세와 엘리야는 "잠자는 자들의 첫 열매"였고, 성도들의 몸이 무덤에서 일어나 거룩한 성에 들어가 많은 사람들 앞에 나타났을 때 또 다른 첫 열매들이 있었습니다. 그들의 존재, 이 두 사람이 헐몬산에 있었다는 점은 그리스도의 십자가가 그리스도 시대뿐 아니라 그리스도 이전 시대를 위한 속전이며, 그리스도께서 산 자와 죽은 자의 주가 되신다는 위대한 사실을 우리에게 상징적으로 보여 주는 것입니다.

4. 그래서 끝으로 예수 그리스도의 죽음이 그의 종들의 죽음에 대해 어떤 것이 될 수 있는지를 암시하기도 합니다.

나는 이 사상을 본문에서 발견하지 못하고, 변화산 사건의 현장에 있었던 베드로의 두 번째 편지에 나오는 말과 관련해서 보게 됩니다. 이 편지에는 변화산 사건의 이야기를 암시하는 것이 분명한 문맥에 주목할 만한 구절이 나옵니다. 그 구절에서 베드로는 자신의 죽음을 묘사하기 위해 본문에 쓰인 바로 그 단어를 사용합니다. 이것이 그 밖에 성경에서 이 단어가 그런 의미로 사용된 유일한 예입니다. 그래서 나는 여기서 간단한 교훈을 보게 됩니다. 갈보리에서 이루어진 그 강력한 죽음은 모든 계시의 최고봉이요 정점입니다. 그래서 이 죽음을 떠나서는, 하나님께서 사람들에게 하나님의 마음을 확실히 알고 죄사함을 받도록 하기 위해 아무 말이나 행동도 할 수 없으며, 이 죽음은 과거 모든 시대에 사죄를 전하는 통로이며, 죽은 모든 성도들의 소망입니다. 바로 이 죽음이 우리의 떠남을 그와 같은 것으로 변화시킬 수 있습니다. 우리에게서도 죽음의 모든 냉혹함, 모든 어두움, 모든 공포가 사라질 수 있으며, 우리의 죽음은 단지 장소가 바뀌는 것이며, 하나님께로 돌아가는 것에 지나지 않는 것이 될 수 있습니다. 그리스도께서 죽으셨다는 것을 믿는다면, 그리스도께서 죽으심으로써 우리의 죽음을 부드럽게 만드시고 그리스도 안에서 잠자는 것으로 가볍게 만드셨음을 믿는 것입니다.

우리는 그 단어의 특별한 의미를 잊으면 안 됩니다. 우리가 그리스도께 소망을 두고, 죄인으로서 우리의 죄짐과 우리의 구원이라는 무거운 짐을 그리스도의 튼튼한 팔에 맡긴다면, 우리의 삶이 복될 것이며, 죽음이 올 때 그것은 참된 출애굽, 곧 노예가 속박의 땅에서 나와 갈라진 바다를 지나서 피곤한 광야로 들어가는 것이 아니라, 우리 형제이신 그리스도께서 왕으로 계시고 우리가 그와 함께 통치할, 사랑과 복으로 찬란히 빛나는 나라로 들어가는 출애굽이 될 것입니다.

나는 지금까지 그리스도의 죽음이 우주의 많은 영역에서, 시간의 여러 시대에서 어떤 의미를 갖는지에 대해 이야기했습니다. 형제 여러분, 그리스도의 죽음이 여러분에게는 어떤 의미를 지닙니까? 여러분은 이렇게 말할 수 있습니까? "내가 육체 가운데 사는 것은 나를 사랑하사 나를 위하여 자기 자신을 버리신 하나님의 아들을 믿는 믿음 안에서 사는 것이라"(갈 2:20).

39
그리스도께서 십자가를 향하여 서둘러 가심

"예수께서 승천하실 기약이 차가매 예루살렘을 향하여
올라가기로 굳게 결심하시고"

눅 9:51

본문의 말을 시작으로 이야기가 전개되는 누가복음의 이 부분을, 그 기사와 관련해서 타당한 연대를 잡는데 어려운 점들이 있습니다. 나는 여기서 이 문제로 여러분을 괴롭힐 필요가 없고, 지금으로서는 이 점들을 한쪽으로 치워둘 생각입니다. 여기서 이 말을 쓴 누가의 의도는 주님께서 갈릴리에서 예루살렘으로 올라가는 마지막 여행의 시작을 나타내려는 것임이 분명합니다. 이 여행은 시간이 오래 걸리고, 길을 돌아가는 것이었습니다. 앞으로 알게 되겠지만, 이 복음서에 나오는 이야기는 누가복음 전체 내용 가운데 상당히 많은 분량을 차지합니다.

본문에서 우리는, 주님께서 자기 앞에 있는 일을 분명히 알고 계시며, 하나님의 사랑의 뜻을 성취하려는 굳은 결심을 하셨습니다. 그같이 결심하셨다는 사실에서, "예루살렘을 향하여 올라가기로 마음을 정하시는" 일에 주님의 본성의 어떤 부분이 움츠러들지 않았나 하는 것을 봅니다.

이 말씀은 이사야서에 나오는 메시아에 대한 위대한 예언과 뚜렷이 비교됩니다. 이사야서에는 이 말씀이 나옵니다. "주 여호와께서 나를 도우시므로 내가 부끄러워하지 아니하리라." 혹은 그 말이 그동안 번역되어 온 대로 하자면, "내가 수치를 당하지 아니할 줄 아노라." "그러므로 내가 내 얼굴을 부싯돌 같이 굳게 하였나이다"(개역개정에는 "그러므로"라는 말이 생략되어 있고 어순이 바뀌어 "내 얼굴을 부싯돌 같이 굳게 하였으므로 내가 수치를 당하지 아니할 줄 아노라"라고 되어 있음 ― 역주). 이 선지자와 복음서 기자가 다함께 사용하는 그 말에는, 주님을 물러서게 만드는 경향이 있는 환경이 그런 영향을 미치지 못하도록 막기 위한 의식적인 노력의 결과로서 굳게 결심한 의지라는 생각이 들어 있습니다. 마가의 생생한 이야기는 그 고귀한 결심을 묘사하는데 있어서 주목할 만한 한 가지 요점을 더 보여줍니다. 마가는 십자가를 지는 데로 나아가는 이 긴 여행에서 그 마지막 시기가 어떠했는지를 말하면서 이같이 이야기합니다. "예루살렘으로 올라가는 길에 예수께서 그들 앞에 서서 가시는데 그들이 놀라고 따르는 자들은 두려워하더라"(막 10:32). 그리스도께서 "나는 받을 세례가 있으니 그것이 이루어지기까지 나의 답답함이 어떠하겠느냐"(눅 12:20)고 하신 말씀에서 주님의 아름다운 모습을 보게 됩니다. 주님께서 강렬한 열망에 사로잡혀서 온유한 얼굴에 엄숙한 결의에 찬 표정을 지으시고, 가파른 산길을 따라 멀리 앞서서 성큼성큼 걸어가시며, 아버지의 계명을 이루기 위해 발걸음을 재촉하여 달리다시피 앞서 가시는 그 모습은 참으로 아름답기 그지없습니다! 그리고 적은 무리는 너무 놀라서 거의 망연자실한 상태로, 그리고 주님의 눈에서 타오르는 인간적인 영웅심을 훨씬 뛰어넘는, 꺾을 수 없는 결심의 빛을 보고서 알 수 없는 두려움에 위축되어 뒤쳐져 걷고 있는 모습을 보게 됩니다!

그 다음에, 우리가 이 그림을 찬찬히 보고, 이 그림이 우리에게 그리스도의 심정을 잠깐 보여 주는 것으로 간주할 수 있다면, 이 그림에서 우리는 그리스도께서 드리신 제사를 더욱 생생하게 알게 되고, 그리스도께서 그같이 하시지 않을 수 없도록 몰아간 그 사랑을 더욱 깊이 느끼게 되며, 그래서 우리의 사랑을 더욱 진실되게 하고 우리의 결심을 더욱 확고하게 만드는 점들을 볼 수 있을 것입니다. "예수께서 예루살렘을 향하여 올라가기로 결심하고."

1. 첫째로, 우리는 이 말씀에서 그리스도께서 지상 생애 내내 반드시 맞닥뜨려야 하는 목적을 아주 확연하게 예견하셨다는 사상을 끄집어 낼 수 있을 것입니다.

참으로 여기서 누가는 십자가의 고난을 뛰어넘고 그리스도께서 보좌에 오르실 때만을 생각합니다. 그러나 하나님의 아들이 사람으로서 자신의 지상 생애에 관하여 조용하지만 확실한 예지로 보실 때, 자신과 그 영광 사이에는 갈보리에 의해 드리워진 어두운 그림자가 있었습니다. 예수께서 "들려야 하리라"고 말씀하셨을 때는, 의미심장하고 포괄적인 그 말씀을 사용하여 주께서 사람으로서 저주 받은 나무에 올려지는 것을 의미하는 것과 동시에, 하나님 아버지께서 주님을 자기 오른 편 보좌에 오르게 하실 것을 의미하셨습니다. 이렇게 말할 수 있다면, 예수님의 눈에는 그 미래가 매우 압축되어서 두 사실이 하나로 보였으며, 그 모호한 표현은 예수께서 십자가와 보좌를 동시에 인식하시는 예지적인 의식으로, 두 가지 사실을 나눌 수 없는 단일 행위로 보셨다고 할 수 있습니다. 그래서 받아들여야 할 때가 왔을 때, 주께서는 "예루살렘을 향하여 올라가기로 굳게 결심하셨습니다."

자, 또 한 가지 주목해야 할 점이 있습니다. 여기서 확실한 그 목적을 보는 것이 주님의 마음을 채우고 행동을 부추겼는데, 그 일이 주님께 전혀 새로운 것이 아니었습니다. 오늘날 믿음이 없는 복음서 주석가들과 비평가들은, 그리스도께서 생애 중 어떤 시기에 자신의 임무가 실패하였고, 그래서 이제 자기에게는 순교하는 것밖에 아무것도 남지 않았다는 사실을 인식함으로써 그리스도의 생애가 수정된 것으로 설명하려고 온 힘을 다하여 왔습니다! 그런 생각은 복음서 이야기의 사실들을 어떻게 해석하든 사실에 맞지 않는 것이며, 따라서 경건한 사람은 본능적으로 거부해 버릴 만한 것이라고 믿습니다. 그래서 나는 그 문제로 여러분을 괴롭게 할 생각이 없고, 주께서 말씀하신 두 마디만 언급하려고 합니다. 예수께서 "너희가 이 성전을 헐라 내가 사흘 동안에 일으키리라"(요 2:19)는 말씀을 언제 하셨습니까? 한 번은 예수께서 공적 사역을 처음 시작하실 바로 그때에 말씀하셨고, 또 한 번은 예수께서 니고데모와 대화하실 때 하셨습니다. 이 외에 다른 경우가 없다면, 이 두 번의 말씀을 근거로 생각할 때, 처음부터 주님께서는 십자가의 필연성과 확실성을 분명히 알고 계셨고, 주님의 공생 과정 중 어느 시기에 비로소 발견한 사실이 아니었음을 믿을 수밖에 없다고 봅니다.

그 다음에, 우리는 많은 사람들이 예수님을 세상적인 영웅이요 순교자로 보듯이 생각해서는 안 되고, 폭력에 의해 피흘려 죽은 그의 죽음을 대담한 믿음의 필연적인 결과로 생각해서는 안 됩니다. 그렇게 생각하기보다 예수께서는 처음부터 마지막까지 다 보셨으며, 언제나 자신의 죽음을 하나님이 정하신 반드시 필요한 일로 자기에게 지워진 것으로 간주하셨습니다. 곧 주님께서는 처음부터 갈보리의 십자가가 자신이 와서 이루어야 할 일이며, 그래서 자신이 사람들을 위해 죽지 않으시면 주님의 사랑이 나타날 수 없고, 하나님의 뜻이 실현될 수 없으며, 주님의 전체 사명이 모든 의미를 상실하게 될 것으로 아셨습니다. 그래서 자신의 죽음을 온 마음으로 잠잠히 순종하여 이루려고 하신, 하나님이 정하신 반드시 필요한 일로 생각하셨습니다. 순교자는 처형대를 보고서 이렇게 말합니다. "나의 가는 길에 처형대가 있으니 내가 양심에 어긋나게 행하든지 아니면 거기로 가야만 한다. 그래서 나는 갈 것이다." 그리스도께서 이같이 말씀하셨습니다. "십자가가 내 길에 있다. 그 십자가에서 그리고 그 십자가로부터 나는 영향력을 발휘할 것이다. 내가 세상에 들어와서 발휘하려고 한 그 영향력을 발휘할 것이다. 거기에서 나는 아버지께로부터 와서 행하려고 한 그 일을 행할 것이다." 예수께서는 자신의 죽음을 사역의 마지막으로 생각지 않으시고, 자기 사역의 중심점으로 생각하셨습니다. 활동의 종료로 보지 않으시고 정점으로 보셨습니다. 그래서 나머지 모든 활동이 거기에 종속되어 있고, 이 죽음이 없이는 나머지 모든 활동이 아무것도 아닌 것으로 생각하셨습니다. 그리스도께서는 영웅적인 죽음을 죽으심으로써 믿음의 생활을 확증하시는 것이 아니라, 사람의 죄를 지기 위해 죽으시는 것입니다. 그리스도께서는 처음부터 "후에 받으실 영광"(벧전 1:11)과 그 영광에 이르기 위해 어떻게 해서든지 지나가야 하는 고난을 예지로써 주목하시고, 그래서 이같이 말씀하셨습니다. "보시옵소서 두루마리 책에 나를 가리켜 기록된 것과 같이 하나님의 뜻을 행하러 왔나이다"(히 10:7).

사랑하는 교우 여러분, 이 단순한 한 가지 생각, 곧 모든 슬픔을 동정하고 모든 불평에 귀를 기울이며 모든 필요에 대해 넉넉하게 인정을 베푸시는 주님의 모든 인간적인 기쁨에, 아주 헌신적인 경향에, 그리고 주님의 생애의 모든 순간에 즉 어린 시절과 소년 시절, 인간적인 능력이 성숙한 시기에 언제나 검은 그림자가 드리워져 있었고, 주님이 아주 분명하게 그것을 보시고 전적으로 순종하여 언제나 이 그림자를 향하여 똑바로 가셨다는 것을 평소보다 더 분명하게 이해하였다면, 우리는 주님의 죽으심뿐 아니라 주님의 삶이 어떻게 우리 죄 많은 사람들을 위한 희생이었는지를 좀 더 알게 되었을 것입니다!

우리는 다른 사람들을 돕기 위해 자신의 슬픔을 뭉개버린 사람들을 존경하고 사랑합니다. 우리는 어떤 순교자가 장작나뭇단이 보이는 곳에서 길을 가다 멈추고 군중 가운데 슬퍼하는 사람에게 친절을 베풀거나 격려의 말을 하는 것을 볼 때 거의 숭배에 가까운 심정으로 어떻게 그렇게 할 수 있는지 의아하게 생각합니다. 우리는 그가 보여 주는 영혼의 여유와 평온함에 경탄을 금하지 못합니다. 그러나 언제나 갈보리를 보면서도 그것 때문에 단 한 번도 친절을 베푸시는 일을 멈추거나 단 한 마디도 은혜로운 말씀을 중단하거나 동정심이 발휘되는 일이 억제되도록 하신 적이 없는 그 마음 앞에서는 이 모든 것은 빛을 잃고, 그와 비교하는 것 자체가 모욕이 될 것입니다.

2. 그 다음에, 본문의 말씀에서 두 번째 고려 사항을 만나게 되는데, 나는 마지막 문장에서 이 점을 암시하였습니다. 즉 주님께서는 자기 앞에 놓인 그 희생을 아주 기꺼이 받아들이시는 태도를 보이셨습니다.

여기서 우리는 아주 좁은 영역에 들어서게 되고, 아무리 생각해도 알 수 없고 오직 행동에 의해서만 풀릴 수 있는, 영속적인 대난제를 만나게 됩니다. 한편에는, 앞으로 시행될 하나님의 뜻에 대한 지극히 분명한 지식이 있습니다. 다른 한편에는, 그 뜻을 시행하기 위해 가는 단계마다 주님께서 어떤 낯설고 강요된 필연성에 의해 부득이 하지 않을 수 없는 것이 아니라 자기 뜻으로 십자가를 향하여 가고 있다는 지극히 분명한 의식이 있습니다. "인자가 들려야 하리라"(요 12:34). "만물이 그를 위하고 또한 그로 말미암은 이가 그들의 구원의 창시자를 고난을 통하여 온전하게 하심이 합당하도다"(히 2:10). "그가 범사에 형제들과 같이 되심이 마땅하도다"(2:17). 아버지 하나님의 영원하신 뜻, 창세 전에 계획된 목적, 태초부터 시작된 엄숙한 예언으로 인해 그리스도께서 십자가에서 죽으심이 필연적인 일이 되었고, 반드시 일어날 확실한 일이 되었습니다. 그러므로 우리가 예수 그리스도께서 그의 인간적인 의지를 압박하여 굴복시키는 힘에 의해 어쩔 수 없이 십자가로 끝나는 길을 따라 가게 되었다고 생각해야 하겠습니까? 주님의 삶이 그리고 특별히 주님의 죽으심이 순종이 아니었습니까? 그러므로 주님 안에 즐거이 순종할 수 있는 인간적인 의지가 있어서, 정한 목적지를 향하여 가는 단계마다 자기를 보내신 아버지의 뜻을 새롭게 받아들이고 순종하는 행위가 틀림없이 있지 않았겠습니까?

"하나님께서 정하신 확실한 그 목적지에 대한 분명한 지식." 그렇습니다. 사람이 그렇게 말할 수 있습니다. 그런데 그렇게 말한다면, 그 목적지에 이르는 길을 가는데 있어서 자발성은 전혀 없었을 것입니다. 그런가 하면 "그 목적지에 이르는 길을 걸어가는 일에서 자발성." 그렇게 말한다면, 그 목적을 이루는 하나님의 정하심은 있을 수 없습니다. 그렇지 않습니다! 사람의 생각이 그처럼 확연하고 분명한 모순과 정면으로 충돌을 할 때, 그 명제들 가운데 어떤 것도 다 거짓이라는 증거가 되지 않습니다. 그것은 스케이트 링크 관리인이 얼음이 얇은 곳에, 우리가 밟아서는 안 되는 곳이라는 경고로 "위험"이라고 세워놓는 간판과 같은 것입니다. 우리는 어느 쪽이든 고유한 증거에 의해 우리에게 증명된 것을 굳게 붙잡아야 하고, 순종할 기회가 주어진다면 더 높은 지혜와 그리고 어쩌면 또 다른 세계에 순종하도록 해야 합니다!

그러나 그것은 지금 당면한 나의 목적에서 벗어나는 얘기입니다. 지금 내가 더 마음을 써야 할 목적은, 끊임없이 이어지는 부단한 행위들에서 나타나는 온전하고 지속적이며 계속해서 반복된 자발적인 태도, 곧 그리스도께서 십자가를 받아들이고 아버지 하나님께서 뜻하신 계획이자 주님 자신의 목적인 일을 이루시기 위해 보이신 자발적인 태도를 할 수 있는 한 분명히 아는 것입니다.

그래서 이 복음서 이야기에서 그리스도 죽음의 전적으로 그리고 순전히 자발적인 성격을 아주 분명하게 보여 주는 많은 점들 가운데 몇 가지를 잠시 가볍게 다루어볼 필요가 있을 것입니다.

예를 들면, 지금 내가 이야기하고 있는 여행을 놓고 생각해 봅시다. 본문을 보면, 그리스도께서 예루살렘으로 올라가셨다고 말합니다. 앞으로 보면 알겠지만 여러분이 이전의 상황을 본다면, 그리스도께서는 충돌을 촉진시킴으로써 자신이 십자가에 못 박히는 일을 확실히 하기 위해 가신 것입니다. 그리스도께서는 공회의 파문을 받고 있었기 때문에 갈릴리 산지에 머물러 있는 한, 아주 안전하였습니다. 그러므로 그리스도께서 예루살렘으로 올라가시는 것은 위험하였습니다. 마치 요한 후스(John Huss)가 황제의 안전통행증을 간직하고서 콘스탄스 회의에 간 것처럼, 혹은 옛날에 정죄 받은 이단자가 로마에 있는 종교재판소 밖에 있는 작고 음침한 광장에 가서 거기에 있는 오벨리스크 밑에서 자신의 이설을 설교한 것처럼 위험한 일이었습니다! 그리스도는 국가 평의회에서 이미 정죄를 받은 상태입니다. 그러나 갈릴리 산지에는 숨을 곳이 얼마든지 있었고, 국경이 바로 가까이에 있었습니다. 그리고 예루살렘으로부터 사마리아를 거쳐 멀리 북쪽까지 권력을 뻗치는 것이 쉽지 않은 일이었습니다. 그런 사실을 아시면서도 예수께서는 예루살렘을 향하여 올라가기로 굳게 결심하셨습니다. 그러므로 이런 표현을 사용할 수 있다면, 예수께서는 호랑이굴로 곧바로 들어가신 것입니다. 왜 그렇게 하셨습니까? 죽기로 결심하셨기 때문입니다.

그 다음에 또 한 가지 부대 상황을 생각해 봅시다. 여러분이 성경의 이 이야기를 세심하게 살펴본다면, 주님의 생애에서 이 무렵부터 시작해서 그 이후로 매우 중요한 한 가지 면에서 뚜렷한 변화가 일어난다는 것을 발견할 것입니다. 이 일 전에 주님은 자신이 널리 알려지는 것을 피하셨습니다. 그러나 이 후에는 의도적으로 자신을 알리셨습니다. 이 일 전에는 주님께서 자신의 고난에 대해 말씀하실 때 분명치 않게 말씀하시며, 제자들에게 "인자가 죽은 자 가운데서 살아날 때까지는 본 것을 아무에게도 이르지 말라"(막 9:9)고 하셨습니다. 그런데 이후에는 자신의 고난에 대한 예언을 자주 말씀하셨지만, 제자들에게 그 점을 말하지 말라고 반복해서 금하는 일은 없습니다. 예수께서 예루살렘으로 올라가시고, 당당한 모습으로 입성하는 것은 불에 기름을 붓는 셈이 됩니다. 마지막 순간에 예수께서 하신 말씀은 자신이 마지막으로 예루살렘에 방문하신 것을 널리 드러내셨음을 말해줍니다. "내가 날마다 너희와 함께 성전에 있었으되 너희가 나를 잡지 아니하였도다"(막 14:49). 예수께서는 주의를 끌기 위해서 할 수 있는 모든 일을 하십니다. 말하자면 주님의 생애 동안에 늘 볼 수 있었고, 아주 오래, 오래 전에 주님에 대해 "그는 외치지 아니하며 목소리를 높이지 아니하며 그 소리로 거리에 들리게 아니하며"(사 42:2)라고 말한 대로 거룩한 예법의 한계 안에서 모든 일을 하십니다. 그래서 이 한 가지 점에 유의하면서, 곧 원수들의 이목을 자신에게 끌려는 결심에 주목하면서 이 이야기를 주의 깊게 읽는 사람이라면, 누구나 아주 분명한 변화를 느낄 수 있습니다.

여러분은 예수께서 자신이 무슨 일을 하고 있는지를 아주 평온하면서도 충만한 자기의식 가운데 분명하게 아시고, 그렇게 하면 결국 어떻게 될지도 아시면서, 애정을 품고 마지막으로 서기관과 바리새인들과 벌이실 다툼으로 인해 피 흘리는 종결에 이를 때가 가까이 올수록, 더욱 더 무겁고 더욱 더 날카로운 비난의 말을 퍼붓는다는 것을 주목해 보신 적이 있습니까? 주님은 목소리를 부드럽게 하기보다는 오히려 강경하게 하십니다. 감히 이런 표현을 사용할 수 있다면, 모든 것이 사랑에서 나온 결과이지만,

아무튼 주님께서는 계속해서 교섭을 하려고 하시지 않는다고 말씀드릴 수 있습니다. 오히려 위험이 커갈수록 주님의 말씀은 더 분명하고 더 엄격해지며, 그의 말씀은 이제까지 볼 수 없었던 신랄함과 책망을 드러냅니다. 예수께서 "외식하는 자들" "맹인 된 인도자" "우맹들" "회칠한 무덤" "뱀들" "독사의 새끼들," 그리고 주님의 의로운 피를 흘림으로써 자기 조상들의 분량을 채우는 것으로 보시는 그들에게 일곱 가지 화를 퍼부으신 것은, 격정적인 미움이 주님의 주변에서 타오르고 있으며 어떻게 해서든지 복수하려는 열망이 그들의 눈에서 번쩍이고 있는 때였습니다.

여기서 다시 한 번 그 질문이 발생합니다. 왜 주께서는 그렇게 하셨습니까? 다른 이유들도 있겠지만, 여기서 그것을 다룰 시간은 없습니다. 내가 생각할 때 그 답변은 분명코 예수께서 죽으시려고 마음먹었기 때문에, 우리를 사랑하시므로 죽으시려고 마음먹으셨기 때문이라는 것입니다.

요한복음이 우리를 위해 기록하고 있는 놀랄만한 사건, 곧 예수께서 자기를 잡으러 온 거친 군병들에게 자신을 인정하는 말씀을 하실 때 군병들이 공포와 무력감에 사로잡혀 땅에 엎드러지게 만든 그 기이한 능력을 보여 준 그 사건에서도 그와 동일한 교훈을 배우게 됩니다. 여기서 한 번 번쩍 하고 섬광이 나타나서, 주님을 군병들의 하잘것없는 팔에서 얼마든지 구원할 수 있었을 힘을 드러내었지만, 주께서 사용하려고 하시지 않는, 쉬고 있는 번개를 보여 주지만, 주님은 우리를 풀어 주시기 위해 자신을 넘겨주시는 것을 보여 주는 놀라운 말씀, 곧 "나를 찾거든 이 사람들이 가는 것은 용납하라"(요 18:8)는 말씀과 함께 우리를 위해 자기를 포기하는 태도를 취하십니다. 이 장면은 예수님의 전체 사역을 상징적으로 보여 주는 비유입니다. 이 장면은 주님께서 자기에게 댄 손을 모두 떨쳐 버리신 능력을 보여 주고, 또 자신을 잡으려고 하는 또 다른 무력한 살인자들에게 자발적으로 자신을 넘겨주심을, 그리고 그렇게 자기를 넘겨주도록 만든 그 사랑을 보여 줍니다.

똑같은 종류의 다른 예들이 있지만, 지금은 그것을 다루지 않고 그냥 둘 수밖에 없습니다. 다만 지금은 여러분에게 모든 복음서 기자들이 그리스도께서 고난을 끝내고 나아가신 가장 중요한 그 순간을 묘사하는 언어의 주목할 만한 특징만을 말씀드리도록 하겠습니다. "예수께서 크게 소리 지르시고 영혼이 떠나시니라"(마 27:50). 곧 예수께서는 영을 떠나보내신 것입니다. "그는 숨지셨습니다"(막 15:37). 실제로 주님은 "자기 영을" 아버지 하나님의 손에 "맡기셨습니다." 그것이 단지 죽음에 대한 완곡어법이 아니라 주께서 그 순간에 능동적이셨고, 못과 창과 십자가가 그리스도를 죽인 것이 아니라 그리스도께서 의지적으로 죽으셨다는 사상을 전달하는 것이라고 말하는 것이 정확하고 올바른 평이라고 나는 믿습니다. 한편으로 사람들의 미움과 의도를 생각할 때, "너희가 법 없는 자들의 손을 빌려 그를 못 박아 죽였다"(행 2:23)는 것이 맞는 이야기입니다. 그러나 다른 한편으로 이 사실의 가장 깊은 진리를 생각할 때는, "나는 버릴 권세도 있고 다시 얻을 권세도 있느니라"(요 10:18)는 말씀이 훨씬 더 맞는 사실입니다.

아무튼 여러분이 그와 같은 해석에 대해 어떻게 생각하든지 간에, 적어도 본문이 이 앞 단계에서 우리에게 예를 들어 설명하는 대원칙은 반박할 수 없이 확립되었습니다. 즉 우리 주님께서는 죽으실 때 죽으려고 뜻하셨기 때문에 죽으셨다는 것입니다. 그리스도께서는 사람이셨습니다. 그래서 죽으실 수 있었습니다. 그러나 주님은 반드시 죽어야만 하는 그런 사람이 아니었습니다. 주님의 신체적인 구조에는 죽음의 필연성이 아니라 죽음의 가능성이 있었습니다. 그런 이유 때문에 그리스도의 죽음의 사실 자체는 그리스도께서 생명의 주이실 뿐 아니라 죽음의 주이기도 하시다는 것을 보여 주는 지극히 뛰어난 증거입니다. 그리스도께서 죽으시는 것은 반드시 죽게 되어 있기 때문이 아닙니다. 그리스도께서 죽으시는 것은 약함과 고통과 상처 때문이 아닙니다. 이런 것들과 주님께 고통을 가하는 사람들은 주님께 아무 영향력을 행사하지 못합니다. 그리스도께서 죽을 것을 선택하십니다. 그리스도께서는 하나님의 사랑에서 나온 영원한 목적을 이루기를 원하시기 때문에 죽으려고 하십니다. 그 영원한 목적이 주님의 뜻이고 세상에 생명을 가져다주는 것입니다. 사람들이 그리스도를 십자가에 달아 매었습니다. 그런데 그 십자가가 보좌가 되었습니다. 죽음이 그리스도를 정복한 것처럼 보이는 순간에, 사실상 그리스도는 죽음을 철폐하기 위해 죽음을 사용하고 계셨던 것입니다. 그리스도께서 영을 단념하셨을 때 그는 죽음의 결박을 끊고 무덤에서 일어나셨을 때만큼이나 놀랍고 영광스럽게 자신이 죽음의 주이심을 나타내신 것입니다. 왜냐하면 이 소름끼치는 그림자도 그리스도의 종이었기 때문이고, 그래서 그리스도께서는 죽음에게 이같이 말씀하십니다. "저더러 오라 하면 오고 이것을 하라 하면 하느니라"(마 8:9). 주께서 반드시 죽게 되어 있어서가 아니라, 죽으려고 하셨기 때문에 죽음에게 기꺼이 머리를 숙이고 죽으셨을 때 "주님은 죽음의 날카로움을 꺾으신" 것입니다.

3. 이 구절의 언어에서 우리는 그리스도 안에 십자가를 꺼리는 인간 본성이 있다는 사실도 배우게 된다는 점을 말씀드립니다.

굳게 결심한 뜻이 그에 굴하지 않고, 인간적인 본성에서 나오는 내켜하지 않는 태도를 이겨냅니다. "예수께서 결심하시고." 우리가 본능을 적용하는 입장은 각기 다를 수 있지만, 경건한 본능은 옳은 것입니다. 그런데 사람들은 그리스도 안에 십자가를 꺼리는 것이 조금이라도 있는 것처럼 말하기를 두려워합니다. 나는 그리스도 안에 그와 같이 꺼리는 태도가 있었다고 믿습니다. 예수께서 "내 아버지여 만일 할 만하시거든 이 잔을 내게서 지나가게 하옵소서"(마 26:39) 하고 말씀하셨을 때, 겟세마네에서 겪으신 그 고뇌는 현실이었습니까 아니면 그림자였습니까? 이 두려운 시간의 고통과 깊이를 헤아릴 수 없는 공포로부터 움츠러든 어떤 것이 주님의 본성에 없었다면, 이 기도의 의미는 무엇이었습니까? 그리스도를 경배하느라, 우리의 소망의 기초가 되는 그 개념, 곧 그리스도께서 고통을 받으셨다는 그 개념을 깨뜨리지 않도록 주의합시다. 왜냐하면 바로 그 한 마디에 내가 말하는 모든 것이 포함되어 있기 때문입니다. 그리스도께서 고통을 받으셨는가 아니면 받지 않으셨는가? 그리스도께서 고통을 받으셨다면 그때 그리스도의 인성이 죽음을 꺼려한 것입니다. 이 두 개념은 상호관계가 있어서 그 둘을 분리할 수 없습니다. 고통과 마음이 내키지 않음, 곧 형체적 존재로부터 분리할 수 없는 것으로, 전혀 죄가 없는, 피할 수 없는 본성적인 인간 본능, 그것이 사람들을 고통으로부터 움츠러들게 합니다. 히브리서는 "그는 십자가를 참으셨다"(히 12:2)고 말합니다. 하기 싫은 마음이 없었다면 "참아야" 할 것이 무엇이 있었겠습니까? "부끄러움을 개의치 아니하시더니." 그리스도께서 꺼려하는 것이 없었다면 "개의치 않을" 무엇이 있었겠습니까? "예수께서 결심하시고." 예수님 안에 주춤거리는 것이 없었다면, 그 얼굴을 굳게 할 무슨 필요가 있었겠습니까? 그리스도께서 고통을 겪으셨다면, 그 고통을 생각할 때 그의 살과 피가 떨렸고 고통의 자리로 가기를 꺼려했으며, 그 잔을 면하기를 원하셨을 것입니다. 그와 같이 본능적으로 뒤로 물러나는 것은 악이 아니고 반역도 아니며, 아버지의 뜻에 순종하지 않으려 하는 태도가 아닙니다. 그리스도의 전존재는 아버지의 뜻을 고수하였고, 한 순간도 그 뜻에서 벗어난 적이 없으셨습니다. 그럼에도 그 길이 알 수 없는 흑암으로 컴컴하고 십자가로 이르는 길이었기 때문에, 언제나 아버지 하나님을 기쁘시게 하는 일을 하셨고 항상 아버지의 뜻 행하기를 즐겨하신 그리스도조차도 그 희생의 산으로 올라가기 위해서는 "결심할" 필요가 있었던 것입니다.

그런데 여러분이 내가 이 말을 시작할 때 언급했던 다른 생각을 따르며, 이처럼 죽음을 꺼려하는 마음이 틀림없이 죽음을 내다보는 것처럼 지속적이었을 것이고, 또 그 마음을 이처럼 극복하는 일도 굳은 결심만큼 일관되고 변치 않았을 것임을 기억한다면, 우리는 여기서 우리의 마음을 뭉클하게 하고 깊은 감사의 심정을 일으키는 요소가 충만한, 그리스도의 삶을 보는 한 가지 관점을 갖게 된다고 생각합니다.

그리스도께서 헌신한 그 길을 내내 걸으셨는데, 걸음걸음마다 의지로써 내딛는 행위를 나타냈고, 그 각각의 의지적인 행위는 육체와 피의 마지못해 하는 것을 극복한 승리를 나타냈습니다. 그리스도께서 그 냉혹한 길에 발을 디딜 때마다 피가 흘렀다고 말할 수 있을 것입니다. 주님의 모든 걸음은 호된 시련을 견디며, 불타는 철판 위나 날카로운 쇠 위를 걷는 사람의 고통과 같았습니다.

　그리스도의 원수들이 십자가 밑에 서서 "네가 만일 하나님의 아들이어든 십자가에서 내려올지어다 그리하면 우리가 믿겠노라"(마 27:40,42) 하고 조롱했을 때, 그리스도께서 그 말에 따랐을 수도 있었습니다. 그리스도께 왜 그렇게 하시지 않았습니까? 그리스도께서 하나님의 아들이라고 믿는 우리보다 그리스도를 높게 보지 않는 사람들에게는 이 말이 불합리하게 들릴 것이라는 것을 압니다. 그러나 나는, 그리스도께서 계속해서 십자가에 그대로 달려 있도록 만든 것은, 그 질문에 대한 유일한 답변은 그리스도께서 영원한 사랑으로 나를 사랑하셨고, 죽어서 나를 구속하시려 하였기 때문이라는 것을 믿습니다. 그 사랑 때문에 주님은 세상에 오셨습니다. 그 사랑 때문에 주님은 우리 가운데 거하셨습니다. 그 사랑 때문에 지상 생애 내내 부끄러운 십자가를 뚫어지게 보셨습니다. 그 사랑 때문에 간절한 마음과 엄숙한 결의를 가지고 그 거칠고 고통스런 길을 똑바로 걸어가셨습니다. 그 사랑 때문에, 그리스도께서는 공생애를 시작하실 때 좀 더 쉬운 길을 통하여 세상을 차지하도록 시험하는 목소리에 귀를 기울이지 않으셨습니다. 그 사랑 때문에, 마지막에 가서 그리스도께서 십자가에서 내려오실 마음이 있었다면 큰 괴로움이 되었을 그 비난 섞인 제안에 귀를 기울일 수도 있었지만, 전혀 받아들이지 않으셨습니다. 그 사랑 때문에, 영을 단념하셨습니다. 극도의 피로와 모욕과 고통을 겪으면서도 그 사랑 때문에 굳은 의지로 목적한 바를 고수하였고, 가는 길에 만나는 모든 방해를 다 견디셨습니다. 많은 물도 그 사랑을 꺼트리지 못합니다. 그 사랑은 죽음보다 강하고, 반대하는 모든 세력보다 강합니다. 아무도 그 사랑의 깊이를 다 알지 못하고 그 사랑에 합당한 만큼 감사드릴 수 없습니다. 그 사랑은 아무리 찬송해도 다함이 없습니다. 어떤 보답도 그 사랑을 다 채우지 못합니다. 그 사랑을 믿는 것이 생명입니다. 그 사랑을 믿는 것이 천국입니다.

　이 전체 주제에 대해 이야기하고 싶은 것이 한 가지 더 있습니다. 우리는 구주께서 인간 본성의 온유한 미점만을 보여 주시는 분으로 생각하는

데 너무 익숙해 있습니다. 주님께서는 그 만큼 우리 본성의 강한 측면에 속하는 것들을 보여 주십니다. 그리스도 안에는 모든 능력, 남성적인 에너지, 단호한 헌신, 사람들이 영웅적 자질이라고 부르는 모든 것이 있습니다. "예수께서 굳게 결심하시고." 그리스도께는 또한 사람들이 지극히 온유한 사랑, 자애로운 동정, 초월적인 놀라운 인내심이라고 부르는 모든 것이 있습니다. 남성성과 여성성의 표본이 예수 그리스도 안에 다 같이 있습니다. 그리스도는 모든 힘을 갖추고 계시면서도 그것을 지극히 온유하게 표현하시고, 지극히 온유하시면서도 그 힘에 의해 굳세고 강하신 분으로, 온전하고 완벽한 유일한 사람이십니다. "장로 중의 한 사람이 내게 말하되 보라 유대 지파의 사자라 하더라 내가 또 보니 한 어린 양이 서 있더라"(계 5:5,6). 왕의 힘과 겸손한 온유함, 사랑하는 힘과 힘 있는 사랑, 이 두 가지 상징이 뒤섞여 있습니다. 다른 어떤 행위와 비교하는 것 자체가 모욕이 되는, 이제까지 세상에 없었던 가장 단호한 헌신과 영웅적인 자기희생의 그 행위는 우리를 동정하는 사랑의 분부에 의해 이루어졌습니다. 십자가를 바라볼 때 우리는 그리스도의 지극히 애정 어린 마음에서 나오는 동정하는 사랑이 더 놀랍게 나타나는지 아니면 그리스도의 굳은 의지에서 나오는 장엄한 에너지가 더 크게 나타나는지 모릅니다. 사랑하는 형제 여러분, 이 혼합된 광선이 쏟아져 우리 각 사람에게 이릅니다. 이 큰 희생을 보면서 그냥 한 번 놀라기만 해서는 안 됩니다. 단순히 호기심에서 이 큰 희생을 보아서는 안 됩니다. 이 큰 희생이 계시하고 행하는 것에 관해 단순히 이론화하고 말지 않도록 주의하시기 바랍니다. 이 큰 희생을 그냥 몇 번이나 들은 이야기로 소홀히 여기고 외면하지 않도록 해야 합니다. 자, 인간적이면서 거룩한 그 모든 사랑이 여러분에게 소중한 것을 부어 준다는 것, 그 모든 굳은 헌신과 십자가의 죽음에 대한 자발적인 순종이 여러분을 위한 것이었다는 사실을 믿으시기 바랍니다. 자, 그때 여러분이 그리스도의 마음에, 그리고 그의 크신 희생에 한 자리를 차지하였고 지금도 차지하고 있다는 것을 믿으시기 바랍니다. 자, 그리스도께서 자신을 구원할 수 없었던 것은 여러분을 구원하려고 하셨기 때문이라는 것을 기억하시기 바랍니다.

그리고 멀리서 우리가 그 광경을 볼 때, 주님의 사랑을 생각하고 우리 마음이 뜨거워지고, 주님의 굳은 의지를 생각하고 우리도 힘을 내어 즐거이 순종하기를 굳게 결심하도록 합시다. 그리스도의 희생의 능력과, 그 희생으로 인해 우리가 사랑하는 마음으로 닮고자 하는 그리스도의 모범의 영향력, 희생제사 이후로 그리스도께서 사람들에게 부어 주시는 성령의 은혜를 받았으면 우리도 그리스도처럼 "깨어 굳게 서서 남자답게 강건"(고전 16:13)하고, 모든 힘을 쓰고 모든 일을 행할 때 "사랑으로 행하도록" 합시다.

40
그리스도의 사신들, 그들의 장비와 활동

"¹그 후에 주께서 따로 칠십 인을 세우사 친히 가시려는 각 동네와 각 지역으로 둘씩 앞서 보내시며 ²이르시되 추수할 것은 많되 일꾼이 적으니 그러므로 추수하는 주인에게 청하여 추수할 일꾼들을 보내 주소서 하라 ³갈지어다 내가 너희를 보냄이 어린 양을 이리 가운데로 보냄과 같도다 ⁴전대나 배낭이나 신발을 가지지 말며 길에서 아무에게도 문안하지 말며 ⁵어느 집에 들어가든지 먼저 말하되 이 집이 평안할지어다 하라 ⁶만일 평안을 받을 사람이 거기 있으면 너희의 평안이 그에게 머물 것이요 그렇지 않으면 너희에게로 돌아오리라 ⁷그 집에 유하며 주는 것을 먹고 마시라 일꾼이 그 삯을 받는 것이 마땅하니라 이 집에서 저 집으로 옮기지 말라 ⁸어느 동네에 들어가든지 너희를 영접하거든 너희 앞에 차려놓는 것을 먹고 ⁹거기 있는 병자들을 고치고 또 말하기를 하나님의 나라가 너희에게 가까이 왔다 하라 ¹⁰어느 동네에 들어가든지 너희를 영접하지 아니하거든 그 거리로 나와서 말하되 ¹¹너희 동네에서 우리 발에 묻은 먼지도 너희에게 떨어버리노라 그러나 하나님의 나라가 가까이 온 줄을 알라 하라 … ¹⁷칠십 인이 기뻐하며 돌아와 이르되 주여 주의 이름이면 귀신들도 우리에게 항복하더이다 ¹⁸예수께서 이르시되 사탄이 하늘로부터 번개 같이 떨어지는 것을 내가 보았노라 ¹⁹내가 너희에게 뱀과 전갈을 밟으며 원수의 모든 능력을 제어할 권능을 주었으니 너희를 해칠 자가 결코 없으리라 ²⁰그러나 귀신들이 너희에게 항복하는 것으로 기뻐하지 말고 너희 이름이 하늘에 기록된 것으로 기뻐하라 하시니라"

눅 10:1-11, 17-20

이 칠십 인의 임무는 1절에 나오는 "따로"라는 말에 의해 열두 사도의 임무와는 구별되고 대비됩니다. 1절의 그 말은 누가복음 9:1을 돌아보게 합니다. 열두 사도에게는 유대인들의 지경을 넘어서 가는 것을 금하셨습니다. 그런데 이 칠십 인들에게는 그런 제한이 없었습니다. 그래서 이들은 아마도 요단강 동편에 있는 준(準) 이방인 지역에까지 보냄을 받았을 것입니다. 열둘이라는 수는 이스라엘 지파의 수와 관계가 있고, 칠십이라는 수는 이스라엘 장로들의 수와 관계가 있었습니다. 그러나 그 수는 또한 추정하되 민족들의 수를 나타내는 것으로도 사람들은 이야기를 해왔습니다. 열두 사도를 세우신 것은 영구한 직위에 임명하신 것이었습니다. 그러나 이 칠십 인을 세운 것은 일시적인 사명을 주신 것입니다. 열두 사도나 칠십 인들이 같은 메시지를 가지고 갔고, 두 부류 모두 그리스도의 직접적인 사역을 준비하기 위해 보냄을 받았기 때문에, 많은 부분이 두 부류에게 공통으로 주어졌습니다. 그것은 지극히 자연스러운 일입니다. 그러나 이 칠십 인은 잠깐 동안 일하기 위해 보냄을 받았지만, 그리스도인 사역자들을 지도할 뿐만 아니라 모든 그리스도인의 생활을 지도하기 위한 영구한 원칙이 그들이 받은 임무에 구체적으로 나타납니다.

먼저 우리는 개인적인 봉사를 하기에 앞서서 그리스도인이 일해야 할 범위가 무한히 넓고, 거기에 비해 그리스도인의 노력이 많이 미치지 못한다는 것을 철저히 깨달아야 하는 것을 봅니다. 추수할 일꾼을 더 많이 "보내 주소서" 하고 기도하라는 주님의 말씀에서 이 점이 더할 수 없이 분명하게 드러납니다. 이 말씀에는 어느 정도 강요의 성격이 함축되어 있습니다. 왜냐하면 인간의 게으름과 하기 싫어함을 극복하려면 압도적인 추진력이 항상 필요하기 때문입니다. 선지자처럼 자신이 성령에게 붙잡힌 바 되었고, 그래서 원하든지 원하지 않든지 상관없이 자신이 가지 않을 수 없다는 것을 느끼지 않는 사람치고 하나님을 위해 큰 봉사를 한 사람은 이제까지 없었습니다. 하나님의 진실한 사신은 누구나 "나는 말하지 않을 수 없다"는 것을 느끼는 것입니다. 그런 기도는 흔히 그렇듯이, 그 기도를 행하는 사람들을 보내심으로 응답이 이루어졌습니다. 예수께서는 자신이 그 일꾼들을 보내심으로써 그 간구에 응답하신다는 점에서 자신이 추수하는 주인임을 넌지시 비추는 점에 유의하시기 바랍니다. 또한 주님께서 자신이 사람들의 삶에 대해 최고의 통치권을 사용하시는 권세가 있으심을 주장하신다는 것에 유의할 필요가 있습니다. 그리스도께는 순전히 자신의 이름을 선포하기 위한 목적을 위해 그들을 치명적인 위험에 던져 넣을 권세가 있으십니다. 흰 이빨을 드러내는 늑대들에게 둘러싸인 어린 양들은 생명을 보존할 가능성이 거의 없습니다. 예수께서는 그의 종들에게 위험에 대해 충분히 경고합니다. 그리고 그 경고 위에서 조용한 확신을 가지도록 권고하십니다. 왜냐하면 그 문장이 "어린 양을 이리 가운데 보냄과 같도다"는 말로 끝이 나지만, 처음 시작할 때는 "내가 너희를 보낸다"는 말로 시작되는데, 그것이면 충분하기 때문입니다. 주님께서 이리가 오는 것을 보시면, 어린 양들을 친히 보호하실 것이기 때문입니다. 그렇게 하실 뿐만 아니라, 그리스도께서는 또한 그들의 모든 필요를 채워주실 것입니다. 그래서 그들은 배낭도 돈도 필요 없고 심지어 지팡이도 필요 없습니다. 여행자가 이런 것들 가운데 어느 하나라도 없으면 형편이 어려울 것입니다. 그러나 이들은 그런 것을 가져가지 않도록 하셨는데, 그것은 그들이 예수님을 모시고 가기 때문입니다. 그들을 보내시는 예수께서는 자기가 보내는 이들과 함께 가십니다. 그런데 이 교훈이 문자적인 형태로는 후에 명백히 폐지되었지만(눅 22:36), 그 정신은 변함이 없습니다. 그리스도께서 우리를 보내신다면, 우리가 그리스도의 심부름을 하고 있는 한, 그리스도께서 우리를 돌보실 것을 믿을 수 있습니다.

그리스도께서는 이들에게 가는 길에 아는 사람에게 문안하지 말라고 하심으로써 사회적인 활동으로 주의가 흐트러져 방해 받는 일이 없이 자신의 일을 정력적으로 추구하도록 하십니다. 이렇게 말씀하신 것은 무뚝뚝하게 혼자 지내라는 뜻이 아닙니다. 두 동양인이 "문안하는 것"을 본 사람이라면, 그것이 얼마나 긴 행사인지 잘 압니다. 사람이 길을 가면서 그 무익한 의식을 일일이 다 치르고 갈 경우에 도대체 얼마나 멀리 갈 수 있겠습니까! 문안 인사하다가 여행이 끝나고 말 것입니다. 당시에 문안 인사란 이런 것을 의미합니다. 그리스도의 종들이 오는 큰 효과는 그들이 지니고 있는 평안을 나누어 주는 것이 되어야 합니다. 우리는 형식적인 예절을 실질적인 것으로 바꾸어야 합니다. 우리 그리스도인들은 가장 깊은 의미에서 화평케 하는 자가 되어야 하는데, 특별히 사람들의 하나님과의 관계에서 화평케 하는 자가 되어야 합니다. 우리 활동의 전(全) 목적은 하나님과의 평화, 우리 자신과의 평화, 다른 모든 사람들과의 평화, 그리고 환경과의 평화를 선포하고 가져오는 것으로 요약될 수 있습니다. 들어가는 집마다 거기에 "평안의 아들"(개역개정 본문에는 "평안을 받을 사람"으로 되어 있고 난외주에 "평안의 아들"이 소개되어 있음 — 역주)이 있는지 전혀 묻지 않고 인사를 하도록 하라는 사실에서, 우리 메시지의 보편성을 엿볼 수 있습니다. 평안을 받지 않을 사람들을 위해 헛되게 빈 평안이 엎질러진 물처럼 낭비되지 않고, 비둘기처럼 평안을 빈 사람의 손으로 돌아온다는 약속에서 우리는 그리스도인 활동의 되돌아오는 복을 배우게 됩니다. 우리가 다른 어떤 사람에게도 유익을 끼치지 못하면 다른 사람들을 위한 모든 수고로 우리 자신이 복을 받게 됩니다.

그리스도의 사자들을 받아들이는 집이나 성읍에서 행할 것에 대한 명령에는 넓게 적용되는 두 가지 원칙이 따라다닙니다. 첫째, 그 원칙은 그리스도의 사자들에게 일반적인 욕구들에 대해 아주 사심이 없고, 그것들을 넘어설 것을 요구합니다. 그리스도의 종들은 먹고 자는 일에 꾀까다로워서는 안 됩니다. 그들은 집 주인이 늘상 하던 대로 대접하는 음식보다 나은 것을 요구해서는 안 되고, 숙소가 헛간에서 궁정으로 옮기는 것이라 할지라도 숙소를 옮겨서는 안 됩니다. 그리스도인 사역자가 미식(美食)과 감각적인 즐거움을 좋아한다는 의심을 사면 그의 사역은 힘을 잃습니다. 그러나 그 명령은 또한 그 메시지를 받는 사람들이 주는 일에 넉넉하지 않다는 것과, 그 메시지를 전하는 사람들이 충분히 생활하고 계속 일할 수 있게 받도록 하라는 어떤 책무도 부과되지 않는다는 것을 가르쳐 줍니다. 확실히 우리가 적게 바랄수록 그만큼 더 많이 받게 될 것입니다. 고결한 사람은 조금이라도 "삯"을 바라지 않습니다. 고결한 마음씨를 지닌 주는 사람은, 받는 사람을 자기가 종으로 고용했다고 생각지 않을 것입니다.

이들 활동의 두 가지 내용을 이제 간단히 기술하도록 하겠습니다. 이 두 가지 활동이 기술되어 있는 순서는 주목할 만합니다. 왜냐하면 병자를 고치는 일이 먼저 오고, 하나님 나라가 가까이 왔다고 선포하는 것이 두 번째로 옵니다. 아마도 그 이유는 치유하는 능력이 새로운 선물이었기 때문일 것입니다. 그 능력이 먼저 언급된 것은 그것이 목적을 이루는 수단, 곧 하나님 나라와 그 나라의 왕이 오심을 선포하는 고유한 본연의 활동을 위한 장비의 한 부분이었음을 암시할 수도 있습니다. 아무튼, 우리는 예수께서 신체적 필요와 질병에 대한 관심과 사람의 영적 필요에 대한 관심을 지속적으로 결합시키려 하신다는 것을 여기서 배워야 합니다.

그들의 메시지를 거절하는 경우에 행해야 할 일에 대한 엄숙한 지시는 무겁고 두려운 어조를 띱니다. 예수께서는 그들이 전하는 메시지를 받아들이는 것에 대해 환상을 갖고 계시지 않았습니다. 예수께서는 사람을 보내시면서, 그가 만나게 될 어려움과 반대를 조금도 숨기려 하시지 않습니다. 한 개인 사역자가 현재로서 어떤 사역의 현장이나 활동 방법을 가망이 없는 것으로 여기고 포기할 때를 결정하는 데는 많은 지혜가 있습니다. 그 결정을 너무 빨리 하는 것은 비겁한 일이고, 그 결정을 너무 오래 끄는 것은 칭찬할 만한 인내가 아니라 분명한 섭리를 보지 못하는 것입니다. 먼지를 떨어버리는 것은 모든 관계를 끊는 것과 같은 의미입니다. 그 사람은 그 성에 속한 것은 아무리 적은 것도 가져가지 않으려는 것입니다. 사람들의 불신앙이 어떻든 간에, 그렇게 한다고 해서 그 사실이 달라지지는 않습니다. 그러나 그것이 그 사실에 대한 사람들의 관계에 영향을 미칩니다. 처음에 그 은혜로운 메시지는 "하나님의 나라가 너희에게 가까이 왔다"는 것이었습니다. 그러나 이 메시지의 마지막 형태는 "너희에게"라는 말을 빼놓고 있습니다. 왜냐하면 그 말씀을 거절함으로써 그 말씀에서 유익을 얻는 일에 스스로 떨어져 나갔기 때문이고, 하나님 나라가 올 때 믿지 않는 영혼들에게는 그 나라가 아무 복을 주지 않기 때문입니다.

칠십 인을 보낸 일에 곧 바로 이어서 칠십 인이 돌아온 일이 기록되었습니다. 이들은 어린아이와 같이 놀라운 기쁨을 안고 돌아왔습니다. 이들은 자기들이 예수님의 이름이 지닌 능력에 대한 증거를 가지고 온 만큼 예수께서도 많이 놀라고 흥분하실 것이라고 생각한 듯이 보입니다. 이들은 자기들이 병자를 고칠 수 있을 뿐만 아니라 귀신을 내쫓기도 할 수 있는 것을 알았습니다. 예수께서는 그들이 그런 일을 행하고 있을 때 자신이 그 일을 알고 계셨다는 것을 가르쳐 줌으로써 그들의 흥분을 가라앉히려고 하셨습니다. 그러면 예수께서는 사탄이 하늘로부터 떨어지는 것을 언제 보셨습니까? 문맥을 보면, 칠십 인이 귀신들을 내쫓을 때가 바로 그 때였던 것으로 생각할 수 있습니다. 악의 인격적 원천과 예수 그리스도 사이의 싸움이 양 진영의 부하들에 의해서 치러지지 않고 주동자들 간에 치러졌으며, 그 싸움은 이미 그리스도 편에서 승리한 것으로 판결이 났습니다. 그러므로 그 승리의 결과로 그리스도께서 선물을 널리 자기 종들에게 나누어 주시고 그 선언서를 시편의 말씀으로(91편) 표현하십니다. 어떤 것도 주님의 허락이 없이는 그의 종을 해치지 못합니다. 그래서 그의 종이 일하는 곳에 어떤 악이라도 떨어지면, 질병의 악이든, 화살촉에 묻은 독이든, 주께서 깨끗이 씻어 내고 제거하실 것입니다. 그러나 신실한 종에게 주신 그런 선물들이 아무리 클지라도, 그가 하나님 나라 시민들 가운데 들어가게 된 것만큼 기뻐할 만한 것은 아닙니다. 선물과 능력은 좋은 것이며, 따라서 받고 기뻐하는 것이 옳을 것입니다. 그러나 영생을 얻고 우리 모두의 본향인 새 예루살렘에 속하는 것이 모든 선물과 능력보다 나은 것입니다.

41
멀리 있는 이웃들

"²⁵어떤 율법교사가 일어나 예수를 시험하여 이르되 선생님 내가 무엇을 하여야 영생을 얻으리이까 ²⁶예수께서 이르시되 율법에 무엇이라 기록되었으며 네가 어떻게 읽느냐 ²⁷대답하여 이르되 네 마음을 다하며 목숨을 다하며 힘을 다하며 뜻을 다하여 주 너의 하나님을 사랑하고 또한 네 이웃을 네 자신 같이 사랑하라 하였나이다 ²⁸예수께서 이르시되 네 대답이 옳도다 이를 행하라 그러면 살리라 하시니 ²⁹그 사람이 자기를 옳게 보이려고 예수께 여짜오되 그러면 내 이웃이 누구니이까 ³⁰예수께서 대답하여 이르시되 어떤 사람이 예루살렘에서 여리고로 내려가다가 강도를 만나매 강도들이 그 옷을 벗기고 때려 거의 죽은 것을 버리고 갔더라 ³¹마침 한 제사장이 그 길로 내려가다가 그를 보고 피하여 지나가고 ³²또 이와 같이 한 레위인도 그 곳에 이르러 그를 보고 피하여 지나가되 ³³어떤 사마리아 사람은 여행하는 중 거기 이르러 그를 보고 불쌍히 여겨 ³⁴가까이 가서 기름과 포도주를 그 상처에 붓고 싸매고 자기 짐승에 태워 주막으로 데리고 가서 돌보아 주니라 ³⁵그 이튿날 그가 주막 주인에게 데나리온 둘을 내어 주며 이르되 이 사람을 돌보아 주라 비용이 더 들면 내가 돌아올 때에 갚으리라 하였으니 ³⁶네 생각에는 이 세 사람 중에 누가 강도 만난 자의 이웃이 되겠느냐 ³⁷이르되 자비를 베푼 자니이다 예수께서 이르시되 가서 너도 이와 같이 하라 하시니라"

눅 10:25-37

율법교사의 첫 번째 질문은 예수님을 "시험하기" 위한 것이었는데, 여기서는 "시험한다"기 보다는 "조사한다"는 의미에 더 가깝습니다. 즉 예수님의 정통신앙이나 능력을 확인하려는 것이었습니다. 그리스도께서는 마치 그 올가미를 보지 못하는 것처럼 태연히 올가미 사이로 지나가십니다. 예수님의 답변은 조금도 문제 삼을 수 없을 만큼 정통이고, 동시에 율법을 그만큼 배운 사람이라면 생명을 유업으로 받는 조건이 무엇인지를 아주 잘 알았기 때문에, 그 질문이 쓸데없는 것임을 가볍게 암시합니다. 이 율법교사는 율법을 문자적으로 아주 잘 알고 있어서 무슨 답변을 할지에 대해 전혀 당황하지 않습니다. 그런데 이 율법교사가 예수께서 바리새인들과 벌인 마지막 논쟁(마 22장; 막 12장)에서 제시하시는 두 구절을 똑같이 함께 언급한다는 점이 주목할 만한 사실입니다. 그러면 예수께서는 이 율법교사가 요약하여 한 말을 사용하신 것입니까? 아니면 누가의 이야기가 압축적으로 쓰였기 때문에 예수께서 그 사람이 그처럼 현명한 답변을 할 수 있도록 인도하신 단계가 생략된 것입니까?

주님의 답변은 그 율법교사로 자기 분수를 알게 할 만큼 뚜렷한 권세가 있습니다. 주께서는 중요한 평가를 하시는 분으로서 율법교사의 답변을 칭찬하십니다. 그러나 그의 실행에 대해서는, 그것을 알고 판단하는 권세가 있는 분으로서 은연중에 정죄합니다. "이를 행하라"는 것은 칼로 찌르듯 예리한 말씀입니다. 또한 "이것들을" 행하라고 하지 않고 "이를 행하라"고 말씀하심으로 그 두 가지 "사랑하라"는 계명이 본질적으로 하나이듯이, 둘을 하나로 결합합니다. 율법교사는 양심의 가책을 받는데, 그것은 예수께 물은 질문이 아니라 "자기를 옳게" 보이려고 하는 결함이 있는 행실입니다. 그는 하나님께 대한 자신의 사랑은 조금이라도 변호할 필요가 없다고 생각하였습니다. 그는 그동안 자신의 의무는 충실히 이행하였습니다. 그러나 나머지 절반에 대해서는 그만큼 확신이 있지 못했습니다. 그래서 그는 율법교사답게 의미 있는 질문을 던짐으로써 요점을 피하려고 했습니다. "내 이웃이 누구니이까"라는 질문을 하였고, 이에 대해 예수께서 선한 사마리아인의 아름다운 이야기로 답변하셨습니다.

1. 이 이야기의 목적은 사람들이 서로 사이가 아주 멀지라도 이웃일 수 있다는 것을 보여 주는 것입니다.

"내 이웃이 누구니이까"라는 율법교사의 질문은 이 이야기 끝에 나오는 그리스도의 질문 형태를 거꾸로 표현한 것입니다. "내 이웃이 누구니이까" 하고 묻기보다는 "나는 누구의 이웃이니이까" 하고 묻는 것이 옳습니다. 율법교사는 이웃이라는 말을 쓸 때는 "내가 사랑하지 않을 수 없는 사람"을 뜻하는 것입니다. 그는 자신이 마땅히 행해야 하는 데에서 조금이라도 떨어져 있다고 생각할 마음이 전혀 없는 의무가 어디까지 미치는지 알고 싶었습니다. 아마도 그는 "네 이웃을 사랑하라"는 것만큼이나 "네 원수를 미워하라"는 것도 마땅히 행할 의무로 만든 랍비들의 제한을 생각하였던 것 같습니다. 어쩌면 그는 유대인들 밖에서는 어떤 이웃도 찾기를 거부하는 민족적 제한을 받아들였을 것입니다.

"이웃임"을 인정하는 그의 판단에는 "가까움"에 대한 생각이 들어 있었습니다. 그래서 그는 그 계명에 들어 있는 지역의 경계가 어디까지 미치는지 알고 싶었던 것입니다. 우리 가운데는 이 율법교사처럼 의무를 지리적인 문제로 생각하고, 사랑이 세력처럼 간격의 크기에 반비례하여 작용하는 것처럼 생각하는 사람들이 많습니다. 소위 "애국심"이라는 덕도 많은 경우에 이와 같이 가짜인 것이 많습니다. 그러나 그 질문을 던지시는 방식은 그런 모든 제한들을 다 한쪽으로 치워버립니다. 누가 "이 다친 사람"의 이웃이 되겠느냐? 그 율법교사는 사마리아인이라는 이름을 들먹이고 싶지 않고, 또 그리스도께서 끄집어내고 싶어 하신 답변을 마지못해 하느라고 "자비를 베푼 자니이다" 하고 말했습니다. 우리는 조금이라도 지리적인 의미에서 이웃이기 때문에 사랑해서는 안 됩니다. 우리에게서 아주 멀리 있는 사람이라도 그를 사랑하고 도울 때, 우리는 그에게 이웃이 됩니다. 그 관계는 지역적인 근접과는 아무 상관이 없습니다. 우리가 어떤 사람에게든지 사랑을 보임으로써 그에게 이웃이 됨을 증거한다면, 이웃이라는 말로써 나타내려고 하는 그 관계는 인류만큼이나 넓습니다. 우리 마음에서 어떤 사람에게 동정심이 흘러가고 그럼으로써 우리가 그에게 이웃이 될 때, 그가 우리의 이웃이라는 것을 깨닫게 됩니다.

정확하게 말해서 이 이야기는 영적인 영역의 어떤 것으로 다시 표현하기 위해 지어낸, 물질적인 세계의 어떤 것에 대한 비유이거나 가상의 이야기가 아닙니다. 그보다는 당면한 실제적인 덕을 설명하기 위한(가상의 이야기를 통해서) 예화입니다. 이웃으로서 애정을 보여야 하는 의무는 인종적인 면이나 종교적인 면에서 가까움과 상관이 없고, 인류만큼이나 폭넓다는 교훈을 부각시키기 위해 이야기의 세부적인 내용마다 아름답게 각색되어 있습니다. 강도를 만나 다친 사람은 아마도 유대인이었을 것입니다. 그런데 여기서 그의 국적을 언급하지 않고 있다는 점이 의미심장합니다. 그는 단지 "어떤 사람"입니다. 그리고 그것이 전부입니다. 이 이야기의 사마리아 사람은 그를 돕기 전에 그가 어디 출신인지 묻지 않았습니다. 이렇게 해서 그리스도께서는 슬픔과 궁핍과 동정과 도움은 전혀 국적이 없음을 우리에게 가르치십니다.

예수께서는 돕는 자를 사마리아인으로 설정하심으로써 그 교훈을 훨씬 더 강력하게 가르치십니다. 어쩌면 예수께서 미국에서 말씀을 해오셨다면, 돕는 사람을 흑인으로 설정하셨을 것입니다. 혹은 프랑스에서 말씀하셨다면 독일인을, 영국에서 말씀하셨다면 외국인을 돕는 자로 삼으셨을 것입니다. "사마리아인"이라는 멸시받는 이름을 이야기에 끌어들이는 것은 대담한 필치였습니다. 그래서 이 율법교사가 끝내는 그 이름을 언급하지 않으려고 하는 데서 그것이 그에게는 참으로 삼키기 힘든 음식이었음을 보게 됩니다.

많은 민족들이 이 비유의 단순하면서도 깊은 진리를 아직까지 배우지 못했습니다. 이 진리는 자비와 도움을 베푸는 일에서 일체의 제한을 두는 것을 절대적으로 금합니다. 이 진리에 따를 때 모든 사람이 모든 사람의 이웃이 됩니다. 이 비유는 인류의 형제애라는 위대한 진리를 씨앗 형태로 지니고 있습니다. "인류"는 순전히 기독교적인 용어입니다. 그리스도께서 우리에게 인류의 통일을 보이시기 전에는 꿈에도 생각하지 못한 개념입니다. 우리는 이 이야기의 교훈을 깨달아 가는 것이 더딥니다. 이 교훈을 본

받아 따르기 보다는 감탄하고 마는 경우가 더 많고, 이 교훈에 순종하기보다는 말만 하고 마는 경우가 더 흔합니다.

2. 이 비유의 또 다른 면으로 진정 이웃임을 보여 주는 표현들에 대한 교훈이 있습니다.

거의 죽게 된 사람을 돌본 사마리아 사람의 행위에 대한 상세한 설명은 생생할 뿐만 아니라 큰 교훈을 주기도 합니다. 동정적인 감정은 매우 좋은 것입니다.

그 감정이 먼저 와야 합니다. 마음의 동정심은 없이 의무감으로 주는 도움은 별 가치가 없을 것이고 곧 그치고 말 것입니다. 그러나 행동의 바퀴를 돌리지 않고 슬픔의 상처를 누그러뜨리는 일에 손을 대지 않는 감정은 훨씬 더 가치가 없습니다. 행동으로 표현되지 않는 모든 감정이 그렇듯이, 그 감정도 마음을 완고하게 만듭니다. 제사장과 레위인이 그 사람에게 이르러서 "아이고, 불쌍해라, 불쌍해. 참으로 안 되었네. 누군가가 와서 도와줄 거요" 하고 말하고서 터벅터벅 자기 길을 갔다면, 그 사람들은 이 이야기에서 묘사되고 있는 것보다 더 악한 사람이었을 것입니다.

사람들은 참된 사랑의 특징을 보여 주는 것으로 다양한 행동들을 열거합니다. 우리는 이 이야기에서 그 사람의 민첩하고 침착하며 솜씨 좋은 면을 봅니다. 그는 당장 자기에게 있는 물건들을 사용하여 치료합니다. 사업상 가는 길을 멈추고 힘을 다해 친절을 베풉니다. 자기의 포도주와 기름을 기꺼이 허비하고, 외과의사가 할 일을 하며, "자기 짐승"을 즐거이 그에게 내줍니다. 다친 사람을 흔들리지 않게 나귀에 태운 다음 자기는 터벅터벅 걸어가고, 여인숙에 가서도 그를 돌봅니다. 넉넉하게 비용을 주면서도 큰 돈을 여인숙 주인의 손에 맡기지 않는 사려분별을 보여 주며, 주인에게 하루나 이틀 쓰기에 충분한 비용만큼만 주고 자기가 돌아올 때 셈을 정산할 것이라는 지혜로운 태도도 은연중에 비칩니다. 이 사람의 신속한 동정은 매우 기민한 처리와 어우러졌고, 그 마음은, 아주 완고하고 동정심이 지극히 적은 사람이 그랬을 수 있는 것처럼 매우 실제적이었습니다. 이웃을 사랑하는 일에는 조직과 "재력" 등이 필요합니다. 때로 기독교적 구제와 기독교적 상식이 협력하지 못하는 것은 애석한 일이 아닐 수 없습니다. 이 사마리아인은 사업하는 사람이었습니다. 그래서 그는 능률적으로 동정을 베풀었는데, 우리가 본받아야 할 점입니다.

3. 이 비유에 들어 있는 또 한 가지 교훈은 제사장과 레위인의 행동에서 나타난 대로 종교와 이웃을 대하는 태도의 분리입니다.

여리고는 제사장들이 사는 곳 중의 한 성읍이었습니다. 그래서 성전과 관련된 일 때문에 그리로 여행하는 사람들이 많았을 것입니다. 이 비유에 나오는 제사장은 "내려가고" 있었습니다(예루살렘에서 내려가는 것이었습니다). 그렇기 때문에 그는 성전에서 수행해야 하는 "급한 공무"를 이유로 내세울 수 없었습니다. 제사장과 레위인, 이 두 사람의 행위를 반복하여 묘사하는 것은 그런 일이 흔하였음을 암시합니다. 이 두 사람은 정확히 똑같게 행동하였습니다. 그리고 아마도 일반 통행인들도 이십 여명 혹은 이백 여명이 그렇게 지나갔을 것입니다. 그들은 피범벅이 되어 누워 있는 그를 보고 한참 비켜서 돌아갔을 것이고, 심지어는 그런 모습을 보고서도 자기 길을 갔을 것입니다. 어쩌면 그들은 속으로 이렇게 말했을지도 모릅니다. "다시 강도가 올 거야. 할 수 있는 대로 빨리 이곳을 벗어나는 게 상책이다." 우리가 볼 때 그들은 무정한 사람들이지만, 자신들은 그것을 몰랐습니다. 우리 자신들도 그와 똑같은 일을 하면서도 우리가 그렇게 행동한다는 것을 보지 못합니다. 우리 가운데 고통을 완화시키기 위해서 조금이라도 무슨 조처를 취할 수 있었지만 마음이 움직이지 않기 때문에 손대지 않고 내버려둔 비참한 일들이 전혀 없다고 말할 수 있는 사람이 있겠습니까? 그리스도인 한 사람 한 사람이 자기 눈앞에 분명히 보이는 고통을 돌본다면 세상이 변화될 것입니다.

스스로 그리스도인이라고 하는 사람들은 신앙이 있다고 하면서도 세상의 어떤 고통들에 대해서는 전혀 관심을 갖지 않고 지낼 수 있다는 것과, 하나님께 대한 자신들의 사랑이 사람에 대한 적극적인 사랑으로 표현되는 구체적인 현장이 없다면 성전에서 드리는 예배가 조롱받을 것이라는 엄숙한 교훈을 마음에 새기도록 해야 합니다. 오늘날은 박애가 종교를 대신하는 경우가 빈번하였습니다. 하나님께 대한 실질적인 봉사는 사람에 대한 봉사뿐이라고 주장되었습니다. 그러나 박애를 실천하는 불신자와 인정이 없는 신자는 다 같이 기형적인 존재들입니다. 하나님이 결합하여 놓은 것을 사람이 분리시키지 않도록 해야 합니다. 이 두 큰 계명을 결합시키는 "또한"(눅 10:27, "주 너의 하나님을 사랑하고 또한 네 이웃을 네 자신 같이 사랑하라")이라는 간단한 이 말은, 그 두 계명이 결코 분리될 수 없는 관계임을 표현합니다. 우리 생활에서 그 두 계명이 하나로 결합되어 있다면 잘하는 일입니다.

우리가 예수님 자신이 이 이야기가 보여 주는 기민한 동정과 효과적인 도움의 위대한 모범이 되신다고 말할 때, 이 이야기를 영적으로 해석하는 것이 아닙니다. 이 이야기에 영적인 의미를 붙이려고 하는 어리석은 시도가 그동안 많이 있었습니다. 이런 시도들은 이 이야기의 아름다움과 의미를 파괴하는 것 못지않게 불손한 처사입니다. 그러나 그리스도께서 이 이야기가 그리고 있는, 모든 사람에게 베푸는 사랑의 완전한 모범이시라고 말하는 것은 이런 공상적인 견해들과는 전혀 다른 이야기입니다. 우리가 그리스도의 사랑만큼 넓은 사랑을 가지고 세상에 들어가게 되는 것은 우리에게 필요한 동정과 치유를 그리스도 안에서 발견하였을 때뿐입니다.

42
기도하는 법

"¹예수께서 한 곳에서 기도하시고 마치시매 제자 중 하나가 여짜오되 주여 요한이 자기 제자들에게 기도를 가르친 것과 같이 우리에게도 가르쳐 주옵소서 ²예수께서 이르시되 너희는 기도할 때에 이렇게 하라 아버지여 이름이 거룩히 여김을 받으시오며 나라가 임하시오며 ³우리에게 날마다 일용할 양식을 주시옵고 ⁴우리가 우리에게 죄 지은 모든 사람을 용서하오니 우리 죄도 사하여 주시옵고 우리를 시험에 들게 하지 마시옵소서 하라 ⁵또 이르시되 너희 중에 누가 벗이 있는데 밤중에 그에게 가서 말하기를 벗이여 떡 세 덩이를 내게 꾸어 달라 ⁶내 벗이 여행중에 내게 왔으나 내가 먹일 것이 없노라 하면 ⁷그가 안에서 대답하여 이르되 나를 괴롭게 하지 말라 문이 이미 닫혔고 아이들이 나와 함께 침실에 누웠으니 일어나 네게 줄 수가 없노라 하겠느냐 ⁸내가 너희에게 말하노니 비록 벗 됨으로 인하여서는 일어나서 주지 아니할지라도 그 간청함을 인하여 일어나 그 요구대로 주리라 ⁹내가 또 너희에게 이르노니 구하라 그러면 너희에게 주실 것이요 찾으라 그러면 찾아낼 것이요 문을 두드리라 그러면 너희에게 열릴 것이니 ¹⁰구하는 이마다 받을 것이요 찾는 이는 찾아낼 것이요 두드리는 이에게는 열릴 것이니라 ¹¹너희 중에 아버지 된 자로서 누가 아들이 생선을 달라 하는데 생선 대신에 뱀을 주며 ¹²알을 달라 하는데 전갈을 주겠느냐 ¹³너희가 악할지라도 좋은 것을 자식에게 줄 줄 알거든 하물며 너희 하늘 아버지께서 구하는 자에게 성령을 주시지 않겠느냐 하시니라"

눅 11:1-13

그리스도께서 기도하시는 것을 보고 제자들이 자기들도 주님처럼 기도하고 싶은 마음이 타올랐습니다. 이렇게 된 데에는 제자들이 그리스도께서 아버지 하나님과 갖는 교제의 전념하는 모습과 복됨을 보고 경외심과 열망이 일어나고, 자기들도 그같이 따라 하고 싶은 마음이 들었던 것이 틀림없습니다. 우리의 기도가 누구라도 들으면 거기에서 경건과 기쁨이 풍겨나는 것을 느낄 수 있을까요? 그런데 제자들이 생각할 때 자신들의 기도에는 저급한 생각들이 고상한 소원과 뒤섞여 있었습니다. 제자들은 예수께서 자기들에게 어떤 형태를 가르쳐 주시면 그것으로 충분할 것이라고 생각합니다. 그리고 그들은 자기들도 요한의 제자들처럼 유복하게 지내고 싶은 마음이 들었습니다. 이들의 생각에는, 요한의 제자들이 그들의 선생님과 지내는 관계가 자기들이 예수님과 갖는 관계와 비교되었던 것 같습니다.

우리 주님의 답변은 제자들의 소원을 충족시킬 뿐만 아니라 그 이상으로 넘어섭니다. 주님은 그들에게 모범적인 기도를 가르쳐 주시고, 확신과 인내를 깨우치는 말씀으로 더욱 기도하도록 격려하십니다. 본문의 말씀은 두 부분으로 나뉘는데, 모범적인 기도(2-4절)와, 격려의 말씀으로 힘주어 강조하는 기도의 정신(5-13절)이 그것입니다. 재료가 아주 풍부해서 표면적인 것만 다루어도 많은 것을 얻을 수 있습니다. 그러나 여기에는 틀림없이 개발되지 않은 깊은 광맥이 있을 것입니다.

1. 모범적인 기도.

사람들은 이 기도를 주님의 기도라고 부릅니다. 그러나 그것은 주께서 그 기도를 가르쳐 주신다는 의미에서만 그렇게 부를 수 있습니다. 이것은 우리의 소용에 맞게 가르쳐 주신 우리의 기도입니다. 주님 자신의 기도는 다락방에서 드린 기도와 겟세마네에서 드린 기도 외에는 기록되어 있지 않습니다. 이 기도는 주님의 종들의 기도가 따라야 할 전형입니다. "너희는 이렇게 기도하라"(마 6:9). 이 말을 쓰든지 안 쓰든지 간에, 이런 식으로 기도하라는 것입니다. 그런데 이 기도문의 정신은 붙잡지 못한 채 그 말만 반복하는 경우가 많습니다. 우리 주님께서 제자들의 소원을 들으시고 단지 어떤 기도 형태 하나를 가르쳐 주셨다고 생각하는 것은, 주님의 활동의 정신을 잘못 이해하는 것입니다. 주께서는 그보다 훨씬 더 나은 것을 주셨습니다. 즉 하나의 모범, 곧 우리가 간구를 통하여 퍼뜨려야 할 정신을 가르쳐 주신 것입니다.

이 기도의 두드러진 특색들은, 그리스도인들이 드리는 참된 모든 기도의 중요한 두 가지 특징을 보여줍니다. 첫째로, 여기에는 하나님을 부르는 것이 나옵니다. 그것은 아버지 하나님께 말을 거는 것입니다. 어린아이가 자기 아버지에게 하듯이 우리 기도가 자유롭고 당황하지 않으며 확신을 가지고 아주 정직하게 속삭이는 말이 될 때에야 비로소 이 모범을 따르는 기도가 됩니다. 그 기도가 하늘에까지 올라가려면, 거기에 확신과 사랑의 날개를 달아야 합니다. 아버지라는 이름을 철저히 깨달으면 두려움과 고집이 물러가고 복종과 열망이 일어납니다. "아빠, 아버지" 하고 부르는 것이 모든 기도의 핵심입니다. 그 이상 필요한 것은 없습니다.

구하는 내용의 순서에서 끌어낼 수 있는 폭넓은 교훈이 우리가 보아야 할 두 번째 요점입니다. 우리에게 어린아이의 정신이 있다면, 우리는 맨 먼저 아버지의 명예를 생각하고 그 명예를 높이는 일에 우리의 모든 관심사를 절대적으로 복종시켜야 할 것입니다. 그래서 이 기도의 전반부는 십계명의 전반부처럼 하나님의 이름과 그 영광을 다룹니다. 슬프게도, 하나님의 자녀라도 이 순서를 지키기가 힘듭니다. 우리가 이와 같이 기도하려면, 본능적인 자기애를 하나님을 사랑하는 힘으로 버려야 합니다. 우리 가운데서 그냥 말로가 아니라, 말을 하지 않을지라도 마음의 소원으로 이 정점에 이른 사람이 과연 얼마나 되겠습니까!

이 기도의 전반부에 나오는 여러 간구의 순서는 매우 의미가 깊습니다. 거룩히 여김을 받으시는 하나님의 이름(하나님께서 자신의 성품을 계시한 것)은 모든 제한과 피조물의 불완전에서 떨어져 있지만, 그럴지라도 하나님께서 아버지로서 가까이 계시듯이 하나님의 이름이 사랑 안에서 가까이 있습니다. 그러면 그에 따라 하나님의 나라가 임하는 일이 이루어질 것입니다. 왜냐하면 하나님이 알려지고, 하나님이 어떤 분이신가로 인해서 하나님이 명예를 얻으시는 곳에서 하나님이 통치하실 것이기 때문이고, 사람들이 하나님을 알면 하나님 앞에 무릎을 꿇고 하나님을 섬기게 될 것이기 때문입니다. 하나님의 이름이 거룩히 여김을 받도록 하는 것이 우리 가운데 하나님 나라를 세우는 유일한 기초입니다. 그래서 하나님의 통치에 대한 순종으로 이끌지 않는 하나님에 대한 지식은 모두 거짓되거나 불완전한 것입니다.

인간 사회에 하나님의 나라가 보일 수 있게 외형적으로 세워지려면, 먼저 개인이 하나님의 이름을 친숙히 아는 일이 있어야 합니다. 하나님의 뜻을 행하는 것이 하나님의 나라가 왔다는 표시입니다. 바다가 파란 것은 파란 하늘을 비추고 있기 때문인데, 그와 같이 땅이 하늘처럼 될 것입니다.

이 기도의 후반부는 개인적인 관심사로 돌아갑니다. 그런데 하나님의 자녀에게는 많은 형제가 있습니다. 그래서 주님이 가르치신 기도는 "나를"과 "나의"를 위한 기도가 아니라 "우리를"과 "우리의"를 위한 기도입니다. 우리가 표면에서 출발하여 내부로 들어간다면 우리에게 가장 먼저 구할 것은 신체적 생명을 유지하는데 필요한 것입니다. 그래서 양식을 구하는 간구가 앞에 나오는데, 가장 중요한 것은 아니지만 적어도 중요한 것으로 여기고 구하는 것입니다. 우리는 우리의 매일의 수고에 복을 주시는 일에서 하나님의 손길을 깨달아야 합니다. 우리는 지금 생활에 필요한 것들을 구하는 것으로 그치고 미래는 하나님의 손에 맡겨야 합니다. 이것이 그리스도인들이 썩어 없어질 것을 위해 기도하는 "방식"입니까? 그렇다면, 불안해 하는 염려나 부를 얻기 위해 열심히 돌진하는 일을 할 수 있겠습니까?

이보다 더 깊은 필요, 곧 내적인 사람에 관한 주된 필요는 죄로부터 구원받는 것인데, 이는 죄의 책임과 죄의 권세라는 두 면에서 해방되는 것입니다. 그래서 다음의 간구는 용서를 구하는 것입니다. 죄는 빚을 지는 것입니다. 용서는 벌금을 면제해 주는 것입니다. 참된 형벌은 하나님에게서 떨어져 나가는 것이고, 하나님의 용서는 죄 때문에 방해받는 일이 없이 하나님께서 계속 사랑해 주시는 것입니다. 우리가 진정으로 하나님을 아버지라 부른다면, 하나님의 자비하심을 반영하는 모습이 우리 안에 형성될 것입니다. 우리가 용서하고 있지 않으면, 용서받았다는 의식을 틀림없이 잃어버리고, 우리의 죄를 무겁디무겁게 등에 지고 다닐 것입니다. 하나님의 자녀들은 언제나 "이렇게" 기도할 필요가 있습니다. 죄는 완전히 정복되지 않기 때문입니다.

죄를 용서하시는 것은 거룩함에 이르도록 하기 위함입니다. 그러므로 다음 구절은 사실상 성화를 위한 기도입니다. 우리의 약함을 안다면, 죄로 유혹하는 경향이 짙은 환경에 처하지 않도록 구하는 것이 당연합니다. 개역성경(the Revised Version)에 따를 때, 누가복음에 나오는 짧은 형태의 이 기도는 "악에서 구하옵소서"라는 간구를 생략하고 있습니다. 그러나 그 조항은 이 사상을 완성하는데 반드시 필요합니다. 우리가 "악"이라고 읽든지 "그 악한 자"라고 읽든지 간에, 그 조항은 우리가 시험받는 것, 말하자면 우리가 감당하기에는 너무 강한 원수의 수중에 붙잡히는 것을 가리킵니다. 하나님만이 우리를 그 사자의 입에서 구출하실 수 있습니다. 우리가 기도한다면 주께서 우리를 구출하실 것입니다. 우리가 하나님의 자녀라는 의식에서 떠나고 하나님에게서 멀어지게 만드는 죄에 매달리게 하는 악은 죄뿐입니다.

2. 기도의 모범만 알면 다 끝나는 것이 아닙니다.

기도하는 정신이 훨씬 더 중요합니다. 그래서 예수께서는 이어서 주로 두 가지 점을 요구하십니다. 즉 인내와 지식으로서 신뢰입니다. 주님께서는 실제로 적용되는 한 가지 비유(5-10절)와 적용의 예가 들어 있는 싹 형태의 비유(11-13절)를 말씀하십니다. 이 두 부분이, 첫째는 우리 자신의 구하는 경험에서 이끌어내고, 두 번째는 우리 자신의 주는 경험에서 이끌어낸 예를 통해 하나님을 신뢰하도록 권하는 것을 봅니다. 전자의 경우에서 우리는 "안된다"는 말을 받아들이지 않고 마침내 "예"라는 답변을 얻어내는 사람으로부터 배우고, 후자의 경우는 자기 자녀에게 구하는 것을 틀림없이 주실 하나님 아버지로부터 배웁니다.

　이 비유에서 특별히 다음 두 가지 점을 주목할 필요가 있습니다. 즉 끈질기게 구하는 이 사람은 자신을 위해서라기보다는 배고픈 여행자를 위해서 호소한다는 것과, 간청을 들은 이 사람은 인정머리가 조금도 없지만 단지 편히 쉬고 싶은 마음에서 내준다는 것입니다. 이 두 요점에 대해서는 이 외에도 달리 논의할 점이 함축되어 있습니다. 사람이 다른 사람을 위해 간청할 때 그처럼 끈질길 수 있다면, 하물며 우리가 자신을 위해서는 얼마나 더 끈질기게 간청할 수 있겠습니까! 그리고 끈질김이 이기적인 사람들에게도 그처럼 영향력이 있다면, 졸지도 주무시지도 아니하시는 분에게, 아무 때든지 나아갈 수 있고 우리가 그의 친구요 그의 소유이기 때문에 기꺼이 우리에게 주시려는 분에게는 얼마나 더 효과가 있겠습니까! 떡덩이를 가지고 있는 사람의 아주 추한 성품, 곧 잠자리에 누워 있기를 좋아하고 이웃의 용건을 듣고도 침대에서 나오려고 하지 않다가 결국은 떡덩이를 내어주는 데서 볼 수 있는 그의 이기적인 모습은 우리가 기도를 드리는 분의 성품과 이와 같이 대조를 이룹니다.

　이 비유를 적용하는 예가 9절과 10절에 나옵니다. 주께서 요구하시는 노력이 점점 더 강화됩니다. "구하라," "두드리라"는 말은 이 비유를 생각나게 합니다. "찾으라"는 것은 구하는 것 이상의 행위입니다. 찾는 일에는 적극적인 노력이 포함되기 때문입니다. 기도에 적절한 행위로 찾는 일이 없으면, 우리의 구하는 것이 헛되게 되는 경우가 종종 있기 때문입니다. 우리가 일시적인 복을 구하는 기도를 하고 나서 팔짱을 끼고 입을 벌리고 앉아서 복이 떨어지기만을 바라고 있다면, 그 복을 얻지 못할 것입니다. 두드리는 것은 구하는 것과 찾는 것 이상의 행동입니다. 그것은 베드로가 새벽에 마리아의 집 문앞에 섰을 때처럼 지속적으로 문을 두드리는 일을 의미하기 때문입니다. 구하는 것과 찾는 일이 보답을 받는다면 지속적으로 그 일을 해야 합니다.

　경험상 10절 말씀은 9절의 약속에 기초가 됩니다. 구하는 사람이 얻습니다. 사람들의 주는 일에 있어서는, 간구를 들어주는 것이 보편적으로 다 적용되는 것은 아니며, 구하지 않으면 선물을 받지 못하는 것도 아닙니다. 하나님께서 주시는 저급한 선물에 관해서도 그 점은 맞지 않습니다. 하나님께서는 그런 선물들을 감사하지 않는 자들에게는 주시면서 종종 자기 자녀들에게는 거절하시는 때가 있습니다. 그러나 하나님의 지극히 고귀한 선물들에 관해서는 그 말씀이 보편적으로 적용됩니다. 기도할 뿐 아니라 거기에 적절한 행위를 더하며 지칠 줄 모르고 간절히 기도하는 사람에게는 결코 이 선물들을 보류하지 않으십니다. 그런 선물들을 바라면서도 그것을 받을 마음을 갖지 않고 하나님께 대한 믿음이 있어서 자신의 구하는 것이 결코 헛되지 않으리라는 것을 확신하며 기도하지 않는 한, 그런 선물들을 받지 못하고 받을 수도 없습니다.

적용의 예가 있는 싹의 형태의 비유(11-13절)는 주는 일에 있어서 우리 자신의 경험으로부터 격려의 교훈을 이끌어냅니다. 이 비유는 앞의 비유에서 일어날 수도 있는, 하나님께 대한 그릇된 생각을 방지하며, 하나님 자녀의 참된 모든 소원을 들으시고 응답하신다는 보증이 되는, 주님의 가르치신 기도의 첫 마디 말씀으로 다시 돌아갑니다. 떡, 달걀, 생선은 음식의 주요 품목들입니다. 각 경우에서 겉모습은 비슷하지만 쓸모가 없거나 해로운 것이 자녀가 구하는 것과 대조가 됩니다. 동양의 둥근 떡은 파도에 마모된 돌처럼 둥글고, 물뱀은 생선 모양을 하고 있고, 꼼짝 않고 있는 전갈의 타원형 몸은 계란과 흡사합니다. 아버지들은 배고픈 자녀들에게 장난을 치지 않습니다. 우리 모두가 죄 많은 사람들이지만, 부모로서의 사랑이 남아 있어서 무엇이 자녀에게 자양분을 주고 해독을 끼치는지를 충분히 알 만큼 지혜롭게 됩니다.

그런데 슬프게도, 그것은 일부분만 맞는 얘기입니다. 많은 부모가 아버지의 마음이 없고, 그래서 사랑에 이끌려 자식에게 좋은 것을 주지도, 자녀에게서 악한 것을 물리치지지도 않기 때문입니다. 그러나 그 점은 훨씬 많은 경우에 맞는 말이어서 예수께서 그 점에 근거하여 제시하시는 훨씬 더 중대한 말씀이 틀림없음을 보장합니다. 모든 부모가 지닌 애정의 원형인 우리 하늘 아버지의 사랑은 어떤 악에도 오염되지 않고 어떤 무지 때문에 어두워지지도 않습니다. 하나님의 사랑은 완전하고 지혜롭기 때문에 하나님은 자기 자녀가 필요로 하는 것을 주지 않으실 수 없습니다.

그러나 어린 아이는 종종 실수를 하여 돌을 떡으로, 뱀을 생선으로, 전갈을 달걀로 생각합니다. 그래서 하나님은 우리가 해악을 입지 않도록 하기 위해 우리가 구하는 것을 곧이 곧대로 들어주시지 않는 경우가 종종 있습니다. 이 비유의 마지막에 나오는 약속에 대해 마태가 "좋은 것"이라고 하는 것을 "성령"으로 바꾸어서 말하는 누가의 번역은, 이 전체 문제의 본질을 제대로 밝혀 줍니다. 성령께서 오실 때는 실제적인 좋은 모든 것을 함께 가져오시기 때문입니다. 그리고 우리의 소원들 가운데 우리 자신을 위해서 구하는 많은 것들은 거절되지만, 우리를 사랑하시는 하나님께서 주려고 기다리시는 그 종합적인 큰 선물을 구할 경우에는 우리가 결코 빈손으로 가지 않을 것이기 때문입니다. 그 선물은 우리가 간구하지 않으면 받을 수 없고, 우리가 구할 때는 결코 거절 받지 않을 것입니다.

43
기도하시는 그리스도

"예수께서 한 곳에서 기도하시고 마치시매
제자 중 하나가 여짜오되 우리에게 기도를 가르쳐 주옵소서"
눅 11:1

우리가 예수님의 기도에 대해 알게 되는 것이 주로 누가 덕분이라는 것은 주목할 만한 사실입니다. 마태와 마가도 기록하고 있는 것으로, 겟세마네에서 감람나무의 그림자가 흔들리고 있는 아래에서 예수께서 간구를 올린 엄숙한 시간이 있습니다. 요한복음은 그 고뇌의 기도를 생략하고 넘어가지만, 그 복음서의 주요 목적에 맞게 한 장을 할애하여 제사장으로서 드리는 주님의 위대한 중보기도를 전하고 있습니다. 그러나 이런 예들 외에, 마태복음은 이 주제와 관련하여 한 가지만을 언급하고 마가복음은 두 가지만을 언급합니다. 그 밖의 모든 예들은 누가복음에서 볼 수 있습니다.

나는 여기서 이 사실이 누가복음의 다른 많은 특징들과 어떻게 부합하는지를 지적하기 위해 머뭇거릴 필요가 없습니다. 그 많은 특징들로 인해 누가복음이 인자에 대한 이야기인 것이 두드러지게 나타납니다. 누가의 기록은 우리 주님의 혈통을 아브라함보다는 아담까지 거슬러 올라갑니다. 주님의 출생의 이야기를 자세히 전하고, 우리가 "소년 예수"에 대해 아는 모든 것을 알려주고, 주께서 지혜와 키가 자람을 기록하고 있으며, 주님의 애정 어린 동정과 주님 사역의 보편성뿐 아니라 주님의 참된 인성을 증거하는 세부적인 이야기들을 많이 보존하고 있습니다. 주께서 습관적으로 기도하셨다는 사실을 통해서 주님의 인성을 보여 주는 지극히 귀한 표시를 아주 자연스럽게 강조합니다. 첫 번째 복음서로서 왕의 복음인 마태복음이나, 두 번째 복음서로서 종의 복음인 마가복음이나, 네 번째 복음서로서 하나님의 아들의 복음인 요한복음에는 이 점을 깊이 생각하는 기회를 별로 없었습니다. 왕권, 실제적인 순종, 신성이 그 복음서들이 각각 다루는 주제입니다. 누가복음의 주제는 인성입니다. 그래서 누가는 우리에게 끊임없이 무릎을 꿇은 그리스도를 보게 합니다.

그러면 주님께서 참된 인성을 지닌 분으로 우리와 아주 가깝게 느끼게 해 주는 것으로서, 주님의 기도가 얼마나 귀한지를 잠깐 생각해 봅시다. 우리가 지금은 다루지 않지만 여기에는 깊고 신비한 진리들이 들어 있습니다. 그러나 여기에는 분명히 알 수 있는 표면적인 진리들도 있는데, 우리에게 매우 유익하고 복된 진리들입니다. 예수께서 우물가에 앉으셨을 때, 그리고 하루 종일 고된 일에 지쳐서 고깃배 고물에서 그물과 잡동사니 가운데서 누우셨을 때의 피곤하고 잠이 든 예수님의 이야기를 알 수 있게 된 것에 대해 하나님께 감사드립니다. 예수께서 목마르셨다는 글을 읽을 때 주님이 우리에게 가깝게 다가오며, "예수께서 우시니라"(요 11:35, 개역개정은 "예수께서 눈물을 흘리시더라" — 역주)는 불후의 말씀이 놀라는 우리 귀에 들릴 때, 우리는 주님을 훨씬 더 가깝게 느끼게 됩니다. 주님께서 참으로 신체적 필요와 인간적 감정에 참여하셨다는 이 표시들보다 훨씬 더 귀중한 것은 주께서 기도하셨다는 위대한 증거입니다. 이는 주님께서도 하나님을 의지하고, 하나님과 교통하며 순종하는 삶을 사셨다는 것입니다. 우리의 모든 생활에서 그러시듯이, 우리의 신앙생활에서도 주님은 우리의 모범이시고 선구자이십니다. 히브리서에서 표현하고 있듯이, 주님은 자신도 믿음으로 산다는 것을 인정하심으로써, 그리고 그의 생활에 의해, 그리고 무엇보다 확실히 그의 기도에 의해 "내가 그를 의지하리라"(히 2:13)는 것을 선언하심으로써 주께서 우리를 형제라 부르는 것을 부끄러워하지 아니하셨음을 보여 줍니다. 우리가 그리스도를 믿음의 대상으로, 우리의 부르짖음을 들으시는 분으로 아무리 자주, 아무리 철저히 생각해도 부족할 뿐입니다. 그런데 우리나 우리 가운데 어떤 이들은 그리스도를 믿음의 모범으로, 경건의 본보기로는 좀처럼 생각하지 않을 수 있고 실제로 그렇게 생각하기도 합니다. 우리는 그분을 훨씬 더 우리와 가까운 분으로 느껴야 합니다. 우리가 기도하는 그리스도에 대한 그림을 좀 더 깊이 생각한다면, 정통 신앙을 지닌 신자들은 그리스도의 인성의 사실을 더 분명하게 파악할 뿐만 아니라 그 인성을 실제적으로 깊이 느끼게 될 것입니다.

여기서 지적할 수 있는 또 한 가지 요점은 지극히 고귀하고 거룩한 생활에는 기도라는 구체적인 행위와 시간이 필요하다는 것입니다. 그런 비천한 요소들의 필요를 넘어섰다고 주장하는 터무니없고 거짓된 영성을 우리는 드물지 않게 봅니다. 희미한 정도라도 이러한 영성을 지니고 있으면, 그것이 자신에게 그런 영성이 있는지 거의 알지 못하는 많은 사람들의 습관에 영향을 미치고, 사람들이 공적 예배의 기도나 개인 경건의 시간의 기도의 형태와 시간에 대해 다소 부주의하게 만듭니다. 실제로 그리스도인다운 생활을 하려고 하는 사람들 가운데서 이 문제에 대한 생각이 점점 더 느슨해지고 있다고 하는 것이 틀린 말은 아닐 것입니다. 그리스도의 기도가 가르쳐 주는 교훈을 우리 모두에게 필요한 것으로 받아들이는 것이 마땅합니다. 즉 기도하는 시간, 은밀한 장소, 소리 내어 기도함이 없이는 어떤 삶도 그처럼 고귀하고, 그처럼 거룩하며 하나님과의 습관적인 교제로 충만해질 수 없다는 것입니다. 우리가 끊임없이 하나님과 교제하는 태도와 끊임없이 일을 예배로 승화시키는 태도에 의해 "쉬지 않고 기도하려면"(살전 5:17), 우리는 매일 선을 행하는 제사가 입술의 제사로 변하는 특별한 시간을 가져야 하고, 반드시 그런 시간을 원해야 할 것입니다. 우리의 삶을 통해서 퍼져나가야 하는 경건은 먼저 우리의 기도에서 집중되어야 하고 진화되어야 합니다. 이런 것들이 강에 영양을 공급하는 침전물입니다. 그 전체가 하나의 긴 기도였던 그리스도의 삶은 산꼭대기가 필요하였고 또한 밤에 하나님과 갖는 대화가 필요하였습니다. "나는 항상 그가 기뻐하시는 일을 행하므로 나를 혼자 두지 아니하셨느니라"(요 8:29)고 말씀하실 수 있었던 그 분은, 자신이 소리 내어 기도하는 특별한 교제의 시간을 가져야 한다는 것을 또한 아셨습니다. 그리스도께서 필요로 하셨던 것을 우리가 소홀히 할 수 없습니다.

이와 같이 그리스도 자신의 기도가 참된 의미에서 진정으로 "우리에게 기도를 가르치는" 것입니다. 여기서 우리가 그리스도께서 기도하시는 것을 보는 예들을 대충이라도 분류해 보면, 거기에서 마음에 새길 만한 암시들을 얻을 수 있지 않을까 하는 생각이 듭니다. 이제 간단하게 그것을 한 번 보도록 하겠습니다.

첫째로, 기도하는 그리스도는 우리에게 봉사 후의 휴식으로서 기도하라고 가르쳐 줍니다.

마가는 복음서 첫 장에서 그리스도께서 가버나움에서 처음으로 안식일에 행하신 사역을 간단하지만 아주 놀랍고 생생하게 기술합니다. 그 날의 사역은 온통 일로 꽉 찼습니다. 마가복음의 이야기는 서둘러서 바쁜 시간들을 통과하여 진행되는데, "곧"이라는 말을 반복함으로써(막 1:21, 28, 29, 30에 "곧"이라는 말이 나오고 31절에는 이 말이 생략되어 있음 ─ 역주) 다급하게 계속되는 짧은 방문을 언급하는 어조가 특징적으로 나타납니다. 그리스도께서 회당에서 가르치십니다. 잠시 쉴 틈도 없이 더러운 귀신 들린 사람을 고치십니다. 그 다음에는 즉시 시몬의 집으로 가시고, 가시자마자 시몬의 장모가 열병으로 누워 있다는 말을 듣게 됩니다. 사람들이 예수님께서 잠시 쉬시도록 해드리면 좋으련만, 사람들의 마음이 너무 급하고, 예수님은 인정이 많으시므로 지체할 수 없습니다. 그래서 그 말을 들으시고 곧 바로 도움을 주십니다. 예수께서 열병에게 명령을 내리시자 열병이 떠나갑니다. 시몬의 장모는 병이 낫자마자 곧바로 예수님의 시중을 듭니다. 그런 형편에서 그 집에서 제공할 수 있는, 급히 한 끼 먹는 식사 시간만큼 밖에 휴식을 취하실 수 없었습니다. 그 다음에 서쪽 산지의 그림자가 호수의 푸른 물위에 드리워지기 시작하고 해가 져서 안식일의 제한이 풀렸을 때는, 온통 고통과 질병으로 괴로워하는 무리들로 예수님은 둘러싸였고, 모두들 그 집 문 앞에 누워서 문이 열리기만을 기다리고 있었습니다. 주님은 더 이상 계속해서 이 무리들을 모른 체 하고 손을 내밀지 않고 있을 수 없었습니다. 그래서 짧은 저녁 무렵부터 시작해서 밤이 깊어질 때까지 주님은 여기 저기 누워 있는 희미한 형체들 사이에서 수고하셨습니다. 이 날이 주님께는 동정심이 바닥이 날 정도였을 뿐 아니라 참으로 고되기 짝이 없는 하루였습니다! 그러면 이럴 때 주님은 어떻게 원기를 회복하셨습니까? 한 시간이나 두 시간 정도 주무신 다음에, "새벽 아직도 밝기 전에 예수께서 일어나 나가 한적한 곳으로 가사 거기서 기도하셨습니다"(막 1:35).

우리는 그리스도께서 우리와 마찬가지로 심신이 지치도록 수고하여 일하신 후에는 휴식을 취하려고 하시는 것을 봅니다. 예수께서는 혼잡한 일에서 제자들을 데리고 물러나셨는데, 마가는 이 점을 아주 생생하게 묘사합니다. "오고 가는 사람이 많아 음식 먹을 겨를도 없음이라"(6:31). 그래서 조용히 지낼 곳을 찾아 주님은 제자들을 데리고 호수 건너편의 한적한 곳으로 가십니다. 호수 위쪽의 모든 마을 사람들이 배가 호수를 건너는 것을 보고서 급히 호수를 돌아가는 길을 달려와 선착장에 모여 평상시처럼 목을 빼고 주님의 도우시는 손길을 기다립니다. 주님은 쉬려던 생각을 접고, 하루 종일 지치도록 "그들에게 여러 가지로 가르치셨습니다"(막 4:2). 날이 저물어도 쉴 틈이 없습니다. 주님은 자신의 피곤함보다 먼저 무리들의 배고픔을 생각하시고 그들을 굶주린 채로 보내려고 하시지 않습니다. 그래서 주님은 오 천 명이 넘는 사람들에게 떡과 생선을 주시는 표적을 행하는 수고를 하심으로 그 날 하루를 끝맺으십니다. 무리들이 집으로 돌아가자, 마침내 주님은 자신을 생각할 수 있게 됩니다. 그러면 주님의 휴식은 무엇입니까? 주님은 마치 그토록 열망해 왔던 것을 얻는 데 있어 마지막 방해거리를 서둘러 제거하시기라도 하는 것처럼 한 순간도 지체하지 않고 즉시 제자들을 호수 건너편으로 가도록 "재촉하십니다"(6:45). "예수께서 무리를 작별하신 후에 기도하러 산으로 가시니라"(6:46; 마 14:23).

그것이 그리스도께서 힘든 수고를 하신 후에 원기를 회복하시는 방식이었습니다. 이렇게 주님은 묵상과 봉사를 병행하셨고, 내적 친교의 생활과 실천적인 순종의 생활을 함께 영위하셨습니다. 주님의 사역이 주님께 해를 끼친 적이 한 번도 없지만 우리에게는 봉사가 해를 끼칠 수 있기 때문에, 외적인 활동을 하는 중간 중간에 마음을 달래고 원기를 회복시켜 주는 조용한 친교의 영향력을 공급받아야 할 필요성이 우리에게는 얼마나 더 있겠습니까. 우리의 외적 활동이 하나님과의 친교를 방해하고 흩뜨릴 수 있습니다. 하나님과의 친교를 갖고자 하는 동기를 약화시킬 수도 있습니다. 하나님만을 바라보는 데서 눈길을 돌려 우리 자신을 보게 만들 수 있습니다. 외적인 활동에 빠지다 보면 자신의 능력에 자만하여 우쭐해질 수가 있습니다. 외적 활동을 하다가 반대에 부딪히면 우리는 안달할 수가 있습니다. 실패했다는 생각으로 우울해질 수 있습니다. 이 외에도 수많은 방식으로 우리의 신앙이 약화되고 지칠 수 있게 됩니다. 이와 같이 오늘날 외적 활동에는, 일을 너무 많이 하는 위험이 있는 것이 아니라, 그처럼 많은 일을 하는 것에 비해 기도를 너무 적게 하는 큰 위험이 도사리고 있습니다. 이 두 가지, 곧 일과 기도, 활동과 묵상은 쌍둥이 자매입니다. 이 둘은 각각 다른 쪽이 없으면 수척해집니다. 우리는 이 둘 중 이것이나 저것 어느 하나를 지나치게 개발하려는 시험에 늘 부딪힙니다. 우리는 수고하여 일하신 후에 원기를 회복하는 방법으로 은밀한 산꼭대기를 찾으시며, 그러면서도 마땅히 해야 할 의무를 하지 않은 채 내버려두거나 끊임없이 쉬지 않고 일만 하시는 법이 없으신 주님을 본받도록 합시다. 제자들이 홀로 기도하시는 주님께 불쑥 끼어들어서 "모든 사람이 주를 찾나이다" 하고 말하자, 기도의 즐거움을 누리다가도 한 마디 불평 없이 즐거이 봉사를 시작하시며, 그러면서도 외적 일 때문에 여전히 하나님 아버지와 교제를 갖기를 바라는 마음이 무디어지거나 교제의 시간이 잠식당하도록 하는 일을 결코 허락하시지 않는 주님을 본받도록 합시다. 기도하시는 주님은 중요한 단계를 밟아가기 위한 준비로서 기도하도록 우리를 가르쳐 줍니다.

세 복음서가 열두 사도를 부르신 일을 기록하고 있지만, 그리스도의 나라가 발전하는데 있어서 획시기적인 중대한 사건인 그 부르심이 있기 전날에 "예수께서 기도하시러 산으로 가사 밤이 새도록 하나님께 기도하셨다"(6:12)는 것을 기록하고 있는 것은 누가복음뿐입니다. 그리고 "날이 밝자" 예수께서 제자들을 부르시고 그 중에서 열둘을 택하셨습니다.

후에 주님의 공생애 과정에서 또 한 번의 중대한 사건이 있기 전에 이와 비슷한 예가 일어납니다. 우리 주님은 열두 사도에게 큰 능력을 베푸시고, 그들에게 훨씬 더 자세하고 분명하게 다가오는 주님의 고난에 대해 가르치시기 위해 먼저 베드로에게서 "주는 그리스도시요 살아계신 하나님의 아들이시니이다"라는 고백을 이끌어 내십니다. 두 가지 면에서 이 사건은 새로운 단계가 시작됨을 뚜렷이 보여 줍니다. 이 사건에서도, 우리는 이 일이 있기 전에 주께서 홀로 기도하신 일을 누가복음에서 봅니다(9:18).

이와 같이 주님은 우리를 올바로 인도할 수 있는, 환경과 사람들에 대한 분명한 통찰을 어디에서 어떻게 얻을 수 있는지를 가르쳐 줍니다. 여러분의 계획과 목적을 하나님의 보좌 앞으로 가져가십시오. 그것들에 대해 기도함으로써 그것들이 올바른지 조사해 보십시오. 여러분이 은밀한 곳에서 조용히 "주여, 내가 무엇을 하기를 원하시나이까" 하고 묻기 전에는 그 일에 관해서 큰 일이든 작은 일이든, 새로운 일이든 전부터 하던 일이든 간에 어떤 일을 일절 하지 않도록 해야 합니다. 자녀들이 부모에게 상의하지도 않은 채 자기 길을 가기 시작하는 것만큼 부모에게 고통스러운 일은 없습니다. 그러므로 여러분은 하나님 아버지와 상의하고, 하나님께 숨기는 것이 일절 없도록 하십시오. 그렇게 하는 것이 여러분을 큰 실수와 많은 번민에서 구해줄 것입니다. 그같이 하나님 아버지께 상의할 때 여러분의 판단이 분명해질 것이고, 여러분이 기도하는 그리스도를 보고, 계획을 세우기 전에 기도하고, 실행하기 전에 하나님께 상의를 드린다면, 새롭고 어려운 길에서조차 여러분의 걸음이 확실해질 것입니다.

또 기도하는 그리스도는 우리에게 성령과 하나님의 지혜를 받는 조건으로서 기도하도록 가르칩니다.

그리스도께서 지상 생애 동안에 성령을 충만히 받으심과, 그리스도의 영광스런 본성의 광채가 가시적인 표시를 통해서 나타난 때가 두 번 있었습니다. 이 두 가지와 관련된 중요하고 까다로운 문제들이 있는데, 지금

이 문제들에 손을 댈 필요는 없습니다. 예수께서 세례를 받으실 때 하나님의 성령이 볼 수 있게 내려 예수님 위에 머무셨습니다. 변화산에서 용모가 변화되셨을 때, 얼굴이 햇빛처럼 빛나고 옷은 햇빛에 반사된 눈처럼 빛났습니다. 그런데 이 두 경우에 대해, 누가복음만이 그리스도께서 기도하고 계시는 동안에 그 표시가 임했다고 전합니다. "예수도 세례를 받으시고 기도하실 때에 하늘이 열리며 성령이 그의 위에 강림하시더니"(3:21,22). "기도하실 때에 용모가 변화되고 그 옷이 희어져 광채가 나더라"(9:29).

특별히 이 두 기사 가운데 첫 번째 이야기를 다루는데 많은 어려움이 있을지라도, 한 가지 분명한 것은, 이 두 경우에 아버지 하나님과 사람이신 예수님 사이에 진정한 교제가 있었다는 것입니다. 또 한 가지 분명한 점이 있다고 생각하는데, 그것은 누가가 기도라는 선행(先行) 행위를 하나님과의 교제가 필요한 인간의 조건으로 강조하려고 한다는 것입니다. 그래서 우리가 위에서 하늘이 열리고 하나님의 비둘기가 내려 우리 마음의 혼돈 위에 조용히 날개를 접고 있게 하기를 원한다면, 우리는 인자가 하신 것, 곧 기도를 해야 합니다. 우리의 용모가 변화되고, 근심의 주름을 깨끗이 펴며, 눈물을 그치고 불결한 생활의 얼룩을 지우며, 세속적인 성향과 악을 보이는 모든 낙인을 우리 이마에 새겨진 하나님의 이름을 위하여 변화시키며, 하나님의 영광이 우리 얼굴에 반사되어 빛나게 하고 싶다면, 우리는 그리스도께서 하신 일, 곧 기도를 해야 합니다. 그렇게 할 때, 오직 그렇게 할 때에만, 하나님의 성령이 우리 마음에 충만하고, 하나님의 영광이 우리 얼굴에서 빛나며, 하늘의 의복이 우리의 벗은 몸을 감쌀 것입니다.

그 다음에 기도하는 그리스도는 우리에게 고통을 맞이하는 준비로서 기도할 것을 가르칩니다. 이 점에서 세 복음서 기자 모두가 아름답고 엄숙한 한 이야기를 전달합니다. 우리는 이 복음서 기자들이 우리를 겟세마네의 신성한 영역으로 데리고 가는 것보다 더 깊이 들어가지 못합니다. 예수께서 그 두려운 시간에 제자들과 함께 있고 싶은 마음이 간절했지만 아무도 그 자리로 데려가려 하시지 않고, 다만 "내가 저기 가서 기도할 동안에 너희는 여기 앉아 있으라" 하고만 말씀하십니다. 그러나 멀리 떨어져 있는 곳에서, 우리는 밤의 정적을 뚫고 전해져 오는 간구의 목소리를 들을 수 있고, 그 엄숙한 말씀에서 우리는 하나님의 아들로서의 신뢰와, 사람으로서의 위축됨, 구주로서의 순종을 읽을 수 있습니다. 모든 기도의 정신이 띄엄띄엄 들리는 이 기도의 목소리에 다 들어 있습니다. 그것은 참으로 주께서 달빛이 비치는 가운데 감람나무 아래에서 영혼을 쏟아 드린 "주님의 기도"였습니다. 그 기도가 응답을 받아 하늘로부터 돕는 힘이 왔고, 주께서는 그 힘을 사용하여 "더욱 간절히 기도하셨습니다"(눅 22:44). 그 기도가 응답을 받아 고민이 끝나고 모든 갈등이 승리로 끝이 났을 때, 주께서는 기이한 평온함과 기품을 지니신 채 많은 사람의 구속을 위해 먼저 체포자들에게 자신을 넘기고, 다음에는 사형집행인들에게 자신을 맡기셨습니다.

그 고뇌와 눈물 어린 기도를 볼 때, 우리는 감사한 마음을 품을 뿐만 아니라, 무릎 꿇으신 구주를 보고서 기도할 때에만 우리가 우리의 보잘것없는 슬픔들에 대비할 수 있고, 견딜 수 있는 힘이 간구하는 가운데 열린 마음에 들어올 수 있으며, 슬픔을 견딜 수 있게 되므로 슬픔을 회피하기보다는 진정으로 정복할 수 있게 된다는 것을 배우도록 합시다. 우리에게는 모두 지고 가야 할 십자가가 있고, 받아 쓸 면류관이 있습니다. 이 엄숙한 이름을 쓸 수 있다면, 우리가 갈보리를 감당할 수 있기를 원한다면 먼저 겟세마네로 가야 합니다.

이와 같이 세상에 계실 때 기도하셨던 그리스도께서 우리에게 기도하라고 가르치십니다. 그리고 지금 하늘에서 중보기도를 드리시는 그리스도께서는 우리가 기도하는 것을 도우시며, 우리의 볼품없는 간구를 그의 희생을 통하여 받으실 만하게 하시고, 그리스도의 금향로에서 나오는 향기로 향기롭게 만드십니다.

우리를 하나님께로 인도하신 주는
길이요 진리요 생명이옵니다!
주께서 친히 기도의 길을 가셨사오니
주여, 우리에게 기도하는 법을 가르쳐 주옵소서.

44
어리석은 부자

"¹³무리 중에 한 사람이 이르되 선생님 내 형을 명하여 유산을 나와 나누게 하소서 하니 ¹⁴이르시되 이 사람아 누가 나를 너희의 재판장이나 물건 나누는 자로 세웠느냐 하시고 ¹⁵그들에게 이르시되 삼가 모든 탐심을 물리치라 사람의 생명이 그 소유의 넉넉한 데 있지 아니하니라 하시고 ¹⁶또 비유로 그들에게 말하여 이르시되 한 부자가 그 밭에 소출이 풍성하매 ¹⁷심중에 생각하여 이르되 내가 곡식 쌓아 둘 곳이 없으니 어찌할까 하고 ¹⁸또 이르되 내가 이렇게 하리라 내 곳간을 헐고 더 크게 짓고 내 모든 곡식과 물건을 거기 쌓아 두리라 ¹⁹또 내가 내 영혼에게 이르되 영혼아 여러 해 쓸 물건을 많이 쌓아 두었으니 평안히 쉬고 먹고 마시고 즐거워하자 하리라 하되 ²⁰하나님은 이르시되 어리석은 자여 오늘 밤에 네 영혼을 도로 찾으리니 그러면 네 준비한 것이 누구의 것이 되겠느냐 하셨으니 ²¹자기를 위하여 재물을 쌓아 두고 하나님께 대하여 부요하지 못한 자가 이와 같으니라 ²²또 제자들에게 이르시되 그러므로 내가 너희에게 이르노니 너희 목숨을 위하여 무엇을 먹을까 몸을 위하여 무엇을 입을까 염려하지 말라 ²³목숨이 음식보다 중하고 몸이 의복보다 중하니라"

눅 12:13-23

예수님의 생각과 무례하게 끼어든 이 사람의 생각 사이에는 참으로 큰 간격이 있습니다! 우리 주님께서는 사람들 앞에서 주님을 시인하는 것, 하나님의 도우심을 받는 일, 주님을 좇는 데 따르는 보상에 대해 이제까지 엄숙하게 말씀하셨습니다. 그런데 이 사람은 그동안 내내 아버지의 유산을 나누는 일에 대해서만 생각하고 있었고, 그러는 가운데 자기 형이 자기를 속였다고 간주하였습니다. 그런 무심한 말을 들을 때, 틀림없이 그리스도의 마음이 냉랭해졌을 것입니다. 그 사람의 요구를 무뚝뚝하고 엄한 말로 일축하신 데서, 그리스도께서 그 점을 예리하게 느끼셨음을 알 수 있습니다. 그에게 말하는 형태 자체에서 그와 어느 정도 거리를 두시는 것을 느끼게 됩니다. "사람아"라는 말은 아주 쌀쌀한 호칭입니다. 주께서는 자신의 말이 듣는 사람들 가운데 어떤 이들에게는 결코 가까이 가지 못하고, 그들의 생각을 저급한 목표들에서 잠시라도 돌릴 힘이 없는 것을 보는 낙담을 맛보셨습니다. 이 사람은, "내가 천사들 앞에서 시인을 받는 것이나 성령께서 나를 가르치신다는 것에 신경 쓸 것이 무엇이 있겠는가? 내가 원하는 것은 부모의 땅을 내 몫만큼 차지하는 것이다. 이런 일에 나를 도와줄 선생만이 나에게 선생이다" 하고 생각하는 것입니다. 존 번연의 천로역정에 나오는 "추문 폭로꾼"은 땅과 쓰레기만을 쳐다보기 때문에 자기 위에 면류관이 매달려 있는 것을 보지 못했습니다. 우리 가운데 얼마나 많은 사람들이 이 설교 시간을 투자와 사업에 관해 생각하기 좋은 때로 알고 있습니까!

그리스도의 답변은 의도적으로 무뚝뚝하고 짧습니다. 주님의 답변은 순전히 그 사람의 잘못에 해당되는 부분을 다루고, 우리 모두가 빠질 수 있는 잘못이며, 특별히 그 사람에게 깊이 뿌리 박혀 있는 문제인 나머지 부분은 그 다음에 나오는 비유에서 다룹니다. 그는 탐욕스러운 사람이었기 때문에, 예수님을 자기 형에게 영향을 끼칠 수 있는 선생으로밖에 보지 못하였습니다. 대체로 자신의 필요에 대한 인식에 따라 그리스도에 대한 생각이 형성됩니다. 오늘날 많은 사람들이 그리스도를 주로 사회 개혁자(그리고 경제 개혁자)로 보는데, 이는 사람들이 우리와 세상이 가장 필요로 하는 것은 사회적 조건을 바로 잡고, 그렇게 해서 지상의 복지를 확보하는 것이라고 생각하기 때문입니다. 예수님을 무엇보다 "재판장이나 물건 나누는 자"로 여기는 사람들은 예수님의 가장 깊은 사역을 보지 못하고, 자신들의 가장 깊은 필요도 알지 못합니다. 사람들이 예수님을 다른 무엇보다 우선하는 분으로 여긴다면 예수께서 그들이 원하는 모든 것이 되실 것입니다. 예수께서는 사람들이 먼저 구원을 얻기 위해 예수님께 간 후에, 사람들에게 "유산을 나누라"고 명하실 것입니다.

그러나 탐심, 곧 세상의 재화를 더욱 더 많이 탐욕스럽게 움켜쥐려는 성향은 우리 모두에게 뿌리를 내리고 있어서, 우리가 아주 근면하게 잡초를 뽑지 않으면, 탐욕이 우리 본성에 온통 퍼질 것입니다. 그래서 예수께서는 아주 강조하여서 "삼가 물리치라" 하고 명령을 내리십니다. 이 말씀은, 우리가 자신을 많이 "주의하고" 부지런히 살피지 않으면(원문의 단어는 "보다"는 말이다) 그 악이 교묘하게 들어와서 순식간에 자라는 것을 막지 못할 것입니다. 우리는 그 악에 묶여 있으면서도, 우리가 그런 상태라는 것을 전혀 눈치 채지 못할 수가 있습니다. 그 다음에 원문을 바르게 읽는다면 "모든 탐심으로부터"가 됩니다. 왜냐하면 탐심에는 추하기 짝이 없는 돈에 대한 탐욕 외에도 여러 가지 형태가 있기 때문입니다. 이 훈계를 하시는 이유가 문장의 구문상에서는 다소 모호하지만 그 전반적인 의미에서는 분명하고, 흠정역 성경과 개역 개정(the Revised Version)에서 그 이유가 충분히 나타납니다. 개역 개정은 난외주에서 다음과 같은 문자적인 번역을 보여 줍니다. "사람의 풍부함에 그의 생명이 있지 아니하니, 그의 생명은 그가 소유하는 물건들로부터 나오지 아니하니라"(Not in a man's abundance consisteth his life, from the things which he possesseth). 이 번역에서 우리는 두 번째 구절이 첫 번째 구절로 인해 완성된다는 것을 볼 수 있으며, 이 두 구절 사이의 차이점은 주로 두 전치사 간의 차이에 있는 것으로 보입니다. 두 번째 구절에서는 첫 번째 구절의 전치사 "에"(in) 대신에 "로부터"(from)나 "에서"(out of)라는 전치사가 쓰였습니다. 반면에 "풍부함"과 "소유" 사이에도 구별이 있을 수 있는데, 풍부함은 소유가 남아도는 것입니다. 그렇다면 전체 문장은 소유가 아무리 풍부하다고 할지라도 생명은 소유에 있지 않고, 단지 외형적인 형태로 우리에게 속해 있는 어떤 것에서도 생명이 나오지 않는다는 것을 의미할 것입니다. 중요한 문제는 우리가 무엇을 소유하고 있느냐가 아니라 우리가 어떤 존재이냐 하는 것입니다.

그러면 여기서 "생명"은 무엇을 의미합니까? 이 비유를 보면 우리는 신체적 생명의 개념을 빼놓을 수 없다는 것을 알게 됩니다. 죽음은 왕궁의 문을 두드리고 가난한 사람의 오두막집도 두드립니다. 억만장자나 빈민이나 할 것 없이 모든 사람이 죽음의 그물에 뒤죽박죽 걸려듭니다. 그러나 우리는 여기서 더 고귀한 의미의 생명을 간과해서는 안 됩니다. 사람의 참된 생명은 사람이 소유하고 있는 것과 별로 관계가 없다는 것이 아주 명약관화한 사실이기 때문입니다. 고귀함도 평안도 만족도, 사람이 개보다 고귀한 삶을 살게 만드는 그 무엇도 어떤 종류가 되었든지 사람의 소유에 의해 좌우되는 일은 별로 없습니다. 부가 참된 생명이 우리에게 흘러 들어오는 통로를 막는 경우가 종종 있습니다. "우리는 감탄과 희망과 사랑으로 살아갑니다." 그리고 이런 것들은 우리가 세상의 부를 얼마만큼 가지고 있는지와 상관없이 풍부하게 얻을 수 있습니다. 탐심은 어리석은 것입니다. 탐심은 세상적인 이익을 붙잡으면 생명의 참된 행복을 확보할 것이라는 거짓된 믿음으로 세상적 재화를 붙들기 때문입니다. 그러나 탐심이 큰 돈을 벌었을 때는, 벌기 전보다 마음의 평안이나 휴식, 고귀함 혹은 기쁨을 결코 더 가까이 느끼지 못한다는 것을 알게 되고, 오히려 필시 치부하는 과정에서 신체적 생명이나 고귀한 생명을 모두 상당히 잃어버렸을 것입니다. 미친 듯이 부를 추구하는 경주, 이것이 오늘날 사치스럽고 탐욕스러운 상업주의 시대의 죄이며, 생명이 소유의 넉넉함에 있다고 하는 거짓말의 결과입니다. 생명은 "유일하신 참 하나님과 그가 보내신 자 예수 그리스도"를 아는데(요 17:3) 있습니다. 예수 그리스도의 말씀 가운데 이 말씀보다 혁명적이고, 예수님을 따른다고 하는 사람들이 잘 믿지 못하는 말씀이 또 있습니까?

이 어리석은 부자의 이야기는 좁은 의미에서 비유가 아닙니다. 즉 그것은 자연적인 영역에 있는 것이지만, 유추에 의해 영적인 것으로 변화하는 어떤 사건이나 일을 묘사하는 것이며, 구체적인 한 가지 예에서 탐욕스런 사람들의 계층의 특징들을 예증하는 가상의 이야기입니다. 여기서 보게 되는 첫 번째 요점은, 부를 축적하는 것이 만족보다는 걱정을 일으킨다는 것입니다. 이 사람은 소유가 넉넉해지자 당황하게 됩니다. 넉넉한 소유를 지키는 방법을 알고자 하는 근심은 소유를 취득하는 노고만큼이나 큽니다. 그래서 그 소유를 누리는 일은 아직도 멀리 있습니다. 많은 부자들이 돈을 벌 때보다 번 뒤에 더 자신의 안전을 염려합니다. "구멍 뚫어진 전대"(학 1:6)가 너무 많아서 부자는 투자할 자금이 바닥이 나며, 아침 신문을 받자마자 펴보는 것이 증권시세표인데, 그것을 보고 나면 아침식사를 망치는 경우가 흔합니다.

두 번째 요점은 이 부자가 내 곡식, 내 곳간, 내 물건이라고 하며 계속해서 "내"라는 말을 반복하는 데서 은연중에 드러나는 이기적이고 오만한 소유 의식입니다. 이 사람은 하나님을 전혀 생각지 않고 자신의 청지기직분도 생각지 않습니다. 그는 누군가가 자신의 부를 요구한다는 것을 일절 인정하지 않습니다. 만일 그가 조금이라도 자신을 넘어서 보았더라면, 자신의 곡식을 줄 수 있었을 많은 곳이 있음을 알았을 것입니다. 그 사람 문 앞에는 가난한 사람들이 없었습니까? 그는 곳간을 새로 짓기보다는 이 사람들에게 자기 소유의 얼마를 덜어 주는 것이 좋았습니다. 곡식을 쌓아 두면 바구미와 벌레가 생길 것이고, 흩어서 주면 그 곡식이 복을 가져올 것입니다.

탐욕스런 사람의 전형인 이 사람은 여러 해를 계산하고 있다는 점에서 어리석은 자입니다. 물건은 여러 해 지속될 수 있지만 그 자신은 그럴 수 있습니까? 그 사람이 자기의 물건이 오랫동안 쓰기에 충분하다고 확신할 수 있지만, 자신이 오랫동안 살리라고 확신할 수 없습니다. 그는 세상 재화가 만족을 줄 수 있을 것이라고 그 힘을 평가하는데서 다시 한 번 크나큰 실수를 범합니다. "먹고 마시는 일"은 자기 몸에 대해서 이야기할 수 있습니다. 그런데 그것을 자기 영혼에게 이야기하고, 이런 감각적인 쾌락이 영혼을 편히 쉬게 할 것이라고 생각하는 것은, 벌레처럼 모든 세상적인 생명의 뿌리를 갉아먹는 치명적인 잘못입니다. 여기서 "평안히 쉬고"로 번역된 말은 그리스도께서 "너희 마음이 쉼을 얻으리라"(마 11:29)고 하신 위대한 약속에 나오는 말과 어원이 같습니다. 이 욕심 많은 사람이 가득 찬 곳간과 사치스럽게 놀 것을 생각하며 자기 영혼에 헛되이 약속하는 그 안식은, 세상 재화의 풍부함에서 찾을 것이 아니라 하나님과의 연합에서 찾아야 합니다.

이 부자가 이야기한 것과 하나님께서 말씀하신 것 사이에는 무서운 차이가 납니다. 이 사람의 말은 의미 없는 호흡이었고, 하나님의 말씀은 권능이 있습니다. 하나님께서 말씀하시는 것은 그대로 이루어지는 현실입니다. 하나님의 명령은, 노래하는 새들이 가득한 숲에 울려 퍼지는 천둥소리처럼 우르르 하는 소리를 내며 실패로 끝날 인간의 계획들 속에 파고들며, 그러면 그 모든 계획이 두려움에 싸여 아무 소리도 내지 못합니다. 모든 소유의 넉넉함도 인간에게서 단 한 순간도 그 호흡을 유지할 수 없을 만큼, 생명이 그 소유에 있지 않습니다. 그가 자기 생명을 내놓아야 한다는 의미에서뿐만 아니라, 자기 생명에 대해 답변해야 한다는 점에서도 그의 생명이 "그에게 요구됩니다." 그 요구에 있어서, 이기적으로 사용한 부는 "즉각적으로 그에게 불리한 증거"가 될 것이고, 생명이나 평안을 얻는데 도움이 되기보다는 "불 같이 그의 살을 먹을"(약 5:3) 것입니다. 금을 녹인 물이 살에 떨어지면 새카맣게 태워버립니다. 부를 주신 하나님을 인정하지 않고, 부를 나누어 주기를 구하는 다른 사람들의 요구도 듣지 않고, 이기적으로 움켜쥐고 믿고 살았던 부가 훨씬 더 극렬하게 타버릴 것입니다.

이 "비유"는 보편적으로 적용되는 것이라고 주님은 선언하십니다. 자신의 쾌락을 위해 이기적으로 재물을 쌓아 두고 "하나님께 대하여 부요하지 못한" 사람들이 있는 곳에서는 어디든지 이 비유의 예들을 볼 수 있을 것입니다. 이 표현은 영적인 재물에 부요하다는 것이 아니라 세속적인 재화를 하나님과 관련해서 혹은 하나님의 영광과 봉사를 위해서 사용되는 것을 의미하는 것으로 이해한다면 가장 잘 이해하는 것입니다. 그렇게 이해한다면, 이 두 표현, 곧 자기를 위하여 재물을 쌓아 두는 것과 하나님께 대하여 부요하다는 것은 정반대되는 일입니다.

45
세상 일로 염려하든지 아니면 하나님의 나라를 위해 열심을 내든지

"²³목숨이 음식보다 중하고 몸이 의복보다 중하니라 ²⁴까마귀를 생각하라 심지도 아니하고 거두지도 아니하며 골방도 없고 창고도 없으되 하나님이 기르시나니 너희는 새보다 얼마나 더 귀하냐 ²⁵또 너희 중에 누가 염려함으로 그 키를 한 자라도 더할 수 있느냐 ²⁶그런즉 가장 작은 일도 하지 못하면서 어찌 다른 일들을 염려하느냐 ²⁷백합화를 생각하여 보라 실도 만들지 않고 짜지도 아니하느니라 그러나 내가 너희에게 말하노니 솔로몬의 모든 영광으로도 입은 것이 이 꽃 하나만큼 훌륭하지 못하였느니라 ²⁸오늘 있다가 내일 아궁이에 던져지는 들풀도 하나님이 이렇게 입히시거든 하물며 너희일까보냐 믿음이 작은 자들아 ²⁹너희는 무엇을 먹을까 무엇을 마실까 하여 구하지 말며 근심하지도 말라 ³⁰이 모든 것은 세상 백성들이 구하는 것이라 너희 아버지께서는 이런 것이 너희에게 있어야 할 것을 아시느니라 ³¹다만 너희는 그의 나라를 구하라 그리하면 이런 것들을 너희에게 더하시리라"

눅 12:23-31

어리석은 부자의 비유는 무리들에게 말씀하신 것입니다. 그러나 우리 주님은 이제 제자들에게 말씀하십니다. "그러므로"라는 말은 앞의 교훈과 다음에 나오는 교훈을 연결시킵니다. 염려하지 말라는 경고는 자기를 위하여 재물을 쌓아 두지 말라는 명령을 적용하는 또 한 다른 예입니다. 사치스런 방종이 부자의 세속적인 태도이듯이 마음을 썩이는 근심은 가난한 사람의 세속적인 태도입니다. 의사들이 말하듯이 통풍(gout, 痛風: 관절에 요산 결정이 축적되어 관절염이 재발되는 질환 — 역주)에는 두 가지가 있는데, 하나는 고급 생활에서 오고, 다른 하나는 피가 부족한 데서 온다고 합니다. 본문은 두 가지로 나뉘는데, 염려하지 말라는 명령(22-31절)과 참된 보물을 사랑하라는 권고(31-34절)가 그것입니다.

1. 첫 번째 부분에서는 세상적 필요에 대한 염려를 책망합니다.

먼저 교훈을 일반적으로 기술하고, 이어서 그 교훈을 실행할 이유들을 열거합니다. 이 교훈에 관해서 생각할 때, 제자들은 주로 가난한 사람들이었기 때문에, 그들은 자기들이 이 비유에서 낙인찍힌 어리석은 자가 될 위험이 전혀 없다고 생각했을지 모릅니다. 그들에게는 차고 넘쳐서 미어터질 곳간이 없었고, 그들의 관심사는 남아도는 재산을 가지고 무엇을 할까 하는 것이 아니라, 어떻게 하면 먹을 것과 입을 것을 얻을 수 있는가 하는 것이었습니다. 그리스도께서는 비록 다른 모습을 띠고 있지만 동일한 기질이 그들 속에 있음을 보게 하려고 하셨습니다. 그러므로 큰 부자나 나사로나 아주 똑같을 수 있습니다.

여기서 정죄하고 있는 기질은 신뢰에 반대되는 것으로 "스스로를 소모하는 염려"입니다. 이 기질의 비참함은 헬라어의 원래 뜻을 보면 강력하게 나타납니다. 원어는 산산이 찢겨지는 것을 암시하며, 그래서 걱정하는 마음이 당연히 겪게 되는 정신이 흐트러짐과 스스로 초래하는 괴로움을 그리고 있습니다. 사려 깊은 예측과 분투노력하는 활동은 똑같이 이 금령에 해당되지 않습니다. 염려는 예측과는 전혀 다릅니다. 염려는 예측을 하지 못하게 만들고, 매일 양식을 준비하기 위해 무엇을 해야 할지를 아는 일이나 준비하는 일을 다 같이 방해할 뿐입니다.

제자들이 이와 같은 염려에 빠질 수 있는 위험이 있다는 것은 예수께서 제시하시는 이유가 많고 다양한 점에서 충분히 알 수 있습니다. 이 이유들 가운데 첫 번째는 그런 염려가 충분히 깊은 데까지 이르지 못하고, 어떻게 우리가 먹고 살며 입고 지내는지를 잊어버린다는 것입니다. 우리는 염려하지 않고도 더 큰 것, 곧 생명과 몸을 받았습니다. 어리석은 부자는 재물은 지킬 수 있었으나 자기 "영혼" 곧 "생명"은 지키지 못하였습니다. 하나님께서 언제든지 생명을 종료시킬 수 있다는 것을 생각할 때, 결국 우리의 염려는 참으로 피상적인 것이 아닐 수 없습니다! 게다가 더 큰 것을 받았기 때문에 생명이 필요로 하는 것보다 못한 것들도 받을 것입니다. 하나님을 "미쁘신 창조주"(벧전 4:19)로 보는 생각이 여기에 들어 있습니다. 우리는 하나님께서 "더 중한 것"을 주실 것을 신뢰해야 합니다. 그리고 하나님께서 그보다 못한 것들도 주시리라고 신뢰할 수 있습니다.

두 번째 이유는, 염려하지 않아도 충분히 양식을 공급받는 생명들의 예를 주의해서 보라고 요구합니다. 이 말씀을 하실 때 그리스도께서는 어쩌면 엘리야에게 먹을 것을 가져다 준 새나 시편 기자의 말(147:9)을 마음에 생각했을지 모릅니다. 까마귀는 "부정한" 새 중의 하나였고, 노아 시대부터 나쁜 징조를 상징하는 새였습니다. 그러나 비록 그 고기가 사체에서 가져온 것이지만 때마다 먹을 고기를 얻었습니다. "심지도 아니하고 거두지도 아니하며"라는 말과 "골방도 없고 창고도 없으되"라는 말에서 이 앞의 비유를 암시하고 있음을 봅니다. 이 구체적인 사물들 가운데, 새들은 우리보다 열등한 존재이며, 따라서 말하자면 우리보다 훨씬 더 염려해야 할 것들입니다. 일하지도 모아들이지도 않는 새들이 그럼에도 불구하고 생계를 유지한다면, 일도 하고 모아들일 수도 있는 우리가 생계를 유지할 수 없겠습니까? 우리의 우수한 가치는 심고 거두는 능력에서 어느 정도 표현됩니다. 사람에게 있어서 이런 것들은 염려하는 것보다 유익한 활동입니다.

예수께서는 모든 피조물을 참으로 애정 어린 눈으로 보셨고, 도처에서 하나님의 손길이 작용하는 것을 분명히 보셨습니다! 루터가 말하였듯이 "하나님께서는 매년 참새들을 먹이시는 일에 프랑스 왕의 수입보다 더 많은 비용을 지출하십니다."

세 번째 이유는 염려의 무력함입니다(25절). 여기서 가능한 두 가지 번역 사이에서 어느 하나를 택한다는 것이 어려운 일입니다. "키를 한 자라도 더할 수 있느냐"는 말씀에 나오는 "한 자"(a cubit)라는 표현은 백합의 성장을 나타내는데 가장 잘 맞는 말입니다. 반면에 "목숨을 한 시간이라도 연장할 수 있느냐"는 난외주의 번역에 나오는 대로 "목숨"이라는 표현은 어리석은 부자에 대한 암시를 담고 있고, 보통 사람의 키를 약 40여 센티미터를 늘리는 것을 작은 일로 보는 것을 피합니다. 목숨은 길이 단위로 측정하지 못합니다.

처음 볼 때는, 23절 말씀의 논의가 여기서 뒤집어지는 것 같고, "더 중하였던" 것이 이제는 "가장 작은 일"이 되는 것 같습니다. 그러나 만약 그 일이 가능하다면, 가상적으로 키를 한 자나 더하게 하는 일이 먹을 것과 입을 것을 책임지는 일에 비해서 생각할 때 지극히 작은 일이 될 것이고, 그 일을 시행하는데 필요한 신적인 능력을 가지고 판단할 때, 그 일은 하나님께서 행하시는 지속적인 부양보다 작은 일인 것입니다. 하나님께서 행하시는 것 가운데 작은 일을 우리는 아무리 염려한다고 해도 행할 수 없습니다. 하물며 우리 자신을 먹이고 입히는데 필요한 복잡하고 광범위한 일을 우리가 행할 수 있겠습니까! 염려는 무력합니다. 염려는 우리 마음에만 작용하고 헛되이 마음을 괴롭힐 뿐이며, 물질세계에 아무 효과를 미치지 못하며, 우주는커녕 우리 몸에도 아무 영향을 끼치지 못합니다.

네 번째 이유는, 의식 없는 존재가 아름답게 옷 입는 예들에 주의하라고 요구합니다. 여기서 그리스도께서는 자연의 지극히 고귀한 용도와 그것을 보는 지극히 고귀한 방식을 가르치십니다. 식물학자는 백합이 자라는 과정을 고찰하고, 세포와 엽록소, 그와 같은 것들에 대해 모든 것을 이야기할 수 있습니다. 시인은 백합의 아름다움을 열광적으로 노래합니다. 식물학자와 시인, 모두 우리에게 많은 것을 가르쳐 주지만, 자연을 보는 종교적인 방식은 그 두 가지를 포함하고 또한 초월합니다. 자연은 하나의 비유입니다. 자연은 하나님을 볼 수 있게 나타내는 도구입니다. 그래서 자연은 우리에게 하나님의 길들을 어렴풋하게 보여 주고 교훈들을 간직하고 있습니다.

  백합의 영광스러운 색깔들은 어떤 염색업자도 내지 못하고, 꽃잎들의 아름다운 조직은 어떤 베틀도 짜내지 못합니다. 백합은 실도 만들지 않고 짜지도 않으며, 잠깐 동안 꽃이 피고 만다는 점에서 우리보다 열등한 존재입니다. "인생은 그 날이 풀과 같으며 그 영화가 들의 꽃과 같지만"(시 103:15), 사람의 날이 백합보다 길므로 하나님께 더 큰 것을 요구할 권리가 있습니다. "하나님이 들풀을 입히신다"는 것은 하나님께서 그렇게 하시는 방법에 대한 과학적 진리나 가설들과 전혀 상관이 없이 하나의 진리입니다. 꽃의 색깔들이 곤충들의 왕래에 달려 있다면, 하나님께서 그런 관계를 확립하신 것이고, 그런 사랑스런 결과를 일으키는 실제 원인은 하나님이신 것입니다.

  진화론자들이 주장하는 가장 최근의 이론들도 하늘에서 돌보시는 사랑의 손길이 있음을 피조물이 증거한다는 그리스도의 주장의 힘을 결코 약화시키지 못합니다. 그러나 우리가 하나님께서 자연의 모든 것 안에 존재하시고 활동하신다는 것을 알고, 그로 인해 용기를 얻어 우리에 대한 하나님의 돌보심을 조용히 신뢰하지 않는 한, 주님의 그런 말씀을 듣고도 자연이 제시하는 지극히 분명한 최상의 교훈을 배우지 못하는 것입니다. 우리는 심고 거두어야 하기 때문에 까마귀보다 낫고, 실도 만들고 짜야 하기 때문에 백합보다 나으므로, 하나님께서 우리를 돌보신다는 것을 믿을 수 있도록 자연이 가르쳐 주는 것입니다.

  29절에서는 옷 입는 것에 대한 염려를 말씀하신 것에 이어서 우리 염려의 나머지 한쪽 부분에 대한 반복되는 금령을 덧붙이시는데, 그렇게 하여 22절에서처럼 동일한 이중적인 경고로 전체 명령을 완성합니다. 그러나 29절 말씀은 인상적인 은유를 사용하여 "의심하지 말라"(개역개정은 "근심하지도 말라" — 역주)는 새로운 명령을 내립니다. 그와 같이 번역된 말은 높은 데로 올라갔다가 거기에서 폭풍우를 만난 배처럼 깊은 심연으로 내팽개쳐지는 것을 의미합니다. 그래서 그 말은 염려의 비참함을 희망과 두려움 사이를 끊임없이 왔다갔다 하는 것으로 그립니다. 즉 때로는 행복에 대한 헛된 꿈으로 꼭대기까지 올라갔다가, 때로는 가상의 악의 여물통 속으로 곤두박질치는 일을 반복한다는 것입니다. 우리가 조용히 신뢰하는 가운데 마음으로 하나님을 굳게 붙잡고 그래서 안정되고 평온하게 지내지 않는 한, 우리는 이와 같이 스스로의 공상에 놀림거리가 될 것이 확실합니다.

30절은 염려에 대해서뿐만 아니라 염려의 원인인 외적인 것들을 간절히 바라는 태도에 대해서도 금하시는 또 다른 이유를 제시합니다. 우리가 이런 것들을 "구하면" 염려하고 의심하는 일을 피할 수 없을 것입니다. 그런 것을 구하는 일은 순전히 이교적인 생각이라고 그리스도께서는 말씀하십니다. 하나님을 모르는 세상 민족들은 이런 것을 주된 행복으로 삼고 그것을 확보하는 것을 인생의 목표로 삼습니다. 따라서 우리가 그와 같은 일을 행하면 그들과 같은 수준에 떨어지는 것입니다. 그리스도인들이 이방인과 똑같은 목표를 갖고 똑같은 것을 보물로 여긴다면 이방인과 그리스도인의 차이가 무엇입니까? 바로 그것이 오늘날 소위 그리스도인이라고 하는 아주 많은 사람들이 답변하기 어려워 할 문제입니다.

그러나 모든 것 가운데 가장 중요한 이유는 맨 마지막에 나옵니다. 하나님의 섭리를 형식적으로밖에 믿지 않은 사람은 앞에 나오는 많은 이유들을 이야기했을 수도 있습니다. 그러나 우리 하나님 아버지를 믿는 복되고 큰 믿음은 모든 염려를 쫓아 버리는 것입니다. 우리에게 하늘 아버지가 계시고, 그 아버지께서 우리의 필요를 아신다는 것을 믿는다면 우리가 어떻게 근심할 수 있겠습니까? 하나님 아버지는 우리가 당신에게 구하는 요구를 아십니다. 하나님께서 그 필요들을 일으키셨고 또 그 필요들을 채울 공급품을 보내실 것입니다. 그것은 단지 음식과 의복이라는 세상적 필요들을 훨씬 넘어서서 미치는 광범위한 진리입니다. 내게 필요한 것들은, 그것이 하나님께서 내가 느끼도록 일으키신 것인 한에는, 우리에게 주실 하나님의 선물에 대한 예고입니다. 하나님의 임재를 느끼고, 마음이 비어 있음이 하나님의 충만하심을 선물로 받는 토대가 된다는 것을 아는 사람이 어찌 근심으로 안달할 수 있겠습니까? 그런 아버지를 둔 자녀가 품을 수 있는 타당한 성향은 신뢰뿐입니다. 염려는 하나님의 사랑이나 하나님의 지식이나 하나님의 능력을 부인하는 것입니다.

2. 31-34절은 노력과 애정의 바른 방향을 지적하고 또 더 고귀한 부를 확보하기 위해 외적인 선을 사용하는 바른 방법을 지적합니다.

여러분이 사람들에게 더 나은 것을 말해 주지 않는 한, 그들에게 세상적인 것들을 동경하거나 그것을 얻으려고 애쓰지 말라고 말하는 것은 소용없는 일입니다. 사람은 인생에서 어떤 목표를 갖지 않을 수 없고, 가장 선한 어떤 목표가 있으면 그리로 향하기 마련입니다. 썩을 것을 구하는 이교적인 마음을 쫓아내는 유일한 방법은 그 마음을 영원한 영적 선을 향한 사랑과 갈망으로 채우는 것뿐입니다. 쫓겨 나간 귀신은 그 집이 다른 것으로 채워져 있지 않으면 한 부대를 이끌고 다시 돌아옵니다. "그 나라를" 구하는 것은 그 나라를 우리의 최고선으로 여기고, 우리의 의지와 모든 존재를 바쳐서 하나님의 사랑하시는 그 뜻에 전적으로 순종하는 것이며, 그 나라에 완전히 일치하기 위해 애쓰는 것이고, 그 나라를 위해 모든 세상 즐거움을 미루는 것이며, 그 나라를 얻을 수만 있다면 그 모든 즐거움을 손해로 간주하는 것입니다. 이것이 세상 염려를 정복할 수 있는 참된 길이고, 이것만이 마지막 날에 "어리석은 자여"라는 엄한 심판을 받지 않을 인생 행로입니다.

하나님의 뜻으로 통치되는 나라인 그 나라를 얻는 쪽으로 우리의 모든 소원과 에너지를 돌리는 태도에는 기쁘고 용감한 확신이 따르게 되어 있습니다. 그 소원과 노력이 "아버지의 기뻐하시는 뜻"과 일치하게 움직이는 사람이 두려워할 수 있겠습니까? 이들은 하나님께서 그들에게 기쁘게 주시고자 하는 것을 자신들의 주요한 선으로 추구하고 있습니다. 그러면 그들은 하나님께서 그것을 주시면, 그들에게 필요할 수 있는 것보다 못한 선물들을 거절치 않으실 것을 확신할 수 있게 됩니다. 하나님께서는 "기와 한 장 아끼다가 대들보 썩히는" 일을 하시지 않을 것이고, 하나님께서 친히 그 나라의 상속자로 삼으신 자녀들이 자기의 면류관을 받으러 오는 길에 굶어죽도록 내버려 두지도 않으실 것입니다. 그들이 하나님께서 자기들에게 그 나라를 주실 것이라고 신뢰할 수 있다면, 하나님께서 먹을 것과 입을 것을 주시리라는 것을 확실히 믿을 수 있습니다.

"적은 무리여"라는 애정 어린 표현에 주목할 필요가 있습니다. 이들이 세상 사람들의 많은 무리와 비교할 때 자신들의 수가 적음을 알고 두려워할 수도 있습니다. 그러나 양무리인 이들에게는 목자가 계시고, 그것이면 염려를 잠재우기에 충분합니다.

그런 추구와 용기는, 외적인 이익을 포기하고 다함이 없는 보물을 하늘에 간직하는 방식으로 세상적인 부를 사용하는 태도로 마무리되어야 합니다. 이 명령에 순종하는 방식은 환경에 따라 달라집니다. 어떤 사람에게는 이 명령을 말 그대로 이행하는 것이 최선입니다. 그런데 오늘날, 자기 소유에서 손을 떼려고 한다면 우리가 생각하는 것보다 더 올무에서 영혼이 건짐을 받게 될 그리스도인들이 더 많이 있습니다.

때로는 재물을 양심적으로 구별해서 기도하는 마음으로 사용함으로써 재물에 대한 단념을 더 잘 실행할 수도 있습니다. 그것은 각 사람이 스스로 정할 일입니다. 그러나 변하지 않는 것은, 하나님의 나라를 다른 무엇보다 위에 두고, 그리스도의 종으로서 모든 외적인 자원을 사치와 자기만족을 위해서 쓰지 않고, 그리스도께서 보시듯이 보고 그리스도의 영광을 위하여 써야 하는 의무입니다. 우리는 예수님과 그의 사도들이 분명히 가르치는 교훈, 곧 이 세상에서 그와 같이 사용하는 부가 하늘에 간직되고, 그리스도인이 장래의 생명에 들어가는 것은 다른 어떤 조건보다 이것, 바로 그가 이 세상에서 재물을 어떻게 쓰는가에 달려 있다는 것을 믿기를 두려워하지 맙시다.

46
폭풍 속의 고요함

"너희는 근심하지도 말라"

눅 12:29

나는 이 말씀의 명확한 개념이 대부분의 독자들에게 잘 전달되지 않는다고 생각합니다. 이 말씀에서 금하고 있는 일이 번역자들이 사용한 표현으로는 아주 명확하게 규정되지 않습니다. 그러나 원문의 용어는 매우 생생하고 정확합니다.

이 단어의 원래 의미는 "대기 현상처럼 높여지는 것, 올려지는 것"인데, 점차 특정한 어떤 방식으로, 곧 마치 배가 거친 파도에 의해 요동치는 것처럼 올려지는 것을 의미하게 되었습니다. 그래서 이 금령에는 갈릴리 바닷가에 사는 어부와 주민들이 때때로 만나는 갑작스런 돌풍을 떠올리면 이해할 수 있을 그림이 들어 있습니다. 즉 "위 아래로 곤두박질치지 말라"는 것입니다. 이번에는 파도 꼭대기에 있다가 그 다음에는 파도의 깊은 골에 내려가 있지 말라는 말입니다.

그렇다면 그 의미는 "너희 목숨을 위하여 염려하지 말라"는 앞에 나오는 말씀의 의미와 본질적으로 같은데, 다만 이 차이가 있습니다. 즉 금하시는 일을 표현하는 비유가 다르고, 후자의 말씀이 전자의 말씀보다 폭넓다는 것입니다.

앞에서는 "염려하는 일"을 금하십니다. 물론 우리 주님께서 이 말씀을 하실 때는 합리적인 예측을 하지 말라는 것이 아니라 걱정하는 마음으로 앞날을 바라보지 말라는 것입니다. 주님께서 사용하시는 이 단어는 사실 "주의를 다른 데로 돌리거나 사방으로 흩어지게 하는 것"을 뜻하는데, 그런 염려가 사람에게 가져오는 비참한 상태를 인상적으로 보여 줍니다. 앞날을 불길하게 생각하는 걱정만큼 우리 마음을 사방으로 찢고 괴롭히는 것은 없습니다. 따라서 본문의 말씀은 변할 수 있는 무엇에다 소망과 마음을 두는 데서 오는 감정의 기복뿐 아니라, 바로 그 같은 염려를 또한 금하는 것입니다. 썩을 것을 굳게 붙잡는데 따라오는 비참을, 본문에서는 볼품없는 작은 배가 한 번은 큰 놀의 꼭대기에 올라가 있다가 다음 순간에는 파도의 깊은 골짜기에 내려가 있는 모습에 비유하여 표현하는 것입니다.

이렇게 이 두 가지 상(像)이 세속적인 정신의 불안을 보여 주는데, 전자의 상에서는 근심의 불안이 가장 꼭대기에 오는 반면에, 다른 상은 단지 근심하는 것 이상을 포함하며, 피조물에 지나지 않는 것에 몰두하는 모든 것, 즉 "무엇을 먹을까 무엇을 마실까" 하는 것, 혹은 좀 더 세련된 세상적 행복을 열심히 추구하는 것은 다 "요동하는 바다 물결처럼 끊임없이 흔들리는" 형벌과 비참함을 가져온다고 경고합니다. 그 바다로 나가서 파도에 몸을 맡기는 사람은 누구든지 반드시 파도에 농락당하게 되어 있습니다. 변치 않으신 하나님 밑에 있는 불확실한 것에 희망을 거는 사람은 누구든지 희망에서 끌려 나와 두려움에, 기쁨에서 끌려 나와 슬픔에 이를 것이 틀림없고, 그의 영혼은 자기 우상이 변하는데 따라 심하게 요동치고, 자기 우상이 망할 때는 그 마음이 황폐해질 것이 틀림없습니다.

우리 주님께서는 우리에게 그렇게 요동치지 말라고 명하십니다. 주님께서는 우리가 그렇게 요동을 칠지 않을지를 결정하는 것이 우리 마음에 달려 있다고 믿으시는 것처럼 보입니다. 그 말씀이 이상하게 들립니다. 그래서 속으로 이렇게 대답할 수도 있습니다. "사람에게 폭풍을 만나도 흔들리지 말라고 말하는 것이 무슨 소용이 있는가? 사람은 그렇게 요동칠 수밖에 없지 않은가. 파도가 높이 일면 작은 배는 잔잔한 바다에서처럼 조용히 있을 수가 없다. 당신이 요동치는 인생의 바다에 '잠잠하라, 고요하라'(막

4:39)고 말하고, '평안의 새들이 마법에 걸린 파도 위에 깃들이고 있는 동안에는 사납게 날뛰는 것을 까맣게 잊어버리게' 만들 수 있지 않는 한, 내게 요동하지 말라고 이야기해서는 안 된다."

그 반론이 논리적으로는 어느 정도 타당한 면이 있습니다. 변화가 있으면, 거기에 따라 감정의 기복이 있기 마련입니다. 그러나 "동요의 한가운데서도 지속되는 평안" 같은 것이 있습니다. 여러분은 수년 전에 배의 외부 선체는 파도의 움직임에 따라 이리 저리 흔들릴지라도 내부 중심에 있는 큰 홀은 움직이지 않고 그대로 가만히 있게 하는 기선을 건조하려던 시도가 있었던 것을 기억할 것입니다. 그 시도는 이루어지지 않았지만, 이론은 타당하고 실행할 수 있는 것으로 보였습니다. 아무튼 그것은 우리 인생에서 있을 수 있는 일을 보여 주는 비유입니다. 우리 주님의 이 명령을 현대적으로 예를 들어 설명하는 것이 불경한 일이 되지 않는다면 이렇게 말하고 싶습니다. 여기서 주님은 폭풍우가 치는 바다를 건너는 우리 인생의 항해를 위해 "베세머" 증기선(the Bessemer ship)이 시도하려고 하였던 바로 그 일을 하라고 우리에게 명령하십니다. 곧 외적 생활은 아무리 요동칠지라도 중심의 영혼은 균형을 잡고 동요를 통제하여서 속에는 평온한 안식이 있을 수 있게 하라고 하시는 것입니다. 주님께서는 우리가 거친 날씨를 만나지 않을 수 없다는 것을 충분히 잘 아십니다. 그러나 주님은 우리가 바다의 움직임에 맞서서 마음을 고요하게 유지하도록 하고 싶어 하십니다. "세상에서는 여러분이 환난을 당하나"(요 16:33) 그리스도 안에서 평안을 누릴 수 있습니다.

주님께서는 우리가 인생의 현실들을 보지 않기를 바라시지 않고 모든 사실들을 다 똑똑히 보기를 원하십니다. 소위 사실들을 한 부분만 보게 되면 틀림없이 희망과 두려움, 기쁨과 슬픔 사이를 난리를 치며 왔다갔다 하게 될 것입니다. 그러나 사실들을 전부 고려한다면, 여러분은 조용히 안식할 수 있습니다. 여기에 인생의 걱정거리와 변화만큼이나 현실적인 사실이 있기 때문입니다. 즉 "너희 아버지께서는 이런 것이 너희에게 있어야 할 것을 아시기" 때문입니다. 이 사실을 깨달으면 외적인 생활에 어떤 일이 벌어질지라도 마음 가장 깊은 곳에는 늘 즐거운 평안이 가득할 것입니다. 여러분의 상태와 관련된 모든 사실들을 다 받아들이되, 그리스도의 말씀, 곧 사랑하시는 하나님 아버지께서 여러분의 필요를 아신다는 사실을 무엇보다 중대하고 확실한 사실로 받아들이십시오. 그러면 그리스도의 명령에 순종하는 것이 어렵지 않고, 그리스도만을 보기 때문에 마음을 평온하게 유지하는 것이 힘들지 않을 것입니다.

이제 여기서 우리 주님께서 금하시는 그 동요를 일으키는 참된 원인에 대한 교훈들을 생각해 봅시다. 그 교훈 자체는 그 문제에 대해 아무 힌트도 제공하지 않지만, 문맥을 보면 그 악의 참된 원인을 알 수 있습니다.

여기서 주목할 첫 번째 요점은, 우리 주님께서 염려와 불안해 함을 처음 볼 때는 그와 정반대되는 것처럼 보이는 것, 즉 주께서 또한 아주 나쁜 것으로 정죄하시는 평온과 안심과 같은 것으로 보고 금하신다는 점입니다. 본문이 한 부분을 차지하고 있는 일련의 경고들은 밭의 소출이 풍성한 부자의 이야기로 시작됩니다. 그의 잘못은 염려와 근심으로 요동치는 것이 아니고 오히려 그와 정반대였습니다. 그의 죄는 "영혼아 여러 해 쓸 물건을 많이 쌓아 두었으니 평안히 쉬고 먹고 마시고 즐거워하자" 하고 말하는 데 있었습니다.

우리 주님께서 이와 같이 세상적 소유를 의지하고 안심하는 일이 크게 어리석고 큰 죄가 됨을 지적하시는 것부터 시작하시고, 다음에는 "그러므로 내가 너희에게 이르노니"라는 말과 함께 세속적인 감정의 반대 극단으로 눈을 돌려, 비록 반대쪽에 있지만 그럴지라도 그것이 어떻게 관계가 있는지를 보여주십니다. 자기를 위하여 재물을 쌓아 두고 하나님께 대하여 부요하지 못한 사람의 어리석음에 대한 묘사에서 끌어낸 추론으로서 "너희 목숨을 위하여 염려하지 말라"는 경고의 말씀이 나옵니다.

말하자면 이 두 잘못은 인척관계이고, 어떤 의미에서 같은 것입니다. 자기 재물이라는 화장용(火葬用) 장작더미 위에서 큰 대자로 누워 쉬는 어리석은 부자나, 동요하는 생각의 굽이치는 파도를 따라 오르내리는 어리석은 가난한 자나, 비록 처한 환경은 정반대이고, 그들의 기분 또한 정반대처럼 보이지만 실제로는 같은 어리석음에 속해 있는 것입니다.

이 사람은 단지 저 사람을 뒤집어 놓은 것에 지나지 않습니다. 이 사람이 부유하고 외적 재화가 풍부하였을 때는, 재화가 최고이고 재화만 있으면 모든 것이 충족하다고 생각하기 때문에 아무 근심이 없습니다. 그런데 그가 가난하고 재화가 충분치 않을 때는, 재화가 최고이고 재화만 있으면 모든 것이 충족하다고 생각하기 때문에 평안이 없습니다. 마음 졸이는 염려나 소유로 만족함이나 모두 본질적으로 같은 것입니다. 돈이나 그와 같은 재화가 많기 때문에 "내가 산 같이 굳게 섰도다"(시 30:7) 하고 말하는 사람과, 돈이나 재화가 충분히 없다고 생각해서 "아이고, 이제 나는 어찌 될꼬" 하고 말하는 사람은 환경만 서로 바꾸면 부르짖는 소리도 똑같이 바뀔 것입니다.

여러분이 보는 면에 따라 같은 모양이 오목하게 보이거나 볼록하게 보입니다. 이 면에서 볼 때는 그 모양이 둥그렇게 부풀어 올라있고, 다른 면으로 볼 때는 그 모양이 배고픈 사람처럼 훌쭉 꺼져 보입니다. 그와 같이 앞의 비유에 나오는 어리석은 부자와, 본문에 나오는 염려하고 걱정하는 사람은 사실 같은 사람인데 정반대의 양쪽 편에서 각각 보는 것이거나 같은 사람이 정반대의 환경에 처해 있는 것입니다.

그뿐 아니라, 여기서 어떻게 우리 주님이 금하시는 이 감정의 동요가 본질적으로 순전히 이방인의 태도라고 정죄하고 계시는지를 주목할 필요가 있습니다. 본문의 명령에 대한 지극히 중요한 두 가지 이유가 이어서 나오는데, 모두 "이는"이라는 말로 소개됩니다(개역개정에는 "이는"이 생략되어 있음 — 역주). 첫 번째 이유는 이것입니다. "이는 이 모든 것은 세상 백성들이 구하는 것이기" 때문이라는 것입니다. 두 번째 이유는 이것입니다. "이는 너희 아버지께서는 이런 것이 너희에게 있어야 할 것을 아시기" 때문이라는 것입니다. 첫 번째 이유는 그런 마음의 근심과 제자들의 위치는 모순된다는 교훈을 가르칩니다. 이방인들에게는 그런 마음의 태도가 지극히 자연스러운 것입니다. 자기들에게 하늘 아버지가 계시다는 것을 모르는 사람들에게는 근심하고 염려하는 것이 이상하거나 이례적인 일이 아니며, 부를 추구하는 경쟁도 마찬가지입니다. 그러나 여러분에게는 그런 마음이 여러분의 모든 신앙고백에 정반대 되며, 여러분의 모든 믿음에 전혀 맞지 않고, 여러분에게 여러분을 돌보시는 하나님 아버지가 계시고, 하나님의 사랑이면 충분하다는 위대한 진리를 완전히 부인하는 것입니다. 여러분이 그런 염려와 근심에 굴복할 때마다 순전히 이방인의 위치로 내려가고 있는 것입니다. 그것은 명확한 말씀입니다. 우리 주님께서는 여기서 견고한 손으로 날카로운 해부용 칼을 휘둘러 추한 종양을 가차 없이 잘라내어 보여 주십니다. 사람들은 악한 것으로 선고된 그 종양에 아주 명예로운 많은 이름들을 붙입니다. 이를 테면, "유비무환"이라든가 "모든 사람 앞에서 선한 일을 도모하라"든가, 그리고 사람들이 비기독교적인 세속적인 정신에 광택을 내고 금빛이 나게 하는데 사용하는 그 밖의 많은 이름들을 붙입니다.

그 자체로 아주 옳고, 예수 그리스도께서도 반대하는 말을 한 마디도 한 적이 없으신 이와 같은 표현에 의해 올바른 것으로 이야기되는 행동과 감정들이 있습니다.

그러나 우리가 합리적인 예측이라고 부름으로써 잘못 생각하고 있는 많은 것이, 실상은 하나님께 대한 뿌리 깊은 불신이며, 많은 실천적 이교 정신이 "타당한 사려분별"이라는 모습으로 우리 생활에 몰래 들어온 것입니다. 세상의 일반적인 격언들이 덕스러운 이름으로 많은 것들을 그럴 듯하게 보이게 하지만, 그럴지라도 그것들은 여전히 악한 것입니다.

그리스도인들이 생각을 마비시키는 모순에 무심코 빠져들지 않도록 하려면, 물질적인 부에 대한 염려와 외적인 미래 생활에 대한 준비의 참된 한계에 대해 조심하는 이것만큼 경계해야 할 영역이 달리 있는지 나는 모르겠습니다.

우리 중 특별히 사업에 종사하는 사람들과 상업적인 대도시에 사는 사람들 가운데 도처에서 다 옳다고 채택하는 이교도 수준에 떨어지지 않는 것을 힘들어 하는 사람들이 있습니다. 그런 사람은 돈이면 다 된다고 하고, 재산을 모은 사람이 행복한 사람이라고 하는 실천적 믿음에 저항하기가 쉽지 않습니다. 세상적인 이익에 대한 그릇된 평가가 우리 주변에 퍼져 있습니다. 그래서 조심해야 합니다. 그렇지 않으면 우리가 어디 있는지를 알기도 전에, 정신을 잃게 하는 독을 들이마시고, 거기에 마취되어 맥박이 약해지고 정신이 희미하게 될 것입니다. 우리는 특별히 주의하고 기도할 필요가 있습니다. 그렇지 않으면 참으로 우리 가운데 많은 사람에게 "어두울 때 퍼지는 전염병"(시 91:6)인 이 교묘한 위험을 피하지 못할 것입니다.

그러므로 이 같이 세속주의적인 생각들 때문에 요동치지 않도록 해야 합니다. 왜냐하면 그 모든 생각의 뿌리는 하늘에 계신 여러분의 아버지에 대한 이교도적인 불신이기 때문입니다.

다음에, 끝으로 우리에게는 모든 동요에 대한 치료법이 있습니다. 여기서 그리스도께서는 "너희 아버지께서는 이런 것이 너희에게 있어야 할 것을 아시느니라"는 말씀으로, 우리가 이기는데 사용할 수 있는 유일한 무기를 우리 손에 쥐어 주십니다. 폭풍우에 이리저리 뒹구는 영혼들에 참된 정박지가 있습니다. 즉 방파제 밖에서는 아무리 바람이 불고 파도가 칠지라도 육지로 둘러싸여 안전한 정박지가 있습니다.

나는 여기서 우리 주님이 인생의 사실들이 우리가 순종하도록 내버려 두지 않을 명령을, 다시 말하자면 우리가 믿는다면 우리가 요동하지 않도록 지켜줄 확고한 진리를 주님께서 가르쳐 주시지 않았다면 그렇게 될 명령을 주시는 것처럼 보인다고 말했습니다. 감정의 상태와 마음의 기분에 대한 일반 도덕가의 훈계나 경고에 귀를 기울이는 것만큼 쓸데없는 짓은 없습니다. 우리는 자신의 감정을 아주 부분적으로밖에 통제하지 못합니다. 삶이 우리가 평온하게 하려고 한다고 해서 평온해지지 않습니다. 그러나 우리는 우리의 기분을 지배할 어떤 진리를 생각하는 일은 할 수 있습니다. 여러분이 정죄하는 감정을 일으키는 한 가지 생각을 다른 어떤 생각으로 대치할 수 있다면, 잘못된 감정은 저절로 수그러들 것입니다. 그것은 마치 증기를 잠그면 방적기의 굴대가 멈추고, 증기를 다른 방향으로 보내면 물방아바퀴가 멈추는 것과 같습니다. 그래서 그리스도께서는 우리에게 소중히 품어야 할 위대한 사상을 주십니다. 우리가 그 생각을 마음속에 제대로 품으면 평안해질 것을 아시기 때문입니다. "너희 아버지께서는 이런 것이 너희에게 있어야 할 것을 아시느니라." 확실히 이 말씀이면 마음을 평온하게 하는데 충분합니다. 우리가 그 말씀을 믿는다면, 우리가 근심해야 할 이유가 무엇이며, 어떻게 근심할 수 있겠습니까?

"그가 아시느니라." 이 말씀에는 하나님의 마음과 자원에 대한 참으로 놀라운 확신이 조용히 드러납니다! 하나님 아버지께서 여러분이 필요로 하는 것을 아신다면, 여러분은 부족한 것이 없으리라는 것을 확신할 수 있습니다. "그가 아시느니라." 하나님의 아버지와 같은 마음이 우리의 필요를 아시고 공급하신다는 보증입니다. 하나님께서는 우리의 필요를 아는 것과 공급하시는 것이 하나이고 같은 것입니다. 우리에게 보장되어 있는 하나님의 깊은 자원의 보고는 다함이 없어서 우리의 필요가 하나님의 충만함을 넘을 수 없고 우리처럼 하나님께서는 아시고도 위로할 수 없는 슬픔이 없으며, 채울 수 없는 부족도 없습니다.

하나님께서 아시는 것으로 충분합니다. "두말할 나위가 없습니다." 일단 우리가 그 위대한 진리의 빛 안으로 들어간다면, 근심의 무거운 짐이 우리 어깨에서 사라집니다. 사람이 인생의 모든 변화와 폭풍우 가운데서도 평온할 수 있는데, 평정심을 가지려고 노력하거나 순전히 의지의 힘으로 감정을 억누르거나 어떤 사실들을 무시함으로써가 아니라, 그냥 이 진리를 늘 마음에 둠으로써 그같이 할 수 있습니다. 조용한 달이 하늘 가득 퍼져 있는 어둠을 은은한 빛으로 깨끗이 물러가게 하는 힘이 있듯이, 그 진리가 모든 근심을 흩어 버립니다.

이 명령을 실행하는 방법에 대한 또 다른 실제적인 충고의 말씀이 "너희는 먼저 하나님의 나라를 구하라"는 말씀으로 이어지는 문맥에 의해서 제시됩니다.

배의 키를 붙드는 튼튼한 손이 없어서 파도가 배의 측면을 칠 때는 배가 아주 요동을 칠 수밖에 없습니다. 그렇게 되면 배는 파도의 놀이 꺼질 때는 요동치고 바람이 부는 대로 떠돌아다닙니다. 배를 흔들리지 않고 안정되게 할 방향이 두 가지가 있습니다. 한 가지는 뱃머리를 할 수 있는 대로 바람이 부는 방향에 가깝게 맞출 때입니다. 또 한 가지는 배가 바람을 등지고 나아갈 때입니다. 둘 중의 어느 방향이든 배의 옆구리에 부딪히는 파도에 물을 뒤집어쓰는 것보다 조용할 것입니다. 우리는 이 사실에서 한 가지 교훈을 끌어낼 수 있습니까? 여러분이 항해할 때 할 수 있는 대로 이리저리 뒹굴지 않으려면 키를 단단히 붙들고 있어야 합니다. 배가 파도의 골에 들어가 있지 않도록 하고, 배의 우측으로 바람을 맞으면서 가든지 아니면 바람의 방향에 가깝게 맞추면서 나아가도록 해야 합니다. 말하자면 여러분이 나아가려고 하는 분명한 목표를 갖고 그 목표를 향하여 똑바로 가도록 진로를 유지해야 한다는 것입니다. 그리스도께서 여기서 그와 같이 우리에게 말씀하십니다. 흔들리지 말고 하나님 나라를 추구하라는 것입니다. 더 고귀한 선을 명확하게 추구하는 것이 저급한 염려들을 잠재울 것입니다. 하나님의 주권적인 뜻에 전심으로 복종하려는 매일의 노력에서 끌어내는 적극적인 에너지가 나를 날뛰는 온갖 욕망과 불길한 예측에서 구해줄 것입니다. 내가 하나님 나라를 추구하는 일에 몰두하고 있으면 외적인 것들에 대해 염려할 한가한 시간도 없고 그런 경향도 없을 것입니다. 그와 같이 "버티고 서서 똑바로 앞으로 나아가라." 그러면 순조롭게 앞으로 나아가게 될 것입니다.

또한 우리는 다른 항로를 시도하여 폭풍을 등지고 나아가야 할 때가 있을 것입니다. 이럴 경우에는 다시 한번 동요는 최소한으로 줄어들 것입니다. 쉬운 말로 하자면, 이것은 "바람과 파도가 제멋대로 하게 내버려 두라"는 것입니다. 단념과 순종의 힘을 즐거이 발휘하여 바람과 파도에 따르라는 것입니다. 온갖 폭풍이 바다 위에서 소용돌이 칠 때에도, 그 폭풍을 "하나님의 말씀을 이루는" 하나님의 사신임을 깨달아야 합니다. 순종이란 키를 놓은 채, 파도가 기우는 대로 우리를 이리저리 내팽개치는 강풍에 자신을 맡기는 것이 아닙니다. 순종은 파도가 산처럼 높이 굽이치는 동안에도 파도의 힘으로부터 자유롭게 해줍니다.

그때 여러분은 아버지 하나님에 대한 지식을 굳게 신뢰하고, 정력적으로 그 나라를 추구하십시오. 하나님의 변함없는 섭리의 다양한 방법들을 조용히 받아들이십시오. 이렇게 할 때, 여러분은 인생의 폭풍 가운데서도 "이같이 여호와께서 그들이 바라는 항구로 인도하시는도다"라는 행복한 생각과 함께 마음에 평안을 유지하게 될 것입니다.

47
종들이 갖추어야 할 준비

"허리에 띠를 띠고 등불을 켜고 서 있으라
너희는 마치 그 주인이 혼인 집에서 돌아와
문을 두드리면 곧 열어 주려고 기다리는 사람과 같이 되라"
눅 12:35,36

이 말씀을 들을 때 우리는 나팔 소리를 들은 것처럼 깨어 일어나야 합니다. 그런데 오랫동안 친숙히 들어왔기 때문에 이 말씀이 귀에 둔하게 들리고 거의 아무런 효과를 내지 못합니다. 한밤중인데 큰 집에 주인이 없습니다. 그 저택에 주인이 부재중이지만 돌아올 것으로 예상이 되자 종들이 주인을 맞이할 차비를 하느라 바쁩니다. 종마다 일하는데 방해가 되지 않도록 옷을 말아 허리춤에 끼고, 일이 제대로 되는지 보기 위해 손에 등불을 들고서, 주인이 오는 것을 제일 먼저 보려고 연신 눈을 입구 쪽으로 돌립니다. 그리스도인으로서 여러분의 생활이 그와 같습니까? 우리가 그리스도의 종이라면 마땅히 이 세 가지가 있어야 합니다. 곧 허리에 띠를 띠고, 등불을 켜들고 있으며, 기다리는 마음이 있어야 합니다. 이 준비 사항들은 예리한 시험이고 엄숙한 명령이지만 또한 큰 특전입니다. 이 명령에 복종하여 이 세 가지를 준비하는 사람들은 힘을 얻을 뿐 아니라 복도 받으며, 어떤 일이 일어날지라도 조용한 평안을 누리게 되기 때문입니다.

1. 허리에 띠를 띰.

　어린이는 누구나 동양의 긴 옷을 압니다. 사람이 어떤 일을 진지하게 하고 있음을 보여 주는 첫 번째 표지는, 그가 옷자락을 허리에 모아서 줄로 묶는 것일 것입니다.

　기독교의 봉사는 집중을 요구합니다. 사람의 모든 힘을 한가지 일에 모으는 것이 필요합니다. 즉 사람의 본성의 모든 힘을 모으고, 본성의 지극히 부드럽고 느슨한 요소들을 한데 모아 단단해질 때까지 끈으로 묶는 것입니다. 여러분이 솜털을 한움큼 가져다가 아주 단단하게 압착할 수 있다면, 솜털이 총알처럼 단단하고 무거워질 것이고, 멀리까지 나가며, 총알만큼의 충격적인 효과와 관통하는 힘을 가질 것입니다. 어떤 사람들이 쳐도 별로 타격을 주지 못하는 것은, 그들이 강한 집중력으로 힘을 모으지 않기 때문입니다.

　일반적인 일에서 성공하는 사람들과 실패하는 사람들의 차이는 지적인 면보다는 정신적인 면에 있습니다. 무슨 일이든지 성공하려면 당면한 일에 온통 힘을 집중하는 것만큼 필요한 일은 없습니다. 어떤 일에 성공하려면 우리는 모든 힘을 거기에 집중해야 합니다. 볼록 렌즈가 태양의 광선을 모으듯이 그렇게 할 때에만 우리는 어떤 일에 불을 붙일 수 있을 것입니다.

　정력적인 그리스도인의 생활이, 일반적으로 원기 왕성한 생활이 요구하는 것과 다른 조건에서 일어날 수 있습니까? 번창하는 장사꾼이 되는 것보다 성공한 그리스도인이 되는 것이 더 쉬워야 할 이유가 있습니까? 일반적인 영역에서 널리 행해지는 바로 그 법칙이 더 고귀한 부와 소유의 영역에서 작용하지 말아야 할 이유가 있습니까? 사도는 여기에 나오는 주님의 말씀을 반영하여 "너희 마음의 허리를 동이라"(벧전 1:13)고 말합니다. 참된 봉사의 첫 번째 조건은, 여러분이 힘을 집중하여 그 일을 하라는 것입니다.

　이 비유에는 또 한 가지 요건이 나오는데, 어쩌면 같은 것의 또 다른 측면일 수도 있습니다. 사람이 온 힘을 다 쏟아야 할 일이 생겼을 때, 옷을 말아 허리춤에 찔러 넣는 이유는 옷이 튀어나온 물건에 걸려 앞으로 나가지 못하는 일이 없도록 하기 위함입니다. 집중과, 분리라고 부를 수 있는 것은 함께 갑니다. 집중이 있기 위해서는 분리가 있어야 합니다. 이 둘은 서로를 필요로 합니다. 그러면서도 이 둘은 사실 외부의 방해거리들에 관해서 생각할 때나 사람 본성의 여러 면이 서로에 대해 갖는 관계에 대해 생각할 때, 동일한 것의 두 면에 지나지 않습니다.

누가가 본문 바로 앞에서 이 말씀을 기록하고 있는 것에 유의해야 합니다. "너희 소유를 팔아 구제하여 낡아지지 아니하는 배낭을 만들라 곧 하늘에 둔 바 다함이 없는 보물이니 거기는 도둑도 가까이 하는 일이 없고 좀도 먹는 일이 없느니라 너희 보물 있는 곳에는 너희 마음도 있으리라 허리에 띠를 띠라." 말하자면, 여러분의 애정을 여기 저기 사방에 퍼지르지 말고 한데 모으라는 것입니다. 여러분이 애정을 한데 모아서, 지나갈 때 찔레나 가시에 옷이 걸려 찢어지는 것 같은 일이 없도록 하고, 길게 늘어진 옷자락을 허리에 단단히 여며서, 옷이 이런 장애물에 걸리지 않도록 하라는 것입니다. 우상숭배나 썩어질 것들에 대한 열망에 붙잡혀 있는 데서 힘들여 빠져 나오는 것을 조건으로 하지 않은 그리스도인의 삶은 살만한 가치가 없습니다. 본문의 교훈은 주님의 사랑하시는 사도가 온유하던 입술을 날카롭게 하여 "누구든지 세상을 사랑하면 아버지의 사랑이 그 안에 있지 아니하니라"(요일 2:15)고 선언할 때의 그 엄숙한 교훈과 같은 것입니다. "허리에 띠를 띠라"는 것은 마음과 소원과 노력을 썩어질 것에서 분리하고, 덧없는 재물과 세상의 귀하다고 하는 것들의 속이는 헛된 광채에서 들어 올려 하나님 우편에 있는 실재와 영원에 두라는 것입니다. "너희 보물 있는 곳에는 너희 마음도 있고" 오직 거기에서만 보물이 하나님처럼 확실히 있고 하나님처럼 영원히 있기 때문에, 마음이 실망으로 괴로울 일이 없고 상실로 인해 피 흘려 죽을 일이 없기 때문입니다. "허리에 띠를 띠라."

그 다음에 이 두 가지 준비의 결과로 또 한 가지 일이 제시됩니다. 허리에 띠를 띠는 것은, 집중과 분리를 상징하는 것일 뿐만 아니라 집중과 분리가 필요한 일을 또한 상징합니다. 그것은 정신을 차리고 봉사할 준비를 하는 일입니다. 허리끈을 단단히 조이고 주인 앞에 서 있는 종은, 그 차림새로서 그가 언제 어디로 분부를 받든지 곧 달려갈 준비가 되어 있음을 나타냅니다. 옷을 허리춤에 묶는 것은 단지 몸에 힘을 받쳐 주기 위한 것만이 아니라, 몸에 힘을 받쳐 준 다음에는 우리가 무슨 일이든지 할 수 있도록 하기 위함입니다. 종의 어떤 의무든지 충실히 이행하는데 필요한 그 태도는, 우리에게 무슨 봉사든지 명할 수 있는 주님께 지극히 고상한 의무와 고귀한 봉사를 이행하는데 무엇보다 필요합니다.

성경에는 이 은유가 적용되는 상징이 세 가지 있습니다. 군사는 전장터에 뛰어들기 전에 허리에 힘을 받쳐 줄 수 있도록 가죽 벨트의 구멍을 한 칸 줄여서 맵니다. 그러면 그는 격렬한 싸움을 치를 수 있도록 온 힘이 한데 모이는 것을 느낄 수 있습니다. 그리스도인 군사도 바로 이같이 해야 합니다. "그런즉 서서 진리로 너희 허리띠를 띠라"(엡 6:14).

여행자는 먼 길을 떠나기 전에 옷을 여미며 준비합니다. 그렇듯이 우리도 "인내로써 우리 앞에 당한 경주를 해야 하고"(히 12:1) 우리의 의복이 아무리 정교하게 수를 놓은 것이라 할지라도 발 밑에서 펄럭거리며 달리려고 할 때 방해가 된다면 경주에 결코 도움이 되지 않을 것입니다.

우리 주님께서도 스스로 종의 형체를 취하셨을 때 "수건을 가져다가 허리에 두르셨듯이"(요 13:4), 종은 일을 하기 위해 옷을 걷어 올리고 허리띠를 졸라매야 합니다. 주님의 종들은 주님의 모범을 따라 불필요한 옷들은 치워 버리고 봉사할 준비를 단단히 해야 합니다. 이렇게 군사로서, 순례여행자로서, 종으로서 일을 하기 위한 조건은 허리에 띠를 띠는 것입니다.

2. 그 다음에 등불을 갖추어야 합니다.

우리가 성경에 나오는 상징의 유추에 따르면, 그 상징에는 의미가 있으므로 이 상징을 이전의 상징과 나란히 놓아 볼만한 일입니다. 여러분은 그리스도께서 산상수훈에서 팔복의 말씀에 바로 이어 행하신 첫 번째 권고를 아실 것입니다. "너희는 세상의 소금이라 너희는 세상의 빛이라 사람이 등불을 켜서 말 아래에 두지 아니하고 등경 위에 두나니 이같이 너희 빛이 사람 앞에 비치게 하여 그들로 너희 착한 행실을 보게 하라." 그 열쇠를 사용하여 이 알기 어려운 말씀을 해독한다면, 허리에 띠를 띤 종이 어둠 속에서 들어야 하는 등불은 그리스도인들이 볼 수 있게 행하는 행위들의 총합을 가리킵니다. 이 행위들로부터 순결하고 친절한 빛이 번쩍일 수 있는데, "사악한 세상에서는 선한 행실이 그처럼 빛이 나는" 것입니다. 그리스도인 종이 들어야 하는 등불은 위로부터 빛을 받은 성품이며(그리스도인의 성품은 불을 붙이는 등이고, 빛은 파생되는 것이기 때문입니다), 불이 켜진 내실로부터 따뜻한 환대와 좋은 성찬을 기대할 수 있게 하는 빛을 주변의 캄캄한 어둠에 흘려보내는 성품입니다.

그러면 그리스도인의 빛나고 순수한 성품의 증시와 주님의 그 권고 사이에 무슨 관계가 있습니까? 여러분이 허리에 띠를 띠지 않으면 등불이 꺼질 것입니다. 정신을 바짝 차린 준비된 종의 집중하는 노력과 계속해서 분리를 반복하는 일, 매일 같이 "내가 여기 있나이다 나를 보내소서"(사 6:8) 하고 새롭게 말씀드리는 일이 없다면, 생활을 통해서 빛을 비추거나 성품의 아름다움을 보여 주는 일은 없을 것이며, 그리스도인의 미덕을 발휘하는 일에 어둠이 스며들 것입니다. 종종 겨울밤에 별이 갑자기 흐릿해지는 때가 있는데, 얇은 구름이 별과 우리 사이에 끼어들어 별의 광채를 흐릿하게 만들어 보이지 않게 된 것뿐입니다. 그렇듯이 끊임없이 집중과 분리가 있지 않는 한, 그리스도인의 성품을 어둡게 하는 일이 생길 것입니다. 여러분의 등불이 밝게 타오르기를 바라십니까? 여러분의 등잔을 손질하십시오. 여러분이 허리에 띠를 띨 때, 등잔을 손질하십시오.

3. 끝으로, 기다리는 마음이 있어야 합니다.

기대하는 태도는 예언의 시기에 관한 이론과 상관없습니다. 그리스도께서 오실 때까지 우리가 "그 날과 그 때를 알지 못하는"(마 25:13) 것이 그리스도의 뜻입니다. 아마도 우리 대부분이 그렇듯이 우리는 주님께서 오시기 전에 죽을 것이라고 믿을 수 있습니다. 그럴 것입니다. 그렇게 믿는다고 해서 기대하는 태도에 영향을 받을 필요는 없습니다. 왜냐하면 그리스도께서 우리에게 오시는 것이나 우리가 그리스도께 가는 것이나 본질상 같은 일이 벌어지는 것이기 때문입니다. 우리 개인이 이 덧없는 세상과 맺고 있는 관계가 끝나는 때를 확실히 모른다는 점이, 우리 주님의 오심에 대한 기대와 똑같이 우리의 소망에 영향을 미치며, 우리 삶에 비슷한 효과를 미치게 되어 있습니다. 말 그대로 주님의 오심이 어떨 것이라고 기대하든지 간에, 우리의 생각 속에서 그 미래는 매우 확실하고 현실적이며 매우 가까이 있고, 습관적으로 생각하는 주제로서 끊임없이 우리 마음과 행동에 영향을 끼칩니다.

슬프게도 우리가 그 미래를 내다보며 우리 주님을 만날 것을 전혀 생각하지 않거나 어쩌다 한 번씩 생각한다면, 우리가 허리에 띠를 띠거나 등불을 켤 기회가 많지 않을 것이라고 생각합니다.

그리스도인 성품의 빛나는 미점을 보여야 할 뿐 아니라 집중과 분리, 봉사할 준비를 해야 하는 중요한 한 가지 동기는 그리스도의 두 가지 오심을 생각하는데서 찾을 수 있습니다. 우리는 항상 십자가를 돌아보고 그리스도의 보좌를 바라보며 그리스도를 올려다보아야 합니다. 우리가 그리스도와 함께 만나는 것을 늘 생각한다면, 기꺼이 모든 것을 그리스도께 넘겨드리고, 그리스도의 지극히 고상한 지식을 얻는 것 외에는 모든 것을 버리고, 그리스도께서 무엇을 명하시든지 즐거이 그리고 기쁘게 행하려고 할 것입니다.

그리스도인이라고 하는 사람들 가운데 그토록 많은 수가 허리띠를 풀고 옷을 늘어뜨리고 있으며 가지고 있는 등불에서는 연기가 자욱하고 악취가 나며 추한 빛을 내는 이유는 그들이 십자가를 거의 돌아보지 않고 크고 흰 보좌(계 20:11)도 별로 바라보지 않기 때문입니다. 그러나 엄숙한 이 두 가지 광경은 우리가 현재라고 부르는 것에 대한 저속하고 주제 넘는 망상보다 훨씬 더 현실적입니다. 현재는 그림자이고, 그 두 가지 광경이 실체입니다. 현실은 겨울 밤하늘에 번쩍 하고 빛나는 북극광처럼 잠시 나타나는 장면에 불과하고, 이 두 광경이야말로 우리의 진로를 비추는, 지지 않는 항성들입니다. 그러므로 우리는 하찮은 것들과 허위 투성이인, 사람들을 현혹시키는 현재에서 눈을 돌려 죽으신 그리스도를 돌아보고, 오실 그리스도를 바라보도록 합시다. 그래서 우리가 역사와 소망, 곧 그리스도께서 오셨다는 것과 오실 것이라는 이 두 가지 사실에 근거하여 믿음을 기르면, 모든 경건이 활기를 띠고 모든 진지함이 열정으로 불타오르며, 희미하던 등불이 찬란한 광채를 내며 타오르는 것을 알게 될 것입니다.

그리스도께서는 여기서 나란히 나오는 두 인물 가운데 한 인물로 오십니다. 자기를 기다리는 종들에게 그리스도는 허리를 동이고 수종들 주인으로 오십니다. 자기를 기다리지 않는 자들에게는 그리스도께서 도적같이 오시는데, 갑작스럽게 오는 면에서 뿐만 아니라 오는 것을 환영하지 않는 면에서도 그렇습니다. 오셔서 그들이 간직하고 싶어 하는 것을 빼앗고 그들이 갖지 말았어야 할 것들을 그들에게서 끌어내실 것입니다. 그리스도께서 우리에게 기쁨으로 오실지, 아니면 두려움과 재판장으로 오실지는 우리가 주님을 기다리고 지켜보며 섬기고 주님을 증거하느냐 하지 않느냐에 달려 있습니다.

48
종이신 주님

"주인이 와서 깨어 있는 것을 보면 그 종들은 복이 있으리로다
내가 진실로 너희에게 이르노니 주인이 띠를 띠고
그 종들을 자리에 앉히고 나아와 수종들리라"

눅 12:37

예수 그리스도를 제외하고는 어느 누구도 이런 말을 하려고 생각지 못했을 것입니다. 왜냐하면 우리가 신약에서 하늘에 있는 온전한 영들이 그리스도와 갖는 관계에 대해 얼핏 알 수 있게 하는 말씀들이 놀랍고 다양하지만, 그 말씀들 가운데 어떤 것도 본문의 말씀만큼 깊이 통찰하고 높이 올라가며 무한한 복을 말하지 않기 때문입니다. 그리스도께서는 언제나 자기 말에 주목하게 하려고 하시거나 이제 막 선언하려고 하는 말을 강조할 때 쓰는 엄숙한 단언으로써 본문의 말씀을 시작하는 것이 필요하다고 생각하셨습니다. "내가 진실로 너희에게 이르노니," 본문의 말씀에 대해 주께서 이같이 말씀하시지 않았다면, 우리는 믿기를 주저했을지 모릅니다. 그리고 주께서 친히 이렇게 말씀하셨는데도 믿기를 주저하는 동안은, 우리는 그 말씀의 헤아릴 수 없는 깊이를 재거나 다 알지 못하고, 그 말씀을 부분적으로밖에 알지 못하기 때문에 애정을 품고 공경하는 마음으로 겸손히 그 깊이를 알아보려고 하지 않습니다. "주인이 띠를 띠고 그 종들을 자리에 앉히고 나아와 수종들리라."

1. 여기서 우리는 무엇보다 종이신 주님에 대한 놀라운 계시를 봅니다.

　존엄하신 그 이름이 본문의 문맥에서 거듭 거듭 사용되고, 그렇게 함으로써 종에게 수종 들겠다는 약속을 여기서 놀랍게 수락하심을 더욱 보여 주시기 때문입니다. 이 말씀이 주목할 만한 것은, 말씀을 들을 때 통치와 봉사, 권세와 복종을 생각하게 되듯이, 그 말씀이 서로 상반되는 두 개념을 아주 밀접하게 연결시키기 때문만이 아닙니다. 이 말씀은 또한 군주가 친히 취하는 천한 종의 직무의 모든 단계를 아주 특이하게도 상세히 기술하고 있기 때문입니다. 첫째로, 허리에 띠를 띠는데, 이것은 종의 차림새를 하는 것입니다. 그 다음에 놀라서 말을 못하고 있는 손님들을 비스듬히 기댈 수 있는 소파로 안내합니다. 그 다음에, 이렇게 해서 손님들이 식탁 자리에 앉으면, 나와서 시중들며 필요한 모든 것을 가져다줍니다. 이 광경을 읽을 때 우리는 요한복음에서 그리고 있는 놀라운 장면이 생각납니다. 거기에서 우리는 위엄과 봉사라는 두 가지 사상이 이같이 서로 깊게 의존되어 있는 형식으로 결합된 것을 봅니다. "아버지께서 모든 것을 자기 손에 맡기신 것과 또 자기가 하나님께로부터 오셨다가 하나님께로 돌아가실 것을 아시는" 주님께서는 자신의 무한하고 우주적인 통치를 이렇게 사용하셨습니다. "겉옷을 벗고 수건을 가져다가 허리에 두르시고 제자들의 발을 씻으셨습니다"(요 13:3-5). 이같이 하심으로 주님은 본문이 또 다른 형태로 조용히 가르치는 것을 가르치십니다. 즉 가장 높은 권위는 가장 낮은 봉사를 하도록 하기 위한 것이고, 권능의 목적은 복을 주기 위함이며, 존엄의 표시와 특징은 자기를 낮추는 것이고, 우주를 다스리는 왕관을 모든 이의 종이신 주께서 쓰신다는 것을 가르칩니다.

　주님의 신적인 행위 전반에 적용되고, 특별히 섬김을 받기 위해서가 아니라 섬기기 위해서 오신 주님의 지상 생애에 특별히 적용되는 일반적인 사상을 넘어서서, 본문은 세상과 대조되고 장차 천국에서 실현될 그리스도의 섬기는 사랑과 능력을 특별히 나타내는 면들을 보여 줍니다. 본문의 말씀은 그 앞에 나온 "허리에 띠를 띠라"는 명령과 일치하며, 어느 정도 같은 근거 위에 서 있고 같은 사상을 나타냅니다. 그리스도께서 이 말씀으로 우리에게 보여 주신 사상들을 생각할 때, 우리는 아주 공손하게 그리고 겸손하게 감히 이렇게 말할 수 있을 것입니다. 주님께서는 영화롭게 하신 자신의 종들에게 복을 주시는 일에 모든 능력을 모아 사용하신다고, 또 이 은유를 통해서 주님이 친히 비천한 직무를 맡으실 뿐만 아니라 천국에서 자기 식탁에 앉는, 복 받은 자들을 복 주시기 위해 주님의 현재와 과거의 모든 것을 사용하신다고 감히 말할 수 있을 것입니다.

땅에서 그리스도께서 인성을 취하실 때 종의 형체를 입으셨는데, 거기에는 주께서 자기 영광을 비우시는 일이 따랐습니다. 요한복음을 보면, 내가 이미 언급한 그 상징적인 사건에서 주께서는 봉사의 표지로 허리에 띠를 띠시기 전에 옷을 벗으셨습니다. 그러나 영화롭게 되신 주님의 그 놀라운 봉사에서는 수종 들기 전에 옷을 벗으실 필요가 없습니다. 주님의 수종을 받으며 음식 먹기를 기대하는, 온전케 된 영들을 기쁘게 하고 그들의 필요를 채우는 이 위대하고 복된 목적을 이루는 일에, 우리 주님께서는 그의 인성을 통해서 빛나며, 인성으로 말미암아 우리의 형제이시면서 또한 만왕의 왕이시고 우주의 주재이신 주님의 빛나는 모든 신적 영광을 사용하십니다. 주께서 수종 들기 위해 허리 띠를 띠시는 것은, 주께서 자신의 위엄을 낮추시고 능력을 베푸심을 나타낼 뿐만, 아니라 주께서 지키고 복 주시는 자들의 복을 위해 주님 자신의 인격과 모든 소유를 사용하심을 또한 나타냅니다.

종이신 주님을 그리고 있는 이 놀라운 묘사에서, 왕위에 오르신 그리스도께서 영속적으로, 그리고 이렇게 말할 수 있다면 점점 더 자신을 낮추심을 어떻게 가르치고 있는지에 대해서는 여러분에게 새삼스럽게 말할 필요가 없을 것입니다. 세상에 계실 때 그리스도는 온유하고 거룩하셨습니다. 그런데 하늘에 오르신 뒤에 그리스도께서는 더 높이 된 곳에서 몸을 낮추시므로, 더 온유하시고 훨씬 더 겸손하신 것입니다. 형제를 위해 모든 보화를 미루신, 사랑이 깊고 온유하며 은혜로운 그 마음이 이제는 한때 노예의 거친 수건을 두르셨던 허리에 이제는 왕의 금띠를 두르고 계십니다. 그리스도께서는 자기를 의지하는 자들에게 영원히 주이시기 때문에 또한 그들에게 영원히 종이십니다. 여기서 우리는 섬김이 곧 통치라는 것을 배웁시다. "우리 가운데 으뜸인 자"는 으뜸이기 때문에, "모든 사람의 종"이 되어야 하고 모든 사람의 돕는 자가 되어야 합니다.

2. 섬김을 받는 종과 섬기는 종에 대해 생각해 봅시다.

본문의 이 위대한 말씀에는, 주님께서 이같이 섬기고 수종 드는 사람들의 조건에 관해서 분명하게 암시하는 두 세 가지 사상이 있습니다. 이 사상들은 우리 모두가 익숙히 알고 있는 것이어서 길게 설명할 필요는 없고, 간단히 몇 마디만 언급하도록 하겠습니다. "주인이 그 종들을 자리에 앉히고." 많은 사람들이 알고 있듯이, 앉는다는 이 말은 사실 좀 더 편히 쉬는 자세를 나타냅니다. 그래서 "주인이 그들에게 편히 기대어 음식을 먹게 하리라"는 말씀입니다. 바로 앞에서 "허리에 띠를 띠고 등불을 켜고 서 있으라 너희는 마치 주인을 기다리는 사람과 같이 되라"는 명령으로 그랬듯이, 수고하고 애쓰는 모습과는 참으로 대조가 되는 광경입니다. 이 세상에서는 온 힘을 모으고, 돌풍에 불이 꺼지지 않도록 어둠 가운데서 조심스럽게 등불을 잘 간수하는 일이 필요하며, 주님이 오시는지 귀를 쫑긋 세우고 눈을 부릅뜨고 지켜보아, 주님의 오심을 미처 준비하지 못하거나 문을 활짝 여는 것을 지체하는 일이 없도록 해야 합니다. 그러나 그때는 긴장을 풀고 허리띠도 풉니다. 고통스런 수고를 할 필요가 없고, 냄새를 피우며 희미하게 타는 등불은 치워 둡니다. 오실 분의 발소리를 듣기 위해 온 신경을 모으는 일이 더 이상 필요가 없습니다. 그 분이 이미 오셨고, 그래서 기대가 이루어져 친교와 결실을 누리기 때문입니다. 잔뜩 긴장한 근육을 풀 수 있고, 수고와 피곤 대신에 주께서 준비하신 편안한 소파에서 휴식을 취할 수 있습니다. 이 사상이 오래되고 진부하게 들리지만, 수고하는 우리들에게는 한 번 획 하고 부는 신선한 공기처럼, 혹은 어둠 속에 갇혀 일하는 광부의 갱도 맨 끝에서 멀리 희미하게 비치는 한낮의 빛처럼 언제나 상쾌함을 가져다줍니다. 우리 모두에게 휴식을 가져다주는 복된 미래를 이같이 보여 주는 이 귀한 말씀은, 수고의 무거운 짐을 지는 괴롭고 피곤한 마음에는 참으로 놀라운 증거가 아닐 수 없습니다! 그때는 옷을 느슨하게 풀고 다닐 수 있습니다. 길이 금으로 포장되어 있어서 옷이 더러워질 염려가 없고, 찔레나 가시 때문에 옷이 걸릴 일도 없으며, 너무 힘들거나 고통스러워서 피하고 싶은 일도 없기 때문입니다. 거기에는 노동과 염려와 변화와 상실의 두려움으로부터 벗어난 안식이 있습니다. 여행과 산고에서, 지친 팔다리와 더 지친 마음에서, 갈등과 죄에서, 삶을 불안하게 만드는 모든 것에서 벗어난 휴식이 있습니다.

더 나아가서, 이 위대한 약속은 그리스도께서 쉬는 종들에게 주시는 지극히 만족스럽고 영원한 음식을 받을 수 있는 역량을 갖출 때까지만 지속되도록 허용된 모든 부족에 대해서도 채워 주시겠다는 것을 우리에게 보장합니다. "그들이 다시는 주리지도 아니할지라도" 식욕은 언제나 있을 것입니다. "다시는 목마르지도 아니할지라도"(계 7:16) 생명수 샘물을 마시고 싶은 마음은 언제나 더 깊이 생길 것입니다. 소원과 갈망은 다릅니다. 갈망은 고통이지만 소원은 복된 상태입니다. 그래서 공급품이 쏟아져 부족을 채우고 넘치기 전에 잠깐 동안 존재하는 필요 의식 때문에 우리가 부족한 것을 알게 된다는 것이 우리가 감히 내다볼 수 있는 복된 상태 가운데 하나입니다. 이 세상에서 우리는 바람과 갈망과 필요 때문에 괴로움을 겪으며 삽니다. 우리 속에서 먹을 것을 달라고 울부짖는 온갖 굶주린 입들을 모아 놓은 동물원 속에서 사는 것입니다. 저기에서 우리는 주님을 기다리면 주께서 때에 맞게 우리 먹을 음식을 주십니다.

본문의 그림은 등불, 사고, 기쁨, 등과 같이 잔치를 생각나게 하는 모든 개념들도 전달하는데, 이 점들을 생각할 필요는 없을 것입니다. 그러나 한 가지 대비되는 점만을 말씀드리도록 하겠습니다. 여기 땅에서 종으로 계셨을 때 그리스도의 사역이 제자들의 발을 씻는 일로써 상징되었는데, 그 행위는 손님들이 잔치에 들어갈 수 있도록 준비시키는 일 가운데 하나였습니다. 하늘에서 그리스도의 사역은 발을 씻기는데 있지 않습니다. "목욕한 자는" 거기에서 영원히 "온 몸이 깨끗하기"(요 13:10) 때문입니다. 그래서 그리스도의 사역은 땅에서의 봉사와 정결의식을 통해 풍성한 잔치에 들어가도록 손님들을 보살펴 주는데 있습니다. 종이신 그리스도는 여기서 그의 피로 우리의 죄를 씻으시되, 사죄하심의 첫 행위로써 그리고 진흙투성이의 인생길에서 묻은 오염들에 그 피를 끊임없이 부음으로써 죄를 씻어 우리를 섬기십니다. 주이시며 종이신 그리스도께서 하늘에서는 자기 종들을 깨끗이 하여 식탁으로 인도하시고, 모든 영혼을 사랑과 주님 자신으로 채움으로써 그들을 섬기십니다.

그러나 이 모든 사실이 이야기의 절반에 지나지 않는다는 것을 생각하시기 바랍니다. 우리 주님은 이 세상에서 하늘의 보상들을 우리에게 충분히 보여 주시지 않고, 그 한 면만을 이야기하실 뿐입니다. 휴식, 사교, 기쁨, 만족, 이런 모든 것은 다 참말입니다. 그러나 하늘에서는 소파가 놓여 있지 않고 잔치 음식을 먹지 않습니다. 누가복음서에서 이 은유가 또 다르게 사용됩니다. 거기에서는 이 은유가 처음 볼 때는, 이것과 정반대되는 것처럼 보입니다. 주님께서 이렇게 말씀하셨습니다. "너희 중 누구에게 밭을 갈거나 양을 치거나 하는 종이 있어 밭에서 돌아오면 그더러 곧 와 앉아서 먹으라 말할 자가 있느냐 도리어 그더러 내 먹을 것을 준비하고 띠를 띠고 내가 먹고 마시는 동안에 수종 들고 너는 그 후에 먹고 마시라 하지 않겠느냐"(눅 17:7). 그런데 이 두 가지 표현은 모순된 것이 아닙니다. 그러나 두 사진을 입체 사진경으로 보는 것처럼 이 두 표현의 절반씩들을 하나로 합쳐 보십시오. 그렇게 해서 보면, 두 묘사가 합쳐져서 하나의 확실한 상을 형성할 것입니다. 그 상의 한 부분은 잔치상에 앉아 쉰다는 것이고, 다른 부분은 천국에 들어가면 봉사가 끝나는 것이 아니라 변화한다는 것입니다. 밖에서 밭을 갈 때는 더럽고 춥고 온통 진흙을 묻히는 일을 하였습니다. 그렇게 했다가, 그 사람이 땀에 젖고 더러워진 의복을 입고 피곤한 몸으로 돌아온 다음에는 일이 바뀝니다. 그는 앉아서 아무 일도 하지 말고 쉬라는 말을 듣는 것이 아니라 "내 먹고 마실 것을 준비하는" 일을 시작해야 합니다.

이렇게 종들이 섬김을 받고 또 섬깁니다. 그래서 이 두 표현은 모순된 것이 아니라 완전한 복의 개념을 보충합니다. 이렇게 말할 수 있다면, 그리스도이신 주님께서 자기 종들을 섬기도록 만드는 바로 그 이유로, 종들이 그리스도이신 주님을 섬기게 되기 때문입니다. 주인과 종의 관계의 기초를 이루는 사랑은, 그 대상에게 친절과 선을 행하는 것을 정신의 양식으로 삼습니다. 그래서 우리는 사랑하는 마음은 자기가 사랑하는 그 마음을 섬기는 것이 더 복된지, 아니면 그에게 섬김을 받는 것이 더 복된지 모릅니다. 그래서 종이신 주님과 종들은 섬기고 또 섬김을 받는데, 동일한 동기에 의해 그 둘 사이를 왔다갔다 하며, 그 직무와 사랑의 표시를 교환하기를 기뻐합니다.

3. 하늘의 안식에 이르는 세상의 봉사에 대해 생각해 봅시다.

그리스도의 세상 봉사에 관해서는 이미 말씀드렸고, 무엇보다 우리가 하늘에서 주님이 자기 종들을 섬기시는 일에 참여하려면 주께서 그의 피를 통하여 그리고 우리 안에 거하시는 성령으로 말미암아 정결케 하심에 참여해야 한다는 것을 말씀드렸습니다. 그러나 우리가 여기 이 땅에서 행해야 하는 봉사도 있습니다. 이 봉사는 이 세상에서 약속된 놀라운 것들을 우리가 받기 전에 먼저 행해야 하는 것입니다. 그리고 그 봉사의 성격이 본문 앞에 나오는 말씀에서 분명하게 기술됩니다. "주인이 와서" 어떤 일을 하는 것을 "보면 그 종들은 복이 있다"고 하였는데, 어떤 일이란 무엇을 말합니까? 자신을 개선하려고 하는 일을 말합니까? 하나님의 계명에 순종하려고 애쓰는 것을 말합니까? 아닙니다. "주인이 와서 깨어 있는 것을 보면"이라고 했습니다. 장차 우리가 우리의 종시자 주님이신 그리스도로부터 섬김을 받을 수 있게 하는 것은 행위보다는 성품이며, 행위보다는 경향입니다. 이때 행위는 성품의 표지로서만 의미가 있습니다. 그리고 성품은 허리에 띠를 띰, 등불을 켬, 기다림이라는 앞에 나오는 말에서 더 분명하게 기술되는데, 이 성품은 사랑에서 나오는 것입니다. 집중과 땅에서 분리됨은 허리에 띠를 띤다는 말로 표현되고, 성품과 생활의 정결함과 거룩함은 등불로 상징이 되며, 하나님의 나라 안에서 그리스도께서 온 세상의 재판장으로 오시는 것을 바라고 피하지 않는 기대는 기다림으로 표현됩니다. 이 일들은 그리스도의 씻으시는 사역을 받아들인 터 위에서 행하는 것인데, 우리가 잔치 때 그리스도의 섬김을 받을 수 있도록 하며, 우리도 그 날에 주께서 기쁘게 오셔서 선물을 나누어 주실 자들 가운데 속할 수 있게 할 것입니다. "주인이 와서 그와 같이 깨어 있는 것을 보면 그 종들은 복이 있으리로다."

49
이 세상과 내세에서의 종과 청지기들

"³⁷ 주인이 와서 깨어 있는 것을 보면 그 종들은 복이 있으리로다 내가 진실로 너희에게 이르노니 주인이 띠를 띠고 그 종들을 자리에 앉히고 나아와 수종 들리라 … ⁴³ 주인이 이를 때에 그 종이 그렇게 하는 것을 보면 그 종은 복이 있으리로다 ⁴⁴ 내가 참으로 너희에게 이르노니 주인이 그 모든 소유를 그에게 맡기리라"

눅 12:37,43,44

물론 여러분은 이 두 구절이 형태상 매우 비슷하다는 것을 볼 것입니다. 우리 주님께서는 의도적으로 이 두 구절을 나란히 놓고, 합쳐서 생각하시려는 것이 분명합니다. 이 두 구절의 상이점들은 유사점들만큼이나 중요하고 교훈적입니다. 그래서 내가 본문으로 삼은 두 구절 가운데 두 번째 말씀을 하시게 된 계기를 짧게 생각해 보기만 해도, 이 말씀의 취지가 나타날 것입니다. 우리 주님께서 앞의 말씀과 권고를 끝내시자, 베드로가 그답게 끼어들어서 이 질문을 하였습니다. "주께서 이 비유를 우리, 곧 사도들에게 하심이니이까 아니면 모든 사람, 곧 제자들 전체에게 하심이니이까?" 우리 주님은 그 구별을 받아들이시고, 답변하시는 가운데 "우리" 곧 열두 사도가 주님을 따르는 일반 무리들보다 더 가깝다는 것을 인정하시며, 주님께서 지금까지 말씀해 오신 것을 약간 다른 형태로 되풀이하심으로써 베드로의 질문에 답변하십니다. 주님께서 앞에서는 종들에 관해 말씀하셨습니다. 이제는 "청지기"에 대해 말씀하시는데, 그 이유는 사도들이 다른 제자들에 대해서 그런 관계에 있었기 때문입니다. 즉 사도들도 집안의 다른 종들처럼 같은 종이지만, 주인에게 권위 있는 어떤 위치에 임명되었고, 종교적 교훈을 의미하는 양식을 동료 종들에게 공급할 책임을 맡은 것입니다.

첫 번째 축복은 "종들"에게 향한 것이고, 두 번째 축복은 "청지기들"에게 향한 것임에 주목할 필요가 있습니다. 첫 번째 권고는 주인이 올 때 종들이 깨어 있는 것을 볼 수 있게 하라고 요구합니다. 두 번째 권고는 주인이 올 때 종들이 자기 일을 하고 있는 것을 볼 수 있게 하라고 요구합니다. 첫 번째 권고에 약속된 보상은, 깨어 있는 종들이 주인의 집 안으로 들어가 친히 주인의 시중을 받게 될 것이라는 보장입니다. 두 번째 경우는, 신실한 청지기는 더 고귀한 일을 맡게 되리라는 보장입니다. 우리는 다 종입니다. 우리가 그리스도인이라면, 우리는 모두가 하나님의 다양한 은혜를 맡은 청지기입니다.

그래서 우리 주님께서 의도하셨던 대로, 이 두 구절에서 우리는 다음 두 가지 사실을 모아볼 수 있습니다. 즉 세상 생활의 두 측면, 곧 깨어 있음과 일함, 그리고 하늘에서의 생활의 두 가지 소망, 곧 휴식과 통치가 그것입니다. "주인이 와서 깨어 있는 것을 보면 그 종들은 복이 있으리로다." "주인이 이를 때 그 청지기가" 깨어 있는 것이 아니라 "그렇게 하는 것을 보면 그 종은 복이 있으리로다."

1. 이 세상에서 요구되는 두 가지 태도

깨어 있음에서 제일 먼저 나타나는 생각은 자지 않는다는 것이고, 두 번째 생각은 오고 있는 어떤 것을 기다리고 있다는 것입니다. 이 두 가지 개념이, 우리 주님께서 깨어 있는 종이라는 은유를 사용하시는데, 그리고 사도들의 서신서에서 풍부하게 나타나는 그 은유의 반영들에 서로 뒤섞여 있습니다. 첫 번째 일은, 모든 것이 졸음을 부추기는 졸리는 밤 동안 내내 깨어 있는 것입니다. 등잔을 손질하고 허리에 띠를 띤 지혜로운 처녀들도, 온통 밀려오는 졸음에 어느 정도 굴복하여 미련한 처녀들처럼 잠이 듭니다. 물론 이 두 계층의 잠은 서로 다릅니다. 그리스도인들은 그들 위와 주변에 있고, 또 그들 속에 있을 수도 있는, 보이지 않지만 실재하는 모든 영광에 대해 마음과 생각의 눈을 감고 이 세상의 멸시할 만한 하찮은 것들을 위해 살도록 시험하는 사물의 질서 속에서 삽니다. 사람이 잘 때 확실한 외적 현실들을 잊어버리고, 외적 사실들과 전혀 맞지 않고 "허망한 꿈처럼 수탉이 울기만 하면" 사라져 버릴, 자신의 상상이 빚어낸 공상의 세계로 들어는 것과 꼭 같이, 이 현세와 보이는 것들만을 생각하는 사람들은 자신들이 완전히 깨어 있다고 자랑하지만 존재의 가장 깊은 곳에서는 깊이 잠들어 있습니다. 그리고 그들은 소파에 누워 꿈을 꾸고 있으면서 자신이 열심히 일하고 있다고 생각하는 사람들처럼 지나고 나면 아무것도 남지 않을 망상과 씨름하고 있는 것입니다. 깨어 있으십시오. 그것이 첫 번째 할 일입니다. 분명하게 말하자면 그것은 바로 이 뜻입니다. 우리가 하나님과 그리스도를 굳게 붙잡고, 하나님과 그리스도 안에 있는 보이지 않는 모든 장엄한 것들을 굳게 붙드는 필사적인 노력을 하지 않는 한, 우리가 사는 것처럼 확실하게 하나님과 그리스도를 놓치고, 우리 주변에 그토록 많은 사람들이 빠져 있는, 마취된 듯한 병적인 잠에 떨어지게 되리라는 것입니다. 때로 그것은 마치 우리 위에 있는 하늘이 우리에게 비를 내리듯 마취제를 뿌리고 있는 것처럼, 많은 사람들이 현실을 전혀 의식하지 못하고 꿈의 망상에 우롱당하고 있는 것처럼 보입니다.

여러분은 먼저 깨어 있도록 하고, 깬 다음에는 눈을 크게 뜨고 기다리고 있어야 합니다. 그것이 바로 본질적인 차이입니다. 말하자면 무게의 중심을 현재에서 미래로 옮기고, 앞으로 올 것을 현재 있는 것이나 그동안 있었던 것보다 훨씬 더 중요하게 여기는 것이 삶에 대한 기독교적 개념의 특징이며 차별점입니다. 사람이 휘장 안에 들어가서 "지존자의 은밀한 곳"에서 쉬기까지는 결코 실현될 수 없는 것을 전 인생의 목표요 결승점으로 두고 살아가지 않는 한, 아무도 기독교적 책임이나 특전의 정점에 이르러 살아가는 것이 아닙니다. 미래를 위해서 사는 것이, 어떤 면에서 그리스도인이 무엇인지를 정의하는 개념입니다.

그런데 본문을 보면 그 미래를 기대하는 특정한 형태가 생각납니다. 미래를 기대한다는 것은 세상에서 사람들이 하듯이, 인류의 진보나 종의 진화 혹은 그와 같은 것들의 추상적인 법칙에 근거하여 미래에 소망을 두는 것이 아닙니다. 이런 모든 것이 맞는 이야기일 수도 있습니다. 그에 대해서는 아무 이야기도 하지 않겠습니다. 그러나 우리가 미래를 대할 때 생각해야 하는 것은 "이 예수는 하늘로 가심을 본 그대로 오시리라"는 것입니다. 호기심에서 나온, 주님의 재림에 대한 연대기적 계산들 때문에 그런 계산과 전혀 상관없이 품어야 하는 교회의 중요한 핵심 소망이 훼손되는 경우가 너무 많았다는 것과, 사람들이 짐승과 말, 나팔, 인, 그와 같은 상징들을 어떻게 해석해야 할지 몰랐기 때문에, 기독교 교회 전체가 그 위대한 진리를 너무 나약하게 쥐고 있다는 것은 크게 슬퍼할 일입니다. 내가 생각할 때 이 진리가 없다면, 우리 가운데 많은 사람들이 유일한 진리로 삼고 싶어하는 그 진리의 의미를 절반 정도 잃어버리게 될 것입니다. "그리스도께서 오셨다"는 복된 선언을 "그리고 그리스도께서 오실 것이다"는 말로 끝맺지 않는 한, 사람은 그 복된 선언의 전체 내용을 제대로 이해할 수 없습니다. "주인이 와서 깨어 있는 것을 보면 그 종들은 복이 있으리로다."

많은 점에서 주님의 재림이 귀중하다는 것이나, 세상과 교회에 대한 소망의 대상을 각 개인이 죽음과 관련해서 깨닫게 된다는 것은 여러분에게 굳이 말씀드릴 필요가 없을 것입니다. 그리스도께서 세상에 오시든지 아니면 내가 그리스도께 가든지 간에 중요한 것은, 그때는 결과적으로 그리스도와의 연합과 교제, 의와 평화의 통치, 천국의 지복의 상태가 생긴다는 사실입니다. 그러므로 사랑하는 형제 여러분, 미래를 덮고 있는 불확실성 때문에, 그리고 흔히 그 때문에 우리가 마음에서 미래에 대한 기대를 멀리하게 된다고 핑계를 대기가 쉽기 때문에, 우리는 그 종말을 항상 바라보도록 하고, 그 종말이 그리스도께서 우리에게 오심으로 혹은 우리가 그리스도께 감으로 이루어지든지 상관없이, 우리는 깨닫는 믿음의 힘으로 요한계시록의 변치 않는 그 말씀을 굳게 붙들고서 "이와 같이 우리가 항상 주와 함께 있으리라"는 간단하면서도 위대한 이 말씀에서 계시된, 상상할 수 없고, 경험하기 전까지는 말로 전달할 수도 없는 복을 기다리도록 더욱 간절히 주의해야 합니다.

그 다음에, 여기서 제시하고 있는, 그리스도인의 의무의 두 번째 측면으로, 깨어 있은 다음에는 부지런히 일하는 데로 나가야 한다는 점을 살펴봅시다.

가까운 미래에 일어날 크나큰 변화와 개선에 대한 소망을 많이 생각하는 사람들에게 흔히 일어나는 시험은, 침착하게 자기 일에 몰두하지 못하고 매일의 지루한 의무에 싫증을 내는 것입니다. 뒷골목에서 조그만 구멍가게를 운영하고 있는 어떤 사람이 내일 왕이 될 것을 기대하고 있다면, 그는 자신의 하찮은 장사를 아주 부지런히 돌아보고 싶어 하지 않을 것입니다. 그래서 우리는 데살로니가 교인들에게 보내는 사도 바울의 두 번째 편지에서 사도가 미래에 대한 소망이 사람들을 들뜨게 만드는 경향이 있는 것을 보고서, 본문의 두 번째 구절에서 우리가 배우게 되는 것과 같은 교훈, 곧 사람이 그 소망을 가졌다면 조용히 일하고 일해서 자기 힘으로 양식을 먹고 마음이 요동하지 않아야 한다는 이 사상을 강조할 필요성을 느꼈다는 것을 보게 됩니다.

"주인이 이를 때에 그 종이 그렇게 하는 것을 보면 그 종은 복이 있으리로다." 청지기가 집주인이 올 것을 기다리고 있고 그래서 기대감으로 그의 온 신경이 흥분되어 있을 때 종의 식구들에게 큼지막한 빵 덩어리와 시커먼 국솥을 나누어 주는 일이 천하게 보일 수도 있습니다. 사람이 주인의 올 것을 간절히 기다리는 결과로 지극히 평범한 일을 하고 있는 것이 마음이 들떠서 안절부절 못하고, 오직 그 생각만 하느라 일상적인 일에 손을 놓은 채 지내는 것보다 낫습니다. 청지기가 주님의 오심을 가장 잘 준비하고 있고, 자기가 깨어 있음을 보여 주는 가장 좋은 방법은 그가 시키신 청지기의 일을 "그렇게 하고 있는 것을" 주인에게 보이는 것입니다. 그날 밤에 맷돌 옆에 앉아서 함께 손잡이를 잡고 돌리는 두 여인은 제 자리에 있었는데, 데려감을 입은 한 여인은 자신이 더 이상 종교적인 일을 하지 않게 되었다는 것을 서운하게 생각할 까닭이 조금도 없었습니다. 깨어 있는 종은 일하고 있는 종입니다.

2. 설교의 전반부에 너무 많은 시간을 허비하는 바람에 후반부는 간단하게 말씀드릴 수밖에 없게 되었습니다.

여기에서 천국 상태의 두 면이 나오는데, 휴식과 통치입니다.

"내가 진실로 너희에게 이르노니 주인이 띠를 띠고 그 종들을 앉히고 나아와 수종 들리라." 모든 성경에서 자세히 살필수록 이보다 놀라운 약속이 있는지 모르겠습니다. 예수 그리스도께서는 하늘에서도 계속해서 "종의 형체"를 띠시는 것으로 보입니다. 이 세상에서 주님이 다락방에서 겸손히 허리에 수건을 두르셨듯이, 하늘에서 주님은 왕의 위엄을 나타내는 의복을 허리에 두르시고, 자기 종들을 먹이고 복을 베푸는 일에 모든 능력을 사용하십니다. 주님의 영원한 표어는 "나는 섬기는 자로 너희 중에 있노라"(눅 22:27)는 것입니다. 세상에서 주님의 봉사는 제자들의 발을 씻기는 것이었습니다. 하늘에서는 깨끗한 발에 먼지가 묻지 않기 때문에 대야가 필요 없습니다. 그러나 하늘에서 주님은 여전히 섬기는 일을 하시는데, 식탁을 차리는 일로 섬기십니다. 왕이신 주님께서 잔치 자리에서 놀라는 손님들의 시중드는 일로 섬기실 것입니다.

우리가 익숙히 알고 있지만 결코 진부해지지 않을 잔치라는 상징에 둘러싸여 있는 모든 놀라운 사상들에 대해서는 이야기하지 않겠습니다. 허리에 띠를 띠고 한 밤중까지 피곤하게 깨어 있는 것에 대비하여 휴식이 있고, 음식이 있고, 지극히 만족스러움과 기쁨과 교제가 있습니다. 주님의 섬김을 받고 주님 앞에서 음식을 먹는 "종들은 복이 있으리로다"라는 이 은유에는 이 모든 것들이 있으며, 이 외에도 하늘에서 얻을, 우리가 다 알수 없는 무수히 많은 것들이 들어 있습니다.

그런데 오늘날 미래 생활에 대한 대중적인 소개는 그 측면만을 지나치게 강조합니다. "피곤함과 열병, 초조," 굶주림과 외로움이라는 세상 경험에서 볼 때, 그것은 놀라운 고백입니다. 그래서 천국을 이 모든 것에 정반대되는 것으로 보는 생각에 너무 몰두한 나머지, 우리 주님께서 여기서 한데 묶어서 말씀하신 다른 생각을 보지 못한 것입니다. 주님께서는 우리가 휴식만 생각하도록 하시지 않았습니다. 주님께서는 무거운 짐을 진 피곤한 우리에게 그토록 매력적인 휴식에다 다른 행정적인 명령을 더하십니다. 주님은 그에게 "그 모든 소유를" 맡기실 것입니다.

청지기가 승진을 하는 것입니다. "열두 보좌에 앉아 이스라엘 열두 지파를 심판하리라"(마 19:28). 이들이 그 자리에 앉을 것이고, 그것이 열두 사도의 일이 될 것입니다. "네가 적은 일에 충성하였으매 내가 많은 것을 네게 맡기리라"(25:21). 세상에서 충성됨과 하늘에서의 봉사 사이의 관계는 이 세상에서 우리 일의 다양한 단계들 사이의 관계와 본질적으로 같습니다. 여기에서 일한 것에 대한 보상은 더 많은 일을 맡고, 더 넓은 밭을 차지하고 더 큰 자격을 받는 것입니다. "주인이 그 모든 소유를 그에게 맡기리라"는 이 엄숙하고 신비한 말씀에 얼마나 깊은 권위와 새로운 위엄과 왕의 권세가 들어있는지 모릅니다. 나와 그리스도와의 연합이 얼마나 밀접한지, 그리스도의 모든 것이 내 것이고 내가 그 모든 것을 주장할 정도입니다. 그러나 아무튼 우리는 이렇게 말할 수 있습니다. 이 세상에서 충성되게 일하면 내세에서는 더 큰 직무를 맡게 되고, 여기 이 세상에서 우리가 발전시킨 소질과 역량 가운데 어느 것 하나도 저 세상에 갈 때 쓸모없게 되지 않으리라는 것입니다.

그래서 우리는 깨어 있은 다음에 충성되게 일하도록 합시다. 그러면 깨어서 충성되게 일하고 신실하게 깨어 있으면, 마침내 활동하면서 쉬고, 쉬면서 통치하는데 이르게 될 것입니다.

50
불을 땅에 던지러 왔노니

"내가 불을 땅에 던지러 왔노니
이 불이 이미 붙었으면 내가 무엇을 원하리요"

눅 12:49

여기서 우리는 주님의 깊은 속마음과 자신의 사명에 대한 생각, 그에 관한 감정을 언뜻 보여 주는 흔치 않은 경우를 만납니다. 익숙히 알고 있을지라도 여전히 이 말씀에서 깊은 인상을 받고 그 예리함을 느낀다면, 이 것은 우리에게 참으로 놀라운 말씀입니다! "내가 왔노니." 그렇다면 주께서는 오시기 전에 계셨고, 자발적인 의사로 오셨다는 것입니다. 한 유대인 촌사람이 자기가 세상에 불을 붙이려고 한다고 말하고, 그리고 그렇게 했습니다. 그런데 세계적인 큰 사명에 대한 그 당당한 확신과 의식이 다음 구절에서 아주 어두워집니다. 나는 다음에 나오는 말에 대한 정확한 번역 문제로 여러분을 골치 아프게 하고 싶지 않습니다. 그 번역에 관한 의견에는 차이가 있을 수 있지만, 나는 그 의미를 정당하게 표현하자면 "불이 이미 붙었으면 참 좋겠다"는 말이 될 것이라는 점만 지적하겠습니다. 여기에는 주님의 오심의 목적을 이루고자 하는 열망과, 어떤 일을 먼저 해야 한다는 의식이 있습니다. 우리 주님께서는 그 일이 무엇인지를 다음 구절에서 이어서 말씀하십니다. 이루고 싶은 이 목적은, 앞서 겪어야 할 고통스런 시련을 통해서만 이루어질 수 있습니다. "나는 받을 세례가 있으니 그것이 이루어지기까지 나의 답답함이 어떠하겠느냐." 어울리지 않는 이런 표현을 쓸 수 있다면, 불이 붙어서 온 세상에 타오르게 되어 있는 불이 세례라는 어두운 바다에서부터 나옵니다. 우리 주님은 계속 이어서 자신의 사명과 고난의 결과에 대해서 길게 논하십니다. 그리고 그 말씀은 또한 주님께서 세상에 던지러 오신 불에 대한 당당한 첫 번째 생각에 그림자를 드리웁니다. 그 세례가 이루어지고, 그래서 불이 온 세상에 활활 타오르게 되면, 그 다음에는 어떤 일이 일어납니까? 사람들이 즐겁게 받아들이는 일이 있습니까? 아닙니다. 화를 내며 거부할 것입니다. "내가 세상에 화평을 주려고 온 줄로 아느냐 내가 너희에게 이르노니 아니라 도리어 분쟁하게 하려 함이로라." 불, 세례, 검. 자기 사명의 목적과 수단, 뒤섞인 결과에 대한 주님의 시각은 이 세 가지 단어로 요약할 수 있습니다. 이제 내가 이야기하고 싶은 것은 이 세 가지 가운데 첫 번째에 관한 것입니다.

1. 그리스도께서 땅에 던지고 싶어 하신 불.

그런데 이 불이 의미하는 것에 관해서는 의견이 각각 다릅니다. 어떤 사람들은 그 불이 믿는 사람들 마음속에서 붙은 사랑의 불길을 의미한다고 생각하고 싶어 합니다. 그런가 하면 어떤 사람들은 다른 인간적인 감정이나 그리스도의 오심으로 세상에 이루어지는 변화로 불을 설명하려고 합니다. 그러나 이런 것들은 그 불이 땅에 붙어 일어난 결과들이고, 불 자체는 이런 효과들을 의미하지 않고 그 원인을 나타냅니다. 땅에 불을 붙이기 전에 먼저 불을 가져오는 것입니다.

주님께서는 그 불을 단지 사람 속에 붙이시기만 하는 것이 아니라 그 불을 사람들 가운데로 보내십니다. 주님께서 세상에 던지시는 것은 위로부터 오는 것입니다. 여기서 첫째로 고려해야 할 것은, 단지 일깨워진 지성이나 더 고귀한 도덕적 생활이나 혹은 이밖에 그리스도의 사명으로 말미암아 세상에서 성취되는 영적, 종교적 변화가 아니라, 이런 변화와 불길을 일으킨, 하늘로부터 온 원인입니다. 우리가 이 하늘의 불을 붙잡으면 우리는 빛을 내며 타오를 것입니다. 그러나 우리가 붙잡은 불은 세상에서 온 것이 아닙니다. 한 마디로 그 불은 그리스도께서 오셔서 세상에 전하려고 하신 하나님의 성령입니다.

본문의 말씀에 대한 이런 해석이 구약과 신약의 상징에 얼마나 일치하는가 하는 점은 여기서 이야기할 필요가 없다고 생각합니다. 구약의 상징에 대해서는 생각하지 않도록 하고, 신약의 상징에 대해서는 주님의 선구자 요한이 주님의 능하신 사역을 자신이 선포해야 했던 외적인 정결과 대비시킬 때 사용한 위대한 말씀만 언급하면 될 것입니다. "나는 물로 너희에게 세례를 베풀거니와 그는 성령과 불로 너희에게 세례를 베푸실 것이요." 오순절과 거기에 나타난 상징을 한 번 생각해 보십시오. 불이 혀 같이 갈라진 모습이 그 상징의 핵심 요점이었습니다. 그 모습은 아주 깊은 확신으로부터 나오는 언어를 상징적으로 보여 주었을 뿐만 아니라, 불태우는 영이신 하나님의 성령이 고개 숙이고 구하는 각 사람에게 위로부터 내리심을 또한 상징적으로 보여 주었습니다. 우리를 지도할 이런 유추를 가지고 생각할 때, 본문의 말씀에서 우리 주님의 위대한 상징적 약속은, 주님의 사명의 결과를 세상에 가져오고, 하나의 큰 전체를 이루는 인류 가운데 불이 붙어 온 세상을 태울 새로운 신적 영향력을 머물게 하려는 것이라고 본다면, 크게 잘못된 생각이 아닐 것입니다.

이렇게 볼 때, 본문은 이 상징의 다양한 적용들을 생각해 볼 수 있게 길을 열어줍니다. 그 불은 세상과 우리 자신에 대해 어떤 소망을 품게 합니까? 이 상징을 굳게 붙잡도록 합시다. 그러면 성령이라는 선물 안에서 번쩍이며 타오르는 다양한 복들을 가장 잘 이해할 수 있을 것입니다.

불은 생명의 선물입니다. 성경 여기저기에서 불은 파괴하는 능력을 나타내는 것이 분명합니다. 그러나 그보다 빈번하지는 않지만, 불은 생명의 상징으로도 쓰입니다. 실질적인 의미에서 생명은 따듯하고 죽음은 차갑습니다. 호흡은 일종의 연소가 아닙니까? 생리학자가 우리에게 그렇게 말하지 않습니까? 천체의 중심이자 모든 물질적 생명의 아버지는 거대하게 불타오르며 열기를 뿜어내는 태양이 아닙니까? "내가 불을 땅에 던지러 왔노라"는 이 약속은, 우리에게 불멸의 존재의 흔적을 조금이라도 소유하게 할, 살리는 영의 소생시키는 에너지를 우리 죽음의 한가운데 보내실 것이라는 보장이 아닙니까?

그러나 여기에는 소생케 하는 능력에 대한 또 한 가지 큰 약속이 있습니다. 나는 "소생케 한다"는 말을 생명을 준다는 의미가 아니라 자극한다는 의미로 사용합니다. 사람들은 "천재성의 불꽃" "신념의 열정"이라는 말을 하고, "불같은 열심", "뜨거운 진심" 또 그와 같은 것들을 이야기합니다. 그런가 하면 반대로 "차가운 경고" "냉랭한 무관심" 또 그 같은 것들을 말합니다. 불은 사랑, 열심, 신속한 에너지를 의미합니다. 그렇다면 이것은 이 위대한 약속의 또 다른 측면을 보여줍니다. 즉 주님께서 게으르고 둔한 우리의 삶에 민첩한 성령을 불어넣으시기 위해 기다리고 계신다는 것입니다. 이 성령은 우리가 뜨거운 열심을 내고 사랑으로 타오르며 간절한 소원을 품고 열렬한 확신으로 주를 붙들게 하는 분이시며, 어떤 면에서 하나님의 보좌 앞에 서있는 강력한 영들, 곧 열렬히 경배하며 기쁨으로 얼굴이 빛나는 스랍들 같으신 분입니다. 그리스도께 주시는 성령께서 우리의 모든 게으른 정신을 태워 버리고, 기쁘게 순종하는 신속한 에너지로 바꿀 불을 우리 영혼 속에 붙이실 것입니다.

더 나아가서 본문의 약속은 활력을 주며 자극하는 에너지뿐만 아니라 정결케 하는 능력도 나타냅니다. 많은 고대 의식이 인정하였듯이 불은 정결케 하는 일을 합니다. 예를 들면, "자녀를 불을 지나 몰록에게로 가게 하는" 이 야만적인 행습의 밑에 깔려 있는 생각은, 이렇게 불 가운데로 통과시키면 사람이 오염으로부터 깨끗해진다는 것이었습니다. 여러분이 더러운 진흙 덩어리를 아궁이에 집어 넣으면, 진흙 덩어리가 따듯하게 데워지면 하얗게 됩니다. 불이 정결케 하는 능력을 발휘하면 진흙의 오염들이 녹아서 사라집니다. 그와 같이 우리에게 하신 이 약속은 우리에게 크신 성령을 주시겠다는 것입니다. 이 성령께서는 오셔서 그 열기를 전하여 우리의 더러움을 녹여 없애실 것입니다. 그러면 우리 본성 속에 깊이 박혀 있는 죄가 뜨거워진 표면에서 증발되어 사라질 것입니다. 광석을 용광로에 집어넣으면, 더껑이가 표면에 떠올라 국자로 걷어낼 수 있습니다. 그러면 가열되었기 때문에 깨끗해진 쇳물이 쇠똥이나 재가 없이 흘러나옵니다. "불의 연료"가 되었던 것은 다 타버리고, 남는 것은 더 본질적이고 더 귀중한 것입니다. 형제 여러분, 우리가 깨끗해지기를 소망한다면, 우리는 그 불 가운데로 지나가야 하고, 성령의 지속적인 불태움에 거하며, 변함없는 사랑 속에 거하도록 해야 할 것입니다.

이 은유가 암시하는 마지막 생각은 이 불이 활력을 주고 자극하며 정결케 할 뿐만 아니라 또한 변화시키고 동화시키기도 하는 에너지를 약속한다는 것입니다. 통에 들어있는 석탄 덩어리 하나하나가 비유가 될 수 있습니다. 검고 무거운 석탄 덩어리를 불 속으로 던져 넣으면, 석탄은 불꽃을 일으키며 타기 시작하고 빨갛게 변하며 탁탁 소리를 내면서 활활 타오릅니다. 이것은 여러분과 내가 마음만 먹으면 경험할 수 있는 그런 것입니다. 석탄이 가열되면 연기가 하늘로 올라가면 냄새가 피어납니다. 성령의 불이 영혼을 세상에 묶는 끈에서 풀어주고 하나님을 닮도록 변화시키면, 우리 영혼은 뜨겁게 되고, 하나님이 받으실 만한 향기로운 냄새가 위로 올라가게 됩니다.

그래서 여러분이 이 상징이 나타내는 분명한 교훈들을 받아들인다면, 우리 주님께서 위대한 본문 말씀에서 지적하신 성령의 활동들을 어느 정도 배우게 됩니다.

2. 이제는 두 번째 생각, 곧 그리스도께서 그의 열망을 만족시키기 위해 먼저 하셔야 했던 것에 대해 살펴봅시다.

주님은 간절히 바라셨지만, 간절한 소원 자체가 그 바라는 것을 가져올 수는 없었습니다. 그리스도께서 이 하나님의 불을 세상에 던지러 오셨습니다. 그러나 그 일을 방해하는 것이 있었습니다. 주께서 오시는 궁극적 목적을 성취하려면 먼저 예비적인 어떤 일을 행하는 것이 필요하였습니다. 내가 이미 앞에서 지적하려고 했듯이, 그것이 무엇인지는 다음 구절이 이야기해줍니다. 그에 대한 이야기를 길게 이야기할 필요가 없고, 현재의 목적에도 맞지 않는 일일 것입니다. 그리스도께서 자기가 받아야 하는

"세례"라는 말로써 무엇을 의미하셨는지, 그리스도께서 두려움 가운데서 머리를 움츠리고 지나가야 했던 검은 물이 무엇이었는지는 우리 모두 압니다. "세례"라는 말로써 그리스도께서 자신의 수난과 십자가를 뜻했음을 우리는 다 압니다. 나는 그리스도께서 십자가를 바라보시면서, 십자가를 피하고자 하셨던 애처로운 인간적인 모습을 나타내는 말씀에 대해서는 생각지 않을 생각입니다. 다만 한 가지 사실만을 부각시켜 말씀드리려고 하는데, 그것은 예수 그리스도께서 스스로 판단하실 때, 자신이 사람들의 죄를 위해 죽으시기 전까지는 사람에게 이 거룩한 불을 붙이는 것이 자기 권한에 있지 않다고 생각하셨다는 것입니다. 그 일이 먼저 와야 합니다. 십자가가 오순절보다 앞서야 합니다. 십자가 위에서 세상 죄를 위한 제사가 드려지기 전까지는 하나님의 성령이 지극히 고귀하고 충만하게 사람에게 부어질 수 없습니다. 그 순서가 절대로 필요하고, 그 예비 행동이 없어서는 안 될 것으로 만드는 깊은 이유들을 신적 본성과 인간의 수용성에서 다 찾을 수 없습니다. 그러나 적어도 우리는 이 사실을 압니다. 즉 그리스도께서 주시는 성령은 그리스도께서 십자가와 부활, 승천에서 이루신 완성된 계시를 그의 무기와 검으로 사용하십니다. 따라서 성령의 무기가 준비되기 전까지는 성령께서 오실 수 없으시리라는 것입니다.

이 사상은 성경 많은 곳에서 분명하게 기술되고 있어서, 이에 대해 여러 말을 할 필요가 없습니다. 예를 들면, 사도 요한은 우리 주님께서 자기를 믿는 자들에게서 흘러나올 강물에 대해 비유로 말씀하셨는데, 그것은 "예수께서 아직 영광을 받지 아니하셨으므로 계시지 않은"(요 7:39) 성령에 대해 말씀하신 것입니다. 우리는 예수께서 다락방에서 하신 "내가 떠나가지 아니하면 보혜사가 너희에게로 오시지 아니할 것이요 가면 내가 그를 너희에게로 보내리니"(16:7)라는 말씀을 기억합니다. 그리스도께서 그 필요성을 인정하셨다는 것과, 여기서는 그 상징이 나타내는 것을 세상 죄를 위한 그리스도의 고난의 세례로 생각하기보다는 반드시 필요한 그 예비적인 행동 이후에 오는, 사람들에게 성령을 선물로 주심을 생각하는 것이라는 점만을 이야기하는 것으로 충분합니다. 하늘에서 불을 훔친 타이탄에 대한 옛날 그리스 신화는 타이탄이 갈대 피리에 불을 숨겨서 세상에 가져 왔다고 이야기합니다. 우리 주님께서는 자신의 인성이라는 비어 있고 연약한 갈대 피리에 하늘의 불을 담아 가져오시는데, 담아 오는 불이 확 하고 타오르도록 하기 위해서는 그 갈대 피리를 깨뜨려야 합니다. "이 불이 이미 붙었으면 내가 무엇을 원하리요. 나는 받을 세례가 있도다."

3. 끝으로 이 불을 받기 위해 세상이 해야 할 일에 대해 생각해 봅시다.

그리스도께서 십자가를 지신 후에 하실 일에 대해 말씀하신 것을, 오늘날과 같은 세상과 대조해 보시기 바랍니다. 그 불은 어떻게 되었습니까? 그 불이 냉랭한 결과들을 당하여, 전에 뜨겁게 타오르던 힘을 잃고 꺼져서 재가 되고 말았습니까? 예수 그리스도께서 잘못 생각하셨습니까? 예수께서 세상에서 행하는 자기 사역의 결과의 의미와 영속성에 대해 망상을 품고 계셨던 것입니까? 그렇지 않습니다! B.C와 A.D. 사이에는 큰 차이가 있습니다. 이 차이는 본문의 약속, 곧 그리스도께서 불을 가져와 세상을 불태우시겠다는 약속의 성취에 의해서만 설명될 수 있습니다. 그러나 그 불이 공동체나 사회나 인류 혹은 각 개인의 생활에서 타오르게 할 조건은, 그 불을 주시는 그리스도를 신뢰하고 그리스도를 따르며 적절한 훈련을 받는 것입니다. "이는 그를 믿는 자들이 받을 성령을 가리켜 말씀하신 것이라"(요 7:39).

그러면 그리스도를 믿지 않는 자들은 어떻게 됩니까? 그들에게는 그 불이 조금도 유익이 되지 못합니다. 여러분 가운데 어떤 사람들은 스위스 시골에 사는 사람들이 큰 불이 날 때 하듯이 합니다. 즉 여러분은 불에 타지 않는 두꺼운 천이나 다른 재료로 집을 덮고, 불꽃이 여러분의 집에 떨어져 타지 않기를 바라며 그 천이나 재료에 물을 잔뜩 부어 흠뻑 적십니다. 그 불을 던지시는 분에게 우리가 마음을 열지 않으면, 그 불이 우리에게 붙을 수 있는 길은 없습니다. 그리스도께서 오실 때는 속에 생명의 불꽃을 가져오시고 그 불꽃을 우리 마음에 붙이십니다. 그리스도를 신뢰하십시오. 오늘날 대부분의 그리스도인들이 예수 그리스도에게서 오는 초자연적인 신적 생명을 선물로 받을 때 흔히 그러는 것보다 훨씬 뜨겁게 그리스도를 믿으십시오. 나는 자칭 그리스도인이라고 하는 수많은 사람들이 이 진리를 굳게 붙잡지 않고 있으며, 그래서 슬프게도 그들의 생활에서 이 진리를 거의 실증하지 못하고 있다고 생각합니다. 여러분의 하늘 아버지께서는 구하는 자들에게 성령을 주십니다. "너희는 더욱 큰 은사를 사모하라"(고전 12:31). 그리고 그 불을 꺼트리지 않도록 주의해야 합니다. 여러분이 "육신의 일을 도모하면"(롬 13:14) 성령을 꺼뜨리게 되므로, "성령을 소멸하지 않도록"(살전 5:19) 주의해야 합니다. 나는 언젠가 대양을 운항하는 거대한 증기선의 기관실에 내려가 본 것이 생각납니다. 기관실에는 오천 마력이나 육천 마력의 엔진을 구동시킬 만큼 큰 화덕이 있었습니다. 2~3미터 떨어진 곳에 증기응결기가 있었는데, 온도를 조절하기 위해 삽입된 파이프들에는 온통 서리가 끼어 있습니다. 아, 참으로 많은 그리스도인 공동체와 많은 그리스도인들이 그와 같습니다. 한쪽에는 불이 있고 한쪽에는 서리가 맺혀 있습니다. 형제 여러분, 우리가 불에 던져져서 완전히 타버리지 않도록 불로 세례를 받도록 합시다.

51
안식일을 지킴

"¹⁰예수께서 안식일에 한 회당에서 가르치실 때에 ¹¹열여덟 해 동안이나 귀신 들려 앓으며 꼬부라져 조금도 펴지 못하는 한 여자가 있더라 ¹²예수께서 보시고 불러 이르시되 여자여 네가 네 병에서 놓였다 하시고 ¹³안수하시니 여자가 곧 펴고 하나님께 영광을 돌리는지라 ¹⁴회당장이 예수께서 안식일에 병 고치시는 것을 분 내어 무리에게 이르되 일할 날이 엿새가 있으니 그 동안에 와서 고침을 받을 것이요 안식일에는 하지 말 것이니라 하거늘 ¹⁵주께서 대답하여 이르시되 외식하는 자들아 너희가 각각 안식일에 자기의 소나 나귀를 외양간에서 풀어내어 이끌고 가서 물을 먹이지 아니하느냐 ¹⁶그러면 열여덟 해 동안 사탄에게 매인 바 된 이 아브라함의 딸을 안식일에 이 매임에서 푸는 것이 합당하지 아니하냐 ¹⁷예수께서 이 말씀을 하시매 모든 반대하는 자들은 부끄러워하고 온 무리는 그가 하시는 모든 영광스러운 일을 기뻐하니라"

눅 13:10-17

이 기적은 한 회당에서 주께서 요청받은 적이 없이 어떤 여인에게 행하신 것인데, 그것이 지닌 모든 특징 때문에 누가에게는 매우 흥미로운 일이었습니다. 누가만이 이 사건을 기록하고 있습니다. 이야기는 두 부분으로 구성되어 있습니다. 기적을 묘사하는 것이 한 부분이고, 회당장이 은근히 공격하는 말과 거기에 대한 우리 주님의 변호가 다른 한 부분입니다.

자비의 표적을 행하는데 회당보다 좋은 장소가 있을 수 있겠습니까? 사람에 대한 봉사는 하나님을 섬기는 토대 위에서 행할 때 가장 잘 이루어질 수 있습니다. 그리고 말로 하나님을 예배하는데서 만큼이나, 하나님을 위하여 사람에게 베푸는 친절한 행동에서도 하나님에 대한 봉사가 참되게 이루어질 수 있습니다. 자선을 베푸는 일은 신앙이 토대가 되어야 한다는 것과, 신앙이 자선을 통해서 표현된다는 것은 처음부터 기독교적 실천과 사상에 있어서 상식적인 사실들입니다. 이 두 가지 점이 우리 주님의 생애에서 잘 나타납니다. 한때는 각광을 받다가 이제는 완전히 잊혀진 반기독교적인 작가가 그랬듯이, 주님은 하나님에 대한 예배를 사람에게 베푸는 선행으로 대체하지 않으셨습니다. 주님께서는 그 두 가지 일의 바른 관계를 보여주셨습니다.

우리는 여기서 귀신 들린 결과로서 얻게 된 이 여인의 병에 대해 그리스도께서 보이신 권세를 봅니다. 그런데 이 경우에는 몇 가지 독특한 특징이 나타납니다. 이 여인이 똑바로 설 수 없었다는 점 외에는, 귀신 들린 데서 오는 다른 결과는 없었던 것으로 보입니다. 악한 권세가 그녀의 도덕적 본성에는 영향을 미치지 못한 것이 분명합니다. 왜냐하면 그 여인이 기도하기 위해 어떻게 해서든지 몸을 끌고 회당에 왔기 때문입니다. 그리고 그녀가 자신이 고침을 받은 것에 대해 "하나님께 영광을 돌렸고," 그리스도께서도 그 여인을 가리켜 "아브라함의 딸"이라고 불렀는데, 이 호칭은 단지 그 여인이 유대인이라는 것 이상의 의미를 지니고 있기 때문입니다. 이 일은 신체적으로만 병에 걸린 경우였던 것으로 보입니다. 그래서 이 여인이 전에 계속해서 귀신에게 사로잡혀 지냈다기보다는 18년 동안 신체적으로만 악한 영향을 받았던 것 같습니다.

그러나 그렇다 할지라도, 선천적인 병과 구별할 수 없는 순전히 신체적인 질병이, 당시 어떤 경우들에서는, 어떤 악한 인격체의 작용으로 생긴 것이라는 우리 주님의 명백한 증언을 간과할 수 없는 것도 확실합니다. 예수께서는 그 여인의 병을 고치는 능력과 마찬가지로 초자연적인 지식으로 이 여인이 "매여 있던" 기간과 그 원인을 아셨습니다. 네 발로 기어 회당에 왔지만 주님의 얼굴을 쳐다볼 수 없고 땅만 쳐다볼 수밖에 없는, 고개를 숙이고 있는 이 슬픈 인물에게서 우리는 인내와 경건한 복종에 대한 교훈을 배울 수 있습니다. 이 여인은 집에서 지내야 할 핑계를 찾자면 얼마든지 찾을 수 있었을 것이나 예배드리는데서 위로를 얻었던 것이 분명합니다. 그녀가 병 가운데 있으면서 그처럼 자주 하나님을 찾지 않았더라면, 병이 낫자마자 그렇게 빨리 "하나님께 영광을 돌리지" 못했을 것입니다. 하나님을 기다리는 사람들은 하나님의 집에 있을 때 기대 이상의 것을 만나는 경우가 종종 있습니다.

그리스도께서 사람들에게 요청을 받지 않았는데도 동정과 도움을 베푸신 과정을 살펴봅시다. 우리는 이 복음서에서 이와 같은 예들을 이미 여러 번 보았습니다. 바람이 바람의 신 에올루스의 하프를 울려 소리를 내게 하듯이, 이 여인의 비참한 모습이 사심이 없는 온유하신 마음을 감동시킨 것이 틀림없습니다. 우리 안에서 "생명의 성령의 법"이 자아의 "법에서"(롬 8:2) 우리를 해방하도록 하였다면, 그 광경을 보고 우리도 마음이 움직여야 하고, 또 움직일 것입니다. 그러나 주께서 즉각적으로 보이신 동정심은 단지 완전한 인간성을 보이는 것만이 아니라, 하나님을 계시하는 것이었습니다. 요청을 받지 않았는데도 하나님의 사랑이 사람들에게 부어지고, 구하지 않는 자들에게 줄 수 있는 모든 것을 주는데, 이는 그들이 구하지 않으면 받을 수 없는 더 나은 선물들을 구하도록 인도하기 위해서입니다. 하나님은 지극히 큰 선물을 주시는 일에서 "사람을 기다리지 아니하며 인생을 기다리지 아니하십니다"(미 5:7). 어떤 사람도 하늘을 향하여 구주를 보내 주시라고 기도한 적이 없습니다. 하나님의 사랑은 그 자체가 동기가 되고, 본래부터 발산하는 속성으로 인해 솟아 나옵니다. 우리가 구하기 전에 하나님은 응답하십니다.

주께서 그 여인을 고치시는 방법을 봅시다. 말을 하고 손을 대는 두 가지 방법을 쓰셨습니다. 이 경우에 전자의 방법은, 귀신 들린 자를 고치는 대부분의 경우처럼 악한 영에게 나가라고 명령하시지 않고, 고통 받는 이 여인에게 소망을 품을 수 있게 하고, 용납할 수 없는 그 학대를 떨쳐버릴 용기를 주는 말씀을 하신다는 점에서 특이합니다. 손을 대시는 것이 이 여인에게는 능력이 전달된다는 상징이었습니다. 예수께서 힘을 전달하시는 데 수단이 필요했다는 것이 아니라, 기가 죽어 있는 이 불쌍한 희생자에게는 그녀의 동맥에 들어와 흐르고, 근육에 힘을 불어넣는 새로운 에너지를 인식할 수 있도록 돕는 외적인 표지가 필요했던 것입니다. 의심할 바 없이 이 치료는 기적이었고, 치료를 하시게 된 동기는 순전히 그리스도의 뜻이었습니다.

이 치료 방법에서 우리는 이 여인의 믿음을 북돋우고, 이 여인이 그리스도의 말씀과 안수하심을 믿고서 앞으로 나오도록 격려하는 점이 다른 어떤 기적들에서보다 현저하게 나타나는 것을 봅니다. 이 여인은 허리를 "조금도 펴지 못하였는데," 이는 그녀에게 불구가 있었거나 신체적 능력의 결핍이 있었기 때문이 아니라 악한 영향력이 그녀의 의지와 몸을 강하게 눌러서 납작하게 만들었기 때문입니다. 초자연적인 능력만이 초자연적인 악으로부터 구출할 수 있었습니다. 그런데 그 능력이 그녀에게 작용했습니다. 그 여인은 자신이 예수님에게서 힘을 받아 병으로부터 풀려났다고 믿었을 때, 허리가 펴졌습니다.

이 사실 때문에 이 기적이 기적답지 못하게 되는 것은 결코 아닙니다. 그 사실로 인해 이 기적은 사탄의 악한 지배로부터 우리를 구출하시는 방법을 어렴풋이 보여 주는 거울이 됩니다. 그리스도께서는 우리 모두를 속박의 멍에로부터 풀어 주기 위해 오셨습니다. 땅만 쳐다보게 하고 하늘을 쳐다볼 수 없게 만드는 그 속박으로부터 그리스도만이 우리를 풀어 주실 수 있습니다. 이같이 속박을 풀어주는 주님의 방식은 우리가 자유로워졌음을 확실히 알게 하고, 또 그리스도를 믿는 믿음의 힘으로 그 속박을 떨어버릴 수 있는 힘을 주신다는 것을 확실히 알게 합니다.

즉각적인 치료와, 그에 따른 즉각적인 결과를 한 번 봅시다. 18년 동안 피곤하게 "언제나 굽어 있던 등"이 즉시 똑바로 펴졌습니다. 그리스도께서 주시는 능력은 과거 악의 모든 흔적을 지워 버립니다. 그리스도께서 의사로 계시는 곳에서는 점차 회복되는 기간이 없습니다. "일이 갑자기 이루어집니다"(대하 29:36). 영적 영역에서는 용서받은 죄의 흔적들이 죄사함

받은 사람들에게 그대로 남아있지만, 그들은 내적 자아가 "거룩하여졌기" 때문에 믿음으로 말미암아 그들의 새로운 본성에 받은 "의와 진리의 거룩함"(엡 4:24)을 성품과 행실에서 이루기만 하면 됩니다.

격식은 갖추었지만 형식적이고 열의가 없는 회당 예배에서 갑작스럽게 터져 나온 그 여인의 감사 찬송은 말할 수 없는 환희에 찬 것이었습니다! 이 여인이 기쁨을 느끼자마자 즉시 찬송을 드렸다는 사실에서 확실히 이 여인의 경건한 마음을 엿볼 수 있습니다. 기적을 경험한 후에는 일반적으로 이와 같은 감사가 즉시 일어납니다. 그런데 이런 기적을 경험하기에 앞서 늘 기도하는 생활이 있었습니다. 우리가 받는 모든 복을 인하여 하나님께 영광을 돌릴 때에만 그 복의 지극히 달콤함을 누릴 수 있습니다. 향기를 피우려면 향에 불을 붙여야 하듯이, 우리의 기쁨이 귀한 향기를 품어내려면, 그 기쁨이 경건으로 타올라야 합니다.

회당장의 트집 잡는 얘기와 거기에 대한 그리스도의 변호하시는 말씀이 이 사건의 후반부를 이룹니다. 종교적 형식주의에서 나온 무분별과 무정한 심정에 유의할 필요가 있습니다. 이 회당장은 그리스도의 아름다운 동정을 볼 눈이 없고, 이 여인의 구원을 기뻐할 마음이 없으며, 그녀의 찬송을 들을 귀가 없습니다. 그가 보는 것이라곤 교회법을 위반하느냐 하는 것뿐입니다. 그리스도의 병 고치심이 그의 눈에는 죄 중의 죄입니다. 그는 그리스도의 병 고치는 능력의 실재는 인정하지만, 그것을 보고도 그리스도의 사명을 깨닫는 데는 이르지 못합니다. 기적을 인정하고 나서, 그 기적이 안식일에 행해졌다는 것에 대해서 화를 낸다는 것이 참으로 이상한 마음 상태입니다!

의도적으로는 그리스도를 겨냥하면서 비난하는 말을 사람들에게 하는 데서 나타나는 정직하지 못하고 비겁한 그의 태도를 또한 살펴봅시다. 그는 사람들에게 잔소리 하는 데서도 큰 실수를 범합니다. 아무도 치료를 받기 위해 회당에 오지 않았기 때문입니다. 사람들은 예배하기 위해 왔습니다. 설사 그들이 치료를 받기 위해 와서 어떤 치료를 받는다고 할지라도, 그것이 안식일의 규례를 위반하는 것이 아니었습니다. 예의 범절과 형식에 관해 이처럼 꾀까다롭게 구는 사람들이 많이 있습니다. 여러분이 하나님의 손길임을 아주 명백히 보여 주는 표시도 보지 못하는 박쥐 같은 사람들을 보고 싶다면, 사람의 비참함에 대해 맷돌같이 완고하고 그 비참함을 인식하지 못하거나 거기에 대해 열정이 전혀 타오르지 않는 사람들을 보고 싶다면, 교회의 규율에 엄격한 사람들에게 가면 만날 수 있을 것입니다. 그들은 "모든 것을 품위 있게 하고 질서 있게 하는"(고전 14:40) 것에 목숨을 거는 사람들이고, 고통 받는 불쌍한 사람들의 허리를 펴게 함으로써 자기들 규례 중 하나가 깨어지는 것보다는 그런 수많은 불쌍한 사람들이 계속해서 허리가 꼬부라진 채 다니는 것을 원하는 사람들입니다. 사람들이 예배의 정신이 충만하면 할수록, 어떤 사람들의 신앙에서는 가장 중요한 부분인 예배의 형태에 대해 그만큼 덜 집착할 것입니다.

　그리스도의 답변의 엄격함, 사랑에서 나온 엄격한 말씀에 주의합시다. 그리스도께서는 그 자리에 있던 사람들 가운데 회당장과 같은 생각을 가진 모든 사람들(17절, "반대하는 자들")에게 말씀하십니다. 어쩌면 그들 자신도 의식하지 못했을 숨은 죄를 드러내는, 꿰찌르는 말씀이 은혜를 베푸시는 바로 그 입술에서 나옵니다. 그들 스스로 판단의 빛을 사용하여 일을 분별하지 못하고, 그리스도께서 그들의 잘못을 지적하시게 만드는 사람들에게는 그렇게 하는 것이 마땅합니다.

　이 사람들의 위선은 어떤 점에 있습니까? 이들은 안식일을 지키는데 열심이 있는 체 하고 있었지만, 사실은 주 중의 어느 날에도 환영하지 않았을 기적에 대해 화가 났던 것입니다. 그들은 안식일에 대한 그들의 열심이 하나님께 대한 열심의 결과인 체 하였지만, 그것은 순전히 랍비들이 정한 세세한 규정에 대한 열심이었고, 신앙적인 요소는 전혀 없었습니다. 이들은 예수께서 기적을 행하지 못하게 할 만큼 안식일의 법을 엄격하게 적용하기를 바라면서도 자기들에 대해서는 그 법을 아주 느슨하게 적용하여 자신들의 관심사를 추구하려고 했습니다.

　사람들이 스스로 의식하지 못하는 위선자가 될 수 있는데, 이런 사람들은 아주 가망이 없습니다. 우리 모두는 하나님의 뜻에 자신의 생각을 덧붙이거나 하나님의 뜻에 대해 자신의 해석을 주장하고 있으면서, 주님에 대한 열심을 보이고 있는 것처럼 생각할 위험이 있습니다. 믿음의 형태나 행동의 형태를 강요하는데 반드시 신앙적인 동기가 있는 것은 아닙니다.

무엇보다 우리 주님의 변호는, 반대자들의 입을 다물게 하는 대인(對人) 논증(상대방의 성격, 지위, 처지 따위에 따른 논법 — 역주)이며, 오히려 훨씬 그 이상의 의미를 지닌 말씀입니다. 탈무드에는 안식일에 짐승을 끌어내는 일에 대한 자세한 규칙이 있습니다. 나귀에게 안식일 전에 길마(소나 말에 걸쳐놓고 짐을 나르던 도구 — 역주)를 채워놓았으면, 길마를 채운 채 나귀를 끌고 나갈 수 있지만, 방울을 달거나 멍에를 메운 채는 데리고 나갈 수 없습니다. 낙타는 고삐가 매여 있으면 끌고 갈 수 있지만 꼬리에 해진 옷 조각이 매여 있으면 데리고 나갈 수 없습니다. 낙타를 끄는 사람이 손에 고삐들을 다 쥐고 있고 끈들을 엮지 않으면 낙타들을 끌고 나갈 수 있습니다. 고삐들을 한데 묶지 않아야 합니다. 이런 식의 세세한 규칙이 몇 페이지에 걸쳐 기술되어 있습니다. 이렇게 엄격한 안식일 준수를 고수하는 이 까다로운 사람들이 짐승의 목마름을 해소시켜 주는 것이 안식일에 일할 충분한 이유가 되었다는 사실을 인정하였다면, 짐승보다 훨씬 더 귀중한 사람의 필요를 해결하는 일을 비난하는 말을 입에 담지 않았을 것입니다.

그런데 주님의 이 말씀은 우리 행실에도 적용되는, 좀더 넓은 진리를 간직하고 있습니다. 인간을 슬픔에서 구원하는 일은 언제든지 때에 맞는 일입니다. 그 일은 어느 시간이든지 거룩하게 만드는 신성한 의무입니다. "내가 기뻐하는 금식은 … 압제 당하는 자를 자유하게 하며 모든 멍에를 꺾는 것이 아니겠느냐"(사 58:6). 이 말씀의 정신에 따를 때 선행을 베푸는 일이 예배의 형식적인 절차보다 위에 오게 됩니다.

여기서 또한 인간의 존엄에 대한 함축적인 주장과, "열여덟 해 동안"을 말씀하시는 동정어린 목소리, 이 불쌍한 여인에게 보이시는 주님의 동정, 사탄에게 속박되어 지낸 끔찍한 비극을 나타내는 암시에도 유의합시다. 우리 안에 그리스도의 영이 계시다면, 그리고 그리스도처럼 인생의 엄숙한 사실들을 본다면, 우리는 사람들의 비참함을 볼 때 이 모든 애처로운 사실들을 마음에 떠올리게 될 것입니다. 그리고 사물에 대한 하나님의 계획에 있어서 사람이 차지하고 있는 높은 위치를 생각하고, 사람들이 오랜 기간 비참하게 악한 세력에 매여 있는 것을 생각하며, 이 사람들이 심지어 지극히 높으신 이의 아들딸이 될 수 있다는 것을 생각할 때, 우리는 그리스도의 마음을 채웠던 것과 같이, 불쌍한 사람들에게 도움을 주고자 하는 열망에 불이 붙을 것이고, 우리가 포로 된 자들에게 자유를 줄 수 있고 허리가 꼬부라져 땅밖에 보지 못하는 사람에게 소망으로 하늘을 우러러 볼 수 있게 하는 그 시간을 불경하게 생각지 않고, 오히려 성별된 시간으로 여길 것입니다.

52
좁은 문

"²²예수께서 각 성 각 마을로 다니사 가르치시며 예루살렘으로 여행하시더니 ²³ 어떤 사람이 여짜오되 주여 구원을 받는 자가 적으니이까 그들에게 이르시되 ²⁴ 좁은 문으로 들어가기를 힘쓰라 내가 너희에게 이르노니 들어가기를 구하여도 못하는 자가 많으리라 ²⁵집 주인이 일어나 문을 한 번 닫은 후에 너희가 밖에 서서 문을 두드리며 주여 열어 주소서 하면 그가 대답하여 이르되 나는 너희가 어디에서 온 자인지 알지 못하노라 하리니 ²⁶그 때에 너희가 말하되 우리는 주 앞에서 먹고 마셨으며 주는 또한 우리를 길거리에서 가르치셨나이다 하나 ²⁷그가 너희에게 말하여 이르되 나는 너희가 어디에서 왔는지 알지 못하노라 행악하는 모든 자들아 나를 떠나 가라 하리라 ²⁸너희가 아브라함과 이삭과 야곱과 모든 선지자는 하나님 나라에 있고 오직 너희는 밖에 쫓겨난 것을 볼 때에 거기서 슬피 울며 이를 갈리라 ²⁹사람들이 동서남북으로부터 와서 하나님의 나라 잔치에 참여하리니 ³⁰보라 나중 된 자로서 먼저 될 자도 있고 먼저 된 자로서 나중 될 자도 있느니라 하시더라"

눅 13:22-30

"구원을 받는 자가 적으니이까?" 단순한 사색적 호기심에서 "구원"의 조건의 중대한 면과, 구원을 잃을 수도 있는 가능성에서 시선을 돌리게 하는 그리스도의 답변을 볼 때, 이 질문을 한 사람의 경향과 동기를 추론해 볼 수 있습니다. 많은 사람이 들어갔든지 혹은 아주 적은 수가 들어갔든지 간에, 들어가지 못하고 밖에 있는 사람들이 많을 것입니다. 이 청중들 가운데 그들처럼 들어가지 못하는 사람들이 있을 것입니다. 예수께서는 여기서 질문을 한 사람에게 하시는 것이 아니라 "그들에게" 곧 무리에게 말씀하십니다. 엄숙한 주제들을 가볍게 생각하고, 종교적 교사를 궁지에 몰아넣기 위해 무익한 질문거리로 그런 주제를 들먹이는 사람들이 지금도 있는데, 이들에 대해서는 그리스도의 모범을 따라 대답하는 가장 좋은 방법입니다.

물론 여기서 질문을 한 사람이 "구원을 받는다"고 말했을 때는 세속적인 유대인들이 생각하는 방식으로 메시야의 왕국에 들어가는 것을 의미했습니다. 일차적으로 우리 주님의 답변은, 유대인들이 땅에 나타날 것으로 기대하는 메시야의 왕국에 들어가는 조건을 진술하는 것입니다. 그러나 직접적인 언급 뒤에는 가장 깊은 의미에서 구원의 조건과, 구원에서 제외되는 위험을 엄숙하게 계시하는 면이 있습니다.

1. 먼저, 그리스도께서 하찮은 호기심을 잠재우기 위해서 하신 아주 중요한 권고를 살펴봅시다.

"좁은 문"은 가장 먼저 메시야의 낮아지심을 가리키는 것으로 이해할 수 있으며, 그 결과 메시야의 나라와 유대인들의 과장된 세속적 희망이 뚜렷한 대조를 이루는 것으로 이해할 수 있습니다. 왕위로 나아가는 길은 궁정에나 어울릴 큰 문을 지나가도록 되어 있지 않고, 사람이 비집고 들어가려면 아주 힘이 드는, 폭과 입구가 좁은 쪽문을 지나가도록 되어 있습니다. 우리에게 좁은 문이란 구원을 얻는데 반드시 필요한, 자기 포기와 자책감입니다.

"믿음의 문"(행 14:27)은 좁습니다. 왜냐하면 이 문은 자기 의(義)나 세속적인 영광, 직위들을 들여보내지 않기 때문입니다. 카노사 성 앞에 있는 황제 하인리히 4세처럼, 우리는 왕관을 내려놓고 왕복을 벗고서 오직 참회자의 거친 옷만을 걸치고 서기 전까지, 우리는 들어가지 못합니다. 밀턴의 실낙원에서 회의실에 들어가는 반역하는 천사들처럼, 좁은 문으로 들어가려면 우리는 몸을 작게 만들어야 합니다. 우리는 무릎으로 기어가야 합니다. 방이 아주 낮기 때문입니다. 모든 것은 밖에 두어야 합니다. 방이 아주 좁기 때문입니다. 오락장에 있는 회전식 문을 지나갈 때와 같이, 우리는 한 사람씩 들어가야 합니다. 이 문은 궁정으로 향하여 있지만 자기를 의지하는 사람에게는 너무 좁아서 들어갈 수 없습니다.

그 문으로 들어가려면 노력이 필요합니다. 왜냐하면 자신만만하고 자기중심적인 우리 옛 본성에 있는 것은 무엇이든지, 들어가는 조건에 맞지 않기 때문입니다. 우리는 노력으로 구원받지 않습니다. 그러나 믿는 노력을 하지 않으면 안 됩니다. 우리가 전체 생활을 통해서 애써야 할 일은 예수 그리스도를 겸손히 의지하는 자세를 기르는 것이고, "믿음의 선한 싸움을 싸우는"(딤전 6:12) 것입니다.

2. 이 권고를 하시는 이유를 살펴봅시다.

그 이유가 24절 뒷부분에서 간략하게 제시되고, 이유의 두 부분이 다음 절들에서 확대 설명됩니다. 들어가려면 노력이 필요한데, 그것은 많은 사람이 들어가지 못하고 내쫓기기 때문입니다. 이 질문을 하는 사람도 그리로 들어가는 사람이 극히 적으리라는 것을 알지 못합니다. 그래서 많은 사람이 그리로 들어가지 못하리라는 사실을 그 사람이나 모든 사람이 마음에 새겨 둘 필요가 있습니다.

들어가려고 애쓰는 것과 들어가고 싶어 하는 것의 차이는 아주 중요합니다. 그것은 마치 마음으로 바라는 것과 뜻을 세우는 것의 차이와 같은 것입니다. 진정으로 원하는 마음도 없고 찾는데 필요한 일을 행할 만큼 결심도 확고하지 않은 채 구하는 일이 있을 수 있습니다. 세상적인 행복을 얻고 싶어 하지만 거기에 필요한 수고와 희생을 감당할 마음의 준비를 단단히 하지 못하는 사람들이 많이 있습니다. 말 그대로 "하늘에 오르고" 싶어 하지만 어떻게 해서든지 자신과 세상을 버리는 일을 하지 못하는 사람들이 많이 있습니다. 이같이 불안정하고 열의가 없이 구하는 사람은 이 세상에서나 저 세상에서나 어떤 것도 얻지 못할 것입니다. 우리는 단지 바라기만 해서는 안 되고 얻으려고 애써야 합니다.

우리가 시간을 넘어서 보지 못할지라도 이것은 사실입니다. 예수께서는 이어지는 25-27절에서 경고를 확장하여 말씀하시는 가운데 우리의 시야를 세상 끝날까지 연장시켜 보여 주십니다. 이 말씀이 듣는 자들에게는 메시야의 나라와 관련해서 어떤 의미를 가졌는데, 그 민족이 메시야의 나라에서 내쫓기는 것을 의미하였던 것이 분명합니다. 그러나 우리는 이 말씀에서 그 외에도 미래의 어떤 의미를 볼 수 있어야 합니다.

이 말씀에서 보여 주고 있는 장면이 혼인 잔치를 묘사하고 있지 않다는 점에서, 주인을 기다리고 있는 열 처녀의 비유와 다르다는 것에 유의할 필요가 있습니다. 여기에서는 주인이 이미 집 안에 들어와 있고, 날이 저물자 밤을 지내기 위해 문을 닫습니다. 그 주인의 종들 가운데 몇 사람이 시간에 맞춰 돌아오지 못하였고, 그래서 좁은 문으로 들어오지 못하였습니다. 이 문은 이제 좁을 뿐만 아니라 주인이 직접 닫아 버려서 들어갈 수가 없습니다. 이 비유를 해석하자면, 장차 그리스도의 결정적인 행위에 의해 메시야의 나라에 들어갈 시간이 끝나리라는 것입니다. 인생에 있어서 각 단계에 특별한 기회들이 주어지고, 그에 따른 어떤 결과를 얻을 수 있는데, 그 단계가 지나고 나면 그 기회들을 다시 얻을 수 없습니다. 그와 같이 인생 전체가 그 나라에 들어갈 시간인데, 그 목적을 위해 인생을 사용하지 않으면, 그 나라에 들어갈 수 없다는 것입니다. 사람이 젊은 시절에 배우지 않으면 평생을 무지하게 지낼 것입니다. 게으른 자가 날씨가 춥다고 밭을 갈지 않으면 "거둘 때에는 구걸할"(잠 20:4) 것입니다. 우리가 그 문으로 들어가기를 애쓰지 않는다면, 주인이 친히 그 문의 빗장을 질러 잠그고 나면, 들어가기를 바랄지라도 소용이 없습니다.

여기서 우리 주님의 말투는, 우리가 살아가면서 어느 때든지 그 나라에 들어갈 수 있다는 생각을 하지 못하게 하시는 것처럼 보입니다. 어쩌면 주인이 문을 아주 완전히 닫지는 않으실 것이라고 말하는 것이 친절을 베푸는 일이 아닙니다. 우리는 어쨌든 그 문이 지금은 활짝 열려 있다는 것을 압니다.

집에 들어가지 못한 자들의 입에서 나오는 말을 들어보면 그들의 성품을 알 수 있고, 또 그들이 들어가기를 구하였지만 왜 들어가지 못하였는지, 이유를 충분히 알 수 있습니다. 그들은 왜 그 집에 들어가고 싶어 했습니까? 그들은 춥고 어두운 데서 나와 물건이 풍부하고 따듯한 불이 있는 곳에 들어가기를 바랐기 때문입니다. 그러나 그들은 그 집에 들어가는 조건을 알지 못하였고, 그 집에 있는 참된 복은 전혀 바라지도 않았습니다. 그들이 들어가기를 주인에게 호소하는 근거에서 그들의 부족이 무엇인지 분명하게 나타납니다. 처음에 그들은 마치 바라기만 하면 얻을 수 있는 것처럼 단지 들어가기를 구하기만 합니다. 그 다음에, 집 주인이 그들을 전혀 모른다고 하고, 모르는 사람을 집에 들여보낼 수 없다고 하자, 그들은 자기들이 주인 앞에서 먹고 마셨고 주께서 자기들 동네에서 가르쳤다는 점을 들어갈 자격으로 호소하였습니다. 이렇게 말하는데서 그들은 자기들이 그리스도와 동시대 사람이라는 것을 이야기하고, 그 관계를 들어가는 조건으로 호소하는 것이 분명합니다.

예수님과 외적인 관계에 있다는 것이 그리스도의 나라에 들어갈 아무 권리를 주지 못하였습니다. 스스로 그리스도인이라고 말하는 사람들이 아주 널리 퍼져 있는 가운데 사는 우리들에게 필요한 이 교훈을 배워야 합니다. 성찬 같은 기독교의 의식에 참여하거나 신앙고백을 함으로써 그리스도와의 어떤 외적 관계를 맺을지라도, 그것 자체가 문을 열게 하는 권리를 주지 못할 것입니다. 사람이 아주 훌륭하고 존경받는 교인으로 지내고, 평생 그리스도의 교훈에 귀를 기울여 왔고, 일생 동안 "구원받기를" 막연하게 소원해 왔을지라도, 그 나라에 들어가는데 도무지 적합지 않고, 그래서 돌이킬 수 없이 그 나라에서 쫓겨나게 될 수가 있습니다.

조용하지만 아주 엄중한 주인의 답변에서, 그렇게 구하는 자들에게는 문을 열어 줄 수 없다는 단호한 태도가 나타납니다. 주인의 답변은 두 가지 점을 강조합니다. 주님과 그들 사이에 생명의 관계가 전혀 형성되어 있지 않다는 사실과, 그들의 도덕적 성품을 말합니다. 주인은 그들을 전혀 모릅니다. 그리고 집 주인이 알지 못한다는 것은 필연적으로 주인의 집에 들어오지 못한다는 것을 의미합니다. 주님을 알고 주님의 음성을 듣는 자들은 목자의 아시는 바가 됩니다. 목자의 아시는 바가 되지 않는 자들은 광야에서 지내야 합니다. 주님과 양의 상호간의 지식이 모든 의의 기초이고, 의는 그 나라에 들어가는데 반드시 필요한 조건입니다.

이렇게 구하는 자들은 여전히 악을 행하고 있는 사람들로 묘사됩니다. 이들은 도덕적 본성이 변하지 않은 사람들입니다. 이들은 천국에 들어가기를 원하였지만, 여전히 악을 사랑했습니다. 그러니 설사 천국 문이 열렸다고 할지라도 어떻게 그들이 들어갈 수 있겠습니까? 문이 열려 있는 동안에도 거룩함이 없이는 아무도 주님을 보지 못할 것이라는 사실을 배우도록 합시다. 악을 행하는 자란 예수님과 외적으로만 관계를 맺고 있는 사람입니다. 내적으로 그는 예수님에게서 떨어져 있습니다. 그래서 마침내 외적인 관계가 드러나게 될 때, 그는 주님을 떠나지 않을 수 없고, 그러면 그는 파멸에 이릅니다.

3. **앞에 나오는 말씀이 대담하고 엄중하게 인물을 비평하고 있지만, 주님의 답변의 마지막 말씀은 틀림없이 훨씬 더 날카롭고 사람을 불쾌하게 만들었을 것입니다.**

주께서는 메시야와 맺고 있는 외적 관계로 인해 자기들이 틀림없이 메시야의 나라에 들어갈 것으로 믿고 있던 유대인들의 기대에 치명적인 타격을 가하셨습니다. 이제 그리스도께서는 이방인들이 빈 자리를 채울 것이라고 말씀하십니다. 모든 유대인들이 그 나라에 들어가기를 구하지만, 많은 유대인들이 들어가지 못할 것입니다. 그럼에도 구원받는 사람은 많이 있을 것입니다. 유대인들이 혐오한 많은 이방인의 무리가 세상 곳곳으로부터 나올 것입니다. 육신을 좇은 이스라엘은 쫓겨나서, 이방인들이 자기 민족의 조상들 곁에 앉아 있는 모습을 보고서 충격을 받아 울 것입니다. 이들이 운다는 것은 슬퍼한다는 표시인데, 이런 슬픔이 있다고 해서 그들의 마음이 부드러워진다거나 그 나라에 들어가는 효과를 내지 못합니다. 그 슬픔이 분노의 표시인 "이를 가는 것"으로 바뀌기 때문입니다. 그런 슬픔은 죽음을 일으킬 뿐입니다.

목이 뻣뻣하고 완고하며 맹렬하게 미워하는 태도가 예루살렘 함락 이래 유대인들의 특징을 이루어 왔습니다. "하나님이 원 가지들도 아끼지 아니하셨은즉 너도 아끼지 아니하시리라"(롬 11:21). 이스라엘이 먼저 되었으나 맨 나중이 된 것입니다. 소아시아에서, 그리고 한때 기독교 예배당이었던 곳이 이슬람 사원이 된 것에서 볼 수 있듯이, 이스라엘이 선봉에서 뒤로 물러나게 된 바로 그 원인들 때문에, "기독교 국가"에서 그와 같은 일들이 일어났습니다.

이 원인들이 유력하게 작용하는 곳에서는 어디든지 비슷한 결과들이 일어날 것입니다. 그리스도와의 외적 관계를 믿고서 악을 행하는 교회든지 그리스도인이든지, 조만간에 뒷전으로 밀려나게 될 것입니다. 외적 관계에서 벗어나 회개와 믿음으로 좁은 문으로 들어가지 않는다면, 교회든 개인이든 뒤에 쳐져서, 결국 문이 닫혀 들어가지 못하게 될 것입니다. 우리는 "높은 마음을 품지 말고 도리어 두려워"하도록(롬 11:20) 합시다.

53
헤롯에게 보내는 그리스도의 메시지

"이르시되 너희는 가서 저 여우에게 이르되 오늘과 내일은 내가 귀신을 쫓아내며 병을 고치다가 제삼일에는 완전하여지리라 하라 그러나 오늘과 내일과 모레는 내가 갈 길을 가야 하리니 선지자가 예루살렘 밖에서는 죽는 법이 없느니라"

눅 13:32,33

늑대들이 양의 안전을 아주 신경 써 주는 것 같은 태도를 보이면 양들도 혼동하는 수가 있습니다. 바리새인들이 그리스도의 목숨을 보호하려는 듯한 태도는, 속임수를 연상하기에 충분하였습니다. 이 사람들은 그리스도를 죽이려는 헤롯의 의도에 짐짓 반대하는 것처럼 보이기를 바라고 예수께 왔습니다. 예수께서 그들에게 직접 전하는 말을 헤롯에게 가서 말하라고 명령하시는 답변을 보면, 주께서 그들이 교활하고 변덕스런 왕과 함께 음모를 꾸미고 있는 것으로 간주하신다는 것을 알 수 있습니다. 그들과 헤롯 사이에 공통된 의견이 있었던 것이 분명합니다. 한때는 예수님을 아주 보고 싶어 했던 이 사람이, 무슨 이유에선지 그 다음에는 어떻게 해서든지 예수님을 자기 영토에서 내보내려고 했습니다. 마치 그가 세례자 요한을 흠모하면서도 죽였던 것과 꼭 같습니다. 반면에 바리새인들은 예수님을 예루살렘으로 끌어들이고자 했습니다. 예루살렘에서는 그들이 북쪽 지역에서보다는 더 완벽하게 자기들 권한을 사용할 수 있게 될 것입니다. 그들이 본심을 드러냈다면, "여기서 떠나가라 그렇지 않으면 우리가 당신을 죽일 수가 없다"고 말했을 것입니다. 그래서 그리스도는 본문의 말씀에서 그들의 외견상의 염려에 대해서가 아니라 그들의 숨은 의도에 대해서 답변하신 것입니다. 주님의 답변은 그들의 음모를 드러내며, 위험이 있다고 하는 위협의 말들을 조용히 치워버립니다. 주님은 자신의 갈 길은 훨씬 다른 고려 사항들에 의해 정해졌다고 선언하십니다. 답변하시는 말씀을 보면 주님은 자신이 여행하는 길이 어디로 향하여 나아가고 있는지 분명히 보고 계셨다는 것을 알 수 있습니다. 그 다음에 슬픈 풍자의 말씀을 통해서, 주님은 선지자가 유혈이 낭자한 거룩한 성 밖에서 죽는 것은 선지자에 대한 예의와 대우에 어긋나는 것이라고 단언하십니다.

주님의 이 답변에는 설교 한편으로는 다 다룰 수 없는 깊은 내용들이 많이 있습니다. 지금으로서는 어쨌든 그런 내용들을 가볍게 훑어보면서, 그 가운데 분명한 교훈 몇 가지를 살펴보려고 합니다.

1. 첫째로, 그리스도께서 자신의 죽음을 명확히 내다보셨다는 점을 봅시다.

이 기간의 시기를 확정하는 데는 다소 어려움이 있습니다. 지금 이 문제로 여러분을 괴롭힐 필요는 없습니다. 우리가 관심을 갖고 있는 이 사건은, 우리 주님께서 예루살렘과 갈보리를 향하여 올라가신 마지막 여행 기간이었다는 사실에 주목하는 것으로 충분합니다. 누가복음에서는 이 여행에 대한 기록이 많은 부분을 차지하고 있습니다. 이 사건이 이 중대한 여행 중 어느 때에 일어났는가 하는 문제는 정하지 않은 채로 그냥 둘 수도 있습니다. 본문에 나오는 "오늘과 내일, 제 삼일"이라는 시간을, 어떤 주석가들이 생각하듯이 문자적으로 생각해야 하느냐는 문제를 다룰 필요는 없겠습니다. 문자적으로 생각할 경우에, 그 시간은 이 여행의 최종 목적지에 너무 가까이 이른 것이 될 것입니다. 혹은 문맥을 놓고 볼 때, 좀 더 개연성 있는 해석으로서, 이 시간을 정해진 짧은 어떤 기간을 속담적으로 표현한 것으로 볼 수 있는가 하는 문제도 지금 다룰 필요는 없을 것입니다. 본문의 두 구절에서 정해진 시간을 적용하는 데 있어서 약간의 변화가 있다는 사실을 생각할 때, 후자가 더 타당한 해석으로 보입니다. 앞 구절에서 말하는 "제 삼일"은 온전케 되는 시기를 나타내는 것으로 보이는 반면에 뒷 구절에서는 그 시기가 온전케 되는 것을 향하여 진행되는 기간을 가리키는 것으로 보입니다. 이처럼 적용을 달리 해야 한다는 점을 감안할 때, 우리는 그 말씀이 정해진 짧은 어떤 기간을 나타내는 속담적 표현이라고 생각하는 것이 옳을 것입니다. 우리 주님은 이때 사실상 이렇게 말씀하고 계시는 것입니다. "내 때는 헤롯이 결정하게 되어 있지 않다. 그때는 정해졌고 짧다. 헤롯이 내 때에 대해 신경 쓸 필요가 없다. 삼일이 지나면 내 때가 끝이 날 것이기 때문이다. 헤롯이 신경 쓰거나 너희 바리새인들이 음모를 꾸미는 것이 다 소용없는 일이다. 정해진 날이 지나가기 전에는 너희와 헤롯이 무슨 일을 할지라도 내 때는 끝이 나지 않을 것이기 때문이다." 이 마지막 여행에서 주님께서는 아직 가야 할 길이 분명히 남아 있었고, 주께서는 십자가를 분명히 바라보면서 한 걸음 한 걸음 내딛으셨습니다.

그런데 죽음에 있어서, 최악의 부분은 죽음을 내다보는 것입니다. 그 죽음은 그리스도께서, 마시는 사람마다 두려움으로 비틀거리게 하는 잔을 다 비우고, 모든 사람을 위하여 죽음을 지시는 것이었습니다. 어떤 범죄자를 끝에 교수대가 설치되어 있는 것이 보이는 길을 따라 데리고 간다면, 그 범죄자의 죽음은 참으로 끔찍할 것입니다. 그런데 예수 그리스도께서 일생을 두고 걸어가신 것이 바로 그런 것이었습니다.

본문의 사건은 예수님의 공생애에서 상당히 후반기에 속하는 일입니다. 예수께서 마지막 때에 이르기까지, 기껏해야 한 두 달이나 몇 주 밖에 남지 않았던 때입니다. 그러나 여기서 그처럼 평온한 것으로 보이는 그 의식은 최근에 생긴 것이 아니었습니다. 우리는 예수께서 변화산 사건 이후로 자신의 죽음에 대해 아주 뚜렷하게 가르치기 시작하셨다는 것을 압니다. 그러나 예수께서 이같이 제자들을 가르치는 가운데 죽음을 강조하시기 오래 전부터, 죽음을 내다보는 의식을 가지고 계셨습니다. 왜냐하면 요한복음을 역사적 사실로 받아들인다면, 예수께서 자신의 마지막을 공적으로 처음 언급하시는 일을 공생애 시작부터 하신 것으로 생각해야 하기 때문입니다. 공생애 사역을 막 시작하신 초두에 있었던, 성전을 정결케 하신 일에 대해 예수께서는 "너희가 이 성전을 헐라 내가 사흘 동안에 일으키리라"(요 2:19)는 의미심장한 말씀으로 변호하셨습니다. 바로 그처럼 이른 시기에 예루살렘을 방문하셨을 때, 예수께서 니고데모에게 이같이 말씀하셨습니다. "모세가 광야에서 뱀을 든 것 같이 인자도 들려야 하리니"(3:14). 많은 경우에, 장래 개혁자가 되거나 많은 사람들에게 유익을 끼치려 하는 사람들이 처음에는 낙관적인 희망을 가득 안고서 시작하였지만, 시간이 가면서 이상을 실현하려면 자신이 순교를 할 필요가 있다는 의식을 서서히 각성하게 되었는데, 그리스도의 경우는 그와 같지 않았습니다. 그리스도께서는 공생애를 사시면서 그런 각성을 경험하신 적이 없습니다. 처음부터 그리스도께서는 자신이 많은 사람을 섬기기 위해서 뿐만 아니라 "자기 목숨을 많은 사람의 대속물로 주기"(마 20:28) 위해 왔다는 것을 알고 계셨습니다. 대영박물관에 한 경건한 화가의 위대한 작품이 걸려 있는데, 그 작품에서 화가가 의미심장하게, 그러나 잘못 보여 주고 있듯이, 의식이 없는 자기 아들에게 드리워진 십자가의 그늘을 처음 본 것은 어머니의 눈이 아니었습니다. 지상 여정의 처음부터 끝까지 자신이 제물로 바쳐질 어린 양이라는 것을 안 것은 그리스도 자신이었습니다. 이 이삭은 친히 나무와 칼을 지고 힘들게 언덕을 오르셨고, 그 제물이 어디에 있고, 누구인지 아셨습니다.

형제 여러분, 나는 우리가 예수 그리스도의 생애를 생각하면서 이 요소의 중요성을 충분히 깨닫고 있다고 생각지 않습니다. 예수께서 처음부터 자신의 죽음을 알고 계셨다는 이 사실을 생각할 때, 주님의 생애 전체가 참으로 애처롭게 보입니다! 또한 그 사실을 생각할 때, 주님의 온유하심, 언제든지 다른 사람에게 관심을 보이시는 태도, 모든 슬픔에 대해 동정을 보이심, 모든 죄를 부드럽게 대하신 점이 얼마나 아름답게 보이는지 모릅니다! 공생애 기간 내내 예수께서 자기 앞에 갈보리와 십자가가 무섭고 뚜렷하게 서 있는 것을 보셨다는 사실을 생각한다면, "인자는 와서" 자신이 아니라 모든 사람을 위하여 "먹고 마셨다"(마 11:19)는 사실이 지닌 의미와 사랑스러움과 비장함이 놀랍도록 깊어집니다! 이같이, 가는 길 내내, 예수께서는 자기가 어디를 향하여 여행하고 있는지 알고 계셨습니다.

2. 그 다음에, 둘째로 우리 주님께서 전 사역과 관련해서 자신의 죽음이 차지하는 위치를 어떻게 평가하셨는지 눈여겨 보도록 합시다.

본문의 표현에서 나타나는 주목할 만한 변화에 주목해 봅시다. "내가 제 삼일에는 완전하여지리라 … . 선지자가 예루살렘 밖에서는 죽는 법이 없느니라." 여기서 웬일인지 "완전하여지는" 것이 "죽는" 것으로 바뀝니다. 이 단어를 "완전하여지리라"는 말로 번역하는 것이 정확한지, 한 번 생각해 볼 수 있습니다. 내가 볼 때, 이 문맥에 맞는 유일한 의미는 흠정역 성경의 번역입니다. 즉 우리 주님께서 "내가 귀신을 쫓아내고 병을 고치는 내 사역을 제 삼일에 완성할 것이라"는 뜻으로 말씀하신 것이 아닙니다. 그보다 주님께서는 자신의 전체 사역을 두 부분으로 나누십니다. 한 부분은 주님의 모든 활동, 그리고 표적과 자비를 베푸는 봉사의 일을 포함합니다. 그리고 다른 한 부분은 다른 모든 활동보다 중요하고, 그 위에 우뚝 서는 독특하고 초자연적인 사실을 포함하는데, 그것은 주님의 사역을 완성하는 것으로 주의 순종과 봉사와 희생의 정점에 해당합니다.

물론 내가 여기서 "완전케 한다"는 말이 도덕적 성품이나 개인의 본성을 완전케 한다는 것이 아니라 히브리서에서 "그가 온전하게 되셨은즉 자기에게 순종하는 모든 자에게 영원한 구원의 근원이 되시고"(5:9)라고 할 때의 그 온전함을 뜻한다는 것을 새삼스럽게 말할 필요는 없을 것입니다. 즉 그것은 그리스도 개인의 성품이 완성된다거나 향상된다는 것이 아니라, 그리스도께서 세상을 위한 직무와 기능과 활동에 있어서 완전하여진다는 말입니다. 그리고 이 "완전하여지는 것"이 그리스도께서 "죽는 것"에서 성취됩니다.

예수 그리스도의 죽으심은 어떤 의미로든지 그리스도 사역의 정점이요 절정이 될 수 있습니다. 그리스도의 죽으심이 없다면 그의 사역은 손발이 없는 몸통과 불완전한 조각이 될 것이고, 아버지의 계획을 부분적으로 성취하는 것밖에 되지 못할 것입니다. 그리고 신약 성경이 모든 곳에서 한 목소리로 말하고 있듯이 그 죽으심이 세상 죄를 위한 희생이 아니라면 그리스도의 사역은 그의 사명을 부분적으로밖에 성취하지 못할 것입니다. 십자가에서 그리스도께서 죄를 속하셨고, 하나님의 어린 양으로서 세상 죄를 짊어지셨다는 보수적인 신앙을 제외하고는, 본문의 분명한 말씀이 가리키는 십자가의 죽음의 사실을 달리 해석할 수 있는 것이 없다고 생각합니다. 주님의 죽으심 외에도, 목격한 사람들이 대대로 증거하고 사람들의 감정에 호소하는 아름다운 죽음으로 최후를 장식하는 위대한 삶이 있을 수 있습니다. 그리스도의 죽으심이 제사가 아니라면, 그리스도의 죽으심에서 그런 삶이 주는 것보다 더 강력한 힘이 흘러나올 수 있을 것이라고 생각지 않습니다.

십자가 위에서 치르신 그리스도의 위대한 희생을 높이려는 바로 그 마음 때문에 많은 해악이 발생한 것을 나는 압니다. 그리스도의 희생의 죽으심을 그의 삶과 너무 분리시켜서, 그리스도의 생애를 제사로 보지 않고, 그의 죽으심을 순종으로 보지 않은 것입니다. 사실 이 제사의 요소는 그리스도의 지상 생애 전체를 통하여 흐르며, 그리스도께서 육신이 되어 우리 가운데 거하실 때부터 시작되었습니다. 그렇지만 특별히 여기서 주님은 십자가가 불완전한 모든 것을 완성시키는 정점으로서, 그리고 특별한 의미에서 사람들을 죽음의 권세로부터 구속하는 것이라고 친히 말씀하십니다. 주님께는 "죽는" 것이 "완전하여지는" 것입니다. 옛 선지자가 오래 전에 이야기하였듯이, "그의 영혼을 속건제물로 드리기에 이르면" 모순처럼 보이지만, 죽은 그 사람이 "씨를 보게"(사 53:10) 될 것입니다. 혹은 그리스도께서 친히 말씀하셨듯이 "한 알의 밀이 땅에 떨어져 죽지 아니하면 한 알 그대로 있고 죽으면 많은 열매를 맺느니라"(요 12:24).

나는 지금 속죄에 관한 어떤 이론들을 주장할 생각이 없습니다. 그보다는 자신의 죽음의 의미와 목적과 결과에 대한 그리스도의 평가를 가볍게 생각해서는 안 된다는 점을 강조하고 싶습니다. 그리스도께서 친히 자신의 죽음으로 자기 사역이 완성되는 것으로 보셨다는 사실을 깨닫고서, 우리가 기독교 신앙에서 세상 죄를 위한 희생의 사상을 삭제한다면, 그런 개념을 어떻게 설명할 수 있는지 스스로에게 아주 진지하게 물어야 한다는 점을 말씀드리고 싶습니다. "성경대로 그리스도께서 우리 죄를 위하여 죽으셨다"(고전 15:3)는 바울의 복음을 받아들이지 않는 한, 우리가 "이전 것은 지나갔으니 보라 새 것이 되었도다"(고후 5:17)는 바울의 결과를 항상 거둘 있을 것이라고 믿지 않습니다. 성전의 둥근 천장에서 십자가를 떼어버리면, 제단의 불이 곧 사라질 것입니다. 예수의 생애에 대해서는 많은 이야기를 하면서, 그리스도의 죽음에 관해서는 무엇을 말해야 할지 모르는 기독교는 삶에 힘을 가져다 주지 못하고, 죽음에 대해 평안을 구하는 기도도 드릴 수 없을 것입니다. 우리가 성품이 온전하여지기를 바란다면, 그리스도의 사역을 완전하게 만들었던 그 희생적 죽음을 믿어야 합니다.

3. 끝으로 우리 주님께서 십자가를 분명히 아시고 지기로 결심하신 사실을 살펴봅시다.

본문의 말씀에 이 면에 관한 것이 많이 있지만, 지금은 다룰 수 없고, 다만 두 세 가지 점만 간단히 살펴볼 수 있습니다.

그리스도께서 여러 위협과 위험에도 아랑곳하지 않고 평온한 모습을 보이는 영웅적인 태도에 대해 주목해 봅시다. 그리스도께서 이제 다른 곳으로 가심으로 이 폭군의 압박에서 벗어나실 것입니다. 그러나 그리스도께서는 자신이 가는 것이, 바리새인들이 주님을 떨게 하기 위해 말한 하찮은 위협과는 아무 상관이 없다는 것을 분명히 밝히십니다. 여기서 주께서 "그러나" 하고 말씀하신 것은 "내가 그런 위협이나 헤롯에 대해 전혀 신경을 쓰지 않을지라도"라는 뜻입니다. "그러나 내가 오늘과 내일은 여행을 떠나야 하리라. 그것은 내가 죽음을 무서워해서가 아니라 내 죽음을 이루기 위해 가고 있기 때문이다. 선지자는 반드시 예루살렘에서 죽어야 한다." 우리는 "점잖고 온유하신 예수"를 생각하는데 너무 익숙해져서, "강한 하나님의 아들"을 잊어버리는 경향이 있습니다. 우리가 단지 어떤 사람에 관해 말하고 있는 것이라면, 이 조용하고 당당한 답변을 영웅적인 행위의 한 예로 지적해야 할 것입니다. 그러나 그리스도께는 그런 말이 적합지 않다는 것을 우리는 압니다. 주님의 이 답변과 관련하여 통속적인 많은 생각들을 떠올릴 수 있지만, 가는 길에 어떤 것이 올지라도 물러나거나 비틀거리지 않는 주님의 확고한 뜻에서 나오는 그 조용함에 적용할 수 없습니다.

빛은 번개보다 훨씬 더 강력합니다. 온유함이 있을 수 있는데, 그리스도 안에서 온유함은 쇠 빗장처럼 강력한 의지와 두려워하는 법을 모르는 굳센 마음과 결합되어 있었습니다. 일찍이 비단 장갑 속에 철권이 들어 있은 적이 있다면, 그것은 바로 그리스도의 손이었습니다. 기독교가 도입하였고 그리스도께서 공생애를 통해서 보여 주신 미덕의 관점에서는, 온유하고 관대한 사람들을 높이 평가하지만, 기독교의 미덕은 "맞붙어서 세상을 집어 던지는 근력"을 기를 것도 요구합니다. "깨어 믿음에 굳게 서서 남자답게 강건하라. 너희 모든 일을 사랑으로 행하라"(고전 16:13,14).

그 다음에, 그리스도의 생애를 지배하였던 그 엄숙한 법을 또한 살펴봅시다. "내가 가야 하리라." 이것은 예수께서 자주 입에 올리신 표현입니다. 그리스도께서 "내가 내 아버지의 일에 관계하여야 할 줄을 알지 못하셨나이까"(개역개정 난외주 번역 — 역주) 하고 말씀하신 이른 시절부터 "인자가 들려야 하리니"(요 12:34) 하고 말씀하신 마지막 때에 이르기까지, 때때로 주님께서 우리에게 자신의 가장 깊은 속내를 얼핏 볼 수 있도록 허락하시는 경우에, 주님의 모든 행동이 주님께 지워졌고 주께서 항상 의식적으로 따르려고 하였던 필연성에 따르는 것이라는 언급이 나타납니다. 이 필연성이 주께서 그토록 자주 "내 때"라고 말씀하시는 것을 결정하였고, 그리스도의 생애에서 큰 위기뿐 아니라 흔히 말하듯이 하찮은 일에도 영향을 끼쳤습니다. 그리스도께서 어떤 일을 하여야 하도록 만든 것은 아버지의 뜻이었습니다. 이 사실에서 그리스도의 중단 없는 교제와 흔들림없는 평온함이 나옵니다.

우리가 하나님 가까이에서 살고 싶다면, 격동하는 환경 가운데서도 평온한 생활을 유지하고 싶다면, 우리도 모든 것을 포괄하는 그 최고의 필연성에 복종해야 합니다. 그 필연성은 우주의 큰 법칙들처럼 행성과 항성들의 경로와 위치를 결정하기도 하고, 꽃가루 두 알갱이나 햇빛 속에서 춤을 추는 티끌 두 개를 결합시키기도 합니다. 큰 것이든 작은 것이든 중력에 영향을 받지 않는 것은 없습니다. 하나님의 당위(마땅히 해야 하는 것)가 우리 삶의 모든 면에 적용되므로, 그에 대해 항상 우리는 "내가 하리이다"는 말로 응답해야 합니다.

이제 마지막 요점을 생각해봅시다. 그것은 우리 주님께서 십자가를 져야 하는 필연성을 기쁘게 받아들이고 따르신 사실입니다. 그리스도께서 그 "당위"(마땅히 해야 하는 것)를 자신의 삶의 법칙으로 기꺼이 받아들이신 것은 무엇 때문이었습니까? 첫째는 아들로서 순종하기 때문이었고, 둘째는 형제로서 사랑하기 때문이었습니다. 그리스도께서 하나님이 정하신 방법 외에 다른 방법으로 세상 나라를 얻게 하려는 시험을 물리치신 때부터, 그리고 바로 그 시험이 "십자가에서 내려올지어다 그리하면 우리가 믿겠노라"(마 27:42)는 모욕의 말로 의식이 희미해져가는 그리스도의 귀에 들리던 마지막 순간에 이르기까지, 지상 생애 동안에 주께서 자신의 사명을 버리기로 마음먹으셨다면, 목숨을 구하지 못할 때는 없었습니다. 갈보리에서 끝나는 그 과정으로 그리스도를 몰아가는 어떤 강요도, 외적 압박도 없었고, 다만 그리스도께서 다른 사람들을 구원하고자 하셨기 때문에 "자기를 구원하실 수 없었던" 것입니다.

거대한 파도가 엄청난 힘으로 뱃머리를 쳐서 배를 요동치게 만들 때와 꼭 같이, 사실 인간으로서 본능적으로 위축됨이 있었습니다. 그러나 그 타격에도 방향타를 굳게 잡은 손을 놓지 않았고, 배가 항로를 비껴 나가지도 않았습니다. 그리스도께서 "마음이 괴로웠지만"(요 12:27) 뜻은 확고하셨습니다. 우리에 대한 사랑 때문에 뜻을 확고히 하신 것입니다. 세상을 구원하려는 굳은 결심 외에는 그리스도를 십자가에 묶은 것은 아무것도 없었습니다. 그리고 지금 이 자리에 있는 여러분과 내가 이 세상에 있는 것입니다. 형제 여러분! 우리가 이런 사랑을 받았으니 즐거이 복종하고 우리를 위해 자기를 주신 그리스도께 우리를 드려야 하지 않겠습니까?

54
잔치의 교훈

"¹안식일에 예수께서 한 바리새인 지도자의 집에 떡 잡수시러 들어가시니 그들이 엿보고 있더라 ²주의 앞에 수종병 든 한 사람이 있는지라 ³예수께서 대답하여 율법교사들과 바리새인들에게 이르시되 안식일에 병 고쳐 주는 것이 합당하냐 아니하냐 ⁴그들이 잠잠하거늘 예수께서 그 사람을 데려다가 고쳐 보내시고 ⁵또 그들에게 이르시되 너희 중에 누가 그 아들이나 소가 우물에 빠졌으면 안식일에라도 곧 끌어내지 않겠느냐 하시니 ⁶그들이 이에 대하여 대답하지 못하니라 ⁷청함을 받은 사람들이 높은 자리 택함을 보시고 그들에게 비유로 말씀하여 이르시되 ⁸네가 누구에게나 혼인 잔치에 청함을 받았을 때에 높은 자리에 앉지 말라 그렇지 않으면 너보다 더 높은 사람이 청함을 받은 경우에 ⁹너와 그를 청한 자가 와서 너더러 이 사람에게 자리를 내주라 하리니 그 때에 네가 부끄러워 끝자리로 가게 되리라 ¹⁰청함을 받았을 때에 차라리 가서 끝자리에 앉으라 그러면 너를 청한 자가 와서 너더러 벗이여 올라 앉으라 하리니 그 때에야 함께 앉은 모든 사람 앞에서 영광이 있으리라 ¹¹무릇 자기를 높이는 자는 낮아지고 자기를 낮추는 자는 높아지리라 ¹²또 자기를 청한 자에게 이르시되 네가 점심이나 저녁이나 베풀거든 벗이나 형제나 친척이나 부한 이웃을 청하지 말라 두렵건대 그 사람들이 너를 도로 청하여 네게 갚음이 될까 하노라 ¹³잔치를 베풀거든 차라리 가난한 자들과 몸 불편한 자들과 저는 자들과 맹인들을 청하라 ¹⁴그리하면 그들이 갚을 것이 없으므로 네게 복이 되리니 이는 의인들의 부활시에 네가 갚음을 받겠음이라 하시더라"

눅 14:1-14

예수께서는 초청하는 사람이 바리새인이든 세리이든, 즉 친구이든 적이든 상관없이, 초청을 거절하신 적이 없습니다. 그리고 초대하는 집주인의 의향을 잘못 판단하신 적도 없습니다. 그리스도께서는 친절함이 전혀 없는 인사도 받으셨는데, 이 경우가 바로 그러했습니다. 여기서 대접하는 사람은 정탐꾼이었고, 그가 베푼 잔치는 함정이었습니다. 식탁에 앉아 예수님의 행동 하나하나를 주목해보다가 기회가 있기만 하면 악하게 해석하려고 하는 망보는 악인들은 그런 그들까지도 사랑하고 복을 주시려고 하는 예수님과 얼마나 큰 대조를 이룹니까! 그런 의심의 냉랭한 분위기도 예수님의 너그러운 선행과 지혜로운 가르침을 막지 못했습니다. 주님께서는 적의를 가지고 지켜보는 자들이 있음에도 온유한 친절을 그대로 베푸셨습니다. 주께서 베푸신 기적과 말씀하신 두 가지 비유는 그들의 잘못된 생각을 고쳐주기 위한 것이었습니다.

1. 수종병 든 사람이 어떻게 그 자리에 왔습니까? 당시의 자유로운 풍습에 따라 그가 들어올 수 있었을 것입니다.

어쩌면 그는 그냥 그 집을 지나가는 길에 들려서 잔치를 구경하고 있던 듯합니다. 그 사람이 낫기를 바라고 들어왔다는 어떤 암시도 없고, 그가 어떤 믿음을 보였거나 그리스도께서 그에게 하신 말씀 가운데 그의 믿음을 볼 수 있는 흔적이 전혀 없다는 점과 더불어, 그가 치료받은 후에 즉시 그 자리를 떠났다는 점을 생각할 때, 예수께서 이 사람을 보면 측은하게 여기고 고쳐줄 것이라는 계산 하에서 계략의 미끼로 그 사람을 그 자리에 두었다고 하는 의심이 들 만합니다. 그 올가미를 쳐 놓은 사람들은, 올가미가 효과를 발휘할지 "엿보고" 있었고, 예수께서는 틀림없이 뻔히 알아보셨을 그들의 생각에 대해 "대답하셨습니다." 주님의 답변에는 세 단계가 있었습니다. 질문의 형식을 띤 주장을 먼저 하시고, 그 다음에 치료를 하셨으며, 끝으로 처음의 주장을 확인하는 질문을 하십니다. 주님의 이 세 가지 행동에 대해 그들은 골이 난 듯이 아무 답변도 하지 않았습니다.

이것은 말로 답변하는 것 이상을 나타냅니다. 첫 번째 질문은 예수께서 적대자들이 잘 아는 문제에서 "변호사"와 같은 태도로, 사실 병을 고치는 것이 안식일을 어기는 것이 아니었다고 주장하시는 것입니다. 예수께서는 자신의 주장의 합법성을 부정해 보라고 요구하시는 것이고, 바리새인들이 그에 대해 잠잠하였다는 것은 그들이 그 주장을 감히 부정하지 못한다는 것을 인정하는 것입니다. 그들에게 말해 보라고 했으면, "병 고치는 사실 자체를 금하지 않지만 병 고치는데 필요한 행동은 금한다"고 말했을지도 모릅니다. 그러나 이 위대하신 치유자께서 병 고치는 능력을 발휘하시는데 아무 행동도 필요치 않았습니다. 예수께서는 자신의 뜻을 나타내는 것 자체에 능력이 있었습니다. 합법적인 행동과 불법적인 행동을 지나치게 세밀하게 구별하는 것은 거미의 거미줄과 같은 것이었습니다. 주님의 자비로운 행동은 햇빛을 받아 번쩍이는 아름다운 날개가 있는 새처럼 그 거미줄 위로 높이 날아 올라갔고, 거미는 새가 뚫고 지나간 자리에 실망한 채 앉아있습니다. 예수님의 첫 번째 질문에 들어 있는 큰 원칙은 어떤 안식일 법도, 소위 말하는 어떤 종교적 제한도 불쌍한 사람을 돕는 일을 금할 수 없다는 것입니다. 안식일의 휴식이 사람의 선행으로 방해를 받는 것이 아니라 더 깊어지는 것입니다.

병 고치는 일에 대해 상세한 언급이 없는데, 아마도 이것은 말할 만한 상세한 내용이 없기 때문일 것입니다. 병든 사람이 병 낫기를 구했다는 표시도, 병 나을 만한 믿음을 보였다는 표시도 없습니다. 그리스도께서 그를 "데려오신" 것 외에 아무런 외적 행동이 없었던 것 같습니다. 이것은 그리스도께서 그에게 가까이 오라고 부르시고, 단순히 그를 고치고자 하는 뜻을 발휘하여 병을 고치셨을 뿐임을 나타냅니다. 병든 사람 마음에 감사한 생각이나 놀라움을 나타냈다는 표시가 전혀 없습니다. 어쩌면 이 사람은 자기에게 은혜를 베푼 사람을 더 이상 상대하고 싶어 하지 않았는지도 모릅니다. 그는 조용히 무대에 나타나서 조용히 복을 받고, 또 조용히 사라집니다. 이 일은, 아주 짧은 시간이지만 예수님을 만나고 심지어 예수님으로부터 선물을 받고서도 예수님과 현실적이고 영구한 관계를 맺지 못할 수 있는 기이하고 슬픈 예가 아닐 수 없습니다!

두 번째 질문은 법적인 면을 떠나 좀 더 폭넓은 사실을 고려하는 데로 나갑니다. 마음의 자발적인 작용을 의식법을 이유로 막아서는 안 된다는 것입니다. 곤경에 빠진 사람에게는 즉각적인 구조가 필요합니다. 여러분의 소나 나귀가 구덩이에 빠지면 안식일의 해가 질 때까지 기다리지 않습니다. (영어 개역성경 난외주에서처럼 "소" 대신에 "아들"로 읽는 것은 문맥에 어울리지 않습니다.) 예수께서는 곤경에 빠진 짐승에게라도 즉각적인 도움을 주려는 본능적인 마음을 근거로 들면서, 하물며 그 대상이 사람일 경우에는 그 본능을 즉각적으로 발휘해야 하지 않겠느냐는 뜻으로 말씀하십니다. 주님의 말씀을 듣는 자들이 양심의 가책을 받았고, 그럼에도 그들이 완고하게 침묵을 지켰다는 것은 화살이 그들 마음에 깊이 박혔다는 것을 증명합니다.

2. 병 고치는 일이 자리를 잡고 앉은 손님들 앞에서 일어난 것으로 보입니다.

그때 가장 높은 자리를 차지하려고 하는 쟁탈전이 일어났습니다. 주님께서는 아마도 씁슬한 미소를 띠며 그 광경을 보셨을 것입니다. 그처럼 적대적인 무리들 가운데서조차도 예수께서 조용히 권위를 취하신 것뿐 아니라, 그 자리에 앉은 손님들이 다시 한 번 잠잠히 있었다는 것이 주목할 만한 일입니다. 예수님은 손님으로 가시는 곳에서 선생이 되어 가르치시고, 하나님의 권세로 책망하십니다. 예수께서 "비유"를 들어 교훈하셨다고 누가는 말합니다. 이 비유를 읽을 때, 우리는 주님의 말씀을 피상적으로 해석한다면 생각할 수 있듯이, 주께서 지금 단지 잔치 자리에서 취해야 할 적합한 행동에 대한 교훈을 하고 계시는 것이 아니라 그 행동을 훨씬 더 깊은 내면의 사실을 드러내는 예로서 보고 계시는 것임을 알아야 합니다. 어쩌면 어떤 야심만만한 한 손님이 스스로 높은 자리에 앉으려고 하다가 그 자리에서 일어나 당황하는 모습으로 가장 낮은 자리로 가게 되었는지 모릅니다. 그 사람이 제일 높은 자리에 앉으려고 하였지만 결국에는 가장 낮은 자리로 쫓겨나고 말았습니다. 예수께서는 그것이 "비유"라고, 즉 일상의 영역에서 일어나는 일로서, 도덕과 종교의 중요한 진리를 보여 주는 예라고 말씀하십니다. 그것은 결국 더 높은 명예를 얻기 위해 외적으로 겸손한 체 하도록 하는 볼품없는 동기를 말합니다. 예수께서 단지 이때 사람들에게 행동의 지침을 말씀하시고 계셨던 것이라면, 의심스런 도덕에 대해 가르치고 계신 셈입니다. 마귀가 "좋아하는 죄는 겸손한 체 하는 교만" 입니다.

이때 예수께서는 외적 생활에서 나타날 때는 의도적으로 겸손한 모습으로 가장하는 교묘한 야심이, 영적 영역에서 고귀하고 순수하며 가치게 있게 된다고 말씀하신 것이 아닙니다. 왜냐하면 하나님 나라에서 존귀하게 되기를 바라는 것은 아주 옳은 일이며, 그같이 존귀하게 될 것을 바라보며 자신을 낮추는 것은 예수께서 친히 걸어가심으로써 신성하게 하신 그 길을 가는 것이기 때문입니다. 야망을 품어야 할 참된 목적은 오직 하나님으로부터만 오는 명예를 구하는 것이고, 그 명예에 이르는 참된 길은 골짜기를 지나가는 것입니다. "하나님이 교만한 자를 물리치시고 겸손한 자에게 은혜를 주시기"(약 4:6) 때문입니다.

3. 손님들 가운데 침묵이 여전히 계속되었으나 다시 한 번 예수께서 선생으로 말씀하시는데, 이번에는 주인에게 말씀하십니다.

보통 손님은 동석한 사람들의 구성에 대해 무슨 말을 하지 않습니다. 예수께서 자기를 대접한 자에게 아무 "보답"을 할 수 없었지만, 그에게 이 의견을 내실 수는 있었습니다. 다시 한 번 예수께서는 그 때에 적합한 훈계를 가장하여 폭넓은 일반적인 교훈을 가르치신 것입니다. 아마도 손님들 대부분이 주인과 같은 사회적 신분을 지닌 유복한 사람들이었을 것입니다. 그리고 어쩌면 그 수종병 든 사람과 같이 사회적 신분이 좀 낮은 구경꾼들도 있었을 것입니다. 주께서는 사람들이 친구들이나 동류를 초대하는 자연스런 관습을 금하시는 것이 아니고, 그런 사람들만 초대하는 것과, 그런 사람들에게서 얻어낼 이익을 바라보고 초대하는 일을 금하시는 것입니다. 이기적인 목적으로 접대를 하고, 그 다음에는 각 손님으로부터 그에 대한 답례로 저녁 식사나 저녁 연회에 초대를 받는 일이 사회생활에서는 아주 중요하게 여겨집니다. 그러나 질리도록 반복되는 이런 접대는 불쌍한 일이고, 공허하고 이기적인 일입니다. 그 모든 일에 대해 예수께서는 무엇이라고 말씀하고, 어떻게 대하시겠습니까? 그런 이기적인 동기들 때문에 접대라는 신성한 이름이 더럽혀지고, 접대를 일으키는 샘들이 사회의 많은 관습들 때문에 마르게 됩니다. 그래서 여기서 우리 주님의 교훈을 거의 그대로 문자적으로 적용하는 일이 매우 필요합니다.

그러나 주께서는 그 말씀을 하나의 "비유"로 하셨기 때문에, 순전히 곤경에 처했다는 이유로 도움을 청하는 사람들에게 사랑으로 베푸는 모든 친절과 도움을 포함하는 말씀으로 확대해서 생각할 수 있을 것입니다. "그들이 갚을 것이 없으므로." 이것이 훨씬 더 나은 것입니다. 왜냐하면 그들이 그런 선행을 할 때 다른 사람의 눈을 의식하였더라면, 그들의 선행이 도덕적인 힘과 향기를 잃고 이기적인 행동에 불과한 것이 되고, 그렇게 되면 장래의 보상을 잃어버리게 되었을 것이기 때문입니다. 아무 갚을 것이 없는 사람들에게 넉넉히 베풀고, 따라서 이기적인 목적을 가지고 있다는 의심을 전혀 받지 않을 수 있게 하는 것은 오직 사랑뿐입니다. 그리고 그 같이 베푸는 행위는 모든 것을 밝히 드러내는 심판 날에 사랑으로 인정받고, 따라서 "의인들의 부활시에 갚음을 받기에" 합당합니다.

55
이유가 되지 않는 변명들

"다 일치하게 사양하여"

눅 14:18

예수 그리스도께서 한 바리새인의 집에서 벌어진 잔치 자리에 계셨습니다. 그 자리가 예수님께는 생소하였고, 식탁에서 하신 주님의 말씀도 그 자리에 참석한 사람들에게는 생소하였습니다. 왜냐하면 예수께서 먼저 그곳에 온 손님들을 책망하시고, 그 다음에는 잔치 집 주인을 책망하셨기 때문입니다. 손님들에게는 좀 더 낮은 자리를 취하라고 말씀하시고, 집 주인에게는 자기에게 보답할 수 없는 사람들도 대접을 하라고 말씀하셨습니다. 그것은 날카로운 말씀이었습니다. 그러자 다른 손님들 가운데 한 사람이 예수님의 마지막 말씀, 곧 "의인들의 부활시에 네가 갚음을 받겠음이라"는 말씀을 붙잡고서 자기 생각을 피력하였습니다. "무릇 하나님의 나라에서 떡을 먹는 자는 복되도다"고 말하였는데, 틀림없이 머리를 끄덕이면서 경건한 목소리로 말했을 것입니다. 그것은 매우 타당한 말이었습니다. 그러나 그 말에는 전통적이고 진부한 경건의 목소리가 들어있었고, 그래서 예수님께는 불쾌하게 들렸습니다. 예수께서는 아무도 오려고 하지 않는 큰 잔치에 대한 이상한 이야기로 그에게 답변하십니다. 그것은 마치 예수께서 "너는 하나님의 나라에서 먹고 마시는 것을 복된 일이라고 생각하는 체 하는구나. 말은 그렇게 하면서 너는 하나님 나라에서 그같이 먹을 기회가 제공될 때에는 먹지 않을 것이다" 하고 말씀하신 것과 같습니다.

내가 이 비유를 자세히 살피는 것이 불필요할 만큼 여러분 모두 이 비유를 잘 알고 있을 것입니다. 큰 잔치를 준비합니다. 처음에는 다소간에 모든 사람에게 초청장을 보냅니다. 모든 것이 준비되었습니다. 그런데, 식탁은 마련되어 있는데 식탁에 앉아 있는 사람이 하나도 없습니다. 호의로써 대접하는 사람이 이상한 일을 경험합니다! 주인이 종들을 보내어 별로 마음에 없는 사람들을 청하자, 모두 점잖은 말로 오기를 거절합니다.

이 이야기를 더 길게 할 필요가 없을 것입니다. 비유의 후반부에서 우리 주님은 유대인들이 산울타리 안에서 살금살금 걷거나, 대로에서 터벅터벅 걷는 부랑자들로 여기는 이방인들에게로 하나님 나라의 복이 옮겨 간다는 사실을 예고합니다. 비유의 전반부에서 주님은 자신이 자기 백성들 가운데서 복음을 전파하는 일이 실패할 것을 미리 넌지시 비치십니다. 그런데 유대인들과 영국인들은 너무도 흡사합니다. 초대받은 손님들이 이 잔치의 초대를 대하던 방식이 지금도 우리 주변의 수많은 사람들 가운데서, 그리고 우리 중 어떤 사람들 가운데서 날마다 되풀이 되고 있습니다. "다 일치하게 사양하여."

1. 여러분이 주목하기를 바라는 첫 번째 사실은, 기이하게도 초대받은 사람들이 다 일치하여 거절하였다는 점입니다.

이 이야기에 나오는 손님들의 행동은 생활과 현실에서 예를 찾기 어려운 것입니다. 큰 잔치에 초대받은 사람들 치고 이 비유에 나오는 손님들처럼 행동할 사람은 아무도 없을 것입니다. 그렇다면 이같이 부자연스런 특징을 이야기에 끌어들인 것은 이야기의 구성에서 잘못된 것입니까? 그렇지 않습니다! 오히려 그것이 아름다운 점입니다. 왜냐하면 이 이야기에서 중요한 점은, 이 초대 받은 손님들의 행동이 지극히 기이하다는 사실과, 이 사람들이 초대를 거절하고 다른 데로 가도록 만든 것으로 묘사되는, 좀 더 낮은 복들을 대하는 태도와 그들에게 제공된 좀 더 고귀한 복들을 대하는 태도를 대조시키려는 것입니다. 사람이 그런 큰 잔치에 갈 기회를 얻었다면, 그런 잔치를 마다할 사람은 아무도 없을 것입니다. 그러면 이같이 고귀한 제안을 함께 무리지어 거절하는 사람들에 대해 우리는 무엇이라고 말을 해야 하겠습니까? 이 비유가 실제 이야기라면, 상식을 벗어난 그런 행동의 기괴함은 이야기에 숨어있는 깊은 의미를 드러냅니다. 즉 그렇게 고귀한 영역에서는 그처럼 기이한 일이 보편적이거나, 거의 보편적이라고 할 수 있습니다.

정말로 그렇습니다. 사람들이 귀한 것일수록 별로 갖고 싶어 하지 않는 것이 거의 법칙처럼 작용한다고 말할 수 있을 것입니다. 혹은 그것을 좀 더 과학적인 용어로 표현하고 싶다면, 어떤 대상에 끌리는 마음은 그 대상의 가치에 반비례한다고 말할 수 있을 것입니다. 하찮고 일시적이며 물질적인 것들에 대해서는 사람마다 달려듭니다. 그런데 여러분이 귀중함의 눈금을 올림에 따라, 달려드는 사람의 수는 꾸준히 줄어듭니다. 그러다가 그 눈금이 가장 높은 데 이르면 그것을 원하는 사람은 거의 찾아볼 수 없게 됩니다. 단지 육체만을 만족시켜 주는 행복만큼 열등한 것이 또 있습니까? 그런데 대부분의 사람들이 그 이상의 것을 원합니까? 고귀함을 나타내는 눈금에서 돈보다 낮은 자리에 있는 것이 많습니까? 그런데 돈만큼 사람을 강렬하게 끌어당기는 것이 또 있습니까? 진리가 재물보다 귀하지 않습니까? 그런데 진리를 추구하는 사람보다 재물을 추구하는 사람이 더 많지 않습니까? "인간이 생각할 수 있는 가장 먼 경계 너머로 지는 별과 같은" 진리의 지식을 알기를 간절히 바라고, 그 지식을 알 때 인생을 가장 잘 보냈다고 생각하는 사람이 한 사람이라면, 소멸하고 마는 재물을 추구하는 데서 인생을 바르게 썼다고 생각하는 사람은 백명이나 됩니다. 선량함이 진실함보다 고귀하지 않으며, 지혜롭게 되는데 몰두하기를 좋아하는 사람들이 순수하게 되는데 전념하고자 하는 사람들보다 수가 더 많지 않습니까? 그런데 무엇보다, 위대하신 구주와 그의 메시지에서 우리에게 제공되는 선물들에 비교할 만한 것이 있습니까? 인류의 대왕이신 하나님께서 자기 신민들을 위해 마련하고 초청하신 잔치만큼 많은 사람들이 일치하여 거절한 것이 있습니까? 예수 그리스도 안에서 우리 각 사람에게 선물로 제공되는 것이 무엇입니까? 도움, 인도, 교제, 마음의 휴식, 순종의 힘, 자아에 대한 승리, 열정의 통제, 환경에 대한 지배, 깊고 참된 평온, 사망을 폐함, 하늘이 열림, 이생과 내생에 따라오는 완전한 결실에 대한 무한한 소망이 그것입니다. 이런 것들이 구원이라는 위대한 한 단어에 다 집합되고, 또 그것들의 다양한 불꽃이 구원이라는 한결 같은 한 빛에 흡수됩니다. 이 선물들이 우리를 기다리고 있는데, 그리스도를 구주요 왕으로 받아들이는 단순한 조건 하에서, 우리 각 사람에게 제공되고 권유됩니다. 그런데 우리는 이 선물들을 어떻게 대합니까? "다 일치하게 사양하여."

금이 자기들 땅에 풍부하게 있지만 전혀 쓸모가 없어서 유리구슬보다도 못하게 생각하는 미개인들에 대한 이야기를 우리는 듣습니다. 그런데 이것이 그리스도께서 주는 참된 보물과 세상이 주는 겉만 번드르르한 보물을 사람들이 평가하는 방식입니다. 사람들의 본성과 사람들의 인생 연한을 조용히 바라보고, 그 다음에 대부분의 인생들의 목표를 생각해 볼 때, 미친 전염병이 세상을 뒤덮고 있다고 말할지라도 그리 틀린 말은 아닐 것이라고 생각합니다. 왜냐하면 금을 외면하고 유리구슬을 움켜쥐는 것은 확실히 거의 미친 짓이나 다름없기 때문입니다. "이것이 바로 어리석은 자들의 길이며 그들의 말을 기뻐하는 자들의 종말이로다"(시 49:13).

그런데 이렇게 거절하면서도, 자기들이 무시하는 것들을 말로는 인정할 수 있고, 또 사람들이 종종 그렇게 한다는 것에 주의할 필요가 있습니다. 자기가 무슨 말을 하고 있는지 알지 못하면서, 경건한 체 하며 내뱉는 위선적인 말로 그리스도의 말씀의 핵심을 약화시키는 이 바리새인은, 아주 그럴듯하게 상냥한 목소리로 "하나님의 나라에서 떡을 먹는 자는 복되도다" 하고 말하기만 하면, 우리에게 제공되는 떡을 받아먹는 것이나 다름없다고 생각하는 많은 사람들의 표본입니다. 바로 이런 사람들이 아주 대표적인 인물들입니다. 복음의 말씀을 들으면 동의하는 표시로 머리를 숙이지만, 그렇게 함으로써 복음의 충격을 피하고 복음의 소리가 해를 끼치지 않고 지나가게 하는 사람만큼 그리스도에게 인도하기 어려운 사람들은 없습니다. 나 같은 목사들의 모든 설교 말씀을 믿고, 말씀을 들으면 행동에 영향을 받는 여러분이야말로 미친 것 같은 이 세상에서 가장 고귀한 위치에 오를 후보자들인 것이 확실합니다.

2. 둘째로 속이 빤히 들여다보이는 변명들을 살펴봅시다.

"다 일치하게 사양하여." 나는 이들이 머리를 맞대고 의논했다거나, 우리 주님께서 이들이 주인의 초대에 거절하자고 함께 공모했다고 여기도록 말씀하신다고 생각지 않습니다. 그보다는 사전에 상의한 바가 전혀 없었는데도, 그들 모두 똑같은 정서를 가지고 있었고, 그래서 사실상 똑같은 답변을 한 것으로 보입니다. 이들이 내세우는 이유들은 모두 사실상 같은 한 가지입니다. 즉 그들이 현재의 관심사와 의무, 소유 혹은 애정에 몰두해 있다는 것입니다. 이들의 변명에 다른 점들이 있는데, 이것이 이야기의 생생함을 더해 줄 뿐만 아니라 또한 말하는 사람들 간의 차이도 나타내 줍니다. 한 사람은 다른 사람들보다 약간 더 예의바릅니다. 그는 어쩔 수 없는 사정 때문에 초대에 응하지 못한다고 말합니다. 그는 "아무래도 해야 하겠으니" 자기를 양해해 주기를 정중하게 구합니다. 두 번째 사람은 그만큼 정중하지는 않지만 그래도 어느 정도 예의를 갖추어 말합니다. 그 사람은 그의 친구가 말했듯이, 어쩔 수 없는 형편이 있는 척하지 않고 그냥 "나는 할 계획이 있다"고 말합니다. 그것은 처음 답변만큼 예의바른 것은 아니지만 그래도 양해해 주기를 구합니다. 마지막 사람은 자기에게는, 아주 무뚝뚝하게 말해도 좋을 만큼 아무도 부인할 수 없는 이유가 있다고 생각하여 이렇게 말합니다. "나는 장가들었으니 그러므로 가지 못하겠노라." 가지 못하는 것에 대해 변명할 생각이 조금도 없다는 식입니다. 주인의 요청과 잔치에 대한 분명한 인식에는 그와 같은 차이들을 보이고 있습니다. 초청을 거절하는 이유가 두 경우에는 소유물 때문이고, 세 번째는 애정 때문인 것으로 나타납니다. 이런 것들이 사람들의 마음과 생각을 가득 채우고 있어서 잔치에 초대하는 부름에 귀를 기울일 틈이 없습니다.

이 변명들 가운데 하나에서, 어쩔 수 없는 형편이라고 주장하지만 불가피한 형편이 전혀 아니라는 것은 분명합니다. "아무래도 해야 하는" 형편이라고 정한 것은 누구입니까? 그 사람 자신입니다. 밭은 그가 내일까지 기다린다고 해서 달아나지 않습니다. 거래가 끝났고, 밭을 샀기 때문입니다. 그가 가보아야 할 필요가 없었습니다. 다음 날에 가도 오늘과 마찬가지로 충분했을 것입니다. 그래서 "아무래도 해야 한다"는 것은 순전히 그 자신의 마음이었습니다. 말하자면, 우리 가운데 아주 많은 사람들이 긴급한 의무라는 핑계로 자신들의 속내를 숨기며 이같이 말합니다. "우리는 지금 반드시 해야 하는 의무와 일들 때문에 아주 쫓기고 있어서, 당신이 우리에게 어떻게 해서든 이야기하려고 하는 그런 고상한 질문들에게 귀를 기울일 시간이 조금도 없습니다." 여러분은 이 옛날 이야기를 기억하실 것입니다. 도둑이 "저는 살아야 합니다" 하고 말하자, 재판장이 "나는 당신이 살아야 할 이유를 모르겠는데" 하고 말했다는 이야기말입니다. 어떤 사람은 이렇게 말합니다. "나는 내일 아침 여덟시 반에 출근해야 하는데, 어떻게 종교에 관해 생각할 수 있겠습니까?" 글쎄 당신이 정말로 그같이 해야 할지라도, 당신은 종교에 관해 생각할 수는 있습니다. 그런데 여러분이 불가피한 일인 것처럼 꾸미는 태도로 자신을 속이고 있는 것이라면, 할 수 있는 대로 그 베일을 빨리 치워 버리고, 여러분이 어디에 있는지, 예수 그리스도의 복음과 관련해서 여러분이 진정으로 있는 위치가 무엇인지 알수록 그만큼 좋습니다. 사랑하는 교우 여러분에게, 그리고 특별히 이 자리와 내 설교를 처음 듣는 여러분들에게 "내가 그런 사람이 아닌가" 하고 자문해 보라고 간절히 말씀드립니다.

이 요점에 대한 말씀을 마치기 전에, 이러한 의무들을 이행하는 것과 잔치의 초대를 수락하는 것 사이의 충돌은, 그런 의무들을 만들어 낸 사람들의 상상 속에만 존재하는 것이었음을 기억하시기 바랍니다. 여러분이 잔치에 간다고 해서 밭을 돌아보지 않아야 할 이유는 없습니다. 여러분이 아내를 사랑한다고 해서 잔치에 가지 않아야 할 이유는 없습니다. 하나님의 호출이 개인의 많은 희망과는 충돌하지만, 의무나 합법적인 일과는 충돌하지 않습니다. 사람이, 예수 그리스도께서 앞에 뿌려 놓으시는 선을 더욱 더 받아서 생활하면 할수록, 그만큼 그 사람은 자신의 모든 일을 수행하고 모든 즐거움을 누리기에 더욱 더 적합하게 될 것입니다. 여러분 마음속에서 그리스도께서 왕위에 계시다면, 그리고 여러분이 무엇을 하든지 그리스도를 위해서 한다면, 밭을 더 잘 경작하게 될 것이고, 소를 더 잘 부릴 것이며, 아내를 더 지혜롭고 부드럽게 신성하게 사랑할 것입니다. 우리 그리스도인의 생활에서 그리스도의 선물들과 우리의 의무들이 장애가 되는 것은 그리스도의 선물을 무절제하게 남용하고 의무와 관계에 지나치게 몰두할 때뿐입니다. 변명이 속이 빤히 보인다는 것은, 그 충돌이 자기 스스로 만들어낸 것이라는 사실에서 분명해집니다.

3. 끝으로, 진짜 이유를 살펴봅시다.

비유에 나오는 사람들이 핑계로 대는 세 가지 설명이 만족스럽지 못하다고 말씀드렸습니다. 한 사람이 초청을 받아들일 수 없는 이유로 선약이 있음을 이야기할 때, 십중팔구 그것은 "가고 싶지 않습니다"라는 말을 점잖게 표현한 것입니다. 이 경우에는 그랬습니다. 절대적으로 불가능하다고 하는 모든 일들을 핑계로 이 세 명의 겁쟁이들이 잔치 집에 전혀 가지 않았지만, 만약에 잔치 자리에 가고 싶다는 마음이 있었다면, 그렇게 불가능한 일이라고 하는 것들도 다 녹아서 공기 중으로 사라져버렸을 것입니다! 그들에게 가고 싶은 마음이 있었다면, 그런 일들이 있음에도 그들은 밭과 짐승과 집을 돌볼 수단을 찾아내고 그 자리에 갔을 것입니다. 이들이 그리스도의 선물을 외면한 진짜 이유는, 내가 처음에 말하였듯이, 그들이 그 선물을 갖고 싶은 마음이 없다는 것입니다. 그들은 더 고귀하고 더 순수한 복들을 갖고 싶은 성향도 기호도 없습니다.

형제 여러분, 이 문제를 일반론으로 치부해 버리고 넘어가지 않도록 합시다. 나는 지금 여러분에게 이 말을 하고 있고, 여러분의 성향과 기호에 대해 이야기하고 있는 것입니다. 여러분 가운데 어떤 분들은 하나님보다 소를 더 좋아한다는 것이 사실이 아닌지, 여러분 앞에 밭과 음식이 있다면 여러분은 식탁에 차려진 음식보다 여러분에게 넘어 온 크고 좋은 밭을 택하리라는 것이 사실이 아닌지, 여러분 자신에게 물어보시기 바랍니다.

그 다음에, 그러면 이들은 어떻게 해서 그렇게 왜곡된 성향을 갖게 되었습니까? 그리스도께서 "아이야, 내게로 오라. 네게 용서와 평안과 순결과 능력과 소망과 천국과 내 자신을 주겠다"고 말씀하실 때, 왜 마음속에서 거기에 대한 반응이 뜨겁게 타오르지 않는 것입니까? 왜 내가 하나님을 바라지 않는 것입니까? 왜 나는 예수 그리스도에 대해 관심이 없는 것입니까? 설교자들이 그처럼 끊임없이 이야기하고 있는 복들이 왜 나에게는 그처럼 희미하고, 내가 필요로 하는 것과는 아주 거리가 멀고, 내가 바라는 것과는 전혀 맞지 않게 보입니까? 무언가 크게 잘못된 것이 있음에 틀림없습니다. 잘못된 점은 바로 이것입니다. 여러분의 마음이 하나님을 의지하는데서 벗어났고, 여러분이 하나님에 대해 마땅히 품어야 할 사랑이 없기 때문입니다. 여러분은 홀로 서기를 오히려 좋아합니다. 먼 나라로 떠난 방탕한 자식은 아버지 집의 떡보다는 돼지의 쥐엄 열매를 더 좋아합니다. 좀 더 순결한 취향이 강해지는 것은, 거칠고 조악한 음식이 다 떨어질 때뿐입니다. 이상하지 않습니까? 그런데 그것이 사실입니다.

선입관과 소외로부터 생긴, 온갖 얄팍한 핑계 뒤에 그 추함을 숨기고 있는 무관심에 대해 이야기하고 싶은 것이 한 두 가지 있습니다. 한 가지는 그 이유 자체가 아주 비합리적이라는 것입니다. 진짜 이유는 무관심이라고 앞에서 말했습니다. "나는 하나님이 필요 없어요. 나 한테는 소 다섯 겨리를 주시오. 그게 진짜 행복이요. 나는 그것을 꼭 쥘거요" 하고 말하는 사람의 행동을 말로 표현할 때, 그 입장의 어리석음을 무심코 드러내지 않을 수 있는 사람이 있겠습니까? 세상에는 신비한 점 한 가지가 있는데, 그 점을 해결한다면 모든 문제가 해결될 것입니다. 그 신비는 사람들이 하나님을 떠나서 땅에 달라붙는다는 것입니다. 어떤 이유로도 죄를 설명할 수 없습니다. 사람이 더 적고 더 열등한 것을 좋아하며, 더 위대하고 더 고귀한 것은 도외시하는 사실은 도무지 설명할 수 없는 불합리라는 것 외에는 달리 설명할 길이 없습니다.

그런 무관심이 하나님의 간절한 사랑에 대해 그리고 그 사랑으로 인해 마련하신 무한한 희생에 대해 또 우리에게 초대하신 그 잔치에 대해 배은 망덕이라는 말을 할 필요가 없습니다. 그런 잔치를 마련하기 위해서는 그리스도께서 고통을 겪고 눈물을 흘리며 피흘리시는 일이 필요합니다. 그래서 주께서는 우리를 보시며 "너는 와서 내 식물을 먹으며 내 혼합한 포도주를 마시고"(잠 9:5) "내가 그런 희생을 치르며 준비한 떡을 먹으라"고 말씀하십니다. 배은망덕하기 이를 데 없는 사람들이 있습니다. 그러나 우리 가운데 어떤 이들처럼 그리스도의 희생을 알고도 감동받지 않고, 그리스도의 호소하시는 말씀을 듣고도 마음이 움직이지 않는 사람들만큼 신비할 정도로 기괴한 사람들은 없습니다.

그런 변명들이 언젠가는 사라질 것입니다. 우리가 양심을 속일 수 있고 주인이 보낸 사신들을 회피할 수 있을지 모르나, 그 주인을 속일 수는 없습니다. 우리가 그리스도를 영접하고 싶지 않은, 추한 속내를 감추기 위해 치는 모든 얇은 커튼이 언젠가는 불타 없어지고 말 것입니다. 나는 여러분이 스스로에게 "그리스도께서 오셔서 '왜 내 식탁에 네 자리가 비어 있었느냐'고 물으실 때 무엇이라고 말씀드릴까" 물어보기를 간절히 바랍니다. "그가 아무 말도 못하거늘"(마 22:12). 사랑하는 형제 여러분, 여러분이 지금 주인의 초청을 무시하고, 그의 식탁에 앉기를 거부하고 있다면, 반드시 그 주인의 의롭고 두려운 진노를 당할 것입니다. 그 진노를 자초하지 않도록 주인의 선물을 거절하지 마십시오.

56
경솔한 건축자

"너희 중의 누가 망대를 세우고자 할진대 자기의 가진 것이 준공하기까지에 족할는지 먼저 앉아 그 비용을 계산하지 아니하겠느냐"

눅 14:28

그리스도께서는 거짓된 구실 아래 사람을 모으신 적이 없고, 낙천적인 생각으로 주님을 따르려는 태도를 부추기기보다는 오히려 단념시키셨습니다. 주님께서는 주변에 몰려드는 무리들을 걸러내는 일을 끊임없이 하셨습니다. 그런데 여기서도 수많은 무리가 주님을 따르고 있는데, 어떻게 주님께서 그 모든 사람을 다 환영할 수 있겠습니까? 그리스도께서 무리들에게 자신을 매력적인 인물로 드러내 보이십니까? 그리스도께서 돌이키시고 따르는 무리들을 바라보며 단호한 태도로 찬물을 끼얹어 그들 마음 속에 타오르는 불길을 아주 일찌감치 꺼뜨렸다고 누가는 말합니다. 그러면 주님께서는 무리들이 자기를 따르는 것을 원하지 않으셨기 때문에 그렇게 하셨습니까? 주님께서는 그 무리 가운데 있는 각 사람이 진심으로 자기를 따르기를 바라셨습니다. 그리고 주님께서는 그들을 끄는 최상의 방법은 때때로 그들을 내치는 것임을 아셨습니다. 주님을 따르는 과정에 고통스런 결과가 따름을 분명히 선언할지라도 주님을 따르고자 하는 진정한 열정이 있으면 그 불길을 꺼뜨리지 못할 것입니다. 오히려 그런 말씀은 냄비에서 한 번 확하고 일어난 불꽃을 일생 동안 타오르는 굳은 의지로 변화시킬 수 있습니다.

그래서 우리 주님은 제자도란 자기희생이며, 자기의 가장 소중한 것을 버리고 가장 고통스런 일을 받아들이는 것이라고 엄중한 말씀으로 그 법을 규정하십니다. 그리고 나서 주님은 경솔한 건축자와 성급한 군사라는 확장된 두 직유(直喩) 혹은 두 비유를 들어 그 법을 설명하십니다. 이 두 가지 직유 혹은 비유 각각은, 그리스도인 생활의 한 면을 담고 있고, 참된 제자도에 대한 한 단계를 보여 줍니다. 이제 이 두 비유 가운데 첫 번째를 함께 살펴보려고 합니다.

1. 그러면 먼저 건축, 즉 제자도의 참된 목적이 무엇인지 보도록 합시다.

망대를 세운다는 것은 모든 인간 생활이 목표로 해야 하는 것, 즉 건축자가 그 안에서 거하며 쉴 수 있는 튼튼하고 견고한 건축물을 세우는 것임을 말합니다.

그 다음에 기억해야 할 것은, 의식하든지 못하든지 간에 우리가 언제나 무엇인가를 세우고 있다는 사실입니다. 우리는 우리 영혼이 거하고 살아야 할 집을 우리의 일시적인 행동들을 통해서 세우고 있으며, 덧없이 지나가는 행동들로부터 성품을 형성하고 있는 것입니다. 우리가 영원히 지고 살아야 할 성품을 형성하고 있는 것입니다. 무척추 동물들은 껍질 속에 몸을 숨깁니다. 그것이 바로 우리가 행하고 있는 일입니다. 즉 자아의 보호물이 되는, 다시 말해 영혼이 거주할 성품을 우리는 형성하고 있는 것입니다.

교우 여러분, 여러분은 지금 무엇을 세우고 계십니까? 감옥을 세우고 있습니까? 아니면 단지 환락의 정원을 세우고 있습니까? 혹은 하나님께서 거하시며 경배를 받으시고 여러분이 편안히 거할 수 있는 요새와 같은 성전을 짓고 있습니까? 모든 사람들이 이와 같이 일시적인 행동들에 의해서, 알지 못하는 가운데, 습관적으로 자기의 영구한 거처를 세우고 있지만, 짐승보다 나은 생명을 가진 모든 사람은 자신을 굳세게 세우는 것을 목표로 삼아야 한다는 것을 주목해야 합니다. 우리가 덧없는 삶에서 구해야 하고 그 삶을 통해서 확보해야 하는 것은, 우리의 성품이 향상되도록 하는 것입니다. 단순히 즐기는 것을 구해서는 안 됩니다. 그것은 불쌍한 목표입니다. 세상적인 욕망을 만족시키는 것이나, 우리의 일이나 직업의 번영이 목표가 되어서는 안 됩니다. 우리가 삶에서 구해야 하는 요구와 우리가 행하는 모든 일에서 분명하게 가져야 하는 목표는 우리의 삶이 순결하고 고귀한 자아를 형성하는데 기여하고, 예수 그리스도를 닮아서 우리 성품을 온전하고 평화롭고 복되게 향상시키도록 하는 것입니다.

그 점이 모든 생명에 적용되지만, 가장 고귀한 형태의 삶, 곧 그리스도인의 생활에 특별히 더 적용이 됩니다. 그리스도인에 대한, 그리고 그가 어떤 점에서 그리스도인인가에 대한 세속적인 일반 개념에는 엄청난 오해와 결함이 있습니다. 여러분은 사람들이 무엇 때문에 그리스도인이 되려고 한다고 생각합니까? 사람들이 물질적이고 외적인 지옥을 면하기 위해 그리스도인이 되려고 합니까? 그럴 수도 있습니다. 사람들이 하늘의 행복을 얻기 위해 그리스도인이 되려고 합니까? 분명히 그럴 것입니다. 그러면 이런 것들이 중요한 점들입니까? 절대로 그렇지 않습니다. 사람들이 그리스도인이 되려고 하는 목적은 그들이 예수 그리스도의 형상을 닮기 위한 것입니다. 혹은 본문의 은유를 들어서 이야기하자면, 그리스도의 제자가 되는 의미와 목적은 행복이 아니라 그 사람이 지낼 수 있는 망대를 쌓는 것입니다.

교우 여러분, 그것이 그리스도인이라고 할 때 여러분이 생각하는 개념입니까? 그리스도인이 된다는 것은 주님을 닮는 것이라고 생각하십니까? 우리 주님은 은유에서, 주님의 제자라고 생각하고 있는 사람을 앉아서 망대를 세울 계획을 하는 사람과 동일시합니다. 이 은유의 기초가 되는 엄중하고 중대한 그 개념을 끊임없이 정직하고 실제적으로 마음에 새기는 사람이 우리 가운데 얼마나 적은지 생각하면 슬프기 짝이 없습니다.

2. 둘째로, 망대를 세우는 비용, 즉 제자도의 조건에 대해 생각해 봅시다.

벽돌과 시멘트를 분별없이 마구 사용한 많은 사람들이 실패를 경험하였듯이, 건물을 세우는 일은 비용이 많이 드는 일입니다. 모든 류의 건축 가운데 가장 비용이 많이 드는 것은 그리스도인의 성품을 세우는 것입니다. 그것은 다른 어떤 것보다 비용이 많이 듭니다. 그러나 그밖에도, 비용이 어느 정도 그와 비슷하게 들면서도 그보다 덜 고귀하고 바람직한 건축이 많이 있습니다.

제자도는 그 계획을 끊임없이 참고하도록 요구합니다. 자기 좋은 대로 충동적으로, 자기 성향대로 살거나 혹은 환경의 압력에 굴복하고서 "나는 어쩔 수 없이 홍수에 떠내려갔어" 하고 말하거나, "주변의 모든 사람이 그 일을 하는데 나 혼자 유별나게 굴 수 없었어"라고 말하며 사는 사람은 자신이 그 안에 살 가치가 있는 것을 아무것도 세울 수 없을 것입니다. 이렇게 말할 수 있다면, 그 건물은 애초에 무너지게 되어 있는 것입니다. 본래의 계획을 끊임없이 생각해 보아야 합니다. 말하자면, 사람이 행할 가치가 있는 어떤 것을 하고자 한다면, 그 사람은 일생을 통해서 얻으려고 하는 바가 무엇인지를 자신이 아주 분명하게 알고 있어야 하고, 그 목표를 항상 바라보면서 자신의 안내자요 북극성으로 삼아야 합니다. 여러분은 뛰어난 건축가의 손에서 막 나왔을 때는 설계도가 아주 하얗고 깨끗했는데 벽돌공의 손에 넘어간 뒤로는 온통 손자국이 묻고 더러워진 것을 본 적이 있습니까? 여러분의 성경도 그와 같이 손때가 묻어 있는지 모르겠습니다. 무엇인가 건축물을 세우려고 하는 사람은 누구나 다 그렇게 해야 하듯이 우리는 우리의 활동이 건축가의 의도에 맞게 진행되는지 끊임없이 점검하는 것처럼, 우리 행위의 표준으로 참고하고 있는 것이 있습니까? 여러분의 설계도를 참조하십시오. 곧 여러분 주님의 모범을, 여러분 구속주의 말씀을, 여러분 하나님의 복음을, 심판과 양심의 목소리를 참조하십시오. 식물이 뿌리의 가장 가까운 부분에서 아주 쉽게 자라는 것처럼, 혹은 짐승이 불합리한 본성의 충동에 따라 움직이듯이 행동하지 않도록 하십시오. 지식을 그런 충동들보다 위에 두고, 양심을 그 위에 두며, 무엇보다 주님의 뜻을 가장 높은 곳에 두는 습관을 들이도록 하십시오. 여러분이 망대를 세우고자 한다면, 여러분의 설계도를 끊임없이 돌아보도록 하십시오.

그리고 다음에 나오는 또 한 가지 조건은, 끊임없는 노력입니다. 여러분은 큰 건축물을 세울 때 한 번에 해치우듯이 지을 수 없습니다. 기초가 단단히 굳어질 때까지 기다려야 하고, 건축자가 돌을 한 번에 하나씩 바닥에서 쌓아 올릴 때까지 기다려야 합니다. 이렇게 천천히, 그리고 끊임없는 노력에 의해 건물이 세워집니다.

그리스도인의 성품을 향상시키고 온전케 하는 방식에 대해 이야기할 때 사람들이 한쪽 면만을 많이 강조해 왔습니다. 그 주제에 관한 신약 성경의 은유들만을 강조하며 다른 은유들은 배제하였으며, 식물이 힘들이지 않고 성장하는 것을 마치 그리스도인 진보의 완벽한 모범인 것처럼 이야기하였습니다. 예수 그리스도께서 이렇게 말씀하신 것을 나는 압니다. "처음에는 싹이요 다음에는 이삭이요 그 다음에는 이삭에 충실한 곡식이라"(막 4:28). 또한 이렇게 말씀하신 것도 압니다. "또 어떤 임금이 다른 임금과 싸우러 갈 때에." 이 말씀에는 적대 관계와 투쟁의 개념이 들어 있습니다. 그래서 전체로 볼 때, 나는 이것이 망대를 세우는 조건 가운데 하나라고, 즉 건축자의 에너지가 약해져서는 안 되고, 건축자는 끊임없이 노력을 새롭게 함으로써 자기 인생의 건축물을 세워야 한다고 말씀드립니다.

그 다음에, 더 나아가서 모든 것의 근본이 되는 조건이 있습니다. 그것은 자기 포기입니다. 우리 주님께서는 본문 바로 앞에 있는 말씀에서 이 점을 아주 엄중한 어조로 이야기하십니다. 여기에서 주님은 자기 포기의 정신이 두 가지 방향에서 나타나야 할 것을 지적하십니다. 하나는 가장 아끼는 사람들로부터 떨어지는 것이며 심지어 자신의 이기적인 생활에서도 떨어져 나오는 것입니다. 다른 하나는 자신의 성향에 가장 반대되는 일, 자기 성향에 맞지 않는, 고통스럽고 견디기 어려운 일을 받아들이는 것입니다. 우리는 이 두 가지를 한 마디로 이렇게 말할 수 있습니다. 누구든지 그리스도인의 생활을 하려고 하면, 그는 주변의 일과 사랑하는 사람들에게서 떨어져 나와야 하고, 저열한 본성을 억누르고 악을 견딤으로써 자아를 십자가에 못 박아야 합니다. 주제에 있어서 본문과 연결되는 앞의 비유, 곧 큰 잔치와 사람들이 잔치에 오지 않기 위해 둘러댄 핑계들에 대한 이야기에서, 사람들이 초대를 거절하는 이유의 삼분의 이는 세상의 소유물에 대한 지나친 사랑과 관심에서 나온 것이고, 나머지 삼분의 일은 합법적인 애정의 대상에 대한 지나친 사랑과 관심에서 나온 것임을 봅니다. 이런 것들이 우리들 대부분을 단단히 묶는 끈입니다. 사랑하는 형제 여러분, 여러분이 행할 가치가 있는 어떤 일을 하고자 한다면 여러분이 외적인 부에서 떨어져 나와야 한다고 말하는 것은 기독교만이 아닙니다. 여러분이 고귀한 인생을 건설하고자 하면, 세상적인 사랑이 여러분을 지배하고 여러분의 에너지를 빼앗지 않도록 해야 한다고 말하는 것은 기독교만이 아닙니다. 그러나 다른 어떤 종교보다 가장 힘주어 그같이 말하고, 그렇게 말할 최상의 이유를 가지고 있는 것은 기독교뿐입니다.

집중이야말로 모든 탁월함의 비결입니다. 만일 강이 오염과 부패를 휩쓸어갈 어떤 힘을 갖게 하려 한다면, 강이 꼬불꼬불 휘어서 가거나, 강둑에 아무리 꽃이 피어 있다 할지라도 굽이굽이 돌아서 가거나 넓게 퍼져서 가면 안 되고, 강이 힘차게 흐를 수 있도록 물줄기가 똑바로 그리고 깊게 흐르도록 해야 합니다. 만일 여러분이 이 같은 세상의 보잘것없고 가련한 재화들에 마음이 분산되거나, 여러분의 마음이 부모와 아내와 자식과 형제들에게로 쏠려서 주님을 잊어버린다면, 여러분은 아무 선에도 이르지 못하고, 이 세상에서 아무 쓸모없게 될 것입니다. 그러나 여러분이 그리스도의 모범을 따라 그리스도인이 되고자 한다면, 건물을 세우는 대가가 엄격하게 자기를 버리고 "즐거움을 경멸하며 수고로운 날들을 살고" 변덕스런 모든 욕망과 뜻을 엄격하게 제한하고, 절대적으로 주님께 복종하는 것임을 기억해야 합니다.

다른 한편으로 저급한 본성에는 고통스러운 것을 받아들여야 합니다. 의무의 불쾌한 결과들을 견뎌야 하고, 저열한 자아를 그 욕망과 성향과 함께 십자가에 못 박아야 합니다. 하나님 나라의 포도주라고 말할 수 있는 것을 내는 귀한 포도를 자라게 하려면, 수액을 많이 흘려 버릴지라도, 우리는 포도나무에서 덩굴과 잎을 그리고 심지어 가지마져 가차 없이 잘라 내야 합니다. 우리가 살아볼 가치가 있는 것에 대해 민감하게 깨어 있으려면, 많은 것에 대해 죽어야 합니다.

그리스도께서 자기 포기, 자기 희생, 지속적인 노력, 엄격한 제한을 요구하시는 것은 단지 그릇된 금욕주의에서 나오는 것이 아니라 이 경우의 본질적인 성격에서 반드시 필요한 일이며, 가치 있는 모든 일이 또한 그 같은 것을 요구한다는 점을 기억하도록 해야 합니다. 우리가 어떤 길에서든지 행할 가치가 있는 일을 한 적이 있다면, 우리 각 사람은 생활에서 참으로 많은 것을 잘라내야 했고, 좋은 음식을 맛보지 않은 채 지나가야 했던 경우가 숱하게 많으며, 많은 능력을 개발하지 않은 채 지나가야 했고, 아주 많은 길에서 스스로 우리의 길을 제한해야 했으며, 이것을 하지 않거나 저것을 하지 않아야 했던 경험이 허다할 것입니다! 판단력과 양심의 요구에 따라 정한 최고의 목표에 온 힘을 모으기 위해서는 집중과 자발적인 제한이 필요한데, 이것이야말로 모든 탁월함의 조건이고 아주 온전한 생활, 그리고 무엇보다 모든 그리스도인 제자도의 필수적인 조건입니다.

3. 그 다음에는 실패에 대해 살펴봅시다.

경솔한 건축자의 망대는 이내 무너져서 초라한 모습으로 남아있습니다. 큰 일이나 위대한 목표에 따르는 어려움과 희생을 사전에 신중하게 생각지 않고서 뛰어드는 사람은 누구든지 틀림없이 거의 일을 시작도 하기 전에 멈추고 말 것입니다. 많은 사람들이 마치 바로 앞에 목표점이 있는 것처럼 출발선에서 성급하게 뛰어나가지만, 백 미터도 못가서 슬그머니 길에서 벗어나 다른 데로 가버립니다. 나는 여러분 가운데 어렸을 때 외국어를 공부할 마음을 먹고 시작해서 문법책을 20페이지 이상 넘어갔거나, 어떤 악기를 배우기 시작해서 아직까지도 그 악기가 한쪽 구석에 먼지를 뒤집어쓰지 않고 있는 분이 얼마나 될지 궁금합니다. 스스로를 그리스도인이라고 부르는 여러분 가운데 아주 오래 전에 바로 그런 방식으로 경주를 시작하신 분들이 얼마나 많겠습니까? "너희가 달음질을 잘 하더니"(갈 5:7). 무엇이 여러분을 방해하였습니까? 그리스 로마 신화에 나오는 달리기의 명수인 아틀란타의 달리기를 멈추게 한 것이 무엇이었습니까? 달리는 길에 던져진 금사과였습니다. 아, 오늘날 교회는 이처럼 실패한 그리스도인들로 가득합니다. 시작하자 무너져서 창문도 없이 황량하게 서있는 폐허와 같습니다. 기초 계획안은 큰 궁정이었지만, 현실은 지난 십 년 동안 발 한 번 들여놓지 않은 헛간과 같습니다. 지금 내 설교를 듣고 있는 이 회중 가운데 그와 같은 그리스도인이 한 사람이라도 있는지 모르겠습니다. 그는 어떤 충동이나 감정에 영향을 받긴 했지만, 충분히 진실된 마음으로 시작했으나 건축을 끝내려면 얼마나 많은 대가를 치러야 하는지를 전혀 고려해보지 않은 사람입니다. 그래서 건축을 끝내지 못하는 것이고, 앞으로도 끝내지 못할 것입니다.

내가 지금 실패라고 이야기하고 있는 것은, 목표의 불완전한 달성을 뜻하는 것이 아님을 여기서 말씀드리지 않을 수 없습니다. 왜냐하면 우리는 살면서 목표를 불완전하게 달성한다는 것을 고백하지 않을 수 없기 때문입니다. 고상한 목표를 완벽하게 달성하지 못하지만 여전히 바라보고 살아갈 때, 그런 목표는 삶의 소금과 같고, "한쪽이 움푹 들어가 완벽하지 않은 초승달"이 아름답듯이 그런 목표도 아름답습니다. 바울이 "내가 이미 얻었다 함도 아니요 온전히 이루었다 함도 아니라 오직 내가 잡으려고 달려가노라"(빌 3:12)고 말했을 때, 그는 노인이고 늙은 그리스도인이었습니다. 그리스도인 건축자가 이 세상에서 도달할 수 있는 가장 완벽한 성취도 그의 목표를 부분적으로 달성한 것일 뿐이며, 여전히 이루지 못한 목표를 계속해서 바라보며 추구하는 열망이 됩니다. 이렇게 불완전하지만 계속해서 앞으로 나가고 있으며 열망하는 삶은 실패가 아닙니다. 고귀한 목표들을 버려 버리고 자기들이 그런 목표를 마음에 품은 적이 있다는 사실조차 잊어버린 사람들의 생활이 실패인 것입니다.

우리 주님께서는 그런 사람에 대해 무엇이라고 말씀하십니까? 사람마다 그들을 비웃습니다. 그들은 비웃음 받아 마땅합니다. 철저한 그리스도인을 사람들이 싫어하는 경우가 종종 있을 것입니다. 그러나 사람들이 그를 조롱할지라도, 그 가운데서 그에 대한 두려움과 존경심이 조금은 있을 것입니다. 얼치기 그리스도인들은, 언제 사람이 진지하며 또 수치거리가 되는지를 아는 세상으로부터 경멸과 비웃음을 많이 당하고, 또 당할 만합니다.

4. 끝으로, 나는 여러분이 낙담시키는 것처럼 보이는 이 경고에 기분 좋은 격려가 숨어 있는 것을 볼 수 있기를 바랍니다.

분문만 따로 떼어 읽는다면, 우리 주님께서 본문에서 끌어내리고 하신 교훈은 마치 절망의 조언뿐인 것처럼 보일 수 있습니다. "네가 마칠 수 있다고 아주 확신하지 못한다면, 시작하지 않는 것이 좋다." 그것이 주님께서 말씀하신 의도입니까? 나는 그렇게 생각지 않습니다. 주님께서는 "시작할 때, 앞으로 어떤 일이 따를지 확실히 알지 않고서는 시작하지 말라"는 뜻으로 말씀하셨습니다. 그러나 어떤 사람이 주님의 충고를 받아들여, 조건을 잘 듣고서는 "나는 그 조건들을 지킬 수 없으니까 모든 것을 포기하고 다시는 시도하지 않겠습니다" 하고 말했다면, 그것이 예수 그리스도께서 그 사람에게 교훈하려고 하시는 결과입니까? 절대로 그렇지 않습니다. 그렇지 않다는 것은, 이 비유와 다음에 나오는 비유가 모두 "이와 같이 너희 중의 누구든지 자기의 모든 소유를 버리지 아니하면 능히 내 제자가 되지 못하리라"는 말씀으로 확증된다는 점에서 확실히 나타납니다.

이렇게 말할 수 있다면, "우리의 모든 소유를 버리는 것"에는 두 가지가 있습니다. 하나는 제자가 되기 위해 버리는 것입니다. 그리고 다른 한 가지는 계속해서 참된 제자로 지내기 위해 버리는 것입니다. 그리스도께서 무리들 마음에 깊이 심어 주시고자 한 생각은 자기들이 일을 끝까지 마치기에 충분치 않았다는 확신입니다. 예수께서 여러 가지 어려움을 밝히시는 것은, 무리들에게 그들이 그 곤란을 이겨낼 수 없다는 것을 느끼도록 하기 위해서입니다. 그 다음에는 어떻게 하시려고 하는 것입니까? 그들이 그 어려움을 극복하는데 쓰려고 하는 자신의 모든 힘을 "버리도록" 하려는 것입니다.

그것이 "우리의 모든 소유를 버리는 것"의 첫 번째 종류입니다. 그렇게 버림으로써 제자가 되는 것입니다. 내가 끝마쳐야 하는 일들을 행하는데 내 자신이 전적으로 무능하다는 인식이 그리스도에 대한 신뢰의 기초입니다. 그리스도에 대한 신뢰야말로 우리가 스스로의 힘으로는 할 수 없는 일들을 하게 만드는 힘을 가져다 줍니다. 할 수 없다는 의식이 할 수 없는 일을 행하게 하는 첫 걸음입니다. 자족하는 사람은 건축을 마치기 전에 틀림없이 파산할 것입니다. 그러나 자기를 신뢰하지 않고 자신은 세울 수 없다는 것을 아는 사람은 예수 그리스도께 가서 "주여 나는 가난하고 궁핍하오니 주께서 친히 오셔서 내 힘이 되소서" 하고 말할 것입니다. 이와 같이 우리 자신의 가난하고 능력 없음을 알고서 우리의 모든 소유를 버리는 것이, 우리를 치러 오는 2만의 군사보다 많은 동맹군을 전쟁터로 불러들여 우리를 강하게 만들 것입니다.

그 다음에, 우리의 약함과 비참함과 가난함을 알고, 예수 그리스도께서 그의 신적인 능력을 우리 약함에 불어넣으시고 그의 풍성함을 우리의 가난에 아낌없이 베푸실 것을 믿고서, 그리스도를 굳게 붙잡고 하나님께서 우리를 은혜로 불러서 맡기신 일에 전념한다면, 우리가 그리스도를 우리 인생의 보화로 소유하고 있다는 즐겁고 기쁜 확신으로 인해 다른 모든 것을 버리게 되며, 이것이 고통스럽지 않고 자연스럽고 필연적인 일이며, 그리스도께 대한 우리의 최고의 사랑을 표현하는 기쁨이 되는 것을 발견하게 될 것입니다. 우리 손이 그리스도께서 주시는 보석들로 가득 찬다면, 가짜 보석과 거짓된 부를 버리는 것이 결코 어렵지 않을 것입니다. 새 그리스도께서 우리의 믿음과 순종으로 말미암아 우리 속에서 사실 때는, 옛 사람을 죽이는 일이 어렵지 않을 것입니다.

사랑하는 형제 여러분, 우리 모두는 건축자들입니다. 여러분의 일생의 활동이 결국 어떤 일로 판명날 것 같습니까? 여러분은 예수 그리스도를 여러분 소망의 닻으로, 여러분 믿음의 기초로, 여러분 목표의 면류관으로, 여러분의 모든 것으로 삼고, 그 기초 위에 건축하고 있습니까? 여러분은 그리스도 위에다 망대를 세우고 있습니까? 그렇다면 폭풍이 오고 "우박이" 다른 사람들이 다른 곳에 세워둔 "거짓의 피난처를 소탕할"(사 28:17) 때, 여러분이 세운 망대는 그대로 있을 것입니다. 그런데 여러분은 지금 바로 그 기초 위에 자기 부인의 금, 깨끗한 순결의 은, 다양한 색깔의 그리스도인의 미덕의 귀금속들을 세우고 있습니까? 그럴지라도 여러분의 일은 불완전할 것입니다. 그러나 바로 그런 불완전함이 있다는 사실 자체가 "머릿돌을 내놓을 때에 무리가 외치는"(슥 4:7) 때에 대한 예언이 될 것입니다. 여러분은 "각 사람의 공적이 어떠한 것을 나타낼" 날에, 여러분의 건축물이 무너지지 않고, 그 실질을 드러내는 불꽃 가운데서 빛을 내며 번쩍일 것이라고 겸손하게 기대할 수 있습니다. 바로 그 기초 위에, 예수께서 그리스도를 닮는 삶을 사는 모든 이들에게 주시는 귀한 돌들을 가지고 영원을 위해 건물을 세우고 있도록 하십시오. 그리스도는 건축자인 동시에 재료이며 기초이십니다. 그래서 그 안에서 "건물마다 서로 연결하여 주 안에서 성전이 되어 갑니다"(엡 2:21).

57
"잃은 것"

"양 백 마리 … 열 드라크마 … 두 아들"
눅 15:4,8,11

이 독특한 세 비유의 취지와 중요성을 파악하기 위해서는 세상의 심장을 향하여 이 세 비유를 말씀하신 직접적인 동기를 기억할 필요가 있습니다. 이 비유들은, 예수님을 비판하는 바리새인들이 자신들의 깨끗한 손으로 만지기에는 너무 불결하다고 생각하는 부랑자들과 평판이 좋지 않은 사람들을 사귀는 예수님의 행동을 변호하기 위해서 하신 것입니다. 이 비유들은 방황하는 사람들이 하나님께 돌아오기 위해서 해야 할 일이나, 하나님께서 그들을 자신에게로 돌아오게 하시기 위해 해야 할 일을 완전하게 나타내기 위한 것이 아니었습니다. 이 점을 기억하였더라면, 널리 퍼진 유해한 오해들, 특별히 이 세 비유 가운데 마지막 비유, 곧 탕자의 비유에 대한 오해를 피할 수 있었을 것입니다. 이 비유들의 목적을 생각하면, 그리스도께서 적대자들이 사람들을 자기들과 같은 "의인"과 세리와 죄인들과 같은 "죄인들"로 나누는 구분을 받아들이신 이유를 알 수 있습니다. 인간의 상태에 관해서 이야기하자면, 훨씬 더 깊은 진리가 있었습니다. 그러나 그리스도께서는 자기 주장의 목적을 위해, 그 진리를 언급하지 않고 그냥 지나가십니다. 이 비유들의 의도를 기억하면, 이 비유들을 사람들이 "구원의 방식"이라고 부르는 것에 대한 진술로 보기에 불충분하다는 것을 이해할 수 있을 것입니다. 이 비유들은 그 점을 가르치기 위한 것이 아닙니다. 그보다는 사람들이 물건을 잃어버리면, 잃어버렸기 때문에 그 물건들을 소중히 여기는 본능이 있는데, 신적 본성에도 그 같은 것이 있다는 것을 가르치고 또 그리스도의 행위를 변호하기 위해서 이 비유들을 말씀하신 것입니다.

나는 이 비유들의 주제에 대한 세 진술을 각각 따로 다루고 싶습니다. 하나의 전체 사상을 표현하는 삼중적인 면을 보면, 우리에게 유익한 사실들을 고려하는데 도움이 될 수 있기 때문입니다.

1. 그러면, 이제 잃어버리게 된 여러 이유를 살펴보도록 합시다.

양을 잃어버렸고, 드라크마를 잃어버렸으며, 아들을 잃어버렸습니다. 각각의 경우에, 잃어버린 이유는 각기 달랐습니다. 나는 우리 주님의 말씀에 대해, 타당한 범위를 벗어나서 지나친 상상을 끌어들이고 싶지 않지만, 또한 그 말씀을 피상적으로 생각하여 깊은 의미를 조금이라도 훼손하는 일도 피하고 싶습니다. 그래서 나는 이 세 비유가, 사람이 하나님을 떠난, 분명히 다른 세 원인이 나타났다는 것을 보여 주려고 한 것도 아니고, 또 그 점이 중요한 것도 아니라고 생각합니다.

양은 목자를 떠나 어디로 가려고 하지 않았습니다. 그냥 풀이 맛이 있다는 것을 알았고, 자기 앞에 또 다른 풀밭이 있고, 그래서 계속 풀밭을 따라 갔을 뿐입니다. 그래서 양은 풀을 뜯어 먹으면서 조금씩 길에서 멀어지고, 목자의 보호에서 멀어지며 양떼에서 멀어졌습니다. 양은 부주의하다가 목자를 잃어버리고 말았습니다.

그것은 수많은 사람들에게서 일어나는 사실들에 대한 올바른 진술입니다. 지금 내 설교를 듣고 계시는 분들 가운데도 그런 사람들이 틀림없이 있을 것입니다. 그들은 해를 끼치려는 생각이 없고, 반역하거나 범죄할 뜻도 없습니다. 그러나 그들은 소위 동물이 살아가는 삶을 사는 것입니다. 이 양은 새로운 풀이 많이 있는 곳을 알고, 그리로 갈 뿐입니다. 동물은 선견지명이 없습니다. 앞을 내다보거나 뒤를 돌아볼 수 없기 때문에 더 행복합니다. 동물에게 양심이 있다면 미숙한 양심이 있을 뿐입니다. 동물의 성향이 의무에 대한 의식 때문에 제한 받는 일은 없습니다. 그런데 많은 사람들이 꼭 그런 식으로 삽니다. 욕구를 억제하는 일이 없고, 성향을 억누르는 일도 없으며, 일련의 행동을 거치면 얻을 수 있는 물질적인 이익에 대한 것을 제외하고는 어떤 예측도 없이 살아갑니다. 그와 같이 그 사람들은 아무 잘못을 하려는 의도가 없이, 자기도 전혀 모르는 사이에 바른 길에서 점점 더 멀리 벗어나게 되고, 마침내 물 없는 광야에 이르게 됩니다.

사랑하는 교우 여러분, 내가 지금 자기 하고 싶은 대로 살아온 사람, 마지막을 즐거움으로 기대할 생각이 전혀 없고 모든 사람이 마침내 어디에 이르게 될지 스스로에게 묻는 사람, 썩어질 세상적인 목적을 이루기 위해서 세상적인 사려분별에 의해 일련의 행동을 고려하는 것을 제외하고는, 가는 길에 조심하는 것이 무엇인지 거의 생각하지 않는 사람에 대해 이야기하고 있습니까? 나는 교인들 가운데 특별히 젊은이들에게 간곡히 권하고 싶습니다. 이 첫 번째 비유에서, 자기가 가는 길이 마침내 어디에 이르는지 신중하게 생각해 보지 않고 길을 떠나고, 어떤 형태로든지 현재를 위해서 살고, 자기 성향이나 욕망대로 사는 모든 사람에게 반드시 일어나는 일에 대한 엄숙한 예언을 보기를 바랍니다. 동물은 그같이 행동합니다. 그리고 대체로 동물에게는 본능이 충분한 안내자가 됩니다. 그러나 여러분과 나는 사정에 따라 더 고귀한 능력으로 인해 복을 받거나 저주를 받는 자리에 이르게 됩니다. 이 고귀한 능력을 사용하지 않는다면, 우리는 틀림없이 광야에 처하게 될 것입니다. 지능, 이성, 의지, 예지, 양심에 의해 인도받도록 되어 있는 사람이 스스로 짐승의 수준으로 내려갈지라도, 짐승에게 이바지하는 기능들이 사람에게 도움이 되지 않을 것입니다. 그리고 양이라도 이런 기능들에만 의지하면, 무리에게서 떨어져서 길을 잃게 됩니다.

우리 주님께서 이 비유의 제일 첫머리에 인간 상태에 대한 이런 설명을 내놓으시되, 처음에 그것을 방황하는 사람들에게 죄라고 비난하지 않고 단지 부주의함과 어리석음으로 이야기하는 것은, 그런 사람들에 대한 주님의 애정어린 동정을 보여줍니다! 그 자체로 잘못되고 바람직하지 않은 것이 많이 있습니다. 부의함 자체가 죄이지만, 별 생각 없이 저지르기 때문에 그 범죄성을 그리 심각하게 깨닫지 못하는 범죄 행위가 있습니다.

이제 두 번째 비유를 살펴봅시다. 이 화폐는 묵직했습니다. 동전이 떨어져서 빙글 돌면서 굴러가다가 멈추더니, 누워버렸습니다. 인격체라기보다는 물건 같은 사람들이 있습니다. 그래서 의지를 완전히 포기해버리고 전적으로 환경에 자신을 맡기는 사람들입니다. 잃어버린 것은 드라크마가 아니었습니다. 드라크마를 잃어버리게 만든 것은 중력의 법칙이었습니다. 드라크마에는 저항의 힘이 없었습니다. 잠시 후에 설명하겠지만, 이것은 인간의 많은 방황에 대한 부분적이지만 매우 사실적인 설명이기도 합니다. 은전 하나가 여인의 손에서 떨어져 어두운 구석으로 굴러갈 때 가졌던 만큼의 환경과 시험의 압박에 저항하는 힘을 갖지 못한 사람들이 많습니다. 그 저항하는 힘이 세상의 많은 죄로 인한 어둠에 빛을 비춥니다.

여러분이 환경에 저항하는 권리와 힘을 포기하는 것은, 하나님께서 여러분에게 영광스럽게 주신 주권을 버리는 것입니다. 모든 사람이 외적인 것들에 영향을 받습니다. 그러나 외적인 것들에 영향을 받아 어떤 모습을 형성할 것인지 결정하는 것은 우리 자신입니다. 예를 들면, 정확히 똑같은 조건에 영향을 받는 두 사람이 있습니다. 그런데 둘 중의 한 사람은 그 조건에 굴복하여 파멸됩니다. 다른 사람은 그 조건에 대해 저항하고 일어서고 더 강해집니다. 예수 그리스도처럼 모든 일이 이중적으로 작용합니다. 모든 것은 "사망으로부터 사망에 이르는 냄새요 혹은 생명으로부터 생명에 이르는 냄새"(고후 2:16)가 됩니다. 돌이 있습니다. 여러분은 돌 위에 건물을 세울 수도 있고, 돌에 걸려 넘어질 수도 있습니다. 선택은 여러분이 합니다. 불리한 환경이 있습니다. 여러분은 그 환경을 지배할 수 있고, 환경에 지배당할 수도 있습니다. 환경과 외적인 시험들이 어리석은 사람들에게는 주인이 되고, 현명한 사람들에게는 종이 됩니다. 그 모든 것은 돛의 방향과, 키를 잡은 손의 굳건함에 달려 있습니다. 바람이 불 때, 이에 따라 배의 진로가 결정될 것입니다. 똑같은 바람을 받고서 배가 정반대 방향으로 빠르게 나가게 합니다. 그와 같이 같은 환경을 만나고서도, 사람들은 서로 정반대 되는 방향으로 나갈 수가 있습니다. 한 부류는 그들의 마음의 항구에서 더욱더 멀어지고 또 한 부류는 더욱더 가까워집니다.

사랑하는 교우 여러분, 우리가 앞날을 생각지 않고 가는 길이 어떤지 전혀 주의를 기울이지 않은 채, 자신의 성향과 내적 충동에 따라 사는 동물적 생활을 하지 않도록 조심해야 하듯이, 우리가 스스로를 파멸시키고 싶지 않는 한, 세상이 원하는 대로 우리를 다루려고 하는 것에 별로 저항하지 않는 기계적인 생활을 하지 않도록 싸워야 합니다. 지금 이 시간 내 설교를 듣는 회중들 가운데는 하나님에게서 멀어지도록 휩쓸어 가는 세력들에 그대로 휘둘리는 사람들이 틀림없이 있을 것입니다.

세 번째 비유에서 어리석은 아들은, 자기가 떠나가는 것을 반대하는 아버지에 대한 사랑이 없었습니다. 그는 자기 마음대로 할 수 있기를 바랐고, 멀리 떠나서 젊은 혈기로 난봉을 부릴 수 있고, 그 소식이 아버지 귀에 들어가지 않을 곳으로 가고 싶어 했습니다. 그는 돈을 만지고 싶어 했고, 소유 의식을 즐기고 싶어 했습니다. 그래서 그는 축복받지 못한 길로 떠나 창기에게로 갔고, 그 다음에는 돼지 여물통이 있는 데로 갔습니다.

이것은 비유가 아니고, 하나의 그림입니다. 다른 두 가지 비유는 우화 같은 설명이고, 이것은 독특한 묘사입니다. 왜냐하면 마음을 하나님께 굳게 결합시키는 유대를 소홀히 여김, 은혜를 받고도 감사한 줄 모르는 마음의 완고함, 아버지 곁에서 아버지의 감독을 받으며 사는 생활의 복됨에 대한 무관심, 독립하고자 하는 마음과 간섭받는 것을 못 견뎌하는 마음이 일어남, 자기 고집을 부림, 이런 것들이 내가 지금까지 이야기해 온 다른 비유들의 밑바닥에 깔려 있고, 또 우리 각 사람에게 죄의 본질적인 죄성을 드러내는 상실의 원인들이기 때문입니다. 그것은 반항이며, 아버지의 사랑에 대한 배반입니다.

이제는 우리가 지금까지 이야기해 온 다른 두 비유는, 우리가 하나님을 떠나 멀리 간다는 두려운 사실을 부분적으로 설명해 주지만, 그 설명은 부분적인 것일 뿐이며, 좀 더 무서운 진리가 그 비유들에 깔려 있다는 점을 주목해 봅시다. 오래된 이론이 있듯이, 이같이 말하는 현대적인 이론들도 있습니다. "아, 죄는 신학적인 세계에서 떠돌아다니는 귀신이다. 그런 것은 없다. 죄란 무관심이고 무지이며 잘못이다." 그런가 하면 이렇게 말하는 이론가들도 있습니다. "죄라! 다음에 말하는 자연 법칙과 충동에는 죄가 없다. 환경이 사람을 만들고 유전 인자가 사람을 만든다. 사람들의 행동이 죄라는 개념은 이미 타파된 미신의 허구일 뿐이다."

그렇습니다. 무지, 태만, 잘못, 유전, 외부적인 것들의 지배라는 사실들 이면에는, 각각의 경우에 있어서 개인들이 정한 선택이 있습니다. 그 사람은 어떤 궤변으로 자신을 변호하거나 다른 사람들을 동원하여 궤변으로 자기를 변호하게 할지라도, 자신이 그 일을 행하기로 결정하지 않는 한, 그 일을 할 필요가 없었다는 것을 압니다. 여러분은 그 의식을 뛰어넘거나 말로 회피할 수 없습니다. 그래서 나는 오늘날 매우 유행하는 이 모든 부도덕한 가르침들이 스스로 잘 분석한다고 공언하는 그 사실에서 그 비유의 특징적인 요소를 빼먹고 있다고 말씀드립니다. 그 요소란, 우리 주님께서 가르치시는 대로, 어리석은 양과 같은 성향을 따르거나 드라크마처럼 자연 법칙에 순응하여 굴러가는 것이 아니라, 방탕한 아들의 경우에서처럼 멀어지기를 바라고 통제에 반항하는 반역하는 의지를 일으키는 것을 말합니다.

사랑하는 교우 여러분, 나는 인간 행위의 어두운 많은 부분이 본문에 나오는 처음 두 비유의 묘사를 통해서 밝아질 수 있다는 것을 고마운 마음으로 인정합니다. 그러나 각각의 경우에서 이 비유들을 깨달음으로 개인의 범죄 행위를 얼마나 줄였는지에 대한 판단은 하나님께 맡기지 않을 수 없을 것입니다. 또 우리가 하나님을 떠난 것은, 우리가 하나님과 함께 있기보다는 하나님을 떠날 것을 택하였기 때문이고, 자신의 재화를 마음대로 처분하고 자기 하고 싶은 대로 사는 것을 더 좋아하기 때문이었다는 사실을 인정하지 않는 한, 달리 설명할 수가 없는 일입니다.

2. 둘째로, 상실과 소유의 다양한 비율에 대해 살펴봅시다.

양 일백 마리, 열 드라크마, 두 아들이 나옵니다. 한 경우에서 상실은 1퍼센트이고 다른 경우에서는 10퍼센트로 상실의 정도가 좀 더 심합니다. 마지막의 경우에는 50퍼센트로, 가슴이 찢어질 만큼 상실의 정도가 큽니다. 나는 우리 주님께서 이 여러 숫자에 어떤 의미를 붙이려 하셨다고 생각지 않습니다. 그보다는 이 숫자들이 나오는 비유의 정형 때문에 제시된 것뿐입니다. 양 일백 마리는 아주 평균적인 양떼의 숫자입니다. 은 십전은 가난한 여인의 소박한 저축액입니다. 그리고 두 아들은, 이 비유에 필요한 대조를 나타내기에 충분한 만큼의 가족 수입니다. 그렇지만 이 다양한 비율이 우리에게 가르칠 점이 있지 않나, 한 번쯤 살펴볼 수는 있을 것입니다.

그 비율은 물건 소유자의 관심과 찾는 수고에 대해 빛을 비쳐 줍니다. 어떤 면에서, 잃어버린 것이 그대로 가지고 있는 것에 비해 지극히 작은 분량에 지나지 않는다는 것이 비유에서 나타날 때, 그 비율이 아주 인상적으로 다가옵니다. 양 한 마리를 잃어버린 목자는 이렇게 말할 수도 있었습니다. "백 마리 가운데 한 마리 없어졌으니, 별것 아니야. 아흔 아홉 마리나 있는데." 그러나 목자는 양을 찾으러 갔습니다. 그러나 또 다른 면에서, 물론 드라크마를 잃어버린 여인이 직면한 상실은 더 크고, 그래서 아마도 더 열심히 찾을 것입니다. 그리고 말하자면 식구의 절반이 없어진 마지막 경우에 이르면, 우리는 거기에는 반드시 깊은 염려와 고통과 관심이 따르리라는 것을 알 수 있습니다.

그러나 비율이 커짐에 따라 고통과 염려도 깊어진다는 점 외에도, 내게는 훨씬 더 귀한 것으로 보이는 또 한 가지 교훈이 있습니다. 그것은 물건의 소유자가 아직 가지고 있는 것이 얼마나 되는가, 혹은 잃어버린 것의 가치가 얼마나 되는가 하는 것은, 그 사람에게 거의 중요하지 않다는 점입니다. 잃어버렸다는 사실 때문에, 잃어버린 것이 귀하게 되는 점이 인간 본성에는 있습니다. 나무를 베어 내기 전까지는 그 나무가 얼마나 많은 공간을 차지하고 있는가를 아무도 말할 수 없습니다. 여러분이 귀걸이나 팔찌에서 보석 하나라도 잃으면, 그 하나의 공백이 크게 느껴지며, 그 보석이 있었을 때의 광채가 전혀 보이지 않게 됩니다. 어떤 사람이 잘못된 투자로 재산 가운데 적은 부분을 잃을 경우, 남아 있는 재산이 그에게 위안이 되기보다는, 잃어버린 적은 돈이 훨씬 더 그를 괴롭힙니다. 그래서 그는 남아 있는 훨씬 더 많은 재산보다는 잃어버린 적은 돈을 더 많이 생각합니다. 사람은 그렇게 되어 있습니다. 잃어버린 것의 본래 가치가 여전히 남아 있는 것에 비해 지극히 적은 분량이라는 것을 생각지 않고, 잃어버린 것에 대해 자꾸 마음을 쓰고 그것을 어떻게든 찾으려고 애를 쓰는 것이 사람의 본능입니다.

그래서 그리스도께서는 이렇게 말씀하십니다. 여자가 등불을 켜고 집을 쓸며 잃어버린, 얼마 되지 않은 돈을 찾을 때까지 찾으며, 찾은 다음에는 이웃들을 다 불러 모으고 함께 즐기게 된다고 하십니다. 하나님께서 그와 같으십니다. 잃어버린 것의 가치 때문이 아니라, 잃어버렸기 때문에 그것을 소중히 여기는 인간 본성에 상응하는 것이 하늘에 계신 주님의 마음에 있습니다. 물론 이 비유는 그리스도께서 자신의 행동을 변호하시는 말씀이라는 것은 굳이 말씀드릴 필요가 없을 것입니다. 사실 그리스도께서는 바리새인들에게 이렇게 말씀하시는 것입니다. "너희는 모든 사람들이 행하고 있는 일로 나를 책잡고 있는 것이다. 나는 지금 사람의 본능에 맞게 행동하고 있는 것뿐이다. 그리고 내가 이렇게 행동할 때 하나님께서 내 안에 그리고 나를 통해서 행하고 계시는 것이다."

시간이 있다면, 현대 과학이 복음주의 기독교가 틀렸다는 것을 보여 준다고 제시하는 난제들 가운데 하나를 본문에 나오는 이 원칙이 깨끗이 날려버린다는 것을 보여 줄 수 있을 것입니다. 우리는 현대 과학이 이같이 한 말을 듣습니다. "무한히 넓은 우주에 점점이 흩어져 있는, 불타는 이 모든 천체들 가운데서 작은 한 점에 불과한 이 세상을 하나님께서 그토록 귀중하게 보셔서, 그의 아들을 보내어 세상을 위해 죽게 하셨다고 생각할 수 있겠는가?" 다른 천체들에 비할 때, 이 세상의 크기는 전혀 문제 삼을 만한 것이 되지 못합니다. 하나님은 세상의 도덕적 상태를 보고 행동하기로 결정하신 것입니다. 사람들을 하나님에게서 떼어놓는 죄가 있고, 그래서 사람들이 파멸하게 된 것이 사실이라면, 기독교 계시의 모든 기적이 뒤따라 나오는 것은 지극히 자연스런 일입니다. 성육신의 근본적인 이유는 바로 이 점에 있습니다. "어떤 사람이 양 백 마리가 있었는데 그 중의 하나를 잃게 되자 그 사람이 광야로 가서 잃은 양을 찾았느니라."

3. 우리는 이 비유들에서 하나님께서 우리를 자기 것으로 주장하신다는 점과 하나님의 마음을 얼핏 보게 됩니다.

소유권이란 앞의 두 비유에서 우리에 대한 하나님의 관계를 묘사하는 말입니다. 사랑은 세 번째 비유에서 우리에 대한 하나님의 관계를 묘사하는 말입니다. 그러나 소유권은 사랑 안에 녹아듭니다. 사람들이 마음을 하나님께 바치고, 아주 기쁘게 자신을 하나님의 손에 드리지 않는 한, 하나님께서는 창조로 말미암은 타고난 권리나 그와 같은 것에 의해 사람들을 소유한다고 생각지 않으시기 때문입니다. 그 문제에 관해 이야기하고 싶은 마음은 없지만, 말을 끝내기 전에 여러분에게 지극히 복되고 감동적인 생각, 곧 사람이 하나님을 떠나 멀리 갈 때 하나님께서는 자신이 무엇인가를 잃어버리셨다고 생각한다는 사실을 말씀드립니다.

"잃어버린 자"란 단어는 성경에서 또 다른 의미를 갖는데, 어떤 면에서는 좀 더 비극적인 의미를 갖고 있습니다. 잃어버린 자는 자신을 잊어버렸고, 또 복된 위치를 잃어버렸습니다. 이 단어는 파멸의 의미를 함축하고 있습니다. 또한 하나님께서 우리를 소중히 여기신다, 우리를 소유하는 것을 기쁘게 여기신다는 뜻도 포함하고 있습니다. 그래서 사람들이 하나님을 떠날 때, 하나님은 자신의 소유가 완전하지 못한 것으로 느끼신다고 말할 수 있을 것입니다.

사랑하는 형제 여러분, 확실히 그런 생각을 알 때, 우리 마음은 녹지 않을 수 없습니다. 사실이 그렇다면, 우리는 하나님을 떠나 마지막에는 풀 한 포기 없는 광야에 이르게 되는 푸른 풀밭으로 들어간 것입니다. 혹은 우리가 환경에 수동적으로 복종하여 하나님에게서 굴러 떨어져 나간 것이라면, 혹은 우리가 하나님께 반항하여 일어나서 우리에게 임하는 재화를 우리의 것이고 따라서 우리 마음대로 쓸 수 있다고 주장한 것이라면, 하나님께서 우리를 잃어버리신 것으로 생각하시고, 그렇기 때문에 우리를 귀중하게 생각하시고 다시 찾고 싶어 하신다는 것을 우리가 생각하기만 한다면, 틀림없이 하나님께 가까이 갈 생각이 일어날 것입니다. 하나님께서 우리를 되찾기 위해 치르신 무한한 값으로 표시되는, 소유권이 녹아들어 형성된 그 사랑의 크기를 생각해 보시기 바랍니다. 그리고 우리 모두 "일어나 아버지께 가자" 하고 말하도록 합시다.

58
방탕한 자식과 아버지

"¹¹또 이르시되 어떤 사람에게 두 아들이 있는데 ¹²그 둘째가 아버지에게 말하되 아버지여 재산 중에서 내게 돌아올 분깃을 내게 주소서 하는지라 아버지가 그 살림을 각각 나눠 주었더니 ¹³그 후 며칠이 안 되어 둘째 아들이 재물을 다 모아 가지고 먼 나라에 가 거기서 허랑방탕하여 그 재산을 낭비하더니 ¹⁴다 없앤 후 그 나라에 크게 흉년이 들어 그가 비로소 궁핍한지라 ¹⁵가서 그 나라 백성 중 한 사람에게 붙여 사니 그가 그를 들로 보내어 돼지를 치게 하였는데 ¹⁶그가 돼지 먹는 쥐엄 열매로 배를 채우고자 하되 주는 자가 없는지라 ¹⁷이에 스스로 돌이켜 이르되 내 아버지에게는 양식이 풍족한 품꾼이 얼마나 많은가 나는 여기서 주려 죽는구나 ¹⁸내가 일어나 아버지께 가서 이르기를 아버지 내가 하늘과 아버지께 죄를 지었사오니 ¹⁹지금부터는 아버지의 아들이라 일컬음을 감당하지 못하겠나이다 나를 품꾼의 하나로 보소서 하리라 하고 ²⁰이에 일어나서 아버지께로 돌아가니라 아직도 거리가 먼데 아버지가 그를 보고 측은히 여겨 달려가 목을 안고 입을 맞추니 ²¹아들이 이르되 아버지 내가 하늘과 아버지께 죄를 지었사오니 지금부터는 아버지의 아들이라 일컬음을 감당하지 못하겠나이다 하나 ²²아버지는 종들에게 이르되 제일 좋은 옷을 내어다가 입히고 손에 가락지를 끼우고 발에 신을 신기라 ²³그리고 살진 송아지를 끌어다가 잡으라 우리가 먹고 즐기자 ²⁴이 내 아들은 죽었다가 다시 살아났으며 내가 잃었다가 다시 얻었노라 하니 그들이 즐거워하더라"

눅 15:11-24

이 장에 나오는 세 비유의 목적을 계속 마음에 두고 있어야 합니다. 그리스도께서는 지금 죄인들을 받아들이는 자신의 행동을 변호하고 계십니다. 이런 태도 때문에 바리새인들이 불평을 하였기 때문입니다. 앞의 두 비유, 곧 잃어버린 양의 비유와 잃어버린 드라크마의 비유는, 사람이 어떤 소유물을 잃어버렸을 때 안전하게 간직하고 있을 때보다 더 귀중하게 느끼는 공통적인 감정에 호소하고 있습니다. 이 세 번째 비유는, 한 단계 더 높은 데로 올라갑니다. 이 비유는 부성애라는 보편적인 정서에 호소합니다. 아버지가 방황하는 자식을 그리워하는 것은 순전히 아들이 길을 잃었다는 것 때문입니다.

우리는 두 아들에게서 나타나는 순종과 불순종의 대등한 비율을 생각할 때, 아흔 아홉 마리의 양 대 길 잃은 한 마리 양과, 아홉 드라크마 대 잃어버린 한 드라크마 비유보다, 비율의 크기가 한 걸음 더 나아갔습니다. 1퍼센트와 10퍼센트는 견딜 만한 손실이지만, 50퍼센트는 끔찍한 손실입니다.

1. 이 비유의 앞 부분(11-16절)은 자기 마음대로 하고 싶어 하는 아들의 바람과, 그로 인한 결과를 이야기하고 있습니다.

독립하고자 하는 바람은 좋은 것입니다. 그러나 그 바람을 형편없는 권위를 지닌 자기를 의지함으로써 이룰 수밖에 없을 때, 그것은 또 다른 문제입니다. 이 어리석은 아들은 아버지의 재산을 자기 마음대로 쓸 수 있기를 원했습니다. 그러려면 먼저 아버지의 허락을 얻어내야 했습니다. 증여 받은 것으로 장사를 시작해야 한다고 할 때, 독립을 시작하는 것치고 좋은 출발이 아닙니다.

그것이 하나님 없이 행하려 하고, 하나님의 통제를 벗어 버리려고 하는 우리의 시도들에서 매우 불합리한 점입니다. 우리는 힘을 얻으면, 하나님의 선물들을 잘못 사용하여서 독립하려고 할 뿐입니다. "누가 우리를 다스리는 주이신가?" 하고 말할 때, 그렇게 말하는 혀는 하나님이 우리에게 주신 것입니다. 곧 바로 다음 단계가 이어집니다. "그 후 며칠이 안 되어."

물론 소유권에 대한 의식은 아버지 가까이 있는 동안에는 유지될 수 없었습니다. 하나님을 생각지 않고 세상적인 행복을 누리고 싶은 사람은, 자기 변호를 하는 가운데 할 수 있는 대로 빨리 그리고 깨끗이 머리 속에서 하나님을 쫓아내지 않을 수 없습니다.

"먼 나라"에 쉽게 도달합니다. 한 걸음만 옮기면 그 나라에 이를 수 있지만 그 나라는 멉니다. 죄는 우리를 하나님에게서 멀리 떼어놓습니다. 모든 죄의 뿌리는 자기 자신을 위해서 살려는 욕망입니다. 이 욕망에서 이 방탕한 아들의 악한 행로가 시작되었습니다.

재산을 방탕한 생활에 낭비하는 타락한 인생의 세 번째 단계는, 다른 두 단계 뒤에 자연스럽게 옵니다. 왜냐하면 매우 자기중심적인 생활은 사실상 큰 낭비이고, 젊은 시절에 빠지기 쉬운 아주 방탕한 생활들은 자기 마음대로 하고 싶고 아버지 집의 보호에서 벗어나고 싶어 하는 마음에 바로 뒤이어 일어나는 경향이기 때문입니다. 대도시에 사는 많은 젊은이들이 이 비유에 나오는 단계들을 그대로 거칩니다. 부모님의 감독하는 눈길을 더 이상 받지 않게 될 때, 그들은 추잡한 방탕에 뛰어듭니다. 예의범절에 어긋나지 않게 행동하면서도 방탕한 생활을 할 수가 있습니다. 하나님을 무시하고 자신을 최고라고 주장하는 모든 행위는, 사람의 본성에 지극히 해로운 것이며 분별없는 낭비입니다.

그렇게 지내는 "즐거운" 생활은 "짧을" 수밖에 없습니다. 하나님을 잊고 사는 땅에는 언제나 기근이 있습니다. 처음에 누리던 허영에서 즐거움이 사라지고, 재산을 다 쓰고 나면 고통을 느끼게 됩니다. 하나님 없는 생활에 따라다니는 만족할 줄 모르는 마음의 굶주림 때문에, 사람들은 흔히 더 깊은 타락과 저열한 만족감에 빠집니다. 사람들이 진주를 찾기를 바라고서 진흙구덩이 속으로 미친 듯이 더 깊이 뛰어들면 들수록, 진주는 그들의 손을 멀리 피해갑니다.

이 어리석은 아들은 모험적인 사업을 벌여서 얻은 것이라곤 비참한 결과밖에 없었습니다. 재산을 다 허비하고 이제는 종이 되어 돼지 치는 일을 할 수밖에 없었습니다. 하나님 없는 세상은 자기 종들에게 아주 악취 나는 일을 맡깁니다. 스스로 짐승보다 못하게 된 사람에게는 더러운 동물들이 어울리는 친구입니다. 오물이 그에게는 부끄럽겠지만, 더러운 동물들에게는 자연스럽기 때문입니다. 그런데 더러운 짐승들이 그보다 형편이 낫습니다. 그 짐승들은 쥐엄 열매로 배를 채우고 살이 찌지만, 돼지의 먹이라도 먹고자 뛰어든 그에게는 그것마저도 얻을 수 없기 때문입니다. 이 어두운 그림이 불경건한 사람들의 경험에서 사실로 입증되는 경우가 너무도 많습니다.

2. 이 방탕한 아들이 정신을 차리는 이야기가 17-20절에 나옵니다.

그동안 그는 제정신을 잃고 지냈습니다. 하나님에게서 벗어나서 독립하고자 하고, 하나님을 떠나 방황하며 우리의 "재산" 곧 우리의 참된 자아를 내팽개치고, 돼지 여물통들 사이에서 굶어 죽으려 하는 것은 제정신이 아닙니다. 굶주리는 사람들이 진수성찬을 꿈꾸듯이 그는 집에서 양식이 풍족한 살림살이를 기억하며, 스스로에 대해 놀라고 애석하게 생각합니다.

그의 양심이 깨어났거나 그 마음에 아버지에 대한 사랑이 일어났다는 표시는 없습니다. 그의 식욕, 단지 먹고 싶은 욕망이 그를 집으로 가도록 재촉하였습니다. 사실 그는 자신이 잘못하였고, 그래서 아들이라고 불리는 권리를 이제는 잃어버렸다는 것을 알았습니다. 그러나 그는 그 이름을 잃어버린 것에 대해, 혹은 아들이라면 당연히 받아야 할 사랑을 잃은 것에 대해 별로 개의치 않았습니다. 족장 시대에 집에서 난 종들보다 주인과의 관계에서 더 가깝지 않고 더 행복하지도 않은 품꾼들 가운데 하나로서 충분히 먹을 수만 있다면 괜찮다고 생각했습니다.

이 젊은이가 잘한 점 한 가지는 꾸물거리다 기회를 놓치지 않고 그런 결심을 하자마자 곧 실행에 옮기기 시작했다는 것입니다. 하나님께 돌아가야겠다는 많은 결심에 큰 해악이 되는 것은 꾸물거림으로써 결심이 희미해지게 하는 것입니다. 누더기를 걸친 방탕한 사람이 붙들고서 놓치지 못할 것이 많지 않습니다. 그런데도 그와 같은 많은 사람들이 "내일 내가 일어나서 아버지께 가야겠다"고 하며, 계속해서 내일을 어제로 만들면서 돼지

여물통들 사이에 앉아 있습니다.

아버지께 돌아가려고 한 방탕한 자식의 동기는 저급하였지만, 돌아간다는 사실은 충분하였습니다. 복음에 대한 우리의 태도가 그와 같습니다. 사람들이 자기 보호 본능으로 인해서, 혹은 자신이 주리고 있다는 의식에서 또 자기가 갈망하는 양식을 복음에서 찾을 것이라는 믿음에서 복음의 초대에 주의를 기울 수 있습니다. 그러면서도 자기가 느끼는 부족을 채우는 것에 대해서는 많이 기대하면서도, 아버지 하나님에게서 많을 것을 갈망하는 의식은 별로 갖지 않을 수가 있습니다. 아버지 하나님의 마음에 한 자리를 차지하고자 하는 열망은 후에 생길 것입니다. 그러나 대부분의 사람들이 그리스도 안에서 계시된 하나님 안에서 위안을 얻기 시작하면, 갈망하는 마음이 시들해지게 됩니다. 모든 사람에 대한 주님의 부르심은 이것입니다. "오호라 너희 모든 목마른 자들아 물로 나아오라 돈 없는 자도 오라 너희는 와서 사 먹되 돈 없이, 값 없이 와서 사라"(사 55:1).

3. 이 비유에서 나머지 모든 것이 비계로서 떠받치고 있는 절정은, 아들에 대한 아버지의 환영입니다(20-24절).

자식으로서의 사랑이 아들의 마음에는 죽어 있을 수 있으나, 부모로서의 그리워함은 아버지 마음에 살아있습니다. 방황하던 자가 아버지의 집에 가까이 오면서 풀이 죽을 수 있을 것입니다. 마음으로 그 광경을 그려 볼 때는 아버지에게 돌아가는 것이 쉽게 느껴졌을 것이나, 집으로 향하는 걸음을 옮길 때마다 현실은 생각보다 어려웠습니다.

옛집이 눈에 보였을 때 틀림없이 그는 걸음을 멈추었을 것입니다. 그리고 누더기만 달랑 하나 걸치고 가서 아버지에게 말하기 전에 종들에게 심한 창피를 당할 것을 생각했다면, 그의 결심이 점점 약해졌을 것입니다. 그래서 그의 아버지가 멀리서 그를 보고 달려가서 맞이하는 것은, 어떻게 하나님의 사랑이 돌아온 탕자를 나가서 맞이하는지를 감동적으로 보여 줄 뿐 아니라 실제 정형과도 절묘하게 부합합니다. 탕자가 아버지 집으로 돌아가려는 생각을 갖자마자 그것을 알아차리시는 하나님의 통찰, 하나님의 무한한 사랑을 생각하게 만드는 하나님의 동정, 부끄러워하며 천천히 걸어오는 아들을 도중에서 만나 열렬히 환영하는 것, 회개하는 말을 한 마디도 꺼내기 전에 혹은 품꾼으로 써달라는 요청을 하기도 전에 환영의 입맞춤을 하는 것, 이 모든 것이 하나님의 사랑을 계시하고, 돌아올 마음을 품는 모든 방황하는 자들에게 그런 사랑을 보이심을 계시합니다.

아버지가 열렬히 환영하는 바람에, 아들이 몇 번이고 연습한 말을 미처 다하지 못하는 아름다운 장면이 연출됩니다. 아버지가 이렇게 환영한다고 해서, 그가 회개의 표시를 하지 못하는 것은 아닙니다. 하나님의 사랑이 우리에게 부어지면 질수록, 우리는 그만큼 더 죄를 깊이 느끼게 됩니다. 그러나 그는 이미 아들로서 대접을 받았기 때문에 종으로 거두어 달라고 구할 수 없었습니다. 아버지가 아들의 고백에 전혀 대꾸하지 않는 것 또한 아름다운 장면입니다. 그보다 아버지는 종들에게 지시를 내립니다. 이 점을 보면 두 사람이 이제 집에 도착해서 함께 들어왔음을 알 수 있습니다.

방탕한 자식에게 준 선물들은 중요한 것임에 틀림없습니다. 이 선물들은 대체로 돌아온 아들을 진심으로 환영한다는 것을 표시할 뿐만 아니라, 하나님께 돌아온 복된 결과의 여러 면을 나타내는 것으로 특별히 해석할 수 있을 것입니다. 옷은 성품을 나타내는데 친숙히 사용된 상징입니다. 방탕한 자식이 스가랴의 이상에 나오는 대제사장처럼 대우를 받습니다. 누더기를 벗기고 그에게 명예로운 옷을 새로 입힙니다. "그들을 또한 의롭다 하시고 의롭다 하신 그들을 또한 영화롭게 하셨느니라"(롬 8:30). 반지는 부와 지위와 명예의 표시입니다. 또한 위임받은 권위의 표시이기도 하고, 손에 끼는 장신구이입니다. 그래서 하나님께서는 방탕한 자식들이 돌아올 때, 용서받지 못한 자는 이르지 못하는 지위에 오르게 하시고, 그들이 자기를 대표하게 하시며, 그들을 기이한 아름다움으로 입히십니다. 이 청년은 돌아왔을 때 틀림없이 발에 병이 나고 피를 흘리고 있었을 것입니다. 그래서 그에게 신을 신긴다는 것이 단지 이야기의 자연스러움을 더하기 위해 사용될 수 있습니다. 그러나 아마도 이 신은 인생의 여행을 위한 장비를 표시할 것입니다. 이것은 용서함에 따르는 선물들 가운데 하나입니다

다. 우리 발은 평안의 복음의 예비한 것으로 신게 됩니다.

　마지막으로 잔치를 벌입니다. 방황하던 불쌍한 사람이 고개를 숙이고 아버지께로 돌아올 때 하늘에서는 휴일로 지냅니다. 그는 빵 한 덩어리를 위해서 아들의 신분을 포기할 마음을 먹었습니다. 그러나 그런 조건으로는 빵을 얻을 수 없었습니다. 그는 음식을 먹으려면, 먼저 용서받아야 하고, 아버지의 사랑으로 씻음을 받아야 했습니다. 이렇게 하나님께 받아들여지고 나면 음식을 먹지 않을 수 없습니다. 회개하고 돌아오는 자들, 용서로 받아들여지는 자들, 하나님 아버지께 풍성한 선물을 받는 자들에게는 하늘에서 잔치가 베풀어집니다.

59
방탕한 자식에게 준 선물들

"아버지는 종들에게 이르되 제일 좋은 옷을 내어다가 입히고
손에 가락지를 끼우고 발에 신을 신기라
그리고 살진 송아지를 끌어다가 잡으라"
눅 15:22, 23

하나님의 용서 뒤에는 언제나 하나님의 선물이 따릅니다. 우리는 그렇지 않습니다. 우리는 누군가를 용서할 때 자신이 매우 도량이 넓은 사람이라고 생각합니다. 우리는 다른 사람의 잘못을 눈감아 주고 나서 친절을 아낌없이 베푸는 데까지는 좀처럼 가지 못합니다. 다른 사람에게 잘못을 범한 사람들은 어떤 조치를 통해서 위치를 회복해야 하고, 말하자면 잠시 동안 격리시켜야 하는 것이 옳습니다. 그러나 하나님의 용서처럼 너그러운 선물들이 따르지 않는 용서가 참된 용서인지 모르겠습니다. 용서가 단지 형벌을 가하지 않는 것이라면, 그것만으로 충분히 용서가 된다고 생각하고, 악을 행하는 사람의 잘못에 대해 보응하지 않는 것이 아주 자연스런 일입니다. 그러나 용서가 피해를 입은 사람이 피해를 가한 사람에게 사랑을 베푸는 것이라면, 용서는 단순히 빚진 자에게 빚을 면제해 주고, 한 푼도 없이 세상으로 돌려보내는 것에 만족할 수 없습니다.

하나님의 용서가 사람들에게 어떤 방식으로 이루어질지라도, 그것은 본질적으로 하나님께서 마치 우리가 한 번도 죄를 짓지 않은 것처럼 우리에

게 하나님의 사랑을 전하는 것입니다. 그러므로 하나님의 사랑이 줄 수 있거나 우리가 받을 수 있는 모든 것을 줄 때까지, 하나님의 사랑은 멈출 수가 없습니다.

자, 그것이 이 불멸의 비유의 마지막 부분에 담겨 있는 위대한 진리입니다. 그리고 이 점이, 이 비유가 앞의 두 비유와 다르고, 그 비유들 위로 높이 솟아오르게 하는 요점들 가운데 하나입니다. 잃어버린 양을 목초지로 다시 데려와 거기에 풀어놓자 더 이상 특별히 돌봐야 할 필요가 없었고, 그 양은 마치 아무 일도 없었던 것처럼 풀을 조금씩 뜯어 먹기 시작하였습니다. 잃어버린 드라크마는 그냥 잃어버린 여자의 지갑에 다시 넣어 놓았을 뿐입니다. 그러나 잃어버린 아들은 용서를 받았고 용서를 받고 있으며, 그가 이전에 가졌던 것보다 큰 선물들을 받을 수 있게 되었고, 또 받았습니다. 이 선물들이 본문의 묘사에서 아주 상세히 기술되었습니다.

물론 비유의 모든 점을 영적으로 해석하려고 하는 것은 위험한 태도입니다. 그 요점들 가운데 많은 것은 단순히 문학적 기법에 지나지 않는 것들입니다. 그러나 반면에, 우리는 풍부한 교훈을 담고 있는 세부적인 내용들을 사소한 것으로 다루는 잘못에 아주 쉽게 빠질 수 있습니다. 많은 사람들이 나와 입장이 다를 수 있지만, 나는 방탕한 자식에게 준 선물을 이렇게 세세히 열거한 것은 영적 경험을 나타내는 용어로 표현할 수 있도록 하기 위한 것이라고 생각하지 않을 수 없습니다. 그래서 이 세부 묘사들을 용서에 따르는 하나님의 선물들을 보여 주는 것으로 살펴보고자 합니다. 그 목록으로 옷, 반지, 신발, 잔치를 들 수 있습니다.

1. 첫째로, 옷에 대해 생각해 봅시다.

"제일 좋은 옷을 내어다 입히라." 그것은 명령이었습니다. 물론 이 세부 사항은 다른 모든 세부 묘사와 마찬가지로 재산을 탕진한 아들이 돌아왔을 때의 상태를 다시 언급하는 것이고, 그 정형이 어떠했는가를 알게 하는 말입니다. 아들이 여행의 얼룩과 돼지우리의 악취가 풍기는 누더기 옷들을 걸치고 서 있었습니다. 누더기가 된 옷들 가운데는 세상에서 사 입은 화려하고 번드르르한 것도 있었을 것입니다. 아무튼 그가 입은 누더기에는 포도주 자국과 얼룩과 온갖 오물들이 묻어 있었습니다. 그래서 아버지가 이렇게 말합니다. "이 옷들을 다 벗기고 제일 좋은 옷을 입혀라." 이 말은 무슨 의미입니까?

자, 우리 모두는 아주 친숙한 이 은유를 알고 있습니다. 마음의 특성, 성품의 특징, 그와 같은 것들을 영의 옷으로 묘사하는데 보통 이 은유를 사용합니다. 성경에는 "정결을 입고" "열심을 입어"(사 59:17) "겸손으로 옷 입고"(벧전 5:5, 개역개정은 "겸손으로 허리를 동이고" — 역주) "능력을 입고" 등의 말이 사용되고 있는 것을 우리는 압니다. 성경으로 가 보면, 성경 전체를 통해서 이 은유의 예들이 나오는 것을 알 수 있습니다. 그 예들을 볼 때, 우리는 이 은유의 참된 의미를 알게 됩니다. 스가랴는 이상 가운데서 대제사장이 하늘의 법정에서 더러운 옷을 입고 서 있는 것을 보았습니다. 그러자 한 목소리가 이렇게 말하였습니다. "그 더러운 옷을 벗기라"(슥 3:4). 그리고 나서 그 말씀에 대한 해석이 덧붙여집니다. "내가 네 죄악을 제거하여 버렸으니 네게 아름다운 옷을 입히리라." 여러분은, 우리 주님께서 말씀하신 혼인 예식의 의복을 입은 사람에 대한 비유를 압니다. 바울 사도가 "옛 사람을 벗어 버리고 새 사람을 입으라"는 은유를 자주 사용하는 것을 압니다. 끝으로, 밧모섬에서 예언자가 본 마지막 날에 대한 이상에서는, 승리하는 사령관의 뒤를 따르는 하늘 군대는 "희고 깨끗한 세마포 옷을 입었는데"(계 19:14) "이 세마포 옷은 성도들의 옳은 행실임"(19:9)을 아실 것입니다. 이 모든 사실을 종합해 보면, 여기서 우리가 위대한 사상, 곧 사람에게 임하는 하나님의 용서의 결과는 죄인이 자기 아버지의 식탁에 앉아 먹을 수 있게 만드는 성품으로 옷 입는 것이라는 사상을 어렴풋이 보았다고 할 때, 중요하지도 않은 세부 내용에 어떤 의미를 강요하고 있는 것이 아님이 확실합니다. 저지른 일들에는 반드시 결과가 따르게 되어 있기 때문에 용서받는 것은 불가능하고, 성품은 말하자면 우리의 행실들로부터 촉진되는 일로서, 우리의 행동으로 서서히 형성되는 것이라고 사람들은 말합니다. 그것은 아주 맞는 얘기입니다. 그러나 이 점이 다른 진리, 곧 사람들이 예수 그리스도를 믿을 때 본성을 변화시키고 옛것들이 사라지게 하는 새로운 능력이 사람들의 마음에 들어올 수 있고, 들어온다는 진리와 모순되지 않습니다.

하나님의 용서하심이 삶에 혁명을 일으키는 것입니다. 사소한 잘못들에 대한 사람의 용서에서도 이와 비슷한 효과가 일어납니다. 야만적인 본성들이 형벌 때문에 억제됩니다. 그런데 이런 본성들에게 용서는 형벌을 면제함을 의미하고, 형벌의 면제는 방종을 의미하며, 방종은 욕망을 불러일으킵니다. 그러나 자기에게 잘못을 범한 사람을 마음으로 사랑할 때는 언제든지, 하나님께서 그 사람을 사랑하시고, 불쾌하게 여기지 않으신다는 것을 확신하므로, 값없이 용서하셨다고 확신하므로, 그 사람의 과거를 생각하고 마음으로 몹시 미워하는 일은 없을 것입니다. 아이가 자신의 죄를 아주 미워하게 만드는 것이 회초리입니까? 아니면 어머니의 입맞춤입니까? 우리가 눈을 들어 하나님을 생각하고, 하늘 높은 곳에 계시는 하나님께서 어떻게 값없는 용서를 우리에게 베푸시는지 생각해 본다면, 확실히 모든 형벌이나 위협, 혹은 공포보다 하나님의 용서가 우리로 악에서 돌이키게 하고, 죄를 싫어하게 만들 것입니다. 에스겔 선지자가 "내가 네 모든 행한 일을 용서한 후에 네가 기억하고 놀라고 부끄러워서 다시는 입을 열지 못하게 하려 함이니라 주 여호와의 말씀이니라"(16:63)고 말하였을 때, 그는 아주 깊은 진리를 깨달은 것입니다.

그러나 그뿐 아니라, 용서하심과 더불어 거기에는, 모든 것을 새롭게 만들고 사람을 변화시키는 새로운 능력도 감싸여 있습니다. 내가 사람들에게 하나님의 용서만을 전해야 했다면, 그리고 하나님께서 용서하셨다는 것은 지옥 문이 닫히고 천국 문이 활짝 열렸다는 것만을 의미하는 것이라면, 그 복음은 내가 일어나서 전하기에 부족한 복음일 것입니다. 용서 받은 사람은 누더기를 벗고 하나님께서 친히 주시는 새로운 본성으로 옷을 입은 것입니다.

이것이 우리 모두가 필요로 하는 것입니다. 우리 모두가 돼지우리에서 지낸 것은 아닙니다. 우리 모두가 큰 죄에 빠진 것은 아닙니다. 그러나 우리 모두는 하나님 아버지께 등을 돌렸습니다. 우리 모두는 독립하기를 원했습니다. 우리 모두는 집에 가까이 있기보다는 먼 나라로 가기를 원했습니다. 사랑하는 형제 여러분, 여러분이 스스로 형성한 성품이, 헤라클레스의 독화살을 맞은 반인반마의 괴물인 네소스(Nessus)가 헤라클레스의 옷자락에 붙어 있는 것처럼 여러분에게 들러붙어 있습니다. 여러분은 그 성품을 떼어낼 수 없습니다. 여러분은 그 성품의 일부분은 버릴 수 있지만 여러분 사지에서 완전히 떼어 버릴 수 없고, 그 누더기 같은 성품에 얽혀 있는 데서 완전히 벗어날 수 없습니다. 하나님께 가십시오. 하나님께서 여러분의 죄를 웃어넘기실 것입니다. 하나님의 용서하시는 사랑이 오늘 아침에 떠오른 해가 안개를 거두어 가버렸듯이 얼룩과 악을 녹여 버리실 것입니다. 자신이 더러운 것을 알고 용서가 필요한 줄 알고 오는 사람들은 하나님으로부터 "희고 깨끗한 세마포 옷, 곧 성도들의 옳은 행실"을 받을 것입니다.

2. 둘째로, 반지에 대해서 생각해 봅시다.

이 방탕했던 젊은이는 그저 종으로라도 지내기를 원했으나, 아버지는 이렇게 말했습니다. "손에 가락지를 끼우라." 반지는 부와 지위와 명예의 상징입니다. 그것은 이렇게 회개한 자에게 주시는 선물을 의미합니다. 더 나아가 반지는 그것을 낀 손을 아름답게 하는 장신구입니다. 그것은 또 다른 의미입니다. 반지는 위임받은 권위와 대표한 인물을 나타내는 표시입니다. 요셉이 이집트에서 2인자의 위치에 올랐을 때, 바로는 자신의 도장이 새겨진 반지를 빼어 요셉의 손가락에 끼웠습니다. 내가 볼 때 이 모든 사상이 이 한 가지 상세한 묘사에 다 들어 있고, 또 이 묘사로부터 추론해 낼 수 있는 것들입니다.

자유, 승진, 지위의 위엄이 여기서 표현됩니다. 이 점에서 한 가지 사상이 시작됩니다. 이 사상은 말할 때 많이 조심하고 몇 가지 단서를 붙여야 합니다. 그럴지라도 그것은 참된 사상입니다. 그것은, 복음 안에 있는 자비와 기적적인 인자, 하나님의 소생케 하는 능력으로 말미암아 사람이 낮게 떨어지면 떨어질수록 그만큼 더 높이 올라갈 수 있다는 사상입니다. 물론 깨끗하게 되는 것보다 처음부터 죄가 없는 것이 더 낫다는 것을 나는 압니다. 내 자신이나, 자기 마음을 들여다보는 사람은 누구나 죄를 용서받을지라도 그 흔적이 남을 수 있다는 것을 압니다. 그리고 불쾌하고 고통스런 많은 기억으로 마음이 짓눌릴 수 있고, 손발에서 차꼬가 풀렸지만 차꼬를 찼던 흔적이 그대로 남을 수 있고, 구원받은 후에도 죄의 습관 때문에 걸었던 길을 오랜 동안 가게 될 수도 있다는 것을 압니다. 그러나 구속받은 사람들은 한 번도 타락하지 않은 천사들보다 최종적으로 높은 위치에 있다는 것도 나는 압니다. 또 큰 죄인일수록 위대한 성도가 된다고 말할 수 없을지라도, 사람이 지은 죄를 회개하고 용서를 받으면, 죄를 짓지 않았을 때보다 신령한 생활에서 더 높은 위치에 오를 수가 있다는 것은 여전히 참된 사실입니다.

그래서 나는 어느 누구에게든지 한 번 실험해 보라고 말하지는 않습니다. 우리 가운데 아주 형편없는 사람이라는 말을 들을 사람들은, 그들의 그런 죄로 인해 회개와 사죄함으로부터 그 모든 은혜를 받을 기회를 가진 것입니다. 그러나 이 자리에 자신에 대해 "나는 너무 형편없이 타락해서 그 죄를 도저히 극복할 수 없어. 나는 너무 더러워져서 이 검은 흔적들을 도저히 지울 수 없어"라고 말하는 분이 있다면, 아마 있으리라 생각합니다. 나는 그런 분들에게 이렇게 말하겠습니다. "결국에 가서 반지를 낌으로 명예롭게 되고 존귀하게 된 그 사람이 돼지 떼를 지키고 악취를 풍기며 육신적인 악들로 심히 부패한 사람이었던 사실을 기억하십시오." 그래서 사람이 아무리 저급한 상태까지 갔을지라도 아무리 먼 데까지 갔을지라도, 그에게는 어느 때든지 하나님의 계명을 어긴 적이 없는 순결한 영혼이 이를 수 있는 것보다 더 높은 존귀한 위치로 회복될 수 있는 가능성이 있다는 것에 대해 아무도 의심할 필요가 없습니다. 왜냐하면 회개와 사죄의 경험이 있고, 예수 그리스도를 구속주로 만나는 생생함 경험이 있는 사람은, 하나님의 자녀가 되는 것이 얼마나 복된 일인지를 천사들에게 가르칠 수 있습니다.

내가 이 은유에서 나타난다고 언급했던 다른 두 가지도 그만큼 분명하게 보입니다. 반지는 직위의 표시일 뿐만 아니라 위임받는 권위와 대리인을 나타내는 표시이기도 합니다. 하나님께서는 형편 없는 죄인이지만 회개한 자들을 이 세상에서 하나님의 증인이 되게 하시고, 이 땅에서 하나님의 일을 행하도록 하십니다. 그리고 반지는, 반지를 낀 손을 아름답게 하는 장신구입니다. 이것을 다른 말로 표현하자면 이런 얘기입니다. 하나님께서 용서를 베푸실 때, 하나님은 사람의 성품에 기이한 아름다움을 주신다는 것입니다. 그 아름다움은 사람이 자신과 자신의 구속주에게 진실하다면, 그가 틀림없이 이르게 될 아름다움입니다. 비참함이 무엇인지, 회개하고 죄사함을 받는다는 것이 무엇인지 배운 사람들의 삶만큼 아름다운 인생이 없고, 장식된 형형색색의 보석처럼 빛나는 인생도 없습니다. 그래서 선지자가 말하듯이 우리의 "손에 피가 가득하였을"(사 1:15)지라도, 우리의 손에 온갖 더러운 것이 묻었을지라도, 많은 악을 즉각적으로 행하는 도구가 되었을지라도, 우리 모두는 씻음을 받고 깨끗하게 되었으므로 우리 모두는, 사랑하는 아버지가 회개하는 아들의 손가락에 끼워준 장신구의 광채보다 빛나게 될 것을 기대할 수 있습니다.

3. 그 다음에, "발에 신을 신기라"는 말을 살펴봅시다.

그는 더럽고 피를 흘리는 맨발로 돌아왔을 것이 틀림없습니다. 이야기의 "조화"를 위해서 이 세부 묘사가 나올 필요가 있었습니다. 그러나 나는 이 세부 묘사가 장식적인 의미 이상의 것을 지니고 있다고 생각합니다.

이것은 우리가 인생의 길을 걷는데 필요한 장비를 이야기하고 있는 것이 아닙니까? 하나님께서는 미래의 봉사를 위해, 그리고 내디뎌야 하는 모든 걸음을 위해 사람들을 준비시키십니다. 자기 앞에 있는 경주를 인내로 달리기 위해서는 사람은 다른 무엇보다 하나님께서 용서하셨다는 의식이 필요할 것입니다. 하나님께서는 사죄함을 구하는 모든 사람에게 하나님의 용서를 주실 뿐 아니라, 그와 더불어 "인생의 공통된 길을 믿음으로 즐겁게 여행할" 실제적인 힘도 주시며, 그의 발을 "평안의 복음이 준비한 것으로" 신기십니다.

형제 여러분, 인생은 우리 모두에게 그리고 의무와 하나님과 자기 부정을 바라보며 가는 사람들에게는 거친 길입니다. 그런 수고를 보상하는 환경이 많이 있을지라도 그런 목표를 바라보며 가는 삶은 힘이 듭니다. 끝이 날카로운 돌이 길에 튀어나와 있어 발을 다치게 하는 곳들이 있습니다. 바위들이 있어서 우리를 걸려 넘어지게 하는 곳들이 있습니다. 우리의 매일 생활에는 필연적으로 따르는 온갖 시련과 고통이 있습니다. 때로 마치 우리의 길이 뜨거운 쟁기가 지나간 것 같고, 한 걸음 한 걸음이 다 고통인 것처럼 느끼게 하는 시련과 고난이 있습니다. 우리가 하나님께 가서 용서를 구하면 하나님께서 우리에게 사죄하심을 주실 것이며, 그 사죄하심이 인생의 고통과 슬픔을 이기도록 우리를 변호해 줄 것입니다. 신을 신으면 아무렇지도 않게 밟고 지나갈 수 있는 길도 맨발로 가면 발을 다치게 됩니다.

우리가 가는 길에는 더러운 곳들도 있습니다. 우리가 벌거벗은 채 아무 것도 걸치고 있지 않다면, 지나갈 때 반드시 더러운 것이 묻게 될 곳들이 있습니다. 회개한 사람이 원한다면, 쓰레기 더미를 지나갈 때에라도 발이 흙에 묻지 않도록 보호해 줄 것을 하나님께서 주실 것입니다. 그리고 그렇게 보호할지라도 진흙이 묻을 수 있고, 발을 씻은 사람이 다시 발을 씻을 필요가 있다면, 우리 주님께서 수건과 대야를 준비하고서 가까이 계실 것입니다.

살아가다 보면 적들을 만나고, 위험들을 만납니다. 옛날에는 군인이 갖추어야 할 장비 가운데 아주 중요한 한 가지는 무거운 군화였습니다. 이 군화를 신으면 군인은 든든하게 서서 밀려오는 적을 막을 수 있었습니다. 회개하는 사람이 그 군화를 갖기 원한다면, 하나님께서는 그의 발을 바위 위에 세우고 "그의 보행을 견고하게 하며" "악한 날에 너희가 능히 대적하고 모든 일을 행한 후에 서게 할"(엡 6:13) 것을 그에게 주실 것입니다.

형제 여러분, 방어, 안정, 고통에서 지킴, 악으로부터 보호, 이 모든 것이 이 위대한 약속에 들어 있습니다. 원한다면, 우리 각 사람은 이 약속을 우리 것으로 삼을 수 있습니다.

4. 마지막으로, 잔치에 대해 생각해 봅시다.

이 비유에서 잔치가 언급될 때, 그것은 어떤 초라한 부랑아가 어깨를 움츠리고 아버지에게 돌아올 때 하늘에서 휴일로 지킨다는 중대한 진리를 주로 가르칩니다. 그러나 나는 그것이 이 이야기의 마지막 부분이 나타내는 중요한 의미이지만 지금은 그 진리를 다루지 않겠습니다.

이 방탕한 자식은 거의 굶어죽을 지경이었는데, 성품이 좋지 못한 그의 형이 불평하였듯이, 살진 송아지를 "그를 위해" 잡았습니다. 이 방탕한 자식을 돌아오게 만든 것이 무엇이었는지 다시 한 번 생각해 봅시다. 그것은 그의 마음도 아니고 그의 양심도 아니었으며, 그의 굶주린 배였습니다. 그가 돌아갈 생각을 하게 된 것은, 자식으로서 애정이 깨어났기 때문이거나 자기가 잘못했다는 생각이 일어나서가 아니라, 배가 고팠기 때문이었습니다. "돼지 먹는 쥐엄 열매"조차 그로서는 손에 넣을 수 없는 고급품이 되었기 때문이었습니다. 감사하게도 이 점은, 그처럼 저급한 동기조차도 하나님께서 용납하신다는 것을 가르쳐 줍니다. 즉 어떤 사람이 돌아간다면, 그보다 나은 이유가 없을지라도 일단 돌아간다면, 아버지 하나님께서는 그를 환영하신다는 것을 가르쳐 줍니다. 이 궁색한 젊은이는 먹을 것을 얻을 수만 있다면 아들의 신분을 잃어도 좋다고 생각했습니다. 그가 원한 것은 굶주림을 면하는 것뿐이었습니다. 그래서 그는, 그가 원하는 조건으로는 떡을 얻을 수 없고, 그가 가장 원하는 것이 그에게 가장 먼저 필요한 것이 아니라는 것을 배워야 했습니다. 그를 그런 식으로 받아들인다면, 그는 양식을 공급받을 수 없었습니다. 그와 같이 여기서 우리에게 주는 메시지는, 먼저는 죄 용서함을 받아야 한다는 것입니다. 그리고 나서야 마음의 굶주림이 만족을 얻고 모든 욕구가 채움을 받습니다. 필요한 모든 자양이 공급되고 우리가 먹고자 한다면, 참된 양식이 영원히 우리의 것이 됩니다. "겸손한 자는 먹고 배부를 것이라"(시 22:26).

나는 하나님을 떠난 삶의 모든 영역에 걸쳐서 굶주린 마음을 가지고 영원히 방황하는 사람들을 상상할 필요가 없습니다. 아마도 이 회중석에 그런 사람들이 많이 있을 것입니다. 그들이 돼지우리의 음식 쓰레기에서 자양분을 구하든지 혹은 더 고귀한 마음과 지성과 가슴의 음식물에서 자양분을 찾든지 간에, 그들의 굶주린 마음은 여전히 채워지지 않을 것입니다.

형제 여러분, "어찌하여 여러분은 만족케 하지 못하는 것에 돈을 허비합니까?" 모든 욕구를 채울 참된 길이 여기 있습니다. 죄사함을 얻기 위해 예수 그리스도 안에서 하나님께 가십시오. 그러면 여러분이 필요로 하는 모든 것을 얻을 것입니다. "내게서 사서 부요하게 하고 흰 옷을 사서 입어 벌거벗은 수치를 보이지 않게 하라"(계 3:18). "이 떡을 먹는 자는 영원히 살리라"(요 6:58).

60
지혜 있는 자들의 어리석음

"이 세대의 아들들이 자기 시대에 있어서는
빛의 아들들보다 더 지혜로움이니라"

눅 16:8

본문의 말씀이 끝에 나오는 비유는 의도적인 부정 행위를 어느 정도 그리스도인들에게 모범으로 제안하고 있다는 점에서 주목할 만합니다. 이 청지기의 행위는 정말이지 악행이었는데, 그리스도께서 "이같이 하라"고 말씀하십니다.

그 청지기 입장에서 주인의 이익을 부정하게 희생한 것을 두고, 그리스도인들이 세상적 은사를 사용함에 있어서 자기에게 맡겨진 소유물을 바르게 사용하는 것이라고 주로 설명합니다. 그러나 청지기의 그런 행위를 모범으로 특이하게 선택한 점에 대해 또 다른 측면에서 변호할 수 있는 것이 있습니다. 그것은 이 비유에서 주님께서 칭찬하신 것은 부정직이 아니라, 그 청지기가 보여준 예측, 그 경우의 사실들에 대한 인식, 신속함, 다양한 지혜로 보는 것입니다. 그래서 우리 주님께서는 목적을 생각하지 않고 당장 수단만을 보는 이 세상이 교회에 중요한 많은 교훈을 가르쳐 줄 수 있다고 말씀하십니다. 교회의 지체들이 세상 사람들이 하는 방식으로 산다면 교회가 잘 될 수 있을 것입니다. 여기에는 저급한 목적을 위해서 악용되는 빛나는 자질들을 인정하고 있고, 목적을 위해 수단을 조정하는 일에서 나타나는 지혜를 인정하는 면이 있습니다. 그러나 그런 인정에 제한이 따르는데, 그것은 "이 세대의 아들들이 빛의 아들들보다 더 지혜로운" 것은 자기 시대에서 뿐이기 때문입니다.

1. 그래서 우리는 먼저 이 두 계층을 볼 수 있습니다. 우리 주님께서는 이 두 계층을 서로 대립시키고 계십니다.

"이 세상의 아들들"(개역개정은 "이 세대의 아들들" — 역주)에게는 또 다른 세상의 아들들이 선천적으로 대립이 될 것입니다. "빛의 아들들"에게는 "어둠의 아들들"이 선천적으로 대립이 될 것입니다. 우리 주님께서는 이중적인 대립을 나타내기 위해 그런 식으로 말씀하십니다. 우리 주님께서는, 이 세상의 아들들이 누구이든지 간에 그들은 "어둠의 아들들"이고, "빛의 아들들"은 그들이 이 세상보다는 또 다른 세상에 속해 있기 때문에 빛의 자녀들이라고 가르치려고 하셨습니다. 어떤 의미에서 빛의 아들들보다 지혜로운 것이 어둠의 아들들이기 때문에, 주님께서 이와 같이 칭찬에 제한을 두십니다. 그리고 바로 그것이 지금 우리 주님께서 지적하고 계시는 놀라움과 모순을 만들어내는 것입니다. 우리는 사람이 처음부터 끝까지 어리석게 행한다는 것을 이해할 수 있습니다. 어리석음 가운데 지혜가 간간이 섞여 있는 사람들과, 지혜로운 중에 어리석음이 곁들여 있는 사람들은 인생의 경험에서 볼 때 특이한 경우들입니다.

이 세상의 아들들은 어둠입니다. 빛의 아들들은 또 다른 세상의 자녀들입니다. 이제 이 두 대립을 좀 더 설명하기 위해서 한 두 마디만 더 하겠습니다. 나는 이 대립들을 변호할 생각이 없고, 우리 주님께서 사람들을 이 두 계층으로 분명하게 구별하신 것을 변호할 생각도 없습니다. 주님께서는 이 세상의 아들들이라고 할 때 무슨 뜻으로 말씀하시는 것입니까? 옛날 히브리 관용어인, 아무개의 아들이라는 말은 어떤 특성에 흠뻑 젖어있고, 그 특성으로 가득한 사람들, 혹은 어떤 사람에게 완전히 속해 있는 사람들, 그래서 그 특성이나 어떤 사람을 대변하는 것처럼 부모와 자식의 관계로 말하는 사람들을 가리키는 것일 뿐입니다. 그래서 이 세상의 자녀는 인생의 전체적인 생각과 목적과 목표가 물질적인 현세에 제한되어 있고, 현세에 의해 좌우되는 사람입니다. 그러나 여기서 사용되고 있는, "세상"이라고 제대로 번역된 이 단어는 특별히 요한 사도의 글에서 바로 같은 개념을 나타내기 위해 종종 사용되는 단어와 같지 않습니다. 이 단어가 비슷한 개념을 전달하지만, 그럴지라도 다른 말입니다. 여기서 사용되는 이 표현을 통해서 나타나는 가시적이고 물질적인 세상의 특성은 이 세상의 일시성입니다. "이 세상에" 속한 자녀들이라기보다는 "이 시대의 자녀들"이라는 것이 이 표현의 의미입니다. 그래서 이 단어는 영적인 것들을 만족시키기에 물질적인 것이 부적절하다는 것을 나타낸다기보다는, 사람이 결국 사라지고 썩게 되어 있는 것에 소망을 두고 인생의 목적과 목표를 두는 것의 어리석음을 보여 주는 것입니다. 덧없는 부, 빨리 사라지는 명예, 죽음과 함께 끝나는 사랑, 지혜, 그리고 재료가 사라지면 함께 사라지는 학문, 이런 것들 가운데 어떤 것이 아무리 사람을 향상시키고, 또 어떤 것들은 모든 사람에게 그 나름대로 아무리 필요한 것이라 할지라도, 사람이 거기에 자기를 붙들어 매거나 자기 행복을 맡기고, 인생을 바칠 것들이 아닙니다. 그러므로 자기들이 살아 있다는 것과 세상이 지나간다는 사실을 무시하고서 스스로 세상의 노예가 되고, 세상을 목표로 삼는 사람들은, 그들 자신의 존속 기간과 그들이 목적으로 삼고 있고 어둠의 아들들이 속해 있는 세상의 존속 기간이 다르다는 사실을 알고서 잘못을 깨닫게 됩니다.

그 다음에 우리는 이제 다른 반정립들을 봅시다. 빛의 아들들은, 그들의 삶이 현세의 질서와 사물의 조건에 전적으로 의존되어 있지 않고, 그것만을 목표로 삼고 있지 않는 정도만큼 대립을 형성합니다. 이것이 있으면, 거기에 대응하는 저것이 있습니다. 현재 존재하고 있다고 말하는 시대가 있다고 하면, 그 말은 앞으로 올 시대 혹은 세대가 있다는 것을 함축합니다. 그리고 이 오고 있는 "시대"가 현재 시대에 대한 우리의 전체 관계를 규정하게 됩니다. 왜냐하면 삶은 지속적이고, 오는 시대는 현재의 결과이기 때문입니다. 진정으로 "아이가 어른의 아버지"이듯이 영원은 시간의 자손이고, 현재의 우리가 대대에 이를 우리를 결정합니다. 현재와 미래의 관계를 깨닫는 사람, 지금의 하찮고 제한된 일들이 저편의 희미한 영원으로 흘러들어가는 것을 보며, 또 그 진로가 죽음과 무한히 넓은 광대한 영원 사이의 깊은 간격에도 끊어지지 않고 이어지는 것을 보는 사람, 그러므로 저편에 있는 위대한 것들을 확보할 수 있도록 여기의 작은 일들을 조정하는 사람, 시간을 "영원의 종복"으로 삼고, 보이고 일시적인 것들을 추구할 때는 언제든지 그것을 보이지 않는 영원한 것들에 비추어서 생각하는 사람, 그런 사람만이 빛의 자녀인 것입니다.

2. 여기서 제시되고 있는 두 번째 고려 사항은 어리석은 자들의 제한적이고 상대적인 지혜입니다.

어둠의 자녀이고, 실제로는 전혀 지혜롭지 못한 이 세상의 아들들은 상대적으로 "빛의 아들들보다 더 지혜로운" 것으로 여겨집니다. 비유에 나오는 그 청지기가 그 예입니다. 우리 시대의 사상가들 가운데 한 사람이 말했듯이 "거지는 언제나 어리석은 사람입니다." 그가 좀더 정직한 사람이었다면, 주인의 재물로 뒷거래를 하기보다 그 재물을 충성스럽게 관리했다면, 그는 훨씬 더 지혜로운 사람이 되었을 것입니다.

그러나 그 청지기 행위의 도덕적 성격은 접어 두고, 그 행위에 지혜롭고 사려 깊고 칭찬할 만한 것이 얼마나 많은지 보십시오. 용기, 풍부한 기지, 해야 할 일에 대한 분명한 통찰력이 있었습니다. 목적에 맞게 수단을 사용하는 지혜가 있었습니다. 머리에 떠오른 지혜로운 방법을 시행하는데 민첩했습니다. 의도는 나빴지만 주인에게 인정을 받았습니다. 우리는 지금 경건에 대해 이야기하고 있는 것이 아니라 영리함에 대해 말하고 있는 것입니다. 그래서 이 비유에서 속은 사람이 그 청지기의 수법이 영특하다고 말하지 않을 수 없었다는 점이 아주 중요합니다. 주인이 그로 인해 손해를 보았지만 "주인이 이 옳지 않은 청지기가 일을 지혜 있게 하였으므로 칭찬하였습니다."

여러분은 맨체스터에서도 사람들이 "아, 참 그 친구 참 똑똑해"라고 말하면서, 영리함 때문에 부도덕함을 눈감아 주는 습관이 있는 것을 본 적이 없습니까? 그 주인이나 그 청지기나 도덕적 성품에서는 같은 수준에 있습니다. 이들 두 사람은 간교한 총명, 기민함, 물질적인 것들에서 반드시 성공하게 만드는 자질들을 가장 귀한 가치로 봅니다. "이 세상의 아들들이 자기 시대에 있어서는 빛의 아들들보다 더 지혜로움이니라." 그러나 그것은 자기 세대에서뿐입니다.

　이제 나는 여기서 아주 간단하면서도 실제적인 한 가지 교훈을 봅니다. 그 교훈은 이것입니다. 그리스도인들이 그리스도인으로 생활하면서, 세상이 자신의 하찮은 목적과 목표를 추구하는데서 실행하는 그런 덕들을 실행하고자 한다면, 그리스도인의 성품에 큰 변혁이 일어날 것입니다. 여러분 가운데 적지 않은 사람들이 그리스도인의 성품을 함양하기 위해 노력하는 것보다 남자 아이가 휘파람 부는 것을 배우는데 더 많은 노력을 기울일 것입니다. 종교적으로 성공하는 비결이 일반적인 일들에서 성공하는 비결과 정확히 같습니다. 도둑질을 능숙하게 하는 사람의 대단한 자질들을 보십시오. 사람이 여러분의 부엌에 뚫고 들어와 물건을 훔쳐가려면 대담함, 기지, 입이 무거움, 민첩성, 지구력, 손의 기술, 그밖의 수많은 기술들이 동원됩니다. 사람들을 즐겁게 하는데 필요한 자질들을 보십시오. 사람들은 어떤 악기를 연주하는 법, 곡예용 그네를 타는 법, 몸을 특이한 형태로 비트는 법을 배우기 위해 끝없는 시간과 수고를 들이고, 집중과 지구력과 극기, 노력을 기울일 것입니다. 자칭 그리스도인이라고 하는 백 명의 그리스도인들 가운데 아흔 아홉 명이 진실한 예수 그리스도의 제자가 되기 위해 노력하는 것보다, 곡예사들과 악기 연주자들, 서커스 기수들, 무용수들, 그런 부류의 사람들이 자기 직업에서 완전한 위치에 오르기 위해 노력하는 일에 훨씬 더 많은 시간을 들입니다. 그들은 그 일을 위해 노력하는 것이 없으면 아무것도 얻지 못한다는 것을 압니다. 다른 어떤 일에서 하는 것보다 조금이라도 더 그리스도인의 생활을 위해 노력을 기울지 않는다면 그리스도인의 생활에서 좀 더 나아질 것은 아무것도 없습니다.

　잠시 목적은 접어 두고 수단에 대해서 봅시다. 우리가 매일 접촉하게 되는 범죄자들, 연예인들, 순전히 세상적으로 사업하는 사람들로부터 우리는 몇 가지 교훈을 얻을 수 있습니다. 그것은 우리가 그리스도인으로서 생활하는데 끌어들이지 못하는, 지적이고 도덕적인 많은 자질과 미덕들을 이들이 지극히 하찮은 것들을 추구하는데 어떻게 사용하는지 생각해 보면 우리는 부끄러움을 느끼지 않을 수 없다는 것입니다.

형제 여러분! 우리는 자신을 책망해야 합니다. 왜냐하면 우리들이 우리 생활에서 사용한다면 우리를 훨씬 더 그리스도인답게 만들 미덕들을, 다른 사람들이 다른 분야에서 나타내며, 우리 자신은 그 점에서 그들에게 훨씬 미치지 못하기 때문입니다. 여러분의 매일의 생활을 한 번 보십시오! 여러분은 여러분의 주와 구주이신 예수 그리스도에 대한 지식에서 자라기 위해, 여러분이 세상에서 바라는 위치에 오르거나 그 지위를 유지하기 위해 들이는 것과 같은 노력을 조금이라도 쏟으십니까? 여러분이 이 세상의 아들들과 함께 나란히 동일한 목표를 위해 일을 하고 있을 때, 그들과 보조를 맞추며 그들만큼 일에 열심이라고 알려져 있습니다. 그런데 일단 교회로 가면, 여러분은 교회에서 무엇을 합니까? 우리는 생활의 한 절반에서는 얼음처럼 냉랭하고 다른 절반에서는 불같이 뜨겁지 않습니까? 세상을 자기 분복으로 선택한 어리석은 사람들이 극기와 열심, 전념, 사실들에 대한 분명한 통찰, 모든 기회를 붙잡는 민첩함, 집요함과 인내를 보인다는 점에서 우리를 부끄럽게 할 뿐만 아니라, 우리가 이 세상에 속한 것들을 따를 때 보이는 열심과 보이지 않는 영원한 것들을 추구할 때 나타내는 게으름의 차이 때문에 자신을 책망하게 되는 것을 생각할 때 우리는 주님의 이 엄숙한 말씀을 마음에 새기고 부끄러워하는 것이 마땅합니다.

물론 그와 같이 현저한 차이가 나는 이유들은 쉽게 알 수 있지만, 그 점들을 생각하는데 시간을 쓸 필요는 없습니다. 그와 같이 살아가는 동안에 끊임없이 사람들에게 에너지를 일으키는 힘을 갖는 대상들이 가까이에 있습니다. 그리고 가까이에 있는 촛불이 저편에 있는 햇빛보다 밝게 보일 것입니다. 이런 대상들은 감각에 호소하는 힘이 있으며, 모든 그림책이 증명하듯이, 마음으로 보는 것들보다 더 깊은 인상을 남깁니다. 그리스도인 생활의 목표에 관해서, 우리는 그 목표들을 항상 앞에 두고 바라보기 위해서는 끊임없이 노력해야 합니다. 그렇지 않으면 수시로 끼어드는 세속적인 일들과 눈을 어지럽게 하는 현세의 빛나는 모습에 그 목표들이 둘러싸이고 맙니다. 그래서 사라지게 되어 있는 하찮은 것들을 추구하는 사람들이 영원한 사실들을 추구하고 있다고 하는 사람들에게 좋은 모범이 되는 일이 발생합니다. "게으른 자여 개미에게 가서 그가 하는 것을 보고 지혜를 얻으라"(잠 6:6). 그리스도인 여러분은 이 세상 사람들에게 가십시오. 그래서 귀신의 선생들이 그리스도의 제자들보다 공부하기를 좋아하고 부지런하다는 말이 들리지 않도록 하십시오.

3. 끝으로, 부분적으로만 지혜로운 자들의 결정적인 어리석음에 대해서 봅시다.

"자기 시대에 있어서는"이라고 그리스도께서 말씀하십니다. 그것이 말할 수 있는 전부입니다. 원은 한 바퀴가 360도로 이루어져 있습니다. 그런데 이 사람들은 원의 한 부분만을 짚고서 45도라고 이야기하며, 나머지는 존재하지 않는다고 말합니다. 내가 어떤 사람을 정말로 지혜로운 사람이라고 부르려면, 그 사람에 대해 만족하게 여겨야 할 두 가지가 있습니다. 하나는 그 사람이 무엇을 목표로 하여 살고 있느냐 하는 것입니다. 그리고 다른 한 가지는 그 사람이 그 목표를 어떻게 겨누고 있느냐 하는 것입니다. 수단에 관해서는 세상 사람들이 선두에 서고, 훨씬 앞서 나갑니다. 그러나 목적을 생각하면 사정이 바뀝니다. 두 가지 질문을 해 보면, 세상의 지혜는 깜짝 놀랄, 정신 나간 짓이 되고 맙니다. 첫 번째 질문은 "여러분은 무엇을 위해 그 일을 하고 있느냐"는 것입니다. 그리고 두 번째 질문은 "그 일을 이루고 나면 그 다음엔 어떻게 되는가"라는 것입니다. 인생의 목표를 생각할 때, 이 두 가지 질문의 장벽을 만족스럽게 넘어가지 못하는 것은 미친 짓이나 다름없습니다. 여러분이 "지혜롭지만 어리석은" 사람이었다는 말을 듣기 전에, 목적을 보고 인간 존재의 전 과정을 생각해 보십시오.

추구하는 사람의 자격에 맞지 않는 목표와 목적에 일생을 바치는 사람들의 명백한 어리석음에 대해서는 길게 생각할 필요가 없습니다. 형제 여러분, 여러분 자신을 보십시오. 완전한 만족을 위해서는 무한한 사랑을 필요로 하는 여러분의 마음, 피조물의 완전 속에서는 안식할 수 없는 여러분의 적극적인 영, 그리스도께서 치료하시기 전까지는 눈에 띠지 않는 부상으로 인해 웬지 알 수 없게 신음하는 여러분의 고통받는 양심을 보십시오. 마음과 의지, 진보하는 정신과 지성을 가진 사람이라면 자기에게 필요한 것을 어떻게 별 아래 있는 것에서 찾을 수 있겠습니까? 세상은 가이사에게 가라고 하고, 우리는 하나님께 가라고 합니다. "하나님의 것은 하나님께 바치라"(마 22:21). 하나님 이외의 것을 목적과 목표로 삼는 사람은 상대적으로 지혜롭고 절대적으로 어리석은 자입니다.

우리가 세상적인 대상들의 존속 기간과 그 대상들을 목표로 삼는 사람의 존속 기간의 불일치를 생각한다면, 어리석다고 하는 판결을 내리게 된다는 점을 다시 한 번 말씀드립니다. 여러분이 살아가고, 지혜로운 사람이라면 여러분의 보물은 적어도 여러분이 생존하는 동안만큼 지속되는 종류가 될 것입니다. "그들의 속 생각에 그들의 집은 영원히 있고 그들의 거처는 대대에 이르리라 하여 그들의 토지를 자기 이름으로 부르도다. 그가 죽으매 가져가는 것이 없고 그의 영광이 그를 따라 내려가지 못함이로다"(시 49:11,17).

형제 여러분, 내가 하고 싶은 말은 두 마디로 요약할 수 있습니다. 여러분의 목표와 능력이 일치하도록 하십시오. 이 말은 하나님을 여러분의 목적으로 삼으라는 뜻입니다. 여러분의 목적과 여러분의 수단이 일치하도록 하십시오. 이 말은 "네 마음을 다하고 목숨을 다하고 뜻을 다하고 힘을 다하여 주 너의 하나님을 사랑하라"(막 12:30)는 뜻입니다. 그렇지 않으면 모든 것을 청산하고 정리하게 될 때, 여러분 무덤의 비석에는 당연히 "어리석은 자여" 라는 비문이 쓰이게 될 것입니다.

61
두 종류의 부

"지극히 작은 것에 충성된 자는 큰 것에도 충성되고 지극히 작은 것에 불의한 자는 큰 것에도 불의하니라 너희가 만일 불의한 재물에도 충성하지 아니하면 누가 참된 것으로 너희에게 맡기겠느냐 너희가 만일 남의 것에 충성하지 아니하면 누가 너희의 것을 너희에게 주겠느냐"

눅 16:10-12

본문 앞에 아주 이상한 비유가 나온데, 그 비유에서 우리 주님은 주인의 돈을 횡령해 온 청지기의 교활하고 부정직한 행동을 우리 그리스도인들에게 모범으로 제시하십니다. 주님께서 바로 그 같은 일을 하시는 다른 경우들이 있는데, 예를 들면 불의한 재판장의 비유에서와 같이 악한 일들에서 경건의 정신을 찾는 것입니다. 신약 성경이 전쟁이나 노예제도를 다루는 것도 그와 비슷합니다. 전쟁이나 노예제도나 모두 마귀적인 일들인데, 그 일들을 지극히 높은 영역에서 고귀하고 천상적인 일들을 나타내는 예로 사용합니다.

그러나 본문을 읽어 보면, 이 비유를 말씀하시고 나서, 우리 주님은 그 청지기의 불성실함이 하나님의 청지기들에게 모범이 될 수 없다는 반론을 예상하시는 것 같습니다. 다른 무엇보다 본문에서 주님은 사실상 이렇게 말씀하십니다. 그 청지기가 자기 주인의 채무자들을 돕기 위해 주인의 재산을 사용하는 것은 악한 일이고 불의한 일이지만, 우리에게서는 그것이 불의한 일이 아니고 성실함의 절정이라고 말씀하시는 것입니다. 본문에서 우리는 이 사상을 만납니다. 즉 세상에서 귀한 것들이 두 가지, 곧 좀 더 낮은 것과 좀 더 높은 것이 있는데, 사람들이 한 면에서는 매우 부하지만 다른 면에서는 매우 가난할 수 있다는 것입니다. "스스로 부한 체하여도 아무 것도 없는 자가 있고 스스로 가난한 체하여도 재물이 많은 자가 있느니라"(잠 13:7). 좀 더 낮은 소유물을 가장 고귀하게 사용하면, 가장 고귀한 것을 얻는 것입니다. 이같이 주님은 인생과 우리가 가지고 있는 모든 것의 의미를 우리에게 가르치십니다.

본문에는 여러분에게 유의하라고 말씀드리고 싶은 세 가지 사실이 나오는데, 그것은 두 종류의 보물, 그리고 이 두 가지 보물들 사이의 특성의 대비, 그리고 좀더 낮은 보물을 가장 고귀하게 사용함입니다.

1. 두 종류의 보물.

이 문맥에서 "재물"이라는 단어(여기서는 "지극히 작은 것")에 대한 해석을 단순히 돈을 가리키는 것으로 좁게 생각하면 큰 잘못을 범하게 될 것입니다. 이 단어는 가능한 모든 외적이고 물질적인 소유물의 전 분야를 포함합니다. 사람이 외적으로 가질 수 있고, 감각의 영역과 현세에 속하는 것은 무엇이든지 다 포함합니다. 사실 세상에 있는 모든 것이 이 한 단어에 다 포함됩니다. 여러분은, 우리 주님께서 두 종류의 보물 사이에서 끌어내는 대비를 통해 언급하고 있는 것을 확장해서 생각해야 합니다. 그래서 돈뿐만 아니라 감각적이고 일시적인 모든 것들도 거기에 포함시켜야 합니다. 다른 한편으로 거기에 반대되는 것으로, "큰 것" "참된 것" "너희의 것"이라는 말에 포함되고 그 말이 의미하듯이, 보이지 않고 영적인 것들을 쥐고 있는 모든 것, 즉 그것이 지적이고 고귀한 사상이든지 혹은 순수하고 고귀한 목표이든지 혹은 그것이 미술의 이상, 과학의 열망, 학자와 학생의 고귀한 목표이든지 간에, 이 모든 것을 포함합니다. 교양 있는 지성, 순순한 마음, 숭고한 목적이라는 보물들이 최고의 물질적 이익보다 고귀하다고 하며, "지혜가 진주보다 낫다"고 선언하는, 우수함에 대한 그 기준을 또 다른 방향에서 적용할 때, 구원이라는 강력한 단어로 종합할 수 있는 신비하고 위대한 모든 복들이 지능과 고상한 취향이라는 보물들보다 위에 있다고 선언합니다. 그런데 여기서 우리는 한 걸음 더 나가야 합니다. 왜냐하면 지능과 정신과 마음이라는 보물들도, 구원이 함축하는 영적 생명의 보물들도, 사람이 하나님을 소유하지 않는 한, 깨달을 수도, 얻을 수도 없기 때문입니다. 그래서 대비되는 이 두 종류의 부를 깊이 분석하고 제대로 이해하면, 오래된 대립, 곧 세상과 하나님이 대립하고 있음을 보게 됩니다. 하나님을 소유하고 있는 사람은, 다른 범주에서는 아무리 가난할지라도 부유한 자이고, 하나님이 없는 자는 아무리 부자라 할지라도 가난한 사람입니다. "내게 줄로 재어 준 구역은 아름다운 곳에 있음이여 나의 기업이 실로 아름답도다"(시 16:6) 하고 말하는데, 이는 그가 또한 "하나님은 내 마음의 반석이시요 영원한 분깃이시라"(73:26)고 말할 수 있기 때문입니다. 이와 같이 대립이 있습니다. 곧 한 손에는 시간과 감각에 속한 것들, 곧 시간과 감각이 결합된 전체 덩어리가 있고, 다른 손에는 홀로 하나이신 하나님이 있는 것입니다. 이 두 종류의 귀중한 것들을 두고서 우리 주님은 이어서 우리에게 상대적인 가치를 말씀하십니다. 그것은 우리가 이 세상에 있기 때문입니다.

2. 두 종류의 보물의 대비.

여러분이 보는 대로, 이 대비는 이중적입니다. "지극히 작은 자" 혹은 좀 더 낮게 표현하자면 "매우 작은 자" 그리고 "큰 자"가 있습니다. 그것은 정도에서 현저한 차이가 납니다. 그러나 정도라는 말은 얕은 표현입니다. 이 말로는 전체 범위를 다루지 못하고, 그 깊이에까지 내려가지도 못합니다. 그래서 우리 주님은 이어서 본질적인 성격에 있어서 대조를 말씀하십니다. "불의한 재물"과 "참된 부"(개역개정은 "참된 것" — 역주)를 이야기하십니다. 그러나 정도와 종류에 있어서 이러한 대비도 여기에서 생각해 볼 수 있는 모든 차이를 다 나타내지 못합니다. 왜냐하면 그 외에도 다른 한 가지가 있기 때문입니다. 그것은 우리 소유물의 실체에 대한 대비입니다. "남의 것"과 "너희의 것"이 그것입니다. 그러면 이 세 가지, 곧 정도에 있어서 대비, 종류에 있어서 대비, 실질적인 소유에 있어서 대비를 생각해 봅시다.

첫째로, 간단히 말해서, 정신적이고 영적이며 내적인 복들, 구원, 하나님, 이런 것은 모든 외적인 것들보다 낫습니다. 우리 주님께서는 생각할 수 있는 세상의 모든 보화들, 보석들, 금, 직위들, 감각적인 기쁨을 주는 일들, 보이는 것들과 일시적인 것들에 따라다니는 모든 것을 모아서 저울의 한 접시에 올리고, 다른 한 접시에는 유일한 이름인 하나님을 올려놓습니다. 겉으로는 화려하지만 무가치한 것들은 순식간에 사라지고 아무것도 아니고, 도무지 아무런 무게가 없습니다. 그렇지 않습니까? 이 점에 대해 예를 들어 설명하거나 좀 더 이야기할 필요가 있겠습니까? 전혀 없습니다!

그런데 일반 상식은 우리에게 이렇게 말합니다. "너는 내 판단을 넘어설 수 없다. 이런 것들은 좋은 것이다." 예수 그리스도께서는 그런 것들이 좋지 않다고 말씀하시지 않습니다. 그런데 사람의 감각은 그런 것들을 실제보다 훨씬 더 좋은 것으로 간주합니다. 이런 것들이 우리 가까이에 있습니다. 그래서 아주 하찮은 대상이지만 그것이 가까이에 있기 때문에 우리 너머에 있는 더 위대한 대상을 보지 못하게 만듭니다. 맨체스터에 사는 우리는 대체로 거짓말에 기반을 두고 있고, 그 거짓말에 자극을 받고 동기를 부여받아 움직이는 사회에서 살고 있습니다. 그 거짓말이란 물질적인 행복이 영적인 행복보다 낫다는 것입니다. 가난하지만 겸손하고 정직한 학자가 되는 것보다 부자가 되고 성공한 장사꾼이 되는 것이 더 낫다는 것이고, 깨끗한 마음에 위대하고 순수한 생각을 갖는 것보다 은행에 잔고를 쌓아두는 것이 낫다는 것이며, 하나님을 마음에 모시고 있는 것보다 재산을 모은 것이 자기에게 잘한 일이라는 것입니다. 그래서 우리가 이 케케묵은 오래된 진리를 몇 번이고 거듭거듭 전하는 것만큼 필요한 일이, 맨체스터에서 오늘날만큼 절실 한 때가 없었다는 것을 하나님이 아십니다. 이 진리는 너무 진부하고 확실해서 우리 가운데 많은 사람들의 삶에 끼치는 힘을 상실하였으며, 이 진리는 아주 강력하게 전할 때에라도 아주 작은 것이 되고, 그 거짓은 지극히 작은 목소리로 전할 때라도 아주 큰 것이 됩니다. 사랑하는 형제 여러분, 여러분과 나는 이 사실을 실제로 믿고 지키고 간다는 것이 언제나 참으로 어렵다는 것을, 특별히 사업에서 참으로 어렵다는 것을 압니다. 우리는 믿는다고 말하고, 그리고 나가서는 그 반대를 믿는 것처럼 생활합니다. 여러분은 모든 것을 그 분량과 정도가 어떤지를 다 아시는 하나님께서 규정하신 기준에 귀를 기울이시기 바랍니다. 그리고 그 기준을 여러분 마음에 두고, 기준을 확립한 것처럼 생활하시기를 바랍니다. 부자가 되고 성공하는 것보다 지혜롭고 선하게 되는 것이 낫습니다. 우리가 하나님을 우리 하나님으로 모시고 있다면 하나님은 세상 만물보다 크신 분이십니다.

그러나 정도의 차이에 관해 이야기하는 것은 사실의 격을 떨어트립니다. 정도의 차이는 별 문제가 되지 않지만, 종류의 차이는 중요하기 때문입니다. 그래서 우리 주님은 "불의한 재물"과 "참된 부"를 서로 맞붙이실 때, 더 깊은 대비의 단계로 나아가십니다. 의미심장한 이 두 용어는 정반대되는 것처럼 보이지 않습니다. 이 두 가지가 논리적으로 정확하게 서로에 대응이 되도록 말씀하신 것 같지 않습니다. 그러면 "불의한 재물"이라는 말은 무슨 뜻입니까? 나는 이 구절에 대한 일반적인 설명이 아주 적절하다고 보지 않습니다. 우리 주님께서 물질적인 행복을 그렇게 비난하심으로써 어느 정도 불의한 죄를 범하지 않고서는 물질적인 행복을 얻거나 그 행복을 지키고 관리하는 것이 참으로 어렵다는 뜻으로 말씀하시는 것으로 보통 생각하고, 여러분 모두도 그렇게 알고 있습니다. 그러나 나는 여기에 사용된 단어가 "참된 부"라는 말에 대한 정확하고 충분한 대립이 되어야 한다고 생각한다면, 거기에 의도된 어떤 의미가 있을 수 있다고 말하지만, 우리는 여기서 "불의한"이라는 말이 사실이 아닌 것을 사실인 것처럼, 거짓으로 꾸미는 것을 의미하였다고 생각할 필요가 있을 것입니다. 이렇게 해서 우리는 세상적인 행복의 속임과 천상적인 행복의 실질적인 현실 사이의 대조를 보게 되는 것입니다. 세상의 재물이 사람을 비참함과 슬픔과 사람의 육신이 받는 병에서 구원할 수 있습니까? 사람이 아내의 관 옆에 서 있을 때, 큰 재산이 그를 덜 외롭게 만듭니까? 부가 "병든 마음에 조금이라도 도움이" 되겠습니까? 산과 같이 많은 물질적 재산이 사람의 영혼을 평온케 하고 만족케 하겠습니까? 여러분은 길을 가면서, 마차의 창밖으로 내다보는 얼굴에 불만이 가득한 것을 봅니다. "왕관을 쓴 머리는 눕기가 불편하다." 어떤 종류가 되었든지 외적인 행복이 풍성하다고 해서 마음이 행복한 것은 결코 아닙니다. 부자가 가난한 사람보다 행복한 것이 아니라는 것을 우리 모두는 압니다. 행복의 원료는 온 세상에 아주 공평하게 분포되어 있고, 가난한 사람이 "내가 저 사람처럼 부자라면 내 인생이 달라질 텐데"라고 생각하는 것은 아주 망상이라고 나는 믿습니다. 그렇지 않습니다. 여러분이 부자가 된다고 해도 똑같은 사람이 될 것입니다. 자기가 부자이기 때문에, 사람들이 말하듯이 가난한 자기 형제보다 "더 잘 지낸다고" 생각하는 부자와, 자기가 지금보다 부자가 된다면 "더 잘 지낼" 것이라고 생각하는 가난한 사람이나 모두, 말하자면 속을 뒤집어 보면 똑같은 사람입니다. 부와 물질적 행복이 그것을 소유하게 되는 사람에게 참된 복과 고귀함을 주는데 크게 기여한다는 잘못된 생각이 그 두 사람에게 공통적으로 있습니다.

그 다음에 어쩌면 우리는 이 불의한 재물을 또 다른 관점에서 말하는 것으로 생각하는 것이 좋을 것입니다. 여러분은 문맥 전체를 통해서 주님께서 청지기라는 개념을 강조해 오셨다는 점을 기억할 것입니다. 그리고 나는 우리 주님께서 여기서 의미하시는 것이, 우리가 소유물 가운데 어떤 것이든 특별히 외적인 것들을 자신의 것으로 주장할 때는 언제든지, 하나님과 사람의 것을 속여 빼앗는 죄를 범하는 것이며, 그러므로 우리는 불의하고 우리의 소유물도 불의하다는 것을 생각나게 한다고 봅니다. 청지기란 소유하고 있는 모든 것에 대한 우리의 관계를 기술하는 말입니다. 청지기라는 생각을 잊어보십시오. 그러면 여러분이 가지고 있는 모든 것은 "불의한 재물"이 됩니다. 그리스도의 가르침이, 사회주의와 공산주의가 만연한 오늘날에 비기독교적인 가르침의 많은 부분과 손을 잡게 되는 점이 있습니다. 기독교는 공산주의적 사상이 아닙니다. 기독교는 다른 사람들에게 여러분의 재산권을 주장합니다. 그러나 여러분이 하나님에 대한 여러분의 청지기 직분을 무시하고, 여러분의 것을 형제들과 나누어야 하는 권리를 무시하고, "자신의 것을 하고 싶은 대로 사용하는" 권리로 해석한다면, 여러분은 불의한 청지기이고, 여러분의 재물은 불의하다는 점에 의해서, 여러분의 재산권은 제한을 받는 것입니다. 그 원칙, 곧 기독교의 참된 공산주의는, 현대 사회가 기독교의 원칙들에 근거해서 조직되기 전에는 사람들이 꿈에도 생각지 못할 방식으로 현대 사회에 작용해야 합니다. 본문의 말씀은, 단지 그리스도인들에게 감상적인 구제를 하라고 하거나 소유의 일부분을 인색하게 나누어 주라고 권하기 위해서 하신, 별 효과 없는 말씀이 아니라, 신약 성경이 설명하듯이 소유권의 전체 개념의 기초가 되는 말씀입니다. 우리가 하나님께 대해 의무를 지고 있는 청지기 직분과, 사람에 대해 지고 있는 관계가 우리에게 있는 어떤 것에서든지 소홀히 다루어질 때마다, 하나님의 좋은 선물들이 왜곡되고 "불의한 재물"이 됩니다.

그 다음에 다른 한 편으로, 여기서 우리 주님은 "참된 부"에 대한 대비를 보여주십니다. 이것은 사람에게 참된 선이 되고, 사람을 지극히 선한 복의 모든 함의들에 부요하게 만드는 것으로서 부의 개념에 실제로 상응하는 것이므로 참된 부라고 하신 것입니다. 순수한 마음, 고귀한 목표, 조용한 양심, 충족하고 만족하며 평온한 마음이라는 보화들을 가진 사람, 구원의 보화를 가진 사람, 하나님이라는 무한한 부를 가진 사람, 그는 금괴를 가진 사람입니다. 반면에 물질적 행복을 쥐고 있는 가난한 사람들은 한낱 종이쪽지에 지나지 않는, 파산한 회사의 가(假)증권을 가지고 있는 것입니다. 두 가지 통화가 있는데, 하나는 단단한 금속이고, 다른 하나는 쓸모없는 종이입니다. 전자는 "참된 부"이고 후자는 "불의한 재물"입니다.

그 다음에 마지막 대비가 나오는데, 우리 소유의 실체에 관한 것입니다. 한편으로, 내가 분별없이 내 것이라고 부르는 것은 주님 소유의 도장이 찍힌 다른 누구의 것, 즉 "또 다른 사람의 것"이 됩니다. 그것은 주께서 주시기 전에 주님의 것이었습니다. 또 그것은 주께서 주셨을 때도 주님의 것이었고, 주신 후에도 주님의 것입니다. 내 이름을 재산에 영구히 써서, 그 진정한 소유자의 이름을 지워 버릴 수 없습니다. 나는 청지기이고 수탁자입니다. 내게 있는 모든 것은 하나님의 소유입니다. 바로 그것이 이 단어의 한 가지 표현입니다. 그러나 이 표현은 어쩌면 또 다른 방향을 가리킬 수 있을 것입니다. 이 단어는 단순히 외적인 것으로서 참으로 어렴풋하고 비현실적인 것을 나타낼 수 있고, 부와 외적 재산에 대한 우리의 소유가 참으로 일시적임을 나타낼 수 있습니다. 사람은 "그거 내거야"라고 말합니다. 무슨 의미로 그렇게 말합니까? 그것은 진정한 의미에서는 결코 그의 것이 아닙니다. 내가 어떤 부자의 그림이나 저택을 사랑하는 눈으로 본다면, 그런 것들에서 그 주인 부자보다 많은 유익을 얻을 수 있습니다. 세상은 그런 것을 즐기고 바르게 사용하는 사람에게 속해 있습니다. 그 재산을 즐기고 바르게 사용하는 사람은 하나님 안에서 사는 사람입니다. 완벽하게 염색된 모직은 색이 결코 지워지지 않는 것처럼, 여러분 영혼의 본질 속에 들어와 여러분 존재와 결합된 것을 제외하고는 어떤 것도 사실 여러분의 것이 아닙니다. 나의 사람됨을 나는 가지고 있는 것입니다. 그런데 그런데 단지 내게 있기만 한 것은, 가장 깊은 의미에서는 가지고 있는 것이 아닙니다. 스페인 속담에 "수의(壽衣)에는 주머니가 없다"(다른 말로 하면 "공수래 공수거" — 역주)는 말이 있습니다. 시편에는 "그의 영광이 그를 따라 내려가지 못함이로다"(시 49:17)는 말씀이 있습니다. 사람의 영광은, 지속되는 동안에만 외적으로 나타났다가 곧 끝나고 마는 보잘것없는 소유물입니다. 그러나 내 안에 들어오는 재산이 있습니다. 내게서 떼어 놓을 수 없는 부가 있습니다. 나는 내 것을 위대한 유산으로 만들 수 있습니다. 이 유산은 내 존재의 본질 속에 편입되고 짜 넣어져서, 장차 내 존재가 어떤 세계나 상태에 이르든지 상관없이 계속해서 내 안에 존재하게 될 것입니다. 어떤 것이든 그렇게 될 때, 그렇게 될 때에만, 내 것이 됩니다. 이 대비를 늘 유념하면서 살아가도록 합시다.

이제 이 시간이 끝나가는 것을 압니다. 나는 설교의 마지막에서 전하려고 했던 것은 앞으로 기회 있을 때 다시 생각하기로 하고, 설교를 미완성으로 남겨두어야 하겠습니다. 다만 마지막으로 이 말씀을 드리겠습니다. 영구히 존속하는 부는 오직 하나님에게서만 찾을 수 있고, 하나님에게서 찾을 수 있는 부는 "그 안에 지혜와 지식의 모든 보화가 감추어져 있는"(골 2:3) 분으로 말미암아 우리 각 사람에게 옵니다. 우리가 자신의 곤경을 알고 스스로를 가난하게 생각하고 믿음으로 예수께로 향하면, 우리의 존재 안으로 들어옴으로써 우리의 것이 되는 점에서, 그리고 하나님의 사랑으로 말미암아 영원부터 우리를 위해 예정되었다는 점에서 우리의 것이 되는, 가장 위대하며 참된 부를 예수님에게서 받고, 이 부를 받음으로써 참으로 진정으로 그리고 영원히 부하게 될 것입니다.

62
충성스런 청지기의 소득

"너희가 만일 남의 것에 충성하지 아니하면
누가 너희의 것을 너희에게 주겠느냐"

눅 16:12

이 문맥에 대한 최근의 설교에서, 나는 주님께서 고귀한 부와 저급한 부 사이에서 끌어내는 세 가지 대비를 주로 다루었습니다. 하나는 "지극히 작은 것" "불의한 재물" "남의 것"이라고 비난하는 것이며, 반면에 고귀한 것은 "큰 것" "참된 부" "너희의 것"이라고 하여 찬미합니다. 이 두 종류는 어떤 것입니까? 한편에는, 소유하고 있을 때나 소유한 뒤에나 사람 밖에 있고, 사람이 죽을 때 가져갈 수 없고, 혹은 사람이 살아 있어도 사라질 수 있는 모든 소유물들이 있습니다. 다른 한편에는, 사람에게 들어가서 그 사람과 결코 분리될 수 없는 부가 있습니다. 고귀한 목표, 고상한 열망, 순결한 생각, 보배로운 지혜, 보배로운 미덕, 이런 것들이야말로 사람의 본성에 부합하고, 사람을 부유하게 만들고, 영원히 사람과 함께 지속될 진정한 부입니다. 그러나 우리는 이 전체적인 대비를 이런 말로 정리할 수 있습니다. 작은 것, "불의한 것," 곧 내것이 되어도 내것이 아니고, 여전히 남의 것이며 낯선 부가 있는데, 그것은 이 세상입니다. 큰 것, "참된 부"(개역개정은 "참된 것" — 역주), 곧 나를 위하게 되어 있고, 또 내 자신이 그것을 위하게 되어 있는 좋은 것이 있는데, 그것은 하나님이십니다.

이 말들에 대립, 참된 대립이 있는데, 곧 하나님 대 세상이 있습니다.

이제 우리 주님께서 여기서 행복에 대한 두 계층, 즉 소유에 대한 두 계층에 관해 규정하시는 원칙을 생각해 봅시다. 주님은 이 세상을 성실하게 사용하는 것이, 우리가 하나님을 소유하는 것에 도움이 된다고 말씀하십니다. 다른 말로 하면, 우리가 돈을 다루는 태도와 돈으로 무엇을 살 수 있는지가, 우리의 신앙적 기쁨과 신앙 생활과 많은 관계가 있으며, 또 우리가 지금 여기서 하나님을 부분적으로 소유하는 것과 오는 세상에서 하나님을 온전히 소유하는 것과도 깊은 관계가 있다고 말씀하십니다.

이제 이 문제에 관해서 한 두 가지 분명한 사실들을 말씀드리고 싶습니다. 여러분이 아주 잘 알고 있고, 진부한 사실들이라고 해서 외면하지 않기를 바랍니다. 여러분의 생활이 특별히 사업을 하시는 분들의 생활이 돈과 얼마나 밀접하게 관련되어 있는지, 돈의 습득과 유지, 분배와 얼마나 많이 연관되어 있는지를 생각해 볼 때, 여러분이 이 썩어질 것들을 다루는 방식만큼 그리스도인으로서 여러분 생활의 활력이나 나약함에 영향을 주는 것들은 없습니다.

먼저 두 가지 중 첫 번째에 대해서 이야기하겠습니다.

1. 우리 주님께서 그렇게 엄청난 결과가 따르는 것으로 말씀하시는 이 성실함이 의미하는 것은 무엇입니까?

자, 본문의 출발점이 불의한 청지기의 비유라는 것을 여러분은 기억하실 것입니다. 그의 행동이 불의하였지만 우리 주님께서는 그 점을 어떤 의미에서 제자들과 우리에게 하나의 모범으로 소개하십니다. 그러나 본문과, 본문에 나란히 나오는 다른 두 구절에 이 목적이 있는 것으로 보입니다. 즉 우리에게 본받으라고 권하는 이 청지기의 행위가 불의하다고 생각하는 것을 막으려고 하는 것입니다. 외적인 선을 다루는 일을 성실하게 수행하는 문제에 관해 제시하는 첫 번째 요점은, 이 불의한 청지기가 부정직하게 획득한 이익을 영리하게 사용한 점 때문에 칭찬을 받았지만, 우리가 모범으로 삼아야 하는 것은, 이익을 획득하는 방법이 아니라 획득한 이익을 지혜롭게 사용하는 점이라는 것입니다. 처음에 재물을 획득할 때 보였던 불의함이, 후에 재물을 믿음을 가지고 자비를 베푸는 일에 사용한 것에 의해 용서되거나 감추어지지 않습니다. 중세의 귀족들은 일반 대중을 위해 돈을 썼습니다. 많은 개신교인들이 바로 그와 같은 일을 합니다. 양조업자들이 대성당을 짓고, 미술관을 세우려 합니다. 부정하게 돈을 번 사람들이 구제를 위해 돈을 씀으로써 자신들의 부정을 속죄 받는다고 생각하려고 합니다. 한 스코틀랜드 판사가 큰 유산에 관해서 한 통렬하면서도 기지 넘치는 말은, 바로 그와 같은 생각을 반영한다고 봅니다. 유산은 "사람의 기억 속에서 가장 무겁게 치른 화재보험료"였다는 것입니다. 로마의 한 황제는 "돈이 재미없는 세금으로 거두어진 곳에서는 고약한 냄새를 풍기지 않는다"고 말하였습니다. 그러나 불의하게 번 돈이 하나님의 금고에 던져졌을 때는 고약한 냄새를 풍깁니다. "너절한 돈은 여호와의 성소에 가져오지 말라." 의심스럽게 번 돈을 경건하게 사용하면 거룩하게 된다고 생각지 말아야 합니다.

그러나 여기에는 그 이상의 사실들이 있습니다. 우리 주님께서는 외적인 세상과 그 모든 재화를 사용하는 일에 있어서 그리스도인의 의무를 "충성되다"는, 이 한 마디로 요약하시기 때문입니다. "충성되다"는 말에는 책임의 이행, 의무의 인식, 우리가 소유자가 아니라 청지기라는 지속적인 의식이 들어 있습니다. 우리가 썩어질 재화를 다루는 모든 단계에서 이 의식을 갖지 않는 한, 잠시 후에 여러분에게 말씀드리겠지만, 그 재화들은 우리가 하나님을 소유하는 일에 도움이 되기보다는 방해가 됩니다.

나는 지금 혁명적인 사회주의나 그와 같은 것을 말하려는 것이 아닙니다. 그보다는 이론적으로뿐만 아니라 실천적으로도 모든 기독교 교회들이 특별히 물질적이고 외적인 선에 관하여, 또한 구원이라는 영구한 부에 관하여 청지기직이라는 이 위대한 사상을 신조에 끌어들이고 실천하지 않는 한, 나라들에 불안이 가득하고 폭풍과 파괴의 전조를 짙게 드리우는 먹구름이 수평선에 낮게 내려올 것이라는 내 자신의 엄숙한 확신을 다시 말하지 않을 수 없습니다. 우리에게 있는 것으로 우리는 나눌 수 있습니다. 우리가 온갖 형태로 갖고 있는 것은, 그것들을 받았기 때문입니다. 이것이 그리스도인이 자기 소유에 대해 갖고 있는 관계입니다. 우리는 청지기들입니다. "맡은 자들에게 구할 것은 충성이니라"(고전 4:2).

이제 다음의 점에 유의하시 바랍니다.

2. 이 저급한 부에 대한 이 충성됨이 더 고귀한 것을 소유하는 일에 영향을 미칩니다.

예수께서는 이 문맥에서 전자, 즉 남의 것에 대한 충성됨이 우리가 후자 즉 나의 것을 맡는 것에 조건이 된다는 점을 두 번에 걸쳐 말씀하십니다. 자, 선하고 아름다운 모든 외적 세계는 주로 무엇일 위한 것인지 생각해 보십시오. 무엇을 위한 것입니까? 그 모든 것은 건물을 세우는데 사용되는 비계일 뿐입니다. 세상의 존재 의미는 사람을 만들기 위한 것입니다. 그렇습니다! 우리에게 있는 모든 것, 우리가 행하는 모든 일, 그리고 우리가 여기 이 땅에서 만나게 되는 모든 일과 환경들을, 우리가 실내 체육관에서 근육과 힘을 기르고 우리를 남자답게 만들기 위해 세운 높이뛰기 장대와 체조용 그네로 본다면, 그 모든 것들이 지극히 고상한 역할을 하게 되고 아주 깊은 의미들을 지니게 됩니다. 바로 그 점이, 그 모든 것들이 세상에 존재하는 목적이고 우리가 이 세상에 존재하는 목적입니다. 즐거움이든 슬픔이든, 이 두 가지가 성품을 향상시키는 힘으로 작용하지 않으면, 우리는 감각적인 즐거움에 빠질 수밖에 없습니다. 부와 가난, 이익과 손실, 만족된 사랑과 손상된 사랑, 있으면 좋지만 없으면 더 좋은 것들, 이 모든 것은 예리한 날을 날카롭게 가는 숫돌로서 작용하도록 하기 위한 것이고, 우리를 괴롭게 함으로써 능숙함과 힘을 기를 수 있도록 하기 위한 것입니다. 이 모든 것들은 다 우리를 사람으로 만들기 위한 것입니다. 우리가 이 모든 외적인 것들을 사용하되, 그 원천을 깨닫고, 또 그것들의 종속적인 위치를 현명하게 판단하여 그것들만을 붙들지 않도록 하며, 우리를 더 고귀하고 더 현명하며 더 굳세게 하고 하나님과 그리스도를 더 닮도록 하는데 도움이 되도록 사용하려는 확고한 결심을 가지고 사용한다면,

이 세상이 우리가 하나님을 소유하는데 도움이 되고, "지극히 작은 것에 충성"하면 우리가 그로 인해 지극히 큰 것을 더 얻을 수 있을 것입니다. 그러나 다른 한편으로, 우리가 참된 부를 까맣게 잊어버리고 덧없는 행복에 취하고 집착하며 추구한다면, 고귀한 역량들이 사용되지 않으므로 쇠퇴하고 시들게 될 것이며, 숭고하고 순순한 목표와 목적들이 이루어지지 않은 채 사라지고 말 것입니다. 광활하고 영광스런 전망이 보였던 영혼의 창문들이 점차 벽돌로 막히고, 우리의 경주를 방해하는 짐들이 등에 쌓일 것이며, 세상을 정복했다고 꿈꾸고 있는 동안에 세상이 우리를 정복해 버리고 말 것입니다. 여러분은 바다에서 조수가 빠지고 난 뒤에 바위의 웅덩이 속에 있는 말미잘을 봅니다. 말미잘은 그 웅덩이에서 촉수를 사방으로 뻗고 있고 구멍을 크게 벌리고 있습니다. 작은 해초나 절반 정도 썩어가고 있는 작은 물질이 말미잘에 접촉하면, 말미잘이 즉시 모든 촉수를 거두어들이고 입을 어찌나 단단히 오므리는지 털 하나도 집어넣을 수가 없습니다. 그것처럼 여러분이 어떤 종류든 여러분의 울타리 안에 들어온 세상적인 행복의 작은 것이라도 붙들기 위해 촉수를 힘껏 오므리면, 하나님을 안에 받아들일 여지가 없게 되고, "지극히 작은 것에 불의함으로" 인해 "큰 것"을 잃게 됩니다. 우리 가운데는, 지금보다 가난했을 때 훨씬 더 훌륭한 그리스도인으로 살았던 사람들이 있습니다. 또 우리 저급한 음료에 마음을 온통 빼앗겨서 천상의 감미로운 음료에는 줄 여지가 전혀 없는 사람들도 있습니다. 세상이 내 영혼을 가득 채우고 있다면, 하나님께서 어디에 계실 수 있겠습니까?

이 문제를 볼 수 있는 또 다른 방식이 있습니다. 단편적이고 썩을 수밖에 없는 주변의 좋은 것들을 주로 이용하는 것은, 그것들을 잘 관리함으로써 성품을 발달시키기 위함이라는 것은 앞에서 말씀드렸습니다. 이 사상을 또 다르게 표현하자면, 그것들을 사용하는 것은 우리를 하나님께 보여 드리는 것입니다. 우리가 작은 것을 충성되게 사용하면, 그 작은 것이 투명하게 되어 더 큰 것을 우리에게 보여 줄 것입니다. 우리는 기도와 교회 집회, 성경읽기, 또 그와 같은 것들로써 영적 생활을 더 깊이 할 수 있다는 말을 많이 듣습니다. 나는 그런 모든 말에 전적으로 공감한다는 말 외에 달리 할 말이 없습니다. 그러나 나는 대다수의 그리스도인들이 그들의 영적 생활을 깊게 할 수 있는 최상의 수단이자 가장 강력한 수단은 "지극히 작은 것에" 좀 더 정직하고 철저하게 "충성되게" 행하는 것이라고 굳게 믿습니다. 우리는 지극히 작은 것에 필연적으로 깊은 관계를 갖기 때문에, 우리의 전 성품을 형성하는데 있어 우리 수중에 들어오는 부, 곧 물질적 소유를 관리하는 태도만큼 영향을 끼치는 것은 없습니다.

사랑하는 형제 여러분, 원근법의 법칙들이 아주 강력해서 바로 가까이에 있는 작은 것 때문에 멀리 있는 큰 것을 보지 못하게 되고, 옆에 있는 작은 언덕이 멀리 있는 히말라야 산을 가리고, 금화 한 닢이 하나님을 보이지 않게 할 수 있다는 점을 기억하시기 바랍니다. "지극히 작은 것"이 우리에게 "큰 것"보다 크게 보이게 하고, 또 큰 것을 보지 못하게 하는 마귀적인 힘을 갖고 있음을 생각하시기 바랍니다.

우리가 가지고 있는 외적인 소유가 얼마나 되든지 상관없이, 저급한 우리 소유물을 관리하는데 있어서 충성스런 태도가 고귀한 소유를 얻는데 미치는 영향에 관한 이런 모든 생각이 우리에게 적용된다고 말씀드린 것이 생각납니까? 당시 팔레스타인에서, 본문이 원래 이야기하고 있는 대상인 열두 제자들보다 더 가난한 사람은 아마도 없었을 것입니다. 이들 가운데 세 사람은 그물과 고깃배를 버렸고, 그들 가운데 한 사람은 세리였는데 회계 사무소와 모든 영수증과 세금을 버려 두고 왔습니다. 그리고 나서 이들이 무엇을 가지고 있었는지 우리는 모릅니다. 그러나 아무튼 그들은 이 세상의 가난한 자들이었습니다. 여러분 가운데 어쩌다 가난하게 된 분들은 내 설교가 부자들을 위한 설교라고 생각하시지 않기 바랍니다. 문제는 우리가 무엇을 가지고 있느냐는 것이 아니라, 그것을 어떻게 다루느냐 하는 것입니다. 예수 그리스도께서는 "세상의 염려와 재물의 유혹"을 "말씀을 막아"(막 4:19) 결실하지 못하게 만드는 것으로 말씀하셨습니다. 생활이 옹색한 가난한 사람이나 재물을 불의하게 사용하는 부자에게 다같이 본문 말씀이 적용됩니다.

다음에, 이 점을 생각해 보도록 합시다.

3. 이 세상에서 충성된 태도가 내세에서 우리의 참된 부를 더 충만하게 소유하는 데 영향을 미칩니다.

이 전체 문맥 밑에는, 내세의 생활과의 관계에 있어서 현세의 생활이 미치는 영향이라는 두드러진 개념이 깔려 있습니다. 아버지는 아들에게, 혹은 선생은 제자에게 어떤 작은 일을 맡깁니다. 그리 중요하지 않은 일에 행하는 이 실험은 아들이나 제자에게 그가 망치든 망치지 않든 그리 중요하지 않은 재료를 주어보는 것입니다. 그리고 연습을 통해서 그 손이 능숙해지면 그에게 더 큰 일을 맡기게 됩니다. 하나님께서는 이 세상에서 우리의 손을 도제의 손처럼 단련시키려고 하십니다. 우리가 반드시 완전하게 해내지는 못할지라도 하나님의 은혜로운 도움으로 우리에게 훌륭한 기술자의 자질이 있음을 보일 만큼 바르게 단련을 받으면, 그 다음에 내세가 더 충만한 여유와 더 큰 가능성과 더 고귀한 능력과 함께 오고, 우리가 이 세상에서 우리 성품을 형성하는데 사용했던 그 능력을 더 고귀하게 사용하게 될 것입니다. "네가 적은 일에 충성하였으매 내가 많은 것을 네게 맡기리라"(마 25:21).

세상과 세상의 모든 부를 바르게 사용하는 것이 성품을 형성하는 것이라고 앞에서 말씀드렸습니다. 그 성품이 우리가 하나님을 소유하는 능력을 결정한다고 말씀드렸습니다. 우리가 세상의 부를 관리하는 태도가 성품을 결정하는데 주요한 한 가지 요소라고 말씀드렸습니다. 그리고 이제 그 성품이 지속된다고 말씀드립니다. 큰 변화들이 있습니다. 우리가 여기서는 그 의미와 범위와 결과를 결코 알 수 없는 변화들입니다. 그러나 사람은 그 존재의 주요 방향에서, 그가 하나님의 세계와 하나님의 영을 사용하여 스스로 형성한 그 성품에서는 변함없이 그대로 존재합니다. 그래서 우리가 여기서 하찮은 것들과 일시적인 것들을 다루는 방식이 영원한 결과를 갖습니다. 우리는 지금 아래에 있는 세상이라는 방에서 전보기를 앞에 두고 있습니다. 여기서 우리의 메시지를 찰칵찰칵 하고 두드리면, 메시지들이 저편에서 기록되고, 언젠가 우리가 그 메시지를 읽게 될 것입니다. 일시적인 원인들이 영구한 결과를 냅니다. 오늘날 세계의 하부 구조의 아주 큰 부분을 형성하는 거대한 사암 퇴적층을 형성한 바다는 오래 전부터 증발해 왔습니다. 그러나 축축한 모래를 걸어간 바닷새의 발자국들과 수천년 전에 붉은 개펄에 수없이 떨어진 물방울로 인해 생긴 작은 웅덩이들은 그대로 있어서 여러분이 박물관에서 그 모양을 볼 수 있습니다. 그와 같이 이 세상에서 보이는 우리의 충성된 태도나 불의한 태도가 영원한 성품을 형성합니다. 그리고 이 성품에 따라 미래 생활의 기쁨 가운데서 하나님을 우리의 분깃이요 친구로서 충만히 소유하게 되든지, 아니면 하나님을 잃게 될 것입니다.

사랑하는 형제 여러분, 내가 지금까지 내내 말한 이 모든 사실이 그리스도의 교훈의 두 번째 면이라는 것을 잊지 마십시오. 첫 번째 면은 전혀 다른 것입니다. 우리가 자신의 성품을 형성하고, 그 성품이 우리가 하나님과 하나님의 은혜를 소유하는 것을 결정한다고 말해왔습니다. 그러나 또 한 가지 이야기할 점이 있습니다. 그 성품을 볼 때 도무지 받을 자격이 없는 사람들에게, 하나님의 용서하시는 자비와 정결케 하시는 성령 안에서 하나님을 주셨다는 것이 그리스도의 복음의 중심사상입니다. "너희가 지극히 작은 것에 충성되지 아니하면 누가 큰 것으로 너희에게 맡기겠느냐"고 말씀하신 주님은 또한 천국에서 "내가 너를 권하노니 내게서 불로 연단한 금을 사서 부요하게" 할 것이라고(계 3:18) 말씀하십니다. 본문과 본문에 담겨 있는 이 원칙은, 우리가 아무리 무가치한 자일지라도 순전히 믿음으로만 구원을 받는다는 위대한 진리와 모순되지 않습니다. 그것은 우리가 처음 시작할 때 받는 메시지입니다. 여러분이 그 메시지를 받지 않았다면, 내가 지금까지 강조해 온 메시지가 여러분에게 개인적으로 적용되는 위치에 있지 않는 것입니다. 그러나 그리스도인 형제 여러분, 여러분이 그리스도를 여러분의 구원으로 삼았다면, 이 점을 기억하십시오. 여러분이 세상의 썩어질 소유물을 다루는 일에 청지기로서 충성스럽게 생활해 왔든지 혹은 여러분이 그것을 여러분의 실질적인 분깃으로 생각하여 거기에 매달리고 이기적으로 사용하고 그럼으로 마음에 하나님을 모시지 못해 왔든지에 따라 세상에서 그리스도인으로서 여러분의 생활이나 하늘에서 여러분이 누릴 영광이 같지 않으리라는 것입니다. 그리스도인 여러분에게, 불확실한 부를 의지하지 말고 살아계신 하나님을 의지하라고, 또 "선을 행하고 선한 사업을 많이 하고 나누어 주기를 좋아하며 너그러운 자가 되게 하라 이것이 장래에 자기를 위하여 좋은 터를 쌓아 참된 생명을 취하라"(딤전 6:18,19)는 주의 명령을 전합니다.

63
부자와 나사로

"¹⁹한 부자가 있어 자색 옷과 고운 베옷을 입고 날마다 호화롭게 즐기더라 ²⁰그런데 나사로라 이름하는 한 거지가 헌데 투성이로 그의 대문 앞에 버려진 채 ²¹그 부자의 상에서 떨어지는 것으로 배불리려 하매 심지어 개들이 와서 그 헌데를 핥더라 ²²이에 그 거지가 죽어 천사들에게 받들려 아브라함의 품에 들어가고 부자도 죽어 장사되매 ²³그가 음부에서 고통중에 눈을 들어 멀리 아브라함과 그의 품에 있는 나사로를 보고 ²⁴불러 이르되 아버지 아브라함이여 나를 긍휼히 여기사 나사로를 보내어 그 손가락 끝에 물을 찍어 내 혀를 서늘하게 하소서 내가 이 불꽃 가운데서 괴로워하나이다 ²⁵아브라함이 이르되 얘 너는 살았을 때에 좋은 것을 받았고 나사로는 고난을 받았으니 이것을 기억하라 이제 그는 여기서 위로를 받고 너는 괴로움을 받느니라 ²⁶그뿐 아니라 너희와 우리 사이에 큰 구렁텅이가 놓여 있어 여기서 너희에게 건너가고자 하되 갈 수 없고 거기서 우리에게 건너올 수도 없게 하였느니라 ²⁷이르되 그러면 아버지여 구하노니 나사로를 내 아버지의 집에 보내소서 ²⁸내 형제 다섯이 있으니 그들에게 증언하게 하여 그들로 이 고통 받는 곳에 오지 않게 하소서 ²⁹아브라함이 이르되 그들에게 모세와 선지자들이 있으니 그들에게 들을지니라 ³⁰이르되 그렇지 아니하니이다 아버지 아브라함이여 만일 죽은 자에게서 그들에게 가는 자가 있으면 회개하리이다 ³¹이르되 모세와 선지자들에게 듣지 아니하면 비록 죽은 자 가운데서 살아나는 자가 있을지라도 권함을 받지 아니하리라 하였다 하시니라"

눅 16:19-31

그리스도의 비유들 가운데 가장 엄격한 이 비유는 13, 14절과 밀접한 관련이 있는 것이 틀림없습니다. 이 구절들을 염두에 두면 이 비유의 참된 목적이 분명하게 드러납니다. 이 비유는 부를 소유하는 것을 책망하려는 것이 아니라, 부를 무정하고 이기적으로 사용하는 것을 책망하기 위해 말씀하신 것입니다. 그리스도께서는 외적인 조건들이 성품이나 운명을 결정하는 힘을 가진 것으로 결코 말씀하시지 않습니다. 사람이 자기의 조건을 가지고 행하는 것이 그의 현재와 장래의 모습을 결정합니다. 이 비유가 부의 사용만이 결정적인 요인이라고 가르치지 않지만, 모든 교훈이 그렇듯이, 이 비유가 가르치는 교훈이 듣는 사람의 마음에 새겨지도록 하기 위해 그 교훈을 따로 다루어야 합니다.

이 이야기는 세 부분으로 구성되어 있습니다. 그것은 부자의 행위, 그의 운명, 그리고 우리가 그의 죄와 그의 결국에 떨어지지 않도록 하는 기존의 충분한 경고가 그것입니다.

1. **정확히 말하자면, 우리는 여기서 하나의 비유, 즉 도덕적이나 종교적 진리로 해석해야 하는 물리적 사실들의 표현을 보는 것이 아니라 일반적인 사실을 특이한 경우로 표현하는 가상의 이야기를 보는 것입니다.**

이 부자는 특이한 어떤 사람을 나타내는 것이 아니라, 예수께서 그 죄와 운명을 나타내고자 하시는 계층의 한 사람일 뿐입니다. 이 부자도 거지도 행동하는 것으로 묘사되지 않고, 각 사람을 그냥 묘사하고 있다는 것이 매우 두드러진 점입니다. 두 인물을 나란히 묘사하는 것이 전체 교훈을 전달합니다.

부자가 나쁜 어떤 짓을 했다는 말이 없고, 나사로가 경건하거나 착했다는 말도 없다는 것이 때로 어려운 문제로 인식되었습니다. 어떤 성급한 독자들은 예수께서 여기서 부는 죄이고 가난은 미덕이라는 공산주의적 교리를 가르치고 계셨던 것이라고 생각했습니다. 그런 유치하고 쓰레기 같은 생각이 예수님이 입에서 나온 적이 없습니다. 그러나 예수님께서는 헐벗고 굶주린 거지가 문 앞에 있는데 조금도 동정하지 않은 채 호화롭게 주색잡기에 빠져서 사는 것은 혹독한 보응을 가져오는 죄라는 것을 분명히 가르치십니다. 부자가 아무것도 하지 않았다는 사실이 그의 유죄판결의 이유입니다. 그는 자색 옷과 고운 베옷을 입었다고 해서, 혹은 그가 풍요롭게 생활했다고 해서, 매일 진수성찬을 먹었다고 해서 정죄받은 것이 아닙니다. 자신은 그렇게 호화롭게 살면서 나사로는 전혀 거들떠보지도 않았고, 자기 재물을 오직 자신의 만족을 위해서만 사용하였기 때문입니다. 그의 성품에 관해서는 더 말할 필요가 없습니다. 그 사실이 그의 성품이 어떤가를 충분히 말해주고 있기 때문입니다.

 나사로에 관해서는 별로 말할 필요가 없습니다. 이 이야기에서 나사로는 부자의 무정함과 방종을 드러내는 수단으로서만 고려됩니다. 이야기의 목적을 위해 그의 성향은 별로 중요한 문제가 아니었습니다. 받을 만한 가치가 있는 사람이나 선량한 사람들만을 돕는 것이 우리의 의무가 아니기 때문입니다. 사람이고, 비참한 상황에 처해 있다는 사실만으로도 동정하고 구제할 충분한 이유가 있는 것입니다. "하나님은 도움이시라"는 의미를 지닌 "나사로"라는 이름에서 그의 성품이 어느 정도 암시될 수 있습니다. 이 비유에서 이름이 나오는 것은 이것뿐이므로, 이 이름에 의미를 부여하는 것이 자연스러운 일입니다. 그래서 그 이름은 이 거지가 하나님을 버팀줄로 붙들었다는 것을 나타낸다고 볼 수 있을 것입니다. 또한 이 이름에서 우리는 계속되는 고난으로 인해 그의 신뢰를 조롱하는 것처럼 보이는 인생의 수수께끼를 얼핏 볼 수도 있습니다. 나사로에게 하나님의 도움을 보여줄 만한 외적 표지가 거의 없었지만, 그는 하나님께 대한 신뢰를 버리지 않았습니다. 때로 그는 부자에게서 음식을 받아먹은 것이 아니라 부자의 상에서 떨어지는 부스러기를 받아먹은 것이 분명합니다. 개들이 그의 상처를 핥았다는 것은 고통을 완화시키거나 악화시키려는 의도로 보이지 않고 단지 그가 철저히 무력하고 완전히 무시당하는 상태에 있음을 생생하게 묘사하기 위한 것으로 보입니다. 그 자신도 어떤 사람도 개들을 내쫓지 않았습니다.

그러나 나사로에 관한 중요한 점은 그가 부자의 집 문앞에 있었고, 그러므로 부자가 볼 수 있었지만 그가 전혀 도움을 받지 못했다는 것입니다. 부자는 가서 가난한 사람들을 찾으러 다니지 않아도 되었습니다. 말하자면 바로 코 밑에 가난한 사람이 와 있었던 것입니다. 그 점을 일반적인 말로 표현하자면, 우리 모두는 길을 갈 때 자선을 베풀어야 할 기회를 만난다는 것이고, 그런 기회들을 소홀히 한다면 우리의 죄가 무겁다는 뜻입니다. "가난한 자들은 항상 너희와 함께 있거니와"(마 26:11). 세상적인 소유물을 이기적으로 사용하는 죄는 소유물의 양이 얼마나 되든지 상관없이 똑같이 큽니다. 나사로가 우리 대문 앞에 있는데, 아무것도 행하지 않는 것은 큰 악을 행하고 있는 것입니다. 이 진리들은 "돈을 사랑하는 바리새인들"뿐 아니라 우리에게도 예리하게 적용됩니다. 그런데 슬프게도 스스로 그리스도인이라 하는 사람들이 이 진리들을 잊어버리고 있습니다.

2. 이 이야기의 두 번째 부분에서, 우리 주님은 서로 아주 가까이 있으면서도 완전히 떨어져 산, 이 두 사람의 뒤를 따라 무덤 저편의 나라에까지 가십니다.

그렇게 하시는 가운데 주님이 하데스에 관한 널리 알려진 랍비들의 교훈을 채용하고 계신다는 점을 특별히 유의해야 합니다. 주님께서는 그렇게 하심으로써 죽은 자들의 상태에 대한 이런 개념들에 대해 동의하시는 것은 아닙니다. 왜냐하면 이 이야기의 목적이 죽은 자들의 땅의 비밀을 계시하는 것이 아니라, 지금 문제가 되는 죄에 대한 보응을 인상 깊게 가르치시는 것이기 때문입니다. 주님께서 그 세계를 알려 주려고 하신 대상은 이 바리새인들 그룹이 아니었습니다.

예수께서는 그 세계에 대한 그들의 개념들, 곧 받드는 천사들, 아브라함의 품, 하데스에 있는 두 구역, 두 구역 사이의 분리와 상호 의사소통을 취하십니다. 이런 개념들은 랍비들의 생각이지, 그리스도의 계시는 아닙니다. 예수께서 깊이 각인시키려고 하셨던 진리들은, 이 부자와 나사로 사이에 이루어진 매우 상상력이 풍부한 대화에 있습니다. 이 대화는 또한 많은 랍비들의 전승과 비슷합니다.

사람들은 이 두 사람의 결말의 차이에 대해 많이 주목하였고, 전혀 보장되지 않은 교훈들을 그 차이로부터 끌어냈습니다. 그러나 이 거지가 장사되었다는 언급이 전혀 없는 것은, 그가 죽도록 내버려두었고, 죽은 시체를 장사하지 않은 무관심과 무정함을 드러내기 위한 것이라고 보는 것은 옳은 생각인 것 같습니다. 어쩌면 그의 상처를 핥던 개들이 그의 살을 물어뜯었을지도 모릅니다. 그 부자의 대문에서 훤히 보았을 광경입니다! 부자도 자색 옷을 입고 지냈지만, 죽어서는 그보다 덜 화려한 옷으로 감싸이지 않을 수 없었습니다.

그의 장례는 언급이 되었는데, 이는 사람들이 그 부자에게 할 수 있는 대로 최대한 화려하게 겉치장을 하였기 때문만이 아니라, 부자가 모든 것을 뒤에 남기지 않을 수 없었다는 것을 나타내기 때문이었습니다. "그의 영광이 그를 따라 내려가지 못함이로다"(시 49:17).

부자의 고통에 대한 두려운 묘사는, 이기적인 삶에는 필연적으로 그와 같은 결말이 따른다는 것을 우리에게 엄숙히 경고합니다. 자기를 위해 사는 영혼은 이 세상에서도 만족을 얻지 못합니다. 그러나 모든 외적인 것들을 남겨 두고 떠날 때는, 그것이 그에게 고문이 아닐 수 없습니다. 그것은 단지 문학적 묘사가 아닙니다. 성품이 운명을 결정하고, 자기를 위해 사는 것은 죽음입니다. 부자와 나사로의 상호 위치가 뒤바뀐 것을 또한 주목해 보시기 바랍니다. 거지는 이제 풍부함과 즐거움을 소유한 자가 되었고, 반면에 부자는 고통을 받고 있고 궁핍한 자가 되었습니다.

더 나아가서, 부자는 이제 세상에서 살 때 나사로에게 주지 않았던 도움을 나사로에게서 받고자 한다는 것과, 이 세상에서 구제를 거절한 것에 대한 보응으로 내세에서 도움을 거절당한다는 점에 유의해야 합니다. 과거 생활에 부자는 "좋은 것을" 다른 사람과 나눈 일이 없었고, 그 좋은 것들에 대한 자신의 독점적인 권리를 주장하였습니다. 그것들이 부자에게는 아주 죄악적인 의미에서 "너의 좋은 것들"(개역개정은 "좋은 것" — 역주)이었고, 나사로는 그의 나쁜 것들만 가지고 다니도록 버려졌었습니다. 이제는 좋은 것을 전혀 서로 전달할 수 없습니다. 세상은 서로 돕고 나누어 주기 위한 곳이었습니다. 저 세계는 그렇게 할 여지를 전혀 제공하지 않습니다. 거기에서는 사람들이 과거에 심은 것을 거두고, 각 사람의 성품이 자신의 짐을 지게 되어 있기 때문입니다.

끝으로, 성품의 차이들, 그에 따른 운명의 차이들을 결코 없앨 수 없다는 사실이, 건너 갈 수 없는 큰 심연의 엄숙한 상(像)으로 표현됩니다. 지금 우리 주님께서는 부활과 마지막 심판 전의 "중간 상태"에 대해 이야기하고 계시며, 이미 지적한 대로 이 이야기의 의도는 마지막 상태의 신비를 계시하기 위한 것이 아니라는 점을 기억해야 할 것입니다. 그러나 이야기 전체를 통해서 남겨지는 인상은, 이 세상에서의 삶이 내세의 삶을 결정한다는 것과, 일단 이 세상에서 형성되고 굳어진 성품은 저 세상에서 도가니에 들어가 다시 형성될 수 없다는 것입니다.

3. 이야기의 마지막 부분은, 무정한 이기심이라는 큰 죄는 결코 용서받지 못한다는 점을 가르칩니다.

자기 형제들에 대한 이 부자의 생각은 자신을 위한 변명에 지나지 않았습니다. 자신이 알기만 했더라면 사정이 달라졌을 것이라고 그는 생각했습니다. 그는 자신을 탓하기보다는 경고가 자기에게 충분히 주어지지 않았다고 비난하는 것입니다. 아브라함의 입을 통해서 말한 두 가지 답변은 모세와 선지자들이 미래에 관해 이야기하는 것이 별로 없을지라도 "모세와 선지자들"로 충분하다는 것과, 듣고 싶어 하지 않는 사람들에게 하나님의 메시지를 억지로 듣게 할 수 없다는 것을 가르칩니다.

잘못은 경고의 부족에 있는 것이 아니라 들으려 하지 않는 의지에 있습니다. 사람들이 듣고 싶어 하지 않는다면, 말하는 사람이 모세이든 하데스에서 온 영이든 상관없이, 듣지 않을 것입니다. 그들은 설득되지 않을 것입니다. 설득은 머리보다는 마음과 성향에 관계하기 때문입니다. 우리에게는 필요로 하는 만큼 충분히 하늘로부터 온 증인들이 있습니다. 아무리 악한 사람이라도 지극히 선한 사람보다도 의무에 대해 더 잘 알고 있습니다. 부자는 자신을 위해 살았기 때문에 이제 고통 가운데 있습니다. 그가 자신을 위해 산 것은 그것이 잘못인 것을 몰랐기 때문이 아니라, 그가 옳다고 알고 있는 것을 행하지 않기로 결정했기 때문입니다.

64
또 다른 세계에서의 기억

"아브라함이 이르되 얘 너는 기억하라"

눅 16:25

그리스도께서 우리가 생각하는 그런 분이시라면, 우리가 미래라고 부르는, 보이지 않는 현재에 관해 모든 것을 알고 계시면서도 거기에 관해 일체 말씀하시지 않았다는 것은 아주 놀라운 사상입니다. 그에 관해 예수께서는 좀처럼 입을 열지 않으셨습니다. 또 다른 세계로부터 끌어낸 논의에 대해서 주님은 거의 말씀하시 않았습니다. 때로 주님은 그 세계에 대해 말씀하시지만, 명백한 계시와 같은 어떤 사실을 들어 이야기하시기보다는, 암시적으로 언급하실 뿐입니다. 본문에 들어 있는 비유가 아마도 보이지 않는 세계에 관한 주님의 말씀 가운데 가장 분명하고 연속적으로 하신 비유일 것입니다. 그렇지만 그동안 내내 그 세계가 주님 앞에 있었고, 주님께서는 그 세계의 가장자리에 서서 그 세계가 넓게 펼쳐져 있는 것을 분명히 보시면서, 주님은 자기가 보는 것에 대해 한 두 마디만 말씀하시고, 그 다음에 어둠 가운데 덮어 두시면서 이 비유의 한 부분의 정신을 담아 우리에게 이렇게 말씀하십니다. "너희에게 모세와 선지자들이 있으니 그들의 말을 들어라. 이들이 충분하지 않다면 천국의 모든 영광과 지옥의 모든 두려움이 너희 앞에서 번쩍하고 나타나고 밝게 타오를지라도 너희에게 충분치 않을 것이다." 우리가 "믿음의 분수대로 예언을"(롬

12:6) 하려고 한다면, 우리도 장래의 두 구역의 생활에 관한 언급을 **빠트려서는** 안 되고, 또 그런 언급에 근거해서 동기를 말하는 일을 생략해서도 안 됩니다. 그래서 전체 가르침 가운데서 그리스도께서 두 구역에 대해 언급하시는 만큼 항상 우리도 그 점을 다루어야 한다고 생각합니다.

물론 이것이 비유인 것을 생각할 때, 이 비유가 마치 저 세계에 대한 이론을 구축할 만한 정보를 제공하는 어떤 교리적인 계시인 것처럼 생각할 수 없습니다. 비유를 대할 때는 언제나, 핵심 내용으로 가르치신 것을 문학적 기법으로 이해하거나, 문학적 기법에 지나지 않는 것을 핵심 내용으로 이해하는 이중적인 위험이 있습니다. 그래서 나는 이 이야기에서 미래에 대한 아주 분명하고 명확한 지식을 읽는다고 말하지 않습니다. 그러나 본문으로 택한 이 두 마디에서, 저 세상에서 기억의 기능에 관한 매우 인상적인 사상의 기초를 본다고 생각합니다.

"얘, 기억하라!" 그것은, 모든 사람이 이 세상의 문지방을 넘어 영원의 알현실로 들어갈 때 처음 듣는 목소리이며 영구히 지속되는 목소리입니다. 모든 미래는 과거 위에 세워져 있고, 과거와 긴밀하게 짜여 있습니다. 그래서 구원받은 자들에게나 망한 자들에게나 다 같이, 이 말은 그들의 전체 상황에 대한 표어로, 그들의 전체 상태에 대한 설명으로 거의 받아들일 수 있을 것입니다. 저 세상에서의 기억은 기뻐하는 사람들의 기쁨에 없어서는 안 되는 것이며, 망한 사람들에게 가장 깊은 슬픔을 불러일으키는 것입니다. 미래의 상태에서도 기억하는 일이 반드시 있음을 소개하는 것에 지나지 않는 사상에 대해 길게 생각할 필요는 없습니다. 기억이 없다면, 개체성에 대한 의식이 있을 수 없습니다. 흔히 무의식적으로 일어나긴 하지만, 기억이라는 이 묘한 활동의 지속적인 작용이 없다는 사람은 자신에 대한 어떤 확신도 가질 수 없을 것입니다. 회상이 분명하지 않으면 자신의 정체성에 대한 의식도 가질 수 없습니다. 그래서 다시 한 번 말하지만, 미래의 상태가 보응의 상태라면 반드시 기억이 있어야 합니다. 그렇지 않으면 기쁨과 슬픔이 있을 수 있지만, 그 이유와 원인을 사람의 의식에서 완전히 지워져 버려서 기쁨을 보상으로 느끼지도 못하고, 슬픔을 형벌로 느끼지도 못할 것입니다. 그래서 우리가 무덤에 누워 있던 그 사람으로 무덤에서 일어나려면, 그리고 미래 생활이 이 사람에게는 보답과 보상의 상태이고, 저 사람에게는 보응과 고통의 상태라는 이 특징을 갖는다면, 그 두 사람에게 기억의 분명함과 끊임없는 작용이 확실히 필요합니다. 그러나 내가 지금 여러분에게 주의하기를 바라는 것은, 단지 기억이 존재한다는 사실이 아닙니다. 그보다는 기억이 저 세상에서 분명하게 작용할 때 겪는 한 두 가지 변화에 주의하라고 말씀드리고 싶습니다. 사람들이 거기에서 기억할 때, 그들이 여기에서 기억하는 방식과 다르게 기억할 것입니다. 이런 변화들을 살펴봅시다. 한편으로는 기억이 고문의 수단이 되고, 다른 한편으로는 모든 기쁨의 기초가 됩니다.

1. 첫째로, 또 다른 상태에서 기억은 폭이 아주 넓어져서 인생 전체를 포함할 것입니다.

사람이 저 세상에서는 이 세상에서의 존재 이상으로 되고, 이 세상에서의 경향들이 저 세상의 결과가 된다고 우리는 믿습니다. 그리고 사람의 죄, 그의 거짓, 좋든 나쁘든 그의 전체 도덕적 본성이, 거기에서는 이 세상에 있으려고 애쓴 것에 불과한 것이 되고 만다고 믿습니다. 현세에서 우리의 모든 능력들이 우리의 물질적인 몸을 통해 작용하게 되는 필연성 때문에, 제한되고 방해받으며 좌절되고 약화된다고 사람들은 믿습니다. 또한 사람의 지적 본성, 곧 본성의 그 능력들이 세상을 경험하였고 몸을 벗어난 뒤에는 더 우수해진다고 사람들은 믿습니다. 그것이 상식이 가르치는 바이고, 성경의 교훈이라고 생각합니다. 사실 어떤 사람에게는 그 성장이, 더 큰 슬픔을 느끼는 능력을 갖게 되는 것일 뿐입니다. 그런 사람은 헤라쿨레스처럼 됩니다. 네소스의 셔츠(Nessus: 헤라클레스의 독화살에 맞아 죽은 네소스의 독이 든 피가 묻은 셔츠를 말한다 — 역주)가 단단히 감싸면 감쌀수록 그를 맹렬한 고통으로 괴롭힐 뿐입니다. 그러나 구원받았든 멸망하였든 간에, 죽는 사람은 살아있을 때보다 더 큰 능력을 갖게 됩니다. 그의 모든 능력이 죽음이라는 두려운 경험에 의해, 그리고 죽음이 가져오는 것에 의해 더 강해지고 튼튼해집니다.

기억은 일반적으로 소생시키는 활동에 관여하는 것입니다. 우리의 현재 생활에서 잊어버림에 관해서 이야기할 때, 사실 의식적인 기억의 일시적인 중단을 의미한다는 것을 알게 하는 유추나 경험이 없는 것이 아닙니다. 오래 전에 먹고 잊어버린 음식이 오늘 여러분의 피와 뼈 속에 있는 것과 꼭 같이, 여러분이 행하는 모든 것은 영원히 여러분에게 영향을 남깁니다. 사람이 수행하는 모든 행동이 저 세상에 있습니다. 그 행동이 그 사람의 영혼에 새겨졌고, 그 자신의 일부가 되었습니다. 잠시 후에 색깔이 스며드는, 새로 그린 그림처럼 되는데, 왜 그렇게 됩니까? 색깔이 캔버스의 섬유에 침투하였기 때문이고, 색깔이 물질과 혼합되어 표면에 남았기 때문입니다. 그리고 그 색깔이 다시 환하게 빛나게 하기 위해서는, 니스를 한 번 칠하기만 하면 됩니다. 우리가 이런 저런 때를 회상할 수 없게 된다는 의미에서 잊어버리는 것은 아무것도 없습니다. 우리가 많은 것을 잊어버리는데, 그것은 잠간 동안에 생각에 떠올리지 못한다는 의미에서 잊어버리는 것일 뿐입니다.

볕이 안 드는 바다 동굴에서 살며, 표면으로 떠오르기 전까지는 물 아래 깊은 곳에서 형체가 없이 하얗게 빛이 나는 밝은 연체동물을 보았을 때처럼, 우리 자신의 경우에 망각이라는 흐릿하고 깊은 심연으로부터 어디서 혹은 어떻게 오는지 모르는 과거의 생각들이 기이하게 헤엄쳐 오는 것을 우리는 압니다. 그때, 우리 인생 전체에 퍼져 있는 수많은 갈고리들 가운데 어떤 하나가 과거의 생각들을 의식 속에 떠오르도록 하기에 충분한 어떤 미묘한 연상 한 가지를 붙든 것입니다. 우리는 과거의 생각들을 잊었다고 말하였습니다. 그 말은 무슨 뜻입니까? 그것은 과거의 생각들이 우리 의식 밑에 깊이 가라앉아서, 필요할 때 떠오르기 위해 거기 있다는 것뿐입니다. 내 인생 가운데, 잠시 생각해 보려고 한다면 완전히 공백이라고 생각하는 어떤 기간이 어렴풋이 어떤 형태를 띠기 시작하는 방식만큼 기이한 것은 없습니다. 사진 현상용액이 사진 건판에 상이 나타나게 하듯이, 사람의 마음은 반쯤 기억하고 반쯤 잊은 과거에 대해 말하듯이(오래되고 신비한 것을 의미하는 짧은 말), 주의를 집중하면 그 과거를 분명하게 의식하고 완전하게 회상하게 되는 기이한 능력을 갖고 있습니다. 우리 중 어떤 사람들은 잘 알고 있는 것으로서, 사람들이 오랜 세월 잊고 지냈던 어린 시절을 병적인 상태에서 기억하는 방식을 전하는 인상적인 이야기들도 있습니다. 여러분은 죽어 가는 여인이 침대에 둘러 서 있는 사람들이 하나도 알지 못하는 언어로 이야기하기 시작했다는 옛날 이야기를 기억할 것입니다. 어린 시절에 그녀는 아주 멀리 떨어진 나라에서 어떤 북쪽 언어를 배웠던 적이 있었습니다. 그 장소에 대한 분명한 기억을 형성하기도 전에, 아주 일찍 그녀는 그곳을 떠났고, 그 언어를 사용하지 않았기 때문에 완전히 잊어버리고 있었습니다. 그런데 마침내 그 오래된 모든 기억이 다시 솟구쳐 올라왔고, 벙어리의 혀가 풀리듯이 그녀가 말을 한 것입니다! 사람들은 "병적 작용"이라고 말할 것입니다. 그럴 수도 있습니다. 그러나 그렇게 말해서는 아무것도 설명하지 못합니다. 어쩌면 그런 상태에서 영이 건강할 때보다 몸에 덜 제한을 받는 형태로 활동을 하고 있으면서, 영이 이 죽을 수밖에 없는 껍질을 완전히 벗어버렸을 때 갖는 영의 능력들의 시작을 약간 보여 주고 있는 것일 수도 있습니다. 그러나 그렇다 할지라도, 이 병적인 현상과, 앞에서 이미 언급한 그밖의 다른 사실들을 합해서 생각할 때, 회상의 범위는 어떤 특정한 순간에 기억이 차지하고 있는 것보다 훨씬 더 넓다는 것을 알 수 있습니다. 회상은 우리의 위대한 시인이 그의 탁월한 우화에서 말하듯이, 기억의 종이며, 또 회상은 기억의 시중을 들며, 기억이 일을 위해 어디로 심부름을 보내든지 그곳에 도달합니다. 우리는 지금까지 우리가 행한 어떤 것이나 생활해 온 어떤 것도 아주 완전히 지워 버려서 회상이라는 종이, 그것을 찾아서 주인에게 가져올 수 없게 하지는 못합니다. 우리는 어떤 것도 다시는 회상할 수 없게 완전히 잊어버리지는 못합니다. 이 두려운 힘에 대해 우리는 공손한 태도로 이렇게 말할 수 있습니다. "주께서 우리의 죄악을 주의 앞에 놓으시며 우리의 은밀한 죄를 주의 얼굴 빛 가운데에 두셨사오니"(시 90:8).

내가 지금 가지고 있는 단편적인 기억들은 다도해에 있는 섬들처럼, 산맥 가운데 우뚝 솟은 봉우리들처럼 망각의 바다 위로 솟아난 것들입니다. 숨겨져 있지만 견고한 땅이 거기 있습니다. 바닷물을 **빼보십시오**. 그러면 더 이상 따로 떨어져 있는 봉우리들은 없고, 연속적으로 이어진 땅이 나올 것입니다. 이 세상에서 우리는 수면 위로 올라와 우리 시야에서 보이는 분리된 기억들을 가지고 있을 뿐입니다. 그러나 내세에서는 주님께서 "그 입의 기운으로 바다를 물러가게" 하시고 인간 마음의 경험과 행동들의 깊은 수로들이 드러나게 하실 것입니다. "바다가 더 이상 있지 아니할" 것이고, 하나님께서 "애 기억하라"고 말씀하실 때, 전 인생의 견고한 땅이 나타날 것입니다.

첫 번째 고려 사항, 즉 미래 상태에서 기억은 인생 전체를 포함할 것이라는 점에 대해서는 이만큼 하도록 하겠습니다. 또 한 가지 생각할 점은, 미래 상태에서 기억은 필시 한 번에 모든 과거 생활을 훑을 만큼 신속하게 이루어지리라는 것입니다. 우리의 사고, 느낌, 기억이, 우리 영혼을 담고 있는 이 신체적 조직이라는 느린 수송수단 때문에 어느 정도 느려지는지를 전혀 알지 못하고, 그런 데에 대한 생각이 전혀 없습니다. 그러나 우리는 생각과 느낌의 모든 작용 속도가 짐마차와 고속 열차의 차이처럼 놀랍게 강화시키는 신비한 힘이 우리 안에 잠재해 있다는 것을 충분히 느끼게 하는 예들을 우리 자신의 생활에서 봅니다! 여러분 인생의 어떤 전환점에서, 갑자기 말할 수 없이 큰 기쁨이 솟구치거나 커다란 그림자가 즉시 여러분의 삶을 온통 어둡게 만들 때, 즉각적인 결단을 요구하는 어떤 위기가 나타났을 때, 그때 여러분의 영혼은 생각과 목적과 계획과 결심의 어떤 영역을 순간적으로 거치고, 쓸쓸한 슬픔의 어떤 황무지, 피어오르는 기쁨의 낙원을 순간적으로 경험합니다. 자, 그러면 또 다른 예를 하나 들어봅시다. 잠을 자는 사람은 어깨에 누군가가 가볍게 손을 댄 것을 느끼지만 그것이 무엇인지 모릅니다. 그러다가 순간적으로 깨어서 "당신이었어?" 하고 말합니다. 그런데 어깨에 손을 댄 것과 깨어서 그 말을 한 것 사이에 일생이 지나갈 수 있고, 꿈속에서 보고 느낀 많은 사건들이 지나갈 수가 있습니다. 실물 크기의 모든 나무와 산꼭대기가 눈의 작은 망막에는 상상할 수 없이 작게 그려질 수 있듯이, 거의 일생 동안에 이루어지는 모든 정신적 활동이 순식간에 이루어질 수 있습니다. 다시 한 번 말하지만, 이 주제에 관해 종종 사용된 예, 갑작스런 죽음에 맞닥뜨렸다가 죽음을 모면한 사람들의 경험에 관한 예를 기억하시기 바랍니다. 물에 빠졌다가 의식을 회복한 사람이 말하기를, 자기가 물속으로 내려가고 있고 의식이 사라지고 있음을 느끼는 그 짧은 순간에 자기의 일생이 보였는데, 마치 캄캄한 한밤 중에 어떤 불빛이 번쩍하고 비치자 산지 전체가 환히 보이듯이 자기 일생이 보였다고 합니다! 형제 여러분! 일생 동안의 사건들을 모두 떠올려 볼 수 있으려면 그 속도가 얼마나 되어야 할지, 우리는 모릅니다. 그래서 우리가 이 사건에서 다음 사건으로 넘어가야 하지만, 그 연속은 아주 빨라서 우리 마음속에서는 모든 것이 동시에 존재하고 일어나는 것 같은 효과를 일으킬 수 있습니다. 어린 아이 앞에서 불타는 막대기를 획하고 휘두르면, 아이는 불타는 점이 아주 빨리 움직이기 때문에 불꽃이 원을 그리는 것처럼 보일 수 있습니다. 그와 같이 기억은 한 점에서 다음 점으로 옮겨가며, 기억의 각 부분에서 상상할 수 없이 짧은 시간 머물지만, 빛과 같은 속도를 부여 받으면, 눈 깜작할 만큼의 빠른 속도가 주어지면, 기억하는 사람에게는 자신의 일생이 한 순간에 앞에 펼쳐지고, 그래서 하나님처럼 끝과 시작을 나란히 볼 수 있는 효과를 갖게 합니다. 그렇습니다. 우리가 영원의 산으로부터 내려다보면, 전 평야가 우리 앞에 펼쳐져 있는 것이 보일 것입니다. 우리가 도처에 있는 산들의 밑뿌리에서 뻗어 나온 구불구불한 골짜기 아래에서 길을 잃고 어리둥절하고 있으면, 이 시내가 어디로 흘러가는지, 저편 산 뒤에는 무엇이 있는지 파악할 수가 없습니다. 그러나 우리가 산꼭대기에 올라가 내려다보면, 산 전체가 한 눈에 들어와 모든 것을 즉시 파악할 수 있습니다. 그처럼 기억도 완전해질 것입니다. 기억이 파악하는 범위에서 완전해지고 순간마다 기억하는 모든 대상을 우리에게 떠올리는 속도에서 완전해질 것입니다.

한 가지 더 말씀드릴 것이 있습니다. 또 다른 세계에서는 기억이 인생 전체를 한 번에 떠올릴 뿐만 아니라, 영속적으로 떠오르고 우리를 따라다닐 것입니다. 끊임없이 기억한다는 것! 우리가 기억할 것인지 잊을 것인지를 결정하는 일은, 이 세상에서도 우리가 할 수 있는 일이 아닙니다. 기억하거나 잊는 것을 사람의 의지로 할 수 있는 것이 아닙니다. 사람이 "내가 기억하겠어"라고 말할 수 없습니다. 기억할 수 있다면, 그는 이미 기억했을 것이기 때문입니다. 또 "내가 잊겠어"라고 말할 수도 없습니다. 그렇게 하려는 노력 자체가 생각하기 싫은 일에 주의를 기울이게 만들기 때문입니다. 기억하려고 할 때, 우리가 할 수 있는 것이라곤 내 인생 가운데 부끄러운 일들이 숨어 있는 지점 부근으로 돌아가 어슬렁 거리며 다니면서, 잎이 우거진 은신처에서 그 모습을 잡아내기를 바라는 것밖에 없습니다. 우리가 잊고자 할 때, 우리가 할 수 있는 일은 우리 마음을 다른 것들로 채워 넣으려고 하고, 그런 것들에 신경을 쓰는 가운데 마음을 누르는 무거운 생각들을 풀어놓으려고 하는 것뿐입니다. 그러나 우리는 그것이 부분적인 치료책에 불과하다는 것을 압니다. 우리는 그렇게 하는데 성공할 수 없다는 것을 압니다. 피하려고 해도 피할 수 없게 앞에 나타나는 존재들이 있습니다. 우리가 원하든 원하지 않든 간에, 우리 앞에서 일어나려고 하는 기억들이 있습니다. 이스라엘 집에 번진 나병처럼, 더러운 반점은 집의 회벽과 페인트 칠한 부분까지 퍼져나갑니다. 그래서 그 집이 부정해지는데, 그것은 나병이 거기 있기 때문입니다. 교우 여러분! 여러분 인생에서 묻어 버리고 싶은 것이 전혀 없다면, 여러분은 행복한 사람이고 특이한 사람입니다. 그런데 완고한 것은 묻히려 하지 않고, 여러분이 울타리를 친 무덤에서 떠나오면, 다시 여러분을 맞이하러 나옵니다. 나는 둥근 천장에 작은 창문이 있는 방에서, 어느 날 밤 횃불 옆에서 벌어진 끔찍한 살인이 벌어진 오래된 성에 사람들이 이야기하던 것을 기억합니다. 사람들은 그 성에 가보면 검정색 오크 마루바닥에 여러 줄의 핏자국이 있다고 말합니다. 사람들이 마루바닥을 대패로 깎고 박박 문지르기를 여러 차례 해서 핏자국들이 사라졌다고 생각하고 보면, 여전히 그대로 있다고 합니다. 마치 그 피 비린내 나는 범죄를 다시 증거하기 위해, 마루판자를 통해 스며나오는 것처럼 우중충한 붉은 자국이 계속해서 나타난다는 것입니다! 이 미신 같은 이야기는 불쾌한 일, 고통스런 죄악적인 기억이 사람의 마음에 깊이 뿌리박히는 방식을 전형적으로 보여 주는 예입니다. 사람은 기억을 떨어 버리려고 애쓰며 한 동안은, 그 기억을 쫓아 버립니다. 그런데 다시 돌아가 보면, 얼룩이 그대로 거기 있고 영원히 있을 것입니다. 얼룩들을 영원히 제거하려면 그 얼룩을 지니고 있는 영혼을 파멸시키는 것뿐입니다.

기억은 세상에서 의지의 힘으로 다 끌어낼 수 있는 것이 아닙니다. 그리고 어쩌면 저 세상에서 기억은 훨씬 더 본인의 의지와 상관없이, 그리고 훨씬 더 끊임없이 활동할 것입니다. 왜 그렇습니까? 성경에 보면, 저 세상에서는 하나님의 종들이 할 일이 있다고 하고, 하나님의 종들 외에 다른 어떤 누가 할 일이 있다는 말은 없기 때문입니다. 용서받지 못한 죄인의 일은 그가 죽을 때 끝이 납니다. 그것은 그가 형벌의 상태로 들어갈 것이기 때문만이 아니라, 또한 그 세계에서는 반역자의 어떤 활동도 용납되지 않을 것이기 때문입니다. 그래서 여러분이 보려고 한다면, 복된 상태에 있지 않는 자들의 미래 상태에 관한 성경의 모든 교훈에서 우리는 이 사상, 곧 자기 스스로 어떤 일을 계획함이 없이 지루하게 계속해서 나태하게 지내는 일, 과거의 기억과 미래의 고통을 보게 됩니다. 저 세상에서 그런 사람들에게는 기분을 전환시킬 것이 전혀 없습니다. 그에게 생각이 있고, 양심이 있으며, 기억도 있습니다. 고통, 죄, 잘못, 손실에 대한 의식이 있습니다. 그에게는 언제까지나 수동적으로 인내해야 하는 것이 있는데, 아주 영원하고 똑같습니다. 그의 고통이 완화된다거나 그의 슬픔이 손을 써서 하는 활동으로 누그러진다는 글을 보지 못합니다. 가장 비극적인 의미에서, 죄의 결과로 끝없는 단조로움을 겪고, 언제나 고통이 존재하는 그 어두운 세계에서는 "활동도 노동도 계획도 없다"고 말할 수 있습니다. 형제 여러분, 기억이 제 길을 갈 때가 있을 것입니다. 하나님께서 마침내 "자 가라. 떨어져서 가라. 네 생명을 붙들고 자세히 보라. 네가 그 생명을 가지고 무엇을 했는지 보라"고 말씀하실 때, 그것은 참으로 슬프고 애도할 만한 현장입니다. 옛날 로마의 한 황제는 살인자의 살아 있는 몸에, 그에게 살해당한 사람의 몸을 묶어서 교수대에 두는 형벌을 시행했습니다. 믿지 않고 회개치 않은 불경건한 자의 살아 있는 영혼에 "얘 기억하라"는 목소리가 들릴 때, 그는 그 자신의 인생이었던 살해당한 과거, 죽은 과거가 그에게 묶이고, 밀턴의 두렵고 의미심장한 말대로 "내가 어디로 날아갈지라도 지옥인 것은 내 자신이 지옥이기" 때문일 것입니다.

이 두려운 능력 가운데서 내가 여러분에게 상기시키고 싶은 다른 한 가지 변화가 있는데, 그것은 미래 생활에서는 과거 범죄 행위의 결과에 대한 아주 정확한 지식과 아주 민감한 양심과 함께 기억이 작용하리라는 것입니다. 여러분은 마침내 원인과 결과가 여러분 눈 앞에서 만나는 것을 보게 될 것입니다. 그때는 "그렇고 그런 일이 어떻게 해서 일어나는지 모르겠다"고 말할 여지가 전혀 없을 것입니다. 그보다는 모든 사람이 자기 일생을 회고하고, 나중에 큰 악으로 자란 유치한 죄와, 그렇게 하찮고 일시적인 것으로 보였던 뿌리에서 나온 영구히 지속된 슬픔을 보게 될 것입니다. 죄와 접촉함으로 완고해졌고, 주의를 기울이지 않기 때문에 약해진 양심이, 그때는 마치 노동자의 뻘 같이 딱딱한 손이 어린아이의 작은 손의 부드러움을 다시 갖게 되듯이 초기의 예민함과 힘을 회복하게 될 것입니다. 형제 여러분, 여러분이 그 점을 취하고 그 점에 대해 생각하려고 한다면, 더 이상 얘기할 필요도 없이, 더 이상 소름끼치는 모습이나 관능적인 모습을 동원할 필요도 없이 거기에는 지극히 담대한 사람들도 떨게 만들 것이 충분히 있습니다. 모든 과거를 떠올리는 기억, 과거의 짐을 신속히 파악하고 끊임없이 느끼는 기억, 일체 실수를 허용하지 않는 판단, 정상 참작과 변명의 여지를 주지 않는 양심이 있습니다!

기억이 어떻게 고문하는 수단이 되는지 아는 것은 어렵지 않습니다. 그와 같은 기억이 어떻게 기쁨의 원천이 될 수 있는지 알기는 더 어려운 일이지만 그렇게 될 수 있습니다. 옛날 그리스 사람들은 그 문제로 괴로움을 겪었습니다. 그들은 사람이 기억을 한다면 사람에게 엘리시움(영웅과 선인이 사후에 가는 낙원 — 역주)은 있을 수 없다고 생각하였습니다. 그래서 그들은 인생과 행복한 평원 사이에 망각의 강인 레테의 강(그 물을 마시면 일체의 과거를 잊는다고 하는 망각의 강 — 역주)을 두었습니다. 아,

그런데 우리는 우리와 영원한 복락 사이에 어떤 망각의 강도 필요하지 않습니다. 이편에 갈보리가 있고, 그것이면 충분하기 때문입니다! 갈보리는 확실히 "예수 그리스도 안에 있는 믿음"에 관한 지극히 복된 것들 가운데 하나입니다. 즉 갈보리의 십자가는 사람에게 자신의 죄됨을 기억하게 하되, 고통을 주는 것이 아니라 회개케 하고, 과거의 범죄들에 대한 기억을 진지한 기쁨으로 가득하게 만듭니다. 그것은 과거 범죄에 대한 기억이 동이 서에서 멀 듯이, 그 모든 범죄를 깨끗이 쓸어 가 버린 사랑의 강물의 깊고 힘차게 흐르는 충만함을 떠오르게 할 뿐이기 때문입니다. 형제 여러분! 여러분은 자신의 죄를 잊을 수 없습니다.

그러나 그 기억을 감사함과 복됨이 되게 하든지 혹은 영원히 고통과 상실이 되게 하든지 하는 것은, 여러분의 결정에 달려 있습니다. 햇빛이 비치는 바다 수면 위로 모습을 드러내는 검은 바위처럼, 파도가 바위를 향하여 돌진하고 바위 주변으로 떨어지는 물보라가 온통 무지개로 변하여 환하게 빛나고, 그러면 그 검고 무섭게 생긴 것에 아름다움이 찾아듭니다. 그와 같이 사람의 죄가 솟아오르고, 그것을 덮쳐 쓸어버리는 하나님의 위대한 사랑이 죄를 가지고 하나님의 자비의 아름다움이 더욱 더 밝게 비추는 바다를 만들고, 회개하고 용서받은 사람의 삶을, 죄를 기억하는 것마저도 고통스럽지 않은 삶으로 변화시킵니다.

그러니 이제 여러분은 예수 그리스도를 붙잡으십시오. 여러분의 마음을 그리스도께 맡기십시오. 여러분의 죄를 가지고 그리스도께 가십시오. 그러면 그리스도께서 그 죄들을 잊어버리고, 여러분이 죄를 기억할 때 그것이 여러분의 모든 기쁨의 기초가 되게 하실 것입니다. 여러분이 "그의 피로 우리 죄에서 우리를 씻으시고 하나님을 위하여 우리를 나라와 제사장으로 삼으신 그에게 영광과 능력이 세세토록 있기를 원하노라"(계 1:5,6) 말할 때 그 기억으로 하늘의 찬송을 더 깊고 더 조화롭게 부르게 될 것입니다. 반면에, 그렇지 않다면, "얘 기억하라"는 말씀은, 미래의 보응이 시작되게 하고, 낭비한 과거와 괴롭히는 양심과 비난하는 마음에 대해 더 이상 손을 쓸 수 없게 여러분을 떼어놓는 말씀이 될 것입니다. 그래서 "뒤를 돌아보면 울적한 모습이 보이고, 앞을 내다보면 보이지 않으니, 궁금하고 두렵다!"고 말하게 될 것입니다.

65
하나님의 종

"명한 대로 하였다고 종에게 감사하겠느냐 이와 같이 너희도 명령 받은 것을 다 행한 후에 이르기를 우리는 무익한 종이라 우리가 하여야 할 일을 한 것뿐이라 할지니라"

눅 17:9,10

이 말씀을 이해하는 데는 두 가지 어려운 점이 있습니다. 하나는 이 말씀이 앞의 내용, 즉 "주여 우리에게 믿음을 더하소서"라는 제자들의 기도와 전혀 상관이 없는 것처럼 보인다는 점입니다. 그리고 다른 한 가지는 이렇게 말씀하시는 어조가 거칠고 엄격하다는 것과, 이 말씀에서 하나님에 대한 사람의 관계가 별로 매력적으로 보이지 않다는 점입니다. 종이 아무리 충성스럽게 순종할지라도 "고맙다"는 말을 절대로 하지 않는 사람이라면, 그는 매우 무뚝뚝한 주인임에 틀림없습니다. 하루 종일 밭을 갈고 가축을 먹이는 일을 마치고 들어오는 종에게 또 다른 일만 시키는 사람이라면, 그는 배려심이 전혀 없는 주인임에 틀림없습니다. 그러나 전자의 어려운 점이 후자의 문제를 해결하고, 우리가 본문의 말씀과 그리고 본문과 관련된 말씀이 "주여 우리에게 믿음을 더하소서"라는 기도에 대한 응답이라는 생각을 꼭 쥐고 있는다면, 엄하고 다소 반발심이 생기게 하는 그 말씀의 성격이 좀 변할 수 있습니다.

1. 그래서 나는 처음에 거칠고 엄격하게 보이는 껍질을 먼저 다루도록 하겠습니다.

지금 고려하고 있는 관계는 주인과 고용된 종의 관계가 아닙니다. 그것은 주인의 재산이고, 아무 권리도, 아무 소유도 없고 그의 생사와 그와 관련된 모든 것을 주인이 마음대로 처분할 수 있는 노예와 주인의 관계입니다. 그 관계가 사람들 사이에서 존재할 때는, 비열하고 악한 관계입니다. 지금까지 그 관계에는 무자비하고 잔악한 일들이 가득하였습니다. 그런데 예수 그리스도께서는 그 관계에 손을 대시면서, "그것이 사람과 하나님의 관계이고, 사람들과 나의 관계다"라고 말씀하시는 것입니다.

그러면 이 관계에 무엇이 포함됩니까? 여기에는 절대적인 권위가 있습니다. 그래서 노예는 말하자면, 주인의 손에 들린 살아 있는 도구에 지나지 않습니다. 자신의 뜻이나 권리나 소유가 일절 없는 도구일뿐입니다. 그런데 하나님께 감사하게도, 그것만이 하나님에 대한 우리의 관계의 전부가 아닙니다. 그것이 하나님과 우리의 관계에 들어 있습니다. 사람이 가질 수 있는 가장 고귀한 호칭은, 사도들이 후일에 명예로운 왕관으로 이마에 쓴 이름인데, 그것은 "예수 그리스도의 노예"(개역개정은 "예수 그리스도의 종" — 역주)라는 것입니다.

다음에, 그 관계를 하나님에 대한 우리의 모든 관계의 기초로 제시한다면, 다른 어떤 것이 거기에 포함될지라도, 인간관계에 있어서 아주 추하고 전혀 배려심이 없고, 인간 주인의 편에서 매우 무뚝뚝하고 이기적인 성격을 보여 주는 이 두 가지가, 근본적으로 하나님에 대한 우리 관계에 속한 것입니다. "여러분 가운데 밭 갈고 가축을 치는 종이 있는데 종이 밭에서 돌아오면, 내가 저녁을 먹도록 준비하고 내가 먹고 마실 때까지 허리를 띠고 시중을 들고 그 후에 먹고 마시라고 말하지 않고 즉시 가서 고기를 먹으라고 할 사람이 누가 있겠습니까?" 저녁은 나중에 먹고, 지금은 이 일을 하라고 주인은 말합니다. 여러분이 한 가지 일을 마쳤을 때는, 이제 쉬어야 하는 것이 아니라 다른 일을 할 차례라는 뜻입니다. 하루 종일 무거운 흙덩어리를 갈아엎고 밭고랑을 밟고 다니느라 피곤했을지라도, 너는 집에 들어오면 몸을 깨끗이 씻고 내 저녁을 준비하라. 그리고 너는 "그 후에 먹고 마시라"는 것입니다.

앞에서 말하였듯이, 그런 말투는 주인이 가혹한 사람임을 나타낼 것입니다. 그러나 우리와 하나님에 관해서 생각할 때 그런 말에 가혹하지 않은 진리가 없습니까? 여기서 우리에게 가르치고 있는 바는, 우리 모든 것의 주요 소유자이신 주님과 그의 종인 우리의 관계에 본래부터 존재하는 것으로서, 봉사의 의무는 일생을 통해 지속된다는 것입니다. 도덕가들과, 종교가 없는 선생들은 의무라는 큰 법의 변치 않는 영역에 관해 중요한 사실들을 이야기합니다. 기독교의 사상은 그보다 높습니다. "주께서 나의 앞뒤를 둘러싸시고 내게 안수하셨나이다"(시 139:5). 내가 어디에 있든지 나는 주님을 섬길 의무가 있습니다. 과거에 아무리 주님을 섬겼다고 해서 현재의 노동이 면제되는 것이 아닙니다. 요람에서 무덤에 이르기까지, 나는 머리 위에 펴져 있는 포괄적인 의무의 창공 아래를 걷습니다. 숨 쉬는 한, 우리는 우리의 주인이신 하나님께 완전한 자유의사로 봉사를 드려야 합니다.

불쾌하게 보이는 본문의 표현의 취지가 그런 것입니다. 그러나 여러분이 이 점을 생각한다면, 그렇게 불쾌하게 느끼지 않을 것입니다. 이렇게 말한다고 해서, 기분전환과 긴장을 푸는 것과 휴식에 대한 본능적인 갈망을 결코 무시하는 것은 아닙니다. 이렇게 말한다고 해서, 하나님께서 종에게 필요한 것들을 주심으로써 자기 종을 계속 살게 하시고, 하나님의 일을 할 수 있는 좋은 조건을 마련하는 하나님의 의무를 간과하는 것은 아닙니다. 그보다 이 말은, 상황을 볼 때, 하나님의 뜻이 아닌 것이 분명한대도 우리 모두에게 휴식을 취하도록 하려는 시험에 대항하는 말입니다. 그리고 이 말은 우리에게 "뒤에 있는 것은 잊어버리고 앞에 있는 것을 잡으라"(빌 3:13)고 하는 말입니다. 여러분이 쟁기나 양치는 지팡이를 가지고 하루 종일 일을 했습니다. 일에 대한 보상은 또 일을 맡는 것입니다. 이제 집안으로 들어와 주님 가까이에서 주님의 식탁을 차리는 것입니다. "너희 중 누구가 종이 있는데 그에게 그와 같이 하지 않겠느냐?" 그것이 주님께서 우리를 대하시는 방식입니다.

다음에, 거칠고 호되게 보이는 이 말에서 볼 수 있는 생각은, 좋은 일을 할지라도 그에 대해 "고맙다"는 말을 결코 듣지 못한다는 점입니다. 그러나 여러분이 하나님과 그 종들의 관계의 더 높은 영역에서 이 말씀을 이해한다면, 주인의 말이 거칠게 느껴지던 점이 많이 줄어들 것입니다. 주인은 무엇 때문에 이렇게 말하는 것입니까? 그것은 이런 뜻입니다. 우리 가운데 어느 누구도 하나님의 뜻에 순종한 양이나 완전함 때문에 하나님께 보상을 요구할 수 없다는 것입니다. 여러분이 자신의 의무를 이행했습니다. 그렇다면 여러분은 일을 아주 잘한 것입니다. 그러나 그렇게 했다고 해서, 그것이 여러분이 훈장을 받고 명예를 얻어야 할 무슨 이유가 됩니까? 여러분은 단지 해야 할 일을 한 것뿐입니다. "이와 같이 너희도 명령 받은 것을 다 행한 후에" 설사 불가능한 조건 가운데서 일을 이루었을지라도, "이르기를 우리는 무익한 종이라"고 말할 뿐입니다. 여기서 "무익하다"는 말은, 이 단어가 때로 쓰이는 것처럼 나쁜 의미로 쓰인 것이 아닙니다. 그보다는 우리가 이렇게 섬긴 주님께 전보다 더 어떤 이익이나 이점을 드린 것이 아무것도 없다는 의미로 쓰인 것입니다. 사람이 자신을 무익한 종이라고 부르는 것은 복된 일입니다. 주님께서 사람에게 그같이 말씀하시는 것은 두려운 일입니다. 우리가 "우리는 무익한 종이라"고 말한다면, 우리는 주님의 입에서 나오는 "이 무익한 종을 바깥 어두운 데로 내쫓으라"(마 25:30)는 엄숙한 말씀을 면할 수가 있을 것입니다. 이 단어를 사용할 수 있는 사람이 둘이 있는데, 재판장이신 그리스도와 재판을 받는 사람입니다. 사람이 이 말을 사용한다면, 그리스도께서는 사용하시지 않을 것입니다. "우리가 우리를 살폈으면 판단을 받지 아니하려니와"(고전 11:31).

지금까지 본문의 다른 부분에 관하여 말하였는데, 이 관계가 하나님과 우리의 관계 전부를 나타내는 것이 아니고, 복된 순종의 관계에 대한 모든 것을 다 말하는 것도 아닙니다. 이 말씀이 의미하는 바는 이것입니다. "주여, 공적은 사람과 사람 사이에서나 말할 수 있을 뿐, 주께는 사람이 공적을 이야기할 수 없나이다." 사람은 아무도 자신의 순종이나 자기 행위를 합당하게 의지할 수 없고, 권리가 있는 것처럼 천국이나 다른 선을 보상으로 구할 수도 없습니다. 그래서 본문의 말씀은 사람이 자기 행위로 구원받을 수 없다는 바울 사도의 가르침을 미리 가르치신 것입니다. 그리고 "성인들의 공로" 창고와 "공덕의 행실," 또 그와 같은 것들에 관한 교훈을 뿌리 채 근절시킵니다. 뿐만 아니라 우리 자신과 우리의 순종을 볼 때, 마치 그것들이 하나님께 은총을 얻거나 충성된 종의 보상을 얻는데 조금이라도 관계가 있는 것처럼 자기만족에 빠지는 일을 조심해야 한다는 것을 가르칩니다.

2. 자, 내가 지금까지 이야기해 온 모든 것이 아주 거슬리게 들릴 수 있습니다.

이제 두 번째 단계로 가서, 우리가 이 단단한 껍질 속에 있는 은혜의 핵을 찾을 수 있는지 봅시다.

나는 예수 그리스도께서 여기서 "주여 우리에게 믿음을 더하소서" 하고 구하는 사도들의 기도에 대답하고 계시다는 한 가지 단서를 굳게 붙잡고 있습니다. 주님께서는 그동안 제자들의 행위에 대해 아주 엄격한 법규들을 규정해 오셨습니다. 그래서 자연스럽게 제자들은 주님께서 자기들에게 명하신 것을 철저히 이행하기가 참으로 어렵다는 것을 느끼고서 주님께 돌이켜 그와 같은 기도를 드린 것입니다. 이 사실은 믿음이 제자들 안에 살아서 작용하고 있었다는 것이며, 그렇지 않았다면 그들이 믿음을 더해 주시기를 기도하지 않았을 것임을 나타냅니다. 그러면 주님께서는 어떻게 제자들의 믿음을 더하는 일을 하십니까? 두 가지로 하시는데, 그 중의 한 가지는 본문의 주제와 관계가 없는 것입니다. 첫째로, 제자들에게 믿음을 얻기 위해서 더 노력을 하라고 자극하기 위해, 믿음의 능력을 제자들에게 설명하심으로써 그렇게 하십니다. 주님께서는 제자들이 무화과나무더러 "뿌리가 뽑혀 바다에 심기어라" 하고 말하면 나무가 그들에게 순종할 것이라고 약속하셨습니다. 두 번째 방법은, 우리가 지금 이야기하고 있는 문맥을 통해서 말씀하십니다. 현재 문맥은 사도들의 기도와 어떤 관계가 있습니까? 종과 주인, 종의 노동, 종의 봉사에 대해 보상의 개념이 양립할 수 없음을 가르치는 것이 믿음을 굳세게 하는데 무슨 도움이 됩니까? 이 가르침은 자기 과신의 모든 흔적을 쳐부숩니다. 우리가 이 교훈을 받아들이고, 그것을 의지해서 생활한다면, 우리가 어떤 봉사의 일을 했을지라도 하나님 앞에 설 때 자신의 어떤 덕이나 의로움에 의지하여 조금이라도 무엇을 요구할 수 없다는 것을 느끼게 됩니다. 우리는 빈손으로 왔습니다. 만일 명령 받은 것을 모두 행한 종이 "제가 명령 받은 것을 했다고 해서 주인님께 무엇을 요구할 것이 없습니다. 그것은 제가 마땅히 해야 할 바였기 때문입니다" 라고 말해야 한다면, 명령받은 것은 거의 안하고, 금한 것은 너무도 많이 행한 우리는 무엇이라고 말해야 하겠습니까?

그래서 여러분도 알다시피, 믿음을 더하는 방법은 사도들이 생각했던 것처럼 그리스도로부터 마술적인 어떤 힘을 전달받는 것이 아닙니다. 그보다는 하나님께 무엇인가 주장할 수 있는 것이 우리에게 전혀 없다는 것과, 아무것도 받을 자격이 없지만 자신을 하나님의 자비하신 손에 전적으로 드리고, 우리 자신이 하나님의 값없는 사랑으로 세움을 받는다는 위대한 진리를 마음에 새기고 활동하도록 하는 것입니다. 자기 과신이라는 쓰디쓴 뿌리를 여러분에게서 제거하십시오. 그러면 전적으로 하나님을 의지하는 온전한 정서를 마음에 품을 기회가 생깁니다. 수수한 은유를 사용한다면, 이렇게 말할 수 있습니다. 예수 그리스도께서는, 우리가 머리를 계속 수면 위로 내놓기 위해 사용하기 쉬운 부레를 이 말씀으로써 찔러 터트리시는 것입니다. 우리가 손을 내밀어 하나님의 뻗치신 손을 붙잡고 "주여 구원하소서 제가 죽겠나이다"(마 8:25) 하고 외치는 것은, 이 부레가 바늘에 찔려 터지고, 베드로 사도처럼 자신이 물속으로 가라앉는 것을 느낄 때 뿐입니다. 우리의 믿음을 더하게 하는 한 가지 방법은, 우리의 의무는 연중 끊이지 않고 계속되며, 자신의 의로는 하나님께 대해 조금이라도 무슨 주장을 할 수 없다는 확신에 뿌리를 박고 기초를 세우는 것입니다.

3. 끝으로 우리가 믿음으로 갖게 되는 더 높은 관점을 살펴보도록 합시다.

어쩌면 쓸데없이 반복하는 얘기겠지만, 나는 지금까지 본문의 말씀과 문맥이 하나님과 사람의 관계에 속한 전체 진리를 다 말하는 것은 아니라고 말해왔습니다. 그러나 믿음이 없는 사람과 하나님의 관계에 대한 진리는 이 말씀이 전부입니다. 왜냐하면 그런 사람은 최악의 의미에서 노예이고, 그가 하나님의 뜻에 대해 외적으로 바치는 일체의 순종은 마지못한 순종으로 완고하고 거칠며, 그래서 하나님의 뜻에 순종하고자 하는 목적도 없고 그 순종으로부터 얻는 유익도 없기 때문입니다. 그러나 우리가 그 위치를 받아들이고, 자신의 무능함과 아무 공로가 없음을 깨닫고서 겸손하게 "우리가 구원을 얻는 것은 우리가 행한 의로운 행위로 말미암지 않고 오직 하나님의 자비하심으로 말미암는다"고 말한다면, 넓은 곳에 이르게 되는 것입니다. 그러면 그곳에서는 주인과 종의 관계가 모든 기초가 되는 것은 아닙니다. "이제부터는 너희를 종이라 하지 아니하리니 너희를 친구라 하리라"(요 15:15). 피곤한 종이 집에 들어올 때 새로운 일을 맡아도, 그것이 새로운 짐이 아닙니다. 그는 종일 뿐만 아니라 아들이기 때문이고, 일은 즐거운 것이며, 아버지를 위해 무엇인가 할 것이 있다는 것이 기쁨이기 때문입니다. 우리의 봉사가 사랑에서 우러나온 아들의 봉사라면, 우리의 소유주이실 뿐만 아니라 또한 우리를 사랑하시는 분인 아버지로부터 풍부한 사례가 있을 것입니다.

그리스도인의 봉사, 말하자면 믿음에 기초를 두고 사랑으로 드리는 봉사는 하늘에 계신 우리 아버지 하나님께 기쁨을 드리는 일이며 하나님께서도 친히 그런 봉사를 하나님이 "받으실 만한 향기로운 제물"(빌 4:18)이라고 말씀하셨습니다. 그래서 이땅에서 우리의 봉사가 이렇게 고귀하게 되고, 종의 의무적인 순종이 아들의 즐거운 봉사로 변한다면, 해질 때 쟁기를 밭고랑에 놔두고 집에 들어올 때, 우리의 태도도 완전히 바뀔 것입니다. "너희 중에 누구에게 종이 있어 밭에서 돌아오면 그더러 와 앉아서 먹으라 말할 자가 있느냐 도리어 그더러 내 먹을 것을 준비하라 하지 않겠느냐?" 이것이 이 세상의 법입니다. 그러나 하늘에서 법은 "주인이 와서 깨어 있는 것을 보면 그 종들은 복이 있으리로다 내가 진실로 너희에게 이르노니 주인이 띠를 띠고 그 종들을 자리에 앉히고 나아와 수종들리라"(눅

12:37)는 것입니다. 이제 껍질은 벗겨졌고 알맹이가 나왔다고 봅니다. 사랑의 봉사를 하나님께서 기뻐하시고, 만왕의 왕이요 만주의 주이신 하나님께서 종 가운데 종으로서 우리의 수종을 듦으로써 보답해 주십니다.

　우리가 이땅에서 주님을 섬기고 하늘에서는 주님의 수종을 받을 수 있도록 "주여 우리에게 믿음을 더하소서."

66
그 아홉은 어디 있느냐?

11예수께서 예루살렘으로 가실 때에 사마리아와 갈릴리 사이로 지나가시다가 12한 마을에 들어가시니 나병환자 열 명이 예수를 만나 멀리 서서 13소리를 높여 이르되 예수 선생님이여 우리를 불쌍히 여기소서 하거늘 14보시고 이르시되 가서 제사장들에게 너희 몸을 보이라 하셨더니 그들이 가다가 깨끗함을 받은지라 15그 중의 한 사람이 자기가 나은 것을 보고 큰 소리로 하나님께 영광을 돌리며 돌아와 16예수의 발 아래에 엎드리어 감사하니 그는 사마리아 사람이라 17예수께서 대답하여 이르시되 열 사람이 다 깨끗함을 받지 아니하였느냐 그 아홉은 어디 있느냐 18이 이방인 외에는 하나님께 영광을 돌리러 돌아온 자가 없느냐 하시고 19그에게 이르시되 일어나 가라 네 믿음이 너를 구원하였느니라 하시더라"

눅 17:11-19

사마리아와 갈릴리 경계에 있는 마을들 가운데 하나에서 우연히 마주친 우울한 나병환자 무리는 사마리아인과 유대인으로 구성되었는데, 그 비율이 어떻게 되었는지는 알 수 없습니다. 홍수가 나면 늑대와 양들이 조금 높은 땅에서 뒤죽박죽 섞여 있듯이 함께 비참한 상황에 떨어지자, 그들은 민족적인 혐오에도 불구하고 함께 몰려다니게 되었습니다. 어쩌면 이들은 집단으로 그들의 비참한 모습을 보이면 예수님의 마음이 움직일 것으로 생각하고, 예수님께 호소하기 위해 만났는지도 모릅니다. 혹시는 이들이 다른 사람들에게서 영구히 격리되었기 때문에, 끔찍한 교제 가운데 함께 모이게 되었을 수도 있습니다.

1. 이 나병환자들의 부르짖음과 주님의 이상한 답변을 살펴봅시다.

물론 이들은 멀리 떨어져 있어야 했습니다. 법으로 규정된 거리 때문에 이들은 큰 소리로 외쳐야 했습니다. 물론 그렇게 하려면 힘이 들었을 것입니다. 나병의 한 증상이 목쉰 소리로 속삭이듯 말하게 되기 때문입니다. 절박한 필요는 순간적으로 신체에 기이한 힘을 제공합니다. 이들은 주님의 이름을 알았지만 주님의 권위에 대해서는 잘 몰랐습니다. 그랬기 때문에 주님을 예수 선생님으로 부른 것입니다. 이들은 주님께서 병고치는 능력이 있다는 것을 알았고, 예수님은 "자비"가 있는데 자기들이 애원하면 그 자비를 받을지도 모른다고 기대했습니다. 절박한 필요 때문에 이들이 부르짖지 않을 수 없는 데에서 신뢰가 싹텄습니다. 그러나 주님에 대한 그들의 생각과 자신의 필요에 대한 의식은 단순히 신체적인 영역을 넘어서지 못했습니다. 그들에게 주님은 단순히 치료하시는 분에 지나지 않았습니다.

그들의 생각이 저급하고 거칠었지만, 그들은 물이 어디든지 낮은 데로 흐르듯이, 언제든지 모든 겸손한 마음으로 흘러들어 가게 되어 있는 그리스도의 "자비"를 만날 접촉점을 제공하였습니다. 예수께서는 그 나병환자들에게로 더 가까이 가셨던 것으로 보입니다. 예수께서는 그들의 소리를 들었을 때가 아니라, 그들을 "보시고서" 말씀하셨기 때문입니다. 주님은 "외치지 아니하며 그 소리를 거리에 들리게 하지 아니하셨으며"(사 42:2), 멀리서 고치려고 하시지 않았습니다. 주님은 고칠 자들이 주님의 얼굴을 보고, 그럼으로써 주님의 동정과 사랑을 알 수 있도록 하기 위해 그들에게 가까이 가셨습니다. 주님의 명령은 율법을 인정하고 존중하였지만, 그 명령의 주요 취지는 나병환자의 믿음을 시험하고 굳세게 해 주시기 위함이었던 것이 분명합니다. 온 몸에 나병이 퍼져 있는 것을 알면서 제사장에게로 가는 것은, 예수께서 자기들을 고치실 수 있고, 고치시려고 한다는 것을 믿지 않으면, 터무니없는 일처럼 보였을 것입니다. 주님은 고쳐 주시겠다는 아무 약속도 하시지 않고, 다만 명령에 함축된 약속을 의지하도록 요구하십니다. 주님은 한 마디도 동정의 말씀을 하시지 않습니다. 주님의 애정어린 동정을 의도적으로 감추신 것입니다. 주님은 말하자면 영사기 슬라이드를 막아서 빛이 나오지 않도록 하시는 것입니다. 그러나 빛은 내내 스크린 뒤에 있었습니다. 우리도 주님께서 우리의 소원을 허락하셨다는 것을 알지 못하는 동안에도, 허락하셨다는 가정 아래 행동해야 하는 때가 있습니다. 우리도 여전히 나병이 퍼져 있다고 느끼는 동안에 제사장에게로 출발해야 하는 때가 있습니다.

2. 순종하는 믿음에 주시는 병 고침에 대해 살펴봅시다.

나병환자 열 명이 즉시 떠났습니다. 이들은 자기들이 원하는 것 전부를 주님에게서 받았고, 그러자 주님에 대해서 더 이상 생각지 않았습니다. 그래서 그들은 예수님께 등을 돌렸습니다. 그들이 가는 동안에 몸 속에서 점차 온전함이 퍼지는 것을 느낄 때 참으로 기분이 묘했을 것입니다! 건강이 돌아오는 열기가 점점 더 확실해졌을 때, 그들은 참으로 큰 확신을 가지고서 힘있게 발걸음을 내디뎠을 것입니다! 그 치료는 비록 감추어 있지만, 그리스도의 능력을 초월적으로 보여 주는 것이었습니다. 왜냐하면 멀리서, 말 한 마디도 없이, 그리고 어떤 수단도 없이 치료가 이루어졌기 때문입니다. 그것은 단지 그리스도의 능력이 말없이 발휘된 것입니다. "그가 말씀하시매 그대로 되니라"는 것은 대단한 일입니다. 하나님의 말씀 한 마디면 물질을 변화시킬 수 있기 때문입니다. 그러나 "그가 원하시매 그대로 되니라"는 것은 더욱 대단한 일입니다.

3. 단 한 명만 감사한 점을 살펴봅시다.

나병환자 아홉은 이렇게 말했을지도 모릅니다. "우리는 지금 병 고치시는 그 분이 명령한 바를 행하고 있는 중인데, 그분께 돌아가는 것은 불순종하는 일이 될 것이다." 그러나 감사하는 마음은 감사를 표현하는 것이 가장 큰 의무이며, 자기 마음이 편해지기 위해서도 그것이 반드시 필요한 일이라는 것을 압니다. 복을 쥐자마자 바로 자리를 떠나며 주신 분을 한 번도 생각지 않는 것이, 참으로 우리 모두의 모습과 닮았습니다! 이 나병환자의 목소리가 다시 예수님께 들렸습니다. 그가 "큰 소리로" 감사한 것이, 병 고쳐 주시기를 구할 때의 듣기 불편한 깩 하던 소리와는 아주 달랐습니다. 그는 감사드려야 할 분이, 하나님과 예수님, 두 분이라고 알았습니다. 그러나 이 두 분이 하나인 것은 몰랐습니다. 주께서 병을 고쳐 주심으로, 그는 이전보다 예수님께 훨씬 더 가까이 가게 되었고, 그래서 이제 그는 예수님 발아래 엎드릴 수 있게 되었습니다. 감사한 마음은 우리를 복된 끈으로 예수님께 묶어줍니다. 사랑하는 마음에는, 마음을 온통 쏟아 주님께 감사드리는 것만큼 즐거운 일이 없습니다. "그는 사마리아 사람이라." 바로 이것이 누가가 이 이야기를 하는 주된 이유일 수 있습니다. 그것이 그의 복음서가 지닌 보편주의적 경향에 일치하기 때문입니다. 그러나 우리는 공통된 인간의 미덕들을 깊은 편견을 갖기 쉬운 민족들과 개인들에게서 종종 발견한다는 교훈을 배울 수 있지 않습니까? 또 이단과 이교도들이 많은 경우에 정통 신자들에게 예의바름과 감사에 대해서뿐만 아니라 더 고귀한 일들에 대해서도 모범을 보일 수 있다는 또 다른 교훈을 배울 수 있지 않겠습니까? 이교도인이 오늘날 그리스도에 대해 들은 우리보다도 그리스도의 아름다움에 더 예민하게 반응하고, 그리스도의 희생의 이야기에 더 깊은 감동을 받습니다.

4. 그리스도께서 사람의 배은망덕에 대해 놀라고 슬퍼하시며 "이 이방인의" 감사를 기쁘게 인정하신 점을 살펴봅시다.

슬픔뿐 아니라 놀라움이 담긴 어조로 애처롭게 물으시는 두 질문에서 그 점을 간파할 수 있습니다. "열 사람이 다 깨끗함을 받지 아니하였느냐 그 아홉은 어디 있느냐?" 선물을 받고 다 가버렸으며, 감사의 불꽃이 그들의 이기적인 마음에 전혀 일어나지 않았습니다. "이 이방인 외에는 하나님께 영광을 돌리러 온 자가 없느냐?" 은혜를 모르는 사람의 수가 감사하는 사람의 수보다 훨씬 더 많습니다. 감사할 줄 아는 사람의 수가 지극히 적음을 보고 예수께서 놀라고 슬퍼하십니다. 개도 자기에게 음식을 주는 손을 알고 핥습니다. 그러나 "이스라엘은 알지 못하고 나의 백성은 깨닫지 못하는도다"(사 1:3). 선물에 대해 감사하면, 그로 인해 선물에 대한 즐거움이 커집니다. 우리가 받은 선물을 감사함으로 곰곰이 생각할 때, 선물을 두 배로 맛보게 됩니다. 우리가 모든 선물에 대해 하나님을 찬미하고 예수님께 감사할 때는, 선물이 사라진 후에도 우리 속에서 선물로서 효력을 발휘합니다. 우리는 하나님의 명예를 더럽히는 것보다, 감사치 않음으로 인해 훨씬 더 가난하게 됩니다. 이처럼 배은망덕은 아주 큰 잘못입니다. 한 가지 슬픔이 많은 기쁨을 가립니다. 시든 장미꽃 한 잎 때문에 아름다운 공주의 잠자리를 불편하게 느끼는 사람도 있었습니다. 우리 가운데는 하늘에 작은 구름 한 조각만 있어도 하늘에서 푸른 색을 보지 못하는 사람들이 있습니다. 세상적인 복과 영적인 복들에 관해 우리 모두는 감사치 않음으로 죄인이고, 그럼으로 우리 모두는 많은 것을 잃습니다.

예수께서는 "이 이방인"을 기뻐하셨고, 그가 나병이 몸에서 깨끗이 나았을 때 받았던 것보다 더 큰 선물을 마침내 그에게 주셨습니다. 그리스도께서 그를 일으켜 제사장에게 가던 길을 다시 계속 가게 하신 것은 "네 믿음이 너를 온전케 하였느니라"(개역개정은 "네 믿음이 너를 구원하였느니라" — 역주), 혹은 개역성경(the Revised Version)의 난외주 번역대로 "너를 구원하였느니라"는 말씀의 서곡에 지나지 않았습니다. 확실히 우리는 그 말씀을 가장 깊은 의미로 받아들여서, 더 치명적인 나병이 이 사람의 영에서 녹아 없어졌다고 믿을 수 있습니다. 그리고 예수께서 자기를 고치실 수 있다는 확신에서 시작된 믿음이, 믿음을 시험하는 명령에 순종함으로써 더 자랐고, 몸이 낫는 경험을 통해 경외심을 갖고 눈이 밝아지게 되었으며, 감사함으로 믿음을 표현함으로써 더 깊어지고, 마침내 예수님을 그같이 아는 자리에 이르며, 영혼을 치료한 구원으로써 "이 이방인을" 구원하는데 쓰인 감사하는 사랑으로 주님을 붙잡기에 이르렀으며, 한 때 나병에 걸렸던 몸을 땅바닥에 엎드렸을 때, 온전하여졌다고 믿을 수 있습니다.

67
세 가지 기도

"¹예수께서 그들에게 항상 기도하고 낙심하지 말아야 할 것을 비유로 말씀하여 ²이르시되 어떤 도시에 하나님을 두려워하지 않고 사람을 무시하는 한 재판장이 있는데 ³그 도시에 한 과부가 있어 자주 그에게 가서 내 원수에 대한 나의 원한을 풀어 주소서 하되 ⁴그가 얼마 동안 듣지 아니하다가 후에 속으로 생각하되 내가 하나님을 두려워하지 않고 사람을 무시하나 ⁵이 과부가 나를 번거롭게 하니 내가 그 원한을 풀어 주리라 그렇지 않으면 늘 와서 나를 괴롭게 하리라 하였느니라 ⁶주께서 또 이르시되 불의한 재판장이 말한 것을 들으라 ⁷하물며 하나님께서 그 밤낮 부르짖는 택하신 자들의 원한을 풀어 주지 아니하시겠느냐 그들에게 오래 참으시겠느냐 ⁸내가 너희에게 이르노니 속히 그 원한을 풀어 주시리라 그러나 인자가 올 때에 세상에서 믿음을 보겠느냐 하시니라 또 자기를 의롭다고 믿고 다른 사람을 멸시하는 자들에게 이 비유로 말씀하시되 ¹⁰두 사람이 기도하러 성전에 올라가니 하나는 바리새인이요 하나는 세리라 ¹¹바리새인은 서서 따로 기도하여 이르되 하나님이여 나는 다른 사람들 곧 토색, 불의, 간음을 하는 자들과 같지 아니하고 이 세리와도 같지 아니함을 감사하나이다 ¹²나는 이레에 두 번씩 금식하고 또 소득의 십일조를 드리나이다 하고 ¹³세리는 멀리 서서 감히 눈을 들어 하늘을 쳐다보지도 못하고 다만 가슴을 치며 이르되 하나님이여 불쌍히 여기소서 나는 죄인이로소이다 하였느니라 ¹⁴내가 너희에게 이르노니 이에 저 바리새인이 아니고 이 사람이 의롭다 하심을 받고 그의 집으로 내려갔느니라 무릇 자기를 높이는 자는 낮아지고 자기를 낮추는 자는 높아지리라 하시니라"

눅 18:1-14

본문에 나오는 두 비유는, 각각 그 앞에 비유의 목적에 대한 누가의 설명이 나옵니다. 또한 이 비유들은 모두 기도의 여러 면에 관한 것이어서, 서로 연결되어 있습니다. 그러나 두 번째 비유는 첫 번째 비유를 말씀하실 때 함께 말씀하신 것 같지 않고, 누가가 적합한 곳으로 생각하여 여기에 집어넣은 것 같습니다.

1. 진저리나게 하는 과부와 불의한 재판장.

이 비유와 11:5-8에 나오는 비유 사이의 유사점이나 차이점이 다같이 우리에게 교훈하는 바가 있습니다. 두 비유 모두 아주 불쾌한 인물이 끈덕진 청원에 영향을 받는 것으로 묘사하고, 또 그 청을 들어주는 동기의 무가치함과 이기적인 면을 아주 강조합니다. 이 두 비유를 듣는 사람들은, 자고 싶어 하는 친구와 귀찮아하는 재판장이 그리스도인들의 기도를 들으시는 주님과 참으로 대조가 된다는 것을 상식적으로 알 수 있습니다. 그런데 이 비유에서 재판장은 떡을 가진 사람보다 훨씬 더 악합니다. 마땅히 행해는 것이 자신의 직무인 재판을 거부하는 것은 범죄입니다. 이 과부의 필요는, 떡을 구하러 온 그 사람의 필요보다 더 절박합니다. 하나님과 사람에게 별로 신경 쓰지 않는다고 태연히 말하며, 오직 편하게 지내고 싶은 마음에서 움직인다는 이 재판장의 냉소적인 독백은 이기심의 아주 깊은 면을 보여줍니다. 그가 악하면 악한 만큼 끈기 있게 기도하라는 교훈이 그만큼 더 강조됩니다. 과부의 끊임없는 청원이 그처럼 돌같이 단단한 마음도 닳아 없앨 수 있다면, 그와 같은 기도는 어떤 것도 닳아 없앨 수 있을 것입니다. 그렇습니다. 그 재판장이, 이 비유들에 나오는 사람들과 반대로 의롭고, 사랑과 돕고 싶어 하는 마음이 가득한 사람이었다고 생각해 봅시다. 그 부르짖음이 피곤하게 하는 것이 아니라 기쁨이었다고 생각해 봅시다. 간단히 말해서, 11장으로 돌아가서 우리가 "외모로 보시지 않고 심판하시는 이를 너희가 아버지라 부른다"(벧전 1:17)는 것을 생각해 보십시오. 그러면 우리가 주께 "늘 가는 것"이 이 과부의 청원만큼 확실히 효과가 있을 것입니다.

우리는 이 비유를 통해서 나타나는 그리스도인의 생활에 속한 영적 경험을 살펴보아야 합니다. 무력함과 학대를 생각나게 하는, 과부라는 이 외로운 인물은, 그리스도께서 주님 없이 세상에 남겨진 자신의 교회를 그리고 있는 것입니다. 물론 그것이 아주 불완전한 표현이긴 하지만, 그것은 이 세상에서 영위하는 경건한 생활의 한 면을 참되게 묘사하는 것입니다. "세상에서는 너희가 환난을 당할 것이라"(요 16:33). 그리스도의 종들이 그리스도께 충성하면 할수록 그만큼 더 그들의 마음이 하나님 안에서 그리스도와 함께 할 것이고, 그만큼 더 그들이 세상과 멀어진 것을 느낄 것이고, 그럴수록 세상은 그만큼 더 본능적으로 그들의 "적"이 될 것입니다. 이 과부가 세상의 적의를 느끼지 않는다면, 그것은 일반적으로 그녀가 "참 과부"가 아니기 때문일 것입니다.

이 비유의 밑에는 그리스도인 경험의 또 한 가지 주목할 만한 사실이 깔려 있습니다. 즉 적으로부터 보호해 주기를 부르짖는 교회의 청원이 종종 응답되지 않는 것처럼 보인다는 것입니다. 11장에서 기도는 필요한 것들을 공급해 주시기를 구하는 것이었습니다. 그런데 여기서 기도는 적으로부터 보호해 주시는 특별한 복을 구하는 것입니다. 그 기도가 교회의 필요에 관한 것이든 아니면 개인의 필요에 관한 것이든, 그렇게 구한 도움이 대체로 오랫동안 지체된다는 것이 사실입니다. "대주재여 땅에 거하는 자들을 심판하여 우리 피를 갚아 주지 아니하시기를 어느 때까지 하시려 하나이까"(계 6:10) 하고 부르짖는 것이 "제단 아래에 있는 영혼들"(6:9)만이 아닙니다. 사람은 이전 교회들에 닥친 수 년 간의 박해를 생각하거나, 개인들이 겪는 오랜 기간의 지치게 하는 괴로움과 고통을 생각하고, 많은 기도와 신음소리를 하늘로 올려 보냈지만, 모든 응답이 내렸음에도 쓸데없는 것처럼 보이는 상황을 생각합니다. 그리고 이런 상황에서 "진실로 하나님은 기도를 들으시는 이시라"는 믿음을 굳게 붙들기가 어렵다고 느낍니다.

우리 모두 믿음이 흔들리고, "그의 병거가 어찌하여 더디 오는가"(삿 5:28)라는 마음의 질문에 아무 응답을 받지 못하던 때들이 있었습니다.

우리 가운데 많은 사람들이 예수께서 "사랑하시는 자가 병들었나이다"(요 11:4)라는 소식을 들으면 자기들이 오시라고 요청하지 않아도 즉시 오실 것으로 생각한 메시지를 받고서도, "그 계시던 곳에 이틀을 더 유하셨을" (11:6) 때 마리아와 마르다가 느꼈을 심정을 경험했습니다. 하나님의 도움이 지연되는 것은, 하나님의 섭리 가운데서 늘 나타나는 특징입니다. 예수께서 여기서 말씀하시듯이, 그런 지연들은 믿음에서 생명을 앗아가는 것처럼 보입니다.

그러나 이런 지연들에 대해서 우리는, 예수께서 여기서 말씀하신 "속히 그 원한을 풀어 주시리라"는 승리의 보장을 앞세워야 합니다. 그렇습니다. 아무리 오래 가는 지연도, "충분히 이른 시기"가 될 수 있습니다. 하늘의 시계는 우리의 보잘것없는 기계와 똑같이 가지 않기 때문입니다. 하나님은 "오래 참으시는 하나님"이십니다. 하나님께서는 하나님의 나라가 땅 위에 세워지기를 수 천년 동안 기다려오셨습니다. 하나님의 "택하신 자들"은 하나님에게서 인내를 배울 수 있고, "이 묵시는 비록 더딜지라도 기다리라 지체되지 않고 반드시 응하리라"(합 2:3)는 오래된 교훈을 마음에 새길 필요가 있습니다. 그렇습니다. 하나님의 지연은 단순한 연기가 아니라, 우리의 유익을 위한 것입니다. 우리가 항상 기도하고 낙망치 않도록 하기 위한 것입니다. 인자가 오고, 그가 오시면 모든 대적이 망할 것이고, 과부는 더 이상 과부로 지내지 않고, 신부가 되어 잔치자리에 들어가고, 적들을 다 잊어버리며 "네 슬픔의 날이 끝날 것임을"(사 60:20) 확실히 소망하는 불길이 늘 타오르도록 하기 위함입니다.

2. 바리새인과 세리.

누가가 이 비유에 대해 붙인 설명을 보면, 이 비유는 여기에서 바리새인이 역을 맡아 연기한 사람들의 부류에게 하신 것임을 알 수 있습니다. 우리는 그들이 주님의 말을 들을 때 얼굴을 상상해 볼 수 있고, 그들이 말씀하시는 분을 얼마나 사랑할지 생각해 볼 수 있습니다! 이들의 두 가지 특징은, 자기를 의롭다고 믿고, 다른 모든 사람을 무시하는 것입니다. 후자의 태도는 자기를 신뢰하는 것의 자연스런 결과입니다. 이들의 자화자찬하는 태도는 무조건적이었고, 다른 사람들을 무시하는 태도는 포괄적이었습니다. 이에 대해 개역 성경은 "다른 모든 사람을 깔보다"고 바르게 번역하고 있습니다. 이런 표현이 과장된 말처럼 들릴 수 있습니다. 그러나 도덕적 특징들을 판단하는 방법은, 그 특징들을 충분히 발전시킬 때 어디에 이르게 되는가를 보는 것입니다. 이 두 그림은 서로를 강화시킵니다. 전자는 그 특징을 드러내려면 많은 묘사가 필요하지만, 후자는 딱 한 가지밖에 필요하지 않습니다. 자기의는 여러 모양을 띠지만, 회개는 표현하는 감정이 하나뿐인데, 울음으로써 나타낼 뿐입니다.

바리새인의 기도는 한 마디 한 마디에서 자아도취의 냄새를 풍기고 있습니다. "따로 기도하여"라는 표현도 의미심장합니다. 왜냐하면 그 표현은 그 기도가 하나님께보다는 사람에게 하는 말이었다는 것을 보여 주며, 또 그의 말은 오만한 자기 자랑과 "다른 모든 사람들"에 대한 무례한 비방이었기 때문에 다른 사람들이 들을 수 있는 데서 좀처럼 할 수 없었다는 것을 나타내기 때문입니다. 그것은 하나님께 드리는 기도가 아니라, 자화자찬하는 독백이었습니다. 그 기도는 절반은 자신에 대한 찬사였고, 나머지 절반은 다른 사람들에 대한 비방이었습니다. 그래서 그의 기도는 성전의 천정 이상으로 결코 올라가지 못하였고, 아주 중대한 의미에서 "자기 자신에만" 머물고 말았습니다.

하나님께는 처음에 형식적으로 이름을 부름으로써 아첨을 하고, 그 다음에 순전히 형식적인 머리말인 "감사하나이다"라는 말과 나머지 모든 기도는 기도의 흔적이 전혀 나타나지 않습니다. 이렇게 자기만족에 빠진 이 신사는 어떤 것을 구할 필요가 없었기 때문에, 아무것도 구하지 않았습니다. 그는 상투적인 감사의 말을 하지만, 실제로 의도하는 것은 자신에 대해 하나님께 감사하는 것이 아니라, 하나님께 자신을 칭찬하는 것입니다. 하나님의 이름은 한 번 부릅니다. 그 나머지는 모두 나, 나, 나뿐입니다. 그는 하나님과 교제하고자 하는 바람도, 열망도, 정서도 없었습니다.

의에 대한 그의 개념은 저급하고 얄팍하였습니다. 성 베르나르(St.

Bernard)가 적고 있듯이, 그는 의롭게 된 것에 감사하기보다는 자기 홀로 선한 것에 대해 감사하였습니다. 그는 틀림없이 장담하며 큰 죄들을 부인하였을 것입니다. 그는 그런 죄들이 없는 것을 기뻐하였는데, 그것은 그것이 죄여서가 아니라, 그 죄들이 천하였기 때문입니다. 그는 "다른 사람들"이나 "이 세리"를 욕할 권리가 없었습니다. 그가 진정으로 기도를 하였거나 감사를 드렸다면, 이웃을 깔보는 태도로 곁눈질 하지 않고, 하나님과 자신에 대해서 깊이 생각했을 것입니다. 진정으로 기도하는 사람은 "더 이상 사람을 보지" 않습니다. 혹시 사람을 본다면 경멸의 대상이 아니라, 도고의 대상으로서만 사람을 봅니다. 의에 대한 바리새인의 개념은 일차적으로 소극적인 것이었습니다. 극단적인 죄를 삼가는 것으로 의를 생각하였고, 적극적인 한에서는 전적으로 의식적인 행동들과 관계가 있었습니다. 자기의에는 반드시 그와 같이 의에 대한 피상적이고 위축된 개념이 따릅니다. 의무의 법을 내적으로 깊이 있게 보는 사람이라면, 아무도 자기가 그 법을 지켰다고 우쭐할 수 없기 때문입니다. 일주일에 두 번 금식하고, 자기가 획득한 모든 것의 십분의 일을 드리는 것은 공덕을 쌓는 행위들이었고, 마치 하나님께서는 요구하신 그 이상으로 행한 행위들에 대해 빚진 심정을 느껴야 하기라도 할듯이, 그 모든 행위들을 자랑스럽게 열거합니다. 바리새인은 아무런 간구를 드리지 않습니다. 그는 자기 요구들을 말하고, 하나님께서 그 요구들을 들어주실 것이라고 말없이 기대합니다.

이 세리를 묘사하는 데는 별로 말이 필요 없습니다. 왜냐하면 자신에 대한 세리의 평가는 단순하고, 한 가지입니다. 그가 하나님께 바라는 것은 한 가지, 한 가지뿐입니다. 그의 태도에서 그의 정서가 나타납니다. 그는 모든 존경과 의의 빛나는 모범인 바리새인에게 감히 가까이 가지 못하고, 하늘을 우러러 보지도 못하기 때문입니다. 회개하는 시인처럼, 그의 죄가 그를 굳게 붙들고 있으므로, 그가 "우러러 볼 수 없습니다." 죄에 대한 예민한 의식, 죄에 대한 참된 슬픔, 죄의 짐을 벗어버리고자 하는 간절한 소원, 하나님의 용서하시는 자비를 겸손히 의지함, 이 모든 것들이 세리의 믿음의 간구에 들어 있습니다. 이렇게 깃털로 장식된 화살은 곧장 하나님의 보좌로 날아가지만 이 바리새인의 기도는 그의 입술 이상으로 올라가지 못합니다.

예수께서는 듣는 자들이 이 "비유"를 적용하도록 두지 않으시고, 친히 그 교훈을 바로 그들 자신에게 적용하십니다. 이는 자기의라는 삼중의 갑옷을 뚫으려면, 얼마나 예리하게 찔러야 하는지 아셨기 때문입니다. 이 세리는 "의롭다 하심을 받았습니다." 즉 의로운 사람으로 여겨주신 것입니다. 진리로 판단하는 하늘의 판단에서는, 죄를 용서받으면 그 죄가 사라집니다. 바리새인은 "이 세리"라는 말로 경멸을 압축해서 표현했습니다. 그런데 예수께서는 "이 사람이 의롭다 하심을 받고 그의 집으로 내려갔느니라"고 말씀하심으로써, "이"라는 말을 대비되는 표현으로 사용하십니다. 하나님께서 바리새인은 정죄하고 세리를 받아들이신 것은, 하나님의 공의를 변칙적으로 시행하시는 것이 전혀 아닙니다. 이는 자기를 높이는 자는 낮아지고 자기를 낮추는 자는 높아지게 되어 있는 것이, 그 실례들이 풍부한 보편적인 법칙이기 때문입니다. 일상 생활에서 그 예들이 언제나 나타나는 것은 아닙니다. 그러나 내적인 생활에서, 그리고 하나님과 우리의 관계에서는 그 법칙이 절대적이고, 언제나 참되게 이루어집니다.

68
하나님 나라에 들어감

"¹⁵사람들이 예수께서 만져 주심을 바라고 자기 어린 아기를 데리고 오매 제자들이 보고 꾸짖거늘 ¹⁶예수께서 그 어린 아이들을 불러 가까이 하시고 이르시되 어린 아이들이 내게 오는 것을 용납하고 금하지 말라 하나님의 나라가 이런 자의 것이니라 ¹⁷내가 진실로 너희에게 이르노니 누구든지 하나님의 나라를 어린 아이와 같이 받아들이지 않는 자는 결단코 거기 들어가지 못하리라 하시니라 어떤 관리가 물어 이르되 선한 선생님이여 내가 무엇을 하여야 영생을 얻으리이까 ¹⁹예수께서 이르시되 네가 어찌하여 나를 선하다 일컫느냐 하나님 한 분 외에는 선한 이가 없느니라 ²⁰네가 계명을 아나니 간음하지 말라, 살인하지 말라, 도둑질하지 말라, 거짓 증언 하지 말라, 네 부모를 공경하라 하였느니라 ²¹여짜오되 이것은 내가 어려서부터 다 지키었나이다 ²²예수께서 이 말을 들으시고 이르시되 네게 아직도 한 가지 부족한 것이 있으니 네게 있는 것을 다 팔아 가난한 자들에게 나눠 주라 그리하면 하늘에서 네게 보화가 있으리라 그리고 와서 나를 따르라 하시니 ²³그 사람이 큰 부자이므로 이 말씀을 듣고 심히 근심하더라 ²⁴예수께서 그를 보시고 이르시되 재물이 있는 자는 하나님의 나라에 들어가기가 얼마나 어려운지 ²⁵낙타가 바늘귀로 들어가는 것이 부자가 하나님의 나라에 들어가는 것보다 쉬우니라 하시니 ²⁶듣는 자들이 이르되 그런즉 누가 구원을 얻을 수 있나이까 ²⁷이르시되 무릇 사람이 할 수 없는 것을 하나님은 하실 수 있느니라 ²⁸베드로가 여짜오되 보옵소서 우리가 우리의 것을 다 버리고 주를 따랐나이다 ²⁹이르시되 내가 진실로 너희에게 이르노니 하나님의 나라를 위하여 집이나 아내나 형제나 부모나 자녀를 버린 자는 ³⁰현세에 여러 배를 받고 내세에 영생을 받지 못할 자가 없느니라 하시니라 "

눅 18:15-30

누가는 9:51 이후로 이야기가 달라졌던 다른 두 복음서 기자와 이 부분에서 다시 만납니다. 이 세 복음서 기자는 예수님의 팔에 안긴 어린아이들의 이야기와 젊은 부자 관원의 이야기, 두 가지를 한데 모아서 말하고 있습니다. 아마도 이 두 이야기는 주제에서뿐 아니라 시간상으로도 연결되어 있었던 것 같습니다. 두 이야기 모두 하나님 나라에 들어가는 조건을 진술합니다. 그 조건들 가운데 한 가지는 겸손함과 신뢰를, 다른 한 가지는 자기 포기를 선언합니다.

1. 우리는 여기서 하나님 나라 신민들의 어린아이 같은 면을 봅니다.

부모들이 아이들을 예수님께 데려오려고 한 충동적인 태도에는 미신적인 생각이 있었던 것이 분명합니다. 그러나 그것은 선한 사람의 복을 받고자 하는 지극히 자연스런 욕구였고, 부모라면 누구에게나 생길 소원이었습니다. 제자들이 부모를 꾸짖게 된 것은 그런 미신적인 생각 때문이 아니라, 지나치게 허물없이 주님을 대하는 태도 때문이었습니다. 위인의 추종자들은 언제나 그의 위엄에 대해 위인 자신보다 더 많이 신경을 씁니다. 그렇게 할 때 그들 자신의 중요도가 높아지기 때문입니다.

여기서 그 아이들의 어린 나이를 주목할 필요가 있습니다. 그 아이들은 "아기들"이었습니다. 그래서 너무 어려서 걷지 못하였고 자기 스스로 자발적인 행동을 할 수 없는 시기였기 때문에, 부모가 데려와야 했습니다. 하나님 나라의 신민들은 "이런 자"들로 구성됩니다. 그러면 이 비교를 통해서 예수님께서 요구하시는 특징들은 무엇입니까? 순진무구함은 분명 아닐 것입니다. 그 특징은 주님의 모든 교훈에 어긋나며, 방탕한 자식이나 세리에게서는 찾아볼 수 없는 것이며, 누가복음의 전체 정신과도 정면으로 위배될 것입니다. 그뿐 아니라 자기 의식이 별로 없는 이 아기들은 "순진무구하지" 않습니다. 왜냐하면 이 아기들은 순진무구하다든지 죄 있다든지 하는 판단을 들을 만한 나이에 아직 이르지 않았기 때문입니다. 그러면 하나님 나라의 아이들이 지녀야 하는 특징들은 무엇입니까?

어쩌면 짧지만 사랑스럽고 온유한 시편 131편이 그 답의 경로를 가장 잘 보여줄 것입니다. 이 시편이 우리 주님의 마음에 있었을 것입니다. 이 시편은 확실히 주님의 사상과 일치합니다. "내 마음이 교만하지 아니하고 내 눈이 오만하지 아니하오며 … ..내가 내 영혼으로 고요하고 평온하게 하기를 젖 뗀 아이가 그 어머니의 품에 있음 같게 하였나니." 어린 아기의 자기를 낮춤은 아직 겸손이 아닙니다. 그것은 미덕이라기보다는 본능이기 때문입니다. 어린 아기는 자신에 대해 어떤 주장을 하거나 자기에 대해 높게 생각하는 일이 없습니다. 사실 자아가 있다는 것을 겨우 알기 시작했을 정도밖에 되지 않을 것입니다. 다른 한편으로, 남에게 의존하는 신뢰가 아기의 생활입니다. 그것은 또한 근본적이고 본능적인 충동입니다. 어린 아기가 어머니의 품에 기분 좋게 안겨 있게 만드는 이 충동이, 하나님 나라의 자녀들이 가져야 하는 의식적인 신뢰를 표시하는 것이 당연합니다. 우리는 품에 안겨 있는 아기에서 약하지만 처음으로 그 전형적인 모습을 볼 수 있는 겸손과 신뢰라는 미덕들을 우리 영혼의 의식적인 기질로 회복하고서, "돌아가서 그 오래된 길을 다시 밟아야" 합니다. 들어가는 문이 매우 낮습니다. 그래서 우리가 머리를 꼿꼿이 든다면 하나님 나라의 문으로 들어갈 수 없을 것입니다. 하나님 나라에 들어가려면, 손과 무릎으로 기어서 가야 합니다. 하나님 나라에는 자기를 의지하는 사람들을 위한 장소는 없습니다. 우리는 하나님의 아들 안에서 나타난 하나님을 전적으로 의지해야 합니다.

그래서 누가는, 이 세상이 우리 주님의 생애에서 다른 어떤 일보다 잘 알고 있을, 주님께서 아기들을 품에 안고 축복하신 지극히 아름답고 감동적인 이 사건을 말없이 지나가면서 그 교훈을 지적하는데 그렇게 열심입니다. 여러 면에서 이 사건은 예수님의 인성과 보편적인 선행을 나타내기를 좋아하는 이 복음서에 특별히 적합했을 것입니다. 그러나 누가는 그 사실을 알았을지라도 하나님 나라에 들어가는 조건에 대한 교훈을 약화시킬 것은 조금이라도 끌어들이려고 하지 않았습니다.

2. 여기서 우리는 하나님 나라에 들어가는 조건으로서 자기포기를 봅니다.

젊은 관리와의 대화(18-23절)에서 그 조건이 반드시 필요함이 나타납니다. 그리고 곁에서 그 대화를 들은 사람들의 슬픈 탄식(24-27절)은, 그 조건의 어려움을 가르치고, 열두 제자를 대표한 베드로와의 대화(28-30절)는 그 조건의 보상을 나타냅니다.

첫째로, 자기포기의 필요성에 대해 살펴봅시다. 이 관리의 질문에는 좋은 점과 나쁜 점이 많이 섞여 있습니다. 그의 질문을 보면, 진정한 열심, 자아에 대한 불만족, 지극히 복된 상태에 이르지 못했다는 의식과, 그 복에 대한 동경, 그 복을 얻기 위해서는 어떤 수고도 감당할 수 있겠다는 마음, 그리스도의 지도에 대한 확신이 나타나는데, 간단히 말해서 어린아이의 정신이 많이 들어 있습니다. 그러나 그의 질문은 또한 선한 것에 대한 지극히 가벼운 평가도 들어 있는데, 그것은 "영생"을 외적인 행위로 얻을 수 있다는 잘못된 생각입니다. 이것은 영생의 성격과, 외적인 행위들을 수행할 수 있다는 자신의 능력을 결정적으로 잘못 생각하고 있는 것입니다. 선에 대한 이같이 피상적인 평가와 선한 행실을 할 수 있다는 자기 능력에 대한 이같이 지나친 확신이 그리스도께서 그에 대해 바로잡으려고 하신 쌍둥이와 같은, 두 가지 잘못된 생각입니다.

우리 주님의 답변에 대한 누가식 표현을 생각할 때, 답변을 시작하시면서 되물으신 질문은, 이 관리가 순전히 형식적으로 말한 예의를 차리는 인사말을 붙들고서, 그에게 "선"에 대한 생각을 넓히라고 명령합니다. 예수께서는 자신이 그런 호칭을 들을 수 있는 권리를 부인하시지 않고, 이 사람이 그 호칭을 자기에 붙일 권리가 있는지 물으시는 것입니다. 이 관리는 예수님을 한낱 사람으로만 생각하였습니다. 그렇게 생각하였기 때문에 "선하다"는 그런 표현을 금방 쓸 수 있었습니다. 형식적인 칭찬의 표현들을 보면, 그런 표현이 나오게 된 뿌리의 저급한 개념들을 많이 볼 수 있습니다. 선하다는 표현을 이렇게 거침없이 사람에게 돌리는 사람은, 선에 대해 높은 개념을 가질 필요가 있습니다. 예수께서는 영생을 얻는데 필요한 선을 어떤 것이든 자기 힘으로 행할 수 있다고 믿는 이 사람이, 위험하게 잊고 있는 중요한 진리를 말씀하십니다. 하나님만이 유일한 선이십니다.

그러므로 인간의 모든 선함은 하나님에게서 나옵니다. 이 관리가 "선"을 행하려고 하면, 그는 먼저 하나님에게서 나오는 선을 받음으로써 선하게 되어야 합니다.

그러나 이 말씀은 그리스도의 성품에 대한 중요한 태도가 담겨 있습니다. 세상은 예수님을 선하다고 부릅니다. 왜 그렇게 부릅니까? 하나님 외에는 선한 이는 아무도 없습니다. 그래서 우리는 이 딜레마에 직면하지 않을 수 없습니다. 예수 그리스도께서 육체로 나타나신 하나님이시거나, 그가 선하시지 않거나 둘 중의 하나입니다.

이렇게 그의 생각을 깊게 하고, 그의 부족한 점을 일깨우고서, 우리 주님은 이 관리에게 율법에 눈을 돌리게 함으로써 그가 서 있는 기초를 건드리십니다. 주님께서는 십계명의 후반부만을 인용하셨습니다. 이는 그 계명들이 특별히 행위와 관계가 있고, 그 계명들을 위반하는 행위가 십계명의 전반부 계명들보다 더 쉽게 인지되기 때문입니다. 이 관리는 예외적이고 빛나는 어떤 행위들을 지적해 주실 것으로 기대하였습니다. 그런데 주님께서는 오래되어서 아주 익숙하게 알고 있는 의무들, 행하지 않으면 큰 죄가 되는 의무들을 그에게 일러 주십니다.

자신은 어렸을 때부터 이 모든 것을 행했다는 그의 항변 속에, 실망과 조급함의 그림자가 드리워져 있습니다. 그는 분명 그 모든 것을 행했을 것입니다. 그랬음에도 불구하고 그가 예수님께 온 것은, 그런 행위가 그에게 "영생"을 가져다주지 못했습니다. 젊은 사람들 가운데 자신에 대해 솔직하게 말한다면, 이와 똑같이 말할 사람들이 많지 않겠습니까? 젊은이들은 복에 대한 열망을 갖고 있지만, 자기들은 복을 소유하고 있지 못하다고 말합니다. 이들은 십계명의 후반부의 계명들을 지켜왔습니다. 그러나 "선한 일"의 종류와 양이 평안을 가져다주지 못했습니다. 예수께서는 이 젊은 관리에게 보셨던 것과 같은 모든 것들을 보시고 젊은이들을 "사랑하시며," 더 나아가서 이 관리에게 하셨던 것과 같은 말씀을 하십니다. 무엇이 부족하였습니까? 선의 정신, 이것이 없다면 그 밖의 모든 것들은 "죽은 행실"이었습니다. 그 정신은 무엇입니까? 그것은 철저한 자기포기와 그리스도를 좇는 것입니다. 이 사람에게 자기포기는 자기 재물을 나누어주는 모습을 취하였습니다. 그러나 외적인 포기 행위 자체는, 그의 다른 행실들이 그랬던 것처럼 영생을 가져오기에 "죽은" 것이고 무능한 것이었습니다. 외적인 포기 행위는 목적을 이루는 수단으로서, 즉 그리스도의 제자 중 한 사람이 되는 것으로서, 제자가 되는데 반드시 필요한 내적 자기포기의 표현으로서 귀중하였습니다.

하나님 나라에 들어가는 조건에 대한 실질적인 강조점은 후반부에, 곧 "나를 따르라"는 말씀에 있습니다. 그리스도의 제자들 가운데 들어오는 사람은 하나님 나라에 들어가고 영생을 얻습니다. 그렇게 하지 않는다면, 그가 가난한 자들에게 먹을 것을 줄지라도 그로 인해 아무 유익도 얻지 못할 수 있습니다. 영생은 외적 행동에 대한 외적인 보상이 아니라, 자신을 예수께 드린 것의 결과이자 소득입니다.

이 요구가 이 영리한 사람의 마음을 찔렀습니다. 이 사람은 결국 영생보다 세상을 더 사랑하였습니다. 그러나 그는 떠나갔지만, 슬퍼하며 갔습니다. 그것은 어쩌면 그가 돌아올 것이라는 표시였을 수도 있습니다.

둘째로, 예수께서는 돌아가는 그를 안타깝게 바라보십니다. 우리는 예수께서 그가 돌아오기를 여전히 바라셨을 것이라고 확신할 수 있습니다. 예수님의 탄식에는 재물의 시험을 충분히 고려하는 동정으로 가득 차 있습니다. 주님의 탄식은 보편적인 진리를 말씀하시는데, 재물이 소위 그리스도인이라고 하는 사람들을 금사슬로 그렇게 꽁꽁 묶는 오늘날만큼, 이 진리가 필요한 때는 없습니다. 우리가 부자가 될수록 주님의 제자가 되는 것이 어려워진다는 것을 믿는 사람이 얼마나 적은지 모릅니다! 재물을 버리라는 명령을 그대로 순종하려고 한다면, 지금보다 그리스도께 훨씬 더 가까이 갈 사람들이 오늘날 교회에 얼마나 많은지 모릅니다.

우리는 이런 명령들이, 그 명령을 받은 개인들에게만 적용될 수 있는 것처럼 생각하는 경향이 너무 강합니다. 그 명령들에서 보편적인 요소는 글자가 아니라 정신이지만, 우리 가운데는 그 정신을 지키기 위해 명령을 문자 그대로 순종할 필요가 있는 사람들이, 우리가 생각하는 것보다 훨씬 더 많습니다. "부자가 하나님의 나라에 들어갈 수 없다면 누가 들어갈 수 있겠는가!" 하고 외친 제자들의 말에, 돈의 위력에 대한 세상적인 숭배가 얼마나 깊게 배어 있는지 모릅니다! 제자들의 이 말은 어쩌면 이런 뜻일지도 모릅니다. 자기포기가 조건이라면 누가 그 조건을 이행할 수 있겠는가? 이에 대한 예수님의 답변이, 우리가 선을 행할 수 있고 자신을 이길 수 있는 유일한 능력을 우리 모두에게 가르쳐 줍니다. 말하자면 하나님의 도움으로만 그렇게 할 수 있다는 것입니다. 하나님이 "선"이시므로, 우리가 하나님을 바라보면 우리도 선하게 될 수 있습니다. 그러면 하나님께서 우리 영혼을 그와 같은 기쁨으로 채우실 것이고, 세상이 이 기쁨을 우리에게서 빼앗기 어려울 것입니다.

셋째로, 본문의 마지막 단락은 자기포기의 보상을 가르칩니다. 베드로는 자기 식대로 쓸데없는 참견을 합니다. 베드로는 자기 제자들이 모든 것을 버렸다고 자랑하지 않았더라면 더 좋았을 것입니다. 그러나 그들이 모든 것을 포기한 것은 사실이었습니다. 사실 고깃배와 낡은 그물, 이것이 그들이 내놓아야 했던 전부입니다. 하나님의 자녀들이 내놓은 귀중한 것들을 간직하고 있는 하나님의 창고에는 별로 가치가 없는 것들이 많이 있습니다. 냉수 한 컵, 과부의 두 렙돈이 왕관과 보석들과 함께 나란히 있습니다. 이와 같이 예수께서는 거의 천진난만하다고 할 수 있는 자축하는 말을 책망하시지 않고, 오히려 그 속에서 자기의 신실함에 대한 호소가 있음을 눈여겨보십시오. 그것이 허풍처럼 들리지만 사실은 기도였고, 새로 보장하는 말씀으로 응답을 받았습니다. 그리스도를 위하여 혹은 하나님의 나라를 위하여 외적인 것들을 버리는 것은, 버린 것들을 백배나 더 기쁘게 다시 획득하는 것입니다. 주님께 드린 선물들은 주님의 손으로 고치고 주님의 제단에 바쳐져서 거룩하게 되어 드린 자에게 다시 돌아갑니다. 이 현세는, 예수께 모든 것을 드리는 사람에게만 세상의 풍성한 부를 내놓습니다. 이 관리가 외적인 행위로써 얻을 수 있다고 생각한 "영생"은, 생명이신 주님으로 충만할 수 있도록 비어 있는 마음으로 흘러들어가게 되어 있으며, 저 세상에서 완전해질 것입니다.

69
예수님을 멈추게 한 사람

"예수께서 머물러 서서 명하여 데려오라 하셨더니
그가 가까이 오매 물어 이르시되 네게 무엇을 하여 주기를 원하느냐
이르되 주여 보기를 원하나이다"

눅 18:40,41

그리스도의 가시는 길을 막은 이 사람에 대한 이야기를 세 "공관" 복음서 기자들이 모두 기록하고 있습니다. 이 사건은 예수께서 십자가에 못 박히시기 일 주일 전에 일어났다는 점에서 특별한 의미를 지닙니다. 어떻게 이 맹인이 누가 지나가고 있는지 소리를 듣고서 즉시 큰 소리로 그리스도께 자기를 불쌍히 여겨달라고 부르짖기 시작하였는지를, 마가가 얼마나 생생하게 묘사하는지 알 것입니다. 또 주님 자신보다 주님의 체면을 훨씬 더 신경을 써서 쓸데없이 참견하는 제자들이 그를 잠잠하게 만들려고 한 점, 앞을 보지 못하는데 종종 따르는 외적인 장애에 아랑곳하지 않고 완강하게 버티면서 "그가 더욱 크게 소리 지른" 점, 그리고 그렇게 굽히지 않고 소리를 지름으로써 예수님을 멈추게 한 사람이라는 명예를 얻게 된 점을 생생하게 묘사합니다. 예수께서 가만히 서서 그를 불러오라고 명하시자, 따르던 무리들이 즉시 태도를 바꾸어 그를 방해하기보다는 그에게 도움을 주면서 "안심하라 일어나라" 하고 그에게 말하였습니다. 그러자 그는 그동안 거기에 앉아 있는 동안 몸을 가렸던 형편없는 누더기를 던져

버리고 속옷만을 걸친 채 예수께로 왔습니다. 예수께서 "네게 무엇을 하여 주기를 원하느냐" 하고 물으십니다. 질문의 형태를 띤 약속이었습니다. 바디매오는 자기가 원하는 것을 알고 있기에 주저 없이 답변하였고, 그래서 그는 요청하는 바를 얻습니다.

자, 이 사건 전체에서, 특별히 방금 읽은 중심 부분에 우리를 위한 중요한 교훈들이 있다고 생각합니다. 이 교훈들 가운데 첫 번째는, 여기서 우리는 그리스도께서 다른 일에 마음을 쓸 여유가 전혀 없는 때에도 신속히 동정을 보이시는 면에 대한 놀라운 계시를 본다는 것입니다.

이 모든 일이 우리 주님께서 십자가에 못 박히시기 일주일 전에 일어났다고 말씀드렸습니다. 예루살렘으로 가는 이 마지막 여행을 복음서 기자들이 묘사하는 방식을 상기하려고 한다면, 갈릴리로부터 가는 길 내내 예수님을 재촉한 영의 결심과 긴장에 매우 특별한 점이 있었다는 것을 알게 될 것입니다. 마가는 제자들이 예수님의 뒤를 따르며 놀랐다고 말합니다. 예수님의 얼굴과 태도에서, 제자들이 그동안 익숙히 보아 왔던 것과 전혀 다른 어떤 점이 있었습니다. 그 점이 그들에게는 너무 생소해서, 그들은 당황하고 두려웠습니다. 그들이 너무 놀라고 두려워서, 가는 길에 예수님 가까이에도 잘 가지 못했다는 점도 읽게 됩니다. "예수께서 그들 앞에 서서 가시는데 그들이 두려워하더라." 그 다음에 이야기는 계속 이어지는데, 야고보와 요한이 오만한 소원을 가지고 예수님께 좀 더 가까이 갔고, 나머지 제자들은 예수님과 자기들 사이에 그동안 느끼지 못했던 거리감을 의식하면서 우물쭈물 뒤를 따랐고, 야심이 있는 이 두 사람만 그런 거리감을 무시한 채 가까이 간 사실이 나옵니다. 게다가 복음서 기자들 가운데 한 사람은 예수께서 예루살렘을 향하여 올라가기로 굳게 결심하셨다고(눅 9:51) 말합니다. 온유한 얼굴에 새로운 결심과 열중하는 표정이 뚜렷하게 나타난 것입니다. 십자가의 그늘이 예수님에게 드리워지고 있었습니다. 예수께서는 마지막 싸움을 위하여 마음의 준비를 단단히 하고 계셨던 것입니다. 우리 주님의 생애에서 외적인 일들을 염두에 두시지 않았을 것이라고 생각할 수 있는 때가 있었다면, 특별히 길가에 앉아 있는 불쌍한 맹인 거지의 개인적인 슬픔을 안중에 두시지 않았을 때가 있었다면, 바로 이 때가 그 순간이었습니다. 그러나 예수께서 직면하게 되어 있는 괴로운 고통과, 예수께서 이제 행해야 하는 크나큰 일과, 이제 곧 거두게 될 큰 승리에 대한 중대한 생각에 아무리 몰두해 있을지라도, 주님은 "위로하고 동정할 여유로운 마음을" 가지고 계셨습니다. 지극히 중요한 그 시간에도 주님은 조용히 서서 그를 불러오라고 명령하셨습니다. 예수께서 치료의 능력을 발휘하시고 바디매오를 돕는 가운데서 다가오는 슬픔의 압박에서 다소 쉴 수 있으셨다고 말하는 것이 지나친 말인지 궁금합니다.

형제 여러분, 이것은 우리 모두를 위한 교훈이 아닙니까? 예수 그리스도께서 우리들 가운데 한 사람처럼 자신이 일주일 안에 죽을 것을 알고 있다고 생각해 보고, 그 다음에 예수께서 이 불쌍한 사람을 도우려고 몸을 돌리는 것을 생각해 보라고 말할 때, 그것은 어떤 사건을 영적으로 해석하거나 우화적으로 보거나, 그 사건에 들어 있지 않은 의미를 억지로 밀어 넣는 것이 아닙니다. 이것이 우리를 위한 모범이 아닙니까? 우리는 자신의 기쁨에서보다 슬픔에서 이기적인 태도를 취하는 경우가 더 많습니다. 개인적인 슬픔으로 우울해지게 된 때에는, 많은 사람들이 "내 마음에 이런 무거운 짐이 있는데 어떻게 내가 다른 사람들의 일에 관심을 갖거나 그리스도인의 일을 하거나 곤경의 부르짖음을 듣고 자비를 행하기를 기대할 수 있는가" 하고 말하기 쉽습니다. 우리는 여러분이 그렇게 할 것이라고 기대하지 않습니다. 그러나 예수 그리스도께서는 그렇게 하셨고, "우리에게 본을 끼쳐 그 자취를 따라오게 하려"(벧전 2:21) 하셨습니다. 성령의 복된 감화와 평안을 가져오는 순종의 행위와 더불어, 다른 사람의 슬픔을 해소하고 다른 사람들의 짐을 지는데 몰두하는 것만큼 슬픔에 위로가 되는 것은 없습니다. 우리 주님께서 십자가를 향하여 가는 길에 부싯돌처럼 굳은 얼굴을 하셨지만, 바디매오의 호소에 귀를 기울일 만큼 마음이 자유로우셨다는 사실에서, 우리 모두를 책망하고, 우리 모두가 배워야 하는 교훈을 읽게 됩니다.

그 다음에 여기서 우리는 좀 더 낮은 단계에서 부르짖는 간절한 소원의 힘을 보여 주는 아름다운 예를 보게 됩니다.

그리스도께서 가시는 길에 어떤 적도 그리스도를 멈출 수 없었을 것이고, 어떤 반대도 가로막지 못했을 것입니다. 광야에서의 시험이 되풀이 되는 형국인, 주님의 사랑하시는 자로서 예의를 모르는 친구들의 간청이나 "이 일이 결코 주에게 미치지 아니하리이다"고 한 베드로의 어리석은 말도 멈춰 세울 수 없었을 것입니다. 예수께서는 "요단의 깊은 숲에서 나타난"(렘 50:44) 사자가 풀섶을 헤치고 가듯이, 그런 모든 하찮은 장애물들은 밟아 버리셨을 것입니다. 그런데 "다윗의 자손 예수여 나를 불쌍히 여기소서" 하고 부르짖는 이 외침이 주님을 멈추어 세웠습니다. 십자가와, 주께서 지금 서둘러 이루려고 하시는 다른 모든 것이 세상을 위한 큰 일이었지만, 먼저 행해야 할 어떤 것을 위해서는 순서를 기다려야 했습니다. 주님께서 가시는 길에는 많은 사람들의 발소리와 열심히 얘기하는 많은 사람의 떠드는 소리가 가득하였습니다. 그러나 길가 먼지구덩이 속에 앉아있던 이 불쌍한 사람의 외치는 소리가 그 모든 소음을 뚫고서 그리스도의 귀에 들렸습니다. "이것은 비유니"(갈 4:24). 그리스도의 보좌에 이르는 찬미의 바다는 언제나 있습니다. 그러나 내 간구의 작은 시내는 바다 가운데서 그리스도께로 뚜렷이 흘러갑니다. 시인들 중의 한 사람이 말하듯이, 그리스도께서 이 불쌍한 사람의 목소리를 듣지 못하셨다면 "나같이 보잘것없는 인간의 찬송을 듣지 못하시는" 분으로 생각할 수도 있을 것입니다. 우리의 부르짖음이 하늘에 헛되이 상달되지 않고 들으심을 얻지 못하지 않는다는 것과, 그리스도의 보좌 앞에 무수한 피조물들이 기다리고 있을지라도 예수 그리스도께서 우리 각 사람을 개별적으로 아시고 사랑하시는 일에 아무 방해를 받지 않는다는 것을 믿도록 우리를 격려하는 모든 사실들 가운데서도, 이 작은 사건은 확실히 큰 교훈을 주는 귀한 일입니다. 바디매오의 부르짖음을 들으신 그리스도께서 우리의 소리도 들으실 것입니다.

마찬가지로 여기서 우리는 그리스도께서 그 외에도 할 일이 많은 분이시지만, 필요하다면 우리의 곤경을 해결하시기 위해 다른 일을 미루실 것을 보여 주는 실례를 본다고 말할 수 있지 않습니까? 앞에서 말한 대로, 나머지 모든 일은 잠시 기다려야 했습니다. 바디매오가 그리스도를 멈춰 세웠습니다. 나사렛 예수께서 지나가실 때 믿음의 손을 내밀어 그의 옷자락을 잡으면, 우리의 소원하는 바가 우리의 최고의 선에 일치할 때는, 주님을 멈추게 하고 우리의 소원을 행하시게 할 것입니다. 바로 이 여행길에서 그리스도를 멈춰 세운 또 한 사람이 여리고에 있었습니다. 바디매오의 간청 뿐만 아니라 단순한 호기심 이상인 삭개오의 호기심도 주님을 멈춰 세웠습니다. 여전히 얼굴은 예루살렘쪽으로 굳게 향하고 있었지만, 바디매오의 부르짖음 때문에 가만히 서셨던 그리스도께서 또 다시 서서, 세리가 올라가 있는, 한창 열매를 맺고 있는 중인 돌무화과나무를 쳐다보고 "삭개오야 내려오라 내가 오늘 네 집에 유하여야하겠다"고 말씀하셨습니다. 예수께서 왜 머무르셔야 했습니까? 도와주면 구원할 수 있는 영혼이 거기에 있는 것을 아셨기 때문입니다. 그 사실 때문에 주께서 십자가를 향하여 가시는 걸음을 멈추신 것입니다.

　사랑하는 교우 여러분, 그리스도께서 한창 우주를 다스리시는 일을 하고 교회를 지도하고 다스리며 감화시키는 일을 하시는 가운데서라도, 여러분의 필요를 채워 주실 것을 구하면, 필요할 경우에 모든 일을 제쳐 두고 여러분의 호소에 귀를 기울이실 것입니다. 이것은 과장이 아닙니다. 그리스도께서는 각 사람을 하나하나 사랑하시고, 마치 우주에 주님과 나만 있는 것처럼 우리 각 사람에게 아낌없이 은혜를 베푸신다는 분명한 진리를 강하게 표현한 것일 뿐입니다.

　다음에, 바디매오는 자기가 얻은 것을 다른 누구에게 빼앗기지 않는다는 사실도 기억할 필요가 있습니다. 예수께서 그를 돕기 위해 가는 길을 멈춘 것 때문에 아무도 고통을 받지 않았습니다. 사람들이 오천 명씩 줄을 지어 앉았고 먹기 시작했을 때, 마지막 열에 앉아 있는 사람들은 조금밖에 되지 않는 떡과 생선 두 마리가 충분히 돌아갈지 의심스러웠기 때문에 맨 처음 음식을 받은 사람들을 부러운 눈으로 바라보았을 것입니다. 그러나 맨 처음 그룹이 충분히 먹었고 마지막 그룹도 그만큼 먹었으며, 사람들은

"남은 조각을 열두 바구니에 차게 거두었습니다"(마 14:20). "모든 사람에게 충분하고 각 사람에게 충분하며, 영원히 충분합니다."

이 이야기에서 나오는 또 한 가지 사상이 있습니다. 이 이야기는 그리스도께서 믿음의 기도의 손에 주시는 능력에 관한 놀라운 교훈을 가르쳐 줍니다.

"네게 무엇을 하여 주기를 원하느냐?" 예수께서는 조금 전에 아주 다른 상황에서 똑 같은 질문을 하신 적이 있습니다. 이때 야고보와 요한은 예수님께 와서 무조건 어떤 약속을 받아내려 했습니다. 자기들이 처음부터 털어놓고 말한다면, 원하는 것을 얻을 수 있을 것 같지 않다는 것을 알았기 때문입니다. 그들에게 그 질문은 거절하시는 말씀이었습니다. 야고보와 요한이 "선생님이여 무엇이든지 우리가 구하는 바를 우리에게 주시기를 원하나이다"고 말하였고, 예수께서는 "너희에게 무엇을 하여 주기를 원하느냐? 그것이 무엇인지 먼저 말해 보라"고 하셨습니다. 그러나 맹인 바디매오가 부르짖었을 때 예수께서는 비록 그가 시력이 없는 눈으로는 볼 수 없었겠지만 미소를 지으며 그를 내려다 보셨을 때, "네게 무엇을 하여 주기를 원하느냐"고 말씀하시는 주님의 목소리에는 호의가 담겨 있었을 것입니다. 청원을 묻는 주님의 질문은 "네가 원하는 것을 들어주마" 라는 약속이었습니다. 그리스도께서는 왕궁 보고의 열쇠를 믿음의 손에 쥐어 주시며, "가서 네 하고 싶은 대로 하라. 네가 원하는 것을 가져가라"고 말씀하십니다.

물론 우리는 이 경우의 성격에 몇 가지 제한들이 있다는 것을 기억해야 합니다. 그 제한들은 임의로 부과한 것이 아닙니다. 가장 참된 선물들은, 본래의 성격으로 인해 제한들이 따릅니다. 그래서 우리 가운데 어떤 사람들에게는, 이 제한들이 마치 기도에서 모든 복을 빼앗아 가는 것처럼 들릴 수가 있습니다. 사도들 가운데 한 사람은 이같이 말합니다. "우리가 그의 뜻대로 무엇을 구하면 들으심이라"(요일 5:14). 어떤 사람들은 이것이 별로 대단치 않은 헌장이라고 생각하지만, 믿음의 무한한 힘에 반드시 필요한 제한을 설정하는 것입니다. "네게 무엇을 하여 주기를 원하느냐?" 우리의 답변이 언제나 마음속으로부터 "내 뜻대로 마옵시고 아버지의 뜻대로 하옵소서"라는 것이 아니면, 우리는 아직 가장 고귀한 복을 배우지 못한 것이고, 기도의 참된 의미도 깨닫지 못한 것입니다. 왜냐하면 기도한다는 것은 주장하는 것, 곧 우리 소원을 하나님께 들이미는 것이 아닙니다. 기도한다는 것은 첫째로 우리의 뜻이 하나님의 뜻에 일치하기를 소원하는 것을 의미합니다. 옛날 랍비들이 때때로 위대한 진리들을 발견하였는데, 그들 가운데 한 사람이 이같이 말했습니다. "하나님의 뜻을 네 뜻으로 삼아라. 그러면 하나님께서 네 뜻을 당신의 뜻으로 삼아주실 것이다." 바디매오처럼 앞을 보지 못하는 불쌍한 사람이 그 사실을 기억하고 그에 맞게 구한다면, 그는 왕궁의 보고의 열쇠를 손에 넣고, 보고에 들어가서 보석과 다이아몬드를 마음껏 손에 쥐고 금괴를 가지고 나오며, 그 모든 것이 그의 것이 될 것입니다.

눈에 시력이 없는 이 사람이 자기가 원하는 것은 무엇이든지 가질 수 있다는 것을 알았을 때, 자기가 정말로 원하는 것이 무엇인지 생각하기 위해 오래 멈출 필요가 없었습니다. 여러분과 내가 알라딘의 램프를 갖게 되어서 램프를 문지르기만 하면 힘센 영이 나와서 우리의 소원을 이루어 준다면, 우리가 원하는 것을 그처럼 확실하게 말할 수 있을지 모르겠습니다. 이 맹인이 자기의 필요를 알았듯이 우리가 우리의 필요를 안다면, "네게 무엇을 하여 주기를 원하느냐"는 질문에 그처럼 잠시도 머뭇거리지 않고 말할 것입니다. "주여, 내 눈이 어두운 것을 아시지 않습니까? 내가 보는 것 외에 다른 무엇을 원하겠습니까?" 예수께서는 여전히 오셔서 동일한 질문을 우리에게 하십니다. 하나님께서는 우리 모두가 이렇게 말할 수 있도록 허락하십니다. "주여, 어떻게 우리에게 그렇게 물으시나이까? 내 영혼이 더럽고, 내 사랑이 방황하며 내 눈이 침침한 것을 주께서 아시지 않습니까? 내게 주님을 주십시오!" 우리가 이렇게 구한다면, 그에 대한 답변이 이 맹인에게 왔듯이 우리에게도 속히 올 것입니다. 즉 "네 길을 가라 네 믿음이 너를 구원하였느니라"(개역개정은 "가라 네 믿음이 너를 구원하였느니라" — 역주),는 답을 받을 것입니다. 그리고 여기서 "네 길을 가라"는 말은 우리에게 자비를 베푸신 분의 앞에서 떠나가라는 말이 아닙니다. 우리의 "길"은 바디매오가 시력을 얻었을 때 "예수를 길에서 따르니라"고 했던 것과 같은 길이 될 것입니다.

70
친절에 마음이 녹음

"예수께서 그 곳에 이르사 쳐다 보시고 이르시되
삭개오야 속히 내려오라 내가 오늘 네 집에 유하여야 하겠다 하시니"

눅 19:5

누가만 삭개오 이야기를 전하고 있다는 것이 누가복음의 특징입니다. 누가는 그리스도를 버림받은 자들의 친구로 나타내는 사건들을 언제나 특별한 관심을 가지고 다룹니다. 누가복음은 무엇보다 사죄의 복음입니다. 예를 들면, 우리는 성전에서 기도하는 바리새인과 세리의 비유, 선한 사마리아인의 비유뿐 아니라 잃어버린 양, 잃어버린 동전, 잃어버린 탕자의 뛰어난 세 비유를 알 수 있는 것도 누가의 덕분입니다. 모든 세리와 죄인들이 예수님의 말씀을 들으러 예수께 가까이 나왔다는 것을 말해 주는 이도 누가입니다. 또 누가는 이 사건을 끝맺으면서, "인자가 온 것은 잃어버린 자를 찾아 구원하려 함이니라"는 교훈을 말하는 기회를 결코 놓치지 않습니다. 누가가 이 매혹적인 삭개오 이야기를 전하는 것은, 이 사건이 위대한 사상을 밝혀 주는 빛 때문입니다. 이 이야기를 되풀이 할 필요는 없습니다. 우리 모두 그 이야기를 잘 압니다. 이 이야기 가운데 기이한 부분이 사람들 머리 속에 못박혀 있습니다. 우리는 어떻게 이 돈 많은 세리장이 사람들에게 가리워 앞을 볼 수 없게 되자 길가에 선 돌무화과나무로 체면 불구하고 기어 올라갔는지를 압니다. 그리고 거기에서 사랑의 눈길에 발견되고, 친절한 말씀을 듣고 놀라고 그 말씀에 마음이 녹아내렸으며, 그 자리에서 새로운 사람이 되었다는 것을 우리는 압니다. 이 이야기는 온갖 교훈으로 가득합니다. 이제 이 교훈을 함께 살펴보시기 바랍니다.

1. 첫째로, 불완전한 동기에 끌려 예수 그리스도께 온 이 버림받은 사람을 봅시다.

사람들은 이 사람이 이방인이었다고 생각해 왔지만, 그의 유대인 이름을 볼 때 유대인인 것이 분명합니다. 그렇다면, 그가 세리이면서 유대인이었다는 사실은 그의 인물됨에 관해 많은 점을 이야기해줍니다. 종사하는 사람들을 어느 정도 비난받게 만드는 직업들이 있습니다. 여러분은 명예에 아주 민감한 사람이 전문적인 스파이로 활동한다거나, 신앙적으로 매우 열심인 사람이 술집을 운영한다는 것을 별로 생각지 못할 것입니다. 아주 훌륭한 유대인이 로마 정부의 도구로 전락한다는 것은 별로 생각할 수 없는 일일 것입니다. 삭개오는 여리고에 있는 세관원의 우두머리였습니다. 여리고는 요단강 가까이에 있고 또 주변 평야의 비옥함으로 인해 이 도시를 통해 큰 교역이 이루어지고 있기 때문에 상당히 중요한 위치를 차지하고 있었습니다. 그는 상당한 돈을 모았는데, 필시 매우 의심스런 방법으로 벌었을 것입니다. 그는 자기 동포들에게서 맹렬한 비난과 혐의를 받았는데, 그래도 싸다고 할 만한 사람이었습니다. 이탈리아 사람들은 오스트리아인 밑에서 일하는 이탈리아인들을 좋아하지 않았습니다. 아일랜드 사람들은 옛날 어려웠던 시절에 교회 세금을 거두곤 하던 아일랜드 사람들을 좋아하지 않았습니다. 그와 같이 유대인들은 가이사의 종이 된 유대인들에게 별로 좋은 감정을 가지고 있지 않았습니다. 어떤 사람이 그런 위치에 있다는 것은 그가 애국심과 신앙, 대중의 인정보다는 돈을 더 좋아한다는 표시였습니다. "어느 시궁창 물에서 건져냈든지 간에 돈은 아무 냄새가 없다"고 말한 로마 황제의 좌우명이 그의 좌우명이 되었습니다. 미움을 받는 사람은 지독한 구두쇠 같은 성향을 띠고 개인들에게 두루 적의를 보이게 될 것입니다. 그래서 우리는 여리고 세관원의 우두머리이고, 게다가 부자이기도 한 삭개오가 결코 바람직한 인물이 아니었다는 것을 당연하게 생각할 수 있습니다.

　무엇 때문에 그는 예수 그리스도를 보고 싶어 했습니까? 그 자신은 호기심 때문이라고 말하였습니다. 그러나 아마도 그는 자신을 오해하고 있었을 것입니다. 사람마다 이야기하는 갈릴리 출신의 이 랍비 예수가 대체 어떤 사람인가 알고 싶어 하는 단순한 바람보다, 그 아래 작용하는 무엇인가가 있었습니다. 예수께서 자기 같은 부류의 사람들도 따뜻하게 대한다는 것을 들었을까요? 아니면 그가 사방으로부터 미움을 받는 표적이 되는 것에 지치기 시작했고, 그런 점을 돈이 별로 보상해 주지 못한다는 것을 깨닫기 시작한 것입니까? 아니면 구체적으로 이름을 밝히지는 않았지만 현재의 명확한 어떤 악에 불만을 품게 되었고, 그래서 막연한 어떤 선을 찾으려는 갈망이 있었던 것입니까? 필시 그랬을 것입니다. 우리들 가운데 어떤 사람들처럼 그도, 자신이 더 낫다고 생각하는 사람들에게 질렸기 때문에 하찮은 동기를 가장 중요한 것으로 여긴 것입니다.

　지금 이 자리에 목사의 설교를 들어보고 싶은 호기심에서 오려고 했다고 하거나, 그와 같이 평범한 동기에서 왔다고 스스로는 말하지만, 그 이면 깊숙이에는 전혀 다른 이유, 곧 자신과 하나님 사이가 올바르지 않다는 막연한 느낌이 내내 있었고, 지금 이 자리가 그것을 바로 잡을 수 있는 기회일지 모른다고 하실 분이 있는지 모르겠습니다. 하여튼 간에, 어떤 미흡한 동기로 키 작은 삭개오가 돌무화과나무에 올라가 있었든지 간에, 그는 그리스도를 보기 위해 올라갔고 올라갈 때 목적했던 것 이상의 것을 얻었습니다. 우리도 알지 못하는 사이에 온전하신 구주에게 이끌릴 수 있고, 결함이 있는 동기에 의해 구주에게로 인도될 수가 있습니다.

　삭개오는 또 다른 방식으로 우리에게 모범을 보여줍니다. 여러분이 좋다고 알고 있는 목표를 추구함에 있어서는 체면에 그리 집착하지 말라는 것입니다. 돈 많은 세리장이 나뭇가지 사이에 앉아 있는 것을 보면 사람들이 조소와 경멸을 보낼 것입니다. 그러나 그는 랍비가 지나갈 때 그를 잘 볼 수만 있다면 그런 것에는 개의치 않았습니다. 사람들은 마음이 어떤 것에 사로잡히면, 남의 비웃음에 전혀 신경을 쓰지 않습니다. 우리가 행하는 것이 예수 그리스도를 보는 것에 도움이 되기만 한다면 사람들에게 비웃음을 당하는 것에 개의치 않는 사람들이 우리 가운데 더 많아졌으면 좋겠습니다. 사람들의 조소를 두려워하지 마십시오. 그것은 진리의 시금석이 아니라 십중팔구 어리석은 자들의 찡그린 표정일 뿐입니다.

2. 그 다음에, 초대도 받지 않고 찾아간 손님을 살펴봅시다.

작은 행렬이 돌무화과나무 아래에서 멈추었을 때 삭개오는 마음이 불안해지기 시작했을 것입니다. 그는 과거에 정통 교리의 대단한 박사들이 습관적으로 세리를 대하는 방식을 여러 번 경험했을 수 있습니다. 그래서 이 새로운 랍비도 다른 랍비들처럼 할지 모르며, 군중들을 충동질해서 자기를 비난하도록 할 수도 있다고 생각하여 두려워하기 시작했을지도 모릅니다. 군중들은 랍비와 이 세리 사이에 어떤 일이 벌어질지 잔뜩 호기심 어린 표정으로 지켜보고 있었을 것입니다. 그들은 모두 깜짝 놀라고 말았을 것입니다. "삭개오야 속히 내려오라 내가 오늘 네 집에 유하여야 하겠다." 삭개오가 누군가가 자기 이름을 그렇게 애정 어린 어조로 부르는 것을 들은 것이 자기 어머니 무릎에서 지내던 어린 시절 이후로 처음이었을 것입니다. 여리고에서는 누더기를 걸친 거지라도, 지금 예수께서 건너가시겠다고 말씀하시는 그 문간 너머로 발을 디디면 품위를 떨어뜨린다고 생각하지 않을 사람이 아무도 없었습니다.

예수께서 자발적으로 누구의 집에 들어가시겠다는 기록을 보는 것은 여기뿐입니다. 예수께서는 계시는 곳을 떠날지언정, 자기를 원하지 않는 곳에 가시겠다고 결코 말씀하시지 않는 분입니다. 그래서 예수께서 "내가 네 집에 유하여야 하겠다"는 주님의 말씀을 볼 때, 삭개오의 얄팍하고 세속적인 호기심 이면 깊은 곳에는, 우리 주님께서 이 제안으로 일깨우고 의식하게 하는 훨씬 더 고귀한 어떤 것이 있었다고 보입니다.

우리가 간단히 언급할 수 있는 이 말에서 중요한 진리들이 많이 암시됩니다. "삭개오야 내려오라"는 말씀에서 그리스도께서 사람들을 개별적으로 아는 예를 봅니다. 누군가가 그리스도께 그의 이름을 알려드렸다든지,

혹은 그리스도께서 사전에 인간의 지식으로 삭개오 대해 무엇을 알았든지 하는 표시가 전혀 없습니다. 그러나 나다나엘이 무화과나무 아래 있는 것을 본 그 눈이 삭개오가 돌무화과나무에 올라가 있는 것을 아셨습니다. 두 사람의 이름을 들은 적이 없는데도 신비하게 이 두 사람을 아셨습니다. 그리스도께서는 사람들의 이름을 헛되이 부르시지 않습니다. 예수께서 어떤 사람에게 그 개인의 이름을 불러 이야기를 거실 때, 그것은 일반적으로 예수께서 그의 사람됨을 아신다는 것을 주장하거나 그의 위에 있는 자신의 권위를 나타내려는 의도이며, 혹은 개인적인 호의와 애정을 나타내고 약속하려는 의도입니다. 그래서 예수께서는 제자들 가운데 몇 사람의 이름을 부르셨는데, 그 행동으로써 각 사람의 영혼을 예수님 자신에게 결합시키는 관계를 엮으셨습니다. 이와 같이 사람을 개인적으로 알고 사랑과 권위로 끌어당기는 일이 "삭개오야"라는 이 한 마디로 모두 표현된다고 생각합니다. 그리고 이런 일들은 삭개오에게 해당되듯이 우리에게도 해당됩니다. 신약 성경의 약속들, 예수 그리스도의 말씀, 주님의 보장과 계명이 적용되는 "누구든지"라는, 보편적으로 적용되는 위대한 말씀은 마치 이런 것들을 우리 이름으로 감싸서 우리 손에 주시는 것처럼 우리 각 사람에게 직접적으로 해당되는 것입니다. 우리도 그리스도께서 이름으로 부르시는 것이고, 그러면 그리스도의 마음에 모든 인류 집단 속에 있는 각 영혼에 대해 개인적인 관심과 동정과 애정과 사랑의 목적을 지닌 결속이 있는 것처럼 확실히, 우리에게도 우리를 개인적으로 그리스도께 묶는, 개인에게 응답하는 사랑의 결속이 있을 수 있는 것입니다. 나는 어떤 한 점, 곧 생명이 들어오도록 복되게 찔린 어떤 마음에 복음의 중대한 진리들을 모아들일 수 있다면 무슨 특별한 일이라도 했을 것입니다. "원하는 자는 오라"(계 2:17)고 하십니다. "제가 원합니다" 하고 여러분 자신에게 말하십시오. "내게 오는 자는 내가 결코 내쫓지 아니하리라"(요 6:37)고 하십니다. 그러니 여러분 자신에게 "제가 갑니다" 하고 말씀하십시오. 모든 일반적인 선언들과 마찬가지로, 그리고 특별히 그 가운데 가장 중요한 선언처럼 "하나님이 세상을 이처럼 사랑하사 독생자를 주셨으니 이는 그를 믿는 자마다 멸망하지 않고 영생을 얻게 하려 하신"(3:16) 것입니다. 이 구절을 여러분이 원하는 대로 읽어보십시오. 여러분이 이 구절을 읽을 때 "하나님이 나를", 곧 여러분의 이름이 무엇이 되었든지 간에 나 아무개를 이처럼 사랑하사, 즉 "예수께서 나를 이처럼 사랑하셨으니 내가 그를 믿으면 멸망하지 않고 영생을 얻을 것입니다" 하고 읽지 않는 한, 바로 읽는 것이 되지 못할 것입니다.

그 다음에, 여기서 어떻게 우리가 그리스도께서 사회에서 버림받은 지극히 타락한 사람들을 상대하고, 함께 지내려고 하시는 온전한 뜻과 바람을 구체적으로 나타내는 계시를 보게 되는지 살펴봅시다. 이것이 그리스도께서 자발적으로 손님이 되신 유일한 경우라고 앞에서 말씀드렸습니다. 바리새인들이 예수님께 구하였을 때 예수께서 거절하시지 않았습니다. 당시 사람들이 피하였던 세리의 집을 예수님께서 손수 그 문을 여셨습니다. 바로 그것이 예수께서 언제나 행하시는 일입니다.

이 작은 사건을, 그리스도께서 모든 사람을 대하시는 태도를 상징하는 것으로만 아니라, 그리스도의 성육신과 인성의 사실에서 가장 크게 구체화되고 예증된 원칙을 보여 주는 작은 실례로도 이해할 수 있습니다. 왜 예수 그리스도께서 육신을 입고 우리 가운데 거하셨습니까? 그리스도께서 잃어버린 자들을 찾아 구원하기 원하셨기 때문입니다. 왜 예수께서 세리의 집에 들어가시고, 따르던 무리들의 비웃음을 무릅 쓰고 그 타락한 사람과 교제하셨습니까? 같은 이유에서 그렇게 하셨습니다. 지극히 작은 수정이나 거대한 수정이나 모두 같은 방식으로 작용하는 동일한 힘에 의해서 생깁니다. 이 사건은 단순히 상징에 불과한 것이 아닙니다. 그것은 영원한 하나님의 아드님이 하늘을 떠나 내려오셔서 "우리 가운데 거하시매 우리가 그의 영광을 보았다"(요 1:14)는 사실에서 최고의 초월적인 예를 보여 주는 법칙이 작용하는 작은 한 예인 것입니다.

주님의 예는 우리가 따라야 할 모범입니다. 사회에서 버림받은 타락한 자들과 솔직하게 지속적으로 교제하려는 주님을 본받지 않는 기독교 교회는, 그리스도의 생명으로 활력을 공급받아 지낸다는 교회의 참된 표지들 가운데 하나를 잃어버린 것입니다. 오늘날 기독교 교회들의 상태를 보면, 사람들을 불만족스럽게 만들고 두렵게 하는 것들이 많이 있습니다. 기독교 교회의 상태가 모두 발전하는 가운데서 사람이 거기에 공감할 수 없지만, 본질적으로 아주 선한 한 가지가 있습니다. 그것은 버림받은 사람들에게 손을 내밀지 않는 교회는 존속할 일이 없는 것이고, 자기의를 아주 자랑스럽게 여겨서 부정하고 타락한 사람들 가운데는 가지 못하는 그리스도인들은 그리스도인들이라고 하기보다는 바리새인에 가까우며, 그들이 고백하는 종교의 첫 번째 원칙들이 무엇인지 배울 필요가 있는 새롭게 각성된 의식입니다. 자기의는 거룩한 공포로 자기를 두르며, 완전한 의는 사회의 버림받은 자들에게로 두려움 없이 명랑하게 들어갑니다. 이처럼 의사가 병자 외에 누구에게 가겠으며, 그리스도께서 세리의 집 외에 어디에 계시겠습니까?

    그 다음에, 우리 주님의 이 말씀은, 이 큰 법이 주님의 생애를 지배했음을 주께서 인정하심을 나타냅니다. 여기서는 연대의 전후관계가 아주 중요합니다. 우리는 일반적으로 삭개오가 등장하는 이 장면이 주님께서 십자가에 못 박히시기 일주일 전의 일이라는 것을 생각지 못합니다. 우리 주님은 이때 죽기 위해 마지막으로 예루살렘으로 올라가는 여행 중에 계셨습니다. 이 기간 동안 내내 주님의 태도에는 평상시와 전혀 다르게 거룩한 조급함에서 나오는 긴장이 있었고, 이 점 때문에 제자들이 주님의 뒤를 좇아가면서 아주 놀랐습니다. 예수께서는 예루살렘으로 올라가려고 굳게 결심하셨습니다. 그리고 그 가는 길에서 마치 자신의 고난과 사역의 절정에서 빨리 도달하려는 것처럼 제자들 앞에서 성큼성큼 걸어가셨습니다. 이렇게 십자가 위에서 온전케 되려는 강한 열망 가운데 서둘러 가는 중에, 예수께서 발걸음을 멈추게 된 것입니다. 다른 어떤 것도 예수님을 멈춰 세울 수 없었습니다. 그런데 "내가 오늘 네 집에 유하여야 하겠다"고 말씀하신 것입니다. 구원 받을 영혼이 있었고, 이 한 영혼을 구원하기 전까지 세상을 위한 제사는 기다려야 했던 것입니다. 이런 표현을 쓸 수 있다면, 그리스도께서 하여튼 흔들림 없이 확고부동하게 서둘러 십자가를 향하여 가시는 중에, 이 필요를 만나자 길을 멈추신 것입니다. 가장 고귀한 "하여야 하리라"는 것은 하나님 아버지의 뜻에 대한 순종이었습니다. 그 필요와 나란히 다른 "하여야 하리라"는 것이 있었는데, 그것은 하나님 아버지의 탕자들을 구원하는 일이었습니다. 이와 같이 우리 형제들 가운데 맏아들이신 그리스도께서 그 의무를 인정하셨고, 갈보리로 가는 길에 삭개오의 집에 유숙하기 위해 길을 멈추셨습니다. 여기서 우리는 즐거운 교훈을 배우고 그런 생각에 깔려 있는, 위안이 되는 중요한 사실들을 마음에 담도록 합시다.

초대도 받지 않고 찾아간 손님이신 주님의 말에서, 본인도 잘 모르고 있는 소심한 소원들을 주께서 아주 풍성하게 성취해 주시는 것을 다시 한 번 보게 됩니다. 나는 이 설교 앞부분에서 삭개오의 호기심이 표면에 나타났지만, 우리 주님께서 그 사람에게 친히 말을 건네셨다는 사실에서 주님이 단순히 세상적인 호기심 이상의 것을 그에게서 찾으셨음을 알 수 있다고 말한 바 있습니다. 삭개오가 올라가 있던 돌무화과나무에서 서둘러 내려왔을 때, 구경꾼들 가운데 몇몇 사람들이 분명히 짐작하였겠듯이, 삭개오 자신도 자기가 그동안 희미하게 소원해 오던 바가 무엇인지 알았을 것입니다. 이와 같이 좀처럼 의식의 표면에 떠오르지 않지만 우리의 행동을 충분히 바꿀 만한 힘을 지닌, 필요와 갈망, 희미한 소원들이 우리 모두에게도 있습니다. 예수 그리스도께서는 우리에 관해 모든 것을 아시고, 우리 자신보다 우리의 심중을 더 잘 읽으시며, 막연히 어떤 선을 추구하고자 하는 이런 희미한 감정을 찾아내어 언제라도 밝히 드러내실 수 있습니다. 형제 여러분, 우리가 주님께 그렇게 원한다면 주님은 우리에게 우리의 원하는 모든 것이 되실 것입니다. 우리는 우리에게 필요한 모든 것을 잘 알지 못하고, 그래서 그것을 원한다는 것을 스스로에게 말하지 못할지라도, 주님은 우리에게 우리가 필요로 하는 모든 것이 되십니다.

우리 주님의 이 말씀에서 마지막으로 추론해 볼 수 있는 사상이 있습니다. 주님은, 사람에게 주님을 모실지 안 모실지를 사람이 결정하도록 하신다는 것입니다. "속히 내려오라 내가 오늘 네 집에 유하여야 하겠다." 그렇습니다. 그러나 삭개오가 계속해서 나무에 그대로 있었다면, 그리스도의 "하여야 하겠다"는 말씀이 성취되지 않았을 것입니다. 이 세리가 서둘러 내려오지 않았다면, 예수님은 계속해서 예루살렘으로 가셨을 것입니다. 주님은 아무에게도 자신을 강요하시지 않습니다. 또한 주님은 아무에게도 자신을 내주지 않고 보류하시는 법이 없습니다. 주님은 우리가 구속받지 않는 자유로운 결정에 의해 스스로 선과 악을 짓는 당사자가 되는 두려운 특권을 존중하십니다.

여러분은 이때가 이 세리에게 절호의 기회였다는 것을 생각해 본 적이 있습니까? 예수 그리스도께서는 이후로는 다시 여리고의 거리를 지나가시지 않을 것이었습니다. 그래서 이때가 삭개오에게 마지막 기회였고, 그가 서둘러 내려오지 않았다면, 그는 영원히 그리스도를 잃어버렸을 것이라고 생각해 본 적이 있습니까? 이점은 지금도 마찬가지입니다. 이 순간 이 자리에 예수 그리스도께서 지금 어떤 사람에게 마지막으로 호소하고 계실 수도 있습니다. 그가 누구인지 나도 모르고, 다른 사람도 모릅니다. 사람이 언제 회개해야 하느냐고 사람들이 물었을 때 한 랍비가 이렇게 대답하였습니다. "당신 인생 마지막 날에 회개하라." 그러자 사람들이 대답했습니다. "그러나 우리는 그 날이 언제일지 모르지 않습니까." 그러자 랍비가 말했습니다. "그러면 지금 회개하라." 그래서 여러분에게 말합니다. 여러분 가운데 어떤 분들은 두 번 다시 그리스도의 복음을 듣지 못할 수 있기 때문에, 그리고 우리가 다시 복음을 들을 수 있을지 없을지 우리 중 아무도 모르기 때문에 지금 회개하라고 말씀드립니다. 지금 바로 나무에서 내려오고, 예수 그리스도께서 도시를 벗어나 저편 언덕들 사이로 난 길로 그냥 올라가시지 않도록 하십시오. 그리스도께서 골짜기의 꺾어진 곳으로 돌아가서 보이지 않게 되면 다시는 여리고로 돌아오시지 않거나 삭개오가 영원히 그리스도를 다시 보지 못할 것이기 때문입니다.

3. 끝으로, 주님의 친절에 감동을 받은, 사회에서 버림받은 이 사람을 살펴봅시다.

우리 주님께서 이 세리와 이야기하는 가운데, 어느 단계에서 그가 "서서 주께 여짜오되 내 소유의 절반을 가난한 자들에게 주겠나이다" 하고 말했는지 우리는 모릅니다. 그러나 언제 그 말을 했든지 상관없이, 그것은 주님의 애정어린 손길과 삭개오가 예수 그리스도에게서 발견한 동정과 사랑의 새로운 샘에 의해 그에게 완전한 변혁이 일어났다는 표시였습니다.

삭개오의 이 말이 장래의 서약을 나타내는 것이 아니라, 그의 과거 습관을 표시한다고 생각한 사람들이 있습니다. 그러나 내가 볼 때, 삭개오가 자신이 사람들이 생각하는 것처럼 그렇게 나쁜 사람이 아니고 따라서 그리스도를 맞이하기에 그리 부적절한 사람이 아니라는 것을 나타내기 위해 자기의 과거의 선행을 광고한다는 것은 앞뒤가 맞지 않는 얘기입니다. 그리스도의 사랑은 우리가 은근히 자신의 선행을 자랑하게 하기보다는 죄의식을 더 일으킵니다. 그래서 삭개오는 이같이 말한 것입니다. "주님! 주께서 나를 사랑하시니 놀라울 따름입니다. 나는 주께 복종하고 내 어두운 과거는 내던집니다. 그리고 할 수 있는 한, 그에 대해 배상하고자 합니다."

사람을 변화시키는 유일한 요인은 마음에 받은 그리스도의 사랑입니다. 나는 삭개오가 예수님과 대화를 나눈 후에도 우리가 그리스도에 대해 아는 만큼 예수 그리스도께 대하여 알았다고 생각지 않습니다. 그리고 십자가의 그 놀라운 죽음에서 우리만큼 그리스도의 사랑을 알았을 것으로 생각지 않습니다. 그러나 주님의 사랑이 그의 마음에 깊은 자국을 남겼고, 그의 전 본성을 변화시켰습니다. 사람의 애착의 전체 흐름과 경향을 바꾸고, 물질적인 것과 영적인 것의 상대적 가치에 대한 평가를 뒤바꾸며, 그의 안팎을 완전히 뒤바꿔 새 사람으로 만들 것은 최고의 사랑에 대한 계시입니다. 즉 예수 그리스도 안에 있다가 세상으로 나온 사랑, 우리 모두의 구원을 위해 십자가에서 죽으셨고, 우리 각 사람에게 관심을 보이는 이 최고의 사랑에 대한 계시입니다. 그 외에 어떤 것도 그 같은 일을 하지 못할 것입니다. 사람들은 삭개오를 불쾌하게 생각했고, 그 때문에 그는 냉혹한 사람이 되었습니다. 사람들은 그를 맹렬히 비난하고 핍박하였으며, 그에 대한 반응으로 그는 이를 더 굳게 악물고 기회가 있을 때는 나사못을 좀 더 단단하게 조일뿐이었습니다. 사람을 경멸하면, 그를 마귀처럼 변하도록 몰아갈 수가 있습니다. 여러분이 그의 마음을 녹여 선을 행하게 하고 싶으면, 사랑을 하도록 해 보십시오. 에티오피아인이 자기 피부를 바꿀 수 없지만, 예수 그리스도께서는 그의 마음을 변화시킬 수 있고, 그러면 점차 그의 피부도 변할 것입니다. 사람을 변화시키는 유일한 힘은, 예수 그리스도의 사랑을 믿는 믿음입니다.

그 다음에, 예수 그리스도를 진정으로 영접하였는지를 알아볼 수 있는 한 가지 시험은, 그 사람이 과거의 악을 버리고 할 수 있는 한 그에 대해 배상하려는지 보는 것입니다. 사람들은 우리의 복음이 비현실적이고 감정적이라고 말합니다. 그 외에도 복음을 추하게 설명하는 많은 형용사들이 있습니다. 글쎄요! 만일 복음을 그렇게 말한다면, 그것은 복음의 잘못이 아니라 복음을 말하는 사람들의 잘못입니다. 왜냐하면 복음을 받아들이는 모든 사람에 대한 복음의 요구는 매우 실제적이기 때문입니다. 자신의 옛 사람에 대해 철저히 등을 돌리고, 아무리 이익이 되거나 즐거운 것이라 할지라도 이전의 악을 분명하게 버리며 사람들에게 끼친 손해에 대해서는 변상을 하도록 요구하기 때문입니다.

예수 그리스도를 사랑하고 신뢰하는 것, 죄사함에 대한 즐거운 확신과 천국에 대한 영광스런 소망을 갖는 것을 이야기할지라도, 그런 것으로 인해 여러분이 어떤 것이 되었든지 과거의 나쁜 습관을 끊어 버리고 등 뒤로 완전히 던져 버리지 않는 한, 그것은 소용없는 일입니다. 뜨거운 감정, 깊은 즐거움, 죄사함 받았다는 확실한 의식, 천국에 대한 소망, 모두 좋습니다. 여러분의 행실을 통해서 그 믿음을 보여 주시기 바랍니다. 그 행실들 가운데 가장 중요한 것은, 내가 행한 이 악을 보십시오. 이제 더 이상 그 악을 행하지 않습니다 하는 것입니다. "주여 보시옵소서 내 소유의 절반을 가난한 자들에게 주겠사오며." 바로 이 앞 장에서 그리스도를 따르기 위해 재물을 버릴 결심을 하지 못한 젊은 관리가 있었습니다. 삭개오는 그리스도를 따르기로 얼마나 철저히 결심했는지 세상 재물을 포기하라는 명령을 받을 필요도 없었습니다. 재산의 절반을 가난한 자들에게 주고, 자기가 해를 끼친 사람들에게는 네 배로 변상하고 나면, 남는 것이 별로 없을 것입니다. 누군가가 그날 아침에 삭개오에게 "삭개오여! 오늘 밤이 되기 전에 당신은 거의 극빈자나 다름없게 되겠지만 지금보다는 행복한 사람이 될 것이요" 하고 말했더라면, 삭개오는 참으로 놀랐을 것입니다!

그러므로 사랑하는 교우 여러분, 삭개오처럼 우리가 하려고 하고 또 필요하다면, 우리 모두는 갑자기 정반대 방향으로 길을 바꾸어 미래의 전체 모습을 변화시킬 수 있습니다. 사람들은 갑작스런 회심은 좀 의심스럽다고 말합니다. 어떤 경우에는 그럴 수도 있습니다. 그러나 사람이 그동안 바라보고 왔던 방향을 바꾸려고 결심하는 것은 언제나 순간적입니다. 머뭇거리고 생각하고 결심에 이르기까지 준비하는 시간은 아무리 오래 걸릴지라도 결심하는 때는 순간적입니다.

예수 그리스도께서 이 세리 앞에 서셨듯이 지금 우리 각 사람 앞에 서 계시고, 그에게 "내가 들어가야겠다"고 말씀하셨듯이 지금 우리에게도 그같이 말씀하고 계십니다. "볼지어다 내가 문 밖에 서서 두드리노니 누구든지 문을 열면 내가 그에게로 들어가리라"(계 3:20). 그리스도께서 들어오신다면, 주께서 들어오시려다가 멈추려면 무엇을 버려야 할지를 가르쳐 주실 것이고, 그 희생이 고통스럽지 않고 복되게 만드실 것입니다. 모든 것을 곁에 두었을지라도 그리스도가 없는 사람보다, 그리스도와 함께 있으면서 아무것도 없는 사람이 더 행복하고 부유한 사람이 될 것입니다.

71
장사하는 종들

"그 첫째가 나아와 이르되 주인이여
당신의 한 므나로 열 므나를 남겼나이다 …
그 둘째가 와서 이르되 주인이여 당신의 한 므나로
다섯 므나를 만들었나이다"

눅 19:16,18

평소의 습과는 다르게 복음서 기자는 이 비유의 이유가 무엇이었는지를 우리에게 밝힙니다. 이 비유는 우리 주님께서 예루살렘으로 가는 마지막 여행길에 여리고에서 말씀하셨습니다. 베다니는 여기서 하루 길밖에 떨어져 있지 않았습니다. 갈보리에 이르는 것도 일주일밖에 남지 않았습니다. 평소와 다른 심령의 긴장이 예수님의 태도에서 나타났고, 제자들은 두려움으로 그것을 지켜보았습니다. 주님의 이런 태도가 제자들에게 영향을 미쳤고, 흥분하기 쉬운 군중들은 유월절 잔치에 참석하러 가는 길이었기 때문에 평소보다 더 흥분하기가 쉬웠습니다. 분위기가 긴장되었고, 사람마다 무슨 일인가 일어나려고 한다는 것을 느꼈습니다. 그들은 "하나님의 나라가 당장에 나타날 줄로 생각하였습니다." 그래서 그리스도께서는 자칫 반란의 불꽃으로 타오를 수도 있는 이런 기대를 누그러뜨리기 위해 이 비유를 말씀하셨습니다. 제자들에게 자신의 실제 프로그램을 말씀하십니다. 그는 왕위를 받기 위해서 먼 길을 가게 되어 있었습니다. 그것은 로마에게 공물을 바치는 나라들에서는 잘 알고 있는 경험이었습니다. 헤롯 가문의 여러 명이 그 경험을 하였습니다. 그 동안에 기대하는 시간이 있을 것입니다. 그것은 시간이 오래 걸릴 것이었습니다. 왜냐하면 그가 "먼 나라"로 가야 했고, 그래서 그리스도께서 없는 동안에 종들이 받은 돈을 몇 번 굴릴 만큼 기간이 연장될 것이었기 때문입니다. 그리스도께서 돌아오셨을 때 사람들이 기대한 일을 행하게 되어 있지 않았습니다. 사람들은 예수님이 왕위를 가져오면 유대인이 다른 민족들을 지배하게 될 것으로 생각하였습니다. 예수께서는 사람들에게 자기가 돌아오면 반역한 백성들을 처단하고 종들의 충성됨을 자세히 조사하게 될 것이라고 가르치십니다.

자, 본문의 말씀은 미래에 대한 이러한 개요와 관련해서 다음과 같은 중요한 교훈들을 분명히 나타냅니다.

1. 종들이 장사하기 위해 받은 적은 자본들을 살펴봅시다.

그 적은 자본은 옛날 화폐에 대한 권위자들의 말에 따르면 대략 영국 돈 6파운드와 같은 가치를 지닌 돈이었습니다. 물론 그 돈의 구매력은 그보다 훨씬 더 컸을 것입니다. 모든 종에게 적지만 똑같은 양을 주었는데, 이 사실들이 이 비유의 현저한 두 가지 점입니다. 이 점들 때문에 다른 비유, 곧 종종 사람들이 혼동을 하는 달란트 비유와 이 비유가 뚜렷이 구별됩니다. 달란트 비유에서는 자본금의 양이 아주 적은 것이 아니라 지극히 큽니다. 한 달란트가 400파운드 정도의 금액이니까, 열 달란트면 4,000파운드로 사람이 사업을 시작하기에는 꽤 큰 자본금일 것입니다. 이 두 비유 사이에서 각 경우의 핵심에 속하는 차이점은, 전자의 경우에는 받은 선물이 다 동일한 반면에, 후자의 경우에는 등급이 있고 다르다는 것입니다.

자, 이 두 비유가 같은 비유를 복음서 기자들이 개작하여 두 종류로 변화시킨 것이라고 생각하는 것은, 내가 볼 때 이 비유들에서 끌어낼 수 있는 지극히 분명한 교훈을 전혀 보지 못하는 것입니다.

두 종류의 선물이 있습니다. 한 가지 선물은, 주님의 종들인 모든 그리스도인들이 다 똑같습니다. 다른 한 가지 선물은, 그리스도인들마다 다릅니다. 그러면 모든 그리스도인들이 다 똑같이 받은 것은 무엇입니까? 부한 자나 가난한 자나 재능을 많이 받은 자나 적게 받은 자나 모든 그리스도인들이 똑같이 소유하고 있는 선물은 무엇입니까? 우리가 이 비유에서부터 달란트라는 말을 쓰게 되는데, 그러면 똑같이 "달란트를 받은" 것입니까? 그렇지 않습니까? 부한 자와 가난한 자, 지혜있는 자와 어리석은 자, 교양 있는 사람과 무식한 사람, 피지섬 사람과 영국인이 다같이 한 가지를 가지고 있습니다. 우리가 복되신 주님의 복음이라고 일컫는 구원의 메시지가 그것입니다. 그것이 "므나"입니다. 우리가 역량이나 그밖의 문제들에서 받은 것이 아무리 다를지라도 그 점에서는 우리 모두가 똑같은 단에 서 있습니다. 모두가 그것을 가지고 있고 똑같은 것을 소유하고 있는 것입니다.

그것이 이 비유의 해석이라면, 그 사상에서 흘러나오는 몇 가지 고려 사항들이 있는데, 이제 잠시 그 점들을 살펴보려고 합니다.

그 사항들 가운데 첫 번째는 선물의 양이 누가 봐도 적다는 것입니다. 여러분은 그 설명을 받아들이기가 어렵다고 느낄 수 있습니다. 예수 그리스도께서 구원의 메시지의 말로 다 할 수 없는 선물을 그처럼 하찮은 금액에 결코 비교하시지 않을 것이기 때문에, 그 설명이 맞을 수 없다고 스스로에게 말해 왔을지도 모릅니다. 그러나 여러분이 예수께서 이 비유를 말씀하신 시점으로 돌아가 보십시오. 그러면 여러분은 이 은유가 담고 있는 비애감과 힘을 느낄 수 있을 것이라고 봅니다. 제자들에 대해 적대적이고 제자들에 대해 죽은 세상 한 가운데서, 곧 미신들과 장엄한 우상숭배, 체계화된 철학들로 단결되어 있고, 이제까지 세상이 보지 못했던 로마라는 조직과 군사력에서 나타난 가장 강력한 물질적인 힘의 도구들을 가지고 있는 세상 한 가운데, 한 줌 밖에 안 되는 제자들이 여기 있었습니다. 열두 명의 갈릴리 사람들이 있었고, 그들의 전할 메시지는 단순하고 세련되지 않은 것이었습니다. 보잘것없는 한 "므나"가 있었고 그것이 전부였습니다. "전도의 미련한 것"(고전 1:21), 곧 "유대인에게는 거리끼는 것이요 이방인에게는 미련한 것"(1:23)인 이 메시지가 제자들이 갖춘 전부였습니다.

왕위를 받기 위해서 제자들을 떠나는 그들의 주님께서 왕위를 받기 전에는 그처럼 아주 적은 것밖에 주지 못하였고, 주께서 그들에게 남길 수 있는 것이 그처럼 적은 금액밖에 되지 않았습니다. 제자들은 아주 볼품없이 사업을 시작해야 했습니다. 제자들은 아주 하찮은 작은 장사를 하는 것에 만족해야 했습니다. "하나님의 어리석음이 사람보다 지혜롭고 하나님의 약하심이 사람보다 강하니라"(1:25). 애송이의 손에 들린 고무총과 냇가에서 주운 다섯 개의 조약돌이 거인의 청동 갑옷에도 아랑곳하지 않고 윙 소리와 함께 거인의 두개골에 깊이 박혀 거인을 굴복시킨 그 옛날의 경험이 반복될 것이었습니다. "그 종 열을 불러 준 것이" 겨우 한 므나였습니다! 그리스도인인 여러분과 내가 주님의 이 유산에 충실하고, 우리가 가지고 있는 것에 세상이 지금까지 쌓아온 지혜와 지식이나 힘의 보화보다 더 큰 부가 들어 있다고 믿는다면, 우리의 적은 돈이 제자들이 가지고 있었던 것보다 더 많다는 것을 발견하게 될 것입니다.

다음에, 본문은 주인이 그 므나를 준 목적에 대해 이야기합니다. 종들은 그 돈을 가지고 살아야 했던 것이 분명합니다. 우리도 그와 같습니다. 제자들은 그 돈으로 장사를 해야 했습니다. 우리도 그와 같습니다. 이제 그 점은 두 가지 사실을 의미합니다. 우리가 복음을 가지고 있지만, 우리 가운데 어떤 사람들이 게으르게 생각하듯이 우리가 사는 동안 과거의 죄 때문에 형벌을 받지 않고, 죽을 때 천국에 가기 위해서 복음을 갖고 있는 것이 아닙니다. 복음의 위로를 즐기기 위해서 뿐만 아니라 복음으로 일을 하기 위해서입니다.

우리가 장사하는 방법에는 두 가지가 있습니다. 주된 한 가지 방법은, 우리의 성품을 형성하는 일에 복음의 원칙과 능력을 정직하게 적용하여 우리가 더 나은 사람이 되고, 더 순결하고 더 온유하며 더 천상적인 마음을 지니며, 더 그리스도를 닮는 것입니다. 이것이 우리가 세상에 대해 경영해야 할 첫 번째 장사입니다. 우리 가운데 아주 많은 사람들이 복음을 잘못 사용하고 있듯이, 우리가 복음을 받는 것은 그냥 게으르게 복음을 인정하고만 있도록 하기 위해서가 아닙니다. 단지 "아, 나는 복음을 믿습니다" 하고 말하기 위해서가 아닙니다. 거기에는 목적이 있습니다. 우리가 복음으로 우리의 모든 행실에 영향을 미치도록 하기 위해서이고, 복음이 우리의 성품을 형성하는 주된 영향력이 되도록 하기 위해서입니다. 그리스도인 여러분! 여러분은 기독교 신앙을 가지고 그렇게 하고 계십니까? 복음이 시간마다 순간마다 여러분을 형성하고 있습니까? 여러분은 복음의 위대한 진리들을 매일의 생활에 적용해오셨습니까? 복음의 요지를 단지 여러분의 이해나 감정에만 집어넣지 않고, 여러분 매일의 행실에도 짜 넣으셨습니까? 정말로 복음이 여러분 생활의 생명이고, 여러분의 전 성품을 발효시키고 있는 누룩입니까? 여러분은 복음이 장사를 하도록 해야 합니다. 복음을 수건에 싸서 무익하게 구석에 쳐박아 두어서는 안 됩니다.

그 다음에 장사하는 또 다른 방식이 있는데, 그것은 복음을 다른 사람들에게 말하는 것입니다. 그것은 모든 그리스도인에게 지워진 의무입니다. 다른 선물들에 대해서는 차이가 있을 수 있는데, 이 차이 때문에, 우리 모두가 똑같이 받은 동일한 선물을 우리 각 사람이 사용할 방식이 결정됩니다. 그러나 이 차이는 그 다음으로 중요한 것들입니다. 중요한 사실은, 기독교 신앙을 소유한다는 것은 그와 더불어 기독교 복음전도의 의무를 희미하게라도 지고 있다고 느끼는 것입니다. 그 의무를 어떻게 이행하든지 간에, 진실한 종이라면 누구나 그 의무를 이행하게 되어 있습니다. 나는, 바쁘기 때문에 게으르고 현세적이며, 그리스도를 사랑하는 마음이 적기 때문에 잠잠히 있는, 자칭 그리스도인들이라고 하는 많은 사람들이 하나님의 복음 전파하는 의무 전체를 나와 같은 자리에 있는 목사들에게나 짊어지우고 느긋하게 손 놓고 있지 않았다면 교회가 더 나았을 것이라는 생각이 때로 듭니다. 형제 여러분, 세상은 관리들에 의해 복음화 되지 않을 것입니다. 모든 그리스도인들이 정신을 차리고 자기들에게 장사할 "므나"가 있다는 생각을 갖지 않는 한, 세상이 예수 그리스도를 사랑하고 순종하도록 만드는데 적합한 일은 없을 것입니다. 여러분은 복음을 받았다고 말합니다. 여러분이 복음을 받았다면, 복음을 가지고 지금 무엇을 하고 있습니까?

이런 것이 가능할지 모르겠지만, 이기적인 기독교 신앙은 잘못된 것입니다. 그런 신앙은 전반적으로 수치고, 언제나 죄입니다. 자기 므나를 치워 버리는 사람, 나가서 "와서 내가 예수 그리스도 안에서 얻은 부를 나와 함께 나누자"고 한 번도 말하지 않는 사람은 자기의 저금한 돈을 오래된 양말 속에 넣어서 땅속 어디엔가 숨기는 수전노와 같은 사람이 될 것입니다. 땅을 팠을 때, 그는 모든 동전이 다 어디로 새 나가 버린 것을 발견할 것입니다. 여러분의 기독교 신앙을 지키고 싶다면 기독교 신앙에 공기를 불어넣으십시오. 기독교 신앙을 키우고 싶다면, 그것을 뿌리십시오. 자신의 껍질에서 나와 여러분의 므나를 가지고 장사를 한다면, 여러분 가운데 많은 사람들이 훨씬 더 행복한 그리스도인이 될 것입니다.

2. 장사로 얻은 다양한 수익에 대해 살펴봅시다.

한 종이 와서 말합니다. "당신의 한 므나로 열 므나를 벌었나이다"(개역개정은 "열 므나를 남겼나이다" — 역주). 또 한 종이 와서 말합니다. "당신의 한 므나로 다섯 므나를 벌었나이다." 그리고 여기에 언급되지 않은 다른 사람들도 다른 결과들을 가지고 내놓았을 것이 분명합니다. 똑같은 자본을 가지고 시작했는데, 얻은 수익이 다른 이 사실은 슬프게도 우리 가운데 아주 명백한 현실로 나타나고 있는 바를 생생하게 묘사하는 방식입니다. 즉 그리스도인들이 모두 똑같이 받은 동일한 선물을 사용하는 것이나, 그 선물로부터 획득한 이익에서는 다 같은 수준에 있지 않다는 것입니다. 그 선물이 시작할 때는 모든 사람에게 다 같은데, 시간이 가면서 차이가 발생합니다. 한 사람은 같은 선물을 가지고 다른 사람이 한 것의 두 배를 만듭니다.

우리 주님께서 여기서 특별히 지적하시는 이런 차이들이 어떤 것인지 분명히 알도록 합시다. 이 교훈의 진짜 교훈들과 충돌할 수 있는 오해는 제거하도록 해야 하겠습니다. 그것은, 문제의 차이점들이 받은 것의 차이에 따라오거나 영향력 있는 지위의 차이에서 오는 외형적인 결과상의 차이라는 오해입니다. 그것이 본문에 나오는 "열 므나" 혹은 "다섯 므나"에 대해 종종 사람들이 생각하는 의미입니다. 우리는 열 므나를 번 이 사람은 예수 그리스도를 위해 영적으로 큰 일을 행할 수 있는 사람이고, 아주 눈에 띠는 위치에서 시작하고, 지적인 능력이나 다른 재능에 의해 많은 영혼을 하나님 나라로 불러 모을 수 있었던 사람이라고 생각하기 쉽지만, 그것은 그리스도께서 평가하시는 방식이 아닙니다. 이런 점들이 원래 예정된 차이점들이었다고 생각한다면, 우리는 주님의 모든 가르침을 전혀 듣지 않고 가는 것입니다. 그렇지 않습니다! 똑같이 부지런하고 헌신적으로 위대한 일에 협력하는 사람은 모두 주님께서 동등하게 보십니다. 루터가 보름스 회의장으로 들어갈 때 그의 뒤에서 박수를 치며 "수사님, 당신은 우리가 지금까지 싸워온 전투보다 더 큰 싸움을 하는 것입니다. 힘내십시오!"하고 외친 병사가 루터 자신과 같은 동기에서 그리고 그와 같이 전적으로 헌신하여 싸움을 싸웠다면, 이 위대한 개혁자와 같은 반열에 서 있는 것입니다. 옛날 이스라엘의 법이 기독교의 보상에 대해 바른 원칙을 기술하고 있습니다. 즉 "진지"에 남아있는 자들도 "전쟁에 나가는 자들"과 똑같이 전리품을 나눈다는 것입니다. 똑같이 충성을 발휘하고 똑같이 부지런히 일한 모든 종들이 같은 위치에 서고 동일한 성공을 거듭니다. 사람들의 평가는 아무리 다를지라도, 그들이 사는 동안에서 세상에서 차지하는 위치가 사람들 보기에 아무리 다르고, 혹은 그들이 죽었을 때 그들에 대한 교회의 기록이 아무리 다를지라도 그들은 똑같은 위치에 서고 똑같은 성공을 거둘 것입니다. 성품을 발전시키는 면에서는 똑같이 열심을 내면 똑같은 결과가 나올 것입니다. 결과가 다르게 나타나는 단 한 가지 이유는, 므나를 가지고 장사하는 일에서 열심과 충성이 다르다는 것입니다.

다음으로 넘어가기 전에, 장사하는 모든 사람이 어떻게 이윤을 남기는지 살펴봅시다. 이 사업에는 악성 부채가 없습니다. 결국에는 손해보고 마는 투자도 없습니다. 이 사업을 시작하는 사람은 누구나 그 사업으로 무언가를 이룹니다. 말하자면 자신의 교양이나 세상의 선을 위해 그리스도의 복음을 정직하고 부지런히 활용하는 사람은 외형적으로는 실패하는 것처럼 보일지라도 실제로는 성공을 거둘 것이라는 말입니다. 이 장사에서는 상업적인 실패란 없습니다. 열 므나의 이윤을 남긴 사람은 가장 열심히 일했기 때문에 그만한 수익을 낸 것입니다. 다섯 므나를 남긴 사람은 자기에게 맡겨진 일을 다 행했습니다. 와서 "주여, 주님의 돈을 내 작은 가게에 가져와서 그것을 가지고 최선을 다했는데 다 없어졌습니다" 하고 말한 사람은 아무도 없었습니다. 그리스도인으로서 행한 노력은 모두 성공을 거둡니다.

3. 끝으로, 여기서 우리는 각 종들의 수익에 대한 최종적인 선언을 봅니다.

주인이 돌아왔습니다. 그는 이제 왕입니다. 그러나 그는 또한 여전히 주인이므로, 종들의 손에 맡긴 돈이 어떻게 되었는지 알고 싶어 합니다. 그런데 그것은 은유가 없으면 우리가 생각할 수 없는 것, 즉 무덤 저편에서 우리 모두를 기다리고 있는 보응을 우리에게 상기시키는 은유적 방법일 뿐입니다. 우리가 은유 없이는 그 점을 생각할 수 없을지라도, 우리는 그 은유를 통해서 아무튼 그 이면에 있는 사실들을 어느 정도 이해하게 될 수 있습니다. 여기에서 제시된 이윤들에 대한 최종적인 선언과 관련된 두 가지 점이 있습니다.

첫째는 이것입니다. 즉 모든 이윤은 자본에서 나온 것이라는 점입니다. 두 종 가운데 아무도 "내가 당신의 므나를 가지고 돈을 벌었나이다"라고 말하지 않고 "당신의 므나가 돈을 벌었나이다"(개역개정은 "당신의 한 므나로 남겼나이다" — 역주) 하고 말했습니다. 그것이 정확한 맞는 말입니다. 내가 어떤 위대한 도덕적 진리나 원칙을 받아들이고 거기에 의해서 산다면, 내 생활과 성품에서 변화를 일으키는 참된 원인은 그 진리나 원칙이기 때문입니다. 나는 그런 것을 받아들임으로써 나의 베틀과 엔진을 연결시키는 바퀴에 벨트를 거는 것일 뿐입니다. 그러나 베틀과 베틀의 북을 구동시켜서 마침내 피륙을 짜게 만드는 것은 엔진입니다. 그와 같이 마음에 하나님의 은혜를 품고 있는 사람들은 그 "므나"를 활용하고, 그럼으로써 그리스도를 닮게 된 사람은 "내가 아니요 내 안에 계신 그리스도로 말미암은 것이오. 이런 변화를 일으킨 것은 복음을 믿는 내 믿음이 아니라 복음이었다"고 말해야 합니다. 여러분을 살지게 하는 것은 음식입니까? 아니면 그 음식을 씹은 이입니까? 여러분을 거룩하게 변화시킨 참된 원인은 복음입니까? 아니면 복음에 대한 여러분의 신뢰입니까?

이 장사의 또 다른 면에 관해서도 이 점은 그대로 적용됩니다. 내 설교를 듣고 누군가가 도움을 받았다면 그 사람을 도운 것이 내 말입니까? 아니면 내가 전한 그리스도의 말씀입니까? 그 점에 관해서는 절대로, 절대로 이의가 있을 수 없습니다. "많은 돈"을 벌어들인 것은 주인에게서 받은 "그 므나"였습니다. "바울은 심었고 아볼로는 물을 주었으되 오직 하나님께서 자라나게 하셨나니 그런즉 심는 이나 물 주는 이는 아무 것도 아니로되 오직 자라게 하시는 이는 하나님뿐이니라"(고전 3:6,7).

이 말씀에서 나타나는 다른 고려 사항은 마침내 소유한 생명의 정확한 결과들에 대한 정확한 지식입니다. 종들 각각은 자기의 전체 활동의 최종적인 결과가 무엇인지 정확히 알았습니다. 그 점은 우리는 이땅에서 알지 못하고 결코 알 수 없는 것입니다. 그러나 저 세상에 이르면 모든 망상은 사라져 버릴 것입니다. 그런 망상들을 깨우쳐 줄 것이 두 가지가 있을 것입니다. 예를 들면 나와 같은 직업을 가진 사람들로 그 이름이 잘 알려져 있고 교회의 평가에서 높은 자리를 차지하고 있는 사람들은, 자기들이 많은 일을 했다고 생각할 수가 있습니다. 그런데 그런 우리들 가운데 많은 사람들이 저 세상에 이르러서는, 우리가 이 세상에서 우리를 칭찬하는 사람들만큼도 일을 하지 못했으면서도 자신은 때로 많은 일을 한 것으로 생각했다는 것을 알게 될까 두렵습니다. 새벽녘의 빛에 비추어 볼 때는 아주 좋아 보이는 옷도 한낮의 햇빛이 비쳐들면 옷의 아주 많은 흠집들이 드러날 것입니다. 망상에서 깨어나게 하는 또 한 가지가 있을 것입니다. "주여 내가 헛되이 수고하였으며 무익하게 공연히 내 힘을 다하였다"(사 49:4)고 말한 많은 사람들이 자신이 틀렸다고 생각하고, 실패라고 본 곳에서 확실한 결과가 있었으며, 뿌린 곡식이 밭고랑에서 죽었다고 생각한 곳에서 싹이 트고 영원한 생명에 이르는 열매를 맺었다는 것을 발견하게 될 것입니다. "주여! 우리가 어느 때에 주께서 옥에 갇히신 것을 보고 가서 뵈었나이까"(마 25:39). 우리는 그런 일 중 어느 하나라도 했었다는 것을 몰랐습니다. 과부 되었던 예루살렘이 남편에게 돌아왔을 때 "보라, 나만 홀로 남았었는데, 내게 둘린 이 아이들이 그동안 어디에 있었는가" 하고 말했습니다. 우리는 선악 간에 우리 인생의 결과들을 정확하게 알게 될 것입니다.

우리는 그 결과들을 말해야 할 것입니다. 게으른 종도 이때는 절대적으로 정직하게 되지 않을 수 없었습니다. 그 종이 그동안은 정직하게 살지 않았을지라도, 그가 이제는 왕이 된 주인 앞에 서서 감히 정면으로 무례한 짓을 하려고 했겠습니까? 그는 자기 속내를 밝히고 자기 심중에 생각한 바를 말하지 않을 수 없었습니다. 그와 같이 "이러므로 우리 각 사람이 자기 일을 하나님께 직고하리라"(롬 14:12). 파산 법정에 선 사람처럼 우리는 장부책을 내놓고 우리의 모든 거래에 대해 설명해야 할 것입니다. 오늘날 우리는 어두운 곳에서 일하고 있습니다. 우리의 일은 햇빛 아래에서 어떤 것인지가 드러날 것입니다. 바닷물이 빠지고 나면 암초가 그대로 뚜렷이 모습을 드러낼 것입니다.

형제 여러분! "내가 여러분을 권하노니 내게서 불로 연단한 금을 사기"(계 3:18) 바랍니다. 여러분은 므나를 가져왔을 때 므나를 사용한 것을 보여야 합니다. "맡은 자들에게 구할 것은 충성이기"(고전 4:2) 때문입니다.

72
장사한 종들의 보상

"주인이 이르되 … 네가 지극히 작은 것에 충성하였으니 …
너도 다섯 고을을 차지하라 하고"
눅 19:17,19

이 므나 비유와 달란트 비유의 관계가 매우 주목할 만한데, 사람들이 종종 이 관계를 오해해 왔습니다. 이 두 비유는 한 비유를 복음서 기자들이 각기 다르게 기술한 두 판(版)이 아니고, 한 진리를 유사하면서도 다른 두 면을 나타내는 두 비유입니다. 이 두 비유는 어떤 사람들이 생각한 것처럼 동일한 것도 아니고, 또 어떤 사람들이 생각하였듯이 모순된 것도 아니고 서로 보충하는 것들입니다. 달란트 비유는 종들이 각기 다르게 재산을 받은 것으로 말합니다. 한 종은 다섯 달란트를 다른 종은 두 달란트를, 그리고 또 다른 종은 한 달란트를 받은 것으로 이야기합니다. 이들은 각기 다르게 받은 비율대로 수익을 남깁니다. 받은 두 달란트로 네 달란트를 만든 사람은 다섯 달란트로 열 달란트를 만든 사람과 똑같이 일한 것입니다. 두 경우 모두 자본금이 배로 불었습니다. 노력이 똑같으므로 보상도 똑 같습니다. 두 종 모두 동일한 칭찬을 받고, 똑같이 주인의 즐거움에 참여합니다. 이와 같이 이 비유의 교훈은, 우리가 받은 것이 아무리 다를지라도 지극히 적게 받은 자라도 지극히 많이 받은 자처럼 부지런히 일을 하면, 적게 받은 그 사람도 많이 받은 사람과 똑같은 보상을 받게 되리라는 것입니다.

　그러나 그것이 전부가 아닙니다. 므나 비유가 오면 생각들이 완전해집니다. 여기에서는 모든 종들이 같은 선물, 곧 한 므나를 받습니다. 그러나 종들이 그 한 므나로 내는 이윤은 다릅니다. 한 종은 다른 종보다 두 배의 이윤을 남깁니다. 들인 노력이 다른 만큼 그 보상도 다릅니다. 그와 같이 이 비유의 교훈은, 동일한 기회를 사용하는 일에 들인 성실함이 다르면, 거기에 따라 보답과 보상도 다르다는 것입니다. 성실함이 다르다고 말했는데, 그것은 물론 이 두 비유에서 모두 이윤을 내는 요인이 부수적인 어떤 환경이 아니라 종의 열심과 성실함이라는 것이 전제되어 있기 때문입니다. 그리스도께서는 결과가 아니라 동기를 보고 보상하십니다. 종이 보상을 받는 것은, 그 사람이 어느 만큼의 이윤을 냈기 때문이 아니라, 그만한 이윤을 내는데서 보여준 성실함 때문입니다. 그리스도께서는 "잘 하였도다! 착하고 성공한 종아" 하시지 않고, "잘 하였도다! 착하고 충성된 종아"라고 말씀하십니다.

　그래서 한 진리의 이 두 면을 마음에 새기고서, 본문에 규정된 원칙, 곧 이 종들의 각기 다른 성실함에 따른 다른 결과라는 원칙에 들어 있는 것으로 보이는 두 세 가지 교훈을 이제 생각해보고자 합니다.

1. 전체 교훈의 기초가 되는 이 현세에 대한 엄숙한 견해를 살펴봅시다.

　"네가 지극히 작은 것에 충성하였으니 다섯 고을을 차지하라." 자, 이 말씀은, 이 땅에서 영위하는 우리의 모든 생활은 청지기의 삶이라, 즉 그 성격상 저 세상에서 맡을 더 큰 일을 위한 준비라는 생각에 근거하고 있습니다. 그리고 이것은, 달리는 이해할 수 없고 당혹스럽게 만드는 세상에서의 삶을 바르게 보고 이해할 수 있게 하는 관점입니다. 안목이 있는 사람이라면 누구든지, 도덕적 목적들이 자연과 인간 삶에 대한 사람의 관계에서 가장 중요한 것임을 아주 분명하게 압니다. 우리가 이 세상에 존재하는 것은 내세에서 발휘할 성품을 형성하고 적성과 역량을 획득하기 위해서입니다. 세상에서 우리 전(全) 인생은 우리가 청지기의 태도를 바르게 발휘함으로써 자신을 발전시키고 능력을 얻기 위해 우리에게 맡긴 모든 선물들에 청지기의 태도를 발휘하는 것입니다.

이 현세의 삶의 전체 의미와 목적이 성품을 형성하는 것이고, 우리가 물질적이고 일시적인 것들을 상대하는 것은 산호초를 형성하는 생물처럼, 주변에서 끊임없이 넘실거리는 파도로부터 영구한 기념물로 쌓아 올릴 수 있는 견고한 물질을 이끌어 내기 위한 것일 뿐이라는 것이 분명하다면, 성품을 형성하고 자신을 발전시키는 이 과정이 육체의 죽음이라는 하찮은 일에 때문에 중단되고 말겠습니까? 진화론의 입장에서 일신론으로 나가지 않을 수 없었던 아주 유명한 한 진화론자는, 자신이 하나님의 활동의 합리성을 믿어야 하기 때문에 불멸을 믿지 않을 수 없다고 밝힙니다. 분명히 알 수 있는 일이지만, 내가 볼 때 도덕적 목적이 우리 인생의 전 과정에서 가장 중요한 것이라고 한다면, 이런 목적들이 죽는 순간까지만 고려되고 죽음에 이르러서는 완전히 사라지고 만다고 생각하면 지적으로 굉장히 혼란스럽고 당혹스럽게 됩니다. 하나님께서는 광산에서 원석을 캐내어 처리하여 잘 연마된 철을 만들어 무기를 만들고, 무기들이 지극히 강하고 예리하게 되었을 때, 무기들을 무릎에 대고 부러뜨리는 일을 하시지 않습니다. 그렇게 하시지 않습니다! 우리가 이 세상에서 성품을 형성한다면, 그것은 저 세상에서 도구로서 할 일이 있기 때문입니다.

그와 같이 여기에서 모든 것은 도제생활이고, 오늘의 결과는 영원의 세계에 기록됩니다. 우리는 철길 옆의 철도 신호소 안에 앉아 있는 사람들과 같습니다. 우리가 여기서 레버를 당기면, 약 1킬로미터 떨어진 곳에 있는 신호기가 올라갑니다. 굴대의 한쪽 끝에 있는 아주 작은 바퀴가, 벽을 지나 저편에 있는 굴대의 다른 쪽 끝에 있는 지름이 열배 나 큰 바퀴를 돌릴 수가 있습니다. 이 세상에서 우리는 준비하고, 저 세상에서 성취합니다.

2. 현세의 하찮음과 위대함에 대해 살펴봅시다.

"네가 지극히 작은 것에 충성하였으니." 여러분 가운데는 이 비유의 앞부분에 대한 최근 설교를 기억할 수 있는 분들이 있을 것입니다. 그 설교에서 나는 이 종들이 받은 적은 금액, 곧 작은 소매업을 할 수 있도록 각각에게 준 한 므나에 대해 설명하였고, 그 선물이 세상의 지혜와 철학과 물질적인 세력들에 비할 때 그처럼 아주 하찮은 것으로 보인 예수 그리스도의 복음이었다는 설명을 믿을 만한 이유를 이야기하였습니다. 본문을 다루면서 그 해석을 염두에 둔다면, 우리가 이 세상에서 받는 예수 그리스도 안에 나타난 하나님에 대한 계시에서조차 따르는 제한들과 불완전함이, 육체와 감각의 휘장이 사라져 버렸을 때, 우리 눈에 쏟아질 넘치는 영광과 빛과 대비되는 것을 어렴풋이 알 수 있습니다. 이 세상에서 우리는 부분적으로 압니다. 아버지 하나님의 계시자인 성육신 하신 영원한 말씀이 오셨음에도 불구하고, 이 세상에서 우리는 희미한 거울로 보는 것처럼 봅니다. 그러나 저 세상에서는 얼굴을 대하여 봅니다. 인간의 모든 사고를 초월하는, 예수 그리스도 안에 나타난 하나님에 대한 위대한 계시의 장엄함과 일치도 내세에서 우리에게 임할 본격적인 계시의 조명에 비하면 한 점에 지나지 않을 뿐입니다. 오늘날 우리가 받는 계시는 "밤을 주관하는 달"로서, 천국의 지지 않는 낮을 주관할 태양의 반사이고 반향입니다.

그러나 본문 말씀의 그 면에 대한 생각은 여기서 끝내고, 오히려 마음에 새겨야 할 것으로 생각되는 다른 면, 곧 그 성실함이 무한한 미래에 비할 때 현세의 하찮음에 대한 것이라는 점을 이제 살펴보고자 합니다. 기독교 신앙의 바른 사상에 아주 모순되는 것처럼 보이는 이 주제에 대해 그동안 많은 이야기가 있었습니다. 여기서의 삶, 이 현세가 지나치게 잘못 평가절하되었다는 것입니다. 이로 인해 이 평가를 받아들이는 사람들에게 뿐만 아니라, 그 평가를 비웃는 세상에 대해서도 해를 입혔다고 합니다. 성경에는, 현세에 대한 소위 종교적 평가절하에 조금이라도 동조하는 부분이 전혀 없습니다. 다만 성경은 이렇게 말합니다. "보이는 것은 잠깐이요 보이지 않는 것은 영원함이라"(고후 4:18). 낮은 산들 이쪽 편에 펼쳐져 있는 평지에서 볼 때는, 낮은 산들이 높아 보입니다. 그러나 안개가 걷히고, 낮은 산들 너머로 사람이 접근할 수 없는 봉우리들에 쌓여 아무도 밟지 못한 눈이 햇빛을 받아 번쩍이는 희고 거대한 산 꼭대기들이 나타나면 아무도 꽃이 피어있는 푸른 산기슭을 더 이상 생각하지 않습니다. 형제 여러분, 안개 너머를 생각하십시오. 여러분이 눈을 크게 뜨면 영원의 눈 덮인 산들을 볼 수 있고, 그러면 여러분 눈앞에 펼쳐진 고지들이 얼마나 낮은지 알게 될 것입니다. 미래의 위대함이 현재를 하찮게 만듭니다. 그러나 이 하찮은 현재는, 그 작은 것이 위대한 미래의 어머니가 되기 때문에 위대합니다. "아이는 어른의 아버지입니다." 세상의 좁은 산맥이 하늘과 영원의 무한대로 넓게 퍼져 나갑니다. 죽을 수밖에 없는 우리 생명을 진정으로 위대하고 장엄하게 만드는 것은, 이 생명이 또 다른 생명으로 넘어가는 통로가 된다는 사실뿐입니다. 내세의 삶에 대한 믿음이 오늘날 교육 받은 계층의 많은 사람들에게서 희미해졌듯이, 그 믿음이 희미해진 곳은 어디에서든지 정력적인 노력을 촉구하는 전반적인 어조가 식어졌고, "그럴 만한 가치가 없다"는 파괴적인 감정이 슬그머니 기어들기 시작한다는 것을 역사적으로 발견할 것입니다. "살 만한 가치가 있는 삶인가" 하는 질문은, 오늘날 우리의 모든 면에 제기되는 물음입니다. 노력의 중추 신경을 끊어 버리는 주요 사상들 가운데 하나인 내세에 대한 의심과 불신앙과 더불어, 오늘날 비관론이 다시 나타나고 있습니다. 현재가 살 만한 가치가 있고, 세상에서 존재하며 겪는 덧없이 지나가는 하찮은 것들이 천국 문처럼 장엄하고 엄숙하게 되는 것은, 지극히 적은 것들이 무한히 큰 것을 열고, 지나가는 순간들이 우리를 앞으로 나아가서 사라지지 않는 영원으로 들어가게 하기 때문입니다.

3. 충성된 장사를 통해서 준비한 미래의 활동을 살펴봅시다.

"네가 지극히 작은 것에 충성하였으니 열 고을 권세를 차지하라." 작은 상점과 한 므나의 자본금을 가지고 시작하는 소상인과, 주인의 열 도시에 대한 권세를 갖는 고관에 대한 묘사의 뚜렷한 대비를 여기서 오래 생각할 필요가 전혀 없습니다. 그 점은 너무도 명백해서 달리 언급할 필요가 없습니다. 여기서 우리 모든 그리스도인들은 뒷골목에서 하찮은 물건들을 진열해 놓은 작은 가게를 운영하는 사람들과 같지만 하나님 나라를 상속할 사람들입니다. 바로 그것이 그리스도께서 우리가 마음에 새기기를 바라시며, 그래서 작은 상점이 결코 작아 보이지 않고, 거무칙칙하고 어두운 그 상점이 우리가 그것을 통하여 결국 이르게 될 미래에 대한 바른 전망에 의해 환하게 밝아지기를 바라시는 것입니다.

여기서 말하고 있는 그 권세의 방식과 영역에 관해서는 불확실한 공상적인 사색을 일절 하고 싶지 않습니다. 다만 한 두 가지 분명한 점을 염두에 두고자 할 뿐입니다. 이 세상에서의 충성이 내세에서 그리스도의 권세에 참여할 수 있게 만든다는 것입니다. 귀족인 주인이 왕위를 받기 위해 멀리 가 있는 동안, 주인이 종들에게 줄 수 있는 것은 종들에게 장사를 하라고 준 적은 밑천뿐이었다는 점과, 주인이 열 고을과 다섯 고을을 다스리는 권세라는 더 큰 선물들을 종들에게 줄 수 있는 것은 주인이 왕위를 받았기 때문이라는 사실을 우리는 잊어서는 안 됩니다. 그 권세는 위임받은 것인데, 사실은 그 이상으로, 함께 나누어 받은 것입니다. 왜냐하면 본문과 성경의 다른 곳을 보면, 그 권세는 왕과 그의 통치로부터 단지 위임받은 것만이 아니기 때문입니다. "이기는 그들에게는 내가 내 보좌에 함께 앉게 하여 주기를 내가 이기고 아버지 보좌에 함께 앉은 것과 같이 할"(계 3:21) 것입니다.

그 통치가 어떤 영역에서 어떤 방식으로 발휘되든 간에, 그것이 그리스도의 권세에 참여하는 것이라면, 그것이 봉사로 표현되는 통치라는 것을 우리는 잊어서는 안 됩니다. 땅에서처럼 하늘에서도, 땅에 계실 때 주님께 해당하듯이 하늘에 계신 주님께도, 그리고 땅에 있는 종들에게 해당하듯이 하늘에 있는 종들에게도 "너희 중에 누구든지 으뜸이 되고자 하는 자는 너희의 종이 되어야 하리라"(마 20:27)는 법칙은 영구하고 확실하게 서 있습니다. 열 도시를 다스리는 권세는 그 모든 도시에 있는 시민들 하나하나를 섬기고 돕는 능력과 기회를 말합니다. 그때 다른 사람들을 돕는 것이 어떤 일일지에 대해서는 모른 채로 남겨 두도록 합시다. 전혀 확실히 알 수 없는 문제들에 대해서는 상상을 하는 것보다는 모른 채로 있는 것이 낫습니다. 이런 문제에서는 지식보다 무지가 더 인상적입니다. 다만 천국의 순결한 빛 가운데서는 이 세상에서와 같이 내세에서도 모든 이의 종이신, 만민의 주님의 직위의 방식을 따르지 않는 직위는 없다는 것만은 확실히 아시기 바랍니다.

그러나 미래에 대한 이같이 희미한 계시에도 불구하고, 우리가 마음에 새겨 두는 것이 마땅한, 이와 관련된 위대한 사상이 있습니다. 즉 미래 상태에서 모든 종들의 왕이신 예수 그리스도와의 교제와 그에 대한 의존이 아무리 가깝고 직접적으로 이루어질지라도, 형제에 대한 동정과 도움을 발휘할 여지는 여전히 있으리라는 것입니다. 천국에서 우리는 그리스도를 생명이요 빛이요 영광으로 모실 것입니다. 그러나 여기에서처럼 거기에서도 우리는 주님을 더 충만히 갖고 더 온전히 이해하도록 서로를 도울 것입니다. 이 위대한 말씀 속에 어떤 것이 숨어 있는지 더 이상 추측하지 않겠습니다. 그리스도께서 모든 사람 속에 모든 것으로 계시고, 각 사람 속에서 다른 사람들이 그리스도를 더 충만히 알도록 도우리라는 것을 아는 것으로 충분합니다.

다만 이 점 한 가지를 기억하시기 바랍니다. 미래에 대한 이 위대한 사상을 생각할 때 크게 강화되고 고귀해진 활동을 포함하는 것으로 이해해야 한다는 것입니다. 마치 내세의 생활이 게으름과 휴식이 영원히 지속되는 것처럼, 미래 생활에 대한 기독교사상에 대해 허다한 사람들이 아주 시시한 조롱을 수없이 퍼부었습니다. 휴식을 이야기하는 것은 맞습니다! 그러나 게으름을 이야기하는 것은 틀렸습니다! 왜냐하면 열 고을을 다스리는 자가 된다는 것은 이름만 가지고 있는 것이 아니기 때문입니다. 그 직위를 합당하게 수행하려면 할 일이 아주 많을 것입니다. 오직 그 활동은 휴식을 전혀 방해하지 않는 활동이 될 것입니다. 주님의 종들이 끊임없이 활동하여 그 일을 이루며, 조용한 묵상 가운데서 주님의 얼굴을 응시할 것입니다. 그리스도께서 하나님 우편에 앉아 계시는 것이 그리스도께서 이 세상에서 끊임없이 활동하시는 것에 아무 방해가 되지 않습니다.

4. 끝으로 본문을 볼 때 우리는 종들의 충성의 정도가 다른 것에 따라 보상도 다

르다는 점을 생각하게 됩니다.

　그 점에 관해서는 한 마디 말하지 않을 수 없습니다. 한 사람은 충성스럽게 일하여 열 므나를 남겼기 때문에 열 고을을 받았습니다. 다른 사람은 그의 충성의 정도에 맞게 다섯 고을을 받았습니다. 앞에서 말하였듯이 우리 주님은 종들이 부지런히 일하여 얻은 경우를 제외하고는, 결과를 보고 대가를 지불하시지 않습니다. 그래서 우리는 아주 오래 전부터 익숙하게 알고 있으면서도 아주 흔히 잊고 지내는, 직위의 정도 곧 주님께 가까이 있음의 정도에 대한 생각을 하게 됩니다. 이 사상이 내세의 생활에 대한 신약의 표현 전반에 걸쳐서 나타납니다. 때로는 좀 더 분명하게 때로는 좀 더 모호하게 나타나지만, 전반적으로 표현되고 있는 것이 사실입니다. 그 사상은 미래에 대한 전체적인 생각과 완전히 일치합니다. 미래에 대한 기독교의 개념은, 미래가 아무렇게나 주어지는 보상이 아니고, 현재 생활의 자연스런 결과이며, 따라서 현재에 따라 그 결과가 달라진다는 것입니다. 우리는 이 세상에서 무엇을 위해 일하였든지 간에, 위해서 일해 온 것을 얻는 것입니다. 우리는 받을 수 있는 것을 얻는 것이고, 우리가 받을 수 있는 것은 우리가 이 세상에서 충성을 바쳐 온 것에 좌우됩니다.

　자, 그 점은 이 쌍둥이 비유가 나타내는 진리의 다른 면, 곧 미래의 보상은 본질적으로 하나라는 사실에 전적으로 일치합니다. 달란트를 받아서 조금이라도 수익을 남긴 종들은 모두 같은 칭찬을 듣고 주인의 같은 즐거움에 참여하였습니다. 그것이 이 진리의 한 면입니다. 또 다른 면은, 그리스도인들이 이 세상을 떠날 때 영원한 생명이라는 같은 한 가지 선물을 받을 때 정도가 다르며, 그리스도의 기쁨에 참여하는 것은 그들이 이 세상에서 보인 충성과 근면함에 의해 결정된다는 것입니다. "하나님의 은사는 영생이니라"(롬 6:23)고 말하는 복음을 안다고 해서, 여러분은 영생을 받기에 적합함에 따라 영생을 받는 정도가 다르고, 그 적합함은 그 사람의 충성된 봉사와 주님과의 연합에 달려있다는 점을 잊지 않도록 해야 합니다.

　우리는 이 위대한 진리의 토대가 되는 더 깊은 진리, 곧 아무 공로가 없는 자들이지만 예수 그리스도를 믿는 믿음으로 말미암아 죄사함과 영접함을 받는다는 진리를 전하는 방식으로 인해, 이 위대한 진리가 가려지게 하는 일을 종종 행합니다. 그런데 이 두 가지 사실은 서로 모순되는 것이 아니라 보충적입니다. 회개하는 죄인으로서 믿음이 충만하지 않은 사람은 아무도 청지기로서 충성스럽게 일할 수 없을 것입니다. 회개와 믿음의 문을 통해 들어가지 않는 사람은 아무도 주인의 즐거움에 참여하지 못할 것입니다. 그러나 일단 들어가고 나면 우리는 봉사의 충성스러움과 청지기직에 대한 근면한 수행에 따라 다르게 평가를 받습니다. "그러므로 형제들아 더욱 힘써 너희 부르심과 택하심을 굳게 하라 이같이 하면 우리 주 곧 구주 예수 그리스도의 영원한 나라에 들어감을 넉넉히 너희에게 주시리라"(벧후 1:10,11).

73
새로운 왕

37 이미 감람 산 내리막길에 가까이 오시매 제자의 온 무리가 자기들이 본 바 모든 능한 일로 인하여 기뻐하며 큰 소리로 하나님을 찬양하여 38 이르되 찬송하리로다 주의 이름으로 오시는 왕이여 하늘에는 평화요 가장 높은 곳에는 영광이로다 하니 39 무리 중 어떤 바리새인들이 말하되 선생이여 당신의 제자들을 책망하소서 하거늘 40 대답하여 이르시되 내가 너희에게 말하노니 만일 이 사람들이 침묵하면 돌들이 소리 지르리라 하시니라 41 가까이 오사 성을 보시고 우시며 42 이르시되 너도 오늘 평화에 관한 일을 알았더라면 좋을 뻔하였거니와 지금 네 눈에 숨겨졌도다 43 날이 이를지라 네 원수들이 토둔을 쌓고 너를 둘러 사면으로 가두고 44 또 너와 및 그 가운데 있는 네 자식들을 땅에 메어치며 돌 하나도 돌 위에 남기지 아니하리니 이는 네가 보살핌 받는 날을 알지 못함을 인함이라 하시니라 45 성전에 들어가사 장사하는 자들을 내쫓으시며 46 그들에게 이르시되 기록된 바 내 집은 기도하는 집이 되리라 하였거늘 너희는 강도의 소굴을 만들었도다 하시니라 47 예수께서 날마다 성전에서 가르치시니 대제사장들과 서기관들과 백성의 지도자들이 그를 죽이려고 꾀하되 48 백성이 다 그에게 귀를 기울여 들으므로 어찌할 방도를 찾지 못하였더라"

눅 19:37-48

"**예수께서** 앞서서 가시더라." 예수께서 얼마나 굳은 결심과 뜨거운 열심히, 확고하고 빠른 걸음을 재촉해서 가파르고 지루한 그 길을 서둘러

가셨겠습니까! 마가는 제자들이 "놀라며" 따랐다고 말합니다. 아마도 제자들은 예수께서 평소 때와 아주 다르게 서둘러 가시며, 마음에 단단한 각오를 한 표정이 얼굴에 역력히 나타난 것에 놀랐을 것입니다.

누가는 예수께서 베다니에 머무신 것과, 거기에서 마음을 누그러뜨린 즐거운 휴식에 대해서는 전혀 마음을 쓰지 않습니다. 누가는 사람들이 그리스도를 왕이라고 주장한 사실만을 생각하는데, 이 점은 그리스도 생애의 나머지 시간에 아주 독특한 성격을 부여하였습니다.

1. 누가의 이야기를 보면, 이 승리의 입성을 그리스도께서 주도적으로 진행하셨음을 알 수 있습니다(30-34절).

예수께서는 사람들이 뒤에 이어지는 것과 같은 환호를 부르게 하려는 분명한 의도를 가지고, 나귀 새끼를 끌고 오도록 사람을 보내셨습니다.

구체적인 이야기들에 있어서, 우리는 심부름을 간 제자들이 만나게 될 상황을 예수께서 알고 계셨음에 대한 아주 분명한 설명을 주목할 필요가 있는데, 그것은 초자연적인 일이었습니다. 그에 대해 다른 한 가지 설명이 가능할 수 있을 것입니다. 즉 그 짐승의 주인들은 이름을 드러내지 않는 제자들이었는데, 우리 주님께서 나귀 새끼를 가지러 사람을 보내겠다고 사전에 약속을 했고, 심부름을 온 사람들이 예수께서 보낸 사람들인지 알 수 있는 표시와 암호를 정해 놓았었다는 것입니다. 그러나 그것은 별로 자연스럽지 않은 설명입니다.

"주가 쓰시겠다 하라"는 말에 위엄과 궁핍이 놀랍게 뒤섞여 있음을 보아야 합니다. 이 말씀은 왕의 권세와 절대적인 권리를 주장하며, 또한 필요와 궁핍을 인정하시는 말씀입니다. 그리스도께서는 왕이신데, 승리의 입성을 하시기 위해서 나귀 새끼라도 빌려야 하는 형편이신 것입니다. 그리스도께서 부유하셨지만, 우리를 위해 가난하게 되셨습니다.

그때 예수께서는 의도적으로 공공연하게 예루살렘 성으로 들어가셨습니다. 이전에 예수님이 취하셨던 방식과는 전혀 다르게 행동하신 것입니다. 예수께서는 유월절이 가까이 온 것과, 유월절의 군중이 많음을 인하여 사람들이 아주 흥분하기 쉬운 때에 대중적인 감정을 선동하십니다. 예수께서 지금은 일부러 자초하려고 하시는 것처럼 보이는 위험을 전에는 피하셨고, 명절에 올라간 후에도 "나타내지 않고 은밀히" 다니셨습니다(요 7:10). 그러나 일단 마지막 때에 이르러서는 주께서 모인 이스라엘 백성들 앞에서 자신이 그들의 왕이심을 주장하시고 마지막으로 그들에게 호소하시는 것이 합당한 일이었습니다. 전에는 통치자들의 이목을 끄는 일을 피하고자 하셨습니다. 그러나 이제 주님은 끝이 가까웠음을 아시고, 일부러 자신을 사람들의 눈에 띄게 하십니다. 그렇게 함으로써 자신의 죽음을 재촉하게 된다는 것을 아셨지만, 혹은 이렇게 말할 수 있다면 죽음을 가져오리라는 것을 아셨기 때문에 그렇게 하셨습니다.

그리스도의 통치의 성격은 초라한 행렬에 의해서 분명히 나타납니다. 거지 왕은 자기 성에 공적으로 입성하는데 빌린 나귀 새끼를 타고 가며, 그를 따르는 자들이 안장에 자기 옷을 걸치고, 가난한 농부들이 모여 소리를 지르며 따릅니다. 무기와 깃발로는 다른 사람들의 나무에서 꺾은 가지밖에 없는, 이 거지 왕은 전혀 새로운 왕이었습니다.

우리는 이러한 통치가 이루어지는 왕국이 로마 같은 나라나 헤롯 같은 왕과 뚜렷이 대비된다는 것을 알기 위해, 나귀를 타고 시온에 임하는 온유하신 왕에 대한 선지자의 이상을 말하는 마태복음의 인용을 말하지 않아도 될 것입니다. 온유함, 평화, 무력이나 부에 기반을 두지 않는 이 통치는, 이 소박한 행렬에서 나타나며, 또 빌린 나귀 새끼 위에서 왕위에 오르고, 전사들이나 고관들이 수행하는 것이 아니라 비무장의 가난한 사람들이 따르고, 요란한 나팔소리가 아니라 즐거운 마음, 그러나 슬프게도 변덕스런 마음의 즐거운 소리로 인사를 받는 그 행렬의 지도자의 애처로운 가난에서 어렴풋이 나타납니다.

2. 우리의 소박한 행렬에는 즐거이 소리치는 제자가 따르고, 그 뒤에는 적의에 찬 첩자들이 따릅니다.

제자들은 나귀 새끼를 끌고 오라는 말씀의 뜻을 재빨리 파악하였습니다. 그리고 그들이 오랫동안 조급하게 기다려왔던 일로, 주께서 왕권을 공적으로 주장하시기 위한 준비로 보인 그 일을 민첩하게 열심으로 수행하였습니다. 사람들이 서둘러 마련한 안장에 예수님을 오르시게 하였고, 어떤 사람들은 신하가 왕에게 바치는 통상적인 예의의 표시로 가는 길에 자기 옷을 폈다고 누가는 말합니다. 이는 "나귀를 타고 당당하게 가소서. 보소서, 우리가 당신의 길에 우리의 정욕과 오만한 뜻을 다 내려놓나이다" 하고 말하는 것입니다.

제자들이 마음에 그리고 있는 미래에 대한 모습과 우리 주님의 시각이 얼마나 다른지 알 수 있습니다! 제자들은 왕위를 꿈꾸었습니다. 예수께서는 자기 앞에 십자가가 있다는 것을 아셨습니다. 제자들이 감람산 남쪽 산마루 아래를 돌아서 왔고, 계곡을 가로질러 햇빛 속에서 번쩍이는 성전의 긴 벽이 갑자기 눈에 펼쳐지고, 그들이 가까이 다가가는 것이 성에서도 볼 수 있을 때, 그들이 갑작스럽게 큰 환호 소리를 터트리며, 말하자면 예루살렘에게 그의 왕을 환영하라고 호출하였습니다.

누가는 제자들의 노래를 묘사하면서 다른 복음서들에는 나오는 유대적인 색채를 생략하고 있는데, 이는 그의 이방인 독자들이 볼 때는 자연스러운 것이었습니다. 그리스도께서 왕이심과 하나님의 위임을 받으신 것을 수많은 입이 선포하였고, 그러자 찬양의 외침이 일어났습니다. 이 찬양은 베들레헴에서 들렸던 천사들의 찬송에 대한 메아리이고, 하늘에서 소외된 다른 세계와의 평화를 이루며, 그럼으로써 지극히 높은 하늘에서조차 하나님의 영광이 새롭게 찬란히 빛나게 하는 영광을 주의 오심에 돌리는 찬송입니다.

이들의 노래는, 그 노래를 부르는 자들이 알고 있는 것보다 더 깊은 뜻이 담겨 있었고, 아버지와 아들의 일체되심과, 그리스도 십자가의 피로 말미암은 화목, 그리고 그로 말미암아 하늘의 정사와 권세들이 보기에도 새롭게 빛나는 하나님의 이름의 광채의 지극히 깊고 아름다운 신비들을 드러내는 것이었습니다. 노래하는 자들은, 이들 가운데 어떤 것도 생각지 못했으나, 그들은 자기도 모르는 가운데 선지자 노릇을 한 것입니다. 그들의 외침이 잠잠해졌고, 그들의 믿음도 덧없이 사라진 것 같았습니다. 그들 가운데 많은 사람들의 믿음은 들어서 흔들었던 나뭇가지보다 먼저 시들어 버렸습니다.

몹시 흥분한 감정은 견고한 확신에 비해 보잘것없는 대체물입니다. 그러나 그리스도를 아무 감정이 없이 냉랭하게 왕으로 인정하는 것은, 그에 못지않게 부자연스러운 것입니다. 우리 마음이 충성스런 사랑으로 불타오르지 않고 두근거리는 심정으로 주님을 환영하지 않는다면, 주님의 사역을 생각하고 땅과 하늘에서 일어날 그 사역의 결과를 생각할지라도 잠잠한 우리의 입술이 노래를 부르게 되지 않는다면, 우리가 도대체 그리스도께서 우리와 모든 사람의 왕이시고 구주시라는 것을 믿기나 하는 것인지 스스로에게 물어볼 필요가 있습니다. 그 자리에 냉랭한 구경꾼이 있었습니다. 그들은 기쁜 열정에 막을 씌웁니다. 이 군중들 가운데 섞여 있던 바리새인들이, 예수께 대해 "선생"이라는 호칭밖에 사용하지 않는다는 점에 주의할 필요가 있습니다. 그들에게는 예수께서 왕이 아니십니다. 예수님을 단지 인간 선생으로만 보는 사람들에게는 그리스도를 왕이요 주로 여기는 사람들의 환호가 언제나 과장되게 들립니다.

신앙생활에 깊이가 없는 사람들은 종교적인 감정을 싫어하고 언제나 그런 감정을 억누르려고 합니다. 아주 미지근한 예배도 그들에게는 충분히 뜨겁게 생각합니다. 형식주의자들은 진정한 감정을 몹시 싫어합니다. 그들의 추구하는 이상은 교양입니다. 이 불평분자들은, 이런 소동이 걷잡을 수 없이 커질 수 있고, 그렇게 되면 빌라도의 압제를 불러올 수 있을지 몰라 두려워했던 것이 또한 분명합니다.

그리스도의 답변은 아마도 속담을 인용한 말씀일 것입니다. 그 답변에는, 군중들이 주님을 왕으로 여긴 그 사실을 전적으로 수용하시고 그들의 찬송을 기뻐하신다는 것, 그리고 좀 더 넓게는 규율에 엄격한 교회 당국자들과 형식주의자들을 깜짝 놀라게 만든 군중들의 경건한 감정의 분출을 옹호하시는 점이 들어 있습니다.

3. 우리는 슬퍼하시는 이 왕이, 개선 입성하시는 바로 그 시간에 깊은 슬픔에 빠지는 모습을 보게 됩니다.

무한히 애처로운 그 장면을 누가 감히 다 말할 수 있겠습니까? 골짜기 건너편에서 환하게 웃고 있는 이 아름다운 성이 군대에 둘러싸이고 폐허가 된 두려운 광경이 주님의 눈에 보였습니다. 주님께는 군중들의 환호 소리가 들리지 않습니다. "예수께서 우셨습니다." 혹은 그보다는 "소리 내어 우셨다"는 표현이 더 적절할 것입니다. 우셨다는 단어는 눈물을 흘리셨다기보다는 울부짖었다는 것을 의미합니다. 주님의 그 슬픔은 예수께서 참된 인성을 가지셨다는 표시이지만, 또한 그것은 주께서 하나님의 심정을 부분적으로 계시하는 것입니다. 형태는 인간적인 모습을 띠었지만 본질은 신적인 것입니다. 하나님이 동정을 느끼시기 때문에 사람이 우는 것입니다. 그리스도께서 슬퍼하시지만 그 때문에 판단을 그르치지는 않으십니다. 예루살렘에 임할 재난을 생각할 때 주님의 마음이 몹시 괴롭지만, 그럴지라도 주께서는 그 재난을 가하실 것입니다. 심판은 주님의 바라시는 것과 맞지 않는 "기이한 일"이지만, 심판은 주님의 활동입니다. 불꽃같은 눈에 눈물이 가득하였지만, 그 눈빛은 악을 불태워 버립니다.

"네가 알았더라면"이라는, 다 마치지 않는 문장 속에 담긴 열망을 살펴볼 필요가 있습니다. 회개의 시간에 대한 최종적인 종결을 눈여겨보아야 합니다. 주께서 말씀하셨다면, 모든 것을 내려다보시는 주님의 눈에 분명하게 보였을 적들의 포위에 대한 상세한 묘사에 주목할 필요가 있습니다. 이 모든 점들을 생각할 때 우리는 심판장의 동정과 동정하시는 그리스도께서 시행하시는 심판을 마음에 확실히 새겨야 합니다.

4. 우리는 그리스도께서 자기 아버지 집에서 주권자의 권세를 발휘하시는 것을 봅니다.

누가는 45-48절에서 개략적으로만 묘사하고 있는데, 주로 두 가지 점을 다루고 있습니다. 첫째로, 누가는 장사꾼들을 내쫓은 것에 대해 이야기합니다. 두 가지 사실이 압축적인 이야기 형태로 표현되는데, 그것은 사실과 그 사실에 대한 주님의 변호입니다. 첫 번째 일에 관해서 생각할 때, 예수께서 공생애 사역 초두에서처럼 마지막에 이르러서 성전을 정결케 하시는 일은 합당한 것이었습니다. 이 두 사건은, 주님의 첫 번째와 마지막 행동으로서 깊은 의미를 지니고 있습니다. 다른 복음서 기자들의 이야기로부터 헤아릴 때, 주님의 사역에서 두 번째 사건은 첫 번째 사건보다 중대한 의미를 지녔습니다.

두 번째로 성전을 정결케 할 필요가 있었다는 것은, 첫 번째로 성전을 정결케 하신 일의 결과가 슬프게도 얼마나 일시적으로 끝나고 말았는지를 보여 주며, 또한 제사장들과 백성들의 신앙이 빠져 있던 타락과 형식주의 깊이가 어떤지를 보여 주는 증거였습니다. 그리스도께서는 세상 종교의 성전을 정결케 하시기 위해 오셨습니다. 그 성전에서 돈을 목적으로 일하는 사람들과 이기적인 목적으로 제단에 나오는 자들을 내쫓기 위해서 오셨습니다. 이 사건을 좀 더 고상한 의미로 적용하자면, 그리스도의 교회 이외의 모든 곳에서 행해지는 예배에 결합되어 있고, 해로운 공기처럼 언제든지 틈만 있으면 어디든지 스며 들어가려고 하는 타락과 부정을 깨끗이 제거하기 위해 오셨습니다.

이 행위에 대한 변호를, 예수께서는 아주 당당한 태도로 말씀하십니다. 첫 번째 경우에는, 예수께서 "내 아버지 집"을 정결케 하신다고 말씀하심으로써 변호하셨고, 두 번째 경우에는 "내 집"을 정결케 하는 일이라고 주장하셨습니다. 장사꾼들에 대한 책망은 두 번째 경우에 더 엄해졌습니다. 한 번 쫓겨났다가 돌아온 이 신성모독의 일은 더 깊어졌습니다. 처음에는 그 일이 성전을 "장사하는 집"(요 2:16)으로 만들었던 것에 반해, 두 번째의 경우에는 그 일이 성전을 "강도의 소굴"로 만들었습니다. 이와 같이 책망과 징계를 헛되이 받으면, 악은 늙은 떡갈나무처럼 시간이 지남에 따라 더 어두워지고 빠른 시간 안에 더욱 악해집니다.

이 간단한 기사의 두 번째 부분은, 다음의 세 가지 사실을 뚜렷하게 대비시킵니다. 그것은 그리스도께서 성전에서 계속해서 가르치시는 침착한 용기이고, 그 다음에 관원들의 점증하는 독한 미움인데, 이 관원들은 직위는 없으나 영향력 있는 사람들도 끌어들였습니다. 끝으로 백성들이 그리스도의 말씀을 열심으로 듣는 일이었는데, 이것 때문에 통치자들의 살해 의도가 좌절되었습니다. 처음 시작할 때와 같이 여기서도 마찬가지로, 주께서 의도적으로 자신을 드러내시는 것이 분명합니다. 예수께서는 자기 때가 가까이 온 것을 아시고 의도적으로 자신을 제물로 나타내십니다. 예수께서는 정해진 길을 온순하게 그러면서도 담대하게 계속해서 가십니다. 주님은 주변에서 온갖 미움이 작용하는 것을 아시고도 그대로 내버려 두십니다. 임박한 파멸에서 사람들을 구원하시려는 낮의 일을 여전히 계속하시려고 할 뿐입니다. 그와 같이 그리스도의 종들도 필요하다면 죽음에 직면해서도 일상의 의무를 인내하며 수행해야 합니다.

주님의 말씀을 듣고도 더 깊은 미움만 키웠을 뿐인 적들을 볼 때, 우리는 매일 그리스도의 교훈을 듣고도 감동을 받지 못하고, 그리스도의 간절한 사랑을 보고도 회개하지 않는 사람은 마음속에 그리스도에 대한 적대감이 있을 수 있고, 그로 인해 스스로 두려운 심판을 가져올 수 있음을 경고 받지 않을 수 없습니다. 지금은 귀를 기울여 말씀을 듣지만 일주일도 못 되어 "그를 십자가에 못 박게 하소서" 하고 외친 이 군중들을 볼 때, 우리가 그리스도의 교훈을 어떻게 들어야 하는지 주의하고, 그 교훈에 대한 일시적인 관심을 조심해야 하는 것을 배울 수 있습니다. 주님의 교훈을 듣고서 주님의 사역을 철저히 받아들이고 주님의 통치에 순복하는 데로 나가지 못한다면, 그 교훈에 대한 일시적인 관심은 틀림없이 냉랭하게 식어서 무관심이 되고, 마음이 굳어져 미움이 생길 수 있기 때문입니다.

74
주인이 되고 싶어 한 소작인들

"⁹그가 또 이 비유로 백성에게 말씀하시기 시작하시니라 한 사람이 포도원을 만들어 농부들에게 세로 주고 타국에 가서 오래 있다가 ¹⁰때가 이르매 포도원 소출 얼마를 바치게 하려고 한 종을 농부들에게 보내니 농부들이 종을 몹시 때리고 거저 보내었거늘 ¹¹다시 다른 종을 보내니 그도 몹시 때리고 능욕하고 거저 보내었거늘 ¹²다시 세 번째 종을 보내니 이 종도 상하게 하고 내쫓은지라 ¹³포도원 주인이 이르되 어찌할까 내 사랑하는 아들을 보내리니 그들이 혹 그는 존대하리라 하였더니 ¹⁴농부들이 그를 보고 서로 의논하여 이르되 이는 상속자니 죽이고 그 유산을 우리의 것으로 만들자 하고 ¹⁵포도원 밖에 내쫓아 죽였느니라 그런즉 포도원 주인이 이 사람들을 어떻게 하겠느냐 ¹⁶와서 그 농부들을 진멸하고 포도원을 다른 사람들에게 주리라 하시니 사람들이 듣고 이르되 그렇게 되지 말아지이다 하거늘 ¹⁷그들을 보시며 이르시되 그러면 기록된 바 건축자들의 버린 돌이 모퉁이의 머릿돌이 되었느니라 함이 어찜이냐 ¹⁸무릇 이 돌 위에 떨어지는 자는 깨어지겠고 이 돌이 사람 위에 떨어지면 그를 가루로 만들어 흩으리라 하시니라"

눅 20:9-19

위기가 가까와지면서 예수께서는 말씀을 점점 더 엄하고 분명하게 하셨습니다. 성전에서 관리들과 벌인 긴 결투의 끝에 하신 이 비유는 누구에게 적용되는지가 분명하여서 바로 그 표적을 맞추었습니다. 관원들은 그 비유가 자기들을 겨냥한 것임을 즉시 알아차렸습니다. 너무 꼭 맞는 모자는 쓸 수 없습니다. 그러나 이 비유에는 역사뿐 아니라 예언도 들어있습니다. 예수님의 임박한 운명에 대한 언급은 관원들에 대한 고발에서와 같이 분명하고, 포도원을 다른 사람들에게 넘겨준다는 예언은 다른 점들에 대한 해석과 같이 쉽게 해석할 수 있는 것입니다.

그처럼 분명하게 말씀하시는 것은 마지막 말씀을 하시는 것으로 적합한 태도였습니다. 그리스도의 도덕적 분노의 강렬함만큼이나 그리스도의 간절한 사랑의 절박함 때문에 그처럼 분명하게 말씀하신 것입니다.

1. 우리는 먼저 포도원과 주인, 그 소작인들을 살펴봅시다.

이 은유는 당시에 사람들이 익숙히 알고 있는 것이었습니다. 이사야 선지자가 이스라엘을 하나님의 포도원으로 노래하였고, 다른 선지자들도 이 상징을 사용하였기 때문에 이 은유는 모든 사람이 아는 평범한 것이 되었습니다. 비유는 이사야의 말을 분명하게 암시하며 거의 재연하다시피 합니다. 마태는 이 비유를 설명하면서, 주인이 마련한 설비에 대해서 좀 더 자세히 묘사합니다. 이로 인해서 마태복음의 이 비유는 이사야와 유사한 점이 훨씬 더 두드러져 보입니다. 누가는 이 세부 묘사를, 간단히 포도원을 "만들었다"고 표현합니다. 그 말이, 표현은 간단하지만 비유 전체의 입장을 충분히 나타냅니다.

하나님께서는 이스라엘에게 체계화된 계시와 율법과 예배를 주셨습니다. 이것을 받았으면 받은 사람들이 순종과 감사의 열매를 내놓기에 충분하였습니다. 비유에 나오는 농부들은 서기관과 대제사장들이 알아차린 대로 일차적으로 관원들을 가리켰습니다. 그러나 그들의 행위를 허용함으로써 그 일을 승인한 민족도 포함됩니다. 여기서 그리고 있는 그림은, 유대인들에게 적용되는 것처럼 우리에게도 적용됩니다. 그리스도께서 비유 끝에서 경고하신 대로, 포도원을 다른 소작인들에게 넘겨주시겠다는 예언이 성취되었습니다. 그래서 우리가 복음을 믿음으로 포도원을 맡았고 거룩한 생활과 사랑의 열매를 내놓을 책임을 지게 된 것입니다.

주인이 "포도원을 세로 주고 타국에 갔습니다." 이것은 우리에게 분명한 소유가 있고, 하나님께서 우리 가까이 계시지 않으므로 자유롭게 행동할 수 있게 되었음을 생생하게 표현하는 방식입니다. 말하자면 하나님께서 자신이 만든 피조물에게서 떠나 계시면서 피조물들이 자기 원하는 대로 할 수 있는 여지를 주시는 것입니다. 그러나 그리스도 안에서 주신 하나님 자신에 대한 계시뿐 아니라 우리의 모든 소유도 우리에게 세로 주신 것일 뿐입니다. 그래서 우리는 값을 지불하기로 하고 세를 얻은 것입니다.

여기서 포도원 소출을 받으려고 보냄을 받은 수금원들은 물론 선지자들을 가리킵니다. 누가는 이들을 세 번에 걸쳐 일일이 언급하는데, 세 번이라는 이 숫자는 완전을 나타냅니다. 누가는 이 수금원들이 임무를 받아간 사이의 시간에 관해서는 아무 말도 하지 않지만, 이 세 번이라는 숫자는 아들을 보낼 때까지의 전 기간을 포함했음을 암시합니다. 이들에 대한 대우는 이스라엘의 역사가 증명하였듯이 똑같았습니다. 선지자들을 거절하는 습관은 대대로 이어졌습니다.

시대를 통해 이어지는 민족적 결속 같은 것이 있었습니다. 스데반이 "너희도 너희 조상과 같이 거스르는도다 너희 조상들이 선지자들 중의 누구를 박해하지 아니하였느냐" 하고 외쳤을 때, 그의 담대한 고발은 예수님의 이 비유에 대한 메아리에 지나지 않았습니다. 세대마다 조상의 죄를 자기들도 범했고, 더 무거운 죄책의 짐 아래에서 비틀거리다가 마침내는 처음부터 흘린 선지자들의 모든 피값을 받아야 하는 세대가 이르렀던 것입니다. 민족들을 구성하는 원자들은 사라질지라도 민족들은 살아 있습니다. 조상들로부터 물려받은 죄들을 거부하는 것만이 조만간에 그들을 덮치게 되어 있는 충돌을 피할 수 있는 유일한 길입니다.

농부들은 주인이 보낸 심부름꾼들을 점점 더 모욕을 주고 잔인하게 대하였습니다. 처음에는 때리는 것으로 만족하다가, 두 번째는 모욕을 주었으며, 세 번째에는 상처를 입히는 데까지 갔습니다. 하나님의 거듭되는 호소가 마음을 녹이지 못하면 오히려 마음을 완고하게 만듭니다. 심부름꾼들을 계속해서 보내는 것이 순종하는 사랑을 일으키지 못하면, 그로 인해 오히려 더 맹렬한 미움에 이르게 됩니다. 자주 진리를 듣고도 양심을 완고하게 먹은 사람만큼 신랄해지는 사람은 없습니다.

2. 이 통렬한 비유의 의미에 대해서는 어떤 의문도 품을 수 없을 것입니다.

다음 부분의 의미에 관해서는 별로 할 말이 없었을 것입니다. 우리는 예수께서 자신과, 선지자들 가운데 가장 큰 자 사이에 긋는 뚜렷한 선을 주목하지 않을 수 없습니다. 선지자들은 주인의 "종들"이었고, 그리스도는 하나님의 "사랑하시는 아들"이었습니다. 히브리서 기자는 바로 이 대비를 언급하면서 편지를 시작하는데, 그는 이 비유에서 그런 대비를 배웠을 것입니다. 이 비유가 우리에게는 진부한 것이지만, 열심이 있으면서 적의가 있는 군중들에게는 그 비유가 어떻게 들렸을까를 깊이 생각해 보고, 예수께서 이사야나 미가와 같은 범주에 속하셨다면, 그런 가정들이 예수님의 "합리적 판단"과 어떻게 조화를 이룰 수 있는지 자문할 필요가 있습니다.

공경과 순종의 열매를 바라시는 하나님의 열망이 포도원 주인의 입에서 나오는 막연한 희망의 말에서 놀랍게 표현됩니다. 주인은 아들을 보내는 것이 모험을 하는 것임을 틀림없이 알았을 것입니다. 그러나 주인은 이 부정직한 일꾼들이 자기들의 의무로 돌아오게 하기를 그처럼 간절히 바라기 때문에 그런 위험을 무릅쓰려고 하는 것입니다. 이처럼 아주 생생한 표현을 사용한 것은 사람들의 마음을 얻으려 하는 하나님의 갈망을 강조하기 위한 것이고, "모든 것을 바라며" 하나님의 전통에 화살이 남아 있는 한, 우리를 얻으려는 노력을 쉬지 않으실 하나님의 인내하는 사랑을 강조하기 위한 것입니다.

3. 이제 우리 주님은 예언의 말씀을 다룹니다.

예수께서 세상에 오신 결과가 어떻게 반대를 일으키기 위한 것이었을 뿐인가를 이야기하실 때, 그의 어조에는 깊은 슬픔이 배어 있습니다. 농부들이 "주인의 아들을 보았는데" 보고서 마음이 움직였습니까? 아니었습니다. 그들은 자기들의 특권을 더 단단히 움켜쥐고, 자기들의 소유권을 더 맹렬하게 주장하기로 결심하였을 뿐이었습니다.

이 비유에서 예수께서 자신의 임박한 운명을 알리시면서 보여 준 침착함만큼 주목할 만한 것은 없습니다. 주님은 그 모든 것을 알고 계시는데도, 목소리에는 아무 떨림도 없습니다. 마치 다른 사람의 얘기를 하고 계시는 것처럼 말씀하십니다. 주님께서 말을 듣고 있는 사람들 가운데 많은 사람의 마음속에 숨어 있는 살해 의도를 간파하셨다는 사실이 그들의 계획을 실행하도록 부추기는 경향이 있었을 것입니다. 그러나 주님은 언제든지 십자가를 질 준비가 되어 있으셨고 십자가가 가까이 왔다고 해서 두려워하시는 것이 전혀 없었습니다. 그것은 주께서 무감각하셨거나 육체적으로 당연히 움츠리게 되는 것에서 자유로웠기 때문이 아니라, 사람을 구원하시기로 굳게 결심하셨기 때문입니다.

농부들이 서로 의논하였다는 묘사는, 관원들 가운데 어느 한 사람도 자기들이 그렇게 하고 있다고 의식하지 못하였을 생각을 분명하게 드러냅니다. 이 관원들의 생각을 보면, 그들이 그리스도의 주장이 진리인 것을 얼마나 알았는지 의문이 생깁니다. 그러나 이들은 적어도 그리스도의 주장이 무엇이었는지는 알았습니다. 그리고 그들은 정당하게 대한다면 점점 더 밝은 한낮에 이르게 될 밝아오는 확신을 억눌렀습니다. 그들이 어쨌든 예수의 이 주장들에는 특별한 점이 있지 않은가 하는 불편한 의심으로 마음이 찔리지 않았다면, 그처럼 맹렬하게 반대하지 않았을 것입니다.

자기들이 조금만 더 깊이 조사한다면 그 진리를 믿게 될지도 모른다는 막연한 느낌만큼, 확실하게 사람이 어떤 진리를 받아들이지 못하게 만드는 것은 없습니다. 우리 모두에게서 그렇듯이 이 관원들에게도 지식과 무지가 뒤섞여 있습니다. 그들이 전혀 몰랐다면, 그들의 사죄를 구하는 주님의 간절한 기도가 필요 없었을 것입니다. 그들이 충분히 알았다면, 그들의 사죄를 구할 기초가 사라져 버렸을 것입니다.

농부들이 말한 동기는 포도원을 자기들 것으로 빼앗고자 한 것입니다. 그런데 자기 지위의 특권을 굳게 붙잡으려는 결심이, 관원들이 보인 적의의 핵심이었고, 제사장들과 백성들이 예수의 말씀을 듣지 않은 것은, 하나님께 순종을 바쳐야 하는 자기들의 의무를 생각하게 되는 불편을 겪고 싶지 않았기 때문이 아닙니까? 그리스도를 거절하는 모든 반대의 뿌리는, 자기가 최고의 권세를 부리고자 하는 완고한 욕심입니다. 사람들은 자기들이 소작인이라는 것을 생각하고 분을 내며, 자기가 주인이라고 주장할 결심을 품는 것입니다.

예수께서는, 비유를 듣는 자들에게 죄의 분량을 다 채우고 하나님의 자원을 다 소진시킨 마지막 범죄 이후에 대해 말씀하십니다. 15절에서 이야기를 해 나가시다가 갑자기 질문을 하신 것은 창으로 갑작스럽게 찌르는 것과 같고, 뿐만 아니라 당면한 가까운 미래에서 좀 더 먼 날로 넘어가는 것입니다. 상속자를 죽이는 것이 포도원 농부들의 최종 행위였습니다. 그 다음에는 주인이 행동을 취할 것입니다. 마가처럼 누가도 보복을 경고하는 말씀을 그리스도께서 하신 것으로 묘사하는 반면에, 마태는 주님의 질문에 대해 관원들이 대답한 것으로 묘사합니다. "그렇게 되지 말아지이다!"라는 외침을 기록하고 있는 것은 누가뿐입니다. 마태복음에서 볼 수 있는 즉각적인 답변과, 누가복음에 나오는 이 종교적인 외침은 같은 목적을 지니고 있는데, 태연한 척함으로써 비유를 자신들에게 적용하지 않으려는 것입니다.

이들의 경박함과 교훈을 그대로 받아들이려고 하지 않는 태도를 보시고, 주님은 엄한 말씀을 하시게 되었습니다. 주께서 그들을 보시는 확고한 눈빛에 준엄함이 서렸을 것이고, 어떤 제자가 그것을 기억하고 우리를 위해 그 사실을 알려 주었을 것입니다. 그 말씀은, 이제는 어느 정도 드러나게 된 이스라엘 멸망에 대한 서곡이었습니다. 예수께서는, 건축자들이 버린 돌에 대한 오래 전의 예언을 들어 자신에게 적용하십니다. 예수께서는 이사야가 예언했던 바로 그 확실한 기초이십니다. 주님은 이스라엘이 버렸지만, 건물 꼭대기로 올려져서, 나뉘어 있는 두 벽을 하나로 결합시키는 돌이십니다.

이 비유를 마무리짓는 엄숙한 경고는 이스라엘에 대해 특별한 의미를 지녔지만, 그 두려운 의의는 우리에게까지 미칩니다. 이 돌이 땅에 낮게 놓여 있을 때 돌에 넘어지면 자아를 불구로 만들지만, 돌이 높은 곳에서 떨어질 때 사람에게 떨어지면, 그 사람은 완전히 파멸되고 다시는 고칠 수 없게 됩니다. "땅에서 경고하신 이를 거역한 그들이 피하지 못하였거든 하물며 하늘로부터 경고하신 이를 배반하는 우리일까보냐"(히 12:25).

75
누구의 형상과 글이냐?

"누구의 형상과 글이 여기 있느냐?"
눅 20:24

다 같이 미워하는 제 삼의 인물을 밟기 위해 서로 적대적인 관계에 있는 두 세력이 힘을 합하는 것은 이상한 일이 아닙니다. 이 사건에서 우리는 유대인 정치에서 서로 견원지간인 두 당파가 부자연스런 동맹을 맺는 것을 봅니다. 외국의 지배에 질색을 하는 편협한 보수적 유대주의의 대표자들인 바리새인과 서기관들, 그리고 외국인이며 왕위 찬탈자인 헤롯의 당파들인 헤롯 당원들이 함께 머리를 맞대고 그리스도의 평판을 떨어뜨리거나, 아니면 그리스도를 파멸시킬 것으로 생각하는 문제를 그리스도에게 제시합니다. 이들에게 자기들이 낸 문제에 답을 하라고 하였다면, 서로 반대되게 답하였을 것입니다. 헤롯 당원이라면 "가이사에게 세를 바치는 것이 타당하다"고 하였을 것이고, 바리새인과 서기관들이라면 "타당하지 않다"고 대답하였을 것입니다. 그러나 악의가 일어날 때 그것은 작은 문제입니다. 그들은 속으로 이렇게 계산합니다. "만일 그가 안 된다 하고 말하면, 우리는 빌라도에게 가서 그를 반역자로 고소할 것이다. 만일 그가 그렇게 해라고 말한다면, 우리는 백성들에게 가서 자, 여기 당신들을 위한 멋진 메시야가 있다. 그는 외국의 압제에 조금도 반대하지 않는 자다 하고 말할 것이다. 어느 쪽으로 답하든 우리는 그를 끝장낼 것이다."

예수께서는 올가미들 사이로 조용히 걸어가서, 사실에 손을 대십니다. "데나리온 하나를 내게 보이라. 누구의 형상이 여기 있느냐." 그런데 여기서 한 가지 말해 둘 것은, 데나리온 하나가 당시 세금의 액수였다는 것입니다. 그 나라의 통화는 그 나라의 군주를 나타냅니다. 주화에 군주의 형상을 찍어 놓는 것은 통치권을 나타내는 행위입니다. "가이사의 형상은, 당신이 좋아하든 좋아하지 않든 상관없이, 당신이 가이사의 신민이라는 것을 선언한다. 당신이 계산서를 치를 때 세금에 관해서 묻는 것은 때가 너무 늦은 것이다."

그러면 그리스도의 답변의 다른 면, 곧 "하나님의 것은 하나님께 바치라"는 말씀도 그와 비슷한 사실에 근거하고 있지 않습니까? 주님의 답변에 나오는 대구법을 볼 때, 그 사물이 무엇이든지 간에 하나님께 바쳐야 하는 사물의 운명이 사물에 찍혀 있다고 우리가 생각해야 하지 않겠습니까? 적어도 가이사의 돈이 그 나라의 통화였다는 사실에서 세금을 요구하는 가이사의 권리를 명백하게 추론한 것을 생각할 때 그렇습니다. 이 생각이 수많은 방향으로 확산될 수 있지만, 나는 특별히 한 가지 점을 생각하고 싶습니다. 이 사실이 우리 각 사람에게 이 위대한 진리, 곧 사람들의 구조 자체가 사람이 하나님께 속하였고, 따라서 하나님께 자신을 드리지 않을 수 없다는 진리를 나타내는 것으로 보고 싶습니다. 그 질문에 대한 답이 분명하고, 티베리우스의 형상이 찍힌 데나리온에 관한 결론이 말할 나위 없이 당연하다면, 우리가 그 질문의 이면을 보고, 우리 자신을 보면서 스스로에게 "누구의 형상과 글이 네 속에 있느냐"고 물을 때, 답변도 그와 같이 분명하고, 결론도 그와 마찬가지로 말할 수 없이 당연합니다.

1. 첫째로, 사람에게 찍힌 형상과 그에 따른 의무를 살펴봅시다.

우리는 대체로 사물의 구조를 보면 그것이 무엇을 위한 것인지 말할 수 있습니다. 해부학자의 훈련된 눈은 뼈를 보면 그 뼈를 지녔던 피조물이 살게 되어 있었던 영역을 맞힐 수가 있을 것입니다. 아가미나 폐, 지느러미나 날개, 다리나 팔을 보면 그 기관을 가진 피조물이 활동하게 되어 있는 고유 환경을 분명히 알 수 있는 것처럼, 우리 본성을 보면 이것이 새겨진 것이 분명합니다. 즉 우리가 진정한 의미에서 하나님의 형상으로 지어졌으므로 하나님이 우리 하나님이시고, 오직 하나님 안에서만 우리가 안식을 얻을 수 있다는 것을 알 수 있습니다.

"우리의 형상을 따라 사람을 만들자"는 오래된 말씀을 굳이 여러분에게 상기시킬 필요가 없을 것이라고 생각합니다. 사람이 지어질 때 받은 하나님 형상의 전체적인 영광과 찬란함이 사람의 죄로 망가지고 손상되었을지라도, 우주에서 어느 존재가 가장 하나님께 가까운가에 대해 결코 실수할 수 없을 만큼, 또 우리가 누구의 형상을 따라 지어졌는지, 우리가 누구의 사랑과 생명 안에서만 복을 누릴 수 있는지에 관해 결코 잘못 알 수 없을 만큼 확실하므로, 하나님과 사람 사이에 경외심을 일으킬 만큼 엄숙하고 복된 닮음이 여전히 있다는 점을 조금이라도 강조할 필요가 없다고 생각합니다.

어쩌면 강단에서 다루기에 적절치 않은 생각을 가지고 여러분을 피곤하게 만들 생각이 없습니다. 다만 여러분에게 한 두 가지 점만을 말씀드리도록 하겠습니다. 이 세상에서 사람 이외에 스스로에 대하여 "나다"하고 말할 수 있는 존재가 달리 있습니까? 하나님은 "나는 스스로 있는 자니라"고 말씀하십니다. 여러분과 나는 그렇게 말할 수 없습니다. 그러나 사물의 질서 속에서 우리 사람만이 엄숙하고 경외스런 선물, 곧 우리 자신의 존재에 대한 의식을 가지고 있습니다. 형제 여러분, 자신에 대해 "나다" 하고 말할 수 있는 사람은 누구든지 하나님께로 돌이켜 "주는"이라고 말하고, 크신 아버지 하나님의 손을 붙잡고 감히 "우리는"이라고 말할 수 있기 전까지는 안식을 누리지 못할 것입니다. 우리는 지극히 깊고 깊은 의미에서 하나님의 형상으로 지어졌습니다.

그러나 좀 더 알기 쉬운 문제를 생각해 봅시다. 우리는 사랑할 수 있다는 점에서 하나님을 닮았습니다. 우리는 옳은 것을 알고, 옳은 것이 가장 중요하다는 것을 알 수 있다는 점에서 하나님을 닮았습니다. 우리는 "내가 하겠다"고 말할 능력을 가졌다는 점에서 하나님을 닮았습니다. 이런 위대한 능력들을 갖추고 있다는 사실을 생각할 때, 이렇게 자신이 누구인지 알고, 옳은 것을 알며, 이렇게 사랑할 수 있고, 의도를 가지고 결심을 하며 행동할 수 있는 피조물은 하나님과의 교제에서 안식과 피난처를 찾아야 하는 것이 마땅할 것입니다.

그러나 여러분이 주화를 가지고 그것을 찍어낸 거푸집과 비교해 보면, 거푸집에서 돋을새김이 되어 있는 곳마다 주화에 움푹 꺼진 자리가 있고, 거푸집에서 움푹 들어간 자리마다 주화에서는 도드라져 있는 것을 보게 될 것입니다. 이와 같이 사람에게는 그의 운명을 보여 주는 분명한 흔적들로, 하나님의 본성과 닮은 점들이 있습니다. 뿐만 아니라 우리 편에서 그와 상응하는 점들이 있는데, 우리 편에서의 결핍은 하나님의 선물들로 채워지고, 우리 속에 있는 비어 있는 점들은 우리가 하나님과 만날 때 하나님의 풍성한 공급품과 선물들로 채워집니다. 그래서 지극히 보잘것없고 편협하며 비천하기 짝이 없는 인생 안에도, 깊은 욕구와 열정이 있으며, 때로는 하나님 외에는 아무도 채울 수 없는 고통과 미친 듯한 열망이 있습니다. 우리가 목소리를 잘못 알아듣고 헛수고를 하여 스스로를 비참하게 만드는 경우가 종종 있지만, 우리는 우리 존재의 속속들이 "마음과 육체가 살아 계시는 하나님께 부르짖습니다"(시 84:2). 그리고 우리 모두가 원하는 것은, 눈부시게 하는 흩어진 광채들을 모두 하나로 모을 어떤 값진 한 진주입니다. 우리는 어떤 한 사람을 원합니다. 살아 계시는 분, 현재 계시는 분, 우리의 마음을, 우리의 온 마음을 단번에 만족시키실 충족하신 분을 원합니다. 그렇지 않으면 우리는 결코 안식하지 못할 것입니다.

그 다음에, 우리가 의존적으로 지어졌기 때문에, 우리에게 이같이 거친 욕구가 있기 때문에, 우리 본성에 식지 않는 갈증이 붙어 있기 때문에, 우리에게 빛을 받아야 하는 양심이 있고, 절대적으로 순종할 때에만 자유롭게 되는 의지가 있으며, 제한되고 일시적인 피조물의 애정의 모든 달콤함에도 만족하지 못하고 여전히 열망이 남아 있는 마음이 있기 때문에, 우리는 하나님의 형상을 뚜렷이 지니고 있습니다. 자신을 지혜롭게 보는 사람은 누구든지, "누구의 형상이 여기 있느냐"는 질문에 한 가지로밖에 대답할 수 없습니다. "하나님이 자기 형상 곧 하나님의 형상대로 사람을 창조 하셨다"(창 1:27).

그러므로 하나님의 형상과 글이 주화에 있다는 사실 때문에 이 왕께 속한 세금을 바치려고 한다면, 우리는 사랑의 교제를 통해서, 겸손한 신뢰와 뜨거운 사랑, 온순한 순종, 끊임없는 묵상, 자아의 희생을 통해서 자신을 하나님께 드려야 합니다.

2. 다음에는, 주화에 새겨진 형상의 손상과 주화의 잘못된 사용을 보도록 합시다.

때때로 여러분은 주화에 새겨져 있는 왕이나 여왕의 이름이 아닌 다른 어떤 사람의 이름이 잘못 새겨졌거나 어떤 이기적인 의도로 새겨진 돈을 만나기도 합니다. 마찬가지로 우리 본성은, 형상을 찍는 압착기를 다시 한 번 거치면서, 또 다른 형상이 본성에 깊이 찍히게 되었습니다. 모든 사람이 지니고 있는 하나님의 형상은 사람들의 어떤 행위의 경로를 거친다고 해도 지워질 수 없는 면들이 있습니다. 그러나 또 어떤 면에서 하나님의 형상은 데나리온과 같은 단단한 금속에 새겨진 것처럼 영구히 동일한 모습을 지니지 않습니다. 그보다는 매끈한 판에 비친 상이나 환등기에서 흰 천에 비추는 상과 같습니다. 매끈한 판이 녹이 슬고 더러우면 거기에 비친 상이 희미하고 불분명합니다. 그 판에 비추던 빛을 치워 버리면 거기에 나타난 상도 사라집니다. 그리고 그것이 여러분 가운데 어떤 사람들이 행하고 있는 바입니다. 이기적으로 살고, 날이면 날마다 하나님을 한 번도 생각지 않으면서 살며, 열정과 정욕, 야망과 비천한 욕망이나 그 같은 것을 따라 살면, 여러분은 본성에 아직 조금 남아 있는 하나님의 형상을 지워 버리는 일에 힘을 다하고 있는 것입니다. 육신의 정욕, 곧 어떤 욕망, 술취함, 방탕, 부정 혹은 그와 같은 것들을 따라 살며 거기에 완전히 빠져 버리고, 그래서 하나님 형상의 중요한 부분, 곧 "내가 하겠다"고 말할 수 있는 능력을 거의 잃어버린 것 같은 사람이 이 자리에 있습니까? 오랫동안 열정을 따라 살아서, 이성과 양심, 확고한 결심이 내놓는 통제력을 상실했을까 염려됩니다. 하나님의 사랑을 오랫동안 완전히 무시한 채 살아서, 우주의 중심에 어떤 마음이 있다는 것을, 혹은 하나님께서 그 마음에 관심을 가지고 계시다는 것을 더 이상 느끼지 못하는 사람이 이 자리에 있습니까? 형제 여러분, 사람에게 부여된 놀라운 능력이, 사람이 창조될 때 받은 형상의 모양이 완전히 사라지기까지 사람의 품위를 떨어뜨린다는 것이 세상에서 겪는 가장 슬프고 비극적인 일입니다. 시인 가운데 한 사람은 세속적인 마음과 육욕, 열정이라는 산(酸)과 쇠줄로 거의 형체를 알아볼 수 없을 만큼 하나님의 형상을 지워 버린 사람들을 가리켜, "멸망하는 짐승과 같다"(시 49:20)고 말합니다. 지금 내가 하는 말에 해당되는 사람이 있습니까? 다른 어떤 것은 남아 있지 않을지라도, 절대적인 선에 대한 갈망, 여러분의 욕구를 만족시키고자 하는 갈망이 남아 있습니다. 그 사실이, 여러분이 하나님을 바라도록 지어졌고, 오직 하나님 안에서만 안식을 얻을 수 있다는 증거입니다.

그렇다면, 마음과 생각과 의지와 생활을 다른 것들로 채워서, 하나님께 대한 철저한 헌신을 쫓아내는 것은 모두 신성모독이고 반역입니다. 주화에 새겨진 황제의 형상은 통치권의 표시였고, 따라서 세금을 바쳐야 하는 의무가 따라다녔습니다. 여러분의 본성은 하나님께 미치지 못하는 어떤 것에도 자신을 드리는 간음에 대해 전적으로 항거합니다. 여러분은 구약에서 바빌론이 망한 밤에 벌어졌던 떠들썩한 연회에 대한 이야기를 아십니다. 그때 불경하고 오만하며 제멋대로 구는 벨사살이 예루살렘 성전에서 가져온 신성한 잔이 아니고는 다른 어떤 잔으로 포도주를 마시는 것에 만족할 수 없었습니다. 우리 가운데 많은 사람들이 바로 그 같이 행하고 있습니다. 이들은 하나님 나라의 포도주를 채우게 되어 있는 거룩한 잔에, 뇌를 마비시키고 완전히 취하게 해서 우리의 제국이 흔들리다가 무너지고 파멸키기는 데까지 이르게 하는 거품이 이는 유해한 음료를 따릅니다. 역대기에 나오는 한 이야기는 "여호와의 전의 모든 성물들을 바알에게 바쳤음이더라"(대하 24:7)라고 말합니다. 우리 가운데 어떤 이들이 바로 그 일을 하고 있습니다. 이들은 하나님께 성별하여 드리고 하나님 안에서 복을 얻게 되어 있는 영혼을, 자기를 예배하는 자에게 전혀 복을 주지 못하는 거짓 신들에게 바칩니다.

사랑하는 교우 여러분, 이 점을 마음에 새기시기 바랍니다. 여러분이 소유하고 있는 하나님과 같은 존재를 이같이 사용하면 반드시 비참함과 불안에 떨어질 수 밖에 없다는 것입니다. 악한 징조의 검은 새인 까마귀가 방주를 나가서 앉을 곳을 찾지 못한 채 넘실거리는 바다 위를 날아다녔습니다. 하나님을 찾지 않는 영혼들은 이와 같이 쉬지 못한 채, 생명이 없는 세상을 날아다닙니다. 비둘기는 감람나무 가지를 입에 물고 돌아왔습니다. 성소에 보금자리를 마련한 지혜로운 영혼들은 거기에서 날개를 접고 편히 쉴 수 있습니다. 한 옛 성도가 말하였듯이 "우리는 하나님을 위하여 지어졌으므로 하나님 안에서만 안식을 누립니다." "네가 나의 명령에 주의하였더라면 네 평강이 강과 같았겠고 네 공의가 바다 물결 같았을 것이며"(사 48:18). 여러분은 물이 풍부한 이 강이 목초지 사이로 잔물결에 햇빛을 받아 반짝이면서 복되게 유유히 흘러가는 것을 보지 못합니까? 하나님께 자신을 드린 마음이 그와 같습니다. 이 선지자는 그의 책에서 그 아름다운 모습과 엄숙하게 대비시켜서 다음과 같은 말씀을 반복적으로 언급합니다. "악인은 평온함을 얻지 못하고 요동하는 바다와 같이"(57:20) 소리치며 세상을 돌아다니고, 바닷가에 이를 때마다 무익한 거품을 일으키며 영원히 안정을 얻지 못합니다. 형제 여러분, 하나님의 것을 하나님께 드릴 때에만 우리 마음과 우리 자신이 휴식을 얻습니다.

3. 끝으로 손상된 형상의 회복과 온전케 됨을 살펴봅시다.

사람이 하나님을 닮았기 때문에, 하나님께서 사람처럼 되실 수 있습니다. 성육신 하신 구주로 인해 계시와 구속이 가능할 수 있는 것은, 사람이 하나님의 형상으로 지어졌다는 사실에 좌우됩니다. 이렇게 해서 한편으로는 그의 인격의 분명한 형상이시고 그래서 "나를 본 자는 아버지를 보았느니라"(요 14:9)고 말하실 수 있으시고, 다른 한편으로는 "범사에 형제들과 같이 되셨으나"(히 2:17) 하나님의 형상이 손상되어 지워지지 않고 변색되거나 잘린 것이 없이 깨끗하게 보존되신 거룩하신 그리스도가 우리에게 오신 것입니다.

그러므로 예수 그리스도께서 오셨는데, 우리 형제 그리스도께서 "뼈 중의 뼈요 살 중의 살"로서 우리처럼 되셨고, 우리와 같은 모양을 입고 우리에게 하나님의 형상을 보여 주고 하나님의 빛을 나타내셨기 때문에, 사람이든 마귀든 이 보잘것없는 인성에 가할 수 있는 어떤 손상도 취소할 수 없거나 결정적인 것이 될 수 없습니다. 모든 얼룩을 지울 수 있고, 영혼 위에 덧 쓰인 글을 제거할 수 있으며, 최초의 자국을 회복할 수 있습니다. 움푹 패인 곳은 돋우어질 수 있고, 너무 높게 올라간 부분은 낮추어질 수 있으며, 얼룩과 녹은 지워 없앨 수 있습니다. 그래서 우리가 사랑하시는 주님께로 돌이키고 하나님께 우리 영혼을 맡기려고만 한다면, 하나님의 모습이 "우리를 창조하신 이의 형상을 따라"(골 3:10) 우리 각 사람에게 이전보다 더 아름답게 새겨질 수 있습니다. 그리스도께서 우리와 같이 되심은, 우리가 그와 같이 되고 그럼으로써 하나님의 성품을 나누어 받는 자가 되게 하기 위함이었습니다. "우리가 다 거울이 비추는 것 같이 주의 영광을 나타내도록 그와 같은 형상으로 변화하여 영광에서 영광에 이를"(고후 3:18) 수 있습니다.

가능성은 거기에서 멈추지 않습니다. 본문의 은유를 계속해서 사용한다면, 주화를 회수하여 새로운 형태로 고귀하게 다시 주조할 때를, 우리가 내다보기 때문입니다. 우리에게는 "우리가 그와 같을 줄을 아는 것은 그의 참모습 그대로 볼 것이기 때문이라"(요일 3:2-3)는 위대한 전망이 있습니다. 우리가 하늘의 모든 영광을 나누어 받을 것입니다. 이는 그리스도의 것이 모두 우리 것이고, "우리가 흙에 속한 자의 형상을 입은 것 같이 또한 하늘에 속한 이의 형상을 입을"(고전 15:49) 것이기 때문입니다.

그래서 나는 오래된 이 질문을 여러분에게 묻습니다. "누구의 형상과 글이 여기 있느냐?" 그리고 또 "하나님의 것은 하나님께 바치고" 여러분 자신을 하나님께 바치라는 오래된 이 권고를 말씀드립니다. 또 한 가지 질문을 여러분에게 묻고, 이 질문을 마음에 새기시기를 기도합니다. "무슨 의도로 이것을 허비하느냐"(마 26:8)? 여러분은 영혼이라는 데나리온을 가지고 무엇을 하고 있습니까? 무엇 때문에 "양식이 아닌 것을 위하여 은을 달아 줍니까"(사 55:2)? 여러분 자신을 하나님께 드리십시오. 여러분과 같은 그리스도께 여러분을 맡기시고 그리스도를 닮으십시오. 그리고 그리스도의 위대한 사랑을 의지하면, 여러분은 능력을 악용하는데서 구원받고, 여러분의 영혼을 세상의 껍데기들로 만족시키려는 헛된 노력에서도 구원받을 것입니다. 여러분이 이 세상에 있는 동안에 그리스도의 생명을 받아 점점 더 그리스도를 닮게 될 것이고, 저 세상으로 옮겨질 때는 여러분의 몸과 영혼이 그리스도의 형상으로 변화하고 "만물을 자기에게 복종하게 하실 수 있는 자의 역사로"(빌 3:21) 그리스도의 영광에 이를 것입니다.

76
어느 때에 이런 일이 있겠삽나이까?

"²⁰너희가 예루살렘이 군대들에게 에워싸이는 것을 보거든 그 멸망이 가까운 줄을 알라 ²¹그 때에 유대에 있는 자들은 산으로 도망갈 것이며 성내에 있는 자들은 나갈 것이며 촌에 있는 자들은 그리로 들어가지 말지어다 ²²이 날들은 기록된 모든 것을 이루는 징벌의 날이니라 ²³그 날에는 아이 밴 자들과 젖먹이는 자들에게 화가 있으리니 이는 땅에 큰 환난과 이 백성에게 진노가 있겠음이로다 ²⁴그들이 칼날에 죽임을 당하며 모든 이방에 사로잡혀 가겠고 예루살렘은 이방인의 때가 차기까지 이방인들에게 밟히리라 ²⁵일월 성신에는 징조가 있겠고 땅에서는 민족들이 바다와 파도의 성난 소리로 인하여 혼란한 중에 곤고하리라 ²⁶사람들이 세상에 임할 일을 생각하고 무서워하므로 기절하리니 이는 하늘의 권능들이 흔들리겠음이라 ²⁷그 때에 사람들이 인자가 구름을 타고 능력과 큰 영광으로 오는 것을 보리라 ²⁸이런 일이 되기를 시작하거든 일어나 머리를 들라 너희 속량이 가까웠느니라 하시더라 ²⁹이에 비유로 이르시되 무화과나무와 모든 나무를 보라 ³⁰싹이 나면 너희가 보고 여름이 가까운 줄을 자연히 아나니 ³¹이와 같이 너희가 이런 일이 일어나는 것을 보거든 하나님의 나라가 가까이 온 줄을 알라 ³²내가 진실로 너희에게 말하노니 이 세대가 지나가기 전에 모든 일이 다 이루어지리라 ³³천지는 없어지겠으나 내 말은 없어지지 아니하리라 ³⁴너희는 스스로 조심하라 그렇지 않으면 방탕함과 술취함과 생활의 염려로 마음이 둔하여지고 뜻밖에 그 날이 덫과 같이 너희에게 임하리라 ³⁵이 날은 온 지구상에 거하는 모든 사람에게 임하리라 ³⁶이러므로 너희는 장차 올 이 모든 일을 능히 피하고 인자 앞에 서도록 항상 기도하며 깨어 있으라 하시니라"

눅 21:20-36

우리 주님의 이 강화는 성전이 무너질 때와, 그 시기가 가까이 왔음의 전조(前兆)가 되는 표시들에 관한 제자들의 질문에 답으로 하신 말씀입니다. 전자의 질문에 대해서는 예언의 연대를 말하는데서 특징적으로 나타나듯이 불명확하게 답변하셨고, 후자의 질문에 대해서는 20절에 분명하게 답하셨습니다.

본문 전체는 뚜렷이 네 부분으로 나뉩니다.

1. 예루살렘 함락에 대한 예언이 있습니다(20-24절).

예루살렘 "멸망"에 대한 "표시"는 적이 예루살렘 성벽 가까이로 오는 것이었습니다. 이전에도 군대가 예루살렘을 둘러쌌다가 흩어진 적은 여러 번 있었습니다. 그러나 이 포위는 예루살렘 함락으로 끝이 날 것이었습니다. 여호와의 사자가 밤에 잠자는 군대들 사이로 돌아다니며 자던 자들을 뻣뻣하게 죽게 하는 일이 없을 것이고, 포위당한 자들의 어떤 용기도 쓸모 없게 될 것이었습니다. 도망하라고 명령하셨습니다. 보통 훤히 트인 지역에 사는 주민들은 적의 침략으로 약탈이 일어날 때는 성벽으로 둘러쌓인 수도로 피신을 하였습니다. 그러나 이때는 "촌에 있는 자들이 그리로 들어가는 것"은 안전하게 피할 수 있는 마지막 기회를 내팽개치는 일이 될 것이었습니다. 우리 모두가 알고 있는 대로 그리스도인들은 이 명령에 복종하여 요단을 지나 펠라로 도망하였습니다. 나머지 유대인들은 예수님의 이 경고를 알았을지라도, 그 경고를 무시하다가 망하고 말았습니다.

저항하지 말고 도망하라고 권고하신 이유에 주의할 필요가 있습니다. "이 날들은 기록된 모든 것을 이루는 징벌의 날이니라." 말하자면 포위하는 군대는 오래 전에 선고한 하나님의 의로운 심판을 시행하기 위해 하나님이 보내신 자들이라는 것입니다. 그러므로 그들을 대항하여 싸우는 것은 헛된 일입니다. 로마군 뒤에는 이스라엘의 하나님이 계신 것입니다. 로마 군대에 대항하여 싸우는 것은 전능하신 하나님의 방호물의 뾰족한 창살에 몸을 내던지는 것입니다. 감히 그런 일을 행하는 자는 아무도 "형통할" 수 없습니다. 하나님의 보복하시는 손에 순종하는 것만이 그 손에 멸망당하는 것을 피할 수 있는 길입니다. 징계를 순하게 받으면 유익이 되지만, 징계를 박차 버리면 징계하는 매가 사지에 더 깊이 내려쳐질 것입니다.

그 고통이 너무 커서, 참으로 말할 수 없이 큰 기쁨인 아이의 출산이 재난이 되고, 즐거운 어머니의 의무가 저주가 될 것입니다. 그리고 오히려 아이 없는 사람들이, 무력한 아기가 짐처럼 딸린 도망자들보다 행복할 것입니다. 이 땅에 임하는 "환난"이 더 어두운 색깔로 묘사되고, 환난의 원인을 "이 백성에게" 주시는 (하나님의) "진노"에 있는 것으로 추적하는 것에도 유의해야 합니다. "칼날에 죽임을 당하는" 자들이 "모든 이방에 사로잡혀 가는" 자들보다 행복합니다.

험악한 날씨와 같은 전망 사이로 어렴풋한 희망의 빛이 비칩니다. 예루살렘이 이방인들에게 짓밟히는 것이 정한 때가 있기 때문입니다. 그 일은 "이방인의 때가 차기까지" 계속될 것입니다. 이 표현이 중요합니다. 왜냐하면 이 "때"가 상당한 기간이고, 그래서 예루살렘 멸망과 그 이후의 예언 사이에 막연한 어떤 기간이 오기 때문입니다. "때"를 나타내는데 사용된 이 단어는 일반적으로 기회라는 개념이 따라다니는데, 여기서는 유대인이라는 민족적 존재의 붕괴로 말미암아 "이방인들이" 자기들에게 제공되는 하나님 나라를 얻게 되는 시기가 시작됨을 나타내는 것 같습니다. 예루살렘이 함락된 이후로 세상 역사가 이 말씀에 대한 최상의 주석입니다.

2. "이방인의 때"가 이와 같이 명확하지 않은 어떤 기간이기 때문에, 그 때 전에 일어나는 일과 그 후에 일어나는 일 사이에 명확한 경계선이 그어집니다.

25-27절에 나오는 예언은, 시간상 예루살렘의 멸망과 분리된 것이 분명합니다. 그런데 그 분리를 우리 주님께서 아주 분명하게 지적하시지 않는다는 견해에 대해서는 아무 이의가 없습니다. 27절의 말씀은, 아주 웅대하고 뚜렷해서 인자의 옴에 대한 다른 예언들의 틀에 끼워 맞춰서 예루살렘의 심판 때에 인자가 온전한 모습으로 오는 것으로 해석할 수 없습니다.

"일월 성신의 징조"라는 말은 우리가 익숙히 알고 있는 상징대로 왕들과 지배자들을 무너뜨리는 것을 가리킬 수 있습니다. 또 마찬가지로 성난 소리를 지르는 바다는 백성들 가운데서 일어나는 소요를 가리킬 수 있습니다. 그러나 인자가 올 때 가지고 오는 "구름과 능력과 큰 영광"은, 이것들이 다른 예언들에서 의미하는 것, 즉 쉐키나의 빛을 입고 볼 수 있게 나타나서 온 세상이 보는 앞에서 하나님의 권세를 휘두르시는 것을 의미할 수 있습니다.

예루살렘의 멸망은 과정의 시작 단계였는데, 그 기간이 여기서 명확하게 나타나지 않지만 상당히 긴 기간인 것이 암시되며, 그 마지막 단계는 예수께서 친히 오시는 것입니다. 예루살렘의 멸망을 그 예언의 성취의 시작으로 다루는 28절 말씀이 그 결론을 지지합니다.

3. 28절의 말씀은, 실례로 드는 비유가 나오고 또 그리스도의 말씀은 반드시 성취될 것이라는 확신을 반복하는 말씀이 나오는 단락으로 넘어갑니다.

제자들은 그 전망을 듣고 자연스럽게 떨며, 자기들이 그 현실을 어떻게 맞이할 수 있을지 염려할 수 있습니다. 그래서 예수께서 제자들에게 강력한 격려의 말씀을 하십니다. 이 말씀은 우발적으로 일어나는 모든 두려운 일들과 사회의 모든 소요들에 적용됩니다. 그리스도가 없는 사람들과 제도들에는, 임할 파멸을 알리는 사자가 되는 것이, 그리스도의 종들에게는 온전한 "속량"의 전조가 됩니다. 지진이 그리스도의 종들에게는 감옥 문을 열고 속박을 풀어줄 뿐이기 때문에, 그들은 마음으로 떨 필요가 없습니다.

역사적으로 예루살렘의 멸망은 교회의 성장을 방해하는 유대인의 속박에서 교회를 구출하는데 강력하게 작용한 요소였습니다. 썩어 없어질 수 있는 것의 파멸이 그리스도인들에게는, 흔들릴 수 없는 것을 더 충분히 바라보고 소유할 수 있게 하는 것이기 때문입니다. 그리스도의 친구들에게는 모든 것이 합력하여 선을 이룹니다. 이와 같이 처음 볼 때는 이상하게 맞지 않는 것처럼 생각되는 이 비유가 의미심장하고 꼭 맞게 됩니다. 한 여름을 알리는 선구자인, 나무에 꽃이 피는 모습은 그와 같은 비극을 알리는 묘한 상징이고, 여름 자체는 엄숙한 마지막 심판을 나타내기에는 훨씬 더 낯선 상징입니다. 그러나 심판하러 오시는 그리스도를 겸손히 의지하는 힘은, 그리스도의 오심을, 영혼을 넘치는 빛과 온기로 가득 채우고, 풍성한 열매로 넘치는 여름처럼 만듭니다.

이 비유가, 과정에는 여러 단계가 있다는 사상을 확증한다는 것을 또한 알아야 합니다. 싹이 나는 무화과나무가 가르쳐 주는 교훈은, 여름이 이미 왔다는 것이 아니라, 가까이 왔다는 것이기 때문입니다.

"내가 진실로 말하노니"라는 말씀으로 더 무게를 지니게 된 32절의 엄숙한 보증의 말씀은, 언뜻 보아서는 마지막 심판이 지금 이 말씀을 듣는 자들의 세, 22절의 표현과 구두상으로 거의 같습니다. 22절의 말씀은 예루살렘의 멸망만을 가리키는 것으로 자연스럽게 해석됩니다. 이 두 어구 사이의 차이점이 매우 중요합니다. 22절의 표현에서는 성취의 확실성을, "일들이" 기록되어 있다는 사실에서 추론합니다. 즉 그 일들이 반드시 성취되는 것은, 성경에 예언되었기 때문이라는 것입니다. 반면에 32절에서는 그리스도께서 성취의 확실성을 자신의 말씀에 근거를 두십니다. 33절에서 장엄한 확언의 말씀이 그리스도의 입에서 나오는데, 그의 말씀이 현존하는 모든 사물의 질서보다 오래 갈 것이고, 그 하나하나가 다 이루어질 것이라고 주장합니다. 단지 한 사람이 그런 말을 한다는 것을 생각해 보십시오!

4. 이 예언들에 상응하는 권고의 말씀이 그 다음에 나옵니다.

미래에 대한 그리스도의 계시는 쓸모없는 호기심을 만족시키기 위해서나 시간표를 미리 보여주시기 위한 것이 아니고, 제자들을 격려하고 깨어 있도록 하기 위함이었습니다. 34절의 "그 날"을 예루살렘 함락의 날로 이해하든지, 우리 주님께서 최종적으로 오시는 것으로 이해하든지 간에, 그 날은 자기들이 살고 있는 세상에 온통 마음을 빼앗긴 사람들에게는 "덫과 같이" 임할 것입니다. 들판에서 정신없이 곡식을 쪼아 먹고 있는 새떼가 사냥꾼이 갑작스럽게 던지는 그물에 걸리듯이 그 사람들이 그 날에 사로잡힐 것입니다. 경계하는 눈을 가졌다면, 그 날을 피할 수 있었을 것입니다.

이 권고의 말씀은 우리에게도 적용될 수 있습니다. 우리가 성취되지 않은 예언을 어떻게 보든지 간에, 죽음은 알지 못하는 때에 우리 모두에게 닥칩니다. 전도서에서도 이와 똑같은 비유를 사용하여 이렇게 말하는 것과 같습니다. "사람은 자기의 시기도 알지 못하나니 새들이 올무에 걸림 같도다"(전 9:12). 천한 감각적인 욕구를 만족키는 일이나 일반적인 생활의 염려에서 마음을 지켜야 하고, 세상의 행복을 정신없이 추구하느라 마음이 마비되거나 마음을 갉아먹는 불안에 사로잡히지 않도록 해야 합니다. 이 두 가지 일은 확실한 미래를 분명히 인식하는데 큰 장애가 됩니다. 우리는 깨어있고 기대하는 태도를 유지해야 합니다. 그런 태도에 이르는 확실한 길이자 또 마음에서 사라질 기쁨과 스스로를 소모하는 근시안적인 염려를 깨끗이 지워버릴 수 있는 길은, 끊임없이 간구하는 자세로 그런 염려를 다루는 것입니다. 성취되지 않은 이 예언에 대한 연구로 우리가 그런 태도를 가지게 된다면, 예수께서 그 예언으로써 가르치려고 하신 뜻이 이루어진 것이 될 것입니다. 그러나 그렇게 되지 못한다면, 우리가 이 예언의 연대에 관해 어떤 이론을 채택하든지 그것은 별로 중요하지 않습니다.

우리가 본문에서 지적하려고 하였던 두 단계가, 끝에 가서 분명하게 표시됩니다. 여기서 "일어날 이런 일들을" 피하는 것과 "인자 앞에" 서는 것이 구별됩니다. 사실 이 두 단계가 그리스도의 말씀을 듣는 자들이 다 경험하게 되어 있는 것이지만, 그 둘은 각각 분리된 단계입니다.

이 위대한 강화(講話)에 대한 누가의 기록은, 그리스도께서 최종적으로 오심을 마태만큼 두드러지게 다루지 않고, 이 두 단계를 떼어놓을 수 없이 긴밀하게 뒤섞지 않습니다. 누가는 "이방인의 때"의 기간에 대해 아무런 암시도 남기지 않고, 그래서 이 기간이 짧다는 인상을 남기게 되는 것 같습니다. 자, 이렇게 끝부분에서 좀 더 가까운 미래와 훨씬 더 먼 미래 사이의 간격을 거의 부각시키지 않고 두 미래를 결합시키는데서, 주님은 옛 선지자들의 변치 않는 방식을 따라서 예언을 진술하고 계시는 것뿐입니다. 옛 선지자들과 예수님은 원근법으로 미래를 그리고 있는 것입니다. 그래서 전경 뒤에 있는 사물의 거리는 실제보다 가깝게 느껴집니다. 멀리서 보는 사람은, 멀리 푸르게 보이는 산에 도달하려면 얼마나 먼 거리를 피곤하게 걸어가야 하는지, 그 사이에 얼마나 깊은 골짜기가 놓여 있는지 모릅니다.

성취의 때가 아주 멀리 떨어진 사건들을 이렇게 하나로 결합하는 것은, 그동안 "여호와의 날"이 많이 있었고, "그리스도의 오심"이 많이 있었다는 사실에 부분적으로 기인합니다. 이렇게 여러 차례 이루어진 그리스도의 오심과 여호와의 날들은, 마지막이자 가장 큰 여호와의 날에 가장 크게 나타날, 만민의 재판장이신 그리스도의 보복의 행위가 작은 규모로 시행된 결과들입니다. 그러므로 이 모든 예언을 바르게 사용하는 길은 그리스도께서 여기서 요구하시는 대로 행하는 것입니다. 즉 이 예언들을 듣고서 우리가 깨어 기도하며 세상 위에서, 곧 세상의 행복과 염려를 넘어서서 생활하도록 하는 것입니다.

77
주의 만찬

"⁷유월절 양을 잡을 무교절날이 이른지라 ⁸예수께서 베드로와 요한을 보내시며 이르시되 가서 우리를 위하여 유월절을 준비하여 우리로 먹게 하라 ⁹여짜오되 어디서 준비하기를 원하시나이까 ¹⁰이르시되 보라 너희가 성내로 들어가면 물 한 동이를 가지고 가는 사람을 만나리니 그가 들어가는 집으로 따라 들어가서 ¹¹그 집 주인에게 이르되 선생님이 네게 하는 말씀이 내가 내 제자들과 함께 유월절을 먹을 객실이 어디 있느냐 하시더라 하라 ¹²그리하면 그가 자리를 마련한 큰 다락방을 보이리니 거기서 준비하라 하시니 ¹³그들이 나가 그 하신 말씀대로 만나 유월절을 준비하니라 ¹⁴때가 이르매 예수께서 사도들과 함께 앉으사 ¹⁵이르시되 내가 고난을 받기 전에 너희와 함께 이 유월절 먹기를 원하고 원하였노라 내가 너희에게 이르노니 이 유월절이 하나님의 나라에서 이루기까지 다시 먹지 아니하리라 하시고 ¹⁷이에 잔을 받으사 감사 기도 하시고 이르시되 이것을 갖다가 너희끼리 나누라 ¹⁸내가 너희에게 이르노니 내가 이제부터 하나님의 나라가 임할 때까지 포도나무에서 난 것을 다시 마시지 아니하리라 하시고 ¹⁹또 떡을 가져 감사 기도 하시고 떼어 그들에게 주시며 이르시되 이것은 너희를 위하여 주는 내 몸이라 너희가 이를 행하여 나를 기념하라 하시고 ²⁰저녁 먹은 후에 잔도 그와 같이 하여 이르시되 이 잔은 내 피로 세우는 새 언약이니 곧 너희를 위하여 붓는 것이라"

눅 22:7-20

바울은 주의 만찬에 대한 자신의 설명을 그리스도께 직접 받은 것이라고 하였습니다. 누가는 주의 만찬에 대한 설명을 바울에게서 들었던 것으로 보입니다. 그래서 마태복음이나 마가복음과 다른 점들에 특별한 관심을 보이는데, 그 점들은 아마도 만찬의 주이신 주님에게서 나왔을 것으로 보입니다. 본문에는 세 부분이 있는데, 예식의 준비, 그리스도의 마음에 대한 계시, 예식의 제정이 그것입니다.

1. 예식의 준비.

준비의 일을 맡은 제자들의 이름이 나오고, 제자들이 "어디서" 준비하기를 원하시는지 묻는 질문에 앞서 예수님의 명령을 설명하고 있는 것은 누가뿐입니다. 베드로와 요한을 택했다는 사실에서 일의 은밀한 성격이 나타납니다. 그 점이 그들에게 내린 지시들에서 훨씬 더 분명하게 나타납니다. 이 일에서 단지 제자들의 제안에 반응하는 것으로 보다는 오히려 주님께서 안을 내신 것으로 묘사하듯이, 누가가 명령과 질문을 배열한 순서를 보면 다른 복음서들보다 더 정확해 보입니다.

그리스도께서 유월절 음식을 먹을 장소를 구체적으로 언급하신 것은 어떻게 이해해야 합니까? 그것은 초자연적인 지식이었습니까? 아니면 "그 집 주인"과 사전에 약속한 결과로 아신 것입니까? 필시 후자의 경우가 맞을 것입니다. 왜냐하면 그는 예수님을 "선생님"으로 알았고 자기 집에 모시기를 기뻐하였으며, 제자들이 갔을 때 다락방을 "마련해" 놓았을 만큼 제자였기 때문입니다. 그 장소에 관해서는 이같이 비밀로 붙이신 이유는 무엇입니까? 본문의 앞 구절이 그 이유를 말해 줄 것입니다.

유다도 "어디서 준비하기를 원하시나이까"라는 물음에 대한 답에 귀를 기울이고 있었습니다. 그 답변을 들으면 "예수를 무리가 없을 때에 넘겨 줄 기회"를 얻게 될 것으로 생각했을 것입니다. 예수께서는 제자들에게 할 이야기가 많았고, 다락방에서 조용한 시간을 가질 필요가 있었습니다. 그래서 다른 사람들에게는 아무것도 알려 주지 않는 지시를 주어 두 사람을 보냈습니다. 예수께서 그 집이 어디에 있는지 제자들에게 말씀하였더라면, 마지막 만찬은 제정되지 못했을 것이고, 지극히 귀한 작별의 말씀,

곧 요한복음의 지극히 거룩한 말씀은 결코 하시지 못했을 것입니다. 예수께서는 십자가가 정한 때보다 일찍 이르지 않도록 조심하십니다. 그러나 십자가를 피하려는 노력은 전혀 하시지 않고, 오히려 이 마지막 날들에 십자가를 지시는 일에 온 마음을 쏟으십니다. 행동에 있어서 변화가 일어난 것이 마음에 변화가 일어났음을 뜻하지 않습니다. 행동의 변화나 마음의 일관된 태도나 다, 우리 모두를 향한 자기를 잊은 주님의 사랑에서 나온 것입니다. 그래서 주님은 말하자면 베드로와 요한에게 은밀한 지시를 주어 보내시므로 반역자의 탐욕스런 귀를 피하고, 예수께서 제자들을 이끌고 그 집에 이를 때까지 아무도 약속된 장소를 알지 못하게 하십니다. 심부름을 보낸 제자들은 돌아오지 않았고, 시간이 되었을 때 그리스도께서 나머지 제자들을 데리고 그 집으로 가셨습니다.

2. 14-18절을 보면, 그리스도께서 마지막으로 유월절 음식을 먹는 일에 참여하시는 심정을 얼핏 알 수 있습니다.

그리스도께서는 나가서 폭풍우를 마주하기 직전의 조용한 시간에, 자신의 간절한 소원을 드러내시고 완전한 나라에서 가질 장래의 잔치를 내다보심을 나타내십니다. 그런 소원을 볼 때, 예수께서도 우리와 같이 사랑하는 사람과 헤어지는 것을 피하려고 하고, 사랑하는 사람과 마지막으로 함께 지낼 때의 슬프고 아름다운 순간을 소중히 간직하려고 하는 심정을 지니셨다는 것이 애처롭게 나타납니다. 그것은 우리와 "같은" 참된 인간의 심정이었습니다. 마지막 순간에 앞서 조용한 시간을 갖기를 간절히 바라고 계획을 세우며, 다락방에서 가진 신성한 의식을 통해 겟세마네와 갈보리를 맞이할 힘을 얻고자 한 마음이었습니다. 그러나 그 심정은 주님 자신만을 위한 것이 아니었습니다. 그리스도께서는 유월절 음식을 함께 잡수시기 원하셨고, 그 다음에는 그 예식을 영원한 것으로 변화시켜서 제자들에게 새 예식으로 남겨 주기 원하셨습니다.

우리 주님께서 유월절 음식을 잡수신 것이 분명합니다. 15절의 주님의 말씀이 단지 이루어지지 않을 소원을 가리키는 것으로 생각할 수 없기 때문입니다. 그러나 유월절 음식을 잡수시는 것이, 주께서 이 말씀을 하시기 전에 마쳐졌다는 것도 분명한 사실입니다. 유월절 예식의 앞부분에는 예수께서 마땅히 참여하셨고, 주의 만찬은 유월절 예식의 마지막 부분에 가서 제정되었다고 생각한다면, 일의 진행 과정을 가장 잘 이해하는 것일 것입니다. 우리 주님께서 정확히 어느 단계에서 15-17절에서와 같이 말씀하고 행동하셨는지를 논의할 필요는 없습니다. 이 일을 행하시면서 주께서 맛보시지 않는 것을 주시고, 그렇게 주시면서 주님은 모든 슬픔과 죽음을 넘어서 재결합과 완전한 잔치의 기쁨을 생각하신다는 점을 살피는 것으로 충분합니다. 이런 기대가 지극히 중요한 시간에 주님의 마음에 위로를 주었습니다. 그리스도께서는 "그 앞에 있는 기쁨을 위하여 십자가를 참으셨습니다"(히 12:2). 주님의 모든 친구들이 주님의 기쁨을 나누며, 그리스도의 나라에서 그리스도와 함께 식탁에 앉는 것이 그의 가장 큰 기쁨이었습니다.

주의 만찬의 예언적 측면을 놓쳐서는 안 됩니다. 주의 만찬은 기념과 소망의 잔치이면서 동시에 주의 몸과 피에 참여하는 것으로서 영적 생활의 조건을 나타내는 것이므로, 현재의 잔치를 상징하기도 합니다. 이것이 바울 사도가 "그가 오실 때까지"라고 말한 것을 배운 것이며, 구주의 마음을 가득 채웠던 그 소망이, 우리가 주의 죽으심을 기념할 때 우리의 마음을 가득 채워야 합니다.

3. 19절과 20절 말씀은 주의 만찬의 실제적인 제정을 기록하고 있습니다.

유월절은, 주의 만찬이 그 성격을 바꾸는 의식과 관련이 있음을 살펴보도록 합시다. 유월절은 구원을 기념하는 것이었는데, 이 점이 유대인 의식의 핵심이었습니다. 유월절은 가족의 잔치였으므로, 우리 주님께서 가장의 위치에 앉으신 것입니다. 엄숙하게 정해졌고 오래동안 지켜져 온 구원을 기념하는 이 예식이 오합지졸 같은 노예 무리를 한 민족으로 세웠는데, 이 예식을 예수님이 바꾸십니다. 예수께서는 유대인과 이방인들에게 이 의식의 고색창연한 의미를 잊어버리고, 그보다는 모든 사람을 위한 주님의 사역을 기억하라고 요구하십니다. 유월절 예식을 무시하고, 사실상 "하나님께서 정하신 예식을 내가 폐지하고 거기에 내가 채용하는 새로운 의미를 부여한다"고 말하는 것은, 사람으로서는 생각하기 어려운 주제넘는 일입니다. 하나님의 계명을 함부로 고치는 그는 누구십니까? 확실히 이 분은 하나님과 동등한 권위를 가지신 분이십니다. 그렇지 않다면 어떤 사람이겠습니까? 그에 대한 답변은 하지 않는 것이 가장 좋을 것입니다.

몸의 상징과 피의 상징을 각기 분리하신 것은 예수님의 죽음을 나타내고, 기념하는 그 죽음이 폭력에 의한 죽음이라는 것을 나타내는 것이 분명합니다. 이 두 가지 상징이 두 부분에서 모두 같은 진리를 전달하지만 차이점들이 있습니다. 이 두 상징은, 우리의 모든 소망이 예수의 죽음에 뿌리를 박고 있으며, 예수님의 죽으심에 참여하고, 그럼으로써 예수님의 생명에 참여하는 데서 우리 영의 참된 생명이 나온다는 것을 다 가르칩니다. 그러나 두 부분에 공통된 이 진리에 덧붙여, 주님의 피를 나타내는 포도주는 또한 "새 언약"의 보증입니다. 그리스도께서 이전 계시의 지극히 거룩한 부분들을 아주 자유롭게 다루시고, 자기의 원하시는 대로 한쪽으로 치우고 그 자리에 자신을 놓으시는 것을 다시 한 번 보게 됩니다. 그리스도께서는 자신의 죽으심을 통해서 새 "언약"이 하나님과 사람 사이에 효력 있게 됨을 이 의식으로 말미암아 선언하십니다. 이로 말미암아 선지자들의 모든 기대가 온전히 성취되고, 죄를 더 이상 기억하지 않고, 하나님을 아는 지식이 모든 사람에게 복이 되며, 서로를 소유하는 친밀한 관계가 하나님과 사람 사이에 수립되고, 하나님의 율법이 하나님을 사랑하는 마음과 유순해진 의지에 기록됩니다.

이것이 그 축복의 잔이 의미하는 전부는 아닙니다. 피는 생명의 수단이고, 그리스도의 피를 양심에 받고 그 피가 죽은 행실에 뿌려지는 사람은 누구든지 과거로부터 깨끗해질 뿐만 아니라, "그리스도 안에" 있는 "생명의 성령"과 참된 연합을 이루어 그의 생명이 되고, 그래서 "이제는 내가 사는 것이 아니요 오직 내 안에 그리스도께서 사시는 것"(갈 2:20)이 되기 때문입니다. 이것도 전부가 아닙니다. 세상 도처에서 포도주가 잔치의 상징이듯이 이 잔은, 그리스도를 받는다는 것은 우리보다 더 나은 원천인 기쁨의 샘을 우리 안에 갖는다는 것을 선언하기 때문입니다. 그러나 이것도 전부가 아닙니다. 왜냐하면 "이 잔"은 기념물과 상징뿐만 아니라 예언이고, 하나님 나라와 어린 양의 혼인 잔치에서 맛볼 새 포도주의 전조이기 때문입니다.

"이것은 내 몸이라"는 말씀은 듣는 사람들이 그리스도께서 육신의 형태로 앉아 계시는 것을 보고 있었기 때문에 "이것은 내 몸을 상징하는 것이라"는 뜻 외에 다른 생각을 생각할 수 없었을 것입니다. 그것은 비유적인 말이나 행동을 설명하는데 흔히 사용하는 방식일 뿐입니다. "밭은 세상이요 가라지는 악한 자의 아들들이요 추수꾼은 천사들이니"(마 13:38,39). 우리는 성경에서 그와 같은 예를 아주 많이 볼 수 있습니다.

"이를 행하라"는 명령은 누가복음에서만 봅니다. 이렇게 명하심으로 이 의식은 즉시 끊임없이 시행되어질 예식으로 수립되고 그 예식의 참된 본질을 밝히고 있습니다. 우리 주님의 말씀대로 이 예식은 그저 기념 예식일 뿐입니다. 제자들이 자기를 기억하기를 바라는 애정이 깃든 소원과, 이 외적 상징들에 그리스도를 회상하는 힘을 조금 맡기는 것 외에 여기에 성례전적인 별다른 효험이 없습니다. 성찬 중시 이론이 그렇듯이, 성찬이 훨씬 그 이상의 것이었다면, 이 잔치의 창시자께서 그렇다는 것을 암시하는 말 한 마디 하시지 않았다는 것은 이상한 일입니다.

이 의식을 제정하신 데서 우리는 그리스도께서 우리 마음에 대해 참으로 깊으면서도 친숙히 아시는 통찰력을 갖고 계셨음을 알 수 있습니다! 그 헬라어의 뜻 문자적으로 "나를 기억하도록"입니다. 제자들로서는 참으로 슬프고, 있을 수 없는 일이 분명하지만, 그리스도께서는 우리가 주님을 잊어버릴 위험이 언제나 있다는 것을 아셨습니다. 그래서 이 경우에 주님은 믿음의 입장에서 감각의 도움을 받으며, 우리의 믿을 수 없는 기억에 주님의 간절한 사랑을 상기시키는 일에 이 소박한 기념물들을 사용하십니다. 주님은 우리 마음속에 살기를 원하셨습니다. 그것은 주님의 사랑을 만족시키고 우리의 사랑을 더욱 깊게 하기 위해서였습니다.

주의 만찬은, 주께서 자신의 사역의 중심이 어디 있다고 생각하시는지를 지속적으로 보여 주는 증거입니다. 우리는 주님의 죽으심을 기억해야 합니다. 주님의 죽으심이 다른 지혜로운 선생들과 은인들의 죽음과 전혀 다른 것이 아니라면, 주님의 죽음을 기억해야 할 가장 중요한 보물로 여겨야 할 이유가 있겠습니까? 죽음이 다른 모든 사람의 경우와 같이 주님께도 적용된다면, 곧 복을 위한 주님의 활동이 끝이 나고 세상에 대해 아무 메시지도 주지 못한다면, 주의 만찬을 제정할 무슨 필요가 있으며, 그리스도의 죽음이 세상 죄를 위한 제사가 아니라면 주의 만찬에 무슨 의미가 있겠습니까? 세상 죄를 위한 속죄를 나타내는 십자가의 의미와 목적 외에는, 이 의식을 달리 설명할 수 없는 것이 확실합니다. 신학에서 예수의 속죄의 죽음을 제거하는 기독교는, "이를 행하여 나를 기념하라"는 그리스도의 간절한 명령에 대해 가치 있는 의미를 찾지 못할 것입니다.

그러나 주님의 몸이라는 귀한 옥합을 깨트리는 일이 "향유 냄새가 집에 가득하게"(요 12:3) 하기 위해 필요한 일이었다면, 그리스도의 죽음이 사죄와 주님의 생명을 나누어 주는 일에 반드시 필요한 조건이었다면, "온 천하에 어디서든지 이 복음이 전파되는 곳에서는"(마 26:13) 주의 죽으심이 복음의 핵심으로 선포될 것이고, 이 예식이 주님의 죽으심을 말하여 주를 기억하게 할 것이고 "주의 죽으심을 그가 오실 때까지 전할"(고전 11:26) 것입니다.

78
떠나시면서 하신 약속과 경고

"²⁴또 그들 사이에 그 중 누가 크냐 하는 다툼이 난지라 ²⁵예수께서 이르시되 이방인의 임금들은 그들을 주관하며 그 집권자들은 은인이라 칭함을 받으나 ²⁶너희는 그렇지 않을지니 너희 중에 큰 자는 젊은 자와 같고 다스리는 자는 섬기는 자와 같을지니라 ²⁷앉아서 먹는 자가 크냐 섬기는 자가 크냐 앉아서 먹는 자가 아니냐 그러나 나는 섬기는 자로 너희 중에 있노라 ²⁸너희는 나의 모든 시험 중에 항상 나와 함께 한 자들인즉 ²⁹내 아버지께서 나라를 내게 맡기신 것 같이 나도 너희에게 맡겨 ³⁰너희로 내 나라에 있어 내 상에서 먹고 마시며 또는 보좌에 앉아 이스라엘 열두 지파를 다스리게 하려 하노라 ³¹시몬아, 시몬아, 보라 사탄이 너희를 밀 까부르듯 하려고 요구하였으나 ³²그러나 내가 너를 위하여 네 믿음이 떨어지지 않기를 기도하였노니 너는 돌이킨 후에 네 형제를 굳게 하라 ³³그가 말하되 주여 내가 주와 함께 옥에도, 죽는 데에도 가기를 각오하였나이다 ³⁴이르시되 베드로야 내가 네게 말하노니 오늘 닭 울기 전에 네가 세 번 나를 모른다고 부인하리라 하시니라 ³⁵그들에게 이르시되 내가 너희를 전대와 배낭과 신발도 없이 보내었을 때에 부족한 것이 있더냐 이르되 없었나이다 ³⁶이르시되 이제는 전대 있는 자는 가질 것이요 배낭도 그리하고 검 없는 자는 겉옷을 팔아 살지어다 ³⁷내가 너희에게 말하노니 기록된 바 그는 불법자의 동류로 여김을 받았다 한 말이 내게 이루어져야 하리니 내게 관한 일이 이루어져 감이니라"

눅 22:24-37

78. 떠나시면서 하신 약속과 경고_ 눅 22:24-37   **645**

그리스도의 마음이 다가오고 있는 고난으로 가득 차 있는데, 사도들이 자기들 각각의 지위에 관해 말다툼을 한다는 것은 비난받을 만한 일이지만, 또한 지극히 자연스런 일이었습니다. 사도들은 주님의 예언을 절반쯤 이해한 상태에서는 하나님 나라가 수립되기 직전에 간단한 투쟁이 있을 것이라는 정도로 생각했고, 그래서 미리 자기들의 지위를 결정하기를 원했습니다. 어쩌면 이들은 발 씻을 대야를 가져오는 일이 누구의 직무인지에 관해서 논쟁을 벌였을지도 모릅니다. 이와 같이 주의 만찬을 처음으로 받은 사람들은 "주의 몸을 분별하지" 못하였고, 이와 같이 주님의 가장 사랑하는 친구들은 주님의 슬픔을 거의 함께 나누지 못하였습니다.

1. 우리 주님은, 제자들 사이에 일어나고 있는 말다툼에 주의하지 못할 만큼 가까이 온 십자가에 대한 생각에 완전히 빠져 계시지 않았습니다.

그런 때조차도 주님의 마음은 제자들을 보고 동정하며 도우실 수 있을 만큼 충분히 여유가 있으셨습니다. 그래서 주님은 그들의 논쟁에서 무심코 드러난 위대함에 대한 잘못된 생각을 즉시 바로 잡습니다. 우월함을 제대로 사용하고 발휘하는 것은, 그 우월함으로 다름 사람들 위에 군림하는 것이 세상의 생각입니다. 전제군주들이 스스로 받을 자격도 없는 기증자라는 호칭을 들으면 우쭐해 합니다. 이 점에서 세상에서도 바른 개념의 흔적이 남아 있다는 것을 알 수 있습니다. 그 당시에 권력이 이기적인 목적을 위해 사용되었고 점차 압제를 의미하였다는 것이 슬프지만 사실이었습니다. 은혜를 베푸는 사람이라는 칭호를 받았던 이집트의 한 왕은 악인으로 널리 알려졌었고, 그밖에 고대의 많은 전제 군주들도 그런 평을 들을 만하였습니다.

예수께서는 자기 제자들에게 적용되는 법은 세상의 동기와 정반대되는 것으로 규정하십니다. 높은 지위와 탁월함에는 봉사해야 하는 의무가 따릅니다. 그리스도의 나라에서 권세는 자신의 영광을 나타내기 위해서가 아니라 다른 사람들을 돕는데 사용되게 되어 있습니다. 그리스도의 다른 말씀에서는, 봉사가 그 나라에서 크게 되는 길로 선언하지만, 여기에서는 이 문제를 다른 관점에서 다룹니다. 어떤 근거에서 도달하였든지 간에, 이미 얻은 위대함을 합당하게 사용하라고 명령하십니다. 크게 되는 길은 작게 되고 섬기는 것입니다. 위대함을 바르게 사용하는 길은 종이 되는 것입니다. 이 점은 이제 누구나 잘 아는 평범한 사실이 되어버렸습니다. 그러나 그것을 다른 시민의 지위에 대한 법으로 인식하는 것은 순전히 기독교 신앙에서 나온 것입니다. 터키의 술탄이나 다른 이교 국가의 전제군주들은 권력을 그렇게 사용하는 것에 대해 어떻게 생각하였습니까? 유럽의 통치자들 가운데 가장 악한 자라도 이 법을 따르는 체 합니다. 교황조차도 자신을 "종들 가운데 종"이라고 부릅니다.

이것은 기억해 두어야 할 말입니다. 그러나 다른 많은 격언처럼, 사람들이 보편적으로 받아들이면서 또한 보편적으로 무시하는 것이 이 말의 운명입니다. 뿌리 깊은 이기심이 그 생각과 싸웁니다. 많은 사람들이 그 법을 아름다운 말이라고 찬양하지만, 우리 가운데 얼마나 많은 사람이 그 법을 삶의 지침으로 삼습니까? 우리는 자기 백성들을 압제하여 부를 짜내고, 자기 의무는 소홀히 한 옛날 통치자들을 정죄합니다. 그러나 우리에게 있는 힘의 일부분을 우리 자신을 위해 사용하는 것은 어떻게 생각합니까? 그리고 세상이나 교회에서 우리보다 못한 사람들에 대한 우리의 태도는 어떻습니까? 왕위에 있거나 대통령의 자리에 있는 모든 사람들, 귀족들, 의회 의원들, 곧 상원의원과 하원의원들이 모두 자기들의 권력을 공공의 복지를 위해 사용해 왔습니까? 우리는 우리의 권력을 다른 사람들을 위해 사용하도록 맡겨진 위탁물로 간주합니까? 우리는 자신의 왕관의 무게를 느끼거나 왕관의 보석에 마음을 빼앗기고, 그로 인해 자신을 자랑스럽게 여깁니까? 남을 섬기는 위대함의 모범으로 자신을 주시는 그리스도의 감동적인 이 말씀은, 제자들의 발을 씻으시는 그리스도의 놀라운 행동을 가리키는 것으로 알 때, 가장 잘 이해하는 것입니다. 누가는 이 사실을 기록하지 않았는데, 아마도 그 일을 몰랐던 것 같습니다. 그러나 그 말씀을 이 사실과 관련시킨다면 그 말씀이 얼마나 밝아지는지 모릅니다!

2. 28-30절 말씀은 앞 구절에서부터 자연스럽게 이어집니다.

이 말씀은 커튼의 한쪽을 치켜들어 제자들이 받을 보상을 보여 줍니다. 땅에서 탁월함을 바르게 사용한 것의 보상이 하나님 나라의 천상적인 형태로 온 것입니다. 열두 제자의 불완전한 교제에도 불구하고 그것을 감사하게 생각하여 말씀하시는 따뜻한 말에서 그리스도의 심정이 참으로 애처롭게 나타납니다! 이 말씀에서 주님의 외로움, 애정어린 손으로 붙잡아 주기를 바라는 마음, 십자가보다 쉬운 길을 택하고 싶은 유혹과 치르는 끊임없는 싸움이 드러납니다. 그리스도께서는 홀로 가야 하는 고통을 철저히 아셨고, 의지할 수 있는 동정하는 마음을 기대하는 것이 헛수고라는 것을 깊이 느끼셨습니다. 그리스도께서는 공생애를 처음 시작하실 때 광야에서나 마지막 때에 겟세마네에서뿐만 아니라, 일생에 걸쳐 시험과 싸우셔야 했습니다. 주님께서는 이기적인 생각이 많이 묻어 있고, 곧 깨어지게 되어 있는 보잘것없는 사랑이라도 소중히 여기십니다. 우리는 시험받으시는 그리스도, 외로운 그리스도, 감사하는 그리스도에 대해 별로 이야기하지 않습니다만, 이 말씀에서 우리는 그리스도의 이런 모습을 보게 됩니다.

여기서 약속된 보상은 내세에서 하나님의 나라가 완전해질 것을 가리킵니다. 우리는 여기서 그리스도의 종들이 상속하게 되어 있는 하나님의 나라는 "내 아버지께서 나라를 내게 맡기신 것 같이"라는 말씀에 근거하여 수여된다는, 말하자면, 그 나라는 고난과 봉사에 의해 그리고 다른 사람들을 위해 위대함을 사용함으로 얻는 나라라는 심오한 사상을 봅니다. "우리가 참으면 또한 함께 왕 노릇 할 것이요"(딤후 2:12). 그리스도의 종들이 장차 갖게 될 왕권의 특징들이 매우 비유적인 언어로 표현됩니다. 우리가 전혀 경험하지 못한 상태를 계시할 때는, 경험에서 이끌어 낸 형태로 나타낼 수밖에 없습니다. 그러나 이런 특징들은 아주 대충만 비슷하게 표현할 뿐이고, 그대로 그려낼 수가 없습니다.

이 신성한 주의 만찬은 한 가지 은유를 암시하였습니다. 이 만찬은 지상에서는 마지막이었지만, 이 신성한 의식이 하늘에서 다시 베풀어질 것입니다. 거기에서는 슬픔과 이별과 그에 따른 고통 때문에 완전하고 영구하고 기쁜 잔치가 망쳐지는 일이 없을 것입니다. 제자들이 이스라엘 열두 지파를 다스릴 것이라는 또 다른 약속에서 통치와 위임받은 권위를 어렴풋이 볼 수 있는데, 우리가 천국에 가서 그 말씀을 이해할 때까지는 다 알 수는 없을 것입니다. 그러나 이 점은 분명합니다. 즉 이 세상에서 예수와 함께 계속 지내는 것은 결국 내세에서 영원히 주님과 함께 지내는 것으로 이어지고, 거기에서는 모든 소원이 만족될 것이고, 우리가 주님의 권위에 참여하고 주님의 영광을 나타내게 되리라는 것입니다.

3. **그런데 예수께서는 이같이 지극히 복된 상태에 대한 먼 전망을 이야기하시다가, 갑작스럽게 자신과 열두 제자를 생각하시고 좀 더 가까운 미래에 닥칠 시련과 이별에 대해 말씀하십니다.**

그리고 나서 갑작스럽게 깜작 놀랄 만한 베드로에 대한 엄숙한 경고의 말씀을 하십니다. 제자들은 자신들의 지조를 혹독하게 시험할 시련이 임박한 때에 누가 크냐는 문제로 다투어야 했습니까? 그리고 베드로에 관해서 말하자면, 틀림없이 이 논쟁에서 목소리가 낮지 않았을 베드로는 누구보다 침착해져야 할 필요가 있었습니다. 여러 가지 한계 때문에, 우리는 그 장면에서 베드로에 대해 부분적인 판단도 제대로 하지 못합니다. 그러나 "시몬"이라는 옛날 이름을 사용하신 것은 베드로 사도에게 그의 인간적인 약점을 상기시키고, 또 반복해서 그 이름을 부르신 것은 그 말씀을 강조하시려는 것이었음을 볼 수 있다.

또한 그 악의는 끝이 없지만 권세가 제한이 되어 있고, 또 시험을 하려면 하나님의 허락을 받아야만 하는 인격적인 시험자가 활동한다는 것을 분명히 밝히는 말씀에서, 우리는 영적인 세계를 감추는 휘장이 한쪽으로 조금 들쳐지는 것을 보게 됩니다. 이 시험하는 자의 체는, 밀을 내보내고 겨는 그대로 두려고 합니다. 이 말씀에서 그 취지를 제거하기는 어려울 것입니다. 그리스도께서는 사탄의 존재와 활동을 가르치셨습니다. 그러나 또한 주님 자신이 사탄을 이기는 적대자이시고, 우리의 유력한 중보자이심도 가르치셨습니다. 지금도 그러하십니다. 주님은 우리가 싸움을 만나지 않게 하려고 하시지 않습니다. 다만 우리의 믿음이 떨어지지 않기를 기도하시고, 또한 우리를 힘있게 하셔서 그 기도를 친히 이루십니다.

믿음은 사탄이 체로 까부르는 일을 이기고, 맞서 싸웁니다. 믿음이 끝까지 견디면, 사방에서 윙윙거리며 바람이 불어올지라도, 우리는 넘어지지 않을 것입니다. 우리는 이 두 적대자 사이에서 가만히 있지 않습니다. 이 싸움에서 우리의 몫을 감당해야 합니다. 부분적으로 실패할 수 있지만 곧 회복될 수 있고, 오히려 자신의 약점으로 인해 얻은 경험을 통해서 그리고 그리스도의 능력을 경험함으로써, 우리는 다른 시험 받는 자들을 격려하는 힘을 기르게 되기도 합니다. 자신의 약점으로 인한 경험을 통해서 우리는 겸손함과 다른 형제의 잘못에 대해 인내함을 더 깊이 배우고, 그리스도의 능력에 대한 경험을 통해서는 사람들을 모든 안전의 원천이신 그리스도께 가도록 지도할 수 있게 됩니다.

자신이 그리스도와 함께 있기만 한다면 어떤 일이든지 감당할 수 있다는 베드로의 열정적인 공언은, 따듯한 마음의 충동을 그대로 표현한 말입니다. 그렇지만 그것은 그리스도의 엄숙한 경고에 거의 유의하지 않았고, 현재 자신의 감정의 조류가 지금처럼 언제나 강하게 흐를 것이라고 생각한 데서 나온 말이었습니다. 감정은 기복이 심합니다. 확고부동한 신앙은 함부로 미래를 약속하지 않습니다. 자신을 아는 사람은 "내가 하겠습니다" 하는 말을 좀처럼 하지 않습니다. 왜냐하면 그 사람은 자신의 약함을 생각할 때, "할 수 있으면 좋겠습니다" 하는 것이 더 적절한 말이라는 것을 알기 때문입니다. 베드로가 그때 그 자리에서 차꼬에 채워졌거나 처형대에 섰었더라면 필시 그 모든 것을 용감하게 받아들였을 것입니다. 그러나 감정이 심하게 요동친 밤이 지나고 선생님은 멀리 큰 관정의 끝에 서 계신, 춥고 낯선 아침에는 사정이 달랐습니다. 그때에는 입이 싼 계집종의 혀로도 그를 충분히 패배시킬 수 있었습니다.

그리스도를 위해서 작은 짐보다 오히려 큰 짐을 지기가 쉬운 때가 있습니다. 우리 가운데 어떤 사람들은 비아냥거리는 이웃 사람들 가운데서 신앙을 고백하기보다, 말뚝에 묶여 순교당하는 것을 더 쉽게 감당할 수 있을 것입니다. 예수께서는 베드로 사도에게 넘어질 것을 사전에 경고하심으로써 일을 당하지 않게 하려고 하셨습니다. 그런데 사전 경고가 효과 없게 되자 마침내 분명하게 말씀하셨습니다. 예수께서는 다시 베드로라는 새 이름으로 그를 부르셨는데, 이는 마치 그가 받은 특권을 상기시킴으로써 주님을 부인한 죄를 강조하시려고 한 것처럼 보입니다.

4. 본문의 마지막 부분은 그리스도의 떠나심에 따른 새로운 조건을 다룹니다.

열두 사도는 그리스도께서 함께 계시는 동안에는 자신들을 부양하는 일을 면제받았습니다. 그러나 이제는 사도들이 둥지에서 나온 새 새끼들처럼, 자기들만 세상에 나서게 될 것입니다. 그리스도의 임재가 그들이나 우리에게 없는 것은 아니지만, 그리스도와 함께 다니던 복된 기간의 경우와는 다르게 그리스도의 부재로 인해 필요한 것들을 준비하고 위험으로부터 보호하는 일을 자신들이 맡게 될 것입니다. 그러므로 36절의 명령은 교회를 위한 영구한 법을 기술합니다. 반면에 37절의 말씀은 메시야의 고난에 대한 예언의 신속한 성취를 그 이유로 듭니다.

사실상 그 전체 의미는 이것입니다. "나는 이제 곧 너희를 떠날 것이다. 내가 떠나고 나면 너희는 양식을 준비하고 자신을 보호하는 일에 상식적인 수단들을 사용해야 한다. 내가 여기 있는 동안에는 너희의 협력이 없이 너희를 위하여 양식을 준비했다. 내가 어떻게 했는지를 기억하라. 장래에는 내가 너희의 협력을 통해서 필요한 것을 공급하리라는 것을 믿으라."

신앙생활은 일반적인 사려분별과 적절한 수단의 사용을 배제하지 않습니다. 어떤 사람들이 그러듯이, "주께서 준비하실 것이다"고 말하며 나가는 것보다, 지갑에 돈을 챙기고 음식을 사먹을 돈을 준비하는 것이 그리스도의 뜻에 더 맞는 행동입니다. 주께서 준비하신다는 말이 맞습니다. 그러나 여러분의 상식과 노력에 복을 주심으로써 준비하실 것입니다. 검을 사라는 주님의 명령을 이해하는데 어려움이 있을 것인데, 우리 주님께서 여기서 주님의 종들을 보호하거나 하나님의 나라를 진척시키는 일에 무기를 사용하라고 명령하고 계셨다면 주님의 전체 가르침에 모순되는 말이 되었을 것입니다. 그 말씀이 말 그대로 검을 뜻하지 않으셨다는 것은, 무서운 무기 둘을 꺼내 보인 사도들에 대한 답변에서 분명히 나타납니다.

"족하다." 검 두 자루가 로마 제국과 싸우기에 충분하다는 것입니다. 맞습니다. 얼마 있지 않아 곧 보게 된 대로, 두 자루도 너무 많습니다. 이 표현도 전대와 배낭과 일치하게 강한 은유인 것이 분명합니다. 이 말씀 전체에서 나타나는 분명한 의미는, 양식과 보호에 필요한 수단들을 우리에게 준비하라는 것이고, 그 수단들을 주께서 복 주시리라는 것입니다. 주를 따르는 자들에게 허락한 검은 성령의 검밖에 없습니다.

79
그리스도께서 생각하시는 전제군주의 이상*

"예수께서 이르시되 이방인의 임금들은 그들을 주관하며 그 집권자들은 은인이라 칭함을 받으나 너희는 그렇지 않을지니 너희 중에 큰 자는 젊은 자와 같고 다스리는 자는 섬기는 자와 같을지니라"

눅 22:25-26

죽는 것이 나라에 구원인 영국의 군주가 있었습니다. 그런가 하면, 백성들이 열의는 없지만 예의를 갖추어 애도를 표시한 군주들이 있었습니다. 그러나 그 모든 세월 동안 우리에게 음악과 같이 아름다웠던 여왕이라는 이름 말고 다른 이름으로 부르는 것을 아직 배우지 못한 이 여왕의 영구차처럼 만인의 사랑과 슬픔을 나타내는 향기로운 화환이 무더기처럼 쌓인 군주는 이제까지 없었습니다. 빅토리아 여왕이 이같이 백성들에게 온통 사랑을 받는 이유는 무엇입니까? 그것은 무엇보다 백성들이 본문의 말씀에서 진술된 대로 그리스도의 통치의 이상을 이 여왕에게서 느꼈고 보았기 때문임이 확실합니다. 여왕은 그리스도의 통치의 이상을 아주 멀리까지 실현하였습니다. 여왕이 자기 백성을 사로잡은 비결이 여기에 있습니다. 거의 세계 만방에서 세금을 바쳐왔고, 흔히들 말하듯이 "잉글랜드

---

* 빅토리아 여왕 서거 때 전한 설교.

를 사랑하지 않는 사람들도 여왕을 사랑한" 이유가 여기에 있습니다.

지금 나는 요즘 국민들의 마음을 채우고 있는 생각과 동떨어진 말을 할 수 없을 것입니다. 지난 주에 우리가 들은 감동적이고 올바른 감사의 말에 나는 아무것도 보탤 것이 없습니다. 다만 나는 여왕의 생애를 형성하고 이루어온 근본 비결을 여러분이 주목하게 할 수 있을 뿐입니다. 그리고 그렇게 하는 것이 강단에 적합한 일이 될 것입니다. 우리 그리스도인들은 모든 일에 기독교적 요소를 주입해야 합니다. 우리는 "다른 이들처럼 슬퍼해서는 안 되고," 또 다른 이들처럼 칭찬해서도 안 됩니다. 우리가 다 같이 여왕을 칭송하지만, 사람들이 극구 칭송하는 미덕들의 기초를 무시하는 찬사는 피상적이고, 사람을 오도합니다. 본문의 말씀이 밝혀 주는, 국민들의 사랑과 슬픔의 비밀에 대한 계시를 보시기 바랍니다.

그리스도께서는 뚜렷이 대비되는 두 그림에서, 왕에 대한 세상의 이상과 그리스도의 이상을 설명하십니다. 누가 큰가 하는 문제로 말다툼을 하는 제자들에게 다락방은 낯선 곳이었고, 갈보리 전날 밤은 훨씬 더 낯선 시간이었습니다. 선생님은 자신이 질 십자가에 대한 생각에 깊이 빠져 있었고, 종들은 하나님 나라에서 차지할 자신들의 위치에 대해 언쟁을 벌이고 있었습니다. 그들 사이에 꼴사나운 다툼이 일어나게 된 것은, 아마도 발 씻는 일 때문이었을 것입니다. 제자들은 각각 그 천한 일을 다른 사람에게 넘기기를 원하였습니다. 그런데 예수 그리스도께서 자청하여 그 일을 하셨습니다. 그리고 누가가 본문에 이어서 기록하고 있는 대로 예수께서 허리에 수건을 두르고 대야를 들고서 "나는 섬기는 자로 너희 중에 있노라"는 감동적인 말씀이 그 점을 가리킬 것입니다.

1. 왕에 대한 세상의 이상을 봅시다.

자, 예수께서 여기서 우리에게 그려 보이고 계시는 한 그림은, 왕에 대한 세상적인 이상입니다. 이 그림은 고대 사회의 질서에 대해, 그리고 앗시리아와 바빌로니아의 전제군주와 폭군들에 대해 조금이라고 알고 있는 사람은 누구나 친숙히 알고 있는 초상입니다. 바로들, 유대 주변의 작은 왕들, 옛적의 비열한 헤롯, 또 그와 마찬가지로 악한 동류들은 근래에도 존재하였고, 그들은 예수께서 "이방인의 임금들"에 대해 개략적으로 묘사하실 때 말씀하신 자들의 살아있는 본보기였습니다. 그들은 "사람들을 주관합니다." 오만한 우월의식, 대놓고 주인행세를 함, 무책임한 의사, 제멋대로 구는 변덕, 의무를 완전히 잊고 지내고 책임에 대해 아무 생각이 없음, 이런 것들이 고대 군주들의 전형적인 특징입니다. 이런 특징들은 헌법에 따른 모든 방지책과 제한에도 불구하고, 소위 기독교 국가라고 하는 곳에서 계속 반복될 여지가 충분합니다.

그리고 그와 함께 또 다른 특징이 나옵니다. 사람들에게 권세를 부리는 자들이 "은인"이라 칭함을 받습니다. 이들은 자기들이 얻으려고 결코 애쓰지 않는 미덕을 자기들에게 돌려줄 호칭을 요구하며, 돈으로 살 수 있는 아첨이라는 수많은 향로에서 나오는, 사람을 취하게 하고 어지럽게 만드는 연기로 가득한 곳에서 생활합니다. 우리 주님의 시대에 아주 가까이에서 살았던 이집트의 한 왕이 "은인"이라는 호칭을 받았는데, 바로 그 단어가 여기서 사용되고 있습니다. 지극히 무례한 많은 군주들도 "지극히 자애로우신 폐하"라고 불렸습니다.

지위가 사람을 그렇게 행동하도록 꾀는 경향이 있습니다. 그런 지위가 존속하지 못할 만큼 세상이 발전했을지라도, 앞에서 말한 대로 사람의 본성보다 강력한 장애물이 와서 그것을 막지 않는 한, 그 오래되고 쓸모없는 형태가 재현될 여지는 충분히 있습니다. 한 옛 선지자는 "자기만 먹는" 이스라엘의 목자들에 대해 한탄하며, "목자들이 양 떼를 먹이는 것이 마땅하지 아니하냐"(겔 34:2) 하고 분개하여 외칩니다. 그 선지자는 지금 본문의 두 그림에서 결국 끌어내는, 바로 그 대비를 이야기한 것입니다.

2. 왕에 대한 기독교의 생각을 살펴봅시다.

"너희는 그렇지 않을지니." 기독교의 생각은 그것과 뚜렷이 대비됩니다. 왕의 개념에 대한 그리스도의 인식은 내가 앞에서 언급한 전형과 정반대될 것입니다. "너희 중에 큰 자는 작은 자와 같고." 이 말씀은 지극히 높은 직분을 맡는 일에 있어서 태도의 겸손함과 온유함을 나타냅니다. "다스리는 자는 섬기는 자와 같을지니라." 이 말씀은, 이기적이고 자기중심적이지 않고 항상 다른 사람들을 위하는 행동을 표현합니다. 예수 그리스도의 이 간단한 말씀은 권력은 의무를 뜻하며 높아짐은 자기를 낮추는 의무를 뜻하고 참된 권위는 봉사에서 나타난다는 오늘날의 인식을 지극히 고상하게 표현하는 것입니다. 감사하게도 이러한 인식이 매일 우리 가운데서 점점 더 뚜렷해지고 있는데, 그동안 그리스도의 이 말씀이 이 인식을 일으키는 가장 강력한 동력이었다고 생각합니다. 우리는 이 신념이 영국의 모든 계층에서 점점 더 형성되고 있는 것을 봅니다. 높은 자리에 올라가는 사람들은 이전에는 결코 배우지 못했지만, 오늘날은 자기 지위의 책임과 의무를 배우고 있습니다. 지위가 낮은 사람들이 이전에는 한 번도 그런 적이 없지만, 이제는 이 원칙을 적용하기 시작하고, 자기 지위의 의무들을 이행함으로써 부유하고 귀족으로 신분이 높게 태어난 사람들의 훌륭함을 시험하기 시작하고 있습니다. 계속해서 할 이야기가 있지만, 여기서 나는 이 질문을 하지 않을 수 없습니다. 권위가 봉사가 됨을 보여 준 빅토리아 여왕의 모범이 어떻게 대영제국에서 확고하게 자리 잡고, 권위의 전형적인 옛 모습에서 새로운 모습, 새로운 가능성으로 평화롭게 변화되었는지 누가 말할 수 있겠습니까? 본문에 직접적으로 기술되어 있지 않지만, 거기에 또 한 가지 사상, 곧 권력은 봉사할 의무가 있지만, 봉사는 권력을 가져온다는 사상이 함축되어 있습니다. 영향력과 권위, 능력과 소유물을 자신을 위해서가 아니라 형제들을 위해서 사용하는 사람은 봉사함으로써 권위를 거두었고, 다른 어떤 것도 줄 수 없는 명령하는 권세를 얻었음을 발견하게 될 것입니다.

3. 군주에 대한 그리스도의 이상을 살펴봅시다.

지금과 같은 경우에 강단의 한계를 넘지 않고서도 이제 끝이 난 여왕의 삶이 보여준 기독교의 이상에 대한 위대한 예를 살펴볼 수 있을 것입니다. 여왕께서, 이 경우에 주께서 친히 말씀하신 "나는 섬기는 자로 너희 중에 있노라"는 선언을 자신의 선언으로 받아들이셨을 것이라고 말해도 과장이나 불경이 되지 않을 것이라고 감히 말씀드립니다. 여왕은 자기에게 지워진 의무들을 부지런히 이행함으로 자기 백성들을 섬겼습니다. 63년간 정력적으로 통치하는 동안, 여왕은 한 번도 일을 미룬 적이 없고 어떤 것도 소홀히 한 적이 없으며 연기하거나 행하지 않은 일이 없었습니다. 젊은 시절에 남편의 사랑과 가족의 기쁨으로 즐거웠던 때와 마찬가지로 슬플 때에도, 남편과 자녀들이 세상을 떠나며 나이가 들었고 왕위 때문에 더욱 외로웠을 때에도, 여왕은 "항상 대 공사감독이 보는 앞에 있는 것"처럼 일하였습니다. 바로 그 점 때문에 여왕은 하나님의 뜻을 따라 자기 민족을 섬겼습니다. 여왕은 국가적인 큰 슬픔이나 개인의 작은 슬픔이나 똑같이 나누어지는 신속하고 진실된 동정심으로 자기 백성들을 섬겼습니다. 어촌에서 조난사고나 폭풍우로 가난한 남편들을 잃고 과부들이 생긴 일이 있었습니까? 여왕의 동정심이 가장 먼저 그들에게 찾아갔습니다. 탄광촌에서 폭발 사고로 눈을 잃은 사람들이 생겼습니까? 여왕의 메시지는 어두워진 가정에 작은 빛을 가져다 주었습니다. 문학계나 과학계에서 명사가 세상을 떠났습니까? 누가 여왕보다 먼저 그 손실을 깨닫고 그들의 진가를 인정하는 자애로운 말을 하였습니까? 여왕이 요양소를 세워 놓은 스코틀랜드 고지의 골짜기에서 가난한 양치기가 죽었습니까? 과부인 여왕이 과부가 된 시골 아낙 곁에서 슬픔을 나누고 위안이 되어 주었습니다. 그 자신이 너무도 슬픔을 잘 알았기에, 불행한 사람들을 돕기 위해 달려가는 법을 배웠습니다. 동정이라는 여인의 은사를 배나 받았기에, 여왕은 여왕의 높은 지위에도 불구하고 마음에서 동정심이 흘러나가는 것을 그치지 않았습니다.

아내로 지내던 행복한 시절에 쓴 소중한 기록들을 과부가 되었을 때 백성들 앞에 펼쳐 보이고, 백성들에게 자신의 내밀한 일을 보게 하며 그렇게 자신의 마음을 우리에게 열어 보여 주면서, 우리도 우리 마음을 자기에게 주기를 말없이 바란다는 것을 느끼게 함으로써 자기 백성들을 더욱 섬겼습니다. 분별없는 쾌락과 강렬한 감각적인 자극의 생활을 즐기는 오늘날,

여왕은 단순한 기호와 습관을 지님으로써 자기 백성을 섬겼습니다. 여왕은 정결한 생활로써, 궁정을 울타리로 에워싸서 할 수 있는 한, 더러운 것은 아무것도 넘어올 수 없도록 함으로써 백성을 섬겼습니다. 옛적에 한 왕은 왕위에 오르면서 "죄악을 행하는 자는 내 집 안에 거주하지 못하리라"(시 101:7)고 말하였습니다. 여왕은 자신의 권력이 미치는 한에서는 똑같은 말을 하였고, 고위직에서 나타나는 부정에 대해 얼굴을 찌푸렸고, 의로운 동기로 엄한 얼굴을 보였습니다. 연약한 여성이지만 여왕은 용맹함이 있었습니다. 오늘날 현대 사회의 악에 대해 가냘픈 여성이 항거하는 일이 일어난 것은 여왕의 봉사에서 나온 작지 않은 결과입니다.

끈기 있는 이러한 모든 자기 부인은 기독교 신앙에 뿌리를 두고 있었다는 점을 상기시켜드립니다. 여왕은 믿음으로 구주이신 그리스도께 굳게 결합되어 있었기 때문에 주님을 자신의 모범으로 삼았습니다.

그러므로 여왕은 영국의 다른 군주와 다르게 국민의 마음을 정복하였고, 그래서 국민들에게 최고의 사랑을 받았습니다. 어느 곳에서든지 봉사하기 위해 다스리는 사람은 다스리기 위해 봉사하려고 한다는 진리를 이보다 더 분명하게 확인해준 경우는 없었습니다.

이제 말을 마치기 전에, 내가 지금까지 설명해온 원칙들이 우리보다 더 많은 은사를 받았고, 혹은 더 높은 지위에 앉을 수 있는 사람들을 굳게 붙잡듯이, 여러 영역에서 우리를 붙잡고 있다는 사실을 알려드립니다. 기독교인 군주에게만 적용되고 기독교인 농부에게는 적용되지 않는 이상이란 없습니다. 지극히 높은 사람에게 적용되는 의무는 또한 지극히 낮은 사람에게도 적용되는 의무입니다. 우리에게 있는 것을 사용하되, 우리 자신을 위해서가 아니라 하나님에 대한 청지기직과 이웃에 대한 청지기직을 다 같이 인식하고서, 말하자면 하나님을 위해서 또한 사람들을 위해서 사용해야 한다는 점은 여전히 우리 모두에게 적용되기 때문입니다. 바로 이것이 영원히 고귀하고 복된 삶의 비결입니다.

형제 여러분, 오늘날 사회 각계각층으로 퍼지고 있는 책임 의식이 날로 증가하고 있는 것을 진심으로 기뻐하며, 또 사람들로 그런 인식에 이르도록 한 동력이 이제 평온하게 마친 여왕의 삶에서 나왔다는 것을 믿는 나로서는 하나님께 감사드리지만, 예수 그리스도께서 "나는 섬기는 자로 너희 중에 있느니라"고 말씀하셨을 때, 바로 그 대화를 하시면서 친히 예를 들어 보여 주신 그 동기에서 나오는 힘이 아니고는, 현대어를 사용하자면 널리 퍼진 철저하고 영구한 이타주의를 가져올 수 있는 것은 아무것도 없다는 나의 진지한 신념을 되풀이한다면, 틀림없이 여러분 가운데 어떤 분들은 나를 구시대적인 편협한 생각을 갖고 있다고 비난할 것입니다. 여기 우리 앞에 모범이 있습니다. 그것은 단지 모범만이 아닙니다. 그 모범은 주님 안에 있는 것이고, 주님께 대한 단순한 믿음이 있으면 따를 수 있는 것입니다. 우리의 자아, 곧 "옛적의 전제군주"를, 우리 마음에서 그가 빼앗은 자리에서 내쫓고, 그 자리에 예수 그리스도를 오르시게 하는 유일한 힘은, 주님의 모범을 닮으려고 하는 사랑에 있습니다. 어떤 행성을 그 궤도에서 들어 올려 또 다른 태양 둘레를 돌게 하려면, 강력한 지렛대가 필요합니다. 인생의 어떤 계층에 있는 사람이든지, 그를 자아의 지배로부터 구원할 것은, 그리스도의 지배에 복종하는 것 외에는 없습니다. 섬기기 위해 죽으신 그리스도만이 마땅히 인생을 다스릴 최고의 통치권과 권세를 얻으셨고, 또 얻으실 만한 분이기 때문입니다.

어떤 것이든 자신을 위해서 사용하는 것은 그 물질의 가장 고귀한 미점을 잃어버리고, 우리 자신을 훼손하는 일입니다. 어떤 것이든 그리스도와 우리 형제들을 위해 사용하는 것은, 그 물질의 가장 아름다운 부분을 발견하고 우리 자신을 지극히 복되게 하는 일입니다. 자기 몰두는 자기 파멸이고, 자기 포기는 자기 획득입니다.

우리가 진심으로 "나는 섬기는 자로 너희 중에 있다"고 말할 수 있다면, 우리의 모든 소유를 볼 때 의무가 생각나고. 우리의 모든 권력을 생각할 때 의무의 부담을 느낀다면, 우리가 왕자이든 농사꾼이든, 부자든 가난하든, 재능을 많이 받았든 한 가지 재능밖에 없든 간에, 우리는 이 세상에서 최선의 삶을 살고, 내세에서는 더 고귀한 봉사인 더 큰 권세를 받게 될 것입니다. 모든 사람의 종이 되십시오. 그러면 모두가 여러분의 사람이 될 것입니다. 그리스도를 섬기고 인내하십시오. 이런 것들이 봉사로 일관한 여왕의 인생에서 배울 수 있는 교훈들입니다. 우리 모두 이 교훈을 배우기를 바랍니다! 이제 영국의 새 왕께서는 어머니의 발자취를 따라가며 "그의 어머니가 그를 훈계한 잠언"(잠 31:1)에 귀를 기울이시기를 바랍니다!

80
외로우신 그리스도

"너희는 나의 모든 시험 중에 항상 나와 함께 한 자들인즉"

눅 22:28

마지막 만찬의 부드럽지만 엄숙한 말씀에 어울리지 않게, 누가 크냐 하는 문제로 일어난 꼴사나운 다툼에 대한 기사를 읽을 때, 우리는 제자들에 대해 의아하게 생각하게 됩니다. 우리는 제자들이 이상하게도 동정심이 없고 이기적이라고 생각하게 되는데, 사실 제자들은 그러했습니다. 그렇지만 제자들에 대해 너무 혹독하게 생각하지는 맙시다. 그리고 복음서들에서 볼 수 있는 대로 우리 주님께서 자신의 고난에 대해 알리신 것과 제자들이 하나님 나라에서 누가 가장 큰가 하는 문제로 이같이 다투는 것이 밀접하게 연결된 데에는, 그럴 만한 아주 자연스런 이유가 있었다는 것도 잊지 않도록 합시다. 제자들은 예수님의 말씀하신 뜻을 제대로 파악하지 못하고, 주님의 고난은 주님의 "영광" 직전에 오게 되어 있는 것으로 알았습니다. 그래서 주님의 고난이 이렇게 명백하게 가까이 다가왔기 때문에 임박한 하나님 나라에서 그들의 자리를 정하는 것이 제자들에게는 당면한 문제로 보이게 되었다면, 그렇게 의아하게 여길 일은 아닙니다. 우리가 제자들 가운데 있었더라면 틀림없이 우리도 그렇게 생각했을 것입니다.

또한 누구를 가장 큰 사람으로 여겨야 하느냐는 이 다툼 때문에 그리스도께서 본문의 말씀을 하시게 되었는데, 그 다툼이 일어나게 된 직접적인 원인은 제자들마다 그 소박한 저녁 식사 자리에서 종의 일을 행함으로써, 자신이 크다는 것을 주장하는데 곤란을 겪고 싶지 않은 생각에 있었을 것입니다. 그렇다고 이렇게 생각하지는 맙시다. 대야와 수건 받기를 차례차례 거절하며 점점 더 화를 내며 불평하는 소리가 커지면서 "이건 내가 할 일이 아니야" 하고 베드로가 말하며 "안드레, 네가 이것 받아" 하고 말하고, 그렇게 해서 수건과 대야가 제자들 손에서 차례로 넘어가다가 마침내 주님께서 그 다툼을 끝내시고 그것을 받아 제자들의 발을 씻기게 되었다는 식으로 생각해서는 안 될 것입니다. 예수께서 다시 자리에 앉으셨을 때, 본문이 들어 있는 말씀을 하셨을 수 있습니다. 이 말씀에서 주님은 말다툼하는 제자들에게 하나님 나라에서 명예를 얻는 참된 법칙이 무엇인가, 즉 봉사에 대해 말씀하시고, 그에 대한 위대한 모범으로 자신을 가리키십니다. 발을 씻기는 감동적인 이 사건은 본문 바로 앞의 구절, 곧 "나는 섬기는 자로 너희 중에 있노라"는 말씀을 참으로 크게 강조합니다. 하나님 나라에서 크게 되는 참된 법을 이렇게 드러내시면서, 이 구절과 다음 구절들에서 제자들의 꼴사나운 다툼에도 불구하고 그들에게 보상이 있고 존귀한 자리가 주어질 것이라는 보장의 말씀을 하십니다. 그것은 제자들이 이기심과 연약함이 있지만 여전히 주님을 굳게 따랐기 때문입니다.

이것이 이 말씀들의 원래 목적이지만, 나는 또 다른 목적을 위해 이 말씀들을 사용하려고 합니다. 내가 잘못 생각하는 것이 아니라면, 이 말씀들에서 우리는 그리스도의 심정을 놀랍게 얼핏 보게 되고, 그리스도의 생각과 경험에 대한 감동적인 계시를 보게 됩니다. 이것이 아주 우연히, 그래서 모르는 사이에 보게 되었다고 말할 수 있는 것이어서 한층 더 귀합니다.

1. 그러면 여기서 시험받으시는 그리스도를 봅시다.

어떤 의미에서 우리 주님은 그 자신이 영속적인 주제입니다. 주님은 우리에게 그 자신이 어떤 존재인지, 우리에게 무엇을 주장하시는지를 계속해서 제시하고 계신다는 점에서 항상 자신에 대해 말씀하십니다. 그런가 하면 다른 의미에서 주님은 언제나 자신에 대해서는 거의 아무 말씀도 하시지 않습니다. 주님 자신의 내적 경험에 대해서는 대부분 깊이 침묵하시기 때문입니다. 그러므로 여기 "나의 시험 중에"라고 하신 말씀은 참으로 귀중하고 심오한 의미를 지니고 있습니다! 그 표현의 충분한 의의를 느끼려면, 광야에서의 시험은 주님의 첫 제자가 주님을 따르기 전에 지나갔고, 겟세마네 동산에서의 투쟁은, 이 말씀을 하실 때는 아직 오지 않았다는 것을 기억하는 것이 좋습니다. 그러므로 이 말씀이 가리키는 기간은 그 두 시기를 포함하지 않고 그 두 시기 안에 있는 것입니다. 전자의 시험, 곧 "마귀가 얼마 동안 떠나니라"(눅 4:13)고 한 글을 읽은 후이고, 후자의 시험, 곧 "이 세상의 임금이 오겠음이라"(요 14:30)는 말씀이 있기 전입니다. 사람들이 시험으로부터 자유로웠을 것이라고 생각하기 쉬운, 그 두 시험 사이의 기간이 우리 주님께서 지금 말씀하고 계신 시간입니다. 제자들이 "주님과 함께 한" 그 기간이 주님의 의식에는 "시험"의 시간입니다.

그것이 복음서 기사가 그 기간을 소개하는 관점이 아닙니다. 복음서 기사가 자서전이 아니고, 예수께서 자신이 노출되어 있었던 지속적인 공격에 대해 거의 아무 말도 하시지 않은 분명한 이유를 볼 때 그렇습니다. 또 그것은 우리가 흔히 그 기간을 생각하는 관점도 아닙니다. 우리는 그리스도께서 받으신 시험들이 모두 한데 모인 것으로, 말하자면 주님의 생애의 두 끝에 몰려 있고, 그 두 사이의 기간은 시험에서 자유로우셨던 것으로 생각하는 경향이 큽니다. 그러나 우리가 주님의 생애를 끊임없이 다양한 시험이 찾아온 무대로 생각지 않는 한, 주님의 생의 의미를 알 수 없고, 그 삶에서 풍기는 사랑과 도움을 제대로 느낄 수 없습니다.

그 표현의 탁월함은 참으로 주목할 만합니다! 그리스도께서는 그의 삶이 돌아볼 때 슬픔이나 어려움, 고통의 면이 떠오르기보다는 시험의 면이 떠오른다는 것입니다. 주님께서는 외적인 모든 일을 볼 때, 주로 그 일들이 주님 생애의 사역을 돕거나 방해하는 힘을 가졌는지에 관해서 보셨습니다. 그와 같이 우리도 슬픔이나 기쁨을 상대적으로 작은 문제로 보아야 합니다. 죄를 악 중의 악으로 느껴야 하고, 우리의 직무를 포기하게 만들고 자식으로서 하나님을 의지하고 순종하는 것을 내던지게 만드는 것들을, 주님처럼 우리도 삶의 십자가와 짐으로 여겨야 합니다.

지금은 시험받으시는 그리스도라는 생각을 둘러싸고 있는 어려운 질문들을 다룰 자리가 아닙니다. 그 문제들을 풀지라도, 주께서 받으신 시험들은 아주 현실적이었고 끊임없이 이어졌다는 중대한 사실은 그대로 남습니다. 주께서 싸우신 것은 부끄러운 싸움이 아니었습니다. 광야의 이야기는 매우 현실적인 투쟁의 이야기입니다. 그 투쟁은 주님의 생애 전체를 통해서 항상 치러졌습니다. 그런데 사실 그 투쟁의 흔적들은 거의 보이지 않습니다. 그 싸움은, 때로 사람들이 치명적인 싸움을 소리 없이 치르듯이 양자 간에 깊은 침묵 가운데 벌어졌습니다. 그러나 그 혹독한 싸움에 다른 아무 증인이 없었다면, 싸움이 끝났을 때 승리자의 외침은 아주 컸을 것입니다. "내가 세상을 이기었노라"(요 16:33)는 주님의 마지막 말씀은 승리의 어조가 울려 퍼지고, 그 싸움이 얼마나 치열했는지를 말해 줍니다. 그 싸움이 얼마나 길고 힘들었던지 그리스도께서는 천국에서 보좌에 앉아계시면서, 모든 교회들에게 "내가 이기고 아버지 보좌에 함께 앉은 것과 같이 하리라"(계 3:21)고 말씀하실 만큼 그 싸움을 잊으실 수가 없습니다. 고통과 격노의 모든 흔적들이 사라졌고 이제는 수확물이 물결치는 전장터에, 피가 흐르고 병사들이 목숨을 살려달라고 신음하였던 곳에 이제는 종달새가 우는 전장터에, 승리자들이 세운 회색 바위가 남아 있습니다. 그리고 이제 그 트로피만이 잊혀진 싸움을 말해 주는데, 그와 같이 "내가 이기었노라"는 기념비적인 그 말씀이, 소리는 없었지만 일생동안 치러진 투쟁의 기록을 대대로 전하고 있습니다.

죄 없으신 그리스도께서 어떻게 시험을 받으셨는지는 우리가 알 수 있는 문제가 아닙니다. 거기에는 우리가 도달할 수 없는 깊은 심연이 있습니다. 그러나 이것은 우리가 알 수 있습니다. 즉 죄 없는 인성은 시험의 영역에서 벗어나 있는 것이 아니라는 점과, 이 외에도 그런 본성에는 시험이 속에서 나오지 않고 틀림없이 밖에서부터 왔으리라는 것입니다. 음식을 먹고자 하는 욕구는 순전히 신체적인 갈망입니다. 그러나 주님의 인격이 아니라 또 다른 인격이 그 욕구를 이용해서 하나님의 아들이 자신의 신체적 생명을 하나님께 의존해서 유지하고자 하는 태도를 버리도록 부추깁니다. 하나님의 보호하심을 믿는 신뢰는 거룩하고 선합니다. 하나님께 대한 봉사가 요구할 때 하나님의 보호를 의지하는 가운데 위험을 당하는 것은 지극히 참된 지혜이고 경건일 수 있습니다. 그러나 밖에서 들려오는 조롱하는 목소리는 하나님의 보호를 빙자하여 양심의 아무런 요구도 없고 아무런 자비의 목적도 없는데도 쓸데없이 위험에 뛰어들라고 제안하는데, 그것은 신앙적인 것이 아니라 제멋대로 하는 행동입니다. 그리스도의 아주 깊은 마음속에는 자기 백성에게 세상을 주려는 뜻이 있었습니다. 그러나 이미 자기 것으로 생각한 그리스도의 원수이자 사람의 원수인 마귀는 모든 사람을 그리스도께로 인도하는 일에 십자가의 "슬픔의 길"을 가도록 하기보다는 하나님의 보호를 들어서 좀 더 평탄하고 짧은 길을 가라고 제안하였습니다. 이와 같이 죄 없으신 그리스도께서 공생애 초기에 시험을 받으셨고 또 죄 없으신 그리스도께서 이와 같이 공생애 내내 이 처음 시험이 다양한 형태로 변형된 가운데 시험을 받으셨습니다. 그리스도께서 지나가야 할 길은 언제나 그리스도 앞에 있었고, 그 길에 처음부터 십자가의 그림자가 드리워져 있었습니다. 고통과 슬픔, 부끄러움과 침뱉음, 죄인들의 예수님께 대한 반박, 마음으로만 한 번 바랬던 좀 더 쉬운 길, 육체의 움츠러듦, 이 모든 것들이 예수님의 마음을 흔들었습니다. 예수께서 우리를 위해 걸어가신 길의 한 걸음 한 걸음은 자기 사명을 위해 자신을 새롭게 드리고 시험에 대해 새롭게 승리하는 힘으로 걸어가신 것입니다.

분석하려고 하지 맙시다. 보고서 예배하는 것으로 만족합시다. 시험받으신 그리스도를 생각할 때, 그의 죄 없으심을 더 깊이 생각하도록 합시다. 그리스도의 죄 없으심은 시련을 받지 않고 수도원에 틀어박혀 있는 미덕이 아닙니다. 그의 죄 없으심은 유혹하는 악에 한 번도 접촉된 적이 없기 때문에 정결한 것이 아닙니다. 이 악한 날에 능히 견딜 수 있는 전투하고 승리하는 덕입니다. 우리가 시험받으신 그리스도를 생각할 때, 그리스도께서 우리의 원수와 그의 원수와 치르시는 전투의 신비를 멀리 서서 바라보며, 그리스도께서 우리를 위해 지신 것에 대한 감사한 생각이 더 따뜻해지고 더 깊어지도록 합시다. 시험받으시는 그리스도를 생각하고서 우리의 십자가의 짐을 더 가볍게 여기고, 좀 덜 격렬한 우리의 전투를 좀 더 쉽게 감당하고 치를 수 있는 것으로 생각하도록 합시다. 이와 같이 그리스도께서는 "우리가 시험받을 때 항상 우리와 함께 계실" 것이므로 그에게서 인내와 승리가 우리에게 흘러나올 것입니다.

2. 여기서 외로운 그리스도를 봅시다.

우리 주님의 생애에서 그의 깊은 외로움만큼 애처로운 모습은 없습니다. 지금까지 살아온 사람들 가운데 가장 철저하게 고독했던 사람은 예수 그리스도라고 생각합니다. 우리가 그 사실들을 생각한다면, 주님의 가장 가까운 친족이 주님에게서 얼마나 멀리 떨어져 있었는지, 얼마만큼이나 "찬미하는 사람 하나 없고, 사랑하는 사람 하나 없었는지", 그리고 심지어 주님의 친구들이라는 적은 무리 안에서조차 주님을 이해하거나 주님을 동정하는 사람이 한 사람도 없었다는 것을 보게 됩니다. 우리는 천재적인 사람들이 살았던 고독한 삶에 대해, 어떻게 위대한 모든 영혼들이 외롭게 지낼 수밖에 없게 되었는지에 대해 많은 이야기를 듣습니다. 그것은 사실입니다. 위대한 사람들의 고독은 모든 삶을 다 써버린 배상의 하나이며, 그래서 위대한 소수 사람들의 운명보다 하찮은 많은 사람들의 운명을 더 부럽게 여기게 됩니다. "작은 산들이 기쁨으로 띠를 띠었나이다"(시 65:12). 그러나 작은 산들이 정답게 둘러서 있는 가운데서 알프스 산의 꼭대기는 쑥 위로 올라와 찬 공기 중에 머리를 내놓고 있습니다. 그 봉우리는 "밤마다 수많은 별들의 방문을 받지만" 침묵과 눈 가운데 외롭게 지냅니다. 소돔의 롯처럼 악 가운데 지내는 순결한 사람의 외로움이나 목적과 사상이 이해받지 못하고 공유되지 못하는 외로움에 대해 이야기하자면, 그 외로움을 그리스도만큼 예리하게 경험한 사람이 누가 있겠습니까? 그처럼 완전한 순결을 지니신 분은 사람들의 죄 때문에 다른 어떤 사람도 경험할 수 없을 만큼 큰 상처를 받았을 것이 틀림없습니다. 반응해 오는 마음의 위안을 갈망한 그 애정 어린 마음은, 틀림없이 지금까지 고통을 받은 누구보다 일방적인 사랑의 고통을 예리하게 느꼈을 것입니다. 보이는 것들은 그림자일 뿐이고, 아버지와 아버지의 집이 항상 존재하는 유일한 실재인 것을 본 영은 틀림없이 세상을 분깃으로 받은 사람들에게서 천리만리 떨어지는 것을 느끼셨을 텐데, 함께 인간 생명을 받은 어떤 두 영혼 사이에서 벌어진 어떤 틈보다 큰 거대한 틈이 그 사이에 있는 것을 느끼셨을 것입니다.

본성이 순수하고 고귀하면 할수록 그만큼 그 본성의 감수성은 예민하고, 그 본성의 기쁨도 그만큼 고상하며, 그 고통 또한 그만큼 강렬합니다. 마음에 사랑하는 심정이 깊고 이타적이면 이타적일수록 교제를 바라는 열망은 그만큼 더 강렬하고, 그럴수록 외로움의 고통은 그만큼 더 큽니다.

이 문제를 품고 있는 복음서 이야기의 많은 점들은 매우 의미심장하고 애처롭습니다. 복음서 기자들 가운데 한 사람이 말하듯이 열두 제자를 택하신 첫 번째 목적은 "저희로 그와 함께 있게 하려 함"이었습니다. 우리는 어떻게 그리스도께서 가장 가까운 세 제자를 항상 데리고 다니셨는지 우리는 압니다. 또 이는 그들로 거룩한 산에서 "크신 위엄을 친히 본 자"(벧후 1:16)가 되거나 겟세마네 동산에 그의 고통을 본 자가 되도록 할 뿐만 아니라, 어둠의 권세 가운데서와 같이 신비한 영광 가운데서 그들과 함께 있음으로 기쁨과 힘을 얻으려 하셨던 것이 분명합니다. 우리는 모든 복음서에서 주님이 두 번밖에 혼자 계시지 않았고, 그 두 번도 기도를 위해서 혼자 계셨다는 것을 읽습니다. 그래서 아무리 둔한 사람이라도 이 예언의 말씀에서 고통의 어조를 분명히 들을 수 있습니다. "보라 너희가 다 각각 제 곳으로 흩어지고 나를 혼자 둘 때가 오나니 벌써 왔도다"(요 16:32). 그리고 "너희는 여기 머물러 나와 함께 깨어 있으라"(마 26:38)는 호소의 말씀을 듣는 사람은 모두 연민의 정을 느끼지 않을 수 없을 것입니다. 지극히 중요한 시간에서도 주님은 아무리 부족하다 할지라도 인간의 교제를 바라시고, 큰 어둠 속에서 손을 뻗어서 살과 피가 있는 사람의 손길을 느끼고자 하십니다. 참으로 보잘것없고 약한 사랑이지만, 주께서는 그 사랑이라도 느끼고자 헛되이 손을 더듬으십니다. 철저한 고독의 공포는 주께서 마시는 잔에 부어진 쓰디쓴 것과 더불어 "불쌍히 여길 자를 바라나 없고 긍휼히 여길 자를 바라나 찾지 못하였나이다"(시 69:20)라는 중요한 예언적 그림의 실질적인 특징을 형성할 만한 고통이 될 만큼 무겁고 슬픈 주님의 수난의 한 요소인 것이 확실합니다.

그와 같이 여기서 제자들이 주님의 왕권의 영광에 참여하는 것이 지상의 투쟁에서 제자들이 충성스럽게 주님과 함께 한 결과로 언급하는 이 본문 말씀에서 외로움에 대한 주님의 깊은 고통이 넌지시 비치고 있습니다. 이 제자들이, 오직 이들만이 그동안 주님 곁에 있었고, 그래서 주님은 그들이 자기와 함께 있었던 것을 그만큼 중요하게 생각하시고, 그러므로 그들이 주님의 통치에 참여하게 될 것입니다.

외로우셨던 그리스도께서는 외로운 마음을 가진 모든 이들을 공감하십니다. 우리가 자신이 이해받지 못하고 있고 자기 혼자 설 수 밖에 없다고 느낀다면, 우리의 사랑하는 마음의 취지가 거절당한다면, 우리의 외적 생활이 외롭고 세상에서 함께 하고 싶은 갈망을 채워줄 것이 아무것도 없다면, 우리 마음이 사랑하는 사람들로 가득찼으나 이제는 텅비었거나 눈물만 가득하다면, 주님을 생각하고 "그렇지만 나는 혼자가 아니다"고 말하도록 합시다. 주님은 홀로 사셨고 홀로 죽으셨습니다. 이는 어떤 마음도 더 이상 고독하게 지내지 않도록 하기 위해서였습니다. "너희가 나와 함께 한 시간도 이렇게 깨어 있을 수 없더냐"(마 26:40)는 말씀은 주께서 겟세마네 동산에서 부드러운 말로 책망하신 말씀이었습니다. "보라 내가 항상 너희와 함께 있으리라"는 말씀은, 주께서 보좌에서 하신 위대한 약속입니다. 인생의 모든 단계에서 우리는 주님을 동반자로, 곧 다른 모든 사람보다 가까운 친구로, 이렇게 말할 수 있다면, 우리 자신보다 우리에게 더 가까이 계신 분으로 모실 수 있습니다. 그리고 죽음의 음침한 골짜기에서 우리는 어떤 악도 두려워할 필요가 없습니다. 주님께서 우리와 함께 하실 것이기 때문입니다.

3. 여기서 감사하는 그리스도를 봅니다.

이 말을 쓰기가 주저되기는 하지만, 이 표현과 그 관계에서 감사의 어조가 분명히 울리는 것 같습니다. 우리가 그 점을 바르게 이해한다면 그에 대해 의아하게 생각할 필요가 전혀 없습니다. 주님의 그 말에는 주님 자신의 성격이나 제자들과의 관계에 맞지 않는 것이 없습니다. 여러분은 사람이 바로 그와 같은 어조, 즉 그리스도께서 마리아가 옥합을 깨트려 향유를 머리에 부으신 것을 인정하실 때 보여 주신 따듯함을 들을 수 있는 또 다른 예를 아십니까?

참된 사랑은 모두 참된 사랑을 만날 때 기쁩니다. 사랑을 주는 것이 기쁘고, 받는 것이 기쁩니다. 섬기는 여인들의 시중을 받는 것이 예수님께 기쁨이 아니었습니까? 여인들이 사랑으로 자기를 섬겼기 때문에 예수께서는 그들에게 감사하지 않았을까요? 감사하셨을 것이라고 생각합니다. "감사하다"는 말을 그리스도께 적용하는 것을 불편하게 생각하는 사람이 있다면, 사랑하는 친구들로 인해 그리스도의 사랑하는 마음이 기뻤고, 그들과의 교제에서 사랑의 신비를 인정하신다는 사실을 본다면 말에 관해서는 신경 쓸것이 없습니다.

이 제자들이 한 일에 대해 애정을 가지고 평가하신 점을 또한 살펴볼 필요가 있습니다. 제자들의 사랑은, 기껏해야 불완전할 뿐이었습니다. 제자들은 이기적인 동기가 많이 섞인 맹목적인 애정을 주님께 드렸습니다. 이제 한 두 시간만 지나면 그들은 모두 주님을 버리고 도망할 것이었습니다. 주님은 제자들에게 무엇이 부족한지 다 아셨고, 비겁하게 자기를 버리는 일이 아주 가까이 왔다는 것을 아셨습니다. 그러나 주님은 이 모든 것에 대해 한 마디도 하시지 않습니다. 주님께서는 우리 사역에 들어있는 결점들을 빠뜨리지 않고 세시지 않고, 우리의 사역이 불완전하다고 해서 거절하시지 않습니다. 이와 같이 여기에는 분명하게 표현된 중요한 진리가 있습니다. 즉 사랑하는 마음이 있으면 그 봉사를 받으신다는 것입니다. 우리의 보잘것없고 불완전한 행위들이, 주님을 기쁘시게 하고, 받으실 달콤한 향기가 될 수 있다는 것입니다. 우리 가운데서 자녀의 선물들이 자기가 준

돈으로 산 것이고, 별 쓸모도 없다고 할지라도, 그 선물을 받고 기뻐하지 않는 아버지가 있습니까? 그 선물들은 자녀의 사랑을 의미하고, 그래서 그 선물들이 귀한 것입니다. 마찬가지로 그리스도께서도 우리가 가져오는 것을 기쁘게 받으십니다. 우리가 가져오는 것에 담긴 사랑이 이기적인 생각 때문에 식어지고, 믿음이 의심으로 인해 깨어지고, 순종에도 완고함이 들어 있을지라도, 그것을 주님은 받으십니다. 우리의 봉사보다 훨씬 덜 지적이고 온전하지 못할지라도, 제자들의 받으실 만한 봉사의 생생한 열의는 그들의 사랑이었습니다. 그들은 동정심도 부족하고 지식도 부족하였지만, 주께서 시험받으실 때에 주님과 함께 하였습니다. 우리는 제자들이 주님의 지상 생애 동안 주님 가까이에 있었던 것보다 더 친밀하게 더 진정으로 예수 그리스도께 가까이 있을 수 있습니다. 여기서 주님과 함께 지내면, 내세에서도 주님과 함께 지냅니다. 우리가 세상의 허식과 그림자들 가운데서 주님 안에 거한다면, 주님께서 우리가 시험받을 때 언제나 우리와 함께 하시고, 세상에서 시작된 그 교제가 하늘에서 온전해질 것입니다. "우리가 그와 함께 영광을 받기 위하여 고난도 함께 받아야 할 것이니라" (롬 8:17).

81
큰 무너짐과 큰 회복

"그러나 내가 너를 위하여 네 믿음이 떨어지지 않기를 기도하였노니
너는 돌이킨 후에 네 형제를 굳게 하라"

눅 22:32

우리 주님은 주님의 친구들이 주께서 시험받으시는 기간에 항상 주님 곁에 굳게 붙어 있던 것에 대해 충심으로 칭찬하는 말씀을 해오셨습니다. 그런데 이렇게 제자들이 항상 주님과 함께 있어온 것에 대한 말씀과, 베드로 사도가 비겁하게 도망할 것에 대한 예견이 여기서 뚜렷이 대비됩니다. 사도의 이런 도망 때문에, 주님께서 그동안 말씀해 오던 어조를 갑자기 바꾸어 베드로에게 엄숙하게 호소하십니다. 이것은 그 예측이 얼마나 그리스도의 마음을 아프게 하였는지를 보여 줍니다. 그러나 주님께서는 베드로의 도망에 대한 예견 때문에 베드로가 과거에 열두 제자의 한 사람으로서 충성스럽게 주님을 따랐던 일에 대한 칭찬을 그치지 않으십니다. 그렇다고 베드로의 충성스러움에 대한 기억 때문에 예견된 베드로의 도망에 대한 책망을 바꾸시지도 않습니다. 주께서는 연약함과 성화되지 못함, 도움을 받지 못함을 나타내는 시몬이라는 옛 이름을 의미심장하게 힘주어서 되풀이 하여 부릅니다. "시몬아, 시몬아, 보라 사탄이 너를 밀 까부르듯 하려고 요구하였다." 이 말씀에서 커튼의 한쪽 귀퉁이가 올려져서 희미한 지역을 얼핏 보게 되는 점이 있습니다. 미신은 꿈꾸었을 뿐인 것을 보았다

고 생각하는 경우가 많기 때문에, 이같이 어렴풋한 영역에 대해서는 그리스도인들은 그리스도께서 주신 만큼의 빛을 가지고 믿음으로 분별해야 합니다. 그러나 그 점을 지나서 본문의 말씀은 다음의 세 가지 생각을 보여주는 것 같습니다. 그것은 시험받는 영혼들을 위하시는 중보자에 대한 것과, 그 결과로 어두워진 믿음에 다시 빛을 비추심에 대한 것, 그리고 넘어짐과 회복이라는 훈련이 넘어지는 자들에게 힘을 주는 더 큰 봉사에 대한 것입니다. 이 세 가지 생각 하나하나에 대해 한 두 마디씩 하도록 하겠습니다.

1. 우리에게는 시험받는 영혼들을 위하시는 중보자가 계십니다.

본문의 첫머리에 나오는 "그러나"라는 장엄한 말씀에 주목합시다. "사탄이 너희를 밀 까부르듯 하려고 요구하였으나 그러나 내가 너를 위하여 기도하였노니." 이렇게 해서 주님은 의식의 경계 너머에 어떤 악하고 신비한 힘이 존재할지라도 그 적수, 곧 승리를 거두는 자신만만한 적수로 나타나서 이렇게 말씀합니다. "내 기도가 리워야단의 코를 꿰었다. 그래서 겨는 놔두고 밀을 까부르려고 하는 악한 의도가 내 기도 때문에 아무 소용이 없게 된다."

도고에 차별을 두는 점을 살펴봅시다. 사탄이 "너희를 요구하였으나"는 말씀에서는 제자들을 복수로 표시하고 "내가 너를 위하여 기도하였노니"라는 말씀에서는 단수를 사용합니다. 가장 큰 위험에 처해 있는 사람이 그리스도의 마음에 가장 가까이 있는 자였고, 그래서 그리스도의 중보 기도의 주 대상이었습니다. 사실 그것은 언제나 그렇습니다. 주님의 지극히 애정어린 말씀, 지극히 달콤한 위로, 지극히 강력한 구원, 지극히 절박하고 호소력있는 주님의 탄원, 지극히 큰 은혜의 선물은 지극히 약한 자, 지극히 가난한 자, 곧 지극히 큰 슬픔과 긴장, 위험에 처해 있는 자들에게 주어지며, 주님을 가장 절실하게 원하는 자들이 언제나 주님을 가장 가까이 모시는 법입니다. 어둠이 짙으면 짙을수록, 주님의 빛은 그만큼 더 밝습니다. 우리의 삶이 비참하면 할수록 주님의 임재는 그만큼 더 풍부합니다.

우리가 외로우면 외로울수록 주님의 교제의 선물은 그만큼 더 큽니다. 우리의 곤경이 곧 주님의 기도의 척도입니다. "사탄이 너희를 까부르듯 하려고 요구하였으나, 너 베드로는 바로 그 위험의 중심에 서 있다. 그래서 내 사랑과 보호의 광선도 네게 집중되어 있는 것이다."

그 다음에, 나는 우리 중 아무도 충분히 이해하지 못하고 적절히 말하지도 못하는 중요한 주제, 곧 우리의 모든 약함과 곤경 가운데서 우리의 중보자로 계시는 주님에 대해서는 길게 말할 필요가 없습니다. 우리는 그리스도께서 계속해서 인성을 지니고 계시다고 믿습니다. 주님께서 땅에 계셨을 때 기도하셨고, 하늘에서도 기도하고 계신다고 우리는 믿습니다. 주님의 기도는 단지 말을 내뱉는 것이 아닙니다. 즉 주님의 기도는 사실을 말하는 것이고, 보존하시는 은혜를 하나님으로부터 이끌어내는 조건이자 그 은혜를 흐르게 하는 통로로서, 주님의 위대한 속죄 사역을 항상 무한하신 하나님의 마음에 떠오르게 하는 것입니다. 그래서 우리는 우리 중 어느 누구에게든 시련이나 어려움, 갈등, 시험이 올 때는 언제든지, 그것들을 하늘에 계신 우리 형제이신 주님께서 아시고, 우리를 위협하는 폭풍이 거세면 거셀수록 주님께서 그만큼 더 가까이에서 우리를 보호하신다는 것을 확신할 수 있습니다. 우리에게는 하늘의 보좌 앞에서 그리스도께서 변호자이시자 중보자로 계십니다. 그래서 주님의 기도가 언제나 하나님께 올려집니다. 형제 여러분! 그리스도께서 우리를 위해 기도하고 계시다는 것을 생생하게 믿는다면 우리의 인내가 달라질 것입니다! 우리가 그 사실을 깨닫는다면, 얼마나 그 사실이 슬픔에서 독침을 빼고 시험의 날을 무디게 하겠습니까! 하늘을 찢고, 보이는 일시적인 것들 위로 머리를 들어 우주의 영원한 질서와 그 가운데 있는 보좌, 그리고 자기를 사랑하고 의지하는 모든 사람을 위해 기도하시는 중보자께서 하나님 우편에 계시는 것을 볼 믿음을 가질 수 있다면 얼마나 좋겠습니까!

2. 그 결과 어두워진 믿음에 다시 빛을 비추심에 대해 살펴봅시다.

"내가 너를 위하여 네 믿음이 떨어지지 않기를 기도하였노니." 베드로의 믿음이 떨어졌습니까? 베드로가 주님을 부인한 것만 보자면, 그렇다고 말하지 않을 수 없습니다. 그러나 베드로 사도의 미래 생활 전체를 보자면 우리는 그렇지 않다고 대답합니다. 빛이 어두워졌다고 해서 빛이 사라진 것은 아닙니다. 자신의 가장 깊은 신념에 대해 순간적으로 진실하지 못했다고 해서, 신념 자체가 소멸된 것은 아닙니다. 그리스도의 기도는 결코 헛되지 않습니다. 베드로가 넘어졌지만 진흙 구덩이에 그대로 누워 있지 않고, 다시 비틀비틀 일어나서 심하게 울고 부끄러움의 많은 고통을 겪으면서도, 잠시 빗나갔던 길에 돌아와 억누를 수 없는 소망을 가지고 힘겹게 앞으로 나간 것을 볼 때, 그리스도의 기도는 응답되었습니다. 스스로 그리스도인이라고 하는 많은 사람들이 그렇게 하듯이 한 해 동안 내내 불성실하고 신앙을 저버리며 살면서도 해마다 겉으로 경건한 척하고, 자신들이 그리스도의 제자라고 생각하며 앞으로 나가는 것보다는 베드로처럼 자신의 넘어짐에 대해 크게 우는 것이 낫습니다. 신앙의 피가 조금씩조금씩 새어나가는데도 심장이 완전히 멈출 때까지 동맥에서 피가 없어지는 것을 모르는 사람이 회복되는 것보다, "산처럼 크고 누구나 알 수 있는 분명한" 죄에 빠졌던 사람이 회복되기가 더 쉽습니다.

이렇게 빛을 잃은 믿음이 어두워졌다가 다시 밝아짐으로써 우리에게 가르친 두 가지 큰 교훈이 있는데, 여기에서 우리는 힘을 얻을 수 있습니다. 한 가지는 충심어린 사랑도, 예수님을 따르고자 하는 지극히 진실한 바람도, 굳세기 이를 데 없는 믿음도 눌려 짜부러질 수 있고, 그러면 삶 전체가 잠시 부인될 수가 있습니다. 감사하게도, 그리스도인에게 어울리지 않는 행위와 그리스도인에게 있어서는 안 되는 행위 사이에는 큰 차이가 있습니다. 우리 자신을 판단하는 일에 그 차이를 너무 관대하게 적용하는 것은 위험한 일일 것입니다. 우리는 형제들을 판단하는 일에 언제나 그 차이를 적용해야 옳습니다. 그러나 베드로가 "주를 위하여 내 목숨을 버리겠나이다"(요 13:37)라고 말했을 때 정말로 진심으로 그렇게 하겠다는 뜻으로 말했을지라도, 그리고 나서 몇 시간이 지나지 않아 "네가 세 번 나를 모른다고 부인하리라"고 하신 우리 주님의 슬픈 예언이 이루어졌습니다. 이것을 보고서 우리 죄를 좀 덜 혐오하게 되는 교훈을 삼지 않도록 합시다. 그러나 다른 한편으로 우리에게 있는 자기과신의 오만한 콧대를 꺾도록 하고, 또 다른 한편으로 우리 형제들의 잘못에 대해서는 불쌍히 여기고 애정어린 마음으로 판단하려는 교훈을 얻도록 합시다. "높은 마음을 품지 말고 도리어 두려워하라"(롬 11:20). 그리고 베드로가 완전히 빠져 들어간 그 어두운 심연을 들여다보고서, "나를 붙드소서 그리하시면 내가 구원을 얻으리이다"(시 119:117) 하고 외칩시다.

다른 교훈은, 지극히 깊은 타락도 회복될 수 있다는 것입니다. 본문 말씀에서, 주님은 베드로의 넘어짐에 대한 예언을 뒤에서 분명하게 표현하시지 않습니다. 그러나 "너는 돌이킨 후에"라고 말씀하실 때, 혹은 개역성경이 훨씬 더 정확하게 번역하고 있는 것처럼 "일단 네가 다시 돌이켰을 때는 형제들을 굳게 하라"고 하실 때, 주님은 그 사실을 넌지시 나타내십니다. 그 다음에, 사도가 잠시 잘못된 길로 나아갔지만, 자기 인생의 옛 방향으로 다시 들어서기 위해 정반대로 돌아야 할 필요가 있었습니다. 사도는 두 가지 이유에서 돌아왔습니다. 한 가지는 그리스도께서 그를 위해 기도하셨기 때문이고, 다른 이유는 "스스로 돌이켰기" 때문입니다. 왜냐하면 돌아갈 수 있는 길은 눈물 골짜기와 회개의 어두운 길을 거치는 것밖에 없기 때문입니다. 베드로처럼 주님을 부인하였거나 아니면 적어도 베드로처럼 굴복하였거나 아니면 베드로보다 훨씬 더 굴복하여서, 마치 그리스도께서 자신의 주님이 아닌 것처럼 생활함으로써 "자기를 사신 주님을 부인한" 사람은 누구든지 베드로가 지나갔던 길을 거쳐서 다시 이른 자리로 돌아오지 못할 것입니다. "주께서 돌이켜 베드로를 보셨습니다." 사랑과 슬픔과 책망의 표정이 어린 주님의 얼굴이 베드로에게 죄를 깨닫게 하고, 그의 마음을 꺾어서 "밖에 나가서 심히 통곡하였습니다."

베드로와 유다 둘 다 "밖에 나갔습니다." 한 사람은 "물러가서 스스로 목매어 죽었습니다"(마 27:5). 자기 죄에 대한 양심의 가책에 주님의 사랑을 믿는 믿음이 따르지 않았기 때문입니다. 그의 회개는 양심의 가책일 뿐이었기 때문입니다. 다른 한 사람은 "나가서 심히 통곡하였고" 그래서 깨끗해진 마음으로 돌아왔습니다. 그래서 부활의 날 아침에 베드로는 "가서 그의 제자들과 베드로에게 이르기를 예수께서 너희보다 먼저 갈릴리로 가시나니"(막 16:7)라는 메시지를 들을 준비가 되어 있었습니다. 주님은 베드로에게 나타나셨습니다. 이때 나눈 대화에 대해 상세한 내용은 알지 못하지만 그런 대화가 있었다는 것을 다른 제자들이 압니다. 주께서 "게바에게 보이신"(고전 15:5) 그때, 그에 대한 완전한 용서를 말씀하셨을 것입니다. 방황하는 모든 사람이 돌아갈 길이 여기에 있습니다.

3. 마지막으로 생각해 볼 점은, 그런 경험이 넘어지는 사람에게 가져다 줄 큰 봉사에 대한 것입니다.

"너는 돌이킨 후에 네 형제를 굳게 하라." 사도가 이 명령을 어떻게 고귀하게 이행했는지 굳이 말씀드릴 필요가 없을 것입니다. 사탄은 밀 까부르듯 까부르려고 그를 요구하였습니다. 그런데 사탄이 체로 치려고 하는 것은, 밀을 버리고 겨를 수확하려고 한 것이었습니다. 사탄의 악의는 간접적으로 그의 의도와는 반대의 효과를 내었고, 오히려 그리스도께서 체로 까불어 이루려고 하셨던 그 목적을 달성하였습니다. 즉 겨를 제거하고 밀을 보존한 것입니다. 베드로의 허영심이 이 키질을 통해서 그에게서 떠나갔고, 자기 과신도 사라졌으며, 경솔하고 주제넘게 나서는 태도도 걸러졌습니다. 어떤 생각이든지 머리속에 떠오르자마자 충동적으로 바로 내뱉는 일도 제거되었습니다. 그래서 신뢰할 수 없고 불안정한 모습이 그에게서 많이 걷혀졌고, 그리스도께서 그에게 있는 특징이라고 말씀하신 대로 "게바, 곧 반석"이 되었고, 혹은 다른 사람들을 칭찬해 마지 않았던 바울 사도가 "기둥같이 여기는"(갈 2:9) 사람이 되었습니다. 베드로는 "그의 형제들을 굳게 하였습니다." 사랑했던 주님을 부인한 이 사도의 이야기는 많은 세대에 위로를 주었습니다. 시험을 받는 아주 많은 영혼들, 시험에 넘어간 영혼들, 시험에 졌지만 세속적인 즐거움과 달콤함에 대한 탐닉에서 벗어나 다시 돌아갈 길을 더듬어 찾기 시작하고 있고, 전에 서 있었던 자리에 다시 이르려면 사막을 가로질러 가야 한다는 것을 발견하게 되는 영혼들에게, 사도의 이 이야기는 본래 그 목적대로 희망을 갖게 하여 주었습니다! 부러진 뼈는 치료가 되고 다시 성장하게 될 때 접합된 부분이 이전보다 더 강해진다고 합니다. 넘어짐과 회복을 경험한 믿음은, 자기를 신뢰할 수 없다는 것을 깊이 배웠고, 그리스도께 대한 신뢰의 확고함을 알게 되었고, 그런 일이 없었다면 경험하지 못했을, 감사하는 사랑의 따듯함을 배우는 것이 당연한 일입니다.

우리가 지금까지 이야기해 온 이 사도는 그 쓰라린 경험으로부터 받은, 지울 수 없는 인상을 마음과 기억 속에 가지고 다녔습니다. 그래서 사도가 노인이 되고 과거의 모든 것이 사라졌을 때 쓴 편지에서, 그 경험을 반영하고 생각나게 하는 말을 많이 쓰고 있습니다. 베드로 사도가 자신을 그리스도의 고난의 증인으로 이야기하는 그의 서신 마지막 장에는, 그 다락방에서 일어난 일을 가리키는 것으로 보이는 구절들이 많이 나옵니다. "젊은 자들아 이와 같이 장로들에게 순종하라"(벧전 5:5). 그 다락방에 계셨을 때, 예수 그리스도께서 "너희 중 큰 자는 젊은 자와 같다"고 말씀하셨습니다. 베드로는 "겸손으로 허리를 동이라"고 말합니다. 베드로는 허리에 수건을 두르고 대야를 드신 그리스도를 기억합니다. 베드로는 "하나님은 교만한 자를 대적하신다"고 말합니다. 베드로는 자신이 "모두 주를 버릴지라도 나는 결코 버리지 않겠나이다" 하고 자랑하면서 얼마나 교만했는지를 기억합니다. 그리고 자신이 "자기의 마음을 믿는 미련한 자"(잠 28:26)였기 때문에 어떻게 완전히 넘어졌는지를 기억합니다. "근신하라 깨어라 너희 대적 마귀가 우는 사자 같이 두루 다니며 삼킬 자를 찾나니 너희는 믿음을 굳건하게 하여 그를 대적하라"(벧전 5:8). "모든 은혜의 하나님이 믿음 안에서 너희를 굳건하게 하시며 강하게 하시리라"(5:10). 이렇게 베드로 사도는 자신이 그처럼 부끄럽게 굴복하고 만 시험을 자기 형제들에게 상기시킬 때, 그리고 그 형제들에게 그들의 모든 힘의 원천이 그리스도 안에 계신 하나님이셨음을 말하여 형제들을 굳게 하였습니다.

82
겟세마네 동산

"³⁹예수께서 나가사 습관을 따라 감람 산에 가시매 제자들도 따라갔더니 ⁴⁰그 곳에 이르러 그들에게 이르시되 유혹에 빠지지 않게 기도하라 하시고 ⁴¹그들을 떠나 돌 던질 만큼 가서 무릎을 꿇고 기도하여 ⁴²이르시되 아버지여 만일 아버지의 뜻이거든 이 잔을 내게서 옮기시옵소서 그러나 내 원대로 마시옵고 아버지의 원대로 되기를 원하나이다 하시니 ⁴³천사가 하늘로부터 예수께 나타나 힘을 더하더라 ⁴⁴예수께서 힘쓰고 애써 더욱 간절히 기도하시니 땀이 땅에 떨어지는 핏방울 같이 되더라 ⁴⁵기도 후에 일어나 제자들에게 가서 슬픔으로 인하여 잠든 것을 보시고 ⁴⁶이르시되 어찌하여 자느냐 시험에 들지 않게 일어나 기도하라 하시니라 ⁴⁷말씀하실 때에 한 무리가 오는데 열둘 중의 하나인 유다라 하는 자가 그들을 앞장서 와서 ⁴⁸예수께 입을 맞추려고 가까이 하는지라 예수께서 이르시되 유다야 네가 입맞춤으로 인자를 파느냐 하시니 ⁴⁹그의 주위 사람들이 그 된 일을 보고 여짜오되 주여 우리가 칼로 치리이까 하고 ⁵⁰그 중의 한 사람이 대제사장의 종을 쳐 그 오른쪽 귀를 떨어뜨린지라 ⁵¹예수께서 일러 이르시되 이것까지 참으라 하시고 그 귀를 만져 낫게 하시더라 ⁵²예수께서 그 잡으러 온 대제사장들과 성전의 경비대장들과 장로들에게 이르시되 너희가 강도를 잡는 것 같이 검과 몽치를 가지고 나왔느냐 ⁵³내가 날마다 너희와 함께 성전에 있을 때에 내게 손을 대지 아니하였도다 그러나 이제는 너희 때요 어둠의 권세로다 하시더라"

눅 22:39-53

"네 발에서 신을 벗으라"(출 3:5). 우리 구주의 지극히 깊은 슬픔이 여기에 얼마간 드러납니다. 그래서 주님께서는 우리를 위해 덮쳐 오는 큰 파도에 머리를 조아리는 것을 보는 여기에서 냉정한 분석을 하는 것은 적절치 않습니다. 누가의 설명은 매우 압축적이지만 독특한 몇 가지 점들을 담고 있습니다. 본문은 두 부분으로 나뉩니다. 고통의 엄숙한 장면과 잡히시던 환경이 그것입니다.

1. 누가가 간단히 그리고 있는, 그리스도의 고민하시고 순종하시는 모습에 대한 엄숙한 그림을 우리는 경외심과 감사하는 마음으로 봅니다.

명절을 지키는 도시의 떠들썩한 즐거움과, 기드론 시내를 건너 감람나무 밑을 지나 달빛이 비치는 동산으로 가는 적은 무리의 슬픔이 대조되는 모습을 생각해 보십시오. 예수께서는 그때 함께 할 동무들이 필요하였습니다. 그러나 혼자 있는 것이 더 필요하였습니다. 그래서 주님은 "그들을 떠나 돌 던질 만큼 가셨습니다." 떨어진 거리가 아주 짧아서 제자들이 잠들기 전에 무엇인가를 충분히 보고 들을 만한 거리였음을 누가만이 우리에게 전합니다.

이와 같이 그리스도께서 자신의 변변치 않은 친구들과 끝까지 같이 계시려 하심과, 또한 그들에게서 떨어져 계시고자 한 데서 당시 그리스도의 외로움을 놀랍게 얼핏 볼 수 있습니다. 그리스도께서 기도를 시작하실 때와 끝날 때 두 번에 걸쳐 권고하지 않을 수 없었던 지극히 중요한 시간에, 그들이 주님을 위해서가 아니라 자신들을 위해 기도하도록 제자들을 돌보시는 모습은 참으로 아름답습니다. 그리스도께서 사람들의 기도는 한 번도 요구하시지 않지만, 사람들의 사랑은 요구하십니다. 주께서는 자신의 고난이 제자들에게 시험이 될 것을 생각하시고, 제자들에게 그들의 시험을 감당할 길을 가르치시느라 그 순간에 자신의 짐은 잊으십니다. 자신을 생각지 않는 사랑이, 일찍이 슬픔의 어둠 속에서 이처럼 영광스럽게 빛난 적이 있습니까?

누가는 예수께서 기도하시다가 세 번에 걸쳐 제자들에게 왔다가 간 사실은 생략하지만 세 가지 사실, 곧 기도, 천사의 나타남, 고통의 신체적 결과에는 주목합니다. 본질적인 내용들은 다 기술하고 있습니다. 이때 주께서 드린 기도는 정말로 "주의 기도"로 우리 기도의 완전한 모범이 됩니다. 주께서 하나님의 아버지 되심을 굳게 붙잡고 계심에 주목합시다. 하나님의 아버지 되심은 호소할 수 있는 근거이면서, 또한 복종해야 하는 이유이기도 합니다. 그와 같이 모든 기도는 "아버지"라는 단어를 사용하든지 하지 않든지 간에, 아무튼 바로 하나님의 아버지 되심을 생각하고 시작해야 합니다. "이 잔"이 옮겨지기를 바라는 소원을 주의해서 봅시다. 이 표현은 임박한 고난이 그리스도의 눈앞에 얼마나 생생하게 그려지고 있는지 보여줍니다. 아주 많은 슬픔이, 주로 예상으로 인해 생기는데, 예상으로 말미암은 지극히 예리한 고통을 그리스도께서 느끼셨습니다. 주님은 고난을 앞두고 움츠러드셨습니다. 그러면 주께서는 십자가를 지시려는 마음과 결심을 주저하신 것입니까? 절대로 그렇지 않습니다! 주님의 의지는 흔들린 적이 없었고, 주님의 인성이 고통과 죽음으로부터 본능적으로 주저하는 것을 굳게 붙잡았습니다. 그리스도께서 십자가를 두렵게 느끼지 않으셨다면, 십자가는 희생이 아니었습니다. 그리스도께서 두려움 때문에 의지가 꺾이셨다면, 그리스도는 구주가 아니셨습니다. 그러나 이제 그리스도께서는 자기의 일을 행하시기 위해 모든 사람이 각기 자기 분수대로 가야 하고, 고통을 받아들여야 하는 그 길로 우리 앞서 가십니다.

하나님의 뜻을 받아들인다는 것은, 사람들이 많이 그렇게 하듯이 단지 "반드시 그렇게 되어야 할 일이라면 그렇게 되도록 한다"는 것이 아닙니다. 주님은 기도할 때 참된 응답을 받습니다. 왜냐하면 주님의 뜻은 하나님의 뜻과 완전히 일치하고, 주님께 "내 것"은 "아버지의 것"이기 때문입니다. 그와 같이 우리의 뜻이 하나님의 뜻에 일치하는 것이, 기도에서 얻는 최고의 복이고, 참된 구원입니다. 잔을 받아들이는 것은 즐거운 일입니다. 비록 몸은 움츠릴 수 있으나 내적 자아가 동의하고, 고통을 받는 일에 동의하는 가운데 고통을 정복합니다.

돕는 천사에 대한 이야기는 누가만이 전합니다. 어떤 문서들에 따르면

43, 44절은 가짜입니다. 그러나 그 구절들을 진짜로 받아들인다면, 천사가 나타난 사실은 우리에게 무엇을 가르칩니까? 그 점은 예수께서 신체적으로 극도로 쇠약해지셨음을 애처롭게 암시합니다. 감각적인 신앙은 그 점을 지나치게 강조해 왔지만, 그렇다고 해서 우리는 또 다른 극단으로 치우쳐 그 점을 무시하지 않도록 해야 합니다. 그 점은, 예수님이 인성 때문에 우리처럼 하나님의 도움을 받을 필요가 있으셨음을 가르칩니다. 이 진리를 하나님의 본성과 조화시키기가 쉽지 않기 때문에, 아마도 몇몇 사본들에서 이 구절을 빠트렸을지 모릅니다. 이 점은 흔히 우리의 경우에서와 같이 주님의 기도에 대한 참된 응답을 보여줍니다. 즉 짐을 거두어 가시는 것이 아니라 감당할 힘을 주시는 것입니다. 천사를 보내어 힘을 더하시자 엄숙한 "고통"이 다시 일어나고 기도의 간절함이 더 강렬해지는 것은 주목할 만한 점입니다.

힘이 더해지자 감정의 갈등이 더 고조되었고, 갈등이 다시 더 강렬해지자 기도가 더욱 간절해지게 되었습니다. 평온해진 마음이 다시 흐트러졌고, 그래서 평온함의 원천을 다시 의지하는 일이 필요하였습니다. 우리는 공손한 태도로 멀찍이 떨어져서, 땅에 그처럼 심하게 떨어져서 달빛에 젖어 붉게 빛나는 것이 무엇인지를 조심스럽게 묻습니다. 그리스도께서 어째서 염려로 이렇게 고통스러워하시는가 하는 질문을 하지 않을 수 없습니다. 이때 예수 그리스도께서 모든 사람이 죽음을 생각할 때와 같이 죽음을 마주하고 계신 것에 불과하였다면, 예수님의 이러한 움츠림은, 많은 사람이 교수대와 화형에 직면하였을 때 가진 기분보다 훨씬 못한 것이었습니다. 우리는 겟세마네의 이 고통에서, 폭력적인 죽음 앞에서 단순히 몸을 움츠리는 것이 아니라 그보다 훨씬 이상의 것이 있음을 보지 못한다면, 주님께서 그때 어떻게 우리 모두의 죄악을 스스로에게 지우려고 하셨는지를 알지 못한다면, 주님의 인격에 찬미를 드리기가 어려울 것입니다. 이렇게 주님을 무섭게 짓누른 짐이 모든 사람이 다 어깨에 지는 짐에 불과하였다면, 주님은 남자답지 못한 두려움을 보이시는 것입니다. 그것이 세상 죄라는 암담한 짐이었다면, 우리는 그 고뇌를 알 수 있고, 우리 죄가 그 짐에 있었음을 기쁘게 생각합니다.

2. 체포당하심.

여기서는 세 가지 점이 두드러지게 나타납니다. 배반의 표시, 제자들의 저항, 적들에 대한 책망이 그것입니다. 각각의 경우에서 주님의 말씀을 눈여겨보아야 합니다. 많은 사람들이 갑작스럽게 몰려오는 것이 생생하게 묘사됩니다. 떠들썩함이 동산의 정적을 깨뜨렸습니다. 그러나 그 소음이 그리스도의 마음에는 더 깊은 평온을 가져다주었습니다. 십자가에 대한 예상으로 마음이 심하게 요동쳤지만, 현실을 만나자 평온해졌기 때문입니다. 다가오는 악을 예측할 때는 영혼이 흔들렸지만, 악을 마주하고서는 마음이 흔들리지 않을 수 있는 사람은 복됩니다! 예수께서 감람나무 아래에서 기도하셨듯이 기도하는 사람들만 예수께서 그러셨듯이 적을 맞으러 그늘에서 나갈 수 있습니다.

이 체포에 따르는 부수적인 세 사건들 가운데서 첫 번째 사건은, 그처럼 지극히 중요한 순간에도 잠자는 양심을 일깨우려 하시고, 유다를 반역자의 길에서 구원하시려는 그리스도의 온유하신 인내, 존엄, 평온, 노력을 아주 두드러지게 보여 줍니다. 아마도 유다는 순전히 폭도들에게 그들이 붙잡아야 할 죄수가 누군지를 알려 주기 위해서만 입맞춤을 하였던 것 같습니다. 그러나 그가 아주 철저하게 무감각하게 되지 않고서는, 틀림없이 그런 신호를 택할 수 없었을 것입니다. 입맞춤은 우정과 제자됨의 표시였습니다. 예수님의 발에 입을 맞춘 회개하는 여인의 경우와 이 반역자의 경우를 제외하고는 누가 예수님께 입을 맞추었다는 기록을 보지 못하지만, 제자들 가운데서 이런 입맞춤이 통상적인 인사법이었던 것은 분명합니다. 그 행위의 비열함을 전혀 의식하지 않는 입맞춤은 지극히 악한 위선입니다.

그 부끄러운 입맞춤에 대한 그리스도의 말씀은 한마디 한마디가, 화내는 일도 없이 조용히 오른 손으로 날카로운 창을 들어 그의 완고한 마음을 찌르는 것과 같습니다. 예수께서 유다의 이름을 부르신 데서, 이전에 가졌던 신뢰에 대한 기억과 애정어린 관계에 대한 동경이 묻어납니다. 원문에 나오는 말의 순서를 보면 입맞춤을 강조하고 있습니다. 그래서 마치 예수께서 이렇게 말씀하신 것처럼 보입니다. "이것이 네가 택한 군호이냐? 입맞춤 말고 다른 어떤 것을 택할 수 없었더냐? 너는 입맞춤으로 배반할 만큼 모든 감정이 그처럼 완전히 죽어버린 것이냐?" 인자는 마지막으로 유다에게 그가 이때 손을 들어 공격하고 있던 분의 위엄과 신성함을 번쩍 하고 비추십니다. 헬라어 원문에서는 마지막에 오는 "네가 파느냐"는 말씀은 분명한 말로 범죄를 지적하심으로 깜작 놀라게 하고, 이 반역자가 자신의 행위를 숨기고 있는 교양 있는 행위의 휘장을 찢으려고 하는 것입니다. 이와 같이 끝까지 그리스도께서는 유다를 파멸에서 지키려고 하시고, 그의 모욕에 대해 화를 내지 않고 온유하게 인내하시며, 평온한 위엄을 유지하시면서 이 불쌍한 사람 앞에 그의 행위의 가증함을 드러내 보이십니다. 오래 참으시는 그리스도는 지금도 그때와 동일하시고, 우리의 모든 반역을 만나시면서 그것이 얼마나 사악한지를 우리에게 가르쳐주려고 하십니다. 그것은 그리스도께서 화가 나셨기 때문이 아니라 우리를 구하여 그 반역에서 돌이키도록 하시고자 하시기 때문입니다. 슬프게도 유다의 죄와 같은 죄를 품은 마음에 대해 주님께서 항의하시는 경우가 얼마나 많은지 모릅니다!

한 제자의 경솔한 저항이 기록된 것은 주로 그리스도의 말씀과 행동을 위해서입니다. 검을 휘두른 익명의 제자는 베드로였고, 칼에 맞은 익명의 희생자는 요한이 말한 대로 말고라는 사람이었습니다. 틀림없이 베드로는 그 다락방에 주께 보여드린 두 자루의 칼 중 하나를 가져왔고, 갑자기 화가 나자 제자들 모두에게 따라올 치명적인 결과를 생각하지 않고, 자기에게 가장 가까이 있는 사람을 경솔하게 칼로 쳤습니다. 베드로는 칼보다는 그물을 잘 다룰 수 있는 사람이어서 어두운 가운데 화가 나서 칼을 휘둘렀지만 머리를 치지 못하고 불쌍한 종의 귀를 베었을 뿐입니다. 교회가 칼을 쥘 때, 대체로 칼을 제대로 휘두를 줄 모른다는 것을 보여 주며, 또 아주 많은 경우에 잘못된 사람을 치지도 못했음을 보여 줍니다. 그리스도께서는 본문의 말씀을 통해 베드로와 우리에게 그리스도 종들의 참된 무기가 무엇인지를 말씀하시고, 악에 대한 모든 무력적인 저항을 책망하십니다. "이것까지 참으라"는 말씀은 폭력에 대해 오직 온유한 인내로써 맞서라는 명령입니다. 이 온유한 인내야말로 해머로 쾅쾅 쳐도 꿈적 안 하는 두꺼운 얼음이, 끈기 있는 햇빛에 녹는 것처럼 확실히 결국에는 악을 이깁니다.

예수께서 붙잡히고 십자가에 못 박히는 "이것까지 참아야 했다면" 인내와 무저항의 한계점은 어디에다 정할 수 있습니까? 이 밖의 다른 모든 폭력과 범죄는 아무리 멀리 나가더라도 그 한계점 안에 있는 것이 확실합니다. 죄수가 상처를 고쳐 줍니다. 예수께서 자신을 체포하는 자들의 손에 넘겨 주신 것은 자신을 구출할 수 없어서가 아니라 기꺼이 붙잡히시려고 했기 때문인 것을 놀랍게 증거하는 사실이 아닐 수 없습니다! 이는 그리스도께서 적들에게도 아낌없이 은혜를 베푸시고, 모든 상처를 고치고 피흘리는 모든 마음의 피를 그치게 하기를 기뻐하신다는 것을 보여 주는 복된 증거입니다!

여기에 나오는 마지막 사건은 무지하고 불쌍한 끄나풀들에 대한 책망이 아니라 자기들 음모의 성공을 기분 좋게 보기 위해 온 그 음모의 주동자들에게 대한 마음을 찌르는 책망입니다. 주님은 자신의 무죄함을 주장하시고, "검과 몽치를" 가지고 자기를 잡으려는 일이 터무니없이 부적당함을 넌지시 말씀하십니다. 주님은 "강도"가 아니시고, 주님께서 자신을 내주려고 생각지 않는 한, 그들의 무기는 무력합니다. 주님은 마치 그들에게 비겁함을 깨닫게 하고 성전에서 가르치신 말씀을 생각나게 하시려는 듯이, 주님이 성전에서 부단히 가르치셨음을 상기시킵니다. 그 다음에 주님은 마지막 모든 시간에 특징적으로 나타난, 조용한 순종의 장엄하고 기이한 위엄을 보이시면서, 이 성난 박해자들에게 그들 행위의 진정한 성격을 드러내 보이십니다. 예수님의 고난은 세 세계, 곧 세상과 지옥과 천국이 만나는 지점이었습니다. "이제는 너희 때요." 그러나 그때는 또한 사탄의 시간이었고, 그리스도의 "때"이며 하나님의 시간이었습니다. 밑에서부터 불이 붙은 사람의 격정이 하나님의 목적을 이루는데 이용되었습니다. 그래서 십자가는 인간의 불신앙과 마귀적인 미움의 산물이면서 또한 하나님의 자비의 결과였습니다. 그리스도의 고난은 "어둠의 권세"였습니다.

그 표현을 보면, 그리스도께서 자신은 빛이요 자기에 대한 적의는 어둠이라고 생각하고 계시다는 것이 나타납니다. 검은 홍수가 자기 위에 넘쳐 흐르도록 머리를 숙이는 주님의 온유한 순종을 또한 여기서 봅니다. 그리스도께서 자기에 대한 적의를 죄의 절정으로, 인간 어두움의 결정적인 예로, 이제까지 행해진 가장 악한 일로 낙인찍으시는 것에 주의할 필요가 있습니다. 주님에게 기운을 북돋운 확신, 곧 빛이 사라지는 것이 한 "때"에 불과하다는 확신에 주목해야 합니다. 어둠의 승리는 잠깐이었고, 결국 빛의 영원한 승리가 오게 될 것이었습니다. 죽음으로써 그리스도는 죽음을 소멸하십니다. 요나이신 그리스도는 그를 삼일 동안 뱃속에 둔 괴물에 치명적인 상처를 가하십니다. 어둠의 권세는, 마치 놀이 꼭대기까지 올랐다가 바위에 부딪혀 물보라를 일으키며 흩어지는 파도처럼, 한껏 승리를 자랑하는 순간에 산산이 부서지게 되어 있었습니다.

83
십자가는 어둠의 승리이자 패배

"이제는 너희 때요 어둠의 권세로다"

눅 22:53

어둠은 지극히 악한 행동을 하기에 적합한 시간이었습니다. 주님께서 겟세마네 동산에서 자기를 잡는 자들에게 하신 슬프고 원대한 말씀의 표면적인 의미는 시기와 행동의 일치를 가리키는 것입니다. 예수께서 방금 전에 말씀하셨듯이 "주께서 날마다 그들과 함께 성전에 있었지만" 한낮의 밝은 빛 가운데서 그들은 주님께 손을 대지 못했습니다. 그들은 한밤중이 적절한 때임을 알았습니다. 그러나 주님의 그 말씀은, 그러한 암시적인 상징보다 훨씬 더 깊은 의미를 지니고 있습니다. 그리스도의 생각과 감정을 얼핏 보게 하는 말씀으로 본다면, 우리는 그 말씀에서 주님이 자기는 빛이고 자신에 대한 모든 적의는 아주 특별한 의미에서 어둠의 일이라고 생각하는 분명한 의식을 보지 않을 수 없습니다. 그러나 단지 사람이라면 어느 누구도 감히 그렇게 기탄없이 주장할 수 없는 이 분명한 의식이 그 말씀에서 나타나지만, 또한 내가 그 말씀을 들을 때는 장엄한 포기의 어조가 들립니다. 이것은 마치 주님께서 "자! 무슨 일이건 네 멋대로 해봐라!" 하고 말씀하시고, 가슴 높이의 바다에 서서 파도가 자기를 덮치도록 고개를 숙이시는 것과 같습니다. 그리고 또 그 말씀에는 고개를 숙이는 자기에게로 검은 조수가 밀어닥치는 것을 보고, 두려움으로 몸을 움츠리는 어조도 들립니다.

이렇게 그 말씀이 우리 주님의 애처롭고 중대한 감정을 나타내지만, 그 말씀을 곰곰이 생각해 본다면, 우리 모두 마음에 새기게 되는 그리스도의 고난과 특별히 그의 십자가의 어떤 면들을 우리에게 보여 주므로 여전히 더 넓고 깊은 의미가 있다고 생각합니다. 잠시 여러분이 그 면들에 주의를 기울이시기 바랍니다.

1. 먼저 그 말씀에서 나는 예수 그리스도의 십자가가 세 세계의 에너지의 중심이자 접촉점이라는 이 위대한 사상을 봅니다.

"이제는 너희 때요." 우리 주님은 자신의 고난에 대해서 그리고 자기 생애의 그 밖의 시점들에 대해 "내 때"라고 습관적으로 말씀하십니다. 물론 "내 때"라는 말로써, 주님은 하나님께서 정해 주신 일을 하도록 주님께 정해 준 때를 의미합니다. 그리고 그 사상이, 여기 이 말씀을 사용하시는데 따라 붙는 것은 분명합니다. 그러나 다른 한편으로, "너희"라는 말에 강조점이 있습니다. 그래서 이때는 그들이 하고자 하는 대로 할 수 있는 시간으로 표시됩니다. 그것은 그들의 기회였습니다. 즉 일반 구어체로 말하듯이, 지금은 그들이 방해받지 않고 자기들의 목적을 실행할 수 있는 그들의 시간이었습니다.

이렇게 그리스도의 수난과 죽음을, 사람들이 악한 마음속에 있는 것을 아무 제지도 받지 않고 실행하고, 자기들의 지극히 악한 의도를 성취한 너무도 분명하고 두려운 예로 보는 사상이 나타납니다.

그러나 다른 한편으로, 그 표현에는 내가 앞에서 이미 언급한 사상도 함께 갑니다. "이제는 그들의 때"라는 것이 단지 그것이 그들의 기회였다는 의미에서만이 아니라, 그때는 하나님께서 정하신 시간이고, 사람들의 방해받지 않는 악한 격정이 그들을 충동질해서 범하게 될 일을 행하도록 그들에게 허락하신 시간이었습니다. 여기서 우리는 모든 인생을 꿰뚫고 흐르는 큰 수수께끼의 아주 두드러진 예를 봅니다. 즉 어떻게 하나님께서

"사람의 노여움으로 주를 찬송하게 만들"(시 76:10) 책임있는 대리인들을 쓰셔서 하나님의 고귀한 계획들을 이루시는지를 보게 됩니다.

그것이 전부가 아닙니다. 왜냐하면 본문의 다음 말씀은, 권세들의 세 번째 패가 작용하도록 끌어들이기 때문입니다. "이제는 너희 때요"는 말씀에서 우리는 사람 위에 하늘의 심연이 펼쳐지는 것을 보게 되고, "어둠의 권세로다"는 말씀에서 우리는 인류의 발 밑에서 작용하고 있다가 인류를 향하여 위로 밀치고 올라오며, 지하의 화산을 폭발시키는 깊고 두려운 세력을 보게 됩니다. 이와 같이 어두운 경향들이 한데 집중되어 있는, 선에 대한 인격적인 어떤 적대자를 여기서 언급하고 있다고는 생각지 않습니다 그렇지만 전체적인 "어둠" 즉 사람들에게 작용하는 어떤 유기적인 통일체를 언급하고 있는 것은 분명합니다. 사람들이, 자신의 악한 의도를 완전히 자유롭게 행하고 있다고 생각하는 때에라도, 그들은 어둠의 나라에서 곧바로 오는 충동의 노예들일 뿐입니다. 잠시 본 설교의 목적에서 벗어나서 생각할 수 있다면, 여러분이, 땅 위에도 물이 있고 땅 아래에도 물이 있듯이, 우리의 엄숙한 삶이 두 궁창 사이에 있는 얇은 막과 같은 점을 생각해 보기를 바랍니다. 한편으로 우리의 삶은 하늘의 영향력을 받고 통과시키며, 무엇보다 중요한 주권자의 뜻에 의해 형성되며, 다른 한편으로 우리의 삶은 밑이 벌집 모양으로 구멍이 온통 뚫려 있어서 바닥이 없는 구덩이로부터 곧바로 올라오는 악에 영향을 받기도 합니다.

이제 본문 말씀의 좀 더 직접적인 목적을 다시 봅시다. 그리스도의 십자가가 나타내며, 이렇게 관찰되는 엄숙하고 놀라운 면을 잠시 생각해 봅시다. 세 세계, 곧 천국과 땅과 지옥이 그 에너지를 십자가에 모읍니다. 한 면에서 볼 때, 십자가는 하나님의 사랑과 아름다움, 희생과 의와 자비를 더할 수 없이 탁월하게 보여 주는 것으로, 지극히 빛나며 영광스럽습니다. 그러나 십자가를 비추던 햇빛이 사라집니다. 또 다른 관점에서 볼 때, 십자가는 선에 대해 인간의 적의가 마음껏 나타나는 것으로, 어둠에 감싸이게 됩니다. 또 다른 관점에서 볼 때, 십자가는 어둠의 나라가 옛적부터 홀로 다스리던 통치를 지키기 위해 시도한 마지막 타격으로서 훨씬 더 무서운 면을 나타냅니다. 이렇게 십자가에서 세상, 천국, 지옥이 한데 만납니다. 곧 사람의 악한 격정들을 통해 일하시며, 그런 격정들을 사용하실지라도 그 격정들을 무죄하게 여기지 않으시는 하나님, 악하게 행동하면서 자신은 자유롭다고 생각하는 사람과 그런 사람을 자기 노예로 부리는 어둠의 왕국, 이 모두가 십자가에 관여합니다. 십자가는 이렇게 정반대되는 세력들이 한데 모인 결과입니다.

　죄 많은 인간들의 억제할 수 없는 적의를 통해서 지극히 자비로운 목적을 성취하고, 어둠의 나라의 악한 꾀마저도 빛을 퍼뜨리는데 기여하도록 만든 하나님의 통치는 언제나 그 같은 방식으로 작용합니다. 적의와 순종이 다 같이 하나님의 통치 목적을 이룹니다. 우리는 위대한 계획 속에 이같이 적의와 순종을 다 같이 포함하는, 모든 것을 포괄하는 섭리 앞에 고개를 숙이는 법을 배우도록 합시다. 우리는 이 두 가지 확실한 사실, 곧 사람의 자유와 하나님의 주권의 조화를 우리 이성으로 명백하게 설명하려고 하다가 혼란에 빠지지 않도록 합시다. 죄의 결과가 하나님의 목적을 이룰 수 있지만, 그래도 죄는 죄인 것을 기억하는 것이 중요합니다. 왜냐하면 죄는 하나님으로 말미암아 일어난 의도하지 않는 결과에 있는 것이 아니라, 우리에게 속한 그 동기에 있기 때문입니다. 우리가 영위하는 삶에는 위로부터 임하는 지극히 달콤한 하늘의 영향력이 있고, 또 밑에 있는 불로부터 삶에 스며들어 오는 지극히 악마적인 제안들이 있다는 두려울 정도로 엄숙한 사실을 인식하고, 그러므로 하늘의 영향력에 대해서는 마음을 열고, 악마적인 제안들에는 빨리 마음을 닫도록 하는 것이 중요합니다.

　"이제는 너희 때요." 곧 너희가 스스로 자유롭다고 생각하지만 사실 하나님의 손에 들린 도구 노릇을 하고 악의 마수에 들린 연장 노릇을 하는 때입니다.

2. 그 다음에, 본문에서 우리는 그리스도의 십자가는 사람의 죄의 절정이라는 사상을 보게 됩니다.

　"이제는 어둠의 권세로다." 어둠의 권세가 하려고 하고 또 할 수 있는 것이 무엇인지를 대표적으로 보여 주는 예입니다. 세상 처음부터 지금까지 이 땅에서 행해진 사악한 행위들의 목록 가운데서 가장 악한 행위가 있는데, 이 십자가가 바로 그 행위라는 것입니다! 그 악을 행한 사람들이 "모든 사람들보다 더 죄인"이었다는 뜻이 아닙니다. 그것은 지식과 동기의 문제인데, 그 행위 자체가 사람이 이제까지 행한 것 가운데 가장 악한 일이었다는 것입니다. 물론 나는 예수 그리스도께서 하나님의 아들이시고, 예수께서 하늘에서 오셨으며, 지극히 순결하고 아름다운 삶을 사셨으며, 복음이 우리에게 전하는 대로 십자가에서 죽으셨다는 믿음을 당연한 것으로 받아들입니다. 그런데 이런 사실들을 받아들이면, 그리스도의 거절당하심과 정죄와 죽음은, 어둠의 나라가 빛 되신 그리스도와 만났을 때 제시한 제안과 충동에 불쌍한 인류가 스스로 받아들여 행한 것이 무엇인지를 지극히 두렵고 엄숙하게 보여 준다는 것이 맞는 말이 아닙니까?

  십자가는, 보통 사람은 영적인 아름다움과 인격의 고귀한 향상을 볼 능력이 없음을 보여 주는 결정적인 중요한 예입니다. 사람들은, 짐승과 같이 된 영혼들이 자연적인 아름다움, 예술, 고귀한 사고를 보지 못하는 것을 한탄합니다. 그러나 비극적이게도 이 모든 점들은 완전한 의와 완전한 사랑, 이상적인 아름다움을 지닌 분이 33년 동안 세상에 다니셨고, 그 분을 만난 지혜롭고 종교적인 모든 사람들이 자기들이 할 수 있는 최상의 일은 그리스도를 십자가에 못 박는 것이라고 생각했다는 놀라운 사실에 비교하면, 아무것도 아닙니다. 그것은 가인과 아벨 시대로부터 이제까지 늘 그랬습니다. "그는 그 아우를 죽였으니 어떤 이유로 죽였느냐" 하고 요한 사도가 묻습니다. "자기의 행위는 악하고 그 아우의 행위는 의로움이라"(요일 3:12)는 선한 이유 때문에 죽였습니다. 어떤 선지자나 신앙적인 인물들을 죽이는 이유는 그것뿐입니다. 과거에 그러했고, 오늘날은 그 일이 수정된 형태로 일어납니다. 분명한 사실은, 사람이 높고 고결한 삶을 보고 칭찬하지 못하고, 오히려 화를 내는 성향을 깊이 간직하고 있다는 것입니다. 사람들을 보지 못하게 만드는 어둠의 권세가, 일찍이 "빛이 어둠에 비치되 어둠이 깨닫지 못하더라"(요 1:5)는 세상 역사상 가장 비극적인 사실에 의해 가장 확실하게 나타났는데, 이는 우리가 그보다 못한 예들에서 어둠의 권세에 조심하도록 하기 위한 것입니다.

십자가는 고귀한 것, 참된 것, 선한 것에 대한 인간의 무지와 미움의 절정을 보여 줄 뿐만 아니라, 세상의 성격 자체에 의해 악의 편에 머물려 하고, 선에 대항하려고 하는 두려운 힘을 또한 보여 줍니다. 상황이 지극히 불리하게 짜여 있는 것처럼 보입니다. 미덕, 아름다움, 진실, 부드러움, 고귀하고 훌륭한 모든 것은 야만적인 잔인한 행위에 대해서는 조금도 대항할 가능성이 없습니다. 처음부터 거듭거듭 반복되어 왔고, 주로 인류를 비참하게 만드는 그 사실이, 소수의 폭력배들과 얼마 되지 않는 로마 군병들이 육신으로 나타난 하나님의 생명을 끝장낼 수 있었다는 사실에서 절정에 이르고, 지극히 엄숙하고 두려운 예를 보여 줍니다. 우리가 예수께 대해, 그가 짧은 기간 동안 세상에 사셨고 선하고 아름다운 일을 하셨으며, 그 다음에 죽었고, 그것으로 끝이라는 것 이상으로 할 말이 없다면, 내가 볼 때 그리스도의 죽음의 이야기는 전 인류 역사에서 가장 절망적인 페이지가 되며, 하나님이 계시는 세상에서 악이 그처럼 폭력으로 압도하고, 선은 언제나 발에 밟히는 것처럼 보이는 일이 어떻게 일어날 수 있는가 하는, 오래된 무서운 수수께끼를 훨씬 두렵게 만듭니다. 그리스도께서 죽으시고 다시 사시지 않았다면 그리스도의 죽음은 인류 역사에서 지독한 무신론을 지지하는 가장 강력한 논거이거나, 그렇지 않으면 그리스도께서 적들의 헛된 시도에 의해 인류의 왕으로 영화롭게 되고 높아지셨다는 것이 참이 됩니다.

그 다음에는 이제, 내가 앞에서 말한 대로 인간 죄의 절정은 매우 흔하고 일반적인 범죄를 통해 이르렀다는 점을 살펴봅시다. 유다는 순결한 영혼 곁에서 자신의 세속적인 경향으로 인해 항상 불편함을 느꼈기 때문에, 또한 은 삼십이 주머니 속에서 딸랑거리는 소리를 듣기 원했기 때문에 그리스도를 배반하였습니다. 제사장들은 그리스도가 자신을 메시야이며 하나님의 아들이라고 주장하였고, 그들의 형식주의가 그에게 반대하여 일어났으며, 영적인 모든 고상함을 전혀 보지 못하는 그들의 무지로 인해 그를 미워하였기 때문에, 그리스도를 죽였습니다. 빌라도는 겁쟁이였고 그래서 한 유대 촌사람의 생명은 자기 위치를 지키기 위해서는 내 줄 수 있는 하찮은 것이라고 생각하였기 때문에 그리스도를 십자가로 보냈습니다. 그리고 군중들은 단지 고결한 것에 대한 비천한 미움 때문에, 그리고 물질적인 것에 너무 빠져 있어서 빛나는 아름다움을 전혀 볼 수 없었기 때문에, 그리스도의 표적과 선행은 완전히 잊어버린 채 뒤에서 악을 쓰며 소리쳤고 지나가면서 머리를 흔들었습니다. 이와 같이 악한 동기들을 죽 나열했는데, 여러분과 내가 짓지 않는 죄는 없으며, 그 가운데 어느 것 하나도 재연되지 않을 수 있는 것은 없고, 사실 자칭 기독교 국가라고 하는 이 나라에서 수많은 사람들에 의해 지금도 재연되고 있습니다.

형제 여러분! 실제 살인자들은 그들의 행위가 지극히 악할지라도, 본질적으로 가장 악한 범죄자로 간주되지 않습니다. 그리스도의 손을 십자가에 못 박고서, 자기들이 일상적인 군무(軍務) 이상의 일을 하였다는 것을 전혀 생각지 않고 아주 편하게 그날 밤 자기 막사로 돌아간 로마 군인들은, 우리 가운데서 십자가와 빈 무덤, 하늘의 보좌, 기독교 교회의 증거에도 불구하고 여전히 멀리 서서 "우리가 보기에 흠모할 만한 아름다운 것이 없도다"(사 53:2) 라고 말하는 사람들에 비할 때, 순진하고 결백하였습니다. 여러분은 예수 그리스도에 대한 태도로 인해, 여러분의 죄가 그 죄에 가까이 이르거나 그 이상에까지 나가지 않도록 조심하시기 바랍니다. 왜냐하면 "하나님의 아들을 다시 십자가에 못 박는" 일을 할 수 있고, 그같이 하는 사람들은 더 큰 죄책을 지기 때문입니다.

3. 끝으로 본문을 보면, 어둠의 일시적인 승리는 곧 빛의 영원한 승리임을 알게 됩니다.

"이제는 너희 때요." 다음은 아닙니다. "이제는 너희 시간이요"(hour, 개역개정은 "때" — 역주). 60초만 똑딱거리면 시간이 지나갈 것입니다. 그리스도는 맞으셨을 때 정복자이셨고, 자기 십자가를 바라보셨을 때, "내가 세상을 이기었노라"고 말씀하셨습니다. 더디게 지난 그 날의 긴 시간 동안에, 그 작은 언덕과 팔레스타인 땅을 덮었던 일식이 그리스도께서 죽으시기 전에 끝이 났습니다. 그리스도의 죽음은, 죽음의 그림자가 밝은 발광체를 잠깐 동안 지나가는 것에 불과하였습니다. 그 발광체는, 그림자가 지나갔을 때, 밝게 나타나 "아침 하늘 앞쪽에서 다시 번쩍이는 광선을 뿌리며 이글거립니다." 어둠이 승리하고서 의기양양해 하고 있을 때 정복되었습니다.

그리스도는 죽음으로써 죽음을 소멸하십니다. 이 요나는 자신을 삼일 동안 배 속에 두고 있던 역겨운 괴물에 치명적인 상처를 가했습니다. 그리스도는 죄의 형벌을 지심으로써 우리 모두에게서 형벌을 제하십니다. 그리스도는 죽는 날 밤에 자신의 생명의 빛을 꺼트리심으로써 살아계셨을 때보다 더 많이 하나님을 계시하시고, 무덤의 어둠 속에 있는 때만큼 진정으로 인류에게 빛을 비추어 영원을 밝히신 적이 없습니다. 그리스도는 죽음으로써 사람들을 어둠의 나라에서 구원하여 자신의 나라로 옮기시고, 사람들에게 거룩하게 살 수 있는 새로운 능력과 새로운 소망을 주시고, 그들에게 자기들을 지배하는 폭군에게 대항하도록 힘을 북돋우십니다. 이렇게 주님은 죽으심으로써 이기십니다. 어둠의 권세는, 파도가 가장 높은 곳으로 올라갔다가 무너지면서 힘없는 물보라로 해체되듯이 파괴됩니다.

그래서 우리는 그리스도의 일을 행하다가 순간적으로 좌절과 패배를 겪을지라도 용기를 얻을 수 있습니다. 교회의 역사는 주님께서 따른 동일한 법칙을 모든 시대에, 대대로 되풀이합니다. "한 알의 밀이 땅에 떨어져 죽지 아니하면 한 알 그대로 있고 죽으면 많은 열매를 맺느니라"(요 12:24). 우리는 질 때 이깁니다. 그리스도께서 그와 같이 이기셨으니 우리도 그리스도를 따라 그와 같이 이깁니다.

이제 여러분은 내가 지금까지 부족하게라도 말한 이 모든 원칙들을 여러분의 삶에 적용하시기 바랍니다. 어둠의 나라와 그 사람들이 예수 그리스도를 죽였을 때, 너무 무리하게 술책을 부린 것입니다. 그와 같이 그리스도에 대한 적의가 이론적인 것이든 실제적인 것이든, 단지 마음으로 멀리하는 것이든 간에, 그런 모든 적의는 자멸하는 어리석음입니다. 그런 적의가 최대한 성공할 때, 마치 사람이 자기가 걸터앉아 있는 가지를 톱질하는 것처럼 철저한 실패의 한계점에 가장 가까이에 도달한 것입니다. 그리스도 안에 계시는 하나님께 대항하여 그리스도를 깎아내리려고 하고 계시지 않는 것처럼 말하든지, 혹은 "그들의 맨 것을 끊고 그의 결박을 벗어 버리려"(시 2:3) 하는 사람은 누구든지 결코 아무런 열매도 맺지 못할 시시포스의 일을 시작한 것입니다. 모든 죄는 본래 불합리하고 온 세상의 표어에 어긋납니다. 그래서 필연적으로 폐지되고 실패로 끝날 수밖에 없습니다. "악마는 바보다"라는 영국의 오래된 한 희곡의 거친 제목은 중요한 진리를 담고 있습니다. 어둠의 나라에 복종하는 사람에 대한 합당한 묘비명은 "너 어리석은 자여!"입니다. 형제 여러분! 희망 없는 싸움에 뛰어들지 마십시오. 여러분은 이 오래된 싸움에서 오른편에 서십시오. 이 싸움의 결과는 악이 생기기 전에 결정되었고, 그리스도께서 죽으셨을 때 성취되었습니다. 왜냐하면 "어둠이 지나가고 참빛이 벌써 비치는"(요일 2:8) 것처럼 확실히, 빛과 싸우는 모든 사람들, 눈을 감은 채 빛과 싸우는 모든 사람들은 철저하고 쓰라린 완전한 패배라는 한 가지 결과 밖에 있을 수 없는 싸움을 벌이고 있다는 이것을 확실히 알아야 하기 때문입니다. 우리가 악할지라도, 자신이 악하다는 것을 알고, 빛을 미워하는 자아가 우리 안에 있을지라도, 우리 모두는 빛으로 갑시다. 빛 때문에 눈이 아플 수 있지만, 안염을 낫게 하는 치료제일 뿐입니다. 빛으로 가서, 그 앞에 엎드리고 이렇게 말합시다. "그리스도시여 나를 살피사 내 눈병을 아시며 나를 시험하사 내 뜻을 아옵소서 내게 무슨 악한 행위가 있나 보시고 눈 먼 나를 빛으로 인도하소서"(시 139:23,24). 그러면 그리스도의 응답이 이같이 올 것입니다. "나는 세상의 빛이니 나를 따르는 자는 어둠에 다니지 아니하고 생명의 빛을 얻으리라"(요 8:12).

84
대제사장의 집에서

"⁵⁴예수를 잡아 끌고 대제사장의 집으로 들어갈새 베드로가 멀찍이 따라가니라 ⁵⁵사람들이 뜰 가운데 불을 피우고 함께 앉았는지라 베드로도 그 가운데 앉았더니 ⁵⁶한 여종이 베드로의 불빛을 향하여 앉은 것을 보고 주목하여 이르되 이 사람도 그와 함께 있었느니라 하니 ⁵⁷베드로가 부인하여 이르되 이 여자여 내가 그를 알지 못하노라 하더라 ⁵⁸조금 후에 다른 사람이 보고 이르되 너도 그 도당이라 하거늘 베드로가 이르되 이 사람아 나는 아니로라 하더라 ⁵⁹한 시간쯤 있다가 또 한 사람이 장담하여 이르되 이는 갈릴리 사람이니 참으로 그와 함께 있었느니라 ⁶⁰베드로가 이르되 이 사람아 나는 네가 하는 말을 알지 못하노라고 아직 말하고 있을 때에 닭이 곧 울더라 ⁶¹주께서 돌이켜 베드로를 보시니 베드로가 주의 말씀 곧 오늘 닭 울기 전에 네가 세 번 나를 부인하리라 하심이 생각나서 ⁶²밖에 나가서 심히 통곡하니라 ⁶³지키는 사람들이 예수를 희롱하고 때리며 ⁶⁴그의 눈을 가리고 물어 이르되 선지자 노릇 하라 너를 친 자가 누구냐 하고 ⁶⁵이 외에도 많은 말로 욕하더라 ⁶⁶날이 새매 백성의 장로들 곧 대제사장들과 서기관들이 모여서 예수를 그 공회로 끌어들여 ⁶⁷이르되 네가 그리스도이거든 우리에게 말하라 대답하시되 내가 말할지라도 너희가 믿지 아니할 것이요 ⁶⁸내가 물어도 너희가 대답하지 아니할 것이니라 ⁶⁹그러나 이제부터는 인자가 하나님의 권능의 우편에 앉아 있으리라 하시니 ⁷⁰다 이르되 그러면 네가 하나님의 아들이냐 대답하시되 너희들이 내가 그라고 말하고 있느니라 ⁷¹그들이 이르되 어찌 더 증거를 요구하리요 우리가 친히 그 입에서 들었노라 하더라"

눅 22:54-71

본문의 말씀은 세 가지 사건을 다루는데, 각 사건을 우리 주님의 고난의 요소로, 혹은 사람의 죄에 대한 계시로 간주할 수 있습니다. 주님은 부인을 당하고 조롱을 받으며, 정식으로 버림을 받고 정죄를 받습니다. 믿었던 친구들은 신의가 없는 것이 드러났고, 지배자들의 졸개들은 선지자라는 그리스도의 주장들에 대해 야만스럽게 조롱하고, 그들의 주인들은 그리스도가 자신을 하나님이요 메시아라고 주장한 신성모독자라고 가결합니다.

1. 우리는 베드로가 주님을 부인한 일에서 충성과 사랑의 실패를 봅니다.

누가는 베드로의 세 번에 걸친 주님에 대한 부인을 공회의 예수님에 대한 심문 앞에 두는 것을 볼 수 있습니다. 이것을 볼 때 누가가 기록하고 있는 공회의 심문은 마태와 요한이 기록하고 있는 심문보다 후에 있었던 것이 분명합니다. 베드로의 첫 번째 부인은 아마도 대제사장 관저의 큰 홀에서 있었을 것입니다. 그 관저 위쪽 끝에서 죄수인 예수께서 심문을 받고 있었고, 그러는 동안 항상 따라다니던 사람들이 불 주변에 아무렇게나 모여서, 일이 어떻게 진행되는지 한가하게 기다리고 있었습니다.

아침 공기가 날카롭게 몸을 파고들자, 베드로는 지치고 졸리며 슬픈 가운데 떨고 있다가, 불길을 보자 반가와 슬그머니 가까이 갔습니다. 그의 얼굴에 불빛이 번쩍이자 베드로가 눈이 매서운 여자에게 발각되었습니다. 그 여자는 수다를 떠는 가운데 자기가 발견한 사실을 무심결에 말하지 않을 수 없었습니다. 그 여자는 악의가 아니라 호기심에서 물었을 것입니다. 만일 베드로가 마땅히 그랬어야 하는 대로 "네, 나는 그의 제자요" 하고 말하였더라면, 어떤 해가 베드로에게 미쳤을 것이라고 생각할 이유가 전혀 없습니다. 주의 종들을 박해할 때는 아직 오지 않았습니다. 현재 목표로 삼은 대상은 오직 예수님뿐이었습니다.

베드로가 주님을 부인한 데에는 비겁함이 한몫 한 것은 분명하지만, 단지 그것만이 아니라 그 이상의 것이 있었습니다. 베드로는 피로와 흥분, 슬픔으로 완전히 지쳐 있었습니다. 베드로는 민감한 성격 때문에 지난 밤의 괴로운 장면에 큰 충격을 받았을 것이고, 그래서 생명의 모든 활력이 가라앉아 있었을 것입니다. 베드로는 언제나 환경에 쉽게 영향을 받았습니다. 이후로 얼마 뒤에 안디옥에서 유대인들이 나타나자 "두려워하여" 자기가 고백했던 자유로운 원칙들에 등을 돌렸듯이, 지금 그는 여론의 흐름에 맞설 수 없었고, 자기가 끼어 앉아 있는 천한 머슴들보다 못하게 두려워하였습니다. 그는 자기 선생님을 부끄러워하고 자기 입장을 숨겼는데, 이는 신체적인 해를 두려워해서라기보다는 조롱받을 것을 두려워해서였습니다. 그런데 베드로의 부인에는 그보다 깊은 것은 없었습니까? 결국 예수께서 베드로가 생각했던 그런 분이었는지에 대해서 의심이 싹트기 시작한 것은 없었습니까? 그리스도께서는 베드로의 "믿음"이 "떨어지지" 않기를 혹은 완전히 어두워지지 않기를 기도하셨습니다. 그렇다면 베드로의 "믿음"을 공격하는 일이 있어서 그 믿음이 흔들리겠지만 다시 회복되어 굳건해진다는 것을 뜻할 수 있습니다.

베드로가 위대한 신앙고백을 했을 때만큼 그리스도의 사역과 본성을 확신하였다면, 그리스도를 부인할 수 없었을 것입니다. 그러나 예수께서 묶이고 아무 저항도 하지 못하고 관원들의 처분에 맡겨진 것을 보고서, 굳은 믿음이 흔들린 것입니다. 우리는 그리스도를 고백한다고 해서 신체적인 해를 감수할 각오를 할 필요는 없습니다. 그러나 우리 가운데 많은 사람들은 주변에 흐르고 있는 강한 여론에 맞서야 하고, 기회만 있으면 웃고 조롱하는 친구들 가운데서 홀로 서야 합니다. 그리고 우리 가운데 어떤 이들은, 시험을 받으면 그리스도의 신성과 구속의 능력에 대한 확신에서 흔들리기가 쉽습니다. 이는 그리스도께서 여전히 지혜 있다고 하는 사람들과 여론 주도층들의 법정에 서 계시고, 그들에게 그리스도인체 하는 사람으로 취급받고 있는 것처럼 보이기 때문입니다. 옛날에 칼과 불로 기독교 신앙을 부인하도록 핍박을 받는 것은 불행한 일입니다. 그러나 우리가 이제는 불신앙의 공기를 마시며 지내기 때문에 기독교 신앙을 인해서 조롱을 받거나 신앙을 잃게 되는 것은 더 불행한 일입니다. 그 홀의 꼭대기에 있는 박사들과 그들의 얘기를 따르는 불 주변에 있는 종복들이 자기들이 하고 싶은 얘기를 하게 두십시오. 다만 그들 때문에 우리가 예수님을 부끄러워하지는 않도록 합시다.

베드로는 슬그머니 문 쪽으로 나왔습니다. 그리고 거기서 다시 먼저 문지기들과 다른 사람들의 눈에 띄어서 두 번째로 주님을 부인하게 되었습니다. 그리고 한 시간 가량 후에 같은 장소에서 세 번째로 주님을 부인한 것이 분명합니다. 죄는 더 많은 죄를 낳는 법입니다. 마귀의 개들은 떼를 지어 사냥합니다. 한 번 거짓말을 하게 되면, 그것을 지키기 위해 끝까지 거짓말을 하지 않을 수 없습니다. 일단 날개의 한쪽 끝만이라도 거미줄에 걸리면, 오래지 않아 몸 전체가 더럽고 끈적끈적한 거미줄에 온통 감깁니다.

베드로가 좀 덜 자신만만했더라면, 그는 좀 더 안전했을 것입니다. 베드로가 주와 함께 옥에도, 죽는 데에도 가기를 각오하였다는 말을 하지 않았더라면, 그는 시험의 때에 조금이라도 정절을 지켰을 것입니다. 그는 무슨 생각으로 대제사장의 관정에 들어갔습니까? 우리는 자신을 지나치게 믿으면, 결국 피하는 것이 지혜로운 시험의 길에 들어갑니다. 베드로는 그리스도의 경고를 잊어버렸습니까? 그런 것 같습니다. 그리스도께서 일어나지 않을 수도 있는 실패를 예언하십니다. 우리가 그리스도의 말씀을 귀담아 들으면, 우리는 넘어지지 않을 것입니다.

회복의 순간은, 우리 주님께서 관원들 앞에서 처음에 심문을 받고 나서 다음 심문으로 넘어가는 사이에 있었던 것으로 보입니다. 베드로의 부인이 절정에 이르렀을 때, 수탉 울음소리가 들렸습니다. 그 소리에 반쯤 내뱉은 부인의 말이 목에 그래도 걸립니다. 그 순간 베드로는 예수께서 사람들에게 끌려 그의 곁을 지나가는 것이 봅니다. 베드로는 사랑과 책망과 용서가 가득한 그 표정을 보고, 마음에 주께 대한 충성심이 다시 일어났고, 절망에서 구원받았습니다. 그리스도께서 우리가 그에게 범한 죄를 아신다는 것을 알뿐 아니라, 그의 사죄와 동정어린 사랑을 또한 알 때, 우리는 마음이 녹습니다. 그러면 슬픔의 눈물이 아니라 겸손의 눈물이 흐릅니다. 눈물이 죄를 씻어내지 못하지만 그리스도의 사랑이 홍수처럼 죄를 쓸어가

버렸다는 확신에서 눈물이 나오는 것입니다. 이 눈물은, 치료하는데 아무 힘이 없는 양심의 가책에서 사람을 구합니다.

2. 우리는 종들에게서 무례한 모욕을 받습니다.

여기서는 유대인들이 조롱을 하는데, 그리스도의 선지자적인 신분에 대해 조롱합니다. 반면에서 뒤에 가서 로마 군인들은 그리스도의 왕 되심에 대해 조롱합니다. 이들 각각의 무리는 그리스도의 주장에서 자기들에게 가장 우습게 보이는 것을 가지고 조롱합니다. 이들 종들은 재판 자리에 앉아있는 자기 주인들을 흉내내어, 그들 모두의 선생이라고 주장한 이 갈릴리 촌 사람을 비웃고 조롱하였습니다. 성격이 거칠면, 표현방식이 무례하지 않을 수 없습니다. 천박한 대중들의 조롱이나 좀 더 세련된 사람들이 보이는 점잖고 은밀한 비웃음이나, 그 의미하는 바는 똑같습니다. 즉 그리스도께 대한 불신앙에 뿌리 박혀 있습니다. 이들 조롱하는 사람들은, 제사장들과 랍비들의 의견을 그대로 믿었습니다. 그때 이래로 그리스도의 종들이 그와 같은 부류들의 넌지시 흘리는 말에 대중들의 혐오를 받은 적이 얼마나 많았습니까! 무지한 사람들이 자기 선생들의 말을 믿고서 잘못 생각하여 그들의 참된 선생을 미워하고 핍박한 적이 얼마나 많았습니까!

예수께서는 온갖 조롱을 들으면서도 조용히 계십니다. 그러나 지금처럼 그때도 주님은 자기를 치는 자가 누구인지 아십니다. 눈을 가릴지라도 그의 눈은 보며, 자기를 치는 손과 조롱하는 입을 봅니다. 그리스도께서 어느 날 말씀하실 것입니다. 누가 그랬는지 찾아내고 정죄하실 것입니다. 그러나 이때는 그리스도께서 우리를 위해 조롱과 침 뱉음을 그대로 견디며 잠자코 계셨습니다. 그리스도께서는 지금도 우리가 회개하기를 바라며 오래 참으시면서 잠자코 계십니다. 그러나 주님은 사람들의 욕을 일일이 다 세시고 기록하십니다. 그래서 그 눈이 불꽃처럼 타오르는 날이 오면, 그리스도께서 모든 적에게 말씀하실 것입니다. "내가 네 행위를 아노라"(계 3:8).

3. 우리는 공회가 정식으로 그리스도를 부인하고 정죄하는 것을 봅니다.

66-71절에 기록된 공회의 심문이, "날이 새었을 때" 이루어졌습니다. 그리고 이 심문은 마태와 요한이 기술한, 먼저 진행되었던 조사 절차를 좀 더 형식을 갖추어 정식으로 추인하는 행위였던 것으로 보입니다. 대제사장의 질문은 단순히 이미 결정한 정죄를 뒷받침할 재료를 얻기 위해서 던진 것일 뿐이었습니다. 우리 주님의 답변은 두 부분으로 나뉩니다. 첫 번째 대답에서 우리 주님은, 사실 자기에 대한 재판의 선의와 그 법정의 재판수행 능력을 인정하지 않으십니다. 그리고 두 번째 답변에서는 그들의 질문을 넘어서서 자신이 신적 영광과 권세에 참여할 것이라고 주장하십니다. "내가 말할지라도 너희가 믿지 아니할 것이요." 그래서 주님은 그들에게 말하려고 하시지 않습니다.

예수께서는 자신의 주장을 조사하기 위해서가 아니라 순전히 물리치기 위해서 그 주장을 들으려고 하는 사람들에게는 말씀하려고 하시지 않습니다. 주께서 잠자코 계신 것은 공정한 취조인 체 가장한 뿌리 깊은 편견에 대한 주님의 답변입니다. 그런 일은 언제나 그렇습니다. 출발부터 사전에 내린 결론이 있거나 한쪽으로 치우친 질문들이 있다면, 결승점에 이르렀을 때 진실을 얻을 가능성은 별로 없습니다. "내가 물어도 너희가 대답하지 아니할 것이니라." 그리스도께서 그들에게 요한의 사명이 어디로부터 왔는지, 그리고 시편 110편의 의미가 무엇인지 물으셨을 때, 그들은 꾀바르게 침묵을 지켰습니다. 이로써 그들이 빛을 찾고 있지 않다는 것을 보여 주었습니다. 예수께서는 누구든지 솔직하게 예수님을 대하려고 하는 사람에게는 기쁘게 말씀하시고, 그들의 마음을 살피실 것입니다. 그러나 주님의 질문에 대답하려고 하지 않는 그런 사람들에게는 자신의 사명을 알려 주시지 않을 것입니다. 이와 같이 주님께서 재판 받기를 거절하시고, 그들이 그리스도의 주장들을 신문하는 체 하지만, 사실 물리치기로 이미 결론을 내린 태도와 완고한 무지에 대해 그들을 고소하시지만, 주님은 그들을 떠나시기 전에 자신이 메시야의 권세보다 훨씬 더 높은 권세를 가지셨음을 다시 한 번 그들에게 주장하십니다. 주님은 법정에 선 죄수로서는, 그들에게 할 말이 아무것도 없습니다. 그러나 그들의 왕이요 장래의 재판장으로서 주님은 할 말이 있습니다. 공회원들은 사형 판결을 내릴 재료를 찾고자 합니다. 주님께서는 자기의 재판장들 앞에서 범죄자의 신분으로서는 그런 재료들을 주려고 하시지 않습니다. 그러나 주님은 또한 판결이 내려지기를 바라십니다. 그래서 나라의 최고 법정에서 신문을 받는 가운데 자신의 신적 대권과 온전한 하나님의 권세를 선포하고자 하십니다.

이 이스라엘의 대표자들이 아무리 편견을 가진 사람들이라 할지라도 지극히 중요한 그 순간에 완전한 신성을 주장하시는 주님의 말씀을 들어야 하는 것이 마땅하였습니다. 이스라엘이 주님의 그 주장을 신성모독으로 취급함으로써 스스로를 정죄하는 것이 합당하였습니다. 예수께서 두 가지 주장, 즉 산헤드린에게 자신이 하나님의 아들이라고 하고, 빌라도에게는 유대인의 왕이라고 한 주장으로써 죽음을 초래하시는 것이 합당하였습니다.

전체적인 장면에서 우리는 그리스도의 죽음의 자발적인 성격을 배웁니다. 그리스도께서는 이 엄청난 주장의 결과로 죽음을 당하셨기 때문입니다. 이 주장을 생각할 때, 우리는 그 날 아침의 범인이 재판장이 되시고, 그 날의 재판장들과 우리가 그의 법정에 서게 될 때를 내다보게 됩니다. 그 주장은 예수께서 자신에게 하나님의 권세가 있다고 주장하셨을 때, 참으로 그런 뜻으로 말씀하신 것이었는가 하는 엄숙한 질문을 일으킵니다. 참으로 그렇다면 우리는 그리스도를 경배합니까? 그렇지 않다면 그는 어떤 분이셨습니까? 그 주장은 그리스도께서 사람들을 보편적으로 대하시는 원칙들을 반영합니다. 즉 "우상을 마음에 들이고 오는 모든 자에게는 그 우상의 수효대로 보응하시고"(겔 14:4) 그리스도에 대한 진리를 추구하는 척 하는 위선자들에게는 침묵으로 대하시지만, 언제든지 하나님의 말씀을 받을 준비가 되어 있고, 자신의 가장 깊은 속내를 그리스도께 즐거이 말씀드리는 정직하고 유순한 영들에게는 그리스도께서 자신의 마음을 열어 보여 주시고 자신의 주장을 증거하신다는 것입니다.

85
그리스도의 보심

"주께서 돌이켜 베드로를 보시니"
눅 22:61

네 복음서 기자 모두가 베드로가 세 번에 걸쳐 부인하고 또 신속히 회개한 이야기를 전합니다. 그러나 그리스도께서 이같이 베드로를 보신 사실을 알게 되는 것은, 오직 누가를 통해서입니다. 다른 복음서 기자들은 주님을 부인한 이 사람이 갑작스럽게 변화된 것을 수탉이 우는 소리를 들은 사실과만 연결시킵니다. 그러나 누가복음에 따를 때, 그같이 갑작스런 회개를 가져온 데에는 두 가지 요인이 협력하였습니다. 그런데 누가는 이렇게 말합니다. "아직 말하고 있을 때에 닭이 곧 울더라. 주께서 돌이켜 베드로를 보시니." 베드로를 갑작스럽게 심히 통곡하게 만든 것은 수탉이 울음소리에 대한 주님의 예언을 성취시키는, 이같이 주께서 돌이켜 보심이었다는 것은 의심할 수 없는 사실입니다.

그런데 세 번에 걸친 베드로의 부인에 대한 네 복음서의 이야기들을 시종일관된 하나의 전체로 엮는다는 것이 불가능하지는 않을지라도 매우 어려운 일입니다. 그러나 그 모든 이야기를 볼 때 적어도, 이 점은 분명합니다. 즉 예수께서 이때 멀찍이 대제사장 관저의 큰 홀의 위쪽, 아마도 단을 높여 놓은 홀의 끝에 계셨다는 것이고, 그 세 번의 부인 가운데 한 번이 이 건물 안에서 있었다면, 홀의 다른 쪽 끝에서 하는 말소리를 듣거나 표정을 볼 수 없을 만한 거리였다는 것입니다. 우리가 그 전체 장면에 집중하여 묘사하려고 한다면, 베드로가 양심의 가책을 받아 심한 통곡과 함께 회개를 하도록 만든 예수님의 그 보심은, 주 예수께서 사람들에게 끌려 홀을 내려와 현관을 나와서 불 곁을 지나고 더 고난을 받기 위해 어두운 입구로 나가는 길에서 이루어졌다고 나는 생각합니다. 이렇게 예수께서 사람에게 끌려가면서 잠깐 동안 베드로 가까이에 이르렀을 때, "주께서 돌이켜 베드로를 보셨습니다." 그 다음에 주님은 베드로가 염려하였을 대로 그의 시야에서 영원히 떠나가셨습니다.

그래서 나는 이 사람을 변화시킨 예수님의 그 보심을, 아주 불완전하고 불충분하겠지만 잠시 다루어보려고 합니다. 그 점에 관해 두 가지를 생각하려고 합니다. 즉 예수님의 그 보심이 말한 바가 무엇이고, 행한 바가 무엇인지 보겠습니다.

1. 예수님의 보심이 말한 것. 예수님의 그 보심은 그리스도의 지식, 그리스도의 고통, 그리스도의 사랑을 말하였습니다.

그리스도의 지식에 대해 생각해 봅시다. 앞에서 이미 말한 대로, 홀의 한쪽 끝에 계셨던 이 죄수는 제사장들의 질문과 변론, 거짓 증거들로 한창 시달리고 계셨기 때문에, 홀을 다른 쪽 끝에서 그 장소의 분위기에 눌린 어조로 말한 베드로의 부인을 들으실 수 없을 것으로 생각합니다. 밖의 현관에서 베드로가 더 큰 목소리로 욕을 하며 했던 부인은 더더구나 듣지 못하셨을 것입니다. 그러나 주께서 사도의 곁을 지나가셨을 때, 그 표정은 이렇게 말하였습니다. "내가 그 모든 것을 다 들었다. 부인과 맹세와 격노, 그 모든 것을 내가 다 들었다." 그래서 부활 후에 베드로가 마음에 그 점을 기억하고 주님의 발 앞에 엎드려 이같이 말한 것은 당연한 일입니다. "주님! 주님께서 모든 것을 아시나이다. 주께서는 듣지 못하셨지만 내가 겁먹고 주를 배반하였고 맹세하며 부인한 것을 아셨습니다. 주님께서는 모든 것을 아시나이다." 그리스도의 부활과 승천 후에, 베드로가 사도들 가운데 서서 사도들을 대표하여 기도드릴 때 다른 사건들뿐 아니라 바로 이 장면도 기억하였기에 "뭇 사람의 마음을 아시는 주여"(행 1:24) 라는 말로 기도를 시작한 것은 당연한 일입니다. 그러나 우리는 이 점을 기억하도록 합시다. 예수께서 베드로의 그 부인에 대해 알고 계신 지식, 여러분이 원한다면 이것을 초자연적인 지식이라 부를 수 있는데, 아무튼 이 초자연적인 지식은 예수님의 생애에서 볼 수 있는 많은 사실들 가운데 하나에 지나지 않습니다. 복음서 기자들 가운데 한 사람이 말하듯이, "또 사람에 대하여 누구의 증언도 받으실 필요가 없었으니 이는 그가 친히 사람의 속에 있는 것을 아셨다"(요 2:25)는 것을 보여 주는 이 복음서들을 우리가 받아들인다면 그렇습니다. 이 말씀은 베드로가 처음에 예수께 왔을 때 "네가 요한의 아들 시몬이니 장차 게바라 하리라"(1:42)고 맞이한 그 말씀과 같은 선상에 있는 것입니다. 그 말씀은, 예수께서 이 작은 그룹에 속한 또 한 사람을 "네가 무화과나무 아래에 있을 때에 보았노라"(1:48)는 말로 맞이한 그 말씀과 전적으로 일치합니다. 그것은 예수께서 "시몬아 내가 네게 이를 말이 있다"(눅 7:40)고 하셨을 때, 자기를 초대한 예의 없는 접대자의 숨은 생각을 꿰뚫어보시고 하신 말씀과 같은 것입니다. 그것은 우리가 그 주님을, 우리 모두를 아시는 분으로 생각해야 하는 그 점에 일치하는 말씀입니다. 주님은 지금도 재판자리에서 보고 계십니다. 이제 주님은 그 재판자리에 범인으로 서 계시는 것이 아니라, 전지하시고 최고의 권위를 가지고서 우리 운명을 결정하고 우리 행위를 심판하시는 심판장으로 계십니다. 주님은 우리를 보십니다. 우리가 일을 열심히 할 때도 보시고, 종종 겁먹어서, 혹은 불성실함으로, 혹은 말과 행동이 불일치함으로 우리가 우리를 "사신 주를 부인할" 때 순간순간 우리 각 사람을 보십니다. 그것은 두려운 생각입니다. 그래서 사람들은 "나를 살피시는 하나님이라"(창 16:13)는 이 생각을 치워버립니다. "이제는 위에 올라가 계실지라도 그는 형제의 눈으로 땅을 굽어보십니다." 그래서 우리를 보시는 그 눈이, 우리가 주님을 부인한 일들을 알고 계시다는 것을 느낄 뿐만 아니라, 그 눈은 우리의 연약함을 불쌍히 여기시고 우리를 전부 아시며 우리가 아는 것보다 더 우리를 사랑하신다는 것을 또한 느껴야 합니다. 그리스도께서 우리를 보신다는 것을 믿는다면, 그리고 그것이 무한한 사랑에서 보시는 것이라면, 삶이 덜 외롭고 덜 슬플 것입니다. 주님이 보시는 곳에서는 어디든지 주님의 도움이 반드시 있을 것이고, 주님의 조명과 복주심이 있으리라는 것을 우리는 느낄 것입니다. 주님의 그 보심은, 주님의 지식을 말해 주었습니다.

또 주님의 보심은 주님의 고통을 말해 주었습니다. 베드로는 자기가 부인하는 말로 주님의 마음을 아프게 하고 있다는 것은 생각지 않았고, 오직 자기 목숨을 구하는 것만 생각하였습니다. 그리고 아마도 선한 영향력도 쉽게 받아들이는 바로 그 충동성 때문에, 그만큼 쉽게 시험에 굴복한 베드로의 충동적이고 애정 어린 본성에 주님의 그 보심을 생각하였더라면, 베드로가 자신의 모든 부인으로 말미암아, 자기가 사랑했던 주님께서 고통을 받고 계시는 중에 또 다른 고통을 더하고 있다는 것을 생각하였더라면, 그는 겁이 났을지라도 용기를 내서 자기가 그리스도의 제자라는 것을 "고백하였을 것입니다. 부인하지 않고 고백하였을 것입니다." 그러나 베드로는 그 모든 점을 기억하지 못했습니다. 그런데 주께서 돌이켜 자신을 보시는 것을 보고서, 이러한 비통한 생각이 마음에 떠올랐습니다. "내가 또 다른 고통으로 주님의 마음을 쥐어짰구나. 그렇지 않아도 주님을 고통스럽고 괴롭게 하는 것들이 아주 많은, 이 지극히 중요한 순간에 내가 주님을 괴롭히는 저 사람들에게 합세했구나."

그러면 우리는 예수 그리스도께 고통을 드리지 않습니까? 신비스러운 일이지만, 우리가 그리스도께 순종하고 있을 때 그리스도를 기쁘시게 하는 것이 사실이므로, 우리가 주님을 부인하면 주님께 고통을 드리며, 주님께 죄를 범하고, 주님을 잊고 주님의 사랑에 대해 무관심하고 주님의 뜻을 거절할 때, 영화로우신 그 본성에 일종의 슬픔의 그림자가 드리워질 수 있는 것입니다. 예수님의 지상 생애에서 시편기자가 예언한 대로 "내 떡을 나눠 먹던 나의 가까운 친구도 나를 대적하여 그의 발꿈치를 들었나이다" (시 41:9)고 한 사건만큼, 주님을 고통스럽게 만든 일은 없었다는 것을 우리는 압니다. 인간 본성이 정결해지고 온전해지는 만큼, 그 본성이 친구들의 배신에 그만큼 더 큰 고통을 받게 된다는 것을 우리는 압니다. 사랑이 식어지고, 도움을 거절하는 일, 사람이 또 다른 사람에게 가할 수 있는 영적 슬픔 가운데 아마도 이것만큼 깊고 큰 것은 없을 것입니다. 그런데 예수 그리스도께서는 이런 슬픔을 더할 수 없이 차고 넘치게 경험하셨습니다. 심지어 오늘날 우리도 "우리를 구원의 날까지 인치신 하나님의 성령을 근심하게 할"(엡 4:30) 수 있습니다. 그리스도께서는 베드로 사도가 자기를 부인한 것을 아시고 마음에 고통을 느끼셨습니다.

또한 그리스도의 보심은 그리스도의 사랑을 말해 주었습니다. 그런 예수님의 보심에는 베드로의 부인을 책망하는 슬픈 표정이 있었지만, 분노의 불꽃이 없었고, 더 나쁘게는 냉랭한 마음으로 역겨워하거나 아무렇지도 않다는 듯한 태도는 없었습니다. 그보다는 거짓 증인들에게 거짓말로 공격을 받고 거친 군인들에게 모욕과 침 뱉음을 당하며, 제사장들에게는 사기꾼이요 신성모독자로 여겨져 거절당하는 그 중요한 순간에도, 십자가를 행해 가는 길이므로 온통 자신의 문제에 마음이 빼앗겼을 그 순간에도, 주님의 마음은 거룩하고 평온한 가운데 자신을 잊고서 돌이켜 보시는 주님의 눈길에 떨고 서 있는 이 불쌍한 제자를 도울 것을 생각하실 수 있으셨습니다. 주님의 이런 마음은 위엄이 있으면서도 사람을 물리치지 않는 평온함을 지니고 있습니다. 그 마음은 공생애 동안 내내 주님에게서 볼 수 있는 특징이고, 고난과 십자가에서 절정에 이릅니다. 십자가에 못 박히신 동안에도 주님은 회개하는 강도와, 울고 있는 어머니와, 자신의 주를 잃고 그 어머니를 대신 돌보는 일을 맡을 제자를 생각하셨듯이, 빌라도에게 재판을 받으러 끌려가시는 그 동안에도, 주님은 자신의 처지를 잊은 채, 부인한 제자를 사랑으로 돌아보시고 제자의 마음에 사랑을 쏟으셨습니다. 이 사실은 우리를 위한 거룩하고 영원한 계시가 아닙니까? 우리는 일흔 번씩 일곱 번 자기에게 죄를 범했지만 그를 용서하는 형제의 사랑을 지금 이야기하는 것입니다. 자기 태에서 나온 아들을 결코 잊지 못하며 동정할 수밖에 없는 어머니의 사랑 앞에서 우리는 머리 숙여 절합니다. 방탕한 아들을 나가서 찾는 아버지의 사랑에 우리는 놀랍니다. 그러나 이 모든 것도 자기를 부인한 제자를 바라보셨을 때, 그리스도의 눈에서 부드럽게 빛난 그 사랑에, 짧은 그 눈길 속에 모든 시대가 믿고 감사해야 할 영원한 사실을 계시한 그 사랑에는 미치지 못합니다. 그 사랑은 하늘처럼 확실하고 땅의 기초처럼 견고합니다. 그렇습니다! "산들이 떠나며 언덕들은 옮겨질지라도 나의 자비는 네게서 떠나지 아니하며 나의 화평의 언약은 흔들리지 아니하리라"(사 54:10). 주님의 마음은 무관심으로 냉랭해질 수 없습니다. 주님의 마음은 화가 나서 마음을 거두어들이는 일이 있을 수 없습니다. 주님의 마음은 거절을 당할지라도 다시 돌아보고, 사람들이 자기에게 죄를 범할지라도 용서하십니다. 사람들이 자기를 부인하면 주님의 마음은 부드럽게 자기 계시의 빛을 비추십니다. 주님의 마음은 모든 것을 바라고 모든 것을 참습니다. 밖으로 나와 빌라도의 법정으로 가실 때 자기를 부인한 제자에게 사랑의 눈길을 쏟으신 주님은, 우리가 그 점을 믿으려고 한다면, 바로 그 표정으로, 곧 동정하고 인내하며 책망하시지만 용서하시는 그 눈길로 우리 각 사람을 보고 계십니다. 주님의 그 눈길은 주님의 모든 사랑을 밝히 보여 주므로 우리가 기꺼이 사랑으로 응답하여 주님의 발 앞에 엎드리고 우리의 모든 죄를 주님께 아뢰게 만듭니다.

이제는 두 번째 요점을 살펴보도록 합시다.

2. 예수님의 보심이 행한 것.

첫째로, 주님의 보시는 그 눈길은 베드로의 죄를 가리고 있던 휘장을 벗겨 버렸습니다. 베드로는 주님을 부인하였을 때, 자기가 무슨 잘못을 범하고 있다고 생각지 못했습니다. 베드로는 위기를 벗어나려고 하는 것 외에는 아무것도 생각지 못했습니다. 그가 잠깐이라도 반성해보았더라면, 분명히 우리 모두가 할 수 있는 대로 어떤 변명거리를 찾아낼 수 있었을 것입니다. 그러나 그리스도께서 거기 서 계셨을 때, 무엇이 핑계가 되었습니까? 잠시 빛이 번쩍이자, 베드로는 자기가 저지른 행동의 추악함을 보았습니다. 그는 자신이 주를 부인한 것에 대해 화가 나면서, 틀림없이 자신이 그리스도 앞에 간 그 첫날부터 지나온 모든 것이 생각났을 것입니다.

자기가 받은 모든 신뢰, 자신의 장모가 열병에서 나은 일, 자신이 어떻게 주께 돌봄을 받고 교육을 받았는지, 자신이 어떻게 영예롭게 되고 구별되었는지, 자신이 전날에 어떻게 자랑하고 허세를 부렸는지가 생각났을 것입니다. 그래서 베드로는 "밖에 나가 심히 통곡하였습니다."

이제 우리의 죄는 우리 자신에게 거짓말을 하고 우리의 양심을 눈멀게 함으로써 우리를 사로잡습니다. 여러분이 급류 한 가운데 있을 때는 강둑에 서서 여러분에게 위험하다고 외치는 사람들의 소리를 들을 수 없습니다. 그와 같이 우리의 죄는 양심의 작고 조용한 목소리를 듣지 못하게 만듭니다. 그러나 우리의 행동들이 옳든지 그르든지 간에 그리스도의 눈앞에 가져오고 스스로 "그리스도께서 내 곁에 계시면서 그것을 보신다면 내가 감히 그 일을 하려고 했을까"를 스스로 생각해보는 것만큼, 우리의 행위의 참된 도덕적 성격을 확실히 드러내는 것은 없습니다. 베드로는 주께서 대제사장 관저의 큰 홀의 먼 끝에 계셨을 때는, 주님을 부인할 수 있었습니다. 그러나 주님께서 바로 그의 곁에 계셨더라면 그는 부인하지 못했을 것입니다. 우리가 행하기를 망설이는 어떤 행동을 주님 앞에 가져오려고 한다면, 우리의 양심이 어떻게 빛을 받고 깨어나는지, 어떻게 마귀가 갑자기 모습을 나타내는지 보고 놀라게 될 것입니다. 우리가 죄를 짓도록 그처럼 강하게 시험한 동기들을 주님 앞에 가져와서 생각할 때, 그 동기들이 얼마나 보잘것없고 하찮은 것인지 알고 놀라게 될 것입니다. 여종의 경박한 말이 그때 베드로에게 얼마나 중요한 말이었습니까? 그리스도께서 그를 보셨을 때, 그가 주님을 부인한 이유가 얼마나 형편없이 부당하게 보였겠습니까. 피부병을 치료하는 가장 최근의 외과적 방법은 가로등 불빛보다 열배나 밝은 전기 불빛을 피부병이 발생한 부위에 대고 50분간 집중적으로 쪼여서 피부병을 없애는 것입니다. 그리스도의 눈에서 나오는 빛을 여러분 삶에 비추십시오. 그러면 여러분의 눈에 나병, 비듬, 피부병이 환히 보일 것이고, 여러분 눈에 보이는 모든 것이 깨끗이 사라질 것입니다. 주님의 그 눈길이 병을 감추고 있던 휘장을 벗겨 버렸습니다.

주님의 그 눈길은 그 이상의 어떤 일을 했습니까? 주님의 눈길은 부인한 제자의 마음을 녹여 울게 만들었습니다. 양심이 빛을 받으면 어떤 행동이 악하다는 것을 깨닫게 될 수 있지만, 그럴지라도 죄를 영구히 이기기 위해서는 절대적으로 필요하다고 내가 믿는 대로, 마음이 녹아서 슬퍼하게 되지는 않는다는 것을 잘 압니다. 누구든지 자신의 악한 행위에 대해 몸서리치며 물러나기만 해서는, 그 행위를 결코 이길 수 없을 것입니다. 사람이 죄에 대해 확실히 승리하려면, 심히 통곡하며 회개하지 않으면 안 됩니다. 여러분은 우리 주님의 의미심장한 씨 뿌리는 자의 비유에서 하신 말씀, 곧 한 동안 그리스도인으로 있었던 한 계층이, 어떻게 말씀을 받을 때 즉시 기쁨으로 받았는지에 대해 하신 말씀을 아실 것입니다. 그렇습니다. 회개는 생략한 채 믿음에 대해서만 이야기하는 기독교 신앙은 항구적이고 철저한 도덕적 개혁의 기초가 될 수 없을 것입니다. 그리스도의 사랑의 눈길만큼 확실하게 "하나님의 뜻대로 하는 근심"(고후 7:10)을 가져오는 것은 없습니다. 그리고 그 "눈길"만큼 확실하게 사랑을 계시하는 하는 것도 없습니다. 여러분이 법과 원칙, 도덕적 의무, 또 그 외의 모든 것을 가지고 사람의 마음을 두드릴 수 있습니다. 그리고 자신이 아주 형편없는 피조물이라는 것을 느끼게 만들 수 있습니다. 그러나 그리스도의 사랑의 빛이 사람에게 비치지 않는 한, 마음이 녹는 일이 없을 것이고, 마음이 녹지 않는다면, 영구적으로 나아지는 일은 없을 것입니다.

주님의 그 눈길이 행한 또 다른 일이 있었습니다. 주님은 죄를 가리는 휘장을 벗겨 버렸습니다. 주님의 눈길은 마음을 녹여 참된 회개의 눈물을 흘리도록 만들었습니다. 또한 그 눈물이 절망의 눈물이 되지 않도록 지키셨습니다. 유다는 "물러가서 스스로 목매어 죽었습니다"(마 27:5). 베드로는 "밖에 나가서 심히 통곡하였습니다." 무엇이 한 사람은 양심의 가책에 희생당하도록 만들고, 다른 한 사람은 회개의 자녀로 만들었습니까? 어떻게 해서 한 사람은 슬퍼하지 않는 절망에 빠졌고, 다른 한 사람은 울 수 있어서 구원을 받았습니까? 한 사람은 깨어난 양심의 무서운 빛 아래서 자기 죄를 보았고, 다른 한 사람은 용서하시는 주님의 애정 깊은 눈길 속에서 자기 죄를 보았기 때문입니다. 여러분과 나는 바로 그 방식으로 우리의 죄를 보아야 합니다. 사랑하는 교우 여러분, 그렇게 오래 참으시는 그 사랑의 눈길이 우리 각 사람을 바라보고 있다는 것을 확실히 알도록 하십시오. 베드로처럼 우리가 주님의 눈길을 의식하고, 우리에게 들러붙어 있는 죄들에 대해 자기를 부인하고 마음으로 슬퍼하며 회개하도록 한다면, 예수께서 자기를 부인하였지만 회개한 그 제자에게 부활의 날 아침에 하신 일을 우리에게도 행하시리라는 것을 명심하도록 합시다. 주님께서 우리만 따로 부르셔서 우리를 고치시는 용서와 화해의 말씀을 하실 것입니다. 그래서 우리가 베드로처럼 우리의 믿음 없는 행동에도 불구하고 주님의 발 앞에 엎드려 이렇게 말할 수 있을 것입니다. "주님, 모든 것을 아시나이다. 주님은 제가 이전에 믿음이 없었고 배반하는 일을 하였지만, 주님을 사랑하시는 줄 주께서 아십니다. 주께서 제가 주님을 부인한 일을 용서하시고 다시 믿음을 회복시켜 주시니, 더욱 더 주를 사랑하는 줄 주께서 아십니다."

86
관원들이 서로 꾀하여

"¹무리가 다 일어나 예수를 빌라도에게 끌고 가서 ²고발하여 이르되 우리가 이 사람을 보매 우리 백성을 미혹하고 가이사에게 세금 바치는 것을 금하며 자칭 왕 그리스도라 하더이다 하니 ³빌라도가 예수께 물어 이르되 네가 유대인의 왕이냐 대답하여 이르시되 네 말이 옳도다 ⁴빌라도가 대제사장들과 무리에게 이르되 내가 보니 이 사람에게 죄가 없도다 하니 ⁵무리가 더욱 강하게 말하되 그가 온 유대에서 가르치고 갈릴리에서부터 시작하여 여기까지 와서 백성을 소동하게 하나이다 ⁶빌라도가 듣고 그가 갈릴리 사람이냐 물어 ⁷헤롯의 관할에 속한 줄을 알고 헤롯에게 보내니 그 때에 헤롯이 예루살렘에 있더라 ⁸헤롯이 예수를 보고 매우 기뻐하니 이는 그의 소문을 들었으므로 보고자 한 지 오래였고 또한 무엇이나 이적 행하심을 볼까 바랐던 연고러라 ⁹여러 말로 물으나 아무 말도 대답하지 아니하시니 ¹⁰대제사장들과 서기관들이 서서 힘써 고발하더라 ¹¹헤롯이 그 군인들과 함께 예수를 업신여기며 희롱하고 빛난 옷을 입혀 빌라도에게 도로 보내니 ¹²헤롯과 빌라도가 전에는 원수였으나 당일에 서로 친구가 되니라"

눅 23:1-12

누가의 이 그림에는 온통 박해자들로 가득 차 있고, 조용히 고난당하시는 그리스도는 잠깐 한 번 모습을 비출 뿐입니다. 그러나 예수님의 침묵은 웅변처럼 말을 하고, 고소하는 자들과 재판장들의 두드러진 모습은 주님의 아무 저항이 없는 인내를 더욱 돋보이게 합니다. 우리는 본문에서 살인적인 증오심을 품은 유대 관원들을 봅니다. 또 오만한 태도로 무관심했다가 당황하고 책임을 회피하려고 하는 빌라도와, 하찮은 호기심으로 예수님을 대하는 헤롯을 봅니다. 이들은 예수 그리스도를 대하는 무가치한 세 가지 전형적인 태도를 보여줍니다.

1. 먼저 예수님을 미워하는 자들을 봅니다.

그 미움이 얼마나 맹렬했던지, 이들은 자기들 판결의 시행을 위해 빌라도에게 가는 쓰디쓴 약을 삼켰습니다. 이들은 빌라도가 예수님의 죄를 알 것도 없이 십자가형을 판결하도록 하려고 애쓰기 시작하였지만, 그것은 터무니없는 불법이고, 그들을 맹목적으로 신뢰하지 않는 한, 빌라도가 수용할 수 없는 것이었다고 요한은 기록합니다. 그래서 이들은 즉석에서 치명적인 죄과를 만들어내야만 합니다. 그리고 그들은 그 이유에 대해서는 한결같습니다. 이들은 두 가지 거짓말과, 심하게 왜곡하여 거짓으로 만든 한 가지 진실을 끌어들여서 고소를 합니다. 이 고소는 자기들이 원하는 대로 총독이 판결할 만큼 중대한 것이라고 생각합니다.

그 고소가 정말로 그렇게 진실한 것이었다면, 그들이 말하기에 우스꽝스러웠을 것입니다. 그 고소가 진실된 것이었다면, 그들은 예수님을 고소하는 자들이 아니라 예수님의 열렬한 지지자들이었을 것이라고 확신할 수 있습니다. "그라쿠스 형제가 민중을 선동한다는 불평"은, 한 유대인이 로마에 반역을 일으킨다고 하는 산헤드린의 고소에 비하면 아무것도 아닙니다. 그 무리 가운데 있는 사람 모두가 반역의 마음을 품고 있었습니다. 그래서 누군가가 굳센 손으로 반역의 깃발을 높이 들어주기를 바라마지 않았을 것입니다. 빌라도는 그와 같은 사람들이 제기하는 고소에 속을 만큼 우둔한 사람이 아니었습니다. 그래서 그 고소는 실패합니다. 그러자 그들은 다시 논쟁을 벌입니다. 그리스도의 가르침이 널리 퍼진 것을 말하는데서, 그러나 주로 불평이 많고 골치 아픈 지역인 갈릴리를 교활하게 끌어들이는 데서, 예수님을 두 번째로 고소하려고 하는 시도가 "더 절박하였다"는 것을 볼 수 있습니다.

우리는 여기서 지독한 미움의 만행이 아주 섬뜩하게 비극적으로 그려지는 것을 봅니다. 그런 지독한 미움 때문에 정의의 기초이며 민족의 보호자들이 무죄한 사람에 대해 거짓말을 하는 음모꾼으로 변하고, 이 유대 관원들이 빌라도 앞에서 그의 권위를 인정하고 충성을 바치는 체 하며 비굴하게 굴었습니다! 그들은 예수님을 십자가에 못 박을 수만 있다면, 어떤 거짓말도 하고 어떤 굴욕도 감수할 수 있었습니다. 무엇이 그들에게 이런 미움을 일으켰습니까? 주로 그리스도의 가르침 때문이었습니다. 주님의 교훈은 의식법 준수와 랍비들의 결의론(決疑論) 같은 하찮은 전통을 무시하고, 종교 대신에 하나님께 대한 사랑과 그에 따른 사람에 대한 사랑을 강조하였습니다. 그 다음에는 그들을 정치적 질서로 인정하지 않고 반대하는 그리스도의 태도 때문이고, 마지막으로는 그들이 조사해 보려는 생각을 결코 하지 않은, 하나님의 아들이라는 그리스도의 주장 때문이었습니다. 그 주장은, 사실 그것이 진실이 아닌 한에는 신성모독이라고 그들은 말했습니다. 그리고 그들은 이 외에 다른 안을 찾지 않았습니다. 그와 같이 사람들은, 편견 때문에 완전히 분별이 없어질 수 있고, 그들 모두를 사랑하는 그리스도에 대해 까닭없는 미움에 사로잡힐 수가 있습니다!

　이 유대인 관원들은 우리와 같은 사람들이었습니다. 마치 이들의 범죄가 우리에게서는 도무지 있을 수 없는 일인 것처럼 몸서리치기보다, 우리가 이들의 죄를 보고서 예수님에 대한 깊디 깊은 적의와 예수님의 성품과 사랑에 대한 비극적인 무지, 권력 찬탈자에 대한 비굴한 복종을 배운다면 잘하는 일입니다. 우리를 다스리시는 그리스도의 권위를 부인하면 그런 것이 따라올 수밖에 없습니다. "그들이 이유 없이 나를 미워하였다"(요 15:25)고 그리스도께서 말씀하셨습니다. 그러나 주님은 "세상"이 계속 세상으로 있는 한, 반드시 그 미움이 그리스도와 그의 종들에게 계속될 것을 지적하셨습니다.

2. 우리는 여기서 이 사건을 대수롭지 않게 생각하면서도 당혹스러워하는 빌라도를 봅니다.

누가의 아주 간단한 이 설명은 요한의 기록을 보충해서 읽는 것이 좋을 것입니다. 요한의 기록을 보면, 누가가 아주 많이 생략하고 있는 그 대화가 참으로 중요하였다는 것을 알 수 있습니다. 물론 빌라도는 제사장들과 유대인 관원들을 너무나 잘 알고 있어서, 그들이 예수를 자기에게 데려온 이유라고 하는 것이 진짜 이유라고 당장에 믿지 않았습니다. 그가 예수님을 따로 불러 얘기한 데서 사건의 진상을 알아보려고 하는 뜻을 볼 수 있습니다. 여기까지 그는 자기 의무를 다하고 있었습니다. 그러나 그 다음에 가서 잘못을 범하고 맙니다. 그의 잘못들을 과장하기가 쉽습니다. 우리는 빌라도는 이 사건에 대해 아주 무지한 사람이었습니다. 따라서 그는 본문에 나오는 사람들 가운데 가장 죄가 적은 사람입니다. 그는 어쩌면 이 날 전까지 예수라는 이름을 들어본 적도 없을 수 있습니다. 그리고 이 죄수가, 도무지 이해할 수 없고 골치 아픈 그의 동포들이라고 하는 사람들이 아무튼 어떤 터무니없는 이유로 죽이기를 바라는 평범한 유대인 촌사람으로밖에 보이지 않았을 것입니다.

그러나 그 죄수와의 대화는 틀림없이 마음과 뇌리에 아주 인상 깊게 박혔을 것입니다. 그는 따라 갔다면 분명히 깨닫게 되었을 번쩍이는 빛을 충분히 볼 수 있을 만큼 긴 시간을, 가까이에서 예수님과 접촉했습니다. 빌라도의 첫 번째 죄는, 멸시하는 태도가 없는 것이 아니지만, 무엇보다 무관심한 것이었습니다. 무관심 때문에 그는 사건을 제대로 보지 못했습니다. 그리스도께서 자기 나라의 성격과 진리를 증거하는 자신의 사명에 대해 말씀하신 고귀하고 놀라운 설명이, 완전히 편견에 사로잡힌 귀에 들렸습니다. 그의 귀는, 반역의 속삭임은 모기만한 소리도 잡아낼 만큼 민감하면서도, "진리"에 대해서는 무뎠습니다. 예수께서 진리를 사랑하는 자는 누구든지 자신의 음성에 귀를 기울 것이라고 말씀하여 그의 양심을 일깨우려고 하셨을 때, 빌라도는 "진리가 무엇이냐"라고 대꾸만 하였고, 그에 대한 답을 기다리지 않았습니다.

그것은 이론적인 회의론자의 질문이 아니었습니다. 그것은 단지 자신이 "실용적인" 것을 자랑하며, 그와 같이 추상적인 개념들에 관한 모든 이야기는 몽상가들에게 맡긴 사람의 질문이었습니다. 사람들이 반역하지 않는 한, 자기들이 원하는 것을 생각하도록 내버려 두려고 한 총독의 정신뿐 아니라, 로마 지식인의 한계 그리고 행동을 과대평가하고 순수한 사고를 경멸하는 로마 지식인의 지식의 특징에서 그런 질문이 나왔습니다. 빌라도는 외적인 생활에 몰두해 있기 때문에, 그리스도의 말씀이 지닌 아름다움과 엄숙한 의미를 보지 못하고 모든 고귀한 진리를 전혀 보지 못하는 사람의 전형적인 예입니다. 그는 예수님을 무해한 광신자로 생각합니다. 그는 헛소리라고 생각한 그 진리가, 견고한 실체라고 생각한 로마 제국을 산산이 부수리라는 것을 전혀 알지 못했습니다. 그와 같이 실용적이라고 불리는 사람들이 모든 시대에 똑같은 실수를 범합니다. "모든 육체는 풀과 같고 … .오직 주의 말씀은 세세토록 있도다"(벧전 1:25).

　더 나아가서 빌라도는 주님의 무죄를 확신하였으면서도 죄수를 풀어 주지 않음으로써, 직무를 자기 이익을 위해 유기하는 죄를 지었습니다. "내가 보니 이 사람에게 죄가 없도다"는 말을 했으면, 당장에 죄수를 방면했어야 합니다. 예수께서 죄수로 잡힌 순간 이 후로, 그는 언제까지나 불의한 재판장으로 정죄 받았습니다. 그는 골치 아픈 신민들을 기분 좋게 하는 일에 마음을 쓰고 있었던 것이 분명합니다. 그래서 한 유대인을 사법적으로 살인하는 일은 인기를 얻기 위해 치르는 작은 대가라고 생각하였습니다. 더욱이 그는 직무 훈련을 통해 배운 바를 회피하고, 수동적인 그 죄수에게서 받은 어렴풋한 인상에서 아주 묘한 두려움을 느끼게 된 것을 피한 것을 기쁘게 생각하였을 것입니다. 그래서 그는 갈릴리라는 말을 붙들고서 예수를 헤롯에게 넘겨줌으로, 즉시 두 가지 목적을 달성하려고 합니다.

　헤롯 안디바와 빌라도의 관계는 영국 관리와 인도의 왕들과의 관계처럼 미묘할 수밖에 없었습니다. 그들 사이에는, 빌라도가 아마도 "어떤 갈릴리 사람들의 피를 그들의 제물에 섞은" 일로 불화가 있었던 듯합니다. 재판권과 같은 문제와 관련하여 어려운 점이 있었다면, 예수님을 헤롯에게 보내는 것이 점잖게 공식적 사죄를 표시하는 방식이었을 것이며, 또한 하기 싫은 결정을 헤롯에게 떠넘기는 것이 되었을 것입니다. 빌라도로서는 곤란한 일을 면하고, 헤롯에게 제사장들의 미움의 도구 노릇을 하도록 하는 것이 싫지 않았을 것입니다.

자기가 저지르고 있는 일에 대한 빌라도의 생각과 현실이 얼마나 무섭게 차이가 나는지 모릅니다! 이기적인 목적과 외적인 일들에 마음을 빼앗기면, 그리스도의 아름다움을 그토록 전혀 볼 수가 없습니다! 영혼이 빛에 참으로 가까이 있으면서도, 빛에서 돌아서서 어둠으로 뛰어들 수가 있습니다! 힘이 없어서가 아니라 세상을 사랑하시고 우리 모든 사람의 죄를 지려고 하셨기 때문에, 순순히 끌려서 이 폭군에게서 저 폭군에게로 왔다갔다 하시는 이 말없는 죄수는 얼마나 인내심이 많으신지 모릅니다! 이 불의한 재판장들과 주님이 장차 자리를 바꾸어 빌라도와 헤롯이 주님의 재판 자리 앞에 설 때, 그 변화는 참으로 두렵기 짝이 없을 것입니다!

3. 우리는 여기서 불쾌하고 경솔한 헤롯을 봅니다.

이 사람은 세례자 요한을 죽인 자입니다. "저 여우"이고 난봉꾼이며 겁쟁이이고, 음탕할 뿐 아니라 잔혹합니다. 그는 그의 쓸모없는 가계의 모든 악을 지녔고, 그 가계의 창시자의 에너지는 전혀 없었습니다. 그는 본문에 나오는 인물들 가운데 단연코 경멸할 만한 존재입니다. 예수님에 대한 그의 생각과 감정을 살펴봅시다. 그는 우리 주님을 마술사나 곡예사로 생각했습니다. 예수님이 무위도식하는 자신의 권태를 풀어줄 어떤 기이한 일을 행할 수 있을지도 모른다고 생각하였습니다. 그가 세례자 요한의 말에 귀를 기울이는 동안에 양심의 가책을 느끼고, 강한 손에 이끌려 고귀함에 거의 도달할 뻔 한 때가 있었습니다. 그가 예수님에 대한 이야기를 듣고, 자기 손에 목숨을 잃은 그 희생자가 피 묻은 무덤에서 다시 산 것으로 여기고 두려워한 때가 있었습니다. 그러나 그 모든 것이 이제는 지나가 버렸습니다. 양심을 질식시키는 확실한 방법은 양심을 무시하는 것입니다. 오랜 시간 확실하게 양심의 소리를 무시해 보십시오. 그러면 양심이 주의를 끌지 못하는 경고를 발하기를 그칠 것입니다. 평화처럼 보이는 침묵이 있을 것이지만, 사실 그것은 죽음입니다. 헤롯이 기뻐했다는 것은, 헤롯이 두려워한 것보다 더 두렵고 실제로는 슬픈 일이었습니다. 하나님의 말씀 듣는 것을, 마음을 유쾌하게 하는 기회로 여기기보다 말씀 앞에 떠는 것이 더 낫습니다. 선지자가 선지자인 줄 알고 자신이 죄인인 줄 알기 때문에 선지자를 미워하는 사람은, 하나님의 사자에게서 오락거리나 기대하는 사람만큼 절망적이지는 않습니다.

그 다음에, 주님의 침묵을 살펴봅시다. 헤롯이 예수께 질문 공세를 퍼붓지만 아무런 답변을 듣지 못합니다. 그 모든 질문에 조금이라도 진지함이 있었다면 예수께서 말씀하셨을 것입니다. 주님은 참되게 진리를 추구하는 사람에게는 결코 침묵하시지 않습니다. 그러나 하찮은 호기심에 대해서는 대답하지 않는 것이 맞는 일입니다. 출발점에서 기껏해야 그런 호기심밖에 없는 곳에서는, 마지막에 가서도 진리를 발견할 가능성은 극히 적습니다. 그리스도의 침묵은, 그 전에 그리스도께서 하신 말씀과 그리스도의 선구자가 한 말을 소홀히 한 것에 대한 형벌입니다. 예수께서는 "거룩한 것을 개에게 주지 말라"(마 7:6)는 자신의 교훈에 따라 행동을 취하십니다. 우리는 도저히 알 수 없지만, 예수께서는 주님의 사랑을 이야기하는 것이 그 사람에게 정죄만 더하게 할 뿐인 사람들의 끔찍한 명단에 누가 포함되는지를 아십니다. 제사장들의 맹렬한 미움이 예수님을 따라 헤롯의 궁전에까지 왔습니다. 그러나 거기에서 어떤 사법적인 판결이 내려졌다는 기록은 없습니다. 그들의 맹렬한 미움이 그 경박한 분위기에서는 자리를 찾지 못한 것 같습니다. 헤롯이 그리 품위 있는 사람이 아니어서, 그의 군사들과 마찬가지로 가담한 조롱이 좀 더 분위기를 지배하였습니다. 그들이 무지하게 조롱한 분이 누구인지를 알 때, 그들의 조롱하는 말이 얼마나 무섭게 들립니까! 잔인한 행위, 어리석은 웃음, 무죄한 사람의 고통을 즐기는 소름끼치는 즐거움, 법과 공의에 대한 무관심, 그들은 이 모든 죄를 지었습니다. 하여튼 헤롯은 예수님을 충분히 알고 있었기 때문에 그런 상스런 조롱에 가담한 그 행위는 더욱 더 악한 것이었습니다.

그러나 순간적으로 빛이 번쩍 비추어서 예수께서 누구신지 말해 주었다면, 떠들썩한 웃음소리가 순식간에 잠잠해졌을 것입니다! 우리가 웃고 즐기는 것 가운데, 그리스도의 종들에 대한 것이나 그리스도 복음의 어떤 면에 대한 것이 있습니까? 그래서 그리스도의 심판의 보좌가 우리 위에서 번쩍이며 나타났다면, 우리도 마찬가지로 그 웃음이 목에 걸리겠습니까? 조롱은 무서운 무기입니다. 조롱은 조롱을 받는 사람들보다 조롱하는 사람에게 더 큰 해를 끼칩니다. 헤롯은 이 죄수에게 왕처럼 옷을 입히는 것이 고상한 조롱이 된다고 생각했습니다. 그러나 헤롯은 자기나 이 나사렛 사람 중 누가 가짜 왕이고 누가 진짜 왕인지 이때에 깨달았습니다. 그리스도께서는 자기에게 묻는 자에게 침묵하셨듯이, 조롱을 받고도 잠잠히 계셨습니다. 그리스도께서는 모든 것을 참으시고 모든 것을 고려하십니다. 주께서는 세상을 위한 화목제물이시고 구주이시기 때문에, 모든 것을 참으십니다. 예수께서는 세상의 왕이시고 장차 세상의 재판장이 되실 것이기 때문에, 그 모든 것을 참작하시고, 어느 날 그에 대해 보응하실 것입니다. 그때 우리는 어디에 설 것입니까? 입을 다물게 되는 조롱자들 가운데 있을 것입니까? 아니면 그리스도의 수난을 기쁘게 신뢰하고 그의 통치를 받는 백성들 가운데 있을 것입니까?

87
영혼의 비극

"헤롯이 여러 말로 물으나 아무 말도 대답하지 아니하시니"

눅 23:9

신약의 이야기에서는 네 명의 헤롯이 각각의 역할을 합니다. 이들 중 첫 번째 헤롯은 늙고 무자비하고 포악한 자였는데, 베들레헴의 영아들을 죽이고, 그 후에 바로 자신도 죽었습니다. 본문에 나오는 헤롯은 두 번째 헤롯입니다. 그는 아버지의 잔인성과 정욕을 지녔지만, 카리스마는 없는 새끼 호랑이였습니다. 세 번째 헤롯은 사도행전 앞부분에 나오는 자입니다. 그는 늙은 헤롯의 손자로 한 사도의 피를 흘리는데 손을 댔고, 또 한 사도를 죽이려고 했던 자입니다. 마지막 헤롯은 헤롯 아그립바로, 세 번째 헤롯의 아들입니다. 그는 우연히 바울을 만났고, 무슨 말로 자기를 그리스도인으로 만들 수 있는 것으로 생각하는 것을 우습게 여긴 일 때문에, 기억되는 인물입니다.

이들 전부를 보면 가족 간의 독특한 유사점이 있는 것이 나타나는데, 매우 추한 유사점입니다. 그 유사점은 색욕적이고 잔혹하며, 교활하고 우유부단하며 어린아이나 야만인처럼 변덕스럽다는 것입니다. 로마는 정책적으로 그가 통치자로 행동하도록 허락하면서도, 그를 손아귀에 꽉 쥐고 있었습니다. 내 생각에는 그가 식민지 군주라는 자리에 따르는 어려움 때문에 더 악해진 것 같습니다.

여기서는 복음서들에 기록된 이 사람의 생애에서 일어난 다양한 사건들을 모아 보고, 거기에서 여러분을 위한 몇 가지 교훈을 끌어내 보고자 합니다.

1. **첫째로, 나는 그를 이도저도 아닌 얼치기 신념들을 갖고 있고, 그런 신념들에서 오는 내적 부조화를 지닌 전형적인 인물로 봅니다.**

그가 아내와 이혼하고, 자신의 조카딸이기도 하고 동생의 아내인 여자와 결혼한 부끄러운 이야기에 대해서는 굳이 말씀드리지 않아도 될 것입니다. 그녀는 헤롯보다 더 드센 사람이었습니다. 성경에 나오는 맥베스 부인 같았고 이 아합 같은 인물에게는 이세벨이었습니다. 비유적으로 말하자면 이 여자에게 엘리야는 멀리 있지 않았습니다. 세례자 요한은 물론 그의 거리낌없는 항의 때문에, 헤로디아의 용서할 수 없는 적이 되었습니다. 헤로디아는 헤롯을 죽이기 위해 할 수 있는 모든 일을 다 했습니다. 그렇지만 그를 투옥시키긴 했어도 목적한 바를 이룰 수는 없었습니다. 그녀가 목적을 달성할 수 없었던 이유를 마가가 전해 줍니다. 마가복음서의 이 기록이 흠정역 성경에서는 아주 불충분하게 번역되었으나, 개역 성경(the Revised Version)에서는 더 정확하게 번역된 것을 볼 수 있습니다. "헤롯이 요한을 의롭고 거룩한 사람으로 알고 두려워하였다"(막 6:20)고 말합니다. 간수가 죄수를 두려워한 것입니다. 사실 선량함은 두려운 것입니다. 아무리 악한 사람들도 선량함을 알고, 선량함에 존경심을 보이지 않을 수 없습니다. 또 그는 헤로디아로부터 세례자 요한을 "보호하였습니다." "또 그의 말을 들을 때에 크게 번민을 하면서도." 그는 두 자석 사이에서 이리 끌리기도 하고 저리 끌리기도 했습니다. 한 번은 정욕으로, 한 번은 정결로 마음이 끌리고, 곁에 있는 아름다운 요부의 입맞춤과 선지자의 말 사이에서 머뭇거렸습니다. 그런데 묘한 모순과 우유부단 가운데서도 요한의 말을 "달갑게 들었습니다." 그의 본성 가운데 더 나은 부분이 더 고귀한 목소리를 찬성하였기 때문입니다. 그는 자신의 죄악적인 즐거움들 가운데 어떤 것들을 억누를 만큼은 신앙이 있어서 머뭇거리긴 했지만, 그런 즐거움들을 완전히 떨쳐버릴 만큼의 신앙은 없었습니다.

이것은 우리 가운데 많은 사람이 본질적으로 처해 있을 수 있는 모습에 대한 그림입니다. 이같이 얼치기 신념들만큼 흔한 것은 없습니다. 그런 신념들은 쓸모없는 총알들처럼 선체의 갑판에 박히지만, 해를 주지 않은 채 붙어 있는 것과 같습니다. 우리 가운데 많은 사람이, 우리가 생각할 때 지극히 분명한 신념들을 갖고 있습니다. 그런데 그들의 신념은 그들의 가장 깊은 내면의 방, 곧 의지가 지배하고 있는 곳까지는 결코 뚫고 들어가지 못했습니다. 그것은 하찮은 일에도 그렇고, 중요한 일들에 대해서도 그렇습니다. 사람이 어떤 하찮은 습관 때문에 자신의 관심사나 의무를 행하지 못하게 되고, 사람이 무엇을 알지라도 반드시 그것이 외적인 행위로 실행되는 것은 아니라는 사실만큼 흔한 것도 없습니다. 이 점은 더 심각한 문제들에 관해서도 그렇습니다. 어떤 악이든지 악에 노예가 된 사람들 대부분이, 자기들이 그 악을 버려야 한다는 것을 아주 잘 알지만, 그렇게 안다고 해서 어떤 결과가 나오지는 않는다는 것입니다.

"헤롯이 크게 번민을 하면서도." 그와 같이 의무에 대한 잘못된 생각 때문에 한 사람이 빠지게 된 불안과 갈등의 상태를 생생하게 보여 주는 그림입니다. 그런 모습은, 키를 잡은 조타수가 결단력이 없거나 무지하기 때문에, 배가 이번에는 서쪽으로 향했다가 또 이번에는 동쪽으로 향하는 배와 같습니다. 사람이 의무는 분명히 알면서도, 아는 대로 의무를 다 이행하지 못하는 것만큼, 사람에게 내적 불안과 동요, 황폐를 일으키는 것은 없다고 봅니다. 우리가 요한을 지하 감옥에 집어 넣어 놓았다면, 양심이 주인이 되도록 허용하지 않는다면, 위에서는 잔치를 벌이고 흥청망청 떠드는 일을 벌이지만 때때로 감옥의 쇠창살 사이로 엄한 목소리가 흘러나올 것이고, 그 목소리에 모든 웃음이 사라질 것입니다. "헤롯이 이 모든 일을 듣고 심히 당황하니"(눅 9:7).

이렇게 온전치 못한 신념을 갖게 되는 이유는 일반적으로, 헤롯의 예에서 보듯이, 우리를 마수로 꽉 움켜쥐고 있고, 우리가 그것이 뱀이라는 것을 알지만 너무 사랑해서 떨쳐 버리지 못하고, 기꺼이 버리려고 하지 않는

데서 찾을 수 있습니다. 헤롯이 한 번 용기를 내서 헤로디아에게 "이제 당신, 짐 싸서 나가" 하고 말하였더라면, 다른 모든 것이 머지 않아 바르게 되었을 것입니다. 그러나 그는 꿀이 발라진 독을 포기할 결심을 할 수 없었고, 그래서 모든 것이 곧 잘못되었습니다. 교우 여러분, 우리 가운데 얼마나 많은 사람들이 지극히 분명한 신념들이 희생을 요구하기 때문에 그 신념들을 추구하기를 그만 둡니까? "만일 네 눈이 너를 범죄하게 하거든 빼어 내버리라"(마 18:9).

그 다음에, 하나님의 진리에 대해 말없이 동의하고 시인했다고 해서, 이러한 우유부단한 신념과, 분명한 의무 이행을 회피한 잘못이 속죄되지 않는다는 점에 유의해야 합니다. 헤롯은 요한의 말에 경청하기를 좋아함으로써, 요한의 메시지에 순종하지 않는 것에 대해 일종의 벌충하고 있다고 아주 이상하게 생각하였습니다. 우리 가운데 기독교 신앙을 가졌다고 하면서, 말씀에 순종할 생각은 전혀 없이 듣기만 하는 사람들이 얼마나 많은지 모릅니다. 나는 여러분 가운데 내 설교에 찬성하거나 반대하기보다 아예 내 설교에 더 이상 관심이 없다고 생각하는 사람들이 얼마나 많은지 궁금합니다. 우리 가운데 얼마나 많은 사람들이, 우리 같이 보잘것없는 설교자들이 전한 복음을 듣고 일생 그리스도께 순종하고 그의 구원을 받아들이기보다 비평하는 일을 일삼아 왔는지 궁금합니다.

2. 우리는 헤롯에게서 부분적인 확신과 개혁이 전혀 효력이 없는 대표적인 예를 봅니다.

요한의 죽음에 대한 무서운 이야기를 다시 말할 생각은 없습니다. 그 사건에 대해서는 누가만큼 강력하게 말할 수 있는 사람은 없습니다. 여기서는 불쌍한 어린아이 살로메가 무희의 위치로 전락한 것, 흥분한 군주의 반쯤 술 취해서 부린 호기, 아주 어리고 춤의 열기로 아직도 볼이 붉은 아이의 입술에서 나온 무자비한 요청, 헤롯의 쓸모없는 슬픔, 악한 약속을 깨뜨리기를 주저하면서도 의인을 죽이는 것은 주저하지 않은 광적인 명예의식, 피 흘리는 머리를 선물로 자기 어머니에게 가져가는 여자아이의 소름끼치는 모습만을 이야기할 뿐입니다.

그러나 나는 정욕과 피가 범벅이 된 이 이야기에서, 한 가지 교훈을 끌어내고자 합니다. 여기서 우리는 이도저도 아닌 얼치기 신념이 결국 어디에 도달할 수 있는지에 대한 엄청난 예를, 사실이지만 극단적인 예를 봅니다. 우리가 도중에서 이 사람과 같이 어떤 것을 얻느냐 얻지 못하느냐 하는 것은 그리 중요하지 않았습니다. 내가 지적하고 싶은 것은, 그 사람을 그리로 데려온 과정입니다. 중요한 마지막 순간에 양심의 목소리가 잠잠해진 것은, 그렇게 오랫동안 양심의 목소리를 매수하였기 때문이었습니다. 이것은 언제나 그렇습니다. 사람이 지극히 하찮은 의무에 관하여 가지고 있는 지극히 미약한 신념에 성실하지 않는다면, 그는 이후로 훨씬 더 나쁜 사람이 됩니다. 우리가 마땅히 해야 하는 것으로 알고 있는 신념을 소홀히 할 경우에는, 반드시 우리 성품의 전체적인 품격을 떨어뜨리게 되고, 이전에는 우리가 몸서리치고 역겨워했을 악의 공격에 자신을 노출시키지 않을 수 없습니다. 잠시 날씨가 따듯해진 뒤에는 대체로 훨씬 추운 날씨가 이어집니다. 실패한 반란은 반드시 더욱 혹독한 폭정을 가져옵니다. 반쯤 녹았다가 다시 차가워진 영혼은 전보다 녹이기가 훨씬 더 어렵습니다. 그러므로 사랑하는 형제 여러분, 이 점을 기억하십시오. 여러분이 마땅히 되어야 하거나 행해야 하는 것을 생활과 행동에서 신속하고 온전히 이행하지 않는다면, 조만간에 큰 시험이 갑작스럽게 닥칠 경우 여러분이 어떻게 될지 알 수 없습니다. "당신의 개 같은 종이 무엇이기에 이런 일을 행하오리이까"(왕하 8:13). 그렇습니다. 그러나 그는 그 일을 했습니다. 이 오래된 지혜로운 격언은 갑자기 극단적인 악에 이르는 사람은 없다는 것을 말합니다. 한 번도 생각해 본 적이 없는 나락으로 사람을 떨어뜨리게 만드는 길을 걷게 되는 것은, 양심의 작은 충고들을 계속해서 무시한 결과입니다. 신념을 무시한다는 것은 머지 않아 갑작스럽게 악을 행하게 된다는 것을 의미합니다.

세례자 요한의 살해는 또 한 가지 사실을 예증할 수 있습니다. 즉 단순하고 유약한 성품이 어떻게 중대한 범죄의 원인이 될 수 있는지를 보여 줍니다. 헤롯은 세례자 요한을 죽이고 싶지 않았습니다. 요한을 어떻게 해서 든지 살려 두고 싶어 했습니다. 그러나 그는 단단히 결심을 하고서 "자, 내가 이미 말했다. 이 하나님의 선지자를 죽이는 일에 관해서는 더 이상 말하지 마라"고 말할 만한 사람은 되지 못했습니다. 그래서 헤로디아가 끊임없이 내놓는 제안과 바램이 마침내 무딘 돌에 구멍을 내었습니다. 그래서 헤롯은 하기 싫어했고 오랫동안 거부해 왔던 일을 행하고 말았습니다. 왜 그랬습니까? 그는 불쌍하고 유약한 인물이었기 때문입니다.

이 사실에서 배울 수 있는 교훈은 이것입니다. 여러분 가운데 특별히 젊은 사람들에게 강조하고 싶은 교훈입니다. 즉 우리를 선으로 이끌기보다는 악을 행하도록 부추기는 목소리가 많은 이 세상에서 유약하다는 것은 결국 악하게 된다는 것입니다. 그러므로 여러분은 "안 돼" 하고 말하는 건전한 습관을 기르고, 여러분의 양심을 괴롭히고 하나님께 죄를 짓게 만들 뿐인 것을 두려워하지 않도록 해야 합니다.

3. 다시 한 번 말하지만, 우리는 헤롯에게서 양심이 깨어나는 예를 봅니다.

예수님에 대한 논의가 갈릴리 해변가의 좁은 지역을 벗어나서 이야기되기 시작했을 때, 특별히 예수께서 사도들을 조직하기 시작하시고, 그리스도의 이름이 널리 퍼졌을 때, 궁정에까지 소문이 퍼졌고, 예수님에 대한 의견이 분분하였습니다. 어떤 사람은 예수님을 가리켜 엘리야라고 말하였고, 또 어떤 사람은 선지자 중의 하나라고 하였습니다. 그리고 "헤롯은 이는 내가 목베어 죽인 세례 요한이라 그가 죽은 자 가운데서 살아났으니 그러므로 이런 능력이 그 속에서 역사하는도다"(마 14:2) 하고 말하였습니다. 형제 여러분! 사람이 기억의 방으로 다시 돌아갔을 때 거기에 큰 일이든 작은 일이든 간에 잘못한 일이 있을 때, 그는 그 일을 아주 생생하게 기억하게 됩니다. 타기 쉬운 물건이 가득한 창고를 기억 속에 지니고 세상을 걷는다는 것은 무서운 일입니다. 거기에 불꽃이라도 하나 떨어지면, 시뻘건 불길이 타오를 것입니다. 우연한 어떤 일이 그런 불길을 일으킬 수 있고, 어떤 냄새나 얼굴 표정, 소리 혹은 하찮은 어떤 것이 죄를 범한 사람에게 그가 과거에 지은 악을 갑작스럽게 떠올릴 수가 있습니다. 그 악이 드러날 때는 아무리 시간이 지나갔어도, 그 공포가 줄어들지 않습니다. 갈고리 장대를 무심코 한 번 물속에 찔러보았는데 거기에 머리카락이 걸려서 섬뜩한 시체가 수면에 떠오릅니다. 오래된 어떤 성의 벽에 있는 단추를 우연히 누르자, 갑자기 문이 휙 열리면서 어두컴컴한 지하 동굴로 이어지는 길이 나타납니다. 여러분과 나는 마음속에 이런 동굴들이 있습니다. 그때에는 그 행위가 누구의 잘못이었는지가 아주 선명하게 나타납니다. 헤롯이 요한을 죽였을 때, 그는 말했습니다. "오, 내가 죽이지 않았어. 그를 죽인 건 헤로디아야. 그건 살로메야. 그건 내 맹세 때문이야. 내가 맹세하는 것을 들은 사람들을 생각하지 않을 수 없었어. 그렇게 하지 않을 수 없지만 그 일에 나는 책임이 없어." 그러나 "생각이 소리 없이 활동하다가" 그 행위가 그에게 떠올랐을 때, 살로메, 헤로디아, 맹세, 주변 사람들은 그의 시야에서 모두 사라졌고, 그는 "내가! 내가 그 일을 했어요" 하고 말했습니다.

바로 그것이 우리 모두가 어느 날, 어쩌면 이 세상에서, 그리고 다음 세상에서는 틀림없이 행하게 될 일입니다. 사람들은 변명, 핑계, 시험, 친구, 그와 같은 것들을 들먹이며 자신을 숨깁니다. 오늘날 철학자들은 아주 많은 학문적인 설명으로 궤변을 늘어놓는데, 그런 설명은 사람이 자기가 행하는 잘못에 대해 책임을 져서는 안 된다는 것을 보여 주는 경향이 있습니다. 그러나 양심이 깨어나면, 그런 모든 쓰레기 같은 말들은 불타 없어지고, 그 일을 행한 자는 "내가 그를 목베었다"고 말합니다.

그리고 저 세상에서는 반드시, 죽은 자들 가운데서 일어난 우리의 악한 행실들에 둘러싸이게 될 것이고, 그 행위들 하나하나가 피투성이가 된 머리카락을 흔들며 우리에게 와서 "네가 이 일을 했어" 하고 말할 것입니다.

4. 이 헤롯의 일생에서 보는 마지막 교훈은, 이 얼치기 신념들이 일으키는 결정적인 무감각입니다.

빌라도는 예수 그리스도를 일종의 화목제물로서 헤롯에게 보냈습니다.

두 사람이 그동안은 재판권의 문제로 말다툼을 해 왔습니다. 그래서 한편으로는 정체를 알 수 없는 이 죄수를 다루어야 하는 곤혹스러움을 피하기 위해서, 그리고 또 한편으로는 정치적 예의로 빌라도는 예수가 헤롯의 재판권에 속해 있다는 이유 때문에 헤롯에게로 보냅니다. 이 두 불한당 가운데 한 사람이, 사람과 천사들의 주되신 그리스도를 다른 사람에게 보내는 것을 정치적 예의로 이용하는 것을 한 번 생각해 보십시오!

그리스도께서 헤롯 앞에 서실 때, 부분적인 것이든 온전한 것이든 이전에 가졌던 그의 모든 신념들과, 피상적인 것이든 깊은 것이든 그의 모든 두려움이 이 경박한 사람의 영혼에서 깨끗이 사라져 버린 것에 주목할 필요가 있습니다. 이제 그가 느끼는 것이라곤, 이 유명한 사람을 앞에서 보게 되었다는 어린애 같은 기쁨과, 예수가 자기를 즐겁게 해 주기 위해 어떤 기적이라도 일으키기를 바라는 희망뿐입니다. 그는 마치 마술사가 재주 가운데 하나를 보여 주는 것을 기대했을지 모릅니다! 바로 이것이 요한을 죽인 자가 결국에 이른 곳입니다. 예수에게서 아무것도 볼 수 없는 무감각에 이른 것입니다.

"그가 여러 말로 물으나 아무 말도 대답하지 아니하시니." 헤롯은 예수님의 입에 자물쇠를 채웠습니다. 어째서 그렇습니까? 주님은 자신이 친히 명한 일을 행하고 계셨습니다. "거룩한 것을 개에게 주지 말며 너희 진주를 돼지 앞에 던지지 말라"(마 7:6). 예수께서는 아무 말도 하지 않으셨습니다. 무슨 말을 하는 것이 아무 소용이 없는 줄 아셨기 때문입니다. 그래서 말하는 것이 본성이고 특성이신 성육신 하신 말씀이, 그동안 자신의 깊은 신념들에게 성실하지 않은 사람의 경박한 호기심 앞에서 침묵을 지키셨습니다.

형제 여러분, 이것은 우리 가운데서 거듭거듭 반복되는 일을 보여 주는 비유입니다. 예수 그리스도께서는 무덤 이편에 있는 사람에게는 누구에게나 항상 침묵하신다고 말하는 것이 아닙니다. 그러나 나는, 우리 가운데 누구든지 그리스도의 말씀에 대해 이런 무감각의 상태에 가까이 다가갈 수 있고, 그 상태에 이르는 가장 확실한 길은 우리를 그리스도에게로 인도

하는 신념들을 억제하거나 무시하는 것이라는 말을 하지 않을 수 없습니다. 요한은 그리스도의 선구자였습니다. 그러므로 헤롯이 요한의 말에 귀를 기울였더라면, 요한은 그에게 "하나님의 어린양을 보라"고 말해 주었을 것입니다. 여러분에게 바로 그 말씀을 드립니다. 여러분이 이 하나님의 어린양을 여러분의 죄를 위한 희생 제사로, 여러분의 기억과 양심을 고치고 깨끗케 하시는 분으로, 여러분이 즐거이 모든 희생을 감수하고라도 의무를 이행할 수 있게 하고, 그리스도의 자비한 손이 여러분 마음에 쓰는 모든 신념을 실행할 수 있게 만들 조력자로 받아들이시라고 간절히 권합니다.

사랑하는 교우 여러분, 여러분 가운데 오늘 처음 이 자리에 왔고, 내 설교를 별로 듣지 못한 많은 분들에게 간곡히 권합니다. 우리 가운데 어느 누구도 "달게 듣기만" 하지 마십시오. 제 설교가 가르치는 바를 행하고, 구주 그리스도를 따르도록 하십시오. 아무리 부족하게 전할지라도 복음이 선포되고 있는 동안에 여러분이 지금 복음을 듣고서도, 그리고 여러분이 지금 행하고 있는 대로 복음을 무시한다면, 여러분은 자신의 눈에 막을 또 한 꺼풀 씌워서 아무 빛도 보지 못하게 될 것입니다. 여러분은 마음에 울타리를 또 한 겹 쳐서 성령의 검이 뚫지 못하게 될 것입니다. 여러분은 귀에 마개를 또 하나 틀어막아서 그리스도의 아름다운 목소리를 전혀 듣지 못하게 될 수 있습니다. 여러분은 마땅히 해야 하는 것으로 알고 있는 바를 행하십시오. 여러분 자신을 그리스도에게 복종시키십시오. 지금 설교에서 어떤 감동을 받고 있는 동안에 그렇게 하십시오. 그 감동을 그냥 내버려 두어서 다시는 돌아오지 않는 일이 생기지 않도록 하십시오. 벨릭스는 바울이 권하였을 때 떨었습니다. 그러나 그는 그 사자와 전하는 메시지를 손을 흔들어 내쫓았습니다. 그는 종종 사람을 보내어 바울을 불러오고, 그와 대화를 나누었지만 더 이상 떨지는 않았습니다. "사람의 일에는 물이 범람할 때 타는 조수가 있다." 그 조수를 타면 우리는 그리스도 안에서 안식하게 되는 항구에 이르게 될 것입니다. 그 조수를 그냥 흘려보내면, 우리는 암초들 가운데 난파되어 꼼짝 못하고 갇혀 있게 될 것입니다.

88
예수와 빌라도

"¹³빌라도가 대제사장들과 관리들과 백성을 불러 모으고 ¹⁴이르되 너희가 이 사람이 백성을 미혹하는 자라 하여 내게 끌고 왔도다 보라 내가 너희 앞에서 심문하였으되 너희가 고발하는 일에 대하여 이 사람에게서 죄를 찾지 못하였고 ¹⁵헤롯이 또한 그렇게 하여 그를 우리에게 도로 보내었도다 보라 그가 행한 일에는 죽일 일이 없느니라 ¹⁶그러므로 때려서 놓겠노라 ¹⁸무리가 일제히 소리 질러 이르되 이 사람을 없이하고 바라바를 우리에게 놓아 주소서 하니 ¹⁹이 바라바는 성중에서 일어난 민란과 살인으로 말미암아 옥에 갇힌 자러라 ²⁰빌라도는 예수를 놓고자 하여 다시 ²¹그들에게 말하되 그들은 소리 질러 이르되 그를 십자가에 못 박게 하소서 십자가에 못 박게 하소서 하는지라 ²²빌라도가 세 번째 말하되 이 사람이 무슨 악한 일을 하였느냐 나는 그에게서 죽일 죄를 찾지 못하였나니 때려서 놓으리라 하니 ²³그들이 큰 소리로 재촉하여 십자가에 못 박기를 구하니 그들의 소리가 이긴지라 ²⁴이에 빌라도가 그들이 구하는 대로 하기를 언도하고 ²⁵그들이 요구하는 자 곧 민란과 살인으로 말미암아 옥에 갇힌 자를 놓아 주고 예수는 넘겨 주어 그들의 뜻대로 하게 하니라 ²⁶그들이 예수를 끌고 갈 때에 시몬이라는 구레네 사람이 시골에서 오는 것을 붙들어 그에게 십자가를 지워 예수를 따르게 하더라"

눅 23:13-26

여기서 누가는 빌라도와 유대인들 사이에서 벌어진 싸움을 세 단계로 나누어서 묘사합니다. 빌라도는 세 번에 걸쳐서 예수님을 방면하려고 했습니다. 그리고 유대인들은 세 번에 걸쳐서 예수께 대한 집단적인 적의를 소리쳐 표명하며 그의 피를 요구하였습니다. 그리고 나서 빌라도가 그들의 요구에 수치스럽게 굴복하였습니다. 그는 정치적인 동기를 가지고 이렇게 굴복함으로써, 자기 이익을 위해 로마의 정의를 팔아 버렸습니다. 그는 난폭한 식민지 백성들을 기쁘게 해주려고 보잘것없는 한 유대인을 고의로 희생시켰고, 그렇게 함으로써 그는 모르는 가운데 하나님의 그리스도를 죽였습니다.

1. 공의를 시행하려고 한 첫 번째 연약한 시도.

빌라도는 모든 계층, 곧 "대제사장들과 관리들과 백성을" 모으는 대표 회의를 소집함으로써 그 일을 시행하는 데 어떤 격식을 갖추었습니다. 자기들이 메시야를 죽음에 처하게 할 것인지 아닌지를 엄숙하게 결정하기 위해 온 국민이 소집되었고, 로마의 총독이 그들을 소집하였습니다. 확실히 운명(혹은 섭리의) 역설은 그 이상으로 나갈 수 없었습니다. 빌라도가 말하는 순간에 이르기까지의 절차에 대한 개략적인 설명을 보면, "너희"와 "내가" 그리고 "헤롯"의 의견 사이에 나타는 현저한 대비에서 일종의 풍자가 드러납니다. 그것은 거의 이렇게 말한 것이나 같았습니다. "아니, 당신들이 나나 헤롯보다도 반역의 냄새를 더 빨리 맡는다니 놀라운 일이요!" 빌라도는 이 "관리들"이 로마 권력의 열렬한 옹호자라는 새 역할을 떠맡게 된 동기가 의심스러웠고, 그들의 그런 특이한 탈바꿈 밑에 깔려 있는 저의를 즉각 의심하였던 것이 분명합니다. 유대인들이 가이사에게 반역을 하였다는 이유로 한 유대인을 자기에게 넘겨 주고 있는데, 거기에는 분명히 무엇가가 있다고 그는 생각했습니다! 빌라도는 고발당한 사람을 자신이 조사한 사실을, 그들이 들었다는 점을 힘주어 말합니다. 그것은 자신이 그 문제를 철저히 조사하였고, 고발한 내용이 그들이 알고 있는 것과 상관이 없었다는 것을 보여 주는 말입니다. 그는 자기가 예수님을 헤롯에게 보낸 것은 비열하게 책임을 회피하고 적에게 공허한 찬사를 보내려고 하기보다는, 할 수 있는 대로 철저히 조사를 하려는 고상한 동기에서 그렇게 했다고 설명합니다. 그는 예수가 무죄하다는 확신을 거듭 말을 합니다. 그리고 나서 소송 사건을 사법적으로 공명정대하게 처리하려고 노력하였음을 이같은 말로 장황하게 설명한 후에, 그는 "그를 때려서 놓겠다"고 제의하는 어설프고 무력한 결정을 내립니다.

무엇 때문에 그렇게 했습니까? 죄수의 무죄를 확신하는 재판장이 취해야 할 방침은 그를 방면하는 것뿐입니다. 그러나 고발하는 자들에게 이것은, 이보다 적은 형벌이라도 그들을 만족시킬 것이라는 기대를 가지고 제안하는 뇌물이었습니다. 빌라도는 자신이 그같은 제안으로 터무니없는 불의를 행하고 있다는 것을 알았습니다. 그래서 그는 점잖은 말을 사용하여 그 사실을 숨기려 하였습니다. "때린다"는 말은 거의 자비를 베푼다는 듯하게 들리지만, 그런 말을 사용한다고 해서 그 채찍질이 덜 잔혹해진다거나, 그 형벌이 덜 불법적이 되는 것은 아닐 것입니다. 협상은 언제나 다루기가 어려운 문제입니다. 그러나 정의와 불의 사이의 타협은 이행하기가 가장 어려울 것입니다. 이 타협은 현저하게 실패했습니다. 맹렬하게 예수님을 고발하는 자들은, 자기들의 제안 자체가 약점이 있고, 그 제안을 자기들이 받아들일 수 있는지 자문할 때도 약하다는 것을 금방 알아차렸습니다. 로마 총독이라면 그 제안에 그렇게 말하지 않았어야 합니다. 압력을 가했더니 철벽이 그만큼 기울어졌다면, 조금만 더 압력을 가하면 그 벽은 완전히 무너지게 해서 자기들의 희생물을 제거할 수 있을 것입니다.

빌라도는 결단력이 약하고 자기가 원하는 바가 무엇인지 알지 못하고 흔들렸습니다. 그는 정의를 시행하고자 했으나, 일을 무마하는 쪽을 더 원했습니다. 그는 로마에 고발당하는 것을 몹시 싫어하고 두려워했기 때문입니다. 다른 쪽은 자기들이 원하는 것을 알았고, 결의가 확고하였습니다. 그들은 빌라도가 주저하는 것을 보고 용기를 얻어, "일제히 소리 질렀습니다." 빌라도는 수많은 사람들이 외치는 거슬리는 소리, 곧 바라바를 선택한 데서 스스로의 생각을 드러내는 자기 파멸적인 외침을 듣습니다. 바라바는, 그가 반역자라는 바로 이유로 대중적인 영웅이었습니다. 바라바는, 자기의 팬들이 예수께서 행했다고 고발하는 바로 바로 그 일, 빌라도가 판단해서 예수를 처리하기를 바라는 체 하는, 바로 그 일을 행했습니다. 유대인들이 바라바를 놓아줄 것을 택했다는 것은, 예수께 대한 고발이 거짓이고 허구임을 입증합니다. 그들은 예수님과 같은 메시야를 원하지 않았습니다. 예수님의 인품의 아름다움을 볼 눈이 없었고, 예수님의 입에서 나오는 은혜로운 말씀을 들을 귀가 없었습니다. 그들은 "살인자"를 두려워하지 않았고, 반역자에 대해 크게 감탄해 마지않았습니다. 바라바는 자기들이 마음으로 원하는 바를 추구해 주는 사람이었습니다. 예수님을 거절하고 바라바를 선택할 수 있는 나라는 멸망받기에 적합할 뿐입니다. 국가는 어떤 영웅을 선택하느냐에 따라 스스로가 어떤 국가인지가 드러납니다. 국가의 이상은 국가의 성격을 형성하는 힘이 있습니다. 오늘날 우리는 전투적인 영웅을 기리기 때문에 깊은 나락으로 떨어지고 있습니다. 예수님을 거절하고 바라바에게 갈채를 보낸 군중이나, 성공한 군인에게 환호하며 그리스도의 법을 경멸하는 군중은 별반 차이가 업습니다.

2. 둘째로 그보다 더 약한 시도.

빌라도가 예수님을 놓아줄 것을 다시 제안했으나, 그 말은 무리들의 증오의 외침 속에 묻히고 말았을 뿐입니다. "빌라도가 말한"(20절) 것과 "무리가 소리 지른" 것 사이의 대비를 볼 필요가 있습니다. 그것은 빌라도의 나약한 노력이 군중들의 광포한 행위가 밀려오자 쓸려가 버렸음을 보여줍니다. 무리들은 빌라도가 주저하는 것을 보고 더 용기를 내어 이제는 그리스도를 처형하는 방식까지 지시하고 있습니다. "십자가에 못 박으라"는 끔직한 말이 여기서 처음 나오기 시작합니다. 마태와 마가의 기록에 따르면 제사장들과 관리들이 사람들이 바나바를 택하도록 "권하였다"는 것을 알 수 있습니다. 그런데 군중들이 일단 선동이 되고 나자 더 이상 자극할 필요가 없었습니다.

군중은 언제나 무자비하고, 또 무자비한 만큼 변덕스럽습니다. "호산나"를 목청껏 외친 지 한 주일도 지나지 않아서 그렇게 외쳤던 바로 그 사람들이 이제는 "그를 십자가에 못 박게 하소서"하고 목이 쉬도록 소리 지릅니다. 예수님이 오시는 길에 뿌렸던 나무 가지들이 시들만큼의 시간도 지나지 않았습니다. "백성의 목소리가 하나님의 소리이다." 때로 맞는 말입니다. 그러나 백성의 목소리가 꼭 하나님의 적의 소리처럼 들리는 때가 있습니다. 백성의 목소리가 그처럼 자주, 그리고 그처럼 빨리 여러 번에 걸쳐서 뿐만 아니라 다양한 "방식"으로 말하지 않았더라면, 그 목소리에 더 확신을 가질 것입니다. 사람들의 목소리를 사람의 공과를 결정하는 요소로 삼는 것, 더욱이 대중적인 숨결의 미풍을 붙잡기 위해 사람의 경력을 보기 좋게 치장하는 것은, 어리석은 일이거나 그보다 더 악한 일입니다. 사람들은 자기와 닮은 점이 있거나 닮고자 하는 바를 칭찬하기 마련인데, 사람들에게 바나바는 예수님보다 그런 요소가 더 많았습니다.

3. 마지막 굴복.

빌라도가 그토록 오래까지 노력을 기울였다는 것은 그에게 명예로운 일입니다. 누가는 "세 번째"라는 말로써 유대인들의 굳은 결심뿐 아니라 빌라도의 고집을 인상깊게 보여 주려고 합니다. 세 번의 기회가 그들에게 주어졌고, 그들은 세 번에 걸쳐 파멸을 피할 수 있는 기회를 버렸습니다. 그러나 빌라도의 고집에도 약점이 있었습니다. 그는 자기 식민지 백성을 두려워하였습니다. 예수를 구하려고 하였지만, 위험을 감수하면서까지 그렇게 할 생각은 없었습니다.

빌라도는 판결 선고를 더 이상 피할 수 없는 지경에 처하게 되었습니다. 관리들은 자기들의 법에 따라 예수님을 재판하기를 거부하였습니다. 헤롯은 판결을 내리지 않고 고맙다는 표시와 함께 예수님을 돌려보냈습니다. 유대인들은 예수님을 풀어 주기를 원치 않고 바라바를 풀어 주려고 했고, 예수님을 십자가에 못 박는 대신 채찍질하는 것을 받아들이려고 하지 않았습니다. 그래서 그는 두려워하지 말고 공정하게 재판을 하든지, 아니면 순간적인 갈채에 머리를 숙이고 영원한 공포를 그 대가로 치르든지 결정해야 했습니다. 누가는 이 세 단계 모두에서 유대인들이 큰 소리로 외치는 것에 주의하고, 그는 이 마지막 단계에서 그들의 외침을 특별히 더 강조합니다. "그들의 소리가 이긴지라." 재판장에게는 참으로 수치스런 죄의 선고가 아닐 수 없습니다! 빌라도는 "그들이 구하는 대로 하기를 언도"하였습니다. 재판장으로서 이보다 더 비열할 수는 없었습니다. 누가는 바라바의 성격을 다시 묘사함으로써 유대인들의 선택의 가증함을 한 번 더 드러냅니다. "그들이 구하는 대로"라는 비극적인 말이 이 재판장의 언어도단의 불의와, 유대인들의 훨씬 더 큰 죄악을 섬뜩하게 보여 줍니다. 예수님을 유대인들이 원하는 대로 넘겨 주는 것은 비열한 일이었습니다. 예수님에 대한 유대인들의 그러한 "뜻"을 받아들이는 것은 단지 비열한 정도가 아니었습니다. 그것은 "유대인들과 온 이스라엘을 망하게 하는 것"(대하 28:23)이었습니다. 이 세상과 내세에서의 우리의 모든 삶은 그리스도께 대한 우리의 "뜻"이 어떤 것인가에 달려 있습니다.

89
십자가 위에서 하신 말씀

"³³해골이라 하는 곳에 이르러 거기서 예수를 십자가에 못 박고 두 행악자도 그렇게 하니 하나는 우편에, 하나는 좌편에 있더라 ³⁴이에 예수께서 이르시되 아버지 저들을 사하여 주옵소서 자기들이 하는 것을 알지 못함이니이다 하시더라 그들이 그의 옷을 나눠 제비 뽑을새 ³⁵백성은 서서 구경하는데 관리들은 비웃어 이르되 저가 남을 구원하였으니 만일 하나님이 택하신 자 그리스도이면 자신도 구원할지어다 하고 ³⁶군인들도 희롱하면서 나아와 신 포도주를 주며 ³⁷이르되 네가 만일 유대인의 왕이면 네가 너를 구원하라 하더라 ³⁸그의 위에 이는 유대인의 왕이라 쓴 패가 있더라 ³⁹달린 행악자 중 하나는 비방하여 이르되 네가 그리스도가 아니냐 너와 우리를 구원하라 하되 ⁴⁰하나는 그 사람을 꾸짖어 이르되 네가 동일한 정죄를 받고서도 하나님을 두려워하지 아니하느냐 ⁴¹우리는 우리가 행한 일에 상당한 보응을 받는 것이니 이에 당연하거니와 이 사람이 행한 것은 옳지 않은 것이 없느니라 하고 ⁴²이르되 예수여 당신의 나라에 임하실 때에 나를 기억하소서 하니 ⁴³예수께서 이르시되 내가 진실로 네게 이르노니 오늘 네가 나와 함께 낙원에 있으리라 하시니라 ⁴⁴때가 제육시쯤 되어 해가 빛을 잃고 온 땅에 어둠이 임하여 제구시까지 계속하며 ⁴⁵성소의 휘장이 한가운데가 찢어지더라 ⁴⁶예수께서 큰 소리로 불러 이르시되 아버지 내 영혼을 아버지 손에 부탁하나이다 하고 이 말씀을 하신 후 숨지시니라"

눅 23:33-46

십자가에 못 박히신 일을 묘사하는 모든 이야기의 차분한 어조는 아주 놀랄만합니다. 복음서 기자마다 감정의 흔적을 보이지 않은 채, 사실을 있는 그대로 기록하는 데만 마음을 씁니다. 마지막 순간까지 마음에 사랑과 신앙의 열정을 일으키게 되어 있는 이야기는, 일체 윤색하는 일이 없이 사실대로 이야기하는 것이 적합하였습니다. 우리는 이 기사를 냉랭하게 읽지 않도록 주의해야 합니다! 본문은 거기에 대해서 의견을 말하라고 하는 것이 아니라 "이 모든 것은 나를 위해 전해졌다"는 생각을 가지고, 홀로 깊이 생각하기에 적합한 기사입니다. 그러나 공손한 태도로 한 두 마디는 할 수 있을 것입니다.

누가의 설명은 다른 세 복음서 기자의 설명과는 두드러지게 다릅니다. 그리스도의 세 마디 말씀을 중심으로 누가의 이야기가 집중적으로 전개되는데, 이 세 마디 말씀은 누가만 보존하고 있습니다. 그리스도의 십자가를 중심으로 기록되어 있는 이 세 마디 말씀을 중심으로 전체 이야기를 정리해 보면, 우리는 누가가 자신도 모르게 받아들였고 전달하고자 한 지배적인 인상을 가장 잘 파악하게 될 것입니다.

1. **첫 마디 말씀은 예수님을 지극히 자비로운 중보자이시요 죄인의 오래 참으시는 친구이심을 나타냅니다.**

이 말씀은 군인들과 관리들의 무정한 학대와 조롱을 자세히 열거하는 단락(33-38절) 한 가운데서 의미심장하게 나옵니다. 학대와 경멸, 주님의 고난에 대한 사람들의 잔인한 기쁨에 둘러싸인 가운데서 주님은 맞서서 욕을 하지 않으시고, 고통으로 인한 신음소리 하나 내지 않으시며, 지극히 옅은 분노조차 일으키시지 않은 채, 오히려 그 악한 비극에 참여한 모든 사람에게 동정의 마음을 비치십니다. 주님은 불평하거나 욕하는 일에 "입을 열지 않으셨고" 중보 기도를 하는 일에 입을 여셨습니다. 그러나 이 놀라운 기도를 듣고도 양심의 가책을 받는 사람이 아무도 없었고, 오히려 기도가 끝나자 조롱과 야만적인 승리의 말이 전에와 같이 쏟아졌습니다.

누가는 이 모든 세부적인 이야기들을 요약하듯이 함께 모으는데, 어느 하나를 길게 언급하지 않고 하나하나 쌓아올리듯이 이야기합니다. 그로 인한 결과는, 마치 외로운 바위에 파도가 끊임없이 와서 부딪히는 것 같고, 공성(攻城) 망치로 성벽을 치는 것과 같은 것입니다.

"사람들이 예수를 십자가에 못 박고"(개역개정에는 "사람들이"라는 말이 생략되어 있음 — 역주). 여기서 "사람들이" 누구인지는 말할 필요가 없습니다. 그 일을 행한 군인들 말고, 다른 사람들도 바로 그 일을 행하였습니다. 모욕을 하려는 뜻으로 예수님을 두 범인과 함께 십자가에 못 박았고, 명예를 나타내는 한 가운데 자리에 유대인의 왕이라는 팻말을 달았습니다. 군인의 의무에 대한 실제적인 무관심과 부끄러운 줄 모르는 탐욕 때문에, 로마 군인들은 살아 있는 사람에게서 벗겨낸 옷을 차지하려고 제비를 뽑았습니다. 또 한 사람의 유대인을 십자가에 못 박는 것이나 두 명의 유대인을 십자가에 못 박는 것이 그들에게 무슨 상관이 있었겠습니까? 저속한 마음에 그처럼 강하게 자리 잡고 있는 호기심과, 끔찍한 것에 대한 묘한 집착으로 인해, 사람들은 호산나를 외친지 한 주도 채 지나지 않은 이 시점에, 극히 소수의 몇 사람을 제외하고는 아무 동정심도 없이 그 광경을 지켜보았습니다.

관리들의 지독한 미움과, 이단자를 없애 버리는 것에 대해 갖는 비인간적인 기쁨으로 인해, 그들의 죄가 더욱 두드러지게 되었습니다. 그들은 조롱을 하는 가운데 예수께서 "남을 구원하였다"는 것을 인정하였으면서도, 미움 때문에 눈이 멀어 예수께서 자신을 구원하기 위해 능력을 사용하시지 않는다는 사실에서, 그가 하나님의 아들이심이 뚜렷이 드러나는 것을 볼 수 없었습니다. 예수께서는 자신을 비웃는 이 랍비들과 모든 세상을 구원하시려고 하였기 때문에 스스로를 구원하실 수 없었습니다. 거친 군인들은 예수께 대해 아는 것이 거의 없으면서도 남들이 하는 대로 따랐습니다. 이들은 동정하는 마음으로 준비한 "신 포도주"를 왕에게 하듯이 공경하는 흉내를 내며 예수님께 가져다주는 것을 최고의 조롱으로 생각하였습니다. 그런 행위는 십자가 위에 붙인 팻말처럼 이중으로 조롱하는 처사였습니다. 왜냐하면 그 행위는, 자칭 왕이라고 하는 이 사람과, 그의 신하들이라고 하는 사람들 모두에게 상처를 주기 위한 것이었기 때문입니다.
　이 모든 것에 대한 그리스도의 유일한 답변은 영원히 기억할 만한 기도였습니다. 용감하게 십자가 곁에 서있던 여인들 가운데 한 사람이, 틀림없이 낮은 소리로 드렸을 그 간구를 들었을 것입니다. 이 기도는, 누가가 특별히 그리스도의 성품 가운데 결코 빠뜨릴 수 없고, 언급하기를 좋아하는 면을 많이 보여 주었습니다. 이 점은 여기서 다룰 수 없는 큰 문제들을 많이 노출시킵니다. 모든 죄에는 무지의 요소가 들어 있지만, 오늘날 몇몇 선생들이 주장하듯이 죄가 순전히 무지인 것은 아닙니다. 그 무지가 완전한 무지였다면, 죄가 존재하지 않았을 것입니다. 주님의 이 기도의 풍성한 주름으로 가려지는 사람들은 무지의 정도가 각각 달랐고, 무지를 지식으로 바꾸는 기회를 갖는 것도 각각 달랐습니다. 이 점에서 군인들과 관리들은 각각 다른 위치에 있었습니다. 그러나 이들 가운데 어느 누구도 죄가 없다고 말할 수 있을 만큼, 완전히 무지한 사람은 없었고, 그리스도의 동정이나 그리스도의 중보 기도의 능력이 미치는 범위를 벗어날 만큼 완전한 사람도 없었습니다. 이 기도에서 우리는, 예수님 자신에게 퍼부어진 모욕과 불신앙에 대한 주님의 무한한 용서를 배울 뿐만 아니라, 하늘 아버지께서 언제나 그 기도를 들으시는 중보자로서 그의 높아지심도 배웁니다.

2. 두 번째 말씀에서는 그리스도께서 죽은 자들이 거하는 보이지 않는 세계인 하데스의 열쇠를 가지고 계신 분으로 계시됩니다.

　동일한 환경이라도 성격이 다르면 어떻게 다르게 작용하는지 모릅니다! 한 행악자는 육체적 고통과 절망 가운데 있으면서 예수님을 조롱하는데서 순간적인 위안을 얻었습니다. 그는 함께 십자가에 달린 자의 도덕적으로 죄없음을 보고서, 죄악된 마음에서 미움이 일어나 고문 때문에 메마른 입으로 조롱을 하였습니다. 다른 행악자는 형벌을 통해서 자기 행위의 마땅한 보응으로 형벌을 받는다는 것을 깨닫게 되었고, 그래서 마음이 누그러졌으며 그리스도의 기도에 감동을 받았고 그리스도의 죄없으심을 알고서 그리스도께 고통을 가하는 자들에게 베풀어지는 동일한 자비를 자기도 받을 수 있기를 소망하였습니다.

그 순간에 죽어가는 강도는, 제자들 중 어느 누구보다도 그리스도께서 그의 나라를 가지고 오실 것을 분명히 믿었습니다. 제자들은 그리스도께서 아무 저항 없이 십자가에 달려서 점차 죽어가는 것을 보면서 그들의 소망이 무너지고 있었습니다. 그러나 이 사람은, 예수님과 자신에게 그처럼 가까이 다가온 죽음 너머를 보았고, 그리스도께서 죽음 이후에 오셔서 통치하실 것임을 믿었습니다. 우리는 이 사람이야말로 그 당시 그리스도에게 붙어 있는 유일한 제자였다고 말할 수 있을 것입니다.

"나를 기억하소서"라는 그 간구는 참으로 애처롭습니다! 이 말은 그리스도의 십자가에 참여하였다는 사실 위에다 그리스도의 왕권에 참여한다는 소망을 세우는 것입니다. "이 어두운 시간은 지나갈 것인데, 주는 이 어두운 시간에 같이 있던 주의 동무를 잊지 마소서." 회개와 순종이 결합된 그런 신뢰와 붙잡음이 보상 없이 지나갈 수는 없을 것입니다.

십자가에 달려 계시면서 예수께서는 그 어두운 세계의 군주로서 왕답게 말씀하십니다. 주님의 약속은 "내가 진실로 네게 이르노니"라는 왕의 친서로 보증됩니다. 이 말씀은 미래를 분명히 볼 수 있는 능력이 있다는 것뿐만 아니라, 미래를 결정할 권위도 가지고 계심을 주장하는 것입니다. 이 말씀은 사람의 인격이 중단 없이 계속됨을 선언하고, 사람이 의식할 수 있는 복된 상태의 실재를 드러내는 표현입니다. 그 상태에 들어가면, 사람들은 자기들이 그 영역의 주이시고, 그곳에 거하는 자들의 생명이신 주님과 연합되어 있음을 압니다. 주께서는 이 말씀으로써 회개하는 자의 간구를 은혜롭게 받아들이시고, 십자가 위에서 시작된 교제가 거기에서도 계속될 것이라고 그에게 보장하십니다. "나와 함께"라는 말씀이, 영혼이 어디에 있든지 그곳을 "낙원"으로 만듭니다.

3. 세 번째 말씀은, 예수님을 신뢰하여 자기들을 아버지의 손에 평안히 맡기는 모든 사람들에게 예수님은 죽음을 이기시는 분으로, 계시됩니다.

그리스도의 죽음을 둘러싼 주변 환경이, 그 죽음이 지닌 의미의 다양한 면을 드러냅니다. 이 말씀을 하시기 직전에 일어난 어둠은 주께서 죽으시기 전에 일어났습니다. 이 어둠은 "어찌하여 나를 버리셨나이까"라는, 다 헤아릴 수 없이 깊고 두려운 외침에서 나타난, 버림당했다는 주님의 의식과 관계가 있었습니다. 휘장이 한가운데가 찢어진 것은, 우리가 그리스도의 죽으심으로 말미암아 하나님 앞에 자유롭게 나아갈 수 있음을 상징하는 것으로 보통 이해합니다. 그러나 그것이 더럽혀진 성전을 하나님께서 떠나는 것을 나타내는 것이 아닌지, 그래서 "이 성전을 헐라"는 의미심장한 말씀이 성취되었음을 표시하는 것은 아닌지 생각해 볼 만한 일입니다.

그러나 이 부분의 중심점은 이 마지막 외침입니다. 주께서 큰 소리로 외치셨다는 것은 십자가형에 의한 죽음에 일반적으로 따르듯이, 탈진 상태에 계시지 않았다는 것을 나타냅니다. 이것은 예수님의 말씀에서나 예수님의 죽음에 대한 복음서 기자의 표현에서나 다같이, 주께서 죽으신 것은 주님의 체력이 더 이상 생명을 연장시킬 수 없었기 때문이 아니라, 주께서 스스로의 의지로 죽음을 결행하셨기 때문이라는 분명한 표시들을 보는 견해를 확증합니다. 주께서는 죽기로 결심하셨기 때문에 죽으셨고, 사람들을 사랑하시고 구원하려고 하셨기 때문에 죽을 결심을 하셨습니다. 그것은 성 베르나르(St. Bernard)가 이같이 말하는 것과 같은 것입니다. "원할 때 이처럼 쉽게 잠드는 분은 누구신가? 죽는다는 것은 참으로 큰 연약함이다. 그런데 이렇게 죽는 것은 헤아릴 수 없이 큰 능력이다. 진실로 하나님의 약한 것이 사람보다 강하다"(고전 1:25).

또한 우리는 예수께서 이렇게 죽으시는 가운데서 우리에게 모방할 수 없는 주님의 능력을 계시하셨을 뿐 아니라 본받을 수 있는 모범을 보여 주기도 하셨다는 점을 잊지 않도록 합시다. 왜냐하면 우리가 살든지 죽든지 자신을 그리스도께 맡기면, 발버둥 쳐봐야 소용이 없는 강력한 손아귀에 끌려 머물고 싶은 세상에서 억지로 끌려 나가지 않을 것입니다. 그보다는 우리는 자진해서 하나님 아버지 손에 우리를 맡길 수 있습니다. 그러면 하나님 아버지께서는 그 자녀를 부드러운 손길로 자기 곁으로 데려가시고, 그때는 하나님의 더 충만한 임재로 자녀들을 복되게 하실 것입니다.

90
죽어가는 강도

"이르되 예수여 당신의 나라에 임하실 때에 나를 기억하소서 하니"

눅 23:42

그리스도의 사역을 옛날부터 세 부분으로 곧 선지자, 제사장, 왕의 사역으로 나누어왔습니다. 그런 구분이 분명히 존재하지만, 주님의 각각의 행동이 이 분리된 기능들을 동시에 이행한다고 생각하거나, 주님께서 어떤 직분의 기능을 새로 시작하게 될 때는, 그 전(前)의 기능은 그친다고 생각한다면, 그리스도의 이 사역을 과대평가하거나 그 사역에 대한 진술을 과장하는 것이 될 수 있습니다. 그보다는 그리스도의 모든 사역은 선지자적이고, 그의 모든 사역은 제사장적이라고 보아야 하고, 또 선지자요 제사장으로서 행하는 그리스도의 사역은 그의 왕적 권위의 발휘라고 말하는 것이 옳습니다. 그러나 이 구분은 옳은 것이고, 우리가 그리스도의 사명과 죽음의 폭넓은 은혜를 분명하고 명확하게 보도록 도와줍니다. 십자가를 중심으로 기록된 이 세 마디 말씀, 즉 "예루살렘의 딸들"에 대해 하신 말씀과, 조롱하는 서기관들과 무심한 군인들에 대해 하신 말씀, 그리고 이 두 강도 가운데 한 사람에 대해 하신 말씀, 이 중에서 마지막 말씀에 대해 우리가 지금 말하고 있습니다. 이 세 마디 말씀 각각은, 그리스도를 이 세 직분 가운데 한 분으로 우리에게 보여 줍니다. 그리스도께서 십자가 위에서 자신에 대해서보다는 다른 사람들과 관련해서 하신 말씀들은, 그리스도 사역의 이 세 가지 면을 중심으로 모아 볼 수 있고, 그 면에서 정리해볼 수 있습니다. 이 선지자께서는 "예루살렘의 딸들아 나를 위하여 울지 말고 너희와 너희 자녀를 위하여 울라"고 말씀하셨습니다. 제사장이신 그리스도께서는 "아버지 저들을 사하여 주옵소서 자기들이 하는 것을 알지 못함이니이다" 하고 말씀하셨습니다. 또 그리스도께서는, 왕으로서 십자가에서부터 통치권을 발휘하여 회개하는 사람의 마음을 다스리셨습니다. 그리스도의 왕관이 죽음의 연기와 고통에 맞서서 빛나는 동안, 그리스도께서 "오늘 네가 나와 함께 낙원에 있으리라" 하고 말씀하셨을 때, 왕으로서 "모든 신자들에게 하나님 나라의 문을 여신" 것입니다.

우리는 이 사건을 다루면서, 그림을 그리려고 해서는 안 됩니다. 갈보리라는 작은 언덕 위에서 벌어진 이 장면을 여러분 마음에 생생하게 그리려고 하는 것보다 훨씬 더 중요한 일이 있습니다. 우리가 관심을 가져야 할 것은, 단순히 외적인 사실들이 아니라 그 의미입니다. 우리는 그 세부적인 사실은 당연히 잘 알고 있습니다. 고통 가운데 죽어가는 이 강도의 영혼이 세상적인 것들에 대해 눈을 닫자, 고통 가운데서도 잠잠히 참고 사랑을 보이며 위엄이 있는 이 분이 어떤 사람인가가 희미하게 보이기 시작하였습니다. 그래서 그는 마지막 힘을 다하여 "주여 나를 기억하소서" 하고 부르짖었습니다. 고통을 당하시는 이 분은 온유한 위엄과 거룩한 인내 가운데 왕위에 앉아 계시고 조용하시며, 말은 없지만 느낄 수 있는 능력이 충만하고, 사람들의 존경을 받아들이시고 사람들의 회개를 돌아보시며 죄인을 사랑하시고, 주님의 이 마지막 말씀과 함께 어두운 나라들의 문을 활짝 열어 제치고 들어가시는 분입니다.

첫째, 그 다음에 여기서 우리는 십자가가 사람들을 끌어당기는 힘이 있음을 보게 됩니다. 어쩌면 그 순간에 그리스도를 온전히 믿은 사람은, 죽어가는 그 강도뿐이었다는 것을 생각하면 이상한 일입니다. 제자들은 다 사라져 버렸습니다. 제자들 가운데 제일 신실하다고 하는 사람은 비겁하게 주님을 부인하고 도망가 버립니다. 한 줌 밖에 안 되는 소수의 여인들이 그 자리에 있었지만, 십자가에 대해 어떻게 생각해야 할 줄 모른 채, 주님을 사랑할 뿐 어안이 벙벙한 채 있었습니다. 내 생각에는, 이때 모든 사람들 가운데 십자가에 달린 이 강도만 믿음의 빛 가운데 있으면서 "내가 믿나이다" 하고 말할 수 있었습니다. 이 십자가 처형의 사건들에서, 세상 미래의 역사와 복음의 역사의 모든 것이 특징적으로 나타났듯이, 그리스도께서 친히 하신 "내가 땅에서 들리면 모든 사람을 내게로 이끌겠노라"(요 12:32)는 말씀의 예언적 성취가 이 세상에서 다시 그리고 저 세상에서 마지막에 이루어지는 것이 마땅하였습니다.

그러나 우리가 여기서 십자가에 대해 두 가지 면을 생각하는 가운데, 복음의 진행에 대한 보편적인 법칙의 현저한 예를 보게 됩니다. 십자가의 밑에서는 서기관들의 조롱과 군인들의 무감각을 볼 수 있었습니다. 그리고 여기에는 두 강도가 있습니다. 한 편 강도는 일반적인 비난에 맞장구치고, 다른 편 강도는 똑같은 사건을 보고, 그 앞에 동일한 환경이 펼쳐졌는데, 그 환경이 그에게는 그와 같이 영향을 미쳤습니다. 형제 여러분, 바로 이것이 복음이 가는 곳마다 이루어지는 복음의 역사입니다. 이것이 지금 우리들 가운데 이루어지고 있는 복음의 역사입니다. 복음이 모든 사람에게 똑같이 전파됩니다. 똑같은 메시지가 똑같은 조건을 제시하며 우리 모두에게 전달됩니다. 그리스도께서는 똑같은 태도로 우리 각 사람 앞에 서 계십니다. 그런데 결과는 어떻습니까? 우리 전체 무리가 갈라져서 어떤 사람은 이 편에, 또 어떤 사람은 저 편에 섭니다. 여러분이 자석을 가지고 쇠붙이를 포함한 물건들이 아무렇게나 쌓여 있는 곳에 갖다 대면, 자석이 그 무더기에서 쇠붙이는 모두 끌어내고, 나머지는 그대로 남겨 두는 것을 봅니다. 예수께서는 "내가 땅에서 들리면 모든 사람을 내게로 이끌겠노라"고 말씀하셨습니다. 이 끌어당기는 힘이 모든 인류 가운데 미칠 것입니다. 그러나 어떤 곳에서는 그 힘에 아무런 반응이 없을 것입니다. 어떤 이들의 마음은 그 끄는 힘에 굴복하지 않을 것입니다. 어떤 이들은 자기들 자리에 뿌리를 박고서 완고하게 버티고 서 있습니다. 그런가 하면 어떤 이들에게는 지극히 빛나는 말씀이 죄에 사로잡힌 마음의 잠들어 있는 맥박을 온통 흔들어 깨우고, 상하고 회개하는 마음으로 그리스도의 자비를 구하여 그의 발 앞에 나오게 할 만큼 강력할 수가 있습니다. 이 사람에게는 그리스도가 "생명에 이르는 냄새요 저 사람에게는 사망에 이르는 냄새"(고후 2:16)가 됩니다. "구원을 주시는 하나님의 능력"(롬 1:16)으로서 복음의 보편적 적용과 보편적 목적이라는 지극히 중요한 이 교리의 깊은 곳에는 부인할 수 없는 이 사실이 숨겨져 있습니다. 즉 그 원인이 무엇이든지 간에(나로서는 그 원인이 우리에게 있고 우리의 잘못이라고 믿는다), 그리스도의 말씀을 신실하게 전하는 모든 경우에 듣는 사람들 가운데 이 같이 분리되는 결과가 따른다는 것입니다. 그리스도께서는 세상을 심판하러 오셨는데, (예수께서 친히 말씀하셨듯이) "보지 못하는 자들은 보게 하고 보는 자들은 맹인이 되게 하려"(요 9:39) 오셨습니다. 십자가 위에서 그 과정이 이 두 사람에게서 진행되었습니다. 이 두 사람은 같은 곤경에 처해 있고 똑같이 흉악한 범죄를 저질렀으며 똑같이 죽음의 차가운 손가락이 그들의 심장을 눌러서 거친 피와 열정이 뜨겁게 흐르는 것을 막고 있었습니다. 그러나 그들이 이 점에서는 달랐습니다. 한 사람은 하나님의 은혜로 돌이켜서 자기에게 제공되는 복음을 붙잡았고, 다른 사람은 스스로 복음을 외면하고 조롱하다가 죽었습니다.

또 한 가지 생각할 점이 있습니다. 우리가 이 사람, 곧 회개한 강도를 보고, 그의 이전 경력과 현재의 느낌을 십자가 주변에 둘러서서 그리스도를 거절하고 조롱한 사람들과 대비해보면, 복음이 전해질 때, 복음을 깨닫고 받아들이지 못하게 만드는 일들이 어떤 것인지 알 수 있는 빛을 얻습니다. 그 자리에 있었던 다른 계층들의 생각을 기억할 필요가 있습니다. 그 자리에 로마 군인들이 있었지만, 그들은 자기들이 무슨 일을 하고 있는지 거의 알지 못하였고, 십자가에 대해 거의 아무런 감정도 느끼지 않았습니다. 또 그 자리에는 유대인 랍비와 바리새인, 제사장, 백성들이 있었는데, 이들은 자기들이 무슨 일을 하고 있는지 제대로 알지 못하였고, 경멸과 조롱을 느낄 뿐이었습니다. 그런데 우리가 특별히 이 마지막 계층 사람들에 대한 성경의 일반적인 표현들을 주의해서 본다면, 이 원칙이 드러나는 것을 보지 않을 수 없습니다. 사람들이 그리스도를 구주로 영접하고, 그리스도의 구속의 피와 하나님의 자비를 단순하게 의지하지 못하도록 만드는 것은, 다른 무엇보다 오랜 세월의 추잡한 방탕과 심각한 외적 범죄가 아니라 자기만족과 치명적인 자기의와 자족적인 태도입니다.

서기관과 바리새인들이 무엇 때문에 예수님을 외면하였습니까? 세 가지 이유 때문이었습니다. 자신들이 지혜 있다고 자만하였기 때문입니다. 그들은 이렇게 생각하는 것입니다. "우리는 모세와 장로들의 전통에 관해 속속들이 알고 있는 사람들이다. 우리는 이 새로운 현상을, 그것이 어떻게 우리 양심을 건드리는가, 어떻게 우리 마음에 호소하느냐는 문제로 판단하지 않는다. 우리는 이 현상을, 그것이 우리 랍비들의 학문과 정교한 결의론(決疑論)적 법들에 일치하느냐로 판단한다. 우리는 바리새인과 서기관들이다. 법을 모르는 백성들, 그들은 보통 사람들의 마음에만 호소력을 갖는 일을 받아들일 수 있다. 그러나 지적으로 우수하고, 저급한 계층의 하찮은 필요들에서 멀리 떨어져서 사는 우리에게는 그런 거친 외적인 복음이 필요치 않다. 우리는 그런 복음 없이 지낼 수 있으므로 그 복음을 거절한다." 그들은 십자가를 외면하였고, 그들의 미움은 깊어져 그리스도를 조롱하였고, 그들의 협박은 결국 그리스도를 십자가에 못 박는 것으로 끝이 났습니다. 이렇게 된 것은, 그들이 지혜 있다고 자랑하였기 때문만이 아니라, 또한 자기의로 만족하고 있었기 때문입니다. 그같이 자기의에 만족해 있었기 때문에 자신들의 죄를 전혀 알지 못하였고, 자기의라는 것이 악으로 가득하다는 것을 한 번도 배운 적이 없고, 그 의가 외적인 의식들로 겹겹이 쌓여 있어서 생명을 잃어 버렸으며, 찬란한 영광과 두려운 능력을 가진 하나님의 신성한 법을 "박하와 회향과 근채"(마 23:23)의 문제로 전락시켰다는 것을 전혀 알지 못하였습니다. 그들은 세 번째 이유로 주님을 외면하였습니다. 종교가 그들에게는 단지 전통적인 교리들의 모음으로 필요한 모든 것에 관해 정확히 생각하거나 분명하게 추론하기 위한 것이 되었습니다. 예배는 의식이 되어 버렸고, 도덕은 결의론(決疑論)이 되었으며, 신앙은 신학이 되었습니다. 그래서 사람들은 맷돌짝처럼 완고해졌고, 이 세 가지 딱딱한 외피가 마음에서 벗겨지지 않는 한, 꾸밈없는 마음과 하나님의 순전한 진리가 친밀하고 뜨겁게 접촉하지 않는 한, 종교가 그들에게 할 수 있는 일이 아무것도 없었습니다.

형제 여러분, 이름을 바꾸어서 생각해 보십시오. 그러면 그 이야기가 우리에게 해당됩니다. 온갖 형태의 천하고 육욕적인 부도덕한 행위가 "속에 있는 모든 것을 완고하게 만들고 감정을 무디게 만든다"는 것을 우리는 부인해서는 안 됩니다. 우리는 그런 죄의 큰 죄악성을 가볍게 이야기하거나 일반적인 도덕 법칙들을 경멸해서는 안 됩니다. 내 말을 오해하시지 않기 바랍니다. 그럴지라도 사람과 십자가 사이에 최악의 장애물을 만드는 것은 외적인 죄가 아닙니다. 모든 믿음과 회개에 극복할 수 없는 장애물을 만드는 것은 자기의가 붙은 죄입니다. 아, 오늘날은 수많은 속박과 사슬로 인해 격정이 누그러져 있고, 사회의 권력이 우리 모두에게 미쳐서 우리의 길을 규정하고, 우리 대부분이 악을 행하지 못하도록 막는 때입니다. 이렇게 된 것은 부분적으로 우리가 시험을 받지 않기 때문이고, 또 부분적으로는 우리가 온실 속의 어린 나무처럼 자랐기 때문에, 즉 점잖은 습관과 훌륭한 예의의 울타리 안에서 도덕적으로 훌륭한 사람들로 자랐기 때문입니다. 그런데 형제 여러분, 여러분이 가지고 있는 그것은, 여러분 가운데 절반은 들어 본 적도 없고 우리 가운데 지극히 적은 수만이 범했을 그런 악에 대해 일어서서 큰 소리로 비난하는 것 외에는, 하나님 앞에서 여러분의 위치를 정하는 것으로서는 아무 가치가 없습니다. 자기의와 지혜 있다는 자부심, 이것이 많은 사람의 본성을, 곧 많은 젊은이들의 뜨거운 정신을 왜곡시켰고 복음을 외면하게 만들었습니다. 그리스도로 말미암은 평안과 사죄와 순결이라는 단순한 메시지를 듣고서 자신에게, "그래, 이것은 외적인 표지와 상징을 필요로 하고 자신들의 믿음을 반드시 어떤 형태로 나타내야 하는 일반적인 사람들의 마음에는 맞을지 모르지만, 나는 교양이 있고, 내 나름의 영적 성향이 있으며 새로운 지식이 있다. 그러니 나는 객관적인 구속이라는 것이 필요치 않다. 내게 하나님의 사랑을 확신시켜줄 것이 전혀 필요 없고, 나에게 하나님은 자비하시다고 설교할 십자가에 못 박힌 구주가 필요 없다"고 말하는 사람이 있다면, 우리 앞에 있는 이 사건이 그에게 매우 엄숙한 교훈을 줍니다. 표면적으로 흠잡을 데 없는 생활을 하는 사람이 있다면, 이 사건은 그에게도 마찬가지로 엄숙한 교훈을 지닙니다. 서기관을 보고, 바리새인을 보십시오. 이들은 그들 나름대로 신앙적인 인물이고, 그들 나름대로 지혜가 있고, 그들 나름대로 품위가 있고, 존경할 만한 인물들입니다. 광야의 동굴이나 은밀한 소굴에서 붙잡혔고, 칼을 든 손이 피범벅이 된 채로 끌려왔고, 마음에 죄책감을 가지고서 로마 법체제의 간단한 과정을 거쳐 십자가에 못 박힌 이 불쌍한 강도를 보십시오. 그리고 그리스도에게서 아무것도 보지 못한 서기관과 바리새인과 제사장을 생각해 보십시오. 그런데 방탕하고 비천한 이 사람은, 그리스도에게서 이 점을 보았습니다. 자신의 악마적인 어둠에 하늘의 빛을 비추는 순결함을 보았습니다. 그의 마음이 움직였고, 그는 극도의 고통 가운데서도 마치 물에 빠져 죽어가는 사람이 지푸라기라도 붙잡는 것처럼 그리스도를 붙잡았습니다. 그는 그리스도를 붙잡고 매달렸으며, 일은 빨리 지나갔고, 그는 안전한 곳에 이르렀습니다! 어떤 범죄도 사람이 자비를 받지 못하게 쫓아내는 것은 없습니다. 우리에게 어떤 죄가 있을지라도 그리스도의 자비를 받을 수가 있습니다. 그런데 "사람에게 자비의 문을 닫게 만드는" 것은 교만과 자기의와 자기 신뢰입니다. 정죄받는 사람들은 단지 그들이 하나님의 계명을 범했기 때문에만 정죄받는 것이 아닙니다. 또한 이 때문이기도 합니다. "그 정죄는 이것이니 곧 빛이 세상에 왔으되 사람들이 자기 행위가 악하므로 빛보다 어둠을 더 사랑한 것이니라"(요 3:19).

그 다음에, 한 마디만 하겠습니다. 우리는 여기서 또한 받아들일 만한 신앙을 구성하는 요소들을 봅니다. 우리는 죽어가는 이 불쌍한 강도가, 어떤 단계에 의해서 혹은 어떤 과정을 거쳐서 믿음을 갖게 되었는지 정확히 알 수 없습니다. 그 믿음이 그리스도의 임재에서 받은 인상으로부터 생긴 것인지, 그가 전에 그리스도께 관해 조금이라도 들은 것이 있었는지, 혹은 생명이 점점 더 약해지면서 죽을 때 생기는 지혜가 그의 눈을 분명하게 밝혀주기 시작했는지, 우리는 모릅니다. 그러나 그가 어떻게 그 확신에 이르게 되었든지 간에, 믿고 표현한 바가 무엇이었는지에 주목해야 합니다.

"나는 죄인이다. 내게 내리는 모든 형벌은 참으로 받아 마땅하다. 그런데 이 사람은 순결하고 의롭다. 주여, 당신의 나라에 임할 때 나를 기억하소서!" 그것이 전부입니다. 우리가 생각할 수 있는 것은 이것이 전부입니다. 바로 그것이 사람을 구원하는 것입니다. 그가 얼마나 많은 것을 알았는가? 그가 "예수여" 하고 말했을 때, 자기가 하는 말의 깊이를 다 알았는가 하는 것은 우리가 답할 수 없는 문제입니다. 그가 기대하고 있었던 "나라"가 어떤 것인지 이해하였는가 하는 것은, 우리가 해결할 수 없는 문제입니다. 그러나 이것만큼은 분명합니다. 믿음의 지적인 부분이 흐릿하고 미심쩍을 수 있지만, 믿음의 도덕적이고 정서적인 부분은 분명하고 명백합니다. 거기에는 "나는 아무것도 아니고 주는 모든 것이십니다. 내 자신과 나의 비어있음을 주의 충만하심에 가져오니, 채워주시고 나를 복되게 하여 주옵소서!"라는 뜻이 있었습니다. 믿음에는 그 점이 있습니다. 믿음에는 회개가 있고, 회개에는 또한 믿음이 있습니다. 믿음에는 모든 인간의 머리에 퍼부어지고 있는 심판의 확실성과 공의에 대한 인정이 있습니다. 그 다음에, 공포의 밤에 이런 두려움과 슬픔 가운데서, 큰 어둠의 소용돌이 속에서부터, 창백하고 떨리며 멀리 있지만 하나님으로부터 받은 소망이 빛을 발합니다. "내 구주여! 내 구주여! 주는 의로우십니다. 주는 죽으셨지만 지금 살아 계십니다! 더 이상 머뭇거리지 않겠습니다. 나를 당신께 맡기겠습니다!"

다시 한 번 말하지만, 이 사건은 우리에게 십자가의 사람을 끄는 능력뿐만 아니라, 십자가의 예언적 능력도 우리에게 상기시켜 줍니다. 우리는 여기서 십자가가 하나님 나라를 가리키고, 또한 예고하는 것을 봅니다. 하나님 나라를 가리키고 예고한다고 했는데, 물론 그것은 우리가 이 고난과, 이 고난을 견디신 분, 그리고 그 고난을 견딘 의미에 대한 성경의 진술을 받아들이는 경우에 한해서, 그렇게 말할 수 있습니다. 그러나 내가 여기서 생각하고 싶은 것은, 우리가 그리스도께서 우리를 위해 죽으시는 것으로 생각할 때, 이 불쌍한 강도가 얼핏 본 것이 장차 온다는 사실과 십자가를 분리할 수 없을 것입니다. 사람들은 예수께 가시 왕관을 씌웠고 갈대를 홀로 들려 주었습니다. 무해한 광신자라고 생각한 사람을 다루는 일에서, 극히 실제적인 로마 군인들에게는 아주 자연스런 그 조롱이, 그들로서는 조금도 생각지 못한 것을 상징하였습니다. 가시관은 고난에 기초한 통치권을 나타냅니다. 약한 갈대 홀은, 온유하게 발휘되는 권력을 말합니다. 이 십자가는 결국 왕권에 이르는 것입니다. 그러므로 날카로운 가시관에 찔린 이마는, 우주의 왕관을 쓰고 계시는 것입니다. 조롱삼아 준 쓸모없고 힘없는 갈대를 수동적으로 받은 그 손은, 그러므로 쇠지팡이로 세상의 왕들을 다스립니다. 높이 들려 십자가에 달리신 그리스도께서는, 바로 그 행위로 인해 사람들에게 통치자요, 사령관으로 높아지셨습니다. 십자가의 죽으심으로 인해, 하나님께서 그리스도를 왕이요 구주로 지극히 높이셨습니다. 그리스도께서 영광에 이르는 길, 그리스도께서 세상 나라를 다스리시는 권세는 정확히 고난을 통해서 옵니다. 그러므로 우리 앞에 그 둘 중의 한 상이 나타날 때는, 언제든지 다른 상도 떠올려야 합니다. 십자가는 하나님 나라와 연결되어 있고, 그 나라는 십자가를 밝혀 줍니다. 형제 여러분, 구주께서 오십니다. 구주께서 왕으로 오십니다. 왕으로 오시는 구주는 이 땅에서 십자가에 못 박히신 그 구주이십니다. 그리스도께서 세우시는 나라는 복과 사랑과 온유함이 충만합니다. (십자가와 왕권의 생각들을 하나로 묶는다면) 심판 날에 우리가 그리스도 앞에서 담대할 수 있는 가능성뿐만 아니라, 이 같은 가능성 곧 틀림없이 "그가 자기 영혼의 수고한 것을 보고 만족하게 여길 것이라"(사 53:11)는 가능성도 우리에게 열려 있습니다. 그리스도께서 갈보리에서 죽으셨다는 역사적 사실만큼 확실하게, 그리스도께서 통치하실 것이고, 여러분과 내가 그 자리에 설 것이라는 예언적 사실도 확실하다는 점을 기억하도록 하십시오! 이 주제는 다루지 않도록 하겠습니다. 나라, 심판좌, 면류관, 한 자리에 모인 세상, 분리, 결정, 판결의 시행. 이 주제는 여러분들이 마음속으로 생각해 보시기 바랍니다. "온유하지만 그 깊은 속에서는 번개불처럼 번쩍이는 그 눈이 나를 향하고 나를 지목하여 그 법정에 소환할 때 내가 어떻게 설 수 있을까?" "이로써 사랑이 우리에게 온전히 이루어진 것은 우리로 심판 날에 담대함을 가지게 하려 함이니"(요일 4:17). "예수여 당신의 나라에 임하실 때에 나를 기억하소서."

끝으로, 여기서 십자가는 참된 낙원을 계시하고 그 문을 엽니다. "오늘 네가 나와 함께 낙원에 있으리라." 이 말들에서 사람들이 이끌어 낸, 죽은 자의 상태와 부활 전의 우리 주님의 영혼의 상태에 대한 미묘한 많은 추론들을 다룰 생각은 없습니다. 내가 볼 때, 구원받은 자들의 영혼이 죽을 때, 자신들의 구주와 함께 있고, 그래서 기쁘고 지극히 복된 상태에 들어간다는 폭넓은 한 가지 결론을 이 말들에서 정당하게 끌어낼 수 있다고 생각합니다. 그러나 이것을 넘어서서 생각을 발전시킬 수 있는 확고한 기초는 없습니다. 이 회개한 자의 막연한 기도가 응답을 받되 넘치게 응답을 받았다는 점을 주목하는 것이 더 실질적인 가치가 있습니다. 그는 "주께서 오실 때," 그때가 언제이든지 간에 "나를 기억하소서" 하고 구합니다. "제가 멀리 떨어져서 서 있겠지만 나를 아주 잊어버리지 말아주소서" 하고 구하는 것입니다. 이에 대해 그리스도께서 이같이 답하십니다. "너를 기억하마! 네가 나와 함께 있을 것이다. 내 곁에 가까이 있을 것이다. 내가 올 때 너를 기억하마! 오늘 네가 나와 함께 있을 것이다."

그것은 참으로 놀라운 대비입니다. 어두운 죽음의 순간을 복된 의식의 상태가 바짝 뒤를 쫓고 있습니다. 이 순간에 강도가 치명적인 고통으로 몸부림치며 십자가에 달려 있습니다. 그의 발밑에 있는 사나운 군중들의 고함 소리가 그의 귀에 점점 더 희미해지고, 그의 발밑에 펼쳐진 도시와 익숙한 땅의 모든 광경이 그의 희미한 눈에 점점 더 흐려지고 있습니다. 군인의 창이 옆구리를 찌르고 다리를 부러뜨립니다. 순간적으로 십자가에 달려 있는 시체가 축 늘어집니다. 모든 죄와 혹독한 고통에서 풀려나고, 즉시 아주 기이한 하늘의 상태에 들어가며, 천국의 궁창으로 헤엄쳐 가는 새로운 별이 되며, 하나님의 보좌 앞에 서는 새로운 얼굴이 됩니다. 이 모습은 땅에서 구속받은 죄인의 모습과는 얼마나 다른 것입니까! 죽은 자가 어떤 사람이든지, 그의 인생이 어떤 삶이었든지 간에, 어둡고 죄 많은 인생이었을지라도 마지막 한 발을 영원의 경계에 딛고서 날아오를 자세를 취하고 그리스도의 품으로 뛰어드는 그의 영혼은 즉시 복된 상태에 들어갑니다. 즉 영원히 복된 상태, 그리스도가 계시고, 그리스도의 기쁨이 있는 복된 상태에 들어간다는 것이, 그 강도가 십자가에서 우리에게 남기는 메시지입니다. 낙원이 다시 한 번 우리에게 열립니다. 십자가는 진정한 "생명나무"입니다. 불타오르는 그룹들과 사방을 막는 칼이 사라졌습니다. 온갖 아름다움으로 치장되어 있고 평화로운 기쁨이 가득한 도성인 하나님의 낙원, 더 나은 낙원 곧 우리가 잃어버렸던 것보다 "더 장엄한 에덴"으로 들어가는 길이 우리에게 영원히 활짝 펼쳐져 있습니다.

형제 여러분, 임종시에 하는 회개를 믿지 마십시오. 나는 많은 사람의 임종의 자리에 있었지만, 그 사람이 복음의 메시지를 분명하게 알고 깨달을 수 있을 만한 신체적 상태에 있었다고(다른 점은 말할 것도 없고) 믿을 수 있는 경우는 거의 없었습니다. 자비를 베푸시는 데는 아무 제한이 없습니다. 하나님의 자비는 무한하다고 나는 압니다. "목숨이 붙어 있는 동안 소망이 있다"는 것을 나는 압니다. 어떤 사람이 나이아가라 폭포 밑을 한 번 둘러보려고 할 때, 그가 탄 작은 보트가 무서운 급류 속으로 기울어지기 전에 힘을 다해 크게 한 바퀴 돌면 단단한 땅에 닿을 수 있습니다. 그 사람이 안전하게 땅에 닿을 수 있다는 것을 압니다. 시도하기에는 아주 위험한 일입니다. 순간적으로 계산을 잘못하면, 작은 배나 배에 탄 사람이나 똑같이 아래에 있는 시퍼런 폭포 속으로 떨어져 산산이 부서져서 거칠게 일어나는 하얀 거품과 함께 멀리 떠내려갈 것입니다. 옛 성도들이 우리에게 말하였듯이 "한 사람이 십자가에서 구원받은 것은 아무도 낙망하지 않도록 하기 위함이고, 단 한 사람밖에 구원받지 못했다는 것은 아무도 함부로 그같이 하지 못하도록 하기 위함"입니다. "보라 지금은 은혜 받을 만한 때요 보라 지금은 구원의 날이로다!"(고후 6:2).

91
첫 부활절 아침

"¹안식 후 첫날 새벽에 이 여자들이 그 준비한 향품을 가지고 무덤에 가서 ²돌이 무덤에서 굴려 옮겨진 것을 보고 ³들어가니 주 예수의 시체가 보이지 아니하더라 ⁴이로 인하여 근심할 때에 문득 찬란한 옷을 입은 두 사람이 곁에 섰는지라 ⁵여자들이 두려워 얼굴을 땅에 대니 두 사람이 이르되 어찌하여 살아 있는 자를 죽은 자 가운데서 찾느냐 ⁶여기 계시지 않고 살아나셨느니라 갈릴리에 계실 때에 너희에게 어떻게 말씀하셨는지를 기억하라 ⁷이르시기를 인자가 죄인의 손에 넘겨져 십자가에 못 박히고 제삼일에 다시 살아나야 하리라 하셨느니라 한대 ⁸그들이 예수의 말씀을 기억하고 ⁹무덤에서 돌아가 이 모든 것을 열한 사도와 다른 모든 이에게 알리니 ¹⁰(이 여자들은 막달라 마리아와 요안나와 야고보의 모친 마리아라 또 그들과 함께 한 다른 여자들도 이것을 사도들에게 알리니라) ¹¹사도들은 그들의 말이 허탄한 듯이 들려 믿지 아니하나 ¹²베드로는 일어나 무덤에 달려가서 구부려 들여다 보니 세마포만 보이는지라 그 된 일을 놀랍게 여기며 집으로 돌아가니라"

눅 24:1-12

부활의 행위 자체를 이야기하는 복음서 기자는 아무도 없습니다. 외경 복음서들은 그 이야기를 기술하고 싶은 유혹을 물리칠 수 없습니다. "신화"를 만들어내는 사람들에게는 저항할 수 없는 유혹이었을 그 이야기에 관해, 왜 사복음서 기자들은 그처럼 말을 삼갔습니까? 그들은 신화를 지어내는 사람이 아니라 증인이었고, 아무도 보지 못한 행위에 관해 이야기할 것이 없었기 때문입니다. 틀림없이 그리스도의 부활은, 그 주간 첫날 매우 이른 시간에 일어났을 것입니다. 의로운 해가 부활절 아침이 밝아오기 전에 떠올랐습니다. 그때가 세상 달력으로는 봄이었지만, 그리스도께는 한 여름날이었습니다. 그처럼 일찍 해가 뜰 환경이 아니었습니다.

복음서 기자들의 상이점은 부활에 대한 기사에서 가장 현저하게 나타납니다. 그런데 이것은 사복음서 각각의 성격을 이해한다면 자연스러운 일입니다. 즉 마태복음의 매우 압축적인 문체, 마가복음의 간결함, 누가복음의 선택적인 목적, 요한복음의 보충적인 의도를 생각할 때 그렇습니다. 제자들의 혼란한 마음 상태, 제자들이 서로 헤어짐, 기록으로 남긴 분명한 사건들의 수를 추가로 고려한다면, 복음서기자들 간에 나타나는 차이점을 이상하게 생각할 수 없을 것입니다. 그보다는 그런 차이점들에서 증인들로서의 훌륭한 믿음을 확인할 수 있고, 그 중대한 날에 제자들이 허둥지둥하고 놀란 점이 반영된다는 것을 볼 수 있을 것입니다. 차이점들이 있습니다. 그러나 마가복음에 덧붙여진 의심스런 구절들과 그밖의 설명들 간의 문제를 제외하고는, 모순되는 점들은 없습니다. 이 복음서들의 이야기만 가지고는, 모든 조각을 하나로 묶을 수 없습니다. 참고할 수 있는 완전한 이야기를 따로 가지고 있다면, 틀림없이 우리는 단편적인 이야기들을 잘 정리해 볼 수 있을 것입니다. 그러나 확실한 큰 사실들은 사소한 차이점들에 영향을 받지 않고, 일치하는 점들이 매우 중요합니다. 예를 들면, 복음서들 간의 일치점들은 이것입니다. 아무도 부활을 직접 목격하지 못했습니다. 부활을 처음으로 안 사람들은 여자들이었습니다. 천사들이 무덤에서 그들에게 나타났습니다. 예수께서 제일 먼저 자신을 막달라 마리아에게 보이셨습니다. 부활에 대한 보고를 제자들이 믿지 않았습니다. 본문과 관계가 있는 그룹이 마태가 기록하는 것을 경험한 그 사람들인지는 정하지 않고 그냥 놔둡니다. 만일 그렇다고 한다면 그들은 무덤을 두 번 찾아갔고, 사도들에게 두 번 돌아간 것이 됩니다. 한 번은 누가가 기록하고 있는 대로, 빈 무덤에 대한 소식만을 가지고 갔고, 또 한 번은 마태복음에 나오는 대로 그리스도께서 나타나셨다는 소식을 가지고 간 것이 됩니다. 그러나 공관복음서의 기사들을 생각할 때, 그 문제로 지체할 필요가 없습니다.

슬픔과 사랑이 있으면 깊이 잠들 수 없습니다. 이른 새벽에 용감한 여인들이 길을 나섰습니다. 니고데모가 예수님의 시체를 향품으로 쌌기 때문에, 여인들이 사랑으로 준비한 선물은 마리아의 향유 옥합처럼 향기롭지만 쓸모가 없었습니다. 가룟 유다는 "무슨 의도로 이것을 허비하느냐"(마 26:8)고 물을지 몰라도, 사랑이 있으면 무엇이든지 드리고 무엇이든지 환영하는 것입니다. 천사들이 돌을 굴려냈는데, 이는 예수께서 나가시도록 하기 위해서가 아니었습니다. 왜냐하면 예수께서 돌이 제자리에 있는 동안에 부활하셨기 때문입니다. 다만 "부활의 증인들"이 무덤에 들어갈 수 있도록 하기 위해서였습니다. 이 여인들은 그런 일은 꿈에도 생각지 못했기 때문에 빈 무덤을 보고도 아무런 기쁨을 느끼지 못하고 당황하여 예수님이 뉘였던 자리를 바라볼 뿐이었습니다. 그들은 "이게 어찌 된 일인가" 하고 생각하였습니다. 이 여인들과 모든 제자들은 부활을 전혀 기대하지 않았습니다. 그러므로 부활에 대한 그들의 증거는 더욱 신뢰할 만한 것입니다.

누가는 "문득"이라는 말을 써서 천사들이 갑자기 나타난 것에 주목합니다. 천사들이 가까이 오는 것을 보지 못했습니다. 어리둥절한 여인들만이 서로 얼굴을 마주 보고 근심하고 있었는데, 다음 순간 "두 사람"이 그들 곁에 서 있었고, 그들의 찬란한 옷의 광채로 무덤 안이 밝아졌습니다. 이 천사들에 대한 각기 다른 보고에 관하여 어리석은 말다툼이 많이 일어났습니다. 어떤 사람들은 이 천사들을 보았고 어떤 이들은 보지 못했으며, 어떤 사람들은 한 사람만 보았고, 누구는 둘 다 보았으며, 어떤 사람들은 이 천사들이 앉아 있는 것으로 보았고, 어떤 이들은 서 있는 것으로 보았다는 등등 이야기하는 사실에서 "모순"이 있는 것으로 이야기를 했습니다. 우리는 천사들의 출현을 결정하는 법칙들에 대해 거의 아무것도 알지 못합니다. 그래서 그 설명의 가능성이나 진실성에 대한 우리의 견해는 짐작에 불과한 것입니다. 천사들이 무덤에 나타나지 않는다면, 날아다니다가 어디에 자리를 잡아야 하겠습니까? 그리고 천사들이 베들레헴에서는 "구유"에 둘러 서 있었듯이, 무덤에서는 "봉사할 수 있도록 단정하게 앉아" 있어야 하지 않겠습니까? 그들의 할 일은 "천사들도 살펴보기를 원하는 것"(벧전 1:12)을 증거하도록 할 뿐 아니라, 주님을 맞이할 여인들의 마음에 충격을 줄일 수 있는 길을 마련하는 것이었습니다. 갑작스런 기쁨은 사람에게 충격을 주어 다치게 할 수 있기 때문입니다.

천사들의 메시지는 천사들의 찬란한 옷이 무덤에 뿌렸던 것보다 더 나은 빛을 여인들의 마음에 비추었습니다. 이 부분에 대한 누가의 기록은 매우 중요한 핵심적인 부분, 곧 "그가 여기 계시지 않고 살아나셨느니라"는 말에서 마가와 마태와 일치하지만 다른 점들에서는 상이합니다. 그 메시지가 복음서 기자들 누구나 기록하고 있듯이, 그렇게 짤막한 고지가 아니었을 것이 분명합니다. 복음서 기자들 각각이나 모두가 기록한 것보다 훨씬 더 많은 말을 했다고 믿는 것이 당연합니다. 이 천사들의 질문은 절반은 책망의 말이고, 전체적으로는 "살아 있는 자"의 본질적 성격을 계시하는 말입니다. 이 살아 계신 자는 영원부터 살아 계셨던 분이나, 다만 그의 부활로 인해 이제 그렇게 선언되는 것입니다. 천사의 메시지는 그리스도를 죽은 자들 가운데 하나로 헤아리거나 죽은 자들과 함께 있다고 생각할 수 없음을 드러내는 말이며, 그때 이후로 오는 모든 시대에 슬픔을 희망으로 바꾸고, 슬픈 눈을 무덤에서 하늘로 향하게 만드는 복된 말씀입니다. 이 천사들은 죽음과 부활에 대한 그리스도의 예언을 상기시킵니다. 제자들과 우리에게 하신 그리스도의 많은 말씀처럼 그 예언도 들었지만, 듣지 못했습니다. 즉 소홀히 생각하였거나 오해하였던 것입니다. 제자들은 "죽은 자 가운데서 살아나는 것이 무엇일까"(막 9:10) 하고 물으면서도, 그 말뜻이 정확히 말한 그대로 라는 것은 전혀 생각지 못했습니다. 그리스도의 말씀을 대하는 그 방식이, 그 부활절 아침에 끝나지 않고 지금도 여전히 숱한 경우에 되풀이 되고 있습니다.

누가의 설명을 따른다면, 우리는 막달라 마리아 혼자뿐 아니라 무리 지어 온 이 여인들이 처음에는 빈 무덤과 천사들의 메시지를 받아서 돌아왔고, 후에는 주님을 보았다는 충분한 소식을 가지고 돌아왔다고 인정해야 합니다. 그러나 이야기들을 서로 짜 맞추려고 했다는 복잡한 문제는 그만두고라도, 모든 복음서 기자들에게서 볼 수 있는 중요한 요점은 제자들의 불신앙입니다. 제자들은 "허탄한 이야기"라고 말하였는데, 이들은 신약성경에 여기에서만 나오는 강한 단어를 사용하여, 흥분한 여인들의 들뜬 이야기를 환자가 종잡을 수 없이 하는 몰상식한 이야기에 견줍니다. 그것이 전체 무리, 곧 사도들과 모든 사람들의 마음가짐이었습니다. 그런 마음을 가지고 있는데 환상을 볼 수 있겠습니까? 이는 제자들이 더디 믿을 수밖에 없었던 이유를 보여 주는 충분한 증거입니다.

누가복음 24:12에 나오는, 베드로가 무덤으로 달려간 일이 훌륭한 여러 전거들에서는 생략되고 있는데, 어쩌면 여기에서는 위조된 기사일지도 모릅니다. 누가의 입장을 취할 수 있다면, 누가는 요한보다 사실에 대해서 충분히 알지 못했다는 것을 보여 주는 것 같습니다. 베드로의 "통역사"인 마가는, 주님께서 부활하셨지만 아직 그 사실을 모르는 베드로에게 전하라고 하신 특별 메시지에 대해서 이야기하였습니다. 그래서 우리가 그 말 때문에 베드로의 걸음이 빨라지게 되었을 것이라고 믿는 것이 당연합니다. 죄사함에 대한 확신과, 비겁했던 과거를 덮을 수 있을 미래에 대한 소망이, 주님의 가슴에 얼굴을 대고 자기 심정을 털어놓고 싶은 열망과 뒤섞이자 그는 무덤으로 달려가게 되었습니다. 누가는 베드로가 무덤에 들어갔다고 말하지 않습니다. 그런데 요한은 한 마디로 사람의 성격을 드러내는 섬세한 필치로 베드로가 무덤에 들어갔다고 말합니다. 그러나 누가는 베드로가 보고서 "놀랍게" 여겼을 뿐이고, 그 결과 베드로가 그 모든 일에 대해 곰곰이 생각하였으나 그 초월적인 사실이 지닌 기쁨을 파악할 수 없음을 기술하는 점에서는 요한과 일치합니다. 어쩌면 베드로가 마음이 괴롭지 않았더라면 더 빨리 믿음을 가졌을지도 모릅니다. 그는 천성적으로 머뭇거리는 사람이 아닙니다. 그러나 자신의 죄 때문에 마음이 어두워졌던 것입니다. 베드로는 떠오른 태양의 충만한 열기가 그의 마음을 녹이고,

언덕에 내려앉는 아침 안개 같은 그의 의심을 흩어 버리는 것을 느낄 수 있으려면, 먼저 주님과의 은밀한 만남이 필요했습니다. 그 만남의 사실에 대해서는 많은 사람이 알고 있으나, 자세한 내용에 대해서는 아무도 몰랐습니다.

92
죽었다가 살아난 자

"어찌하여 살아 있는 자를 죽은 자 가운데서 찾느냐
여기 계시지 않고 살아나셨느니라"

눅 24:5,6

그리스도의 죽음과 부활 사이에 지나간 날 동안, 제자들의 마음이 얼마나 황량했을지 우리는 다 알 수 없습니다. 우리의 믿음은 수 세기의 역사를 기초로 하고 있습니다. 우리는 주님의 무덤이 주님의 사역의 진행을 조금도 중단시키지 못했고, 오히려 주님의 승리와 영광에 곧장 이르는 길이었음을 압니다. 우리는 주님의 죽음이, 과부의 아들과 나사로가 살아난 것이 시작에 불과했던 사역을 완성시키는 것이었음을 압니다. 그러나 이 제자들은 그 사실을 알지 못하였습니다. 그래서 제자들은, 주께서 다른 사람들을 무덤의 권세에서 불러 내오시는데 사용하신 열등한 기적들이, 주님 자신이 죽음의 권세에 사로잡히신 것에 대해서는 아무런 힘을 쓰지 못한 것이 틀림없다고 생각했을 것입니다. 그런 기적들이 결국 그렇게 끝나고 마는 것을 보고서, 틀림없이 제자들은 "그가 남은 구원하였으되 자기는 구원할 수 없도다"(막 15:31)는 식의 생각을 했을 것입니다. 그러므로 우리는 울고 있던 이 두 마리아가 천사와 같은 두 사람이 시은좌 위에 있는 그룹처럼 날개를 접고 조용히 앉아 있는 것을 보았고, "어찌하여 살아 있는 자를 죽은 자 가운데서 찾느냐 여기 계시지 않고 살아나셨느니라"는 본문의 말씀을 들었을 때, 감사한 마음이 갑작스럽게 북받쳐 올라왔으리라고 생각할 수 없을 것입니다.

그러나 우리는 그 말씀으로부터 죽음과 부활에 관한 생각들을 헤아려 볼 수 있을 뿐만 아니라, 허용할 수 있는 한도 내에서 그 의미를 수정하여, 그 말씀을 주님을 믿고 경외하는 가운데서 세상을 떠난 모든 사람들의 현재 상태에도 적용해 볼 수 있을 것입니다. 이 사실은 우리에게도 적용되므로, 우리가 장례식장에 가서 사랑하는 사람들, 혹은 어떤 형태로든지 죽을 수밖에 없는 운명의 짐에 눌린 자들을 슬퍼할 때는 언제든지, 우리의 눈이 기름부음을 받는다면, 거기에 천사들과 같은 존재가 조용히 앉아 있는 것을 볼 수 있을 것입니다. 우리 귀를 세상의 소음으로부터 깨끗이 씻는다면, 우리는 천사들이 떠나가버린 모든 사람에 관하여 "너희가 어찌하여 살아 있는 자들을 이 무덤에서 찾느냐? 그들이 여기 있지 않고 주께서 말씀하신 대로 살아났느니라"고 하는 말하는 것을 들을 수 있을 것입니다. 형제 여러분, 이 생각은 아주 오래된 것입니다. 오래 전부터 이런 생각이 있어 왔다는 것에 하나님께 감사합시다! 어쩌면 여러분들 가운데 어떤 분들에게는 이 생각이 여러분 자신의 현재 상태에 새롭게 적용되기 때문에, 새로운 힘을 가지고 여러분에게 다가올 수도 있습니다. 또 어떤 분들에게는 이 생각이 매우 약하게 들릴 수도 있습니다. 그런데 "슬픔보다 약한 말이 더욱 슬프게 만들" 것입니다. 그러나 그렇다고 할지라도, 이제 잠시 그 생각들을 살펴보도록 합시다.

그러면 첫 번째 생각은 이것입니다. 즉 이 천사들의 말과, 그 말이 나오는 장면이 암시하는 바는 죽은 자들이 살아 있다는 것입니다.

언어는 사물의 본성보다는 외관을 표현하는데 더 적합하고 익숙합니다. 그래서 우리가 "죽은 자"라는 말을, 마치 사람들이 분리의 행위를 통해서 들어가는 상태가 지속되는 것을 표현하는 것처럼 사용할 경우에, 길에서 많이 벗어나게 됩니다. 우리가, 죽음이라는 분리 행위에 대해서까지라도 그 자체가 전체 진리를 나타내는 것처럼 이 말을 사용한다면, 또한 우리를 크게 그릇 인도하게 됩니다. "죽은 자"와 "살아 있는 자"라는 명칭은, 서로를 배척하는 두 계층을 나타내는 말이 아닙니다. 그보다는 항상 죽어 있는 자는 아무도 없다는 것입니다. "죽은 자들"은 한 때 죽었지만 살아 있는 자들입니다. 그들은 죽어 가는 동안 살아 있었고, 죽은 후에는 더 충만하게 살았습니다. 모든 사람은 하나님 앞에서 살아 있습니다. "하나님은 죽은 자의 하나님이 아니요 살아 있는 자의 하나님이시니라"(마 22:32). 이 땅을 휩쓸고 지나가고, 그 다음에는 조용히 잊혀진 과거 모든 세대가 여전히 살아 있다는 이 생각이 때로 얼마나 엄숙하게 우리에게 다가오는지요! 바로 이 순간 어디에선가 그들은 정말로 지금 존재합니다! 우리는 "그들이 있었다. 존재했었다"고 말합니다. 존재했었던 사람들은 아무도 없습니다. 생명은 영원히 생명인 것입니다. 존재한다는 것은 영원한 일입니다. 죽었던 모든 사람은, 지금 이 순간에 하나님의 위대한 우주의 어딘가에서 그의 모든 능력을 그대로 갖고서, 그의 모든 역량을 최대한 발휘하면서 지냅니다. 하나님의 임재를 의식하며, 그의 전존재를 통해 죽음 후에 오는 생명, 곧 여기 이 땅에서 살았고, 죽을 수밖에 없는 운명의 딱딱한 외피와 영역에 둘러싸여 있던 혼합된 생명보다, 더 실재적이고 더 위대하고 더 충만하며 강렬한 생명을 느끼며 존재합니다. 죽은 자들은 지금 살아 있습니다. 그들은 죽었지만 살았고, 죽는 일이 있은 뒤에는 영원히 삽니다.

이러한 생각은, 사실 신자들이 기독교 계시의 영역 안에서만 의심할 수 없는 진리요 익숙히 알고 있는 믿음으로 굳게 붙잡고 온 것입니다. 세상적인 관점에서 볼 때, 죽은 자들의 전 영역은 "아무런 질서가 없고, 빛도 어둠 같은 흑암의 땅"입니다. 인간에게 확신을 가져다 주는 일반적인 원천들이 여기에서는 작용하지 않습니다. 여기서는 이성도 더듬거리며, 우연한 일을 말할 수 있을 뿐입니다. 경험과 양심도 잠잠히 있습니다. "순수한 감각"에서 보자면, 마치 죽음은 끝이었고, 최종 최후인 것처럼 보인다고 말할 수 있을 뿐입니다. 교도소의 비밀들을 털어놓기 위해 돌아온 창백한 입술에서 나오는 증거는 아무것도 없습니다.

그리스도의 죽음과 부활의 역사, "오늘 네가 나와 함께 낙원에 있으리라"고 그리스도께서 죽어가시면서 하신 말씀, 주께서 무덤에서 일어나셨을 때 가지셨던 존재의 온전한 정체성, 변했지만 여전히 동일한 인성, 주께서 승천하시기 전에 제자들과 가졌던 교제, 이 교제는 "죽음보다 강한" 예전의 모든 사랑이 지속됨을 보여 주었고, 비록 그 형태가 변했으며 제자들이 그리스도를 더 이상 육체로 보지 못하는 시기를 준비하도록 하는 것이지만, 본질적인 모든 점에서 주께서 예전에 제자들과 가졌던 교제와 같은 것이었습니다. 이런 점들이, 죽음의 제국은 그 세력이 부분적이고, 그 기간이 일시적이라는 사실을 가르치는데, 우연한 일이나 어렴풋한 소망, 예언적인 성격을 띨 수 있는 강한 예감으로서 가르치는 것이 아니라, 역사적 사실에 기초를 둔 확신으로서 가르칩니다. 우리가 이 사실을 확신한 후에는 죽음에 따르는 외부적인 사실들을 새로운 눈으로 다시 볼 수 있고, 사람들이 죽음이 최종적인 끝이라는 결론을 너무 빨리 내린다는 것을 알 수 있습니다. 우리 눈앞에 일어나는 것만을 보고서, 죽음이 아주 불쌍하고 고통스런 모습을 띠고 있기 때문에, 어쨌든 영혼에 어떤 영향력을 행사한다고 믿을 이유는 아무것도 없습니다. 사실 영은 자기 주변에서 일어나는 일에 아랑곳하지 않고 스스로 자신을 추슬러서 날아오를 준비를 합니다. 사실 자신이 그토록 오랫동안 살던 집을 막 떠나려고 하는 임차인은, 떠나기 전에 집의 창문을 닫습니다. 그렇게 되면 거기에서는 외부 세계와 소통하는 능력이 중단됩니다. 여러분이 그 힘없는 손을 꼭 쥐어보지만 아무 반응이 없습니다. 여러분은 활기없고 차가운 죽음의 늪골 아래 있는 영혼에 불을 붙일 것 같이 생각되어, 귀에 대고 가만히 말을 속삭이지만 아무 대답이 없습니다. 여러분은 꼭 감은 기력없는 눈에서 애정의 눈빛을 보고자, 눈물을 흘리며 뚫어져라 볼지라도 헛수고일 뿐입니다. 아무리 살펴볼지라도 그 영이 무기력과 침묵에 들어갔다고 생각할 수밖에 없는 증거들뿐입니다. 이런 것은 어떻게 된 것입니까? 영혼이 성채 안에 있으면 해를 받지 않는데, 스스로 자신을 거두고 전진기지로부터 물러나는 것일 뿐이 아닙니까? 생명의 긴 잠이 끝나기 시작하고, 영혼의 깨어나는 눈이 실체들을 보기 시작하자, 꿈속의 광경들과 소리들이 사라지기 시작하는 것일 뿐이 아닙니까? 죽어가는 사람은, 그가 죽었을 때 갖게 되는 온전한 존재가 되기 시작하는 것일 뿐이 아닙니까? 즉 "죄에 대하여 죽고" 세상에 대하여 죽어서 "하나님에 대하여 살도록", 하나님과 함께 살고 그래서 진정으로 살도록 하기 위해 죽는 것일 뿐이 아닙니까? 그래서 우리는 삶이 끝나가는 것을 보고서 "죽음은 아주 작은 일이다. 내 생명의 가장자리를 잘라내는 것일 뿐이다. 죽음은 나를 전혀 건드리지 못한다"고 말할 수 있습니다. 죽음은 겉껍질만 다룰 뿐, 속은 건드리지 못합니다. 죽음은 죽을 수밖에 없는 운명의 가장자리만 벗겨낼 뿐이고, 영혼은 죽음에 아무런 영향을 받지 않은 채 죽음의 견고한 팔의 속박을 뿌리치고, 막 자라기 시작한 영혼의 날개에서 죽음의 얼룩을 털어버리고 날아올라, 죽음으로 인해서 더 충만한 생명에 이르고, "너는 흙이니 흙으로 돌아갈 것이니라"(창 3:19)는 법칙에 몸을 내어주는 바로 그 행위로 인해, 더 강한 생명력을 얻게 됩니다.

존재의 한 부분만을 건드리고, 그것도 잠시 동안만 건드릴 뿐인 죽음은, 상태가 아니고 단회적인 행위입니다. 죽음은 상태가 아니라 전이(轉移) 과정입니다. 사람들은 삶을 "한 없이 넓은 두 바다 사이에 난 좁고 긴 땅"이라고 말하는데, 그것을 오히려 죽음이라고 말하는 것이 낫습니다. 죽음은 영혼이 잠깐 동안 자세를 취하기 위해 딛고 서는, 거의 눈에 보이지 않을 정도로 작고 좁은 지협입니다. 죽음 뒤에는 지나간 존재라는 내륙 호수가 있는 반면에, 앞에는 하나님의 영광으로 밝게 빛나는 끝없이 펼쳐진 미래 생활이라는 바다가 있으며, 그 바다가 어둡고 거친 바위에 부딪히면서 아름다운 소리를 냅니다. 죽음은 통과 절차에 불과합니다. 죽음은 집이 아니라 현관일 뿐입니다. 무덤은 그 안에 문이 있습니다. 우리는 돌을 굴려 무덤 입구를 막고 나오면서, 사람들을 부활 때까지 그곳에 남겨 두었다고 생각합니다. 그러나 밖에서 세상으로 통하는 문이 굳게 닫혔을 때, 하늘로 향하는 문이 활짝 열리고, 하나님께서 그의 자녀에게 이같이 말씀하십니다. "갈찌어다 네 밀실에 들어가서 네 문을 닫고 분노가 지나기까지 잠깐 숨을찌어다!"(사 26:20). 죽음은 피상적인 것이고 일시적인 것입니다. 빛으로 인해서 생긴 어둠이고, 결국에는 빛으로 끝나는 어둠입니다. 죽음을 그 기간으로 재든지, 깊이로 재든지, 재어볼 때 죽음은 하찮은 것입니다. 죽을 수밖에 없는 존재에게, 죽음은 해방이고 불멸에 이르는 생명입니다. 그렇다면 형제 여러분, 우리는 본문의 말씀을 가지고 우리의 사랑하는 누군가가 누워있는 푸른 무덤마다 가서, 스스로에게 이렇게 말할 수 있습니다. "여기 있지 않다. 감사하게도 여기 있지 않다. 살아 있고 죽어 있지 않다. 저기에서 주님과 함께 있다!" 아, 사실 우리는 무덤에 대해서는 너무 지나치게 많이 생각하고, 보좌와 영광에 대해서는 너무 작게 생각합니다! 우리는 지나치게 감각에 의존하는 피조물입니다. 그리고 분리와 떠남에 부수적으로 따르는 것들이 온통 우리 마음과 눈을 채웁니다. 그 모든 것을 철저히 생각하고 철저히 믿으며 철저히 사랑하도록 합시다. 여러분이 죽음에 대해서 "죽음, 너는 그림자이고 실체가 아니다. 결코 실재가 아니다"는 것을 느낄 때까지, 그리스도의 생명과 죽음과 부활의 빛 안에 서 있도록 합시다. 그렇습니다. 죽음은 그림자입니다. 그림자가 지면, 반드시 그 위로 햇빛이 드리워질 것입니다. 그렇다면 그림자인 죽음 위를 올려다 봅시다. 죽음이 가리고 있는 죄와, 하나님으로부터의 분리 너머를 올려다 봅시다! 우주의 보좌에서 비치는 영원한 생명의 찬란한 빛을 쳐다보며, 그리스도 안에서 죽었으나 살아 있는 자들이 그 빛에 감싸여 있는 것을 보도록 합시다!

하나님께서는 그리스도 안에서 죽었으나 살아 있는 자들을 자기에게로 데려가셨습니다. 그러므로 우리는 (성경에서 말하는 대로 생각하려고 한다면) 죽음을 생각할 때, 놋 성벽을 깨뜨리고 우리를 자유롭게 풀어주는 일시적인 것이 아닌 다른 어떤 것으로 생각하지 않아야 합니다. 왜냐하면 사실 여러분이 이 주제에 대한 신약 성경을 조사해보면, "죽음"이라는 단어가 단순히 영혼과 몸의 관계의 해체라는 사실을 표현하기 위해서 사용되는 경우가 지극히 드물다는, 거의 없다는 사실에 깜짝 놀랄 것이라고 생각합니다. 사도들과 그리스도 자신이 우리가 그 말을 가지고 전적으로 의미하는 바를 표현하기 위해 그 단어를 사용하는 경우가 좀처럼 없다는 것은 기이하면서도 중요한 사실입니다. 사도들은 마치 죽었다는 사실은 남아 있지만, 그 사실을 죽음으로 만든 것은 다 사라져 버렸다고 느끼는 것처럼, 아주 다양하게 다른 표현들을 사용합니다. 실질적인 의미에서 그리스도께서 "사망을 폐하셨습니다"(딤후 1:10). 외적인 사실이 계속되기 때문에 그 점이 한결 더 두드러집니다. 두 사람이 함께 무덤에 내려갈 수 있습니다. 한 사람에 대해서는 "그리스도를 믿는 자는 결코 죽지 아니하리라"는 묘비명을 쓸 수 있습니다. 그러나 다른 사람에 대해서는 영혼과 몸의 분리라는 정확히 똑같은 신체적 경험과 모습을 지나가지만, 이렇게 말할 수 있습니다. "자, 이것이 죽음이다. 하나님께서 사람의 죄에 대한 형벌로 보내신 죽음이다." 외적인 사실은 똑같이 남아있지만, 죽음의 내적 성격은 완전히 바뀌었습니다. 믿는 자들에 대해서는, 그들이 오랜 시간 천천히 떠나든지 아니면 갑작스럽게 불병거에 실려 가든지 간에, 고통스런 이별을 겪었을지라도, 그들은 지금 살아 있을 뿐만 아니라, 결코 죽지 않았다고 말할 수 있습니다! 여러분은 "죽음"을, 그 표현의 충분하고 의미심장한 뜻으로 이해하였습니까? 그 말이 그림자, 곧 몸과 영혼의 분리를 의미할 뿐만 아니라 실체, 곧 영혼이 하나님으로부터 떨어졌기 때문에, 영혼이 생명에서 분리된 사실을 또한 의미한다고 이해하였습니까?

그 다음에, 둘째로 본문에서, 사실 전체 사건을 통해서 우리는 사람들이 죽은 이후로 그들은 우리보다 나은 삶을 살고 있다는 다른 사실을 고려해 볼 수 있습니다.

여기서 나는 죽음과 부활 사이의 중간기에, 사람의 영혼의 의식이 온전하고 심지어 강화되어 부단히 존속한다는 것을 주장할 확실한 성경적 토대로 보이는 것들을 다루지 않을 것입니다. "몸을 떠나 주와 함께 거하는 그것이라"(고후 5:8). "오늘 네가 나와 함께 낙원에 있으리라." 이 외에 다른 말씀이 없다고 할지라도 이 말씀만으로도 확실히 충분합니다. 그 모든 어두운 영역에 대해서, 우리는 성경에서 하나님이 말씀하기를 기뻐하시는 부분밖에 알지 못하고, 그 영역의 어느 부분에 대한 암시나 얼핏 볼 수 있는 점 이상의 것을 알려 주기를 기뻐하시지 않는 부분에 대해서는 알 수 없는 점을 생각할 때, 그렇습니다. 그러나 그 중간 상태를 다루는 성경의 몇몇 표현을 가지고 그 상태에 대한 완전한 교리를 만드려고 하는 모든 시도를 그만 두고, 단지 나는 일반적인 말로 할 때, 죽은 신자들의 현재의 삶이, 그들이 땅에 있었을 때 영위했던 것보다 더 충만하고 고귀하다고 단언합니다. 그들의 상태, 곧 "온전하게 된 의인의 영들"(히 12:23)의 세부적인 상태가 어떠하든지 간에, 그들은 지금도 존재합니다. 아직 그 몸이 영화롭게 되지 않았지만 온전하게 된 의인의 영들은, 그리스도께서 그 머리로 계시고, 하나님의 천사들과 땅의 성도들, 이들과 마찬가지로 의식이 있는 구속받은, "예수 안에서 잠자는" 자들이 속해 있는 고귀한 사회의 일원으로 지금 살아 있습니다.

어떤 점에서 지금 이들의 생활이 과거보다 더 고귀합니까? 첫째로, 그들은 그리스도와 친밀한 교제를 갖습니다. 그 다음에 그들은 약하고 부끄럽고 타락한 현재의 몸에서 떨어져 있습니다. 그리고 이 현재 생활의 모든 고생과 수고와 염려에서 물러나 있습니다. 그 다음에, 그리고 특히, 그들은 죽음을 뒤에 두고 있습니다. 그래서 그 두려운 모습을 앞으로 언젠가 마주쳐야 할 일이 없습니다. 이런 것들이 죽은 성도들의 생활을 구성하는 요소들입니다. 그런 점들을 생각해 본다면, 땅의 생활에 비해 놀라운 진전이 있음을 보여 줍니다. 그들은 그리스도에게 더 가까이 있습니다. 그들은 약함의 원천이고 지식의 방해자이며 영혼의 상승하는 모든 경향을 끌어내리는 요소이고 죄의 원천이자 고통의 원천인, 몸에서 해방되었습니다. 그들은 고통스런 노동, 힘에 버거운 노동, 흔히 실망으로 끝나고 마는 노동, 단지 생명을 유지하는 일에 낭비되는 경우가 너무도 흔한 노동, 자비로운 면이 없는 것은 아니지만 기껏해야 저주인 노동을 하지 않을 수 없는 형편에서 해방되었습니다. 그들은 "죽기를 무서워하는"(히 2:15) 데서 해방되었습니다. 죽음의 공포가 그 쏘는 것이 제거될지라도, 살아 있는 사람의 영혼에서 다 사라지는 것은 아닙니다. 그들은 피할 수 없는 그 답답한 통과가 그들 생전에는 그처럼 크게 보였는데, 막상 죽음에 이르렀을 때는 아주 가볍고 시시하게 지나간 방식을 생각하고 웃음을 지을 수 있습니다! 이런 것들이 "예수 안에서 자는"(살전 4:14) 자들의 생활의 일부라면, 그들이 지식과 지혜와 사랑이 더 충만하고, 사랑할 능력도 사랑의 목적도 더 충만하며, 거룩함도 에너지도 더 충만하며 머리끝에서 발끝까지 안식으로 충만하다면, 격정적인 세상의 모든 경험들이 잠잠해지고 조용해진다면, 우리의 뜨거운 피의 박동이 영원히 끝이 난다면, "난폭한 운명의 새총과 화살"이 영원히 끝이 난다면, 우리가 마지막으로 보았던 그 평온한 얼굴, 슬픔과 고통과 질병으로 인한 주름들이 없어졌고, 살았을 때 우리가 그 얼굴에서 보았던 것보다 더 고귀함을 보여 주는 평온한 얼굴이, 그들이 죽음을 통해 들어간 평안하고 더 복된 존재를 보여 주는 상에 지나지 않는 것이라면, 죽은 자들이 그렇다면, "주 안에서 죽는 자들은 복이 있습니다"(계 14:13).

죽음의 복된 한 측면, 즉 "예수 안에서 자는 것"이, 지친 자들이 언제나 붙들고 온 점이라 사실은 당연한 일입니다. 우리는 잠이라는 비유적 표현에 들어 있는 것을 잊지 않도록 해야 하고, 잠이라는 것이 마치 여기 이 땅에서보다 덜 활발한 생명을 표현하기 위한 말인 것처럼, 의미를 왜곡하지 않도록 해야 합니다. 성경이 죽음을 잠이라고 말할 때, 우리는 그 단어가 중간 상태를 현재 상태보다 풀이 죽은, 의식과 충만한 활력이 다소 떨어진 것을 나타내기 위해 사용된 것으로 생각하여, 그 의미를 오해하는 때가 종종 있습니다. 그렇지 않습니다. 잠은 휴식입니다. 바로 그 점이 성경에서 그 단어를 죽음에 적용하는 한 가지 이유입니다. 잠은 외적 세계와의 모든 연결을 끊는 것입니다. 그것이 또 한 가지 이유입니다. 그런데 잠은 무의식이 아닙니다. 잠은 영혼을 건드리지 않습니다. 잠은 우리를 외부 세계와 연결하는 것들에서 풀어 줍니다. 그러나 우리가 잠잘 때 영혼은 비록 다른 방식이긴 하지만 깰 때처럼 열심히 일을 합니다. 꿈꾼다는 것이 무엇인지를 아는 사람들은, 성경이 죽음을 잠으로 보고 이야기할 때, 그 말뜻이 죽음이 무의식이라는 것을 말한다고 생각하지 않습니다. 결코 그렇지 않습니다. 열나는 몸 때문에 생기는 장애를 제거하면, 그 사람은 마음이 좀더 평온해질 것입니다. 이쪽에 좁고 긴 틈새가 있고 저쪽에는 좁은 문이 있는, 영혼을 둘러싸고 있는 칙칙한 망대와 같은 몸 때문에 생기는 장애물들을 사람에게서 제거해 보십시오. 사람이 외부의 우주와 관계를 맺는데 사용할 수 있는 보잘것없는 오감을 제거해 보십시오. 그러면 영혼은 하나님에게 가까이 갈 수 있는 더 넓은 길을 얻고 더 큰 수용능력을 얻을 것입니다. 이는 영혼이 이 땅의 장막을 잃어버렸기 때문인데, 이 땅의 장막이, 영을 장막이 속해 있는 땅과 연결시켰던 것만큼 하늘과 연결되는 것을 끊었기 때문입니다. 그리스도 안에서 죽은 자들은 몸을 버리고 떠나는 바로 그 행위로 인해, 더 충만하고 더 고귀한 삶을 살며, 염려와 변화, 갈등, 투쟁을 중단함으로써 더 충만하고 고귀한 삶을 삽니다. 그리고 무엇보다 그들이 "예수 안에서 자고" 그리스도의 품에서 깨어나 주와 함께 있으며, 거기 제단 아래에서 흰옷을 입고 손에 종려나무를 들고서 "양자 될 것 곧 우리 몸의 속량을 기다리기"(롬 8:23) 때문에, 더 충만하고 고귀한 삶을 삽니다. 죽음이 어떤 진행, 곧 영적 존재로 가는 진행일 수 있고, 더 높고 고귀한 상태로 탄생하는 것일 수 있으며, 우리가 현재 소유하고 있는 것보다 더 충만하고 더 나은 생명으로 가는 문일 수 있으며, 그리스도 안에서 죽은 자들의 현재 상태가 복된 평온한 상태, 완전한 교제의 상태, 안식과 만족의 상태일 수 있지만, 그럴지라도 그것이 최종적이고 완전한 상태는 아닙니다.

그러므로 마지막으로 그리스도 안에서 죽은 자들이 현재 살고 있는 더 나은 삶은, 그들이 영화롭게 된 몸을 되찾을 때 훨씬 더 충만한 생명에 이르게 됩니다.

사람의 완전한 모습은 몸과 영과 혼이 결합된 상태입니다. 바로 그것이 하나님이 사람을 만드셨을 때의 모습입니다. 완전해진 영과 완전해진 혼이 있을지라도 신체적 생명이 없으면, 그것은 전체의 부분에 불과합니다. 아주 영광스런 미래 세계에 대해서 우리는 견고한 기초를 놓았습니다. 영광스런 미래 세계도, 실제적인 의미에서 물질적인 세계가 될 것입니다. 그 세계에서 사람들은 이전에 그랬던 것처럼, 다시 한 번 몸을 갖게 될 것입니다. 그런데 그 몸은 영이 아무런 불균형을 느끼지 않고서 활동할 몸이고, 속에 있는 불멸의 혼에게 적합한 종이자 기관이 될 몸이며, 몸 속에 있는 영을 속박하지도 않지만, 그 영에게 복종하기를 거부하지 않고, 오히려 영의 능력을 더 강화하고 영의 복됨을 더 깊게 하며 영이 섬기는 하나님께 더 가까이 가도록 하고, 몸이 그리스도의 영광스런 몸을 따라 형성될 그리스도께 더 가까이 가도록 만드는 몸이 될 것입니다. "몸과 영과 혼." 땅에서 있었던 오래된 이 결합이 하늘의 온전한 사람이 될 것입니다. 지금 이 순간 복된 상태에서 살고 있고 하나님 안에 거하며 그리스도 안에서 잠자고 있는 온전한 영들은, 기다리고 있으며 믿음과 소망의 손을 뻗치고 있습니다(갈망하고 있다고 나는 말하지 않습니다). 이 영들은 벌거벗은 채로 있지 않고 하늘로부터 오는 집으로 옷 입을 것인데, 이는 죽을 것이 생명에게 삼켜지도록 하기 위해서입니다.

그 몸의 상태가 어떠할 것인지에 대해서, 곧 현재 우리의 땅의 집인 이 장막과, 그 몸 사이의 차이점과 일치점에 대해서는 지금 여기서 말할 것이 없습니다. 우리가 알고 있는 것은 이것뿐입니다. 육신의 모든 약함을 뒤집어서 생각하면, 그 영광스런 몸에 대해 희미하게라도 알 수 있다는 것입니다. 영광스런 몸은 썩을 것과 욕된 것과 약한 것으로 심은 것입니다. 그리고 그 몸은 썩지 아니할 것과 영광스런 것과 강한 것으로 다시 살아난 것입니다. 아니, 그 몸은 동물의 생명이나 자연에 적합한 기관인 육신의 몸으로 심은 것입니다. 그 육신의 몸은 이 물질적인 우주와 연결되어 있습니다. 그 몸이 "신령한 몸으로 다시 살아난" 것입니다. 육신 안에 거하고, 육신을 통해서 일하며, 육신이 속량될 때 온전해진 영에 적합한 몸으로 살아난 것입니다.

어찌하여 살아 있는 자를 죽은 자 가운데서 찾습니까? "하나님께서는 그의 사랑하시는 자에게는 잠을 주십니다"(시 127:2). 그 평온한 잠에서 꿈이 아니라 진실이 조용한 안식을 되찾고, 그 영과 행복한 마음을 복과 교제로 채웁니다. 이렇게 그리스도의 품안에서 자게 되면, 그들은 하나님께서 정하신 때에 하나님의 택하신 자들의 수를 채우실 때까지, 영원한 아침을 동트게 하시고, 그들을 잠들게 하신 손이 그들을 건드려 깨우고, 그들이 하나님의 영광을 지닌 몸을 가지고 일어날 때 그들을 옷 입히실 때까지 안식할 것입니다. 그때가 되면 그들은 하나님의 얼굴을 보고, 하나님의 사랑과 빛과 아름다움을 되비출 것입니다. 그들은 그 영원한 날의 떠오르는 빛이, 그들의 변화된 죽지 않을 머리를 비출 때, 그들은 감사하여 "내가 깰 때에 주의 형상으로 만족하리이다"(17:15) 하고 승리의 노래를 터뜨릴 것입니다.

"그러므로 이러한 말로 서로 위로하라"(살전 4:18). 우리가 밤에 속하지 않고, 낮에 속하였음을(5:5) 기억하십시오. "그러므로 우리는 다른 이들과 같이 자지 않도록"(5:6) 합시다. 그리스도께서 우리를 위하여 죽으신 것은 우리가 이 땅에서 깨어 있든지 무덤 속에서 자든지, 즉 하늘에서 깨어 있든지, 우리가 다 같이 그리스도와 함께 살도록 하려 하심인 것을 생각하도록 합시다.

93
흔들리는 제자들에 대한 부활하신 주님의 자기 계시

"¹³그 날에 그들 중 둘이 예루살렘에서 이십오 리 되는 엠마오라 하는 마을로 가면서 ¹⁴이 모든 된 일을 서로 이야기하더라 ¹⁵그들이 서로 이야기하며 문의할 때에 예수께서 가까이 이르러 그들과 동행하시나 ¹⁶그들의 눈이 가리어져서 그인 줄 알아보지 못하거늘 ¹⁷예수께서 이르시되 너희가 길 가면서 서로 주고받고 하는 이야기가 무엇이냐 하시니 두 사람이 슬픈 빛을 띠고 머물러 서더라 ¹⁸그 한 사람인 글로바라 하는 자가 대답하여 이르되 당신이 예루살렘에 체류하면서도 요즘 거기서 된 일을 혼자만 알지 못하느냐 ¹⁹이르시되 무슨 일이냐 이르되 나사렛 예수의 일이니 그는 하나님과 모든 백성 앞에서 말과 일에 능하신 선지자이거늘 ²⁰우리 대제사장들과 관리들이 사형 판결에 넘겨 주어 십자가에 못 박았느니라 ²¹우리는 이 사람이 이스라엘을 속량할 자라고 바랐노라 이뿐 아니라 이 일이 일어난 지가 사흘째요 ²²또한 우리 중에 어떤 여자들이 우리로 놀라게 하였으니 이는 그들이 새벽에 무덤에 갔다가 ²³그의 시체는 보지 못하고 와서 그가 살아나셨다 하는 천사들의 나타남을 보았다 함이라 ²⁴또 우리와 함께 한 자 중에 두어 사람이 무덤에 가 과연 여자들이 말한 바와 같음을 보았으나 예수는 보지 못하였느니라 하거늘 ²⁵이르시되 미련하고 선지자들이 말한 모든 것을 마음에 더디 믿는 자들이여 ²⁶그리스도가 이런 고난을 받고 자기의 영광에 들어가야 할 것이 아니냐 하시고 ²⁷이에 모세와 모든 선지자의 글로 시작하여 모든 성경에 쓴 바 자기에 관한 것을 자세히 설명하시니라 ²⁸그들이 가는 마을에 가까이 가매 예수는 더 가려 하는 것 같이 하시니 ²⁹그들이 강권하여 이르되 우리와 함께 유하사이다 때가 저물어가고 날이 이미 기울었나이다 하니 이에 그들과 함께 유하러 들어가시니라 ³⁰그들과 함께 음식 잡수실 때에 떡을 가지사 축사하시고 떼어 그들에게 주시니 ³¹ 그들의 눈이 밝아져 그인 줄 알아 보더니 예수는 그들에게 보이지 아니하시는지라 ³² 그들이 서로 말하되 길에서 우리에게 말씀하시고 우리에게 성경을 풀어 주실 때에 우리 속에서 마음이 뜨겁지 아니하더냐 하고"

눅 24:13-32

이 두 제자는, 베드로가 무덤에서 돌아오고 막달라 마리아가 예수님을 보았다는 소식을 가져오기 전에, 제자들 무리를 떠났습니다. 그날 도마가 자리에 없었던 것처럼, 중대한 이 시기에 그들이 떠났다는 것은, 목자를 친 후에 양들이 흩어지는 일이 시작되고 있었음을 보여 줍니다. 자석을 치우면 끌어당겨졌던 것들이 다 떨어지고 맙니다. 무엇이 그 과정을 막았습니까? 중심축을 제거했는데, 왜 바퀴살이 망가지지 않았습니까? 요한이 죽자 요한의 제자들은 흩어져 버렸습니다. 드다가 죽자 그를 따르던 모든 사람들이 "흩어져 없어졌고" 수포로 끝이 났습니다. 모든 비슷한 경우를 따라 생각할 때 당연히 흩어지게 만들었을 죽음 후에, 교회는 더 단단히 결합되었습니다. 그리스도의 부활 사실만이 그 예외적인 경우를 설명해줍니다. 합리적인 사람들이라면, 자신들의 메시아에 대한 소망이 그리스도의 무덤에 묻혀 버리지 않았다는 것을 알지 않는 한, 함께 모이지 못했을 것입니다. 우리는 이 즐거운 이야기에서, 이들이 소망하는 부활이 시작되는 것을 봅니다.

1. 본문에서 우리는 슬픈 마음으로 여행하는 두 사람과 그들과 합류하는 세 번째 사람을 봅니다.

아마도 이들 두 사람은 길을 걸음으로써 불안과 슬픔의 긴장을 누그러뜨리고, 생각을 정리할 조용한 시간을 얻을 목적으로 제자들을 떠났던 것 같습니다. 그들은 마치 지진에서 살아난 사람들 같았습니다. 그들은 놀라움으로 정신이 어리벙벙한 상태에 있었습니다. 신체적 활동과 시골의 조용한 아침 시간, 주변에 사람들이 없는 것이 마음을 차분히 가라앉히는데 도움이 되었을 것이고, 그래서 자신들의 위치를 깨달을 수 있었을 것입니다. 그들의 마음 상태는 금방 더 분명하게 드러날 것입니다. 여기서는 "요즘 거기서 된 일"이 그들의 마음과 대화의 내용을 온통 차지하였다는 것에 주의하는 것으로 충분합니다. 일이 그렇게 되었기 때문에, 그들은 그냥 어둠 속에서 손으로 더듬고 있을 수 없었습니다. "예수께서 가까이 이르러 그들과 동행하시나." 예수께 관한 진리에 온통 마음이 사로잡혀 있었고, 진정으로 그 진리를 알고자 하는 마음이 도움을 받지 못한 채 지나가지 않았습니다. 예수께 관한 참된 사실들이 우리의 선입관에 일치하든지 하지 않든지 간에, 그 사실들을 깨닫기를 원하고 노력할 때 우리는 주님을 곁으로 끌어당기게 됩니다.

부활하신 주님을 처음 본 주님의 애제자들의 특징을 유의해서 보는 것은 매우 흥미있고 교훈적입니다. 그들은 마리아와 이들 두 사람, 그리고 베드로였습니다. 마리아는 마음이 뜨겁게 타오르는 향기로운 사랑의 제단과 같은 사람이었습니다. 베드로는 그리스도를 부인했지만, 회개한 사람입니다. 그리고 이들 두 사람은 그리스도의 죽음과 장사의 사실들을 깊이 생각하였습니다. 무엇이 예수님의 마음을 끕니까? 사랑, 회개, 그리스도의 진리에 대한 탐구입니다. 주께서는 이런 일들을 적절한 선물로 보상하시는데, 예전부터 그렇게 해오셨고, 진실로 그렇게 하십니다. 그들이 의문을 풀지 못해 괴로워하는 것을 보시고 주께서 그들을 도우러 가까이 가신 것 같습니다. 주께서는 이 두 사람의 믿음이 심하게 상처를 입었기 때문에 자신을 특별히 필요로 한다는 것을 아셨습니다. 곤경은 응분의 보상만큼이나 예수님을 모셔 오는 강력한 힘이 있습니다. 주님은 확고하고 뜨거운 사랑에 보답하기 위해 오시고, 사랑이 두려워하고 식어졌을 때는 다시 살리기 위해서도 오십니다.

누가는 "그들의 눈이 가리어졌다"고 말합니다. 그와 비슷하게 "그들의 눈이 밝아졌습니다"(31절). 누가는 이들이 주님을 깨닫지 못한 것은 주관적인 이유 때문이라고 말합니다. 그의 기사에서는 주님의 부활의 몸에 어떤 변화가 일어났다는 이론을 지지하는 말을 전혀 제시하지 않습니다. 지금도 주께서 참으로 자주 우리에게 오시는데도, 우리는 그분을 분간하지 못합니다! 만일 우리가 "내가 항상 너희와 함께 있으리라"는 약속을 우리 각 사람이 받았다는 사실을 좀 더 충분히 그리고 항상 깨닫는다면, 우리의 길이 덜 외로울 것이고, 우리 마음이 덜 슬플 것입니다.

2. 그 다음에는 주님과 이 두 사람 간의 대화가 나옵니다(17-28절).

알지 못하는 어떤 사람이 한 가지 질문을 하면서 이들의 대화에 끼어듭니다. 그 질문이 다른 사람의 입에서 나왔다면, 단지 호기심을 가지고 주제넘게 끼어드는 것이고, 따라서 강한 반발을 일으켰을 것입니다. 주님의 목소리와 태도에는, 두 사람의 마음을 열게 하는 무엇인가가 있었습니다. 지금도 주님께서는 무거운 짐을 지고 있는 영혼들에게 가까이 오셔서 얼굴에 사랑의 미소를 띠고 도움을 약속하는 어조로, 우리에게 우리 마음속에 있는 모든 것을 자신에게 이야기해보라고 하시지 않습니까? 주님께 말씀드리는 "대화"를 하면, 더 이상 마음이 슬퍼지지 않습니다. 우리가 주님께 말씀드릴 수 없는 것은 우리 자신에게도 말하지 못할 것입니다.

글로바는, 예루살렘에 있으면서 요즘 거기서 일어난 일을 모르는 사람이 단 한 사람이라도 있을 수 있는가 하고 순진하게 생각합니다. 글로바는 이 낯선 사람이 자기들을 알고 있을지 모르고, 또 자기들이 예루살렘에서 일어난 일에 관해 이야기하고 있었다는 것을 잊었습니다. 우리들처럼 글로바도 자기에게 중대한 것은 모든 사람에게 중대한 것이라고 생각하였습니다. 그들의 대화의 주제는, 그 한 가지 주제 이외에 다른 것이 있을 수 없었을 것입니다. 이 낯선 사람은 두 사람이 말을 다 털어놓도록 하기 위해서, 짐짓 아무것도 모르는 체 합니다. 예수께서는 우리가 두려움, 의심, 좌절된 희망을 분명하게 주님께 다 털어놓기를 바라십니다. 주님께 말씀드리면, 우리 가슴에서 많은 위험한 것들을 깨끗이 제거하게 됩니다. 그래서 주님께서 답을 해주시기 전에 우리는 마음이 가벼워집니다.

아주 자연스럽게 두 사람은 열심히 대답해 줍니다. 일단 침묵이 깨뜨려지자, 말을 폭포수처럼 쏟아냅니다. 이들의 말에는 사랑과 슬픔, 선생님께 대한 제자들로서 자부심, 좌절된 희망, 믿지 못하고 당황하여 함, 의문스런 생각이 온통 뒤섞여 있었습니다.

길게 털어놓은 이 말(19-24절)을 보면, 두 제자의 마음 상태가 생생하게 드러납니다. 아마도 이 말이 모든 제자의 생각을 잘 나타내었을 것입니다. 우리는 이 말에서, 예수님을 선지자 정도로만 보는 제한된 생각, 예수님의 이적과 가르침에 대한 증언(앞의 생각이 더 인상적이어서 먼저 언급하였음), 예수께서 "백성들"에게 널리 인정을 받았다는 주장, 그리스도의 죽음에 대한 죄책이 "우리 관리들"에게 있다는 고발, 예수님에 대한 관리들의 정죄와 그들 자신이 발견한 메시아에 대한 소망 사이의 슬픈 대조, 이런 소망들이 사라져 버린 사실에 대한 절망적인 인정을 볼 수 있습니다.

"사흘 째"라는 말이 언급된 것은, 두 사람이 그 일에 대해 우리 주님께서 자주 예언하신 말씀의 의미에 대하여 논의하고 있었다는 것을 암시하는 듯 싶습니다. 이들이 그 말을 끌어들이는 전후문맥을 볼 때, 마치 이들이 그 예언을 이해하기 시작하고 있는 것처럼 보이고, 그리스도의 부활에 대한 소망의 씨앗을 품는 것처럼 보입니다. 혹은 하여튼 자신들이 그런 소망을 감히 품을 수 있는지 확실히 몰라서 불안하였던 것 같습니다. 이들은 여인들의 이야기가 사실이라고 쉽사리 인정하지 않습니다. 또 이들은 그 이야기에 대한 남자들의 확인을 더 중하게 여깁니다. "그러나 예수는 보지 못하였습니다." 그래서 예수께서 나타나시지 않는 한, 그들은 "그가 살아나셨다"는 천사의 말에도 불구하고, 믿을 수 없었습니다.

이들의 전체 이야기를 들어보면, 메시아에 대한 제자들의 희망이 얼마나 철저하게 붕괴되었는지, 그들의 마음이 부활의 가능성을 인정하는데 얼마나 더디게 움직였는지, 부활의 증거 문제에서 그들이 얼마나 엄격한 입장을 취했는지, 심지어 천사의 고지조차도 받아들이기를 주저한 것이 드러납니다. 부활하신 주님이 실제로 나타나시는 것 말고는 슬퍼하고 신중한, 믿음이 없는 이 제자들을 평생 가도 신앙을 고백하는 사람으로 변화시킬 수 없었습니다. 그 외에 다른 어떤 것이 굽이치는 이 의심의 구름에 빛을 비추고, 그 구름이 하늘을 향하여 온 세상에 타오를 수 있게 하였겠습니까?

이들이 자신들의 당혹스러움을 솔직하게 털어놓은 것이, 언제나 그렇듯이 그들의 동반자의 마음을 움직였습니다. 예수께서는 사람들이 자신의 의심과 혼란스러움을 거리낌 없이 말한다고 해서, 그것 때문에 물러가시지 않습니다. 우리의 혼란스런 생각을 말로 분명히 표현하면, 문제들이 정리되기도 하고, 주님을 우리의 선생으로 모시게 하는 경향이 있습니다. 주님의 책망에는 분노가 없고, 고통을 가하지 않으며, 진리에 이르도록 우리를 바른 길에 올려주십니다. 두 사람이 "선지자들의 말한 것"에 귀를 기울였더라면, 자기 선생님을 이해하였을 것이고, 주님의 죽으심과 부활에서 하나님의 뜻이 "이루어져야 한다"는 것을 알았을 것입니다. 이들처럼 우리도 사용하려고 한다면 해결책이 가까이에 있는, 믿음과 행위의 문제에 대해 스스로 괴로워하는 경우가 얼마나 많습니까?

예수께서는 "모든 선지자들"이 자신의 증인이라고 주장하셨습니다. 예수께서는 우리에게 구약 성경의 최고의 목적을 주님 자신을 위한 준비에서 찾고, 주님의 죽음과 부활의 전조를 구약 성경에서 찾으라고 가르치십니다. 주님의 그 말씀이, 기록된 모든 말씀이 가리킨 성육신 하신 말씀에 대한 자기 증거가 아니었다면, 그것은 엄청난 자기 망상이 아닐 수 없었습니다! 주님은 지금도 유순한 영혼들에게는 성경의 해석자가 되어 주실 것입니다. 모든 성경에서 예수님을 보는 사람들은, 구약에서 모든 것을 보되 예수님을 보지 못하는 사람보다, 성경을 더 바르게 이해하는 사람입니다.

3. 끝으로 우리는 주님의 정체가 드러나고 주께서 사라지신 이야기를 봅니다.

이 작은 무리는 틀림없이 길을 천천히 걸으면서 예수께서 성경을 펼치는 동안에는 자주 걸음을 멈추었을 것입니다. 왜냐하면 이들은 아침에 성읍을 떠났고 이들이 "이십오 리"(약 10킬로미터) 되는 길을 마쳤을 때는,

저녁이 가까웠기 때문입니다. 주님이 그들과 함께 하시자, 하루 종일 걷는 길이 아주 짧게 된 것 같습니다.

"예수는 더 가려 하는 것 같이 하시니." 이 말에서 주님께서 실제로는 마음에 품지 않았던 의도를 가졌던 것처럼 나타내려고 하셨던 것이 아니라, 제자들의 절박한 사정이 주님을 붙잡지 않았더라면, 시행했을 이동을 시작하시려고 했던 것으로 보입니다. 예수께서는 자신과의 사귐을 아무에게도 강요하시지 않습니다. 이 두 사람이 "우리와 함께 유하사이다" 하고 말하지 않았다면, 예수께서는 "더 가셨을" 것입니다. 우리가 주님을 붙들지 않으면, 주께서는 우리를 두고 떠나실 것입니다. 주님께서는 사람들이 간절한 손을 내밀어 자신을 붙잡는 것을 기쁘게 여기십니다. 그래서 우리의 소원이 주님을 "붙잡습니다." 지쳐 있는 길에서 주님과 함께 걷는 즐거움을 경험하였기에, 주께서 자신들의 여가 시간에 은총을 베푸시기를 구하고, 자신들의 휴식에 더없이 기쁜 안식을 더해 주시기를 구하는 사람들은 복이 있습니다!

그리스도를 초대한 소박한 식탁은 거룩한 계시의 장소가 됩니다. 주께서는 일상생활을 신성하게 만드시고, 주께서 마련하시는 식사를 거룩한 것으로 만드십니다. 제자들의 식탁은 그 제자들이 주님께 감히 앉으시라고 요청하는 그런 것이 되어야 합니다. 그런데 호화로운 음식이나 천한 식욕에 의해, 하찮은 대화나 악의적인 대화로 인해 주님을 식탁에서 물러가게 하시는 일이 얼마나 많습니까! 우리 모두는 예수님을 진정으로 우리 식탁에 초대하고 싶어하는지 자신에게 물어야 할 것입니다. 주님은 초대를 받든지 받지 않으시든지, 관찰자이시자 재판장으로 그 자리에 계십니다.

예수님은 손님으로 환영받는 곳에서 주인이 되십니다. 어쩌면 예수께서 빵을 떼실 때 그 동작이나 목소리의 어떤 점을 보고, 이 제자들의 마음에 그들이 사랑한 예수님이 생각났고, 순간적으로 "그이시다"는 기쁜 생각이 그들의 영혼을 밝혔던 것 같습니다. 그것으로 충분하였습니다. 주님의 부활하신 생명에 대한 확신이 그들 마음속에 확고하게 자리잡게 되자, 주님의 신체적 임재는 더 이상 필요하지 않았습니다. 그러므로 주님께서 사라지셨습니다. 예전처럼 중단되지 않는 교제가 다시 시작되지는 않을 것이었습니다. 예수께서 이따금 나타나시고, 중간에 간간이 계시지 않는 과정을 통해, 제자들은 주님의 보이는 임재 없이 지낼 수 있도록 점점 더 준비가 되었습니다.

주께서 부활하셨고 영원히 살아 계신다고 우리가 확신한다면, 우리에게는 이전보다 더 나은 주님의 임재가 있는 것입니다. 주께서 떠나셔서 우리 눈에 보이지 않으시는 것은 우리가 주님을 믿음으로 볼 수 있도록 하기 위해서입니다. "우리가 지금 주를 보지 못한다"는 것은 주님의 첫 제자들의 입장에서 후퇴한 것이 아니라 진보한 것입니다. "보지 못하고 믿은 자들"(요 20:29)의 복을 얻도록 노력합시다.

94
그리스도를 붙듦

"그들이 가는 마을에 가까이 가매 예수는 더 가려 하는 것 같이 하시니 그들이 강권하여 이르되 우리와 함께 유하사이다 때가 저물어가고 날이 이미 기울었나이다 하니 이에 그들과 함께 유하러 들어가시니라"

눅 24:28, 29

길에서 우연히 함께 하게 된 동행이, 여행의 마지막에 이르자 끝나게 되었습니다. 이 두 제자가 엠마오에 왔을 때, 어쩌면 허름한 여인숙이나 대상들의 숙소, 혹시는 두 사람 중 한 사람의 집에 이르렀을 때, 길에서 만났고 제자들에게 강요하는 일이 없이 거기까지 동행할 수 있었던 이 낯선 사람이, 두 사람이 원하지 않는 한, 자신이 그들과 더 동행하겠다고 우겼다면, 그것은 아주 예의 없고 피해를 끼치는 일이 되었을 것입니다. 그래서 "예수는 더 가려 하는 것 같이 하셨습니다." 이것은 예수께서 실제로는 더 갈 뜻이 없는데 가려는 체 하신 것이 아니고, 그 상황에서 자연스럽고 적절한 일을 하려고 하셨던 것뿐입니다. 그러나 예수께서는, 엠마오의 그 집 문 앞에서 동행을 그만 두려는 의도를 나타내신 데는, 그만한 동기가 있었습니다. 주께서는, 함께 길을 간 두 제자가 주께서 자기들과 함께 머물기를 바라는 마음을 표시하도록 하기를 바라셨습니다. 일단 그런 바람을 일으키고 나면, 주께서는 아주 기꺼이 스스로 자신의 전능함이 사람의 연약함에 구속되도록 하십니다. 예수께서는, 자신들도 모르게 주님을 온유하지만 강력하게 속박하고 있는 사람들에게 스스로 속박되기를 허락하십니다. "예수께서 하는 것 같이 하시니"라는 표현이 불행하게도 어떤 대본대로 행하는 것 같고, 실제로는 그렇게 할 의도가 없는 것을 하려는 것처럼 보이게 한다는 생각을 암시합니다. 그러나 누가의 마음에는 그런 생각이 전혀 없습니다.

이 사건에서 마음에 떠오르게 하는 첫 번째 암시는 바로 이것입니다. 예수 그리스도께서는 우리가 그를 붙잡지 않는다면, 확실히 우리를 떠나시리라는 것입니다.

엠마오로 가던 걸음이 끝이 나고, 비록 부활의 날이긴 하지만 그 주간의 첫날이 해질녘, 어두운 저녁으로 끝이 나게 되어 있었던 것이 확실합니다. 그와 같이 예수 그리스도와 활발한 대화를 하게 되는 모든 기회, 의무와 은혜와 특권이 매우 크고 현실적인 것으로 보이는 모든 때, 우리가 보통 때보다 더 우리와 함께 하시는 주님의 임재와 그 영광을 인식하게 되는 모든 시간도, 속성상 일시적이고 끝나게 되어 있는 것을 영속적으로 만드려는 분명하고 굳은 노력을 우리 편에서 하지 않는 한, 그 일의 중단을 피하지 않는 한 끝이 나고, 우리가 이상을 잃어버리고 우리만 홀로 남게 되는 경향이 있는 것도 확실한 사실입니다. 모든 움직임은 점차 정지하게 되어 있습니다. 그리스도인의 감정도 그 법칙에 따라 수그러듭니다. 아니, 순간의 경험이 감격적이면 감격적일수록, 그만큼 더 사람의 마음을 지치게 만들고, 우울과 좌절도 그만큼 확실하게 뒤따릅니다. "행동과 반응은 동등하고 반대가 된다." 파도의 높이가 놀의 깊이를 결정합니다. 그러므로 그리스도인들은 특별한 활력과 열정의 시간이 끝나가는 것에 특별히 조심해야 합니다. 그들이 열정을 자제하지 않는 한, 이전의 흥분에 비례하여 그만큼 활력도 식어지게 되는 것이 자연스런 일이기 때문입니다. "예수께서 더 가려 하는 것 같이 하시니." 물러가려는 주님의 옷자락을 믿음과 소원의 손을 뻗쳐 붙잡고, 주님께 "우리와 함께 유하사이다" 하고 기도드리지 않는 한, 주님은 확실히 떠나실 것입니다.

이 점은 그 사건을 다르게 적용하는 일에서도 참말입니다. 신념들과 기본적인 것들에 대한 영적 경험들은, 그것을 소중히 여기고 기르고 더욱 성숙하게 하고 영속적으로 만드려는 정직한 노력이 없으면 점차 사라지게 되고, 사람들이 그것을 경험하기 전보다 더 완고하게 악하게 됩니다. 하나님의 복음을 전파하는 일에 있어서, 하나님의 은혜는 지나가는 여름 소나기와 같습니다. 그 은혜는 한 지역에 내린 다음에, 그 보물을 간직하고 이동하여 다른 곳에 쏟아 내립니다. 많은 나라의 오랜 종교 역사를 보면, 본문의 심오한 진리를 예증하는 위대한 인물과 비극적인 인물들이 많이 나옵니다. 팔레스타인을 보고, 소아시아를 보며, 복음이 처음에 승리를 거둔 지역들을 보십시오. 그리고 동유럽을 보십시오. 일찍이 아름다웠던 이 땅들의 현재 상태가, 이 원칙을 보여 주는 실례가 아니고 무엇이겠습니까? 즉 은혜를 가지고 사람들에게 오시는 그리스도는, 은혜를 받는 사람들이 열심과 믿음과 소원으로만 그리스도를 붙잡아 둘 수 있다는 것입니다.

사랑하는 형제 여러분, 기독교 공동체의 일원인 여러분과 나는, 에베소와 콘스탄티노플이 그랬던 것처럼 동일한 조건에 근거해서 우리 개인의 믿음에 따라 종교적 복을 누리고 있습니다. 그리고 세계의 많은 지역이 오랜 시간을 통해 그 복을 망쳤듯이, 우리도 동일한 태만으로 복을 놓칠 수가 있습니다. 여러분들이 그리스도를 붙잡지 않는 한, 그리스도는 확실히 떠나가실 것입니다.

그 다음에, 그리스도께서는 우리에게 자기를 바라는 소원을 일으키려고 어떤 행동을 취하신다는 또 한 가지 생각을 본문에서 보게 됩니다.

"예수께서 더 가려 하는 것 같이 하시니." 주님의 발은 길로 향했지만, 주님의 마음은 자신이 분명 떠나려고 하는 이 두 제자에게 머물러 있었습니다. 주님은 떠나려고 하는 자신의 모습이, 제자들의 마음에 주님을 붙들고자 하는 마음을 강하게 일으켜 주기를 바라셨습니다. 그것은 우리가 복음서들에서 거듭 발견하듯이 형태만 약간 다를 뿐 같은 동기에 의해서 나온 동일한 행동이고 본질적으로 같은 것입니다. 여러분은 그 예들을 기억할 것입니다. 그 예들에 대해서는 한 마디만 해도 될 것입니다.

한 가지 예를 들자면 이것입니다. 어두운 호수의 동쪽 언덕 위로 달이 떠오르고 있었는데, 한 사람이 어둠 속에서 나와 폭풍 치는 바다를 지나가고 있었습니다. 주께서 요동하는 작은 고깃배에 왔을 때, 배를 지나가려는 듯이 보였습니다. 어두운 바다에서 소리치는 부르짖음이 주님을 막지 않았다면 주님은 그냥 지나갔을 것입니다.

길가에 앉아서 "다윗의 자손 예수여 우리를 불쌍히 여기소서"(눅 18:38) 하고 외치는 두 맹인이 있었습니다. 이에 대해 말 한마디도 대꾸하지 않으셨고 눈길 한 번 주지 않으셨으며, 예루살렘과 빌라도와 갈보리로 향하는 그의 확고한 걸음을 전혀 멈추지 않으셨습니다. 예수께서 그들의 부르짖음을 무시하셨기 때문입니까? 예수께서 그들을 돕고자 하시는 무한한 동정심이 없으셨기 때문입니까? 그렇지 않습니다. "그들이 더욱 크게 소리 질러 다윗의 자손이여 우리를 불쌍히 여기소서" 했을 때, 무관심하게 보이려는 목적이 이루어졌습니다.

또 한 가지 예가 여기 있습니다. 귀신 들린 딸로 인한 고통으로 반쯤 미치다시피 된 여인이 주님의 뒤에서, 동양에서 슬픔을 표시하는 날카로운 소리로 부르짖으며 제자들의 신경을 거슬렀습니다. 그러나 그 부르짖음에도 주께서 전혀 움직이지 않으셨고 그 소리를 들으셨다는 표시조차도, 혹은 주께서 귀를 뚫고 들어오고 마음을 움직이게 하는 그 소리를 들으셨다는 아무런 표시조차 보이지 않으셨습니다. 비참한 사람의 부르짖음에 항상 열려 있던 그 귀가 어째서 지금은 닫혀 있었습니까? 주께서는 충만한 복을 받을 수 있도록 그녀의 마음을 활짝 열어놓을 고통에 이르도록 하기를 바라셨기 때문입니다. 그래서 주님은 오래 부르짖으면 부르짖을수록 그 간절함이 더욱 커질 것이고, 그녀가 간절히 원하면 원할수록 그만큼 더 많은 것을 주께서 베푸실 것을 아시기 때문에, 그녀가 부르짖는 대로 내버려 두셨습니다.

바로 그것이 주께서 때로 우리 모두를 대하시는 방식입니다. 즉 우리의 소원과 열망을 완전히 무시한 듯이 내버려 두시는 것입니다. 그때 마귀는 우리에게 이같이 말합니다. "주께 부르짖는 것이 무슨 소용이 있나? 그는 네 말을 듣지 않으신다." 믿음은 하나님의 이 약속을 듣습니다. "네 입을 크게 열라 내가 채우리라"(시 81:10). 감각적으로는 "아무 소리도 없고 아무 응답하는 자도 없는"(왕상 18:26) 것 같을지라도, 믿음은 그 약속을 듣습니다.

그리스도께서 답을 연기하거나 지연하시려고 하는 데는, 지연을 통해 우리의 열망이 깊어지기 때문에 그렇게 함으로써 우리가 더 큰 복을 받을 수 있게 하시려는 것 말고, 다른 이유가 전혀 없습니다. 그리스도께서 그 부활절 저녁에 모든 사람의 마음에 가까이 다가가셔서, 그가 살아 계시면서 복을 주신다는 위대한 사실의 희망 찬 폭포수를 쏟아 부어주시려고 했던 것처럼, 오늘도 그렇게 하시기를 간절히 원하십니다. 그러나 우리가 그리스도를 원하지 않는 한 우리에게 오실 수 없고, 우리가 바라는 것 이상으로 자신을 우리에게 주실 수 없습니다. 그러므로 그리스도께서는 우선 우리의 소원을 더 크고 더 온전하게 만드시지 않을 수 없고, 그 다음에 소원에 응답하실 것입니다. "주께서 그들의 믿지 아니함을 인하여 거기서는 아무 권능도 행하실 수 없으셨습니다"(막 6:5).

우리의 불신앙이 주님의 능력을 제한하고, 우리의 믿음이 우리의 역량을 나타내는 표준입니다.

끝으로, 본문에서 우리는 예수 그리스도께서 우리들에게 강요받기를 기뻐하신다는 것을 알 수 있습니다.

"그들이 강권하여." 이것은 굉장히 강력한 말입니다. 우리 주님께서 "천국은 침노를 당하나니 침노하는 자는 빼앗느니라"(마 11:12)고 말씀하실 때 사용하시는 단어와 비슷한 말입니다. 그 대담한 표현은, 그리스도를 바라는 겸손한 마음들의 욕구에 실제적인 능력이 들어 있는데, 그 욕구가 주께서 그 욕구를 들어주기 위해 행하실 일을 요구하고, 주께서 자신을 아주 많이 주게 만들 만큼 능력이 있다는 진리를 강조합니다. 우리의 연약함이 전능자의 힘을 어느 정도 움직이게 하고 조정할 수 있다는 말입니다. "그들이 예수를 강권하였습니다."

여러분은 "하나님과 겨루어 이김"이라고 불린 사람이 누구인지 아십니까? 어떻게 그가 그 호칭을 얻었고, 하나님을 이길 수 있었는지 기억하십니까? 우리에게도, 공손하게 말하건대, 하나님의 손에 지시를 내리고, 전능하신 이에게 우리에게 복을 베푸시도록 강요할 수 있는 특허장이 있습니다. 우리는 자연에 복종하고 자연의 에너지를 활용함으로써 자연을 지배합니다. 우리는 하나님께 순종하고, 우리의 욕구를 하나님의 열망에 맞추고, 하나님의 뜻에 맞는 것들을 구함으로써 하나님께 영향력을 행사할 수 있습니다. "내 손으로 할 일에 관하여 내게 명령하라"(사 45:11). 우리가 하나님의 약속에 의지하고 하나님의 사랑에서 나온 강력한 뜻에 일치하게 구하면, 모든 시내가 반드시 낮은 데로 흐르며 흐르는 길에서 움푹 파인 곳마다 채우듯이, 구하는 바가 우리에게 확실히 올 것입니다.

이 두 가지를 여러분이 가지고 있다면 여러분은 그리스도를 확신할 수 있습니다. 한편으로 우리가 정직하게 그리스도를 바라고, 하루 종일 그리스도께서 실제로 우리와 함께 하시기를 바란다면, 이 일이 우리 가운데 어떤 사람들에게는 몹시 불편한 일이 될 것인데, 그리스도께서는 언제나 우리와 함께 하실 것입니다. 다른 한편으로, 우리가 그리스도를 떠나시게 하는 행동을 하지 않거나 그런 기질을 기르지 않도록 주의한다면, 그리스도께서 언제나 우리와 함께 하실 것입니다. "두 사람이 뜻이 같지 않은데 어찌 동행하겠습니까"(암 3:3). 어떻게 우리가 주님께 온통 쓰레기와 세속적인 것들로 가득한 집에 들어와 앉아 계시라고 말씀드릴 수 있겠습니까? 귀신들을 쫓아내고 문을 열어 두십시오. 그리스도께서 온유한 임재로 집 안을 채우실 것입니다.

이스라엘이 "여호와여 일어나사 주의 권능의 궤와 함께 평안한 곳으로 들어가소서"(시 132:8) 하고 기도하였을 때, 이 오래된 기도는 우리 교회와 우리 각 개인의 마음에 적용될 수 있을 것입니다. 그에 대한 답은 신속하고 확실했습니다. "이는 내가 영원히 쉴 곳이라 내가 여기 거주할 것은 이를 원하였음이로다"(132:14). 그러나 사람이 언약궤가 들어오기를 원하여 성전 문을 열기 전에는, 하나님의 이런 소원이 이루어지지 않았습니다.

"예수께서 더 가려 하는 것 같이 하시니." 그러나 그들이 강권하자 예수께서 그 집에 들어가셨습니다.

95
엠마오에서의 식사

"그들과 함께 음식 잡수실 때에 떡을 가지사 축사하시고 떼어 그들에게 주시니 그들의 눈이 밝아져 그인 줄 알아 보더니 예수는 그들에게 보이지 아니하시는지라"

눅 24:30, 31

주님의 부활과 승천 사이의 기간에 주께서 제자들과 나누신 대화를 전하는 이 복음서 기사들의 가장 현저한 특징은, 신비함과 단순성의 탁월한 결합을 보여 준다는 것입니다. 그 모든 대화는, 마치 그것이 표면적으로 나타나는 것보다 더 많은 것을 의미하고 가르치려는 의도가 있는 것처럼, 멀리서 이야기하는 분위기와 깊이가 있는데, 그것이 누가의 의도였다고 나는 생각합니다. 그렇지만 동시에 그와 더불어 아주 비범한 그 결합에는, 예를 들면, 본문에서와 같이 때로 거의 비천하고 무례함에 가까운 극단적인 소박함도 있습니다. 주님을 접대하는 볼품없는 집, 하여튼 작은 시골 마을의 어떤 가난한 사람의 집과, 말하기를 좋아하지만 낙담해 있는 이 제자들 일행, 보리떡 몇 개의 볼품없는 식사, 이런 재료들을 가지고 모든 시대의 교회에 살아 있을 교훈을 엮어 냅니다. "예수께서 떡을 가지사 축사하시고 떼어 그들에게 주시니." 이것은 주의 만찬을 묘사하는 말과 거의 같습니다. 이 말은, 복음서 기자들이 4천명과 5천명을 먹이신 이적을 기술할 때 쓴 말과 거의 같습니다. 그것은 복음서 기자가 표현한 대로, 오래 전부터 익숙히 알아온 행동이었고, 제자들의 눈을 뜨게 한 행동이었습니다. 제자들은 주님을 알아보았습니다. 발견의 과정을 이처럼 단순하게 말했습니다! 길에서 우연히 만난 낯선 사람이, 자기가 누구인지 말하지 않은 것은 아주 자연스런 일이었습니다. 그 사람이 식탁에서 제자들과 함께 앉고 그들의 대접을 받음으로 더 친밀한 교제를 나누게 되었을 때, 제자들이 그에게 솔직하게 털어놓았듯이, 그도 자기들에게 솔직하게 대해 주기를 기대한 것은 당연한 일이었습니다. 그리고 제자들은, 랍비처럼 보이는 알지 못하는 이 선생이 누군지를 이제 알게 될 것이었습니다. 그래서 적어도 어느 순간 동안은 말없이 식사가 진행되었던 것 같습니다. 그러나 식사가 어느 정도 진행되었을 때, 갑자기 손님이 집 주인의 위치를 차지하고, 스스로 주인의 역할과 임무를 맡아서 식사가 진행되는 것을 중단시키고 엄숙한 축복 기도를 하였습니다. 그의 행동의 기이함에 제자들의 시선이 끌렸고, 그 일을 행하는 방식이나 어떤 것에서 특이한 점이 눈에 확 뜨이면서, 어떤 것이 연상되고 반쯤 잠들어 있는 기억이 확 살아났습니다. 이 두 사람은 주의 만찬 자리에 있지 않았기 때문에 그 만찬에 대해서 들었던 것이 생각났고, 주께서 자기들과 교제하시던 행복했던 날에, 주께서 항상 자기들에게 하시던 방식이 틀림없이 생각났을 것입니다. 어쨌든, 떡을 떼어 자기들에게 나누어 주시는 자연스런 그 행동에 의해 그들이 주님을 인식하는데 장애가 되었던 것들이 마치 눈에서 비늘이 벗겨지듯이 떨어져 나갔고, 그들은 한 마디도 하지 못하고 주님을 바라보았습니다. 주께서는 그들의 시야에서 사라지셨습니다. 지치고 배고픈 이 사람들은 허리띠를 띠고, 이 이야기를 형제들에게 말해 주기 위해 예루살렘으로 급히 돌아갔습니다.

 이 사건을 본문에 나오는 대로 보고, 특별히 분명히 의도적으로 표현된 대구법에 주의할 때, 예전의 기적들에서는 주께서 주의 만찬을 시행하셨던 것이 확실합니다. 그러나 이것은 작은 시골집에서 이루어진 성례전적인 것도 아니고 작은 종교적 식사도 아니었습니다. 여기서 우리는 곰곰이 생각해 볼 만한 몇 가지 교훈을 얻을 수 있다고 생각합니다.

나는 이 이야기에서 다음 세 가지 점만을 다루려고 합니다.

떡을 떼어 나누어 줌, 발견, 그리고 사라짐이 그것입니다. "예수께서 떡을 가지사 축사하시고 떼어 그들에게 주시니 그들의 눈이 밝아져 그인 줄 알아보더니 예수는 그들에게 보이지 아니하시는지라."

1. 그러면 첫 번째 점, 곧 떡을 떼고 나누어 주시는 행동을 통해서 우리에게 전달하려고 한다고 생각이 되는 사상들을 잠깐 살펴봅시다.

나는 앞에서 이 40일 간에 제자들에 대한 주님의 관계에 관해 멀리 떨어진 것 같고 거리감이 있으며, 신비함, 과묵함 같은 독특한 분위기가 있다고 말했습니다. 그것은 주께서 이전의 관계들에서 보였던 허물없는 태도와, 사도와 제자들이 이전의 삼년 동안 내내 지내 왔던 친밀한 교제에 생긴 변화라고 생각합니다. 그것은 젖을 뗄 준비를 하고, 그들이 전혀 주님이 없이 일을 하도록 준비시키기 시작하는 것이었다고 봅니다. 내가 이해하는 대로, 그리고 이미 앞에서 말한 대로, 그와 같은 거리감과 더불어, 사람들이 중요한 영적 진리들의 물질적 근거를 보여 주는 상징과 예표와 전시로 다루는 이 사건들 전체에 관한, 아주 깊은 의미가 또한 있습니다. 특별히 복음서들에 나오는 역사적 사건들에서 상징적 의미를 찾는 습관에는 온갖 해악들이 가득했습니다. 그럴지라도 그 요소가 있다는 것은 부인할 수 없습니다. 우리는 그 습관을 억제해야 하고 상징적 의미를 적용하는 일에 매우 조심해야 합니다. 그러나 교묘하게 의도된 의미를 찾는데 있어서 언제나 최선이고 가장 중요하고 분명한 진술을 잃지 않도록 하기 위해서는, 그런 요소가 있다는 것을 생각하고, 따라서 우리는 과거에 그런 상징적 의미를 자주 밀어붙였듯이, 상징적 의미를 지나치게 부정하지 않도록 주의해야 합니다. 그래서 이 두 관점에서 그 일을 보아야 한다고 생각합니다. 그 다음에, 그 문제에 대한 분명한 진술은 이것입니다. 우리 주님께서 손님이었고, 이 사람들의 끈질긴 요청에 의해 억지로 들어오게 되었는데, 보잘것없는 식사의 어느 시점에서 스스로 집 주인의 위치를 차지하고, 그 위치에서 제자들에게 이전에 이적을 행하신 행위와 주의 만찬을 제정하신 행위를 생각나는 행동을 하셨는데, 그것이 두 제자가 주님을 인식하게 된 수단들이었다는 것입니다.

그렇다면 우리는 이 같이 떡을 떼고 나누는 일에는, 무엇보다 이 교훈이 있다고 정당하게 말할 수 있을 것이라고 생각합니다. 즉 주님과 제자들 사이에 예전부터 있었던 복된 교제가 신비한 삼일 동안에 지나간 모든 것에 의해 끝나지 않았고, 그들이 한때 주님과의 친밀한 관계와 교제를 누렸던 것처럼, 이때 누렸다는 것입니다. 확실히 예전에는 그리스도께서 언제나 작은 가족의 머리로서 행동하시는 습관이 있었습니다. 이들이 검박한 식사를 위해서 모였을 때, 주님은 선생님이었고 그들은 제자들이었습니다. 맏형으로서 주님은 제자들을 주위에 불러 모았습니다. 그래서 주님은 예전에 취했던 위치를 차지하십니다. 우리가 잠깐 동안 제자들의 입장을 생각하고 그들의 눈으로 보려고 한다면, 애처로운 아름다움을 볼 것입니다. 나는 시적인 아름다움을 이야기하는 것입니다. 어쩌면 여러분은 애처로운 아름다움이라는 말을 우리 구주의 역사에 적용하고 싶지 않을 것입니다. 제자들은 자기들이 주님을 버렸다고 생각했습니다. 죽음이 그들의 즐겁고 복된 교제를 중단시켰습니다. 이제 그들만 남았습니다. "우리는 이 사람이 이스라엘을 속량할 자라고 바랐노라." 그는 죽었다! 그가 누워 있던 곳을 보는 데서 얻는 보잘것없는 위안도 우리는 얻지 못했다. 무엇이든 다 의심스러울 수 있지만, 무덤이 열려 있고 몸이 거기 없다는 이것은 확실하다. 그래서 그들은 어찌할 바를 몰랐고, 뿔뿔이 흩어졌습니다. 그런데 그들에게 어렴풋한 위로가 찾아왔습니다. 내가 한때 그랬던 것처럼 너희들 가운데서 내 자리를 차지한다. "나는 살아 있는 자라 내가 전에 죽었었노라 볼지어다 이제 세세토록 살아 있노라"(계 1:18). 우리는 한때 식탁에 함께 앉았었다. 너희가 이것을 배우고, 너희를 통하여 온 세상이 이것을 알도록, 여기서 다시 한 번 그 일을 되풀이 한다고 말씀하시는 것입니다. 즉 교제의 외부에만 영향을 끼치는 죽음의 사건이, 두 사람의 마음을 사랑으로 묶는 결속이라는 현실에는 아무 영향을 못 끼치고, 우리를 우리 주님께 묶는 결속의 현실에는 그보다 훨씬 더 영향을 끼치지 못한다는 것입니다.

죽음은 제자들의 교제에서 아무 영향도 미치지 못하고 사라집니다. 제자들은 전에 서 있던 위치에 서 있습니다. 교제는 끊어지지 않았습니다. 교제는 전과 동일합니다. 한때 사랑과 우정이 있었고, 평화로운 일치와 참된 연합을 이루었던 모든 것이, 이제 영원히 거한다는 것입니다!

　죽으셨던 그리스도께서 살아나셔서 예전에 제자들 가운데 차지하였던 자리를 차지하고, 한때 하시던 대로 다시 한 번 제자들에게 떡을 나누실 때, 지극히 소박한 물질을 가지고 행하시는 지극히 단순한 행동에 이같이 깊은 의미가 담겨 있고 영원한 소망으로 충만할 수 있습니다. 사랑하는 형제 여러분, 이것이 지금 내 설교의 목적과 아무 상관이 없을지라도, 그 점을 생각하면 본문을 더 넓게 적용시킬 수 있지 않겠습니까? 어두운 그림자가 우리 길에 길게 뻗어 있으며, 밝고 생기에 찬 우리의 많은 기쁨들을 어둠 속으로 몰아넣고, 그 기쁨들에서 빛과 움직임과 색깔을 제거할지라도, 그것이 단지 그림자에 지나지 않는다는 것을, 그리고 그 실체가 한 때 햇빛 속에 살아 있었듯이 그림자 속에서도 살아 있고, 그림자를 지나서 다른 편에서 예전의 광채보다 더 강렬하고 예전의 귀함보다 더 귀한 것을 풍부하게 갖추고 나타난다는 것을 기억하는 것이, 우리 가운데 많은 사람들에게 위로와 소망이 될 수 있지 않습니까? 죽음이 그리스도와 그의 제자들의 교제에 아무런 영향을 미치지 못하였듯이, 우리가 사랑했다가 잃어버린 모든 사람들과 갖는 실제적인 교제와 연합에도 아무 영향을 미치지 못합니다. 그들은 주님 안에서 살아 있고, 전에 이 땅에 있을 때보다 더 사랑을 받을 가치가 있는 존재들이 되었습니다. 스스로 죽음을 정복하신 그리스도께서는 우리 모두를 위해서 죽음을 정복하셨습니다. 주님께 뿌리를 내리고 있는 참되고 순수한 모든 인간적인 애정은, 영혼을 그리스도께 묶는 사랑만큼이나 영원합니다. 그러므로 우리는 그들이 주님의 식탁에 앉아 있다는 것과, 우리도 언젠가는 그 자리에 앉을 것임을 기억하도록 합시다.

2. 그 다음에, 우리 주님께서 여기서 주인의 역할과 임무를 스스로 맡으신 깊은

의미에 대해서 생각해야 할 또 한 가지 개념은 이것입니다.
  즉 우리가 주의 만찬을 통해서 배우고, 또 이 땅에서 제자들과 주님의 관계에 대한 전체적인 내용을 통해서 배우는 교훈을 여기서도 배운다는 것입니다. 그 교훈이란 주님과 주님의 임재로 생기는 관계의 참된 개념은 가족의 관계라는 것입니다.
  주님은 식탁 머리에 자리를 차지하십니다. 주님은 비록 그 가족이 두 사람밖에 안될지라도, 가족의 주이십니다. 이 두 제자는 주께서 세우시는 가족과 사회에 속해 있습니다. 우리 각 사람이 주님께 의존되어 있음과 관련해서, 주의 만찬이라는 의식이 다음으로 가르치는 중요한 교훈은, 그리스도의 죽으심이 우리 모두의 소망이요 생명이라는 사실입니다. 주의 만찬이 순전히 가정적인 의식인 유대인 의식에 기초를 두었다는 사실, 우리 주님께서 제자들 가운데서 유월절 예배에서 주인의 자리를 맡으심으로써 가족의 머리의 자리에 서셨다는 사실, 그리스도께서 일반적인 음식의 흔한 재료를 가지고 자신의 죽음의 상징으로, 그리고 그로 인해 우리의 생명을 상징하는 것으로 사용하셨다는 사실, 이 모든 것은 주님의 가르침과 신약성경의 전체 기조가 설명하는 것과 동일한 사실을 가르칩니다. 즉 그리스도의 교회가 친밀한 형제애의 끈으로 함께 묶여 있고, 그리스도를 생명의 기초로 의지하며, 이 맏형을 통해서 한 아버지와 교제를 갖는 그리스도 안의 한 가족이라고 생각하고, 형제로서 모든 친절과 정직한 친교와 상호 도움을 약속하고, 주님께로 갈 것을 소망하며 기뻐하는 가족이라고 여긴다면, 그리스도의 교회를 바로 이해하는 것입니다. 물론 우리는 이 유추를 두루두루 다 적용할 수 없습니다. 그러나 그리스도께서 축복하심으로써 명예롭게 하고 영광스럽게 한 모든 형태의 인간적인 연합에 대해 생각할 때, 그런 연합이 그리스도께서 세우시고 자신이 중심으로 계시는 사회를 상징하지만, 살아 계신 하나님의 교회에 가장 가까이 접근하는 것은, 나라가 아니라 가족입니다.
  그리스도인으로서 여러분과 내가 주님의 식탁에 가서 앉는다면, 그로써 우리는 개인적으로 그리스도를 의지하는 관계에 들어가고, 그에게서 생명을 받는다는 것을 스스로 선언할 뿐만 아니라, 우리가 그 가족의 관계를 지키고 형제애를 충실히 지키겠다고 서약하며, 우리 자신이 하나님의 아들이며, 귀한 믿음을 함께 받은 모든 사람의 형제임을 선언하는 것임을 기억해야 합니다. 나는 여러분 중에 누구라도, 현대의 선생들 가운데 한 사람의 지독한 말을 기억하는지 모르겠습니다. 그는 말하기를, 자기는 교회 안의 "형제"가 교회 밖의 "형제들"보다 못하다는 것을 알게 되었다고 합니다. 우리는 그 교훈을 배우고 그 책망을 받아들이도록 합시다. 주의 만찬이 무엇인가를 의미한다면, 그것은 우리가 믿음의 가족에 속해 있고, 하늘과 땅에 걸쳐 있는 큰 가족의 일원임을 의미한다는 것을 기억하도록 합니다.

3. 그 다음에, 이 교훈의 첫 번째 생각과, 떡을 나누어 줌의 의미와 관련해서 또 한 가지 점을 생각할 수 있을 것입니다.

사실 그 점은, 내가 이미 그동안 말해 온 사실을 또 다르게 적용하는 것에 불과합니다. 즉 그리스도께서는 손님으로 초대 받는 곳에서 주인이 되신다는 것입니다.

두 제자는 주님을 강권하여 자기들과 함께 머물도록 하였습니다. 이들은 주님께서 자신들의 검박한 접대를 받으시도록 하였습니다. 가난한 사람들이 준비한 것은 보잘것없었습니다. 허름한 오두막과 보리떡 몇 개였습니다. 그러나 그것이 그들이 가진 것이었고, 그들은 그것을 주님께 드렸습니다. 주님께서는 들어가셔서 그들과 함께 저녁을 드셨고, 드시는 중간에 관계가 바뀌었습니다. 접대를 베풀어 오던 그들이 손님이 되었고, 그들이 준비한 식탁이 주님의 식탁이 되었습니다. "예수께서 떡을 가지사 축사하시고 떼어 그들에게 주시니." 여러분은 주께서 갈릴리 가나에서 행하신 첫 번째 이적에서 바로 그와 같이 관계가 뒤바뀌는 것을 봅니다. 가나에서 손님으로 초대를 받으셨는데, 접대 받던 어떤 시점에 주님은 필요한 물자를 공급하시며, 나서서 그 접대를 지휘하십니다. 여러분은 동일한 사상을 영적으로 적용하는 말씀을 아실 것입니다. "볼지어다 내가 문 밖에

서서 두드리노니 누구든지 내 음성을 듣고 문을 열면 내가 그에게로 들어가 그와 더불어 먹고 그는 나와 더불어 먹으리라"(계 3:20). 은유를 치워 보면, 그 말은 결국 이 뜻입니다. 우리 주님께서는 결코 빈손으로 오시지 않는다는 것입니다. 주님을 초대하는 곳에, 주님은 베푸시기 위해 가십니다. 주님을 환영하는 곳에 주님은 선물을 가지고 가십니다. 우리가 "제가 드리는 것을 취하소서" 하고 말하는 곳에서, 주님은 "너는 나를 받으라"고 말씀하십니다. 주님이 요구하시는 모든 것은 속에 약속들이 감추어져 있습니다. 주님의 모든 명령은 그의 선물을 보장하는 것입니다. 주님은 받기 위해 주십니다. 주님은 부유하게 하기 위해 가져가시는 것 같습니다. "나와 복음을 위하여 집이나 형제나 자매나 어머니나 아버지나 자식이나 전토를 버린 자는 현세에 있어 집과 형제와 자매와 어머니와 자식과 전토를 백 배나 받되 박해를 겸하여 받고 내세에 영생을 받지 못할 자가 없느니라"(막 10:29,30)는 말씀에 따를 때, 그리스도께 드리는 사람들은 자기가 드린 모든 것보다 많은 것을 다시 돌려받습니다. 받기 위해 오시라고 요구받는 그리스도께서는, 주기 위해 거하십니다.

그 다음에, 본문에 나오는 이 작은 이야기의 흐름과 함께 가는 두 번째 요점이 있는데, 그에 관해 한 두 마디 할 수 있을 것입니다. 이렇게 선생, 주인, 수여자로서의 위치를 차지하신 결과는, "그들의 눈이 밝아져 그인 줄을 알아 본" 것이었습니다. 주께서 선물을 나누어 주신 다음에, 제자들이 주님이신 것을 깨닫게 되었습니다.

현 주제의 이 부분에서 끌어 모을 수 있다고 생각하는 교훈을 다루기 전에 언급해야 할 점이 한 가지 있습니다. 즉 내가 볼 때 이 기사는 부활의 결과로서 우리 주님의 육체적인 구조에 세상적인 몸이 영화되기 시작한 어떤 변화도 일어나지 않았다는 일반적인 개념을 결코 지지하지 않는다는 것입니다. 여러분이 주의해서 본다면, 그 이유야 어찌되었든 간에, 이들 두 사람이 처음부터 주님을 깨닫지 못한 이유는 전적으로 그들에게 있지, 주님께 있지 않다는 점을 우리에게 분명히 지적하려고 애쓴다는 것을 이야기의 과정에서 알 수 있습니다. 주님은 모습을 바꾸신 것이 아니었습니다. "그들의 눈이 가리어져 있었던" 것입니다. 그들이 주님을 알아보았을 때, "그들의 눈이 밝아져 그인 줄 알아 보았다"는 것 외에, 주님께 어떤 변화가 일어났다고 기록되지 않았습니다. 부활과 승천 사이의 기간에 우리 주님께서 나타나실 때의 모습들이 상당히 신비스럽긴 했지만, 그 점에 관해서는 바로 이와 동일하게 말할 수 있다고 봅니다. (성경에서 그처럼 단편적으로밖에 다루고 있지 않는 문제에 대해서 결코 확신을 가지고 말할 수 없겠지만), 나로서는 이 기사가, 우리 주님께서 땅에 머물러 있는 동안에 일어나기 시작했고, 우리의 부활시에 우리에게 일어나는 것과 비슷한 어떤 변화의 개념을 조금이라도 지지한다고 생각지 않습니다. 주님의 경우에서 예수 그리스도의 부활과 승천은 한 과정의 일부분들입니다. 주님은 십자가에 못 박혔던 몸을 가지고 부활하셨고, 그 몸으로 하늘로 올라가셨으며, 성경이 가르치는 한, 거기에서 영화가 시작되었다고 생각합니다. 어쨌든 이 기사에는 부활과 함께 변화가 시작되었다는 개념을 지지하는 것이 전혀 없다는 말입니다.

현재 나의 주요 취지와는 아무 상관이 없기에 지나가지만, 이같이 우리 주님을 발견한 점과 관련해서 생각해야 할 한 두 가지 점을 언급할 수 있겠습니다. 내가 말하고 싶은 중요한 첫 번째 사실은 이것입니다. 그리스도를 사랑하고 바라는 곳에서는 일상생활의 지극히 하찮은 것들도 주님을 발견하게 하는 수단들이 될 수 있다는 것입니다. 잠자고 있던 기억이 다시 살아나게 만들고, 이 두 사람의 연상을 자극하여 예수님을 알아보게 만든 특별한 점이 무엇이었는지, 우리는 모릅니다. 그들이 좀더 일찍 주님을 알아보지 못하게 만든 장애물이 초자연적인 것이었는지, 아니면 그들 자신의 잘못 때문이었는지도 모릅니다. 그러나 적어도 이것은 알고 있습니다. 필시 떡을 떼고 나누어 주시는 방식의 어떤 점, 곧 분명히 기억할 수 있는 주님의 행동을 보고 이전의 모든 관계가 마음에 떠올랐고, 모든 연상과 기억이 갑자기 살아나면서 휘장이 걷히고 눈에서 안개 같은 것이 벗겨졌습니다. 사랑하는 형제 여러분, 이와 같이 우리에게 그리스도를 사랑하고 기다리고 바라는 마음이 있다면, 세상의 모든 것, 곧 일상적인 음식, 매일의 사건들, 세상의 지극히 하찮은 관계들은 모두, 이를 테면 갈고리와 가시가 있어서, 주님께 대한 생각을 끌고 나올 것입니다. 그처럼 하찮고 보잘것없는 가는 실에 불과하지만, 거기에 장엄하신 그리스도와 그의 사랑의 은혜를 끌고 나올 수 있는 것은 달리 없습니다. 여러분이 먹거나 마시거나 무엇을 하든지 주님을 기억하면서 하고, 주님의 영광을 위하여 하십시오. 우리가 영혼 가장 깊은 곳에서 주님과 더 친밀한 교제를 나누고 있고, 주님에 대해 더 참된 관계를 갖고 있다면, 좀 더 빨리 주님을 발견하게 될 것입니다. 우리가 사랑하는 사람들에 관해서 생각할 때와 같이, 그들이 우리에게서 떠났을 때, 옷의 주름, 방에 놓여 있는 옷가지들, 식탁에 놓여 있는 어떤 것, 그들과 함께 행하곤 했던 하루의 일상적인 일들이 홍수처럼 많은 기억을 떠올리게 해서, 때로는 너무 강하게 몰려옴으로 약한 마음이 감당할 수 없듯이, 우리가 주님을 사랑한다면 주님에 대해서도 그와 같을 것입니다. (귀를 깨끗이 씻은 사람들에게 그러듯이) 모든 것이 주님의 이름을 부르는 것이 될 것이며, 모든 것이 주님의 얼굴에서 나오는 빛으로 밝아질 수 있고, 모든 것이 우리에게 사랑과 소망과 기쁨을 생각나게 하기에 충분할 것입니다. 우리가 대부분 어떤 물질적인 것들을 보고 주님을 영적으로 기억하고 인식하도록 만드신 데에는, 주님의 기이한 겸손함과 우리에 대한 놀라운 지식이 있고, 우리의 연약함에 대한 지극히 진실된 동정과 애정이 들어있다는 사실을 특별히 기억하도록 합시다. 내가 그리스도의 겸손이라고 부르는 것이 이 기사에 얼마나 깊이 들어있는지 생각해 본 적이 있습니까? "이 떡과 포도주를 받으라. 네가 나를 기억하려고 하지 않을지라도, 내가 너를 그처럼 많이 사랑했기 때문에, 네가 나를 기억하려고 하지 않을지라도 내가 너를 위해 죽었기 때문에, 그리고 세상적인 것들과 물질적인 것들이 네 생각에서 나를 몰아내려고 할지라도, 적어도 물질적인 것과 땅의 것들이 나의 대리인이요 나의 기념물이 되기 때문에, 그리고 기념물이 될 때, 나를 기억하도록 하라. 네가 십자가를 잊는다면, 어쩌면 떡 한 조각이 나를 생각나게 할 것이다. 나는 세상의 물질적인 것들일지라도 거기에 뿌리를 내리고 있고, 또 그런 것에 의해 생각나는 기억을 무시할 만

큰 마음이 교만하지 않다." "예수께서 떡을 떼어 그들에게 주시니." 이 제자들은 오는 길에 주님의 모든 말씀에 귀를 기울였습니다. 그랬지만 그가 누구신지 전혀 생각지 못했습니다. 하루 종일 주님 곁에서 걸었지만, 그들의 뜨거운 마음으로도 그분이 주님이시라는 생각을 전혀 하지 못하였습니다. 그래서 이렇게 하지 않을 수 없었습니다. 지혜와 진리와 주님의 영적 임재에도 불구하고 주님을 알아보지 못한 그들이 주님께서 보리떡을 건네는 동작과 축사하시는 목소리를 듣고서 주님을 알아볼 수 있게 되었습니다. "이것을 행하여 나를 기념하라"(고전 11:24)는 것은, 우리의 체질을 아시고, 우리가 먼지뿐인 것을 기억하시는 깊은 동정에서 나온 말씀이고, 지금까지 사람이 들은 것 가운데 지극히 놀라운 겸손의 말씀입니다.

4. 그 다음에 마지막으로 생각할 점이 여기에 있습니다.

잠깐만 이 점을 다루겠습니다. 주께서 떡을 떼고 제자들이 주님을 알아보고 나서 주님이 사라지셨습니다. "그들이 그인 줄 알아보고" 그 다음에는 어떻게 되었습니까? 주님께서 그들의 마음이 감사한 말로 넘치도록 두셨습니까? 그렇지 않습니다. "그들은 그를 알아보았습니다." 그래서 그들은 다같이 행복한 마음으로 예루살렘으로 돌아갔습니까? 그렇지 않습니다. "그들이 그인 줄 알아 보더니 예수는 그들에게 보이지 아니하였습니다." 그렇습니다. 주님께서는 두 가지 이유로 그렇게 하셨습니다. 첫째로, 그리스도의 임재를 깨닫게 되었을 때는, 감각을 치워 버릴 수 있기 때문입니다. "내가 떠나가는 것이 너희에게 유익이라"(요 16:7). 사랑하는 형제 여러분, 여러분과 나는 가시적인 표시가 전혀 필요치 않습니다. 우리에게서 주님의 신체적 임재가 사라졌지만, 우리는 잃은 것이 아무것도 없습니다. 우리가 주님의 영적 진리와 모습에 대한 더 분명한 지식을 가지고, 주님의 사명과 메시지의 더 심오한 측면들에 대한 더 깊은 경험을 놓고, 내 주하시는 성령에 의해, 주께서 우리 모두를 위해 영원히 일하신다는 지식을 가지고 잠시 생각한다면, 주께서 친히 우리를 안심시키시듯이 그리고 우리가 스스로 알게 되듯이, 그것이 우리가 훨씬 더 많은 것을 받게 되는 길이라는 것입니다. 주님은 한 발 앞서 가십니다. "내가 떠나가지 아니하면 보혜사가 너희에게로 오시지 아니할 것이요 가면 내가 그를 너희에게로 보내리니"(16:7). 세상적인 표현은 더 순수하고 깊으며, 더 귀하고 강력한 것들을 나타내는 기초이자 단에 지나지 않습니다. 단을 일단 놓고 사용했으면, 그 단을 계속 둘 필요는 없습니다. 그래서 주께서 제자들의 마음에 분명하게 인식되자, 그들의 눈에서 사라지셨습니다. 우리는 주님을 보지 못했을지라도, 주님을 본 제자들보다 낮은 차원에 서있지 않습니다. 우리는 경험을 통해서, "예수를 너희가 보지 못하였으나 사랑하는도다 이제도 보지 못하나 믿고 말할 수 없는 영광스러운 즐거움으로 기뻐하니"(벧전 1:8) 라고 말할 수 있기 때문입니다.

또 한 가지 이유는, 그리스도를 분별하고 나면, 일이 끝나기 때문입니다. "그들의 눈이 밝아져 그인 줄 알아 보더니 예수는 그들에게 보이지 아니하시는지라 그들이 곧 그 때로 일어나 예루살렘에 돌아가서," 주께서 떡을 떼시는 가운데 우리에게 자신을 알리셨고, 길에서 우리와 함께 이야기하셨다고 말했습니다. 그렇습니다. 그리스도를 보면, 우리는 일을 하게 됩니다. 인생에서 조용한 가운데 더욱 친밀한 교제가 이루어지면, 주님의 부활의 위로가 필요하고, 주께서 살아 계셔서 복을 주신다는 기쁜 소식이 필요한 사람들에게 그리스도를 증거하고 그리스도의 이름을 전하는 그리스도인의 소명을 적극적으로 발휘하는 일을 하지 않을 수 없습니다. 그러므로 길을 가다가 나눈 그 식사는, 함께 길을 가다가 식탁에 앉은 두 제자처럼, 우리도 예수님과 진심어린 교제를 나누고 그로 말미암아 주를 위해 일하지 않을 수 없게 되는 방식을 나타내는 표상과 상징이 됩니다.

부활 후에 마찬가지로 우리 주님께서 떡을 가지고 축사하시고 떼어 제자들에게 나누어 주신 또 다른 경우가 있었습니다. 그것은 갈릴리 호수가에 이루어진 신비한 식사 때였습니다. 그 해석과 세부적인 이야기에 대해 종종 과장되고 터무니없는 말들이 있었지만, 이 식사는 언제나 상징적인 의미를 지닌 것으로 인식되어 왔습니다. 한 번은 주님을 만난 것은 이 두 여행자였습니다. 주님을 알아보게 된 것은 여인숙 안에서였습니다. 잠깐 동안 주님을 본 후에 주님은 사라지셨고, 사라지신 뒤에 제자들은 일을 하였습니다. 그러나 다른 이야기에서, 주께서 나타나신 것은 동이 틀 때였습니다. 주님의 모습이 나타난 것은 밤새도록 수고한 뒤였습니다. 제자들에게 하신 말씀은 "너희 수고의 열매를 가져와 바닷가 내 발 밑에 놓으라"는 것이었습니다. 영원한 아침의 빛 가운데서, 지치도록 밤새 수고한 뒤에, 이 땅에서 여행과 순례길에 주님을 모시고 함께 걸었고 장막과 세상의 변하기 쉬운 거처에서 함께 앉았던 그들은, 주께서 바닷가에서 자기들을 기다리고 계시는 것을 기대할 수 있습니다. 한 사람이 "주님이시라"(요 21:7) 하니, 또 한 제자는 급히 물로 뛰어들어 그리스도에게 다가갑니다. 그들 모두에게 이런 초대의 말씀이 있을 것입니다. "와서 내 나라 내 상에 나와 함께 앉아라. 내가 음식을 주고 거기에 너희가 잡은 것을 보태라." "그들이 수고를 그치고 쉬리니 이는 그들의 행한 일이 따름이라 하시더라"(계 14:13). 그래서 "그들은 더 이상 밖으로 나가지 않고 항상 주와 함께 있습니다."

96
베드로 홀로 예수님을 만남

"주께서 과연 살아나시고 시몬에게 보이셨다 하는지라"

눅 24:34

부활하신 주님께서 부활의 날에 이밖에 다른 개인들에게 나타나신 일들이 아주 상세하고 길게 서술됩니다. 요한은 우리 주님께서 막달라 마리와 나누신 사랑스런 이야기를 전해 주고, 누가는 엠마오로 가는 길에서 두 제자를 만나신 이야기를 아주 상세하게 전합니다. 여기 또 한 번 주께서 나타나신 일이 있는데, "열한 제자"와 부활절 저녁에 "그들과 함께 한 자들"이 알고 있고, 바울도 주께서 나타나신 경우를 적은 목록에서 언급하는 사건입니다. 그에 대한 이야기는 바울 자신과 다른 모든 사람들이 공통적으로 언급하고 있지만, 그 내용에 대해서는 깊이 침묵하고 있습니다. 주님을 부인한 사람과 그 주님 사이의 대화에서 어떤 일이 있었는지에 대해서, 베드로는 한 마디도 발설하지 않았습니다. 그것이 매우 중요한 점입니다.

부활하신 주님께서 부활의 날에 개인들에게 나타나신 일들은, 나름대로의 이유가 있었습니다. 주께서 막달라 마리아에게 제일 먼저 나타나셨는데, 그녀가 주님을 많이 사랑하였기 때문입니다. 수줍은 여인을 용감하게 만든 사랑과 그 마음을 가득 채우고 있는 슬픔을 보시고, 예수께서 찾아가셨습니다. 엠마오로 길을 가던 두 사람은, 어찌할 줄 모르면서도 고통스럽지만 정직하게 진리를 추구하는 이들이었습니다. 그리스도께서 부활의 날에, 진실한 마음을 가진 이들에게 밝히 해명하고 물으시고 믿음을 굳게 하시는 일에 시간을 보내시는 것은 그럴 만한 가치가 있는 일이었습니다. 그밖에, 베드로에게 나타나신 일은 그 자체로 설명이 됩니까? 잠깐 동안 순간적으로 겁에 질려 부인을 했지만, 주께서 돌아보시자 회개를 하고 심한 통곡의 눈물을 쏟은 것은 단지 부인했다는 사실 때문만이 아니었습니다. 그것은 예리한 화살에 의한 상처, 곧 "주님께서는 내가 얼마나 부끄럽고 비참한지를 결코 모르실 것이다. 주님의 마지막 얼굴 표정은 나를 책망하는 것이었다. 다시는 주님의 얼굴을 보지 못하겠다"는 쓰라린 생각에서 오는 상처 때문이기도 하였습니다. 우리가 그런 생각을 느끼지 못하였다면, 복된 사람입니다. 사랑에 응답하고 만족시키며, 생각을 분명하게 정리해 주시고 확고하게 해주며, 회개한 자의 고통을 누그러뜨리는 것은 부활하신 주님께서 하실 만한 일들이었습니다. 부활의 날을 그렇게 사용하셨다는 기록이, 주님의 부활이 역사적 진리였음을 뚜렷이 증거한다고 나는 생각합니다. 이런 것들이 부활의 이야기의 원천이었다면, 신화 만들기나 환상, 혹은 광신자들의 흥분한 상상력이 여기에 개입되었더라면 전혀 다른 그림들을 만들어냈을 것이기 때문입니다. 그러나 이런 것들은 별 문제로 하고, 나는 주님과 베드로의 이 만남과 침묵으로부터 우리가 볼 수 있는 점들을 생각해보고 싶습니다.

1. 주께서 베드로에게 나타난 사실 자체에 대해서 생각해 봅시다.

주님을 만나는 기회를 얻은 이 사람의 마음 상태를 속으로 그려볼 때에야 비로소, 우리는 그 만남의 귀중한 의미를 제대로 이해할 수 있게 될 것입니다. 나는 이미 그 점에 대해 언급한 바가 있습니다. 아주 짧게 다시 한번 말하겠습니다. 이미 말하였듯이, 베드로는 순간적인 충동으로 비겁한 죄를 저지르고 말았고, 참담한 심정에 이르렀으며, 참된 회개를 하고 깊은 슬픔에 빠졌습니다. 슬픈 하루가 서서히 지나갔습니다. 다음 날 아침 일찍, 베드로에게 너무도 큰 영향을 끼친 메시지, 어떤 의미에서 그의 복음

(마가복음을 뜻한다)이라고 할 수 있는 복음서만이 기록하고 있는 메시지가 왔습니다. 열린 무덤으로부터 온 메시지였습니다. "그의 제자들과 베드로에게 이르기를 예수께서 너희보다 먼저 갈릴리로 가신다 하라"는 것이었습니다. 그 말을 듣고서 제자들이 무덤으로 달려갔는데, 괴로운 양심에 때문에 무거워진 발걸음은 행복한 사랑으로 가벼운 발걸음에 뒤쳐질 수밖에 없었습니다. 그래서 "그 다른 제자가 베드로보다 더 빨리 달려갔습니다"(요 20:4). 두 사람 가운데 더 충동적인 제자가 무덤으로 뛰어들었습니다. 마치 후에 요한은 그냥 배에 앉아서 "주님이시라"고만 말하고 있는 동안에, 그가 배 옆으로 뛰어들어 바다를 헤치며 주님께로 갔듯이 말입니다. 그러나 요한의 믿음은 베드로의 믿음을 앞질렀습니다. 요한은 "믿고서" 출발하였지만, 베드로는 "의아하게 여기면서" 갔을 뿐입니다. 이와 같이 또 하루가 서서히 지나갔고, 그 날 언제인지 알 수 없는 시간에, 예수께서 홀로 있는 베드로 앞에 서셨습니다.

주님의 그 나타나심이 이 회개한 사람에게 무엇을 말했겠습니까? 물론 그것은 다른 모든 사람에게 말하였듯이 죽음이 정복되었다는 점을 말했을 것입니다. 주의 나타나심을 보고서, 주님께 대한 베드로의 생각이 높은 차원으로 올라갔을 것입니다. 그의 전체 분위기가 어둠에서 환한 빛으로 바뀌었을 것입니다. 그러나 그 나타나심은 베드로에게 특별한 메시지를 주었습니다. 그 메시지는 어떤 잘못도, 어떤 부인도 그리스도의 사랑을 끊지 못한다고 말하는 것이었습니다. 부활의 소망이 그에게 싹트기 시작하자마자, 베드로는 틀림없이 두려움과 소망 사이에서 갈등하며, 자신에게 이같이 물었을 것입니다. "주께서 부활하셨다면 주님이 다시 내게 말씀을 하실까?" 그런데 지금 여기서 주님은 평온한 얼굴로 이같이 말씀하십니다. "네가 나를 부인했지만, 자, 내가 네게 왔다."

형제 여러분, 잘못을 범했지만 금방 회개하고 그래서 대체로 용서받을 수 있는 충동적인 잘못은, 우리들이 범하는 많은 죄보다 훨씬 더 경미한 것입니다. 자신의 신앙고백에 모순된 생활을 지속적으로 하는 것은 순간적인 타락보다 악한 범죄입니다. 해마다 스스로 그리스도인이라고 하면서 생활의 전체를 통해서는 자신의 신앙고백을 부인하는 사람들은, 베드로 사도보다 훨씬 더 깊은 죄를 짓고 있는 것입니다. 그러나 예수 그리스도께서는 우리에게 오십니다. 우리 곁을 좀처럼 떠나지 않으시고, 책망하시는 듯 하지만 우리를 회복시켜 주시는 주님의 사랑과 은혜는, 우리의 어떤 죄에도, 어떤 부인에도 결코 우리를 떠나지 않으십니다. 죄는 무엇이든, 그리스도인의 신앙고백과 맞지 않습니다. 하나님을 찬송합시다. 어떤 죄도 그리스도인의 신앙고백과 양립할 수 없지만, 또한 어떤 것도 우리 모두에게 부어지는 주님의 사랑을 막을 수 없다고 감히 말할 수 있습니다. 참말입니다. 우리는 이 사실을 소리 높여 외칠 수 있습니다. 아무리 작은 죄나 아무리 큰 죄라도 인정하지 않고 회개하지 않는 한, 그 죄는 하나님의 은혜로운 사랑에서 우리를 격리시킵니다. 그러나 이것 또한 사실입니다. 하나님의 사랑은 우리 주변을 맴돌며 우리에게 들어오기를 원하십니다. 문을 닫을지라도, 여전히 주님은 문을 두드리십니다. 문을 두드리시는 이의 넓은 마음은 들어오기를 기다리십니다. 베드로가 한때 주님을 부인하였지만 회개하였기 때문에, 주께서 그에게 오신 것입니다. 어떤 잘못도, 어떤 죄도 우리를 주님의 사랑에서 끊지 못합니다.

이 만남과 긴밀한 관련이 있으면서도, 잠시 따로 다루어볼 수 있는 또 한 가지 중요한 교훈이 있습니다. 우리가 이 만남의 사실에서 생각해 볼 수 있는 중요한 교훈은 예수 그리스도께서는 자신의 악을 고백하는 슬퍼하는 마음에 언제나 가까이 계시다는 것입니다. 이렇게 표현할 수 있다면, 주님은 무덤에 계실 때부터 베드로의 회개를 아셨습니다. 그래서 부활하셨을 때, 주님은 서둘러 베드로를 찾아가 위로하고 마음을 다독이신 것입니다. 목자가 눈 속에서 길 잃은 양의 울음소리를 듣는 것처럼 확실히, 어머니가 아이의 울음소리를 듣는 것처럼 확실히, 회개하는 마음은 그리스도를 끌어당기되 그리스도의 충만한 능력과 사랑을 끌어당기는 자석임에 틀림없습니다. 죽은 자들의 어두운 지역에 계실 때에도 자기를 부인한 자를 아시고 그의 회개의 눈물을 아시는 주님께서는, 죄에 대해 처음으로 희미하게 슬픔을 느끼기 시작하자마자 그것을 민감하게 아시며, 하나님 우편 보좌로부터 몸을 굽혀 이같이 말씀하십니다. "내가 높고 거룩한 곳에 있으며 또한 통회하고 마음이 겸손한 자와 함께 있나니 이는 겸손한 자의 영을 소생시키며 통회하는 자의 마음을 소생시키려 함이라"(사 57:15). 어떤 잘못도 그리스도의 사랑을 막지 못합니다. 그리스도는 회개하는 심령에게 항상 가까이 계십니다. 길에서 많이 벗어나 있을지라도 주님께는 자비가 있으니, 달려가서 주님의 목을 안고 그에게 입을 맞추십시오.

2. 우리가 전혀 그 내용을 전혀 알지 못하는 주님과 베드로의 만남을 이제 살펴봅시다.

　우리는 그때 무슨 일이 있었는지 아무것도 모릅니다. 틀림없이 무슨 일이 있었다는 것은 압니다. 무거운 짐을 진 영혼이 짐을 벗을 수 있는 길은 한 가지 밖에 없습니다. 양심이 찔리는 이 부인자가 구주에게 말씀드릴 수 있는 것은 한 가지뿐입니다. 그리고 마음이 찔리는 이 부인자에게 말씀하실 수 있는 것도 한 가지뿐입니다. 틀림없이 눈물로 고백하는 회개가 있었고, 완전한 사죄와 용서가 있었을 것입니다. 이와 같이 당사자들 사이에서 한 마디도 흘러나오지 않은 그 대화에 있었을 것으로 생각되는 것만을 말할 때, 우리는 근거 없는 공상에 빠지지 않을 것입니다. 그렇다면 그만한 지식을 가지고, 나는 한 두 가지 생각해 볼 수 있는 점들을 살펴보려고 합니다.

　한 가지 점은 그리스도의 사랑이 우리의 죄 때문에 막히지 않는다는 생각이, 회개를 더 깊게 하고 자신의 무가치함을 더 깊게 의식하게 만드는 지극히 강력한 힘이라는 것입니다. 베드로 사도가 그리스도의 얼굴에서, 그의 말씀에서 사죄의 완전한 보장을 보고 들었을 때, 그는 지극히 고통스런 순간을 지나고 있었을 때보다 훨씬 더 자신을 부끄럽게 여겼을 것이라고 생각지 않으십니까? 자신이 무가치하다고 생각하고 있다가도 하나님의 사랑이 내게 끊임없이 충만하게 흐른다는 사실을 조금이라도 의심하게 되면, 자신을 무가치하게 여기는 의식이 약해집니다. 그리고 자신의 결함을 생각할 때면 종종 결과에 대한 두려움, 형벌에 대한 두려움이 일어나는

데, 그렇게 되면 죄의식이 방해를 받습니다. 형벌에 대한 두려움을 쓸어버리고, 하나님의 사랑에 대한 의심도 치워버리면, 나는 내 자신의 악을 그대로 마주할 수 있게 되고, 내 죄가 얼마나 악했는지를 이전 어느 때보다 만 배나 더 분명하게 인식하게 됩니다. "내가 네 모든 행한 일을 용서한 후에 네가 기억하고 놀라고 부끄러워서 다시는 입을 열지 못하게 하려 함이니라"(겔 16:63). 여러분이 어떤 사람에게 그가 얼마나 나쁜 사람인지 알게 하려면, 그의 앞에서 채찍을 휘두르거나 진노하시는 하나님을 이야기하지 않도록 하십시오. 여러분이 어리석은 자를 절구에 넣고 찧을 수 있을지라도, 어리석음이 그에게서 떠나지 않을 것입니다. 여러분이 이처럼 사람을 맹렬히 공격해댈지라도, 그에게 거의 영향을 미치지 못할 것입니다. 그렇지만 은유를 사용해서 말하자면, 사람을 절구 안에 넣지 말고 하나님의 사랑의 햇빛 안에 두십시오. 그러면 햇빛이 그 사람에게 부수는 것 이상의 일을 할 것이고, 어떤 공이로도 결코 부수지 못할 단단한 마음도 녹일 것입니다. 예수 그리스도로 말미암은 값없는 완전한 사죄라는 위대한 복음 교리가, 그 외의 어떤 것보다도 훨씬 더 생명력있고 활기 있게 죄에서 물러나게 하고, 변화시키는 일을 할 것입니다. "우리가 믿음으로 말미암아 율법을 파기하느냐 그럴 수 없느니라 도리어 율법을 굳게 세우느니라"(롬 3:31).

그 다음에, 또 한 가지 점을 생각해 볼 수 있는데, 죄를 인정하면 즉시 용서를 받는다는 것입니다. 베드로의 마음을 다독이기 위해 무덤에서 오신 주님께로, 베드로가 돌이키고 "제가 범죄하였습니다" 하고 말했을 때, 예수께서 잠시 뜸을 들이시다가 "네 죄가 사하여졌느니라"고 말씀하셨을 것이라고 생각하십니까? 하나님의 사랑이 사람의 마음에 흘러가지 못하게 막는 것은, 회개하지 않기 때문에 용서받지 못하는 죄의 장벽 밖에 없습니다. 그래서 죄를 인정함으로 중력과 같이 자연적인 힘에 의해 장벽이 제거되자마자 곧, 하나님의 사랑의 강물이 마음으로 흘러들어갑니다. 죄 사함 받았다는 의식이 점차적으로 형성될 수도 있습니다. 그러나 사죄의 사실은 즉각적입니다. 그렇지 않은 경우도 종종 있지만, 죄사함 받았다는 의식도 사죄의 사실만큼 즉각적일 수 있습니다. "나는 죄사함을 믿사오며." 나는 사람이 한 순간에 죄에 사로잡히고 결박될 수 있지만, 또 다음 순간에는 천사들이 바로 베드로 사도의 옆구리를 쳤을 때처럼, 쇠사슬이 그의 발목과 손목에서 떨어져 나가고 죄수인 베드로가 거칠 것이 없이 천사를 뒤따라가서 빛과 자유 속으로 나갈 수 있다고 생각합니다. 때로 그 변화는 즉각적입니다. 우리 가운데 누구든 이런 때 경험하듯이, 변화가 즉각적이지 않아야 할 이유는 없습니다. 그런가 하면 변화가 점진적인 때가 있습니다. 북극의 봄은 갑작스럽게 찾아옵니다. 어느 날에는 얼음이 두껍게 얼어 있다가, 며칠 되지 않아서 그 자리에 풀과 꽃이 자랍니다. 감사하게도 그와 같은 신속한 변화가 우리 가운데 어떤 사람에게든지 열려 있고, 우리 가운데 많은 사람이 그런 변화를 경험할 수도 있습니다. 이 사도에게서와 같이, 우리 각 사람에게도 그런 변화가 있지 않아야 할 이유는 없습니다.

다음에 내가 말하고 싶은 또 한 가지 생각이 있습니다. 즉 죄의식과 막히지 않는 사랑, 곧 죄사함을 경험하는 사람은, 그로 인해 더 높고 고귀한 생활에 들어간다는 것입니다. 베드로의 비참한 몰락과 은혜로운 회복은, 우리가 오순절 이후에 그에게서 보는 면을 형성하는 일에 있어서, 적은 것이 아니었습니다. 자기 선생님을 시인하기를 부끄러워했고, 입이 싼 경박한 여종 앞에서 충동적이고 자기를 믿는 모든 신앙심이 사라져 버린 겁쟁이가, 이스라엘 관리들 앞에 서서 이같이 말했습니다. "하나님 앞에서 너희의 말을 듣는 것이 하나님의 말씀을 듣는 것보다 옳은가 판단하라"(행 4:19). 죄의식, 사죄에 대한 확신이 사람의 불건전한 자기 과신을 부수고, 예수 그리스도에 대한 믿음을 토대로 한 자기 신뢰를 발전시킵니다. 죄의식과 사죄 받음의 경험은, 생활에서 하나님의 사랑의 능력을 깊게 하고 더 활발하게 작용하도록 만듭니다. 이와 같이 해서, 세리와 창기들이 바리새인들보다 먼저 하나님 나라에 들어갑니다. 이와 같이 우리의 죄와 잘못까지도 더 고귀한 것들에 이르게 하는 징검돌로 변화될 수 있다는 것을 확실히 알도록 합시다.

3. 끝으로, 이 만남을 감싸고 있는 깊은 침묵에 대해서 살펴봅시다.

　나는 그 부활의 날에 있었던 일들이 진실의 표시들을 지니고 있는 것으로 말한 바 있습니다. 내가 볼 때, 이 부활의 기사가 역사적 사실이 아니라면, 이 부인자와 주님 사이의 대화는 이야기를 허황하게 꾸며 대는 사람들로서는 도무지 손을 대지 않을 수 없게 만드는 기막힌 주제가 되었을 것입니다. 여러분이 외경에 나오는 복음서들을 읽어 보면, 그런 사람들이 정경 복음서들에서 어떤 점을 가지고 온갖 쓰레기 같은 이야기로 뒤범벅 해 놓는데 열심을 보이는지 알게 될 것입니다. 여러분들은 그 사람들이 이 사건을 확대하고, 그 사건에 관해 온갖 저속한 자기들의 이야기를 집어 넣음으로써 손상시키지 않고 그대로 보존할 수 있다고 생각하십니까? 그러나 이 사건을 이야기한 사람들은 단순한 사실들을 말하고 있었고, 자기들이 아무것도 모를 때는 어떤 말도 하지 않았습니다.

　그런데 왜 베드로는 그 일에 관해 일절 이야기를 하지 않았습니까? 그것은 자신과 주님 외에는, 그 일과 아무 상관이 없었기 때문입니다. 그것은 그의 일이지 다른 사람의 문제가 아니었습니다. 호수가에서 벌어진 또 다른 장면에서는 그가 임무에 복직된 것을 볼 수 있었습니다. 그때의 장면은, 다른 사람들도 관계되어 있었기 때문에 공적이었습니다. 그러나 그가 믿음을 회복했을 때 일어난 일은, 회복시키신 분과 회복된 사람 외에 어느 누구도 관계되어 있지 않았습니다. 사랑하는 교우 여러분, 개인의 경험에 대해 말을 많이 하는 신앙은 매우 불안한 신앙입니다. 여러분이 자신의 감정에 관해 적게 생각하고, 적게 이야기하면 할수록 그만큼 더 여러분의 감정은 건전하고 진실되고 순수해질 것입니다. 진열장에 있는 상품들은 아주 빨리 더러워지고 광채를 잃게 됩니다. 사람이 자기 생활의 모든 깊은 비밀들, 이를 테면 주님께 대한 사랑, 자신이 주님께 오게 된 방식, 죄에 대한 회개는, 아내에 대한 사랑과 같이 다른 사람들에게 말로 하기보다는 행위로 표현하는 것이 낫습니다. 물론 그것이 한면에서는 사실이지만, 우리는 다른 면을 잊어서는 안 됩니다. 자신의 개인적 경험 가운데 은밀한 일들에 대해 말을 아끼는 것이, 자신의 신앙고백의 사실에 대해서까지 침묵하는 것으로 생각해서는 안 될 것입니다. 때로는 사람이 자신의 은밀한 부분을 살짝 들추어 보이고 "죄인 중에 내가 괴수인데 긍휼을 입었다"(딤전 1:15,16)고 말하는 것이 필요하고, 지혜로운 일이며 그리스도인답습니다. 때로 간절히 다른 사람들에게 믿음을 나누어 주고 싶어 "그가 죄인인지 내가 알지 못하나 한 가지 아는 것은 내가 맹인으로 있다가 지금 보는 그것이니이다"(요 9:25) 하고 말하는 것만큼 강력한 힘은 없습니다. 사람이 자기 신앙을 강조하고 강력하게 호소하기 위해 자신의 개인적인 경험을 일반적인 경우로 표현하게 되는 때가 종종 있습니다. 어쩌면 언제나 그렇게 하는지도 모릅니다. 여러분이 사도행전에 나오는 베드로의 설교를 보면, 베드로가 자기 동포들에게 "너희가 거룩하고 의로운 이를 부인하였도다"(행 3:14, 개역개정은 "너희가 거룩하고 의로운 이를 거부하였도다" — 역주)고 말할 때, 자기 자신을 이야기하고 있다는 것을 매우 감동적으로 발견하게 될 것입니다. 개인적인 그 암시 때문에 그가 말할 때 그의 목소리가 떨렸을 것이고 그로 인해 그의 고발이 더욱 강력해졌을 것입니다. 마찬가지로 그의 이름으로 보내는 편지, 곧 베드로후서에서, 그가 공공연히 비난하고 있는 거짓 교사들의 모든 죄를 "자기들을 사신 주를 부인하고"라는 말로써 요약하는 데서 베드로가 자신의 경험을 이야기한다고 생각할 만한 증거가 있습니다. 이런 제한들이 있고, 그 진술을 무조건적으로 또 절대적으로 받아들일 수 없음을 생각할 때, 이 만남에 관한 침묵을 보면서, 우리는 그리스도인 삶의 깊이를 지켜야 한다는 것을 배우도록 해야 하겠습니다.

사랑하는 형제 여러분, 여러분은 마치 세상에서 주님과 여러분과만 있는 것처럼, 주님과 따로 떨어져서 지내본 적이 있습니까? 여러분의 모든 부인과 잘못을 주님 앞에 다 펼쳐 놓아본 적이 있습니까? 여러분은 주님의 용서하시는 사랑을 확신하게 되자, 죄의 무더기가 주님의 손길에 줄어드는 것을 느껴본 적이 있습니까? 주님께서 여러분의 모든 죄를 너그럽게 봐주셨다는 확신이 들자, 자신이 더욱 혐오스러워지는 것을 경험해 본 적이 있습니까? 그런 경험이 없다면, 여러분은 그리스도에 대해서, 혹은 기독교 신앙에 관해서(추상적인 단어를 쓴다면), 혹은 여러분 자신에 대해서 거의 아무것도 모르고 있는 것입니다. 여러분의 신앙, 혹은 여러분이 신앙이라고 부르는 것은 아주 얕고, 피상적이며 아무런 작용도 하지 않는 것입니다. 예수 그리스도와만 있는 것을 피하지 않도록 하십시오. 잘못을 한 아이에게 엄마 품만큼 좋은 곳이 없듯이, 죄 범한 사람에게 예수 그리스도와만 있는 것만큼 좋은 것은 없습니다. 베드로가 예수 그리스도께서 어떤 분이신지를 어렴풋이 깨닫게 되었을 때, 그는 이같이 외쳤습니다. "주여 나를 떠나소서 나는 죄인이로소이다"(눅 5:8). 베드로는 구주와 자신을 더 잘 알게 되었을 때, 자신이 죄가 많았기 때문에 주님을 굳게 붙들었습니다. 베드로와 같이 하십시오. 그러면 예수께서 여러분에게 이같이 말씀하실 것입니다. "작은 자야 네 죄사함을 받았느니라. 딸아 네 믿음이 너를 구원하였으니 평안히 가라 네 병에서 놓여 건강할지어다"(막 2:5; 5:34).

97
당당한 종국

"³⁶이 말을 할 때에 예수께서 친히 그들 가운데 서서 이르시되 너희에게 평강이 있을지어다 하시니 ³⁷그들이 놀라고 무서워하여 그 보는 것을 영으로 생각하는지라 ³⁸예수께서 이르시되 어찌하여 두려워하며 어찌하여 마음에 의심이 일어나느냐 ³⁹내 손과 발을 보고 나인 줄 알라 또 나를 만져 보라 영은 살과 뼈가 없으되 너희 보는 바와 같이 나는 있느니라 ⁴⁰이 말씀을 하시고 손과 발을 보이시나 ⁴¹그들이 너무 기쁘므로 아직도 믿지 못하고 놀랍게 여길 때에 이르시되 여기 무슨 먹을 것이 있느냐 하시니 ⁴²이에 구운 생선 한 토막을 드리니 ⁴³받으사 그 앞에서 잡수시더라 ⁴⁴또 이르시되 내가 너희와 함께 있을 때에 너희에게 말한 바 곧 모세의 율법과 선지자의 글과 시편에 나를 가리켜 기록된 모든 것이 이루어져야 하리라 한 말이 이것이라 하시고 ⁴⁵이에 그들의 마음을 열어 성경을 깨닫게 하시고 ⁴⁶또 이르시되 이같이 그리스도가 고난을 받고 제삼일에 죽은 자 가운데서 살아날 것과 ⁴⁷또 그의 이름으로 죄사함을 받게 하는 회개가 예루살렘에서 시작하여 모든 족속에게 전파될 것이 기록되었으니 ⁴⁸너희는 이 모든 일의 증인이라 ⁴⁹볼지어다 내가 내 아버지께서 약속하신 것을 너희에게 보내리니 너희는 위로부터 능력으로 입혀질 때까지 이 성에 머물라 하시니라 ⁵⁰예수께서 그들을 데리고 베다니 앞까지 나가사 손을 들어 그들에게 축복하시더니 ⁵¹축복하실 때에 그들을 떠나 [하늘로 올려지시니] ⁵²그들이 [그에게 경배하고] 큰 기쁨으로 예루살렘에 돌아가 ⁵³늘 성전에서 하나님을 찬송하니라"

눅 24:36-53

본문에는 시간을 나타내는 표시가 전혀 없습니다. 나타난 것을 가지고 볼 때, 이야기는 연속적이며, 승천은 부활하신 날 저녁에 이루어졌을 수도 있습니다. 그러나 누가복음의 이 종결을, 그의 다른 보고서인 사도행전 첫 머리에 담겨 있는 좀 더 충분한 세부묘사를 보고서 해석하는 것을 금할 이유가 전혀 없습니다. 사도행전에서는, 부활과 승천 사이에 40일간의 간격이 있습니다. 저자가 자신의 의견이 바뀌었다는 암시를 전혀 제시하지 않을 때는, 한 저자가 쓴 두 책이 의견이 일치하다고 생각하는 것이 합리적이고, 본문에 나오는 이야기를 이 40일 간의 기간에 대한 요약으로 보는 것이 합리적입니다. 그렇다면 본문에는 세 가지 사실이 담겨 있습니다. 부활하신 주님께서 모여 있는 제자들에게 처음으로 나타나심(36-43절). 부활하신 주님의 가르침에 대한 압축적인 요약(44-49절). 승천에 대한 마찬가지로 압축적인 기록(50-53절).

1. 믿지 못하는 제자들에게 부활의 증거를 은혜롭게 주심(36-43절).

제자들은 아마도 주의 만찬이 제정된 적이 있고, 오순절 때까지 그들의 통상적인 모임장소였던(행 1장) 다락방에 모여 있었던 것 같습니다. 그 방에서 벌어진 광경은 참으로 놀라웠습니다! 밤이 왔을 때, 방에서 제자들은 부활에 관한 이상한 보고들에 대해 이야기하고 있었습니다. 그때 아주 갑작스럽게 제자들은 예수님을 보았습니다. 오거나 움직이는 것을 보지 못했는데, 예수께서 그들 가운데 서 계셨습니다. 제자들이 열띠게 이야기하는 바람에 예수께서 오시는 것을 눈치채지 못한 것입니까? 문은 닫혀 있었습니다. 어떻게 이 조용한 주님의 출현이 눈에 띄게 되었습니까?

이들은, 부활을 교묘하게 설명하는 현대의 이론들이 주장하듯이, 부활이 일어났다고 쉽사리 믿는 열광주의자들이 아니었습니다. 이전 어느 때보다 지금 중요한 이 순간에, 이들은 주님이 늘상 쓰시는 익숙한 인사말을 듣고도, 이분이 진실로 주님이시라고 좀처럼 믿지 못하였습니다. 제자들은 자기들이 "영"을 보았다고, 쉽게 생각하는 쪽을 택하였습니다. 우리 주님께서는 그들의 쉽사리 믿지 않음을 책망하지 않으시고, 인내하시고 예전처럼 가르치시며, 겸손하게 제자들에게 두 가지 감각적인 증거를 보여 주시고, 그들이 직접 만져서 조사하도록 하는 일을 피하지 않으셨습니다. 주님께서 보여 주신 증거들도 불충분한 것으로 생각하자, 훨씬 더 설득력 있는 증거인 "그들 앞에서 먹는 일"을 추가로 보이셨습니다. 그때서야 제자들은 확신하게 되었습니다.

제자들이 쉽사리 믿지 않았다는 점이 중요합니다. 그 점을 인정할 때, 이 사실을 이야기하는 전도자의 믿음이 순수하고 역사적 진실을 담고 있음을 알게 됩니다. 처음에 믿지 않았던 증거가 훨씬 더 신뢰할 가치가 있습니다. 주님의 부활에 대한 그리스도의 예언을 완전히 잊어버리고, 절망에 너무 깊이 빠져서 가망 없이 슬퍼하는 사람들에 대해서는, 엠마오에서 온 두 사람조차도 주님께서 자기들 앞에 나타나셨다는 것을 믿게 할 만큼, 그들에게 희망의 빛을 일으키지 못하였습니다. 이와 같이 슬퍼하는 사람들은, 오늘날 그리스도의 부활을 부인하는 사람들이 그들에 대해서 주장하듯이, 환상이 작용할 수 있는 그런 사람들이 아니었습니다. 무엇이 그들의 분위기를 변화시켰습니까? 환상입니까? 다름 아니라 견고한 사실이었던 것이 확실합니다. 환상이 외롭고 병든 마음은 붙잡을 수 있을지 모르지만, 집단적으로 모여 있는 사람들을 공격하지 못합니다. 그리고 환상으로는 몸을 만지고 먹는 것을 경험하는 일이 거의 없습니다.

계속해서 쉽사리 믿지 못하는 것이 너무 "기뻐서"였다는 누가의 설명에 주의할 필요가 있습니다. 그것은 누가가 겟세마네에서 세 제자가 "슬픔을 인하여 잠들었음"을 언급한 것과 비슷합니다. 깊은 감정이, 때로는 기대하였던 것과는 반대의 효과를 나타내기도 합니다. 절망의 어두운 구름을 밝은 불꽃으로 변화시킨 놀라운 사실이 너무 좋을 때는, 사실 같지 않다는 것을 의심할 수 있겠습니까? 조금만 주의해서 보면, 제자들도 우리와 비슷한 경험을 하며, 공감할 수 있는 부분이 있다는 것을 알게 됩니다. 그리스도께서 사랑으로 인내하시고 충분한 증거에도 불구하고, 겸손하게 그 이상의 증거를 제공하시는 데서, 그리스도께서 죽음과 부활을 겪으면서도 거의 변하시지 않았다는 점을 볼 수 있습니다. 지금도 그리스도께서는 쉽게 믿지 못하는 우리 마음에 대해 인내하십니다. 지금도 그리스도께서는 우리에게 감각의 손으로 하지는 않을지라도, 영으로 더 참되게 자신을 만져 보도록 허락하십니다. 그래서 우리는 다락방에서 의심하고 있던 제자들만큼, 그리스도의 생명과 임재의 현실을 개인적으로 확실히 경험할 수 있습니다.

2. 44-49절 말씀을, 40일 간의 교훈을 요약한 것으로 보는 것이, 그 구절을 가장 잘 이해하는 것입니다.

이 부분은 분명하게 구별되는 몇 단계로 나뉩니다. 첫 번째 부분에서는 (44절) 그리스도의 초기 가르침이 반복됩니다. 이 부분을 처음에 전하셨을 때는, 제자들이 확실히 깨닫지 못했는데 부활의 사건을 통해서 설명되자, 이제 갑자기 그 뜻이 환하게 밝아집니다. "내가 너희에게 말한 바가 이것이라." 그런데 너희는 이것을 이해하거나, 거기에 주목하지 않았다고 말씀하십니다. 예수님은 자신이 구약의 모든 계시의 주제라고 주장하십니다. 그때의 구약 성경이 현재 순서대로 구성되어 있었다고 생각한다면, 구약의 현재 세 부분의 이름은 율법과 선지자, 그리고 구약 성경의 세 번째 부분인 시편입니다. 그러나 어쨌든 주님은 구약 성경 전체를 가리키면서, 예수님 자신과 희생 제물로서의 자신의 죽음이 구약 성경의 핵심을 이루고 있다고 선언하십니다. "예수의 증언은 예언의 영이라"(계 19:10). 구약 성경이 모두 예수님을 가리키고 있다는 것을 깨닫지 못한다면, 구약 성경의 연대와 형성 방식에 대해 어떤 견해를 갖든지 간에, 구약에 관한 가장 의미심장한 사실을 놓치고 있는 것입니다.

또 한 가지 단계는 "예수께서 그들의 마음을 여셨다"는 주목할 만한 표현에 의해 구분됩니다. 주님의 가르침은 우리의 교훈처럼, 밖에서만 오는 것이 아니었습니다. 주님께서는 단지 교훈을 주신 것이 아니라 영감을 주셨습니다. 제자들 앞에 진리를 펼쳐 놓는 것으로 충분치 않았습니다. 주께서는 그 이상의 일을 하셨습니다. 주님은 제자들이 진리를 받을 수 있게 하셨습니다. 주님은 다락방에서 주셨던 것과 같은 선물들을 보좌에서 주십니다. 우리가 계속 기대를 하고 주님과 교제한다면, 말씀에서 놀라운 사실들을 볼 수 있는 내적인 눈을 얻을 것입니다.

46절은 "또 이르시되"라는 말을 반복함으로써, 또 다른 단계를 표시하는 것 같습니다. 이 단계에서는 구약의 의미에 대한 가르침이 미래에 대한 교훈으로 넘어갑니다. 이미 예수님께서는 "내가 너희와 함께 있을 때에"라는 말씀에서, 예전의 친밀했던 교제가 중단될 것을 암시하셨습니다. 그리고 이제 계속해서 예수님은 장차 주님이 계시지 않는 기간에 행할 제자들의 임무와 준비에 대해 개략적으로 말씀하십니다. 지나간 고난에 대해서 주님은, 그 고난이 이중적으로 필요했다고 말합니다. 한 가지는 그 고난들이 예언되었기 때문이라는 것이고, 다른 한 가지는 더 깊은 이유로서, 그렇게 하는 것이 마땅하기 때문이라는 것입니다. 이 고난 때문에 회개와 죄사함을 전파할 수 있게 되었고, 주님을 따르는 자들이 그리스도의 이름을 온 세상에 전파할 의무를 지게 되었습니다. 십자가가 없다면, 그리스도의 종들에게는 전할 복음이 없을 것입니다. 십자가를 알고 있다면, 그리스도의 종들은 십자가를 도처에 공표해야 합니다.

그리스도의 구속을 온 세상에 미치게 할 것이, 그 사명에 함축되어 있습니다. 세상 죄를 위한 제사는 죄사함의 유일한 기초이므로, 모든 사람에게 선포되어야 합니다. 여기서 바로 이 단어가, 요한복음의 경우에서와(요 20:23) 같이 그리스도의 죽음을 선포하는 일과 관련하여 사용된다는 점에 주목해야 합니다. 사람들은 이것을 사죄에 대한 제사장적 권한으로 오해합니다. 여기서 분명하게 추론할 수 있는 점은, 그리스도 종들의 사죄의 권한은 그리스도의 속죄의 죽으심을 전파함으로써 발휘된다는 것입니다.

이 메시지의 최종적 범위는 모든 족속에게까지 미치는 것입니다. 이 보편적 복음은 예루살렘에서부터 전파되기 시작해야 했습니다. 세상과 교회의 전체 역사는 이 둘 사이에, 곧 예루살렘과 모든 민족 사이에 놓여 있습니다. 예루살렘에서 시작하라는 명령에 의해, 구약과 신약의 관계가 유지되고, 유대인의 특권이 존중되며, 가야 할 길이 제자들에게 더 쉬워졌고, 교회의 발전이 제자들의 본성적인 정서와 역량과 조화를 이루게 되었습니다.

이 명령의 정신은 여전히 긴박합니다. "미련한 자는 눈을 땅 끝에 두느니라"(잠 17:24). 지혜롭고 그리스도인다운 자선은 집을 떠나 먼 곳을 바라보느라, 바로 문 가까이에 있는 일들을 소홀히 하지 않습니다. 해외 선교의 지지자들을 두고, 마치 그들이 국내에서 일해야 하는 때 비현실적으로 해외로 나가는 것처럼 조롱하는 것은, 그리스도인의 생활에서도 전혀 맞지 않는 일입니다. 왜냐하면 내국인을 위해서 수고하는 사람들이 또한 멀리 있는 이교도들을 위해서 일하는 사람들이기 때문입니다. 그러나 그것이 의무에 대한 기독교적 개념에 관해서 생각할 때는, 근거가 훨씬 부족합니다. 추수의 주인께서는 추수하는 자들에게 가장 가까이 있는 밭부터 시작하라고 명령하셨기 때문입니다.

일을 하기 위한 준비는 하나님의 능력을 받는 것입니다. 하나님 아버지의 약속인 성령을 부분적으로 받는 것이 예수께서 말씀하시는 동안에 일어났습니다. "내가 보낸다"는 말은 그 순간에 이루어진 어떤 것을 가리킵니다. 그러나 능력을 충만히 입는 일은, 기대를 가지고 바라며 기다려야 했습니다. 능력을 받지 않고는, 아무도 그리스도를 증거하는 할 수 없습니다. 그 능력은 오순절에 영속적인 선물로 수여되었습니다. 이 선물은 계속해서 새로워질 필요가 있습니다. 우리 모두 그 선물을 받을 수 있습니다. 이 선물이 없다면, 웅변과 학식과 그 밖의 모든 것이 소리 나는 구리와 울리는 꽹과리가 될 뿐입니다.

3. 50-53절 말씀은, 예수님의 지상 생애를 끝맺는 초월적인 기적을 우리에게 보여 줍니다.

우리는 여기서 본문이 제기하는 중요한 문제들을 다룰 수 없고, 누가의 압축적인 설명의 두드러진 특징을 지적하는 것으로만 만족해야 합니다. 이 장소를 "베다니 앞"이라고 하는 언급은, 예수께서 거의 자기 집처럼 편안하게 느끼셨던 마을, 곧 생명을 주시는 엄청난 능력을 행하셨던 마을을 많이 생각나게 합니다. 예수께서는 그곳에서 다락방으로 가셨고, 십자가를 향하여 가셨습니다. 주님의 마지막 행동은 제자들에게 축복하시는 것이었습니다. 주님은 영원한 대제사장이시며, 이렇게 손을 드는 것은 떠나가는 친구에게 행복을 비는 것보다 더 신성한 어떤 것을 의미하였습니다. 주님은, 자신이 기원하는 복을 주시는 분입니다. 주님의 소원은 복을 전달하는 것입니다.

그 손은 주께서 승천하시는 동안 계속해서 축복하는 자세를 취하였습니다. 구름이 주님을 둘러 쌌을 때, 주님의 마지막 모습은 손을 들어 복을 뿌리는 것이었습니다. 주께서는, 다시 오실 때까지 계속해서 그 자세와 행동을 취하십니다. 두 가지 별개의 행동이 51절에서 묘사됩니다. 주님은 제자들로부터 분리되었습니다. 즉 주님은 모든 사람이 아무 장애거리가 없이 주님의 떠나심을 볼 수 있도록 산에서 조금 물러나셨습니다. 그리고 주님은 위로 천천히 움직여 "하늘로 올려지셨습니다." 이 장면을 엘리야의 올려감과 비교해 보십시오. 예수님을 하늘로 올리는 데는, 불병거나 회리바람이 필요 없었습니다. 예수께서는 전에 계시던 곳으로 올라가셨고 예수께서 세상이 있기 전에 아버지와 함께 가졌던 영광으로 돌아가셨습니다. 마지막이 시작과 어울립니다. 초자연적인 출생은 초자연적인 떠남과 조화를 이룹니다.

우리는 이 승천을, 육신을 가진 사람이 하나님의 영광에 들어가는 것으로, 그리스도께서 하늘에서 세상을 위한 활동을 시작하시는 것으로, 그리스도의 일이 승리로 완성됨을 보여 주는 표시로, 그리스도를 사랑하는 모든 사람에게 그리스도의 생명과 같은 영원한 생명을 주시겠다는 예언과 보증으로 생각해야 합니다. 그러므로 우리는 최근에 슬픔을 겪었던 제자들의 마음을 가득 채웠던 기쁨을 우리도 가질 수 있으며, 제자들처럼 모든 생활을 신성하게 만들고, 계속해서 성전에 거하며 하나님을 찬송하고 삶의 깊은 뿌리를 영광 가운데 계신 그리스도께 둘 수 있습니다.

98
그리스도의 증인들

"너희는 이 모든 일의 증인이라 볼지어다 내가 내 아버지께서 약속하신 것을 너희에게 보내리니 너희는 위로부터 능력으로 입혀질 때까지 이 성에 머물라 하시니라"

눅 24:48, 49

부활과 이후 40일 간에 대한 누가의 설명은 아주 잘 조직되어서, 제자들에게 고귀한 임무를 맡기며 성령을 선물로 주어 그 일을 할 수 있도록 준비키는 일에서 절정에 이릅니다. 누가는 자신의 두 번째 보고서를 고려하고 있는 것이 분명하며, 그래서 여기서는 그 보고서와 이 복음서 사이의 연결고리를 준비하고 있습니다. 그러므로 많은 대화에 대한 매우 압축적인 이 요약은 이런 점들을 강조합니다. 그리스도의 생애와 죽음에서 예언이 성취됨, 주의 이름으로 선포할 복이 온 세상에 미치게 되어 있음, 제자들의 임명과 준비가 그것입니다.

사도행전 초두에서 바로 이 어조가 다시 한 번 울립니다. 그리스도의 지상 생활과 관련해서 생각할 때, 제자들에 대한 이 명령은 그리스도의 지상 생애의 목적과 목표로 생각할 수 있습니다. 교회 역사와 관련해서 생각할 때, 그 명령은 교회 역사의 기초이자 시작으로 생각할 수 있습니다. 우리가 이 말을 베다니로 가는 길에 있었던 작은 무리, 승천의 날 아침에 이 말을 제일 처음 들었던 이 작은 무리에게서와 같이, 오늘날 모든 그리스도인에게 속하는 명령과 선물을 담고 있는 것으로 받아들인다면, 우리는 누가 우리를 위해 분명하게 표시해 놓은 선을 따라 제대로 가고 있는 것입니다. 그렇다면 본문에서 살펴보아야 할 점은 두 가지 있습니다. 하나는 교회의 임무이고, 다른 하나는 그 임무를 수행하기 위한 준비입니다.

1. 교회의 임무.

여기서 물론 나는 증인의 임무가, 육신으로 계신 그리스도를 보았고, 그리스도의 부활의 사실을 증거할 수 있는 사람들에게만 주어지는 특별한 의미가 있다는 것을 여러분에게 상기시킬 필요가 없습니다. 첫 번째 복음 전파자에 대한 명칭이 "증인들"이라는 사실은, 매우 의미심장하다는 것 이상의 말을 할 필요가 없습니다. 증거는 사실을 함축하고 있고, 증인들의 메시지는 땅에서 실제로 일어난 일들에 대한 단순한 증언으로서의 성격이 들어 있습니다. 이 증인들은 사색가가 아니고 철학자도 아니며 도덕가도, 입법자도 아니었습니다. 그들은 주장할 필요가 없었고, 논증하지도, 행동을 위한 규칙을 제정하지도, 자신들의 환상을 퍼뜨릴 필요도 없었습니다. 그들은 증인이었고, 따라서 그들의 할 일은 진리를 말하는 것이었습니다. 온전한 진리를 말하며, 진리가 아닌 것은 아무것도 말하지 않았습니다. 모든 교리와 모든 도덕은 두 번째가 될 것입니다. 최초의 복음은 "성경대로 그리스도께서 우리 죄를 위하여 죽으시고 장사 지낸 바 되셨다가 성경대로 사흘 만에 다시 살아나셨다"(고전 15:3,4)는 것입니다. 첫 번째는 역사이고, 그 다음은 종교, 그 다음은 도덕입니다. 종교는 구속의 역사이기 때문입니다.

이 초기 그리스도인들은 또 다른 의미에서 증인들이었습니다. 어쨌든 교회의 존재 자체가 초자연적 사실에 대한 증거였습니다. 이 사실이 없었다면, 교회는 존재하지 못했을 것입니다. 우리는 최근에, 부활에 대한 신앙이 초기 그리스도인들 사이에서 서서히 형성되었다는 말을 자주 듣습니다. 그 신앙이 자라고 있는 동안 교회는 어떻게 되었습니까? 무엇이 교회를 굳게 붙들었습니까? 그리스도를 따르는 자들의 운명이, 드다를 따르고, 일어나서 "자기를 선전하던"(행 5:36) 다른 자들을 따르던 자들의 운명과 같이 되지 않은 것은 어찌된 것입니까? 그들을 따르던 자들은 지도자가 죽었을 때 당연히 "흩어져 버렸습니다." 이에 대한 답은 한 가지밖에 없습니다. "그리스도께서 죽은 자 가운데서 다시 살아나셨다"(고전 15:12). 그렇지 않으면, 분명한 조직으로서 교회가 갈보리 후에까지 살아남았다는 사실을 설명할 길이 없습니다. 부활은 바람과 환상이 점차 사실로 진화한 것이 아니었습니다. 부활은 교회가 세워진 기초였습니다. "너희는 이 모든 일의 증인이라." 너희 말이나 공동체로서의 너희 존재를 통해서 증거할 증인이라는 것입니다.

그러나 그것은 지금 내가 이야기하고자 하는 주요 취지에서는 조금 벗어났습니다. 그보다 내가 강조하고 싶은 생각은 이것입니다. 형태는 달라졌지만, 이 초기 신자들의 본질적인 임무는 여전히 모든 그리스도인들의 존귀한 임무로 남아 있다는 것입니다. "너희는 이 모든 일의 증인이라."

그리스도인 친구 여러분, 여러분과 내가 전해야 하는 증거 방식은 무엇입니까? 여러분의 생활을 통해서 증거하십시오. 대부분의 사람들은, 주변에 있는 일반 그리스도인들을 보고서 기독교를 알게 됩니다. 우리가 그리스도의 제자들이라고 고백한다면, 우리가 고백하는 종교의 가치를 보여주는 시금석과 표본으로서 우리들을 볼 것입니다. "여러분은 그리스도의 편지"(고후 3:3)입니다. 필적이 뚜렷하지 않고 얼룩이 지고 뜻이 분명치 않다면, 그 잘못은 주로 주님께 있을 것입니다. 그러면 "그것이 기독교가 줄 수 있는 전부라면 우리는 기독교 없이도 지내도 상관이 없다"고 말할 것이고, 그 말이 옳을 것입니다. 우리의 할 일은 "그리스도의 교훈을 빛나게 하는"(딛 2:10) 것입니다. 놀라운 일이지만, 우리의 보잘것없는 삶 속의 어떤 것을 통해서 사람들에게 지극히 아름다운 것을 보게 하는 것이, 우리의 할 일입니다. 색을 잘 볼 수 있도록 훈련되지 않은 사람에게는, 화가가 직접 붓으로 그린 원작보다 보잘것없는 흑백 모사본을 더 낫게 보는 것과 꼭 같이, 주님의 찬란한 광채와 아름다움에 대한 우리의 볼품없는 모방이 더 낫게 보일 수 있습니다. "우리는 이 모든 일의 증인입니다." 그리스도인들이 믿음의 토대로 생각하는 사실들이 진리라고 고백하는 생활이, 직접적인 모든 노력보다 강력하고, 모든 말보다 힘이 있는 것이 틀림없습니다.

그러나 그 외에도 증거에는 우리 각 사람이 맡아야 할 또 다른 부분이 있습니다. 그것은 개인적인 경험의 증언입니다. 그것은 그리스도인이라면 누구나 내놓을 수 있는 기독교적 봉사입니다. 전문적인 의미에서 여러분이 모두 설교자가 될 수 없습니다. 여러분 모두가 사상가가 되거나 하나님의 진리를 옹호하는 논쟁적인 투사가 될 수 없습니다. 그러나 여러분 모두가 될 수 있는 것이 있음을 말씀드립니다. 여러분은 모두 "너희들아 다 와서 들으라 하나님이 나의 영혼을 위하여 행하신 일을 내가 선포하리로다"(시 66:16) 하고 말할 수 있습니다. 그 일에는 웅변이 필요치 않고 재능이나 학식, 어떤 사람이 말하는 기독교 진리의 교리적인 면에 대한 지적 이해가 필요치 않습니다. 그것은 땅에서 그리스도를 전한 최초의 설교자가 "형제여! 우리가 메시야를 만났다"(요 1:41) 하고 말한 것과 같습니다. 그것이 전부였고, 그것으로 충분하였습니다. 여러분이 그리스도를 만났다고 말할 수 있는 것, 곧 예수 그리스도에 대한 믿음이, 사람을 어떻게 만들고 사람을 위해 무엇을 할 수 있는지에 대한 여러분 개인의 경험에서 나온 증거가, 그리스도인들 손에 놓여 있는 가장 강력하고 가장 보편적인 무기입니다. 그 증거가 거기에 상응하는 생활로 지지가 된다면 그 증거만큼 멀리 가는 것은 없습니다. 말의 증거에 상응하는 생활은, 연단 뒤에 있는 반향판처럼 그의 말을 멀리 세상으로 퍼뜨립니다. "그가 죄인인지 내가 알지 못합니다." 깊고 높은 모든 논증과 논쟁은 다른 사람들에게 맡기고, "한 가지 아는 것은" 즉 내가 생각하는 것이 아니고, 내가 믿는 것이 아니고, 내가 어떤 결론에 내렸다는 것이 아니고, "내가 아는 것은 내가 맹인으로 있다가 지금 보는 그것이니이다"(요 9:25) 하고 말하는 것입니다. 이 증거를 이길 수 있는 것은 아무것도 없습니다! "너희는 이 모든 일의 증인이라." 여러분의 임무를 부끄럽게 생각하지 말고, 그 일을 수행하는데 게으르지 말고 겁먹지 마시기 바랍니다.

이 증인의 의무가 근거하고 있는 기초에 대해서 한 마디 해도 괜찮겠습니까? 예수 그리스도께서 "너희는 온 천하에 다니며 만민에게 복음을 전파하라"(막 16:15)고 말씀하시지 않았을지라도, 모든 그리스도인들에게 지워지는 긴박한 의무에 별 차이를 내지 못하였을 것입니다. 왜냐하면 그 증거는 앞에서 이야기한 의무만을 전하는 명령으로부터 나오는 것이 아니라, 일의 성격 자체로 인해, 우리가 다른 사람과 맺고 있는 관계로 말미암아, 그리고 우리 본성과 체질로 인해서 받는 메시지에서 나오기 때문입니다.

증언은 우리가 이미 받은 선물로부터 직접 흘러나옵니다. 본질적으로 다른 사람들에게 꼭 전달해야 하는 의무를 지니지 않는 진리들이 많이 있습니다. 그러나 또 다른 사람에게 행복이 될 수 있는 것을 담고 있는 진리, 곧 도덕적 혹은 영적 주제들과 관계가 있는 진리는, 남에게 전해야 하는 아주 강력한 의무를 지닙니다. 우리에게는 복음이 주는 하나님과 하나님의 사랑에 대한 중요한 통찰들이 있습니다. 이는 우리가 맛있는 음식을 먹고, 우리 자신만 햇빛을 쬐고, 우리에게 오는 빛의 온기 속을 어슬렁거리게 하려는 것이 아니라, 그것을 주변의 모든 사람과 나누도록 하기 위함입니다. "어두운 데에 빛이 비치라 말씀하신 하나님께서 우리 마음에 빛을 비추신" 것은 우리로 "예수 그리스도의 얼굴에 있는 하나님의 영광을 아는 빛을 비추도록"(고후 4:6) 하기 위함입니다.

이 의무는, 우리 모두를 함께 묶고 있는 관계로 말미암아 생깁니다. "내가 내 아우를 지키는 자니이까"(창 4:9). 자, 그 질문은 스스로 답을 주고 있습니다. 그가 네 "아우"라면, 너는 확실히 그를 "지키는 자"라는 것입니다. 여러분이 다른 사람과 전혀 상관하지 않는 기독교 활동의 한 분야에 종사한다고 해서, 이 의무를 내던질 수 없습니다. 기독교적 활동의 방법에 대한, 혹은 활동하는 사람의 인물됨과 동기의 순수함과 고상함에 대한 비판이 적대적이든지 우호적이든지 간에, 그런 비판 때문에 의무를 소홀히 하는 일은 더더구나 생각할 수 없습니다. 인류는 신비한 사슬로 연결된 한 몸입니다. 그래서 공동의 충격을 받으면 그 사슬의 연결 고리마다 부르르

떨고, 공동의 생명은 모든 구성원을 통해서 순환합니다. 이 위대한 사상은 복음이 우리에게 가져다 준 소득들 가운데 하나입니다. 이 엄연한 사실 앞에서, 그리고 우리가 한 몸을 구성하고 있는 남녀노소 한 사람 한 사람에게 빚을 지고 있고 의무를 지고 있다는 점을 생각할 때, 그리스도를 증거하는 것에 지리적 제한을 이야기하는 것은 터무니없고, 도무지 이치에 닿지 않는 말입니다. 여러분이 "나는 해외 선교는 관심이 없으니 국내 선교에 참여하겠다"고 말한다고 해서 그 의무를 없앨 수 없습니다. 여러분이 최근에 선교 방법에 대해 잔소리하거나 비판해 온 이야기에 동의한다고 해서, 그 의무를 떨어버릴 수 있는 것이 아닙니다. 우리가 어떤 사업을 시작하자마자 갑자기 가장 좋은 방법이 떠올랐다면, 아주 이상한 일일 것입니다. 선교 현장에만 게으른 일꾼이나 이기적인 동기, 무가치한 고위층이 없다면, 아주 이상한 일일 것입니다. 국내에서 해당되는 일은 모두 해외에서도 그대로 적용됩니다. 그 모든 사실을 시인합시다. 그리고 그 의무의 토대가, 우리가 받은 진리의 성격에 있고, 우리 형제들과의 관계에, 우리 주님에 대한 충성에 있다는 것을 기억합시다. 그 사실은, 우리 모든 그리스도인의 귀에 울려 퍼집니다. "너희는 이 모든 일의 증인이라." "이 목적을 위하여 네가 거듭났으니, 네가 진리를 증거하도록 하려 함이다."

형제 여러분, 이 고귀한 임무에 충성한 결과들은 달콤하고 복되고 놀랍습니다. 증거하는 그리스도인이 믿는 그리스도인이 될 것입니다. 왜냐하면 도덕적 진리나 영적 진리에 대한 내 신념을 겸손히 선포하는 일에 몰두하는 것만큼 확실하게, 내 확신을 깊게 하는 방법은 없기 때문입니다. 신자는 누구든지 사도가 되어야 합니다. 신자가 사도가 된다면, 그는 열 배나 나은 신자가 될 것입니다. 자기에게 작용하고 있는 것을 아는 효과가, 자신의 겸손한 노력으로 다른 사람 마음속에 일어나는 것을 보는 것만큼, 복음을 온 마음으로 굳게 붙들게 하는 것은 없습니다. 기독교 진리의 증거들을 담은 위대한 책에서, 지난 세기에 기독교 선교의 경험을 바탕으로 쓴 페이지만큼 확실한 부분은 없습니다. 모세를 대적한 얀네와 얌브레 같은 반대자들은 자기들 식으로 반대하도록 놔두고, 우리는 복음의 진리의 문제들을 그들과 함께 이야기하도록 합시다.

이제는 여러분에게 앞으로 올 모든 복된 결과들 가운데 최고의 결과를 말씀드리기만 하면 될 것입니다. "네가 죽도록 충성하라 그리하면 내가 생명의 관을 네게 주리라"(계 2:10). 슬프게도, 그리스도인이라고 하는 우리들 가운데, 보잘것없는 일과 증언을 통해 몇 사람의 영혼이라도 주님께 인도한 사람들이 쓰는 "기쁨의 면류관"(살전 2:19)이 없는 채, 마지막의 자리에 서야 할 사람들이 얼마나 많을지 모르겠습니다. 그리스도인 여러분, 여러분은 혼자 천국에 들어갈지, 아니면 곡식단을 가지고 들어갈지 생각해 보십니까? 그때 빈손으로 주 앞에 선다면 슬픈 일일 것입니다. 그들은 씨를 뿌리는 때나 추수하는 때에 빈둥거리며 놀았기 때문이고, 반면에 씨를 뿌린 사람들, 추수한 사람들은 다같이 기뻐할 것입니다. "너희는 이 모든 일의 증인이라." 여러분은 맡은 일을 하도록 하십시오.

2. 두 번째로, 이제는 증인들이 자기 임무를 위해 갖추어야 할 준비에 대해서 간단히 살펴봅시다.

여기서 우리 주님은 제자들을 준비시키는 일에서 두 단계를 구분합니다. 요한복음에 이 기간에 대한 기록이 더 충분히 나와 있듯이, 즉석에서 제자들은 성령을 선물로 받습니다. 그러나 풍부하고 귀한 그 선물을, 제자들이 일을 하는데 필요한 만큼은 아직 충분히 받지 못했습니다. 그 선물은 오순절날에 내려왔습니다. 우리 주님께서 여기서 쓰시는, 생생하고 그림 같은 단어에 유의하시기 바랍니다. "너희는 위로부터 능력으로 입혀질 때까지." 내려오는 하나님의 선물은 옷처럼 제자들의 약점과 벌거벗음과 미숙한 인격을 감싸고 덮고 가립니다.

이 문제에 관해서 나는 한 두 마디 밖에 할 수 없습니다. 기독교 공동체가 성령의 내주하시는 능력에 의해 증인이 되는데(이 점은 앞의 설교에서 내가 충분히 설명하였습니다), 이 증거하시는 성령이, 주님께서 다락방에서 하신 작별의 말씀에서 나옵니다. "아버지께로부터 나오시는 진리의 성령이 오실 때에 그가 나를 증언하실 것이요 너희도 처음부터 나와 함께 있없으므로 증언하느니라"(요 15:26,27).

　나는 여기서 그리스도인들이 세상에서 증인으로서 활동하는데 사용할 수 있는 힘은, 위로부터 그들을 입히는 능력뿐임을 말씀드리기만 하면 될 것입니다. 예수 그리스도께서 가져다 주시는 새 생명만이, 이 임무를 이행하는데 사용할 수 있을 유일한 생명입니다. 자신을 의지하는 모든 것과 더불어, 자기 고집, 본성적인 옛 생활은 이 일에서 아무 소용이 없습니다. 그러나 신적 불꽃이 사람들의 마음속에 들어가면, 천성적인 재능들이 초자연적인 선물로 변화되고, 새로운 힘이 개발되며, 새로운 능력을 받고 질그릇이 새로운 보물들로 가득 차게 됩니다. 오늘날 이 선물 없이 증거한다고 하는 그리스도인들이 허다히 많은데, 시끄러운 소리, 광고, 외적인 것들을 돋보이게 하는 기술, 그리고 기독교 교회가 때로 몸을 낮추어 채택하는 무가치한 그 밖의 방법들은 아무 효력이 없는데, 그럴 수밖에 없습니다. 여러분은 스스로 기독교적 열심이라고 하지만, 그 안에 하나님의 성령이 없는 화려한 활동을 통해서도 많은 것을 이룰 수 있습니다. 그러나 그것은 성장이 아니라 해로운 것일 뿐입니다.

　교회가 기독교적 봉사를 할 수 있는 한 가지 조건은, 교회가 하나님의 성령으로 입혀지고 충만해야 한다는 것입니다. 우리는 기계를 의지하지 말고, 외적인 것들을 의지하지 않도록 해야 합니다. 싸구려 상점에나 어울리고, 우리가 해야 하는 일에는 전혀 맞지 않는 광고 기술을 의지해서는 안 됩니다. 그보다는 이 점을, 오직 이 점만을 의지하도록 합시다. 하나님과 그리스도와 교제를 가지면, 우리는 그 교제로 인해 밝게 빛나는 얼굴을 들고, 성전 안에 있는 즐거움을 선포할 뜨거운 입술을 가지고 지존자의 은밀한 곳에서 나오게 될 것입니다.

　한 마디만 더 하겠습니다. 교회가 증거의 사역을 할 수 있도록 준비시키는 단 한 가지 방법인 성령으로 옷입는 것은 오랜 시간 홀로 기다림으로써만 얻을 수 있습니다. "머물라." 혹은 원문에서 훨씬 더 생생하게 표현되는 대로 "너희가 입혀질 때까지 이 성에 조용히 앉아 있으라." 아주 많은 그리스도인들의 수고가 대부분 쓸모가 없고 실패로 돌아가는 것은, 그들이 홀로 그리스도와 지내는 일을 좀처럼 하지 않기 때문입니다. 외적인 활동에서 물러나 조용한 곳으로 가서 그리스도와 함께 앉는 것이, 우리가 영혼의 신선함을 유지할 수 있고, 하나님의 봉사에 적합하게 될 수 있게 하는 유일한 방법입니다. 마리아는 마르다가 일하는 동안에 그리스도의 발 아래 앉아서 훈련을 받고 있었습니다. 그런데 마르다는 일을 하면서 "염려하고 근심하지"(눅 10:41) 않을 수 없었는데, 그것은 마르다가, 일을 가볍게 만들어 주었을 주님과의 교제보다는 일하는데 더 익숙했기 때문입니다.

그리스도인 친구 여러분, 여러분의 할 일과 준비를 보십시오. 스스로를 그리스도의 종이라고 여기는 여러분에게 권합니다. 여러분의 피할 수 없는 분명한 의무들을 깊이 생각하십시오. 여러분이 예수님을 발견하였다면, 마치 분명하고 직접적인 하나님의 명령이 귀에 울린 것처럼, 여러분은 진심으로 또 개인적으로 그리스도를 선포할 의무가 있는 것입니다. 여러분이 복음을 영혼의 양식으로 삼고 있다면, 굶주린 모든 사람에게 복음을 나누어 줄 의무가 있습니다. 젊은 바리새인이 다메섹으로 가는 길에서 하늘로부터 "사울아 사울아" 하고 부르는 소리를 들었을 때와 같이 증거하라는 부르심이 직접적으로 여러분에 오는 것입니다.

여러분과 내가 그가 말한 것처럼 "주여, 내가 무엇을 하기를 원하시나이까" 하고 대답하기를 바랍니다.

99
승천

"예수께서 그들을 데리고 베다니 앞까지 나가사
손을 들어 그들에게 축복하시더니 축복하실 때에
그들을 떠나 하늘로 올려지시니"
눅 24:50, 51
"이 말씀을 마치시고 그들이 보는데 올려져 가시니
구름이 그를 가리어 보이지 않게 하더라"
행 1:9

네 복음서 기자들 가운데 두 사람, 즉 마태와 요한은 승천에 대해서 전혀 기록하고 있지 않습니다. 그러나 침묵은 무지를 의미한다는 주장은 언제나 경솔한 법인데, 이 경우는 정말로 그 말이 맞습니다. "하늘과 땅의 모든 권세를 내게 주셨으니 … . 내가 너희와 항상 함께 있으리라"는 위대한 말씀으로 자신의 복음을 끝낸 마태가, 그 모든 말을 믿을 수 있게 만드는 유일한 사실을 몰랐다는 것은 있을 수 없는 일입니다. 마리아에게 하신 부드러운 말씀, 곧 "너는 내 형제들에게 가서 이르되 내가 내 아버지 곧 너희 아버지께로 올라간다 하라"(요 20:17)는 말씀을 기록한 복음서 기자가, 그 말씀의 성취를 몰랐다고 하는 것도 마찬가지로 있을 수 없는 일입니다. 그 침묵에 대한 설명은 전혀 다른 방향에서 찾아야 합니다. 복음서 기자들에게 승천은 부활의 연장이자 절정에 지나지 않았다는 사실로부터 그 설명이 나옵니다. 그 점을 기록하고 있기 때문에, 부활의 사실에 대한 분명한 기록이 필요 없었던 것입니다.

  이 부분에 대한 기록들에는, 또 한 가지 독특한 점이 있습니다. 누가는 그 부분을 두 가지로 설명하고 있는데, 하나는 누가복음 끝에 나오고, 또 한 가지는 사도행전 첫머리에 나옵니다. 이 두 가지 이야기는 명백히 서로 다릅니다. 그동안 사람들은, 그 차이점들을 그 두 가지 이야기의 진실성을 공격하는 무기로 사용해 왔습니다. 그러나 한 가지 점만 조금 생각해 보면, 그 문제는 깨끗하게 풀립니다. 그 사건들이 각각 일어났던 장소가 그 문제의 어려움을 해결할 수 있을 것입니다. 전자는 한 책의 끝부분에 있고, 다른 하나는 한 책의 첫머리에 있습니다. 그래서 자연스럽게 복음서는 그리스도의 승천을 지상 생활의 마지막으로 보고, 사도행전은 승천을 천상적인 것의 시작으로 간주합니다. 전자는 온통 저녁 빛으로 가득 차 있고, 후자는 새 날의 약속으로 빛납니다. 전자는 애정어린 작별에 대한 기록이고, 후자에서는 헤어진다는 의식이 시작될 관계의 새로운 국면을 내다보는 일에 거의 흡수되어 버렸습니다. 누가가 세속적인 전기작가였다면, 비평가들은 누가의 섬세한 필치와 두 이야기 안에서 동일한 그림을 그리면서 채색을 다르게 하는 훌륭함에 온갖 찬사를 늘어놓았을 것입니다. 그러나 누가는 복음서 기자일 뿐이기 때문에 비평가들은 그의 이야기에 나오는 "상이한 점들" 때문에 그를 시시하게 여깁니다. 그의 이 두 가지 관점은 살펴볼 만한 가치가 있습니다.

  그러나 생각해야 할 점이 또 한 가지 있는데, 그것은 사도행전에서 승천에 관한 그의 설명의 부가적인 부분으로서, 누가는 우리에게 다음과 같은 천사의 메시지를 전합니다. "이 예수는 하늘로 가심을 본 그대로 오시리라." 그래서 이 중대한 사실의 전체 의미를 파악하기 위해서는, 결합시켜야 할 세 가지 관점이 있습니다. 즉 종국으로서 승천과 시작으로서 승천, 그리고 재림의 보증으로서 승천이, 그것입니다. 이 세 가지 점들을 이제 살펴보도록 합시다.

1. 승천은 종국으로서 의미를 갖고 있습니다.

　누가복음에 나오는 이야기는 아주 간결하지만 회고적이면서 고별적인 분위기를 분명하게 보여 줍니다. 예를 들면 장소에 대한 언급을 주의해서 봅시다. "예수께서 그들을 데리고 베다니 앞까지 나가사." 이 이름은 즉시 어떤 기억을 떠올리게 합니다. 그 이름에는 관련된 기억들이 많이 있었습니다. 작별을 그곳에서 하는 것은 매우 자연스런 일이었습니다. 그것은 단지 감람산 꼭대기가 사람들로 붐비는 성읍으로부터 가려 있었기 때문만이 아닙니다. 그곳이, 이제 끝나려고 하는 즐거웠던 세상의 교제가 많이 일어났던 집에서, 부르는 소리가 들릴 만큼 아주 가까이 있었기 때문입니다. 그리스도께서, 우리가 흔히 헤어질 때 손을 흔들며 더듬거리는 목소리로 "잘 있어!" 하고 말할 때와 같은 충동에 마음이 움직여 손을 들어 제자들을 축복하셨다는 아주 인간적이고 아주 자연스럽고 꾸미지 않은 사실에서, 그 장면을 소중하고 친숙한 교제를 나눈 복된 시간이 끝나는 것으로 보는 어조가 나타납니다. 바로 이 고별적인 어조는, 누가가 승천을 먼저 언급하지 않고 떠나심을 먼저 말했다는 사실에서 더 깊이 나타납니다. "예수께서 그들을 떠나셨습니다." 이것이 주된 사실입니다. 그 다음에 "하늘로 올려지시니"라는 말이 거의 부가적인 언급처럼 나옵니다. 어쨌든, 승천을 주로 작별을 시행한 방법으로 보는 것입니다.

　이와 같이 묘사된 승천의 면은 애정어린 작별을 표시합니다. 삼년 간의 길고 복된 시간의 애처로운 종결이었습니다. 그러나 그것이 전부가 아닙니다. 복음서 기자는 아주 수수께끼 같은 말을 한 마디 덧붙이기 때문입니다. "그들이 큰 기쁨으로 예루살렘에 돌아가고." 주님께서 떠나가셨기 때문에 기쁘다는 것입니까? 아닙니다. 단지 주님께서 하늘로 가셨기 때문에 기쁜 것입니까? 그렇지 않습니다. 이 말은 독자들이 생각할 때, 이 책 끄트머리에 수수께끼처럼 남아서 다음 책에서 쓸 이야기와 미묘하게 연결시키고 있습니다. 다음 책에서는 승천의 종국적인 면은 부차적인 것이 되고 승천을 시작으로 보는 면이 두드러지게 됩니다. 그처럼 생각할 때, 승천이 제자들에게 기쁨을 가득 안겨준 것입니다. 이렇게 여러분이 보는 대로, 본문의 표현을 변칙적으로 억지 해석을 하지 않고도, 우리는 우선 첫째로 이 위대한 사건을 보아야 하는 관점에 이르게 됩니다. 우리는 바로 그 관점을 가지고서 승천을 보아야 하는데, 즐거운 교제의 시대의 종국으로 뿐만 아니라 전체 지상 생활의 종결과 절정으로도 보아야 합니다. 우리가 이 관점을 받아들일 때, 마음에 가득 떠오르는 생각들을 생각할 시간이 없습니다. 그러나 그 생각들 가운데 한 두 가지만 아주 간단하게 이야기해보도록 하겠습니다.

여기에 원들이 돌아서 시작점에 이르는 끝이 있습니다. "내가 아버지에게서 나와 세상에 왔고 다시 세상을 떠나 아버지께로 가노라"(요 16:28). 승천은 성육신과 조화를 이루며, 성육신에 상응하는 기적입니다. 육신이 된 말씀이, 인간 출생이라는 자연적인 길을 통해서 왔는데, 우리 모두가 들어가는 문을 통해서 들어오셨습니다. 그러나 다른 모든 사람과는 다르게, 자신의 의지로 성육신의 기적을 통해서 오셨듯이, 그와 같이 마지막에는 우리 모두가 지나가는 문을 통해서 생을 떠나가셨는데, "죽기까지 복종하셨으니 곧 십자가에 죽으셨습니다"(빌 2:8). 그렇지만 주님은 또한 주님 외에는 아무도 밟지 못한 길을 가셨고, 땅에 내려오기 전에 계셨던 하늘로 올라가셨습니다. 예수께서 세상에 오셨지만, 아버지를 떠나신 것이 아닙니다. 예수님은 "하늘에서 내려온 자 곧 인자"(요 3:13)이시기 때문입니다. 예수께서 하늘로 올라가셨지만, 우리를 떠나신 것이 아닙니다. 왜냐하면 주님은 "세상 끝날까지 우리와 항상 함께 계시기" 때문입니다. 이와 같이 성육신과 승천은 서로를 지지합니다.

그러나 이와 관련해서 예수 그리스도의 지상 생애의 이야기 전체를 통해서 흐르는 위엄과 능력이 겸손함과 온유함과 결합되는 바로 그 점을 여기서도 보게 된다는 것을 말씀드립니다. 구유에서 나시고, 천사들의 수종을 받으셨으며, 인간의 모든 수욕을 받으시고 그 수욕을 통해서 하나님의 모든 권능을 얼핏 보이시던 주께서 마침내 하늘에 오르십니다. 그러나 세상에는 화려한 모습이나 찬란함을 전혀 보이시지 않고, 오직 성읍에서 볼 수 없는 언덕의 움푹 들어간 곳을 택하여, 소수의 사랑하는 제자들 앞에서만 하늘에 오르십니다. 예수께서 조용히 소리없이 세상에 오셨듯이, 조용히 소리 없이 하늘로 가셨습니다. 이와 관련해서, 회리바람과 불병거와 불말이 등장한 엘리야의 하늘로 올려감과 외부적인 어떤 수단도 없이 그리스도께서 조용하고 천천히 하늘로 올라간 사건 사이에는, 생생한 대조 이상의 것이 있습니다. 죽을 수밖에 없는 사람이 천사들과 불병거의 화려한 행렬에 의해 생소한 하늘로 올려간 것은 당연한 일이었습니다. 예수께서 "영원부터 그의 거처이신 자기가 계시던" 곳으로 올라가실 때, 아래에서 보는 사람들 머리 위에 복을 베풀기 위해 손을 드신 채로 천천히 올라가는 주님 자신 외에는 아무것도 보이는 것이 없는 것이 당연하였습니다.

마찬가지로 승천을 종국으로 볼 경우에, 승천이 십자가의 제사에 감동을 받은 하늘의 보증이라고 말할 수 있지 않겠습니까? "이러므로 하나님이 그를 지극히 높여 모든 이름 위에 뛰어난 이름을 주사 모든 무릎을 예수의 이름에 꿇게 하시고"(빌 2:9,10). 주님께서 자기가 들리면 모든 사람을 자기에게로 이끌겠다고 말씀하셨을 때, 우리는 두 가지의 들림을 모두 언급하는 이 깊은 말씀에 대한 열쇠를, 십자가와 승천의 이 같은 긴밀한 관계에서 발견하게 됩니다. 원문은 일차적으로 "모세가 뱀을 든 것 같이"(요 3:14) 주께서 십자가에 들리는 것을 가리키는 것이 분명하였습니다. 그러나 이 말씀을 하시던 시점을 생각할 때, 마지막으로 하신 이 신비로운 언급은, 주께서 그 깊은 수욕의 자리로 내려가심으로써 영광의 정점으로 오르고 계셨다는 사실을 가리키는 것이었습니다. 승천의 정점은 십자가의 밑바닥에서 회복하신 것입니다. 몸을 굽혀 지극히 낮아지신 만큼 하늘 높이까지 오르신 것입니다. 인자는 가장 깊게 수욕을 받으신 바로 그 때에 영화롭게 되셨습니다. 강력한 비유를 쓰자면, 십자가와 승천은 쌍둥이 별과 같은 것입니다. 하늘에서 보이지 않게 연결되어, 같은 중심을 둘레로 공전하면서, 하나는 광채가 없는 어둠을 보여 주며, 다른 하나는 찬란히 빛나는 쌍둥이 별과 같습니다. 예수께서 "그들을 떠나 하늘로 올려지셨을" 때, 높아지심을 가져온 수욕을 끝내셨습니다.

그 다음에 승천을 종국으로 볼 때, 이 승천은 또한 부활의 자연스런 결론이며 절정임을 다시 한 번 말합니다. 앞에서 말하였듯이, 이 두 가지에 대한 성경의 관점은, 이것이 두 가지가 아니고, 하나가 한 선의 결승점이면서 또한 출발점이 된다는 것입니다. 부활 후 40일 간의 주님의 지상 생활의 상태를 어떻게 보든지 간에, 주께서 죽은 자들 가운데서 부활하셨을 때 시작된 과정은, 승천 외에는 합리적이고 이해할 수 있는 종결을 맞을 수 없습니다. 이와 같이 우리는 승천을 즐거운 교제의 종결로서 뿐만 아니라, 지상 생활의 은혜로운 표현의 종결로, 성육신과 지상 강림에 상응하는 것으로, 십자가의 종국과 부활의 정점으로도 생각해야 합니다. 인자, 곧 땅의 지극히 낮은 곳으로 내리셨던 그 분이, 전에 계셨던 곳으로 오르신 것입니다.

이제 이 복음서기자가 전하는 다른 면, 곧 그가 더 이상 복음서기자가 아니라, 교회 사가로서 전하는 다른 면을 살펴봅시다.

2. 그는 승천을 시작으로 봅니다.

승천이 사도행전에서 차지하는 위치가, 승천을 보아야 하는 관점을 설명해 줍니다. 승천이 작가가 이후로 말하는 모든 것의 기초입니다. 승천은 교회의 기초입니다. 승천은 그리스도의 종들이 내놓는 모든 활동의 근거입니다. 승천의 기사가 나오는 위치가, 승천의 이 면을 설명할 뿐만 아니라, 사도행전에 나오는 첫마디가 바로 그 점을 설명해 줍니다. "내가 먼저 쓴 글에는 무릇 … 예수께서 행하시며 가르치시기를 시작하심부터." 이제 여러분에게 승천에 대해서, 예수께서 행하고 가르치기를 계속하신 것에 대해 이야기하려고 한다는 말입니다. 그래서 사도행전은 주님의 활동의 역사입니다. 주님은 하늘로 오르셨기 때문에, 그 일을 계속하실 수 있으셨습니다. 우리가 사도행전에서 승천의 기사 앞에 나오는 대화를 생각한다면, 바로 그 생각을 갖게 됩니다. 그 대화가 복음서에서 승천의 기사에 앞서서 다루는 동일한 내용을 다루면서도, 그 내용의 다른 면을 이야기하고, 예수 그리스도의 승천의 결과로 기독교 공동체가 받아야 하는 선물과 행해야 할 일을 제시합니다. 베드로 사도는 오순절 날에 "하나님이 오른손으로 예수를 높이시매 그가 너희가 보고 듣는 이것을 부어 주셨느니라"(행 2:33)고 했을 때, 이 사상을 깨달은 것이고, 이 관점은 사도행전 전체에 걸쳐서 유지됩니다. "땅에서 이루어지는 일은 주께서 친히 행하시는 것입니다."

이와 같이 사도행전의 이 이야기에는 작별에 관한 것이 전혀 없고, 헤어짐의 인사에 관한 것이 아무것도 없습니다. 그냥 올라가심에 대한 묘사가 있고, 구름 속으로 영접되었다는 중요한 사실이 덧붙여질 뿐입니다. 주님께서 거리 때문에 점점 더 작은 점이 되신 것이 아니라, 분명히 보이는데 구름이 주님을 영접하므로 보이지 않게 된 것입니다. 구름은 하나님 임재의 상징이었습니다. 이 구름이 성막 위에 머물러 있었고, 그룹들 사이에 내려 앉아 있었으며, 들에 있는 목자와 천사들을 감쌌고, 변화산에서 밝은 빛 가운데 내려왔었습니다. 그런데 이제 구름이 하나님 임재의 상징으로서, 하늘을 올려다 보는 사람들에게 예수께서 하늘 아버지 우편으로 가셨음을 보여 주는 표시로 하늘로 오르시는 주님을 받아들였습니다.

이와 같이 우리는 승천을, 살아계신 그리스도께서 오늘날 발휘하고 계시는, 온 세상에 미치는 영구한 모든 능력의 토대로 생각해야 합니다. 다른 복음서기자들 중의 한 사람이 말하거나 적어도 그의 복음의 부록에서 말하듯이, 예수께서 하늘로 올라가셨고, "제자들이 나가 두루 전파할새 주께서 함께 역사하사 그 따르는 표적으로 말씀을 확실히 증언하셨습니다"(막 16:20). 성령을 사람들에게 보내시는 분은 하늘에 오르신 그리스도이십니다. 사람들의 마음을 열어 듣게 하시는 분은 승천하신 그리스도이십니다. 이방인들에게 자기 종들을 보내시는 분은 승천하신 그리스도이십니다. 오늘날 교회에 모든 능력을 베푸시고, 교회를 순결하게 하시며, 교회의 모든 생활에 생명력을 공급하시는 분은 승천하신 그리스도이십니다. 그리스도께서 살아계십니다. 그러므로 세상에 그리스도의 교회가 있습니다. 그리스도께서 살아계십니다. 그래서 그리스도의 교회가 영원히 사라지지 않을 것입니다.

그래서 또한 우리는 부활하신 주님을, 우리 가운데 누구든지 그리스도의 교회에서 큰 일이든 작은 일이든 일을 할 수 있게 만드는 유일한 능력으로 보아야 합니다. 그리스도의 승천은 "하나님 우편"에 가시는 것을 상징적으로 표현하는 것입니다. 하나님 우편이란 무엇입니까? 하나님의 전능하심을 말합니다. 그곳이 어디에 있습니까? 모든 곳에 있습니다. 하나님 우편에 앉는다는 것은 무엇을 의미합니까? 전능하신 능력을 사용하신다는 말입니다. 그래서 예수께서 "모든 권세를 내게 주셨으니"라고 말씀합니다. 그리스도께서 오늘날도 일을 하고 계시는데, 십자가에서 행한 일을 적용하는 면에서 훨씬 더 광범위하게 일하고 계십니다. 예수께서 십자가 위에서 "다 이루었다"고 외치셨습니다. 그러나 "하늘에 오르신 예수의 일"은, "세상 나라가 우리 주와 그의 그리스도의 나라가 될"(계 11:15) 때까지 결코 끝나지 않을 것입니다.

그리스도께서 하늘에서 행하시는 일에는, 이 외에도 다른 면들이 있습니다. 하늘은, 내가 언급할 수는 있지만, 거기에 대해 깊이 생각할 수는 없는 공간입니다. 승천함으로써 그리스도는 우리를 위한 자리를 마련하기 시작하십니다. 주님께서 거기에 계시지 않는다면, 우리 가운데 어느 누가 영원한 빛이신 하나님 앞에 설 수 있겠습니까? 우리가 거기에서 눈을 들어 우리가 아는 사랑스런 얼굴을 볼 수 없다면, 우리는 마치 갑자기 하늘로 휘말려 올려가서 보좌 주위에 둘러선 신하들 가운데로 떨어진 미개인이나 시골뜨기같이 될 것입니다. 그리스도께서 계시는 곳에, 내가 있을 수 있습니다. 그리스도께서 인성을 가지고 그 영광에 들어가셨기 때문에, 다른 사람들이 그곳에서 거처를 얻게 될 것입니다.

신약 성경의 한 저자가 훨씬 더 중요한 사상을 예로 나타내기 위해 쓰는 상징을 사용하자면, 하늘에 오르신 그리스도는 "우리를 위하여 하나님 앞에 나타나시기"(히 9:24) 위해 대제사장처럼 휘장 안으로 들어가셨습니다. 자신을 우리와 동일시하시는 주님께서 거기에서 탄원보다 훨씬 더 중요한 도고의 일을 하십니다. 이 도고는, 그리스도께서 하나님 앞에서 항상 강력하게 행하시는 활동입니다. 우리 모두를 위해 영원히 이 도고를 드리십니다. 그러므로 "위의 것을 찾으라 거기는 그리스도께서 하나님 우편에 앉아 계시느니라"(골 3:1). 그러므로 일할 때, 하나님의 도우심을 기대하고, 주께서 여러분에게 이 땅에서 하라고 맡기신 일을 하십시오. 그러므로 죽음과 저편의 어두운 나라를 마주할 때 떨거나 의심하지 말고, 보물이 있는 곳에 마음도 있다는 것을 확신하십시오. 그리고 주께서 계시는 곳에 주님의 발자취를 따르는 자들도 마침내 거기에 있게 될 것입니다.

이제 승천의 세 번째 면을 살펴봅시다.

3. 승천을 재림의 보증으로 보아야 합니다.

그들 곁에 있는 흰옷 입은 두 사람이 하늘을 뚫어져라 보고 있는 사람들을 점잖게 꾸짖었습니다. 사람들이 주님을 볼 수 있었다면, 그 두 사람이 보는 것 때문에 사람들을 책망하지 않았을 것입니다. 그런데 빈 하늘을 보는 것은 아무 소용이 없었습니다. 두 사람은 서 있을 땅이 있는 한, 하늘을 볼 필요가 없는 이유를 덧붙여 말하였습니다. "하늘로 올려지신 이 예수는 하늘로 가심을 본 그대로 오시리라." "이 예수"라고 하는 동일성을 강조하여 선언하는 것에 주의해야 합니다. "이 예수"라고 하여, 그냥 사람 이름을 사용하는 것에 주의해야 합니다. 또 그 이름과 연결되어 있는 생각들, 곧 하늘로 올라가신 사람과, "어제나 오늘이나 영원토록 동일하신"(히 13:8) 하늘에 오르신 주님의 영원한 인성을 생각해보아야 합니다. 또 볼 수 있게 몸을 가지고 다시 오신다는 강력한 주장에도 주목해야 합니다. "가심을 본 그대로 오시리라." 재림은 은유가 아니고, 단지 수사적인 표현이 아닙니다. 이 말을, 거듭난 모든 사람에게 주님의 영향력이 퍼지는 것을 나타내는 유의어로 생각함으로써, 그 말에서 핵심 내용을 빼버려서는 안 됩니다. 이 말은, 사람 예수께서 몸을 가지고 공간적으로 볼 수 있게 다시 오심을 가리킵니다. "우리는 주께서 오셔서 우리를 심판하실 것을 믿습니다." 그리고 우리는 주께서 오셔서 주의 종들을 집으로 데려가실 것을 믿습니다.

세상은 예수 그리스도의 마지막 모습을 보지 못했습니다. 주님의 공생애를 생각할 때, 그런 승천이 주님의 끝이 될 수 없습니다. "한번 죽는 것은 사람에게 정해진 것이요 그 후에는 심판이 있으리니 이와 같이 그리스도도 많은 사람의 죄를 담당하시려고 단번에 드리신 바 되셨고 구원에 이르게 하기 위하여 죄와 상관 없이 자기를 바라는 자들에게 두 번째 나타나시리라"(히 9:27,28). 죄악된 인간 본성에 대해서는 불가피하게 죽음 뒤에 심판이 따르고, 세상 죄를 위한 희생제물로서 죄없는 사람인 예수께서는 불가피하게 그의 구속 사역 후에 심판하기 위해 다시 오실 것입니다. 주께서는 나라를 받으신 후에는, 다시 오셔서 자기 종들을 생각하시고, 주께서 성육신과 고난, 부활, 승천으로 말미암아 세상을 위해 이루신 구원을 온전케 하실 것입니다.

그러므로 형제 여러분, 과거를 바라볼 때 한쪽에는 기쁜 얼굴, 한쪽에는 위대한 사실, 곧 그리스도의 얼굴과 십자가의 사실을 생각해야 합니다. 현재를 바라볼 때, 한쪽은 기쁜 얼굴, 한쪽은 위대한 사실, 곧 그리스도의 얼굴과, 항상 우리와 함께 하시는 그리스도 임재의 사실을 생각해야 합니다. 미래를 바라볼 때는 왕의 얼굴과 위대한 소망을 생각해야 합니다. 보좌에 앉아 계시는 왕의 얼굴이 있고, 주께서 다시 오시고 "그리하여 우리가 항상 주와 함께 있으리라"(살전 4:17)는 소망이 있습니다.

맥클라렌 강해설교
누가복음
초판 인쇄 2011년 4월 25일
초판 발행 2011년 4월 30일

발행처 **크리스찬다이제스트**
발행인 박명곤
주소 경기도 고양시 일산동구 정발산동 1193-2
전화 031-911-9864, 070-7538-9864
팩스 031-911-9824
등록 제 98-75호
판권 ⓒ 크리스찬다이제스트 2011
총판 (주) 기독교출판유통
　　　전화 031-906-9191~4
　　　팩스 080-456-2580